I0121356

UNION INTERNATIONALE

POUR LA

PROTECTION DE LA PROPRIÉTÉ INDUSTRIELLE

ACTES DE LA CONFÉRENCE

RÉUNIE A LA HAYE

DU

8 OCTOBRE AU 6 NOVEMBRE 1925

BERNE
BUREAU INTERNATIONAL DE L'UNION
1926

ACTES

DE LA

CONFÉRENCE DE LA HAYE

DE 1925

ACTES DES CONFÉRENCES DE L'UNION

POUR LA

PROTECTION DE LA PROPRIÉTÉ INDUSTRIELLE

EN VENTE AU

BUREAU INTERNATIONAL DE LA PROPRIÉTÉ INDUSTRIELLE A BERNE

Paris, 1880, 2e édition, 1 volume in-4° broché, 138 pages	5 francs suisses
Paris, 1883, 2e édition, 1 volume in-4° broché, 48 pages	3 » »
Rome, 1885	Épuisé.
Madrid, 1890, 1 volume in-4° broché, 234 pages	5 francs suisses
Bruxelles, 1897 et 1890	Épuisé.
Réunion technique de Berne, 1904, 1 volume in-4° broché, 90 pages .	4 francs suisses
Washington, 1911, 1 volume in-4° broché, 418 pages	10 » »
La Haye, 1925, 1 volume in-4° broché, 644 pages	15 » »

UNION INTERNATIONALE

POUR LA

PROTECTION DE LA PROPRIÉTÉ INDUSTRIELLE

ACTES DE LA CONFÉRENCE

RÉUNIE A LA HAYE

DU

8 OCTOBRE AU 6 NOVEMBRE 1925

BERNE
BUREAU INTERNATIONAL DE L'UNION
1926

ERRATA

Page 33. Dans la 2e ligne du texte de la circulaire : lire « sixième » au lieu de « cinquième ».

» 40. A l'avant-dernière ligne : remplacer 36 par 37.

» 332. 3e ligne en partant du bas : remplacer « *ad* article 2 » par « *ad* article 1er ».

» 372. Dans l'énumération des Délégués de la Bulgarie, supprimer le nom de M. Rosenthal, avocat.

» 379. A l'énumération des Délégués de la France présents à la Séance préparatoire, ajouter le nom de M. Georges Glaser, Attaché commercial de France, à La Haye.

» 382. A la 17e ligne du discours de M. Bijleveld : lire « transcendantal ».

» 389. Supprimer la parenthèse que contient la 6e ligne en partant du bas et la remplacer par les mots « à titre d'information ».

» 430. A la 12e ligne en partant du bas : remplacer le mot « requise » par « refusée ».

» 468. A l'avant-dernière ligne du rapport, remplacer « M. Osterrieth » par « M. Cabello-Lapiedra ».

» 589. A la 1re ligne : écrire M. Uriburu et non Uriburi.

TABLE DES MATIÈRES

PREMIÈRE PARTIE

DEUXIÈME PARTIE

DOCUMENTS DE LA CONFÉRENCE: Pages

TROISIÈME PARTIE

ACTES ADOPTÉS PAR LA CONFÉRENCE:

PREMIÈRE PARTIE

ACTES
ACTUELLEMENT EN VIGUEUR

1° CONVENTION D'UNION DE PARIS

DU 20 MARS 1883

2° ARRANGEMENT DE MADRID

DU 14 AVRIL 1891

REVISÉ A WASHINGTON LE 2 JUIN 1911 CONCERNANT LA RÉPRESSION DES FAUSSES INDICATIONS DE PROVENANCE SUR LES MARCHANDISES

3° ARRANGEMENT DE MADRID

DU 14 AVRIL 1891

REVISÉ A BRUXELLES LE 14 DÉCEMBRE 1900 ET A WASHINGTON LE 2 JUIN 1911 CONCERNANT L'ENREGISTREMENT INTERNATIONAL DES MARQUES DE FABRIQUE OU DE COMMERCE

4° ARRANGEMENT DE BERNE

DU 30 JUIN 1920

POUR LE RÉTABLISSEMENT DES DROITS DE PROPRIÉTÉ INDUSTRIELLE ATTEINTS PAR LA GUERRE MONDIALE

1° CONVENTION D'UNION DE PARIS

DU 20 MARS 1883

POUR LA

PROTECTION DE LA PROPRIÉTÉ INDUSTRIELLE

REVISÉE

A BRUXELLES LE 14 DÉCEMBRE 1900 ET A WASHINGTON LE 2 JUIN 1911

Article premier

Les pays contractants sont constitués à l'état d'Union pour la protection de la propriété industrielle.

Article 2

Les sujets ou citoyens de chacun des pays contractants jouiront, dans tous les autres pays de l'Union, en ce qui concerne les brevets d'invention, les modèles d'utilité, les dessins ou modèles industriels, les marques de fabrique ou de commerce, le nom commercial, les indications de provenance, la répression de la concurrence déloyale, des avantages que les lois respectives accordent actuellement ou accorderont par la suite aux nationaux. En conséquence, ils auront la même protection que ceux-ci et le même recours légal contre toute atteinte portée à leurs droits, sous réserve de l'accomplissement des conditions et formalités imposées aux nationaux. Aucune obligation de domicile ou d'établissement dans le pays où la protection est réclamée ne pourra être imposée aux ressortissants de l'Union.

Article 3

Sont assimilés aux sujets ou citoyens des pays contractants, les sujets ou citoyens des pays ne faisant pas partie de l'Union, qui sont domiciliés ou ont des établissements industriels ou commerciaux effectifs et sérieux sur le territoire de l'un des pays de l'Union.

Article 4

a) Celui qui aura régulièrement fait le dépôt d'une demande de brevet d'invention, d'un modèle d'utilité, d'un dessin ou modèle industriel, d'une marque de fabrique ou de commerce, dans l'un des pays contractants, ou son ayant cause, jouira, pour effectuer le dépôt dans les autres pays, et sous réserve des droits des tiers, d'un droit de priorité pendant les délais déterminés ci-après.

b) En conséquence, le dépôt ultérieurement opéré dans l'un des autres pays de l'Union, avant l'expiration de ces délais, ne pourra être invalidé par des faits accomplis dans l'intervalle, soit, notamment, par un autre dépôt, par la publication de l'invention ou son exploitation, par la mise en vente d'exemplaires du dessin ou du modèle, par l'emploi de la marque.

c) Les délais de priorité mentionnés ci-dessus seront de douze mois pour les brevets d'invention et les modèles d'utilité, et de quatre mois pour les dessins et modèles industriels et pour les marques de fabrique ou de commerce.

d) Quiconque voudra se prévaloir de la priorité d'un dépôt antérieur, sera tenu de faire une déclaration indiquant la date et le pays de ce dépôt. Chaque pays déterminera à quel moment, au plus tard, cette déclaration devra être effectuée. Ces indications seront mentionnées dans les publications émanant de l'Administration compétente, notamment sur les brevets et les descriptions y relatives. Les pays contractants pourront exiger de celui qui fait une déclaration de priorité la production d'une copie de la demande (description, dessins, etc.) déposée antérieurement, certifiée conforme par l'Administration qui l'aura reçue. Cette copie sera dispensée de toute légalisation. On pourra exiger qu'elle soit accompagnée d'un certificat de la date du dépôt, émanant de cette Administration, et d'une traduction. D'autres formalités ne pourront être requises pour la déclaration de priorité au moment du dépôt de la demande. Chaque pays contractant déterminera les conséquences de l'omission des formalités prévues par le présent article, sans que ces conséquences puissent excéder la perte du droit de priorité.

e) Ultérieurement d'autres justifications pourront être demandées.

ARTICLE 4bis

Les brevets demandés dans les différents pays contractants par des personnes admises au bénéfice de la Convention aux termes des articles 2 et 3, seront indépendants des brevets obtenus pour la même invention dans les autres pays, adhérents ou non à l'Union.

Cette disposition doit s'entendre d'une façon absolue, notamment en ce sens que les brevets demandés pendant le délai de priorité sont indépendants, tant au point de vue des causes de nullité et de déchéance, qu'au point de vue de la durée normale.

Elle s'applique à tous les brevets existant au moment de sa mise en vigueur.

Il en sera de même, en cas d'accession de nouveaux pays, pour les brevets existant de part et d'autre au moment de l'accession.

ARTICLE 5

L'introduction, par le breveté, dans le pays où le brevet a été délivré, d'objets fabriqués dans l'un ou l'autre des pays de l'Union, n'entraînera pas la déchéance.

Toutefois, le breveté restera soumis à l'obligation d'exploiter son brevet conformément aux lois du pays où il introduit les objets brevetés, mais avec la restriction que le brevet ne pourra être frappé de déchéance pour cause de non-exploitation dans un des pays de l'Union qu'après un délai de trois ans, compté à partir du dépôt de la demande dans ce pays, et seulement dans le cas où le breveté ne justifierait pas des causes de son inaction.

ARTICLE 6

Toute marque de fabrique ou de commerce régulièrement enregistrée dans le pays d'origine sera admise au dépôt et protégée telle quelle dans les autres pays de l'Union.

Toutefois, pourront être refusées ou invalidées:

1° Les marques qui sont de nature à porter atteinte à des droits acquis par des tiers dans le pays où la protection est réclamée.

2° Les marques dépourvues de tout caractère distinctif, ou bien composées exclusivement de signes ou d'indications pouvant servir, dans le commerce, pour désigner l'espèce, la qualité, la quantité, la destination, la valeur, le lieu d'origine des produits ou l'époque de production, ou devenus usuels dans le langage courant ou les habitudes loyales et constantes du commerce du pays où la protection est réclamée.

Dans l'appréciation du caractère distinctif d'une marque, on devra tenir compte de toutes les circonstances de fait, notamment de la durée de l'usage de la marque.

3° Les marques qui sont contraires à la morale ou à l'ordre public.

Sera considéré comme pays d'origine le pays où le déposant a son principal établissement.

Si ce principal établissement n'est point situé dans un des pays de l'Union, sera considéré comme pays d'origine celui auquel appartient le déposant.

Article 7

La nature du produit sur lequel la marque de fabrique ou de commerce doit être apposée ne peut, dans aucun cas, faire obstacle au dépôt de la marque.

Article 7bis

Les pays contractants s'engagent à admettre au dépôt et à protéger les marques appartenant à des collectivités dont l'existence n'est pas contraire à la loi du pays d'origine, même si ces collectivités ne possèdent pas un établissement industriel ou commercial.

Cependant chaque pays sera juge des conditions particulières sous lesquelles une collectivité pourra être admise à faire protéger ses marques.

Article 8

Le nom commercial sera protégé dans tous les pays de l'Union sans obligation de dépôt, qu'il fasse ou non partie d'une marque de fabrique ou de commerce.

Article 9

Tout produit portant illicitement une marque de fabrique ou de commerce, ou un nom commercial, sera saisi à l'importation dans ceux des pays de l'Union dans lesquels cette marque ou ce nom commercial ont droit à la protection légale.

Si la législation d'un pays n'admet pas la saisie à l'importation, la saisie sera remplacée par la prohibition d'importation.

La saisie sera également effectuée dans le pays où l'apposition illicite aura eu lieu, ou dans le pays où aura été importé le produit.

La saisie aura lieu à la requête soit du ministère public, soit de toute autre autorité compétente, soit d'une partie intéressée, particulier ou société, conformément à la législation intérieure de chaque pays.

Les autorités ne seront pas tenues d'effectuer la saisie en cas de transit.

Si la législation d'un pays n'admet ni la saisie à l'importation, ni la prohibition d'importation, ni la saisie à l'intérieur, ces mesures seront remplacées par les actions et moyens que la loi de ce pays assurerait en pareil cas aux nationaux.

Article 10

Les dispositions de l'article précédent seront applicables à tout produit portant faussement, comme indication de provenance, le nom d'une localité déterminée, lorsque cette indication sera jointe à un nom commercial fictif ou emprunté dans une intention frauduleuse.

Est réputé partie intéressée tout producteur, fabricant ou commerçant, engagé dans la production, la fabrication ou le commerce de ce produit, et établi soit dans la localité faussement indiquée comme lieu de provenance, soit dans la région où cette localité est située.

Article 10bis

Tous les pays contractants s'engagent à assurer aux ressortissants de l'Union une protection effective contre la concurrence déloyale.

Article 11

Les pays contractants accorderont, conformément à leur législation intérieure, une protection temporaire aux inventions brevetables, aux modèles d'utilité, aux dessins ou modèles industriels, ainsi qu'aux marques de fabrique ou de commerce, pour les produits qui figureront aux expositions internationales officielles ou officiellement reconnues, organisées sur le territoire de l'un d'eux.

ARTICLE 12

Chacun des pays contractants s'engage à établir un service spécial de la propriété industrielle et un dépôt central pour la communication au public des brevets d'invention, des modèles d'utilité, des dessins ou modèles industriels et des marques de fabrique ou de commerce.

Ce service publiera, autant que possible, une feuille périodique officielle.

ARTICLE 13

L'Office international institué à Berne sous le nom de Bureau international pour la protection de la propriété industrielle est placé sous la haute autorité du Gouvernement de la Confédération suisse, qui en règle l'organisation et en surveille le fonctionnement.

Le Bureau international centralisera les renseignements de toute nature relatifs à la protection de la propriété industrielle, et les réunira en une statistique générale, qui sera distribuée à toutes les Administrations. Il procédera aux études d'utilité commune intéressant l'Union et rédigera, à l'aide des documents qui seront mis à sa disposition par les diverses Administrations, une feuille périodique en langue française sur les questions concernant l'objet de l'Union.

Les numéros de cette feuille, de même que tous les documents publiés par le Bureau international, seront répartis entre les Administrations des pays de l'Union, dans la proportion du nombre des unités contributives ci-dessous mentionnées. Les exemplaires et documents supplémentaires qui seraient réclamés, soit par lesdites Administrations, soit par des sociétés ou des particuliers, seront payés à part.

Le Bureau international devra se tenir en tout temps à la disposition des membres de l'Union, pour leur fournir, sur les questions relatives au service international de la propriété industrielle, les renseignements spéciaux dont ils pourraient avoir besoin. Il fera sur sa gestion un rapport annuel qui sera communiqué à tous les membres de l'Union.

La langue officielle du Bureau international sera la langue française.

Les dépenses du Bureau international seront supportées en commun par les pays contractants. Elles ne pourront, en aucun cas, dépasser la somme de soixante mille francs par année.

Pour déterminer la part contributive de chacun des pays dans cette somme totale des frais, les pays contractants et ceux qui adhéreraient ultérieurement à l'Union seront divisés en six classes, contribuant chacune dans la proportion d'un certain nombre d'unités, savoir :

	Unités
1re classe	25
2e classe	20
3e classe	15
4e classe	10
5e classe	5
6e classe	3

Ces coefficients seront multipliés par le nombre des pays de chaque classe, et la somme des produits ainsi obtenus fournira le nombre d'unités par lequel la dépense totale doit être divisée. Le quotient donnera le montant de l'unité de dépense.

Chacun des pays contractants désignera, au moment de son accession, la classe dans laquelle il désire être rangé.

Le Gouvernement de la Confédération suisse surveillera les dépenses du Bureau international, fera les avances nécessaires et établira le compte annuel, qui sera communiqué à toutes les autres Administrations.

ARTICLE 14

La présente Convention sera soumise à des revisions périodiques, en vue d'y introduire les améliorations de nature à perfectionner le système de l'Union.

A cet effet, des Conférences auront lieu, successivement, dans l'un des pays contractants entre les Délégués desdits pays.

L'Administration du pays où doit siéger la Conférence préparera, avec le concours du Bureau international, les travaux de cette Conférence.

Le Directeur du Bureau international assistera aux séances des Conférences, et prendra part aux discussions sans voix délibérative.

ARTICLE 15

Il est entendu que les pays contractants se réservent respectivement le droit de prendre séparément, entre eux, des arrangements particuliers pour la protection de la propriété industrielle, en tant que ces arrangements ne contreviendraient point aux dispositions de la présente Convention.

ARTICLE 16

Les pays qui n'ont point pris part à la présente Convention seront admis à y adhérer sur leur demande.

Cette adhésion sera notifiée par la voie diplomatique au Gouvernement de la Confédération suisse, et par celui-ci à tous les autres.

Elle emportera, de plein droit, accession à toutes les clauses et admission à tous les avantages stipulés par la présente Convention, et produira ses effets un mois après l'envoi de la notification faite par le Gouvernement de la Confédération suisse aux autres pays unionistes, à moins qu'une date postérieure n'ait été indiquée par le pays adhérent.

ARTICLE 16bis

Les pays contractants ont le droit d'accéder en tout temps à la présente Convention pour leurs colonies, possessions, dépendances et protectorats, ou pour certains d'entre eux.

Ils peuvent, à cet effet, soit faire une déclaration générale par laquelle toutes leurs colonies, possessions, dépendances et protectorats sont compris dans l'accession, soit nommer expressément ceux qui y sont compris, soit se borner à indiquer ceux qui en sont exclus.

Cette déclaration sera notifiée par écrit au Gouvernement de la Confédération suisse, et par celui-ci à tous les autres.

Les pays contractants pourront, dans les mêmes conditions, dénoncer la Convention pour leurs colonies, possessions, dépendances et protectorats, ou pour certains d'entre eux.

ARTICLE 17

L'exécution des engagements réciproques contenus dans la présente Convention est subordonnée, en tant que de besoin, à l'accomplissement des formalités et règles établies par les lois constitutionnelles de ceux des pays contractants qui sont tenus d'en provoquer l'application, ce qu'ils s'obligent à faire dans le plus bref délai possible.

ARTICLE 17bis

La Convention demeurera en vigueur pendant un temps indéterminé, jusqu'à l'expiration d'une année à partir du jour où la dénonciation en sera faite.

Cette dénonciation sera adressée au Gouvernement de la Confédération suisse. Elle ne produira son effet qu'à l'égard du pays qui l'aura faite, la Convention restant exécutoire pour les autres pays contractants.

ARTICLE 18

Le présent Acte sera ratifié, et les ratifications en seront déposées à Washington au plus tard le 1er avril 1913. Il sera mis à exécution, entre les pays qui l'auront ratifié, un mois après l'expiration de ce délai.

Cet Acte, avec son Protocole de clôture, remplacera, dans les rapports entre les pays qui l'auront ratifié: la Convention de Paris du 20 mars 1883; le Protocole de clôture annexé à cet Acte; le Protocole de Madrid du 15 avril 1891 concernant la dotation du Bureau international, et l'Acte additionnel de Bruxelles du 14 décembre 1900. Toutefois, les Actes précités resteront en vigueur dans les rapports avec les pays qui n'auront pas ratifié le présent Acte.

ARTICLE 19

Le présent Acte sera signé en un seul exemplaire, lequel sera déposé aux archives du Gouvernement des États-Unis. Une copie certifiée sera remise par ce dernier à chacun des Gouvernements unionistes.

PROTOCOLE DE CLOTURE

AD ARTICLE PREMIER

Les mots « propriété industrielle » doivent être pris dans leur acception la plus large; ils s'étendent à toute production du domaine des industries agricoles (vins, grains, fruits, bestiaux, etc.) et extractives (minéraux, eaux minérales, etc.).

AD ARTICLE 2

a) Sous le nom de brevets d'invention sont comprises les diverses espèces de brevets industriels admises par les législations des pays contractants, telles que brevets d'importation, brevets de perfectionnement, etc., tant pour les procédés que pour les produits.

b) Il est entendu que la disposition de l'article 2 qui dispense les ressortissants de l'Union de l'obligation de domicile et d'établissement a un caractère interprétatif, et doit, par conséquent, s'appliquer à tous les droits nés en raison de la Convention du 20 mars 1883, avant la mise en vigueur du présent Acte.

c) Il est entendu que les dispositions de l'article 2 ne portent aucune atteinte à la législation de chacun des pays contractants, en ce qui concerne la procédure suivie devant les tribunaux et la compétence de ces tribunaux, ainsi que l'élection de domicile ou la constitution d'un mandataire requises par les lois sur les brevets, les modèles d'utilité, les marques, etc.

AD ARTICLE 4

Il est entendu que, lorsqu'un dessin ou modèle industriel aura été déposé dans un pays en vertu d'un droit de priorité basé sur le dépôt d'un modèle d'utilité, le délai de priorité ne sera que celui que l'article 4 a fixé pour les dessins et modèles industriels.

AD ARTICLE 6

Il est entendu que la disposition du premier alinéa de l'article 6 n'exclut pas le droit d'exiger du déposant un certificat d'enregistrement régulier au pays d'origine, délivré par l'autorité compétente.

Il est entendu que l'usage des armoiries, insignes ou décorations publiques qui n'aurait pas été autorisé par les pouvoirs compétents, ou l'emploi des signes et poinçons officiels de contrôle et de garantie adoptés par un pays unioniste, peut être considéré comme contraire à l'ordre public dans le sens du n° 3 de l'article 6.

Ne seront, toutefois, pas considérées comme contraires à l'ordre public les marques qui contiennent, avec l'autorisation des pouvoirs compétents, la reproduction d'armoiries, de décorations ou d'insignes publics.

Il est entendu qu'une marque ne pourra être considérée comme contraire à l'ordre public pour la seule raison qu'elle n'est pas conforme à quelque disposition de la législation sur les marques, sauf le cas où cette disposition elle-même concerne l'ordre public.

PROCÈS-VERBAL DE DÉPOT DES RATIFICATIONS

DE LA

CONVENTION D'UNION DE PARIS DU 20 MARS 1883, REVISÉE A BRUXELLES LE 14 DÉCEMBRE 1900 ET A WASHINGTON LE 2 JUIN 1911

(Du 1er avril 1913)

En exécution de l'article 18 de la Convention pour la protection de la propriété industrielle, signée à Washington le 2 juin 1911, les soussignés, à ce dûment autorisés, se sont réunis pour procéder au dépôt des actes de ratification de leurs Gouvernements respectifs sur la convention précitée.

Ces actes ayant été présentés et trouvés en bonne et due forme, sont confiés au Secrétaire d'État des États-Unis d'Amérique pour être déposés dans les archives du Gouvernement des États-Unis.

EN FOI DE QUOI a été dressé le présent procès-verbal, dont une copie, certifiée conforme, sera remise par la voie diplomatique aux Gouvernements constituant l'Union internationale pour la protection de la propriété industrielle.

Fait à Washington, le 1er avril 1913.

Pour l'Allemagne: J. BERNSTORFF.
Pour l'Autriche et pour la Hongrie: BARON E. ZWIEDINEK, Chargé d'Affaires d'Autriche-Hongrie.
Pour la République Dominicaine: FRANC J. PEYNADO.
Pour l'Espagne: JUAN DE RIAÑO Y GAYANGOS.
Pour les États-Unis d'Amérique: WILLIAM JENNINGS BRYAN.
Pour la République Française: JUSSERAND.
Pour la Grande-Bretagne: JAMES BRYCE.
Pour l'Italie: CUSANI.
Pour le Japon: S. CHINDA.
Pour le Mexique: ARTURO DE LA CUEVA.
Pour la Norvège: H. BRYN.
Pour les Pays-Bas: J. LOUDON.
Pour le Portugal: ALTE.
Pour la Suisse: P. RITTER.
Pour la Tunisie: JUSSERAND.

RATIFICATIONS ULTÉRIEURES

Ont ratifié après coup les Actes de Washington en ce qui concerne la Convention d'Union les pays contractants suivants:

la NOUVELLE-ZÉLANDE, TRINIDAD ET TOBAGO et CEYLAN, à partir du 20 juin 1913 (*Prop. ind.*, 1913, p. 66);
la BELGIQUE, à partir du 8 août 1914 (*Prop. ind.*, 1914, p. 149);
le DANEMARK, à partir du 30 août 1914 (*Prop. ind.*, 1914, p. 149);
le BRÉSIL, à partir du 17 décembre 1914 (*Prop. ind.*, 1914, p. 149);
la SUÈDE, à partir du 11 janvier 1917 (*Prop. ind.*, 1916, p. 137);
la SERBIE-CROATIE-SLOVÉNIE, à partir du 26 février 1921 (*Prop. ind.*, 1921, p. 2);
CUBA, à partir du 3 janvier 1922 (*Prop. ind.*, 1921, p. 141);
l'AUSTRALIE, à partir du 10 octobre 1925 (*Prop. ind.*, 1925, p. 174).

Pro memoria. Ont adhéré plus tard à la Convention de Paris les pays suivants qui ne faisaient pas encore partie de l'Union lors de la Conférence de Washington: BULGARIE, CANADA, DANTZIG, ESTHONIE, FINLANDE, GRÈCE, IRLANDE, LETTONIE, MAROC, POLOGNE, ROUMANIE, SYRIE ET LIBAN (pays sous mandat de la France), TCHÉCOSLOVAQUIE, TURQUIE (v. la liste, p. 27).

2° ARRANGEMENT DE MADRID

DU 14 AVRIL 1891

CONCERNANT

LA RÉPRESSION DES FAUSSES INDICATIONS DE PROVENANCE SUR LES MARCHANDISES

REVISÉ

A WASHINGTON LE 2 JUIN 1911

ARTICLE PREMIER

Tout produit portant une fausse indication de provenance dans laquelle un des pays contractants, ou un lieu situé dans l'un d'entre eux, serait directement ou indirectement indiqué comme pays ou comme lieu d'origine, sera saisi à l'importation dans chacun desdits pays.

La saisie sera également effectuée dans le pays où la fausse indication de provenance aura été apposée, ou dans celui où aura été introduit le produit muni de cette fausse indication.

Si la législation d'un pays n'admet pas la saisie à l'importation, cette saisie sera remplacée par la prohibition d'importation.

Si la législation d'un pays n'admet pas la saisie à l'intérieur, cette saisie sera remplacée par les actions et moyens que la loi de ce pays assure en pareil cas aux nationaux.

ARTICLE 2

La saisie aura lieu à la requête soit du Ministère public, soit de toute Autorité compétente, par exemple, l'Administration douanière, soit d'une partie intéressée, particulier ou société, conformément à la législation intérieure de chaque pays.

Les autorités ne seront pas tenues d'effectuer la saisie en cas de transit.

ARTICLE 3

Les présentes dispositions ne font pas obstacle à ce que le vendeur indique son nom ou son adresse sur les produits provenant d'un pays différent de celui de la vente ; mais, dans ce cas, l'adresse ou le nom doit être accompagné de l'indication précise, et en caractères apparents, du pays ou du lieu de fabrication ou de production.

ARTICLE 4

Les tribunaux de chaque pays auront à décider quelles sont les appellations qui, à raison de leur caractère générique, échappent aux dispositions du présent Arrangement, les appellations régionales de provenance des produits vinicoles n'étant cependant pas comprises dans la réserve spécifiée par cet article.

ARTICLE 5

Les États de l'Union pour la protection de la propriété industrielle qui n'ont pas pris part au présent Arrangement seront admis à y adhérer sur leur demande, et dans la forme prescrite par l'article 16 de la Convention générale.

ARTICLE 6

Le présent Arrangement sera ratifié, et les ratifications en seront déposées à Washington au plus tard le 1er avril 1913.

Il entrera en vigueur un mois à partir de l'expiration de ce délai, et aura la même force et durée que la Convention générale.

PROCÈS-VERBAL DE DÉPOT DES RATIFICATIONS

DE

L'ARRANGEMENT DE MADRID DU 14 AVRIL 1891 CONCERNANT LA RÉPRESSION DES FAUSSES INDICATIONS DE PROVENANCE SUR LES MARCHANDISES, REVISÉ A WASHINGTON LE 2 JUIN 1911

(Du 1er avril 1913)

En exécution de l'article 6 de l'Arrangement concernant la répression des fausses indications de provenance sur les marchandises, signé à Washington le 2 juin 1911, les soussignés, à ce dûment autorisés, se sont réunis pour procéder au dépôt des actes de ratification de leurs Gouvernements respectifs sur l'Arrangement précité.

Ces actes ayant été présentés et trouvés en bonne et due forme, sont confiés au Secrétaire d'État des États-Unis d'Amérique pour être déposés dans les archives du Gouvernement des États-Unis.

EN FOI DE QUOI il a été dressé le présent procès-verbal, dont une copie, certifiée conforme, sera remise par la voie diplomatique aux Gouvernements constituant l'Union internationale pour la protection de la propriété industrielle.

Fait à Washington, le 1er avril 1913.

Pour l'Espagne: JUAN DE RIAÑO Y GAYANGOS.
Pour la République Française: JUSSERAND.
Pour la Grande-Bretagne: JAMES BRYCE.
Pour le Portugal: ALTE.
Pour la Suisse: P. RITTER.
Pour la Tunisie: JUSSERAND.

RATIFICATIONS ULTÉRIEURES

Ont ratifié après coup les Actes de Washington en ce qui concerne cet Arrangement les pays contractants suivants: le BRÉSIL, à partir du 17 décembre 1914 (*Prop. ind.*, 1914, p. 149); CUBA, à partir du 3 janvier 1922 (*Prop. ind.*, 1921, p. 141).

Pro memoria. Ont adhéré plus tard à cet Arrangement les pays suivants qui ne faisaient pas encore partie de l'Union restreinte lors de la Conférence de Washington: ALLEMAGNE, DANTZIG, MAROC, SYRIE ET LIBAN (pays sous mandat de la France) et TCHÉCOSLOVAQUIE (v. la liste, p. 28).

3° ARRANGEMENT DE MADRID

DU 14 AVRIL 1891

POUR

L'ENREGISTREMENT INTERNATIONAL DES MARQUES DE FABRIQUE OU DE COMMERCE

REVISÉ

A BRUXELLES LE 14 DÉCEMBRE 1900 ET A WASHINGTON LE 2 JUIN 1911

ARTICLE PREMIER

Les sujets ou citoyens de chacun des pays contractants pourront s'assurer, dans tous les autres pays, la protection de leurs marques de fabrique ou de commerce acceptées au dépôt dans le pays d'origine, moyennant le dépôt desdites marques au Bureau international, à Berne, fait par l'entremise de l'Administration dudit pays d'origine.

ARTICLE 2

Sont assimilés aux sujets ou citoyens des pays contractants les sujets ou citoyens des pays n'ayant pas adhéré au présent Arrangement qui, sur le territoire de l'Union restreinte constituée par ce dernier, satisfont aux conditions établies par l'article 3 de la Convention générale.

ARTICLE 3

Le Bureau international enregistrera immédiatement les marques déposées conformément à l'article premier. Il notifiera cet enregistrement aux diverses Administrations. Les marques enregistrées seront publiées dans une feuille périodique éditée par le Bureau international, au moyen des indications contenues dans la demande d'enregistrement et d'un cliché fourni par le déposant.

Si le déposant revendique la couleur à titre d'élément distinctif de sa marque, il sera tenu :

1° de le déclarer, et d'accompagner son dépôt d'une mention indiquant la couleur ou la combinaison de couleurs revendiquée;

2° de joindre à sa demande des exemplaires de ladite marque en couleur, qui seront annexés aux notifications faites par le Bureau international. Le nombre de ces exemplaires sera fixé par le Règlement d'exécution.

En vue de la publicité à donner, dans les pays contractants, aux marques enregistrées, chaque Administration recevra gratuitement du Bureau international le nombre d'exemplaires de la susdite publication qu'il lui plaira de demander. Cette publicité sera considérée dans tous les pays contractants comme pleinement suffisante, et aucune autre ne pourra être exigée du déposant.

ARTICLE 4

A partir de l'enregistrement ainsi fait au Bureau international, la protection de la marque dans chacun des pays contractants sera la même que si cette marque y avait été directement déposée.

Toute marque enregistrée internationalement dans les quatre mois qui suivent la date du dépôt dans le pays d'origine, jouira du droit de priorité établi par l'article 4 de la Convention générale.

ARTICLE 4bis

Lorsqu'une marque, déjà déposée dans un ou plusieurs des pays contractants, a été postérieurement enregistrée par le Bureau international au nom du même titulaire ou de son ayant cause, l'enregistrement international sera considéré comme substitué aux enregistrements nationaux antérieurs, sans préjudice des droits acquis par le fait de ces derniers.

ARTICLE 5

Dans les pays où leur législation les y autorise, les Administrations auxquelles le Bureau international notifiera l'enregistrement d'une marque, auront la faculté de déclarer que la protection ne peut être accordée à cette marque sur leur territoire. Un tel refus ne pourra être opposé que dans les conditions qui s'appliqueraient, en vertu de la Convention générale, à une marque déposée à l'enregistrement national.

Elles devront exercer cette faculté dans le délai prévu par leur loi nationale, et, au plus tard, dans l'année de la notification prévue par l'article 3, en indiquant au Bureau international leurs motifs de refus.

Ladite déclaration, ainsi notifiée au Bureau international, sera par lui transmise sans délai à l'Administration du pays d'origine et au propriétaire de la marque. L'intéressé aura les mêmes moyens de recours que si la marque avait été par lui directement déposée dans le pays où la protection est refusée.

ARTICLE 5bis

Le Bureau international délivrera à toute personne qui en fera la demande, moyennant une taxe fixée par le Règlement d'exécution, une copie des mentions inscrites dans le Registre relativement à une marque déterminée.

ARTICLE 6

La protection résultant de l'enregistrement au Bureau international durera 20 ans à partir de cet enregistrement, mais ne pourra être invoquée en faveur d'une marque qui ne jouirait plus de la protection légale dans le pays d'origine.

ARTICLE 7

L'enregistrement pourra toujours être renouvelé suivant les prescriptions des articles 1 et 3.

Six mois avant l'expiration du terme de protection, le Bureau international donnera un avis officieux à l'Administration du pays d'origine et au propriétaire de la marque.

ARTICLE 8

L'Administration du pays d'origine fixera à son gré, et percevra à son profit, une taxe qu'elle réclamera du propriétaire de la marque dont l'enregistrement international est demandé. A cette taxe s'ajoutera un émolument international de cent francs pour la première marque, et de cinquante francs pour chacune des marques suivantes, déposées en même temps par le même propriétaire. Le produit annuel de cette taxe sera réparti par parts égales entre les pays contractants par les soins du Bureau international, après déduction des frais communs nécessités par l'exécution de cet Arrangement.

ARTICLE 8bis

Le propriétaire d'une marque internationale peut toujours renoncer à la protection dans un ou plusieurs des pays contractants au moyen d'une déclaration remise à l'Administration du pays d'origine de la marque, pour être communiquée au Bureau international, qui la notifiera aux pays que cette renonciation concerne.

ARTICLE 9

L'Administration du pays d'origine notifiera au Bureau international les annulations, radiations, renonciations, transmissions et autres changements qui se produiront dans la propriété de la marque.

Le Bureau international enregistrera ces changements, les notifiera aux Administrations des pays contractants, et les publiera aussitôt dans son journal.

On procédera de même lorsque le propriétaire de la marque demandera à réduire la liste des produits auxquels elle s'applique.

L'addition ultérieure d'un nouveau produit à la liste ne peut être obtenue que par un nouveau dépôt effectué conformément aux prescriptions de l'article 3. A l'addition est assimilée la substitution d'un produit à un autre.

ARTICLE 9bis

Lorsqu'une marque inscrite dans le Registre international sera transmise à une personne établie dans un pays contractant autre que le pays d'origine de la marque, la transmission sera notifiée au Bureau international par l'Administration de ce même pays d'origine. Le Bureau international enregistrera la transmission et, après avoir reçu l'assentiment de l'Administration à laquelle ressortit le nouveau titulaire, il la notifiera aux autres Administrations et la publiera dans son journal.

La présente disposition n'a point pour effet de modifier les législations des pays contractants qui prohibent la transmission de la marque sans la cession simultanée de l'établissement industriel ou commercial dont elle distingue les produits.

Nulle transmission de marque inscrite dans le Registre international, faite au profit d'une personne non établie dans l'un des pays contractants, ne sera enregistrée.

ARTICLE 10

Les Administrations règleront d'un commun accord les détails relatifs à l'exécution du présent Arrangement.

ARTICLE 11

Les pays de l'Union pour la protection de la propriété industrielle qui n'ont pas pris part au présent Arrangement seront admis à y adhérer sur leur demande, et dans la forme prescrite par la Convention générale.

Dès que le Bureau international sera informé qu'un pays ou une de ses colonies a adhéré au présent Arrangement, il adressera à l'Administration de ce pays, conformément à l'article 3, une notification collective des marques qui, à ce moment, jouissent de la protection internationale.

Cette notification assurera, par elle-même, auxdites marques le bénéfice des précédentes dispositions sur le territoire du pays adhérent, et fera courir le délai d'un an pendant lequel l'Administration intéressée peut faire la déclaration prévue par l'article 5.

ARTICLE 12

Le présent Arrangement sera ratifié, et les ratifications en seront déposées à Washington au plus tard le 1er avril 1913.

Il entrera en vigueur un mois à partir de l'expiration de ce délai, et aura la même force et durée que la Convention générale.

PROCÈS-VERBAL DE DÉPOT DES RATIFICATIONS

DE

L'ARRANGEMENT DE MADRID DU 14 AVRIL 1891 CONCERNANT L'ENREGISTREMENT INTERNATIONAL DES MARQUES DE FABRIQUE OU DE COMMERCE, REVISÉ A BRUXELLES LE 14 DÉCEMBRE 1900 ET A WASHINGTON LE 2 JUIN 1911

(Du 1er avril 1913)

En exécution de l'article 12 de l'Arrangement pour l'enregistrement international des marques de fabrique ou de commerce, signé à Washington le 2 juin 1911, les soussignés, à ce dûment autorisés, se sont réunis pour procéder au dépôt des actes de ratification de leurs Gouvernements respectifs sur l'Arrangement précité.

Ces actes ayant été présentés et trouvés en bonne et due forme, sont confiés au Secrétaire d'État des États Unis d'Amérique pour être déposés dans les archives du Gouvernement des États-Unis.

EN FOI DE QUOI a été dressé le présent procès-verbal, dont une copie, certifiée conforme, sera remise par la voie diplomatique aux Gouvernements constituant l'Union internationale pour la protection de la propriété industrielle.

Fait à Washington, le 1er avril 1913.

Pour l'Autriche et pour la Hongrie: BARON E. ZWIEDINEK,
Chargé d'Affaires d'Autriche-Hongrie.
Pour l'Espagne: JUAN DE RIAÑO Y GAYANGOS.
Pour la République Française: JUSSERAND.
Pour l'Italie: CUSANI.
Pour le Mexique: ARTURO DE LA CUEVA.
Pour les Pays-Bas: J. LOUDON.
Pour le Portugal: ALTE.
Pour la Suisse: P. RITTER.
Pour la Tunisie: JUSSERAND.

RATIFICATIONS ULTÉRIEURES

Ont ratifié après coup les Actes de Washington concernant cet Arrangement les pays contractants suivants: la BELGIQUE, à partir du 8 août 1914 (*Prop. ind.*, 1914, p. 113); le BRÉSIL, à partir du 17 décembre 1914 (*Prop. ind.*, 1914, p. 149); CUBA, à partir du 3 janvier 1922 (*Prop. ind.*, 1921, p. 141).

Pro memoria. Ont adhéré plus tard à cet Arrangement les pays suivants qui ne faisaient pas encore partie de l'Union restreinte lors de la Conférence de Washington: ALLEMAGNE, DANTZIG, LUXEMBOURG, MAROC, ROUMANIE, SERBIE-CROATIE-SLOVÉNIE, TCHÉCOSLOVAQUIE, TURQUIE (v. la liste, p. 28).

4° ARRANGEMENT DE BERNE

DU 30 JUIN 1920

CONCERNANT

LA CONSERVATION OU LE RÉTABLISSEMENT DES DROITS DE PROPRIÉTÉ INDUSTRIELLE ATTEINTS PAR LA GUERRE MONDIALE

(UNION RESTREINTE TEMPORAIRE) (1)

Article premier

Les délais de priorité, prévus par l'article 4 de la Convention internationale de Paris du 20 mars 1883, revisée à Washington en 1911, pour le dépôt ou l'enregistrement des demandes de brevets d'invention ou modèles d'utilité, des marques de fabrique ou de commerce, des dessins et modèles, qui n'étaient pas encore expirés le 1er août 1914 et ceux qui auraient pris naissance pendant la guerre ou auraient pu prendre naissance si la guerre n'avait pas eu lieu, seront prolongés par chacune des Hautes Parties contractantes en faveur des titulaires des droits reconnus par la Convention précitée, ou leurs ayants cause, jusqu'à l'expiration d'un délai de six mois à partir de la mise en vigueur du présent Arrangement (2).

Toutefois, cette prolongation de délai ne portera pas atteinte aux droits de toute Haute Puissance contractante ou de toute personne qui seraient, de bonne foi, en possession, au moment de la mise en vigueur du présent Arrangement, de droits de propriété industrielle en opposition avec ceux demandés en revendiquant le délai de priorité. Elles conserveront la jouissance de leurs droits, soit personnellement, soit par tous agents ou titulaires de licence auxquels elles les auraient concédés avant la mise en vigueur du présent Arrangement, sans pouvoir, en aucune manière, être inquiétées ni poursuivies comme contrefacteurs.

Article 2

Un délai d'une année à partir de la mise en vigueur du présent Arrangement (3), sans surtaxe ni pénalité d'aucune sorte, sera accordé aux titulaires des droits reconnus par la Convention pour accomplir tout acte, remplir toute formalité, payer toute taxe et généralement satisfaire à toute obligation prescrite par les lois et règlements de chaque État pour conserver ou obtenir les droits de propriété industrielle déjà acquis au 1er août 1914 ou qui, si la guerre n'avait pas eu lieu, auraient pu être acquis depuis cette date, à la suite d'une demande faite avant la guerre ou pendant sa durée.

Les droits de propriété industrielle qui auraient été frappés de déchéance par suite de défaut d'accomplissement d'un acte, d'exécution d'une formalité ou de payement d'une taxe seront remis en vigueur, sous réserve des droits que des tiers possèdent de bonne

(1) Les pays qui ont adhéré à cet Arrangement sont indiqués dans le Tableau des pays des Unions que l'on trouvera plus loin.

(2) Ce délai a pris fin le 31 mars 1921.

(3) Ce délai a pris fin le 30 septembre 1921.

foi sur des brevets d'invention ou des modèles d'utilité ou sur des dessins et modèles industriels.

Article 3

La période comprise entre le 1er août 1914 et la date de la mise en vigueur du présent Arrangement n'entrera pas en ligne de compte dans le délai prévu pour la mise en exploitation d'un brevet ou pour l'usage de marques de fabrique ou de commerce ou l'exploitation de dessins et modèles industriels; en outre, il est convenu qu'aucun brevet, marque de fabrique ou de commerce ou dessin ou modèle industriel qui était encore en vigueur au 1er août 1914 ne pourra être frappé de déchéance ou d'annulation du seul chef de non-exploitation ou de non-usage avant l'expiration d'un délai de deux ans à partir de la mise en vigueur du présent Arrangement (1).

Article 4

Les dispositions du présent Arrangement ne comportent qu'un minimum de protection; elles n'empêchent pas de revendiquer l'application de prescriptions plus larges qui seraient édictées par la législation intérieure d'un pays contractant; elles laissent également subsister les accords plus favorables et non contraires que les Gouvernements des pays signataires auraient conclus ou concluraient entre eux sous forme de traités particuliers ou de clauses de réciprocité.

Article 5

Les dispositions du présent Arrangement n'affectent en rien les stipulations convenues entre les pays belligérants dans les Traités de paix signés à Versailles le 28 juin 1919 et à Saint-Germain le 10 septembre 1919, pour autant que ces stipulations contiennent des réserves, des exceptions ou des restrictions.

Le présent Arrangement sera ratifié et les ratifications en seront déposées à Berne dans un délai maximum de trois mois. Il entrera en vigueur le jour même où le procès-verbal du dépôt des ratifications aura été dressé, entre les Hautes Parties contractantes qui l'auront ainsi ratifié, et pour toute autre Puissance à la date du dépôt de sa ratification.

Les pays qui n'auront pas signé le présent Arrangement pourront y accéder sur leur demande. Cette accession sera notifiée par écrit au Gouvernement de la Confédération suisse, et par celui-ci à tous les autres. Elle emportera, de plein droit et sans délai, adhésion à toutes les clauses et admission à tous les avantages stipulés dans le présent Arrangement.

Il aura la même force que la Convention générale et il sera mis hors d'effet, par simple décision d'une Conférence (art. 14 de la Convention), lorsqu'il aura rempli son but transitoire (2).

Le présent Arrangement sera signé en un seul exemplaire lequel sera déposé aux archives du Gouvernement de la Confédération suisse. Une copie certifiée sera remise par ce dernier à chacun des Gouvernements des pays signataires.

---

(1) Ce délai a pris fin le 30 septembre 1922.

(2) La Conférence de La Haye n'a pas eu à s'occuper du présent Arrangement; elle ne l'a pas mis hors d'effet pour la raison que les droits de propriété industrielle qu'il est appelé à sauvegarder ne sont pas encore tous expirés.

PROCÈS-VERBAL DE DÉPOT DES RATIFICATIONS

DE

L'ARRANGEMENT, SIGNÉ A BERNE LE 30 JUIN 1920, CONCERNANT LA CONSERVATION OU LE RÉTABLISSEMENT DES DROITS DE PROPRIÉTÉ INDUSTRIELLE ATTEINTS PAR LA GUERRE MONDIALE

(Du 30 septembre 1920)

En exécution de l'Arrangement concernant la conservation ou le rétablissement des droits de propriété industrielle atteints par la guerre mondiale, signé à Berne le 30 juin 1920, et ensuite de l'invitation adressée à cet effet par note du 11 septembre 1920 du Conseil fédéral suisse aux Gouvernements des Hautes Parties signataires, les soussignés, à ce dûment autorisés, se sont réunis aujourd'hui au Palais fédéral, à Berne, pour procéder à l'examen et au dépôt des actes de ratification de leurs Gouvernements respectifs sur l'Arrangement précité.

Les instruments de ces actes ont été produits et, reconnus en bonne et due forme, ont été remis entre les mains du représentant du Gouvernement suisse pour être déposés dans les archives de la Confédération.

L'acte de ratification de Sa Majesté le Roi de Suède fait mention des deux réserves dont le texte figure au Procès-verbal de signature du 30 juin 1920 (v. pour ces réserves p. 26).

Il est constaté, en outre, que, d'après la Déclaration explicative lue par M. le Plénipotentiaire de la Suisse lors de la signature de l'Arrangement et inscrite au Procès-verbal du 30 juin 1920, c'est la date de ce premier échange des ratifications, soit le 30 septembre 1920, qui sera considérée par tous les pays qui participent à l'Arrangement ou qui y adhéreront à l'avenir comme le point de départ des délais prévus aux articles 1 à 3.

Enfin, les soussignés constatent que, d'après les documents qui leur sont présentés par le représentant du Gouvernement suisse, les accessions des pays suivants ont été notifiées au Conseil fédéral suisse dans l'intervalle entre la signature de l'Arrangement et ce jour:

MAROC (Territoire du Protectorat français), le 10 juillet, par note de l'Ambassade de France, à Berne.

GRANDE-BRETAGNE, le 31 août, par note de la Légation Britannique, à Berne.

Toutefois, le Gouvernement de Sa Majesté Britannique subordonne son accession à la réserve suivante:

> « Les délais extensifs prévus par les articles 1 et 2 de l'Arrangement expireront, en ce qui concerne le Royaume-Uni, le 10 janvier 1921. »

Ledit Gouvernement se réserve la faculté d'adhérer ultérieurement à l'Arrangement pour les possessions britanniques d'outre-mer qui ont signé la Convention d'Union revisée de 1900 (Paris-Bruxelles) ou celle de 1911 (Paris-Bruxelles-Washington).

En conséquence, l'Arrangement susmentionné est entré en vigueur ce jour entre les États suivants: Allemagne, France, Grande-Bretagne (sous la réserve transcrite ci-dessus), Maroc (Territoire du Protectorat français), Pologne, Suède (sous les deux réserves mentionnées ci-dessus), Suisse et Tunisie [1].

---

[1] Voir dans le Tableau des pays membres des Unions, ci-après p. 28, la liste des États qui, à la date du 1er janvier 1926, font partie de l'Union restreinte constituée par l'Arrangement du 30 juin 1920.

Les Gouvernements des États ci-après ne sont pas encore en mesure de déposer leur ratification: Pays-Bas, Portugal, Tchécoslovaquie.

En foi de quoi a été dressé le présent Procès-verbal, qui sera déposé aux archives de la Confédération suisse et dont une copie certifiée conforme sera remise par le Gouvernement de ce pays aux Gouvernements des autres pays membres de l'Union internationale pour la protection de la propriété industrielle.

Fait à Berne, le 30 septembre 1920.

Pour l'Allemagne: Köcher.
Pour la France: H. Allizé.
Pour la Pologne: J. de Modzelewski.
Pour la Suède: P. de Adlercreutz.
Pour la Suisse: Motta.
Pour la Tunisie: H. Allizé.

Pro memoria. Les réserves faites par Sa Majesté le Roi de Suède lors de la signature de l'Arrangement ont la teneur suivante:

« La Suède adhère au présent Arrangement seulement en ce qui concerne les brevets d'invention et les modèles d'utilité, à l'exclusion des marques de fabrique ou de commerce et des dessins et modèles industriels, et cela sous les restrictions suivantes:

1. D'après la législation en vigueur en Suède, laquelle ne peut être modifiée sans le concours du Parlement, le délai de priorité dont il est question à l'article premier du présent Arrangement expire le 30 juin 1920.

2. Conformément à une loi suédoise qui vient d'être adoptée, la demande tendant à ce qu'une demande de brevet d'invention qui aura été frappée de déchéance ou rejetée, soit examinée à nouveau, devra être déposée avant le 1er janvier 1921 ou, lorsque la Déclaration de déchéance ou de rejet interviendra après le 30 juin 1920, dans les six mois qui suivront la décision.

D'après la même loi, la demande tendant à la restauration d'un brevet d'invention devra être déposée avant le 1er janvier 1921.

Toutefois, il est prévu que, par une mesure générale, ces délais pourront être prorogés de six mois. »

TABLEAU DES PAYS MEMBRES DES UNIONS

AU 1er JANVIER 1926

1. L'Union générale comprend les 37 pays suivants:

ALLEMAGNE	à partir du 1er mai 1903
AUSTRALIE	» du 5 août 1907
AUTRICHE	» du 1er janvier 1909
BELGIQUE	» du 7 juillet 1884 (origine)
BRÉSIL	» du 7 juillet 1884 (origine)
BULGARIE	» du 13 juin 1921
CANADA	» du 1er septembre 1923
CUBA	» du 17 novembre 1904
DANEMARK et les ILES FÉROË	» du 1er octobre 1894
DANTZIG (Ville libre de)	» du 21 novembre 1921
DOMINICAINE (RÉP.)	» du 11 juillet 1890
ESPAGNE	» du 7 juillet 1884 (origine)
ESTHONIE	» du 12 février 1924
ÉTATS-UNIS D'AMÉRIQUE	» du 30 mai 1887
FINLANDE	» du 20 septembre 1921
FRANCE, ALGÉRIE et COLONIES	» du 7 juillet 1884 (origine)
Pays sous mandat: SYRIE et LIBAN	» du 1er septembre 1924
GRANDE-BRETAGNE	» du 7 juillet 1884 (origine)
CEYLAN	» du 10 juin 1905
NOUVELLE-ZÉLANDE	» du 7 septembre 1891
TRINIDAD et TOBAGO	» du 14 mai 1908
GRÈCE	» du 2 octobre 1924
HONGRIE	» du 1er janvier 1909
IRLANDE (État libre d')	» du 4 décembre 1925
ITALIE	» du 7 juillet 1884 (origine)
JAPON	» du 15 juillet 1899
LETTONIE	» du 20 août 1925
LUXEMBOURG	» du 30 juin 1922
MAROC (à l'exception de la zone espagnole)	» du 30 juillet 1917
MEXIQUE	» du 7 septembre 1903
NORVÈGE	» du 1er juillet 1885
PAYS-BAS	» du 7 juillet 1884 (origine)
INDES NÉERLANDAISES	» du 1er octobre 1888
SURINAM et CURAÇAO	» du 1er juillet 1890
POLOGNE	» du 10 novembre 1919
PORTUGAL, avec les AÇORES et MADÈRE	» du 7 juillet 1884 (origine)
ROUMANIE	» du 6 octobre 1920
SERBIE-CROATIE-SLOVÉNIE	» du 26 février 1921 (1)
SUÈDE	» du 1er juillet 1885
SUISSE	» du 7 juillet 1884 (origine)
TCHÉCOSLOVAQUIE	» du 5 octobre 1919
TUNISIE	» du 7 juillet 1884 (origine)
TURQUIE	» du 10 octobre 1925

(1) La Serbie faisait partie de l'Union dès l'origine. C'est l'adhésion du Royaume agrandi de Serbie-Croatie-Slovénie qui date du 26 février 1921.

2. **L'Union restreinte** constituée par l'**Arrangement de Madrid concernant la répression des fausses indications de provenance** comprend les 13 pays suivants:

ALLEMAGNE	à partir	du 12 juin 1925
BRÉSIL	»	du 3 octobre 1896
CUBA	»	du 1er janvier 1905
DANTZIG (Ville libre de)	»	du 20 mars 1923
ESPAGNE	»	du 15 juillet 1892 (origine)
FRANCE, ALGÉRIE et COLONIES	»	du 15 juillet 1892 (origine)
Pays sous mandat: SYRIE ET LIBAN	»	du 1er septembre 1924
GRANDE-BRETAGNE	»	du 15 juillet 1892 (origine)
NOUVELLE-ZÉLANDE	»	du 20 juin 1913
LETTONIE (¹)	»	du 20 août 1925
MAROC (à l'exception de la zone espagnole)	»	du 30 juillet 1917
PORTUGAL, avec les AÇORES et MADÈRE	»	du 31 octobre 1893
SUISSE	»	du 15 juillet 1892 (origine)
TCHÉCOSLOVAQUIE	»	du 30 septembre 1921
TUNISIE	»	du 15 juillet 1892 (origine)

3. **L'Union restreinte** constituée par l'**Arrangement de Madrid concernant l'enregistrement des marques de fabrique ou de commerce** comprend les 22 pays suivants:

ALLEMAGNE	à partir	du 1er décembre 1922
AUTRICHE	»	du 1er janvier 1909
BELGIQUE	»	du 15 juillet 1892 (origine)
BRÉSIL	»	du 3 octobre 1896
CUBA	»	du 1er janvier 1905
DANTZIG (Ville libre de)	»	du 20 mars 1923
ESPAGNE	»	du 15 juillet 1892 (origine)
FRANCE, ALGÉRIE et COLONIES	»	du 15 juillet 1892 (origine)
HONGRIE	»	du 1er janvier 1909
ITALIE	»	du 15 octobre 1894
LETTONIE (¹)	»	du 20 août 1925
LUXEMBOURG	»	du 1er septembre 1924
MAROC (à l'exception de la zone espagnole)	»	du 30 juillet 1917
MEXIQUE	»	du 26 juillet 1909
PAYS-BAS	»	du 1er mars 1893
INDES NÉERLANDAISES	»	du 1er mars 1893
SURINAM et CURAÇAO	»	du 1er mars 1893
PORTUGAL, avec les AÇORES et MADÈRE	»	du 31 octobre 1893
ROUMANIE	»	du 6 octobre 1920
SERBIE-CROATIE-SLOVÉNIE	»	du 26 février 1921
SUISSE	»	du 15 juillet 1892 (origine)
TCHÉCOSLOVAQUIE	»	du 5 octobre 1919
TUNISIE	»	du 15 juillet 1892 (origine)
TURQUIE	»	du 10 octobre 1925

4. **L'Union restreinte provisoire** constituée par l'**Arrangement de Berne du 30 juin 1920 pour la conservation et le rétablissement des droits de propriété industrielle atteints par la guerre mondiale** comprend les 22 pays suivants:

ALLEMAGNE	à partir	du 30 juin 1920 (origine)
AUTRICHE	»	du 27 octobre 1920
BELGIQUE	»	du 14 mars 1921
BRÉSIL	»	du 9 octobre 1920
DANEMARK (sous deux réserves)	»	du 22 janvier 1921

(¹) La Lettonie a dénoncé les deux Arrangements de Madrid pour le 21 décembre 1926.

Dantzig (Ville libre de)	à partir du 21 novembre 1921
Espagne	» du 6 octobre 1920
France	» du 30 juin 1920 (origine)
Grande-Bretagne (sous une réserve)	» du 30 juin 1920 (origine)
Ceylan	» du 25 novembre 1920
Nouvelle-Zélande	» du 25 janvier 1921
Trinidad et Tobago	» du 25 novembre 1920
Hongrie	» du 26 mars 1921
Japon	» du 17 novembre 1920
Maroc (à l'exception de la zone espagnole)	» du 30 juin 1920 (origine)
Norvège (pour les brevets uniquement)	» du 27 novembre 1920
Pays-Bas	» du 24 mars 1921
Pologne	» du 30 juin 1920 (origine)
Portugal	» du 7 mars 1922
Roumanie	» du 12 juin 1924
Serbie-Croatie-Slovénie	» du 4 janvier 1921
Suède (sous deux réserves)	» du 30 juin 1920 (origine)
Suisse	» du 30 juin 1920 (origine)
Tchécoslovaquie	» du 1er novembre 1920
Tunisie	» du 30 juin 1920 (origine)

DOCUMENTS PRÉLIMINAIRES

CIRCULAIRES

DU

GOUVERNEMENT DES PAYS-BAS

ET DU

BUREAU INTERNATIONAL

RELATIVES A LA

CONFÉRENCE DE LA HAYE

I. Circulaires adressées par le Gouvernement néerlandais à ses agents diplomatiques

PREMIÈRE CIRCULAIRE

MINISTÈRE
DES
AFFAIRES ÉTRANGÈRES

DIRECTION
DES AFFAIRES ÉCONOMIQUES

N° 38505

LA HAYE, le 8 décembre 1924.

J'ai l'honneur de porter à votre connaissance que la prochaine Conférence de l'Union internationale pour la protection de la propriété industrielle doit se réunir à La Haye en 1925. Suivant une communication du Bureau pour la propriété industrielle en cette ville, qui, de concert avec le Bureau international pour la protection de la propriété industrielle à Berne, dirige les travaux préparatoires de la Conférence en question, la date d'ouverture de la Conférence peut être fixée au 8 octobre 1925.

Je me permets d'avoir recours à votre bienveillant intermédiaire pour vous prier de vouloir bien inviter au nom du Gouvernement des Pays-Bas le Gouvernement de....... à se faire représenter officiellement à la Conférence dont il s'agit.

J'ajoute que le Bureau international pour la protection de la propriété industrielle à Berne enverra sous peu aux États invités à participer à la Conférence le programme des questions qui y seront traitées.

En outre, le Bureau international en question fera parvenir dans un bref délai aux Bureaux étrangers pour la propriété industrielle un recueil complet des documents préparatoires y relatifs.

Je vous serais très obligé de vouloir bien communiquer aussi ce qui précède au Gouvernement précité et de me faire connaître en son temps les noms de ses Délégués à la Conférence en question.

LE MINISTRE DES AFFAIRES ÉTRANGÈRES

Pour le Ministre,

Le Secrétaire général:

(signé) A. M. SNOUCK HURGRONJE.

* * *

DEUXIÈME CIRCULAIRE

(Août 1925)

« La Conférence commence par une séance préparatoire qui se tiendra le jeudi 8 octobre 1925, à 11 heures du matin, dans une des salles de la Chambre du Sénat, séance qui s'occupera entre autres de fixer le règlement de la Conférence et d'établir la liste des Délégués. En conséquence, il serait désirable que tous les Délégués soient, autant que possible, présents à la séance. Les séances suivantes se tiendront en général dans le même édifice, où sera aussi logé le Secrétariat de la Conférence. Dès le 7 octobre, on pourra obtenir à ce Secrétariat tous les documents se rapportant au programme définitif de la Conférence. La séance d'ouverture solennelle aura lieu le vendredi 9 octobre dans l'après-midi, vraisemblablement pas avant 15 heures. »

II. Circulaires adressées par le Bureau international

1° Aux Administrations des pays de l'Union

PREMIÈRE CIRCULAIRE

BUREAU INTERNATIONAL
DE L'UNION
POUR LA
PROTECTION DE LA PROPRIÉTÉ INDUSTRIELLE

CIRCULAIRE N° 192
OBJET:
Conférence de La Haye
Envoi de documents préliminaires
(Fascicules I et II)

Berne, le 26 juillet 1924.

AUX OFFICES DE LA PROPRIÉTÉ INDUSTRIELLE
DES ÉTATS DE L'UNION

Messieurs,

Le moment est proche où le Gouvernement néerlandais fixera définitivement la date de convocation de la cinquième Conférence de revision des Actes de l'Union pour la protection de la propriété industrielle. Cette Conférence, qui doit siéger à La Haye, aura lieu, à moins de circonstances imprévues, au cours de l'année 1925.

Le Bureau international tient à vous faire parvenir dès maintenant deux des documents préliminaires qu'il a cru devoir élaborer en vue de faciliter la préparation de cette importante réunion:

I. Un fascicule de 40 pages intitulé **La législation des divers pays du monde en matière de propriété industrielle** et contenant l'inventaire des actes législatifs promulgués en cette matière dans 60 pays; une introduction spéciale (p. 3 et 4) expose l'origine et la portée de cette publication qui donnera la clef des Archives générales de la propriété industrielle.

II. Un fascicule de 47 pages intitulé **Tableau des vœux émis par divers congrès et assemblées en matière de propriété industrielle, 1910-1924**, avec un avis préliminaire; ce recueil fait suite à celui qui a été inséré dans les Actes de la Conférence de Washington et où avaient été recueillis les vœux formulés de 1873 à 1909 par les groupements nationaux et internationaux d'industriels, de commerçants et de jurisconsultes.

Vous recevrez ces deux fascicules au nombre de . . . exemplaires, chacun; les autres documents préliminaires à la Conférence de La Haye vous seront envoyés successivement, au fur et à mesure de leur impression.

Veuillez agréer, Messieurs, l'assurance de ma haute considération.

Bureau international
de l'Union de la propriété industrielle,

Le Directeur:
RÖTHLISBERGER.

DEUXIÈME CIRCULAIRE

(N° 193/1418, du 15 novembre 1924)

Envoi de documents préliminaires (projet de la Société des Nations sur la concurrence déloyale)

Le 26 juillet de cette année, j'ai eu l'honneur de vous faire expédier, comme deuxième fascicule des Documents préliminaires destinés à la préparation de la future Conférence de La Haye, un „Tableau des vœux émis par divers Congrès et Assemblées (1910-1924)". Ce tableau contenait (p. 20 à 22) un Projet de Convention sur la concurrence déloyale, rédigé par le Comité économique de la Société des Nations, ainsi que les décisions de la Réunion des experts convoquée par cette Société à Genève, en mai 1924, pour l'examen de ce projet.

Depuis cette époque, le Comité économique précité a présenté ses desiderata, non plus sous forme d'un projet de Convention particulière, mais sous forme d'amendements et d'additions au texte actuel des articles 6 à 10bis de la Convention de Paris de 1883, revisé à Bruxelles et à Washington en 1900 et 1911, et ces desiderata, soumis au Conseil de la Société des Nations et adoptés par celui-ci le 9 septembre 1924, ont été insérés dans une publication de la Société des Nations (C. 453 [1] M. 178. 1924. II) datée du même jour; ils y figurent aux pages 8 à 13 comme „Liste des amendements" et ensuite comme tableau synoptique de ceux-ci comparés avec le texte actuel des articles 6 à 10bis de la Convention; ainsi ils constituent le complément naturel des textes provisoires qui vous ont été communiqués le 26 juillet 1924.

La Section économique et financière de la Société des Nations nous ayant demandé de vous faire connaître aussi la teneur définitive de ces revendications et nous ayant mis à cet effet en possession d'un certain nombre d'exemplaires de la publication susmentionnée, nous nous empressons, en raison de son importance, de vous en faire parvenir avec la présente un exemplaire dont les pages 8 à 13 remplaceront utilement les pages 20 à 22 du second fascicule de notre „Tableau des vœux".

* * *

TROISIÈME CIRCULAIRE

(N° 194/1510, du 8 décembre 1924)

Envoi des fascicules III (propositions de revision avec exposés des motifs) et IV (tableaux synoptiques)

Le Gouvernement des Pays-Bas vient d'adresser aux Gouvernements des divers pays, unionistes et non unionistes, l'invitation à prendre part à la VIe Conférence de l'Union internationale pour la protection de la propriété industrielle, dont l'ouverture est fixée au 8 octobre 1925 à La Haye.

Le moment est donc venu pour nous de vous faire parvenir le Programme de la future Conférence (Propositions précédées d'exposés de motifs) tel qu'il a été étudié et arrêté en commun par l'Administration des Pays-Bas et par notre Bureau.

Ce programme constitue le *troisième fascicule* des Documents préliminaires. *Les deux premiers fascicules* (Inventaire des législations nationales en matière de propriété industrielle et Tableau des vœux émis en cette matière par les divers Congrès et Assemblées tenues de 1910 à 1924) vous ont été expédiés en date du 26 juillet 1924 avec notre circulaire N° 192.

Dans le présent envoi vous trouverez aussi un *quatrième fascicule*. Celui-ci renferme une série de tableaux synoptiques des dispositions législatives des divers pays concernant certaines des questions les plus difficiles au sujet desquelles une revision est prévue.

Les Administrations sont priées de vouloir bien, le cas échéant, nous faire connaître les propositions, contre-propositions et observations qu'elles désirent soumettre à la prochaine Conférence. Cependant, d'après les vœux émis par les Conférences de Madrid (1890) et de Bruxelles (1897), ces propositions, contre-propositions et observations devront être formulées *six mois au plus tard avant la réunion de la Conférence;* elles devront donc nous parvenir d'ici au *8 avril prochain* (mercredi avant Pâques) pour pouvoir être communiquées en temps utile à tous les Gouvernements invités à se faire représenter à La Haye et pour permettre à ceux-ci de formuler à leur tour, conformément au vœu précité, leurs amendements et contre-projets dans un délai de 3 mois.

L'observation de ces prescriptions amplement justifiées par l'expérience assurera la marche régulière des travaux de la Conférence.

Au printemps prochain, nous ferons parvenir aux Administrations: 1° une nouvelle édition mise à jour des trois Tableaux comparatifs des conditions et formalités requises dans les pays du monde pour l'obtention d'un brevet d'invention, le dépôt d'une marque de fabrique ou de commerce ou celui d'un dessin ou modèle industriel; 2° un rapport sur le fonctionnement et l'activité du Service de l'enregistrement international des marques de fabrique ou de commerce organisé en vertu de l'Arrangement de Madrid de 1891.

Vu l'importance des documents joints à la présente circulaire, nous vous saurions gré de bien vouloir nous accuser réception de notre envoi.

* * *

QUATRIÈME CIRCULAIRE

(N° 197/1039, du 19 mai 1925)

Envoi des fascicules V (rapport sur l'enregistrement international des marques) et VI (propositions et contre-propositions des Administrations)

Par circulaire N° 194/1510 du 8 décembre 1924, nous vous avons priés, en vous remettant les fascicules III et IV des Documents préliminaires relatifs à la Conférence de La Haye, prévue pour le 8 octobre prochain, de vouloir bien nous faire connaître dans le délai de quatre mois les propositions, contre-propositions et observations que suggéreraient à votre Administration les „Propositions avec exposés des motifs, préparées par l'Administration des Pays-Bas et le Bureau international de Berne".

Neuf Administrations ont répondu, au cours du mois d'avril, à notre appel. Leurs amendements ont été coordonnés et réunis dans le fascicule VI joint à la présente circulaire et cela dans les conditions exposées dans les „Observations préliminaires" précédant les textes. Nous tenons à ajouter que la majorité de ces neuf Administrations se sont bornées à nous transmettre ces textes mêmes sans les accompagner d'exposés des motifs. Tout ce qui, de près ou de loin, a paru revêtir, dans les réponses parvenues, le caractère d'un commentaire des dispositions proposées, a trouvé place dans le fascicule VI.

Ce nouveau document doit permettre aux diverses Administrations de formuler, à leur tour, s'il y a lieu, leurs observations jusqu'à trois mois au plus tard avant la réunion de la Conférence. Pour que ce délai puisse être observé, il est indispensable que notre Bureau soit mis en possession de la seconde série des propositions jusqu'au *30 juin prochain* afin qu'elles puissent être expédiées en un dernier fascicule VII, le 8 juillet, et atteindre en temps utile tous les pays, y compris les pays d'outre-mer. La communication des observations qui nous parviendraient après la fin de juin devrait être renvoyée à l'ouverture de la Conférence (réunion préparatoire ou première séance, v. Actes de la Conférence de Washington de 1911, p. 220 et suiv.).

Le fascicule V, qui part en même temps que la présente, est consacré au Rapport général sur le fonctionnement et l'activité du Service de l'enregistrement international des marques de fabrique ou de commerce, organisé en vertu de l'Arrangement de Madrid de

1891. Ce rapport, dont la rédaction vous a été annoncée dans la circulaire précitée du 8 décembre dernier, a été approfondi de façon à bien mettre en lumière ce service et à lui gagner dans le monde des partisans convaincus.

En ce qui concerne la nouvelle édition, mise à jour, des trois Tableaux comparatifs des conditions et formalités requises dans les divers pays pour l'obtention d'un brevet d'invention, le dépôt d'une marque de fabrique ou de commerce ou celui d'un dessin ou modèle industriel, édition également annoncée dans ladite circulaire „pour le printemps“, l'impression des tableaux et la revision, par les Administrations, des notices en épreuves concernant leur pays, ont subi un certain retard, inévitable mais justifié par notre désir d'assurer à notre documentation le maximum d'exactitude. Cependant, nous prévoyons également l'expédition des trois Tableaux pour le commencement de juillet au plus tard.

Vu l'importance des documents joints à la présente circulaire, nous ne croyons pas trop demander en vous priant de bien vouloir nous accuser réception de notre envoi.

* * *

CINQUIÈME CIRCULAIRE

(N° 198/1382, du 8 juillet 1925)

Envoi du fascicule VII (propositions des Administrations, deuxième série)

Par circulaire N° 197/1039 du 19 mai 1925, nous vous avons priés, en vous remettant les fascicules V et VI des Documents préliminaires relatifs à la Conférence de La Haye, de bien vouloir nous faire connaître jusqu'au 30 juin 1925 les dernières propositions, contre-propositions et observations que ces divers documents seraient de nature à vous suggérer. Cinq Administrations ont donné suite à cet appel. Nous avons réuni leurs réponses, en une „Deuxième série“, dans le *fascicule VII* des Documents préliminaires. La publication de celui-ci, trois mois avant l'ouverture de la Conférence, met le point final aux travaux préparatoires officiels (v. les „Observations préliminaires“ en tête de ce fascicule).

Selon notre promesse, nous joignons à l'envoi dudit fascicule le nombre correspondant d'exemplaires de la *nouvelle édition* entièrement remaniée des trois „Tableaux comparatifs“ des conditions et formalités requises dans les divers pays pour l'obtention des brevets d'invention, le dépôt des marques de fabrique ou de commerce et celui des dessins et modèles industriels, et nous saisissons cette occasion pour adresser aux Administrations qui ont gracieusement revisé les épreuves des notices concernant leur pays que nous leur avions soumises, l'expression de notre sincère reconnaissance(1).

L'édition du premier fascicule des Documents préliminaires contenant l'index de la législation des divers pays du monde en matière de propriété industrielle, édition du mois de juillet 1924, qui a trouvé un très bon accueil, est épuisée; nous en ferons paraître, à la veille de la Conférence, une nouvelle édition tenue à jour.

En vous priant de bien vouloir nous accuser réception du présent envoi, nous avons l'honneur, Messieurs, de vous transmettre l'assurance renouvelée de notre haute considération.

---

(1) Ces Tableaux comparatifs, qui subissent après coup de nombreuses modifications et corrections publiées dans *La Propriété industrielle* et sont réédités, ont paru à part et n'ont pu être insérés dans le présent volume des Actes. *(Bureau international.)*

2° Aux Gouvernements non unionistes invités à prendre part à la Conférence

PREMIÈRE CIRCULAIRE

BUREAU INTERNATIONAL
DE L'UNION
POUR LA
PROTECTION DE LA PROPRIÉTÉ INDUSTRIELLE

CIRCULAIRE N° 195/1513
OBJET :
Conférence de La Haye
Envoi de documents préliminaires
(Fascicules I, II, III et IV)

BERNE, le 8 décembre 1924.

A SON EXCELLENCE
LE MINISTRE DES AFFAIRES ÉTRANGÈRES DE

à ....

Monsieur le Ministre,

Votre Excellence a dû recevoir du Gouvernement des Pays-Bas l'invitation à faire représenter votre pays à la VIe Conférence diplomatique chargée de reviser les Actes régissant l'Union internationale pour la protection de la propriété industrielle, Conférence qui s'ouvrira à La Haye le 8 octobre 1925 et à laquelle sont conviés non seulement les trente-deux pays unionistes, mais encore les autres États qui sont restés jusqu'ici en dehors de l'Union.

Notre Bureau est chargé de faire parvenir à chaque Gouvernement les Documents préliminaires élaborés en vue de cette revision. En conséquence, nous avons l'honneur d'adresser à Votre Excellence, sous pli séparé, . . . exemplaires des fascicules suivants:

I. La législation des divers pays en matière de propriété industrielle.
II. Tableau des vœux émis par divers Congrès et Assemblées (1910-1924).
III. Propositions avec exposés des motifs préparés par l'Administration des Pays-Bas et le Bureau international de Berne.
IV. Tableaux synoptiques.

Les fascicules encore à paraître vous seront expédiés ultérieurement.

Nous serions reconnaissants à Votre Excellence de nous faire accuser réception de cet envoi.

Veuillez agréer, Monsieur le Ministre, les assurances de notre haute considération.

BUREAU INTERNATIONAL
DE L'UNION DE LA PROPRIÉTÉ INDUSTRIELLE,

Le Directeur:
RÖTHLISBERGER.

DEUXIÈME CIRCULAIRE

(Nº 197bis/1047, du 28 mai 1925)

Envoi des fascicules V et VI

A la date du 8 décembre 1924, nous avons eu l'honneur de vous envoyer les quatre premiers fascicules des Documents préliminaires élaborés en vue de la Conférence qui s'ouvrira à La Haye le 8 octobre prochain, pour reviser les Actes régissant l'Union internationale pour la protection de la propriété industrielle.

Pour faire suite à cet envoi, nous nous permettons de vous adresser, sous pli séparé, un exemplaire des cinquième et sixième fascicules desdits Documents préliminaires, fascicules qui portent les titres suivants:

V. Exposé général sur le Service de l'enregistrement international des marques de fabrique ou de commerce (1893-1925).

VI. État des propositions, contre-propositions et observations transmises à Berne par divers pays unionistes, recueillies et coordonnées par les soins du Bureau international (première série).

Nous serions reconnaissants à Votre Excellence de nous faire accuser réception de cet envoi.

* * *

TROISIÈME CIRCULAIRE

(Nº 198bis/1387, du 9 juillet 1925)

Envoi du fascicule VII

Par circulaire Nº 197bis/1047, du 28 mai dernier, nous avons eu l'honneur de vous envoyer les fascicules V et VI des Documents préliminaires relatifs à la Conférence de La Haye.

Faisant suite à cet envoi, nous nous permettons de vous adresser, sous pli séparé, un exemplaire du fascicule VII desdits Documents préliminaires qui met le point final aux Travaux préparatoires officiels (v. les „Observations préliminaires“ en tête de ce fascicule).

Nous joignons à notre envoi un exemplaire de chacune des *nouvelles éditions* entièrement remaniées des *trois „Tableaux comparatifs“* des conditions et formalités requises dans les divers pays pour l'obtention des brevets d'invention, le dépôt des marques de fabrique ou de commerce et celui des dessins et modèles industriels [1]. Nous saisissons cette occasion pour adresser à celles des Administrations qui ont gracieusement revisé les épreuves des notices concernant leur pays que nous leur avions soumises, l'expression de notre sincère reconnaissance.

---

(1) Voir la note p. 36 ci-dessus.

TRAVAUX PRÉPARATOIRES

1° LA LÉGISLATION DES DIVERS PAYS DU MONDE

EN MATIÈRE DE

PROPRIÉTÉ INDUSTRIELLE

L'article 13 de la Convention d'Union impose au Bureau international la mission de centraliser les renseignements de toute nature relatifs à la protection de la propriété industrielle, pour les communiquer aux Administrations des pays contractants.

Parmi ces renseignements, les plus importants et les plus recherchés sont sans contredit ceux qui sont contenus dans les lois et règlements édictés par les divers pays, unionistes ou non. La *Propriété industrielle*, organe mensuel du Bureau international, en contient dès les premiers numéros, et, en 1896, le Bureau a conçu l'idée audacieuse de réunir en une collection unique la législation et les traités de tous les pays du monde.

La *Propriété industrielle* en est actuellement à sa quarante-et-unième année d'existence, et dans le grand nombre de numéros dont elle se compose, il n'en est que très peu qui ne contiennent aucun document législatif. Quant au *Recueil général*, il comprend à cette heure 7 volumes comptant 5142 pages, avec deux tables analytiques dressées à la fin du tome IV pour les quatre premiers volumes, et à la fin du tome VII pour les trois volumes du supplément. Si ces deux publications présentent quelques lacunes — ce qui n'a rien d'extraordinaire dès l'instant où il s'agit d'un ouvrage d'une telle envergure — elles constituent néanmoins la collection la plus complète qui existe dans notre domaine jusqu'en 1912, année où a paru le septième et dernier volume de ce Recueil.

Dans la *Propriété industrielle*, les documents sont insérés le plus tôt possible et ils paraissent en général dans l'ordre de leur arrivée au Bureau international. Le *Recueil*, en revanche, est systématique et s'est efforcé de réunir en un seul complexe tout ce qui concerne un seul et même pays. Malheureusement, le mouvement législatif a toujours été si intense, qu'avant la publication d'un volume, il a souvent fallu le compléter par un appendice pour les documents parus pendant l'impression.

Depuis 1912, et notamment depuis 1920, le mouvement législatif a pris une allure telle que nous avons dû renoncer à une tradition fidèlement suivie jusqu'alors et nous résigner à n'indiquer dans la *Propriété industrielle* que les titres des documents qui ne sont pas d'une importance primordiale. Malgré cette précaution, et bien que nous ayons augmenté considérablement le nombre de pages de notre Revue, nous ne pouvons faire paraître les documents, dont quelques-uns gagneraient à être répandus immédiatement, qu'avec un retard regrettable mais inévitable.

Par la force même des choses, il a été impossible de réunir toujours tous les documents concernant un seul et même pays. Pour savoir exactement quelle est la législation complète d'un État, il est donc nécessaire de rechercher non seulement dans les tables annuelles de la *Propriété industrielle*, mais encore dans les différents volumes du Recueil. La législation ancienne et actuelle d'un pays européen, par exemple, peut figurer par fragments dans le tome Ier du Recueil, puis au commencement et à la fin des tomes IV, V et VII, et être dispersée au cours de chacune des quarante-et-une années de la *Propriété industrielle*. Les tables annuelles de notre Revue sont faites avec soin et il en est de même des tables des matières et des tables analytiques du Recueil, mais, avec la dispersion imposée par les circonstances, il est devenu difficile, même pour un initié, de se renseigner sûrement et rapidement en consultant nos publications. La difficulté subsiste lorsque, le document une fois trouvé, il s'agit de savoir s'il est abrogé ou encore en vigueur.

La riche collection que nous avons constituée perd ainsi une grande partie de sa valeur. Mais, à la réflexion, nous n'avons pas cru pouvoir assumer utilement à cette heure la tâche difficile de lui donner le supplément auquel nous avions fait allusion dans notre circulaire du 2 août 1923 aux différents États. Dans la plupart des pays l'activité législatrice a pris une allure si vive que, à peine paru, notre supplément serait vieilli et ne rendrait donc plus les services qu'on en attend. Il n'est pas rare, en effet, que des documents qui viennent d'être promulgués nous soient signalés comme ayant déjà été remplacés ou comme devant l'être à bref délai. Dans ces conditions, nous avons envisagé qu'il était opportun d'attendre une stabilisation plus grande de la situation générale pour lancer à grands frais un ouvrage qui doit, autant que possible, être d'une valeur durable.

C'est pourquoi nous avons décidé de nous contenter, pour le moment, d'établir un « Inventaire général » que nous publions ci-après. Le lecteur y trouvera la nomenclature de tous les textes législatifs et administratifs parus en matière de propriété industrielle dans les divers pays, avec référence à la page du *Recueil* ou de la *Propriété industrielle* où en est publiée la teneur intégrale. Les chiffres qui figurent dans les deux colonnes de droite indiquent, la première le volume du *Recueil général*, la deuxième l'année de la *Propriété industrielle* où a paru le document dont la date en même temps qu'une brève indication du contenu sont données.

Nous avons éliminé de notre inventaire :

1° les arrangements particuliers pris entre les différents pays pour la protection de la propriété industrielle. Ces arrangements font l'objet d'une liste aussi complète qu'il nous a été possible de l'établir, qui figure dans la *Propriété industrielle*, année 1919, p. 87 et ss., ainsi que dans la brochure mentionnée sous n° 2;

2° les documents qui constituent la législation spéciale promulguée dans les divers pays pour la protection de la propriété industrielle pendant la guerre. Ces documents ont été résumés dans la brochure intitulée: « *La protection internationale de la propriété intellectuelle et la guerre mondiale (1914-1918* » (88 pages, format de la *Propriété industrielle*) que nous avons publiée en 1919;

3° les documents qui se bornaient à prévoir une majoration des taxes en matière de propriété industrielle. La plupart de ces documents, promulgués pour tenir compte de la dépréciation des monnaies, n'ont eu ou n'ont encore qu'une valeur temporaire, parfois éphémère.

Un certain nombre de documents de simple promulgation n'ont pu faire l'objet d'une mention spéciale. Ainsi, quand la Grande-Bretagne ou les Pays-Bas ont publié un décret portant mise en vigueur d'une ou deux sections de la loi qui venait d'être promulguée, nous avons estimé ne pas devoir charger notre inventaire en y mentionnant ce décret, qui était suivi la semaine d'après d'un autre décret de mise en vigueur pour une autre section de la loi. Si des renseignements nous sont demandés sur ce point spécial, nous les donnerons très volontiers.

Notre Inventaire a été dressé en suivant l'ordre alphabétique des pays. Les sections adoptées sont les suivantes: I. Dispositions communes à plusieurs branches de la propriété industrielle; II. Brevets et modèles d'utilité; III. Dessins et modèles; IV. Marques de fabrique; V. Indications de provenance; VI. Concurrence déloyale, nom commercial, récompenses industrielles, divers.

Les titres rentrant dans la section I n'ont pas été répétés dans les autres sections, en sorte que pour connaître tout ce qui concerne, par exemple, la section IV (marques de fabrique), il peut être nécessaire de consulter aussi la section I.

Dans l'intérieur même de chaque section, nous n'avons pas tenu compte de l'importance ou de l'ordre chronologique des documents. Après avoir mis en tête les lois fondamentales, nous avons groupé autant que possible tout ce qui concerne un même objet, en sorte que les lois, les décrets, les ordonnances, avis et circulaires semblent s'enchevêtrer parfois, mais sont pourtant coordonnés *ratione materiae*, c'est-à-dire par le lien logique de l'objet spécial auquel ils se rapportent.

Les documents encore en vigueur sont suivis de l'indication de ceux qui ont été abrogés ou qui sont tombés en désuétude. Cette indication nous eût occasionné de grosses difficultés si nous avions dû nous fier à nos propres lumières. Mais, comme toujours quand nous sommes dans l'embarras, nous avons eu recours aux Administrations des différents pays, unionistes ou non; comme toujours aussi, nous avons rencontré presque partout une bonne volonté évidente à nous renseigner, en sorte que les listes qui nous ont été retournées après vérification officielle présentent toutes les garanties d'exactitude possibles. Quant à celles qui ne nous ont pas été retournées, nous les donnons telles que nous avons pu les établir, en mentionnant expressément que cette vérification leur fait défaut.

L'Inventaire est complet, autant du moins qu'il peut l'être, à la date du *1er janvier 1926*. Il mentionne certains documents, anciens ou récents, que nous n'avions pas encore publiés. Ceux de date récente paraîtront dans la *Propriété industrielle* dès que l'abondance des matières le permettra. Quant aux anciens, nous nous bornerons à la citation qui en est faite, mais en insistant sur la circonstance que nous en possédons dans nos archives la plupart des textes, en sorte que nous serons probablement en mesure de satisfaire aux demandes de renseignements qui nous parviendront au sujet de l'un ou l'autre de ces documents.

* * *

Malgré les réserves formulées ci-dessus, nous croyons pouvoir affirmer que notre Index constitue le Recueil documentaire le plus complet des manifestations officielles appliquées n'importe où sur le globe en matière de *législation* concernant la protection de la propriété industrielle, et traduites en la langue officielle du Bureau international.

Pour la première fois, on trouvera aussi dans cet Index une liste des nombreuses mesures législatives édictées dans les colonies, possessions et protectorats du vaste Empire britannique; cette liste inédite aura, à coup sûr, son utilité pratique appréciable.

Le Catalogue qui va suivre — véritable source de droit comparé — comprend les prescriptions légales de 60 États, savoir 36 pays unionistes et 24 pays non unionistes, et celles de toutes les colonies britanniques.

Allemagne

	Rec. gén.	Prop. ind.
I. Dispositions communes		
Ordonnance du 9 mars 1917 (Bureau des brevets)	—	1917, 45
Avis du 7 mai 1883 (dépôt des pièces en double)	I, 49	—
Loi du 21 mai 1900 (agents de brevets)	IV, 866	1901, 85
Avis du 25 juillet 1900 (agents de brevets)	V, 17	1901, 87
Loi du 18 mars 1904 (protection aux expositions)	V, 3	1904, 90
Loi du 9 juillet 1923 (modification de certaines lois)	—	1923, 125
Ordonnance du 8 mars 1917 (payement des taxes)	—	1917, 45
Avis du 12 mars 1902 (payement des taxes)	V, 15	1902, 81
Avis du 19 août 1903 (payement des taxes)	V, 16	1904, 57
Avis du 18 avril 1903 (application des conventions internationales)	V, 8	1903, 69
Loi du 31 mars 1913 (Convention d'Union)	—	1913, 66
Décision du 7 mai 1903 (Convention d'Union)	V, 7	1903, 93
Avis du 8 avril 1913 (revendication du droit de priorité)	—	1913, 69
Avis du 28 avril 1913 (revendication du droit de priorité)	—	1913, 87
Avis de 1905 (Réunion technique de Berne 1904)	V, 30	1906, 5
Loi du 3 août 1920 (Arrangement de Berne du 30 juin 1920)	—	1920, 98
Loi du 6 juillet 1921 (protection des droits des Allemands à l'étranger)	—	1921, 93
Loi du 1er mai 1878 (forme des actes publics)	I, 87	—
Loi du 25 juillet 1900 (colonies)	IV, 867	1901, 24
Ordonnance du 9 novembre 1900 (colonies)	IV, 867	1901, 24
Loi du 7 avril 1900 (tribunaux consulaires)	IV, 867	1901, 24
Ordonnance du 4 juillet 1914 (tribunaux consulaires)	—	1915, 14
Code civil (supputation des délais)	IV, 865	1900, 145
II. a) Brevets d'invention		
Loi du 7 avril 1891	I, 11	1891, 60
Règlement d'exécution du 11 juillet 1891	I, 31	1891, 111
Loi du 6 juin 1911 (exploitation obligatoire	VII, 584	1911, 101
Prescriptions du 21 novembre 1919 (dépôt des demandes de brevets)	—	1920, 127
Ordonnance du 21 novembre 1919 (dépôt des demandes de brevets)	—	1921, 3
Loi du 27 avril 1920 (prolongation de la durée de protection)	—	1920, 49
Ordonnance du 1er juillet 1920 (prolongation de la durée de protection)	—	1920, 89
Ordonnances créant de nouvelles sections des demandes: 2 mai 1900, 26 mai 1902, 29 avril 1904, 14 mai 1908, 11 mai 1911, *Rec. gén.* V, 4, 5, 769; VII, 583; *Prop. ind.* 1900, 93; 1904, 2; 1905, 2; 1911, 101.		
Ordonnance du 6 décembre 1891 (appels au Reichsgericht)	I, 35	1892, 17
Ordonnance du 15 février 1922 (nom de l'inventeur sur le titre du brevet)	—	1922, 49
Avis du 16 mai 1899 (ouverture de comptes pour le Bureau des brevets)	IV, 866	1901, 69
Avis du 4 novembre 1899 (ouverture de comptes aux particuliers)	IV, 866	1899, 218
Avis du 18 décembre 1902 (payements des taxes effectués de l'étranger)	V, 16	1903, 19
Avis du 19 septembre 1903 (délais de la procédure de délivrance)	V, 5	1903, 189
Avis du 20 juin 1905 (délais de la procédure de délivrance)	V, 6	1905, 178
Avis du 12 mai 1893 (signe du brevet)	I, 50	—
Avis du 24 septembre 1904 (authenticité des exposés d'inventions)	V, 13	1904, 192
Avis du 7 juin 1905 (authenticité des exposés d'inventions)	V, 14	1905, 161
Avis du 22 juillet 1920 (certification des copies de demandes)	—	1920, 89
Avis de 1907 (dépôts d'exposés d'inventions)	VII, 7	1907, 50
Avis du 11 novembre 1908 (vente des exposés d'inventions)	VII, 8	1910, 58
Législation abrogée:		
Prescriptions et avis du 22 novembre 1898 (dépôt des demandes)	IV, 7, 11	1899, 85, 86
Avis du 11 juillet 1877 (dépôt des demandes)	I, 37	—
Avis du 19 mars 1887 (dépôt d'échantillons pour procédés chimiques)	I, 39	—
Avis du 17 août 1906 (vente des exposés d'inventions)	V, 765	1908, 116
II. b) Modèles d'utilité		
Loi du 1er juin 1891	I, 41	1891, 85
Règlement d'exécution du 11 juillet 1891	I, 31, 47	1891, 111
Prescriptions et avis du 21 novembre 1919 (dépôt des modèles d'utilité)	—	1921, 17, 18
Ordonnance du 1er juillet 1922 (dépôt des modèles d'utilité)	—	1922, 112
Avis du 11 juin 1901 (timbres d'agents sur les certificats)	V, 23	1901, 113
Législation abrogée:		
Dispositions du 31 août 1891 (dépôt des modèles d'utilité)	I, 48	1891, 124
Prescriptions et avis du 22 novembre 1898 (Dépôt des modèles d'utilité)	IV, 17, 19	1899, 88
Prescriptions et avis du 3 février 1904 (dépôt des modèles d'utilité)	V, 20, 21	1904, 73
III. Dessins et modèles		
Loi du 11 juin 1870 (droit d'auteur sur les écrits, dessins, etc.)	I, 58	—

	Rec. gén.	Prop. ind.
Loi du 11 janvier 1876 (droit d'auteur sur les dessins et modèles)	I, 51	—
Instructions du 29 février 1876 (tenue du registre des dessins et modèles) . . .	I, 63	—
Instructions du 23 décembre 1886 (tenue du registre des dessins et modèles) . .	I, 66	—
Ordonnance du 10 mai 1907 (commissions d'experts)	V, 767	1908, 17
Législation abrogée :		
Instruction du 29 février 1876 (commissions d'experts)	I, 67	—

IV. Marques de fabrique

	Rec. gén.	Prop. ind.
Loi du 12 mai 1894	I, 69	1894, 118
Règlement d'exécution du 30 juin 1894 .	I, 83	1894, 132
Règlement d'exécution modifié du 10 mai 1903	V, 25	1904, 2
Code pénal (emploi des armoiries publiques)	I, 86	—
Rescrit du 16 mars 1872 (emploi de l'aigle impériale)	I, 87	—
Avis du 11 avril 1872 (emploi de l'aigle impériale)	I, 87	—
Ordonnance du 4 août 1894 (marchandises marquées d'une indication de provenance allemande)	I, 95	1894, 150
Ordonnance du 25 octobre 1894 (saisie en cas de marque enregistrée)	I, 97	—
Ordonnance du 9 janvier 1895 (confiscation des marchandises frauduleuses marquées	I, 97	1895, 85
Avis du 3 octobre 1903 (renouvellement des dépôts)	V, 26	1904, 42
Loi du 22 mars 1902 (protection de la Croix-Rouge)	V, 26	1903, 95
Avis du 7 mai 1903 (protection de la Croix-Rouge)	V, 28	1904, 17
Avis du 8 mai 1903 (protection de la Croix-Rouge)	V, 29	1904, 18
Prescriptions et ordonnance du 30 avril 1920 (dépôt des marques)	—	1921, 31, 32
Prescriptions du 8 septembre 1922 (dépôt des marques	—	1923, 25
Loi du 12 juillet 1922 (adhésion à l'enregistrement international)	—	1922, 137
Ordonnance du 9 novembre 1922 (adhésion à l'enregistrement international) .	—	1922, 163
Notice (adhésion à l'enregistrement international)	—	1922, 163
Classification des produits pour l'enregistrement	—	1923, 141
Législation abrogée :		
Prescriptions du 21 juillet 1894 (dépôt des marques)	I, 85	1894, 132
Prescriptions et avis du 22 novembre 1898 (dépôt des marques)	IV, 24, 27	1899, 90
Prescriptions du 22 décembre 1905 (dépôt des marques)	V, 30	1906, 1

V. Indications de provenance

	Rec. gén.	Prop. ind.
Loi du 7 avril 1909 (commerce des vins).	VII, 22	1910, 89
Loi modificative du 1er février 1923 (commerce des vins)	—	1923, 41
Ordonnance du 13 avril 1923 (commerce des vins)	—	1923, 75
Ordonnance du 6 juin 1925 (commerce des vins)	—	1925, 245
Notes à la France et au Portugal, des 2 juin 1920 et 3 septembre 1921 (appellations d'origine pour produits vinicoles) . .	—	1923, 73
Ordonnance du 27 mars 1912 (inadmissibilité de la dénomination « Bourgogne allemand »)	—	1913, 23
Loi du 21 mars 1925 (adhésion à l'Arrangement de Madrid)	—	1925, 86
Législation abrogée :		
Loi du 24 mai 1901 (commerce des vins). .	V, 32	1901, 145
Avis du 2 juillet 1901 (commerce des vins) .	V, 33	1901, 145

VI. Nom commercial. Concurrence déloyale

	Rec. gén.	Prop. ind.
Code de commerce allemand, §§ 17 à 37 (nom commercial)	IV, 859	—
Loi du 7 juin 1909 (concurrence déloyale)	VII, 11	1909, 169
Législation abrogée :		
Code de commerce, §§ 15 à 27 (nom commercial)	I, 88	—
Loi du 27 mai 1896 (concurrence déloyale) .	IV, 30	1896, 133

Argentine (République)

I. Dispositions communes

	Rec. gén.	Prop. ind.
Règlement du 9 novembre 1866 (Office des brevets)	III, 148	—
Décret du 14 novembre 1898 (Office des brevets)	VI, 164	1902, 182
Décret du 11 février 1899 (sous-commissaires des brevets)	—	1902, 183
Loi du 19 octobre 1909 (exposition du Centenaire)	VII, 283	1910, 29
Décret d'exécution du 14 janvier 1910 (exposition du Centenaire)	VII, 284	1910, 30
Décret du 14 juin 1912 (délais en matière de brevets et de marques)	—	—

II. Brevets d'invention

	Rec. gén.	Prop. ind.
Loi du 11 octobre 1864	III, 133	—
Décret du 20 août 1900 (dessins joints aux demandes)	IV, 518	1900, 146
Décret du 29 août 1900 (dessins joints aux demandes)	—	1900, 146
Décret du 4 octobre 1903 (payement des annuités)	VI, 165	1904, 18
Décret du 7 juin 1901 (demandes basées sur brevets étrangers)	VI, 167	1901, 126
Décret du 6 mars 1906 (demandes basées sur brevets étrangers)	VI, 168	1906, 61
Décret du 11 décembre 1912 (demandes basées sur brevets étrangers)	—	1914, 33
Avis du 15 février 1913 (demandes basées sur brevets étrangers)	—	—

	Rec. gén.	Prop. ind.
Résolution du 30 juin 1919 (renouvellement des brevets de précaution) . . .	—	—
Résolution des 9 août et 14 septembre 1922 (transferts de brevets)	—	—

III. Marques de fabrique

	Rec. gén.	Prop. ind.
Loi du 14 octobre 1900	IV, 868	1901, 1
Loi du 21 septembre 1893 (Croix-Rouge).	VI, 172	1903, 124
Décret d'exécution du 5 décembre 1900 (loi de 1900)	IV, 881	1911, 5
Instructions de 1901 (enregistrement des marques)	VI, 169	1902, 183
Décret du 31 juillet 1897 (renouvellement des dépôts)	IV, 520	1898, 81
Décret du 10 juin 1912 (enregistrement par classes)	—	1912, 137
Décret du 30 juillet 1912 (classification des produits)	—	1912, 137
Décret du 21 août 1912 (formalités d'enregistrement)	—	1913, 33
Décret du 3 novembre 1915 (armoiries publiques)	—	—
Tarif du 13 octobre 1917 (publication des demandes)	—	1918, 99
Législation abrogée :		
Loi du 14 août 1876	III, 152	—
Règlement provisoire du 9 septembre 1876 .	III, 161	—
Loi complémentaire du 13 septembre 1877 .	III, 161	—
Décret du 2 juin 1903 (classification des produits)	VI, 171	1904, 2

IV. Indications de provenance

	Rec. gén.	Prop. ind.
Notice	III, 164	—
Loi n° 11 275 du 1er novembre 1923 . .	—	1924, 169
Ordonnance d'exécution du 8 juillet 1924.	—	1925, 26
Règlement d'exécution du 12 juillet 1924.	—	1924, 241

V. Concurrence déloyale. Nom commercial

	Rec. gén.	Prop. ind.
Notice sur la concurrence déloyale . . .	III, 163	—
Ordonnance du 19 décembre 1916 (registre des désignations d'établissements) . .	—	1918, 99
Règlement du 20 décembre 1917 (registre des désignations d'établissements) . .	—	1918, 99

Autriche

I. Dispositions communes

	Rec. gén.	Prop. ind.
Loi n° 67, du 27 janvier 1925 (protection aux expositions)	—	1925, 61
Ordonnance d'exécution de ladite loi, n° 75, du 23 février 1925 (expositions). . .	—	1925, 62
Ordonnance n° 392 du 12 juillet 1923 (simplification de l'Administration) . . .	—	1923, 157
Ordonnance n° 393 du 18 juillet 1923 (payement des taxes)	—	1923, 159
Ordonnance du 20 janvier 1922 (taxes pour publications)	—	1922, 50
Ordonnance du 7 mars 1906 (timbre fiscal)	V, 56	—
Ordonnance du 30 décembre 1905 (Réunion technique de Berne)	V, 53	1906, 54
Loi du 29 décembre 1908 (entrée dans l'Union	VII, 408	1909, 1
Loi du 20 février 1924 (rétablissement des droits perdus)	—	1924, 106
Ordonnance du 30 décembre 1908 (pièces justificatives du droit de priorité) . .	VII, 409	1909, 2
Ordonnance du 18 juillet 1923 (pièces justificatives du droit de priorité) . . .	—	1923, 160
Ordonnance du 12 juillet 1909 (dépôts unionistes à la Chambre de commerce de Vienne)	VII, 412	1909, 137
Ordonnance du 2 juillet 1921 (rapports avec la Serbie, etc., mesures transitoires)	—	1921, 97
Ordonnance du 9 mai 1922 (rapports avec la Serbie, etc., mesures transitoires). .	—	1922, 82
Ordonnance du 5 juillet 1922 (protection dans le Burgenland)	—	1923, 182
Ordonnances nos 219, 220, 221, du 27 juin 1924 (rapports avec le Burgenland, la Hongrie, l'Italie et la Roumanie, mesures transitoires).	—	1924, 242
Législation abrogée :		
Loi du 27 juin 1908 (création du Ministère des Travaux publics)	VII, 25	—
Décret du 6 juillet 1908 (création du Ministère des Travaux publics)	VII, 26	—
Ordonnance du 21 septembre 1899 (rapports économiques avec la Hongrie)	IV, 150, 161	—

II. Brevets d'invention

	Rec. gén.	Prop. ind.
Loi du 11 janvier 1897	IV, 54	1897, 70
Loi modificative n° 219, du 2 juillet 1925.	—	1925, 174
Ordonnance de mise en vigueur du 15 septembre 1898	IV, 120	1899, 2
Ordonnance du 15 septembre 1898 (organisation du Bureau des brevets) . . .	IV, 120	1899, 2
Ordonnance du 17 décembre 1908 (organisation du Bureau des brevets) . . .	VII, 27	1909, 13
Ordonnance n° 69, du 2 avril 1913 (organisation du Bureau des brevets) . . .	—	1923. 181
Ordonnance n° 395, du 18 juillet 1923 (organisation du Bureau des brevets) . .	—	1923, 160
Ordonnance n° 10, du 30 décembre 1924 (organisation du Bureau des brevets) .	—	1925, 26
Ordonnance n° 324, du 22 août 1925 (organisation du Bureau des brevets) . .	—	—
Ordonnance n° 325, du 22 août 1925 (règlement de service du *Patentamt*) . .	—	—
Ordonnance n° 326, du 22 août 1925 (formalités de demandes)	—	—
Ordonnance du 15 septembre 1898 (agents de brevets)	IV, 136	1899, 53
Loi n° 244, du 16 juillet 1925 (agents de brevets)	—	1925, 181
Ordonnance n° 248, du 25 juillet 1925 (agents de brevets)	—	—
Ordonnance n° 327, du 22 août 1925 (agents de brevets)	—	—
Ordonnance n° 398, du 18 juillet 1923 (agents de brevets)	—	1923, 162
Circulaire du 31 mars 1903 (agents de brevets)	V, 45	1903, 78
Circulaire du 7 avril 1904 (agents de brevets)	V, 48	1904, 216

	Rec. gén.	Prop. ind.
Circulaire du 31 mai 1913 (agents de brevets)	—	1913, 87
Ordonnance du 15 septembre 1898 (exploitation des inventions)	IV, 133	1899, 72
Ordonnance n° 399, du 18 juillet 1923 (exploitation des inventions)	—	1923, 163
Ordonnance du 15 septembre 1898 (traitement des indigents)	—	1899, 73
Ordonnance n° 386, du 12 octobre 1925 (Cour des brevets)	—	—
Règlement n° 387, du 12 octobre 1925 (Cour des brevets)	—	—
Ordonnance du 21 septembre 1901 (taxe de dépôt)	V, 41	1901, 185
Ordonnance du 31 octobre 1921 (payement anticipé des annuités)	—	1921, 130
Législation abrogée :		
Loi sur les privilèges du 15 août 1852	IV, 139	—
Ordonnance du 15 septembre 1908 (règlement de service du *Patentamt*)	IV, 120	1899, 19
Ordonnance du 17 décembre 1908 (règlement de service du *Patentamt*)	VII, 31	1909, 15
Ordonnance n° 396, du 18 juillet 1923 (règlement de service du *Patentamt*)	—	1923, 161
Ordonnance du 15 septembre 1908 (formalités de demandes)	IV, 125	1899, 33
Ordonnance n° 397, du 18 juillet 1923 (formalités de demandes)	—	1923, 162
Ordonnance du 20 décembre 1900 (suppression de la liste des brevets dans le *Patentblatt*)	V, 41	1901, 24
Ordonnance du 15 septembre 1898 (Cour des brevets)	IV, 125	1899, 17
Ordonnance du 8 novembre 1900 (Cour des brevets)	IV, 886	1901, 184
Règlement du 14 mars 1917 (Cour des brevets)	—	1917, 130
Ordonnance du 14 mars 1917 (Cour des brevets)	—	1917, 93
Ordonnance du 2 novembre 1899 (section des demandes VI)	—	1900, 2
Circulaire du 29 octobre 1902 (section des demandes VII et VIII)	—	1903, 189
Décret du 22 février 1899 (transformation des privilèges en brevets)	—	1899, 74
Avis du 2 octobre 1899 (délais de la procédure d'examen)	—	1899, 198
Avis du 19 juillet 1902 (tarif pour agents de brevets)	V, 50	1903, 157
Ordonnance du 17 décembre 1900 (classification des brevets)	—	1901, 24
Avis du 20 novembre 1899 (communication des imprimés)	—	1899, 218
Avis du 22 juin 1899 (vente des fascicules de brevets)	IV, 137	1899, 197
Avis du 1er février 1901 (vente des fascicules de brevets)	V, 42	1901, 113
Avis du 8 novembre 1900 (règlement de la Cour des brevets)	V, 35	1901, 182
Ordonnance du 15 septembre 1898 (expositions)	IV, 134	1899, 74
Avis du 2 mars 1923 (expositions)	—	1923, 58
Loi du 27 décembre 1893 (pacte douanier avec la Hongrie)	—	1894, 17
Ordonnance du 27 décembre 1893 (pacte douanier avec la Hongrie)	—	1894, 18
Avis du 28 octobre 1904 (droit de priorité pour demandes hongroises)	V, 43	1905, 22

	Rec. gén.	Prop. ind.
III. Dessins et modèles		
Loi du 7 décembre 1858	IV, 152	—
Loi modificative n° 35, du 23 mai 1865	IV, 152	—
Ordonnance du 30 mars 1922 (enregistrement des collections de dessins ou modèles)	—	1922, 50
Ordonnance n° 564, du 29 octobre 1923 (enregistrement des collections de dessins ou modèles)	—	1923, 182
Ordonnance n° 30, du 13 avril 1925 (enregistrement des collections de dessins ou modèles)	—	1925, 86
Législation abrogée :		
Ordonnance du 24 janvier 1908 (pacte douanier avec la Hongrie)	—	1908, 86
IV. Marques de fabrique		
Loi du 6 janvier 1890	IV, 163	1892, 43
Loi complémentaire du 30 juillet 1895	IV, 180	1895, 148
Loi complémentaire du 17 mars 1913	—	1913, 67
Circulaire du 19 août 1903 (instructions aux Chambres de commerce)	V, 67	1903, 191
Circulaire du 24 avril 1913 (instructions aux Chambres de commerce)	—	1913, 69
Ordonnance du 13 mai 1919 (dépôt des marques)	—	1920, 75
Règlement d'août 1895 (enregistrements et renouvellements)	IV, 186	1895, 149
Ordonnance du 24 décembre 1919 (renouvellements)	—	1920, 76, 114
Avis du 17 décembre 1897 (marques étrangères)	—	1898, 118
Ordonnance du 19 août 1903 (marques étrangères)	V, 62	1903, 190
Ordonnance n° 280, du 16 juillet 1924 (rapports avec la Grèce)	—	1924, 243
Circulaire du 5 octobre 1902 (marques autrichiennes en Chine)	—	1902, 173
Circulaire du 30 décembre 1908 (enregistrement international)	VII, 414	1909, 3
Circulaire du 6 mai 1909 (enregistrement international)	VII, 418	1909, 55
Circulaire du 14 mai 1910 (enregistrement international)	VII, 421	1910, 162
Ordonnance du 22 avril 1913 (enregistrement international)	—	1913, 68
Circulaire du 24 avril 1913 (enregistrement international)	—	1913, 87
Ordonnance du 18 novembre 1920 (enregistrement international)	—	1923, 13
Ordonnance du 25 septembre 1922 (enregistrement international)	—	1923, 14
Loi du 13 août 1912 (Croix-Rouge)	—	1913, 93
Ordonnance du 21 mai 1921 (taxes de marques)	—	1923, 14
Législation abrogée :		
Ordonnance du 15 décembre 1906 (dépôt des marques)	V, 75	1907, 96

	Rec. gén.	Prop. ind.
Ordonnance du 30 décembre 1908 (enregistrement international)	VII, 412	1909, 2
Avis du 23 février 1909 (enregistrement international)	VII, 416	1909, 28
Ordonnance du 22 avril 1909 (enregistrement international)	VII, 417	1909, 53
Loi du 14 avril 1903 (Croix-Rouge)	V, 57	1903, 123
Ordonnance du 2 mars 1904 (Croix-Rouge)	V, 59	1904, 129
Ordonnance du 20 décembre 1899 (tribunaux consulaires)	—	1900, 57
Ordonnance du 31 mars 1913 (tribunaux consulaires)	—	1913, 68

V. Indications de provenance

	Rec. gén.	Prop. ind.
Ordonnance du 15 juillet 1895 (marques obligatoires pour faux et faucilles)	—	1895, 149
Loi du 17 mars 1907 (indication de provenance du houblon)	V, 770	—
Loi du 19 décembre 1922 (appellations génériques des vins et boissons)	—	1923, 42
Ordonnance n° 385, du 16 octobre 1924 (provenance géographique des boissons spiritueuses)	—	1925, 3
Ordonnance du 26 février 1923 (appellations régionales françaises)	—	1923, 76
Ordonnance du 9 mars 1923 (appellations « Weinbrand » et vins mousseux)	—	1923, 58

VI. Concurrence déloyale. Nom commercial

	Rec. gén.	Prop. ind.
Loi du 16 janvier 1895 (ventes en liquidation)	IV, 207	—
Loi n° 531, du 26 septembre 1923 (concurrence déloyale)	—	1924, 3
Loi n° 634, du 21 décembre 1923 (désignations d'établissements et nom commercial)	—	1924, 33
Ordonnance n° 401, du 8 novembre 1924 (interdiction des ventes sous forme de jeux de hasard)	—	1925, 3
Code civil, article 1295 (concurrence déloyale)	IV, 204	—
Code pénal, §§ 197 à 203, 461, 462 (concurrence déloyale)	IV, 205	—
Code de commerce, §§ 16 à 27 (nom commercial)	IV, 199	—
Loi n° 634, du 21 décembre 1923 (nom commercial)	—	1924, 33
Législation abrogée :		
Loi industrielle du 15 mars 1883, §§ 44 à 50 (nom commercial)	IV, 197	—

Belgique

I. Dispositions communes

	Rec. gén.	Prop. ind.
Arrêté du 21 octobre 1884 (service spécial de la propriété industrielle)	—	1885, 5
Règlement de l'Office des brevets, du 31 juillet 1902	V, 77	1902, 167
Loi du 5 juillet 1884 (approbation de la Convention de Paris)	—	—
Loi du 13 juin 1892 (approbation des trois protocoles de Madrid)	—	—
Loi du 10 juin 1914 (approbation des Actes de Washington)	—	1915, 54
Arrêté du 6 août 1914 (droit de priorité pour brevets)	—	1915, 55
Arrêté du 6 août 1914 (droit de priorité pour marques et dessins)	—	1915, 87

II. Brevets d'invention

	Rec. gén.	Prop. ind.
Loi du 24 mai 1854, avec les modifications introduites par les lois des 27 mars 1857 et 5 juillet 1884	I, 104	1885, 19
Arrêté d'exécution du 24 mai 1854	I, 114	1885, 21
Arrêté d'exécution du 23 juin 1877	I, 119	1885, 22
Arrêté d'exécution du 15 décembre 1912	—	1913, 81
Loi du 11 octobre 1919 (prolongation des brevets)	—	1919, 133
Décret d'application du 30 avril 1920 (prolongation des brevets)	—	1920, 50
Décret d'application du 3 novembre 1921 (prolongation des brevets)	—	1921, 142
Décret d'application du 5 avril 1922 (prolongation des brevets)	—	1922, 51
Arrêté du 12 septembre 1861 (récépissé des demandes de brevets)	I, 118	1885, 22
Arrêté du 17 mars 1902 (modifications aux demandes de brevets)	V, 80	1902, 82
Loi du 24 octobre 1919 (taxes de brevets)	—	1919, 134
Arrêté du 10 septembre 1924 (formalités de demandes de brevets)	—	1924, 217
Loi du 3 août 1924 (publications au Moniteur belge)	—	1924, 218
Arrêté du 7 mai 1900 (payement des annuités)	V, 79	1900, 29
Loi du 25 mai 1891 (10 août 1923) (Code du timbre)	—	—
Loi du 5 août 1921 (application aux Américains du Traité de Versailles)	—	1921, 141
Législation abrogée :		
Circulaire du 17 décembre 1888 (suppression du timbre sur les demandes de brevets)	—	1889, 61

III. Dessins et modèles

	Rec. gén.	Prop. ind.
Loi française du 18 mai 1806	I, 121	1885, 24
Loi belge du 15 mai 1910 (organisation des Conseils de prud'hommes)	VII, 39	—
Arrêté du 10 décembre 1884 (formalités de dépôt)	I, 123	1885, 24
Arrêté du 10 juillet 1884 (dépôts effectués par des étrangers)	I, 123	1885, 5
Arrêté du 24 avril 1922 (dépôt pour les colonies)	—	1923, 93

IV. Marques de fabrique

	Rec. gén.	Prop. ind.
Loi du 1er avril 1879	I, 126	1885, 22
Arrêté d'exécution du 7 juillet 1879	I, 132	1885, 23
Circulaire du 10 janvier 1899 (dépôt des marques)	IV, 209	1899, 23
Loi du 31 mars 1891 (protection de la Croix-Rouge)	V, 84	1903, 95

	Rec. gén.	Prop. ind.
sur les unions professionnelles, du 1 mars 1898 (marques collectives) .	V, 84	1907, 112
té du 23 mai 1893 (enregistrement ternational)	—	1893, 87
té du 28 novembre 1902 (enregistrement international)	V, 82	1902, 181

V. Nom commercial

pénal de 1867, article 191	I, 135	—

Bolivie [1]

I. Brevets d'invention

lu 16 novembre/2 décembre 1916 .	—	1920, 89
Législation abrogée :		
et du 8 mai 1858	III, 176	—
et du 11 septembre 1877	III, 182	—
et du 27 juillet 1910 (exploitation des revets)	VII, 287, 585	1911, 133
et du 17 janvier 1902 (inventions importées de l'étranger)	VI, 183	1902, 67

II. Marques de fabrique

lu 15 janvier 1918	—	1918, 121
ement du 24 mars 1897 (taxe de dépôt)	III, 184	1899, 56
et du 13 mars 1900 (concession de la arque)	—	1901, 54
et du 2 août 1910 (concession de la arque)	VII, 290	—
et du 30 mai 1902 (enregistrement es marques)	VI, 184	1902, 167
laire du 16 septembre 1909 (enregistement des marques)	VII, 289	1910, 142
Législation abrogée :		
lu 25 novembre 1893 (taxe de dépôt) .	III, 184	1899, 56

Brésil

I. Dispositions communes

n° 221, du 20 novembre 1894 (complément à l'organisation judiciaire fédérale)	III, 204	—
et n° 16 264, du 19 décembre 1923 réation d'une Direction générale de propriété industrielle, dispositions ouvelles sur les brevets et les marques)	—	1924, 34 1925, 246
Législation abrogée :		
du 5 novembre 1898 (organisation judiaire fédérale)	IV, 524	1901, 70

II. Brevets d'invention

titution des États-Unis du Brésil, du 4 février 1891	III, 192	—
pénal du 11 octobre 1890, articles 351 355	III, 203	1893, 74, 142
et n° 547, du 17 septembre 1891 (modification du service des archives publiques)	III, 222	—
Décret n° 9341, du 16 décembre 1884 (preuve de l'exploitation des inventions brevetées)	III, 202	—
Décret du 21 octobre 1913 (preuves de l'exploitation des inventions brevetées)	—	1914, 2
Législation abrogée :		
Loi n° 3129 du 14 octobre 1882	III, 192	1893, 19
Règlement d'exécution de ladite loi, n° 8820, du 30 décembre 1882	III, 205	1893, 29
Décret n° 9801, du 5 novembre 1887 (explications concernant la loi n° 3129) . . .	III, 202	—

III. Marques de fabrique

Code pénal du 11 octobre 1890, articles 353 à 355	III, 234	1893, 142
Règlement n° 9210, du 15 décembre 1914 (Junte commerciale de Rio-de-Janeiro) .	—	1916, 54
Décret n° 5114, du 12 janvier 1904 (enregistrement international)	VI, 211	1904, 41
Notice de septembre 1907 (enregistrement international)	VI, 212	1907, 164
Législation abrogée :		
Loi n° 3346, du 14 octobre 1887	III, 224	1888, 96
Règlement d'exécution du 31 décembre 1887	III, 236	1893, 118
Loi modificative n° 1236, du 24 septembre 1904	VI, 187	1905, 2
Règlement d'exécution du 10 janvier 1905 .	VI, 196	1905, 121

IV. Indications de provenance

Décret n° 452, du 3 novembre 1897 (étiquettes mensongères)	III, 245	1898, 18
Décret n° 2742, du 17 décembre 1897 pour l'exécution du précédent	III, 247	1898, 17
Loi sur les douanes de 1899	IV, 530	1900, 37
Décret du 8 décembre 1905 (importation d'articles faussement marqués) . . .	VI, 215	—

Bulgarie

I. Brevets d'invention

Loi du 29 juillet 1921	—	1921, 130
Règlement d'application du 29 juillet 1921	—	1922, 3
Ordonnance n° 16, du 21 juillet 1923 (cession des brevets)	—	—

II. Marques de fabrique

Loi du 14/27 janvier 1904	V, 87	1904, 74
Règlement d'application du 15/28 avril 1904	V, 103	1905, 210, 228
Circulaire du 25 juillet 1904 (instructions aux Chambres de commerce)	V, 123	1905, 213
Circulaire du 18 août 1924 (marque obligatoire pour certaines marchandises importées)	—	1925, 109
Législation abrogée :		
Loi du 15/27 décembre 1892	I, 143	1894, 3
Règlement d'exécution du 20 avril/2 mai 1893	I, 148	1894, 4
Loi complémentaire du 21 décembre 1893/2 janvier 1894	IV, 224	1897, 17

Canada

Brevets, chap. 69 des statuts, 1906 . . .	III, 253; VI, 217	
Brevets, loi n° 24, du 15 décembre 1921 .	—	—

[1] Liste non vérifiée.

	Rec. gén.	Prop. ind.
Brevets, loi nos 13-14, Georges V, du 13 juin 1923	—	1924, 129
Brevets, règlement du 1er septembre 1923	—	1924, 137
Brevets, règlement du 23 février 1904 (abrogé)	VI, 225	1904, 164
Brevets, règlement du 16 juillet 1921 (abrogé)		—
Marques et dessins, chap. 71 des statuts, 1906	III, 269	—
Marques et dessins, loi nos 13-14, Georges V, du 13 juin 1923	—	1924, 170
Marques et dessins, règlement du 12 novembre 1920	—	—
Marques pour bois de service, chap. 72 des statuts, édition 1921	—	1924, 173
Marques pour bois de service, loi n° 72, du 20 juillet 1908	—	1924, 173
Marques pour bois de service, règlement du 12 novembre 1920	—	1924, 194
Marques pour bois de service, règlement du 25 octobre 1907 (abrogé)	—	—
Marques et indications de provenance, Code criminel, chap. 146 des statuts, 1906	—	—
Marques et indications de provenance, memorandum du 19 décembre 1921	—	—
Marques et indications de provenance, loi du 28 juin 1922	—	—
Titres et poinçons, loi n° 30, du 20 juillet 1908	—	—
Croix-Rouge, loi du 28 juin 1922	—	1924, 195

Chili

I. Brevets d'invention

	Rec. gén.	Prop. ind.
Décret n° 90, du 12 novembre 1924 (création du Bureau de la propriété industrielle)	—	1925, 110
Constitution du 25 mai 1833, article 152	III, 282	—
Code civil, article 548	III, 282	—
Loi du 9 septembre 1840	III, 282	—
Loi n° 358, du 17 mars 1925	—	—
Règlement général du 7 août 1911	—	1913, 121
Règlement général du 7 août 1911, modifications du 4 août 1923	—	1924, 38
Règlement du 22 septembre 1911 (demandes de brevets)	—	1913, 145
Décret du 1er septembre 1916 (brevets de perfectionnement)	—	1917, 60
Législation abrogée :		
Décret complémentaire du 1er août 1851	III, 286	—
Décret du 6 décembre 1905	VI, 233	1906, 125
Décret du 16 août 1856 (publicité des brevets d'importation)	VI, 239	—
Décret du 2 janvier 1906 (demandes de brevets, instructions aux experts)	VII, 291	—
Décret du 22 novembre 1895 (expertises et demandes de brevets)	VI, 240	—
Décret du 31 août 1898 (expertises et demandes de brevets)	VI, 243	—
Décret du 14 mars 1901 (expertises et demandes de brevets	VI, 244	—
Décret du 22 octobre 1888 (oppositions aux demandes de brevets)	VI, 240	—
Décret du 20 janvier 1883 (durée des brevets)	III, 286	—
Décret du 17 août 1907 (payement des taxes)	—	1908, 35
Décret du 18 octobre 1909 (payement des taxes)	VII, 298	—
Décret du 13 novembre 1909 (descriptions des brevets déchus)	VII, 299	—

II. Marques de fabrique

	Rec. gén.	Prop. ind.
Loi du 12 novembre 1874	III, 288	—
Loi n° 358, du 17 mars 1925	—	—
Loi du 12 août 1905 (dépôt des marques)	VI, 245	—
Loi du 24 octobre 1898 (contrefaçon déguisée)	—	1900, 161
Décret du 14 juin 1909 (marques consistant en dénominations d'inventions brevetées)	VII, 298	—
Prescriptions de décembre 1911 (produits chimiques et remèdes brevetés)	—	1912, 5

Chine

Marques de fabrique

	Rec. gén.	Prop. ind.
Loi du 3 mai 1923	—	1924, 19
Règlement d'exécution du 9 mai 1923	—	1924, 195
Notice du 16 novembre 1923	—	1925, 27
Législation abrogée :		
Proclamation du 20 août 1907 (marchandises anglaises contrefaites en Chine)	VI, 10	—
Ordonnance provisoire de 1904 (enregistrement des marques)	—	1904, 201
Règlement d'exécution de ladite ordonnance	—	1904, 203
Classification des marchandises pour enregistrement des marques	—	1905, 5

Colombie

I. Dispositions communes

	Rec. gén.	Prop. ind.
Loi n° 34, du 7 mars 1887 (droits d'enregistrement pour les actes)	VI, 247	1902, 168
Loi n° 31, du 28 février 1925 (propriété industrielle)	—	1925, 88
Règlement d'exécution n° 499, du 26 mars 1925	—	1925, 158
Résolution n° 15, du 15 avril 1925 (brevets et marques)	—	1925, 159
Décret n° 909, du 31 juillet 1906 (timbre en matière de brevets et de marques)	—	1912, 1 1918, 100
Décret n° 529, du 30 décembre 1914 (impôt du papier timbré et timbre national)	—	1918, 101
Résolution n° 4, du 9 mars 1915 (droits à payer pour certains documents)	—	1918, 100
Résolution n° 7, du 12 avril 1915 (droits à payer pour certains documents)	—	1918, 100
Résolution n° 15, du 25 mars 1915 (droits à payer pour certains documents)	—	1918, 100
Décret n° 218, du 22 novembre 1900 (enregistrement des brevets et marques)	IV, 892	1902, 169
Décret n° 475, du 14 mars 1902 (enregistrement des brevets et marques)	VI, 248	1902, 169

	Rec. gén.	Prop. ind.
Code de procédure civile, articles 327 et 337 (pouvoirs des mandataires) . . .	—	1918, 101

II. Brevets d'invention

	Rec. gén.	Prop. ind.
Constitution du 5 août 1886	—	1925, 157
Loi n° 35, du 13 mai 1869	IV, 889	1902, 168
Taxes en matière de brevets	VI, 248	1903, 161
Loi modificative du 18 novembre 1911 .	—	1912, 1
Résolution n° 13, du 26 février 1915 (publications au *Diario oficial*)	—	1918, 100
Résolution n° 15, du 25 mars 1915 (publications au *Diario oficial*)	—	1918, 100
Résolution n° 7, du 31 mars 1922 (publications au *Diario oficial*)	—	1925, 159

III. Marques de fabrique. Concurrence déloyale

	Rec. gén.	Prop. ind.
Loi du 9 décembre 1914	—	1915, 99
Code pénal, articles 858 à 860	—	1900, 146

Législation abrogée :

	Rec. gén.	Prop. ind.
Décret du 23 novembre 1900 (formalités d'enregistrement des marques)	IV, 893	1902, 169

Congo

I. Dispositions communes

	Rec. gén.	Prop. ind.
Instructions du 23 mai 1889 (brevets et marques)	VII, 259	1911, 19
Arrêté du 23 août 1912 (brevets et marques)	—	1925, 27

II. Brevets d'invention

	Rec. gén.	Prop. ind.
Décret du 29 octobre 1886	III, 33	1911, 17
Décret d'exécution du précédent, 30 octobre 1886	III, 34	1911, 17
Arrêté du 27 juin 1913 (dépôt des demandes de brevets)	—	1925, 27

III. Dessins et modèles

	Rec. gén.	Prop. ind.
Décret du 24 avril 1922 (dépôt des dessins et modèles).	—	1925, 27
Arrêté d'exécution du 24 avril 1922 . .	—	1925, 114

IV. Marques de fabrique

	Rec. gén.	Prop. ind.
Décret du 27 avril 1888	III, 36	1911, 18
Arrêté d'exécution du 27 avril 1888 . .	III, 37	1911, 18

Costa-Rica (1)

I. Dispositions communes

	Rec. gén.	Prop. ind.
Code pénal du 11 avril 1919, articles 380 à 382	—	1919, 50
Loi sur la propriété intellectuelle du 26 juin 1896.	III, 292	1897, 18

Législation abrogée :

	Rec. gén.	Prop. ind.
Code pénal du 27 avril 1880, article 496 . .	III, 296	1897, 20

II. Brevets d'invention

	Rec. gén.	Prop. ind.
Décret du 29 octobre 1921 (expertise obligatoire des demandes)	—	1922, 51

(1) Liste non vérifiée.

III. Marques de fabrique

	Rec. gén.	Prop. ind.
Loi du 22 mai 1896.	III, 297	1896, 101
Règlement du 11 septembre 1896 . . .	III, 299	1898, 4

Cuba (1)

I. Dispositions communes

	Rec. gén.	Prop. ind.
Instructions du 5 mai 1903 (brevets et marques déposés à l'étranger). . . .	VI, 261	1904, 78
Instructions du 8 mai 1903 (brevets et marques déposés à l'étranger). . . .	VI, 262	1906, 115
Décret du 11 avril 1903 (légalisation des documents étrangers)	VI, 263	1906, 115
Décret du 14 avril 1903 (légalisation des documents étrangers)	VI, 264	1904, 117
Ordonnance du 30 mars 1901 (compétence des notaires)	VI, 259	1903, 40
Avis du 21 avril 1899 (payement des taxes)	VI, 257	1903, 40

Législation abrogée ou tombée en désuétude :

	Rec. gén.	Prop. ind.
Circulaire du 11 avril 1899 (mesures de guerre des États-Unis).	—	1899, 75
Circulaire du 25 septembre 1899 (mesures de guerre des États-Unis).	—	1899, 198
Circulaire du 1er juin 1899 (mesures de guerre des États-Unis)	—	1899, 117
Circulaire du 9 mars 1900 (mesures de guerre des États-Unis	—	1900, 58
Ordonnance du 13 juin 1901 (mesures de guerre des États-Unis).	—	1901, 127
Ordonnance du 13 mai 1902 (mesures de guerre des États-Unis).	VI, 260	1903, 41
Ordonnance du 21 juin 1902 (mesures de guerre des États-Unis).	VI, 259	1903, 40

II. Brevets d'invention

	Rec. gén.	Prop. ind.
Décret du 30 juin 1833 (privilèges pour inventions)	VII, 301	1909, 69
Règles pour les descriptions et les dessins de brevets (sans date)	VII, 310	1912, 2

Législation abrogée :

	Rec. gén.	Prop. ind.
Ordonnance du 26 mai 1900 (mesures de guerre des États-Unis).	VI, 252	1903, 38
Ordonnance du 26 mai 1900 (mesures de guerre des États-Unis).	—	1900, 113
Ordonnance du 10 décembre 1900 (mesures de guerre des États-Unis)	VI, 252	1903, 38

III. Marques de fabrique. Dessins et modèles

	Rec. gén.	Prop. ind.
Décret du 21 août 1884 (marques et dessins outre-mer)	VI, 253	1903, 39
Article 287 du Code pénal (récipients portant une marque contrefaite)	VI, 256	1903, 40
Ordonnance du 17 janvier 1901 (concession des marques)	VI, 265	1901, 126
Décret du 15 juin 1908 (formalités d'enregistrement).	VII, 313	1912, 14
Décret du 7 novembre 1917 (formalités d'enregistrement).	—	1918, 14
Décret du 9 septembre 1915 (oppositions aux enregistrements)	—	1916, 115

(1) Liste non vérifiée.

	Rec. gén.	Prop. ind.
Décret du 14 février 1917 (appel aux oppositions)	—	1917, 83
Décret du 28 février 1917 (appel aux oppositions)	—	1917, 83
Décret du 9 juillet 1901 (transferts de marques et dessins)	VI, 256	1903, 40
Décret du 3 octobre 1917 (obligation de fournir des clichés)	—	1918, 13
Avis du 2 octobre 1917 (obligation de fournir des clichés)	—	1918, 14
Règlement du 28 octobre 1905 (enregistrement international)	VI, 267	1906, 109
Avis du 19 mai 1900 (marques non enregistrées)	VI, 255	1903, 39
Avis du 6 juin 1900 (marques non enregistrées)	VI, 255	1903, 39
Circulaire du 24 mai 1909 (marques non enregistrées)	VII, 316	1912, 20
Décret du 15 août 1910 (Croix-Rouge)	VII, 586	1911, 169

Législation abrogée :

	Rec. gén.	Prop. ind.
Consultation du 19 février 1902 (mesures de guerre des États-Unis)	—	1902, 49
Ordonnance du 13 juin 1901 (mesures de guerre des États-Unis)	VI, 257	1903, 40

IV. Indications de provenance

	Rec. gén.	Prop. ind.
Loi du 16 juillet 1912 (bande de garantie pour tabacs exportés)	—	1916, 8

Danemark

I. Brevets d'invention

	Rec. gén.	Prop. ind.
Loi du 13 avril 1894	I, 155	1894, 71
Loi modificative du 12 janvier 1915	—	1915, 132
Loi modificative n° 386, du 30 juin 1919	—	—
Avis du 17 juin 1915 (demandes de brevets)	—	1915, 134
Ordonnance du 28 septembre 1894 (brevets étrangers)	I, 171	1894, 149
Ordonnance du 12 septembre 1902 (brevets étrangers)	V, 127	1903, 19
Ordonnance du 28 mai 1915 (brevets étrangers)	—	1915, 133

Législation abrogée :

	Rec. gén.	Prop. ind.
Loi du 16 mars 1900	IV, 225	1900, 73
Avis du 9 juin 1894 (demandes de brevets)	I, 169	1894, 149
Avis du 25 mai 1899 (demandes de brevets)	IV, 225	1899, 101
Avis du 12 novembre 1902 (demandes de brevets)	V, 128	1903, 19

II. Dessins et modèles

	Rec. gén.	Prop. ind.
Loi du 1er avril 1905	V, 130	1906, 1
Loi islandaise du 19 juin 1923	—	—
Loi modificative du 12 janvier 1915	—	1915, 132
Règlement d'exécution du 17 juin 1915	—	1916, 19
Ordonnance du 1er septembre 1905 (dessins et modèles étrangers)	V, 150	1907, 17
Ordonnance du 28 mai 1915 (dessins et modèles étrangers)	—	1915, 134
Ordonnances des 14 août, 20 octobre 1906, 20 juillet 1908 et 29 octobre 1909 (clause de déchéance non applicable à certains pays)	V, 133	1907, 47 48, 157

Législation abrogée :

	Rec. gén.	Prop. ind.
Règlement du 25 septembre 1905	V, 140	1907, 17

III. Marques de fabrique

	Rec. gén.	Prop. ind.
Code pénal du 11 février 1866, §§ 277 et 278	IV, 234	1899, 103
Loi du 11 avril 1890	I, 173	1894, 145
Loi islandaise du 13 novembre 1903	V, 573	1907, 113
Loi modificative du 29 mars 1904	V, 151	1904, 117
Loi modificative du 12 janvier 1915	—	1915, 133
Ordonnance n° 426, du 28 juillet 1920 (dépôt des marques)	—	—
Ordonnance du 28 septembre 1894 (marques étrangères)	I, 183	1894, 149
Ordonnance du 28 mai 1915 (marques étrangères)	—	1915, 134
Ordonnance du 13 janvier 1922 (marque obligatoire pour pianos)	—	—
Ordonnance n° 140, du 13 octobre 1880, et n° 55, du 20 mars 1883 (protection accordée aux ressortissants de certains pays)	—	—
Ordonnance du 20 octobre 1904 (application de la législation danoise à l'Islande)	V, 152	1905, 89
Ordonnance du 30 décembre 1904 (application de la législation danoise à l'Islande)	V, 152	1905, 89
Loi du 29 avril 1913 (marques collectives)	—	1913, 107
Ordonnance n° 152, du 27 mai 1913 (dépôt des marques collectives)	—	—

Législation abrogée :

	Rec. gén.	Prop. ind.
Avis du 11 avril 1890 (dépôt des marques)	I, 182	1894, 147
Loi modificative du 19 décembre 1898	IV, 232	1899, 57

IV. Indications de provenance

	Rec. gén.	Prop. ind.
Loi du 30 mars 1906 (produits agricoles)	V, 154	1907, 125
Loi du 29 mars 1924 (indications fausses sur les marchandises)	—	1924, 218
Ordonnance du 30 août 1906 (marquage du beurre et de la viande de porc)	V, 159	1907, 127

Législation abrogée :

	Rec. gén.	Prop. ind.
Loi du 27 avril 1894	I, 189	1894, 148
Loi du 8 juin 1912	—	1913, 105

V. Nom commercial. Concurrence déloyale

	Rec. gén.	Prop. ind.
Loi du 1er mars 1889 (registre du commerce)	I, 185	—
Loi n° 290, du 6 mai 1921 (concurrence déloyale), remplacée par la loi du 29 mars 1924 sur les indications de provenance	—	—

Dantzig

I. Brevets d'invention

	Rec. gén.	Prop. ind.
Loi du 14 juillet 1921	—	1921, 117
Prescriptions du 23 septembre 1921 (dépôt des demandes)	—	1922, 35

	Rec. gén.	Prop. ind.
Prescriptions du 23 septembre 1921 (tenue du registre des brevets)	—	1922, 35
Conseils aux déposants de demandes de brevets, 23 septembre 1921	—	1922, 35
Ordonnance n° 599, du 1er novembre 1923 (nouvelle unité monétaire)	—	1924, 22

II. Dessins et modèles

	Rec. gén.	Prop. ind.
Loi du 14 juillet 1921	—	1921, 133
Prescriptions du 23 septembre 1921 (tenue du registre des dessins et modèles)	—	1922, 36

III. Marques de fabrique

	Rec. gén.	Prop. ind.
Loi du 14 juillet 1921	—	1921, 117
Prescriptions du 23 septembre 1921 (dépôt des marques)	—	1922, 35
Prescriptions du 23 septembre 1921 (tenue du registre des marques)	—	1922, 36
Ordonnance du 23 septembre 1921 (classification des produits)	—	1922, 36
Conseils aux déposants de marques, 23 septembre 1921	—	1922, 36
Ordonnance n° 599, du 1er novembre 1923 (nouvelle unité monétaire)	—	1924, 22
Loi du 25 mai 1923 (adhésion à l'enregistrement international)	—	1923, 127
Ordonnance du 16 juin 1923 (enregistrement international)	—	1923, 165
Conseils aux déposants de marques internationales, 15 juin 1923	—	1923, 164

Dominicaine (République) (1)

I. Brevets d'invention

	Rec. gén.	Prop. ind.
Constitution du 20 juin 1896, article 11, n° 9	—	1897, 185
Loi du 2 avril 1911	VII, 587	1911, 186
Décret du 14 novembre 1914	—	1915, 114

II. Marques de fabrique

	Rec. gén.	Prop. ind.
Loi du 16 mai 1907	VI, 271	1908, 8
Loi modificative du 18 juillet 1912	—	1914, 97
Décret du 14 novembre 1914	—	1915, 114

Equateur

I. Brevets d'invention

	Rec. gén.	Prop. ind.
Loi du 31 octobre 1899	IV, 537	1901, 88
Législation abrogée :		
Loi du 18 octobre 1880	III, 306	—

II. Marques de fabrique

	Rec. gén.	Prop. ind.
Loi du 31 octobre 1899 (registre des marques)	IV, 537	1901, 88
Loi sur les marques, 14 septembre 1914	—	1915, 88
Code pénal, articles 205 et 212	IV, 538	1901, 88
Décret du 30 janvier 1923 (enregistrement et transfert des marques)	—	1923, 94
Décret du 3 octobre 1923 (Croix-Rouge)	—	1924, 60

(1) Liste non vérifiée.

	Rec. gén.	Prop. ind.
Législation abrogée :		
Loi du 12 octobre 1901	—	1902, 129
Loi du 23 octobre 1908	VI, 279	1909, 25
Décret du 4 mai 1909 (taxe d'enregistrement)	VII, 319	—

Espagne (1)

I. Dispositions communes

	Rec. gén.	Prop. ind.
Loi du 16 mai 1902 (propriété industrielle)	V, 161	1902, 82
Règlement d'exécution du 15 janvier 1924 (propriété industrielle)	—	1924, 38
Décret du 30 juillet 1887 (Direction des brevets et des marques)	I, 225	1888, 3
Décret du 7 décembre 1916 (Conseil de la propriété industrielle)	—	1917, 34
Décret du 5 janvier 1923 (Conseil de la propriété industrielle)	—	1923, 43
Avis du 13 janvier 1917 (Conseil de la propriété industrielle)	—	1917, 35
Décret du 9 février 1923 (Conseil de la propriété industrielle)	—	1923, 44
Ordonnance du 5 janvier 1923 (création d'une section des recours)	—	1923, 44
Décret du 13 décembre 1907 (registre de la propriété industrielle)	VII, 47	1910, 137
Ordonnance du 22 mai 1905 (agents de brevets)	V, 238	1905, 178
Ordonnance du 12 mai 1909 (agents de brevets)	VII, 48	1909, 105
Ordonnance du 23 septembre 1902 (publication dans le Bulletin officiel)	V, 239	1902, 149
Décret du 16 août 1888 (protection aux expositions)	I, 229	1888, 113
Ordonnance du 29 août 1888 (protection aux expositions)	I, 230	1888, 114
Ordonnance du 29 octobre 1902 (payement anticipé des taxes)	V, 248	1904, 3
Ordonnance du 29 octobre 1902 (documents devenus sans objet)	V, 240	1904, 3
Législation abrogée :		
Règlement d'exécution du 12 juin 1903 (propriété industrielle)	V, 214	1903, 138
Décret du 11 juillet 1888 (suppression du Bureau spécial des brevets)	I, 226	1888, 113

II. Brevets d'invention

	Rec. gén.	Prop. ind.
Notice du 22 décembre 1899 (examen des demandes de brevets)	IV, 239	1900, 94
Ordonnance du 20 novembre 1920 (signature des titres de brevets)	—	1925, 15
Décret du 2 novembre 1900 (exploitation des inventions brevetées)	IV, 896	1901, 37
Décret du 29 mars 1901 (exploitation des inventions brevetées)	V, 239	1901, 72
Ordonnance du 9 mai 1893 (exploitation des inventions brevetées)	I, 232	1893, 88
Ordonnance du 16 janvier 1903 (payement de la première annuité)	V, 241	1904, 4
Ordonnance du 29 janvier 1924 (exploitation des inventions brevetées)	—	1925, 250

(1) Liste non vérifiée.

	Rec. gén.	Prop. ind.
Ordonnance du 13 avril 1925 (exploitation des inventions brevetées)	—	1925, 250
Ordonnance du 7 décembre 1900 (saisie préventive d'objets contrefaits)	IV, 897	1901, 127
Ordonnance du 2 avril 1903 (saisie préventive d'objets contrefaits)	V, 242	1904, 4
Ordonnance du 4 novembre 1903 (déchéance des brevets)	V, 243	1904, 6
Législation abrogée :		
Loi du 30 juillet 1878	I, 202	1887, 85
Ordonnance du 27 février 1897 (interprétation de la loi de 1878)	IV, 237	1898, 65
Ordonnance du 5 juin 1895 (interprétation de la loi de 1878)	IV, 237	1898, 66
Décret du 2 août 1886 (exécution de la loi de 1878	I, 222	1888, 3
Décret du 14 mai 1880 (application aux provinces d'outre-mer)	I, 227	1888, 2
Décret du 17 février 1899 (mesures prises pendant la guerre de 1899)	IV, 241	1899, 38

III. Dessins et modèles

	Rec. gén.	Prop. ind.
Ordonnance du 17 juin 1903 (non-inscription au registre de la propriété intellectuelle)	V, 245	1904, 5

IV. Marques de fabrique

	Rec. gén.	Prop. ind.
Décret du 18 août 1884 (marques dans les provinces d'outre-mer)	I, 242	1896, 146
Décret du 26 octobre 1888 (marques dans les provinces d'outre-mer)	I, 242	1896, 146
Ordonnance du 16 septembre 1895 (marques sur marchandises de cabotage)	IV, 245	1896, 19
Ordonnance du 12 février 1889 (dénominations et noms comme marques)	I, 238	1889, 61
Ordonnance du 16 janvier 1897 (marques agricoles)	IV, 243	1898, 66
Décision du 13 janvier 1917 (marques pour produits pharmaceutiques)	—	1917, 36
Ordonnance du 2 novembre 1912 (extension de la liste des produits)	—	1916, 55
Ordonnance du 31 mai 1901 (délai d'opposition)	IV, 897	1901, 128
Ordonnance du 28 janvier 1924 (opposition aux marques)	—	1924, 118
Ordonnance du 1er septembre 1888 (obligation de fournir un cliché)	I, 241	1888, 135
Ordonnance du 11 juillet 1851 (certificats de marques)	I, 239	1888, 134
Ordonnance du 26 juillet 1905 (nullité des marques)	V, 251	1906, 127
Circulaire du 20 mai 1901 (définition du délit de contrefaçon)	IV, 898	1901, 128
Ordonnance du 7 novembre 1899 (Croix-Rouge)	V, 250	1903, 96
Décret du 14 août 1878 (dépôts opérés par des étrangers)	I, 256	—
Décret du 15 décembre 1893 (enregistrement international)	—	1894, 2
Décret du 30 juillet 1904 (enregistrement international)	V, 250	1904, 182
Législation abrogée :		
Décret du 20 novembre 1850 (formalités d'enregistrement)	I, 233	1888, 133
Décret du 11 avril 1858 (propriété et transmission des marques)	I, 240	1888, 135

V. Indications de provenance

	Rec. gén.	Prop. ind.
Ordonnances générales des douanes du 15 octobre/19 novembre 1894	I, 259	1899, 37
Ordonnances générales des douanes du 19 novembre 1894	I, 259	—
Ordonnance du 28 décembre 1901 (marques étrangères sur marchandises espagnoles)	V, 255	1903, 122
Ordonnance du 20 mai 1898 (marques étrangères sur marchandises espagnoles)	IV, 244	1899, 36
Ordonnance du 13 novembre 1905 (marques étrangères sur marchandises espagnoles)	V, 256	1906, 128
Ordonnance du 26 février 1897 (marques étrangères sur marchandises espagnoles)	IV, 244	1898, 67
Ordonnance du 14 mars 1858 (marques espagnoles sur marchandises étrangères)	I, 258	1896, 146

Esthonie

I. Brevets d'invention

	Rec. gén.	Prop. ind.
Loi du 21 mai 1921	—	1922, 65
Loi du 21 mai 1921 (taxes)	—	1924, 150
Dispositions du 20 décembre 1923 (dépôt des demandes)	—	1924, 151
Législation abrogée :		
Dispositions du 19 janvier/28 mai 1921 (dépôt des demandes)	—	1921, 86

II. Dessins et modèles

	Rec. gén.	Prop. ind.
Loi du 15 avril 1921	—	1924, 114

III. Marques de fabrique

	Rec. gén.	Prop. ind.
Loi du 15 avril 1921	—	1924, 112
Dispositions du 20 décembre 1923 (formalités de dépôt)	—	1924, 152
Législation abrogée :		
Dispositions du 24 janvier 1921 (formalités de dépôt)	—	1921, 87

États-Unis (1)

I. Dispositions communes

	Rec. gén.	Prop. ind.
Statuts revisés du 8 juillet 1870 (organisation du Bureau des brevets	III, 343	—
Loi du 9 février 1893 (Cour d'appel du district de Colombie)	III, 346	—
Loi du 3 mars 1897 (compétence de la Cour suprême)	III, 346	—
Loi du 3 mars 1911 (organisation judiciaire)	—	—
Loi du 3 mars 1921 (rétablissement des demandes)	—	1921, 41
Règlement du 18 juillet 1899 (Bureau des brevets)	IV, 540	1899, 198

(1) Liste non vérifiée.

	Rec. gén.	Prop. ind.
èglement du 5 décembre 1899 (Bureau des brevets)	—	1899, 218
èglement du 17 juin 1907 (Bureau des brevets)	VI, 297	—
rdonnance du 2 juillet 1904 (Bureau des brevets)	—	1905, 21
rdonnance du 12 mars 1907 (zone du canal de Panama).	VI, 296	1907 64
rdonnance du 17 juin 1914 (agents de brevets)	—	1914, 114
oi du 18 février 1922 (agents de brevets)	—	—

II. Brevets d'invention

	Rec. gén.	Prop. ind.
atuts revisés du 8 juillet 1870 (brevets d'invention)	III, 323	—
oi du 3 mars 1897 (brevets d'invention)	—	1897, 33
oi du 10 juin 1898 (classification et publication des brevets)	—	1898, 102
oi du 11 avril 1902 (signature des brevets)	VI, 291	1902, 86
oi du 23 mai 1908 (délivrance des brevets)	VI, 296	—
oi du 25 juin 1910 (suppression des caveats)	VII, 323	1910, 90
oi du 25 juin 1910 (protection supplémentaire)	VII, 323	1911, 1
oi du 1er juillet 1918 (protection supplémentaire)	—	—
oi du 15 octobre 1914 (monopoles illicites)	—	1914, 164
oi du 3 mars 1915 (suppression des témoignages)	—	1915, 40
oi du 6 octobre 1917 (inventions à tenir secrètes).	—	—
oi du 3 mars 1897 (juridiction des cours de circuit)	III, 346	1897, 34
oi du 28 février 1899 (inventeurs frappés de démence)	IV, 539	1899, 218
oi du 18 février 1922 (revision des sections 4871, 4883, 4898, 4906, 4921, 4934)	—	—
oi du 6 mars 1920 (dépôt des taxes). .	—	—
rdonnance du 13 janvier 1910 (inventeurs frappés de démence).	VII, 321	1910, 170
èglement du 18 juin 1897 (exécution de la loi)	III, 349	—
èglement du 14 février 1895 (exécution de la loi)	—	1895, 85
rdonnance du 24 novembre 1903 (exécution de la loi)	—	1904, 19
rdonnance du 1er février 1900 (demandes de brevet séparées)	—	1900, 37
rdonnance de 1916 (délai pour compléter les demandes)	—	—
rdonnance du 23 janvier 1900 (préparation et expédition des dessins) . . .	IV, 542	1900, 21
rdonnance du 5 août 1900 (revendications suggérées)	—	1900, 181

	Rec. gén.	Prop. ind.
Règlement du 29 décembre 1894 (appel des décisions du Commissaire) . . .	III, 347	—
Ordonnance du 15 juin 1904 (mention des demandes étrangères)	VI, 295	1904, 182
Loi du 3 mars 1903 (application des Actes de Bruxelles)	VI, 292	1903, 41
Règlement du 1er avril 1888 (application de la Convention d'Union).	—	1888, 125

III. Dessins et modèles

	Rec. gén.	Prop. ind.
Statuts revisés du 8 juillet 1870 (dessins et modèles).	III, 374	—
Loi du 4 février 1887	III, 375	—
Loi du 9 mai 1902 (revision de la section 4929)	VI, 324	1902, 86
Ordonnance des 12 mars et 24 juin 1903 (procédure en cas de collision) . . .	VI, 325	1903, 55, 141

IV. Marques de fabrique

	Rec. gén.	Prop. ind.
Loi du 18 juin 1874 (labels)	III, 382	—
Loi du 3 mars 1881.	III, 377	—
Loi du 5 août 1882	III, 381	—
Loi du 20 février 1905.	VI, 327	1905, 53
Loi du 4 mai 1906	VI, 343	1906, 80
Loi du 2 mars 1907.	—	1910, 33
Loi du 18 février 1909.	—	1910, 33
Loi du 18 février 1911.	VII, 330	1912, 18
Loi du 8 janvier 1913	—	1914, 81
Loi du 19 mars 1920	—	1921, 19
Loi du 21 septembre 1922 (commerce avec l'étranger)	—	—
Règlement du 26 avril 1909 (exécution des lois)	VI, 345	—
Règlement du 27 juillet 1911 (exécution des lois).	VI, 345	1912, 2
Règlement du 15 août 1922 (exécution des lois)	—	—
Règlement du Département du Trésor (marques et noms commerciaux). . .	—	1923, 45
Communication du 11 mai 1909 (marques et étiquettes)	VI, 365	—
Règlement du 1er juillet 1902 (imprimés et étiquettes)	—	1902, 170
Communication du 14 février 1910 (imprimés et étiquettes)	VII, 327	—
Circulaire du 7 septembre 1908 (§ 27 de la loi de 1905)	VII, 325	1910, 77
Instruction du 3 août 1897 (dépôts à la Trésorerie)	III, 390	—
Classification des produits pour dépôts de marques)	VI, 344	—
Circulaire du 14 février 1898 (marques sur marchandises importées)	III, 391	1898, 17
Loi du 6 juin 1900 (Croix-Rouge) . . .	—	1903, 96
Loi du 5 janvier 1905 (Croix-Rouge) . .	VI, 365	1906, 178
Loi du 23 juin 1910 (Croix-Rouge) . . .	VII, 329	1910, 138

Législation abrogée :

	Rec. gén.	Prop. ind.
Règlement d'exécution du 4 janvier 1892	III, 384	—
Règlement d'exécution du 1er novembre 1898	III, 395	—
Règlement d'exécution du 8 avril 1902	—	1902, 85
Règlement d'exécution du 13 avril 1905	—	1905, 101
Règlement d'exécution du 17 novembre 1905	—	1906, 4

V. Indications de provenance

	Rec. gén.	Prop. ind.
Loi sur les douanes du 28 août 1894	—	1896, 20
Loi sur les douanes du 24 juillet 1897	III, 389	—
Circulaire du 8 avril 1898 (noms de villes des États-Unis)	—	1898, 118
Loi du 30 juin 1906 (denrées alimentaires, produits pharmaceutiques)	VI, 367	1907, 48
Règlement du 17 octobre 1906 (denrées alimentaires, produits pharmaceutiques)	VI, 374	1908, 35
Circulaire du 5 octobre 1909 (indication d'origine sur marchandises importées)	VII, 331	1910, 177
Décision du 12 octobre 1909 (indication d'origine sur marchandises importées)	VII, 331	1910, 177
Tarif douanier du 21 septembre 1922	—	1923, 44

Finlande

I. Brevets d'invention

	Rec. gén.	Prop. ind.
Décret du 21 janvier 1898	IV, 247	1898, 133
Déclaration souveraine du 21 janvier 1898	IV, 250	1898, 135
Décret modificatif du 11 février 1921	—	1922, 18
Notification souveraine du 1er décembre 1898 (demandes de brevets)	IV, 256	—
Déclaration souveraine du 1er décembre 1898 (demandes de brevets)	IV, 256	1899, 92
Décret du 23 mai 1919 (demandes de brevets)	—	1922, 18
Ordonnance du 30 septembre 1921 (brevets étrangers)	—	1922, 17

Législation abrogée :

	Rec. gén.	Prop. ind.
Ordonnance suprême du 30 mars 1876	II, 413	—

II. Marques de fabrique

	Rec. gén.	Prop. ind.
Ordonnance du 11 février 1889	II, 420	—
Loi modificative du 3 juin 1921	—	1922, 18
Ordonnance du 4 avril 1899 (enregistrement des marques)	V, 259	—
Ordonnance du 9/22 janvier 1903 (déposants étrangers)	V, 263	1905, 6
Ordonnance du 30 septembre 1921 (déposants étrangers)	—	1922, 17
Code pénal du 19 décembre 1889, chap. 36	II, 426	—
Code suédois de 1734, § 11	II, 426	—

Législation abrogée :

	Rec. gén.	Prop. ind.
Avis du 26 juillet 1912 (Croix-Rouge)	—	1915, 15

III. Indications de provenance

	Rec. gén.	Prop. ind.
Loi du 8 février 1924	—	1924, 243

France

I. Dispositions communes

	Rec. gén.	Prop. ind.
Loi du 9 juillet 1901 (création de l'Office national de la propriété industrielle	V, 268	1901, 10
Décret du 6 février 1920 (Comité technique de la propriété industrielle)	—	1920, 6
Décret du 3 mars 1924 (Comité technique de la propriété industrielle)	—	1924, 4
Décret du 25 septembre 1920 (organisation financière de l'Office national)	—	1920, 11
Circulaire des 11 juillet et 18 décembre 1906 (légalisation des pouvoirs)	V, 329	—
Loi du 11 avril 1908 (protection aux expositions officielles)	V, 778	1908, 4
Décret d'exécution du 17 juillet 1909 (protection aux expositions officielles)	V, 780	1909, 10
Loi du 17 mars 1909 (vente et nantissement des fonds de commerce)	—	1912, 1
Décret d'exécution du 28 août 1909 (vente et nantissement des fonds de commerce)	VII, 54	—
Décret du 19 mai 1909 (législation applicable en Indo-Chine)	VII, 74	1909, 7
Décret du 10 février 1920 (législation applicable dans la Moselle, le Haut et le Bas-Rhin)	—	1920, 2
Lois des 1er juillet 1906 et 10 juillet 1922 (application aux Français des conventions internationales)	V, 271	1906, 9 1922, 9
Arrêté du 23 janvier 1914 (déclaration du droit de priorité)	—	1914, 3
Décret du 31 octobre 1922 (application du Traité de Versailles)	—	1923, 2

Législation abrogée :

	Rec. gén.	Prop. ind.
Décret du 9 juillet 1901 (organisation du Conservatoire des Arts et Métiers)	V, 270	1901, 102
Décret du 21 mars 1903 (Office national)	VII, 51	1903, 142
Taxes des opérations de l'Office national	—	1904, 130
Loi du 23 mai 1868 (protection aux expositions)	I, 299	1885, 15
Loi du 30 octobre 1888 (protection aux expositions)	—	1889, 5
Loi du 30 décembre 1899 (protection aux expositions	IV, 259	1900, 3
Avis du 8 février 1900 (protection aux expositions)	—	1900, 38
Décret du 30 décembre 1908 (protection aux expositions)	—	1912, 45
Loi du 10 juillet 1922 (application aux Français des conventions internationales)	—	1922, 94
Circulaire du 9 février 1903 (déclaration du droit de priorité)	V, 322	1903, 79

II. Brevets d'invention

	Rec. gén.	Prop. ind.
Code pénal de 1810, article 148	I, 300	—
Loi du 5 juillet 1844 modifiée par celle du 31 mai 1856	I, 276	1885, 1
Loi modificative du 7 avril 1902	V, 265	1902, 5
Loi de finances du 26 décembre 1908 (modifications à la loi sur les brevets)	VII, 52	1909, 1
Loi de finances du 31 décembre 1921 (modifications à la loi sur les brevets)	—	1922, 6

	Rec. gén.	Prop. ind.
Loi du 29 décembre 1922 (Office national des recherches)	—	1923, 46
Décret du 16 janvier 1923 (Office national des recherches)	—	1923, 46
Décret du 25 mars 1923 (Office national des recherches)	—	1923, 49
Décret du 24 janvier 1924 (Office national des recherches)	—	1924, 28, 65
Arrêté du 21 octobre 1848 (application de la législation dans les colonies)	I, 301	1885, 14
Décret du 5 juin 1850 (application de la législation en Algérie)	I, 303	1885, 14
Décret du 29 juin 1906 (application de la législation en Algérie)	V, 268	1908, 50
Décret du 24 juin 1893 (application de la législation en Indo-Chine)	I, 304	1894, 2
Décret du 13 mars 1911 (application de la législation en Indo-Chine)	VII, 595	1911, 189
Décret du 28 octobre 1902 (application de la législation à Madagascar)	V, 325	1903, 20
Arrêté du 23 mai 1920 (formes et dimensions des dessins de brevets)	—	1920, 94
Arrêté du 8 mars 1909 (retrait des demandes de brevets)	VII, 53	1909, 55
Avis de mars 1913 (exploitation des inventions brevetées)	—	1913, 37
Circulaire du 15 juillet 1896 (introduction d'objets brevetés)	IV, 262	1896, 161
Circulaire du 18 janvier 1898 (payement de la première annuité)	IV, 262	1900, 197
Loi du 26 juin 1920 (taxes spéciales)	—	1920, 93
Décret du 11 septembre 1920 (taxes spéciales)	—	1920, 117
Circulaire du 25 mars 1904 (authenticité des exposés d'inventions)	V, 323	—
Circulaire du 21 janvier 1905 (authenticité des exposés d'inventions)	V, 323	—
Arrêté du 30 décembre 1899 (publication des descriptions et dessins)	IV, 261	1900, 3
Loi du 8 octobre 1919 (prolongation de la durée des brevets)	—	1919, 113 121
Législation abrogée :		
Arrêté du 31 mai 1902 (Office national)	V, 276	1903, 2
Arrêté du 3 septembre 1901 (formalités de demandes de brevets)	V, 274	1901, 146
Circulaire du 26 juillet 1902 (formalités de demandes de brevets)	V, 291	1903, 27
Arrêté du 31 décembre 1902 (demande, délivrance et impression des brevets)	V, 292	1903, 3
Arrêté du 11 août 1903 (demande, délivrance et impression des brevets)	V, 292	1903, 142
Circulaire du 9 septembre 1903 (demande, délivrance et impression des brevets)	V, 299	1903, 145
Circulaire du 26 juillet 1902 (formule pour demande de brevet)	—	1903, 27
Circulaire du 16 septembre 1902 (pièces relatives aux demandes de brevets)	V, 315	1903, 30
Circulaire du 5 mars 1902 (descriptions de brevets)	V, 276	1903, 21
Circulaire du 6 septembre 1902 (descriptions de brevets)	V, 311	1903, 29
Circulaire du 27 janvier 1903 (descriptions de brevets)	V, 321	1903, 32
Circulaire du 2 mars 1902 (dessins de brevets)	V, 309	1903, 28
Circulaire du 10 mai 1902 (ajournement de la publication)	V, 310	1903, 29
Circulaire du 31 mai 1902 (publication des brevets)	V, 277	1903, 22
Avis du 19 décembre 1907 (ajournement de la délivrance)	V, 777	1908, 116

III. Dessins et modèles

	Rec. gén.	Prop. ind.
Code pénal de 1810, articles 425 à 427, 429	I, 308	—
Loi du 11 mars 1902 (loi de 1793 applicable aux œuvres de sculpture)	VII, 59	1902, 50
Loi du 14 juillet 1909	VII, 60	1909, 90
Décret d'exécution du 26 juin 1911	VII, 598	1912, 29
Décret du 18 mars 1915 (application de la loi à l'Algérie)	—	1915, 115
Loi modificative du 6 janvier 1916 (dépôt des dessins et modèles)	—	1916, 56
Décret du 10 mars 1914 (enveloppe Soleau)	—	1914, 82
Décret du 15 avril 1924 (enveloppe Soleau)	—	1924, 86
Arrêté du 13 mars 1914 (enveloppe Soleau)	—	1914, 82
Arrêté du 7 mai 1915 (enveloppe Soleau)	—	1915, 97
Arrêté du 23 juillet 1921 (enveloppe Soleau)	—	1922, 51
Arrêté du 2 août 1922 (enveloppe Soleau)	—	—
Loi du 9 mai 1923 (enveloppe Soleau)	—	1923, 127
Circulaire du 30 avril 1914 (enveloppe Soleau)	—	1915, 17
Circulaire du 9 juillet 1915 (enveloppe Soleau)	—	1915, 141
Législation abrogée :		
Loi du 18 mars 1806 (Conseil de prud'hommes à Lyon)	I, 306	1885, 24
Ordonnance du 17 août 1825 (dépôt des dessins et modèles)	I, 309	—
Décret du 5 juin 1861 (dépôts provenant de l'étranger)	I, 310	—
Décret du 17 juillet 1908 (dépôts de ressortissants suisses)	V, 784	1908, 157
Notice de 1901 (dépôt de dessins et modèles)	V, 327	1902, 67
Circulaire du 20 mai 1908 (production devant les tribunaux)	V, 782	1909, 109
Circulaire du 12 janvier 1910 (exécution de la loi de 1909)	VII, 68	1910, 34
Circulaire du 10 juillet 1911 (application du décret d'exécution du 26 juin 1911)	—	1912, 45

IV. Marques de fabrique

	Rec. gén.	Prop. ind.
Loi du 23 juin 1857	I, 311	1890, 66
Loi modificative du 3 mai 1890	I, 321	1890, 66
Règlement d'exécution du 28 février 1891	I, 322	1891, 46
Instruction du 4 mars 1887 (application de la loi)	I, 334	1888, 83
Circulaire du 20 mai 1891 (instructions aux déposants	IV, 264	—
Loi du 13 mars 1920 (marques collectives)	—	1921, 106
Loi du 26 novembre 1873 (timbrage spécial des marques)	I, 326	1890, 89
Règlement d'exécution du 25 juin 1874 (timbrage spécial des marques)	I, 329	1890, 99
Loi du 18 mars 1918 (sceaux, timbres et cachets officiels)	—	1919, 26

	Rec. gén.	Prop. ind.
Loi du 11 janvier 1892 (tarif général des douanes)	I, 346	1892, 33
Décret du 19 février 1903 (application de la législation à Madagascar)	V, 338	—
Loi du 24 juillet 1913 (usage de la Croix-Rouge)	—	1914, 165
Décret d'exécution du 29 octobre 1913 (usage de la Croix-Rouge)	—	1914, 166
Circulaire du 9 décembre 1913 (usage de la Croix-Rouge)	—	1915, 3
Décret du 11 septembre 1920 (taxes spéciales pour marques)	—	1920, 114
Décret du 20 mai 1903 (enregistrement international)	V, 337	1903, 93
Décret du 25 octobre 1925 (enregistrement international)	—	1925, 252
Avis du 3 août 1924 (montres importées)	—	1924, 197
Législation abrogée :		
Décret d'exécution du 26 juillet 1858	—	1890, 79
Instructions du 21 octobre 1885	—	1886, 36
Circulaire du 10 mai 1913 (instructions aux déposants)	—	1913, 124
Notice de 1901 (dépôt des marques)	V, 331	1902, 65
Circulaires des 11 juillet et 18 décembre 1906 (légalisations)	V, 339	1907, 21
Circulaire du 26 novembre 1909 (ventes comprenant des marques)	VII, 57	1910, 92
Décision du 4 janvier 1886 (classification des marques)	—	1886, 13
Circulaire du 28 janvier 1897 (marques françaises contrefaites à l'étranger)	—	1897, 41
Décret du 25 avril 1893 (enregistrement international)	—	1893, 57

V. Indications de provenance

	Rec. gén.	Prop. ind.
Loi du 11 janvier 1892 (tarif général des douanes)	I, 346	1892, 33
Circulaire d'août 1908 (instructions de la Direction des douanes)	V, 784	—
Règles pour l'exécution de la loi du 11 janvier 1892	—	1925, 27
Loi du 1er février 1899 (vins, raisins et moût)	IV, 267	1899, 75
Circulaire du 18 février 1905 (produits étrangers faussement marqués)	V, 347	1905, 58
Loi du 1er août 1905 (fraudes alimentaires)	V, 340	1906, 65
Règlement du 19 août 1921 (vins et eaux-de-vie)	—	—
Règlement du 17 janvier 1922 (eaux minérales et boissons)	—	—
Règlement du 15 avril 1912 (viandes, légumes, poissons)	—	1912, 89
Décret du 11 octobre 1907 (application de la loi de 1905 en Algérie)	VII, 77	—
Loi du 11 juillet 1906 (sardines, légumes et prunes)	V, 344	1906, 129
Loi du 28 juin 1913 (conserves étrangères de poisson)	—	—
Loi du 6 mai 1919 (appellations d'origine)	—	1919, 61
Décret du 1er juillet 1922 (appellations des vins portugais)	—	1922, 113
Loi du 15 juillet 1921 (emploi du terme « miel »)	—	—
Législation abrogée :		
Loi du 5 août 1908 (fraudes alimentaires)	VII, 76	1909, 89
Règlement du 3 septembre 1907 (vins et eaux-de-vie)	—	1912, 61
Décret du 17 décembre 1908 (appellation « Champagne »)	—	1912, 62
Loi du 10 février 1911 (appellation « Champagne »)	—	1912, 62
Décret du 7 juin 1911 (appellation « Champagne »)	—	1912, 63
Décret du 18 février 1911 (appellation « Bordeaux »)	—	1912, 64

VI. Nom commercial. Divers

	Rec. gén.	Prop. ind.
Loi du 28 juillet 1824 (altérations ou suppositions de noms)	I, 340	1890, 113
Loi du 30 avril 1886 (médailles et récompenses industrielles)	I, 348	—
Loi du 8 août 1912 (médailles et récompenses industrielles), pas encore entrée en vigueur	—	1913, 17
Loi du 18 mars 1919 (création d'un registre du commerce)	—	1919, 37
Loi du 1er juin 1923 (indication obligatoire de l'immatriculation au registre du commerce)	—	1923, 94
Loi du 17 mars 1924 (création d'un registre du commerce)	—	1924, 114
Décret d'exécution du 15 mars 1920 (création d'un registre du commerce)	—	1920, 61
Décret d'exécution du 31 octobre 1923 (création d'un registre du commerce)	—	1924, 42
Loi du 26 juin 1920 (taxes d'immatriculation au registre du commerce)	—	1920, 93
Décret du 11 septembre 1920 (taxes d'immatriculation au registre du commerce)	—	1920, 117
Décret du 27 juin 1920 (taxes d'immatriculation au registre du commerce)	—	1920, 118
Décret du 5 décembre 1922 (registre des plantes sélectionnées)	—	1923, 28
Législation abrogée :		
Circulaire du 26 février 1886 (application de la loi du 28 juillet 1824)	—	1886, 37

Géorgie

	Rec. gén.	Prop. ind.
Ordonnance du 6 janvier 1923 sur l'industrie (marques et dessins et modèles)	—	1924, 140

Grande-Bretagne

I. Dispositions communes

	Rec. gén.	Prop. ind.
Loi du 28 août 1907 (brevets, dessins et marques)	V, 351	1907, 141
Avis du 1er juin 1900 (ouverture de comptes au Bureau des brevets)	V, 411	1900, 113
Règlement du 30 janvier 1920 (enregistrement des agents de brevets)	—	1925, 41
Règlement du 11 décembre 1907 (appels aux officiers de la loi)	V, 442	—
Règlement de la Cour suprême, du 3 juin 1908	—	—

	Rec. gén.	Prop. ind.
Règlement de la Cour suprême, du 10 mai 1920	—	—
Ordonnance du 11 février 1907 (juridiction britannique en Chine et Corée)	—	1909, 73
Ordonnance du 4 avril 1906 (juridiction britannique au Siam)	—	1909, 72
Ordonnance du 20 novembre 1894 (application de la loi au Danemark)	—	1895, 2

Législation abrogée :

	Rec. gén.	Prop. ind.
Loi du 25 août 1883 (brevets, dessins et marques)	I, 375	1885, 76
Loi modificative du 14 août 1885 (brevets, dessins et marques)	I, 421	1886, 21
Loi modificative du 24 décembre 1888 (brevets, dessins et marques)	I, 424	1889, 61
Loi du 25 juin 1886 (protection aux expositions)	I, 422	1886, 60
Règlement du 11 juin 1889 (registre des agents de brevets)	I, 446	1889, 147
Règlement du 18 novembre 1891 (registre des agents de brevets)	I, 454	—
Règlement du 26 février 1919 (registre des agents de brevets)	—	1919, 122
Règlement de 1883 (appels aux officiers de la loi)	I, 442	1886, 95
Ordonnance du 2 février 1899 (juridiction en Chine, au Japon et en Corée)	—	1903, 6

II. Brevets d'invention et dessins

	Rec. gén.	Prop. ind.
Statuts de 1623 concernant les monopoles	I, 373	—
Loi du 23 décembre 1919	—	1920, 51
Ordonnance du 10 novembre 1908 (section 8 de la loi de 1907)	VII, 81	1908, 158
Loi du 7 août 1914 (section 91 de la loi de 1907 modifiée)	—	1914, 131
Ordonnance du 7 mai 1918 (section 30 de la loi de 1907/1919)	—	—
Ordonnance du 21 janvier 1920 (section 29 de ladite loi)	—	—
Ordonnance du 15 mars 1920 (sections 1 et 2 de ladite loi)	—	—
Ordonnance du 23 avril 1920 (section 29 de ladite loi)	—	—
Règlement du 25 février 1920 (brevets)	—	1921, 20
Règlement du 14 février 1920 (dessins)	—	1921, 33

Législation abrogée :

	Rec. gén.	Prop. ind.
Loi modificative du 18 décembre 1902 (demandes et licences)	—	1903, 5
Loi explicative du 1er août 1908 (brevets et dessins)	VII, 80	1908, 158
Ordonnance du 12 août 1904 (section 1 de la loi de 1902)	—	1904, 163
Avis du 31 décembre 1907 (section 85 et 98 de la loi de 1907)	VII, 79	1908, 10
Avis du 5 mai 1909 (section 27 de la loi de 1907)	VII, 81	1909, 55
Avis du 16 novembre 1909 (section 7 de la loi de 1907)	VII, 83	1910, 127
Règlement du 21 décembre 1883	—	1886, 79
Règlement du 15 août 1885	—	1887, 20
Règlement du 15 mai 1888	—	1888, 85
Règlement du 31 mars 1890	I, 426	—
Règlement du 15 septembre 1898	IV, 275	1898, 170
Règlement du 18 décembre 1901	—	1902, 35
Règlement du 4 juin 1902	—	1902, 102
Règlement du 12 janvier 1903	—	1903, 43
Règlement du 20 octobre 1904	—	1904, 214
Règlement du 17 décembre 1907	V, 412	1908, 81
Avis du 18 octobre 1905 (transferts des brevets)	—	1905, 213
Avis du 14 février 1906 (acceptation de la description complète)	V, 411	1906, 41
Tarif de 1892 (taxes de brevets)	—	1892, 114
Règles du 26 décembre 1897 (prolongation des brevets)	IV, 271	1898, 33
Règlement du 16 février 1903 (procédure devant le Conseil privé)	—	1903, 71
Loi du 17 août 1901 (arrangements internationaux)	—	1901, 128
Avis du 1er mars 1905 (demandes de brevets unionistes)	—	1905, 41
Avis du 2 août 1905 (demandes de brevets unionistes)	—	1905, 151
Avis du 31 mars 1911 (demandes de brevets unionistes)	VII, 607	1911, 102
Règlement du 21 décembre 1883 (dessins)	—	1887, 29
Règlement du 29 juin 1889 (dessins)	—	1890, 3
Règlement du 31 mars 1890 (dessins)	I, 465	—
Règlement du 15 septembre 1898 (dessins)	IV, 277	1898, 170
Règlement du 17 décembre 1907 (dessins)	V, 445	1908, 125
Règlement du 14 novembre 1908 (dessins)	VII, 85	1910, 121
Règlement du 26 juin 1912 (dessins)	—	1913, 1

III. Marques de fabrique

	Rec. gén.	Prop. ind.
Loi du 11 août 1905	V, 467	1906, 17
Loi modificative du 7 août 1914	—	1914, 130
Loi modificative du 23 décembre 1919	—	1920, 26
Règlement du 9 mars 1920	—	1921, 84
Avis du 10 juillet 1907 (marques en couleurs)	V, 532	1907, 97
Loi du 18 août 1911 (usage de la Croix-Rouge)	—	1912, 139

Législation abrogée :

	Rec. gén.	Prop. ind.
Règlement du 21 décembre 1883	—	1887, 45
Règlement du 15 juin 1888	—	1888, 85
Règlement du 29 juin 1889	—	1890, 20
Règlement du 26 août 1889	—	1890, 22
Règlement du 31 décembre 1889	I, 490	—
Règlement du 31 décembre 1897	IV, 278	1898, 35
Règlement du 15 septembre 1898	IV, 280	1898, 170
Règlement du 24 mars 1906	V, 500	1906, 141
Avis du 25 octobre 1905 (clichés de marques)	VII, 86	1905, 213
Memorandum du 28 janvier 1898 (marchandises importées)	—	1898, 35
Communication de 1895 (marques pour objets en métal)	—	1895, 6
Avis du 7 avril 1897 (collection des couteliers de Sheffield)	—	1897, 69

IV. Indications de provenance

	Rec. gén.	Prop. ind.
Loi sur les douanes du 24 juillet 1876	I, 528	—
Loi sur les douanes du 3 juillet 1879	I, 529	—
Loi du 23 août 1887 (marques frauduleuses sur marchandises)	I, 507	1888, 13
Loi du 11 mai 1891 (marques frauduleuses sur marchandises)	I, 525	1900, 182

	Rec. gén.	Prop. ind.
Loi du 16 décembre 1911 (marques frauduleuses sur marchandises)	—	1925, 42
Loi du 20 juillet 1894 (marques frauduleuses sur marchandises)	I, 527	1900, 182
Règlement du 1er décembre 1887 (marques frauduleuses sur marchandises) . . .	I, 529	1888, 25
Règlement du 21 mai 1892 (marques frauduleuses sur marchandises)	I, 526	—
Règlement du 1er mai 1905 (marques frauduleuses sur marchandises)	V, 531	1905, 178
Règlement du 2 février 1914 (marques frauduleuses sur marchandises) . . .	—	1925, 42
Ordonnance d'exécution du 26 février 1900 (marques frauduleuses sur marchandises)	IV, 282	1900, 182 198
Loi du 25 novembre 1919 (marques de marchandises en Irlande)	—	—
Loi du 18 décembre 1916 (emploi du mot « Anzac »)	—	1925, 42
Loi du 27 novembre 1914 (traité de commerce anglo-portugais)	—	1925, 42
Loi du 23 août 1916 (traité de commerce anglo-portugais)	—	1925, 43
Avis de juin 1917 (marchandises importées)	—	1925, 43
Circulaire du 8 mars 1895 (initiales de commerçants britanniques)	I, 547	—
Ordonnance du 18 janvier 1888 (boîtes de montres et montres)	I, 540	1888, 46
Ordonnance du 7 mai 1907 (boîtes de montres et montres)	—	1925, 43
Législation abrogée :		
Règlement du 27 octobre 1894 (poursuite des infractions)	I, 528	—
Ordonnance du 22 décembre 1887 (marques de marchandises)	I, 532	1888, 36
Ordonnance du 10 mars 1888 (étiquettes consistant en dénominations génériques) . .	I, 542	—
Ordonnance du 9 avril 1888 (emballages) . .	I, 543	—
Ordonnance du 1er février 1889 (pouvoirs des officiers des douanes)	I, 543	1889, 127
Ordonnance du 18 mars 1896 (pouvoirs des officiers des douanes)	—	1896, 89
Ordonnance du 20 avril 1895 (initiales sur produits et emballages)	I, 546	1895, 147
Ordonnance du 8 mars 1895 (initiales de commerçants britanniques)	I, 547	1895, 147
Ordonnance du 30 décembre 1897 (application de la loi)	—	1898, 20
Ordonnance du 6 juillet 1898 (transbordement et transit)	IV, 281	1899, 57
Memorandum du 18 octobre 1909 (produits importés)	VII, 87	1910, 111
V. Récompenses industrielles		
Loi de 1863, chapitre 119	I, 551	—

Grèce (1)

	Rec. gén.	Prop. ind.
I. Dispositions communes		
Loi du 18 juillet 1922 (création d'une section de la propriété industrielle) . . .	—	1922, 125

(1) Liste non vérifiée.

	Rec. gén.	Prop. ind.
Loi n° 3092, du 14 juillet 1924 (adhésion à l'Union internationale)	—	1924, 174
Ordonnance d'exécution du 1er septembre 1924 (adhésion à l'Union)	—	1925, 3
II. Brevets d'invention		
Loi du 24 septembre 1920	—	1921, 4
Décret d'exécution du 22 novembre 1920	—	1921, 23
Décret d'exécution du 3 février 1922 . .	—	1922, 51
Décret du 30 juillet 1923 (payement des taxes et exploitation)	—	1923, 128
Loi n° 3338, du 12 juin 1925 (payement des taxes arriérées)	—	1925, 134
III. Marques de fabrique		
Loi du 10/22 février 1893	I, 558	1894, 103
Loi du 6/19 août 1921	—	1921, 134
Ordonnance d'exécution du 2/14 janvier 1894	I, 567	1894, 162
Décret du 3/16 octobre 1922 (modifications à la loi sur les marques)	—	1923, 2
Décret modificatif du 4 septembre 1925 .	—	1925, 204
Décret du 29 août 1923 (modifications à la loi sur les marques)	—	1923, 182
Décret du 13 janvier 1925 (marques étrangères)	—	1925, 44
Loi du 21 janvier 1914 (Croix-Rouge) . .	—	1915, 4
IV. Indications de provenance		
Loi du 25 juillet 1892 (raisins de Corinthe)	—	1915, 43
V. Concurrence déloyale		
Loi du 26 décembre 1913/8 janvier 1914	—	1915, 40

Guatemala

	Rec. gén.	Prop. ind.
I. Brevets d'invention		
Loi du 27 mai 1886	—	1892, 6
Article 20 de la Constitution	III, 396	1892, 6
Loi du 17 décembre 1897	III, 397	1898, 81
II. Marques de fabrique		
Code pénal, articles 127 à 129	III, 411	1897, 117
Loi du 31 décembre 1924	—	1925, 159
Règlement d'exécution du 8 janvier 1925 .	—	1925, 205
Règlement d'exécution du 23 novembre 1897	III, 411	1898, 104
Droit de timbre en matière de marques .	—	1897, 198
Législation abrogée :		
Loi du 23 novembre 1897	III, 403	1898, 102
Loi du 13 mai 1899	IV, 546	1900, 38

Haïti

	Rec. gén.	Prop. ind.
I. Brevets d'invention		
Loi du 14 décembre 1922	—	1923, 184
II. Marques de fabrique		
Loi du 18 décembre 1922	—	1923, 186
Législation abrogée :		
Loi du 9/16 juin 1919	—	1920, 76

Honduras ([1])

I. Brevets d'invention

	Rec. gén.	Prop. ind.
ode civil du 31 décembre 1898, livre II, titre IV	IV, 551	1900, 74
oi du 14 mars 1898	IV, 549	1900, 74
èglement d'exécution du 20 septembre 1912	—	1913, 94
oi du 1er avril 1920	—	1921, 56

II. Marques de fabrique

	Rec. gén.	Prop. ind.
ode pénal du 29 juillet 1898, titre V, article 1er	IV, 550	1900, 58
oi du 14/22 mars 1919	—	1920, 29
Législation abrogée :		
oi du 7 mars 1902	VI, 385	1902, 170

Hongrie

I. Dispositions communes

	Rec. gén.	Prop. ind.
rdonnance du 3 février 1896 (Cour et Bureau des brevets)	IV, 339	1898, 149
rdonnance du 19 décembre 1914 (organisation du Bureau des brevets)	—	1918, 26
rdonnance du 24 novembre 1920 (organisation du Bureau des brevets	—	1921, 25
oi n° 11 de 1911 (protection aux expositions)	—	1912, 32
èglement du 16 mai 1911 (protection aux expositions)	—	1912, 32
rdonnance du 30 décembre 1905 (Réunion technique de Berne)	V, 542	1906, 55
ispositions du 31 décembre 1908 (application de la Convention d'Union)	VII, 427	1911, 2
oi du 13 avril 1913 (application de la Convention d'Union)	—	1913, 81

II. Brevets d'invention

	Rec. gén.	Prop. ind.
oi du 14 juillet 1895	IV, 303	1895, 162
oi du 13 août 1912	—	1912, 153
oi du 9 novembre 1920	—	1921, 8
rdonnance d'exécution du 28 janvier 1896	IV, 333	1896, 102
rdonnance d'exécution du 17 novembre 1920	—	1921, 9
rdonnance du 12 avril 1896 (Journal des brevets)	IV, 341	1898, 192
rdonnance du 4 novembre 1895 (agents de brevets)	IV, 341	1896, 68
rdonnance du 10 mai 1899 (agents de brevets)	V, 534	1901, 114
rdonnance du 16 mai 1901 (agents de brevets)	V, 542	1901, 117
rdonnance du 16 mars 1902 (représentants des brevetés)	V, 533	1902, 171
rdonnance du 3 décembre 1906 (représentants des brevetés)	V, 543	1907, 7
vis du 15 janvier 1923 (impression des descriptions de brevets)	—	1923, 95
Ordonnance du 24 juillet 1899 (brevets secrets)	—	1899, 219
Règlement du 3 février 1896 (Cour des brevets)	—	1898, 189
Ordonnance du 24 juillet 1899 (Caisse d'État pour affaires de brevets)	—	1899, 219
Ordonnance du 23 septembre 1922 (taxes de brevets)	—	1923, 29
Décision n° 212, de 1904 (Convention de 1891 avec l'Allemagne)	—	1906, 98
Circulaire n° 287, de 1908 (exploitation en Angleterre)	VII, 101	1910, 162
Avis du 10 février 1906 (revendication du droit de priorité)	V, 543	1906, 162
Législation abrogée :		
Ordonnance du 12 juillet 1897 (privilèges antérieurs à 1894)	—	1898, 193
Ordonnance du 31 décembre 1907 (pacte douanier avec l'Autriche)	V, 553	—

III. Dessins et modèles

	Rec. gén.	Prop. ind.
Décret du 31 décembre 1907 (protection et enregistrement)	V, 559	1911, 77

IV. Marques de fabrique

	Rec. gén.	Prop. ind.
Loi du 4 février 1890	IV, 343	1892, 43
Loi du 30 juillet 1895	IV, 346	1899, 199
Loi XII de 1925	—	1925, 206
Loi XXII de 1921 (marques collectives)	—	1922, 52
Ordonnance d'exécution n° 99 611, de 1921	—	1922, 53
Circulaire de 1907 (application de la loi)	VII, 103	1910, 162
Circulaire du 10 février 1908 (application de la loi)	VII, 105	1908, 38
Ordonnance du 21 février 1896 (Conseil des marques)	IV, 347	1898, 192
Ordonnance du 9 juillet 1900 (Conseil des marques)	V, 563	1901, 185
Ordonnance du 31 mars 1915 (Conseil des marques)	—	1916, 22
Ordonnance du 16 avril 1922 (dépôts et renouvellements)	—	1922, 94
Décret du 10 juin 1894 (emploi des armoiries hongroises)	IV, 349	—
Règlement du 30 avril 1890 (enregistrements)	IV, 349	—
Ordonnance du 2 juin 1925 (exécution de la loi XII de 1925)	—	—
Ordonnance du 15 février 1891 (marques en couleur)	IV, 348	—
Ordonnance du 26 février 1901 (procédure en cas de litige)	—	1916, 23
Circulaire du 31 mars 1915 (procédure en cas de litige)	—	1916, 23
Loi du 14 septembre 1911 (Croix-Rouge)	—	1914, 167
Ordonnance du 12 avril 1913 (Croix-Rouge)	—	1914, 167
Ordonnance du 2 décembre 1899 (attributions du Consulat de Tanger)	—	1900, 58
Circulaire du 28 septembre 1892 (marques étrangères)	IV, 353	—

([1]) Liste non vérifiée.

	Rec. gén.	Prop. ind.
Circulaire du 27 janvier 1908 (régime par rapport aux étrangers)	VII, 104	1908, 23
Ordonnance du 24 août 1912 (enregistrement international)	—	1912, 153

Législation abrogée :

	Rec. gén.	Prop. ind.
Ordonnance du 1er juillet 1889 (Croix-Rouge)	V, 565	1903, 96
Circulaire du 6 juin 1898 (Croix-Rouge) . .	V, 566	1903, 96
Ordonnance du 31 décembre 1907 (pacte douanier avec l'Autriche)	V, 567	—
Ordonnance du 24 janvier 1908 (pacte douanier avec l'Autriche)	V, 570	—

V. Concurrence déloyale. Récompenses industrielles

	Rec. gén.	Prop. ind.
Loi n° 17, de 1884, sur l'industrie (concurrence déloyale)	IV, 356	—
Loi V de 1923 (concurrence déloyale) . .	—	1925, 4
Ordonnance d'exécution n° 67 500, de 1924 (concurrence déloyale)	—	1925, 63
Ordonnance n° 23 900, de 1924 (tribunaux arbitraux en matière de concurrence déloyale)	—	1925, 64
Ordonnance n° 23 800, de 1924 (procédure non contentieuse en matière de concurrence déloyale)	—	1925, 66
Décret du 16 juin 1893 (récompenses industrielles)	IV, 358	—

Islande

	Rec. gén.	Prop. ind.
Loi du 19 juin 1923 sur les brevets . . .	—	1924, 175

Italie

I. Dispositions communes

	Rec. gén.	Prop. ind.
Décret du 5 décembre 1907 (protection en Erythrée)	—	1910, 30
Règlement du 5 mars 1908 (protection en Erythrée)	—	1910, 32
Décret du 20 avril 1913 (protection en Libye)	—	1913, 82
Décret du 30 janvier 1921 (protection en Tripolitaine et Cyrénaïque).	—	1923, 30
Décret du 19 juillet 1923 (protection dans les nouvelles provinces).	—	1923, 142
Décret du 24 mai 1925 (protection à Fiume)	—	1925, 185
Circulaire du 2 octobre 1923 (protection dans les nouvelles provinces)	—	1923, 167
Décret du 23 octobre 1884 (service spécial de la propriété industrielle)	II, 76	1885, 6
Décret du 8 mai 1914 (rapports de l'Office avec le public)	—	1915, 68
Circulaire du 18 août 1898 (changements de mandataires)	IV, 369	1900, 3
Circulaire du 4 avril 1914 (consultation des registres)	—	1914, 83
Décret du 11 février 1886 (Bulletin officiel de la propriété industrielle)	II, 79	1886, 38
Loi du 16 juillet 1905 (protection aux expositions)	V, 581	1905, 193
Décret du 19 avril 1906 (protection aux expositions).	V, 604	1906, 98
Circulaire du 13 avril 1910 (sentences concernant la propriété industrielle) . .	VII, 107	1910, 17
Décret du 8 mai 1914 (rapports de l'Office avec le public)	—	1915, 6
Loi n° 285, du 6 avril 1913 (promulgation des Actes de Washington)	—	—
Décret n° 279, du 7 mars 1920 (exécution des Traités de Versailles et Saint-Germain).	—	—

Législation abrogée :

	Rec. gén.	Prop. ind.
Décret du 13 novembre 1870 (province de Rome)	II, 49	—
Décret du 17 octobre 1905 (dépôts de brevets et de marques)	V, 603	1905, 221
Circulaire du 16 mai 1900 (dépôts de brevets et de marques)	IV, 900	1902, 18
Circulaire du 19 septembre 1901 (copies des pièces de brevets)	V, 603	1902, 20
Circulaire du 31 mai 1913 (copies des pièces de brevets)	—	1913, 165
Décret du 16 septembre 1869 (Bulletin officiel)	II, 74	1887, 22
Règlement du 31 janvier 1902 (renseignements aux particuliers)	V, 587	1902, 68
Circulaire du 20 juillet 1895 (payement des taxes)	V, 589	1907, 165
Circulaire du 5 mai 1905 (perception des taxes)	V, 597	1905, 151
Règlement du 16 janvier 1898 (droit de priorité unioniste)	IV, 363	1898, 51
Décret du 7 mai 1903 (droit de priorité unioniste)	V, 598	1903, 106
Décision d'octobre 1902 (droit de priorité unioniste)	—	1902, 182
Décret du 11 janvier 1923 (foire de Milan) .	—	1923, 49

II. Brevets d'invention

	Rec. gén.	Prop. ind.
Loi du 30 octobre 1859	II, 13	1885, 3
Loi du 4 août 1894	II, 45	1894, 11
Règlement d'exécution du 2 octobre 1913	—	1914, 1
Circulaire du 10 novembre 1913 (règlement d'exécution)	—	1914, 4
Circulaire du 9 janvier 1915 (priorités multiples)	—	1915, 4
Décret du 29 juillet 1923 (service des brevets)	—	1923, 16
Décret du 30 décembre 1923 (délivrance des brevets)	—	1924, 2
Décret n° 2878, du 30 décembre 1923 (délivrance des brevets).	—	1924, 2
Décret n° 49, du 28 janvier 1915 (brevets intéressant la défense nationale) . . .	—	1915, 2
Décret n° 1828, du 16 octobre 1924 (brevets intéressant la défense nationale) .	—	1925, 2
Décret n° 500, du 19 mars 1916 (brevets intéressant les chemins de fer) . . .	—	1916, 10
Décision du 25 mai 1903 (article 4bis de la Convention d'Union)	V, 600	1903, 9
Décret du 21 octobre 1921 (brevets d'importation, droit de priorité)	—	1921, 14

Législation abrogée :

	Rec. gén.	Prop. ind.
Loi du 31 janvier 1864.	II, 46	1885, 42
Règlement d'exécution du 31 janvier 1864 . .	II, 51	1885, 42
Décret du 31 janvier 1864 (règlement d'exécution)	II, 48	—

	Rec. gén.	Prop. ind.
Décret du 28 novembre 1866 (provinces de Venise et de Mantoue)	II, 48	—
Instructions du 24 juin 1893 (loi de 1859) .	II, 82	—
Décret du 9 septembre 1884 (transfert à Rome de la section des brevets)	II, 76	1885, 6
Instructions de janvier 1902 (brevets additionnels et certificats de prolongation) . . .	V, 583	1902, 22
Circulaire du 5 décembre 1891 (confection des dessins)	II, 81	1892, 33
Décision de mai 1902 (prolongation en cas de mort)	V, 602	1902, 171
Décret du 19 mars 1916 (expropriation pour les chemins de fer)	—	1916, 105
Décret du 28 janvier 1915 (expropriation pour usage militaire)	—	1915, 27
Circulaire du 5 avril 1901 (annuités pour brevets non délivrés)	V, 591	1902, 19
Circulaire du 12 avril 1901 (payement des taxes)	V, 589	1907, 165
Circulaire du 31 octobre 1901 (perception des taxes)	V, 592	1902, 20
Règlement d'exécution du 31 janvier 1864 .	II, 51	1885, 42
Décret du 31 janvier 1864 (règlement d'exécution)	II, 48	—

III. Dessins et modèles

	Rec. gén.	Prop. ind.
Loi du 30 août 1868	II, 87	—
Règlement du 4 janvier 1914	—	1914, 34
Circulaire du 14 février 1914 (règlement de 1914)	—	1914, 50
Législation abrogée:		
Règlement d'exécution du 7 février 1869 . .	II, 89	—

IV. Marques de fabrique

	Rec. gén.	Prop. ind.
Code pénal du 30 juin 1889	II, 102	—
Loi du 30 août 1868	II, 93	—
Règlement d'exécution du 20 mars 1913 .	—	1913, 181
Circulaire du 27 juin 1913 (règlement de 1913)	—	1913, 183
Circulaire du 6 avril 1914 (marques en couleur)	—	1914, 84
Loi du 21 mai 1882 (Croix-Rouge) . . .	V, 607	1903, 124
Décret du 7 février 1884 (Croix-Rouge) .	V, 608	1903, 124
Loi du 17 juin 1912 (Croix-Rouge) . . .	—	1913, 93
Règlement du 28 décembre 1902 (enregistrement international)	V, 608	1903, 54
Circulaire du 25 janvier 1905 (enregistrement international)	V, 612	1905, 22
Circulaire du 8 mai 1912 (enregistrement international)	—	1913, 162
Déclaration du 2 janvier 1924 (marques internationales dans les nouvelles provinces)	—	1924, 6
Déclaration du 25 mars 1924 (marques internationales dans les nouvelles provinces)	—	1924, 63
Législation abrogée:		
Règlement d'exécution du 7 février 1869 . .	II, 103	—
Circulaire du 25 septembre 1880 (contraventions à la loi)	II, 107	—
Instructions de novembre 1903 (Consuls en Chine)	V, 606	1904, 7

V. Indications de provenance

	Rec. gén.	Prop. ind.
Loi du 5 avril 1908 (fraude dans le commerce d'huile d'olive)	VII, 109	1910, 170
Décret n° 497, du 7 mars 1924 (vins typiques)	—	1925, 68

Japon

I. Dispositions communes

	Rec. gén.	Prop. ind.
Loi n° 100, du 29 avril 1921 (agents de brevets)	—	—
Ordonnance d'application n° 466, du 15 décembre 1921 (agents de brevets) . .	—	—
Ordonnance n° 9, du 21 janvier 1921 (application de la loi à Formose et en Corée)	—	—
Ordonnance n° 336, du 29 août 1910 (application de la législation en Corée) . .	VII, 224	1910, 158
Ordonnance n° 290, du 21 février 1899 (application de la législation à Formose)	—	—
Ordonnance n° 167, du 26 mai 1911 (application de la législation à Kwantung)	—	—
Ordonnance n° 311, du 13 juin 1923 (application de la législation à Karafuto) .	—	—
Législation abrogée:		
Ordonnance du 4 décembre 1903 (organisation du Bureau des brevets)	VI, 25	1904, 58
Ordonnance n° 211, du 26 septembre 1904 (organisation du Bureau des brevets) . .	—	—
Ordonnance n° 219, du 29 mars 1905 (organisation du Bureau des brevets)	—	—
Ordonnance n° 218, de 1906 (organisation du Bureau des brevets)	—	—
Ordonnance n° 72, de 1910 (organisation du Bureau des brevets)	—	—
Ordonnance n° 194, de 1913 (organisation du Bureau des brevets)	—	—
Ordonnance n° 1, de 1918 (organisation du Bureau des brevets)	—	—
Ordonnance n° 116, de 1919 (organisation du Bureau des brevets)	—	—
Notification du 20 novembre 1896 (formalités de dépôt)	II, 744	—
Notification du 1er juillet 1899 (envois postaux au Bureau des brevets)	IV, 465	1902, 70
Règlement du 8 juin 1899 (agents de brevets)	IV, 463	1902, 86
Ordonnance du 23 octobre 1909 (agents de brevets)	VI, 62	1911, 62
Loi du 18 mars 1908 (protection à l'exposition de Tokyo)	VI, 27	1908, 158
Ordonnance du 23 octobre 1909 (taxes de propriété industrielle)	VI, 57	1911, 49
Ordonnance du 26 octobre 1909 (taxes de propriété industrielle)	VI, 60	1911, 61
Ordonnance du 23 octobre 1909 (frais judiciaires)	VII, 221	1911, 50
Ordonnance du 20 juillet 1899 (île de Formose)	IV, 465	—
Décision du 16 février 1912 (délais accordés aux étrangers)	—	1912, 144
Circulaires du 18 juillet 1912 (délais accordés aux étrangers)	—	1912, 125

II. a) Brevets d'invention

	Rec. gén.	Prop. ind.
Loi du 29 avril 1921	—	1923, 109
Ordonnance d'application n° 460, du 15 décembre 1921	—	—

	Rec. gén.	Prop. ind.
Règlement d'application n° 33, du 17 décembre 1921	—	—
Ordonnance n° 461, du 15 décembre 1921 (enregistrement des brevets)	—	—
Ordonnance n° 517, de 1922 (enregistrement des brevets)	—	—
Règlement n° 39, du 19 décembre 1921 (enregistrement des brevets)	—	—
Ordonnance n° 29, de 1922 (enregistrement des brevets)	—	—
Ordonnance n° 335, du 29 août 1910 (application de la loi en Corée)	VII, 224	1910, 158
Règlement n° 28, du 13 octobre 1917 (prime d'invention)	—	—
Ordonnance n° 23, de juillet 1918 (prime d'invention)	—	—
Règlement n° 6, du 23 octobre 1923 (registre des brevets perdus)	—	—

Législation abrogée :

	Rec. gén.	Prop. ind.
Décret n° 145, du 7 avril 1871	—	—
Décret d'abrogation n° 105, du 29 mars 1872	—	—
Loi n° 7, du 18 avril 1885	—	—
Ordonnance modificative n° 8, du 18 avril 1887	—	—
Loi du 18 décembre 1888	II, 721	—
Ordonnance n° 23, du 23 décembre 1888	II, 729	—
Notification du 4 janvier 1889	II, 741	—
Règlement d'application du 18 novembre 1892	II, 729	—
Notification n° 17, du 1er décembre 1892	II, 742	—
Loi du 2 mars 1899	IV, 450	1899, 161
Règlement d'application du 20 juin 1899	IV, 463	1902, 1
Notification n° 59, du 22 juin 1899 (descriptions et dessins)	IV, 464	1902, 69
Ordonnance n° 1, du 4 janvier 1905	—	—
Loi du 2 avril 1909	VI, 29	1909, 92
Règlement d'application du 26 octobre 1909	VII, 197	1910, 105
Ordonnance du 23 octobre 1909 (brevets secrets pour raisons militaires)	VII, 219	1911, 20
Ordonnance du 23 octobre 1909 (prolongation des brevets)	VII, 217	1911, 20
Ordonnance du 26 octobre 1909 (enregistrement des brevets)	VII, 217	1910, 121
Règlement du 26 octobre 1909 (enregistrement des brevets)	VII, 217	1910, 138
Ordonnance du 14 février 1912 (enregistrement des brevets)	—	1912, 170
Notification du 26 octobre 1909 (descriptions, dessins, échantillons)	VII, 222	1911, 21
Notification du 14 février 1912 (descriptions, dessins, échantillons)	—	1912, 171
Ordonnance n° 7, du 14 février 1912	—	1912, 171
Ordonnance n° 7, du 14 février 1912 (règlement d'application)	—	1912, 169
Ordonnance n° 9, du 9 juin 1917 (règlement d'application)	—	—

II. b) Modèles d'utilité

	Rec. gén.	Prop. ind.
Loi du 29 avril 1921	—	1923, 188
Règlement d'application n° 34, du 17 décembre 1921	—	—
Ordonnance n° 40, du 19 décembre 1921 (enregistrement des modèles)	—	—
Ordonnance n° 462, du 15 décembre 1921 (frais de procédure)	—	—
Ordonnance n° 190, du 30 juin 1905 (application de la loi à Formose)	—	—
Ordonnance n° 7, du 23 octobre 1923 (rétablissement des registres perdus)	—	—

Législation abrogée :

	Rec. gén.	Prop. ind.
Loi n° 21, du 15 mars 1905	—	—
Règlement d'application n° 14, du 29 avril 1905	—	—
Loi du 2 avril 1909	VI, 67	1909, 122
Loi modificative du 18 mars 1916	—	1916, 68
Règlements d'application du 26 octobre 1909 (nos 45 et 49)	VII, 226	1911, 34
Ordonnance n° 297, du 25 octobre 1909 (enregistrement des modèles)	—	—

III. Dessins et modèles

	Rec. gén.	Prop. ind.
Loi du 29 avril 1921	—	1924, 6
Règlement d'application n° 35, du 17 décembre 1921	—	—
Règlement n° 41, du 19 décembre 1921 (enregistrements)	—	—
Ordonnance n° 463, du 15 décembre 1921 (frais de procédure)	—	—
Ordonnance n° 8, du 23 octobre 1923 (rétablissement des registres perdus)	—	—

Législation abrogée :

	Rec. gén.	Prop. ind.
Loi du 18 décembre 1888	II, 746	—
Règlement d'application du 18 novembre 1892	II, 751	—
Loi du 2 mars 1899	IV, 466	1899, 177
Règlement d'application du 20 juin 1899	IV, 471	1902, 23
Ordonnance n° 2, du 4 janvier 1905	—	—
Loi du 2 avril 1909	VI, 75	1909, 123
Règlement d'application du 26 octobre 1909	VII, 230	1911, 45
Ordonnance du 14 février 1912	—	1912, 170
Ordonnance du 14 février 1912 (enregistrements)	—	1912, 170
Ordonnance n° 10, du 9 juin 1917	—	—

IV. Marques de fabrique

	Rec. gén.	Prop. ind.
Loi du 29 avril 1921	—	1924, 2
Règlement d'application n° 36, du 17 décembre 1921	—	—
Règlement n° 42, du 19 décembre 1921 (enregistrement des marques)	—	—
Ordonnance n° 464, du 15 décembre 1921 (frais de procédure)	—	—
Ordonnance n° 9, du 23 octobre 1923 (rétablissement des registres perdus)	—	—
Ordonnance du 29 août 1910 (application de la loi en Corée)	VII, 247	1910, 15

Législation abrogée :

	Rec. gén.	Prop. ind.
Loi n° 9, du 7 juin 1884	—	—
Ordonnance modificative n° 9, du 18 avril 1887	—	—
Règlement du 18 décembre 1888	II, 757	—
Règlement du 19 novembre 1892	II, 762	—
Notification du 11 septembre 1893	II, 762	—
Loi du 2 mars 1899	IV, 473	1899, 179
Règlement d'application du 20 juin 1899	IV, 479	1902, 35
Ordonnance n° 3, du 4 janvier 1905	—	—
Circulaire du 29 février 1908 (contrefaçons de marques)	VI, 84	1908, 87
Loi du 2 avril 1909	VI, 85	1909, 137

	Rec. gén.	Prop. ind.
Règlement d'application du 26 octobre 1909	VII, 237	1911, 46
Ordonnance du 23 octobre 1909 (enregistrement des marques)	VII, 247	1911, 37
Règlement d'application du 26 octobre 1909 (enregistrement des marques)	VII, 247	1911, 45
Ordonnance du 14 février 1912 (enregistrement des marques)	—	1912, 170

Lettonie (1)

Loi du 16 juillet 1919 (brevets, dessins et marques)	—	1922, 53
Loi du 22 décembre 1921 (brevets, dessins et marques)	—	—
Notes complémentaires du 28 mai 1925 (brevets, dessins et marques)	—	—
Loi du 14 mars 1925 (protection aux expositions)	—	1925, 186
Ordonnance du 19 mars 1925 (protection aux expositions)	—	1925, 207

Libéria (1)

Loi du 22 décembre 1864 (brevets). . . .	IV, 496	—
Loi du 1er février 1900 (brevets et marques)	—	1911, 21
Loi du 9 janvier 1925 (brevets et dessins)	—	1925, —

Lithuanie

Loi du 27 janvier 1925 (marques) . . .	—	1925, 162

Luxembourg (1)

I. Dispositions communes

Loi du 27 avril 1922 (accession à l'Union)	—	1922, 69
Arrêté du 22 septembre 1922 (accession à l'Union)	—	1922, 149
Loi du 20 avril 1923 (frais de publications au *Mémorial*)	—	1923, 59
Arrêté du 20 avril 1923 (frais de publications au *Mémorial*)	—	1923, 59

II. Brevets d'invention

Loi du 30 juin 1880	II, 122	—
Loi du 7 août 1920 (taxes de brevets) .	—	1923, 49
Arrêté du 20 mars 1924 (taxes arriérées)	—	1924, 115

III. Marques de fabrique

Article 191 du Code pénal.	IV, 373	1898, 105
Loi du 28 mars 1883	II, 134	—
Arrêté d'exécution du 30 mai 1883. . .	II, 139	—
Loi du 18 décembre 1914 (Croix-Rouge) .	—	1920, 68
Loi du 4 mars 1924 (Arrangement de Madrid)	—	1924, 114
Arrêté d'exécution du 19 novembre 1924 (Arrangement de Madrid)	—	1925, 29

IV. Nom commercial

Loi du 23 décembre 1909 (création d'un registre aux firmes)	—	1910, 45
Arrêté d'exécution du 23 décembre 1909	—	1910, 47

(1) Liste non vérifiée.

Maroc

I. Dispositions communes

	Rec. gén.	Prop. ind.
Dahir du 23 juin 1916 (propriété industrielle)	—	1917, 3
Dahir complémentaire du 27 juin 1923 (propriété industrielle)	—	1924, 115
Arrêté d'application du 21 février 1917 (propriété industrielle)	—	1918, 52
Arrêté du 12 août 1918 (protection aux expositions)	—	—
Dahir du 25 septembre 1918 (exécution de la Convention d'Union)	—	—
Dahir du 1er octobre 1920 (exécution de l'Arrangement de Berne)	—	—

II. Brevets d'invention

Dahir du 10 décembre 1917 (renseignements sur brevets non délivrés) . . .	—	—

III. Marques de fabrique

Arrêté du 25 septembre 1918 (enregistrement international)	—	1920, 120

IV. Nom commercial

Dahir du 11 mai 1921 (registre du commerce)	—	1924, 197
Dahir du 12 août 1913 (registre du commerce)	—	1922, 6

Maroc (zone espagnole)

Dahir du 19 février 1919 (propriété industrielle)	—	1923, 130

Mexique (1)

I. Brevets

Constitution du Mexique, article 28 . . .	III, 459	—
Décret du 28 mai 1903	VI, 393	1903, 123
Loi du 25 août 1903 (brevets et dessins et modèles).	VI, 394	1904, 19
Règlement d'exécution de 1903	VI, 426	1904, 27
Décret du 30 décembre 1924 (taxes de brevets et de marques)	—	1925, 134
Législation abrogée :		
Loi du 14 juin 1890.	III, 459	—
Décret du 27 mai 1896.	—	1896, 135

II. Marques de fabrique et dessins et modèles

Code commercial du Mexique, livre IV, titre II	III, 470	—
Loi du 25 août 1903	VI, 436	1904, 58
Règlement d'exécution de 1903	VI, 453	1904, 62
Décret du 8 février 1897 (marques d'apparence étrangère)	III, 474	1897, 187
Règlement du 9 novembre 1909 (enregistrement international)	VII, 339	1910, 1
Législation abrogée :		
Loi du 28 novembre 1889.	III, 471	1897, 186
Décret du 17 décembre 1897	—	1898, 5

(1) Liste non vérifiée.

Nicaragua

	Rec. gén.	Prop. ind.
Loi du 11 octobre 1889 (brevets) . . .	IV, 904	1902, 103
Loi modificative du 11 novembre 1913 (brevets)	—	1925, 8
Loi du 20 novembre 1907 (marques et dessins et modèles)	VI, 464	1908, 37
Code pénal du 8 décembre 1891, art. 314 et 319 (marques et noms commerciaux)	VI, 463	1905, 179

Norvège

I. Dispositions communes

	Rec. gén.	Prop. ind.
Loi du 2 juillet 1910 (Office de la propriété industrielle)	VII, 144	1911, 9

II. Brevets d'invention

	Rec. gén.	Prop. ind.
Loi du 2 juillet 1910	VII, 129	1910, 171
Loi modificative du 28 mars 1919 . . .	—	1919, 50
Loi modificative du 9 juillet 1923 . . .	—	1924, 27
Loi modificative du 8 août 1924 . . .	—	1924, 244
Législation abrogée :		
Loi du 16 juin 1885	II, 160	1886, 53
Loi additionnelle du 29 mars 1902	V, 617	1902, 104
Règlement du 20 janvier 1894	IV, 379	1894, 88

III. Dessins et modèles

	Rec. gén.	Prop. ind.
Loi du 2 juillet 1910	VII, 149	1911, 21
Loi modificative du 27 mai 1921 . . .	—	1924, 27

IV. Marques de fabrique

	Rec. gén.	Prop. ind.
Loi du 2 juillet 1910	VII, 159	1911, 6
Loi modificative du 28 mars 1919 . . .	—	1919, 50
Loi modificative du 9 juillet 1923 . . .	—	1924, 27
Loi du 9 juillet 1923 (marques collectives)	—	1924, 28
Dispositions des 5 juin 1909 et 10 juillet 1910 (Croix-Rouge)	—	1914, 168
Législation abrogée :		
Loi du 26 mai 1884	II, 172	1886, 61
Avis du 29 décembre 1884	II, 180	1886, 50
Avis du 29 décembre 1884	II, 183	1886, 72
Avis complémentaire du 21 janvier 1907 . .	V, 618	1907, 115
Loi du 31 mai 1900	IV, 382	1900, 162

V. Concurrence déloyale

	Rec. gén.	Prop. ind.
Loi du 7 juillet 1922	—	1924, 40

Palestine (1)

	Rec. gén.	Prop. ind.
Ordonnance du 1er mai 1924 (brevets et dessins)	—	1925, 90
Règlement du 1er janvier 1925 (brevets) .	—	1925, 134

Panama (1)

Brevets et marques de fabrique

	Rec. gén.	Prop. ind.
Loi générale du 5 juillet 1904 (brevets et marques)	VI, 471	1905, 7
Loi du 9 novembre 1908 (brevets et marques)	VI, 473	1909, 153
Loi du 29 janvier 1911 (brevets et marques)	VII, 612	1911, 169
Décret du 16 octobre 1909 (prolongation des brevets)	VII, 343	1910, 175
Décret du 2 janvier 1905 (dépôt des marques)	VI, 476	1905, 179

(1) Liste non vérifiée.

Paraguay (1)

Brevets et marques de fabrique

	Rec. gén.	Prop. ind.
Code pénal de 1910 (droit de l'inventeur)	—	1912, 20
Loi du 12/16 juillet 1904 (brevets) (abrogée)	—	1906, 20
Loi du 5 juin 1905 (publication des brevets et des marques)	VI, 485	1906, 66
Ordonnance du 22 avril 1919 (enregistrements illicites au préjudice des étrangers)	—	1920, 121

Pays-Bas

I. Dispositions communes

	Rec. gén.	Prop. ind.
Règlement n° 558, du 15 décembre 1914 (Bureau de la propriété industrielle) .	—	1915, 147
Ce règlement a été complété ou modifié sur des points de détail par les dispositions suivantes que nous n'avons pas cru devoir publier: décret n° 507, du 5 août 1918; décret n° 257, du 7 mai 1919; décret n° 1085, du 22 septembre 1921; décret n° 1148, du 31 octobre 1921; décret n° 262, du 12 juin 1923 (*Prop. ind.* 1923, p. 111).		
Règlement n° 106, du 18 mars 1912 (agents de brevets)	—	1912, 105
Décret n° 190, du 1er mai 1914 (agents de brevets)	—	—
Décret n° 284, du 29 août 1912 (marques dans les colonies et Bureaux auxiliaires de la propriété industrielle)	—	1914, 36
Ce décret a été complété et modifié par les décrets ci-après non publiés: décret n° 216, du 27 mai 1914; décret n° 550 *b*, du 7 décembre 1914; décret n° 26, du 26 janvier 1915; décret n° 456, du 4 juin 1917; décret n° 828, du 26 novembre 1920; décret n° 1362, du 19 décembre 1921.		
Législation abrogée :		
Décret n° 103, du 9 mars 1912 (Règlement du Bureau de la propriété industrielle) . . .	—	1912, 89

II. Brevets d'invention

	Rec. gén.	Prop. ind.
Loi n° 313, du 7 novembre 1910 (brevets aux Pays-Bas et dans les colonies) . .	VII, 618	1911, 101
Loi n° 15, du 15 janvier 1921 (brevets aux Pays-Bas et dans les colonies) . . .	—	1921, 142
Loi n° 1150, du 31 octobre 1921 (brevets aux Pays-Bas et dans les colonies) . .	—	1921, 142
Loi n° 1127, du 15 octobre 1921 (brevets aux Pays-Bas et dans les colonies) . .	—	—

(1) Liste non vérifiée.

	Rec. gén.	Prop. ind.
Décret n° 1149, du 31 octobre 1921 (brevets aux Pays-Bas et dans les colonies)	—	—
Décret n° 1083, du 22 septembre 1921 (règlement sur les brevets)	—	1922, 125
Décret n° 1151, du 31 octobre 1921 (règlement sur les brevets)	—	1922, 125
Décret n° 263, du 12 juin 1923 (règlement sur les brevets)	—	1923, 112
Législation abrogée :		
Décret n° 111, du 27 mars 1912 (règlement sur les brevets)	—	1912, 121
Décret n° 307, du 23 juin 1913 (règlement sur les brevets)	—	—
Décret n° 559, du 15 décembre 1914 (règlement sur les brevets)	—	1915, 149
Décret n° 299, du 27 mai 1918 (règlement sur les brevets)	—	1918, 85
Décret n° 471, du 9 juillet 1919 (règlement sur les brevets)	—	—
III. Marques de fabrique (1)		
Loi n° 146, du 30 septembre 1893 . . .	II, 189	1893, 155
Loi n° 284, du 30 décembre 1904 . . .	V, 619	1905, 37
Loi n° 56, du 10 février 1910	—	—
Loi n° 64, du 8 février 1912	—	—
Loi n° 378, du 28 juillet 1924	—	1925, 8
Loi n° 523, du 25 juillet 1919 (taxes) . .	—	—
Loi n° 849, du 4 décembre 1920 (taxes) .	—	—
Loi n° 5, du 7 janvier 1911 (Croix-Rouge)	—	1912, 33
Loi n° 842, du 5 juillet 1921 (nom commercial)	—	—
Loi n° 105, du 19 mars 1913 (compétence des fonctionnaires consulaires) . . .	—	—
IV. Nom commercial		
Article 337 du Code pénal	II, 203	1888, 45
Loi modificative n° 842, du 5 juillet 1921	—	1924, 220

Pérou (2)

I. Brevets d'invention		
Loi du 28 janvier 1869	III, 482	—
Loi du 3 janvier 1896	III, 486	1897, 4
Loi complémentaire du 9 novembre 1897	VI, 487	1901, 147
Décret du 1er mai 1903 (délai d'exploitation des brevets)	VI, 487	1904, 42
Décret du 25 octobre 1909 (exploitation des brevets)	VII, 345	1910, 125
Décret du 28 novembre 1914 (exploitation des brevets)	—	1915, 58
Décret du 31 mars 1911 (taxes de transferts)	VII, 650	1911, 171
Décret du 20 septembre 1912 (extension et modification des brevets)	—	1913, 37
Décret du 9 mars 1900 (rémunération des experts)	VI, 487	1901, 147
Ordonnance du 8 avril 1910 (rémunération des experts)	VII, 346	—
Ordonnance du 1er juillet 1910 (rémunération des experts)	VII, 347	—
Décret du 19 janvier 1913 (rémunération des experts)	—	1914, 41
Décret du 11 février 1910 (payement des taxes)	VII, 346	—
Circulaire du 24 février 1911 (payement des taxes)	—	1912, 92
Ordonnance du 22 juillet 1910 (compétence de certains consuls pour accepter les demandes de brevets)	VII, 347	—
II. Marques de fabrique		
Loi du 19 décembre 1892	III, 488	1897, 2
Loi du 31 décembre 1895	III, 493	1897, 3
Règlement du 9 juillet 1909	VII, 349	1910, 2
Décret d'application du 11 septembre 1909	VII, 353	1910, 4
Décret du 9 septembre 1910 (marques d'entreprises étrangères)	VII, 355	1910, 159
Ordonnance du 10 novembre 1911 (enregistrements au nom des agents) . . .	—	1912, 92
Décret du 12 juillet 1912 (appropriation frauduleuse)	—	1912, 124
Décret du 1er février 1913 (absence d'objections à l'enregistrement)	—	1914, 41
Décret du 9 août 1912 (indication des produits)	—	1914, 41
Ordonnance du 28 février 1913 (prolongation du délai d'opposition)	—	1914, 41
Circulaire du 24 février 1911 (payement des taxes)	—	1912, 92
Décret du 27 août 1909 (dépôts auprès des consuls)	VII, 350	1910, 3
Arrêté du 15 septembre 1911 (Convention de 1896 avec la France)	—	1912, 91

Philippines (Iles) (1)

	Rec. gén.	Prop. ind.
Loi n° 666, du 6 mars 1903 (marques, noms commerciaux, concurrence déloyale)	—	1903, 106
Loi du 8 avril 1903 (organisation du Bureau des brevets)	—	1903, 109
Loi du 20 février 1919 (brevets d'invention)	—	1920, 99
Loi du 12 mars 1919 (brevets d'invention)	—	1920, 99
Règlement du 31 août 1906 (exécution de la loi n° 666)	—	1910, 175
Avis du 13 juillet 1899 (renouvellement et transfert des marques)	IV, 484	1899, 199
Loi du 23 juillet 1903 (certificats d'enregistrement des marques)	—	1910, 175
Loi n° 3202, du 3 décembre 1924 (marque obligatoire pour les cigares et cigarettes)	—	—
Législation abrogée :		
Loi du 10 février 1913 (enregistrement des brevets)	—	1913, 86
Circulaire du 11 avril 1899 (protection de la propriété industrielle)	IV, 482	1899, 75

(1) Toute la législation relative aux marques antérieure à 1893 a été abrogée.
(2) Liste non vérifiée.

(1) Liste non vérifiée.

	Rec. gén.	Prop. ind.
Circulaire du 1er juin 1899 (protection de la propriété industrielle)	IV, 483	1899, 117
Circulaire du 9 mars 1900 (protection de la propriété industrielle)	IV, 487	1900, 58
Circulaire du 25 septembre 1899 (pouvoirs des mandataires)	IV, 486	1899, 198
Circulaire du 30 août 1899 (maintien des brevets espagnols)	IV, 485	1899, 199
Consultation du 19 février 1902 (dépôt des marques)	—	1902, 49

Porto-Rico

	Rec. gén.	Prop. ind.
Marques, loi du 28 juillet 1923	—	1924, 204
Législation abrogée :		
Consultation du 19 février 1902 (dépôt des marques)	—	1902, 49
Voir en outre les circulaires énumérées sous « Philippines ».		

Pologne (1)

	Rec. gén.	Prop. ind.
Loi du 5 février 1924 (brevets, dessins et marques)	—	1924, 198
Loi du 19 décembre 1924 (modification des taxes)	—	1925, 69
Ordonnance du 10 avril 1924 (classification en matière de dessins et de marques)	—	1925, 69, 70

Législation abrogée :

I. Dispositions communes

	Rec. gén.	Prop. ind.
Décret du 13 décembre 1918 (Office des brevets)	—	1919, 64
Ordonnance d'exécution du 20 mars 1919 (Office des brevets)	—	1919, 109
Circulaire du 14 avril 1919 (protection de la propriété industrielle)	—	1919, 63
Loi du 31 janvier 1922 (augmentation des taxes)	—	1922, 37

II. Brevets d'invention

	Rec. gén.	Prop. ind.
Décret du 4 février 1919	—	1919, 74, 122
Ordonnance d'exécution du 20 mars 1919	—	1919, 86
Ordonnance du 7 avril 1919 (classification des brevets)	—	1919, 110
Prescriptions du 15 septembre 1919 (dépôt des demandes)	—	1919, 134

III. Dessins et modèles

	Rec. gén.	Prop. ind.
Décret du 4 février 1919	—	1919, 77
Ordonnance d'exécution du 20 mars 1919	—	1919, 86
Prescriptions du 15 septembre 1919 (dépôt des dessins et modèles)	—	1920, 8

IV. Marques de fabrique

	Rec. gén.	Prop. ind.
Décret du 4 février 1919	—	1919, 78
Ordonnance d'exécution du 20 mars 1919	—	1919, 87
Prescriptions du 15 septembre 1919 (dépôt des marques)	—	1920, 7

Portugal

I. Dispositions communes

	Rec. gén.	Prop. ind.
Loi du 21 mai 1896 (garantie des titres de propriété industrielle)	II, 215	1897, 169
Règlement d'exécution du 28 mars 1895 (garantie des titres de propriété industrielle)	II, 239	1895, 13
Décret du 14 mai 1884 (création d'une division de l'industrie)	II, 238	1885, 4
Ordonnance du 6 février 1900 (création d'une division de l'industrie)	V, 653	—
Décret du 16 mars 1905 (règlement du Service de la propriété industrielle)	V, 643	1905, 10
Décret du 10 janvier 1914 (dépôts en matière de propriété industrielle)	—	1914, 6
Décret du 19 septembre 1905 (dépôts en matière de propriété industrielle)	V, 679	—
Décret du 17 décembre 1903 (application aux provinces d'outre-mer)	V, 656	1904, 18
Règlement du 21 avril 1904 (application aux provinces d'outre-mer)	V, 661	1904, 18
Ordonnance du 14 juillet 1897 (agents de brevets)	IV, 387	1898, 3
Décret du 11 février 1911 (protection aux expositions)	VII, 650	1911, 19
Décret du 21 avril 1904 (payement des taxes)	V, 653	1904, 18
Décret du 30 juin 1911 (payement des taxes)	VII, 651	1911, 19

II. Brevets d'invention

	Rec. gén.	Prop. ind.
Loi du 5 septembre 1917 (introduction de nouveaux procédés)	—	1918, 4
Décret d'exécution du 2 janvier 1918 (introduction de nouveaux procédés)	—	1918, 7
Ordonnance du 7 décembre 1898 (publication des avis et calcul des délais)	V, 655	1902, 3
Ordonnance du 21 octobre 1898 (dépôt des réclamations)	V, 654	1902, 3
Législation abrogée :		
Code civil de 1868, chapitre 3	—	1891, 17
Décret du 31 décembre 1852	—	1891, 32
Décret du 17 mars 1868	—	1891, 32
Décret du 21 mai 1892	—	1893, 4
Décret du 28 juillet 1898	—	1900, 130

III. Marques de fabrique

	Rec. gén.	Prop. ind.
Loi du 21 mai 1896 (usage de la Croix-Rouge)	II, 287	1896, 16
Règlement du 15 mai 1898 (usage de la Croix-Rouge)	V, 677	1899, 5
Décret du 14 décembre 1912 (usage de la Croix-Rouge)	—	1914, 14
Décret n° 2391, du 15 mai 1916 (Croix-Rouge)	—	1917, 4
Décret du 1er mars 1901 (classification des marques)	V, 675	1902, 3
Décret du 20 janvier 1920 (enregistrement international)	—	1920, 6

IV. Indications de provenance

	Rec. gén.	Prop. ind.
Loi sur les vins du 18 septembre 1908	VII, 176	1908, 17
Instructions du tarif des douanes, du 27 mars 1923	—	1925, 9

(1) Liste non vérifiée.

Roumanie

I. Dispositions communes

	Rec. gén.	Prop. ind.
Arrêté du 18 décembre 1922 (adhésion à la Convention d'Union)	—	1923, 30
Décision de 1923 (taxe pour certificats de priorité)	—	—

II. Brevets d'invention

	Rec. gén.	Prop. ind.
Loi du 13/26 janvier 1906	V, 681	1906, 38
Règlement d'exécution du 12 avril 1906	V, 693	1907, 33
Décision interprétative du 10 août 1906	V, 709	1906, 146
Décision de 1906 (pouvoirs et traductions des demandes)	V, 710	1907, 21
Communication du 2 septembre 1924 (brevets d'importation)	—	1924, 206
Décision du 28 avril 1910 (registrature spéciale pour brevets)	VII, 181	1910, 90
Décision du 23 juin/6 juillet 1907 (taxes de brevets)	V, 711	1907, 115
Décision du 9 mars 1912 (taxes pour cessions de brevets)	—	1912, 92
Avis d'août 1908 (demandes déposées par des Français en Roumanie)	V, 710	—

III. Marques de fabrique

	Rec. gén.	Prop. ind.
Loi du 15/27 avril 1879	II, 334	—
Règlement d'exécution du 30 mai 1879	II, 345	—
Arrêté du 4 décembre 1923 (marques autrefois autrichiennes)	—	1924, 42
Décision de février 1895 (Croix-Rouge)	V, 712	—
Loi du 17/30 mai 1913 (Croix-Rouge)	—	1915, 14

IV. Nom commercial. Concurrence déloyale

	Rec. gén.	Prop. ind.
Loi du 18/30 mars 1884 (enregistrement des firmes)	II, 347	—
Code pénal, articles 335 et 336 (concurrence déloyale)	II, 351	—

Russie (1)

A. Législation impériale

I. Dispositions communes

	Rec. gén.	Prop. ind.
Code pénal de 1885 (brevets et dessins)	II, 379, 387	—
Règlement sur l'industrie de 1893 (brevets et dessins)	II, 379, 383	—
Loi du 9 juillet 1912 (délais de priorité)	—	1912, 124

II. Brevets d'invention

	Rec. gén.	Prop. ind.
Loi du 1er juin 1896	II, 361	1896, 117
Instruction du 7 juillet 1896 (application de la loi)	II, 380	1896, 165
Avis du 23 juin 1900 (application de la loi)	IV, 911	1900, 185
Loi du 29 juillet 1912 (expropriation des brevets)	—	1912, 171
Règles du 4 octobre 1898 (exploitation des inventions brevetées)	IV, 390	1899, 23
Règles du 28 août 1901 (exploitation des inventions brevetées)	V, 713	1902, 87

III. Dessins et modèles

	Rec. gén.	Prop. ind.
Oukase du 6 octobre 1864 (timbre sur dessins et modèles)	II, 388	—
Règlement de 1893 (impôts directs)	II, 388	—

IV. Marques de fabrique

	Rec. gén.	Prop. ind.
Avis du 9 mars 1896	II, 390	1896, 51
Règlement de la Croix-Rouge	V, 715	1903, 97
Loi du 28 juin 1912 (Croix-Rouge)	—	1915, 15
Loi de février 1911 (publication, délivrance et déchéance des marques)	VII, 653	1911, 81
Circulaire du 28 février 1911 (préparations pharmaceutiques étrangères)	VII, 654	1911, 113

V. Concurrence déloyale

	Rec. gén.	Prop. ind.
Code pénal de 1885	II, 407	—

B. Législation soviétique

	Rec. gén.	Prop. ind.
Décret du 12 septembre 1924 (brevets)	—	1924, 250
Ordonnance d'exécution dudit décret, du 12 septembre 1924 (brevets)	—	1925, 30
Décret du 12 septembre 1924 (dessins et modèles)	—	1925, 30
Instructions du 12 mai 1923 (entreprises étrangères)	—	1925, 32
Ordonnance du 12 avril 1924 (entreprises étrangères)	—	1925, 31
Avis du 28 septembre 1924 (adresses des déposants)	—	1925, 32

Législation abrogée :

	Rec. gén.	Prop. ind.
Note n° 967, du 10 mars 1923 (brevets)	—	1923, 139
Note n° 25 479, du 20 mars 1923 (brevets)	—	1923, 140
Ordre n° 234/385, du 3 mars 1922 (marques de fabrique)	—	1923, 154
Décret du 10 novembre 1922 (marques de fabrique)	—	1923, 137
Ordonnance du 18 juillet 1923 (marques de fabrique)	—	1923, 178

Salvador

I. Brevets d'invention

	Rec. gén.	Prop. ind.
Loi du 27 mai 1923	—	1914, 68
Décret du 20 juillet 1916 (redevances et impôts)	—	—

Législation abrogée :

	Rec. gén.	Prop. ind.
Loi du 6 mai 1901	VI, 491	1901, 162
Loi du 13 mai 1910	VII, 357	1910, 126

II. Marques de fabrique

	Rec. gén.	Prop. ind.
Code pénal, articles 208 à 211	VII, 369	1911, 24
Loi du 22 juillet 1921	—	1922, 20

Législation abrogée :

	Rec. gén.	Prop. ind.
Loi du 27 avril 1901	—	1901, 164
Loi du 11 mai 1910	—	1910, 159
Loi du 19 juin 1913	—	1914, 71
Loi du 12 juin 1916	—	—

(1) Liste non vérifiée.

Sarre (Bassin de la)

	Rec. gén.	Prop. ind.
Ordonnance de la Commission de Gouvernement, du 26 février 1925 (brevets et marques)	—	1925, 75

Serbie-Croatie-Slovénie

	Rec. gén.	Prop. ind.
Ordonnance royale du 15 novembre 1920 (propriété industrielle)	—	1921, 34
Ordonnance royale du 17 février 1922 (propriété industrielle)	—	1922, 61
Ordonnance du 25 octobre 1923 (taxes) .	—	1924, 64
Ordonnance d'exécution du 17 novembre 1920 (propriété industrielle)	—	1921, 87
Circulaire du 12 mars 1921 (propriété industrielle)	—	—
Ordonnance du 31 mars 1924 (pouvoirs aux mandataires)	—	1925, 9
Règlement du 7 février 1921 (conventions internationales)	—	1921, 75
Ordonnance du 3 mars 1924 (conventions internationales)	—	1924, 64
Loi du 12 janvier 1896 (Croix-Rouge) . .	V, 717	—

Législation abrogée :

	Rec. gén.	Prop. ind.
Ordonnance du 20 juin 1880 (brevets en Bosnie-Herzégovine)	IV, 212	—
Loi serbe du 30 mai 1884 (dessins et modèles)	II, 430	1889, 27
Ordonnance du 20 juin 1880 (dessins et modèles en Bosnie-Herzégovine)	IV, 216	—
Ordonnance du 20 juin 1880 (marques en Bosnie-Herzégovine)	IV, 218	—
Loi serbe du 30 mai 1884 (marques) . . .	II, 439	1889, 15
Décret serbe du 16 décembre 1896 (taxes de marques et dessins)	IV, 393	1897, 30
Circulaire serbe du 25 mai 1885 (marques et dessins)	II, 447	1889, 29

Siam

	Rec. gén.	Prop. ind.
Code pénal du 1er juin 1908, articles 235 à 237 (propriété industrielle)	—	1910, 91
Loi du 12 juin 1918 (Croix-Rouge) . . .	—	1924, 115

Suède

I. Dispositions communes

	Rec. gén.	Prop. ind.
Loi du 28 mai 1897 (calcul des délais) .	IV, 396	1898, 52
Instruction du 31 décembre 1921 (Bureau des brevets et de l'enregistrement) . .	—	—
Ordonnance du 26 juin 1885 (application de la Convention d'Union)	II, 471	1889, 2
Décret du 12 septembre 1902 (brevets, marques et modèles étrangers) . . .	V, 724	1903, 21
Décret du 27 octobre 1916 (brevets, marques et modèles étrangers)	—	1917, 5

Législation abrogée :

	Rec. gén.	Prop. ind.
Ordonnance du 19 octobre 1894 (marques et brevets danois)	—	1895, 17
Instruction du 29 novembre 1895 (Bureau des brevets et de l'enregistrement) . . .	II, 472	1897, 36
Instruction du 18 novembre 1898 (Bureau des brevets et de l'enregistrement) . . .	IV, 397	1899, 219
Instruction du 23 décembre 1914 (Bureau des brevets et de l'enregistrement)	—	—

II. Brevets d'invention

	Rec. gén.	Prop. ind.
Loi du 16 juillet 1812 (liberté de la presse)	IV, 913	1901, 147
Ordonnance royale du 16 mai 1884 . .	II, 457	1886, 29
Ordonnance royale du 12 juin 1891 . .	II, 457	1892, 34
Ordonnance royale du 14 avril 1893 . .	II, 457	1893, 117
Loi du 26 mars 1897	II, 457	1897, 70
Loi du 27 mai 1898.	IV, 395	1899, 24
Loi du 9 mai 1902	V, 719	1902, 149
Loi du 5 juin 1909	VII, 183	1910, 76
Loi du 7 août 1914	—	1915, 164
Loi du 23 avril 1920	—	1920, 101
Décret du 31 décembre 1895 (pièces à déposer)	II, 468	1897, 49
Décret du 15 avril 1921 (pièces à déposer)	—	—
Décret du 23 décembre 1910 (pièces à déposer)	V, 655	1911, 113
Décret du 22 juillet 1918 (copies de dessins sur papier calque)	—	1918, 125
Ordonnance du 18 novembre 1898 (registre des brevets)	IV, 399	1899, 222

III. Dessins et modèles

	Rec. gén.	Prop. ind.
Loi du 10 juillet 1899	IV, 400	1900, 22
Loi du 7 août 1914	—	1915, 165
Loi du 10 juillet 1899 (calcul des délais).	IV, 406	1900, 23
Décret du 24 novembre 1899 (pièces à déposer)	IV, 406	1900, 23
Décret du 23 décembre 1910 (pièces à déposer)	VII, 657	1911, 113
Décret du 24 novembre 1899 (registre des dessins et modèles)	IV, 408	1900, 24
Décret du 24 novembre 1899 (dessins et modèles étrangers)	IV, 409	1900, 25

IV. Marques de fabrique

	Rec. gén.	Prop. ind.
Ordonnance du 5 juillet 1884	II, 483	1886, 39
Loi du 5 mars 1897 (modification des articles 4, 7 et 16).	—	1897, 101
Loi du 16 juin 1905 (modification de l'article 2)	V, 728	1907, 38
Loi du 7 août 1914 (modification des articles 4 et 16).	—	1915, 165
Loi du 15 mars 1918 (modifications diverses)	—	1918, 77
Loi du 25 février 1921 (modifications diverses)	—	1922, 7
Décret du 31 décembre 1895 (pièces à déposer)	II, 493	1897, 50
Décret du 25 juin 1897 (pièces à déposer)	IV, 411	1898, 52
Décret du 23 décembre 1910 (pièces à déposer)	VII, 656	1911, 113
Décret du 6 juin 1918 (pièces à déposer).	—	1918, 104

	Rec. gén.	Prop. ind.
Ordonnance du 6 juin 1918 (registre des marques)	—	1918, 103
Ordonnance du 28 novembre 1884 (poinçonnage des produits du fer)	II, 494	1897, 34
Loi du 2 juin 1911 (Croix-Rouge)	—	1913, 94
Décret du 8 avril 1921 (marques islandaises)	—	1921, 101
Décret du 12 décembre 1912 (marques luxembourgeoises)	—	—
Ordonnance du 29 novembre 1901 (marques russes)	—	1902, 172

Législation abrogée :

	Rec. gén.	Prop. ind.
Ordonnance du 18 novembre 1898 (registre des marques)	IV, 412	1899, 222
Décret du 20 février 1885 (marques norvégiennes)	II, 496	1897, 35

V. Indications de provenance

	Rec. gén.	Prop. ind.
Loi du 4 juin 1913 (importation)	—	1914, 98
Loi du 9 octobre 1914 (importation)	—	1916, 61
Loi du 9 octobre 1914 (vente dans le pays)	—	1916, 60
Ordonnance du 29 juin 1917 (denrées alimentaires)	—	—

Législation abrogée :

	Rec. gén.	Prop. ind.
Ordonnance du 9 novembre 1888 (importation)	II, 503	—

VI. Concurrence déloyale. Nom commercial

	Rec. gén.	Prop. ind.
Loi du 19 juin 1919 (concurrence déloyale)	—	—
Loi du 28 juin 1895 (registre du commerce)	II, 498	—
Loi du 12 août 1910 (Sociétés anonymes)	—	—
Loi du 22 juin 1911 (Associations économiques)	—	—

Législation abrogée :

	Rec. gén.	Prop. ind.
Loi du 28 juin 1895 (Associations économiques)	II, 502	—
Loi du 28 juin 1895 (Sociétés anonymes)	II, 502	—

Suisse

I. Dispositions communes

	Rec. gén.	Prop. ind.
Loi du 3 avril 1914 (droits de priorité)	—	1914, 49
Règlement d'exécution du 24 juillet 1914 (droits de priorité)	—	1915, 29

II. Brevets d'invention

	Rec. gén.	Prop. ind.
Loi du 21 juin 1907	V, 729	1907, 77
Règlement d'exécution du 15 novembre 1907	V, 745	1908, 18
Prescriptions du 20 novembre 1907 (dépôt des échantillons)	VII, 185	—
Code des obligations, article 343 (inventions d'employés)	VII, 660	1912, 5
Décisions des 27 novembre 1894 et 6 septembre 1895 (inventions d'employés)	II, 547	1895, 148
Dispositions du 17 octobre 1901 (inventions d'employés)	V, 761	1902, 184

Législation abrogée :

	Rec. gén.	Prop. ind.
Arrêté du Conseil fédéral du 25 novembre 1884	—	1885, 7
Loi du 29 juin 1888	II, 512	1888, 71
Règlement d'exécution du 12 octobre 1888	—	1888, 121
Arrêté du Conseil fédéral du 26 octobre 1888	—	1888, 124
Adjonction audit arrêté du 6 mars 1889	—	1889, 43
Arrêté du Conseil fédéral du 24 juin 1889	—	1889, 128
Loi du 23 mars 1893	II, 529	1893, 58
Règlement d'exécution du 21 juillet 1893	—	1893, 101
Règlement d'exécution du 10 novembre 1896	II, 531	1896, 162
Arrêté du Conseil fédéral du 30 juillet 1897	IV, 413	1897, 185
Arrêté du Conseil fédéral du 17 juillet 1900	IV, 414	1900, 131
Arrêté du Conseil fédéral du 30 janvier 1903	—	1903, 60

III. Dessins et modèles

	Rec. gén.	Prop. ind.
Loi du 30 mars 1900	IV, 417	1901, 40
Règlement d'exécution du 27 juillet 1900	IV, 427	1901, 54

Législation abrogée :

	Rec. gén.	Prop. ind.
Loi du 21 décembre 1888	II, 549	1889, 3
Règlement d'exécution du 24 mai 1889	—	1889, 78
Règlement d'exécution du 31 août 1894	II, 560	1895, 2

IV. Marques de fabrique

	Rec. gén.	Prop. ind.
Loi du 26 septembre 1890	II, 569	1890, 123
Règlement d'exécution du 7 avril 1891	II, 581	1891, 99
Loi (transitoire) du 29 juin 1894	II, 589	1894, 118
Règlement d'exécution du 27 novembre 1894	II, 590	1894, 161
Loi du 2 novembre 1898 (fabrication et vente des allumettes)	IV, 440	1899, 98
Règlement du 30 décembre 1899 (fabrication et vente des allumettes)	—	—
Arrêté du 19 novembre 1901 (fabrication et vente des allumettes)	—	—
Loi du 14 avril 1910 (protection de la Croix-Rouge)	VII, 188	1910, 140
Circulaire du 29 août 1911 (protection de la Croix-Rouge)	VII, 658	1912, 34
Arrêté du 28 octobre 1902 (enregistrement international)	V, 762	1902, 166

Législation abrogée :

	Rec. gén.	Prop. ind.
Loi du 19 décembre 1879	—	1885, 61
Règlement d'exécution du 2 octobre 1880	—	1885, 68
Arrêté du Conseil fédéral du 4 janvier 1881	—	1885, 69

V. Indications de provenance

	Rec. gén.	Prop. ind.
Ordonnance du 8 mai 1914, art. 3; art. 45, al. 2; art. 50, al. 2; art. 52, al. 2; art. 66; art. 141, al. 2; articles 173, 174, 198, 238 (denrées alimentaires et objets usuels)	—	—
Arrêté du 10 décembre 1917 (communication des décisions judiciaires cantonales)	—	—

Législation abrogée :

	Rec. gén.	Prop. ind.
Circulaire du 10 mars 1911 (communication des décisions judiciaires cantonales)	VII, 657	1911, 63

VI. Nom commercial

	Rec. gén.	Prop. ind.
Code des obligations, articles 859 à 876 (nom commercial)	II, 592	—
Règlement du 10 mai 1890 (nom commercial)	II, 592	—

	Rec. gén.	Prop. ind.
Ordonnance du 16 décembre 1918 (Registre et Feuille officielle du commerce) . .	—	1919, 13
Circulaire du 16 décembre 1918 (Registre et Feuille officielle du commerce) . .	—	—
Loi du 6 octobre 1923 (Registre et Feuille officielle du commerce)	—	1924, 65
Législation abrogée :		
Ordonnance du 21 novembre 1916 (Registre et Feuille officielle du commerce) . . .	—	1917, 63

Syrie et Liban

	Rec. gén.	Prop. ind.
Arrêté du 19 juillet 1923 (Office de la propriété intellectuelle)	—	1924, 64
Arrêté du 17 janvier 1924 (propriété industrielle)	—	1924, 153
Législation abrogée :		
Arrêté du 27 mai 1921 (marques de fabrique)	—	1921, 119
Instructions du 9 septembre 1921 (marques de fabrique)	—	1921, 134

Tchécoslovaquie

I. Dispositions communes

	Rec. gén.	Prop. ind.
Loi du 30 juin 1922 (abrogation de dispositions provisoires)	—	1922, 127
Ordonnance du 15 mars 1923 (Bureau des brevets)	—	1924, 28
Ordonnance n° 273, du 13 décembre 1924 (règlement de service du Bureau des brevets)	—	1925, 71
Loi n° 604, du 29 octobre 1919 (suppression de la Caisse du Bureau des brevets)	—	1923, 130
Loi du 19 octobre 1922 (délai pour faire valoir les droits de propriété industrielle)	—	1922, 162
Législation abrogée :		
Ordonnance du 18 mai 1922 (dispositions transitoires)	—	1922, 82

II. Brevets d'invention

	Rec. gén.	Prop. ind.
Loi du 27 mai 1919 (dispositions provisoires)	—	1919, 80
Loi complémentaire n° 252, du 30 juin 1922	—	1922, 127
Ordonnance du 3 avril 1924 (déposants indigents)	—	1925, 9
Ordonnance du 25 septembre 1924 (formalités de dépôt et pouvoirs des mandataires)	—	1925, 10
Ordonnance du 16 avril 1925 (exploitation des inventions)	—	1925, 208

III. Dessins et modèles

	Rec. gén.	Prop. ind.
Loi du 24 juillet 1919 (dispositions provisoires)	—	1919, 98
Loi du 30 juin 1921 (extension et modification de la loi de 1919)	—	1922, 7

IV. Marques de fabrique

	Rec. gén.	Prop. ind.
Loi du 24 juillet 1919 (dispositions provisoires)	—	1919, 98
Loi du 30 juin 1921 (extension et modification de la loi de 1919)	—	1922, 8
Loi n° 252, du 30 mars 1920 (pavillon, armes et sceaux de l'État)	—	1924, 141
Ordonnance d'exécution de ladite loi n° 252, du 20 août 1920	—	1924, 141
Loi du 19 décembre 1921 (protection de la Croix-Rouge)	—	1922, 71

V. Indications de provenance

	Rec. gén.	Prop. ind.
Loi du 20 décembre 1923	—	1924, 116
Loi du 12 août 1921 (houblon)	—	1923, 113
Ordonnance du 26 janvier 1923 (huile, margarine et graisse)	—	1923, 131

VI. Nom commercial. Divers

	Rec. gén.	Prop. ind.
Loi du 14 avril 1920 (abolition des dénominations impropres)	—	1920, 102
Loi du 17 mars 1921 (types, semences, plants, sujets horticoles)	—	1922, 70

Tunisie

I. Dispositions communes

	Rec. gén.	Prop. ind.
Décret du 11 juin 1906 (protection aux expositions)	VI, 158	1907, 127
Décret du 24 novembre 1910 (protection aux expositions)	VII, 277	1911, 25

II. Brevets d'invention

	Rec. gén.	Prop. ind.
Décret du 26 décembre 1888	III, 108	1889, 105
Décret du 31 août 1902	VI, 157	1903, 21
Règlement d'exécution du 26 septembre 1892	III, 111	1896, 166
Décret du 26 septembre 1892 (échéance des annuités)	III, 110	1896, 166
Arrêté du 15 mars 1914 (dépôt des demandes)	—	1915, 4

III. Dessins et modèles

	Rec. gén.	Prop. ind.
Décret du 25 février 1911	VII, 661	1911, 82

IV. Marques de fabrique

	Rec. gén.	Prop. ind.
Décret du 3 juin 1889	III, 114	1891, 74
Décret du 22 octobre 1892	III, 117	1892, 168
Décret du 7 avril 1908	VII, 279	1910, 58
Décret du 12 mars 1884 (fabricants de chéchias)	—	1924, 117
Décret du 23 février 1910 (marques non enregistrées figurant aux expositions) .	VII, 280	1911, 24
Décret du 28 juin 1903 (enregistrement international)	VI, 159	1903, 121
Législation abrogée :		
Décret du 25 octobre 1892 (enregistrement international)	—	1893, 4

Turquie

I. Brevets d'invention

	Rec. gén.	Prop. ind.
Loi du 18 février 1879	II, 607	—
Loi du 28 juin 1916 (brevets intéressant la défense nationale)	—	—

	Rec. gén.	Prop. ind.
Avis du 28 septembre 1908 (exploitation des inventions brevetées)	VII, 193	1910, 163

II. Marques de fabrique

	Rec. gén.	Prop. ind.
Règlement du 10 mai 1888	II, 619	—
Note du 18 juin 1910 (Croix-Rouge)	VII, 194	1910, 141
Article 194 du Code pénal militaire (Croix et Croissant Rouges)	—	1915, 16

Uruguay (1)

I. Brevets d'invention

	Rec. gén.	Prop. ind.
Loi du 13 novembre 1885	III, 517	—
Décret d'exécution du 16 novembre 1885	III, 523	—
Décret modificatif du 21 septembre 1917	—	1924, 206
Loi complémentaire du 2 décembre 1921	—	1924, 207
Règlement d'exécution du 30 décembre 1921	—	1924, 208
Décret du 23 novembre 1900 (timbre pour certificat d'addition)	VI, 507	1901, 58
Notice de 1901 (formalités en matière de demandes)	VI, 507	1901, 148
Loi du 28 novembre 1916 (modification du délai d'exploitation)	—	1918, 126
Décret du 21 septembre 1917 (modification du délai d'exploitation)	—	1918, 126

II. Marques de fabrique

	Rec. gén.	Prop. ind.
Loi du 13 juillet 1909	VI, 508	1910, 17
Règlement d'exécution du 20 novembre 1909	VII, 373	1910, 91
Décret du 12 juin 1896 (marques étrangères)	III, 526	1897, 111
Décret du 5 janvier 1923 (marques étrangères)	—	1923, 95

Législation abrogée :

	Rec. gén.	Prop. ind.
Loi du 1er mars 1877	III, 525	—

Vénézuéla

I. Brevets d'invention

	Rec. gén.	Prop. ind.
Code pénal de 1897, article 302	III, 532	1898, 174
Loi du 2 juin 1882	III, 528	—
Décret du 5 janvier 1901	VI, 521	1901, 59
Ordonnance du 31 janvier 1902 (brevets de perfectionnement)	VI, 523	1902, 172
Décret du 17 mai 1890 (exploitation légale)	VI, 522	1901, 59
Décret du 28 février 1905 (exploitation légale)	VI, 522	1905, 182
Loi du 31 mai 1913 (brevets pour industries nouvelles)	—	1915, 16
Résolution n° 525, du 26 octobre 1920 (formalités de demandes)	—	1925, 118

II. Marques de fabrique

	Rec. gén.	Prop. ind.
Code pénal de 1897, articles 300 et 301	III, 537	1898, 174
Code pénal de 1915, titre V, articles 320 à 322	—	1916, 47
Loi du 24 mai 1877	III, 534	—
Règlement d'exécution du 7 janvier 1898	III, 538	—
Règlement d'exécution du 20 août 1913	—	1915, 17
Résolution du 30 juin 1920 (classification des produits)	—	1925, 119

(1) Liste non vérifiée.

Colonies, possessions et protectorats britanniques (1)

Ashanti

	Rec. gén.	Prop. ind.
Ordonnance n° 2, de 1903 (application de la législation de Gold Coast)	—	—

Australie

I. Brevets d'invention

	Rec. gén.	Prop. ind.
Loi n° 21, du 22 octobre 1903	VI, 527	1904, 90
Loi n° 19, du 12 octobre 1906	VI, 561	1907, 47
Loi n° 17, du 13 décembre 1909	VII, 381	1910, 73
Loi n° 19, du 14 novembre 1910	—	—
Loi n° 24, du 15 décembre 1921	—	—
Avis du 28 mai 1907 (payement des taxes)	VI, 602	1907, 97
Règlement n° 76, du 4 avril 1912	—	—
Règlement n° 139, du 26 septembre 1923	—	—
Ordonnance du 22 janvier 1924 (application de la loi à l'Inde)	—	—

Législation abrogée :

	Rec. gén.	Prop. ind.
Règlement n° 70, du 2 novembre 1904	—	1906, 49
Règlement n° 96, de 1909	VI, 560	—
Règlement n° 43, de 1910 ; n° 85 du 30 août 1910	—	—

II. Dessins et modèles

	Rec. gén.	Prop. ind.
Loi n° 4, du 28 août 1906	VI, 603	1907, 61
Loi n° 19, du 14 novembre 1910	—	—
Loi n° 14, du 6 novembre 1912	—	1913, 145
Règlement n° 51, du 8 mai 1907	VI, 615	—
Règlement n° 195, du 15 novembre 1911	—	—
Règlement n° 43, du 11 février 1913	—	—
Ordonnance du 22 janvier 1924 (application de la loi à l'Inde)	—	—

III. Marques de fabrique

	Rec. gén.	Prop. ind.
Loi n° 20, du 21 décembre 1905	VI, 618	1906, 93
Loi n° 19, du 6 novembre 1912	—	1913, 142
Loi n° 7, de 1919	—	1920, 75
Avis de 1908 (pouvoirs des mandataires)	VI, 672	1908, 38
Règlement n° 339, du 19 décembre 1913	—	—

Législation abrogée :

	Rec. gén.	Prop. ind.
Règlement n° 122, du 28 décembre 1906	VI, 653	1907, 93
Règlement n° 90, de 1907 (taxes)	—	—
Règlement n° 260, du 8 octobre 1913	—	—

(1) Les colonies, etc. sont classées dans l'ordre alphabétique des noms officiels anglais.

IV. Indications de provenance

	Rec. gén.	Prop. ind.
Loi n° 16, du 8 décembre 1905	VI, 673	1907, 45
Règlements n° 84, de 1906; n° 17, de 1908; n° 127, de 1908	—	—

Note. — La législation de la Fédération australienne remplace celle que nous avons publiée en ce qui concerne l'Australie occidentale (III, 542; IV, 564, 885); l'Australie du Sud (III, 560; IV, 565); la Nouvelle Galles du Sud (III, 588; IV, 566); le Queensland (III, 614; IV, 568); la Tasmanie (III, 628); Victoria (III, 636; IV, 569).

Bahamas (Iles)

	Rec. gén.
Brevets, loi n° 52, Vict. 23, du 23 mai 1889	III, 166
Brevets, loi n° 53, Vict. C. 2, du 3 mars 1890	III, 168
Brevets, loi n° 54, Vict. C. 12, du 5 juin 1891	III, 170
Brevets, loi n° 58, Vict. C. 9, du 26 avril 1895	—
Brevets, loi n° 63, Vict. C. 3, du 11 mai 1900 (taxes)	VI, 173
Marques, lois 5 et 6, Edw. VII, C. 6, du 29 mai 1906	—
Marques, règlement du 2 janvier 1908	—

Barbados

Brevets, loi du 12 décembre 1883	III, 171
Brevets, loi n° 31, du 19 mars 1903	VI, 175
Brevets, loi n° 10, du 20 février 1908	—
Marques et indications de provenance, loi n° 28, du 7 juin 1889	III, 172
Marques et indications de provenance, loi n° 7, du 20 mars 1896	IV, 521
Marques et indications de provenance, loi n° 16, du 10 novembre 1897	—

Basutoland

Brevets, proclamation n° 7 B, du 17 novembre 1887 (abrogée)	—
Brevets, proclamation n° 25, de 1919 (application de la loi de l'Union Sud-Africaine)	—
Marques, proclamation n° 2 B, du 29 mai 1884 (abrogée)	—
Marques, règlement n° 46, de 1921 (abrogé)	—

Bechuanaland

Brevets, proclamation n° 41, de 1895	—
Brevets, proclamation n° 30, du 1er juillet 1920	—
Brevets et marques, proclamation du 10 juin 1891 (application de la législation du Cape of Good Hope)	—

Bermuda

Brevets, loi du 14 août 1889	III, 173
Brevets anglais, protection, ordonnance n° 22, du 16 juin 1925	—
Brevets, dessins et marques, loi n° 51, du 18 novembre 1902	VI, 179
Brevets, dessins et marques, loi n° 5, du 23 février 1904	VI, 179
Brevets, dessins et marques, règlement des 4 juin/19 novembre 1903	VI, 182
Brevets, dessins et marques, règlement du 25 février 1904	VI, 182
Brevets, dessins et marques, règlement n° 9, sans date	—

	Rec. gén.
Brevets, dessins et marques, loi n° 1, du 26 juillet 1904	—
Indications de provenance, loi n° 17, de 1889	—
Indications de provenance, loi n° 12, de 1904	—

British Central Africa Protectorate

Brevets, dessins et marques, ordonnance n° 9, du 4 décembre 1903	VI, 113

British Guiana

Brevets, ordonnance n° 13, du 12 juillet 1861	III, 414
Brevets, ordonnance n° 31, du 6 décembre 1902	VI, 381
Brevets, ordonnance n° 39, du 14 novembre 1903	VI, 383
Brevets anglais, ordonnance n° 19, du 10 octobre 1925	—
Marques, ordonnance n° 8, du 18 août 1888	III, 421
Marques, ordonnance n° 27, du 24 novembre 1914	—
Marques, règlement du 1er juin 1915	—
Indications de provenance, ordonnance du 7 janvier 1899	—
Indications de provenance, ordonnance n° 2, de 1888	—
Indications de provenance, ordonnance n° 5, du 9 avril 1910	—
Indications de provenance, ordonnance n° 16, du 11 janvier 1912	—
Indications de provenance, règlement du 9 août 1898	—

British Honduras

Brevets, loi du 10 septembre 1862	III, 428
Brevets, règlement d'application	III, 432
Brevets, chap. 74 des lois consolidées de la Colonie	—
Marques, ordonnance n° 3, du 25 juin 1888	III, 434
Marques, sect. 221 et 231 du Code pénal, chap. 24 A	—

British Nord Borneo

Brevets, proclamation n° 2, du 1er juillet 1908	—
Marques, proclamation n° 9, du 1er juin 1891	IV, 444
Marques, proclamation n° 6, du 1er novembre 1893	IV, 443

Brunei

Brevets délivrés dans le Royaume-Uni, aux Straits Settlements et en Malaisie, protection, ordonnance n° 1 du 12 janvier 1925	—	—

Cape of Good Hope (1)

Brevets, loi n° 17, de 1860	III, 6
Brevets, loi n° 24, du 14 novembre 1902	VI, 117
Brevets, loi n° 28, du 28 mai 1904	VI, 117
Brevets, règlement n° 1195, du 31 décembre 1885	III, 17
Brevets, règlement n° 880, du 11 octobre 1886	III, 17
Dessins, loi n° 28, du 21 août 1894	III, 18
Dessins, règlement n° 917, du 15 septembre 1914	III, 20
Marques, loi n° 22, du 8 août 1877	III, 21
Marques, loi n° 12, du 5 juillet 1895	IV, 492
Marques, règlement du 1er mars 1893	III, 24
Marques, note n° 213, du 9 mars 1903	—

(1) Cette colonie est régie par la législation de l'Union Sud-Africaine (Union of South Africa) dont elle fait partie, mais son ancienne législation a été déclarée applicable au Basutoland et au Bechuanaland (v. plus haut).

	Rec. gén.
Indications de provenance, loi n° 12, du 25 juillet 1888	III, 27
Indications de provenance, loi n° 14, de 1889 . . .	—

Ceylan

Appels à l'*Attorney* général, règlement du 10 avril 1923 (*Prop. ind.*, 1925, p. 199)	—
Brevets, ordonnance n° 15, du 13 mars 1906 (*Prop. ind.*, 1916, p. 66)	—
Brevets, ordonnance du 16 novembre 1892 (abrogée)	II, 636
Brevets, ordonnance n° 6, du 15 novembre 1897 (abrogée)	IV, 444
Brevets, ordonnance n° 6, du 16 mars 1898 (abrogée)	IV, 444
Brevets, ordonnance n° 5, du 17 août 1904 (abrogée)	VI, 3
Brevets, règlement du 10 avril 1907 (*Prop. ind.*, 1925, p. 181)	—
Brevets, instructions du 12 septembre 1907. . . .	—
Brevets, ordonnance du 11 février 1921 (inventions brevetées en Inde)	—
Dessins, ordonnance n° 7, du 17 août 1904 (*Prop. ind.*, 1916, p. 114)	VI, 4
Dessins, ordonnance n° 23, du 15 octobre 1914 (*Prop. ind.*, 1916, p. 139)	—
Dessins, règlement du 1er juin 1906 (*Prop. ind.*, 1916, p. 139)	—
Marques, ordonnance n° 14, du 21/22 décembre 1888 (*Prop. ind.*, 1925, p. 200).	II, 653
Marques, ordonnance n° 4, du 16/26 avril 1890 (*Prop. ind.*, 1925, p. 200)	II, 658
Marques, ordonnance n° 6, du 17 août 1904 (*Prop. ind.*, 1925, p. 204)	VI, 6
Marques, ordonnance n° 9, de 1906	—
Marques, ordonnance n° 15, du 23 septembre 1908 .	—
Marques, ordonnance n° 23, du 10 décembre 1918 .	—
Marques, règlement du 1er juin 1906	—
Marques, ordonnance du 8 avril 1924.	—
Marques, Code pénal, sect. 468 à 478	—
Indications de provenance, ordonnance n° 13, du 21 décembre 1888 (*Prop. ind.*, 1925, p. 246)	II, 659
Indications de provenance, ordonnance n° 14, du 26 octobre 1892 (*Prop. ind.*, 1925, p. 246).	II, 660
Indications de provenance, règlement du 29 mars 1889	II, 661

Cochin

Brevets, loi n° 12, du 2 juin 1920.	—

Cyprus

Brevets, loi n° 4, du 30 avril 1920.	—
Brevets, loi n° 8, du 13 mars 1922	—
Brevets anglais, loi n° 12, du 25 octobre 1924. . .	—
Marques, loi du 11 juillet 1910.	—
Marques, loi modificative n° 17, du 5 mai 1920 . .	—
Marques, règlement du 18 mai 1911	—
Marques, règlement du 23 mars 1917.	—
Indications de provenance, loi du 4 mai 1892 . . .	II, 667
Indications de provenance, loi n° 12, du 28 octobre 1892	—
Indications de provenance, loi n° 13, du 15 mai 1913	—
Indications de provenance, règlement de 1911 . . .	—

East Africa Protectorate

	Rec. gén.
Brevets et dessins, loi n° 5, de 1888	—
Brevets et dessins, ordre en conseil de 1897, article 17	—
Brevets et dessins, ordonnance n° 1, du 7 janvier 1914	—
Brevets et dessins, ordonnance d'application du 11 février 1901	—
Marques, Code pénal, sect. 478 à 489	—
Marques, ordonnance n° 17, du 16 octobre 1912 . .	—
Marques, règlement du 23 novembre 1912	—

Falkland (Iles)

Brevets, dessins et marques, ordonnance n° 2, du 25 février 1903	VI, 379
Indications de provenance, ordonnance n° 1, du 18 février 1889	III, 393
Indications de provenance, ordonnance n° 14, du 27 décembre 1889	—

Fidji

Brevets, ordonnance n° 3, du 25 janvier 1879 . . .	III, 574
Brevets, ordonnance n° 7, du 29 juillet 1882 . . .	III, 574
Brevets, ordonnance modificative n° 12, du 27 novembre 1924	—
Marques, ordonnance n° 4, du 22 avril 1886 . . .	III, 576
Marques, règlement n° 24, du 6 octobre 1886 . . .	III, 577
Indications de provenance, ordonnance n° 12, du 16 novembre 1889	III, 578
Indications de provenance, ordonnance n° 2, du 10 juin 1890.	III, 579

Gambia

Brevets, ordonnance n° 5, du 1er mai 1900	VI, 127
Brevets, ordonnance n° 13, du 5 juillet 1902 . . .	—
Brevets, ordonnance n° 5, du 3 mars 1904	VI, 129
Brevets anglais, protection, ordonnance n° 8, du 25 août 1925.	—
Brevets, règlement du 17 octobre 1906	—
Dessins, ordonnance d'abrogation n° 7, du 3 mars 1904	—
Dessins, ordonnance n° 4, du 5 mars 1903 (abrogée).	—
Marques, ordonnance n° 6, du 1er mai 1900	—
Marques, ordonnance n° 14, du 5 juillet 1902 . . .	—
Marques, ordonnance n° 6, du 3 mars 1904	VI, 131
Marques, règlement du 26 avril 1901	—
Marques, règlement du 18 juin 1901	—
Marques, règlement du 21 mai 1904	VI, 131
Marques, règlement du 20 janvier 1906	—
Marques, règlement du 17 juillet 1906	—
Indications de provenance, ordonnance n° 11, du 21 décembre 1888	III, 47

Gibraltar

Brevets, ordonnance n° 2, du 16 janvier 1913 . . .	—
Brevets, ordonnance n° 1, du 21 février 1898 . . .	—
Brevets anglais, loi n° 11, du 19 décembre 1924 . .	—
Brevets anglais, ordonnance d'exécution du 10 janvier 1925.	—

	Rec. gén.
Indications de provenance, ordonnance n° 4, du 18 mai 1888	I, 352

Gilbert and Ellice Islands

Brevets, ordonnance n° 3, du 5 mai 1916	—
Brevets anglais, ordonnance n° 3, du 14 juillet 1924	—

Gold Coast Colony

Brevets, ordonnance n° 1, du 3 janvier 1900	IV, 495
Brevets, ordonnance n° 6, du 22 avril 1902	VI, 119
Brevets, ordonnance n° 19, du 22 septembre 1903	VI, 119
Brevets, ordonnance n° 4, du 30 avril 1906	—
Brevets, ordonnance n° 10, du 19 juin 1912	—
Brevets, ordonnance n° 18, du 31 août 1916	—
Brevets, ordonnance n° 33, du 28 décembre 1923	—
Brevets, règlement du 7 juillet 1905	—
Brevets anglais, ordonnance n° 36, du 13 décembre 1924	—
Marques, ordonnance n° 2, du 10 janvier 1900	III, 495
Marques, ordonnance n° 7, du 22 avril 1902	VI, 119
Marques, ordonnance n° 17, du 25 août 1903	VI, 119
Marques, sect. 112 et 113 du Code criminel	—
Marques, ordonnance n° 5, du 4 mai 1914	—
Marques, ordonnance n° 16, du 29 mai 1923	—
Marques, règlement du 10 juin 1902	—
Marques, règlement de 1905	—
Marques, règlement n° 37, du 15 décembre 1900 (abrogé)	VI, 119
Indications de provenance, ordonnance n° 4, du 9 mars 1888	III, 39
Indications de provenance, ordonnance n° 16, du 10 juillet 1888	III, 39
Indications de provenance, règlement du 10 juin 1889	—

Grenade

Brevets, ordonnance n° 4, du 16 mai 1898	IV, 545
Brevets anglais, protection, ordonnance n° 14, du 1er octobre 1924	—
Brevets, règlement du 17 février 1899	IV, 545
Indications de provenance, ordonnance n° 9, du 22 mai 1889	—

Guernesey

Brevets, dessins et marques, loi du 13 octobre 1922	—

Hong-Kong

Brevets, ordonnance n° 2, du 1er avril 1892	II, 678
Brevets, ordonnance du 1er août 1901	—
Brevets, ordonnance du 2 mars 1903	—
Brevets, ordonnance n° 22, de 1909	—
Brevets, ordonnance n° 22, du 9 juin 1911	—
Brevets anglais, ordonnance n° 13, du 2 octobre 1925	—
Marques, ordonnance n° 40, du 10 décembre 1909	—
Marques, ordonnance n° 21, du 9 juin 1911	—
Marques, ordonnance n° 7, du 25 juin 1920	—
Marques, ordonnance du 9 décembre 1873 (abrogée)	II, 682
Marques, ordonnance n° 18, du 22 août 1898	IV, 447
Marques, règlement du 5 janvier 1910	—

	Rec. gén.
Marques, règlement du 6 juillet 1911	—
Marques, règlement n° 384, du 31 août 1898 (abrogé)	IV, 448
Marques, règlement du 2 mars 1903	—
Indications de provenance, ordonnance du 7 août 1890	II, 682
Indications de provenance, règlement du 13 juillet 1891	—

India

Brevets et dessins, loi n° 2, de 1911	—
Brevets et dessins, loi du 2 septembre 1920	—
Brevets et dessins, règlement de 1911	—
Brevets et dessins, loi n° 5, de 1888 (abrogée)	II, 687
Brevets et dessins, règlement du 10 octobre 1895 (abrogé)	II, 687
Brevets et dessins, règlement du 28 janvier 1898 (abrogé)	VI, 23
Marques, loi du 1er mars 1889	II, 698
Indications de provenance, loi du 1er mars 1889	II, 698
Indications de provenance, notification du 13 novembre 1891	II, 709
Indications de provenance, instructions aux douaniers	II, 712
Indications de provenance, décision du 18 août 1894	II, 713
Indications de provenance, modification du 1er août 1908	VI, 23
Indications de provenance, manuel édité en 1908	—
Propriété industrielle, ordonnances rendant la législation hindoue applicable à Ceylan, 27 février 1922; à la Nouvelle-Zélande, 13 avril 1922; à l'Union Sud-Africaine, 2 mai 1922; à la Fédération australienne, 16 octobre 1923; au Canada, 22 novembre 1923	—

Jamaïca

Brevets, loi de 1857 (21 Victoria, ch. 30)	III, 440
Brevets, loi n° 6, de 1879	—
Brevets, loi n° 15, du 27 mai 1891	III, 447
Brevets, loi n° 4, du 19 avril 1901	VI, 391
Brevets, loi n° 40, du 2 septembre 1903 (timbre)	—
Marques, loi n° 37, du 23 mai 1911	—
Marques, règlement du 13 mars 1913	—
Marques, loi n° 17, du 22 mai 1888 (abrogée)	III, 451
Marques, loi n° 6, du 18 juin 1889 (abrogée)	—
Marques, loi n° 10, du 27 avril 1905 (abrogée)	VI, 391
Marques, règlement du 4 avril 1889 (abrogé)	III, 454
Indications de provenance, loi n° 18, du 22 mai 1888	III, 455
Indications de provenance, loi n° 22, de 1888	—
Indications de provenance, loi du 18 avril 1906	—
Indications de provenance, loi n° 27, de 1908	—
Indications de provenance, règlement du 1er août 1889	—

Jodhpur (Márwár)

Brevets, loi du 7 août 1906	—
Brevets et dessins, loi de 1921	—

Johore

Brevets, loi n° 3, du 3 mai 1911	—
Brevets, loi n° 1, du 18 février 1915	—
Brevets, loi n° 17, du 17 octobre 1922	—
Brevets anglais, loi n° 13, du 25 novembre 1925	—

Rec. gén.

Kedah

Brevets, loi n° 16, de 1332 (1915) . . . . —

Kelantan

Brevets, loi n° 3, du 1er février 1916 . . . . —

Labuan

Brevets, ordonnance n° 5, du 24 novembre 1902 (application de la loi des Straits Settlements) . . . VI, 91
Marques, ordonnance n° 4, du 1er novembre 1893 . . II, 770
Indications de provenance, ordonnance n° 3, du 1er avril 1891 . . . . II, 772

Lagos

Brevets, ordonnance n° 17, du 23 octobre 1900 . . VI, 133
Brevets, ordonnance n° 2, du 7 janvier 1902 . . . VI, 133
Brevets, ordonnance n° 21, du 20 octobre 1902 . . VI, 133
Dessins, ordonnance n° 4, du 19 juin 1903 . . . . VI, 133
Dessins, ordonnance n° 23, de 1902 (abrogée) . . . . VI, 133
Marques, ordonnance n° 4, du 30 mars 1901 . . . VI, 133
Marques, ordonnance n° 22, de 1902 . . . . . . VI, 133
Marques, ordonnance n° 5, du 19 juin 1903. . . . VI, 133
Indications de provenance, ordonnance n° 8, du 6 novembre 1888 . . . . III, 49
Indications de provenance, ordonnance n° 13, du 20 octobre 1889 . . . . III, 49
Indications de provenance, ordonnance n° 5, de 1893 —
Indications de provenance, ordonnance n° 4, du 6 avril 1894. . . . . —
Indications de provenance, règlement du 15 mai 1895 —

Leeward Islands

Brevets, loi n° 3, du 9 juin 1906 . . . . —
Brevets, loi n° 12, de 1876 (abrogée) . . . . . . IV, 552
Brevets, loi n° 16, de 1878 (abrogée) . . . . . . IV, 552
Brevets, loi n° 2, de 1891 (abrogée) . . . . . . IV, 552
Brevets anglais, protection, ordonnance n° 9, du 23 avril 1925. . . . . —
Brevets, règlement du 7 décembre 1906 . . . . . —
Brevets anglais, ordonnance n° 9, du 23 avril 1925 . —
Marques, loi n° 33, du 31 décembre 1887 . . . . III, 436
Marques, loi n° 17, du 3 mars 1890 . . . . . . III, 436
Marques, règlement du 10 août 1895 . . . . . . —
Marques, règlement du 29 avril 1920 . . . . . . —
Indications de provenance, loi n° 34, du 31 décembre 1887 . . . . —
Indications de provenance, loi n° 2, du 20 juin 1889. —
Indications de provenance, loi n° 10, du 3 mars 1890 III, 436

Malay (Federated States)

Brevets, loi n° 19, du 19 décembre 1914. . . . . —
Brevets, loi modificative n° 2, du 27 mars 1925 . . —
Marques, ordonnance n° 4, de 1871 (application des articles 478 à 489 du Code pénal des Straits Settlements) . . . . —

Rec. gén.

Indications de provenance, loi n° 1, du 2 mai 1910 . —
Indications de provenance, loi n° 6, du 11 novembre 1911. . . . . —
Indications de provenance, loi n° 6, de 1913 . . . —
Indications de provenance, loi n° 7, de 1917 . . . —

Malta

Propriété industrielle, ordonnance n° 11, du 13 septembre 1899 . . . . IV, 375
Propriété industrielle, ordonnance n° 7, du 12 avril 1907 —
Propriété industrielle, notice n° 7, du 8 janvier 1900 —
Brevets, ordonnance n° 5, de 1893 (abrogée) . . . II, 146
Brevets, ordonnance n° 1, de 1894 (abrogée) . . . II, 149
Marques, Code criminel, §§ 281, 284 . . . . . . II, 150
Marques, règlement n° 237, du 17 octobre 1902 . . —
Marques, règlement du 3 mars 1907 . . . . . . —

Man (Ile de)

Indications de provenance, loi 61 Vict. du 9 août 1898 V, 615

Mauritius

Brevets, ordonnance n° 16, du 22 mai 1875. . . . III, 60
Brevets, ordonnance n° 7, de 1913 . . . . —
Brevets anglais, ordonnance n° 5, du 21 mars 1925 . —
Marques, articles 103 à 105 du Code pénal de 1838 . —
Marques, ordonnance n° 41, du 11 novembre 1898 . —
Marques, ordonnance n° 8, de 1913 . . . . —
Marques, règlement n° 54, du 20 mars 1915 . . . —
Indications de provenance, ordonnance n° 18, du 20 octobre 1868 . . . . III, 67
Indications de provenance, ordonnance n° 6, de 1878 —
Indications de provenance, ordonnance n° 13, du 3 septembre 1888 . . . . III, 69
Indications de provenance, ordonnance n° 6, du 17 juillet 1896 . . . . —
Indications de provenance, règlement n° 22, du 29 janvier 1889 . . . . —

Mysore

Brevets, ordonnance en conseil de 1894 . . . . . IV, 481
Brevets et dessins, règlement n° 11, du 26 novembre 1894 . . . . —
Brevets et dessins, règlement n° 7440, du 27 novembre 1900 . . . . VI, 93
Marques, ordonnance n° 7500, du 29 décembre 1899 VI, 93
Indications de provenance, règlement n° 5, du 5 septembre 1905 . . . . —
Indications de provenance, règlement n° 1, du 22 avril —

Natal

La législation de cette colonie concernant les brevets, les dessins, les marques de fabrique et les indications de provenance (v. *Rec. gén.* III, 72 et suiv.; IV, 499) est abrogée et a été remplacée par celle de l'Union Sud-Africaine, dont Natal fait partie.

Nauru (Administration of)

	Rec. gén.
Propriété industrielle, abrogation de la législation allemande et application de certaines lois anglaises, australiennes, de Queensland et de Papua, ordonnance n° 8, du 27 septembre 1922	—
Brevets australiens, ordonnance n° 2, du 8 février 1925	—

Negri Sembilan

	Rec. gén.
Brevets, ordonnance en conseil du 9 avril 1896 (abrogée)	II, 775

New-Foundland

	Rec. gén.
Brevets, chap. 109 des statuts consolidés, 1892	IV, 557
Brevets, loi du 22 avril 1902	—
Brevets, loi du 11 mai 1914	—
Brevets, chap. 54 des statuts (abrogé)	—
Brevets, loi du 1er juin 1891 (abrogée)	—
Marques, chap. 112 des statuts consolidés, 1892	IV, 557
Marques, loi du 30 mai 1891	—
Marques, loi du 9 mai 1888 (abrogée)	—

New South Wales

La législation de cette colonie sur les brevets, les dessins et les marques (v. *Rec. gén.* III, 588; IV, 566) a été abrogée et remplacée par celle de la Fédération australienne, dont la Nouvelle Galles du Sud fait partie.

New-Zealand

	Rec. gén.	Prop. ind.
Brevets, dessins et marques, loi n° 18, du 13 janvier 1922	—	—
Brevets, dessins et marques, application au Canada de la loi de 1922, ordre en conseil du 26 mai 1924	—	—
Brevets, dessins et marques, loi modificative n° 40, du 6 novembre 1924	—	—
Brevets, dessins et marques, règlements du 26 juin 1922	—	—
Brevets, dessins et marques, règlement du 20 août 1923 (Cour suprême)	—	—
Brevets, dessins et marques, règlement du 12 décembre 1924	—	—
Brevets, licences de plein droit, ordre en conseil du 6 avril 1925	—	—
Brevets, dessins et marques, loi n° 140, de 1908 (abrogée)	—	1916, 56
Brevets, dessins et marques, loi du 28 octobre 1911 (abrogée)	—	1913, 2
Brevets, dessins et marques, loi n° 49, du 11 décembre 1913 (abrogée)	—	1916, 69
Brevets, dessins et marques, règlement du 22 décembre 1921 (abrogé)	—	—
Brevets, dessins et marques, règlements du 5 juin 1912 (abrogés)	—	1915, 142 1916, 33 1915, 28
Bureau des brevets, règlement du 12 janvier 1891	IV, 568	—
Agents de brevets, règlement du 26 juin 1922	—	—
Législation abrogée :		
Agents de brevets, règlement du 14 novembre 1889	—	—
Agents de brevets, règlement du 1er juillet 1912	—	1916, 116
Brevets, loi du 2 septembre 1879	—	1901, 39
Brevets, règlement du 2 octobre 1889	III, 607	—
Brevets, règlement du 2 octobre 1899	IV, 568	—
Brevets, règlement du 29 avril 1899	—	1901, 40
Brevets, règlement du 6 octobre 1913	—	1916, 68
Dessins, règlement du 2 octobre 1889	III, 609	—
Marques, règlement du 2 octobre 1889	III, 612	—

Nigeria

	Rec. gén.
Brevets, ordonnance n° 30, du 13 juillet 1916	—
Brevets anglais, ordonnance n° 6, du 26 février 1925	—
Marques, ordonnance n° 20, du 31 décembre 1914	—
Marques, ordonnance n° 4, du 31 mai 1923	—
Marques, règlement du 23 janvier 1915 (abrogé)	—
Marques, règlement n° 2, du 4 janvier 1916	—
Indications de provenance, ordonnance du 16 décembre 1915	—

Nigeria (Northern)

	Rec. gén.
Législation abrogée :	
Brevets, proclamation n° 12, de 1902	—
Marques, section 445 du Code criminel	—

Nigeria (Southern)

	Rec. gén.
Législation abrogée :	
Brevets, proclamation n° 27, du 7 décembre 1900	VII, 275
Brevets, ordonnance n° 17, de 1900	—
Brevets, proclamation n° 19, du 22 août 1901	—
Marques, proclamation n° 25, du 29 septembre 1900	—
Marques, ordonnance n° 4, de 1901	—
Marques, proclamation n° 20, du 22 août 1901	—
Marques, proclamation n° 29, du 18 novembre 1903	—
Marques, ordonnance n° 18, du 4 novembre 1910	—
Marques, ordonnance n° 2, du 8 février 1912	—
Indications de provenance, ordonnance n° 8, de 1888	—
Indications de provenance, ordonnance n° 3, du 8 février 1912	—

Nyasaland

	Rec. gén.
Brevets, dessins et marques, application de la loi concernant le British Central Africa Protectorate, ordonnance n° 9, du 4 décembre 1903	VI, 113

Orange River Colony

La législation de cette colonie concernant les brevets et les marques (v. *Rec. gén.* III, 82, 91; *Prop. ind.* 1901, 129) a été abrogée et remplacée par celle de l'Union Sud-Africaine, dont l'Orange fait partie.

Pahang

	Rec. gén.
Brevets, ordonnance n° 5, du 29 janvier 1897 (abrogée et remplacée par la législation de Malay)	IV, 481

Papua

Rec. gén.

Cette colonie est régie à partir du 1er septembre 1910 par la législation australienne sur les brevets, les dessins et les marques.

Perak

Brevets, ordonnance du 9 avril 1896 (abrogée et remplacée par la législation de Malay) . . . . . . II, 779

Queensland

La législation de cette colonie sur les brevets, les dessins et les marques (v. *Rec. gén.* III, 614; IV, 568) a été abrogée et remplacée par celle de la Fédération australienne, dont le Queensland fait partie.

Rhodesia

Brevets, avis n° 106, du 6 juillet 1897 . . . . . IV, 502
Brevets, avis n° 157, du 9 août 1898 . . . . . . IV, 502
Brevets, avis n° 72, du 4 avril 1901 (v. *Prop. ind.* 1901, 89) . . . . IV, 910
Brevets, avis n° 189, du 26 septembre 1901. . . . VI, 139
Brevets, ordonnance n° 4, de 1903 . . . . VI, 139
Brevets, avis n° 229, de 1903 . . . . VI, 139
Brevets, règlement n° 239, du 29 septembre 1904 . VI, 139
Brevets, ordonnance n° 7, du 30 septembre 1904 . . VI, 139
Brevets, proclamation n° 47, du 5 novembre 1920 . —
Brevets, proclamation n° 27, du 10 décembre 1921 . —
Brevets, proclamation n° 17, du 13 août 1922 . . . —
Brevets, ordonnance n° 6, du 4 juin 1924 . . . . —
Brevets anglais, ordonnance n° 15, du 30 mai 1925 . —
Marques, loi du Cap n° 22, de 1877 . . . . . . —
Marques, ordonnance n° 5, de 1893 . . . . . . —
Marques, règlement n° 59, de 1897 . . . . . . —
Marques, règlement n° 60, de 1897 . . . . . . —
Marques anglaises, ordonnance n° 16, du 30 mai 1925 —
Indications de provenance, loi du Cap n° 12, de 1888 —
Indications de provenance, loi du Cap n° 14, de 1889 —

Sainte-Hélène

Propriété industrielle, application de la législation métropolitaine, ordonnance n° 3, du 1er août 1872 . IV, 504
Indications de provenance, ordonnance n° 2, du 23 mars 1910. . . . . —

Sainte-Lucie

Brevets, ordonnance n° 14, du 27 octobre 1899 . . —
Brevets, règlement du 7 février 1901 . . . . . . —
Brevets anglais, ordonnance n° 19, du 20 décembre 1924 —
Indications de provenance, ordonnance du 21 septembre 1888 . . . . IV, 553

Saint-Vincent

Brevets, loi n° 5, du 30 juin 1898 . . . . IV, 553
Brevets anglais, ordonnance n° 15, du 27 septembre 1924. . . . . —

Rec. gén.

Brevets, règlement du 27 mars 1899 . . . . . . IV, 553
Brevets anglais, règlement du 31 mars 1925 . . . —
Indications de provenance, ordonnance n° 8, du 5 avril 1888. . . . . —

Salomon Islands

Brevets, règlement du 31 janvier 1917 . . . . . —
Brevets anglais, ordonnance n° 6, du 14 juillet 1924 . —

Sarawak

Brevets, ordonnance n° 16, du 21 juin 1922 . . . . —
Brevets, règlement n° 115, du 13 octobre 1922 . . —

Selangor

Brevets, ordonnance du 9 avril 1896 (abrogée). . . II, 783

Seychelles

Brevets, ordonnance n° 5, du 13 mars 1901. . . . VI, 141
Brevets anglais, ordonnance n° 4, du 21 février 1925 —
Marques, Code pénal de l'Ile Maurice . . . . . . IV, 504
Marques, ordonnance n° 7, du 30 avril 1903 . . . VI, 142
Indications de provenance, ordonnance n° 23, du 6 juillet 1903 . . . . VI, 141

Sierra Leone

Brevets, ordonnance n° 3, du 6 mars 1913 . . . . —
Brevets anglais, ordonnance n° 21, du 6 août 1924 . —
Marques, ordonnance n° 17, du 23 septembre 1913 . —
Marques, ordonnance n° 9, du 21 avril 1923 . . . —
Indications de provenance, ordonnance n° 7, du 23 mai 1889 . . . . III, 105
Indications de provenance, ordonnance n° 12, du 9 septembre 1889 . . . . III, 105

Somaliland Protectorate

Brevets anglais, ordonnance n° 9, du 13 novembre 1924 —

South Africa (Union of)

Brevets, dessins, marques, droit d'auteur, loi n° 9, de 1916 (v. *Prop. ind.* 1917, 72) . . . . —
Brevets, dessins, marques, droit d'auteur, ordonnance n° 2, du 1er janvier 1917 . . . . —
Brevets, dessins, marques, droit d'auteur, règlements nos 1542, 1543, 1544 et 1545, du 5 décembre 1916 —
Brevets, dessins, marques, droit d'auteur, règlements nos 884, 885 et 886, du 1er juillet 1919 . . . . —
Brevets, dessins, marques, droit d'auteur, règlement n° 994, du 28 juin 1921 . . . . —
Brevets, loi n° 16, de 1923 . . . . —
Brevets, dessins, marques, droit d'auteur, application de la législation à la Grande-Bretagne et l'Irlande (26 juin 1918), à l'Australie (28 février 1919), à la Nouvelle-Zélande (9 juillet 1920), à l'Inde britannique (24 décembre 1921) . . . . —

	Rec. gén.

South-West Africa

Brevets, dessins, marques et droit d'auteur, proclamation n° 17, du 17 mai 1923	—

Straits Settlements

Brevets, ordonnance n° 12, du 15 novembre 1871	II, 670
Brevets anglais, ordonnance n° 15, du 22 novembre 1924	—
Marques, Code pénal, sections 478 à 489	—
Marques, ordonnance n° 9, du 5 avril 1917	—
Marques, ordonnance du 23 février 1888 (abrogée)	II, 676

Swaziland (v. Transvaal)

Tasmania

La législation de cette colonie sur les brevets, les dessins et les marques (v. *Rec. gén.* III, 628 et suiv.) a été abrogée et remplacée par celle de la Fédération australienne, dont la Tasmanie fait partie.

Transvaal

La législation de cette colonie concernant les brevets, les marques et les indications de provenance (v. *Rec. gén.* VI, 144 et suiv.; *Prop. ind.* 1900, 74; 1901, 7, 128; 1902, 6) qui s'appliquait aussi au Swaziland, a été abrogée et remplacée par celle de l'Union Sud-Africaine, dont le Transvaal fait partie.

Trinidad et Tobago

Brevets, dessins et marques, ordonnance n° 76	—
Brevets, dessins et marques, ordonnance n° 13, du 19 juin 1905	—
Brevets, dessins et marques, ordonnance n° 35, du 4 décembre 1905	VI, 505
Brevets, dessins et marques, ordonnance n° 15, du 30 avril 1913	—
Brevets, dessins et marques, ordonnance du 19 novembre 1916	—
Brevets, dessins et marques, règlement du 30 septembre 1900	—
Brevets, dessins et marques, ordonnance n° 10, du 12 mars 1900 (abrogée)	IV, 558

	Rec. gén.
Marques collectives, ordonnance n° 76, du 15 mai 1913	—
Indications de provenance, ordonnance n° 74 (édition de 1905)	—
Indications de provenance, ordonnance n° 178, section 12 (douanes)	—
Indications de provenance, règlement du 1er juillet 1889	—

Turks and Caicos Islands

Brevets, application de la loi n° 7, de 1897, de la Jamaïque	—

Uganda Protectorate

Brevets, dessins et marques, ordonnance n° 12, de 1912	—
Brevets, dessins et marques, règlement du 10 décembre 1913	—
Brevets, dessins et marques, règlement n° 376, du 16 juillet 1921	—

Western Rajputana States

Brevets, application de la loi du 7 août 1906, de Jodhpur (Márwár)	—

Zanzibar

Brevets, dessins et marques, ordre en Conseil du 7 juillet 1897	IV, 512
Brevets, dessins et marques, ordre du 20 décembre 1900	VI, 161
Brevets, dessins et marques britanniques ou indiens, ordonnance n° 19, du 22 décembre 1924	—
Brevets, dessins et marques, décret modificatif n° 16, du 1er janvier 1925	—
Brevets, dessins et marques, ordre du 11 février 1901	VI, 161
Brevets, dessins et marques, ordre n° 16, de 1917	—
Brevets, dessins et marques, règlement du 28 décembre 1918	—

Zululand

Brevets, application de la loi de Natal, proclamation n° 35, du 1er avril 1898	IV, 513

2° TABLEAU DES VŒUX
ÉMIS PAR DIVERS CONGRÈS ET ASSEMBLÉES
1910—1925

---

1. — VŒUX
RELATIFS AUX
DISPOSITIONS ACTUELLES DE LA CONVENTION D'UNION

Principes généraux

1° Il est désirable que les États qui ne font pas encore partie de l'Union internationale y adhèrent le plus tôt possible.

2° Il est envisagé comme nécessaire que dans le régime intérieur de l'Union de Paris, le principe de l'assimilation des étrangers aux nationaux soit maintenu et que la jouissance des avantages de l'Union ne soit soumise à aucune condition de réciprocité de fond.

3° Pour le développement de l'Union, il est recommandé de laisser de côté le système des réserves spéciales (comme l'admet la Convention littéraire de Berne) et de conclure des Unions restreintes. Toutefois, celles-ci ne doivent être conclues que sur des groupes de questions d'une grande importance et parfaitement délimitées.

4° Il n'est pas admissible d'obliger les ressortissants unionistes qui ont obtenu la protection dans l'un des autres pays de l'Union à marquer les objets protégés, ou leur emballage, d'un signe indiquant l'existence de la protection.

Assoc. intern. prop. industr., Groupe allemand, Berlin 1923.

Il est désirable:

a) Que les représentants des administrations intéressées se réunissent périodiquement pour examiner les questions de détail que soulèvera l'application de la Convention;

b) Que les conditions d'application du droit de priorité soient réglées par la Conférence.

Chambre de commerce internationale, Paris 1924.

Unification des législations

La Conférence constatant combien il serait désirable de voir s'établir l'uniformité dans le droit en matière de marques et de concurrence déloyale, émet le vœu qu'elle se réalise le plus rapidement possible, par l'amélioration du droit conventionnel international et par la modification progressive des législations particulières des divers États civilisés.

Elle insiste pour que les associations de producteurs, de commerçants et d'industriels de tous pays multiplient leurs efforts pour amener les gouvernements à réaliser cette unification, en recherchant quels sont les obstacles nationaux qui s'y opposent, en étudiant les moyens de les écarter, en élaborant les réformes appropriées à leurs pays, en organisant une propagande active et en agissant sur l'opinion publique.

Elle institue une Commission internationale permanente au sein des Unions économiques, et lui donne pour mission d'aider à l'exécution de ces vœux, en poursuivant les études commencées à la Réunion de Bruxelles, en se tenant en rapport avec les associations internationales qui ont mis à l'étude la question de l'unification, de façon à assurer aux efforts de tous une direction commune et similaire. La commission se complètera elle-même.

Elle prie la commission de lui faire rapport, dans une prochaine session, sur le résultat de ses études et de ses efforts.

Conférence des Unions économiques, Bruxelles 1912.

La Conférence insiste pour que les membres des différents pays fassent effort en vue d'amener leurs savants et leurs inventeurs nationaux à se grouper d'abord en un syndicat unique, pour que dans chaque groupe de pays ayant une législation des brevets analogue, on provoque ensuite la constitution d'une commission qui aurait pour mission d'étudier l'uniformisation de la réglementation.

Union internationale de la chimie appliquée, Réunion de Cambridge, 1923.

La Conférence considère comme nécessaire de voir inscrire dans la Convention des dispositions d'ordre positif, réglementaire et d'application internationale mettant fin à l'absence ou à la contrariété des règles sur cette matière actuellement abandonnée aux législations internes.

Conférence parlementaire internationale du commerce, Bruxelles 1924.

Unification des formalités

Le Congrès émet le vœu que les propositions votées par la réunion technique de Berne en 1904 soient, à l'occasion de la Conférence de Washington, ratifiées par un arrangement international.

Assoc. intern. prop. industr., Congrès de Bruxelles, 1910.

L'élaboration de prescriptions uniformes pour les dessins joints aux demandes de brevets est réalisable et désirable.

Une réglementation uniforme est désirable en ce sens que la signature des demandes de brevets et de dessins, la production des pouvoirs et celle du serment d'inventeur puissent également avoir lieu après coup.

Le rejet d'une requête ne doit pas avoir lieu sans avis préalable et sans avoir communiqué au déposant le motif du rejet et lui avoir donné l'occasion de s'expliquer.

Assoc. intern. prop. industr., Groupe allemand, Berlin 1923.

L'assemblée exprime le vœu ardent de voir aboutir le projet pour la simplification des formalités. L'élaboration du règlement devra être, à La Haye, confiée à une Commission technique.

Assoc. intern. prop. industr., Assemblée de Zurich, 1925.

Exécution des jugements. Suppression de la caution « judicatum solvi »

Le Comité international de la propriété industrielle de la Chambre de commerce internationale émet le vœu que la prochaine conférence de revision de la Convention d'Union de la propriété industrielle étudie l'introduction dans la Convention de dispositions tendant à assurer l'exécution dans tous les pays de l'Union des jugements rendus dans l'un de ces pays en matière de propriété industrielle et, par voie de conséquence, la suppression en cette matière de la caution *judicatum solvi*.

Chambre de commerce internationale, Comité prop. industr., Paris 1923, Rome 1923.

Article 2

Brevets, procédure d'interférence

La Convention devrait stipuler que lorsque la législation intérieure d'un pays comportera en matière de brevets la procédure de conflit ou d'interférence, les étrangers ressortissants de l'Union qui seront engagés dans le conflit auront les mêmes droits et avantages que les nationaux et pourront notamment faire remonter, s'il y a lieu, leurs droits sur l'invention à une date antérieure à celle du dépôt de leur brevet d'origine si la loi du pays considéré donne cette faculté aux nationaux.

Assoc. intern. prop. industr., Groupe français, Réunion de Paris, 1922.

Il est désirable qu'on rappelle aux États le principe de l'assimilation complète des étrangers aux nationaux de façon à éviter que, dans la procédure de conflit ou d'interférence, les nationaux puissent bénéficier des droits refusés aux étrangers et puissent seuls, notamment, faire remonter leurs droits sur l'invention à une date ultérieure à celle du dépôt de leur brevet d'origine.

Chambre de commerce internationale, Paris 1924.

Protection des marques

Les pays contractants s'engagent à assurer dans leur législation nationale, aux ressortissants des autres pays contractants, un recours légal comportant des sanctions pénales contre tout usage frauduleux de leurs marques.

Société des Nations, Réunion des experts, 5 mai 1924.

Articles 2 et 3

Le Groupe français émet le vœu:

1° Qu'il y a lieu de maintenir le principe consacré par les articles 2 et 3 de la Convention générale d'Union;

2° Qu'il pourrait être toutefois recherché si un Arrangement subsidiaire analogue aux Arrangements conclus à Madrid, comportant le régime de la réciprocité étroite, et limité, d'autre part, à la solution de certaines questions (durée minima des brevets, fixation de la taxe maxima, suppression de certaines clauses de déchéance) aurait chance d'être conclu entre certains pays, étant entendu que la coexistence de cet Arrangement avec la Convention générale ne saurait porter atteinte au principe même de celle-ci.

Assoc. intern. prop. industr., Groupe français, Réunion de Paris, 1922.

Proposition d'un nouvel article 2bis

Faire suivre l'article 2 d'un article 2bis ainsi conçu:

« Les ressortissants d'un des pays de l'Union pourront invoquer, aux fins de bénéficier de la Convention, la nationalité de ce pays, même s'ils cumulent celle-ci avec la nationalité d'un pays non unioniste. »

Bureau international, *Prop. ind.*, 1922, p. 156.

Article 4

Propositions diverses, brevets

1° *Droit de priorité.* Le pays dans lequel la priorité est revendiquée a le droit d'examiner si les pièces produites pour établir le droit de priorité concordent avec la première demande.

2° La revendication de priorité peut être basée sur toute demande antérieure.

3° Pour la revendication de la priorité, il doit, en général, être accordé un délai minimum d'un mois à partir du dépôt de la demande dans le pays où l'on fait valoir le droit de priorité; pendant ce délai, la priorité indiquée doit pouvoir être modifiée.

4° Pour la production des pièces établissant le droit de priorité, il doit être accordé un délai minimum de six mois à partir du jour du dépôt, sans qu'une taxe spéciale soit prélevée.

Les documents établissant le droit de priorité, et notamment la traduction de ces pièces, ne devraient pouvoir être exigés que lorsqu'un examen effectif des papiers en question est nécessaire d'après la législation du pays étranger. Les pièces à l'appui du droit de priorité ne doivent contenir que sur demande les indications relatives aux transferts qui ont eu lieu.

5° Dans toute l'Union, le délai de priorité doit commencer à courir le lendemain du jour où la demande a été déposée; si le délai échoit un jour où le bureau compétent est fermé (par exemple un jour férié), il est prolongé jusqu'au premier jour où le bureau est ouvert.

6° Il est admissible de réunir plusieurs demandes dans un seul dépôt avec revendication de priorité, mais pour chaque élément contenu dans l'une de ces demandes, c'est la date de la demande qui fera règle aussi bien pour la durée du délai de priorité que pour les effets du droit de priorité prévu au deuxième alinéa de l'article 4; même la réunion de demandes avec des éléments qui n'ont pas encore fait l'objet de demandes doit être admissible.

Dans les cas prévus à l'alinéa qui précède, on doit pouvoir exiger une revendication spéciale pour chaque partie pourvue d'une date de priorité spéciale.

7° *Réserve des droits des tiers.* Pendant le délai de priorité, aucun droit de possession personnelle ne peut prendre naissance.

Assoc. intern. prop. industr., Groupe allemand, Berlin 1923.

Réserve des droits des tiers

ART. 4 — Alinéa 1er: Supprimer les mots « et sous réserve des droits des tiers. »

Alinéa 2: Ajouter « Aucun droit de possession personnelle ne peut être acquis aux tiers pendant le délai de priorité. »

Assoc. Intern. prop. industr., Congrès de Bruxelles, 1910.

Le Congrès regrette que les propositions de la commission de la Conférence de Washington, en ce qui concerne la réserve des droits des tiers dans l'article 4 de la Convention d'Union, n'aient pas pu être acceptées par la Conférence.

Le Congrès estime en tout cas que les propositions de la sous-commission de la Conférence de Washington doivent être considérées comme la saine interprétation de l'article 4 de la Convention.

Assoc. Intern. prop. industr., Congrès de Londres, 1912.

La Convention d'Union devrait stipuler que les tiers ne pourront acquérir aucun droit valable, ni de brevet, ni de possession personnelle antérieure ni d'une autre forme quelconque, entre la date du premier dépôt dans le pays d'origine et celle du dépôt effectué dans le pays considéré.

Assoc. belge prop. industr., Session de Bruxelles, 1922.

La Convention devrait stipuler que les tiers ne pourront acquérir aucun droit valable ni de brevet, ni de possession personnelle d'une forme quelconque, entre la date du dépôt du premier brevet dans le pays d'origine et celle du dépôt sous le bénéfice de la Convention dans le pays considéré.

Assoc. intern. prop. industr., Groupe français, Réunion de Paris, 1922.

Le Congrès émet le vœu que le Comité international de la propriété industrielle soit chargé d'examiner la proposition du Comité national belge relative à la modification de l'article 4 de la Convention de Washington et, éventuellement, les autres modifications qui pourraient être apportées à la Convention en matière de brevets d'invention.

Chambre de commerce internationale, Rome 1923.

Les tiers ne pourront acquérir aucun droit valable ni de brevet, marque, dessin ou modèle, ni de possession personnelle, ni un droit d'une forme quelconque, entre la date du premier dépôt dans un des pays de l'Union et celle du dépôt sous le bénéfice du droit de priorité dans le pays considéré.

Assoc. intern. prop. industr., Groupe français, Réunion de Paris, 1923.

Il est désirable que la possibilité de la formation d'un droit de possession personnelle pendant le délai de priorité soit expressément exclue en vertu d'une disposition spéciale à introduire dans la Convention d'Union

Assoc. autrichienne prop. industr., Vienne 1924.

Durée du délai de priorité

Est exprimé à nouveau le vœu que le délai de priorité pour les dessins et modèles et pour les marques de fabrique soit étendu à une année.

Assoc. intern. prop. industr., Groupe allemand, Berlin 1923.

Les délais de priorité mentionnés ci-dessus seront de 12 mois pour les brevets d'invention, les modèles d'utilité, les dessins et modèles industriels et les marques de fabrique ou de commerce. Ces délais comprendront le jour anniversaire de la demande au pays d'origine, et si le dernier jour du délai est férié dans le pays où la protection est demandée, le délai sera prolongé jusques et y compris le premier jour ouvrable.

Assoc. intern. prop. industr., Groupe français, Réunion de Paris, 1923.

Porter le délai de priorité pour les marques, dessins et modèles à un an.

Chambre de commerce internationale, Paris 1924.

Durée des brevets pris avec priorité
(voir aussi sous article 4bis)

Les délais de priorité seront de douze mois. La durée du brevet pris en vertu du droit de priorité est réglée par la date de la demande de ce brevet, non par la date de la demande sur laquelle est basé le droit de priorité.

Assoc. intern. prop. industr., Congrès de Bruxelles, 1910.

La durée du brevet pris en vertu du droit de priorité ne doit pas être réglée par la date de la demande sur laquelle est basé le droit de priorité.

Assoc. intern. prop. industr., Congrès de Londres, 1912.

La Convention devrait stipuler que, dans chaque pays unioniste, la durée d'un brevet déposé sous le bénéfice de la Convention se calçulera comme s'il s'agissait d'un brevet d'origine, de sorte que cette durée ne partira jamais de la date de dépôt du brevet étranger antérieur dont la priorité sera réclamée.

Assoc. intern. prop. industr., Groupe français, Réunion de Paris, 1922.

Réunion des demandes
(voir aussi sous « Principes généraux »)

Alinéa 4: Le même brevet peut réunir les éléments relatifs à la même invention ayant fait l'objet dans des pays de l'Union de demandes distinctes ou ne figurant pas dans les demandes originaires, mais chaque disposition n'aura que la priorité de la demande où elle figurait pour la première fois.

Assoc. intern. prop. industr., Congrès de Bruxelles, 1910.

Lorsqu'une même invention aura fait l'objet pendant le délai de priorité de plusieurs demandes de brevets ou de plusieurs demandes de brevets additionnels ou certificats d'addition, toutes ces demandes pourront être réunies en une seule pour le dépôt dans un autre pays de l'Union. Toutefois, le délai de priorité applicable à chacune de ces demandes aura pour point de départ la date à laquelle elle a été déposée. Cette même date sera également seule à considérer en ce qui concerne chacune de ces demandes, pour établir les effets du droit de priorité.

Assoc. intern. prop. industr., Congrès de Londres, 1912.

En ce qui concerne les demandes de brevets invoquant des priorités multiples pour une même demande, la Convention devrait consacrer la règle suivante et l'imposer uniformément: possibilité de déposer dans un pays quelconque de l'Union une demande unique basée sur des priorités multiples, à la seule condition qu'il y ait unité d'invention au sens de la loi du pays, étant entendu que si l'examen révélait que la demande est complexe, le demandeur pourrait diviser la demande en conservant comme date de chaque demande divisionnaire la date du dépôt initial et le bénéfice de la priorité.

Assoc. intern. prop. industr., Groupe français, Réunion de Paris, 1922.

Sera recevable dans chaque pays de l'Union le dépôt d'une demande de brevet unique pour laquelle il sera invoqué des priorités multiples ou qui comprendra des éléments nouveaux, à la seule condition que la demande ne soit pas complexe au sens de la loi du pays où la protection est demandée. Si l'examen révélait que la demande est complexe, le demandeur aurait la faculté de diviser sa demande en conservant comme date de chaque demande divisionnaire la date du dépôt initial de la demande complexe et le bénéfice de la priorité correspondante. Si le nombre des priorités invoquées dépassait trois, il serait loisible à l'Administration d'exiger une taxe supplémentaire de dépôt pour chaque priorité en sus de trois.

Assoc. intern. prop. industr., Groupe français, Réunion de Paris, 1923.

Aucun pays de l'Union ne pourra refuser une demande par le motif qu'elle contient la revendication de priorités multiples, à moins que le nombre n'en dépasse quatre, et à la condition toutefois qu'il y ait unité d'invention au sens de la loi du pays; si l'examen révélait que la demande est complexe, le demandeur pourrait diviser la demande, en conservant comme date de chaque demande divisionnaire la date du dépôt initial et le bénéfice de la priorité.

Chambre de commerce internationale, Paris 1924.

Certificats de priorité

Les autorités de chaque État de l'Union délivreront, à la requête de tout intéressé, des copies des demandes dont la priorité a été revendiquée dans un autre pays de l'Union.

Assoc. intern. prop. industr., Congrès de Bruxelles, 1910.

Formalités de revendication du droit de priorité

Le breveté qui voudra revendiquer le droit de priorité devra indiquer, avant la délivrance du brevet, la date et le pays, de la ou des demandes originaires, et cette indication sera mentionnée sur le titre du brevet.

Assoc. intern. prop. industr., Congrès de Bruxelles, 1910.

Le Groupe français estime que:

1° La Convention devrait prescrire un délai minimum obligatoire de trois mois, par exemple, à partir du dépôt, pendant lequel celui qui voudrait se prévaloir de la priorité d'un dépôt antérieur pourrait valablement faire la déclaration indiquant la date et le pays de ce dépôt.

Chaque pays resterait libre de fixer un délai plus long que le délai minimum obligatoire prévu dans la Convention.

2° Comme conséquence naturelle de cette première disposition, la Convention devrait de même stipuler que les inventeurs auront un délai minimum de six mois à partir du dépôt de leur demande et sans aucune pénalité, pour produire, à l'appui de leur déclaration de priorité, la copie certifiée de la demande antérieure et éventuellement la traduction de cette copie.

3° Par contre, il serait désirable que la Convention stipulât que celui qui, dans un pays quelconque de l'Union, n'aurait pas invoqué la priorité d'un dépôt antérieur dans le délai de trois mois à partir de son dépôt dans le pays considéré ou dans le délai plus long que pourrait accorder la loi de ce pays pour réclamer cette priorité, perdrait, pour ledit pays, son droit de priorité.

Assoc. intern. prop. industr., Groupe français, Réunion de Paris, 1922.

La déclaration de priorité pourra intervenir dans les 3 mois de la demande du brevet, mais l'Administration de chaque pays aura la faculté d'exiger une taxe quand la déclaration sera postérieure à la demande.

Un délai de 3 mois au moins à partir du dépôt de la demande sera accordé sans aucune pénalité pour produire les pièces à l'appui de la déclaration de priorité. Ultérieurement d'autres justifications pourront être demandées; en aucun cas, l'inscription de la priorité ne pourra être refusée pour dépôt tardif de pièces, si le demandeur justifie qu'il a fait le nécessaire pendant ce délai pour obtenir les pièces requises. Celui qui, dans un pays quelconque de l'Union, n'aura pas fait de déclaration de priorité dans le délai de 3 mois à partir de son dépôt dans le pays considéré, perdra pour ledit pays le droit de priorité.

Assoc. intern. prop. industr., Groupe français, Réunion de Paris, 1923.

Pour faire sa déclaration de priorité, le déposant aura un délai d'au moins trois mois et pour produire les pièces justificatives un délai de six mois au moins. Ces délais courront de la date du dépôt de la demande.

Assoc. intern. prop. industr., Assemblée de Zurich, 1925.

Quiconque voudra se prévaloir de la priorité du dépôt antérieur d'une demande de brevet ou de modèle d'utilité, sera tenu de faire, au moment où il introduit la demande de brevet dans un autre pays adhérant à la Convention, une déclaration indiquant la date et le pays de ce dépôt.

Chaque pays fixera pour son compte le délai dans lequel le demandeur devra fournir la preuve de son droit de priorité, pourvu que ce délai ne soit pas inférieur à 6 mois à dater du dépôt de la demande de brevet. Toute personne qui dans un des pays contractants ne remplira pas les formalités prescrites par le présent article perdra son droit de priorité dans ce pays.

Les descriptions et spécifications devront être dans tous les cas suffisamment explicites pour permettre à l'homme de métier d'exploiter commercialement le brevet.

Chambre de commerce internationale, Bruxelles 1925.

Exercice du droit de priorité

Le Congrès émet le vœu que, dans chaque pays appartenant à l'Union internationale, il y ait uniformité dans la loi, la pratique et la procédure pour les applications de la Convention, notamment pour l'exercice du droit de priorité, de façon que tous les adhérents des divers pays soient sur un pied d'égalité.

Assoc. intern. prop. industr., Congrès de Londres, 1912.

Le Congrès souhaite que dans tous les pays de l'Union, les règles suivantes soient admises pour l'exercice du droit de priorité:

1° Que la preuve du droit de priorité soit à la charge du breveté;

2° Que les Administrations n'aient à contrôler l'identité de la demande nouvelle avec la demande originaire que s'il y a conflit avec les droits d'un tiers, ou si le breveté s'appuie sur la date de priorité pour repousser des antériorités invoquées;

3° Que si l'Office d'un des États de l'Union certifie que, en vertu d'une spécification ou d'un amendement ayant été déposé à une certaine date en connexion avec une demande de brevet, la priorité à cette date a été accordée à une demande subséquente, cette date devra être considérée comme le point de départ du délai de priorité prévu par l'article 4;

4° Qu'au cas de revendication d'une priorité basée sur une spécification provisoire à laquelle a été rattachée une spécification complète, et quand, en outre, il y aura non-conformité entre l'objet des deux spécifications, la date de la priorité pour la partie non comprise dans la spécification provisoire soit celle de la spécification complète.

Assoc. intern. prop. industr., Congrès de Londres, 1912.

Computation des délais de priorité

Pour assurer une règle uniforme dans tous les pays de l'Union concernant la computation des délais de priorité, la Convention devrait stipuler que chaque pays accordera le délai franc, c'est-à-dire que pour les brevets d'invention le jour anniversaire du dépôt antérieur sera compris dans le délai: ainsi si le dépôt du brevet d'origine a été effectué le 15 mai 1922, les dépôts dans les autres pays unionistes pourront être valablement effectués sous le bénéfice de la Convention le 15 mai 1923.

En outre, si le dernier jour du délai est férié dans le pays où la protection est demandée, le délai sera prolongé jusques et y compris le premier jour ouvrable.

Assoc. intern. prop. industr., Groupe français, Réunion de Paris, 1922.

Refus pour cause d'antériorité

La Convention devrait stipuler que dans les pays unionistes à examen préalable sur la nouveauté, aucune demande de brevet ne pourra être rejetée pour défaut de nouveauté sans que les antériorités aient été signalées à l'inventeur.

Assoc. intern. prop. industr., Groupe français, Réunion de Paris, 1922.

En matière de brevets d'invention, la priorité ne peut être refusée par le motif que certains éléments de l'invention pour lesquels on réclame la priorité ne figurent pas dans les revendications formulées dans la demande au pays d'origine, pourvu que ces éléments soient nettement précisés dans la description.

Chambre de commerce internationale, Paris 1924.

Article 4bis

Suppression de l'antidate
(voir aussi sous article 4)

Le principe de l'indépendance réciproque des brevets doit être observé même pour la durée des brevets demandés avec droit de priorité; il est à désirer que la coutume suivie, dans un pays, d'antidater les brevets de priorité au jour du premier dépôt à l'étranger soit abrogée comme contraire à l'esprit et au texte de la Convention.

Assoc. intern. prop. industr., Groupe allemand, Berlin 1923.

En particulier, la durée d'un brevet déposé sous le bénéfice de la Convention se calculera comme s'il s'agissait d'un brevet d'origine et sans tenir compte de la date de dépôt du brevet étranger antérieur dont la priorité sera réclamée.

Les dispositions du présent article s'appliquent à tous les brevets existant au moment de la mise en vigueur.

Il en sera de même en cas d'accession de nouveaux pays pour les brevets existant de part et d'autre au moment de l'accession.

Assoc. intern. prop. industr., Groupe français, Réunion de Paris, 1923.

V. aussi sous article 6, « Indépendance des marques ».

Article 5

Obligation d'exploiter

Ajouter à l'alinéa 1er de l'article 5 : « La même disposition s'applique aux dessins et modèles industriels. »

Alinéa 2 : Le droit sur les dessins et modèles ne pourra être soumis ni à l'obligation d'exploiter ni à la licence obligatoire.

Alinéa 3 : Le Congrès émet à nouveau le vœu que l'obligation d'exploiter soit supprimée dans les rapports internationaux ; qu'en tous cas, à la prochaine conférence de revision, l'unification des lois sur cette matière soit obtenue.

Il serait à souhaiter, dans ce cas, que l'exploitation dans un des pays de l'Union vaille exploitation dans tous les autres : subsidiairement, que le défaut d'exploitation ne puisse avoir pour sanction que la concession de licence obligatoire, et non la déchéance ; qu'en tous cas, la déchéance ne puisse être prononcée lorsque le breveté établira avoir envoyé aux industriels pouvant s'intéresser aux brevets des offres de licence à des conditions raisonnables que ceux-ci n'ont pas agréées.

Qu'enfin, l'exploitation soit considérée comme suffisante quand le breveté fabriquera dans chaque pays au moins autant d'objets brevetés qu'il en importera dans le pays.

Assoc. intern. prop. industr., Congrès de Bruxelles, 1910.

Le Congrès émet à nouveau le vœu que les groupes nationaux de l'Association internationale s'efforcent d'obtenir dans leurs pays respectifs que le défaut d'exploitation de l'invention brevetée ait pour sanction non pas la déchéance du brevet, mais la licence obligatoire qui serait organisée par la loi intérieure.

Assoc. intern. prop. industr., Congrès de Londres, 1912.

Suppression de l'obligation d'exploiter

Le Comité renouvelle le vœu que dans l'Union l'obligation d'exploiter soit supprimée partout, et qu'en tout cas, aussi longtemps que cette suppression ne peut se faire, la seule sanction de la non-exploitation soit la licence obligatoire.

Assoc. intern. prop. industr., Groupe allemand, Berlin 1923.

Sanction du défaut d'exploitation

La Convention devrait stipuler que dans les pays qui maintiendront l'obligation d'exploiter les brevets, la sanction de la non-exploitation dans le délai légal ne pourra être la déchéance, mais seulement la licence obligatoire.

Assoc. intern. prop. industr., Groupe français, Réunion de Paris, 1922.

Le breveté aura, dans chaque pays de l'Union, pour la mise en exploitation de son invention, un délai minimum de 3 ans compté à partir du dépôt de la demande dans ce pays, et la sanction de la non-exploitation dans le délai légal et seulement dans le cas où le breveté ne justifierait pas des causes de son inaction, ne pourra être la déchéance du brevet, mais seulement la licence obligatoire.

Assoc. intern. prop. industr., Groupe français, Réunion de Paris, 1923.

La non-exploitation d'un brevet ne pourra entraîner la déchéance ni la révocation, mais seulement la faculté pour le pays d'imposer des licences obligatoires.

Chambre de commerce internationale, Paris 1924.

Introduction d'objets protégés

L'Assemblée exprime le vœu que l'article 5 de la Convention générale soit complété par deux dispositions prévoyant, l'une que dans aucun des pays de l'Union la protection des dessins et modèles ne sera liée à une obligation quelconque de les exploiter; l'autre, que dans aucun des pays de l'Union la protection des dessins et modèles ne pourra encourir une déchéance quelconque du fait de l'introduction d'objets conformes à ceux protégés.

Assoc. intern. prop. industr., Assemblée de Zurich 1925.

La protection des dessins et modèles ne pourra encourir une déchéance quelconque du fait de l'introduction d'objets conformes à ceux protégés.

Chambre de commerce internationale, Bruxelles 1925.

Article 6

Protection internationale de la marque

L'article 6 devrait être remplacé par la rédaction suivante:

Alinéa 1er: Toute marque de fabrique ou de commerce régulièrement déposée dans le pays d'origine sera admise au dépôt et protégée telle quelle dans tous les autres pays de l'Union.

Alinéa 2: Toutefois le dépôt pourra être refusé ou invalidé: 1° s'il est de nature à porter atteinte à des droits acquis par des tiers dans le pays d'importation; 2° si la marque, objet du dépôt, est considérée comme contraire à la morale et à l'ordre public; l'usage des armoiries publiques et des décorations peut être considéré comme contraire à l'ordre public; 3° si la marque n'est que la désignation nécessaire pour faire connaître le genre, la qualité, le lieu d'origine, les conditions de vente de la marchandise, ou bien si elle est devenue usuelle dans le langage courant ou les habitudes loyales et constantes du commerce.

Alinéa 3: Sera considéré comme pays d'origine le pays où le déposant a son principal établissement; si ce principal établissement n'est point situé dans un des pays de l'Union, sera considéré comme pays d'origine celui auquel appartient le déposant.

Alinéa 4: Le dépôt au pays d'origine n'est pas nécessaire, si la marque est conforme à la législation du pays où la protection est demandée.

Alinéa 5: En tous cas, celui qui aura légitimement employé une marque dans le pays où il possède un établissement industriel ou commercial aura dans les autres pays de l'Union le droit d'employer cette marque pour ses marchandises, nonobstant le fait que la même marque aurait été appropriée, par dépôt ou autrement, dans le pays d'importation, par un tiers, pourvu que l'emploi de la marque au pays d'origine remonte à une époque antérieure à l'appropriation de la marque dans le pays d'importation et que les marchandises importées portent nettement l'indication de leur provenance.

(Suppression du numéro 4 du Protocole de clôture, dont le contenu a été incorporé à l'alinéa 2 ci-dessus.)

Assoc. intern. prop. industr., Congrès de Bruxelles, 1910.

L'article 6 devrait être remplacé par la rédaction suivante:

ART. 6. — Toute marque de fabrique ou de commerce régulièrement déposée dans le pays d'origine sera admise au dépôt et protégée telle quelle dans tous les autres pays de l'Union, même si par sa forme elle ne satisfait pas à la législation de ce pays.

Toutefois, le dépôt pourra être refusé ou invalidé:

1° s'il est de nature à porter atteinte à des droits acquis par des tiers dans le pays d'importation;

2° si la marque, objet du dépôt, est considérée comme contraire à la morale et à l'ordre public; l'usage d'armoiries publiques, de décorations et de signes et poinçons officiels de garantie adopté par un pays unioniste peut être considéré comme contraire à l'ordre public;

3° si la marque n'est que la désignation nécessaire pour faire connaître le genre, la qualité, le lieu d'origine, les conditions de vente de la marchandise, ou bien si elle est devenue usuelle dans le langage courant ou les habitudes loyales et constantes du commerce.

Sera considéré comme pays d'origine de la marque le pays où le déposant a son principal établissement. Si ce principal établissement n'est point situé dans un pays de l'Union, sera considéré comme pays d'origine celui auquel appartient le déposant.

Le dépôt au pays d'origine n'est pas nécessaire si la marque est conforme à la législation du pays où la protection est demandée.

En tout cas, celui qui aura légitimement employé une marque dans le pays où il possède un établissement industriel ou commercial aura, dans les autres pays de l'Union, le droit d'employer cette marque pour ses marchandises, nonobstant le fait que la même marque aurait été appropriée par dépôt ou autrement dans le pays d'importation par un tiers, pourvu que l'emploi de la marque d'origine remonte à une époque antérieure à l'appropriation de la marque dans le pays d'importation et que les marchandises importées portent nettement l'indication de leur provenance.

Très subsidiairement, et pour le cas où il paraîtrait impossible de faire accepter la rédaction proposée ci-dessus, l'article 6 pourrait être modifié en ces termes:

Toute marque de fabrique ou de commerce régulièrement enregistrée dans le pays d'origine sera admise au dépôt et protégée telle quelle dans les autres pays de l'Union.

Toutefois, pourront être refusées ou invalidées:

1° les marques qui sont de nature à porter atteinte à des droits acquis par des tiers dans les pays où la protection est réclamée;

2° les marques dépourvues de tout caractère distinctif en tant que composées exclusivement de signes ou d'indications qui, dans le pays où la protection est réclamée, sont devenus usuels dans le langage courant ou les habitudes loyales et constantes du commerce, pour désigner l'espèce, la qualité, la quantité, la destination, la valeur, le lieu d'origine des produits ou l'époque de la production.

Assoc. intern. prop. industr., Groupe français, Réunion de Paris, 1922.

Seront refusées ou annulées soit d'office, si la législation du pays le permet, soit à la requête dûment justifiée de toute partie intéressée, les marques suivantes:

a) les marques qui sont de nature à porter atteinte à des droits acquis par des tiers dans le pays où la protection est réclamée;

b) les marques qui sont contraires à la morale ou à l'ordre public;

c) toute marque de fabrique notoirement connue dans le commerce du pays où on demande l'enregistrement comme la marque d'un ressortissant d'un autre pays; un délai minimum de cinq années devra être accordé aux intéressés pour réclamer la radiation des marques ainsi enregistrées;

d) toute marque de fabrique dont le dépôt ou l'emploi constitue un acte de concurrence déloyale.

Sera considéré comme pays d'origine le pays où le déposant a son principal établissement; si ce principal établissement n'est point situé dans un des pays de l'Union, sera considéré comme pays d'origine celui auquel appartient le déposant.

Chambre de commerce internationale, Paris 1924.
Conseil de la Société des Nations, octobre 1924.

Il ne sera pas fixé de délai aux intéressés pour réclamer la radiation de marques dont l'enregistrement a été effectué de mauvaise foi.

Le bénéfice de la priorité reste acquis aux dépôts effectués dans le délai de l'article 4 même lorsque l'enregistrement dans le pays d'origine n'intervient qu'après l'expiration de celui-ci.

Dans le cas de marques déposées, la protection ne sera pas subordonnée à l'emploi, en même temps que la marque, de certains signes, ou d'un signe quelconque témoignant que ladite marque a été déposée; l'inscription au Registre sera considérée comme constituant notification à tous les intéressés.

Une marque ne devra être utilisée par personne ni sur des marchandises d'une même catégorie, ni sur celles d'autres catégories quand son usage pourrait induire en erreur en ce qui concerne la source ou l'origine des marchandises sur lesquelles la marque est apposée.

Chambre de commerce internationale, Bruxelles 1925.

Insérer à la fin du dernier alinéa de l'article 6 l'adjonction suivante (membre de phrase imprimé en italiques):

« Si ce principal établissement n'est point situé dans un des pays de l'Union, sera considéré comme pays d'origine celui auquel appartient le déposant *dans le cas où celui-ci est ressortissant d'un des pays unionistes, et dans le cas contraire tout pays unioniste sur le territoire duquel le déposant a soit son domicile, soit un établissement industriel ou commercial effectif et sérieux.* »

Bureau international, *Prop. ind.*, 1922, p. 156.

L'article 6 doit être revisé uniquement dans ce sens que pourront seules être refusées les marques enregistrées régulièrement dans le pays d'origine qui servent exclusivement à désigner, dans la langue usuelle, l'espèce, la qualité, la quantité, la destination, la valeur, le lieu d'origine ou l'époque de production des marchandises.

L'article 6, alinéa 2, chiffre 2, doit être complété en y ajoutant ce qui suit: « Pour apprécier si ces marques sont susceptibles d'enregistrement, on tiendra compte de toutes les circonstances de fait et notamment de la durée de l'usage qui en a été fait. »

Assoc. intern. prop. industr., Groupe allemand, Berlin 1923.

Le Comité émet le vœu que la Convention soit appliquée dans le sens qu'un pays dans lequel la marque est encore valable ne pourra pas exiger un renouvellement du dépôt chaque fois que dans le pays d'origine la durée de la protection serait expirée, pour autant que le renouvellement ait été opéré en temps utile dans ce pays.

Le Comité estime que, d'après la Convention, lorsqu'une demande d'enregistrement de marque est faite, le pays n'a pas le droit de demander la preuve de l'emploi de la marque dans ce pays antérieurement à la demande d'enregistrement.

Chambre de commerce internationale, Paris 1924.

Protection pendant 20 ans

ART. 6. — Toute marque de fabrique ou de commerce régulièrement enregistrée dans le pays d'origine sera admise au dépôt et protégée telle quelle dans les autres pays de l'Union *pendant un délai de 20 ans qui pourra être prorogé par renouvellement.*

Chambre de comm. intern., Comité de la prop. industr., Paris 1923, Rome 1923.

Indépendance des marques

Le Congrès donne mission au Comité exécutif de faire les démarches nécessaires pour essayer d'obtenir que lors de l'échange des ratifications de l'Acte de Washington:

1° Dans l'article 6, n° 2, de la Convention, tel qu'il a été revisé à Washington, les mots « pouvant servir » soient remplacés par « qui sont indispensables pour »;

2° Qu'à l'article 6 du texte de Washington soit ajoutée la disposition suivante: « Le dépôt au pays d'origine n'est pas nécessaire, si la marque est conforme à la législation du pays où la protection est demandée, et la protection d'une marque déposée dans un pays de l'Union sera indépendante de la protection obtenue par la même marque dans les autres pays »;

3° Que le délai de priorité pour les marques soit porté à une année.

Assoc. intern. prop. industr., Congrès de Londres, 1912.

Est renouvelé le vœu que, dans l'Union, l'enregistrement et la protection d'une marque soient indépendants de l'existence d'un enregistrement ou d'une protection dans le pays d'origine.

Assoc. intern. prop. industr., Groupe allemand, Berlin 1923.

La protection des marques de fabrique ou de commerce des personnes admises au bénéfice de la Convention dans les divers pays contractants sera indépendante de la protection dans les pays d'origine.

Assoc. intern. prop. industr., Assemblée de Zurich, 1925.

Droit de possession personnelle en matière de marques

Il est désirable que l'on insère dans la Convention de Paris la disposition ci-après:

Celui qui, au moment du dépôt dans un pays unioniste, a employé une marque enregistrée de telle façon que celle-ci est considérée, dans les cercles commerciaux intéressés, comme le signe distinctif des produits de son établissement, aura la faculté de continuer à faire usage de la marque dans le pays en question pour les besoins de son exploitation.

Le propriétaire de la marque et le possesseur personnel peuvent exiger réciproquement que la marque soit employée uniquement de manière à écarter tout risque de confusion avec une entreprise étrangère.

Les droits du possesseur personnel ne peuvent être transmis qu'avec l'entreprise à laquelle appartient la marque.

Le droit de faire usage de la marque s'éteint quand le possesseur personnel ne le fait pas valoir, à l'égard du propriétaire de la marque, dans les deux ans qui suivent la publication de la marque.

Assoc. intern. prop. industr., Groupe allemand, Berlin 1923.

Invalidation

Sera invalidée sur demande toute marque de fabrique ou de commerce enregistrée dans des circonstances qui constituent un acte de concurrence déloyale.

Assoc. intern. prop. industr., Assemblée de Zurich, 1925.
Chambre de commerce internationale, Bruxelles 1925.

Article 7

La nature des marchandises auxquelles doit s'appliquer une marque de fabrique ne saurait, en aucun cas, constituer un obstacle à l'enregistrement de la marque.

L'enregistrement ne saurait, en particulier, être refusé pour la raison que le déposant n'a pas le droit, aux termes de la législation du pays où est formulée la demande, de faire, dans ledit pays, le commerce des marchandises auxquelles s'appliquerait la marque. L'enregistrement d'une marque de fabrique ne saurait être annulé pour non-exploitation s'il est établi que cette non-exploitation ne provient pas de l'intention d'abandonner cette marque de fabrique.

Chambre de commerce internationale, Bruxelles 1925.

Article 7bis

Marques de fabrique ou de commerce collectives

Le Congrès émet le vœu qu'un article soit ajouté à la Convention d'Union en ces termes:

« Les États de l'Union s'engagent à organiser l'enregistrement et la protection des marques de fabrique ou de commerce collectives à l'égal des marques individuelles.

Les autorités administratives, syndicats, unions professionnelles, unions de syndicats ou groupements quelconques d'agriculteurs, industriels ou ouvriers, seront admis à revendiquer, même pour l'usage de ceux qu'ils représentent, le bénéfice des dispositions de la

Convention, si la législation de l'État de l'Union dont ils se réclament leur reconnaît l'existence légale et ne s'oppose pas à ce que, dans les mêmes conditions, ils déposent, soit des marques, soit des brevets, soit des dessins ou modèles, ou bien encore se pourvoient contre les actes de contrefaçon ou de concurrence déloyale ou d'atteinte au nom commercial.

La protection ne pourra être refusée que si les lois de l'État où le bénéfice de la Convention sera réclamé considèrent l'attribution de la personnalité civile à l'autorité administrative ou l'association réclamante comme de nature à compromettre l'ordre public. »

Assoc. intern. prop. industr., Congrès de Bruxelles, 1910.

Le Congrès exprime le vœu:

1° Que l'attention de la Chambre de commerce internationale soit appelée sur l'article 7bis de la Convention internationale;

2° Que le Conseil de la Chambre de commerce internationale soit prié de demander aux Gouvernements des divers pays intéressés de prendre des mesures qui permettent l'immédiate application de l'article ci-dessus.

Chambre de commerce internationale, Congrès de Londres, 1921.

Il est désirable que, dans l'Union internationale, l'admissibilité et la protection des marques collectives soient réglées d'une manière uniforme.

Assoc. intern. prop. industr., Groupe allemand, Berlin 1923.

Chaque pays déterminera, par voie législative ou réglementaire, les conditions particulières sous lesquelles une collectivité pourra être admise à faire protéger ses marques.

Chambre de comm. intern., Comité de la prop. industr., Paris 1923, Rome 1923.

Application en Belgique

L'Association belge insiste de la façon la plus pressante pour que le Gouvernement belge présente et que les Chambres votent une loi permettant le dépôt des marques de collectivités, comme le demande l'article 7bis de l'Acte de Washington.

Assoc. nationale belge prop. industr., Bruxelles 1923.

Exécution en France, produits vinicoles

Le Congrès émet le vœu:

Que la législation française intégrale soit appliquée sans retard aux trois départements recouvrés du Haut-Rhin, du Bas-Rhin et de la Moselle;

Qu'ait lieu le vote, aussi rapide que possible, par le Parlement, de la réforme de l'article 15 du tarif général des douanes, de la proposition Fargeon actuellement pendante au Sénat, et d'une proposition de loi sur les marques collectives.

Assoc. française prop. industr., Mulhouse 1923.

Article 9

Organisation de la saisie à l'importation

Le Comité estime qu'il y a lieu d'organiser, dans tous les pays contractants, la saisie effective à l'importation, par les soins de l'Administration des douanes, de tous les produits portant des marques illicites ou des fausses indications de provenance. Il conviendra de modifier en conséquence l'article 9 de la Convention d'Union.

Le Comité demande que des organismes agréés par les divers Gouvernements, tels que, par exemple, les Comités nationaux de la Chambre de commerce internationale, soient admis, dans la mesure et aux conditions que déterminera la loi de chaque pays, à apporter aux autorités douanières leur collaboration en vue de l'application de la saisie à l'importation.

Le Comité appelle l'attention des Gouvernements sur l'intérêt qu'il y aurait à généraliser, dans la mesure où l'organisation du service intérieur des douanes le permet, le système du dépôt des marques auprès des douanes tel qu'il est en vigueur en Grande-Bretagne.

Chambre de commerce internationale, Rome 1923.

Articles 9 et 10

Indications de provenance

§ 1er. — Les pays contractants s'engagent à assurer aux ressortissants des autres pays contractants, sur leurs territoires respectifs, une protection efficace contre la concurrence déloyale.

Ils conviennent, en particulier, de prévoir des mesures appropriées, d'ordre civil et, en cas de fraude, d'ordre pénal, en ce qui concerne l'usage, dans le commerce, de désignations commerciales (noms, firmes, titres d'imprimés et autres signes de tous genres, tels que: enseignes, conditionnement, etc.), servant à distinguer les produits ou marchandises d'un producteur, fabricant ou commerçant, ainsi que l'usage de descriptions ou représentations figuratives, ou d'une combinaison des deux, ou de toute autre indication se rapportant à l'origine du produit ou de la marchandise, lorsqu'il est évident que cet usage est de nature à produire, soit une confusion avec les marchandises d'une autre personne, physique ou morale, soit une erreur quant à l'origine véritable de la marchandise.

Les poursuites peuvent être intentées par toute personne ou compagnie lésées, en outre, dans le cas d'actions en cessation et de mesures pénales, par toute association ou personne représentant l'industrie particulière ainsi lésée.

§ 2. — Les stipulations du paragraphe précédent s'appliqueront également aux imitations des désignations ou descriptions sus-mentionnées lorsque ces imitations, tout en s'écartant de l'original, sont de nature à produire une confusion ou une erreur.

§ 3. — Les stipulations de l'article 9 de la Convention seront applicables à tout produit ou marchandise qui porte, directement ou indirectement, une fausse indication sur l'origine des produits ou marchandises, ou sur l'identité du producteur, fabricant, ou commerçant.

Société des Nations, Réunion des experts, 5 mai 1924.

En tout cas, la législation nationale des pays contractants sera tenue d'assurer aux ressortissants des autres pays contractants un recours légal approprié contre tout usage illicite de leurs marques comportant non seulement des mesures d'orde civil, mais aussi, dans le cas de pratiques frauduleuses, des sanctions pénales.

Conseil de la Société des Nations, octobre 1924.
Chambre de commerce internationale, Bruxelles 1925.

Article 10

Proposition de le maintenir

Le Groupe français estime que l'article 10 de la Convention doit être maintenu, et renvoie à une prochaine réunion l'examen de l'ensemble de la question.

Assoc. Intern. prop. industr., Groupe français, Réunion de Paris, 1922.

Les stipulations de l'article 9 seront applicables à tout produit ou marchandise qui, au sens de l'article 10bis ci-dessous, porte directement ou indirectement une fausse indication sur l'origine des produits ou marchandises ou sur l'identité du producteur, fabricant ou commerçant.

Sera considéré comme fausse indication d'origine l'usage d'une appellation régionale de provenance de produit vinicole ou d'une désignation géographique qui, pour des raisons locales ou d'autres motifs, fait la réputation d'un produit. Les pays contractants notifieront par l'intermédiaire du Bureau de Berne les appellations régionales ou locales ou les désignations géographiques qui ne peuvent être considérées comme devenues génériques, et, ce, en spécifiant leur portée.

Les présentes dispositions n'empêchent pas le fabricant d'indiquer son nom ou son adresse sur ces produits; cependant, dans les cas où ces inscriptions sont de nature à produire une erreur sur l'origine véritable de la marchandise, le fabricant sera tenu de les accompagner de l'indication du pays ou du lieu de fabrication.

Chambre de commerce internationale, Paris 1924.

Article 10 bis

Marques et concurrence déloyale

Le Congrès émet le vœu:

Que tous les pays, notamment les pays de l'Union de Paris, assurent une protection efficace contre la concurrence déloyale, sous quelque forme et de quelque manière qu'elle se produise;

Que, notamment, tout signe distinctif connu dans le commerce comme désignant les produits d'un fabricant, ou d'un commerçant, soit protégé indépendamment de tout enregistrement contre toute concurrence déloyale, c'est-à-dire contre tout usage de ce signe qui serait susceptible de créer une confusion pour le public.

Assoc. intern. prop. industr., Congrès de Londres, 1912.

1° Vu l'étendue et la complexité de la question, telle qu'elle est inscrite dans l'ordre du jour, le Congrès se borne à délibérer sur la question de la corruption et des manœuvres corruptives. Cependant, la question générale de la concurrence déloyale reste à l'ordre du jour pour le Congrès suivant. D'ici là, le Congrès demande au Comité permanent de nommer une sous-commission chargée d'étudier les différents aspects de la concurrence déloyale qui réclament l'intervention législative, et de faire rapport sur ces autres questions.

2° En ce qui concerne la corruption, le Congrès insiste sur la nécessité d'une législation spéciale pour la combattre. Cette législation sera autant que possible uniforme dans tous les pays; elle sévira contre les manœuvres corruptives et contre les tentatives de corruption, quels qu'en soient les auteurs; elle considérera la corruption comme crime, et de ce chef la rendra punissable selon le système pénal de chaque pays; elle autorisera en même temps une procédure civile qui permettra aux victimes de se faire payer des dommages et intérêts.

3° Le Congrès est d'avis que cette législation spéciale (autant que cela est possible sans aller à l'encontre des principes généraux de la procédure nationale en matière criminelle) facilite les poursuites judiciaires contre les manœuvres corruptives et en permette l'initiative non seulement au ministère public, mais aussi à des sociétés et à des individus.

Chambres de comm. et assoc. comm. et industr., VIe Congrès international, Paris 1914.

Définition de la concurrence déloyale. Sanctions

ART. 10bis. — En vue d'assurer aux ressortissants de l'Union une protection effective contre la concurrence déloyale, tous les faits de nature à tromper le public en vue de lui faire adopter un produit ou un fournisseur déterminé, les faits de dénigrement des concurrents, la provocation des subordonnés à la violation des obligations résultant de la loi et du contrat et généralement tous les actes contraires à la loi, aux usages commerciaux ou à l'équité, doivent donner ouverture, dans tous les pays contractants, à une action au profit de toute partie lésée.

Les États contractants s'engagent à prendre toutes les mesures législatives nécessaires pour garantir les produits naturels ou fabriqués originaires de l'une quelconque des puissances signataires contre toute forme de concurrence déloyale dans les transactions commerciales.

Les États contractants s'obligent à réprimer et à prohiber par la saisie et par toutes autres sanctions appropriées, l'importation et l'exportation, ainsi que la fabrication, la circulation, la vente ou la mise en vente, à l'intérieur, de tous produits ou marchandises portant sur eux-mêmes ou sur leur conditionnement immédiat ou sur leur emballage extérieur, des marques, noms, inscriptions ou signes quelconques comportant, directement ou indirectement, des fausses indications sur l'origine, l'espèce, la nature ou les qualités spécifiques de ces produits ou marchandises.

Les États contractants s'engagent en outre à prendre les mesures appropriées pour interdire et réprimer tous actes et manœuvres susceptibles de créer une confusion avec la personne, l'établissement ou les produits des concurrents par l'emploi abusif d'un nom ou d'une raison de commerce, d'une marque ou d'une enseigne, par des annonces, brochures, circulaires ou affiches, par la production de factures ou certificats d'origine mensongers, par des affirmations verbales ou par tout autre moyen.

La radiation des marques qui constituent une concurrence déloyale aux termes des alinéas précédents pourra être prononcée à la requête de toute partie lésée.

Les syndicats et associations intéressés régulièrement constitués dans leur pays d'origine auront le droit d'agir ou d'intervenir en justice à raison de tous actes de concurrence déloyale.

Chambre de comm. intern., Comité de la prop. industr., Paris 1923, Rome 1923, Paris 1924.

Le Comité estime qu'il convient de consacrer dans le droit intérieur de chaque pays le principe général d'une action civile ou commerciale à raison de tout acte, contraire aux usages loyaux du commerce, qui porterait préjudice aux concurrents ou à une personne déterminée.

Le Comité estime en outre qu'il convient d'étendre, autant que possible, la répression pénale de ces actes quand ils sont commis de mauvaise foi.

Il recommande la classification suivante, en trois catégories, des faits à réprimer:

a) Faits de nature à tromper le public en vue de lui faire adopter un produit ou un fournisseur déterminé:

1° fausses indications sur l'origine, l'espèce, la nature ou les qualités spécifiques des produits;

2° emploi de fausses récompenses, faux certificats ou attestations;

3° actes et manœuvres susceptibles de créer une confusion avec la personne, l'établissement ou les produits de concurrents.

b) Faits de dénigrement des concurrents:

imputations fausses et calomnieuses à l'adresse de la personne, de l'établissement et des marchandises de concurrents.

c) Provocation des subordonnés à la violation des obligations résultant de la loi ou du contrat.

Il y aurait lieu à sanction pénale et administrative pour les faits visés en *a)*, paragraphes 1 et 2, ainsi qu'à des pénalités pour certains des cas prévus en *a)*, paragraphe 3, en *b)* et en *c)*.

Chambre de commerce internationale, Rome 1923, Paris 1924.

Il est recommandé aux États de comprendre dans l'énumération non limitative des faits de concurrence déloyale les suivants:

a) toute déclaration explicite ou tacite, et de quelque façon qu'elle soit faite, que le produit d'un fabricant ou commerçant est celui d'un autre; de même l'emploi d'une imitation de nature à induire en erreur d'une marque ou d'un nom ou symbole distinctifs, ou encore d'une étiquette ou d'un récipient, ou de tout autre moyen d'identification;

b) provocation à la violation des contrats;

c) diffamation commerciale;

d) corruption commerciale;

e) subornation des subordonnés des concurrents pour obtenir la communication des informations confidentielles;

f) dénigrement des concurrents ou des produits de concurrents;

g) emploi illicite des témoignages favorables, garanties, et nominations de fournisseurs, ainsi que la fausse déclaration d'adhésion à un syndicat;
h) intimidation des clients des concurrents;
i) emploi de fausse indication de provenance;
j) emploi de fausse description de marchandise et
k) d'une façon générale tout acte contraire à la loi et à la moralité du commerce.

Les pays contractants s'engagent à prendre toutes les mesures législatives ou administratives nécessaires pour la protection de ses nationaux contre tout acte de concurrence déloyale et à assurer, par voie législative, que la commission d'un acte de concurrence déloyale donnera ouverture à une action au profit de toute partie lésée, et à un arrêté interdisant la continuation de l'acte, sur la demande de la personne ou de la collectivité ainsi lésée. Chambre de commerce internationale, Bruxelles 1925.

Dans tous les États de l'Union, les ressortissants de la Convention auront droit de demander à leur profit l'application des dispositions législatives destinés à réprimer les faits généralement désignés sous le nom d'actes de concurrence déloyale, et qui comprennent:

1° toute réclame abusive sous quelque forme qu'elle se présente;
2° tout dénigrement relatif à la personne du commerçant ou de l'industriel, ou à la nature des produits par lui offerts au public;
3° tout débauchage ou toute tentative de débauchage, tout moyen de se procurer des renseignements de nature à porter frauduleusement atteinte au libre jeu des efforts commerciaux individuels;
4° tout usage d'un nom, d'une marque de commerce ou d'une enseigne appartenant déjà à autrui, dans les limites où cet usage sera reconnu susceptible de porter atteinte à des droits existants ou sera employé dans le but évident de nuire.

Assoc. intern. prop. industr., Groupe français, Réunion de Paris, 1922.

Il est désirable de renforcer et d'élargir les dispositions pour la répression de la concurrence déloyale. Il paraît notamment opportun d'insérer dans la Convention des dispositions spéciales:

a) pour la répression des annonces publiques inexactes qui sont de nature à tromper le public quant à la valeur d'une offre (réclame illicite);
b) pour protéger un commerçant contre les troubles et les dommages que lui causent les allégations inexactes répandues sur son établissement ou sur son travail (dénigrement);
c) pour la protection des désignations d'établissements (nom, raison de commerce, désignations d'entreprises commerciales, titres d'imprimés et toutes autres dispositions considérées, dans le commerce, comme les signes distinctifs d'établissements) et pour la répression de tout abus propre à causer dans le commerce des troubles ou des confusions préjudiciables (abus des désignations d'établissements).

Assoc. intern. prop. industr., Groupe allemand, Berlin 1923.

Les pays contractants sont tenus d'assurer aux ressortissants de l'Union une protection effective contre les faits généralement désignés sous le nom d'actes de concurrence déloyale et qui comprennent notamment:

1° toute apposition, sur des produits ou marchandises, d'indications propres à faire croire ou supposer qu'ils proviennent d'une personne ou d'un établissement autre que ceux qui les ont réellement confectionnés ou vendus;
2° toute réclame abusive, sous quelque forme qu'elle se présente;
3° tout dénigrement relatif à la personne du commerçant ou de l'industriel, ou à la nature des produits par lui offerts au public;
4° tout débauchage ou toute tentative de débauchage, ainsi que tous moyens de se procurer des renseignements de nature à porter frauduleusement atteinte au libre jeu des efforts commerciaux individuels.

Bureau intern., Rapport du 27 décembre 1922 à la Société des Nations.

Il serait désirable de prévoir de nouvelles stipulations prévoyant:

1° Des mesures de protection réellement efficaces pour les personnes lésées par la concurrence déloyale, y compris le droit d'intenter des poursuites en justice, par l'intermédiaire de leurs représentants officiels ou commerciaux dûment autorisés.

2° Une définition complète du mot « déloyal » qui, dans la Convention, figure sous le titre « Concurrence déloyale en matière de commerce ». Cette définition devrait s'étendre à l'usage injustifié des marques de commerce et des noms commerciaux, aux indications d'origine géographique ou commerciale fausse et destinées à induire en erreur et enfin aux fausses indications du fabricant ou du marchand. Elles devraient également s'étendre aux signalements dolosifs, même au cas où ceux-ci ne sont pas joints en fait aux marchandises.

3° L'interdiction de l'enregistrement ou de l'emploi sans autorisation spéciale, à titre de marques de commerce, d'emblèmes publics, « marques de contrôle » et marques et signes analogues, ou de partie ou d'imitation desdits.

4° Le traitement équitable des abus causés par l'enregistrement indû d'une marque appartenant déjà à quelqu'un ou d'une imitation de cette marque sans l'autorisation du propriétaire.

5° La possibilité de supprimer sur les registres, à la demande de la personne lésée, les marques indûment enregistrées.

6° La possibilité de soumettre à la décision d'un tribunal compétent les différends s'élevant entre les États contractants au sujet de l'interprétation ou de l'exécution de la Convention.

Société des Nations, Rapport au Comité économique, 1922.

Constitue un acte de concurrence déloyale tout acte contraire aux usages honnêtes en matière industrielle ou commerciale.

L'Assemblée estime que les exemples suivants tombent sous la notion de concurrence déloyale:

I. Fausse réclame: Le cas où une personne ferait dans des annonces publiques des mentions inexactes propres à induire le public en erreur sur la valeur de l'offre (mentions sur la nature, sur l'origine, sur des récompenses industrielles, etc.).

II. Dénigrement: Le dénigrement doit être entendu dans son acception la plus large et non pas dans celle restreinte proposée par l'Administration des Pays-Bas et le Bureau international. Il comprend le cas où une personne porterait, dans un but de concurrence, des allégations inexactes sur le commerce, la personne, les marchandises ou l'activité d'un tiers, allégations de nature à porter atteinte à la considération, à l'activité ou au crédit de ce dernier.

III. Confusion: L'emploi de noms, firmes, désignations commerciales, titres d'imprimés, marques de fabrique ou de commerce, conditionnements, enseignes et autres caractéristiques commerciales, si celles-ci sont propres à créer une confusion avec le commerce, les produits ou marchandises ou l'activité d'autrui.

L'Assemblée approuve que le droit d'intenter une action en cessation de trouble et une action pénale ne soit pas accordé seulement aux personnes lésées, mais aussi à toute personne intéressée de par son commerce ou sa production ou son activité égale ou semblable.

Assoc. intern. prop. industr., Assemblée de Zurich, 1925.

Société des Nations

A. Projet de Convention sur la concurrence déloyale

Article premier. — En ce qui concerne toutes les personnes ou compagnies lésées par la fabrication, la vente ou la mise en vente, par l'importation ou l'exportation de marchandises portant une marque de fabrique ou une désignation commerciale auxquelles

elles n'ont pas droit, ou portant une marque, une appellation, une inscription, un signe quelconque ou une combinaison de ces éléments employés irrégulièrement ou donnant, directement ou indirectement, une indication fausse sur l'origine géographique ou commerciale desdites marchandises ou sur l'identité véritable du fabricant ou du marchand — les États contractants conviennent de prendre sur leur territoire des mesures effectives pour assurer à ces personnes un recours légal convenable et pour leur permettre d'intenter des poursuites à l'occasion de tels abus par l'intermédiaire ou sur la demande des représentants officiels ou commerciaux, dûment autorisés, des parties lésées. Les mesures prévues par la présente clause s'étendront également aux descriptions de la nature de celles qui ont été mentionnées ci-dessus, même dans les cas où ces fausses descriptions ne sont pas matériellement apposées sur les marchandises.

Art. 2. — Les États contractants conviennent d'interdire:

a) l'enregistrement ou l'usage sans autorisation, à titre de marques de fabrique, d'emblèmes publics, de poinçons officiels ou de signes impliquant une garantie officielle de la part des autres États contractants, ou de toutes contrefaçons des emblèmes, poinçons ou signes;

b) l'enregistrement, à titre de marque de fabrique, de la marque ou de la contrefaçon d'une marque de fabrique appartenant à un ressortissant d'un autre État contractant, sans son autorisation, lorsque ladite marque est bien connue de celui qui fait le dépôt ou des commerçants en général dans l'État où on désire l'enregistrer pour l'appliquer aux mêmes marchandises ou aux marchandises d'une catégorie analogue.

Les États contractants conviennent de se communiquer réciproquement, dès l'entrée en vigueur de la présente Convention, la liste des emblèmes publics, poinçons officiels ou signes impliquant une garantie officielle qu'ils désirent placer sous la protection des dispositions de la section *a* du présent article. Toutes additions ultérieures ou toutes suppressions d'articles figurant sur ladite liste seront également communiquées dans le plus bref délai possible.

Les stipulations de l'article 1er relatives aux recours en justice et autres poursuites à intenter s'appliqueront aux délits relevant du présent article; en outre, toute personne lésée sera en droit de faire annuler l'enregistrement des marques de fabrique enregistrées dans les conditions ci-dessus, passé une certaine date à fixer qui ne pourra, en aucun cas, être postérieure à 1924, sous réserve que toute demande d'annulation de l'enregistrement d'une marque de ce genre sera déposée avant l'expiration d'un délai de sept ans à dater de l'enregistrement primitif de ladite marque, à moins que l'annulation de l'enregistrement ne soit nécessaire dans l'intérêt public.

Art. 3. — Les États contractants conviennent de soumettre à la décision de la Cour permanente de justice internationale tout différend qui pourrait s'élever entre eux au sujet de l'interprétation ou de l'application de la présente Convention et qui ne pourrait être réglée d'un commun accord ou selon une procédure qui résulterait de convention ou convenue après entente entre les deux parties.

B. Décisions de la Réunion des experts du 5 mai 1924

I

Les pays contractants s'engagent à assurer dans leur législation nationale, aux ressortissants des autres pays contractants, un recours légal comportant des sanctions pénales contre tout usage frauduleux de leurs marques.

II

§ 1er. — Les pays contractants s'engagent à assurer aux ressortissants des autres pays contractants, sur leurs territoires respectifs, une protection efficace contre la concurrence déloyale.

Ils conviennent, en particulier, de prévoir des mesures appropriées, d'ordre civil et, en cas de fraude, d'ordre pénal, en ce qui concerne l'usage, dans le commerce, de désignation commerciale (noms, firmes, titres d'imprimés et autres signes de tous genres, tels que: enseignes, conditionnement, etc.) servant à distinguer les produits ou marchandises d'un producteur, fabricant ou commerçant, ainsi que l'usage de descriptions ou représentations figuratives, ou d'une combinaison des deux, ou de toute autre indication se rapportant à l'origine du produit ou de la marchandise, lorsqu'il est évident que cet usage est de nature à produire, soit une confusion avec les marchandises d'une autre personne, physique ou morale, soit une erreur quant à l'origine véritable de la marchandise.

Les poursuites peuvent être intentées par toute personne ou compagnie lésées; en outre, dans le cas d'actions en cessation et de mesures pénales, par toute association ou personne représentant l'industrie particulière ainsi lésée.

§ 2. — Les stipulations du paragraphe précédent s'appliqueront également aux imitations des désignations ou descriptions sus-mentionnées lorsque ces imitations, tout en s'écartant de l'original, sont de nature à produire une confusion ou une erreur.

§ 3. — Les stipulations de l'article 9 de la Convention seront applicables à tout produit ou marchandise qui porte, directement ou indirectement, une fausse indication sur l'origine des produits ou marchandises, ou sur l'identité du producteur, fabricant ou commerçant.

III

Les pays contractants conviennent d'interdire l'enregistrement et de prohiber, par des mesures appropriées, l'usage sans autorisation, à titre de marques de fabrique ou de commerce ou comme parties de ces marques, des emblèmes ou armoiries d'État des États contractants, des signes et poinçons officiels de contrôle et de garantie adoptés par chacun des États contractants, ainsi que de toute imitation desdits emblèmes, armoiries, signes ou poinçons.

En ce qui concerne les signes et poinçons officiels ci-dessus mentionnés ou leurs imitations, il est entendu que l'interdiction visée dans le présent article s'appliquera seulement dans le cas où les marques comprenant ces poinçons et signes sont utilisées ou destinées à l'être, sur des marchandises identiques ou similaires à celles pour lesquelles l'apposition du poinçon ou signe original implique une garantie.

Au sens du premier alinéa, ne seront considérées comme imitations des emblèmes ou armoiries d'État que les reproductions qui ne se distinguent de l'original que par des caractéristiques secondaires au point de vue héraldique.

Pour l'application des dispositions précédentes du présent article, les pays contractants conviennent de se communiquer réciproquement, par l'intermédiaire du Bureau international de Berne, la liste des emblèmes ou armoiries d'État, des signes et poinçons officiels de contrôle et de garantie qu'ils désirent placer sous la protection des dispositions du présent article en indiquant, s'il y a lieu, les limites dans lequelles ils désirent bénéficier de cette protection.

Toutes modifications ultérieures apportées à la liste ci-dessus seront également communiquées dans le plus bref délai possible.

Tout pays contractant pourra transmettre, par l'intermédiaire du Bureau international de Berne, au pays intéressé, les objections éventuelles auxquelles la communication de la liste visée aux deux alinéas précédents pourraient donner lieu de sa part.

Il est entendu que la similitude qui pourrait exister entre les emblèmes, armoiries et les signes ou poinçons officiels de contrôle et de garantie des divers pays contractants n'empêche pas les nationaux de chaque pays de faire usage des signes ou poinçons appartenant à celui-ci.

Les mesures appropriées visées à l'alinéa 1 du présent article comprendront l'annulation de l'enregistrement de toute marque effectué en violation des dispositions du présent article un an au plus avant la mise en vigueur de ces dispositions ou de l'adhésion subséquente d'un pays.

IV

Les pays contractants conviennent d'interdire l'enregistrement, ou de prévoir la radiation de toute marque de fabrique ou de commerce notoirement connue dans le commerce comme la marque d'un ressortissant d'un autre pays; un délai minimum de 5 années devra être accordé aux intéressés pour réclamer la radiation des marques ainsi enregistrées.

Devra être également interdit l'enregistrement, ou prévue la radiation d'une marque lorsqu'elle a été déposée dans des circonstances constituant un acte de concurrence déloyale.

Société des Nations, Réunion des experts, mai 1924.

Afin d'éviter toute incertitude, il est déclaré par la présente que l'expression « concurrence déloyale », mentionnée aux articles 2 et 10bis de la Convention signée ce jour, doit être interprétée non comme se restreignant aux abus spéciaux expressément indiqués dans le second paragraphe de l'article 10bis, mais comme comprenant toutes les autres sortes de descriptions frauduleuses ou mensongères des marchandises, telles que: fausses déclarations relatives à la matière première ou au mode de fabrication, prétentions injustifiées à la possession de récompenses ou diplômes pour les marchandises, dans la mesure où ces agissements portent préjudice au commerce international.

Conseil de la Société des Nations, octobre 1924.

Le Conseil approuve le rapport du Comité économique sur les travaux de sa treizième session.

Il approuve notamment les propositions du Comité visant, au moyen d'amendements et d'additions à apporter à la Convention de l'Union, une protection plus efficace contre la concurrence déloyale.....

Il prend acte des vœux du Comité économique en ce qui concerne l'appui des États membres aux amendements proposés et l'introduction dans la Convention d'une stipulation instituant une juridiction internationale, et invite le Secrétaire général à prendre les mesures et à faire les communications nécessaires.

Conseil de la Société des Nations, octobre 1924.

Insignes de souveraineté

Est approuvé en principe la proposition d'introduire dans la Convention de Paris les règles efficaces pour la répression de l'enregistrement et de l'emploi abusif des insignes de souveraineté étrangers.

Toutefois, il est nécessaire que la notion et l'objet des insignes de souveraineté soient exactement fixés.

En ce qui concerne l'introduction proposée d'une protection des poinçons de contrôle et autres signes semblables, il paraît nécessaire tout d'abord de dresser une liste des poinçons officiels effectivement employés, afin de se rendre compte du genre de poinçons dont il s'agit, de leur emploi, et des mesures qui doivent être prises pour créer une protection contre l'usage abusif qui en est fait.

Assoc. intern. prop. industr., Groupe allemand, Berlin 1920.

V. aussi plus loin sous Législations intérieures, Marques: « Armoiries, signes et poinçons de garantie ».

Marques non enregistrées

Dans l'Union, les marques non enregistrées doivent être protégées contre la concurrence déloyale ou contre tout autre usage illicite.

Assoc. intern. prop. industr., Groupe allemand, Berlin 1923.

Informations de presse

Les Agences d'information dont les noms suivent (noms),

Considérant, d'une part: 1° que la question du droit de propriété des informations n'a pas encore été internationalement tranchée; 2° que dans certains pays le droit de propriété des informations est à ce point protégé que, même après la publication dans un journal, un tiers ne peut pas les reproduire ni utiliser d'une façon quelconque sans autorisation; que, dans d'autres pays, l'information n'est protégée que jusqu'au moment où, par la voie d'une feuille ou d'un journal mis en vente, elle tombe dans le domaine public; que, dans d'autres pays encore, ce droit de propriété paraît ne pas être reconnu;

Considérant, d'autre part, que différentes Conférences internationales n'ont pas estimé pouvoir assimiler l'information proprement dite, à moins qu'elle ne revête une forme personnelle, à une œuvre littéraire, mais que le fait de rechercher, de recueillir et de présenter au public une information, constitue un effort personnel d'organisation et un labeur qui doit être protégé,

ont décidé à l'unanimité, dans une Conférence qu'elles ont tenue à Berne du 6 au 11 juin 1924, de soumettre au Bureau international de l'Union de la propriété industrielle, à Berne, ainsi qu'aux autorités compétentes de leur pays, les vœux suivants:

1° Il est désirable que soit recherché une entente internationale en vue d'unifier les législations en matière de propriété des informations de presse sur la base du principe suivant: toutes les nouvelles obtenues par un journal ou une agence d'information, quels que soient leur forme, leur contenu et le procédé au moyen duquel elles lui auront été transmises, seront considérées comme étant la propriété de ce journal ou de cette agence aussi longtemps que leur valeur commerciale subsistera.

2° Il est désirable, en particulier, que la prochaine Conférence de La Haye, chargée de reviser la Convention internationale de Paris/Washington de 1883/1911 pour la protection de la propriété industrielle, soit saisie d'un amendement destiné à étendre à l'accaparement des informations de presse la disposition de l'article 10bis, réprimant et pénalisant la concurrence déloyale et à faire figurer, dans l'énumération des actes de concurrence déloyale cités à titre d'exemples, la reproduction et l'utilisation, dans un but de lucre, des nouvelles du jour, notamment des informations politiques, commerciales, économiques et financières.

Congrès international des Agences d'information, Berne 1924.

Constitution de commissions juridiques nationales

Le Congrès adresse un nouvel et pressant appel à tous les pays adhérents pour qu'ils constituent la Commission juridique, prévue par la résolution de Londres, qui doit étudier les moyens de combattre la concurrence déloyale et de protéger la propriété intellectuelle, industrielle et commerciale.

Chambre de commerce internationale, Rome 1923.

Propagande contre la concurrence déloyale

Le Comité approuve le plan suivant de propagande et d'action contre la concurrence déloyale:

Chaque Commission spéciale constituée aux termes de la résolution XVI du Congrès de Londres à l'intérieur des pays adhérents à la Chambre de commerce internationale se tiendra en contact étroit avec les groupements de banquiers, d'industriels et de commerçants et, le cas échéant, avec les associations de consommateurs. Elle recueillera auprès de ces diverses institutions tous les actes de concurrence illicite qui seront signalés, notamment les actes commis dans chaque pays au préjudice des étrangers. Elle instruira ces cas et les signalera aux parties lésées; elle interviendra s'il y a lieu auprès des administrations compétentes et notamment de l'Administration douanière et emploiera toute son influence morale dans les groupements intéressés pour faire cesser les abus constatés.

Chaque Commission spéciale établira périodiquement un rapport sur son activité et en saisira le Secrétariat général de la Chambre de commerce internationale, qui communiquera à chacune des Commissions spéciales les travaux effectués par toutes les autres Commissions.

L'attention des Commissions spéciales est également attirée sur l'intérêt qu'il y aurait à engager une propagande active en faveur de la loyauté du commerce et de la protection du consommateur. Cette propagande éducative pourrait être faite au moyen d'enquêtes, de conférences, de publications, etc. Chaque Commission spéciale choisira tels moyens qu'elle jugera convenables pour arriver au but général qui a été défini plus haut.

Chambre de commerce internationale, Rome 1923.

Le Comité émet le vœu que le Comité international de la propriété industrielle et commerciale constitué en Commission internationale permanente, agissant en liaison avec le Bureau international de la propriété industrielle de Berne, ait pour tâche:

a) de réunir tous les documents législatifs et jurisprudentiels relatifs à la répression de la concurrence déloyale, spécialement au point de vue international;

b) de donner son avis motivé sur toutes les questions de principe qui lui seraient soumises par un tribunal, une Chambre de commerce ou une Association adhérente à la Chambre de commerce internationale;

c) d'assurer, dans la mesure du possible, la publication et la diffusion des renseignements recueillis et des avis émis présentant un caractère d'intérêt général.

Le Comité exprime l'avis qu'il serait désirable que les contestations touchant aux questions de propriété artistique et industrielle entre commerçants et industriels soient soumises par les parties à la Cour d'arbitrage de la Chambre de commerce internationale à qui il appartient de les trancher en s'entourant de tous avis utiles et en faisant appel notamment, s'il y a lieu, aux experts juridiques. Il serait même désirable que fût organisée une procédure qui permît de réaliser une collaboration entre la Cour d'arbitrage et la Commission internationale permanente.

A cet égard, le Comité international de la propriété industrielle et commerciale croit devoir appeler l'attention de la Chambre de commerce internationale sur la nécessité d'assurer des sanctions aux décisions ainsi rendues en toute matière par la Cour d'arbitrage, et à cet effet, d'intervenir auprès des États pour faciliter l'exequatur desdites décisions.

Chambre de comm. intern., Comité de la prop. industr., Paris 1923, Rome 1923.

Art. 11

Expositions

Alinéa 1er: Un droit de priorité sera attribué aux exposants sur leurs inventions brevetables, modèles d'utilité, dessins ou modèles industriels, marques de fabrique ou de commerce qui figureront aux Expositions nationales ou internationales organisées dans un des États de l'Union, et auxquelles cet État déclarera appliquer les mesures prévues ci-dessous, à partir de la mise en montre à l'Exposition, pourvu qu'une demande régulière de protection soit faite dans les six mois de l'ouverture de l'Exposition. Cette demande ne pourra être invalidée par aucun fait accompli pendant la durée de ce délai de priorité, ainsi qu'il est dit à l'article 4.

Alinéa 2: Le jour de la mise en montre, point de départ du délai de priorité, sera déterminé par un certificat que délivrera l'administration de l'Exposition.

Alinéa 3: Le droit de priorité ainsi reconnu à l'exposant dans le pays de l'Exposition sera appliqué dans tous les pays de l'Union.

Alinéa 4: La mise en montre pendant la durée de l'Exposition sera assimilée à l'exploitation du brevet prévu par le 2e alinéa de l'article 5.

Assoc. intern. prop. industr., Congrès de Bruxelles, 1910.

Le Congrès émet le vœu que les propositions suivantes soient prises en considération pour le règlement des questions relatives aux expositions:

Chacun des États contractants acceptera de protéger, conformément à ses lois nationales, les inventions brevetables ou susceptibles de faire l'objet d'un modèle d'utilité, les marques, les modèles et dessins industriels figurant à une exposition officielle ou officiellement reconnue, organisée sur son territoire, sans exiger le payement des taxes de dépôt avant un délai d'un an à partir du jour du dépôt de la demande de protection et sans que le payement desdites taxes puisse être considéré comme une obligation pour l'exposant, si celui-ci renonce à la protection accordée.

L'exposition de l'objet breveté sera considérée comme équivalant à une exploitation pendant la durée de l'exposition.

La saisie des objets se trouvant dans l'enceinte de l'exposition ne pourra être pratiquée que par simple description.

Assoc. intern. prop. industr., Congrès de Londres, 1912.

Revendication du droit de priorité

La Convention devrait stipuler à l'article 4 que si le dépôt invoqué pour jouir du droit de priorité a été précédé d'un certificat légal de protection temporaire délivré à l'occasion d'une exposition par l'Administration du pays où a eu lieu ladite exposition, le délai de priorité remontera, si l'intéressé en fait la demande, à la date à partir de laquelle le certificat de protection temporaire produira ses effets.

Les pays contractants pourront exiger de celui qui fera une telle déclaration de priorité une copie certifiée de la demande de certificat de protection temporaire en même temps qu'une copie certifiée du premier brevet basé sur ce certificat.

Assoc. intern. prop. industr., Groupe français, Réunion de Paris, 1923.

Si le dépôt du brevet initial a été précédé d'un certificat légal de protection temporaire délivré à l'occasion d'une exposition par l'Administration du pays où a eu lieu ladite exposition, le délai de priorité de 12 mois remontera à la date à partir de laquelle le certificat de protection temporaire produira ses effets. Les pays contractants pourront exiger de celui qui fera une telle déclaration de priorité une copie certifiée de la demande de certificat de protection temporaire en même temps qu'une copie certifiée du premier brevet basé sur ce certificat.

Assoc. intern. prop. industr., Groupe français, Réunion de Paris, 1923.

Si le dépôt invoqué pour jouir du droit de priorité a été précédé d'un certificat légal de protection temporaire délivré à l'occasion d'une exposition, le délai de priorité remontera, si l'intéressé en fait la demande, à la date à partir de laquelle le certificat de protection temporaire produira ses effets.

Chambre de commerce internationale, Paris 1924.

L'État dans lequel l'exposition a lieu, après avoir officiellement reconnu l'exposition pour l'intérieur de son territoire, notifiera la reconnaissance aux autres États de l'Union par les soins de l'Office de Berne et cette reconnaissance aura effet même pour les États de l'Union qui n'auront pas fait opposition dans un délai de deux mois de la date de la notification.

Pour les expositions ainsi reconnues, les exposants bénéficieront des délais de priorité aux termes de l'article 4, tant dans le pays dans lequel l'exposition a lieu que dans tout autre État de l'Union. Les délais partiront de l'ouverture de l'exposition et ne se cumuleront pas avec ceux courant éventuellement de la demande dans le pays d'origine.

Pour obtenir le bénéfice prévu au paragraphe précédent, les exposants, dans les deux mois de la date d'ouverture de l'exposition, produiront près l'Office de la propriété industrielle du pays dans lequel l'exposition a lieu, un certificat d'entrée délivré par l'exposition, dans lequel seront indiquées, outre la date d'entrée des objets dans l'exposition, les données nécessaires pour individualiser les objets exposés et les droits sur lesquels on demande la protection temporaire. L'Office authentifiera la copie du certificat, en y apposant son visa, et cette copie sera suffisante pour faire valoir les droits de priorité. Le certificat et la copie seront gratuits. Toutes les autres modalités de protection demeureront réservées aux lois intérieures de chaque pays.

Chambre de commerce internationale, Bruxelles 1925.

La date à partir de laquelle court la protection provisoire sera établie par un certificat officiel de la direction de l'exposition, lequel sera joint à la demande et communiqué sans délai au Bureau des brevets du pays dans lequel l'exposition a lieu.

Assoc. intern. prop. industr., Assemblée de Zurich, 1925.

Art. 12

Communication et publication des brevets

Le Congrès souhaite que la Conférence de Washington rappelle aux États signataires leur obligation contractuelle de mettre leur législation en accord avec la Convention;

notamment l'obligation, pour chacun d'eux, de créer un service spécial de la propriété industrielle, dans les conditions prévues à l'article 12 de la Convention d'Union. Qu'en outre, la Conférence de Washington émette le vœu que les descriptions et dessins des brevets, dans tous les États de l'Union, soient publiés sous forme de fascicules séparés et mis en vente à un prix modique.

Assoc. intern. prop. industr., Congrès de Bruxelles, 1910.

Publication des brevets, dessins et marques

Le service spécial de la propriété industrielle assurera la publication d'une feuille périodique officielle contenant notamment la reproduction des marques déposées.

Chambre de comm. intern., Comité de la prop. industr., Paris 1923, Rome 1923.

Le service de la propriété industrielle assurera la publication d'une feuille périodique officielle contenant notamment la reproduction des marques enregistrées.

Il sera tenu par l'Administration compétente de chaque pays un registre où devront être inscrits les transferts et toutes concessions de licences affectant les brevets, les modèles industriels, les modèles d'utilité et les marques, sous peine de ne pouvoir être opposés aux tiers.

Chambre de commerce internationale, Bruxelles 1925.

Arrangement de Madrid concernant l'enregistrement international des marques

La Chambre de commerce émet le vœu qu'au cours des négociations consécutives au Traité de paix, les négociateurs français continuent leurs efforts pour obtenir le plus grand nombre d'adhérents à l'Union du 14 avril 1891 pour l'enregistrement international des marques de fabrique, soit parmi les pays alliés et neutres, soit parmi les anciens pays ennemis, soit surtout parmi les pays qui viennent de renaître à l'indépendance.

Chambre de commerce de Lyon, 1921.

Classification uniforme

La classification établie par le Bureau international n'est pas acceptée par l'assemblée eu égard au dualisme qui existerait entre ladite classification et les diverses classifications nationales. Est, par contre, exprimé le vœu que la Conférence de La Haye prépare, par l'entremise d'une commission d'experts techniques, une classification internationale uniforme pour tous les pays et que le nombre des classes proposées soit réduit.

Assoc. intern. prop. industr., Assemblée de Zurich, 1925.

Usage des armoiries

Les pièces justificatives de la légitimité d'usage de certains éléments contenus dans les marques tels que armoiries, écussons, portraits, distinctions honorifiques, titres, noms commerciaux ou noms de personnes autres que celui du déposant, ou autres inscriptions analogues, qui pourraient être réclamées par les Administrations des pays contractants, seront dispensées de toute certification ou légalisation autre que celle de l'Administration du pays d'origine.

Chambre de commerce internationale, Bruxelles 1925.

Renouvellements

Toute demande de renouvellement d'une marque internationale parvenue à l'Administration du pays d'origine avant la date d'expiration du délai de 20 ans sera considérée comme valablement formée, alors même qu'elle ne pourrait être transmise au Bureau international de Berne que postérieurement à cette date.

Chambre de comm. intern., Comité de la prop. industr., Paris 1923, Rome 1923.

Si la marque présentée en renouvellement du précédent dépôt a subi une modification de forme, les Administrations pourront se refuser à l'enregistrer à titre de renouvellement et le même droit leur appartiendra en cas de changement dans l'indication des produits auxquels la marque doit s'appliquer, à moins que, sur notification de l'objection par l'intermédiaire du Bureau international, l'intéressé ne déclare renoncer à la protection pour les produits autres que ceux désignés en mêmes termes lors de l'enregistrement antérieur.

Toute demande de renouvellement d'une marque internationale parvenue à l'Administration du pays d'origine avant la date d'expiration du délai de vingt ans sera considérée comme valablement formée, alors même qu'elle ne pourrait être transmise au Bureau international de Berne que postérieurement à cette date.

Chambre de commerce internationale, Bruxelles 1925.

Les marques renouvelées doivent être considérées par les États contractants comme des marques nouvelles en sorte qu'il ne soit pas permis à un nouvel État adhérant à l'Arrangement de Madrid de refuser la protection à une marque renouvelée sous prétexte que le premier enregistrement a eu lieu avant son adhésion.

Assoc. intern. prop. industr., Assemblée de Zurich, 1925.

Transfert partiel d'une marque

L'assemblée n'ayant pas pu se mettre d'accord elle-même sur une solution, a décidé de poursuivre l'examen de la question, mais d'émettre dès à présent le vœu de voir la Conférence, qui doit se tenir à La Haye, lui donner une solution.

Elle serait reconnaissante au Bureau international de Berne s'il voulait préparer un rapport à ce sujet.

Association nationale belge, prop. industr., 1923.

Suppression de la rétroactivité

Le Comité insiste pour que tous les États adhèrent à l'Arrangement de Madrid, revisé à Washington, sur l'enregistrement international des marques. Il conviendra toutefois d'en amender l'article 11 afin que la notification des 20 000 marques qui jouissent en ce moment de la protection internationale, n'assure pas automatiquement à ces marques le bénéfice des dispositions de l'Arrangement dans les nouveaux pays. Cette disposition entraînerait en effet des frais considérables pour les budgets des nouveaux États adhérents, frais qu'ils ne pourraient couvrir par aucune recette correspondante.

Les déposants de marques qui voudront que leurs marques soient protégées dans les nouveaux pays par l'intermédiaire du Bureau de Berne, devront faire à cet effet un nouveau dépôt international.

Le Comité, prenant acte des déclarations de M. Burrell, déclare que la question de l'adhésion à l'Arrangement sur l'enregistrement international des marques reste indépendante de l'interprétation à donner à l'article 6 de la Convention d'Union.

Chambre de commerce internationale, Rome 1923.

Toutefois, chaque pays, en adhérant au présent Arrangement pourra déclarer que, sauf en ce qui concerne les marques internationales ayant déjà fait antérieurement dans ce pays l'objet d'un enregistrement national identique encore en vigueur et qui seront immédiatement reconnues sur la demande des intéressés, l'application de cet acte sera limité aux marques qui seront enregistrées à partir du jour où cette adhésion deviendra effective. Cette déclaration dispensera le Bureau international de faire la notification collective sus-indiquée.

Chambre de commerce internationale, Bruxelles 1925.

Arrangement de Madrid concernant les fausses indications de provenance

(voir aussi sous « Indications de provenance », p. 125)

Remplacer dans l'article 4 les mots « produits vinicoles » par « produits tenant leurs qualités naturelles du sol ».

Assoc. intern. prop. industr., Congrès de Bruxelles, 1910.

Dans l'article 4, ajouter aux produits tenant leurs qualités du sol et du climat ceux « dont la valeur particulière est déterminée par d'autres circonstances se rattachant à la localité ou à la région ».

Assoc. intern. prop. industr., Assemblée de Zurich, 1925.

Les désignations géographiques qui, pour des raisons locales ou d'autres motifs, font la réputation d'un produit ne peuvent pas faire l'objet, devant les tribunaux, d'une appréciation en ce qui concerne leur caractère générique.

Les pays ayant participé à l'Arrangement de Madrid notifieront par l'intermédiaire du Bureau de Berne les appellations régionales ou locales ou les désignations géographiques qu'ils entendent revendiquer, et ce en en spécifiant la portée.

Assoc. intern. prop. industr., Groupe français, Paris 1924.

Le Congrès émet le vœu que tous les pays de l'Union adhèrent à l'Arrangement de Madrid sur les fausses indications de provenance et que toutes les législations intérieures assurent la répression efficace de toutes les fausses indications de provenance.

Assoc. intern. prop. industr., Congrès de Londres, 1912.

Au sujet des fausses indications d'origine, le Congrès a émis les vœux:

Que la loi de 1824 soit modifiée de manière à être mise en rapport avec les nécessités actuelles de l'industrie et du commerce;

Que les syndicats professionnels et autres groupements commerciaux et industriels s'efforcent, par leurs propres moyens ou par l'appui des pouvoirs publics, de faire réprimer les fraudes s'exerçant à l'encontre des produits français, soit par l'application de fausses indications de provenance française, soit par l'apposition de noms fictifs, soit par l'emploi de tout autre moyen de concurrence déloyale;

Que les dispositions de l'article 4 de l'Arrangement de Madrid soient étendues au moins à tous les produits tirant leurs qualités essentielles du sol ou du climat, et, d'autre part, que les associations privées et les pouvoirs publics fassent effort pour amener à l'Arrangement de Madrid de nouvelles adhésions;

Que dès qu'une disposition spéciale, introduite dans la revision de la loi de 1856 sur les marques, précisera les conditions de dépôt des marques collectives, les syndicats de producteurs s'appliquent à créer de telles marques, à en surveiller étroitement l'application et à en assurer la protection sur les marchés étrangers et français.

Congrès national du Commerce extérieur, Paris, 25-27 juin 1912.

Dans l'opinion de quelques experts, il est hautement désirable que tout État européen qui n'y serait pas déjà partie, donne son adhésion à l'Arrangement signé à Madrid le 14 avril 1891, pour la répression des fausses dénominations d'origine.

Conférence de Gênes, 1922.

Le Congrès se prononce pour l'adhésion aussi prochaine que possible de l'Allemagne aux deux Arrangements de Madrid.

Assoc. allemande prop. industr., Congrès de Berlin, 1920.

Il est désirable de voir tous les pays de l'Union rendre efficace l'article 10 de la Convention en organisant la saisie à l'importation.

Il est également souhaitable qu'un plus grand nombre d'États et notamment la Belgique adhèrent à l'Arrangement de Madrid.

Assoc. belge prop. industr., Session de Bruxelles, 1922.

2. — VŒUX

RELATIFS A

L'EXTENSION DE L'UNION ET DE LA PROTECTION INTERNATIONALE

Extension de l'Union

Il est désirable que tous les États européens qui n'ont pas encore adhéré à la Convention internationale pour la protection de la propriété industrielle, ainsi qu'à la Convention internationale sur la protection de la propriété littéraire et artistique, complétée par le Protocole additionnel signé à Berne le 20 mars 1914, adhèrent auxdites conventions et prennent à cet effet toutes les mesures nécessaires aussitôt que possible.

En attendant cette adhésion chaque État européen, dans lequel la propriété industrielle, littéraire ou artistique des étrangers ne fait pas actuellement l'objet d'une protection, s'engage, sous conditions de réciprocité, à accorder à cette propriété une protection efficace.

Sans préjudice des traités et des accords qui règlent la question pour le présent et pour l'avenir, tout État devrait reconnaître, restituer et protéger ces droits qui appartiendraient à des ressortissants d'autres États et qui seraient actuellement reconnus sur son territoire, si des mesures législatives ou administratives de caractère exceptionnel n'avaient été prises depuis le 1er août 1914, à la suite de guerres ou de révolutions.

Conférence de Gênes, 1922.

L'Association renouvelant ses vœux de Vienne et de Turin souhaite:

1° Que les États restés étrangers à l'Union adhèrent sans retard à celle-ci, après avoir apporté à leur législation les modifications de nature à rendre leur accession possible et avantageuse; la participation de quelques-uns de ces États à d'autres Unions ne devant d'ailleurs pas être un obstacle à leur entrée, étant donné que les avantages de l'Union subsistent quand même, et demeurent indépendants et importants;

2° Que les États faisant partie de l'Union insistent auprès des autres pour obtenir leur accession, spécialement à l'occasion du renouvellement des traités de commerce et d'amitié;

3° Que le Comité exécutif de l'Association constitue des comités d'action dans les États demeurés en dehors de l'Union, fasse une enquête sur les obstacles de toute nature qui peuvent entraver leur adhésion, et présente annuellement un rapport à l'Association sur les travaux et progrès réalisés par les comités d'action.

Assoc. intern. prop. industr., Congrès de Bruxelles, 1910.

Le Congrès exprime le vœu que le Conseil de la Chambre de commerce internationale poursuive la constitution, par les soins des comités nationaux, de commissions spéciales qui étudieront les moyens de combattre la concurrence déloyale et de protéger la propriété intellectuelle, industrielle et commerciale; que le Conseil organise un comité permanent composé de délégués de ces commissions.

Chambre de comm. Intern., Congrès de Londres, 1921.

Inventions employées sur les moyens de transport

Dans chacun des pays de l'Union, ne sera pas considéré comme portant atteinte aux droits du breveté, l'emploi — à bord des navires des autres pays unionistes — des moyens faisant l'objet de son brevet dans le corps du navire, les machines, agrès, apparaux et autres accessoires, lorsque ces navires pénétreront temporairement ou accidentellement dans les eaux du pays considéré, sous réserve que ces moyens y soient employés exclusivement pour les besoins du navire.

Ne sera plus considéré dans chacun des pays de l'Union comme portant atteinte aux droits du breveté l'emploi des moyens faisant l'objet de son brevet dans la construction ou le fonctionnement des engins de locomotion aérienne ou terrestre des autres pays unionistes ou de leurs accessoires, lorsque ces engins pénétreront temporairement ou accidentellement dans ce pays.

Chambre de commerce internationale, Paris 1924.

Brevet international. Projet d'arrangement

ARTICLE PREMIER. — Les sujets ou citoyens de chacun des pays contractants, qui auront régulièrement déposé dans l'un de ces pays une demande de brevet, pourront s'assurer dans tous les autres pays la protection éventuelle de l'invention afférente, moyennant un second dépôt au Bureau international de Berne, fait par l'Administration du pays d'origine de la demande.

ART. 2. — Sont assimilés aux sujets ou citoyens des pays contractants les sujets ou citoyens des pays n'ayant pas adhéré au présent Arrangement qui, sur le territoire de l'Union restreinte constituée par ce dernier, satisfont aux conditions établies par l'article 3 de la Convention générale.

ART. 3. — Le Bureau international enregistrera immédiatement les demandes déposées conformément à l'article 1er, ainsi que les descriptions et dessins joints à chaque demande. Il notifiera cet enregistrement aux pays contractants. Les demandes enregistrées seront publiées, ainsi que les descriptions et dessins y relatifs, dans une feuille périodique éditée par le Bureau international.

En vue de la publicité à donner, dans les pays contractants, aux demandes enregistrées, chaque Administration recevra gratuitement du Bureau international le nombre d'exemplaires de la susdite publication qu'il lui plaira d'indiquer. Cette publicité sera considérée comme suffisante dans tous les pays contractants.

ART. 4. — A partir de l'enregistrement fait au Bureau international, la situation légale dans chacun des pays contractants sera la même que si la demande, la description et les dessins y avaient été directement déposés.

ART. 5. — Dans les pays où leur législation les y autorise, les Administrations auxquelles le Bureau international notifiera l'enregistrement d'une demande de brevet, auront la faculté de déclarer que la protection ne peut être accordée sur leur territoire à l'invention objet de cette demande. Un tel refus ne pourra être opposé que dans les conditions qui s'appliqueraient, en vertu de la Convention générale, à une demande déposée à l'admission nationale.

Elles devront exercer cette faculté dans le délai prévu par leur loi nationale et, au plus tard, dans l'année de la notification prévue par l'article 3, en indiquant au Bureau international leurs motifs de refus.

Ladite déclaration, ainsi notifiée au Bureau international, sera par lui transmise sans délai à l'Administration du pays d'origine et à l'auteur de la demande. L'intéressé aura les mêmes moyens de recours que si la demande avait été par lui directement déposée dans le pays où la protection est refusée.

Art. 6. — Dès qu'il aura été statué définitivement, dans tous les pays contractants, sur l'admission ou le rejet de la demande, le Bureau de Berne délivrera au postulant, s'il y a lieu, un brevet international avec spécification des pays qui auront admis sa demande. La protection résultant dudit brevet dans ces derniers pays durera vingt ans à partir de l'enregistrement de la demande au Bureau international.

Art. 7. — Afin de se récupérer des frais que la demande et ses suites pourront lui occasionner, l'Administration du pays d'origine percevra à son profit une taxe qu'elle réclamera du postulant. De même, une seconde taxe de ... francs sera versée au Bureau international afin de le couvrir des autres frais nécessités par l'exécution du présent Arrangement. L'excédent de cette seconde taxe sur les frais, s'il y en a, sera réparti par parts égales entre les postulants.

Art. 8. — L'Administration des pays d'origine notifiera au Bureau international les annulations, transmissions, cessions et tous autres changements qui se produiront dans la propriété du brevet international. Le Bureau international enregistrera ces changements, les notifiera aux Administrations contractantes et les publiera aussitôt dans son journal.

Art. 9. — Le Bureau international délivrera à toute personne qui en fera la demande, moyennant une taxe fixée par le règlement, une copie des mentions inscrites dans le registre relativement à un brevet international déterminé.

Art. 10. — Les Administrations régleront d'un commun accord les détails relatifs à l'exécution du présent Arrangement.

Art. 11. — Les pays de l'Union pour la protection de la propriété industrielle qui n'ont pas pris part au présent Arrangement seront admis à y adhérer sur leur demande et dans la forme prescrite par l'article 16 de la Convention du 20 mars 1883 pour la protection de la propriété industrielle. Dès que le Bureau international sera informé qu'un pays a adhéré au présent Arrangement, il adressera à l'Administration de ce pays, conformément à l'article 3, une notification collective des inventions qui jouiront, à ce moment, de la protection internationale. Cette notification assurera par elle-même auxdites inventions le bénéfice des précédentes dispositions sur le territoire du pays adhérent et fera courir le délai d'un an pendant lequel l'Administration intéressée peut faire la déclaration prévue par l'article 5.

Art. 12. — Le présent Arrangement sera ratifié et les ratifications en seront échangées à Washington dans le délai de six mois au plus tard. Il entrera en vigueur un mois après l'échange des ratifications et aura la même force et durée que la Convention générale du 20 mars 1883.

Assoc. d'inventeurs et d'artistes industriels, Congrès de Bruxelles, 1910.

Brevet international. Enregistrement

Le dépôt dans le pays d'origine de la demande d'un brevet d'invention devrait produire effet à compter de sa date, dans tous les pays unionistes, moyennant une taxe unique, chaque pays conservant le droit d'appliquer sa propre législation au point de vue de la délivrance du brevet et de la poursuite de la contrefaçon.

Congrès général du Génie civil, Paris 1918.

Brevet international. Bases de la protection

I. En attendant le jour où sera possible l'institution du brevet international au sens complet, le Congrès donne son approbation au projet adopté par la Conférence des académies scientifiques interalliées du mois de juillet 1919, à Bruxelles, en vertu duquel il y a lieu:

1° de prendre pour base des futures conventions sur la propriété industrielle, la reconnaissance internationale des brevets nationaux moyennant un enregistrement international et une publication internationale;

2° d'établir un Office central international de brevets d'invention qui soit chargé de l'enregistrement international des brevets et qui, sur la demande des intéressés ou des administrations des pays unionistes, procédera à l'examen de la demande des brevets en vue de la recherche des autorités résultant soit des brevets déjà publiés, soit de publications scientifiques et techniques.

Sur la demande de l'inventeur, lors du dépôt dans le pays d'origine, cette demande sera transmise au Bureau international qui en fera l'enregistrement international et la transmettra aux administrations des différents États adhérents.

II. Les droits de l'inventeur auront leurs effets, pour tous les pays adhérents, à compter de la date du dépôt opéré dans le pays d'origine.

III. Sur réquisition du Bureau international, l'auteur du dépôt pourra être tenu de compléter la description de son invention.

IV. La demande d'enregistrement international, si elle n'a pas été formulée au moment du dépôt de la demande dans le pays d'origine, pourra être introduite pendant le délai d'une année, sous réserve des droits des tiers.

V. Après l'adhésion des divers États aux conventions précédemment envisagées, les formes de la demande à déposer par l'inventeur seront déterminées par une conférence des représentants des administrations des États adhérents.

VI. La rédaction du brevet aurait lieu en deux langues, la langue du pays d'origine et une traduction dans l'une des quatre langues de large circulation: français, anglais, italien, espagnol. Beaucoup de pays pourraient du reste faire accepter l'emploi des langues diplomatiques (devenues le français et l'anglais depuis le Pacte de la Société des Nations). Une décision quant à la langue internationale auxiliaire simplifierait un jour la solution.

Les descriptions jointes aux demandes de brevets d'invention n'excéderont pas cinq cents lignes de cinquante lettres. Au cas où la longueur de la description excéderait cette limite, il sera perçu une taxe proportionnelle à l'excédent.

VII. Lors du dépôt de la demande, il y a lieu à la perception d'une taxe unique pour l'ensemble des pays adhérents.

Cette perception sera limitée au remboursement des frais exposés par l'Administration. Elle sera forfaitaire et ne pourra excéder la somme de deux cents francs, maxima.

VIII. Le Congrès déclare qu'à l'heure actuelle il serait prématuré d'envisager la création d'un tribunal international chargé de statuer sur les litiges à naître de l'application des inventions, précédemment envisagé.

IX. Un brevet examiné préalablement, et dont l'invention a été trouvée nouvelle doit, après un certain temps écoulé, être à l'abri de toute contestation quant à la nouveauté de l'invention eu égard aux publications antérieures signalées par la fiche documentaire et aux oppositions éventuelles.

Assoc. d'inventeurs et d'artistes industriels, Congrès de Bruxelles, 1919.

Brevets

Dépôt international des brevets

L'idée de créer un dépôt international des brevets avec effets de droit matériel est irréalisable.

Assoc. intern. prop. industr., Groupe allemand, Berlin 1923.

Numérotation internationale

La proposition d'employer des numéros de brevets et surtout des numéros internationaux est rejetée.

Assoc. intern. prop. industr., Groupe allemand, Berlin 1923.

Protection internationale des dessins et modèles industriels

Le Congrès émet le vœu:

1° Qu'un article complémentaire de la Convention d'Union soit ainsi conçu:

« La durée de protection des dessins et modèles de fabrique ne devra être inférieure, dans aucun des États de l'Union, à vingt-cinq ans,

Le dépôt, s'il en est exigé un, devra pouvoir rester secret pendant une période de cinq ans. Les dessins et modèles employés dans l'industrie restent, en outre, protégés s'il y a lieu comme œuvres des arts graphiques et plastiques, quel que soit leur mérite et quelle qu'ait été leur destination originaire.»

2° Que le Bureau de Berne et le gouvernement des États-Unis mettent à l'ordre du jour de la Conférence de Washington le projet d'un arrangement pour l'enregistrement international des dessins et modèles, tel qu'il a été préparé par la Réunion de Nancy;

3° Qu'au cas où cette question ne figurerait pas au programme de Washington, un des États de l'Union prenne l'initiative de le soumettre à la Conférence;

4° Qu'une disposition soit insérée dans le Protocole de clôture de la Convention d'Union, en ces termes: «Les États contractants sont d'accord pour entendre qu'un dessin ou modèle ne perd pas le bénéfice de la Convention par le fait qu'il serait considéré et protégé comme œuvre des arts figuratifs au pays d'origine ou dans un autre pays.»

Assoc. intern. prop. industr., Congrès de Bruxelles, 1910.

Le Congrès émet le vœu:

1° Que les dessins et modèles et les œuvres d'art appliqué à l'industrie jouissent, dans tous les pays, quels que soient leur mérite et leur destination, de la protection des lois et conventions relatives à la propriété artistique, sans être soumis à d'autres formalités que celles imposées par ces lois aux auteurs protégés par elle;

2° Que les œuvres artistiques restent protégées, quels que soient leur mérite et leur destination, même industrielle, par la législation sur la propriété artistique indépendamment des droits qui peuvent résulter des lois spéciales sur les dessins et modèles;

3° Que le Bureau international de Berne, en exécution du vœu émis par la Conférence de Washington, mette à l'étude, dès à présent, un projet de Convention relatif à l'enregistrement des dessins et modèles, en tenant compte, dans la plus large mesure possible, des dispositions votées à Bruxelles par l'Association internationale;

4° Qu'il étudie en même temps le système d'enveloppe perforée étudié par l'Association française et préconisé par elle, sur laquelle l'Association française attire l'attention de l'Association internationale et de ses groupes nationaux pour la création, dans chaque pays, d'un mode facile de prendre date de création.

Assoc. intern. prop. industr., Congrès de Londres, 1912.

Le Congrès confirme les résolutions votées en 1900 et 1905. En conséquence:

1° Il émet le vœu que les artistes de tout genre, y compris les dessinateurs et sculpteurs d'ornement, soient, sans distinction aucune, expressément protégés dans les lois des divers pays (comme ils le sont en France depuis 1902) et dans les traités internationaux, spécialement dans la Convention d'Union de Berne lors de sa plus prochaine revision.

2° Il reconnaît la nécessité d'une loi complémentaire visant les dessins et modèles industriels ne rentrant pas dans la protection précédemment énoncée. Il remet, à ce point de vue, au prochain Congrès l'étude des conséquences de la loi française du 14 juillet 1909, dont l'application n'est pas encore complète et n'a pu encore révéler les avantages et les inconvénients.

3° Il renouvelle le vœu, formulé en 1905, que l'auteur puisse toujours librement affirmer sa paternité intellectuelle en apposant son nom sur l'œuvre et ses reproductions; que l'exercice pratique de ce droit primordial ne soit pas entravé par des causes de nature à imposer l'anonymat au créateur; qu'enfin, autant que possible, les accords entre auteurs — industriels — et éditeurs contiennent des dispositions assurant aux auteurs une participation aux bénéfices afférents à l'exploitation de leurs œuvres.

Assoc. d'inventeurs et d'artistes industriels, Congrès de Bruxelles, 1910.

Le Groupe français émet le vœu:

1° Que partout, et à tous points de vue, les dessins et modèles soient, quels que soient leurs mérites et leur destination, même industriels, assimilés aux autres œuvres des arts figuratifs et bénéficient, en conséquence, des dispositions de la législation assurant la protection de celles-ci;

2° Qu'en conséquence, les textes respectifs de la Convention internationale de Berne et de la Convention internationale de Paris reçoivent les remaniements nécessaires;

3° Qu'il soit, d'autre part, conclu le plus rapidement possible un Arrangement concernant l'enregistrement international des dessins et modèles, en s'inspirant de l'avant-projet élaboré par le Bureau international à la suite de la Conférence de Washington;

4° Que, d'autre part encore, et en attendant que puissent être obtenues ces réformes éminemment désirables, il soit d'urgence apporté à la Convention internationale de Paris des remaniements propres:

a) à spécifier que, dans tous les pays de l'Union où le dépôt des dessins et modèles est exigé par les dispositions nationales, ce dépôt ne pourra avoir aucun caractère attributif et qu'en tous cas le délai de priorité de quatre mois prévu, concernant les dessins et modèles, par l'article 4, sera porté à un an;

b) à spécifier de même que, dans aucun des pays de l'Union, la protection des dessins et modèles ne sera liée à une obligation quelconque de les exploiter.

Assoc. intern. prop. industr., Groupe français, Réunion de Paris, 1922.
Chambre de commerce internationale, Paris 1924.

Le Comité estime désirable d'apporter à la Convention les amendements suivants:

1° En attendant l'unification des législations sur la protection des dessins et modèles, conclure un arrangement relatif à l'enregistrement international des dessins et modèles industriels.

2° Spécifier que dans aucun des pays de l'Union la protection des dessins et modèles ne pourra encourir une déchéance quelconque du fait de l'introduction d'objets conformes à ceux protégés. Chambre de commerce internationale, Paris 1924.

1° La création d'un dépôt international des dessins et modèles est nécessaire dans l'intérêt d'une protection internationale efficace.

2° Sont approuvées en principe les grandes lignes du projet d'Arrangement élaboré par l'Association internationale (Annuaire 1908, p. 95), sous réserve d'une réglementation des délais de protection.

Assoc. intern. prop. industr., Groupe allemand, Berlin 1923.

Unification des législations sur les dessins et modèles

L'unification des législations sur les dessins et modèles est nécessaire pour autant qu'elle rend possible le dépôt international des dessins et modèles.

Assoc. intern. prop. industr., Groupe allemand, Berlin 1923.

Le Congrès émet le vœu que l'on profite de l'élaboration d'un enregistrement international pour unifier, en matière de dessins et modèles, la durée du droit de priorité, en portant ce délai à douze mois comme pour les brevets, et pour faire disparaître l'obligation d'exploiter et l'interdiction d'importer existant dans certains pays.

Assoc. intern. prop. industr., Congrès de Londres, 1912.

Protection des œuvres d'art appliqué

Indépendamment de la législation sur les dessins et modèles dans les différents pays et de la protection internationale conférée par l'Union de Paris, il n'est pas douteux qu'une partie des produits qui, jusqu'à maintenant, n'étaient soumis qu'à la protection conférée aux dessins et modèles, peuvent être envisagés comme des œuvres de l'art industriel ou des œuvres de l'art appliqué. L'assemblée émet donc le vœu qu'il soit accordé pour ces produits une protection internationale obtenue sans l'accomplissement d'aucune formalité et équivalant à celle dont jouissent les œuvres d'art.

Assoc. intern. prop. industr., Assemblée de Berne, 1911.

1° Les sculpteurs et dessinateurs d'ornement doivent posséder les mêmes droits légaux que tous les autres artistes, quels que soient le mérite, l'emploi et la destination de leurs créations.

2° Le droit d'auteur, dans les arts industriels, doit être reconnu en la personne de l'artiste créateur, et être exercé par l'industriel dans la mesure où ce dernier est éditeur ou cessionnaire de l'artiste.

3° Les productions des arts appliqués et des arts industriels doivent figurer dans le Traité d'Union de Berne et être inscrites dans les Conventions internationales, dans l'énumération des œuvres artistiques dont la protection est obligatoire.

Assoc. d'inventeurs et d'artistes industriels, Congrès de Bruxelles, 1919.

Le Comité estime que rien ne paraît s'opposer à ce que les diverses législations assurent, comme la législation française, la protection de toutes les créations des arts graphiques et plastiques, quels que soient leur mérite, leur emploi et leur destination, par la législation sur la propriété artistique, sans dépôt obligatoire, pourvu qu'elles soient vraiment susceptibles d'être protégées par la loi.

Chambre de commerce internationale, Rome 1923.

Il doit être reconnu en principe que tous les dessins et modèles industriels, nationaux et étrangers (à l'exception des modèles d'utilité) doivent jouir de la protection accordée aux œuvres d'art. Indépendamment de cela et sans préjudice de la protection artistique, la protection des dessins et modèles doit être maintenue et il y a lieu de la développer, notamment au point de vue international.

Assoc. intern. prop. industr. Groupe allemand, Berlin 1923.

Preuve en matière de dessins et modèles

L'Assemblée émet le vœu qu'en l'attente du remplacement des lois actuelles des différents États sur les dessins et modèles, encore basées sur des principes vieillis, par des lois à idées plus généreuses, pour des millions de créations qui ne méritent pas des formalités coûteuses et compliquées, les mesures d'enregistrement à prévoir, suivant le vœu émis à Washington en 1911, puissent servir en vertu du droit commun à titre accessoire ou complémentaire pour consolider les preuves fournies actuellement par les réglementations plus ou moins défectueuses des divers pays.

Assoc. intern. prop. industr., Assemblée de Berne, 1911.

Enveloppe Soleau

Considérant que les plis perforés système Soleau constituent un moyen pratique de date de priorité pour les créations de toutes natures, le Congrès émet le vœu qu'une propagande soit organisée pour en recommander l'emploi dans les milieux industriels et commerciaux.

Assoc. française prop. industr., Mulhouse 1923.

Droits du premier usager

Le Congrès émet le vœu qu'à une prochaine revision de la Convention d'Union, la disposition suivante soit adoptée:

« Le ressortissant de l'Union qui a fait usage dans un État de l'Union d'un signe distinctif qui est connu dans le commerce comme désignant ses produits, conservera, même après l'approbation de ce signe, par dépôt ou autrement, par un tiers dans un des pays de l'Union, le droit de l'employer dans le pays pour désigner sa marchandise. »

Assoc. intern. prop. industr., Congrès de Londres, 1912.

Juridiction consulaire

Le Congrès émet le vœu qu'on ajoute à la Convention un article ainsi conçu:

« Tout État qui protège la propriété industrielle de ses nationaux par la juridiction consulaire, dans les pays où cette juridiction est applicable, est tenu d'accorder la même protection aux ressortissants de l'Union, dans les pays où cette juridiction est applicable. »

Assoc. intern. prop. industr., Congrès de Bruxelles, 1910.

---

3. — VŒUX

RELATIFS AUX

LÉGISLATIONS INTÉRIEURES

Brevets

Nature et durée du droit sur le brevet

Le Congrès émet le vœu que le droit de l'inventeur sur son invention soit inscrit explicitement dans la loi comme un droit de propriété.

Congrès général du Génie civil, Paris 1918.

Il est désirable:

Que la durée de validité des brevets d'invention soit fixée à vingt ans;

Que la demande de brevet soit faite avant la publication de l'invention;

De mettre un terme à la pratique qui est courante dans certains pays d'accorder les brevets à celui qui importe le premier une invention nouvelle dans le pays;

D'étudier la possibilité de constituer un Bureau central d'informations et de recherches en matière de brevets.

Chambre de commerce internationale, Paris 1924.

Publication des brevets

L'assemblée émet le vœu de voir améliorer, dans la forme qui sera jugée la plus pratique, la publication des brevets et décide de mettre la discussion de cette question à l'ordre du jour de la prochaine réunion.

Assoc. nationale belge prop. industr., Bruxelles 1923.

L'assemblée, après avoir examiné quels sont les différents systèmes suivis par les États étrangers, a émis le vœu de voir le Gouvernement, en attendant de pouvoir réaliser la publication intégrale des brevets, adopter un système analogue à celui du Canada et publier dans le recueil spécial le texte des revendications et des dessins.

Ces derniers pourraient être éventuellement à échelle réduite et une intervention de l'inventeur pourrait être exigée, partiellement tout au moins, pour couvrir les frais.

Assoc. nationale belge prop. industr., 1923.

L'assemblée, pour faciliter la réforme et parer à des difficultés pratiques que l'on rencontre actuellement lorsqu'il faut consulter les brevets belges, ajoute le vœu de voir un arrêté royal imposer au breveté l'obligation de déposer, outre la demande originale de son brevet, deux duplicata au lieu d'un seul.

Assoc. nationale belge prop. industr., 1923.

Modifications législatives diverses en France

En ce qui concerne les brevets, le Congrès émet les vœux:

Que le système de la brevetabilité des produits nouveaux soit maintenu dans le projet de réforme de la loi de 1844, mais avec obligation pour le titulaire du brevet de produit de donner, le cas échéant, *licence* du brevet de produit aux inventeurs d'un nouveau procédé pour l'obtention de ce même produit;

Que la *durée* actuelle des brevets, telle qu'elle résulte de la loi actuelle, est insuffisante et qu'il convient d'adopter, par exemple, la durée de *20 ans* déjà en vigueur dans certains pays;

Que la licence d'exploitation soit substituée à la *déchéance* en cas de *non exploitation;*

Qu'il soit introduit dans une prochaine loi une procédure *d'expropriation* des brevets, sous réserve que cette procédure comporte, en faveur du possesseur exproprié, toutes les sécurités nécessaires;

Que l'Association reprenne l'étude des conditions dans lesquelles on pourrait améliorer le fonctionnement de la *juridiction* qui statue sur la propriété des brevets d'invention. En attendant qu'on puisse organiser une juridiction spéciale, composée par exemple de techniciens sous la direction d'un juge ou de juges assistés d'un technicien, ou formée de juges et de techniciens, il est à désirer qu'une délégation de l'Association attire l'attention de M. le Ministre de la Justice sur les mesures qui permettraient de faciliter le rôle des juges en ce qui concerne les brevets d'invention et de leur donner les moyens d'instruire plus promptement et en pleine connaissance de cause les affaires de cette nature.

Il importe, en tout cas, qu'une *expertise* puisse être ordonnée, s'il y a lieu, dès le début de l'instance, que des listes d'experts soient dressées par les soins du Comité technique de la propriété industrielle, avec indication des travaux, emplois et compétence spéciale de chacun, que les parties en cause, à défaut d'accord entre elles, proposent chacune un certain nombre d'experts, parmi lesquels le tribunal aura la faculté de choisir, qu'enfin les expertises soient débarrassées, autant que possible, de l'échange de longues notes qui, dans la pratique, les encombre et les prolonge, que les experts se contentent d'un avis sommaire et soient appelés obligatoirement à l'audience pour répondre aux questions du président et des représentants des parties;

Qu'il y a lieu de conserver le système du dépôt sans examen, avec introduction d'un examen facultatif ultérieur portant uniquement sur la nouveauté.

Assoc. française prop. industr., Mulhouse 1923.

Contenu de la demande

La demande doit:

1° décrire l'invention de manière que son utilisation par d'autres hommes du métier paraisse possible;

2° indiquer ce qui est connu dans le même domaine de l'industrie, et ce qui constitue, aux yeux du déposant, le progrès réalisé par l'innovation déposée.

A la fin de la description on doit indiquer, dans un résumé succinct, ce qui constitue l'essence de l'invention.

Assoc. allemande prop. industr., Congrès d'Augsbourg, 1914.

Examen préalable

Il importe de faciliter le plus possible les recherches des inventeurs dans le but tant de retrouver des antériorités que de susciter des inventions nouvelles.

Le Congrès préconise tout d'abord, soit sur l'intervention des divers gouvernements isolément, soit grâce à une entente internationale à établir entre eux ou entre plusieurs d'entre eux, la publication aussi complète que possible de tous les brevets délivrés.

Il émet le vœu que des musées de modèles des diverses inventions soient constitués dans les principaux centres continentaux du monde.

Il émet également le vœu que des laboratoires d'essai soient mis à la disposition des inventeurs, en facilitant à ceux-ci l'usage des laboratoires annexés aux universités, aux instituts ou aux écoles spéciales, notamment par l'octroi de bons de fréquentation à délivrer par les autorités publiques ou par des commissions constituées à cet effet.

Il signale enfin l'utilité qu'il y aurait à établir des formulaires signalétiques types des inventions, destinés à en faciliter l'étude comparée et le classement méthodique.

Assoc. d'inventeurs et d'artistes industriels, Congrès de Bruxelles, 1910.

Il est entendu que dans les pays de l'Union qui ne délivrent les brevets qu'après un examen préalable sur la nouveauté, aucune demande de brevet ne pourra être rejetée pour défaut de nouveauté, sans que les antériorités aient été expressément signalées à l'inventeur, et sans que celui-ci ait été mis à même de les discuter.

Assoc. intern. prop. industr., Groupe français, Réunion de Paris, 1923.

La recherche des antériorités devenant, malgré le perfectionnement et la multiplication des instruments de travail, de plus en plus difficile pour l'inventeur, le Congrès confirme les résolutions des deux Congrès de 1900 et de 1905 quant à la nécessité de l'avis préalable et se réjouit des excellents résultats produits par son application sous l'empire de la loi anglaise du 28 août 1907.

Assoc. d'inventeurs et d'artistes industriels, Congrès de Bruxelles, 1910.

Un des moyens les plus propres à favoriser et à développer les inventions industrielles consiste dans un simple avis préalable sur les antériorités réelles ou supposées, donné à quiconque demande un brevet (ou patente) par des bureaux officiels constitués à cet effet et munis de tous les éléments d'information, étant entendu que cet avis, ainsi que la correspondance et toutes les autres pièces y relatives, ne pourra jamais être divulgué que par le postulant ou avec son consentement exprès.

Assoc. d'inventeurs et d'artistes industriels, Congrès de 1900.

Le Congrès adopte en principe et prend en considération la proposition Raclot tendant à l'institution d'une commission internationale d'examen préalable, avec cette spécification: 1° que l'examen sera intégral et contradictoire; 2° que le résultat de cet examen, ainsi que la correspondance et toutes les pièces y relatives, ne pourra jamais être divulgué que par le postulant ou avec son consentement exprès; 3° qu'en cas de résultats défavorables au postulant, le brevet ne pourra jamais lui être refusé; 4° que la demande dudit examen devrait être assimilée à la demande du brevet originaire lui-même au point de vue du délai de priorité institué par l'article 4 de la Convention internationale du 20 mars 1883.

Assoc. d'inventeurs et d'artistes industriels, Congrès de 1905.

1° Le Congrès approuve l'institution de l'examinateur unique.

2° Le déposant doit pouvoir recourir à une troisième instance dans la procédure qui aboutit à la délivrance du brevet.

3° On doit exiger que les fonctionnaires chargés de procéder à l'examen officiel des demandes de brevets justifient des connaissances qui sont exigées des mandataires professionnels en matière de brevets.

4° Le Bureau des brevets doit être autorisé à rendre, sur requête, avant de prononcer sur la demande, une ordonnance préalable en vertu du § 16 de la loi, autorisant le requérant à exploiter provisoirement l'invention moyennant le payement d'une redevance, jusqu'au moment où la décision définitive sera rendue.

5° Les parties devront préalablement êtres entendues.

6° Il ne doit pas être permis de frapper les avocats et les mandataires professionnels d'amendes pour les fautes qu'ils pourraient avoir commises.

7° Seules les personnes inscrites dans la liste des mandataires professionnels doivent être admises à représenter des tiers dans la procédure de délivrance.

Assoc. allemande prop. industr., Congrès d'Augsbourg, 1914.

Il est désirable d'étudier les moyens de coordonner autant que possible l'application des législations des pays qui ont l'examen préalable avec les législations des pays sans examen préalable et notamment d'ouvrir aux tiers intéressés la faculté, avant la délivrance du brevet d'invention, de former opposition à cette délivrance en faisant valoir toutes les antériorités dont ils auraient connaissance en ce qui concerne l'objet de l'invention en cause.

Chambre de commerce internationale, Paris 1924.

Conseils et encouragements aux inventeurs

Il convient d'insister auprès du gouvernement pour que l'examen préalable soit adopté, à l'instar de l'Allemagne, de la Grande-Bretagne et des États-Unis, de sorte que les brevets soient triés avant la délivrance, dans le but d'écarter les inventions dénuées de toute valeur.

Assoc. générale des inventeurs italiens, Milan 1923.

I. Il importe de faciliter le plus possible les recherches des inventeurs, tant dans le but de retrouver des antériorités que de susciter des inventions nouvelles.

Sans revenir sur ce qui concerne la publication internationale aussi complète que possible de tous les brevets ou sur les méthodes à employer pour la documentation, le Congrès émet le vœu que des musées de modèles des inventions, et des expositions permanentes ou circulantes, soient multipliées, et également que des laboratoires d'essai soient mis à la disposition des inventeurs en facilitant à ceux-ci l'usage des laboratoires annexés aux universités, aux instituts ou écoles spéciales, notamment par l'octroi de bons de fréquentation à délivrer par les autorités publiques ou par des commissions instituées à cet effet.

II. Il est désirable de voir créer une exposition internationale circulante d'inventions et un musée international des inventions.

III. Les chambres syndicales des inventeurs s'efforceront de constituer:

1° des associations de crédit mutuel à bon marché, reliées entre elles par un comptoir national et, si possible, par un institut de crédit professionnel, chargé d'avancer les fonds nécessaires à long ou à moyen terme, sur garanties personnelles et comme gages, les résultats des inventions préalablement reconnues utiles;

2° des comités de défense chargés de la police des brevets et des actions en justice;

3° des coopératives d'achat en commun (outillages, essais, etc.);

4° des conseils de perfectionnements techniques, en collaboration avec les organismes industriels existants;

5° des concessions de concours méthodiques et appropriés aux besoins et d'expositions spéciales et générales, encouragés par des scènes, stimulés par les industriels et subventionnés par les pouvoirs publics.

Assoc. d'inventeurs et d'artistes industriels, Congrès de Bruxelles, 1919.

1° Il est désirable que soit publiée périodiquement une liste des problèmes posés aux inventeurs, en s'inspirant des desiderata d'ordre scientifique, industriel et social.

2° Considérant l'importance des inventions pour le progrès social, considérant que seule l'invention nouvelle peut apporter après la guerre la réparation réelle des maux infligés par celle-ci, le Congrès émet le vœu de voir constituer un budget international pour l'encouragement des inventions.

3° Le Congrès étant d'avis que les taxes imposées aux brevetés doivent être réduites à un remboursement des frais, qu'il y a lieu de limiter à un maximum de deux cents francs par brevet, proteste contre les projets annoncés dans divers pays et tendant à augmenter les taxes actuelles.

Assoc. d'inventeurs et d'artistes industriels, Congrès de Bruxelles, 1919.

L'Association estime qu'il convient de:

1° Protéger et aider même financièrement les inventeurs dont les travaux sont utiles pour le développement de l'industrie nationale.

2° Créer des commissions de personnes compétentes appelées à procéder à un premier triage des demandes de brevets présentées par les associés et non-associés, en écartant celles qui sont irréalisables et en encourageant les inventions sûrement vitales et faire œuvre de persuasion auprès des inventeurs qui se font des illusions, afin qu'ils consacrent leurs énergies à des buts plus utiles.

4° Favoriser l'exploitation des inventions en Italie, en évitant qu'elles soient accaparées par les pays étrangers, ainsi qu'il est arrivé jusqu'ici.

5° Faciliter, par la voie de concours avec attribution de prix et d'autres moyens d'encouragement, les recherches sur les problèmes d'actualité et de grand intérêt national, de façon à stimuler le génie créateur du peuple.

Assoc. générale des inventeurs italiens, Milan 1923.

Interprétation des brevets

On doit, par principe, attacher, dans le domaine des brevets, moins d'importance, qu'on ne l'a fait jusqu'ici, à la technique qui existe *sur le papier (der papiernen Technik)*, et cela particulièrement dans les cas où l'on ne peut établir par des faits qu'elle a passé dans la technique réelle.

Cette règle s'applique avant tout à la procédure en matière de nullité et de contrefaçon.

Assoc. allemande prop. industr., Congrès d'Augsbourg, 1914.

1° La sphère des obligations et des compétences respectives du Bureau des brevets et du juge appelé à prononcer sur la contrefaçon doit être délimitée comme suit:

Le Bureau des brevets indique, dans les revendications du brevet, ce qui fait l'objet immédiat de l'invention, en sorte que cet objet jouit sans restriction de la protection légale. Il peut, en outre, en accordant ou en refusant des revendications d'une nature plus générale, ou en s'exprimant, dans la description qui sert de base au brevet, d'une manière non équivoque sur la portée de l'invention, donner des indications propres à servir de règle pour déterminer l'étendue de la protection possible, qui n'est pas directement couverte par l'objet du brevet. Pour autant que l'étendue de la protection n'a pas été ainsi délimitée, elle sera déterminée par les tribunaux, dans l'action en contrefaçon, d'après la portée de l'invention qui résulte de l'état objectif de la technique à l'époque où le brevet a été demandé.

2° Le Bureau des brevets doit dire, dans la décision par laquelle il accorde le brevet, ce qui, selon lui, constitue l'invention nouvelle.

3° Il convient de conserver le délai péremptoire après l'expiration duquel aucune action en nullité ne pourra plus être intentée.

Le Bureau des brevets doit avoir la faculté de continuer d'office la procédure entamée ensuite d'une demande en nullité, au cas où cette demande serait retirée.

Assoc. allemande prop. industr., Congrès d'Augsbourg, 1914.

Taxes annuelles

Le Congrès confirme les résolutions des deux Congrès de 1900 et de 1905 sur la taxe annuelle et sur l'urgence de la supprimer, comme contraire à l'intérêt général non moins qu'aux droits sacrés de l'inventeur.

Assoc. d'inventeurs et d'artistes industriels, Congrès de Bruxelles, 1910.

Le Congrès émet le vœu que les législations tendent à la suppression complète de la taxe annuelle en matière d'inventions industrielles et ne laissent subsister que l'obligation d'acquitter, au moment de la prise du brevet (ou patente), une somme une fois payée, correspondant aux frais nécessités par l'accomplissement des formalités qu'entraîne la conservation du droit exclusif. Assoc. d'inventeurs et d'artistes industriels, Congrès de 1900.

Le Congrès émet le vœu que la taxe annuelle exigée par la plupart des législations actuelles en matière de brevets d'invention soit remplacée par une somme unique, payable lors du dépôt de la demande et correspondant aux frais nécessités par l'accomplissement des formalités qu'entraîne la conservation du droit exclusif.

Assoc. d'inventeurs et d'artistes industriels, Congrès de 1905.

Déchéance pour défaut de payement des annuités

Le Congrès émet le vœu que la déchéance pour défaut de payement des annuités ne soit encourue qu'après un délai de grâce d'une année; à défaut de payement de l'annuité à son échéance, l'administration doit être tenue d'avertir le breveté.

Congrès général du Génie civil, Paris 1918.

Il est désirable:

Que les législations de tous les pays prennent des mesures pour accorder un délai de grâce pour le paiement des taxes en matière de brevets et modèles d'utilité, dessins et modèles, marques, moyennant au besoin le paiement d'une taxe;

De consacrer dans le droit intérieur de chaque pays le principe général d'une action civile ou commerciale à raison de tout acte contraire aux usages loyaux du commerce, qui porterait préjudice aux concurrents ou à une personne déterminée.

Chambre de commerce internationale, Paris 1924.

Constitution de tribunaux spéciaux

Les parties peuvent demander que deux experts, dont la désignation appartient au tribunal, soient appelés à faire partie du collège des juges dans l'audience principale, à titre d'assesseurs, et à prendre part aux délibérations et à la votation. Dans son choix, le tribunal tiendra compte de leurs connaissances spéciales.

L'appel de tels experts dépendra de l'appréciation du tribunal. Il est cependant obligatoire, si les deux parties le demandent d'un commun accord.

Assoc. allemande prop. industr., Congrès d'Augsbourg, 1914.

Inventions d'employés

I. Inventions d'établissement. — Définition. Les inventions d'établissement sont celles qui sont dues principalement aux expériences, aux moyens d'action ou aux suggestions reçus de l'établissement, ou à des employés ayant quitté l'établissement.

Traitement légal. 1° S'agissant d'une invention d'établissement, l'employé n'a aucun droit ni sur l'invention elle-même, ni à la mention de son nom, ni à aucune rémunération.

2° Le patron peut exiger qu'une invention d'établissement soit désignée comme telle dans l'exposé publié officiellement de l'invention.

II. Inventions particulières faites dans le service. — Définition. Les inventions particulières faites dans le service sont celles qu'un ou plusieurs employés ont faites d'une manière indépendante ensuite d'une obligation qui leur était imposée par leur contrat de service.

Traitement légal. 1° L'invention particulière faite dans le service appartient au patron.

2° L'employé a le droit d'exiger d'être désigné comme l'inventeur. Ce droit doit être revendiqué devant le Bureau des brevets.

III. Rémunération des inventions particulières faites dans le service. — 1° Ce n'est pas dans la loi sur les brevets que la rémunération des employés doit être légalement réglée.

2° Les employés-inventeurs ne doivent pas être traités autrement que les autres employés.

3° La liberté de contrat doit être maintenue d'une manière absolue.

IV. Droit à l'invention. — Le Congrès se déclare opposé au principe d'après lequel la loi sur les brevets ne reconnaîtrait le droit au brevet qu'au seul inventeur.

V. Emprunt illicite. — 1° Les dispositions légales qui régissent actuellement l'emprunt illicite de l'invention doivent être maintenues.

2° La loi doit, en outre, reconnaître à l'inventeur lésé le droit d'exiger que le brevet obtenu au mépris de ses droits soit transféré à son nom.

3° Ce droit ne sera pas opposable aux acquéreurs de bonne foi.

Assoc. allemande prop. industr., Congrès d'Augsbourg, 1914.

I. Inventions d'établissement. — 1° Les inventions faites dans un établissement industriel, et qui sont dues principalement aux suggestions, aux expériences et aux travaux préparatoires de cet établissement, ou à ceux d'anciens employés qui ont quitté ce dernier, ou aux moyens d'action de celui-ci, appartiennent au propriétaire de l'établissement.

2° Le propriétaire de l'établissement peut exiger que ses inventions d'établissement soient désignées comme telles dans l'exposé publié officiellement de l'invention. Il doit cependant être permis d'y nommer les collaborateurs qui ont pris part à l'invention d'établissement.

II. Inventions particulières faites dans le service. — 1° Les inventions particulières des employés d'établissements industriels passent au patron, quand la production d'inventions fait partie des obligations de l'employé, et que l'exploitation de ces inventions rentre dans le cadre de l'établissement.

2° L'inventeur peut cependant exiger, en pareil cas, que son nom soit mentionné dans l'exposé d'invention de la manière prévue au § 6 de l'avant-projet. Ce droit ne peut être revendiqué que devant le Bureau des brevets.

3° Si le brevet entre dans l'exploitation pratique, l'inventeur a, en outre, droit à une compensation, comme cela est prévu au § 10 de l'avant-projet.

4° Les employés des services publics (§ 10, al. 4, de l'avant-projet) doivent être assimilés aux employés privés.

III. Droit à l'invention et à l'obtention du brevet. — 1° Il doit être dit dans la loi que le droit à l'invention appartient à l'inventeur.

2° Les droits relatifs aux inventions, même aux inventions futures, sont transmissibles, et à cet égard la liberté des contrats doit être pleinement sauvegardée.

3° Vis-à-vis du Bureau des brevets, l'inventeur seul doit avoir droit au brevet.

IV. Emprunt illicite. — 1° Les dispositions légales qui régissent actuellement l'emprunt illicite de l'invention doivent être maintenues.

2° La loi doit, en outre, reconnaître à l'inventeur lésé le droit d'exiger que le brevet obtenu au mépris de ses droits soit transféré à son nom.

Ce droit ne sera pas opposable aux acquéreurs de bonne foi.

Assoc. des chimistes allemands, Congrès de Bonn, 1914.

Produits chimiques

Les produits chimiques, s'ils sont nouveaux, méritent à leurs inventeurs, comme le font tous les autres produits nouveaux, la protection légale. Toutefois, l'inventeur d'un produit chimique devrait être obligé d'accorder une licence d'exploitation à tout inventeur d'un procédé nouveau pour la fabrication de ce produit.

Congrès général du Génie civil, Paris 1918.

Classification uniforme

Il est désirable que le Bureau international de Berne provoque la réunion d'une Conférence technique des représentants des divers pays, en vue d'établir une classification uniforme des brevets dans les pays de l'Union, et en vue d'unifier les formalités pour demandes de brevets, notamment en ce qui concerne les dessins joints aux demandes et les pouvoirs pour mandataires.

Assoc. intern. prop. industr., Groupe français, Réunion de Paris, 1923.

Fiche documentaire

Le Congrès préconise l'institution d'une fiche documentaire établie par l'administration et signalant les antériorités éventuellement opposables au brevet d'invention; cette fiche ne serait arrêtée qu'après les observations contradictoires de l'inventeur, s'il en voulait présenter et, en tout cas, elle serait, comme le brevet actuel lui-même, sans garantie du Gouvernement; en outre, elle s'étendrait non seulement aux brevets français, mais à toutes les antériorités.

Congrès général du Génie civil, Paris 1918.

Il y a lieu d'instituer un bureau d'examen commun, de façon à compléter la convention de l'Office central et à permettre la délivrance de la fiche documentaire.

Assoc. d'inventeurs et d'artistes industriels, Congrès de Bruxelles, 1919.

Brevets d'importation

L'assemblée émet le vœu de voir la loi belge modifiée en ce sens que les brevets d'importation demandés en dehors du délai de priorité expireront avec le brevet initial étranger.

Il y aurait également lieu de supprimer la partie finale du litt. *c* de l'alinéa 24 de la loi sur les brevets, qui excepte des causes de divulgation la publication résultant d'une prescription légale.

Assoc. nationale belge prop. industr., 1923.

Dessins et modèles

Dépôt après diffusion

1° Il y a lieu de chercher à obtenir que la validité du dépôt ne soit pas subordonnée à la condition que le dessin ou modèle n'ait pas été répandu avant le dépôt.

2° Les effets spéciaux de la loi sur la protection des dessins et modèles ne doivent se produire qu'à partir du dépôt.

3° Eu égard à la protection prévue sous d'autres points de vue (protection artistique ou concurrence déloyale), il sera permis d'utiliser encore d'autres moyens propres à assurer la priorité de l'existence d'un dessin ou modèle (par exemple le dépôt chez un notaire).

Assoc. intern. prop. industr., Groupe allemand, Berlin 1923.

Obligation d'exploiter et interdiction d'importer

Il est absolument nécessaire pour une bonne protection nationale et internationale des dessins et modèles que toutes les obligations d'exploiter et les interdictions d'importer actuellement existantes soient supprimées.

Assoc. intern. prop. industr., Groupe allemand, Berlin 1923.

La protection des dessins et modèles ne sera liée à aucune obligation d'exploitation, et aucune déchéance ne pourra être encourue du fait de l'introduction d'objets conformes à ceux protégés.

Assoc. intern. prop. industr., Groupe français, Réunion de Paris, 1923.

Caractère du dépôt

Dans tous les pays de l'Union où le dépôt des dessins et modèles est exigé par les dispositions de la loi interne, ce dépôt ne pourra avoir aucun caractère attributif. En tous cas, et indépendamment de la protection assurée par les dispositions des lois spéciales sur les dessins et modèles, les œuvres des arts figuratifs, quel que soit leur mérite ou leur destination, même industrielle, seront protégées par les dispositions des lois sur la propriété artistique.

Assoc. intern. prop. industr., Groupe français, Réunion de Paris, 1923.

Obtention des copies certifiées

Il est désirable:

« Que l'attention des pouvoirs publics soit attirée sur l'intérêt qu'il pourrait y avoir à permettre à tout intéressé de se procurer, moyennant le payement d'une taxe, une copie certifiée conforme des dessins et modèles déposés et rendus publics.

Qu'il soit étudié un mode de transmission officielle des dessins et modèles déjà rendus publics. »

Assoc. française prop. industr., Mulhouse 1923.

Protection aux États-Unis de l'Amérique du Nord

L'assemblée est convaincue que la protection accordée aux États-Unis de l'Amérique du Nord en ce qui concerne les dessins et modèles est difficilement accessible, sinon impossible à obtenir, pour les fabricants européens, parce que cette protection est conférée seulement après accomplissement des mêmes formalités que pour les demandes de brevets et moyennant payement d'une taxe considérable; elle émet le vœu que les États-Unis modifient leur législation de façon à ce que la protection soit conférée rapidement, sans examen préalable et contre payement de taxes minimes.

Assoc. intern. prop. industr., Assemblée de Berne, 1911.

Le Congrès émet le vœu que l'Association internationale signale aux divers gouvernements la nécessité de réclamer aux États-Unis, à l'occasion de l'Exposition de San-Francisco, une protection efficace pour les dessins et modèles actuellement dénués de toute protection dans ce pays.

Assoc. intern. prop. industr., Congrès de Londres, 1912.

Marques

Appel aux oppositions

1° Le Congrès approuve la proposition de remplacer l'examen administratif par un appel aux oppositions.

2° L'action en radiation ne doit être admise que pendant un délai déterminé, qui pourrait être de trois ans à compter de la publication de l'enregistrement.

Le Bureau des brevets doit, en outre, procéder à un examen officieux de la marque déposée et faire connaître les collisions qu'il pourrait constater entre cette marque et d'autres marques enregistrées à des dates antérieures, et cela tant au déposant qu'aux titulaires des anciennes marques.

Assoc. allemande prop. industr., Congrès d'Augsbourg, 1914.

Caractère du dépôt

Il serait nécessaire d'introduire dans la loi nationale selon laquelle le dépôt est purement déclaratif, une disposition d'après laquelle un dépôt non contesté pendant un certain délai ne pourra plus l'être du chef de la priorité d'usage et deviendra irrévocable, même à l'encontre des usagers antérieurs.

Assoc. belge prop. industr., Session de Bruxelles, 1922.

Il est désirable que le caractère déclaratif du dépôt soit maintenu dans le projet de revision, mais que le dépôt devienne attributif de propriété, s'il n'est pas contesté dans la période de 5 ans suivant le dépôt.

Assoc. française prop. industr., Mulhouse 1923.

Droits du premier usager

En considération du grand dommage causé au commerce britannique par le fait que, dans plusieurs pays étrangers, la priorité d'enregistrement d'une marque de fabrique confère le droit à sa propriété et à son usage exclusifs, le gouvernement de Sa Majesté est instamment prié d'insister auprès des gouvernements étrangers sur la nécessité d'adopter comme une règle universelle le principe que le *premier usage public* fait d'une marque est la condition fondamentale de la propriété de cette dernière, qui donne à celui qui la possède le droit de la faire enregistrer.

Assoc. des Chambres de comm. britanniques, Réunion d'automne, 1912.

Le ressortissant de l'un des pays de l'Union qui, régulièrement protégé dans son pays d'origine, aura le premier fait usage d'une marque dans l'un des autres pays unionistes, pourra toujours en continuer l'usage dans ce pays, nonobstant l'appropriation qu'en aura pu faire un tiers déposant, sans préjudice de son droit de revendiquer la propriété de cette marque conformément à la loi du pays où le dépôt aura été effectué par ce tiers.

Assoc. intern. prop. industr., Groupe français, Réunion de Paris, 1923.

Classification uniforme

Il est nécessaire d'avoir dans tous les pays de l'Union une classification uniforme pour l'enregistrement des marques. Le Bureau international de la propriété industrielle devra, à cet effet, réunir les représentants de tous les pays unionistes pour établir cette classification.

Assoc. intern. prop. industr., Groupe français, Réunion de Paris, 1923.

Il est désirable d'introduire un système de classification uniforme pour les marques.

Assoc. intern. prop. industr., Groupe allemand, Berlin 1923.

V. aussi sous Dispositions actuelles de la Convention, Arrangement de Madrid sur les marques: Classification uniforme.

Dimension uniforme des clichés

Le Comité international de la propriété industrielle et commerciale estime qu'il serait désirable que les administrations chargées d'enregistrer les marques dans les différents pays s'entendent pour que soit adoptée une dimension uniforme des clichés destinés au dépôt des marques de fabrique, cette entente pouvant être pratiquement réalisée par voie réglementaire.

Chambre de comm. intern., Comité de la prop. industr., Paris 1923, Rome 1923.

Radiation

L'assemblée émet le vœu de voir le gouvernement soumettre le plus tôt possible à la Commission de la propriété industrielle la revision de la loi sur les marques et signale parmi les points à modifier l'introduction d'une disposition permettant à un déposant de faire radier ultérieurement sa marque.

Assoc. nationale belge prop. industr., 1923.

Marques non enregistrées

1° Le Congrès approuve le § 5 de l'avant-projet (reconnaissance du droit du premier usager).

2° Le droit du premier usager à continuer à se servir de sa marque prend fin si celui-ci ne fait pas valoir ce droit dans l'année qui suit la publication de la marque.

Assoc. allemande prop. industr., Congrès d'Augsbourg, 1914.

Répression des usurpations

Les pays contractants conviennent d'interdire l'enregistrement, ou de prévoir la radiation de toute marque de fabrique ou de commerce notoirement connue dans le commerce comme la marque d'un ressortissant d'un autre pays; un délai minimum de 5 années devra être accordé aux intéressés pour réclamer la radiation des marques ainsi enregistrées.

Devra être également interdit l'enregistrement, ou prévue la radiation d'une marque lorsqu'elle a été déposée dans des circonstances constituant un acte de concurrence déloyale.

Société des Nations, Réunion des experts, 5 mai 1924.

Armoiries, signes et poinçons de garantie

Les pays contractants conviennent d'interdire l'enregistrement et de prohiber, par des mesures appropriées, l'usage sans autorisation, à titre de marques de fabrique ou de commerce ou comme parties de ces marques, des emblèmes ou armoiries d'État des États contractants, des signes et poinçons officiels de contrôle et de garantie adoptés par chacun des États contractants, ainsi que de toute imitation desdits emblèmes, armoiries, signes ou poinçons.

En ce qui concerne les signes et poinçons officiels ci-dessus mentionnés ou leurs imitations, il est entendu que l'interdiction visée dans le présent article s'appliquera seulement dans le cas où les marques comprenant ces poinçons et signes sont utilisées ou destinées à l'être, sur des marchandises identiques ou similaires à celles pour lesquelles l'apposition du poinçon ou signe original implique une garantie.

Au sens du premier alinéa, ne seront considérées comme imitations des emblèmes ou armoiries d'État que les reproductions qui ne se distinguent de l'original que par des caractéristiques secondaires au point de vue héraldique.

Pour l'application des dispositions précédentes du présent article, les pays contractants conviennent de se communiquer réciproquement, par l'intermédiaire du Bureau international de Berne, la liste des emblèmes ou armoiries d'État, des signes et poinçons officiels de contrôle et de garantie qu'ils désirent placer sous la protection des dispositions du présent article en indiquant, s'il y a lieu, les limites dans lesquelles ils désirent bénéficier de cette protection.

Toutes modifications ultérieures apportées à la liste ci-dessus seront également communiquées dans le plus bref délai possible.

Tout pays contractant pourra transmettre, par l'intermédiaire du Bureau international de Berne, au pays intéressé, les objections éventuelles auxquelles la communication de la liste visée aux deux alinéas précédents pourraient donner lieu de sa part.

Il est entendu que la similitude qui pourrait exister entre les emblèmes, armoiries et les signes ou poinçons officiels de contrôle et de garantie des divers pays contractants n'empêche pas les nationaux de chaque pays de faire usage des signes ou poinçons appartenant à celui-ci.

Les mesures appropriées visées à l'alinéa 1 du présent article comprendront l'annulation de l'enregistrement de toute marque effectué en violation des dispositions du présent article un an au plus avant la mise en vigueur de ces dispositions ou de l'adhésion subséquente d'un pays.

Société des Nations, Réunion des experts, 5 mai 1924.
Conseil de la Société des Nations, octobre 1924.

Il est entendu que la similitude qui pourrait exister entre les emblèmes, armoiries, signes ou poinçons officiels de contrôle et de garantie des divers pays contractants n'empêche pas les nationaux de chaque pays de faire usage des signes ou poinçons appartenant à celui-ci.

Les mesures appropriées comprendront l'annulation de l'enregistrement de toute marque, effectué en violation des dispositions du présent article, à partir d'une année avant la mise en vigueur de ces dispositions ou de l'adhésion subséquente d'un pays à la présente Convention.

Chaque pays contractant devra appliquer les dispositions du premier alinéa de l'article précédent à toute marque, emblème, etc. figurant dans la liste qui lui a été ainsi communiquée, à moins que des objections n'aient été formulées par lui dans un délai de six mois à partir de la date de réception de la liste.

Tout différend portant sur la teneur d'une liste et qui ne pourra être réglé par des négociations entre les parties intéressées sera, à la demande de l'une d'elles, tranché par un tribunal arbitral de trois experts; chaque partie nommera un de ces arbitres et le troisième sera choisi d'un commun accord par les deux premiers; à défaut d'accord, le troisième arbitre sera le Directeur du Bureau international de Berne ou, en cas d'empêchement de ce dernier, un expert nommé par lui.

Conseil de la Société des Nations, octobre 1924.

Il est entendu que lorsque les États se seront communiqué réciproquement la liste des emblèmes, etc. dont il est question dans cet alinéa, le droit de s'opposer à l'emploi abusif de ces emblèmes, etc. n'appartiendra pas seulement auxdits États, mais aussi à toute personne intéressée.

Assoc. intern. prop. industr., Assemblée de Zurich, 1925.

Indications de provenance

(voir aussi sous « Arrangement de Madrid », p. 105)

Dénominations devenues génériques

La loi doit consacrer les principes suivants:

Les dénominations susceptibles de pouvoir être considérées comme des indications se rapportant à la provenance géographique de la marchandise ne peuvent être employées pour désigner des produits d'une nature déterminée, sans égard à leur provenance, que si le commerce n'établit plus aucun lien entre la dénomination et la provenance des produits dont il s'agit.

Assoc. allemande prop. industr., Congrès d'Augsbourg, 1914.

Les tribunaux de chaque pays auront à décider quelles sont les appellations qui, à raison de leur caractère générique, échappent aux dispositions du présent Arrangement, les appellations régionales de provenance des produits vinicoles n'étant cependant pas comprises dans la réserve spécifiée par cet article, ainsi que les désignations géographiques qui, pour des raisons locales ou d'autres motifs, font la réputation d'un produit.

Les pays contractants notifieront par l'intermédiaire du Bureau de Berne les appellations régionales ou locales ou les désignations géographiques qu'ils entendent revendiquer, et ce en spécifiant leur portée.

Assoc. intern. prop. industr., Groupe français, Réunion de Paris, 1923

1° En réglant la protection contre les fausses indications de provenance, il faut partir du point de vue qu'une désignation géographique qui, pour des raisons locales ou d'autres motifs, fait la réputation d'un produit, ne peut jamais devenir une dénomination générique pour ce produit.

2° Il est désirable que l'Allemagne adhère le plus tôt possible à l'Arrangement de Madrid concernant la répression des fausses indications de provenance.

Assoc. intern. prop. industr., Groupe allemand, Berlin 1923.

Projet de loi

En ce qui concerne la répression des fausses indications de provenance, le Congrès formule le projet de loi suivant:

Article premier. — Quiconque, sur des produits naturels ou fabriqués, détenus ou transportés en vue de la vente, mise en vente ou vendus en France, ou sur des emballages, caisses, ballots, enveloppes, bandes, étiquettes, etc. aura apposé une marque de fabrique ou de commerce, un nom, un signe ou une indication quelconque de nature à faire croire, s'ils sont étrangers, qu'ils ont été fabriqués en France ou qu'ils sont d'origine française, et, dans tous les cas, qu'ils ont une origine différente de leur véritable origine, française ou étrangère, sera puni des peines prévues par l'article 1er de la loi du 1er août 1905, sans préjudice de dommages-intérêts, s'il y a lieu.

ART. 2. — Seront également punis des peines prévues par l'article 1er de la loi du 1er août 1905 ceux qui, par addition, retranchement ou par une altération quelconque des mentions primitivement portées sur les produits, par des annonces, brochures, circulaires, prospectus ou affiches, par la production de factures ou de certificats mensongers, par une affirmation verbale ou par tout autre moyen, auront fait croire à l'origine française de produits étrangers ou pour tous produits à une origine différente de leur véritable origine, française ou étrangère.

ART. 3. — Toute personne intéressée, consommateur, commerçant ou fabricant lésé par la tromperie, sera recevable à en poursuivre la répression. Tous syndicats ou unions de syndicats formés conformément à la loi du 21 mars 1884 pour la défense des intérêts de l'industrie ou du commerce de tous produits et marchandises quelconques, pourront exercer sur tout le territoire de la France et des colonies les droits reconnus à la partie civile par les articles 182, 63, 64, 66, 67 et 68 du code d'instruction criminelle relativement aux faits prévus par la présente loi ou recourir, s'ils le préfèrent, à l'action ordinaire devant le tribunal civil en vertu des articles 1382 et suivants du code civil.

ART. 4. — L'article 463 du code pénal sera applicable, même en cas de récidive, aux délits prévus par la présente loi.

Congrès général du Génie civil, Paris 1918.

Saisie

La saisie aura lieu à la diligence de l'Administration des douanes qui avertira immédiatement l'intéressé, particulier ou société, pour lui permettre de régulariser, s'il le désire, la saisie opérée conservatoirement; toutefois, le ministère public ou tout autre autorité compétente pourra requérir la saisie, soit à la demande de la partie lésée, soit d'office; la saisie sera dans ce cas définitive.

Assoc. intern. prop. industr., Groupe français, Réunion de Paris, 1923.

Sanctions

A défaut de législation spéciale assurant la protection des appellations d'origine ou de provenance, les sanctions prévues par les dispositions correspondantes des lois sur les marques et les noms commerciaux seront applicables.

Assoc. intern. prop. industr., Groupe français, Réunion de Paris, 1923.

Registre du commerce

Le Congrès se prononce pour l'institution d'un registre de commerce destiné à consacrer la perpétuité de la firme, et émet le vœu que le gouvernement saisisse à ce sujet le Parlement d'un projet de loi conçu dans l'esprit de la proposition élaborée par l'Association française pour la protection de la propriété industrielle.

Congrès national du commerce extérieur, Paris, 25-27 juin 1912.

Propriété scientifique

La Conférence se borne à exprimer le vœu que la propriété scientifique bénéficie d'un droit analogue à celui qui est reconnu à la propriété littéraire, droit qui ne devra pas être confondu avec le brevet d'invention.

Union intern. de la chimie appliquée, Réunion de Cambridge, 1923.

La Conférence exprime le vœu:

1° Que les divers gouvernements, conformément à leurs législations intérieures, accordent aux auteurs de découvertes ou d'inventions scientifiques un droit de tirer profit des applications de leurs œuvres;

2° Que le Conseil international des recherches désigne pour chaque pays les savants et les inventeurs compétents qui devront être adjoints aux juristes spécialistes de la propriété industrielle pour former les commissions consultatives qui, sous l'égide de la Société des Nations, auront à établir le droit nouveau du savant et de l'inventeur et qui auront à rédiger le projet de Convention internationale;

3° Que des organismes, de préférence internationaux, soient fondés, servant à accorder aux savants les rémunérations qu'ils méritent, alors que l'introduction d'un droit de propriété scientifique ne les leur procurerait pas.

Union intern. de la chimie pure et appliquée, Copenhague 1924.

Le Conseil invite le Secrétaire général à demander aux États qui n'ont pas encore envoyé leur avis sur la question de la propriété scientifique, à faire parvenir leur réponse au plus tard le 1er janvier 1925.

Le Conseil autorise la Commission de coopération intellectuelle à convoquer une réunion d'experts pour l'étude des divers problèmes soulevés par la question de la propriété scientifique.

Le Conseil invite le Secrétaire général, conformément au vœu exprimé par la Conférence de Gênes, en avril 1922, et auquel la Commission s'est associée, à engager les nations qui ne l'ont pas encore fait à adhérer aux conventions de Berne relatives au droit d'auteur.

Conseil de la Société des Nations, octobre 1924.

3° TABLEAUX SYNOPTIQUES

A. TABLEAU

DES FORMALITÉS PRESCRITES POUR LA REVENDICATION DU DÉLAI DE PRIORITÉ ÉTABLI PAR LA CONVENTION D'UNION

Article 4

PAYS	Obligation de la revendication	Documents à déposer
Allemagne Loi du 31 mars 1913 pour l'application de la Convention d'Union revisée à Washington. Avis du Chancelier d'Empire du 8 avril 1913. Avis du Bureau des brevets des 18 avril 1903, numéro VI, 24 septembre 1904 et 7 juin 1905 (*Prop. ind.*, 1913, p. 66, 69).	La déclaration de priorité indiquant la date et le lieu du dépôt antérieur doit être faite lors du dépôt de la demande de brevet, du modèle d'utilité, du dessin ou modèle industriel ou de la marque de marchandise. Il n'est pas nécessaire, jusqu'à nouvel ordre, donné par le Bureau des brevets, que les pièces justificatives soient fournies en même temps.	*a)* Une copie du dépôt originaire, munie d'une attestation dans laquelle l'Administration compétente du pays du premier dépôt constate la concordance entre la copie et la demande originaire. Les exposés de brevets français portant le timbre violet de l'Office de la propriété industrielle et les exposés britanniques sont considérés de prime abord comme authentiques. *b)* Une traduction allemande de ces documents, faite par un traducteur public, si l'attestation et le dépôt originaires sont faits dans une autre langue, à moins que cette autre langue ne soit l'anglais ou le français.
Autriche Loi n° 268, du 29 décembre 1908. Ordonnance n° 271, du 30 décembre 1908. Circulaire n° 573, du 21 mai 1913. Ordonnance n° 393, du 18 juillet 1923 (*Prop. ind.*, 1909, p. 1, 2; 1913, p. 87; 1923, p. 160).	Les droits de priorité accordés par l'article 4 de la Convention de Paris du 20 mars 1883, modifiée par l'Acte additionnel de Bruxelles, doivent être revendiqués en temps utile, faute de quoi la priorité sera déterminée d'après la date du dépôt effectué dans le pays. En même temps, il faut indiquer la date et le pays du dépôt dont on réclame la priorité. Loi du 29 décembre 1908 (1909, p. 1). Ordonnance n° 393, du 18 juillet 1923 (*Prop. ind.*, 1923, p. 1).	*a)* Une copie, avec dessins, de la demande dont on revendique la priorité. Au lieu de la copie de la demande, on peut déposer un exemplaire de l'invention publiée officiellement, exemplaire dont la concordance devra être certifiée par l'Administration compétente. *b)* Une attestation de l'Administration compétente du pays où a été déposée cette demande antérieure, portant que la copie concorde avec la demande déposée dans ledit pays, et indiquant la date du dépôt. Si ces pièces sont rédigées dans une langue autre que l'allemand, il faudra y joindre une traduction allemande dûment certifiée. Toutefois, jusqu'à nouvel ordre, cette prescription ne s'applique pas, si les pièces sont rédigées en anglais, en français ou en italien. La légalisation des pièces déposées n'est exigée que si leur authenticité est contestée.
Belgique Loi du 10 juin 1914; arrêtés royaux du 6 août 1914 concernant l'exécution des Actes de Washington (*Prop. ind.*, 1915, p. 54, 87).	Quiconque voudra, pour une demande de brevet, se prévaloir de la priorité d'un dépôt antérieur, sera tenu de faire, dans sa demande, une déclaration indiquant la date et le pays de ce dépôt. Ces indications seront mentionnées sur les descriptions jointes à l'appui de la demande de brevet. Pour les marques et les dessins ou modèles, la déclaration indiquant la date et le pays du premier dépôt sera fait au moment du dépôt en Belgique; elle sera insérée au procès-verbal de dépôt.	Les dispositions légales applicables ne font aucune mention des documents à déposer en même temps que la demande de protection.
Brésil Avis concernant les demandes de brevet devant jouir du bénéfice de la Convention internationale, du 1er novembre 1910 (*Prop. ind.*, 1911, p. 63).	La preuve doit être faite qu'une demande a été régulièrement déposée dans un pays étranger, et cela assez tôt pour que la commission chargée d'ouvrir les enveloppes se rapportant aux inventions industrielles puisse prendre connaissance de cette preuve.	Un document établissant le dépôt régulier de la demande de brevet étrangère devant servir de point de départ au délai de priorité.
Bulgarie Loi du 28 juillet 1921, article 23 (*Prop. ind.*, 1921, p. 130).	La revendication de priorité doit être formulée au moment du dépôt de la demande de brevet en Bulgarie.	Un certificat de l'autorité compétente étrangère constatant la date et le contenu de la demande à elle adressée, ou la copie légalisée du brevet déjà délivré.

PAYS	Obligation de la revendication	Documents à déposer
Cuba Instructions concernant la procédure à suivre pour le dépôt des brevets et marques de fabriques déjà protégés à l'étranger, du 5 mai 1903. Éclaircissements du 8 mai 1903 (*Prop. ind.*, 1904, p. 78; 1905, p. 115).	La législation cubaine ne contient aucune disposition relative à la revendication du droit de priorité. Les prescriptions relatives au dépôt des brevets déjà protégés à l'étranger, sont, pensons-nous, applicables en pareil cas.	1° Une copie, en deux exemplaires, dont l'un certifié, de l'enregistrement effectué au pays d'origine. 2° Le mémoire explicatif correspondant, en deux exemplaires. La signature de l'autorité compétente, certifiant la copie précitée, devra être légalisée par un agent diplomatique ou consulaire cubain, ou par son remplaçant. Ces documents seront accompagnés de leur traduction espagnole, en double exemplaire, faite ou signée par un notaire cubain ou par l'agent diplomatique cubain du lieu d'où proviennent les documents.
Danemark Loi du 12 janvier 1915 modifiant la loi sur les brevets. Ordonnance modificative du 28 mai 1915. Avis du 17 juin 1915 concernant les demandes de brevets (*Prop. ind.*, 1915, p. 132 à 134).	Pour pouvoir revendiquer les droits de priorité, le déposant doit au plus tard avant la date à laquelle la demande est publiée conformément aux dispositions de l'article 16 de la loi sur les brevets, indiquer à quelle date et dans quel pays le premier dépôt a été effectué, et, si la Commission des brevets l'exige, établir ses titres au droit de priorité dans le délai fixé par cette Commission.	*a)* Une attestation, au besoin dûment légalisée par l'autorité compétente, certifiant l'exactitude des faits allégués dans la demande, ou bien une attestation de l'autorité préposée aux brevets, constatant le moment du dépôt de la première demande de brevet déposée, pour la même invention, dans un autre des pays de l'Union. *b)* Une copie de la demande dont il s'agit, avec la description de l'invention et les dessins qui s'y rapportent.
Dantzig Prescriptions du 23 septembre 1921 concernant le dépôt des demandes de brevets et la tenue du registre des brevets (*Prop. ind.*, 1922, p. 35).	Comme pour l'Allemagne.	Comme pour l'Allemagne.
Dominicaine (Rép.)	La République Dominicaine possède une loi sur les brevets datée du 26 avril 1911 (*Prop. ind.*, p. 186), ainsi qu'un décret modificatif du 14 novembre 1914 (*Prop. ind.*, 1915, p. 114) mais ni cette loi ni le décret ne contiennent aucune disposition réglant expressément l'exercice du droit de priorité.	
Espagne	Nous n'avons trouvé dans la législation espagnole, qui reconnaît l'existence du droit de priorité (v. art. 23, 1°, et 27 du règlement pour l'exécution de la loi sur la propriété industrielle approuvé par décret royal du 15 janvier 1924, *Prop. ind.*, 1924, p. 61), aucune disposition réglant l'exercice de ce droit.	
Esthonie	Loi du 21 mai 1921; dispositions du 19 janvier 1921 (*Prop. ind.*, 1921, p. 87; 1922, p. 65). La législation de l'Esthonie ne contient aucune disposition concernant le droit de priorité et l'exercice de ce droit en matière de brevets. Les lois sur les marques (art. 145) et sur les dessins et modèles (§ 157) parlent du droit de priorité, mais sans en régler l'exercice.	
États-Unis Article 46 du Règlement de 1907. Ordonnance du Bureau des brevets concernant la mention des demandes de brevet étrangères (dans la formule de serment annexée à la demande de brevet), du 15 juin 1904 (*Prop. ind.*, 1904, p. 182). *Rec. gén.*, tome VI, p. 297 (reproduit les dispositions de la loi).	Au moment du dépôt de la demande aux États-Unis, le requérant est tenu d'indiquer s'il a effectué le dépôt d'une demande de brevet pour la même invention dans un pays étranger.	Dans le serment ou la déclaration solennelle qu'il est tenu de faire au moment du dépôt de la demande de brevet, le déposant, s'il est en même temps l'inventeur, devra déclarer si une demande de brevet a été effectuée dans un pays étranger, par lui ou ses représentants légaux, antérieurement au dépôt de la demande aux États-Unis; il indiquera le ou les pays où une telle demande a été déposée, ainsi que la date du dépôt, et il affirmera qu'aucune autre demande n'a été déposée dans d'autres pays. Ce serment doit être assez clair pour qu'il ne soit pas nécessaire de comparer la déclaration relative au dépôt des demandes étrangères, qui y est contenue, avec la date du dépôt de la demande aux États-Unis, pour se rendre compte si la demande dont il s'agit a été déposée dans ce dernier dans les douze mois de la date de la demande étrangère.
Finlande Ordonnance du 30 septembre 1921 (*Prop. ind.*, 1922, p. 17).	Le droit de priorité devra être expressément revendiqué au moment du dépôt de la demande de protection (brevet, dessin ou marque) au bureau des brevets finlandais, et en tout cas avant que celui-ci ait statué sur la demande.	Le déposant fournira, en revendiquant le droit de priorité, les indications nécessaires en ce qui concerne le pays et la date du premier dépôt.

PAYS	Obligation de la revendication	Documents à déposer
France Arrêté ministériel du 11 août 1903 relatif aux demandes de brevets. Arrêté du 23 janvier 1914 fixant le moment où devra être effectuée la déclaration du droit de priorité (*Prop. ind.*, 1903, p. 142; 1914, p. 34).	Si le déposant entend être mis au bénéfice d'un premier dépôt, il devra en indiquer la date et le pays. Cette indication devra être faite au plus tard dans un délai de 60 jours à partir du dépôt de la demande en France.	Il est désirable que la revendication du droit de priorité figure sous la rubrique «Convention internationale» de la formule de demande de brevet rédigée par l'Office national de la propriété industrielle. L'usage de cette formule, dont le modèle se trouve dans toutes les préfectures en France, est facultatif.
Grande-Bretagne Loi sur les brevets d'invention du 28 août 1907 (*Prop. ind.*, 1907, p. 141). Avis du 31 mars 1911. Loi modifiant la section 9 de la loi de 1907 (7 août 1914). Règlement du 25 février 1920 (*Prop. ind.*, 1911, p. 102; 1914, p. 131; 1921, p. 20).	Toute demande conventionnelle doit contenir une déclaration constatant qu'une demande de protection pour la même invention a été déposée à l'étranger.	*a)* Indication, dans la demande, des pays étrangers ou des possessions britanniques dans lesquels des demandes ont été déposées, ainsi que les dates respectives de celles-ci; cette indication sera accompagnée d'une description complète de la première demande étrangère. *b)* Une ou plusieurs copies de la description, des dessins et de tous autres documents déposés à l'appui de la première demande étrangère; ces pièces devront être certifiées par le directeur du Bureau des brevets qui a reçu la première demande, ou autrement certifiées à la satisfaction du contrôleur. Les descriptions ou autres documents rédigés en langue étrangère devront être accompagnés d'une traduction certifiée exacte par une déclaration légale, ou autrement si le contrôleur le requiert.
Grèce Loi N° 3092, du 14 juillet 1924 (*Prop. ind.*, 1924, p. 174).	La revendication doit être formulée par écrit au moment du dépôt de la demande en Grèce.	1° Un certificat délivré par l'autorité compétente étrangère, accompagné des copies de la description et des dessins certifiés conformes par la même autorité étrangère. 2° Une déclaration écrite attestant sous la responsabilité du déposant que le certificat par lui déposé provient réellement de l'État étranger où il a déposé en premier lieu sa demande, et cela sous peine de perdre le droit de priorité et de payer une amende de 1000 drachmes. La validité du brevet grec accordé avec la priorité revendiquée cessera 15 ans après le jour qui suit la date du premier dépôt à l'étranger.
Hongrie Ordonnance relative à l'accession des pays de la Couronne hongroise à l'Union internationale, du 31 décembre 1907. Ordonnance du 27 avril 1913 concernant l'exécution des conventions internationales conclues le 2 juin 1911 à Washington (*Prop. ind.*, 1908, p. 65; 1913, p. 178).	Les étrangers ressortissant d'un pays unioniste qui désirent se prévaloir du droit de priorité fixé à l'article 4 de la Convention sont tenus de revendiquer expressément la priorité lors du dépôt auprès de l'autorité compétente. Si le droit de priorité n'est pas expressément revendiqué, la priorité sera déterminée d'après la date du dépôt effectué dans le pays.	*a)* Une copie certifiée par l'autorité compétente et absolument conforme à l'original de la première demande déposée dans l'Union, avec description et dessins établissant clairement que ladite demande est bien la première qui ait été déposée, et indiquant à quelle date ce dépôt a eu lieu. *b)* Une traduction hongroise de ces documents, faite ou certifiée par un traducteur autorisé; si ceux-ci sont en français, en anglais, en allemand ou en italien, l'Office des brevets peut dispenser de fournir une traduction. Au lieu de ces documents, l'Office pourra accepter la description et le dessin déposés à l'appui de la première demande déposée à l'étranger, pourvu que la date de la première demande ressorte sans aucun doute de ces pièces.
Italie Règlement du 2 octobre 1913 pour l'application de la loi sur les brevets. Décret du 21 octobre 1921 concernant les documents à joindre aux demandes de brevets d'importation et aux revendications du droit de priorité (*Prop. ind.*, 1914, p. 18; 1921, p. 142).	La revendication du droit de priorité en matière de brevets, de dessins ou modèles ou de marques (règlement du 7 mai 1903) doit être formulée au moment du dépôt en Italie.	Devra être joint à la demande un document légalisé faisant connaître le titre, la description et les dessins relatifs à l'invention qui fait l'objet du dépôt, ainsi que la date à laquelle le dépôt a été effectué et le numéro du brevet obtenu. La traduction est obligatoire sauf pour les documents rédigés en français ou provenant de pays qui acceptent les documents italiens sans traduction.
Japon Règlement d'application de la loi sur les brevets d'invention, du 26 octobre 1909 (*Prop. ind.*, 1910, p. 105).	Lorsqu'un demandeur de brevet voudra se prévaloir de la priorité de sa demande conformément à un traité, il devra déposer à l'office une copie de la description et des dessins, légalisée par le gouvernement de l'État contractant dans lequel le demandeur a effectué le premier dépôt, ou un bulletin officiel, ou le brevet délivré par le même gouvernement.	Devra être jointe à la demande une copie de la description et des dessins, légalisée par le gouvernement de l'État contractant dans lequel le demandeur a effectué le premier dépôt de la demande de brevet, ou un bulletin officiel, ou le brevet délivré par ce même gouvernement; cette copie ou cette publication devront permettre de reconnaître l'invention et indiquer la date de la première demande déposée auprès du gouvernement susmentionné. Les nouvelles lois, promulguées en 1921, ont été suivies de nouveaux règlements d'exécution que nous ne possédons pas encore, et sans lesquels il n'est pas encore possible d'être exactement renseigné sur le Japon.

PAYS	Obligation de la revendication	Documents à déposer
Luxembourg Arrêté du 22 septembre 1922 concernant l'exécution de la loi portant accession à la Convention d'Union (*Prop. ind.*, 1922, p. 149).	Toute personne qui voudra se prévaloir de la priorité d'un dépôt antérieur effectué dans l'un des pays de l'Union devra faire une déclaration indiquant la date et le pays de ce dépôt. Cette déclaration devra être faite au plus tard dans les deux mois à partir du dépôt au Luxembourg.	L'arrêté ne spécifie pas les documents à déposer.
Maroc **(Zone française)** Décret relatif à la protection de la propriété industrielle du 23 juin 1916 (*Prop. ind.*, 1917, p. 3).	Quiconque voudra se prévaloir de la priorité du dépôt d'une demande de brevet, de modèle d'utilité, de modèles ou dessins industriels, d'une marque de fabrique, d'un nom commercial ou d'une firme effectué antérieurement à l'étranger sera tenu de faire une déclaration indiquant la date et le pays de ce dépôt.	La déclaration devra être accompagnée d'une copie de la demande, avec description et dessins s'il y a lieu, déposée antérieurement, certifiée conforme par l'Administration qui l'aura reçue. Cette copie sera dispensée de toute légalisation, mais elle devra être accompagnée d'un certificat à la date du dépôt émanant de cette Administration et d'une traduction en langue française également certifiée.
Mexique	Nous n'avons trouvé dans la législation mexicaine, qui reconnaît l'existence du droit de priorité (voir article 12 de la loi sur les brevets d'invention du 25 août 1903, *Rec. gén.*, tome VI, p. 398), aucune disposition réglant l'exercice de ce droit.	
Norvège Loi du 2 juillet 1910 sur les brevets d'invention (*Prop. ind.*, 1910, p. 171). Règlement d'exécution du 31 décembre 1910.	Le déposant qui entend profiter du droit de priorité devra le revendiquer expressément lors du dépôt de la demande.	Il faut joindre à la demande de brevet, ou la formuler plus tard, l'indication du pays de l'Union où la première demande a été déposée, ainsi que du numéro de la demande étrangère et de sa date. Si la demande norvégienne contient plus que la demande servant de point de départ au délai de priorité, le déposant indiquera la partie de la demande pour laquelle est réclamé le droit de priorité. Si la demande norvégienne comprend des inventions faisant l'objet de plusieurs demandes étrangères, il devra indiquer la date et le numéro de ces dernières. Il est désirable que, immédiatement avec le dépôt, on indique la demande sur laquelle se base le droit de priorité, pour éviter au Bureau des brevets du travail inutile dans l'examen. Le déposant n'a pas besoin de fournir une preuve de son droit de priorité en revendiquant ce dernier; mais cette preuve doit être fournie aussitôt que possible, et en tout cas assez tôt pour que le brevet puisse être accordé avec la mention de la priorité. Dans la règle, on admettra comme preuve une copie de la demande à laquelle on se réfère, munie d'une attestation de conformité de l'autorité brevetante. Si la demande a abouti à la délivrance d'un brevet à l'étranger, on admettra comme preuve un exposé imprimé dont l'authenticité sera reconnue. Si le Bureau le demande, cette preuve sera accompagnée d'une traduction certifiée.
Pas-Bas Loi sur les brevets du 15 janvier 1921. Règlement sur les brevets du 22 septembre 1921 (*Prop. ind.*, 1921, p. 142; 1922, p. 138).	La demande doit contenir la revendication d'un droit de priorité lorsque le déposant désire s'en prévaloir.	La demande doit indiquer la date du brevet sur lequel la revendication de priorité est fondée ainsi que le pays où le brevet a été délivré. Le déposant devra en outre fournir au Conseil des brevets, dans un délai que celui-ci fixera, les preuves que le Conseil exigera de lui à ce sujet. Les pièces écrites concernant le droit de priorité peuvent être déposées en français, en allemand ou en anglais.
Pologne Prescriptions du 15 septembre 1918 concernant les dépôts en matière de propriété industrielle (*Prop. ind.*, 1919, p. 134).	Si le requérant désire profiter des droits de priorité acquis dans un autre pays, il devra en faire mention dans sa demande.	La revendication de priorité devra être appuyée de preuves dûment certifiées.
Portugal Décret édictant des dispositions réglementaires pour le service de la propriété industrielle, du 16 mars 1905 (*Prop. ind.*, 1905, p. 108).	Si le déposant entend revendiquer le droit de priorité, il devra indiquer dans sa demande le pays et la date du premier dépôt.	Le délai à partir duquel commence le droit de priorité sera mentionné dans le titre du brevet à la demande de l'intéressé, s'il déclare, au moment de demander le brevet, quel est le pays de l'Union dans lequel a été effectué le premier dépôt, et quelle est la date de ce dépôt. Les copies imprimées de brevets émanant de bureaux étrangers seront considérées comme authentiques. Le Bureau pourra néanmoins exiger une traduction authentique du brevet en portugais ou en français.

PAYS	Obligation de la revendication	Documents à déposer
Roumanie Arrêté du 18 décembre 1922 (*Prop. ind.*, 1923, p. 30).	La déclaration indiquant la date et le pays où le premier dépôt a été effectué doit être faite au moment du dépôt en Roumanie, faute de quoi elle ne sera pas prise en considération.	Le requérant devra fournir dans les six mois à partir du dépôt en Roumanie: *a)* Des copies fidèles de la description ou des dessins ou modèles déposés antérieurement dans un pays unioniste. *b)* Ces copies seront accompagnées d'un certificat de l'autorité compétente traduites en roumain et certifiées conformes par le requérant, à moins qu'il ne s'agisse d'actes rédigés en français, anglais, italien ou allemand.
Serbie-Croatie-Slovénie Règlement du 7 février 1921. Ordonnance du 3 mars 1924 (*Prop. ind.*, 1921, p. 75; 1924, p. 64).	Le droit de priorité doit être expressément revendiqué au moment du dépôt d'une demande de brevet, d'un dessin ou modèle ou d'une marque de fabrique, autrement le droit partira du dépôt régulier fait en Serbie-Croatie-Slovénie.	1° Une copie du premier dépôt avec description et dessin, ou avec reproduction du dessin ou modèle ou de la marque. 2° Une attestation de l'Administration compétente du pays où a eu lieu le premier dépôt, certifiant la conformité des deux dépôts. Au lieu d'une copie du dépôt, on peut joindre l'exposé d'invention certifié, ou le certificat officiel d'enregistrement du dessin ou modèle ou de la marque. Les documents provenant d'autorités étrangères seront accompagnés de traductions en langue serbe, croate ou slovène officiellement légalisées.
Suède Décret royal revisé concernant les pièces à déposer en matière de brevets d'invention, du 31 décembre 1895. Loi du 7 août 1914. Décret royal du 27 octobre 1916 (*Prop. ind.*, 1897, p. 49; 1915, p. 164; 1917, p. 6).	Le déposant qui revendique le droit de priorité devra fournir, avant la publication de l'avis de la demande au journal des annonces officielles, les pièces établissant le dépôt à l'étranger et la date de ce dépôt.	Les pièces de nature à prouver que la demande a été déposée en pays étranger. Si le Bureau des brevets, ou si le tribunal l'exige, ces pièces seront munies d'une attestation de la Légation de Suède ou du Consul de Suède de la localité, portant que ces pièces émanent de l'autorité étrangère compétente.
Suisse Loi du 3 avril 1914 sur les droits de priorité. Règlement d'exécution du 24 juillet 1914 (*Prop. ind.*, 1914, 49; 1915, 29).	La revendication de priorité doit être formulée avant la date officielle de l'enregistrement du brevet.	Le déposant doit présenter une déclaration écrite indiquant la date et le pays du premier dépôt, plus une copie, certifiée conforme par l'Administration dudit pays, des pièces techniques (description, dessin) qui accompagnaient le dépôt. Toute description rédigée dans une langue autre que le français, l'allemand ou l'italien, devra être accompagnée d'une traduction dans l'une de ces trois langues. Le dépôt invoqué est présumé être le premier dépôt effectué dans l'Union, mais le déposant peut être astreint, en cas de litige, à fournir d'autres preuves.
Tchécoslovaquie	Par une loi du 27 mai 1919 contenant certaines dispositions provisoires pour la protection des inventions, la législation autrichienne sur les brevets a été déclarée applicable à tout le territoire de l'État tchécoslovaque. La question des délais de priorité y est donc réglée de la même manière qu'en Autriche (*Prop. ind.*, 1919, p. 80).	
Tunisie Arrêté du 15 mars 1914 relatif au dépôt des demandes de brevet (*Prop. ind.*, 1915, p. 4).	La revendication du droit de priorité doit être formulée lors du dépôt de la demande en Tunisie, ou dans les soixante jours qui suivent ce dépôt.	Le déposant doit indiquer dans sa demande la date du premier dépôt et le nom du pays où il a été effectué, ou fournir ces indications dans les soixante jours qui suivent le dépôt en Tunisie.

B. TABLEAU

INDIQUANT

LES PRESCRIPTIONS DES LOIS NATIONALES EN VIGUEUR POUR L'EXPLOITATION DES BREVETS

ARTICLE 5

a. PAYS UNIONISTES

Noms des pays et dates des actes	Nature de l'obligation	Durée du délai	Sanctions	Observations
Allemagne Loi du 6 juin 1911 concernant l'exploitation obligatoire des brevets (*Prop. ind.*, 1911, p. 101).	L'invention ne doit pas être exploitée exclusivement ou principalement hors d'Allemagne ou de ses colonies.	3 ans après la publication du brevet. Même délai dans le cas prévu sous la colonne « *Observations* ».	Le brevet peut être révoqué.	Si le breveté refuse à un tiers l'autorisation d'utiliser son invention moyennant une indemnité et une garantie suffisantes, ledit tiers peut être autorisé à utiliser l'invention quand cette autorisation est dans l'intérêt public.
Autriche Loi sur les brevets, du 11 janvier 1897, art. 27, tel qu'il a été modifié par le § 3 de la loi du 29 décembre 1908 (*Prop. ind.*, 1909, p. 1). Ordonnance du 18 juillet 1923 (*Prop. ind.*, 1923, p. 163).	Exploiter l'invention dans une mesure convenable, ou faire le nécessaire pour en assurer l'exploitation.	3 ans après la publication de la délivrance définitive du brevet.	Révocation par décision du Bureau des brevets, sauf appel à la Cour des brevets.	Si le brevet doit être révoqué avant l'expiration des 3 ans, la révocation doit être précédée d'une menace fixant un délai convenable pour la mise en exploitation. Ce délai ne pourra prendre fin avant l'expiration du délai de 3 ans.
Belgique Loi sur les brevets, du 24 mai 1854, art. 23 (*Prop. ind.*, 1885, p. 19).	L'obligation d'exploiter dans le pays n'existe que si le possesseur du brevet a mis son invention en exploitation à l'étranger depuis un certain temps.	1 an après la mise en exploitation à l'étranger, avec faculté d'accorder un second délai d'une année au plus par arrêté royal.	Annulation du brevet par arrêté royal.	L'interruption de l'exploitation pendant une année peut amener aussi l'annulation, mais alors le breveté est admis à justifier des causes de son inaction. La demande de prolongation de délai est adressée, avec motifs à l'appui, au Ministère compétent, deux mois avant la fin du premier délai.
Brésil Loi sur les brevets, du 14 octobre 1882, art. 5 (*Prop. ind.*, 1893, p. 19). Règlement du 19 décembre 1923, art. 70 (*Prop. ind.*, 1924, p. 37). Avis du 21 octobre 1913 (*Prop. ind.*, 1914, p. 12).	Faire un usage effectif de l'invention dans le pays (exercice effectif de l'industrie privilégiée et fourniture des produits dans la proportion de leur mise en pratique ou de leur consommation).	3 ans après la date du brevet. Le breveté doit fournir chaque année la preuve que son invention est exploitée.	La déchéance totale ou la restriction du droit privatif à une zone déterminée, par décision du gouvernement après avis du corps législatif.	L'exploitation ne peut être interrompue pendant plus d'une année, sauf pour un motif de force majeure, sous les mêmes sanctions. La déchéance est prononcée à la requête des intéressés ou d'office. Le gouvernement peut accorder un délai supplémentaire pour permettre un développement suffisant de la production.
Bulgarie Loi sur les brevets, du 29 juillet 1921, art. 11 (*Prop. ind.*, 1921, p. 130).	Exploiter dans le pays dans une mesure suffisante ou, du moins, faire son possible pour assurer une pareille exploitation.	3 ans à dater de la délivrance du brevet.	Toute personne ayant un intérêt légal peut intenter une action en déchéance du brevet.	L'action en nullité doit être intentée devant le Tribunal départemental de Sofia.
Cuba Décret concernant les privilèges pour inventions, du 30 juin 1883, art. 23 (3°) (*Prop. ind.*, 1909, p. 69).	Exploiter pratiquement l'invention.	Le délai est déterminé pour chacun des brevets délivrés.	La déchéance.	L'interruption pendant 1 an produit les mêmes résultats.

Noms des pays et dates des actes	Nature de l'obligation	Durée du délai	Sanctions	Observations
Danemark Loi sur les brevets, du 13 avril 1894, art. 23 (4°) (*Prop. ind.*, 1894, p. 71).	Application dans le pays.	3 ans après la date du brevet.	La déchéance.	L'interruption pendant 1 an est aussi une cause de déchéance. Sur demande, et en cas de motifs suffisants, les délais d'exploitation peuvent être prolongés par la Commission des brevets. Le coût exagéré de la production est une cause d'excuse. En tous cas, les besoins du public doivent être satisfaits. Le breveté peut justifier des causes de son inaction.
Dantzig (Ville libre de —) Loi sur les brevets et les marques, du 14 juillet 1921 (*Prop. ind.*, 1921, p. 117).	Pas de dispositions spéciales.			
Dominicaine (Rép.) Loi concernant la protection des brevets d'invention, du 26 avril 1911, art. 20 (*Prop. ind.*, 1911, p. 186).	Exploitation dans la République.	5 ans à partir de la date de la signature du brevet.	Perte de tous les droits du breveté.	L'exploitation ne peut être interrompue pendant trois années consécutives, à moins que le breveté ne justifie des causes de son inaction. La même justification peut être donnée en cas de non-exploitation. L'action en nullité et l'action en déchéance peuvent être exercées par toute personne intéressée.
Espagne Loi sur la propriété industrielle, du 16 mai 1902, art. 98 à 102 et 106 (3°, 4°) (*Prop. ind.*, 1902, p. 130). Règlement d'exécution, du 15 janvier 1924, art. 35 (*Prop. ind.*, 1924, p. 62).	La fabrication, l'élaboration ou l'exécution de l'objet du brevet dans la proportion rationnelle de son exploitation ; et s'il n'existe pas encore de marché pour cet objet, l'existence, à la disposition du public, des machines ou matériaux nécessaires pour l'exécution de l'objet du brevet.	Dans les 3 ans à partir de la date du brevet. Le temps pour lequel l'intéressé justifiera qu'il a été empêché pour cause de force majeure de se conformer à l'obligation de l'exploitation ne sera pas compris dans ce délai.	L'annulation.	Le breveté doit prouver la mise en exploitation à la fin du délai prévu. Peut demander l'annulation toute personne se livrant en Espagne à la fabrication ou au commerce d'un produit analogue à l'objet du brevet, ou à laquelle le breveté aura refusé une licence. L'enquête officielle relative à l'exploitation de l'invention sera faite aux frais de celui qui l'a provoquée. L'interruption de l'exploitation pendant un an et un jour entraîne également la déchéance, sauf les cas de force majeure, dont le possesseur pourrait justifier. Si la mise en exploitation est jugée insuffisante, ce fait sera publié dans le *Bulletin de la propriété industrielle et commerciale*, afin que l'intéressé puisse la compléter, dans le délai d'un mois, ou déclarer par écrit au Bureau des brevets qu'il est prêt à accorder une licence d'exploitation.
Esthonie Loi sur les brevets, du 21 mai 1921, section 96 (*Prop. ind.*, 1921, p. 87).	Exploiter l'invention en Esthonie.	Dans les 3 ans qui suivent la date de la signature du titre du brevet.	Le brevet peut être annulé à la requête de toute partie intéressée.	Si l'exploitation a lieu, pour la plus grande partie, à l'étranger, le breveté devra rendre l'invention accessible aux citoyens Esthoniens sous la forme des articles brevetés ou des produits fabriqués d'après le procédé breveté.
États-Unis Dispositions de dates diverses.	Aucune obligation.	—	—	—

Noms des pays et dates des actes	Nature de l'obligation	Durée du délai	Sanctions	Observations
Finlande Décret sur les brevets, du 21 janvier 1898, art. 4 (*Prop. ind.*, 1898, p. 133). Notification du 21 janvier 1898, art. 17 et 18 (*Rec.*, tome IV, p. 250). Décret du 11 février 1921, modifiant la notification du 21 janvier 1898, § 18 (*Prop. ind.*, 1922, p. 18).	Mise en exploitation dans le pays dans une mesure considérable.	3 ans après la date de la délivrance.	Le tribunal peut prononcer la déchéance si le breveté qui exploiterait son invention hors du pays ne rend pas accessible dans le pays à un prix raisonnable la marchandise brevetée ou fabriquée d'après le procédé breveté, à toute personne qui le demande. On peut aussi réclamer une licence obligatoire.	L'interruption pendant une année produit les mêmes effets. L'action en déchéance est intentée par un intéressé. Le pouvoir d'appréciation du tribunal paraît demeurer assez large. Le breveté peut justifier des causes de son inaction.
France Loi sur les brevets, du 5 juillet 1844, art. 32 (2° et 3°) (*Prop. ind.*, 1885, p. 11 et suiv.). Loi du 1er juillet 1906 relative à l'application en France des conventions internationales concernant la propriété industrielle (*Prop. ind.*, 1906, p. 98).	Mise en exploitation dans le pays.	2 ans après la date du brevet (portée à 3 ans à dater du dépôt de la demande par l'effet de la Convention d'Union).	Le tribunal peut prononcer la déchéance sur requête d'une partie intéressée.	L'interruption pendant 2 ans produit les mêmes résultats. Le breveté est admis à justifier des causes de son inaction. L'importation par le breveté d'objets semblables à ceux couverts par son brevet est interdite, sauf autorisation ministérielle.
Grande-Bretagne Loi du 23 décembre 1919 modifiant la loi sur les brevets et les dessins, art. 1 à 3, 6 (2°), 8, 16 (2°, 3°) (*Prop. ind.*, 1920, p. 52 et suiv.). Règlement du 25 février 1920, section 69 à 75 (*Prop. ind.*, 1921, p. 22).	Le breveté doit éviter d'abuser de son monopole. Autrement dit, il doit: exploiter son invention dans le Royaume-Uni sur une échelle commerciale et suffisante pour satisfaire à la demande de l'article breveté dans le pays; ne pas empêcher ou entraver cette exploitation en important ou en permettant d'importer l'article breveté, en refusant d'accorder des licences à des conditions raisonnables ou en subordonnant la vente ou l'usage de l'objet breveté à des conditions exorbitantes.	4 ans après la date du brevet.	S'il y a abus de monopole, le Contrôleur peut: *a)* apposer au dos du brevet la mention «licence de plein droit»; chacun est alors en droit d'obtenir en tout temps une licence pour l'exploitation du brevet; *b)* accorder à celui qui la demande et aux conditions jugées convenables, une licence comportant interdiction d'importer l'objet breveté; *c)* accorder une licence exclusive, si l'exploitation exige un capital considérable que le requérant s'engage à fournir; *d)* ordonner la révocation du brevet si aucun des moyens ci-dessus ne peut être employé.	La procédure à suivre pour obtenir une licence a été simplifiée. La «licence de plein droit» entraîne la réduction de moitié des annuités encore à payer et des redevances dues en raison d'anciennes licences. La décision du Contrôleur général est susceptible d'être portée en appel.
Australie Loi sur les brevets, du 22 octobre 1903, section 87 (*Prop. ind.*, 1904, p. 114). Loi modifiant la précédente, du 13 décembre 1909, section 87 *a* (*Prop. ind.*, 1910, p. 73).	Fabriquer ou utiliser l'invention dans une mesure suffisante dans la Fédération.	4 ans après la date de la délivrance. La Cour peut accorder un délai supplémentaire de 12 mois au plus.	Révocation par décision de la Cour suprême, après enquête.	La licence obligatoire peut être préférée par la Cour à la révocation. Le breveté est admis à justifier des causes de son inaction. Cette disposition est modifiable par traité. A une époque quelconque la Cour peut annuler sa décision et rétablir le breveté dans ses droits, s'il exploite.
Canada Loi modifiant et codifiant la législation relative aux brevets d'invention, du 13 juin 1923, art. 40 et 41 (*Prop. ind.*, 1924, p. 129).	Fabriquer en quantité suffisante l'article breveté ou appliquer suffisamment le procédé breveté dans les limites du Canada, de façon que les besoins raisonnables du public soient satisfaits, sauf demande tendant à l'application du régime des licences obligatoires.	3 ans après la date du brevet et une année au moins après l'adoption de la loi; ce délai peut être, sur demande, porté à 4 ans, si le breveté justifie des causes de son inaction.	La révocation du brevet, ou l'octroi par le Commissaire d'une licence obligatoire. Le Commissaire peut déférer l'affaire à la Cour de l'Echiquier.	Le fait que l'objet breveté est fabriqué exclusivement ou en majeure partie hors du Canada entraîne les mêmes conséquences. Le breveté est admis à justifier des causes de son inaction.

Noms des pays et dates des actes	Nature de l'obligation	Durée du délai	Sanctions	Observations
Ceylan Loi sur les brevets, du 13 mars 1906, art. 27 (*Prop. ind.*, 1916, p. 91).	Satisfaire aux exigences raisonnables du public en ce qui concerne une invention brevetée. (Lorsque le breveté n'exploite pas son brevet ou ne fabrique pas l'objet breveté dans une mesure suffisante à Ceylan ou n'accorde pas des licences à des conditions équitables et qu'une industrie aura souffert de ce chef un préjudice grave, ou quand il n'aura pas satisfait raisonnablement à la demande de l'objet breveté, les exigences raisonnables du public ne seront pas satisfaites.)	3 ans après la date du brevet.	Toute personne intéressée peut demander au Gouverneur, pour cause de non-exploitation, une licence obligatoire ou la révocation du brevet. Celui-ci rejette la demande ou la renvoie à la Cour, s'il est convaincu de son bien-fondé. La Cour peut: *a)* ordonner au breveté de délivrer des licences aux conditions qu'elle estime justes; *b)* révoquer le brevet.	Le fait que l'article breveté est fa-briqué exclusivement ou en majeure partie hors de Ceylan entraîne les mêmes conséquences. Le breveté est admis à justifier des causes de son inaction.
Nouvelle-Zélande Loi sur les brevets, les dessins et les marques, du 28 octobre 1911, art. 26 (*Prop. ind.*, 1916, p. 56).	Voir Ceylan, sauf pour la procédure. En Nouvelle-Zélande, la requête tendant à l'obtention d'une licence obligatoire ou à la révocation du brevet doit être adressée à la Cour.			
Trinidad et Tobago Ordonnance du 12 mars 1900 modifiant la loi sur les brevets d'invention (remplacée par l'ordonnance n° 76, de 1905), art. 14 (*Rec. gén.*, tome IV, p. 558).	Satisfaire aux exigences raisonnables du public par l'exploitation de l'invention ou la concession de licences à des conditions équitables.	N'est pas indiqué.	La Cour peut ordonner au breveté, à la requête de toute personne intéressée, de délivrer des licences à des conditions raisonnables.	—
Grèce Loi sur les brevets, du 24 septembre 1920, art. 9 (*Prop. ind.*, 1921, p. 4).	Exploiter l'invention dans le pays dans une mesure suffisante.	3 ans à dater de la délivrance du brevet.	Le breveté est déclaré déchu de tous droits par le tribunal de première instance compétent, à la requête de toute personne ayant un intérêt légal.	Une disposition du Conseil de Ministres peut déclarer inapplicable les dispositions concernant la dé-chéance pour cause de non-exploi-tation, vis-à-vis des Etats qui acco-dent la réciprocité.
Hongrie Loi sur les brevets, du 14 juillet 1895, art. 20 (telle qu'elle a été modifiée par le § 1er de la loi du 13 avril 1913) (*Prop. ind.*, 1913, p. 81).	Exploiter l'invention dans son essence, dans une mesure convenable et sans interruption dans le pays, ou accorder des licences d'exploitation moyennant une indemnité à fixer par le Bureau des brevets et le dépôt d'une garantie.	3 ans après la date de la publication de la délivrance.	La révocation totale ou partielle.	Le breveté peut prouver qu'il fait de son côté, pour assurer la mise en exploitation du brevet et la continuité de cette exploitation, tout ce qui était possible, eu égard aux circonstances du pays. Les breve-à l'égard desquels le droit d'explo-tation appartient à l'Etat ne so-pas soumis à la révocation.
Italie Loi sur les brevets, du 30 octobre 1859, art. 58 (2° et 3°) (*Prop. ind.*, 1885, p. 31). Décret n° 1970, du 29 juillet 1923 concernant le service des brevets, art. 5 (*Prop. ind.*, 1923, p. 166).	Mise en pratique de l'invention.	2 ans après la délivrance.	Le tribunal peut prononcer la déchéance.	La suspension pendant 1 ou 2 an-selon le cas, produit les même-effets. Le breveté peut faire valoir de-causes de force majeure (à l'exclu-sion du défaut de moyens pécunia-res).

Noms des pays et dates des actes	Nature de l'obligation	Durée du délai	Sanctions	Observations
Japon Loi sur les brevets, du 29 avril 1921, art. 42, 43, 50 à 52 (*Prop. ind.*, 1923, p. 128).	Exploitation dans l'Empire dans une mesure convenable.	3 ans ou plus après la délivrance du brevet.	La révocation par le président de l'Office des brevets, ou la délivrance d'une licence d'exploitation, d'office ou sur demande, si l'intérêt public l'exige et si le breveté ne justifie pas des causes de son inaction; appel au supérieur hiérarchique.	Le président de l'Office des brevets fixe le montant de l'indemnité à payer pour la licence d'exploitation. Si le titulaire de la licence n'exploite pas le brevet d'une manière convenable, le président peut révoquer la licence d'office ou sur la demande d'un intéressé. Le recours est admis. Le porteur de la licence peut commencer à exploiter l'invention avant que le jugement d'appel ait été rendu, s'il consigne au préalable une somme équivalente au montant de l'indemnité fixée.
Luxembourg Loi sur les brevets, du 30 juin 1880, art. 18 (*Rec. gén.*, tome II, p. 122).	Exploiter dans le Grand-Duché et dans une mesure convenable.	3 ans après la date du brevet.	Retrait du brevet par arrêté grand-ducal, sauf recours au Conseil d'État.	On estime que le breveté pourrait justifier des causes de son inaction. La licence obligatoire est aussi prévue par la loi.
Maroc (à l'exception de la zone espagnole) Dahir relatif à la protection de la propriété industrielle; du 23 juin 1916, art. 54 (*Prop. ind.*, 1917, p. 38).	Mettre l'invention en exploitation au Maroc ou dans un des pays de l'Union internationale ou justifier des causes de l'inaction en établissant, notamment, avoir fait aux industries intéressées des offres directes pour leur vendre le brevet et n'avoir pas opposé un refus non motivé à des demandes de licences faites à des conditions raisonnables.	3 ans à dater du jour de la demande.	La déchéance.	L'interruption de l'exploitation pendant trois années consécutives produit des effets analogues, de même que, après l'expiration de trois ans qui suivent la demande, l'importation dans une mesure supérieure à l'exploitation en France ou au Maroc. L'action en déchéance peut être exercée par toute personne intéressée. Elle doit être portée devant les tribunaux civils de première instance. Le Ministère public peut se pourvoir directement par action principale pour faire prononcer la nullité.
Mexique Loi sur les brevets et les dessins et modèles, du 25 août 1903, art. 19 et suiv. (*Prop. ind.*, 1904, p. 19).	Exploitation non obligatoire, sous réserve de ce qui est dit à la colonne des observations.	—	—	Le Bureau des brevets peut accorder des licences en cas de non-exploitation sur le territoire national après un délai de 3 ans compté de la date du brevet (ou après une interruption de 3 mois). La demande est examinée contradictoirement par le Bureau des brevets, qui peut concéder ou refuser la licence. Appel peut être porté devant un juge du district de Mexico.
Norvège Loi du 2 juillet 1910, art. 9 et suiv. (*Prop. ind.*, 1910, p. 171).	Exploiter ou faire exploiter le brevet dans le pays, dans une mesure convenable.	3 ans après la délivrance.	Concession, par l'Office des brevets, de licences obligatoires, sauf appel au tribunal civil.	Les conditions sont établies par des arbitres, ou, sur accord des parties, par l'Office des brevets.
Pays-Bas Loi modifiant la loi sur les brevets, du 15 janvier 1921, art. 33, 34, 50 (*Prop. ind.*, 1921, p. 147 et suiv.).	Exploiter l'invention dans le Royaume, en une mesure convenable, dans un établissement industriel de bonne foi appartenant au breveté ou à un tiers porteur d'une licence.	Le breveté est tenu en tout temps d'accorder la licence qui pourrait être nécessaire pour l'application d'une invention brevetée ultérieurement. 3 ans après la date du brevet, le breveté est tenu d'accorder la licence qui pourrait être désirable dans l'intérêt de l'industrie du Royaume ou pour toute autre raison d'intérêt public. 5 ans après ladite date le brevet est révoqué, faute d'exploitation suffisante de la part du breveté ou du porteur de la licence.	La révocation par le Conseil des brevets.	Le breveté est admis à justifier des causes de son inaction. La révocation peut être demandée par toute personne. L'introduction d'objets brevetés doit être autorisée. Sauf stipulation contraire, la licence ne peut être transmise qu'avec l'établissement.

Noms des pays et dates des actes	Nature de l'obligation	Durée du délai	Sanctions	Observations
Pologne Loi sur les brevets, du 5 février 1924, art. 13 et 47 à 49 (*Prop. ind.*, 1924, p. 198).	Exploiter ou faire exploiter l'invention en Pologne de manière à satisfaire aux besoins du pays.	3 ans après la délivrance du brevet. Le délai peut être prorogé pour une durée n'excédant pas 3 nouvelles années.	Le brevet est révoqué.	Le breveté peut justifier des causes de son inaction. L'interruption pendant 3 ans produit les mêmes effets.
Portugal Loi concernant la garantie des titres de propriété industrielle, du 21 mai 1896, art. 38 et 39 (*Prop. ind.*, 1895, p. 82). Règlement du 28 mars 1895, art. 48 et suiv. (*Prop. ind.*, 1895, p. 131).	Mettre l'invention en pratique en fabriquant dans le pays, soit par soi-même, soit par mandat ou concession.	2 ans après la date du brevet.	La déchéance, prononcée par le Chef de la division de l'Industrie, sauf recours au Tribunal de commerce de Lisbonne.	L'interruption pendant 2 ans produit les mêmes résultats. Le breveté est admis à justifier d'un empêchement réel. L'importation d'objets brevetés n'entraîne pas la déchéance.
Roumanie Loi sur les brevets, des 13/26 janvier 1906, art. 9 (*Prop. ind.*, 1906, p. 38). Règlement du 12 avril 1906, art. 9 (*Prop. ind.*, 1907, p. 33).	Exploiter l'invention dans le pays par construction ou fabrication.	4 ans à partir de la date du brevet.	La déchéance, prononcée par le Ministre de l'Industrie.	L'interruption pendant 2 ans produit les mêmes résultats.
Royaume des Serbes, Croates et Slovènes Loi du 17 février 1922, art. 32 (*Prop. ind.*, 1921, p. 37).	Exploiter ou faire exploiter l'invention dans le pays dans une mesure convenable, ou faire tout ce qui est nécessaire pour assurer cette exploitation.	3 ans à partir de la publication de la délivrance du brevet dans le journal officiel.	Le brevet peut être révoqué par une décision du Bureau de la propriété industrielle, rendue après enquête.	Le brevet peut être révoqué avant l'expiration du délai de 3 ans quand le breveté continue à satisfaire à la consommation nationale par l'importation au lieu d'y pourvoir en exploitant l'invention non pas à l'étranger mais dans le pays et dans une mesure convenable. Dans ce cas, le Bureau de la propriété industrielle invitera le breveté à commencer l'exploitation dans un délai déterminé, qui ne pourra être inférieur à 3 années après le jour du dépôt de la demande du brevet. Le délai une fois expiré, sans que la preuve d'avoir commencé l'exploitation ait été fournie, le brevet sera sans plus révoqué. Si, par contre, le breveté allègue qu'il a commencé à exploiter son invention, le Bureau décidera, après enquête, si le brevet doit être révoqué ou si un nouveau délai encore prorogeable doit être fixé au breveté.
Suède Ordonnance sur les brevets, du 16 mai 1884, art. 15 (*Prop. ind.*, 1886, p. 29). Loi du 5 juin 1909 portant modification de l'art. 25 de l'ordonnance du 16 mai 1884 (*Prop. ind.*, 1910, p. 76).	Mettre l'invention en exploitation dans le pays d'une manière suffisamment étendue.	3 ans après la date de la délivrance.	Licence obligatoire, dans les limites, sous les conditions et moyennant l'indemnité que fixeront les tribunaux.	L'interruption pendant 1 an produit les mêmes résultats. Le roi est autorisé à conclure des traités déclarant réciproquement suffisante l'exploitation faite dans celui des deux pays où a été pris le premier brevet.
Suisse Loi fédérale sur les brevets, du 21 juin 1907, art. 18 (*Prop. ind.*, 1907, p. 77).	Exécuter l'invention en Suisse dans une mesure suffisante.	3 ans à partir de la date du brevet.	La déchéance, prononcée par les tribunaux sur la requête d'une partie intéressée.	Le breveté peut justifier des causes de son inaction. Le Conseil fédéral est autorisé à conclure des traités supprimant réciproquement l'obligation d'exploiter.

Noms des pays et dates des actes	Nature de l'obligation	Durée du délai	Sanctions	Observations
Tchécoslovaquie Loi du 30 janvier 1922, complétant celle du 27 mai 1919, qui contient des mesures provisoires pour la protection des inventions, § 6 (*Prop. ind.*, 1922, p. 127).	Comme pour l'Autriche.			
Tunisie Loi du 26 décembre 1888, art. 26, tel qu'il a été modifié par le décret du 31 août 1902 (*Prop. ind.*, 1903, p. 21).	Mettre en exploitation la découverte ou invention dans la Régence.	2 ans à partir du jour de la signature du brevet.	Le breveté est déchu de ses droits.	L'interruption pendant deux années consécutives produit les mêmes résultats. Le breveté peut toujours justifier des causes de son inaction.
b. PAYS NON UNIONISTES				
Argentine (Rép.) Loi sur les brevets, du 11 octobre 1864, art. 47 (*Rec.*, tome III, p. 133).	Mise en exploitation.	2 ans à partir de la date du brevet.	La déchéance, prononcée par les tribunaux, sauf cas de force majeure.	L'interruption pendant 2 ans produit les mêmes résultats.
Bolivie Loi concernant les brevets, des 16 novembre/2 décembre 1916, art. 42, 51 à 59, 63 (*Prop. ind.*, 1920, p. 89).	Introduire l'invention brevetée ou mettre en pratique le brevet dans le pays.	2 ans à partir de la date de délivrance du brevet, sauf prorogation. Celle-ci ne peut être concédée qu'une fois, pour 1 ou 2 ans, si la demande justifiée en est présentée avant l'expiration du délai.	L'annulation déclarée par le Ministère de l'Industrie sur la demande de tierces personnes ou d'office, si le breveté ne prouve pas qu'il lui a été impossible d'exploiter le brevet.	L'interruption pendant plus d'une année produit le même effet, sauf le cas, dûment prouvé, de force majeure ou d'événement imprévu ou fortuit. Le Ministère de l'Intérieur peut accorder, à la demande des intéressés, des licences d'exploitation.
Chili Loi sur les brevets, du 9 septembre 1840, art. 14 et 15 (*Rec.*, tome III, p. 282). Règlement général du 7 août 1911, art. 11 à 14 (*Prop. ind.*, 1913, p. 121).	Fabrication des machines ou emploi des procédés dans le pays.	Délai spécial concédé chaque fois par décret. Le gouvernement peut accorder une seule fois et uniquement dans des cas spéciaux et dûment justifiés, la prorogation du délai pour l'exploitation.	La déchéance.	L'abandon pendant plus d'un an ou la production d'articles détériorés, inférieurs aux échantillons ou modèles déposés produit les mêmes résultats. La preuve de l'exploitation une fois faite, l'Office des brevets délivre à l'inventeur un certificat constatant l'exploitation de l'invention. La durée du brevet commence à courir à partir de l'échéance du délai fixé pour l'exploitation. Dans des circonstances extraordinaires l'Office des brevets peut admettre, comme exploitation suffisante, l'établissement au Chili d'une agence ou d'un représentant autorisé, qui mette le public à même d'acquérir ou de commander l'invention brevetée ou d'obtenir des licences pour l'exploiter.
Chine	Pas de lois sur les brevets.			
Colombie Loi sur les brevets, du 13 mai 1869, art. 12 (*Prop. ind.*, 1902, p. 168).	Exploiter l'invention.	L'exploitation ne doit pas être suspendue pendant une année entière.	La déchéance.	La non-exploitation peut être justifiée par des circonstances fortuites et de force majeure.
Corée Ordonnance concernant les brevets, du 12 août 1908, art. 1er (*Prop. ind.*, 1909, p. 37).	Voir Japon.			

Noms des pays et dates des actes	Nature de l'obligation	Durée du délai	Sanctions	Observations
Costa-Rica Loi concernant la propriété intellectuelle, du 26 juin 1896, art. 66 et 67 (*Prop. ind.*, 1897, p. 18).	Mise en exploitation.	2 ans à compter du jour de l'enregistrement.	Le brevet tombe dans le domaine public.	L'inutilisation pendant 3 années consécutives produit les mêmes effets.
Crète	Pas de lois sur les brevets.			
Égypte	Pas de lois sur les brevets.			
Équateur Loi sur les brevets, du 18 octobre 1880, art. 38 (4°) (*Rec. gén.*, tome III, p. 312).	Mise en entière exécution.	1 an et un jour après la date du brevet.	La déchéance.	L'interruption pendant 1 an et un jour paraît être aussi une cause de déchéance. Le breveté peut toujours invoquer en sa faveur le bénéfice des circonstances prévues par les lois.
Érythrée	Comme pour l'Italie.			
Guatemala Loi sur les brevets, du 17 décembre 1897, art. 8 (2° et 3°) (*Prop. ind.*, 1898, p. 81).	Mettre en pratique l'industrie ou l'entreprise.	1 an à partir de la date du brevet.	La déchéance.	L'interruption pendant 1 an produit les mêmes résultats.
Haïti Loi sur les brevets et les dessins et modèles, du 14 décembre 1922 (*Prop. ind.*, 1923, p. 84).	Pas de dispositions spéciales.			
Honduras Loi sur les brevets, du 15 avril 1919, art. 8 (*Prop. ind.*, 1921, p. 56).	Mettre en exploitation l'industrie ou l'entreprise pour laquelle le brevet est délivré.	1 an à partir de la date du brevet.	La déchéance.	L'interruption pendant 1 an produit les mêmes résultats, ainsi que la vente de produits inférieurs à la qualité des objets brevetés, par suite d'une altération que le propriétaire du brevet leur aurait fait subir.
Islande Loi sur les brevets, du 19 juin 1923, art. 8 (*Prop. ind.*, 1924, p. 175).	Exploitation dans le pays dans une mesure raisonnable.	5 ans à partir de la délivrance du brevet.	La délivrance d'une licence obligatoire.	—
Jamaïque Loi sur les brevets, de 1857, art. 7 (*Rec. gén.*, tome III, p. 441).	Mettre en application le brevet.	2 ans à partir de la date du brevet.	La nullité.	—
Lettonie Loi du 16 juillet 1919 apportant des modifications aux dispositions qui concernent les brevets, les dessins et les marques (*Prop. ind.*, 1922, p. 53).	Pas de dispositions spéciales.			
Libéria Loi sur les brevets, n° 6, du 23 décembre 1864 (*Rec.*, tome IV, p. 496).	Exploitation de l'invention.	3 ans à partir de la date du brevet.	Pas indiquée.	L'obligation paraît ne frapper que les étrangers.
Man (Ile de)	Pas de lois sur les brevets.			

Noms des pays et dates des actes	Nature de l'obligation	Durée du délai	Sanctions	Observations
Manche (Iles de la)	Pas de lois sur les brevets.			
Maroc (Zone espagnole) Dahir du 19 février 1919 édictant des dispositions réglementant la propriété industrielle, art. 1er (*Prop. ind.*, 1923, p. 130).	Législation espagnole applicable.			
Nicaragua Loi sur les brevets, du 11 octobre 1899, art. 10 (2° et 3°) (*Prop. ind.*, 1902, p. 103).	Exploiter l'industrie ou l'entreprise brevetée.	1 an à partir de la date du brevet.	La déchéance.	L'interruption pendant 1 an produit les mêmes résultats.
Panama Loi sur les brevets et les marques, du 9 novembre 1908, art. 12 (*Prop. ind.*, 1909, p. 153).	Faire usage du brevet.	Pendant le premier tiers de la durée du brevet.	La déchéance.	—
Paraguay	Pas de lois sur les brevets.			
Pérou Loi apportant des modifications à la loi sur les brevets, du 28 janvier 1869, art. 15 (2°) (*Prop. ind.*, 1895, p. 26). Décrets des 1er mai 1903 (*Prop. ind.*, 1904, p. 42) et 25 octobre 1909 concernant l'exploitation obligatoire des inventions brevetées (*Prop. ind.*, 1910, p. 125).	Mise en pratique de la découverte ou invention.	2 ans après la date du brevet; peut être prolongée sur demande et contre une taxe de 25 *soles*.	La déchéance.	Le breveté peut justifier légalement des motifs du retard.
Perse	Pas de lois sur les brevets.			
Philippines (Iles) Loi concernant les brevets, du 12 mars 1919, art. 15 à 17 (*Prop. ind.*, 1920, p. 99).	Exploiter l'invention ou la découverte.	5 ans après la délivrance du brevet.	Le brevet expire.	L'action est instruite de la même manière qu'une action ordinaire. Les Cours de première instance sont compétentes. L'appel devant la Cour suprême est admis.
Porto-Rico (Ile)	La législation des États-Unis est applicable.			
Russie Décret sur les brevets, du 12 septembre 1924, art. 18 (à paraître dans la *Prop. ind.*).	Exploiter ou faire exploiter l'invention dans le pays dans une forme qui rende possible l'utilisation industrielle de son objet.	5 ans à compter de la date de la délivrance du brevet.	Délivrance d'une licence obligatoire ou révocation du brevet, si la non-exploitation a été intentionnelle.	L'action en délivrance d'une licence obligatoire doit être intentée devant le Comité des inventions par la partie intéressée. Le payement des annuités du brevet ne commence qu'à partir de l'exploitation.
Saint-Marin (République de)	La législation italienne est applicable.			
Salvador Loi sur les brevets, du 19 juin 1913 (*Prop. ind.*, 1914, p. 68).	Pas de dispositions spéciales.			

Noms des pays et dates des actes	Nature de l'obligation	Durée du délai	Sanctions	Observations
Siam	Pas de lois sur les brevets.			
Syrie et Liban Arrêté n° 2385, du 17 janvier 1924, organisant la protection de la propriété commerciale, industrielle, etc. (*Prop. ind.*, 1924, p. 153, 177).	Mettre l'invention en pratique, à moins que le breveté n'établisse avoir fait aux industriels susceptibles de réaliser son invention des offres directes et n'avoir pas refusé sans motif des demandes de licence faites à des conditions raisonnables.	2 ans à partir de la date du brevet.	Le breveté est déchu de ses droits.	L'introduction en Syrie ou au Liban d'objets de provenance étrangère, semblables à ceux que le brevet garantit, produit les mêmes effets, sous réserve des conventions internationales contraires applicables à la Syrie et au Liban.
Turquie Loi sur les brevets, du 18 février 1879, art. 38 (3°) (*Rec. gén.*, tome II, p. 616). Avis du 28 septembre 1908 (*Rec. gén.*, tome VII, p. 193).	Mise en exploitation dans le pays.	2 ans à partir de la date du brevet.	La déchéance, prononcée par le tribunal de première instance sur requête d'une partie intéressée.	L'interruption pendant 2 ans sans motifs valables produit les mêmes résultats. L'importation d'objets couverts par le brevet est interdite.
Union Sud-Africaine Loi sur les brevets, les dessins et les marques, du 7 avril 1916, section 59 (*Prop. ind.*, 1917, p. 107).	Satisfaire aux exigences raisonnables du public en ce qui concerne une invention brevetée (voir Ceylan).	3 ans à compter de la concession du brevet pour la révocation; 2 ans pour l'octroi d'une licence obligatoire.	Octroi d'une licence obligatoire ou révocation du brevet, à la requête de toute personne intéressée, après 2 ans à partir de la concession du brevet.	La demande doit être adressée au *Registrar* qui la renverra à la Cour au cas où elle serait recevable. La Cour peut obliger le breveté à accorder une licence aux conditions qu'elle estimera justes ou prononcer la révocation du brevet. Le breveté peut donner des raisons satisfaisantes de son inaction.
Uruguay Loi sur les brevets, du 13 novembre 1885, art. 36 (*Rec. gén.*, tome III, p. 521). Décret du 21 septembre 1917 (*Prop. ind.*, 1918, p. 126).	Établir l'industrie brevetée.	La durée du délai est établie par le brevet. Elle est prorogeable 12 mois en cas de force majeure ou d'événements fortuits.	La déchéance.	L'interruption pendant plus d'un an produira les mêmes effets, sauf le cas de force majeure ou d'empêchement fortuit. Le brevet fixe aussi les conditions de l'exploitation.
Vénézuela Loi sur les brevets, du 2 juin 1882, art. 6 (*Rec.*, tome III, p. 529) mettant en vigueur la loi de 1882 sur les brevets. Décret du 17 mai 1890 (*Prop. ind.*, 1901, p. 59). Décret du 28 février 1905 concernant l'exploitation des inventions brevetées (*Prop. ind.*, 1905, p. 182).	Exploiter l'invention.	6 mois, un an ou 2 ans après la date du brevet, selon la durée de celui-ci.	La déchéance, prononcée par les tribunaux fédéraux.	L'interruption pendant une année produit le même résultat. Les décrets de 1890 et de 1905 déclarent qu'il suffit d'exploiter l'invention dans le pays d'origine de telle sorte que la consommation puisse être satisfaite.

C. TABLEAU

CONCERNANT

LES SANCTIONS PRÉVUES EN MATIÈRE D'USAGE FRAUDULEUX DE MARQUES DE FABRIQUE ET LES PERSONNES QUALIFIÉES POUR INTENTER UNE ACTION AUX TERMES DES LOIS SUR LES MARQUES DES DIVERS PAYS

ARTICLE 6ter

PAYS	Sanctions civiles	Sanctions pénales	Personnes qualifiées pour intenter une action
Allemagne	§§ 14, 15, 17, 19 à 21 de la loi du 12 mai 1894 sur les marques (*Prop. ind.*, 1894, p. 118).	§§ 14 à 20 de ladite loi.	La partie lésée seule (§§ précités de ladite loi).
Argentine	Articles 6, 51, 52, 55, 57 à 62 de la loi du 14 octobre 1900 sur les marques (*Prop. ind.*, 1901, p. 1).	Articles 48 à 55, 63, 65 à 67 de ladite loi.	Le propriétaire de la marque. L'action criminelle ne pourra être intentée d'office par le Ministère public, mais une fois intentée par les particuliers intéressés, elle pourra être continuée par le Ministère public (art. 6, 57 et 66 de ladite loi).
Autriche	§§ 27, 29, 31 de la loi du 6 janvier 1890 sur les marques (*Prop. ind.*, 1892, p. 43).	§§ 23, 25 à 27, 30 de ladite loi.	La poursuite n'a lieu qu'à la requête de la partie lésée (§ 26 de ladite loi).
Belgique	Article 15 de la loi du 1er avril 1879 sur les marques (*Prop. ind.*, 1885, p. 22).	Articles 8 à 14 de ladite loi.	L'action publique ne peut être poursuivie que sur la plainte de la partie lésée (art. 14 de ladite loi).
Bolivie	Articles 52, 55 à 62 de la loi du 15 janvier 1918 sur les marques (*Prop. ind.*, 1918, p. 121).	Articles 47 à 62 de ladite loi.	Les propriétaires de la marque ou leurs mandataires. Tout industriel ou commerçant aux droits ou aux intérêts duquel il a été porté atteinte (art. 5 et 57 de ladite loi).
Brésil	Article 123 du règlement pour l'exécution du décret du 19 décembre 1923 portant création de la direction générale de la propriété intellectuelle (*Prop. ind.*, 1924, p. 34).	Articles 116 à 126 dudit règlement.	L'action est intentée par le procureur du district où le corps du délit a été trouvé dans certains cas, et par tout industriel ou commerçant intéressé ou offensé dans d'autres (art. 121 dudit règlement).
Bulgarie	Articles 39 et 52 de la loi des 14/27 janvier 1904 sur les marques (*Prop. ind.*, 1904, p. 74).	Articles 43 à 50 de ladite loi.	Les poursuites sont engagées à la requête des intéressés. Dans certains cas, elles sont intentées d'office (art. 49 de ladite loi).
Chili	—	Article 11 de la loi du 12 novembre 1874 sur les marques (*Rec. gén.*, tome III, p. 288).	Les propriétaires des marques déposées (loi du 24 octobre 1898 concernant la contrefaçon déguisée en matière de marques: note, *Prop. ind.*, 1900, p. 161).
Chine	Articles 19, 36 et 43 de la loi du 3 mai 1923 sur les marques (*Prop. ind.*, 1924, p. 19).	Articles 36, 39 à 43 de ladite loi.	La personne lésée (articles précités de ladite loi).
Colombie	Articles 7, 32, 38, 41 et 42 de la loi du 9 décembre 1914 sur les marques (*Prop. ind.*, 1915, p. 99).	Articles 29 à 43 de ladite loi.	Les actions pénales et civiles ne peuvent être intentées que par la personne lésée ou par ses héritiers ou son représentant légal (art. 38 de ladite loi).

PAYS	Sanctions civiles	Sanctions pénales	Personnes qualifiées pour intenter une action
Costa-Rica	—	Articles 8 et 9 de la loi du 22 mai 1896 sur les marques (*Prop. ind.*, 1896, p. 101).	La loi ne dit rien.
Cuba	Articles 12 et 14 du décret du 7 août 1884 réglant la concession des marques de fabrique et des dessins ou modèles industriels dans les provinces d'outre-mer (*Prop. ind.*, 1903, p. 39).	Articles 12 à 15 et 39 à 43 dudit décret.	Celui qui a obtenu un certificat de propriété de marques (art. 12 dudit décret). La poursuite des infractions appartiendra à l'action publique (art. 43 dudit décret).
Danemark	Articles 12, 13 et 17 de la loi du 11 avril 1890 sur les marques (*Prop. ind.*, 1894, p. 145).	Articles précités de ladite loi.	La partie lésée (art. 17 de ladite loi).
Dantzig	§§ 27, 30 et 31 de la loi du 14 juillet 1921 sur les brevets et les marques (*Prop. ind.*, 1921, p. 118).	§§ 28 à 30 de ladite loi.	La poursuite pénale n'a lieu que sur plainte de la partie lésée (§ 28 de ladite loi).
Dominicaine	Articles 14 à 20 de la loi du 16 mai 1907 sur les marques (*Prop. ind.*, 1908, p. 8).	Articles 10 à 20 de ladite loi.	L'action judiciaire sera ouverte, pour certains délits, par le procureur fiscal du district dans lequel les produits incriminés seront trouvés; dans d'autres le droit de porter plainte appartient à tout industriel ou commerçant intéressé (art. 1[illegible] de ladite loi).
Équateur	Article 39 de la loi du 14 septembre 1914 sur les marques (*Prop. ind.*, 1915, p. 88).	Articles 38 à 49 de ladite loi.	Les infractions sont poursuivables d'offic[illegible] (art. 43 de ladite loi).
Espagne	Articles 32, 147 et 148 de la loi du 16 mai 1902 sur la propriété industrielle (*Prop. ind.*, 1902, p. 182).	Articles 32, 133, 134, 136, 137, 147 et 148 de ladite loi.	Les personnes qualifiées aux termes des lois sur la procédure civile et pénale (art. 148 de la dite loi).
Esthonie	§ 142 de la loi du 15 avril 1921 sur les marques (*Prop. ind.*, 1924, p. 112).	Ledit § de ladite loi.	Les personnes dont les droits ont été violé[illegible] (ledit § de ladite loi).
États-Unis	Sections 3 et 4 de la loi du 19 mars 1920 concernant l'application de certaines dispositions de la Convention de Buenos-Ayres sur les marques de fabrique (*Prop. ind.*, 1921, p. 19), et sections 16 à 21 de la loi du 20 février 1905 sur les marques (*Prop. ind.*, 1905, p. 53).	—	Le propriétaire de la marque (articles précité[illegible] desdites lois).
Finlande	§ 10 de la loi du 3 juin 1921 sur les marques (*Prop. ind.*, 1922, p. 18).	§ 13 du Code pénal du 19 décembre 1889 (*Rec. gén.*, tome II, p. 426).	Toute personne lésée (§ 7 de ladite loi).
France	Articles 16 à 19 de la loi du 23 juin 1857 sur les marques (*Prop. ind.*, 1890, p. 66).	Articles 7 à 18 de ladite loi.	Le propriétaire de la marque (articles précit[illegible] de ladite loi).
Grande-Bretagne	Articles 42 et 43 de la loi du 11 août 1905 sur les marques (*Prop. ind.*, 1906, p. 17).	Articles précités de ladite loi.	Toute personne intéressée (articles précités [illegible] ladite loi).

PAYS	Sanctions civiles	Sanctions pénales	Personnes qualifiées pour intenter une action
Grèce	Articles 6 et 10 de la loi des 10/22 février 1893 sur les marques (*Prop. ind.*, 1894, p. 103).	Articles 6 à 11 de ladite loi.	L'action publique ne peut s'exercer que sur la plainte de la partie lésée (art. 11 de ladite loi).
Guatémala	Articles 20, 31, 34 à 38 de la loi du 13 mai 1899 sur les marques (*Prop. ind.*, 1900, p. 38).	Articles précités de ladite loi.	Les personnes qui se croyent lesées (art. 31 de ladite loi).
Haïti	Articles 15 à 17 de la loi du 18 décembre 1922 sur les marques (*Prop. ind.*, 1923, p. 186).	Articles 12 à 18 de ladite loi.	Les délits seront poursuivis soit d'office, soit sur la plainte de la partie intéressée (art. 14 de ladite loi).
Honduras	Article 28 de la loi des 14/22 mars 1919 sur les marques (*Prop. ind.*, 1920, p. 29).	Articles 26 à 28 de ladite loi.	Les personnes qualifiées aux termes des dispositions du second chapitre, livre unique du Code de procédure (art. 28 de ladite loi).
Hongrie	§§ 27 à 29 de la loi du 4 février 1890, telle qu'elle a été modifiée par la loi du 30 juillet 1895 sur les marques (*Prop. ind.*, 1892, p. 43, et 1899, p. 199).	§§ 23 à 29 de ladite loi.	La poursuite n'a lieu qu'à la requête de la partie lésée (§ 2 de ladite loi).
Italie	Articles 10 et 11 de la loi du 30 août 1868 sur les marques (*Rec. gén.*, tome II, p. 93).	Articles 10 à 12 de ladite loi.	L'action publique peut être exercée indépendamment de toute plainte. Celle-ci appartient à toute personne intéressée (art. 11 de ladite loi).
Japon	—	§§ 34 à 44 de la loi du 29 avril 1921 sur les marques (*Prop. ind.*, 1924, p. 23).	La loi ne dit rien. Toutefois la teneur du § 41 laisse supposer que l'action peut être intentée soit d'office, soit à la requête de la partie lésée.
Maroc (à l'exception de la zone espagnole)	Articles 133 à 140 du dahir du 26 juin 1916 concernant la propriété industrielle (*Prop. ind.*, 1917, p. 3).	Articles 120 à 123, 138 à 140 dudit dahir.	L'action publique ne peut être exercée que sur la plainte de la partie lésée. L'assignation délivrée au civil tiendra lieu de plainte (art. 139 dudit dahir).
Maroc (Zone espagnole)	Voir Espagne.		
Mexique	Articles 29, 30, 36 à 38 de la loi du 25 août 1903 sur les marques (*Prop. ind.*, 1904, p. 58).	Articles 18 à 38 de ladite loi.	Les délits pourront être poursuivis par le Ministère public ou par toute personne qui se croira lésée. Le procès sera en tous cas continué d'office une fois qu'il aura été commencé (art. 28 de ladite loi).
Nicaragua	Article 19 de la loi du 20 novembre 1907 sur les marques (*Prop. ind.*, 1908, p. 37).	Articles 18 et 19 de ladite loi.	La loi ne dit rien. On peut présumer par les dispositions de l'art. 19 que l'action peut être intentée soit d'office, soit par la partie lésée.
Norvège	Articles 22 à 29 de la loi du 2 juillet 1910 sur les marques (*Prop. ind.*, 1911, p. 6).	Articles précités de ladite loi.	Le Ministère public ne poursuivra que sur la plainte de la partie lésée (art. 22 de ladite loi).
Paraguay	Articles 30 à 33 et 36 de la loi du 25 juin 1889 sur les marques (*Rec. gén.*, tome III, p. 480).	Articles 28 à 36 de ladite loi.	L'action criminelle ne pourra être intentée d'office et n'appartiendra qu'aux parties intéressées, mais — une fois entamée — elle pourra être continuée par le Ministère public (art. 34 de ladite loi).

PAYS	Sanctions civiles	Sanctions pénales	Personnes qualifiées pour intenter une action
Pays-Bas	Article 401 du Code civil.	Articles 328bis et 337 du Code pénal (*Rec. gén.*, tome II, p. 203).	Pour les actions civiles, la partie lésée; pour les actions pénales, le Ministère public.
Pérou	Article 30 de la loi du 19 décembre 1892 sur les marques (*Prop. ind.*, 1897, p. 2).	Articles 23 à 29 de ladite loi.	Le droit d'intenter l'action appartient exclusivement à la personne lésée mais dès que les poursuites seront commencées le Ministère public interviendra (art. 29 de ladite loi).
Pologne	Article 21 du décret du 4 février 1919 sur les marques (*Prop. ind.*, 1919, p. 78).	Ledit article de ladite loi.	Celles établies par le Code de procédure pénale (ledit article de ladite loi).
Portugal	Article 99 de la loi du 21 mai 1896 concernant la protection de la propriété industrielle (*Prop. ind.*, 1895, p. 82; 1897, p. 169).	Articles 94 à 103 de ladite loi.	Les actions peuvent être intentées par toute personne se jugeant lésée ou par le Ministère public, qui interviendra en tous cas (art. 102 de ladite loi).
Roumanie	Articles 22 à 24 de la loi des 15/27 avril 1879 sur les marques (*Rec. gén.*, tome II, p. 334).	Articles 12 à 24 de ladite loi.	Les intéressés (art. 24 de ladite loi).
Salvador	Articles 5, 31 à 33 de la loi du 22 juillet 1921 sur les marques (*Prop. ind.*, 1922, p. 20).	Articles 208 à 211 et 492 du Code pénal de 1904 (*Prop. ind.*, 1911, p. 24).	Le propriétaire de la marque (art. 5 de ladite loi).
Royaume des Serbes, Croates et Slovènes	Articles 145 à 147 de la loi du 17 février 1922 sur la propriété industrielle (*Prop. ind.*, 1921, p. 34; 1922, p. 61).	Articles 145 à 149 de ladite loi.	La partie lésée (art. 147 et 148 de ladite loi).
Siam	—	Articles 236 à 239 du Code pénal du 1er juin 1908 (*Prop. ind.*, 1910, p. 91).	Le Code ne dit rien.
Suède	Article 18 de la loi du 5 juillet 1884 sur les marques (*Prop. ind.*, 1886, p. 39).	Article 12 de la loi du 15 mars 1918 sur les marques (*Prop. ind.*, 1918, p. 77).	Le Ministère public ne pourra commencer les poursuites en matière pénale que sur la plainte de la partie lésée (art. 12 de la loi du 15 mars 1918 sur les marques). Actions civiles: les intéressés? (la loi ne dit rien).
Suisse	Articles 24 à 34 de la loi du 24 septembre 1890 sur les marques (*Prop. ind.*, 1890, p. 123).	Articles précités de ladite loi.	Les coupables seront punis d'office ou sur plainte. L'action peut être intentée par l'acheteur trompé et par l'ayant droit à la marque (art. 26 et 27 de ladite loi).
Syrie et Liban	Titre VI, chap. II, V et VI de l'arrêté du 17 janvier 1924 portant réglementation des droits de propriété industrielle, etc. (*Prop. ind.*, 1924, p. 178).	Chapitres précités dudit arrêté.	Le Ministère public, la partie lésée sur plainte au Ministère public ou au Directeur de l'Office de protection, le Directeur de l'Office de protection (art. 120 dudit arrêté).
Tchécoslovaquie	Législation autrichienne applicable.		
Tunisie	Articles 25 à 27 de la loi du 3 juin 1889 sur les marques (*Prop. ind.*, 1891, p. 74).	Articles 2 à 27 de ladite loi.	Le propriétaire de la marque (art. précités de ladite loi).
Turquie	Articles 11 à 13 du règlement du 10 mai 1888 sur les marques (*Rec. gén.*, tome II, p. 619).	Articles 11 à 20 dudit règlement.	Les dispositions des articles 11 à 13 dudit règlement portent à croire que le droit de plainte appartient à la partie lésée.
Uruguay	Articles 42 et 43 de la loi du 13 juillet 1909 sur les marques (*Rec. gén.*, tome VI, p. 508).	Articles 34 à 45 de ladite loi.	La partie lésée (art. 34 de ladite loi).
Venezuela	Article 12 de la loi du 24 mai 1877 sur les marques (*Rec. gén.*, tome III, p. 534)	Articles 300 et 301 du Code pénal du 20 février 1898 (*Rec. gén.*, tome III, p. 537).	La loi et le code ne disent rien.

D. TABLEAU

DES DISPOSITIONS LÉGISLATIVES DES PAYS UNIONISTES

EN CE QUI CONCERNE

LA RÉPRESSION DE L'USAGE NON AUTORISÉ D'ARMOIRIES, DÉCORATIONS, EMBLÈMES, etc.

ARTICLE 6quater

PAYS	Interdiction de l'usage d'armoiries, emblèmes, etc. comme marques de fabrique ou de commerce	Interdiction de l'usage commercial ou industriel d'armoiries, emblèmes, etc. autre que comme éléments de marques	Interdiction des fausses mentions de récompenses industrielles
Allemagne*	§ 4 du 12 mai 1894 sur les marques de marchandises, tel qu'il a été modifié par l'article III de la loi du 31 mars 1913 pour l'application de la Convention de Paris revisée (*Prop. ind.*, 1913, p. 66).	§ 360 et al. 7 du Code pénal de 1870. §§ 16 et 20 de la loi du 12 mai 1894 sur les marques de marchandises (*Rec. gén.*, tome I, p. 86; *Prop. ind.*, 1894, p. 118).	§§ 3 et 4 de la loi du 7 juin 1909 sur la concurrence déloyale (*Prop. ind.*, 1909, p. 169).
Autriche	§§ 3, 4, 24 et 25 de la loi du 6 janvier 1890 sur les marques (*Prop. ind.*, 1892, p. 43).	§§ 24 et 25 de ladite loi du 6 janvier 1890 sur les marques.	§ 3 de ladite loi du 6 janvier 1890 sur les marques.
Brésil	Art. 80 du règlement du 19 décembre 1923 (*Prop. ind.*, 1924, p. 58).	—	Art. 80 et 117 dudit règlement.
Bulgarie*	Art. 22, 23 et 43 de la loi des 14/27 janvier 1904 sur les marques (*Prop. ind.*, 1904, p. 74).	Art. 43 de ladite loi des 14/27 janvier 1904.	Art. 22 et 23 de ladite loi des 14/27 janvier 1904.
Cuba	Art. 5 du décret espagnol réglant la concession des marques dans les provinces d'outre-mer, du 21 août 1884 (*Prop. ind.*, 1903, p. 39).	—	Art. 5 dudit décret du 21 août 1884.
Danemark	Art. 1er de la loi du 12 janvier 1915 modifiant la législation sur les marques (*Prop. ind.*, 1903, p. 39).	—	—
Dantzig	§ 13 de la loi du 14 juillet 1921 concernant les marques (*Prop. ind.*, 1921, p. 117).	—	—
Dominicaine	Art. 6 de la loi du 16 mai 1907 sur les marques (*Prop. ind.*, 1908, p. 8).	—	Art. 6 de ladite loi du 16 mai 1907.
Espagne	Art. 28 de la loi du 16 mai 1902 concernant la protection de la propriété industrielle (*Prop. ind.*, 1902, p. 82).	—	Art. 42 à 46 et 143 de ladite loi du 16 mai 1902.
Esthonie	§ 131, no 4 de la loi du 15 avril 1921 sur les marques (*Prop. ind.*, 1924, p. 112).	—	—
États-Unis	Art. 5 de la loi du 8 janvier 1913 modifiant celle sur les marques (*Prop. ind.*, 1914, p. 81).	—	—
Finlande*	§ 4 de la loi du 3 janvier 1921 modifiant celle sur les marques (*Prop. ind.*, 1922, p. 18).	—	§ 4 de ladite loi du 3 janvier 1921.

Les pays soulignés prévoient l'interdiction des armoiries, etc. étrangères; ceux suivis d'un astérisque ont des lois ambiguës sur ce point et ceux qui n'ont aucun signe bornent l'interdiction aux armoiries, etc. nationales.

Les 21 pays suivants ont répondu à notre enquête: Allemagne, Brésil, Bulgarie, Danemark, Dantzig, Espagne, États-Unis, Finlande, Grande-Bretagne, Italie, Japon, Maroc, Norvège, Pays-Bas, Pologne, Roumanie, Royaume des Serbes, Croates et Slovènes, Suède, Suisse, Tchécoslovaquie, Tunisie.

PAYS	Interdiction de l'usage d'armoiries, emblèmes, etc. comme marques de fabrique ou de commerce	Interdiction de l'usage commercial ou industriel d'armoiries, emblèmes, etc. autre que comme éléments de marques	Interdiction des fausses mentions de récompenses industrielles
France	—	Art. 1 à 3 de la loi réglementant la fabrication et la vente des sceaux, timbres et cachets officiels, du 20 mars 1918 (*Prop. ind.*, 1919, p. 26). Art. 142 et 143 du Code pénal de 1810 (*Rec. gén.*, tome I, p. 130).	Art. 1er de la loi concernant l'usurpation des médailles et récompenses industrielles, du 30 avril 1886 (*Rec. gén.*, tome I, p. 348).
Gde-Bretagne*	Art. 68 de la loi du 11 août 1905 sur les marques. Sections 12 à 14 du règlement du 9 mars 1920 sur les marques (*Prop. ind.*, 1906, p. 17).	Art. 68 de ladite loi du 11 août 1905.	Section 1re de la loi concernant les médailles obtenues aux expositions (26-27 Vict. C. 119, 1863) (*Rec. gén.*, tome I, p. 151).
Hongrie	§§ 24 et 25 de la loi du 4 février 1890 sur les marques, modifiée le 30 juillet 1895 (*Prop. ind.*, 1892, p. 43; 1899, p. 199).	§§ 24 et 25 de ladite loi du 4 février 1890.	Décret du Ministre du Commerce concernant les récompenses industrielles et les médailles, du 16 juin 1893 (*Rec. gén.*, tome IV, p. 358).
Italie*	Art. 5 et 12 de la loi du 30 août 1868 sur les marques (*Rec. gén.*, tome II, p. 87).	Art. 5 et 12 de ladite loi du 30 août 1868.	—
Japon	Art. 2 de la loi du 29 avril 1921 sur les marques (*Prop. ind.*, 1924, p. 23).	—	Art. 2 de ladite loi du 29 avril 1921.
Maroc (zone française)	Art. 75 et 76 du dahir du 23 juin 1916 sur la propriété industrielle (*Prop. ind.*, 1917, p. 3).	Art. 2 et 3 du dahir du 27 juin 1923 complétant le précédent (*Prop. ind.*, 1924, p. 115).	Art. 75 et 76 et 2 et 3 des dahirs précités.
Mexique	Art. 5 de la loi du 25 août 1903 sur les marques (*Prop. ind.*, 1904, p. 58).	—	—
Norvège	Art. 2 de la loi du 2 juillet 1910 sur les marques (*Prop. ind.*, 1911, p. 6).	Art. 2 de la loi du 7 juillet 1922 sur la concurrence déloyale (*Prop. ind.*, 1924, p. 40).	—
Pays-Bas	Art. 4 de la loi du 30 septembre 1893 sur les marques, modifiée le 30 décembre 1904 (*Prop. ind.*, 1893, p. 155; 1905, p. 37).	—	—
Pologne	Art. 110 de la loi du 5 février 1924 (*Prop. ind.*, 1924, no 12).	—	—
Portugal*	Art. 85, 136, 139 à 142 de la loi concernant la garantie des titres de propriété industrielle, du 21 mai 1896 (*Prop. ind.*, 1897, p. 169).	—	Articles précités de ladite loi du 21 mai 1896.
Roumanie	Art. 2 de la loi des 15/27 avril 1879 sur les marques (*Rec. gén.*, tome II, p. 334).	—	—
Royaume des Serbes, Croates et Slovènes	§§ 51 et 15 de la loi du 17 février 1922 pour la protection de la propriété industrielle (*Prop. ind.*, 1922, p. 61).	§ 328, al. 1er, du Code pénal du 29 mars 1869.	Art. 52 de ladite loi du 17 février 1922.
Suède*	Art. 4 de la loi du 7 août 1914 modifiant celle sur les marques (*Prop. ind.*, 1915, p. 165).	—	—
Suisse	Art. 3, 14, 21 à 23 et 36 de la loi du 26 septembre 1890 sur les marques (*Prop. ind.*, 1890, p. 123).	—	Art. 21 à 23 et 36 de ladite loi du 26 septembre 1890.
Tchécoslovaquie	Voir Autriche.	Voir Autriche.	Voir Autriche.
Tunisie	Art. 7 du décret du 12 mars 1884 réglementant la corporation des fabricants de chéchias (*Prop. ind.*, 1924, p. 117).	—	—

E. TABLEAU

CONCERNANT

LES MESURES CONSERVATOIRES PRÉVUES PAR LES LOIS DES DIVERS PAYS DU MONDE EN MATIÈRE DE CONTREFAÇON DE MARQUES, DE FAUSSES INDICATIONS DE PROVENANCE ET DE CONCURRENCE DÉLOYALE

PAYS	Saisie administrative en matière de			Saisie judiciaire en matière de			Faute de saisie, autres sanctions en matière de		
	Contrefaçon de marques	Fausses indications de provenance	Concurrence déloyale	Contrefaçon de marques	Fausses indications de provenance	Concurrence déloyale	Contrefaçon de marques	Fausses indications de provenance	Concurrence déloyale
Allemagne	§ 459 du Code de procédure pénale. §§ 17 et 22 de la loi du 12 mai 1894 sur les marques. Ordonnance du Ministre des finances du 4 août 1894. Ordonnance du Ministre des finances du 25 octobre 1894 (¹).	§ 459 du Code de procédure pénale. §§ 17 et 22 de la loi du 12 mai 1894 sur les marques. Ordonnance du Ministre des finances du 4 août 1894.	—	—	—	—	Croix-Rouge: amende ou prison (§ 2 de la loi du 22 mars 1902 concernant la protection de l'emblème de la Croix-Rouge).	—	Réparation du dommage. Prison, amende (loi du 7 juin 1909 contre la concurrence déloyale).
Argentine	—	—	—	Articles 57 et 62 de la loi du 14 octobre 1900 sur les marques.	—	—	Croix-Rouge: amende ou prison (art. 1 de la loi du 21 septembre 1893 concernant l'emploi abusif de la Croix-Rouge).	—	—
Autriche	—	§ 3, nos 3, 5 de la loi du 19 décembre 1922 concernant les appellations des vins et boissons. §§ 33, no 4, et 35 à 37 de la loi du 26 septembre 1923 contre la concurrence déloyale.	—	§ 28 de la loi du 6 janvier 1890 sur les marques. Croix-Rouge: § 2 de la loi du 23 août 1912 concernant la protection de l'emblème et du nom de la Croix-Rouge.	§ 28 de la loi du 6 janvier 1890 sur les marques. Article 10 de la loi du 17 mars 1907 concernant l'indication de provenance du houblon.	§ 28 de la loi du 6 janvier 1890 sur les marques. § 24 de la loi du 26 septembre 1923 contre la concurrence déloyale.	—	—	—
Belgique	—	—	—	—	—	—	Prison, amende (art. 9 à 11 de la loi du 1er avril 1879 sur les marques).		Prison (art. 191 du Code pénal de 1867).
Bolivie	—	—	—	Article 57 de la loi du 15 janvier 1918 sur les marques.	Article 57 de la loi du 15 janvier 1918 sur les marques.	Article 57 de la loi du 15 janvier 1918 sur les marques.	—		—
Brésil	Article 125 du décret du 19 décembre 1923 portant création de la direction de la propriété industrielle.	Article 125 du décret du 19 décembre 1923 portant création de la direction de la propriété industrielle. Article 11 du règlement du 17 décembre 1897 sur les fausses indications de provenance. Articles 2 à 5 du décret du 8 décembre 1905 sur les fausses indications de provenance.	—	—	Articles 2 à 5 du décret du 8 décembre 1905 sur les fausses indications de provenance.	—	—	—	—
Bulgarie	Article 52 de la loi du 14/27 janvier 1904 sur les marques.	Article 52 de la loi du 14/27 janvier 1904 sur les marques.	—	—	—	—	—		—
Chili	—	—	—	—	—	—	Peines établies par les articles 185, 190 et 191 du Code pénal (art. 11 de la loi du 12 novembre 1874 sur les marques).	—	—

(¹) Faute de place, nous ne donnons pas ici les références à *La Propriété industrielle*, pour lesquelles on voudra bien se reporter aux pages 30 à 97 [...] *a législation des divers pays du monde en matière de propriété industrielle.*

PAYS	Saisie administrative en matière de			Saisie judiciaire en matière de			Faute de saisie, autres sanctions en matière de		
	Contrefaçon de marques	Fausses indications de provenance	Concurrence déloyale	Contrefaçon de marques	Fausses indications de provenance	Concurrence déloyale	Contrefaçon de marques	Fausses indications de provenance	Concurrence déloyale
Chine	—	—	—	—	—	—	Amende, prison (art. 39 et suivants de la loi du 3 mai 1923 sur les marques).	—	
Colombie	—	—	—	Article 40 de la loi du 9 décembre 1914 concernant les marques, etc.	—	—	—	Amende, prison (art. 29, nº 6 de la loi ci-contre).	Action pénale, [...]paration du dom[...] (art. 51 de la lo[...] 9 décembre 1914 [...] les marques, la [...]currence déloyale
Costa-Rica	—	—	—	—	—	—	Peines prévues par l'article 496, alinéa 3, du Code pénal (art. 9 de la loi du 22 mai 1896 sur les marques); voir également peines prévues par les articles 380 à 382 du Code pénal du 11 avril 1919 (amende majeure).	—	—
Cuba	Article 14 du décret espagnol du 18 août 1884 portant règlement pour la concession de marques dans les provinces d'outre-mer.	—		—	—	—	—	Prison, amende (art. 8 de la loi créant une bande de garantie pour les tabacs).	—
Danemark	—	—		—	—	—	Interdiction, amende, prison (art. 12 et 13 de la loi du 11 avril 1890 sur les marques). Croix-Rouge: amende (art. 4 de la loi du 29 mars 1924 contre la concurrence déloyale).	Amende (§ 9 de la loi sur le commerce des produits agricoles du 30 mars 1906). Amende, prison (art. 1 et 4 de la loi du 29 mars 1924 contre la concurrence déloyale).	Amende, prison [...] et 4 de la loi du 29 [...] 1924 contre la co[...]rence déloyale).
Dantzig (Ville libre de)	—	—	—	—		—	Amende, prison (§§ 27, 28 de la loi du 14 juillet 1921 concernant les brevets et les marques).		
Dominicaine (Rép.)	Articles 15 à 19 de la loi sur les marques du 16 mai 1907.	—	—	—	—	—		—	—
Equateur	—	—	—	Article 45 de la loi des 28 octobre 1908 et 14 septembre 1914 sur les marques.	—	—	—	—	—
Espagne	Article 127 de la loi du 16 mai 1902 sur la propriété industrielle.	Article 127 de la loi du 16 mai 1902 sur la propriété industrielle.	—	—	—	—	—	—	Prison, amende [...] 138 et 139 de [...] loi du 16 mai [...]
Esthonie	—	—	—	—		—	Poursuite pénale (art. 142 de la loi du 15 avril 1921 sur les marques).	—	—
États-Unis	Section 526 du tarif douanier du 21 septembre 1922.	Section 526 du tarif douanier du 21 septembre 1922.	—	—	—	—	1. Ne seront pas admis à l'importation les produits munis de marques contrefaites (Section 27 de la loi du 20 février 1905 sur les marques). 2. Croix-Rouge: amende, prison (Sect. 4 de la loi du 23 juin 1910 sur la Croix-Rouge).	Ne seront pas admis à l'importation les produits munis d'une fausse indication de provenance (Section 27 de la loi du 20 février 1905 sur les marques).	—

PAYS	Saisie administrative en matière de			Saisie judiciaire en matière de			Faute de saisie, autres sanctions en matière de		
	Contrefaçon de marques	Fausses indications de provenance	Concurrence déloyale	Contrefaçon de marques	Fausses indications de provenance	Concurrence déloyale	Contrefaçon de marques	Fausses indications de provenance	Concurrence déloyale
Finlande	§ 10 de la loi du 3 juin 1921 sur les marques.	Articles 3 à 5 de la loi du 8 février 1921 concernant les fausses indications de provenance.	—	—	Article 3 à 5 de la loi du 8 février 1921 concernant les fausses indications de provenance.	—	—	—	—
France	Article 19, alinéas 1, 2, 3 et 4 de la loi du 23 juin 1857 sur les marques.	Article 15 de la loi des douanes du 11 janvier 1892. Article 19, alinéas 1, 2, 3 et 4 de la loi du 23 juin 1857 sur les marques.	—	Articles 17 et 18 de la loi du 23 juin 1857 sur les marques.	—	—	Croix-Rouge : amende, prison (art. 9 de la loi du 24 juillet 1913 concernant la Croix-Rouge).		Amende, prison (art. 4 de la loi du 20 mars 1918 concernant la vente des sceaux, timbres, etc.).
Grande-Bretagne	Article 16 et suivants de la loi du 23 août 1887 sur les marques.	1. Article 42 de la loi du 24 juillet 1876 concernant les douanes. 2. Article 16 et suivants de la loi du 23 août 1887 sur les marques.	—	—	—	—	Croix-Rouge : amende, confiscation (art. 1 de la loi du 18 août 1911 sur la Croix-Rouge).	—	—
Grèce	—	—	—	1. Article 9 de la loi des 10/22 février 1893 sur les marques. 2. Croix-Rouge (art. 3 de la loi du 21 janvier 1914 sur la Croix-Rouge).	Article 20 de la loi ci-après contre la concurrence déloyale.	Article 20 de la loi des 26 décembre 1913/8 janvier 1914 contre la concurrence déloyale.	—		—
Guatémala	—	—	—	—	—	—	Prison, confiscation (art. 32 et 36 de la loi du 13 mai 1899 sur les marques).	Prison, confiscation (art. 32 et 36 de la loi du 13 mai 1899 sur les marques).	—
Haïti	Articles 16 et 17 de la loi du 18 décembre 1922 sur les marques.	Articles 16 et 17 de la loi du 18 décembre 1922 sur les marques.	—	Articles 16 et 17 de la loi du 18 décembre 1922 sur les marques.	Articles 16 et 17 de la loi du 18 décembre 1922 sur les marques.	—	—	—	—
Honduras	—	—	—	—	—	—	Dispositions du second chapitre, livre unique du Code de procédure applicables (art. 28 de la loi des 14/22 mars 1919 sur les marques).	Dispositions du second chapitre, livre unique du Code de procédure applicables (art. 28 de la loi des 14/22 mars 1919 sur les marques).	—
Hongrie	Croix-Rouge (§§ 4 et 5 de l'ordonnance du 12 avril 1913 concernant la Croix-Rouge).	—		Article 28 de la loi du 4 février 1890 sur les marques.	Article 28 de la loi du 4 février 1890 sur les marques.	§§ 11, 16 et 25 de la loi nº V de 1923 contre la concurrence déloyale.	—	—	Amende (§ 157 de la loi de 1884 sur l'industrie).
Italie	—	—	—	Article 12, alinéa 8, de la loi du 30 août 1868 sur les marques.	—	—	Croix-Rouge : confiscation (art. 2 de la loi du 17 juin 1912 sur la Croix-Rouge).	Amende, prison. 1. Art. 295 à 297 du Code pénal du 30 juin 1889. 2. Art. 5 de la loi du 5 avril 1908 sur le commerce de l'huile.	Amende, prison (art. 295 à 297 du Code pénal du 30 juin 1889).
Japon	—	—	—	—	—	—	Prison, amende (§§ 34 et 35 de la loi du 29 avril 1921 sur les marques).	—	—
Lettonie	—	—	—	—	—	—	—	—	—
Libéria	—	—	—	—	—	—	—	—	—

PAYS	Saisie administrative en matière de			Saisie judiciaire en matière de			Faute de saisie, autres sanctions en matière de		
	Contrefaçon de marques	Fausses indications de provenance	Concurrence déloyale	Contrefaçon de marques	Fausses indications de provenance	Concurrence déloyale	Contrefaçon de marques	Fausses indications de provenance	Concurrence déloyale
Luxembourg	—	—	—	—	—		Croix-Rouge : prison, amende (loi du 18 décembre 1914). Prison, amende, confiscation (art. 15 à 17 de la loi du 28 mars 1883 sur les marques).	Prison (art. 191 du Code pénal).	—
Maroc (à l'exception de la zone espagnole)	—	—	—	Articles 133 à 136 du dahir du 23 juin 1916 concernant la propriété industrielle.	Articles 133 à 136 du dahir du 23 juin 1916 concernant la propriété industrielle.	—	Les produits importés sont prohibés à l'entrée (art. 2 et 3 du dahir complémentaire du 27 juin 1923 concernant la propriété industrielle).	—	Dommages-intér (art. 127 du dahir 23 juin 1916 con nant la propriété dustrielle).
Maroc (Zone espagnole)	Voir Espagne			Voir Espagne					
Mexique	—	—	—	Articles 20 et suivants de la loi du 25 août 1903 sur les marques.	—	—	—	Prison, amende (art. 20 de la loi précitée).	Prison, amende (23 de la loi précit
Nicaragua	—	—	—	—	—	—	Prison, amende, confiscation (art. 18 et 19 de la loi du 20 novembre 1907 sur les marques).	—	—
Norvège	—	—	—	—	—	Article 1 de la loi du 7 juillet 1922 contre la concurrence déloyale. « mesure provisoire ».	Cessation, dommages-intérêts, amende (art. 22 à 29 de la loi ci-après). Croix-Rouge : amende, prison (dispositions des 5 juin 1909 et 10 juillet 1910 sur la Croix-Rouge).	Cessation, dommages-intérêts, amendes (art. 25 de la loi du 2 juillet 1910 sur les marques).	—
Paraguay	—	—	—	—	—	—	—	—	—
Pays-Bas	—	—	—	—	—	—	Croix-Rouge : amende, prison (art. 1 de la loi du 7 janvier 1911 sur la Croix-Rouge). Amende, prison (art. 337 du Code pénal).	Amende, prison (art. 337 du Code pénal).	Amende, prison 328bis du Code pé
Pérou	—	—	—	Article 27 de la loi du 19 décembre 1892 sur les marques.	—	—	—	—	—
Pologne	—	—	—	—	—	—	Dommages-intérêts, amende, prison, destruction des stocks (art. 121 à 123 de la loi du 5 février 1921 sur les marques).	—	—
Portugal	Limitée aux objets qui, devant être munis d'une marque obligatoire, ne la portent pas (art. 97 de la loi du 21 mai 1896 sur les marques).	—	—	Article 100 de la loi précitée.	—	—	Croix-Rouge : amende, confiscation (art. 2 de la loi du 21 mai 1896 sur la Croix-Rouge).	Prohibition à l'importation des vins provenant d'autres régions que celle du Douro (art. 6 de la loi du 18 septembre 1908 sur les vins).	—

PAYS	Saisie administrative en matière de			Saisie judiciaire en matière de			Faute de saisie, autres sanctions en matière de		
	Contrefaçon de marques	Fausses indications de provenance	Concurrence déloyale	Contrefaçon de marques	Fausses indications de provenance	Concurrence déloyale	Contrefaçon de marques	Fausses indications de provenance	Concurrence déloyale
Roumanie	—	—	—	Article 23 de la loi des 15/27 avril 1879 sur les marques.	—	—	Croix-Rouge: amende, prison, confiscation (art. 13 et 14 de la loi des 17/30 mai 1913 sur la Croix-Rouge).	—	Amende, prison (art. 335 et 336 du Code pénal).
Salvador	Article 21 de la loi du 22 juillet 1921 sur les marques.	—	—	—	—	—	—	—	—
…ue des Serbes, …s et Slovènes	—	§ 131 de l'ordonnance du 15 novembre 1920 sur la propriété industrielle (non modifié par la loi du 12 février 1922).	—	—	—	—	Amende, prison (§ 148 de la loi du 12 février 1922 sur la propriété industrielle).	—	—
Siam	—	—	—	—	—	—	Amende, prison. Code pénal du 1er juin 1908 (art. 235 à 239).	Amende, prison (art. 235 à 239 du Code pénal du 1er juin 1908).	Amende, prison (art. 235 à 239 du Code pénal du 1er juin 1908).
Suède	—	Article 18 de la loi du 5 juin 1913, tel qu'il a été modifié par la loi du 9 octobre 1914 (vente dans le pays).	—	—	—	—	Amende, prison (art. 12 de la loi du 18 mars 1918 sur les marques).	—	—
Suisse	Croix-Rouge (art. 4 de la loi du 14 avril 1910 sur la Croix-Rouge). La loi dit: «autorité compétente».	—		Article 31 de la loi du 26 septembre 1890 sur les marques et les indications de provenance.	Article 31 de la loi du 26 septembre 1890 sur les marques et les indications de provenance.	—	—	—	
…e et Liban	—	—	—	Articles 116, 128 à 132 de l'arrêté du 17 janvier 1924 sur la propriété industrielle.	Articles 116, 128 à 132 de l'arrêté du 17 janvier 1924 sur la propriété industrielle.	Articles 116, 128 à 132 de l'arrêté du 17 janvier 1924 sur la propriété industrielle.	—	—	—
…coslovaquie	Voir Autriche. Croix-Rouge (art. 6 de la loi du 19 décembre 1921 concernant la Croix-Rouge).	—	—	—	—	—	—	Amende, prison (loi du 12 août 1921 concernant le houblon).	—
Tunisie	Article 28 de la loi du 3 juin 1889 sur les marques.	Article 28 de la loi du 3 juin 1889 sur les marques.	—	Articles 26 et 27 de la loi du 3 juin 1889 sur les marques.	—	—	—	—	—
…urquie	—	—	—	Articles 12 et 19 du règlement du 10 mai 1888 sur les marques.	—	—	—	Produits étrangers prohibés à l'importation et restitués au propriétaire (art. 23 du règlement du 10 mai 1888 sur les marques).	—
…uguay	—	—	—	Article 46 de la loi du 13 juillet 1900 sur les marques.	—	—	—	—	—
…ézuela	—	—	—	—	—	—	Amende, prison (art. 12 de la loi du 24 mai 1877 sur les marques).	Prison (art. 320 à 322 du Code pénal de 1915).	Prison (art. 320 à 322 du Code pénal de 1915).

F. TABLEAU

INDIQUANT LES PERSONNES QUALIFIÉES POUR ESTER EN JUSTICE EN MATIÈR D'ACTIONS INTENTÉES CONTRE DES ACTES DE CONCURRENCE DÉLOYALE

Nom du pays	Personnes qualifiées pour ester en justice
*Allemagne ([1])	«Dans les cas prévus aux §§ 1 et 3, l'action en cessation des faits délictueux peut être i par tout industriel qui fabrique ou met dans la circulation commerciale des marchandises ou des pres identiques ou analogues, ou par les associations pour la protection des intérêts industriels, en tant que l ciations sont admises à intenter des actions de droit civil. Les susdits industriels et associations peuvent ment actionner en cessation des faits délictueux les personnes qui contreviennent aux §§ 6, 8, 10, 11 et la présente loi.» «Sauf dans les cas prévus aux §§ 4, 6, 10 et 11, la poursuite pénale n'a lieu que sur plainte. Dans prévus aux §§ 8 et 12, chacun des industriels et associations mentionnés au 1er alinéa du § 13 a le d porter plainte.» «Toute plainte peut être retirée par son auteur. Les actes punissables aux termes du § 4 peuve poursuivis, tout comme les actes dont la poursuite n'a lieu que sur plainte (§§ 8, 12) par une action pri la partie lésée (§ 374, al. 1, no 7 du Code de procédure pénale) et de chacun des industriels et association tionnés au 1er alinéa du § 13.» «Celui qui ne possède pas un établissement principal en Allemagne ne pourra invoquer la pro accordée en vertu de la présente loi que si, par une publication insérée dans le *Bulletin des lois de pire*, il est établi que les industries allemandes jouissent d'une protection analogue dans le pays où es l'établissement principal.» (§§ 13, 22 et 28 de la loi du 7 juin 1909 contre la concurrence déloyale, v. *Pro* 1909, p. 169, telle qu'elle a été modifiée par la loi du 21 mars 1925, *ibid.*, 1925, p. 86.)
Argentine ([2])	«L'action criminelle ne pourra être instituée d'office. Elle appartiendra uniquement aux particulie ressés.» — «Les personnes lésées par suite de contraventions aux dispositions de la présente loi pourront e une action en dommages-intérêts contre les auteurs de la fraude et leurs coopérateurs.» (Art. 66 et 67 d du 14 octobre 1900 sur les marques, v. *Prop. ind.*, 1901, p. 1.)
*Autriche	«L'action en cessation des faits délictueux peut être intentée par tout propriétaire d'une entrepr fabrique ou met dans le commerce des produits ou prestations du même genre ou d'un genre analogue les associations créées pour sauvegarder les intérêts économiques des propriétaires d'entreprises, si ces a tions représentent des intérêts qui sont touchés par le fait délictueux.» — «Les ressortissants de pays ét qui ne possèdent pas d'établissement principal dans le pays n'ont droit à la protection de la présente n'existe pas de conventions internationales, que dans la mesure où, d'après un avis publié dans la fédérale des lois *(Bundesgesetzblatt)*, l'État dans lequel ils ont leur établissement principal accorde la protection aux citoyens de la République autrichienne.» (§§ 14 et 40 de la loi du 26 septembre 1923 co concurrence déloyale, v. *Prop. ind.*, 1924, p. 3.)
*Belgique	«L'action publique ne peut être intentée que sur la plainte de la partie lésée.» (Art. 14 de la 1er avril 1879 sur les marques, v. *Prop. ind.*, 1885, p. 22.)
Bolivie	«Le propriétaire du nom, de la raison sociale, de l'enseigne, de la désignation de la maison, de l'ent ou de l'établissement aura une action civile pour faire cesser l'usurpation ou l'imitation et pour récla réparation du préjudice qu'elle lui causera.» — «Il pourra également exercer une action pénale contre le facteur en cas de dol.» (Art. 44 et 45 de la loi du 15 janvier 1918 sur les marques, v. *Prop. ind.*, 1918,
*Brésil	«Est compétent pour intenter l'action pénale contre les délits prévus par les nos 4 et 6 de l'arti tout industriel ou commerçant en articles similaires qui réside au lieu indiqué comme provenance ai le propriétaire de l'établissement faussement indiqué et, dans les cas prévus aux articles 116 et 118, l' ou l'intéressé.» (Art. 121 du règlement pour l'exécution du décret no 16 264, du 19 décembre 1923, portant c de la Direction générale de la propriété industrielle, v. *Prop. ind.*, 1924, p. 34 et suiv.)
*Bulgarie	«Les poursuites pour contravention à la présente loi sont engagées à la requête des intéressés. T les poursuites pour contraventions aux lettres *d, e, g, k, l* de l'article 43 sont intentées d'office.» (Art. 4 loi sur les marques des 14/27 janvier 1904, v. *Prop. ind.*, 1904, p. 74.)
*Canada	«Le propriétaire d'une marque de commerce..... le propriétaire de tout dessin..... le propriétaire d marque de bois..... peut porter une action pour les dommages par lui soufferts.....» (Art. 18 et 36 de la 1921 sur les marques et les dessins, v. *Prop. ind.*, 1924, p. 170, et 12 de la loi de 1921 sur les marques a sur les bois de service, *ibid.*, 1924, p. 173.)

([1]) Les pays dont le nom est précédé d'un astérisque appartiennent à l'Union.

([2]) Les pays dont le nom est souligné n'ont pas de législation spéciale contre la concurrence déloyale. Nous citons donc les dispositions des aut qui frappent certains actes de concurrence déloyale.

Nom du pays	Personnes qualifiées pour ester en justice
Chili	—
Chine	La loi ne spécifie pas quelles personnes sont qualifiées pour intenter une action. Cependant elle mentionne à plusieurs reprises en matière de procédure les mots «la partie lésée». L'article 43 est, en outre, ainsi conçu: «En ce qui concerne les peines punissant les délits relatifs aux marques de fabrique et prévues par les articles 39 à 42, ainsi que l'indemnisation des dommages subis, les jugements et leur exécution, on procédera conformément aux traités en vigueur lorsqu'il s'agira d'un étranger ressortissant d'un pays ayant signé avec la Chine des traités contenant des dispositions spéciales sur la matière.» (Loi sur les marques du 3 mai 1924, v. *Prop. ind.*, 1924, p. 19.)
Colombie	«Les actes de concurrence déloyale confèrent à la partie lésée le droit d'intenter devant le tribunal ordinaire une action en cessation de ces actes et en réparation des dommages-intérêts. Ces actions seront exercées par la voie ordinaire.» (Art. 66 de la loi nº 31, du 28 février 1925, concernant la protection de la propriété industrielle (dont les articles 65 et 66 concernent la concurrence déloyale), v. *Prop. ind.*, 1925, p. 111.)
Congo	«L'action publique ne peut être poursuivie que sur la plainte de la partie lésée.» (Art. 9 de l'arrêté du 27 avril 1888, portant exécution du décret sur les marques, v. *Prop. ind.*, 1911, p. 18.)
Costa-Rica	—
***Cuba**	—
***Danemark**	«Les actions pénales pour contraventions aux articles 3, 4 et 14 sont intentées par le Ministère public. Les poursuites pour contraventions à l'article 1er (v. art. 2) peuvent être requises par les associations que le Ministre du Commerce autoriserait à cet effet. Les poursuites pour contraventions aux articles 5 à 7 (v. art. 8) et 12 peuvent être requises par les associations commerciales, auxquelles le Ministre du Commerce en donnerait l'autorisation. Les contraventions prévues aux articles 9, 10, 11 et 13 sont poursuivies à la requête de la partie lésée, mais la requête doit être approuvée par les associations mentionnées dans la première partie de cet article.» (Art. 15 de la loi du 24 mars 1924, concernant les pénalités encourues pour l'emploi d'indications fausses sur les marchandises, v. *Prop. ind.*, 1924, p. 218.)
***Dantzig**	«L'action pénale n'a lieu que sur la plainte de la partie lésée.» (§ 28 et 29 de la loi du 14 juillet 1921 concernant les brevets et les marques, v. *Prop. ind.*, 1921, p. 117.)
Dominicaine (Rép.)	«Le propriétaire de l'établissement indiqué faussement, ainsi que tout commerçant ou industriel intéressé à la branche de commerce à laquelle appartient l'article contrefait auront le droit de porter plainte.» (Art. 12 de la loi du 16 mai 1907 sur les marques, v. *Prop. ind.*, 1908, p. 8.)
Equateur	«Les infractions mentionnées dans la présente loi sont poursuivables d'office.» (Art. 43 de la loi du 14 septembre 1914 sur les marques, v. *Prop. ind.*, 1915, p. 88.)
***Espagne**	«Dans les actions et procédures pénales la compétence sera réglée par les dispositions y relatives de la loi sur la procédure criminelle.» — «Les actions pénales seront instruites conformément aux prescriptions de la loi sur la procédure criminelle.» — «Les actions civiles et pénales en matière de propriété industrielle seront portées devant les tribunaux ordinaires compétents en raison de la matière.» (Art. 145, 147 et 148 de la loi du 16 mai 1902 sur la propriété industrielle [dont le titre X a trait à la concurrence illicite], v. *Prop. ind.*, 1902, p. 82 et suiv.)
***Esthonie**	—
***États-Unis**	«Toute personne..... pourra être l'objet d'une action légale en dommages-intérêts et d'une action *in equity* en interdiction, intentées par toute personne, firme, corporation établie dans la localité indiquée faussement comme origine où dans la région où cette localité est située, ou par toute association que constitueraient ces personnes, firmes ou corporations.» (Sect. 3 de la loi sur les marques du 19 mars 1920, v. *Prop. ind.*, 1921, p. 19.)
***Finlande**	«Est qualifiée pour porter plainte contre les infractions à la présente loi toute personne qui vend, importe ou fabrique des marchandises de la même espèce que celles portant une fausse indication quant à l'origine ou à la qualité.» (§ 10 de la loi du 8 février 1924, concernant les fausses indications quant à la provenance ou à la nature des marchandises [à paraître dans la *Prop. ind.*].)

Nom du pays	Personnes qualifiées pour ester en justice
* **France**	«Toute personne qui prétendra qu'une appellation d'origine est contre son droit à un produit natu fabriqué et contrairement à l'origine de ce produit ou à des marques locaux, loyaux et constants, aur action (civile) en justice pour faire interdire l'usage de cette application. La même action n'appartiend syndicats et associations régulièrement constitués depuis six mois au moins, quant aux droits qu'ils out objet de défendre.» — «Toute personne qui se prétendra lésée par le délit prévu par l'article précédent (lations d'origine que le coupable savait inexactes), tout syndicat et association réunissant les conditio durée et d'intérêt prévues à l'article 1er pourra se constituer partie civile (dans les actions pénales) conf ment aux dispositions du Code d'instruction criminelle.» (Art. 1 et 9 de la loi du 6 mai 1919, relative à l tection des appellations d'origine, v. *Prop. ind.*, 1919, p. 61.) «Les actions résultant de la présente loi peuvent être exercées par: 1° le ministère public, soit sur plainte, soit d'office; 2° l'ayant droit à un nom de pays, de région ou de localité; 3° les syndicats professionnels régulièrement constitués représentant une industrie intéressée à la répr de la fraude; 4° l'acheteur ou le consommateur lésé par le délit prévu au paragraphe 4 de l'article 3 et en généra tous ceux qui peuvent justifier d'un intérêt né et actuel.» (Art. 6 de la loi du 11 juillet 1906, rela la protection des conserves de sardines, des légumes et de prunes contre la fraude étrangère, v. *ind.*, 1906, p. 129.)
* **Grande-Bretagne**	Il résulte de l'ensemble de la loi du 11 août 1905 sur les marques (v. *Prop. ind.*, 1906, p. 17) que l' appartient à la partie intéressée.
* **Grèce**	«Peut intenter l'action en cessation des actes délictueux tout industriel qui fabrique des marcha identiques ou analogues, toute chambre de commerce et société commerciale et enfin tout syndicat professi en général.» — «Celui dont l'établissement principal n'est pas situé en Grèce ne peut invoquer la protecti la présente loi si, dans le pays où se trouve son établissement principal, les entreprises grecques ne jou pas de la même protection.» (Art. 10 et 23 de la loi des 26 décembre 1913/8 janvier 1914 contre la concu déloyale, v. *Prop. ind.*, 1915, p. 40.)
Guatémala	«Les personnes qui se croiraient lésées par un tiers n'ont que le droit de recourir aux tribunaux intenter l'action civile ou criminelle correspondante.» (Art. 31 de la loi du 13 mai 1899 sur les marques, v. *ind.*, 1900, p. 38.)
Haïti	«La falsification, l'imitation ou l'usage illicite d'une marque de commerce ou de fabrique, ainsi q fausse indication de provenance d'un produit seront poursuivis, soit d'office par le ministère public, soit plainte de la partie intéressée.» (Art. 14 de la loi du 18 décembre 1922 sur les marques, v. *Prop. ind.*, 1923, p
Honduras	Les personnes qualifiées d'après les dispositions du second chapitre, livre unique du Code de proc (Art. 28 de la loi sur les marques, des 14/22 mars 1919, v. *Prop. ind.*, 1920, p. 29.)
* **Hongrie**	La partie lésée. «Les étrangers ne jouissent de la protection de la présente loi que s'ils possèden entreprise sur territoire hongrois ou si la protection leur est assurée par une Convention international l'absence d'une semblable Convention, s'ils ressortissent à un État qui assure aux citoyens hongrois la protection contre la concurrence déloyale qu'aux nationaux.» (Art. 10 et 31 de la loi V de l'an 1923 con concurrence déloyale, v. *Prop. ind.*, 1925, p. 4.)
* **Italie**	«L'action publique peut être exercée indépendamment de toute plainte.» Celle-ci peut être intenté toute personne intéressée. (Art. 11 de la loi du 30 août 1868 sur les marques, v. *Rec. gén.*, tome II, p. 93.)
* **Japon**	La loi du 29 avril 1921 sur les marques (v. *Prop. ind.*, 1924, p. 23) ne dit rien. Toutefois la tene § 44 laisse supposer que l'action peut être intentée, soit d'office, soit à la requête de la partie lésée.
* **Lettonie**	—
Libéria	—
* **Luxembourg**	«L'action correctionnelle ne peut être poursuivie que sur la plainte de la partie lésée.» (Art. 19 de du 28 mars 1883 sur les marques, v. *Rec. gén.*, tome II, p. 134.)
* **Maroc** (à l'exception de la zone espagnole)	«L'action publique ne peut être exercée par le ministère public que sur la plainte de la partie l (Art. 139 du décret relatif à la protection de la propriété industrielle du 23 janvier 1916, v. *Prop. ind.*, p. 3 et suiv.)

Nom du pays	Personnes qualifiées pour ester en justice
Maroc (Zone espagnole)	Législation espagnole.
***Mexique**	«Les délits pourront être poursuivis par le ministère public ou par toute personne qui se croira lésée.» (Art. 28 de la loi du 25 août 1903 sur les marques et les noms et avis commerciaux, v. *Prop. ind.*, 1904, p. 58.)
Nicaragua	La loi du 20 novembre 1907 sur les marques (v. *Prop. ind.*, 1908, p. 37) ne dit rien. On peut cependant présumer par la teneur de l'article 19 que l'action peut être intentée soit d'office, soit par la partie lésée.
***Norvège**	«La poursuite pénale basée sur les articles 1 (actes contraires aux usages honnêtes du monde des affaires), 2, avant-dernier alinéa (indications fausses), 8 (offre de prime), et 11 (usage illicite de ce qui est confié pour le travail), n'a lieu que sur la plainte de la partie lésée. Pour l'article 11, il est en outre nécessaire que la plainte soit dans l'intérêt public. Les délits prévus à l'article 9 (affirmations mensongères) ne sont pas poursuivis par le ministère public. Sont réputés partie lésée dans le sens de l'article 1er, le département et les associations qui y sont énumérés. Sont réputés partie lésée dans le sens des articles 2 à 6 et 8, toute personne qui exerce la même profession, ainsi que le département et les associations désignés dans l'article 1er.» (Art. 12 de la loi du 7 juillet 1922 contre la concurrence déloyale, v. *Prop. ind.*, 1924, p. 40.)
Paraguay	«L'action criminelle ne pourra être intentée d'office et n'appartiendra qu'aux parties intéressées.» (Art. 34 de la loi du 25 juin 1889 sur les marques, v. *Rec. gén.*, tome III, p. 480.)
***Pays-Bas**	L'action civile basée sur l'article 1401 du Code civil peut être intentée par la partie lésée; l'action civile basée sur l'article 3 de la loi de 1893/1904 sur les marques (v. *Prop. ind.*, 1905, p. 37) par l'ayant droit à la marque; la requête basée sur l'article 10 de la loi par l'ayant droit à la marque ou par celui dont le nom commercial figure dans la marque, et en cas de violation de l'article 4 de la même loi par le ministère public. «Tout intéressé peut porter plainte.» (Art. 6 de la loi du 5 juillet 1921 sur le nom commercial, v. *Prop. ind.*, 1924, p. 220.)
Pérou	«Le droit d'intenter l'action appartient exclusivement à la personne lésée.» (Art. 29 de la loi du 19 décembre 1892 sur les marques, v. *Prop. ind.*, 1897, p. 2.)
Porto-Rico	Il résulte de l'ensemble de la loi du 28 juillet 1923 sur les marques que l'action appartient à la partie lésée (v. *Prop. ind.*, 1924, p. 204).
***Pologne**	Il semble résulter des articles 121 à 123 de la loi du 5 février 1924 (v. *Prop. ind.*, 1924, p. 198 et suiv.) que l'action appartient soit à la partie lésée, soit au ministre public.
***Portugal**	«L'action peut être intentée par toute personne se jugeant lésée ou par le ministère public, qui interviendra en tous cas.» (Art. 102 de la loi du 21 mai 1896 concernant la protection de la propriété industrielle, v. *Prop. ind.*, 1895, p. 82; 1897, p. 169.)
***Roumanie**	«Les intéressés.» (Art. 24 de la loi des 15/27 avril 1879 sur les marques, v. *Rec. gén.*, tome II, p. 334.) «Ceux qui auraient éprouvé un préjudice.» (Art. 21 de la loi des 18/30 mars 1884 sur l'enregistrement des firmes.) Les articles 335 et 336 du Code pénal, qui répriment les actes de concurrence déloyale (v. *Rec. gén.*, tome II, p. 351) ne disent rien au sujet des personnes qualifiées pour ester en justice.
Salvador	«Le propriétaire de la marque.» (Art. 5 de la loi du 22 juillet 1921 sur les marques, v. *Prop. ind.*, 1922, p. 20.)
Royaume des Serbes, Croates et Slovènes	«La partie lésée.» (§§ 147 et 148 de la loi du 17 février 1922 sur la propriété industrielle, v. *Prop. ind.*, 1922, p. 61.)
Siam	—
***Suède**	La Suède s'est donné le 19 juin 1919 une loi contre la concurrence déloyale, mais nous n'en possédons pas encore la traduction.

Nom du pays	Personnes qualifiées pour ester en justice
***Suisse**	La partie lésée ou menacée (art. 48 du Code fédéral des obligations du 30 mars 1911, qui répri actes de concurrence déloyale).
***Syrie et Liban**	« Les actes de concurrence déloyale ne peuvent donner lieu qu'à une action en cessation du fait ou de dommageable et en dommages et intérêts. » (Titre V [de la concurrence déloyale], art. 98 de l'arrêté p réglementation des droits de propriété industrielle, etc. du 17 janvier 1924, v. *Prop. ind.*, 1924, p. 153 et
***Tchécoslovaquie**	« Les délits et contraventions punissables judiciairement ne sont poursuivis que sur plainte. Est qualifiée pour porter plainte toute personne qui produit des marchandises du même genre ou genre similaire ou qui vend de telles marchandises. Il en est de même pour les associations constituées la défense des intérêts économiques ou professionnels des personnes qualifiées pour porter plainte. » « Indépendamment de la procédure pénale prévue par les §§ 7 et suivants, les personnes et les as tions mentionnées au § 11 peuvent obtenir, en ouvrant une action devant le Tribunal civil, que celui qui freint les dispositions de la présente loi renonce à employer les indications illégales et qu'il cesse de se aux actes contraires aux dites dispositions. La réparation des dommages causés par ces actes peut égal être, le cas échéant, demandée. (1) Toute personne qui est qualifiée, aux termes de la présente loi, pour former une demande en r tion des dommages peut également demander la récupération du manque à gagner. Si plusieurs personne tenues à cette réparation, elles en répondent solidairement. » « Sont assimilées aux ressortissants tchécoslovaques, pour les effets des revendications basées sur l sente loi les personnes qui ont leur domicile (résidence) ou un établissement en Tchécoslovaquie. (2) Celui qui n'est pas ressortissant tchécoslovaque ne peut faire valoir les revendications visées présente loi, que s'il est ressortissant d'un État qui assimile les citoyens tchécoslovaques à ses ressortissa ce qui concerne ces revendications ou s'il a son domicile (résidence) ou un établissement dans un tel pays (3) Si la condition mentionnée à l'alinéa précédent est remplie, ce fait sera publié dans le recueil de et règlements; à défaut d'une telle publication, la preuve peut être fournie au moyen d'une déclarati Ministère du Commerce, après entente avec les ministères intéressés. » (Art. 11, 15 et 22 de la loi du 20 déc 1923 concernant la protection des indications de provenance, v. *Prop. ind.*, 1924, p. 116.) Pour les marques, la poursuite n'a lieu qu'à la requête de la partie lésée. (§ 26 de la loi autrichien 6 janvier 1890 sur les marques, v. *Prop. ind.*, 1892, p. 43.)
***Tunisie**	Le propriétaire de la marque. (Art. 25 à 27 de la loi du 3 juin 1889 sur les marques, v. *Prop. ind.*, 1891,
***Turquie**	Les dispositions des articles 11 à 13 du règlement du 10 mai 1888 sur les marques (v. *Rec. gén.*, to p. 619) portent à croire que le droit de plainte appartient à la partie lésée.
Uruguay	La partie lésée. (Art. 34 de la loi du 13 juillet 1901 sur les marques, v. *Rec. gén.*, tome VI, p. 508.)
Venezuela	—

G. TABLEAU SYNOPTIQUE

RELATIF

A LA PROTECTION DES INVENTIONS BREVETABLES AUX EXPOSITIONS[1]

…ms des pays et dates des actes	Nature des expositions	Point de départ et durée du délai	Conditions et formalités
Allemagne …du 18 mars 1904 *Prop. ind.*, 1904, p. 90).	Nationales ou étrangères, désignées par avis du Chancelier de l'Empire.	6 mois à dater de l'ouverture.	Pas de formalités.
Autriche … du 11 janvier 1897, …rt. 6 (*Prop. ind.*, …1897, p. 70). …donnance du 15 sep…embre 1898 (*Prop.* …*nd.*, 1899, p. 74).	Organisées dans le pays et désignées par le Ministre du Commerce au moyen d'une insertion dans les feuilles officielles.	Depuis la date de l'introduction de l'objet dans l'enceinte de l'exposition jusqu'à 3 mois après la clôture.	L'exposant jouit du droit de priorité, avec protection provisoire, sous condition d'opérer le dépôt définitif dans le délai fixé. En pareil cas, la date de l'introduction de l'objet dans l'enceinte de l'exposition est assimilée à celle du dépôt de la demande de brevet. Joindre à la demande de brevet un certificat de l'Administration de l'exposition constatant l'identité de l'objet et indiquant la date de son introduction dans l'exposition, ainsi que la date de la clôture de cette dernière, si le certificat est délivré après la clôture. Le Bureau des brevets peut faire vérifier l'identité de l'objet exposé aux frais du déposant. Aucun droit de poursuite jusqu'au dépôt de la demande de brevet.
Belgique …rétés royaux pour …chaque cas.	Désignées dans chaque cas par arrêté royal.	Depuis le jour de l'admission jusqu'à 3 mois après la clôture, pour les expositions dans le pays; pour les autres, 6 mois à partir de l'ouverture, l'objet devant être exhibé dans le premier mois au plus tard.	Délivrance gratuite par le gouverneur de la province (pour les expositions dans le pays) d'un certificat descriptif de l'objet exhibé, produisant les effets d'un brevet ou d'un dépôt provisoire. La demande de certificat, déposée au plus tard dans le mois après l'ouverture, sera accompagnée d'une description et de dessins. Pour les expositions étrangères, le dépôt belge, opéré dans le délai ci-contre, bénéficie d'un droit de priorité qui doit être revendiqué dans la demande.
Brésil …glement du 19 décem…re 1923, art. 37 (*Prop.* …*nd.*. 1924, p. 35).	Officielle ou officiellement reconnue.	3 ans à partir de l'expérimentation ou de l'exhibition.	Production d'un document attestant que l'objet a figuré à l'exposition et prouvant que la demande de brevet est déposée dans le délai de 12 mois à compter de la date de l'ouverture officielle de l'exposition.
Danemark … du 13 avril 1894, …rt. 28 (*Prop. ind.*, …897, p. 71). …lonnance du 12 sep…embre 1902 (*Prop.* …*d.*, 1903, p. 19).	Expositions dans le pays, reconnues par le Ministre de l'Intérieur, et étrangères, reconnues par le gouvernement local et désignées par décret royal. Elles doivent être internationales.	6 mois à partir de la présentation au public.	La demande doit indiquer la date de la présentation de l'invention à l'exposition, et doit être accompagnée de l'attestation officielle, au besoin dûment légalisée, de l'exactitude des indications de la demande relatives à la présentation de l'invention à l'exposition.
Espagne … du 16 mai 1902, …rt. 146 (*Prop. ind.*, …902, p. 82).	Expositions internationales et expositions officielles ayant lieu en Espagne.	6 mois comptés de l'admission à l'exposition.	Délivrance gratuite de certificats par les commissions royales préposées aux expositions.

(1) Au 8 décembre 1924, neuf pays seulement parmi les trente-deux États unionistes n'avaient aucune mesure législative en matière de protection temporaire …la propriété industrielle : la Bulgarie, Cuba, Dantzig, la République Dominicaine, l'Esthonie, les États-Unis, la Grèce, le Luxembourg et la Roumanie.

Noms des pays et dates des actes	Nature des expositions	Point de départ et durée du délai	Conditions et formalités
États-Unis	Pas de dispositions spéciales.	La législation accorde au premier et véritable inventeur un délai de priorité de 2 ans quand sa première demande est déposée aux États-Unis, de 12 mois quand elle est déposée à l'étranger. Cela suffit généralement pour couvrir le cas d'exposition.	
Finlande Notification du 21 janvier 1898 (*Prop. ind.*, 1898, p. 133).	Expositions en Finlande ou internationales étrangères.	6 mois à partir d'un avis que l'exposant doit donner avant l'exposition de l'objet.	L'avis est adressé à l'Office des breve
France Loi du 11 avril 1908; décret du 17 juillet 1909 (*Prop. ind.*, 1908, p. 49; 1909, p. 106).	Expositions étrangères internationales officielles ou officiellement reconnues et désignées par un décret spécial. Expositions dans le pays, autorisées ou patronées par l'Administration.	12 mois à partir de l'ouverture officielle, à l'exclusion de tout autre délai. L'objet doit avoir été régulièrement admis à l'exposition.	Pour ce qui concerne les expositions sées en France, le préfet ou sous-préfet des certificats de garantie. La demande de certificat de garantie faite au cours de l'exposition et, au pl dans les trois mois de l'ouverture et d accompagnée : 1° d'une description, vo dessin à l'appui, certifié conforme par l'ex 2° d'une attestation constatant l'admission jet à l'exposition. Dans les expositions étrangères, les ex doivent se faire délivrer un certificat de par le Commissaire général du Gouver français.
Grande-Bretagne Loi du 28 août 1907, art. 45 (*Prop. ind.*, 1907, p. 141).	Exposition industrielle ou internationale certifiée par le *Board of Trade* ou désignée par ordonnance en Conseil (exposition étrangère).	6 mois après l'ouverture de l'exposition.	Un avis doit être adressé, avant l'ex de l'invention, au Contrôleur des brevet les expositions dans le pays. Cet avis pe supprimé pour les expositions étrangères dressé d'après un formulaire, et accompagn description et de dessins. La protection provisoire s'étend aux inv exploitées pour le service de l'exposition, mêmes conditions.
Hongrie Loi n° XI de 1911. Règlement du 16 mai 1911 (*Prop. ind.*, 1912, p. 32).	Expositions nationales ou étrangères.	6 mois à partir de la présentation au public.	Demande déposée dans le délai de s à partir de l'exhibition de l'objet et a gnée d'un document attestant que l'inve été exposée et la date de l'exhibition, d'u cription ou d'un dessin, afin que l'on puis tater l'identité de l'objet du dépôt avec exposé. Cette constatation n'aura lieu, p ministration de l'exposition, que penda l'objet exposé se trouve dans l'enceinte position.
Italie Loi du 16 juillet 1905; décret du 19 avril 1906 (*Prop. ind.*, 1905, p. 193; 1906, p. 98).	Expositions nationales et internationales organisées dans le pays ou à l'étranger, désignées par décret royal. Les États étrangers doivent accorder la réciprocité.	La priorité remonte à 1 mois avant l'ouverture et dure jusqu'à 12 mois après celle-ci. Pour les expositions étrangères, le délai fixé par le pays en cause est appliqué s'il est plus court.	L'objet doit être exposé au plus tard mois qui suit l'ouverture. Pendant la durée de l'exposition, l'in est considérée comme étant en cours d'e tion et les objets exposés ne peuvent êtr pour contrefaçon. Avec la demande de brevet, on dépo certificat émanant de la Direction de l'ex et constatant que l'objet a été exposé date, par le requérant, avec description sor
Japon Loi du 29 avril 1921, art. 6 (*Prop. ind.*, 1923, p. 109).	Expositions officielles ou officiellement reconnues dans le pays ou dans les pays membres de l'Union de 1883, et désignées par ordonnance impériale.	6 mois à partir de l'ouverture de l'exposition.	Une déclaration doit être adressée à des brevets avec les notes explicatives dessins nécessaires. La demande de brevet doit être accor d'un document attestant que l'invention exposée et — pour les expositions ayant sur le territoire de l'Union internation d'une pièce établissant la date d'ouvert l'exposition.

ns des pays et dates des actes	Nature des expositions	Point de départ et durée du délai	Conditions et formalités
Maroc ret du 23 juin 1916, tre VIII, chap. I. été du 21 février 917, titre IV, art. 29,) (*Prop. ind.*, 1917, . 3; 1918, p. 52).	Expositions étrangères internationales, officielles ou officiellement reconnues. Expositions organisées au Maroc avec l'autorisation de l'Administration ou avec son patronage.	12 mois à dater de l'ouverture officielle de l'exposition.	Certificat de garantie délivré par l'autorité chargée de représenter le Maroc à l'exposition et constatant que l'objet pour lequel la protection est demandée est réellement exposé. La demande dudit certificat doit être faite au plus tard dans les trois mois qui suivent l'ouverture officielle de l'exposition. Elle sera accompagnée d'une description exacte de l'objet à garantir et, s'il y a lieu, de dessins.
Mexique du 25 août 1903, t. 5 (1). lement de 1903, art. (*Prop. ind.*, 1904, . 19, 27).	Expositions locales, régionales ou internationales, officielles ou officiellement reconnues.	Depuis l'ouverture jusqu'à 3 mois après la clôture.	Déposer au Bureau des brevets, avant l'exhibition, une description avec revendication des dessins, comme pour une demande de brevet. Délivrance d'un reçu provisoire.
Norvège du 2 juillet 1910, t. 46 (*Prop. ind.*, 1911, . 9). lement d'exécution u 31 décembre 1910.	Expositions nationales ou internationales organisées dans le Royaume ou à l'étranger moyennant réciprocité établie par traité.	6 mois à partir de l'ouverture de l'exposition.	Pas de formalités.
Pays-Bas du 15 janvier 1921, rt. 8 (*Prop. ind.*, 1921, . 142).	Expositions nationales ou internationales officielles ou officiellement reconnues dans le Royaume ou dans un des pays adhérents à l'Union de 1883.	6 mois à partir de l'exhibition de l'objet.	La demande de brevet est considérée comme ayant été déposée le jour de la mise en montre. Joindre à la demande de brevet une déclaration officielle constatant la mise en montre.
Pologne du 5 février 1924, rt. 3 (*Prop. ind.*, 1924, . 198).	Expositions en Pologne ou à l'étranger reconnues par une ordonnance spéciale du Ministère de l'Industrie et du Commerce.	6 mois à partir de la date d'exhibition.	La loi elle-même ne prescrit pas de formalités spéciales.
Portugal ret du 11 février 1911 *rop. ind.*, 1911, p. 90).	Expositions internationales officielles ou officiellement reconnues organisées sur le territoire d'un des pays faisant partie de l'Union de 1883 et qui satisfont aux conditions de la législation portugaise.	6 mois à partir de l'exhibition de l'objet.	Pas de formalités.
Royaume be-Croate-Slovène donnance du 15 novembre 1920, chap. III, § 160. donnance du 17 novembre 1920, chap. VI, 94 à 99 (*Prop. ind.*, 921, p. 34, 87).	Expositions internationales ou nationales officielles ou officiellement reconnues.	Depuis la date d'exhibition de l'objet jusqu'à 3 mois après la clôture de l'exposition.	Demande déposée au plus tard dans les trois mois qui suivent la clôture de l'exposition. La demande doit être accompagnée, en plus des annexes prescrites pour toute demande de brevet, d'un certificat délivré par la direction de l'exposition et attestant que l'objet à garantir est du même genre que celui qui a été exposé, la date à laquelle l'objet a été exposé, la date de clôture de l'exposition. Si le dépôt est effectué avant la clôture, le certificat doit attester que celle-ci dure encore. Si plusieurs objets du même genre parviennent à l'exposition, celui pour lequel la première demande de protection aura été déposée au Bureau de la propriété industrielle jouira d'un droit de priorité sur tous les autres objets pour lesquels une demande de protection aura été déposée ultérieurement.
Suède donnance du 16 mai 884, art. 3, modifié ar la loi du 26 mars 897 (*Prop. ind.*, 1886, . 29; 1897, p. 70).	Expositions internationales.	6 mois à partir de l'exhibition de l'invention.	Pas de formalités.

Noms des pays et dates des actes	Nature des expositions	Point de départ et durée du délai	Conditions et formalités
Suisse Loi du 3 avril 1914, titre II, art. 7 à 9. Règlement du 24 juillet 1914 (*Prop. ind.*, p. 19; 1915, p. 29).	Expositions industrielles officielles ou officiellement reconnues en Suisse ou dans un autre pays de l'Union.	6 mois à partir du jour de l'ouverture de l'exposition. Le droit de priorité ne prend cependant date que trois mois au plus tôt avant le jour de l'ouverture de l'exposition.	Déclaration écrite présentée avant la d cielle de l'enregistrement du brevet, in l'exposition dans laquelle l'objet a été ainsi que le jour de l'ouverture de l'exp
Tchécoslovaquie Loi du 27 mai 1917. Loi du 30 juin 1922, rendant applicable la loi autrichienne du 11 janvier 1897 (*Prop. ind.*, 1919, p. 80; 1922, p. 127).	Organisées dans le pays et désignées par le Ministre du Commerce au moyen d'une insertion dans les feuilles officielles.	Depuis la date de l'introduction de l'objet dans l'enceinte de l'exposition jusqu'à 3 mois après la clôture.	L'exposant jouit du droit de priorit protection provisoire, sous condition d'op dépôt définitif dans le délai fixé. En par la date de l'introduction de l'objet dan ceinte de l'exposition est assimilée à c dépôt de la demande de brevet. Joindre à la demande de brevet un c de l'Administration de l'exposition co l'identité de l'objet et indiquant la date introduction dans l'exposition, ainsi que de la clôture de cette dernière, si le c est délivré après la clôture. Le Bureau des brevets peut faire l'identité de l'objet exposé aux frais du dé Aucun droit de poursuite jusqu'au d la demande de brevet.
Tunisie Décret du 11 juin 1906 (*Prop. ind.*, 1907, p. 127).	Expositions internationales officielles ou officiellement reconnues.	12 mois à partir de l'ouverture officielle; le délai de priorité prévu par la Convention d'Union ne s'y ajoute pas.	Demander, au cours des 3 premiers n délai, à l'autorité chargée de représenter lement la Tunisie à l'exposition, un certi garantie constatant que l'objet à proté réellement exposé. La demande doit en êt au cours du délai fixé; elle doit etre pagnée d'une description et de dessins, a lieu.

TABLEAU SYNOPTIQUE

RELATIF

A LA PROTECTION DES DESSINS ET MODÈLES ET DES MARQUES AUX EXPOSITIO

Noms des Pays	Durée du délai		Conditions et formalités	
	Dessins	Marques	Dessins	Marques
Allemagne	6 mois à dater de l'ouverture.	Id.	Pas de formalités.	Pas de formalités.
Autriche	—	—	—	—
Belgique	Désignée dans chaque cas par arrêté royal.	Id.	Désignées dans chaque cas par arrêté royal.	Id.
Brésil	—	—	—	—
Danemark Loi du 1er avril 1905, art. 29 (*Prop. ind.*, 1906, p. 1).	6 mois à dater de l'ouverture.	—	Pas de formalités.	—

(¹) Nous avons étendu le travail fait en 1911 et revisé en 1923 aux dessins et modèles et aux marques. Nous prions cependant nos lecteurs de se r faute d'indications dans le présent tableau, au tableau concernant les brevets pour les lois, la nature des expositions et le point de départ du délai, qui mêmes que pour les dessins et les marques.

[N]oms des Pays	Durée du délai		Conditions et formalités	
	Dessins	Marques	Dessins	Marques
Espagne	6 mois comptés de l'admission à l'exposition.	Id.	Délivrance gratuite de certificats par les commissions royales préposées aux expositions.	Id.
États-Unis	—	—	—	—
Finlande	—	—	—	—
France	12 mois à partir de l'ouverture officielle.	Id.	L'objet doit avoir été régulièrement admis à l'exposition. Pour ce qui concerne les expositions organisées en France, le préfet ou sous-préfet délivre des certificats de garantie. La demande de certificat de garantie doit être faite au cours de l'exposition et, au plus tard, dans les trois mois de l'ouverture et doit être accompagnée : 1° d'une description, voire d'un dessin à l'appui, certifié conforme par l'exposant ; 2° d'une attestation constatant l'admission de l'objet à l'exposition. Dans les expositions étrangères, les exposants doivent se faire délivrer un certificat de garantie par le Commissaire général du Gouvernement français.	Id.
[Gr]ande-Bretagne [(Lo]i du 28 août 1907, art. 59 [P]rop. ind., 1907, p. 163).	6 mois à partir de l'ouverture.	—	Un avis doit être adressé, avant l'exposition de l'invention, au Contrôleur des brevets, pour les expositions dans le pays. Cet avis peut être supprimé pour les expositions étrangères. Il est dressé d'après un formulaire, et accompagné d'une description et de dessins.	—
Hongrie	6 mois à partir de l'exhibition publique.	Id.	Dépôt à la Chambre de commerce compétente de la demande, accompagnée d'un document attestant que l'objet a été exposé et d'un exemplaire de celui-ci en original, en photographie ou en copie. La constatation de l'identité du dessin aura lieu aux soins de l'administration de l'exposition et seulement pendant que le dessin se trouve dans l'enceinte de celle-ci.	Dépôt à la Chambre de commerce compétente de la demande accompagnée d'un document attestant que la marque a été exposée et d'un exemplaire de cette dernière, avec l'indication des marchandises sur lesquelles la marque a été appliquée à l'exposition. La constatation de l'identité de la marque aura lieu aux soins de l'administration de l'exposition et seulement pendant que la marque se trouve dans l'enceinte de celle-ci.
Italie	La priorité remonte à un mois de l'ouverture et dure jusqu'à 12 mois après celle-ci. Pour les expositions étrangères, le délai fixé par le pays est appliqué, s'il est plus court.	—	L'objet doit être réellement exposé et au plus tard dans le mois qui suit la date de l'ouverture. Dépôt d'un certificat émanant de la Direction de l'exposition et constatant la date de l'exhibition, avec description sommaire.	—

Noms des Pays	Durée du délai		Conditions et formalités	
	Dessins	Marques	Marques	Dessins
Japon Loi du 29 avril 1921 sur les dessins, art. 25 (*Prop. ind.*, 1924, p. 6). Loi du 29 avril 1921 sur les marques, art. 4 (*Prop. ind.*, 1924, p. 24).	6 mois à partir de l'ouverture de l'exposition.	Id.	Une déclaration doit être adressée à l'Office des brevets avec les notes explicatives et les dessins nécessaires. La demande doit être accompagnée d'un document attestant que l'objet a été exposé et — pour les expositions ayant eu lieu sur le territoire de l'Union internationale — d'une pièce établissant la date d'ouverture de l'exposition.	Id.
Maroc	12 mois à dater de l'ouverture officielle de l'exposition.	Id.	Certificat de garantie délivré par l'autorité chargée de représenter le Maroc à l'exposition et constatant que l'objet pour lequel la protection est demandée est réellement exposé. La demande dudit certificat doit être faite au plus tard dans les trois mois qui suivent l'ouverture officielle de l'exposition. Elle sera accompagnée d'une description exacte de l'objet à garantir et, s'il y a lieu, de dessins.	Id.
Mexique Loi du 25 août 1903 sur les brevets et les dessins et modèles, art. 107 (*Prop. ind.*, 1904, p. 58).	Depuis l'ouverture jusqu'à 3 mois après la clôture.	—	Déposer au Bureau des brevets, avant l'exhibition, une description avec revendication des dessins, comme pour une demande de brevet. Délivrance d'un reçu provisoire.	—
Norvège Loi sur les dessins et modèles, du 2 juillet 1910, art. 33. Loi sur les marques du 2 juillet 1910, art. 31 (*Prop. ind.*, 1911, p. 6, 21).	6 mois à partir de l'ouverture.	Id.	Pas de formalités.	Id.
Pays-Bas Loi du 30 septembre 1893 sur les marques, art. 3 (*Prop. ind.*, 1893, p. 155).	—	6 mois à partir de l'exhibition.	—	Demande accompagnée d[...] déclaration certifiée de l'adm[...]tration de l'exposition ou de [...] personne ou autorité compé[...] agréée par le Bureau de la [...]priété industrielle, attestan[...] date de l'exhibition de la ma[...]
Portugal	6 mois à partir de l'exhibition de l'objet.	Id.	Pas de formalités.	Id.

…s des Pays	Durée du délai		Conditions et formalités	
	Dessins	Marques	Dessins	Marques
…ume Serbe-…te-Slovène	Depuis la date de l'exhibition jusqu'à trois mois après la clôture de l'exposition.	Id.	Demande déposée au plus tard dans les trois mois qui suivent la clôture de l'exposition. La demande doit être accompagnée, en plus des annexes prescrites, d'un certificat délivré par la direction de l'exposition et attestant que l'objet à garantir est du même genre que celui qui a été exposé, la date à laquelle l'objet a été exposé, la date de clôture de l'exposition. Si le dépôt est effectué avant la clôture, le certificat doit attester que celle-ci dure encore. Si plusieurs objets du même genre parviennent à l'expositon, celui pour lequel la première demande de protection aura été déposée au Bureau de la propriété industrielle jouira d'un droit de priorité sur tous les autres objets pour lesquels une demande de protection aura été déposée ultérieurement.	Id.
…Suède …u 10 juillet …sur les des-…s, art. 3 *…ind.*, 1900, …p. 22).	6 mois à partir de l'exhibition.	—	Pas de formalités.	—
…Suisse … 26 septem-…890 sur les …es, art. 35. …glement …avril 1891 *…ind.*, 1890, …1891, p. 99).	6 mois à partir du jour de l'ouverture de l'exposition. Le droit de priorité ne prend cependant date que 3 mois au plus tôt avant le jour de l'ouverture de l'exposition.	Expositions industrielles ou agricoles organisées en Suisse : 2 ans à partir de la date de l'exhibition. Marques appliquées à des produits provenant d'États avec lesquels il n'existe pas de convention dans la matière.	Déclaration écrite présentée lors du dépôt du dessin ou modèle indiquant l'exposition dans laquelle l'objet a été exposé, ainsi que le jour de l'ouverture de l'exposition.	Demande au Bureau fédéral, avant la clôture de l'exposition, avec cliché de la marque et paiement de 10 francs à titre de taxe d'enregistrement.
…oslovaquie	—	—	—	—

4° EXPOSÉ GÉNÉRAL

SUR LE

SERVICE DE L'ENREGISTREMENT INTERNATIONAL DES MARQUES DE FABRIQUE OU DE COMMERCE

(1893—1924)

Créé par l'Arrangement de Madrid du 14 avril 1891, l'enregistrement international des marques a commencé à fonctionner en janvier 1893.

Lors de la réunion de la première Conférence où fut discutée la revision de cet Arrangement, ouverte à Bruxelles le 1er décembre 1897, le Bureau international présenta un exposé général concernant l'activité du service de l'enregistrement au cours de ses cinq premières années d'existence (ou plus exactement du 1er janvier 1893 au 15 septembre 1897) (1).

Lors de la réunion de la Conférence suivante, ouverte à Washington le 15 mai 1911, le Bureau rédigea un second exposé embrassant dans une vue d'ensemble l'histoire des dix-huit années vécues par ce service de 1893 à 1910 (inclus) (2).

Au moment de la Conférence de La Haye, nous tenons à rester fidèles à la tradition en publiant un troisième exposé général qui résumera cette fois une vie de trente-deux ans (1893-1924), une activité de près d'un tiers de siècle.

Notre travail sera divisé en *trois parties.*

Dans la *première,* nous jetterons un coup d'œil rapide sur l'évolution historique du Service de l'enregistrement: origines, création, développement, modifications par voie de revision, élargissement du cercle d'action primitif par suite des adhésions nouvelles à l'Arrangement de Madrid, accroissement du nombre total des marques enregistrées.

Dans la *seconde,* pénétrant à l'intérieur du service, nous rappellerons sur quel principe il repose et nous essaierons de voir comment il fonctionne, quelles difficultés sa marche rencontre et comment on s'efforce de les vaincre, quelles imperfections l'expérience a révélées dans son organisme et comment elles pourraient être corrigées.

---

(1) Voir *Actes de la Conférence réunie à Bruxelles* du 1er au 14 décembre 1897 et du 11 au 14 décembre 1900, p. 102 à 124.

(2) Voir *Actes de la Conférence réunie à Washington* du 15 mai au 2 juin 1911, p. 149 à 164. — A rapprocher de ces deux exposés généraux les deux études publiées dans notre revue *La Propriété industrielle: « L'Enregistrement international des marques de fabrique et de commerce. A propos de l'inscription de la 20 000° marque »* (*Prop. ind.*, 1919, p. 15-19); *« L'adhésion de l'Allemagne à l'Arrangement de Madrid concernant l'enregistrement international des marques. Étude sur l'économie de l'Arrangement »* (*Prop. ind.*, 1922, p. 166 à 172).

Dans la *troisième,* nous essaierons de dresser le bilan de l'enregistrement international, d'analyser ses résultats, soit au point de vue économique (nombre de marques enregistrées d'après le pays d'origine, nombre de marques auxquelles la protection a été refusée dans certains pays adhérents, etc.), soit au point de vue financier (économies réalisées par l'enregistrement international, coût par marque enregistrée, recettes et dépenses du service, bonis répartis aux États adhérents, etc.). L'étude de ce bilan apportera une justification nouvelle à certaines des propositions de revision dont l'exposé motivé a trouvé place dans le fascicule III des travaux préparatoires de la Conférence de La Haye [1].

Enfin le lecteur trouvera reproduit en *annexes* le texte de quelques documents actuellement en usage dans le service de l'enregistrement international des marques (formulaire, avis, renseignements aux déposants).

[1] Voir notamment, p. 278 à 309 ci-après.

PREMIÈRE PARTIE

HISTORIQUE SOMMAIRE DE L'ENREGISTREMENT INTERNATIONAL

L'idée d'un enregistrement international des marques ne s'est pas manifestée dans toute sa simplicité dès l'origine de l'Union générale pour la protection de la propriété industrielle. Elle n'a pris corps qu'à la Conférence de *Rome* en 1886.

Mais il y a lieu de se rappeler qu'avant même la fondation de l'Union, le *Congrès international de la propriété industrielle* tenu à *Paris* en *1878* avait discuté et voté certains vœux favorables à la simplification et à l'unification en matière d'enregistrement de marques. L'un d'eux était ainsi conçu:

« Il est à désirer que le dépôt des marques puisse s'effectuer simultanément à l'autorité locale compétente et aux consulats des diverses nations étrangères (1). »

L'exécution de ce vœu eût réalisé au point de vue international, non pas l'unité d'*action* de l'enregistrement, si l'on peut s'exprimer ainsi, puisque l'intéressé aurait dû s'astreindre à autant de dépôts qu'il y avait de pays — représentés par un consulat — où il désirât être protégé, mais l'unité de *lieu*, puisqu'il aurait pu opérer, par exemple, dans la capitale de son pays d'origine, le dépôt de sa marque pour tous les autres pays. Et c'était une première simplification — encore très relative.

Le Congrès alla plus loin. Il exprima un second vœu plus audacieux, celui-là:

« Le Congrès émet le vœu que la formalité du dépôt des marques de fabrique soit soumise à une réglementation internationale en vertu de laquelle il suffirait au possesseur d'une marque d'effectuer un seul dépôt dans un État pour assurer la protection de cette marque dans tous les pays concordataires (2). »

C'était bien cette fois l'unité d'*action* qu'il s'agissait de réaliser: un seul dépôt dans un pays de la future Union assurant la protection de la marque sur tout le territoire unioniste. Ainsi éviterait-on la complication et les frais entraînés jusqu'alors par la multiplicité des dépôts. Et on semblait postuler aussi l'unification des diverses législations sur les marques.

Mais ne convenait-il pas que les autres États fussent avertis du dépôt d'une marque dans son pays d'origine? Comment les préviendrait-on?

Était-il raisonnable, d'autre part, d'espérer l'unification des législations?

(1) *Congrès international de la propriété industrielle* tenu à Paris du 5 au 17 septembre 1878, p. 428.
(2) *Ibid.*, p. 434.

Les Délégués des États réunis à la *Conférence de Paris (1880 et 1883)* en vue de la création d'une Union internationale pour la protection de la propriété industrielle n'imaginèrent pas tout de suite de moyen propre à répondre au premier desideratum. Ils ne crurent donc pas prudent d'admettre que le dépôt d'une marque dans un pays unioniste suffît à assurer la protection de celle-ci dans tous les autres pays unionistes et se contentèrent de stipuler (art. 5 de la Convention générale d'Union) que toute marque déposée dans le pays d'origine serait admise au dépôt et protégée telle quelle dans tous les autres pays de l'Union. L'unification des conditions *de fond* pour le dépôt des marques dans les diverses législations unionistes était ainsi assurée, les refus de marques contraires à la morale et à l'ordre public restant seuls réservés. Et il faut reconnaître que c'était là une mesure très hardie, à laquelle on dut admettre quelques tempéraments lors de la revision de 1911.

Mais au point de vue des simplifications de forme et des économies de frais, tout restait à faire. Les déposants de marques étaient obligés d'opérer autant de dépôts, d'acquitter autant de taxes, de rémunérer (directement ou indirectement) autant d'agents de brevets qu'il y avait de pays unionistes dans lesquels ils eussent intérêt à être protégés. La dépense moyenne pour assurer la protection d'une marque dans un pays dépassait sensiblement une centaine de francs.

C'est cette situation que l'*Administration suisse,* lors de la première *Conférence de revision* de la Convention générale d'Union, Conférence tenue à *Rome* en 1886 [1], proposa de dénouer à l'aide d'un procédé extrêmement simple — mais qu'il n'était peut-être pas plus facile d'imaginer que l'œuf de Colomb —, celui de l'enregistrement international [2].

---

[1] *Conférence internationale de l'Union pour la protection de la propriété industrielle,* Rome, 1886, p. 43 à 53.

[2] A qui revient l'honneur d'avoir imaginé ce procédé? Il semble que personne ne puisse le disputer à Bernard Frey-Godet, ancien premier secrétaire du Bureau international (voir sa notice nécrologique dans la *Prop. ind.*, 1922, p. 160).

Voici en effet les paroles qu'il prononçait à ce sujet en 1906 dans une remarquable conférence faite par lui à la Société industrielle de Mulhouse sous ce titre « La protection internationale des marques et des dessins et modèles industriels », insérée dans la *Zeitschrift für Völkerrecht und Bundesstaatsrecht* herausgegeben von Professor Joseph Kohler (v. vol. I, p. 333-334):

« Chose curieuse, cet Arrangement [l'Arrangement de Madrid] doit indirectement son existence à l'ennemi le plus acharné que l'Union de la propriété industrielle ait jamais rencontré. Un avocat français, M. Louis Donzel, frappé des concessions que la Convention d'Union imposait à la France, et ne tenant aucun compte des avantages qu'elle assurait à ses nationaux dans les autres pays, jeta en 1885 un cri d'alarme...

« A l'en croire, c'est l'Allemagne qui devait bénéficier le plus de la Convention, et cela sans avoir à fournir aucune compensation, puisqu'elle n'était pas encore membre de l'Union à cette époque. Ces affirmations, dénuées de tout fondement, causèrent une assez grande agitation dans le monde industriel et commercial français, et un assez grand nombre de chambres de commerce importantes, celle de Paris entre autres, demandèrent avec instance la dénonciation de la Convention. Elles ne tardèrent pas à en revenir; mais à ce moment on pouvait vraiment craindre que le Gouvernement ne cédât aux instances de corps aussi autorisés à parler au nom des intérêts industriels et commerciaux de la France.

« M. le Conseiller fédéral Numa Droz, avec lequel je m'entretenais de ce mouvement d'opinion, me fit remarquer que la situation de l'Union de la propriété industrielle serait bien plus assurée si, comme l'Union des télégraphes et celle des postes, elle possédait dans son bureau international le siège d'un service administratif utile aux États contractants, et auquel aucun d'eux ne renoncerait aisément. Ne serait-il pas possible de faire du Bureau de la propriété industrielle le rouage central d'un service important? — Je cherchai d'abord dans le domaine des brevets, mais inutilement. Les lois des divers pays étaient trop différentes pour comporter une unification administrative. Dans le domaine des marques une certaine centralisation paraissait plutôt réalisable; mais ici on se heurtait à des différences de principes et de systèmes: dans certains pays l'enregistrement de la marque avait un effet purement déclaratif; ailleurs il assurait la propriété de la marque; ici l'administration admettait sans examen toutes les marques qu'on lui présentait, et là l'enregistrement était subordonné à un examen préalable. Le professeur Kohler, une autorité en la matière, envisageait la création d'un registre international comme un idéal inaccessible, et disait, dans son « Traité sur les marques », que le délai de priorité établi par l'article 4 de la Convention était

L'*Administration italienne* et le *Bureau international* avaient présenté à la Conférence un projet de règlement pour l'exécution de la Convention de 1883, aux termes duquel le Bureau international devrait tenir pour chaque pays un registre des marques nouvellement enregistrées afin d'être à même de donner les renseignements qui pourraient lui être demandés sur cette matière (1). En vue de la statistique internationale, le règlement prescrivait l'indication des classes internationales de produits dans lesquelles la marque devait être enregistrée.

L'*Administration suisse* proposait d'aller plus loin et présentait un projet d'Arrangement et un projet de règlement basés sur les principes suivants (2):

Les ressortissants de chacun des États contractants pourront s'assurer dans tous les autres États de l'Union la protection de leurs marques, régulièrement déposées dans le pays d'origine, moyennant le dépôt desdites marques au Bureau international à Berne. Celui-ci les enregistrera et les publiera dans un supplément à son journal. Si l'Administration du pays d'origine opère une radiation ou une transmission de marque, elle la notifiera au Bureau international, qui la publiera de la même manière. Sont réservés dans chaque pays les droits sur la marque appartenant déjà à d'autres personnes.

L'*Administration italienne* proposa de supprimer cette dernière disposition et d'apporter encore au projet suisse les compléments suivants: le dépôt international devrait être fait par l'entremise de l'Administration du pays d'origine, laquelle serait aussi chargée de fixer et de percevoir la taxe d'enregistrement international. On devait prévoir que les frais communs nécessités par l'exécution de l'Arrangement seraient répartis annuellement entre les États de l'Union pro-

ce qu'on avait pu trouver de plus favorable en fait d'unification internationale. — Il me vint soudain une idée fort simple. Ne pourrait-on pas renoncer à toute unification impliquant une modification des lois nationales en ce qui concerne les conditions matérielles de la protection? L'enregistrement de la marque au Bureau de Berne produirait simplement le même effet qu'une demande d'enregistrement effectuée à la même date dans chacun des États contractants. Chaque pays appliquerait alors son propre système, absolument comme s'il s'agissait de dépôts effectués conformément à la législation intérieure. Le seul changement consisterait à substituer un dépôt unique à une multiplicité de dépôts exigeant des formalités compliquées et souvent onéreuses. — Soumise à M. Droz, l'idée fut acceptée par lui. Un projet d'Arrangement dans le sens indiqué fut soumis par la Suisse à la Conférence de Rome... »

Nous avons tenu à citer *in extenso* ce long passage, car on y trouve retracée — avec un accent personnel de sincérité et de franchise — la genèse de l'institution de l'enregistrement international des marques. Le premier et alors unique collaborateur de Numa Droz qui dirigea, à l'origine, le Bureau international, Frey-Godet, fait part à son chef hiérarchique de ses inquiétudes au sujet de la levée de boucliers provoquée en France contre la Convention de 1883 par un publiciste attaché, en matière internationale, à la politique de réciprocité: celui-ci redoute que les avantages accordés par la Convention aux simples domiciliés en pays unionistes ne profitent — sans contre-partie — à certains nationaux des pays non-unionistes. Numa Droz qui songe à la fois à l'avenir de l'Union, à celui du Bureau international dont son pays — et lui-même — ont récemment assumé la charge, fait observer que le moyen le plus efficace de parer au danger, de fortifier l'Union, serait d'organiser au Bureau un service administratif d'utilité immédiate. La question qui préoccupe les deux interlocuteurs, c'est celle de la consolidation de l'Union et du Bureau. Et ils savent maintenant dans quelle voie ils doivent la chercher. C'est cette voie que la pensée de Frey-Godet explore rapidement. Il ne trouve rien à faire du côté des brevets, il se rejette sur les marques et l'idée de l'enregistrement international se présente à lui. Il la soumet à Numa Droz qui la présente à la Conférence de Rome sous le couvert de l'Administration suisse. C'est donc le besoin de consolider l'Union et le Bureau qui a amené Frey à concevoir le nouveau service et non pas tout d'abord l'idée elle-même de simplifier le régime de la protection internationale des marques. Le concept de l'enregistrement international est né d'une sorte de choc en retour. L'opposition de M. Donzel a été l'excitant. L'esprit politique de Numa Droz a discerné le sens dans lequel il fallait réagir. L'imagination créatrice de Frey a trouvé la formule de la réaction. — Ainsi se trouve résolu, pour le service de l'enregistrement international, le problème des origines qui, pour tant d'autres institutions, reste si difficile à élucider. Frey-Godet collabora ensuite à l'établissement du projet d'Arrangement concernant l'enregistrement international, mit sur pied le nouveau service, en dirigea d'abord le fonctionnement et eut finalement la joie d'assister à son magnifique essor. Il prit sa retraite en 1919 et mourut en 1922.

(1) *Conférence internationale de l'Union pour la protection de la propriété industrielle*, Rome, 1886, p. 20.

(2) *Ibid.*, p. 43 à 53.

portionnellement au nombre de marques déposées au Bureau international par chaque État.

La Conférence estima que l'Arrangement proposé par la Suisse et amendé par l'Italie méritait une étude approfondie de la part des divers États de l'Union et le renvoya à la prochaine Conférence.

Celle-ci se tint à *Madrid* en *1890 et 1891* (1).

L'*Administration suisse* y présenta à nouveau son projet, après lui avoir incorporé les modifications proposées par l'Administration italienne, et en lui apportant à son tour certaines améliorations (2). Elle avait d'ailleurs entre temps pris l'avis et tenu compte des judicieuses observations d'un des jurisconsultes les plus versés dans les questions internationales à cette époque, Louis Renault, Professeur à la Faculté de droit de Paris, qui avait présidé la section des questions internationales au Congrès de la propriété industrielle d'août 1889 (3). C'est ainsi qu'elle prévoyait que le Bureau international devrait notifier aux diverses Administrations des pays contractants chaque enregistrement international de manière à permettre à celles-ci d'inscrire, si elles le voulaient, dans leur registre national les marques protégées internationalement. En ce qui concerne les effets de l'enregistrement international, l'Administration suisse proposait de les ramener à celui d'un dépôt de marque directement opéré dans chacun des États contractants: les droits acquis restaient respectés et les Administrations à examen pourraient refuser la protection légale comme s'il s'agissait d'un dépôt fait dans le pays. La durée de validité de l'enregistrement international serait pour tous les pays uniformément fixée à quinze ans, ce qui permettra au Bureau international de prévenir les intéressés en temps utile de la nécessité de renouveler leur dépôt. Dans le projet antérieur cette durée uniforme n'était pas prévue.

L'*Administration des Pays-Bas* proposa un amendement (4) aux termes duquel, à la taxe fixée par le pays d'origine, s'ajouterait un émolument international de deux cents francs par marque dont le produit annuel serait réparti par parts égales entre les États contractants par les soins du Bureau international, après déduction des frais communs nécessités par l'exécution de cet Arrangement. L'amendement fut adopté. Mais lors de l'échange des signatures, sur la proposition de la France, ce chiffre fut réduit à cent francs (5).

L'Arrangement fut finalement adopté à Madrid le 14 avril 1891 (6). Neuf Gouvernements le signèrent. Mais cinq seulement se trouvèrent en état de le ratifier en juin 1892. C'étaient ceux de *Belgique, Espagne, France, Suisse* et *Tunisie* (7), groupant un ensemble de 129 millions d'âmes. Le 15 juillet 1892 l'Arrangement entrait en vigueur.

Le service de l'enregistrement international fut organisé rapidement et le 23 janvier 1893, la première marque était enregistrée à Berne.

---

(1) *Procès-verbaux de la Conférence de Madrid de 1890* de l'Union pour la protection de la propriété industrielle, suivis des Actes signés en 1891 et ratifiés en 1892. Du 2 au 14 avril 1890 eurent lieu les délibérations de la Conférence; les 14 et 15 avril 1891 furent tenues les séances de signature.

(2) *Ibid.*, p. 29 à 45.

(3) Voir dans la *Prop. ind.* de 1890, p. 1 à 3 et p. 17 à 20 les deux articles où Louis Renault avait consigné les principales de ces observations sous ce titre: *De la protection internationale des marques de fabrique ou de commerce (enregistrement international).* — Voir aussi la notice nécrologique parue dans le *Droit d'Auteur* (1918, p. 46 à 48), où est rappelée la part qu'il prit aux diverses Conférences de l'Union internationale pour la protection des œuvres littéraires et artistiques. Louis Renault, né en 1843, est mort au début de l'année 1918.

(4) *Procès-verbaux de la Conférence de Madrid*, p. 102.

(5) *Ibid.*, p. 179.

(6) *Ibid.*, p. 195 à 198.

(7) *Ibid.*, p. 223.

Les débuts de l'œuvre furent modestes. Le nombre des dépôts effectués en 1893 fut de 76; en 1894 de 231; en 1895 de 229; en 1896 de 304(1).

Au cours de cette période quatre nouveaux pays avaient ratifié l'Arrangement: les *Pays-Bas* et le *Portugal* en 1893, l'*Italie* en 1894, le *Brésil* en 1896.

Lors de la *Conférence* de revision de *Bruxelles* (1897 et 1900), un certain nombre de propositions de modifications de l'Arrangement furent présentées, la plupart par le Bureau international lui-même. Un certain nombre furent adoptées, que nous rappellerons ici(2).

Si le déposant revendique la couleur à titre d'élément distinctif de sa marque, il sera tenu d'en faire la déclaration accompagnée d'une description faisant mention de la couleur et de déposer un certain nombre d'exemplaires de la marque destinés à être annexés aux notifications faites par le Bureau international.

Lorsqu'une marque, déjà déposée au Bureau national d'un ou plusieurs des pays contractants, est postérieurement enregistrée internationalement, l'enregistrement international sera considéré comme substitué aux enregistrements nationaux antérieurs, sans préjudice des droits acquis par le fait de ces derniers (art. 4bis).

Un refus ne pourra être opposé à une marque déposée à l'enregistrement international que dans les mêmes conditions qu'à une marque déposée à l'enregistrement national. Ce refus devra être motivé.

Le registre international est public, en ce sens que le Bureau international sera tenu d'en délivrer des extraits à tout requérant.

Toute transmission de marque d'un pays contractant à un autre devra être notifiée au Bureau international par l'Administration du premier; pour être valable, elle devra recevoir l'assentiment du second.

Aucune transmission ne sera enregistrée internationalement au profit d'une personne non établie dans un des pays contractants (proposition hollandaise).

Enfin, en cas de dépôt multiple, la taxe internationale de cent francs est abaissée à cinquante francs pour chacune des marques déposées en même temps que la première par le même propriétaire.

Dans les dix années qui suivirent, le service de l'enregistrement international progressa rapidement. Quatre nouvelles adhésions se produisirent: Cuba en 1905; l'*Autriche,* la *Hongrie* et le *Mexique* en 1909. L'Union de Madrid groupait à cette date treize États, englobant 289 millions d'âmes. En 1910, 1409 marques étaient enregistrées au Bureau international(3).

La Conférence de *Washington* réunie en 1911 apporta à son tour quelques améliorations à l'Acte de Madrid.

Il y fut décidé que les marques internationales seraient publiées désormais dans une feuille spéciale *(Les Marques internationales);* que, pour la revendication de la couleur, il n'y aurait plus besoin d'une *description,* mais simplement de la *mention* de la couleur ou de la combinaison de couleurs revendiquée; que la publicité des *Marques internationales* serait considérée par tous les pays contractants comme pleinement suffisante et qu'aucune autre ne pourrait être exigée du déposant. L'adoption de cette dernière disposition fut jugée utile — encore que la Conférence de Madrid eût déjà marqué son intention de dispenser les marques internationales des formalités diverses et compliquées des publicités nationales — à raison de ce fait que les tribunaux d'un pays unioniste avaient refusé en 1907, après quatorze ans de fonctionnement du service, d'accorder la

(1) Exposé général de 1911 *(Actes de la Conférence de Washington,* p. 152).

(2) Voir *Actes de la Conférence tenue à Bruxelles,* etc.: Propositions du Bureau international, p. 55. et suiv.; de l'Espagne, p. 94; des Pays-Bas, p. 101; rapport d'ensemble de M. de Ro, p. 289; discussion, p. 292 à 294; fixation de la taxe, p. 294 et 312.

(3) Exposé général de 1911 *(Actes de la Conférence de Washington,* p. 152).

protection à certaines marques internationales pour ce motif qu'elles n'avaient pas été publiées dans le journal officiel du pays.

On jugea utile aussi d'affirmer l'existence, au profit de toute marque enregistrée internationalement, du droit de priorité (quatre mois) établi par l'article 4 de la Convention générale.

Un des pays contractants ayant contesté le droit du propriétaire d'une marque enregistrée internationalement à renoncer à sa marque seulement pour un ou plusieurs des pays contractants, on se décida à consacrer ce droit par une disposition expresse (art. 8bis de l'Arrangement). On fit remarquer en effet que la marque en question pouvait avoir été déjà employée dans ce ou ces pays et que le déposant de bonne foi pouvait désirer s'effacer devant le premier occupant dès qu'il avait connaissance de cette situation, au lieu de s'exposer à un procès.

Enfin, la Conférence estima bon — en présence des nombreuses demandes de modifications de listes de produits constamment présentées par les intéressés au Bureau international — de stipuler que si un propriétaire de marque demande à réduire la liste des produits auxquels elle s'applique, ce fait devra être enregistré à Berne et notifié aux Administrations contractantes; que si, au contraire, il désire augmenter ou modifier cette liste, il devra effectuer un nouveau dépôt international (1).

La guerre apporta évidemment un recul marqué et une certaine gêne dans les opérations de l'enregistrement international. De 1913 à 1915 le nombre des enregistrements diminua de 66 %. Une Administration réserva le point de savoir si la protection pouvait être acquise dans son pays, par l'effet de l'enregistrement international, à des marques de ressortissants d'un pays en guerre avec lui (2). L'Administration d'un des pays belligérants nous demanda de conserver à notre Bureau jusqu'à la fin de la guerre les collections de notifications officielles qui lui étaient destinées (3). Les variations du change rendirent les paiements moins faciles, amenèrent bien des propriétaires de marques à renoncer au retour de leurs clichés. Mais en somme aucun des pays belligérants ne dénonça l'Arrangement de Madrid, celui-ci demeura intégralement en vigueur. Nous pûmes déclarer que nous considérions comme tardifs les refus — motivés par les circonstances de la guerre — qu'une Administration nous notifia en 1922 pour des marques originaires de pays précédemment «ennemis» enregistrées à notre Bureau dans les années 1916 et suivantes (4). Dès 1916 enfin le nombre des enregistrements internationaux avait commencé à se relever: en 1918 il dépassait de beaucoup le niveau atteint en 1908 (5). En pleine guerre, le 30 juillet 1917, l'adhésion du *Maroc* (à l'exception de la zone espagnole) avait porté à 14 le nombre des États adhérents. Le 20 janvier 1919, après vingt-six ans d'activité, le Bureau international enregistrait sa 20 000e marque; il lui avait fallu dix-huit ans (1910) pour franchir l'étape des premiers 10 000 enregistrements.

La période d'après-guerre a été particulièrement brillante pour le service de l'enregistrement international. Six adhésions nouvelles sont venues porter à 20 le nombre des États membres de l'Union restreinte qui groupe au 1er janvier 1925

(1) Voir *Actes de la Conférence de Washington:* propositions du Bureau international, p. 71; de la France, p. 98; rapport de la sous-commission, p. 293 à 295; rapport de la commission au sujet de l'article 6 de la Convention générale, p. 296 et 308-309.

(2) Voir *Rapport de gestion* du Bureau international de la propriété industrielle pour *1915*, p. 9.

(3) Voir *Rapport de gestion* pour *1919*, p. 10.

(4) Voir *Rapport de gestion* pour *1922*, p. 14.

(5) *Ibid.*, p. 8.

une population de 373 millions d'âmes[1]. Ce sont celles de la *Tchécoslovaquie* (1919), de la *Roumanie* (1920), de la *Serbie-Croatie-Slovénie* (1921), de l'*Allemagne* (1922), de la *Ville libre de Dantzig* (1923), du *Luxembourg* (1924). Dès 1919, le nombre des enregistrements internationaux dépassait celui qui fut atteint en 1912. En 1920 il était de 2284, chiffre très au-dessus de celui de 1913 (1934). En 1922 il atteignait 2653; en 1923, à la suite de l'adhésion de l'Allemagne dont il est inutile de souligner l'importance pour l'Union restreinte née de l'Arrangement de Madrid, il s'élevait brusquement à 5258, soit une augmentation de près de 100 % en un an. Enfin en 1924, notre Bureau enregistrait 5487 marques, battant ainsi tous les records antérieurs[2].

Si nous comparons à l'heure actuelle la carte des États de l'Union générale pour la protection de la propriété industrielle (32 États) et celle des États de l'Union restreinte (20 États)[3], nous constatons que la première groupe 12 États de plus que la seconde: 9 en Europe, 1 en Asie et 2 en Amérique.

En Europe ce sont: au Nord le groupe des États scandinaves (Danemark, Suède et Norvège), la Finlande, l'Esthonie et la Pologne; au Sud la Bulgarie et la Grèce; à l'Ouest l'Angleterre. La Pologne trouverait, semble-t-il, une indication spéciale en faveur de l'adhésion dans le fait qu'une portion de son territoire bénéficiait naguère encore du service de l'enregistrement des marques, l'ancienne Autriche ayant adhéré dès 1909 à l'Arrangement de Madrid. Nous savons d'autre part qu'en Angleterre un mouvement se dessine dans certains milieux commerciaux de Londres en faveur d'une adhésion qui présenterait pour l'Union restreinte un intérêt de premier ordre.

En Asie le Japon, en Amérique les États-Unis et la République Dominicaine restent encore à l'écart. Aux États-Unis d'ailleurs on étudie avec faveur l'institution de l'enregistrement international dont l'ingénieuse simplicité permet aux industriels et aux commerçants de réaliser une économie de temps et de frais qui ne saurait échapper à l'attention des hommes d'affaires.

Après avoir retracé cette rapide esquisse historique de l'enregistrement international des marques, essayons maintenant de pénétrer à l'intérieur du service, de bien saisir le principe qui est à sa base et de comprendre comment il fonctionne.

---

(1) Ce territoire comprend non seulement celui des pays métropoles, mais encore, pour certains pays, celui des colonies. Les colonies *françaises* participent à l'Arrangement. De même les colonies *portugaises* des Açores et de Madère. De même pour les *Pays-Bas,* les possessions des Indes néerlandaises, de Surinam et de Curaçao; quoique le Bureau international n'entretienne pas de relations directes avec les Bureaux auxiliaires qui siègent dans les capitales de ces trois colonies, mais reçoive leurs dépôts, notifications, refus, etc. par l'entremise du Bureau de la propriété industrielle de La Haye, les décisions concernant l'application de l'Arrangement dans ces possessions sont indépendantes de celles qui sont prises pour la métropole: une marque refusée en Hollande ne l'est pas de ce fait dans les colonies et vice versa, une renonciation pour la Hollande ne s'étend pas *de plano* aux colonies. — Au contraire, aux termes des déclarations faites par les représentants de l'*Espagne* à la Conférence de Bruxelles (Actes de Bruxelles, p. 94, 202 et 333), les colonies *espagnoles* ne participent pas à l'Arrangement; il en est de même de la zone espagnole du Maroc, aucune notification formelle d'adhésion n'ayant été faite pour ces territoires (art. 11 de l'Arrangement et art. 16bis de la Convention générale d'Union). Cependant l'Administration espagnole a transmis à notre Bureau quelques dépôts provenant des Baléares, des Iles Canaries et de Melilla. Nous lui avons demandé de nous préciser la situation. Elle nous a informés que les Iles Canaries constituent une province maritime de l'Espagne et sont donc placées sous le même régime administratif que le territoire national tout entier; il semble qu'il en est de même au moins des Iles Baléares et peut-être de Melilla. En ce qui concerne la zone espagnole du Maroc, l'Administration espagnole a prié le Ministre d'État de prendre les mesures opportunes; sur ce dernier point la situation n'est donc pas encore précisée. (Sur l'application de l'Arrangement aux possessions de l'Espagne et des Pays-Bas, voir les *Rapports de gestion* du Bureau international pour 1923, p. 11-12, et pour 1924, p. 11.)

(2) Voir *Prop. ind.*, 1924, p. 10, et 1925, p. 15.

(3) *Ibid.*, 1925, p. 2.

DEUXIÈME PARTIE

PRINCIPE
DE
L'ENREGISTREMENT INTERNATIONAL
ET
FONCTIONNEMENT DU SERVICE

A. Principe

L'Arrangement de Madrid repose sur le principe suivant: Toute marque préalablement enregistrée dans son pays d'origine, si c'est un des pays contractants, et qui est ensuite enregistrée internationalement au Bureau de Berne, bénéficiera dans les autres pays contractants de la même protection que si elle y avait été directement déposée, les pays dont la législation prévoit la possibilité d'un refus d'enregistrement ayant un délai d'un an pour exercer cette faculté, faute de quoi l'enregistrement de la marque devra y être considéré comme définitif.

La marque doit avoir été préalablement enregistrée dans son pays d'origine. Ce principe a le mérite de la simplicité et de l'unité. Les pays unionistes qui admettent une marque enregistrée internationalement savent d'où elle vient et quelle est en règle générale l'origine des marchandises qu'elle couvre. La protection accordée dans ces pays n'est que l'accessoire de celle qui a été obtenue dans le pays d'origine. La marque conserve son statut personnel sur tout le territoire unioniste. Tant qu'elle est protégée au pays d'origine, elle le sera dans les autres et cela jusqu'à l'expiration d'un délai uniforme fixé par l'Arrangement à une durée de vingt ans. Chaque pays conserve seulement le droit, pour ce qui le concerne, de refuser la marque dans le délai d'un an à dater de la notification qui lui a été faite de l'enregistrement international, et celui d'en faire prononcer en tout temps l'invalidation par une décision judiciaire.

Dans cinq des pays adhérents à l'Union restreinte la durée de protection prévue par la loi nationale est également de vingt ans: ce sont l'Espagne, les Pays-Bas (y compris les Indes néerlandaises, Curaçao et Surinam), le Maroc (à l'exception de la Zone espagnole), le Mexique et la Suisse(1). Dans deux, elle est d'une durée illimitée, savoir la Belgique et l'Italie(2). Dans un, — la Serbie-Croatie-Slovénie — elle est laissée au choix du déposant(3).

Dans les douze autres, elle est d'une durée inférieure à vingt ans: à Cuba, au Brésil, en France (un projet déposé dans ce pays propose de porter cette durée à 20 ans), en Roumanie et en Tunisie, elle est de quinze ans(4); en Allemagne, en Autriche, à Dantzig, en Hongrie, en Luxembourg, en Portugal, en Tchécoslovaquie, elle est de dix ans(5). Pour les marques dont un de ces États est le pays d'origine, la protection assurée par l'enregistrement international risque donc, semble-t-il, de perdre de son efficacité bien avant l'expiration du délai prévu par l'article 6 de l'Arrangement de Madrid. Mais il ne faut pas oublier que cette conséquence ne se produira pas si le propriétaire de la marque a soin d'opérer en temps utile le renouvellement du dépôt dans son pays d'origine. Et nous rappellerons plus loin que, même au cas où il n'opère ce renouvellement qu'après l'expiration du délai de protection prévu par la loi nationale de ce pays, si la radiation de la marque n'a pas été opérée sur le registre international et notifiée aux pays adhérents, la protection internationale, d'après une théorie assez répandue, est considérée comme ayant été simplement suspendue pendant cet intervalle de temps et reprend ensuite son efficacité pour la fraction du délai de vingt ans qui reste encore à courir(6).

L'application du principe de l'enregistrement au pays d'origine a soulevé une objection de la part des pays qui subordonnent l'enregistrement des marques à la condition de l'examen préalable. Dans ces pays, celui qui a déposé une marque ne peut en obtenir l'enregistrement, à raison des lenteurs de l'examen, qu'après un laps de temps plus ou moins considérable. Pendant cet intervalle il ne pourra se faire protéger dans les autres pays. Et si sa marque est refusée dans son pays il ne pourra jamais la faire protéger dans les autres. Mais inversement il ne faut pas oublier que, dans les pays sans examen, l'enregistrement ne garantit pas — *de plano* — le droit à la marque et ne met pas le déposant à l'abri des revendications des tiers qui peuvent prétendre à un droit sur celle-ci. Ne serait-il pas choquant, d'autre part, si le principe du premier enregistrement au pays d'origine était abandonné, de voir des commerçants auxquels leur propre pays refuse — pour des raisons sérieuses — la protection d'une marque, aller la déposer dans un pays qui n'est pas le leur, la démarquer ainsi, si l'on peut dire, au point de vue national, et ensuite en demander, par le procédé de l'enregistrement international, la protection dans les autres pays unionistes? Et le jour où les marques permettront de donner facilement le change sur la nationalité véritable des mai-

(1) Il en est de même aux États-Unis, au Japon, — pays qui font partie de l'Union générale, mais n'ont pas adhéré à l'Arrangement de Madrid, — ainsi qu'en Chine, dans l'Équateur, à Haïti, dans la République de Salvador, — pays qui n'ont pas adhéré à l'Union générale. Au Venezuela, qui ne fait pas non plus partie de l'Union générale, la durée de protection est de trente ans.

(2) Au Canada, pays qui fait partie de l'Union générale et n'a pas adhéré à l'Arrangement de Madrid, la durée de protection des marques générales est illimitée, celle des marques spéciales est de vingt-cinq ans. Au Congo et en Égypte, pays qui ne font pas partie de l'Union générale, la durée de protection des marques est indéterminée.

(3) Il en est de même dans la République Dominicaine, en Esthonie, dans les États de Syrie et du Liban, pays qui font partie de l'Union générale, et dans l'Union soviétique russe, pays qui ne fait pas partie de l'Union générale.

(4) Il en est de même en Turquie, pays qui n'a pas adhéré à l'Union générale. — La durée de protection est de quatorze ans en Grande-Bretagne, à Ceylan, en Australie, en Nouvelle-Zélande, pays qui font partie de l'Union générale et n'ont pas adhéré à l'Arrangement de Madrid.

(5) Il en est de même dans les pays suivants qui font partie de l'Union générale et n'ont pas adhéré à l'Arrangement de Madrid: Bulgarie, Norvège, Suède et Pologne, et dans les pays suivants qui ne font pas partie de l'Union générale: Argentine, Bolivie, Chili, Finlande, Guatemala, Paraguay, Pérou, Uruguay.

(6) Voir plus loin, p. 191.

sons de commerce qui les utilisent, l'inévitable discrédit qui rejaillirait sur cette institution juridique ne ruinerait-il pas en partie son rôle dans les affaires?

C'est ce que paraissent avoir compris de nombreux pays à examen, et, en dernier lieu l'Allemagne, qui, après avoir hésité longtemps à se rallier au principe de l'Arrangement de Madrid et avoir soutenu à la Conférence de Washington le principe de l'indépendance des marques, a fini par se décider en 1922 à adhérer à cet Arrangement. Et à l'heure actuelle, sur vingt pays adhérents, la moitié environ sont — théoriquement au moins — pays à examen. C'est dire que le principe de l'Arrangement n'est pas pratiquement inconciliable avec leur système national et ne constitue pas un obstacle insurmontable au développement de l'Union restreinte de Madrid.

Cette première constatation faite, concernant la base même de l'enregistrement international, considérons maintenant le mécanisme en action.

B. Fonctionnement

Pour se rendre exactement compte du fonctionnement du service de l'enregistrement international des marques, des avantages qu'il présente pour les intéressés, des difficultés auxquelles il se heurte, des améliorations qui peuvent lui être apportées, il n'est rien de mieux, semble-t-il, que de suivre la série des opérations auxquelles une marque peut être soumise à partir du moment où arrive à notre Bureau la demande d'enregistrement qui la concerne(1).

Soit une maison d'industrie ou de commerce d'un des vingt pays contractants, qui veut bénéficier de l'enregistrement international d'une marque. Elle doit d'abord avoir déposé régulièrement celle-ci auprès de l'Administration nationale de son pays d'origine. Puis elle prie cette Administration de demander à notre Bureau l'inscription dans le Registre international, en lui fournissant les indications nécessaires (nom, adresse, fac-similé de la marque, liste des produits auxquelles celle-ci est destinée, date et numéro de l'inscription de la marque dans son pays d'origine), un cliché de la marque(2) et une somme de cent francs suisses (cette taxe est réduite à cinquante francs pour chacune des marques suivantes déposée en même temps par le même propriétaire), montant de l'émolument international dû à notre Bureau ou un récépissé de cette somme, si la maison intéressée nous l'a fait parvenir directement, ou encore une indication relative à la date et au mode de paiement, si celui-ci a été effectué d'avance. L'Administration remplit — en double exemplaire — un formulaire imprimé de demande d'enregistrement(3) et le transmet à notre Bureau avec le cliché et le montant de l'émolument (ou le récépissé)(4).

(1) Nous reproduirons en *annexe* du présent exposé les principaux formulaires, avis aux déposants, etc. en usage dans le service de l'enregistrement international des marques.

(2) Le règlement d'exécution annexé à l'Arrangement prescrit les dimensions maxima (longueur et largeur) du cliché à envoyer à notre Bureau. La Réunion technique tenue à Berne en 1904 par les directeurs des Offices nationaux de la propriété industrielle avait de son côté proposé à ce sujet l'adoption de quelques règles plus précises. Malheureusement, quelques déposants s'écartent de ces prescriptions et nous envoient des clichés trop grands, trop petits ou irréguliers que nous devons refuser, faute de pouvoir les utiliser pour la publication dans notre journal *Les Marques internationales*. Il importe aussi que le fac-similé destiné à figurer sur la demande d'enregistrement soit imprimé en noir et exécuté au moyen du cliché qui accompagne le dépôt (sur ces divers points, voyez l'*Exposé général* présenté à Washington [*Actes de Washington*, p. 160], le *Rapport de gestion* pour 1919, p. 9-10, notre circulaire du 9 juillet 1920 et le *fascicule III* des *Documents préliminaires*, p. 83).

(3) Dont des stocks suffisants sont mis à sa disposition par le Bureau international. Il importe que l'Administration remplisse elle-même le formulaire, au lieu de laisser ce soin à l'intéressé qui, l'expérience l'a prouvé, s'acquitte souvent de cette tâche d'une manière très imparfaite.

(4) Celui-ci doit nous être envoyé en une valeur sur Berne. Sinon, notre Bureau subit une perte

Notre Bureau s'assure de la réception du cliché et de l'émolument et vérifie le formulaire pour constater si toutes les indications exigées par le règlement y sont exactement portées.

Et d'abord doit y être inscrit le *pays d'origine de la marque,* puisqu'aux termes de l'article 1er de l'Arrangement de Madrid, notre Bureau ne doit enregistrer internationalement que les marques préalablement déposées dans leur pays d'origine.

Ledit article ne donnant aucune définition du pays d'origine, il est légitime de croire qu'il s'agit du pays d'origine de la marque tel qu'il est déterminé par l'article 6 de la Convention générale, ou par extension si le déposant n'appartient pas à un des pays de l'Union restreinte, et conformément aux principes posés par l'article 3 de la Convention générale auquel renvoie l'article 2 de l'Arrangement de Madrid, du pays unioniste où celui-ci possède soit son domicile, soit un établissement effectif et sérieux. Mais comme la même maison peut posséder des établissements dans divers pays, il arrive quelquefois qu'elle fasse déposer ses marques tantôt par une Administration, tantôt par une autre. Ce fait complique ou rend incertaines les recherches effectuées dans notre journal *Les Marques internationales* puisque, sur les tables, le nom d'une même maison figure, dans ces cas, tantôt parmi les déposants d'un pays, tantôt parmi ceux d'un autre.

Cette facilité permet aussi — ce qui est regrettable et ce qui nuit à la solidité de la protection — à certaines maisons d'échapper au dépôt dans le pays de leur principal établissement — qui est leur véritable pays d'origine — lorsque les formalités du dépôt y sont plus longues ou plus coûteuses (taxe nationale plus élevée) ou les conditions d'acceptation au dépôt plus difficiles (refus possibles).

Pour couper court à ces abus, le plus simple serait de préciser dans l'Arrangement même que fait règle pour la définition du pays d'origine l'article 6 de la Convention générale. Ce pays sera donc en principe celui du principal établissement [1].

Au-dessous de l'indication du pays d'origine doivent être indiqués les nom, profession (ou entreprise) et adresse [2] du propriétaire de la marque.

Il arrive parfois qu'une demande porte des adresses multiples paraissant appartenir à des raisons sociales différentes ou à des personnes domiciliées dans des lieux différents. Nous avons dû à diverses reprises suggérer la suppression de cette pratique dont les inconvénients sont évidents et qui a entraîné de nombreux refus de marques; en plus, nous ne savons pas à laquelle de ces adresses nous devons transmettre les notifications que nous recevons; mais nos réclamations se sont heurtées aux conceptions juridiques contraires de certaines Administrations contractantes.

Au-dessous de l'adresse, l'Administration du pays d'origine doit coller ou apposer à gauche un fac-similé de la marque (avec indication éventuelle de la *couleur* revendiquée) et inscrire à droite la liste des produits auxquels la marque est destinée.

En ce qui concerne le fac-similé collé, il est arrivé plus d'une fois qu'il révélait certains détails ou portait des couleurs que les Administrations et le public ne retrouvaient pas sur la reproduction du cliché publiée ultérieurement dans notre revue *Les Marques internationales* ou sur la légende qui l'accompagne. Pour éviter ces inconvénients, il paraît utile de prescrire dans le règlement d'exécution que le fac-similé de la marque à fixer ou à apposer sur la demande

---

(frais d'encaissement sur une autre place) et doit retarder l'enregistrement jusqu'au moment où il a pu faire réellement encaisser la valeur payable sur une autre place, les banques de Berne ne la prenant qu'à *l'encaissement.* L'intéressé est ainsi victime de sa négligence (voyez notre circulaire du 14 juillet 1921).

(1) Voyez p. 246, 276, 277 la proposition formulée en ce sens.

(2) Sur l'insuffisance de certaines adresses, voir le *Rapport de gestion* pour 1924, p. 11.

d'enregistrement doit être en impression noire exécutée au moyen du cliché qui accompagne le dépôt (1).

Si la marque contient des lettres ou des mots appartenant à une langue ou exprimés par des caractères peu connus, il conviendrait que l'Administration nous fît parvenir — en une dizaine d'exemplaires — une traduction de ceux-ci en langue française dont nous pourrions envoyer un exemplaire aux Administrations qui l'exigent (2).

A droite du fac-similé doit être inscrite la liste des produits auxquels la marque est destinée. Il arrive souvent qu'en dépit de nos avertissements réitérés, les déposants se contentent d'une désignation trop élastique et trop vague de ces produits, que celle-ci soit conçue, par exemple, dans les termes suivants: « marchandises diverses », « produits d'exportation », « produits d'outre-mer », « articles de publicité », « articles de la fabrication du déposant », ou se termine par les mots « et autres produits », « et autres objets », « etc. ». En fait ces insuffisances de désignation ne sont pas acceptées par toutes les Administrations des autres pays. Certaines refusent d'enregistrer les marques ainsi qualifiées. Le seul moyen pratique de parer — dans l'intérêt même des déposants — à cet inconvénient consisterait à permettre à notre Bureau de surseoir, en pareil cas, à l'enregistrement de la marque pendant un certain délai et à en donner avis au propriétaire de la marque et à l'Administration du pays d'origine. Si le dépôt n'est pas régularisé dans ce délai, il pourrait être considéré comme abandonné (3).

Un autre abus consiste à demander la protection pour un nombre de produits extrêmement élevé et à nous notifier des listes interminables de ceux-ci dont l'impression et la notification sont très coûteuses pour notre Bureau.

Le moyen le plus efficace d'enrayer cet abus consisterait à établir une classification internationale officielle des produits à protéger et à instituer une *taxe* par classe à percevoir dans le cas où la protection serait revendiquée par le déposant pour plusieurs classes de produits.

L'idée d'une *classification* de ce genre n'est pas née d'hier.

Dès la première Conférence de revision de l'Union générale, tenue à Rome, en 1886, le Bureau international avait proposé d'établir un classement des produits susceptibles d'être couverts par des marques (36 classes) qui permettrait de rendre comparables les statistiques nationales. Dans le projet d'enregistrement international, qu'il présentait à la même Conférence, le Bureau proposait d'imposer au déposant d'une marque l'obligation d'indiquer la classe dans laquelle celle-ci devait être rangée. Cette indication devait être publiée, ainsi qu'un répertoire annuel par classes de produits des marques enregistrées. Le contre-projet italien contenait une disposition analogue. Mais la délégation française s'opposa à l'adoption d'une classification uniforme, estimant que chaque pays devait garder sa liberté à cet égard (4). Et le projet adopté à la Conférence de Madrid en 1891 ne fait plus mention de l'enregistrement par classe.

En fait, le Bureau international ne tarda pas à établir pour son usage une classification officieuse en 80 classes destinée à faciliter ses recherches, car on lui demandait souvent s'il avait enregistré une marque d'une certaine physionomie pour telle ou telle catégorie de produits. Il a donc pris l'habitude d'insérer sur un exemplaire du fac-similé de la marque le numéro d'ordre de celle (ou de celles) des 80 classes pour laquelle (ou lesquelles) la protection a été demandée, de former un dossier de ces fac-similés et à la fin de chaque année d'en établir le répertoire dans les Tables du recueil *Les Marques internationales.*

(1) Voir p. 295-296.
(2) Voir p. 296.
(3) Voir p. 296-297 et 301-302.
(4) Voir les *Actes de la Conférence de Rome*, p. 34, 37, 49, 51, 53, 58 et 59.

Il reprit ensuite à la Conférence de Bruxelles (1897) le principe de sa proposition de Madrid, mais dut y renoncer, vu les difficultés que son application rencontrerait en France [1].

La Conférence de Washington (1911) le pria de remettre à l'étude le problème de la classification internationale [2].

En 1914, le Bureau esquissa un nouveau projet réduisant à 30 le nombre des classes de produits. Cet essai — dont les imperfections ne nous avaient pas échappé — ne trouva pas grand écho.

Mais depuis la Conférence de Washington les idées ont évolué. Successivement le nombre des pays qui ont adopté la classification en 80 classes, utilisée officieusement par le Bureau international depuis une trentaine d'années, s'est élevé à six, dont trois participent à l'enregistrement international des marques: la Belgique, le Portugal et, en 1920, la France. Comme c'est ce dernier pays qui a déposé le plus grand nombre de marques internationales et qui s'était le plus opposé jadis à l'adoption du classement uniforme, et qu'en plus un nouveau pays important nous a fait entrevoir qu'il accepterait aussi cette classification, nous en concluons que le plus simple est d'en rester à cette classification en 80 classes, très légèrement retouchée suivant les propositions que nous avons élaborées en vue de la Conférence de La Haye [3]. Si celles-ci ne sont pas adoptées, il ne restera qu'à charger une commission formée de spécialistes de divers pays d'examiner dans quelle mesure la classification proposée devrait être modifiée pour mieux tenir compte des vues plus ou moins divergentes que pourrait exprimer sur ce sujet telle ou telle Administration nationale.

D'ailleurs, rien n'empêcherait les États qui tiendraient à conserver, au moins pour le moment, la classification nationale dont ils ont l'habitude, d'adopter la nouvelle classification uniquement pour les marques internationales, tout en conservant leur classification actuelle pour les dépôts nationaux. Si ce n'est pas là une solution idéale, ce peut être au moins une solution opportune et pratique [4].

Il y aurait lieu de permettre au Bureau de surseoir à l'enregistrement d'une marque dans la composition de laquelle il entre une croix pouvant être confondue avec la «Croix-Rouge» — pratique qui est généralement considérée par les États comme contraire à l'ordre public, que nous avons eu trop souvent à relever et qui provoque, elle aussi, de nombreux refus de la part des Administrations unionistes.

Même autorisation devrait être accordée d'une manière formelle au Bureau lorsque la demande d'enregistrement est incomplète ou irrégulière ou que la mention de la ou des classes sous la ou lesquelles la marque devrait être rangée est ou défectueuse, ou erronée, ou ne correspond pas à l'indication des produits pour lesquels la protection est revendiquée, ou lorsque le cliché reçu ne donne pas une empreinte suffisamment claire des éléments de la marque.

Au-dessous du fac-similé de la marque, l'Administration du pays d'origine doit inscrire la date et le numéro d'ordre du dernier enregistrement ou renouvellement de la marque dans ce pays. Et enfin au bas de la page à gauche, la Direction remplit, date et signe la demande d'enregistrement international.

Notre Bureau, après avoir constaté que les deux formulaires de demande sont exactement remplis, que leurs inscriptions sont concordantes entre elles et avec les autres pièces annexées au dépôt, que l'émolument a été payé, que la

(1) Voir *Actes de la Conférence de Bruxelles*, p. 57, 111 et 290.

(2) Voir *Actes de la Conférence de Washington*, p. 262.

(3) Voir p. 278, 298 et 307.

(4) Sur la question de la classification uniforme des marques, voir également l'étude historique et doctrinale publiée dans *La Propriété industrielle* de 1924, p. 158 et suiv.

marque paraît encore jouir de la protection nationale dans son pays d'origine et que le déposant paraît être au bénéfice de l'Arrangement, inscrit la marque au Registre international[1], certifie cette inscription et indique sous quelle date et sous quel numéro elle a été faite, au bas de la feuille de demande et à droite. Cette feuille devient donc *Certificat d'enregistrement* international.

Notre Bureau en conserve un exemplaire dans ses archives et retourne l'autre à l'Administration du pays d'origine.

Il adresse à chaque Administration unioniste une *notification* de l'enregistrement international de la marque et publie, dans sa revue mensuelle *Les Marques internationales,* avec le fac-similé de la marque les indications essentielles qui la concernent (nom et adresse du propriétaire, date et numéro de l'enregistrement, produits protégés, etc.).

La marque enregistrée internationalement dans les quatre mois qui suivent la date de son dépôt dans le pays d'origine jouit du délai de priorité établi par l'article 4 de la Convention générale. Étant donné les lenteurs de l'examen dans certains pays, il serait bon de porter ce délai de quatre à six mois. Nous avons toujours estimé qu'en ce qui concerne les marques *internationales,* la nécessité de revendiquer formellement ce délai n'existait pas, car elle n'est prescrite par aucune des dispositions de l'Arrangement. Comme la législation serbo-croato-slovène pouvait faire naître un doute au sujet de l'application de cette règle, nous avons tenu à obtenir de l'Administration de ce pays une interprétation officielle dans le sens de la négative[2].

Chaque Administration a un délai d'un an pour refuser à la marque à elle notifiée protection sur le territoire du pays, si la législation intérieure l'y autorise et dans les conditions qui s'appliqueraient, en vertu de la Convention générale d'Union, à une marque déposée à l'enregistrement national.

Certaines Administrations multiplient les refus, soit qu'elles soient particulièrement exigeantes au point de vue de la forme en laquelle la demande d'enregistrement doit être libellée, soit qu'elles subordonnent l'enregistrement à un examen de fond de la marque. De là une grande complication et une sensible augmentation de frais pour notre service. Ces refus causent aussi une certaine surprise dans les pays où l'Administration ne pratique pas le système de l'examen: l'opinion est naturellement encline à penser que l'enregistrement international assure la protection de la marque dans tous les pays unionistes, tandis qu'en réalité il ne lui assure dans chacun de ces pays que la protection à laquelle elle pourrait prétendre si elle y avait été directement enregistrée.

Le droit accordé à notre Bureau de surseoir à l'enregistrement dans les cas énumérés plus haut pourra pallier à un certain nombre de refus ultérieurs et permettre aux intéressés d'y parer.

Quant aux refus basés sur une raison de fond, un certain nombre d'entre eux pourraient être évités si les intéressés ou leurs conseils veillaient avec plus d'attention à la composition des marques qu'ils déposent, avaient soin, par exemple, de ne pas insérer dans celles-ci des expressions comme « breveté » ou « déposé » qui, dès l'origine, sont inexactes pour certains pays ou peuvent le devenir au bout d'un certain temps, de ne pas donner des indications fausses de personnes, de lieux ou de pays d'origine, de ne pas déposer comme marque unique plusieurs mots sans lien les uns avec les autres, qui auraient seulement pu constituer des marques séparées, de ne pas choisir des marques dépourvues de tout caractère distinctif (marques uniquement composées d'initiales ou de lettres, ou

(1) La date de l'enregistrement est celle du jour où toutes les pièces exigées ont été réunies par le Bureau international.

(2) Voir *Rapport de gestion* pour 1921, p. 11.

d'indications génériques indiquant la nature ou la qualité du produit), etc. L'article 6 de la Convention générale d'Union réserve en effet pour chaque pays le droit de refuser des marques de ce genre et il ne nous appartient pas en pareil cas d'intervenir.

Nous avons dû limiter notre action à certains cas d'une nature particulière.

Ainsi nous avons pu obtenir de l'Administration serbo-croato-slovène qu'elle ne refuse plus les marques ne représentant pas uniquement la forme d'un produit ou de son récipient, mais contenant en outre un signe jugé « distinctif » (par exemple une étiquette, une inscription), ni les marques déposées pour des catégories de marchandises monopolisées par l'État serbe, comme le tabac, le papier à cigarettes, les explosifs, le pétrole, etc. (ces marques ne pouvant d'ailleurs être pratiquement utilisées dans ce pays par leurs titulaires, tant que ces marchandises restent monopolisées) (1).

Il est arrivé souvent aussi que telle ou telle Administration refusât une marque parce que celle-ci contenait des médailles, armoiries, distinctions honorifiques, ou le nom d'un tiers. Dans un cas de ce genre, nous avions suggéré à l'Administration du pays d'origine de nous fournir à l'intention de l'Administration qui avait prononcé le refus, une attestation de principe affirmant qu'en aucun cas elle n'enregistre les marques nationales contenant des mentions de ce genre sans avoir exigé la preuve que le déposant a le droit de faire usage de ces mentions. La production de cette pièce nous avait permis d'obtenir le retrait du refus prononcé et l'Administration refusante nous avait déclaré qu'elle accepterait à l'avenir les marques de cette catégorie originaires du pays qui a fourni l'attestation. Depuis lors nous avons employé avec succès à diverses reprises cette procédure. Il nous semble qu'il y aurait un réel avantage à la reconnaître officiellement dans l'Arrangement, tous les pays contractants s'engageant à renoncer à tout examen relatif aux armoiries, etc. portées sur une marque d'un pays qui leur a fait notifier par nos soins l'attestation de principe mentionnée plus haut (2).

Il peut se faire aussi qu'une marque provenant d'un pays contienne des armoiries d'État d'un autre pays contractant, ou des signes ou poinçons officiels de contrôle adoptés par ce pays. Cet abus est déjà réprimé dans 29 sur 32 des pays adhérents à l'Union générale pour la protection de la propriété industrielle. Il semble donc légitime d'espérer que la Convention générale d'Union prononcera formellement l'interdiction de ces pratiques, communication des listes d'armoiries, etc. dont chaque État entend réclamer la protection devant être faite aux autres États par l'intermédiaire de notre Bureau (3).

Il s'est trouvé aussi une Administration qui, au cours de l'année 1919, nous a notifié un *refus* pour six marques *collectives*, qualifiées telles par l'Administration de leur pays d'origine, et qui a basé son refus sur le fait qu'il s'agissait là de marques émanant non d'une entreprise à but immédiatement lucratif, mais d'une association poursuivant simplement le développement d'intérêts communs et auxquelles l'Arrangement de Madrid ne s'applique pas (4).

Nous avons fait observer à cette Administration que son pays s'était engagé, par l'article 7bis de la Convention générale d'Union, à protéger les marques « appartenant à des collectivités dont l'existence n'est pas contraire à la loi du pays d'origine, même si ces collectivités ne possèdent pas un établissement industriel ou commercial ». Mais comme ce texte ajoute la réserve suivante : « chaque pays restant juge des conditions particulières sous lesquelles une collectivité pourra être admise à faire protéger ses marques », il faut bien reconnaître que cet engagement est singulièrement élastique. Et il convient de se rappeler aussi que

(1) Voir *Rapport de gestion* pour 1921, p. 11.
(2) Voir p. 283.
(3) Voir p. 243 à 247.
(4) Voir *Rapport de gestion* pour 1919, p. 8.

sur trente-deux pays appartenant à l'Union générale, *treize* n'ont édicté aucune disposition relative aux marques collectives.

Il serait donc téméraire d'espérer que d'ici un certain temps ce genre de marque acquière réellement ses lettres de grande naturalisation sur l'ensemble du territoire de l'Union. Ce serait déjà un appréciable résultat que d'obtenir l'adjonction à l'article 7bis d'une disposition aux termes de laquelle les États contractants s'engageraient à protéger les marques collectives en quelque sorte publiques, celles dites régionales ou nationales adoptées dans un but d'intérêt général par des autorités ou par des associations autorisées (1).

Notons encore qu'il serait possible tout au moins d'éliminer une catégorie de refus particulièrement fâcheux pour la sécurité des propriétaires de marques: les *refus tardifs*. Plusieurs Administrations nous expédient parfois des refus après l'expiration du délai d'un an à courir de la notification à elles faites de l'enregistrement d'une marque par notre Bureau. Le meilleur moyen de mettre un terme à cette pratique serait d'insérer dans l'Arrangement une disposition aux termes de laquelle les Administrations qui, dans le délai d'un an, n'auront adressé aucune communication à notre Bureau, seront censées avoir accepté la marque (2).

Dans un but de simplification, nous proposons de faire partir ce délai du jour de l'*enregistrement* de la marque au Bureau international (3). Suivant la pratique actuellement suivie, ce délai court — conformément aux termes de l'Arrangement — de la date de la *notification* du Bureau international. Une interprétation différente avait en effet trouvé un écho à la Conférence de Washington et nous avions déjà conseillé de l'écarter comme contraire au texte de l'article 5 de l'Arrangement. Certains estimaient que le délai devait courir seulement à partir de la date à laquelle chaque Administration avait *reçu* la notification d'enregistrement du Bureau international, solution qui, tout en paraissant juste pour chaque cas considéré individuellement, créait non seulement l'inégalité en matière de délai mais l'incertitude préalable sur la date du point de départ de celui-ci. En revanche, ils voulaient que l'avis de refus d'une Administration *parvînt* au Bureau international dans l'année de la réception par elle de la notification d'enregistrement, ce qui écourtait le délai réellement utilisable et en rendait la durée incertaine, au moment final, pour l'Administration refusante, au moins dans les pays éloignés de Berne et dans les périodes de communications difficiles. Il nous paraît donc préférable de continuer à admettre que chaque Administration peut utiliser le délai jusqu'à son dernier jour, sans se préoccuper de la durée de sa transmission à Berne (4).

D'autre part, il conviendrait aussi que les divers pays fixent des délais un peu larges pour permettre aux intéressés des pays unionistes d'exercer utilement le droit de *recours* — généralement prévu — contre les décisions qui refusent l'enregistrement d'une marque. Dans certains pays le législateur, lorsqu'il a fixé ces délais, n'a songé qu'aux nationaux, aux gens qui sont sur place. Pour les ressortissants d'États éloignés, de pays d'outre-mer, en particulier, ces délais risquent parfois d'être insuffisants (lenteurs de correspondance, exigences de pouvoirs certifiés, etc.) (5).

La constitution d'un mandataire pour procéder aux opérations du dépôt de l'enregistrement international n'est pas prévue par l'Arrangement de Madrid, mais il arrive souvent que l'Administration du pays d'origine mentionne sur la de-

(1) Voir p. 248-249.

(2) Sur la question des refus tardifs, voir *Prop. ind.*, 1919, p. 16 et 1922, p. 170; *Rapport de gestion* pour 1920, p. 10; *Rapport de gestion* pour 1922, p. 12; *Rapport de gestion* pour 1923, p. 11. Une décision récemment rendue dans un des pays membres de l'Union restreinte vient du reste de déclarer nuls les refus tardifs, en insistant fortement sur la nécessité qui s'impose de respecter le délai posé en cette matière par l'Arrangement (v. *Prop. ind.*, 1925, p. 169).

(3) Voir p. 282.

(4) Voir *Actes de Washington*, p. 158-159.

(5) Voir *Prop. ind.*, 1919, p. 17.

mande d'enregistrement l'existence d'un mandataire. D'autre part, la législation de chaque pays adhérent reste évidemment libre d'exiger du déposant international la constitution d'un mandataire domicilié dans ledit pays en cas de refus provisoire d'une marque, afin que l'intéressé fasse valoir ses raisons à l'encontre de ce refus s'il le juge convenable, faute de quoi le refus provisoire sera transformé en refus définitif. Nous rencontrons, par exemple, cette exigence dans la législation allemande. En ce cas, lorsqu'un refus de marque se produit et que nous l'avons notifié au propriétaire conformément à l'article 5 de l'Arrangement, nous avons décidé — depuis le 1er mai 1924 — pour faciliter au mandataire du pays d'origine — lorsqu'il y en a un — l'exercice de son mandat, de lui donner, à titre purement officieux, avis que cette notification de refus vient d'être adressée par nous à son mandant [1].

Nous n'avons pas manqué d'ailleurs d'engager les Administrations qui demandent la désignation d'un mandataire à restreindre autant que possible cette exigence au cas où une difficulté d'une certaine importance est soulevée. Nous leur avons demandé aussi de renoncer, le cas échéant, à imposer, pour les pièces relatives aux réclamations contre un refus de marque, l'emploi de leur langue nationale.

Si un changement vient à se produire dans l'état civil d'une marque, notre Bureau le notifie aux diverses Administrations unionistes: annulation, radiation, renonciation, transmission ou autre modification essentielle [2].

Au sujet de la *radiation,* une difficulté s'est élevée. Notre Bureau a adopté comme règle de ne radier une marque sur le Registre international que si l'Administration du pays d'origine nous notifie soit la renonciation du propriétaire à celle-ci, soit une décision judiciaire rendue dans ce pays et y ordonnant la radiation. En revanche, notre Bureau ne radie pas une marque au cas où l'enregistrement n'en est pas renouvelé au moment où expire la durée de validité. Très peu de pays d'ailleurs nous notifient leurs radiations nationales. En outre, de nombreux dépôts nationaux ne sont pas renouvelés parce que la marque, au cours de sa durée de protection normale, a déjà été déposée à nouveau nationalement, souvent avec une modification ou une amplification de la liste des produits. Cette marque continue donc, en général, à être protégée dans son pays d'origine pour les produits qu'elle couvrait originairement; sa protection, à vrai dire, est basée sur le second dépôt et non plus sur le premier, qui est tombé, mais en réalité elle est restée ininterrompue et il aurait été regrettable, dans ces conditions, de radier la marque sur le registre international, puisqu'aussi bien elle n'a pas cessé d'être protégée dans son pays d'origine. Enfin il peut arriver qu'une marque éteinte faute de renouvellement soit à nouveau déposée par le même propriétaire. Certaines législations établissent même un délai pendant lequel le premier déposant est seul admis à opérer un nouveau dépôt de la marque radiée. Jusqu'ici le Bureau a estimé que pendant la durée de l'interruption de la protection de la marque au pays d'origine la protection internationale est simplement suspendue et qu'à partir du renouvellement elle reprend vie jusqu'à l'expiration de la période de protection (actuellement vingt ans) qui reste à courir [3].

Deux Administrations ne nous en avaient pas moins demandé, à la veille de la guerre, d'ouvrir une enquête sur ce sujet auprès de toutes les Administrations unionistes. C'est ce que nous avions fait par notre circulaire du 27 juillet

[1] Tel a été l'objet de notre circulaire du 7 février 1924, publiée dans notre revue *La Propriété industrielle,* numéro du 30 avril 1924, p. 57-58 (v. ci-après aux annexes le texte de l'avis que nous envoyons au mandataire).

[2] A l'exception des opérations qui ne visent pas l'ensemble des pays adhérents, mais seulement un ou plusieurs d'entre eux.

[3] Sur ces diverses questions, voir *Exposé général* de Washington, p. 156-157; *Prop. ind.,* 1919, p. 15-16, et 1922, p. 169-170.

1914. Les réponses à nous parvenues furent très divergentes. Trois Administrations, de pays à examen préalable, se prononcèrent pour la radiation internationale dans tous les cas. Les Administrations de deux grands États approuvèrent au contraire notre pratique. Une sixième Administration jugea opportun de surseoir aux radiations, en attendant qu'une décision unanime sur la question fût prise par les États contractants. Depuis lors quelques réponses nous sont encore parvenues. Mais en somme les résultats de notre enquête sont restés fragmentaires et peu décisifs (¹).

Il appartiendra à la Conférence de La Haye de se prononcer à ce sujet, en tenant compte de ce fait que certains pays ne connaissent pas le système de la radiation officielle et que peu d'Administrations se sont astreintes en fait à nous notifier les radiations de celles de leurs marques nationales qu'elles ont fait enregistrer internationalement.

Les Administrations — une ou deux d'entre elles, après l'avoir fait pendant quelques années, y ont renoncé — ne nous avisent pas du *renouvellement,* sous telle date et tel numéro, des marques nationales qui servent de base aux enregistrements internationaux. Ces renouvellements ne sont donc pas inscrits sur notre grand Registre. Il est toujours loisible d'ailleurs au propriétaire de la marque de prouver que le renouvellement a été opéré au pays d'origine et que la marque a donc conservé sa validité.

Mais les Administrations de certains pays où fonctionne l'examen préalable et qui ont pour règle de radier dans leur registre national une marque dont la durée de validité est expirée et qui n'a pas été renouvelée, tiennent à nous notifier la radiation de cette marque et seraient désireuses que nous radiions la marque internationale correspondante et notifiions à notre tour cette radiation aux autres Administrations. Ces Administrations tiennent en effet à débarrasser les registres de toutes les marques éteintes qui les encombrent au grand détriment des recherches nécessitées par le système de l'examen préalable et au dam du public qui est gêné dans sa recherche d'une marque *nouvelle.* Ces Administrations obtiendraient satisfaction si l'Arrangement obligeait notre Bureau à notifier les non-renouvellements qui lui seraient communiqués par une Administration unioniste. Reste à examiner si ce changement est préférable au maintien de la pratique actuelle dont nous indiquions tout à l'heure les avantages à propos de la non-notification des radiations.

La notification de la *transmission* d'une marque à une personne établie dans un pays contractant autre que le pays d'origine de la marque, telle qu'elle est réglée par le texte actuel de l'article 9bis de l'Arrangement de Madrid, a donné lieu à certaines difficultés. D'après ce texte, notre Bureau doit d'abord enregistrer la transmission qu'il vient de recevoir de l'Administration du premier pays d'origine de la marque, puis il demande l'assentiment de l'Administration à laquelle ressortit le nouveau titulaire; enfin il notifie la transmission aux autres Administrations et la publie dans le journal *Les Marques internationales.* Or, souvent cet assentiment se fait attendre pendant des mois, quelquefois même il est refusé. La marque transmise se trouve alors sans pays d'origine pendant un temps assez long ou même à titre définitif. Pour remédier à cet inconvénient, il y aurait lieu de modifier l'article 9bis en ce sens que le Bureau attendra d'avoir reçu l'assentiment de l'Administration à laquelle ressortit le nouveau titulaire pour enregistrer la transmission, la notifier et la publier (²).

(¹) Voir *Rapport de gestion* pour 1914, p. 9; *Rapport de gestion* pour 1918, p. 8.

(²) Voir p. 291. — Il conviendrait de spécifier aussi que cette publication devra contenir, si possible, la date et le numéro de l'enregistrement de la marque dans le nouveau pays d'origine de celle-ci *(ibid.).*

Il est arrivé qu'une Administration nous ait demandé d'inscrire au Registre international la transmission d'une marque pour tous les pays adhérents sauf pour un seul. Nous lui avons exposé que cette manière de faire était contraire au système de l'Arrangement et créerait une situation inextricable pour l'avenir. Le seul procédé admissible pour exclure un des pays contractants des effets de l'Arrangement est la *renonciation* (1).

Les déposants de marques à l'enregistrement international s'imaginent en général que cet enregistrement, lorsqu'il n'a pas été suivi d'un refus motivé par un des pays unionistes, leur assure une protection définitive pour la durée prévue à l'Arrangement (vingt ans dans le texte actuel). Or, il est une circonstance qui peut, dans l'état actuel de la législation de certains pays unionistes, compromettre cette protection: c'est le fait que la marque n'est pas exploitée depuis un certain temps sur le territoire du pays; en ce cas le titulaire encourt la déchéance de son droit. L'Administration des Pays-Bas, par exemple, estime que ce cas de déchéance admis par la législation de son pays atteint aussi bien les marques déposées en Hollande par l'entremise du Bureau international que celles qui ont fait l'objet d'un dépôt opéré directement à La Haye (dépôt national) (2).

Tel pays tient fortement au maintien de cette cause de déchéance dans l'espoir de pouvoir diminuer l'encombrement de ses registres où se multiplient depuis quelques années les marques inutilisées, en sorte que le choix d'une marque nouvelle devient de plus en plus difficile. Il ne saurait donc être question *en ce moment* de soustraire à ce contrôle les marques déposées internationalement. On pourrait simplement, à titre de garantie pour les déposants internationaux, déclarer dans l'Arrangement que le déposant jouira, dans chaque pays contractant, d'un délai minimum de trois ans à dater de l'enregistrement international pour exploiter sa marque et que la déchéance pour non exploitation dans le délai légal ne pourra être prononcée que par une décision judiciaire (3).

L'application de l'article 11 de l'Arrangement, aux termes duquel tout pays qui adhère assure à toutes les marques enregistrées internationalement depuis moins de vingt ans — et à lui notifiées par notre Bureau — la même protection que si elles avaient été déposées directement auprès de son Administration nationale, n'a pas été sans entraver le mouvement d'adhésion à l'Arrangement dans le cercle des pays à examen préalable. Comment, en effet, examiner dans le délai d'un an, prévu à cet effet par l'article 5, plusieurs dizaines de milliers de marques? L'Allemagne qui s'est trouvée en face de cette difficulté lorsqu'elle voulait, il y a trois ans, adhérer à l'Arrangement a fini par se décider à accepter sans examen et en bloc les marques protégeables au 1er décembre 1922, se contentant de réserver aux intéressés allemands le droit de provoquer la radiation de ces marques, conformément aux articles 8 et 9 de la loi allemande sur les marques, ou d'invoquer contre elles l'application des lois allemandes sur la concurrence déloyale (4). Mais il deviendra de plus en plus difficile, au fur et à mesure que le nombre des marques enregistrées internationalement augmentera, de faire accepter l'application du texte actuel aux nouveaux adhérents du groupe des pays à examen. Nous estimons donc que, pour ne pas les rebuter, il serait sage de modifier l'article 11 de l'Arrangement en ce sens qu'en adhérant à cette convention un pays pourra déclarer qu'il n'assurera éventuellement la protection prévue à l'article 5 qu'aux marques enregistrées internationalement *à dater de son adhésion* (5).

(1) Voir *Rapport de gestion* pour 1914, p. 9.

(2) Voir *Rapport de gestion* pour 1923, p. 11.

(3) Voir p. 279 à 281; voir aussi la proposition que nous présentions dans notre *Rapport de gestion* pour 1923, p. 11.

(4) Voir *Prop. ind.*, 1922, p. 171.

(5) Voir p. 292 à 294.

TROISIÈME PARTIE

RÉSULTATS
DE
L'ENREGISTREMENT INTERNATIONAL (1893–1924)

A. Résultats économiques

On peut essayer de se rendre compte des résultats économiques du Service de l'enregistrement international, c'est-à-dire des progrès qu'il a fait réaliser à la protection des marques, en consultant tout d'abord et en soumettant à une brève analyse la statistique des marques inscrites dans son registre depuis l'origine jusqu'au 1er janvier 1925, soit au cours d'une période de trente-deux ans. Cette statistique a été dressée dans le tableau I (voir p. 195).

De la lecture des totaux inscrits au bas et à droite de ce tableau il ressort que — la période de guerre mise à part, pendant laquelle un fléchissement notable ne pouvait manquer de se produire — le nombre des enregistrements n'a, pour ainsi dire, pas cessé d'augmenter depuis l'origine; nous l'avons déjà indiqué dans la première partie de cet Exposé (Historique). De 76 en 1893, il s'élevait à 577 en 1903, à 1934 en 1913, à 5258 en 1923 et enfin à 5487 en 1924. A la fin de l'année 1924, 39759 marques avaient été enregistrées. Actuellement les États adhérents à l'Arrangement de Madrid utilisent presque exclusivement — dans leurs rapports réciproques en vue de la protection des marques — l'enregistrement international. C'est ce qui ressort de la comparaison des statistiques nationales et de celle des enregistrements internationaux. Le dernier rapport de gestion du Bureau international relevait, par exemple, que — au cours de l'année 1923 —, pour assurer la protection de leurs marques aux Pays-Bas et en Suisse, les ressortissants des autres pays adhérents à l'Arrangement se sont servis 98 fois sur 100 du dépôt international, et pour l'assurer en France 94 fois sur 100 [1]. Combien de dépôts nationaux aurait-il fallu faire dans les divers pays membres de l'Union restreinte pour obtenir le même résultat? Pour le savoir, il n'y a qu'à multiplier ce chiffre de 39 759 par 19 (nombre des États-membres de ladite Union, moins le pays d'origine), à déduire de ce produit le nombre des marques déjà éteintes lors de l'accession des pays qui ont adhéré à l'Arrangement après 1912

[1] Voir *Rapport de gestion pour 1924*, p. 10.

TABLEAU I. — Marques enregistrées depuis l'origine (1893—1924)

Pays d'origine	Années																																Total pour les 32 ans
	1893	1894	1895	1896	1897	1898	1899	1900	1901	1902	1903	1904	1905	1906	1907	1908	1909	1910	1911	1912	1913	1914	1915	1916	1917	1918	1919	1920	1921	1922	1923	1924	
Allemagne	—	—	—	—	—	—	—	—	—	—	—	—	—	—	—	—	—	—	—	—	—	—	—	—	—	—	—	—	—	5	2129	1810	3 944
Autriche	—	—	—	—	—	—	—	—	—	—	—	—	—	—	—	—	230	251	268	311	292	218	43	58	22	45	38	66	219	202	339	548	3 150
Belgique	8	6	16	16	16	29	19	24	18	33	32	39	28	51	38	60	83	98	114	82	104	78	28	9	37	13	96	183	216	179	209	185	2 097
Brésil	—	—	—	—	—	—	—	—	—	—	—	1	—	—	1	2	1	9	7	2	2	8	6	—	5	2	4	45	11	7	8	14	185
Cuba	—	—	—	—	—	—	—	—	—	—	—	—	—	3	2	1	11	7	4	6	2	6	3	4	3	7	—	3	8	—	1	1	72
Dantzig	—	—	—	—	—	—	—	—	—	—	—	—	—	—	—	—	—	—	—	—	—	—	—	—	—	—	—	—	—	—	19	6	25
Espagne	—	7	2	—	—	17	6	8	2	2	12	8	20	48	43	96	23	52	84	53	59	52	62	60	76	68	126	209	169	104	156	181	1 750
France	26	96	99	145	254	247	166	105	178	252	381	319	352	448	458	497	644	676	655	710	936	643	230	285	374	400	728	1051	1082	1379	1344	1395	16 613
Hongrie	—	—	—	—	—	—	—	—	—	—	—	—	—	—	—	—	34	10	43	35	22	9	3	2	1	14	—	2	1	15	71	48	310
Italie	—	—	6	4	4	8	7	15	10	5	15	13	15	25	30	20	41	33	49	35	50	81	34	49	16	29	54	42	102	108	238	176	1 314
Luxembourg	—	—	—	—	—	—	—	—	—	—	—	—	—	—	—	—	—	—	—	—	—	—	—	—	—	—	—	—	—	—	—	2	2
Maroc (exc. zone espagnole)	—	—	—	—	—	—	—	—	—	—	—	—	—	—	—	—	—	—	—	—	—	—	—	—	—	—	—	—	—	2	5	—	7
Mexique	—	—	—	—	—	—	—	—	—	—	—	—	—	—	—	—	—	5	1	6	4	2	1	—	—	1	2	5	4	6	3	11	51
Pays-Bas	10	77	60	69	49	45	58	48	60	59	48	71	96	53	91	82	94	81	109	96	165	135	120	155	111	190	191	325	303	258	240	388	3 937
Portugal	—	—	—	—	—	—	2	—	1	3	2	5	5	29	11	27	12	21	43	36	52	20	5	26	26	22	37	39	19	31	25	33	541
Roumanie	—	—	—	—	—	—	—	—	—	—	—	—	—	—	—	—	—	—	—	—	—	—	—	—	—	—	—	—	—	—	13	2	15
Serbie-Croatie-Slov.	—	—	—	—	—	—	—	—	—	—	—	—	—	—	—	—	—	—	—	—	—	—	—	—	—	—	—	—	—	3	3	20	26
Suisse	31	45	46	70	86	105	65	108	102	76	87	90	175	97	115	122	127	166	190	180	245	133	123	201	208	196	297	350	288	237	338	447	5 146
Tchécoslovaquie	—	—	—	—	—	—	—	—	—	—	—	—	—	—	—	—	—	—	—	—	—	—	—	—	—	—	2	14	139	116	116	217	604
Tunisie	1	—	—	—	—	—	—	—	—	5	—	1	—	—	—	1	2	—	—	1	1	—	—	1	1	—	—	—	1	1	1	3	20
Total	76	231	229	304	409	451	323	368	369	435	577	547	691	749	789	908	1302	1409	1517	1553	1934	1394	658	850	880	987	1575	2284	2562	2653	5258	5487	39 759

(c'est-à-dire après l'expiration d'une première période de vingt ans depuis la mise en vigueur de celui-ci), savoir: le Maroc, la Tchécoslovaquie, la Roumanie, la Serbie-Croatie-Slovénie, l'Allemagne, la Ville de Dantzig et le Luxembourg — puis le nombre des marques enregistrées depuis moins de vingt ans avant la date de chaque accession, mais déjà radiées pour diverses autres causes à ladite date. On obtient comme résultat environ **735 200**. Et on peut dire que c'est à ce nombre de dépôts nationaux qu'équivalent les 39 759 dépôts opérés par l'entremise du Bureau international. L'enregistrement international a donc joué le rôle d'un dépôt à coefficient élevé, si l'on peut s'exprimer ainsi.

Aussi, dès les premières années de fonctionnement du service, plusieurs États adhérents qui, avant l'entrée en vigueur de l'Arrangement de Madrid, ne déposaient que peu de marques à l'étranger, ont-ils opéré de nombreux dépôts à Berne en vue d'assurer la protection de leurs marques au dehors. Frey-Godet notait déjà qu'en 1906 (1) la Suisse faisait protéger annuellement vingt-trois et les Pays-Bas vingt-deux fois plus de marques dans les pays alors adhérents à l'Union restreinte qu'ils n'en déposaient dans les mêmes pays avant le 1er janvier 1893. La proportion était évidemment moins forte pour les pays qui déposaient déjà précédemment beaucoup de marques à l'étranger: le nombre des marques françaises déposées annuellement dans les États adhérents avait seulement sextuplé, celui des marques belges quadruplé (2).

Si nous consultons maintenant les chiffres de l'exercice le plus récent, celui de 1924 (avant-dernière colonne à droite du tableau I), nous constatons que l'*Allemagne*, qui avait conquis d'emblée en 1923 la première place pour le nombre des dépôts internationaux, l'a conservée avec 1810 dépôts enregistrés (2129 en 1923). La *France* a gardé le second rang avec 1395 dépôts (1344). L'*Autriche*, la *Suisse*, les *Pays-Bas*, la *Tchécoslovaquie*, la *Belgique*, l'*Espagne*, l'*Italie* les suivent d'assez loin. Les autres pays adhérents ont déposé moins de 100 marques.

Si nous considérons enfin le total des enregistrements effectués depuis l'origine (dernière colonne à droite du tableau I), nous voyons que c'est la *France* qui a le plus largement usé du dépôt international avec 16 613 marques. La *Suisse* vient en seconde ligne avec 5146. L'*Allemagne* s'est déjà classée au troisième rang, deux années seulement après son adhésion, avec 3944. Les *Pays-Bas* la suivent de près avec 3937. L'*Autriche* la suit avec 3150 marques, puis la *Belgique* avec 2097, l'*Espagne* avec 1750 et l'*Italie* avec 1314.

Y a-t-il lieu de penser que les pays qui ont fait relativement peu de dépôts n'aient retiré qu'un minime avantage de l'Arrangement de Madrid? Non, faisait encore observer avec raison Frey-Godet (3), ils ont bénéficié d'un avantage indirect, l'assainissement de leur marché intérieur. Celui-ci a été protégé contre l'invasion des marques frauduleuses qui nuisent au jeu normal du commerce honnête dans les pays où les contrefacteurs savent qu'ils n'ont pas grand'chose à redouter. Les nombreuses marques déposées internationalement par les ressortissants des autres pays étant protégées sur ce marché, les contrefacteurs renoncent à en faire un de leurs centres d'opérations.

Nous venons de parler — comme d'un fait constant — de la *protection* assurée, dans tous les pays adhérents, aux marques enregistrées internationalement. Mais dans quelle mesure les *refus* de protection prononcés par certains de ces pays sont-ils venus réduire la portée de cette protection? On pourra s'en rendre compte en étudiant le tableau II reproduit ci-après.

(1) Voir sa conférence de Mulhouse, citée plus haut (p. 176, note 2), p. 339.
(2) *Ibid.*
(3) *Ibid*, p. 339-340.

TABLEAU II. — Refus totaux ou partiels 1893—1924

(cessations de protection y comprises)*

PAYS DE PROVENANCE	ANNÉES																																TOTAL pour les 32 ans
	1893	1894	1895	1896	1897	1898	1899	1900	1901	1902	1903	1904	1905	1906	1907	1908	1909	1910	1911	1912	1913	1914	1915	1916	1917	1918	1919	1920	1921	1922	1923	1924	
Allemagne	—	—	—	—	—	—	—	—	—	—	—	—	—	—	—	—	—	—	—	—	—	—	—	—	—	—	—	—	—	—	1037	1745	2782
Autriche	—	—	—	—	—	—	—	—	—	—	—	—	—	—	—	—	401	80	124	124	190	120	93	78	125	67	42	360	241	239	336	382	2992
Belgique	—	—	—	—	—	—	—	—	—	—	—	—	—	—	—	—	—	1	2	1	26	2	—	—	—	—	1	—	1	6	1	4	45
Brésil	—	—	—	—	6	—	4	—	—	2	—	1	2	2	6	16	5	8	5	3	80	27	60	38	35	13	66	64	106	74	123	218	959
Cuba	—	—	—	—	—	—	—	—	—	—	—	—	39	278	87	124	85	136	180	182	385	304	341	155	157	199	212	455	498	637	458	996	5908
Dantzig	—	—	—	—	—	—	—	—	—	—	—	—	—	—	—	—	—	—	—	—	—	—	—	—	—	—	—	—	—	—	—	—	—
Espagne	—	25	17	—	—	1	—	—	45	19	9	17	5	3	26	35	8	100	71	78	28	16	21	18	29	17	83	128	102	64	107	107	1179
France	—	—	—	—	—	—	—	—	—	—	—	—	—	—	—	—	5	1	1	1	10	3	—	—	—	—	1	3	6	2	8	6	47
Hongrie	—	—	—	—	—	—	—	—	—	—	—	—	—	—	—	—	385	61	164	105	196	61	131	114	63	45	15	1	—	265	93	117	1816
Italie	—	—	—	—	—	—	—	—	1	—	—	—	—	—	—	5	—	—	1	3	2	2	—	—	2	—	1	—	1	2	4	5	29
Luxembourg	—	—	—	—	—	—	—	—	—	—	—	—	—	—	—	—	—	—	—	—	—	—	—	—	—	—	—	—	—	—	—	—	—
Maroc (exc. zone espagnole)	—	—	—	—	—	—	—	—	—	—	—	—	—	—	—	—	—	—	—	—	—	—	—	—	—	—	1	—	2	—	1	5	9
Mexique	—	—	—	—	—	—	—	—	—	—	—	—	—	—	—	—	—	—	1	—	—	2	—	—	—	—	1	—	1	2	44	50	101
Pays-Bas	—	5	—	8	18	24	15	15	6	10	23	11	24	47	41	94	114	151	190	372	714	492	179	268	257	200	391	727	709	862	1548	1998	9513
Indes néerlandaises, Surinam et Curaçao	—	2	2	—	1	1	—	—	—	—	—	—	—	—	—	—	—	2	2	2	14	8	—	—	6	5	31	29	124	136	234	662	1261
Portugal	—	—	—	—	1	—	2	—	1	7	4	17	17	21	20	22	28	24	46	26	90	49	20	18	10	8	12	19	40	38	33	108	681
Roumanie	—	—	—	—	—	—	—	—	—	—	—	—	—	—	—	—	—	—	—	—	—	—	—	—	—	—	—	—	1	—	1	2	4
Serbie-Croatie-Slov.	—	—	—	—	—	—	—	—	—	—	—	—	—	—	—	—	—	—	—	—	—	—	—	—	—	—	—	—	2128	531	29	81	2769
Suisse	—	2	4	2	11	7	3	6	2	1	4	7	3	5	15	14	11	10	7	20	39	11	12	6	10	6	9	19	24	13	24	46	353
Tchécoslovaquie	—	—	—	—	—	—	—	—	—	—	—	—	—	—	—	—	—	—	—	—	—	—	—	—	—	—	2	176	224	225	516	572	1715
Tunisie	—	—	—	—	—	—	—	—	—	—	—	—	—	—	—	—	—	4	1	—	1	2	—	—	—	—	1	—	6	—	—	5	20
Total	—	34	23	10	37	33	24	21	55	39	40	53	90	356	195	310	1042	578	795	917	1765	1099	857	690	694	560	869	1981	4214	3096	4597	7109	32 183

* Ces chiffres comprennent les refus provisoires ainsi que le nombre des marques qui ont cessé d'être protégées uniquement dans le pays indiqué dans la première colonne, par suite d'annulation ou de renonciation pour ledit pays, etc. Le nombre de ces annulations et renonciations a été le suivant pour les 5 années 1920 à 1924, savoir : 20, 56, 60, 172 et 297. Les chiffres figurant en regard du nom de certains pays (Belgique, France, etc.) se rapportent uniquement à ces deux genres d'opérations, leur Administration ne refusant aucune marque. — Beaucoup de refus (refus partiels) et un certain nombre de renonciations ne visent que certains produits.

NOTE. — Voir au sujet des causes de refus la statistique publiée à la page 227 de l'année 1908 des *Marques internationales* et l'avertissement aux déposants publié souvent dans nos journaux et reproduit à la page 211 ci-après.

Il ressort de ce tableau que, depuis l'origine, 32 183 refus ont été prononcés. Ces refus sont des refus *nationaux,* chacun étant prononcé par un pays seulement en ce qui concerne le territoire de ce pays. Si l'on veut se rendre compte de la proportion des refus par rapport aux dépôts, il convient donc de rapprocher ce chiffre (32 183) non pas du nombre total des dépôts internationaux (39 759), mais bien du nombre de dépôts nationaux équivalant approximativement à ce total (735 200). On constatera alors que le nombre des refus nationaux ne représente que le $4^1/_2$ % environ des dépôts nationaux indirectement obtenus par voie d'enregistrement à Berne.

Nous ne voulons pas énumérer une fois de plus ici les *causes diverses* de ces refus. Qu'il nous suffise de rappeler que les refus provenant des pays qui en prononcent le plus sont *motivés* dans la grande majorité des cas par l'enregistrement antérieur d'une marque nationale ou internationale analogue pour les mêmes produits ou pour une partie des mêmes produits. Généralement le propriétaire de la marque qui en est l'objet ne peut donc pas y voir une atteinte à ses légitimes intérêts. Le refus lui évite même de s'engager dans une voie où un jour ou l'autre il aurait pu se heurter à une opposition judiciaire.

Dans ces conditions, si désirable que soit la diminution du nombre des refus, on ne peut pas dire que ceux-ci aient compromis sérieusement jusqu'ici les résultats économiques de l'enregistrement international.

Les tableaux III, IV et V insérés ci-après permettent de mesurer l'intensité du mouvement des *transferts* de propriété de marques (5387), des *radiations* (505) et des *opérations diverses* (1659) effectués par le service de l'enregistrement international au cours de ses trente-deux années d'existence.

B. Résultats financiers

Les résultats financiers de l'enregistrement international peuvent être envisagés soit au point de vue des déposants eux-mêmes, soit au point de vue des États adhérents.

a) Au point de vue des déposants

L'utilisation du service de l'enregistrement international avec paiement d'un émolument international unique de fr. 100 ou même de fr. 50 s'il s'agit d'une marque seconde, troisième, etc. déposée par une maison en même temps que la première, constitue pour son propriétaire une grosse économie par rapport à la somme totale qu'il aurait dû payer pour opérer directement un dépôt national dans chacun des pays adhérents.

Est-il possible d'évaluer approximativement l'importance de cette économie?

Notre regretté collaborateur Frey-Godet avait déjà essayé de le faire il y a une vingtaine d'années, alors que l'Arrangement de Madrid n'étendait son action qu'à neuf pays. Il s'était adressé à cet effet à trois grandes entreprises ayant effectué de nombreux dépôts de marques par la voie de l'enregistrement international: la fabrique de chocolats Suchard en Suisse, la parfumerie Pinaud et la fabrique de produits pharmaceutiques Fumouze à Paris (1).

Ces maisons lui fournirent les indications suivantes: La première avait dépensé fr. 10 355 pour l'enregistrement international de 101 marques. Le dépôt direct de ces marques dans les pays contractants d'alors lui eût coûté fr. 85 481: économie réalisée fr. 75 126, soit le 88 %. La seconde avait établi son calcul pour 64 marques et arrivait à une économie de fr. 67 603, soit de 90 %. La troisième, pour vingt

(1) Voir sa conférence de 1906 à la Société industrielle de Mulhouse citée à la page 176, note 2.

TABLEAU III. — Transferts 1893—1924

PAYS DE PROVENANCE	ANNÉES 1883	1894	1895	1896	1897	1898	1899	1900	1901	1902	1903	1904	1905	1906	1907	1908	1909	1910	1911	1912	1913	1914	1915	1916	1917	1918	1919	1920	1921	1922	1923	1924	TOTAL pour les 32 ans
Allemagne	—	—	—	—	—	—	—	—	—	—	—	—	—	—	—	—	—	—	—	—	—	—	—	—	—	—	—	—	—	—	3	52	55
Autriche	—	—	—	—	—	—	—	—	—	—	—	—	—	—	—	—	3	5	9	16	41	4	18	1	6	13	12	10	15	34	70	69	326
Belgique	—	—	—	—	—	—	6	1	—	—	1	—	1	3	5	1	4	9	4	2	5	11	—	—	—	24	1	13	14	25	61	14	205
Brésil	—	—	—	—	—	—	—	—	—	—	—	—	—	—	—	—	—	—	—	—	—	—	—	2	—	—	—	2	—	—	—	—	4
Cuba	—	—	—	—	—	—	—	—	—	—	—	—	—	—	—	—	—	—	—	—	—	2	—	2	—	—	—	—	—	2	—	—	6
Dantzig	—	—	—	—	—	—	—	—	—	—	—	—	—	—	—	—	—	—	—	—	—	—	—	—	—	—	—	—	—	—	—	—	—
Espagne	—	—	—	—	—	—	—	—	—	—	—	—	—	—	—	—	—	—	2	2	1	—	1	4	23	2	4	2	26	29	12	15	123
France	—	—	—	—	2	16	20	1	18	—	33	22	82	139	21	68	27	65	122	114	113	28	16	48	72	95	247	243	163	339	307	381	2811
Hongrie	—	—	—	—	—	—	—	—	—	—	—	—	—	—	—	—	—	—	—	—	—	1	—	—	—	—	—	—	—	—	—	3	4
Italie	—	—	—	—	—	—	—	—	8	—	—	—	—	2	—	2	1	1	4	—	3	1	3	2	1	1	1	14	4	—	19	16	83
Luxembourg	—	—	—	—	—	—	—	—	—	—	—	—	—	—	—	—	—	—	—	—	—	—	—	—	—	—	—	—	—	—	—	—	—
Maroc (exc. zone espagnole)	—	—	—	—	—	—	—	—	—	—	—	—	—	—	—	—	—	—	—	—	—	—	—	—	—	—	—	—	—	—	—	—	—
Mexique	—	—	—	—	—	—	—	—	—	—	—	—	—	—	—	—	—	—	—	—	—	1	—	—	—	—	—	—	—	—	—	1	2
Pays-Bas	—	—	3	1	3	4	6	3	8	14	8	9	7	48	2	6	1	54	2	10	20	26	11	14	26	30	22	37	73	26	64	90	628
Portugal	—	—	—	—	—	—	—	—	—	—	—	—	2	1	—	—	2	2	2	—	—	—	1	1	1	13	10	18	11	6	18	3	91
Roumanie	—	—	—	—	—	—	—	—	—	—	—	—	—	—	—	—	—	—	—	—	—	—	—	—	—	—	—	—	—	—	—	—	—
Serbie-Croatie-Slov.	—	—	—	—	—	—	—	—	—	—	—	—	—	—	—	—	—	—	—	—	—	—	—	—	—	—	—	—	—	—	—	—	—
Suisse	—	2	2	11	3	3	17	10	28	10	5	26	94	11	22	25	13	40	27	63	100	35	22	30	43	91	93	32	33	26	38	39	994
Tchécoslovaquie	—	—	—	—	—	—	—	—	—	—	—	—	—	—	—	—	—	—	—	—	—	—	—	—	—	—	—	—	—	7	1	47	55
Tunisie	—	—	—	—	—	—	—	—	—	—	—	—	—	—	—	—	—	—	—	—	—	—	—	—	—	—	—	—	—	—	—	—	—
Total	—	2	5	12	8	23	58	15	62	24	47	57	186	204	50	102	51	176	172	207	283	109	72	104	172	269	390	371	339	494	593	730	5387

TABLEAU IV. — Radiations 1893—1924

(Non compris les extinctions causées par l'expiration du délai de protection de vingt ans)

Pays de provenance	Années																																Total pour les 32 ans
	1893	1894	1895	1896	1897	1898	1899	1900	1901	1902	1903	1904	1905	1906	1907	1908	1909	1910	1911	1912	1913	1914	1915	1916	1917	1918	1919	1920	1921	1922	1923	1924	
Allemagne	—	—	—	—	—	—	—	—	—	—	—	—	—	—	—	—	—	—	—	—	—	—	—	—	—	—	—	—	—	—	1	6	7
Autriche	—	—	—	—	—	—	—	—	—	—	—	—	—	—	—	—	—	—	7	28	9	14	1	1	—	5	4	9	7	122	38	6	251
Belgique	—	—	—	—	—	—	1	—	—	—	1	—	—	—	—	—	—	—	—	—	—	—	—	—	—	—	—	1	—	2	3	1	9
Brésil	—	—	—	—	—	—	—	—	—	—	—	—	—	—	—	—	—	—	—	—	1	—	—	—	—	—	—	—	—	—	—	—	1
Cuba	—	—	—	—	—	—	—	—	—	—	—	—	—	—	—	—	—	—	1	1	—	—	—	—	—	—	—	—	1	—	—	—	3
Dantzig	—	—	—	—	—	—	—	—	—	—	—	—	—	—	—	—	—	—	—	—	—	—	—	—	—	—	—	—	—	—	—	—	—
Espagne	—	—	—	—	—	—	—	—	—	—	—	—	—	—	—	—	—	—	—	—	7	—	—	—	—	—	—	—	1	—	—	—	8
France	—	—	—	—	—	—	2	—	—	—	1	—	1	—	—	—	3	1	1	1	3	3	2	—	—	—	2	4	—	—	6	13	43
Hongrie	—	—	—	—	—	—	—	—	—	—	—	—	—	—	—	—	—	—	—	—	2	—	—	—	—	—	—	—	—	—	—	3	5
Italie	—	—	—	—	—	—	—	—	—	—	2	—	—	—	—	—	—	—	—	—	—	—	1	—	—	—	—	—	—	—	1	1	5
Luxembourg	—	—	—	—	—	—	—	—	—	—	—	—	—	—	—	—	—	—	—	—	—	—	—	—	—	—	—	—	—	—	—	—	—
Maroc (exc. zone espagnole)	—	—	—	—	—	—	—	—	—	—	—	—	—	—	—	—	—	—	—	—	—	—	—	—	—	—	—	—	—	—	—	—	—
Mexique	—	—	—	—	—	—	—	—	—	—	—	—	—	—	—	—	—	—	—	—	—	—	—	—	—	—	—	—	—	—	—	—	—
Pays-Bas	—	—	—	—	—	—	—	—	1	2	1	1	2	—	1	1	—	3	1	2	4	6	1	6	3	4	3	7	7	9	8	9	82
Portugal	—	—	—	—	—	—	—	—	—	—	—	—	—	—	—	—	—	—	—	—	—	—	—	—	—	—	—	—	—	—	—	2	2
Roumanie	—	—	—	—	—	—	—	—	—	—	—	—	—	—	—	—	—	—	—	—	—	—	—	—	—	—	—	—	—	—	—	—	—
Serbie-Croatie-Slov.	—	—	—	—	—	—	—	—	—	—	—	—	—	—	—	—	—	—	—	—	—	—	—	—	—	—	—	—	—	—	—	—	—
Suisse	—	—	—	—	6	2	1	1	3	1	1	3	2	2	2	—	—	—	1	2	2	1	—	3	3	3	10	6	7	2	7	9	80
Tchécoslovaquie	—	—	—	—	—	—	—	—	—	—	—	—	—	—	—	—	—	—	—	—	—	—	—	—	—	—	—	2	—	2	—	5	9
Tunisie	—	—	—	—	—	—	—	—	—	—	—	—	—	—	—	—	—	—	—	—	—	—	—	—	—	—	—	—	—	—	—	—	—
Total	—	—	—	—	6	2	4	1	4	3	6	4	5	2	3	1	3	4	11	34	28	24	5	10	6	12	19	29	23	137	64	55	505

TABLEAU V. — Opérations diverses 1893—1924

(Sont comprises sous ce titre les opérations de portée générale, autres que les transferts et les radiations, inscrites et notifiées à tous les États contractants, par exemple : rectifications, limitations de produits, modifications de firme, changements de domicile, etc.)

PAYS DE PROVENANCE	ANNÉES																																TOTAL pour les 32 ans
	1893	1894	1895	1896	1897	1898	1899	1900	1901	1902	1903	1904	1905	1906	1907	1908	1909	1910	1911	1912	1913	1914	1915	1916	1917	1918	1919	1920	1921	1922	1923	1924	
Allemagne	—	—	—	—	—	—	—	—	—	—	—	—	—	—	—	—	—	—	—	—	—	—	—	—	—	—	—	—	—	—	14	34	48
Autriche	—	—	—	—	—	—	—	—	—	—	—	—	—	—	—	—	1	9	10	11	19	20	8	9	17	5	1	12	13	35	34	46	250
Belgique	—	—	—	—	—	1	—	2	—	—	—	—	1	—	—	—	—	4	2	3	1	21	—	—	—	—	—	12	3	5	6	2	63
Brésil	—	—	—	—	—	—	—	—	—	—	—	—	—	—	—	—	—	—	—	—	—	—	—	—	—	—	—	—	—	—	—	—	—
Cuba	—	—	—	—	—	—	—	—	—	—	—	—	—	—	—	—	—	—	—	—	—	—	—	—	—	—	—	—	—	—	—	—	—
Dantzig	—	—	—	—	—	—	—	—	—	—	—	—	—	—	—	—	—	—	—	—	—	—	—	—	—	—	—	—	—	—	—	—	—
Espagne	—	—	1	—	—	—	—	—	—	—	—	—	—	2	—	—	—	7	—	—	—	—	1	3	—	—	9	1	—	—	—	2	26
France	3	—	—	3	2	1	—	2	2	3	—	4	6	1	8	27	1	—	—	4	1	26	3	2	1	4	86	65	32	71	69	135	512
Hongrie	—	—	—	—	—	—	—	—	—	—	—	—	—	—	—	—	—	—	4	—	26	2	1	—	—	—	1	—	—	—	—	—	34
Italie	—	—	—	—	—	—	—	—	—	—	1	—	—	—	—	—	—	2	—	1	1	2	1	1	1	—	1	—	2	4	1	1	19
Luxembourg	—	—	—	—	—	—	—	—	—	—	—	—	—	—	—	—	—	—	—	—	—	—	—	—	—	—	—	—	—	—	—	—	—
Maroc (exc. zone espagnole)	—	—	—	—	—	—	—	—	—	—	—	—	—	—	—	—	—	—	—	—	—	—	—	—	—	—	—	—	—	—	—	—	—
Mexique	—	—	—	—	—	—	—	—	—	—	—	—	—	—	—	—	—	—	—	—	—	—	—	1	—	—	—	2	1	—	—	—	4
Pays-Bas	—	1	4	—	—	—	7	2	—	—	—	1	—	—	—	2	—	—	1	6	14	26	1	17	6	4	31	6	28	16	15	11	199
Portugal	—	—	—	—	—	—	—	—	—	—	—	—	—	—	—	—	—	—	—	—	3	2	—	5	—	—	3	2	2	1	—	—	18
Roumanie	—	—	—	—	—	—	—	—	—	—	—	—	—	—	—	—	—	—	—	—	—	—	—	—	—	—	—	—	—	—	—	—	—
Serbie-Croatie-Slov.	—	—	—	—	—	—	—	—	—	—	—	—	—	—	—	—	—	—	—	—	—	—	—	—	—	—	—	—	—	1	1	—	2
Suisse	—	—	4	4	—	—	9	1	—	1	3	18	14	—	17	55	4	14	21	18	15	29	23	20	18	12	17	13	16	29	17	50	442
Tchécoslovaquie	—	—	—	—	—	—	—	—	—	—	—	—	—	—	—	—	—	—	—	—	—	—	—	—	—	—	—	1	2	3	6	30	42
Tunisie	—	—	—	—	—	—	—	—	—	—	—	—	—	—	—	—	—	—	—	—	—	—	—	—	—	—	—	—	—	—	—	—	—
Total	3	1	9	7	2	2	16	7	2	4	4	23	21	3	25	84	6	36	38	43	80	128	38	58	43	25	99	114	99	165	163	311	1659

marques enregistrées avait économisé fr. 15 705, soit le 87%. Or, il faut songer que jusqu'en 1902 l'enregistrement international de chaque marque coûtait fr. 100, l'abaissement de la taxe à fr. 50 pour la seconde marque et les marques suivantes en cas de dépôt multiple n'étant entré en vigueur qu'à cette date.

Si l'on essayait d'établir, à l'heure actuelle, des calculs analogues, on constaterait que l'enregistrement international permet aux déposants de réaliser une économie beaucoup plus considérable, étant donné, d'une part, l'abaissement de la taxe en cas de dépôt multiple et, d'autre part, l'extension territoriale de l'Union de Madrid (20 États adhérents).

Au cours des cinq dernières années l'enregistrement international d'une marque revient en moyenne à fr. 76 (voir le tableau VI ci-après). A la taxe internationale, il est vrai, vient s'ajouter, dans la plupart des pays, une taxe nationale perçue par l'Administration du pays d'origine, mais cette taxe est en général inférieure à l'émolument international (en Belgique de fr. 0, en Allemagne elle est de 50 marks, en France de 60 francs français, aux Pays-Bas de 10 ou 5 florins, en Suisse de 5 fr.). Le montant de ces deux taxes officielles réunies, calculé en monnaie suisse, oscille suivant la nationalité de la marque et le nombre des marques déposées simultanément, entre 50 fr. et environ 165 fr. Admettons comme moyenne approximative et en chiffres ronds 100 fr. Avec cette somme ultramodique, sans aucune formalité compliquée, ni traduction en diverses langues, ni légalisations coûteuses des pièces du dépôt, et sans l'obligation d'aucun mandataire, on peut obtenir actuellement la protection dans 19 pays contractants — car le pays d'origine ne doit pas être compté — et cela pour une durée de vingt ans.

Or, pour une même *durée de 20 ans,* la taxe à payer pour un dépôt national direct est, par exemple, en Allemagne de 140 marks au minimum; en Belgique de 10 francs; au Brésil de 200 $ au minimum; en Espagne de 155 pesetas; en France de 53 francs; en Italie de 58 lires; aux Pays-Bas de 30 florins; en Suisse de 20 francs; en Tchécoslovaquie de 100 couronnes.

On sait, en outre, que le payement des taxes officielles ne constitue qu'une petite fraction de la dépense à prévoir pour le dépôt des marques *à l'étranger,* vu la difficulté, ou parfois l'impossibilité, de se passer pour cela du secours d'un agent spécialiste. Dans les procès-verbaux de la Conférence de Madrid (1891, p. 34) et de celle de Bruxelles (1900, p. 104) figurent deux calculs: dans le premier, un montant de 407 fr. de taxes officielles se traduit par une dépense effective de 2438 fr. si l'on y ajoute les frais et honoraires à payer; dans le second, les taxes de 165 fr. correspondent à 1125 fr. ou à 1070 fr. de frais réels, soit, comme moyenne, à une majoration de 500% environ des frais à payer aux États, majoration qui ne se produit pas du tout ou, — si l'on tient à recourir à l'intermédiaire d'un mandataire, — seulement dans une faible mesure en choisissant la voie de l'enregistrement international. Depuis lors, la proportion n'a pas sensiblement changé, ou si elle s'est modifiée, c'est probablement encore dans le sens de l'accroissement des frais.

b) Au point de vue des États adhérents

Nous avons pensé qu'il convenait de présenter au lecteur une synthèse de ces résultats pour chacune des six périodes — de durée d'ailleurs inégale — qui nous semblent les plus caractéristiques, au point de vue financier, du développement de l'institution, savoir: celle des origines (1893-1902); celle du progrès normal à partir de la réduction de la taxe en cas de dépôt multiple (1903-1908); celle des nouveaux progrès des dernières années d'avant-guerre (1909-1914); la phase de recul de la guerre (1915-1918); celle de reprise des affaires de l'après-guerre immédiate (1919-1922); celle du nouveau pas en

TABLEAU VI. — Dépôts simples et dépôts multiples de marques internationales de 1903 à 1924

Année	NOMBRE TOTAL des dépôts	Les dépôts comprenaient le nombre suivant de marques																															Nombre de marques déposées			Nombre moyen de marques		Émoluments		
		1	2	3	4	5	6	7	8	9	10	11	12	13	14	15	16	17	18	19	20	21	22	23	24	25	26	27	28	29	30	au-dessus de 30	par dépôt simple	par dépôt multiple	ensemble	par dépôt en général	par dépôt multiple	à 100 fr. (marque unique et 1re marque des dépôts multiples)	à 50 fr.	moyen calculé sur la totalité des marques de l'année
1903	324	223	53	18	8	6	5	3	2	3	—	—	2	—	1	—	—	—	—	—	—	—	—	—	—	—	—	—	—	—	—	—	223	354	577	1,78	3,505	324	253	78,08
1904	341	231	65	28	7	—	7	1	—	—	1	—	—	—	—	1	—	—	—	—	—	—	—	—	—	—	—	—	—	—	—	—	231	316	547	1,60	2,87	341	206	81,17
1905	414	288	69	28	13	5	3	1	1	2	1	—	—	1	1	—	1	—	—	—	—	—	—	—	—	—	—	—	—	—	—	—	288	403	691	1,67	3,20	414	277	79,96
1906	455	311	87	24	16	5	2	5	—	1	3	—	—	—	—	—	—	1	—	—	—	—	—	—	—	—	—	—	—	—	—	—	311	438	749	1,65	3,04	455	294	80,37
1907	481	337	70	38	13	13	4	2	2	—	—	—	—	1	1	—	—	—	—	—	—	—	—	—	—	—	—	—	—	—	—	—	337	452	789	1,64	3,14	481	308	80,48
1908	517	364	90	22	12	4	8	3	2	2	4	2	1	—	—	1	1	—	—	—	—	—	1	—	—	—	—	—	—	—	—	—	364	544	908	1,76	3,55	517	391	78,47
1909	719	495	123	46	19	12	5	4	5	—	3	1	1	1	1	—	—	—	—	—	—	—	—	—	—	—	—	—	—	—	—	2 dépôts à 35 marques 1 dépôt à 36 marques	495	807	1302	1,81	3,60	719	583	77,61
1910	848	600	138	44	26	14	10	2	3	1	5	2	—	—	1	—	1	—	1	—	—	—	—	—	—	—	—	—	—	—	—	—	600	809	1409	1,66	3,26	848	561	80,09
1911	861	593	148	41	26	15	10	8	6	5	2	2	—	1	2	—	1	—	1	—	—	—	—	—	—	—	—	—	—	—	—	—	593	924	1517	1,76	3,45	861	656	78,38
1912	923	651	145	64	22	10	9	6	5	2	2	2	—	1	1	—	—	—	1	1	—	—	1	—	—	—	—	—	—	—	—	—	651	902	1553	1,68	3,32	923	630	79,72
1913	1062	739	176	65	25	17	14	7	4	4	5	—	1	1	1	—	—	—	—	1	1	—	—	—	—	—	—	—	—	—	—	1 dépôt à 134 marques	739	1195	1934	1,82	3,70	1062	872	77,46
1914	798	548	144	44	27	10	4	4	6	2	4	1	—	1	—	—	—	—	—	—	—	—	—	1	—	—	—	—	—	—	—	1 dépôt à 31 marques 1 dépôt à 32 marques	548	846	1394	1,75	3,38	798	596	78,62
1915	394	286	61	24	8	3	1	3	1	—	2	1	—	2	—	—	—	1	—	—	—	—	1	—	—	—	—	—	—	—	—	—	286	372	658	1,67	3,44	394	264	79,94
1916	474	318	81	32	14	7	7	4	3	2	—	2	3	1	—	—	—	—	—	—	—	—	—	—	—	—	—	—	—	—	—	—	318	532	850	1,79	3,41	474	376	77,88
1917	460	318	76	19	17	8	3	3	2	2	1	4	—	1	3	1	—	—	—	—	—	—	—	—	2	—	—	—	—	—	—	—	318	562	880	1,91	3,96	460	420	76,14
1918	468	309	83	30	18	5	7	2	3	1	2	—	—	1	—	—	2	1	—	—	—	—	1	1	—	—	—	—	—	—	—	1 dépôt à 35 marques 1 dépôt à 74 marques	309	678	987	2,11	4,26	468	519	73,71
1919	811	523	163	46	27	14	8	5	7	2	2	5	—	1	—	—	1	2	1	—	1	—	—	—	1	—	1	1	—	—	—	—	523	1052	1575	1,94	3,65	811	764	75,75
1920	1249	856	217	71	39	20	17	4	2	6	3	2	1	—	1	1	1	1	—	—	2	—	1	—	—	—	—	1	—	—	—	1 dépôt à 33 marques 1 dépôt à 38 marques 1 dépôt à 39 marques	856	1428	2284	1,83	3,03	1249	1035	77,34
1921	1389	963	219	80	38	20	17	11	7	5	4	8	3	5	1	2	—	1	2	1	—	1	—	1	—	—	—	—	—	—	—	—	963	1599	2562	1,84	3,75	1389	1173	77,11
1922	1419	991	219	79	45	21	20	10	11	3	1	4	2	2	1	1	1	—	—	2	1	—	—	—	—	—	—	1	—	—	—	1 dépôt à 34 marques 2 dépôts à 35 marques 1 dépôt à 59 marques	991	1662	2653	1,87	3,88	1419	1234	76,74
1923	2372	1511	406	182	85	48	30	18	15	12	13	9	7	5	3	5	3	2	—	—	—	1	2	3	2	1	—	—	—	—	—	2 dépôts à 31, + 1 à 36, à 37, à 40, à 42, à 45, à 111 et à 118 m.	1511	3747	5258	2,22	4,35	2372	2886	72,56
1924	2802	1892	457	182	91	48	24	23	15	11	14	3	6	5	3	4	1	4	2	2	2	—	1	—	—	3	1	1	—	2	—	1 dépôt à 31, à 33, à 34, à 40 et à 51 marques	1892	3595	5487	1,96	3,95	2802	2685	75,53

NOTE. — La réduction de l'émolument international à fr. 50 pour les marques des dépôts collectifs en sus de la première est entrée en vigueur le 14 septembre 1902. Avant cette date la taxe à payer était uniformément de fr. 100 par marque. L'année de transition 1902 est trop spéciale pour figurer utilement dans ce tableau.

avant marqué par l'entrée en scène de l'Allemagne (1923-1924). Et nous avons dressé à cet effet le tableau suivant (VII) qui donne pour chacune de ces périodes la *moyenne annuelle* des recettes, des dépenses et des excédents du service de l'enregistrement international.

On pourra ensuite se rendre compte des résultats afférents à *chaque* année, depuis l'origine, en consultant le tableau VIII.

TABLEAU VII. — Résultats financiers du service de l'enregistrement international

Moyennes annuelles par périodes

I. RECETTES

	Nombre de marques enregistrées	Émolument international ([1])	Journal „Les Marques internationales"	Recettes diverses	Total des recettes	Soit par marque enregistrée ([1])
		Fr.	Fr.	Fr.	Fr.	Fr.
Période 1893 à 1902	319	31 550	216	18	31 784	**99.** 64
» 1903 à 1908	710	56 608	322	196	57 126	**80.** 46
» 1909 à 1914	1 518	119 333	857	761	120 951	**79.** 68
» 1915 à 1918	844	64 637	1 523	600	66 760	**79.** 10
» 1919 à 1922	2 268	174 275	2 182	2 036	178 493	**78.** 70
» 1923 à 1924	5 372	397 975	3 971	4 338	406 284	**75.** 63

II. DÉPENSES

	Nombre de marques enregistrées	Personnel Assurances Déplacements	Journal „Les Marques internationales"	Impressions et ports	Loyer, Matériel et autres dépenses	Total des dépenses	Soit par marque enregistrée
		Fr.	Fr.	Fr.	Fr.	Fr.	Fr.
Pér. 1893 à 1902	319	6 031	3 667	942	1 428	12 068	**37.** 83
» 1903 à 1908	710	10 487	5 646	1 793	1 663	19 589	**27.** 59
» 1909 à 1914	1 518	23 265	14 103	3 820	5 485	46 673	**30.** 75
» 1915 à 1918	844	33 364	6 881	2 992	3 533	46 770	**55.** 41
» 1919 à 1922	2 268	68 972	24 615	10 702	8 503	112 792	**49.** 73
» 1923 à 1924	5 372	92 100	56 790	23 670	20 508	193 068	**35.** 94

III. EXCÉDENT DE RECETTES

	Nombre de marques enregistrées	Total de l'excédent de recettes	Soit par marque enregistrée	Réparti			Nombre des États
				montant total ([2])	à chaque État ayant participé à toute la période		
					montant	soit pour une marque enregistrée au Bureau International	
		Fr.	Fr.	Fr.	Fr.	Fr.	
Pér. 1893 à 1902	319	19 716	**61.** 81	19 712	2 270	**7.** 12	5 à 9
» 1903 à 1908	710	37 537	**52.** 87	36 250	3 733	**5.** 26	9 à 10
» 1909 à 1914	1 518	74 278	**48.** 93	73 167	5 666	**3.** 73	12 à 13
» 1915 à 1918	844	19 990	**23.** 69	21 707	1 625	**1.** 93	13 à 14
» 1919 à 1922	2 268	65 701	**28.** 97	67 063	4 175	**1.** 84	14 à 18
» 1923 à 1924	5 372	213 216	**39.** 69	204 900	10 750	**2.** —	18 à 20

([1]) A partir du 14 septembre 1902, l'émolument international uniforme de 100 francs a été réduit pour les dépôts collectifs.

([2]) Pour l'ensemble des 32 ans (1893 à 1924), l'excédent de recettes du service de l'enregistrement international des marques, réparti aux États qui y participent, a été de *1 618 496 francs suisses*. Il restait à fin 1924 une réserve de 18 762 francs.

TABLEAU VIII. — Résultats financiers du service de l'enregistrement international classés par année

Année	Nombre de marques enre-gistrées	Résultats généraux							Résultats par marque									
		Recettes		Dépenses		Produit net		Répartition par État	Dépense brute par marque enregistrée		Recette brute par marque enregistrée		Recette moyenne provenant uniquement de l'émolument international		Excédent de recette par marque		Répartition à chaque État par marque
		Fr.	Ct.	Fr.	Ct.	Fr.	Ct.	Fr.	Fr.	Ct.	Fr.	Ct.	Fr.	Ct.	Fr.	Ct.	Fr.
1893	76	7 800	—	7 536	10	263	90	0	99	16	102	63	100	—	3	47	0.000
1894	231	23 277	40	9 697	35	13 580	05	1900	41	98	100	77	100	—	58	79	8.225
1895	229	23 108	90	9 320	47	13 788	43	1700	40	70	100	91	100	—	60	21	7.424
1896	304	30 519	55	10 591	75	19 927	80	2400	34	84	100	39	100	—	65	55	7.895
1897	409	41 030	50	14 070	70	26 959	80	3000	34	40	100	32	100	—	65	92	7.335
1898	451	45 387	55	13 915	17	31 472	38	3500	30	85.4	100	64	100	—	69	78.3	7.761
1899	323	32 560	45	13 484	93	19 075	52	2100	41	75	100	81	100	—	59	06	6.502
1900	368	37 131	14	14 218	67	22 912	47	2600	38	64	100	90	100	—	62	26	7.065
1901	369	37 228	41	13 709	90	23 518	51	2600	37	15	100	89	100	—	63	74	7.046
1902	435	39 798	20	14 136	59	25 661	61	2900	32	50	91	49	90	80	58	99	6.667
1903	577	45 205	88	15 032	67	30 173	21	3300	26	05.3	78	35	78	08	52	29.3	5.719
1904	547	44 885	40	16 304	75	28 580	65	3200	29	81	82	06	81	17	52	25	5.850
1905	691	55 559	68	18 799	50	36 760	18	3700	27	21	80	40	79	96	53	19	5.355
1906	749	60 937	45	20 087	70	40 849	75	4000	26	82	81	36	80	37	54	54	5.340
1907	789	64 197	95	22 140	83	42 057	12	4000	28	06.2	81	37	80	48	53	30.4	5.070
1908	908	71 973	05	25 169	25	46 803	80	4200	27	72	79	27	78	47	51	55	4.626
1909	1302	102 240	29	34 879	85	67 360	44	5200	26	79	78	53	77	61	51	74	3.993
1910	1409	113 772	30	37 446	98	76 325	32	5800	26	58	80	75	80	09	54	17	4.116
1911	1517	120 185	29	45 944	33	74 240	96	6000	30	29	79	23	78	38	48	94	3.955
1912	1553	125 401	70	48 171	82	77 229	88	6000	31	02	80	75	79	72	49	73	3.864
1913	1934	151 717	65	54 476	41	97 241	24	7000	28	17	78	45	77	46	50	28	3.619
1914	1394	112 391	69	59 117	09	53 274	60	4000	42	41	80	63	78	62	38	22	2.869
1915	658	54 423	75	41 615	10	12 808	65	1000	63	24	82	71	79	94	19	47	1.520
1916	850	68 611	44	44 565	68	24 045	76	2000	52	43	80	72	77	88	28	29	2.353
1917	880	68 972	82	46 487	38	22 485	44	2000	52	83	78	38	76	14	25	55	2.273
1918	987	75 034	95	54 410	65	20 624	30	1500	55	13	76	02	73	71	20	89	1.520
1919	1575	122 967	59	77 289	50	45 678	09	3000	49	07	78	07	75	75	29	—	1.905
1920	2284	180 199	71	113 854	40	66 345	31	4000	49	85	78	90	77	34	29	05	1.751
1921	2562	202 395	60	126 710	20	75 685	40	4700	49	46	79	—	77	11	29	54	1.835
1922	2653	208 408	15	133 312	40	75 095	75	5000	50	25	78	56	76	74	28	31	1.885
1923	5258	388 712	83	186 597	—	202 115	83	10 000	35	49	73	93	72	56	38	44	1.902
1924	5487	423 856	58	199 540	15	224 316	43	11 500	36	37	77	25	75	53	40	88	2.096
Total pour les 32 ans	39 759	3 179 893	85	1 542 635	27	1 637 258	58	123 800 (1)									

(1) Somme répartie à chacun des États contractants dès l'origine. — Total des sommes réparties: *Fr. 1 618 496. 65.* — Solde disponible (réserve) après la répartition concernant l'exercice 1924: *Fr. 18 761. 93.*

On peut considérer les résultats fournis par le tableau VII ci-dessus comme particulièrement satisfaisants. Non seulement le budget du service de l'enregistrement international a constamment donné un boni sans que la taxe ait eu besoin d'être augmentée jusqu'ici, mais encore, tandis qu'au cours de la première période, alors que le nombre des États adhérents était de 5 à 9, ce boni était en moyenne de fr. 2270 par État, il s'est élevé au cours de la dernière période à fr. 10 750 en moyenne, alors que le nombre des États était de 18 à 20.

La situation restera-t-elle aussi favorable — autant qu'il est permis de faire des prévisions à cet égard — dans les années qui vont suivre?

Les *recettes* iront vraisemblablement en augmentant, si aucune crise politique internationale grave n'intervient. Cette augmentation serait même très sensible, si certaines adhésions venaient à se produire (États scandinaves et surtout États-Unis d'Amérique et Grande-Bretagne).

Les *dépenses* iront en augmentant même, semble-t-il, si le chiffre des dépôts annuels venait à rester stationnaire. Chaque année, en effet, le nombre de marques internationales protégées s'accroît de quelques milliers, ce qui accroît sensiblement le travail du Bureau international. Les notifications de refus et de transfert, les demandes de recherches d'antériorités, d'extraits du Registre international et de renseignements de tous genres augmentent sans cesse. Voici le nombre des pièces de correspondance reçues ou expédiées par le Service des marques du Bureau international pendant les années 1920 à 1924: 4918, 6915, 7422, 10 395 et 14 373, soit une augmentation de 192 % en quatre ans, et ces chiffres ne comprennent pas la plupart des «notifications» transmises par ledit service. Si cet accroissement de travail s'accentue encore, il nécessitera une certaine augmentation du personnel [1]. Le tableau IX ci-après permettra de se rendre compte de l'activité du service depuis l'origine.

Il y a lieu de noter aussi que toute nouvelle adhésion à l'Arrangement nous oblige à augmenter le tirage de notre revue *Les Marques internationales,* vu la publicité à donner, dans le pays nouvellement adhérent, aux marques enregistrées à Berne. Et il ne faut pas oublier non plus que chaque Administration adhérente peut, aux termes de l'article 3 de l'Arrangement, fixer elle-même le nombre d'exemplaires de la revue qu'elle doit recevoir gratuitement. Cette disposition présente pour nos finances un certain danger et nous avons dû à diverses reprises réagir fortement pour obtenir de certaines Administrations une réduction sensible des contingents énormes d'exemplaires qu'elles nous demandaient.

Quant à la somme totale de l'*excédent de recettes* du service de l'enregistrement international, elle a, — après la chute faite pendant la guerre, — crû d'une manière réjouissante ces dernières années. Alors que pour 1918 nous n'avons réparti que fr. 21 000, soit fr. 1500 par pays adhérent, nous sommes arrivés progressivement à répartir, pour 1924, la somme totale de fr. 222 300, soit fr. 11 500 par pays.

Mais si la somme totale disponible augmente ainsi chaque année, d'un côté, elle doit être répartie entre un nombre plus grand d'États contractants et, d'un autre côté, elle est le résultat d'un chiffre beaucoup plus considérable d'enregistrements de marques.

On constatera, par les tableaux que nous publions ci-dessus, que la répartition faite à chaque État contractant, calculée *pour une marque internationale enregistrée,* a été d'environ fr. 7 pendant les dix premières années pour descendre peu à peu à fr. 1.52 (années 1915 et 1918) et de là remonter sensiblement jusqu'à fr. 2.09 pour 1924.

[1] Sur 19 personnes actuellement occupées dans les Bureaux internationaux réunis de la propriété industrielle, littéraire et artistique, 9 se consacrent exclusivement au service des marques. Celui-ci absorbe, en outre, une partie de l'activité de la Direction, du service de la comptabilité et de celui de la chancellerie.

LEAU IX. — Résumé statistique des opérations du service de l'enregistrement international classées par année

e	Marques enregistrées	Dépôts en couleur	Refus ou cessations de protection	Transmissions	Radiations	Opérations diverses*	Renouvellements			Pièces de correspondance
							Nombre de marques de ladite année : *a)* qui ont été déposées ultérieurement; **avant l'expiration des 20 ans** et avec mention, par le pays d'origine, de l'enregistrement international antérieur	*b)* qui ont été déposées avec la mention, par l'Administration du pays d'origine, d'un enregistrement international antér.	dont tardifs	
3	76	1	—	—	—	3	36	—	—	168
4	231	12	34	2	—	1	96	—	—	299
5	229	12	23	5	—	9	98	—	—	364
6	304	7	10	12	—	7	132	—	—	254
7	409	4	37	8	6	2	170	—	—	367
8	451	27	33	23	2	2	208	—	—	555
9	323	4	24	58	4	16	122	5	—	435
0	368	6	21	15	1	7	118	—	—	423
1	369	6	55	62	4	2	159	—	—	492
2	435	6	39	24	3	4	202	—	—	555
3	577	23	40	47	6	4	222	1	—	604
4	547	26	53	57	4	23	234	—	—	685
5	691	22	90	186	5	21	...	—	—	743
6	749	37	356	204	2	3	...	1	—	1031
7	789	42	195	50	3	25	...	—	—	1277
8	908	78	310	102	1	84	...	—	—	1370
9	1302	142	1042	51	3	6	...	—	—	2246
0	1409	110	578	176	4	36	...	—	—	2174
1	1517	113	795	172	11	38	...	—	—	2638
2	1553	109	917	207	34	43	...	11	—	3096
3	1934	157	1765	283	28	80	...	59	2	4483
4	1394	157	1099	109	24	128	...	83	9	3784
5	658	59	857	72	5	38	...	135	14	2518
6	850	105	690	104	10	58	...	147	2	2567
7	880	62	694	172	6	43	...	175	12	2620
8	987	50	560	269	12	25	...	241	9	2536
9	1575	86	869	390	19	99	...	134	15	2939
0	2284	98	1981	371	29	114	...	148	30	4918
1	2562	194	4214	339	23	99	...	194	22	6915
2	2653	239	3096	494	137	165	...	239	23	7422
3	5258	265	4597	593	64	163	...	265	24	10 395
4	5487	279	7109	730	55	311	...	279	15	14 373

* Voir l'explication de ce terme sous le titre du tableau V.

Et l'enregistrement de certaines marques coûte même plus au service de l'enregistrement international qu'il ne lui rapporte; à elle seule, *la publication* de marques déposées avec de longues listes de produits représente pour le Bureau international deux, trois, quatre fois plus ou même davantage que l'émolument de fr. 100 ou de fr. 50 qui a été institué pour couvrir nos frais. Il y a aussi un grand nombre de marques qui, au cours de leurs vingt ans de protection, changent plusieurs fois de propriétaire ou dont l'inscription est modifiée pour d'autres motifs, sans que le Bureau international — contrairement à ce qui se fait dans le régime national — reçoive le moindre dédommagement pour le travail et les frais de notification et de publication causés par ces opérations.

C'est afin de tenir compte des facteurs énumérés ci-dessus, que l'Administration des Pays-Bas et le Bureau international se sont mis d'accord pour proposer à la Conférence de La Haye de relever à 200 fr. et à 125 fr. l'émolument international actuel de 100 fr. ou de 50 fr.(1), de prévoir en plus une taxe par classe(2) dans le cas où la protection d'une marque serait revendiquée pour plusieurs classes de produits, et d'établir une taxe pour les transferts ou opérations analogues faites gratuitement jusqu'ici.

Même avec ces taxes majorées ou nouvelles, l'enregistrement international restera d'un bon marché étonnant si on met en balance son coût et les avantages qu'il procure. Nos propositions ne constituent guère d'ailleurs qu'un retour, comme taxe moyenne, au système de l'émolument international de 200 fr. par marque qui avait été adopté lors de l'élaboration de l'Arrangement de Madrid en 1890 (v. Procès-verbaux de la Conférence, p. 110, 164 et 179). Si l'on tient compte de la dépréciation de la valeur de l'argent depuis 35 ans, on reconnaîtra même que la majoration proposée devrait être plus accentuée si l'on voulait en revenir au chiffre voté en 1890. Depuis la guerre, de nombreux pays ont augmenté, et dans une proportion sensiblement plus forte, leurs taxes nationales pour le dépôt des marques. Il est même tel État dans lequel la protection nationale pour 20 ans coûte autant que la protection internationale pour la même période, laquelle est valable pour le territoire des 19 autres pays.

Il suffira donc d'introduire dans le régime des taxes à percevoir les augmentations et adjonctions très raisonnables que nous préconisons, pour opérer la consolidation de la situation du service de l'enregistrement international.

Et maintenant, qu'il nous soit permis, pour terminer, de rendre à celui-ci, après les trente-deux années qu'il vient de vivre, un témoignage qui lui semble dû. Sans jamais cesser, depuis 1894, d'offrir, à la fin de chaque exercice, aux États adhérents le tribut symbolique d'une répartition de boni, il a toujours procuré aux industriels et aux commerçants qui l'ont utilisé le maximum de satisfaction avec le minimum de frais. La simplicité de son appareil, l'économie qu'il représente, l'extension de protection qu'il réalise lui assurent une place à part sur la liste déjà longue des institutions internationales.

(1) Cette augmentation sera moins considérable en réalité qu'en apparence. Les déposants pourront, en effet, payer l'émolument par fraction et, en ce cas, au bout de dix ans renoncer à la protection et éviter ainsi le paiement de la seconde fraction. Il ne faut pas oublier non plus que la protection leur est assurée maintenant dans 20 États et qu'il y a trente-deux ans elle ne leur était assurée que dans 5 États.

(2) Cette taxe par classe a comme premier but la recherche de plus de clarté quant aux catégories de produits pour lesquelles on revendique la protection et la suppression des longues listes de produits qui constituent souvent de véritables manœuvres d'obstruction.

ANNEXES

I. Formulaire de demande d'enregistrement international

actuellement en usage

A. Recto du formulaire

BUREAU INTERNATIONAL
DE L'UNION
POUR LA PROTECTION
DE LA
PROPRIÉTÉ INDUSTRIELLE

—o—

DEMANDE ET CERTIFICAT
D'ENREGISTREMENT INTERNATIONAL D'UNE MARQUE

(Ce formulaire doit être rempli en langue française)

SERVICE DE
L'ENREGISTREMENT
DES
MARQUES DE FABRIQUE
OU DE COMMERCE

—o—

Pays d'origine de la marque: ....

Propriétaire de la marque

Nom ....

....

Profession (ou entreprise) ....

Adresse ....

Fac-similé de la marque

Produits auxquels la marque est destinée

....

Couleur

(Quand la couleur est revendiquée à titre d'élément distinctif, écrire ci-dessous une *brève* mention indiquant uniquement la couleur ou la combinaison de couleurs revendiquée. Joindre en outre 40 étiquettes en couleur.)

....

Dernier enregistrement dans le pays d'origine

Date .... N° ....

Enregistrement international
(s'il a déjà été effectué antérieurement)

Date .... N° ....

Demande d'enregistrement

La marque ci-dessus est régulièrement déposée en ...., et les indications y relatives sont conformes à celles du Registre national des marques. L'Administration soussignée en demande l'inscription dans le Registre international.

.............................., le .... 19.....

Certificat d'enregistrement

Les formalités prescrites par l'*Arrangement du 14 avril 1891, revisé le 2 juin 1911, et par son Règlement d'exécution* se trouvant remplies à la date de ce jour, la marque ci-dessus a été inscrite aujourd'hui dans le Registre international sous le N° ....

Berne, le .... 19.....

Bureau international de la propriété industrielle,
Le Directeur:

Voir au verso

NOTE. — Le présent formulaire de dépôt n'est délivré qu'aux Administrations. Il n'est remis aux propriétaires de marques que sous forme de certificat d'enregistrement.

B. Verso du formulaire

Indications complémentaires

ÉMOLUMENT INTERNATIONAL PAYÉ PAR:

(Indiquer ici quand, comment et éventuellement par qui l'émolument a été payé au Bureau international.)

mandat ou chèque postal du .... N°.........
envoyé par ....
chèque tiré sur la Banque ...., *à Be*
envoyé au Bureau international le ....
versement effectué au Bureau international le ....
par la Banque ....

CLICHÉ. — Le déposant désire-t-il que son cliché lui soit renvoyé, *à ses frais,* après deux ans? ....
(A défaut d'une réponse, le cliché sera considéré en principe comme abandonné; néanmoins le déposant pourra encore le réclamer utileme cours de la troisième année qui suivra la date de l'enregistrement international. Le cliché non réclamé dans ce délai sera détruit.)

TRANSMISSION OU MODIFICATION. — (Indiquer ici, en cas de renouvellement ou de second dépôt inte tional, toute mutation de propriété ou modification de firme *qui n'aurait pas encore été notifiée au Bureau internation*

....

....

Conditions d'un dépôt régulier au Bureau international

(Arrangement de Madrid du 14 avril 1891, revisé à Bruxelles le 14 décembre 1900 et à Washington le 2 juin 1911.)

La demande d'enregistrement doit être déposée en double exemplaire. Il y sera joint:

1° *Un cliché* de la marque (dimensions: minimum 15 millimètres, maximum 10 centimètres, soit en longueur, soit en larg épaisseur 24 millimètres). Ce cliché doit pouvoir donner une image *typographique* reproduisant exactement la marque, manière que tous les détails en ressortent visiblement.

2° Un mandat de poste, ou toute autre valeur *payable à Berne,* du montant de l'émolument international. Cet émolum est de *100 francs (suisses)* pour une marque isolée. En cas de dépôt multiple, il est de 100 francs pour la première mar et de *50 francs* pour chacune des marques suivantes, déposées en même temps par le même propriétaire.

3° *Quand la couleur est revendiquée à titre d'élément distinctif, 40 exemplaires,* sur papier, d'une reproduction en couleur la marque. Si la marque comporte plusieurs parties séparées, elles doivent être réunies et collées sur une feuille de pa fort. Une brève mention, indiquant uniquement la couleur ou la combinaison de couleurs revendiquée, doit figurer la demande.

Renseignements divers

Dépôt: Le dépôt de la demande d'enregistrement international se fait par l'entremise de l'Administration du pays d' gine de la marque (article 1er de l'Arrangement).

Examen: Le Bureau international doit enregistrer toute marque dont la demande d'enregistrement, répondant aux p criptions de l'Arrangement, lui est transmise par une Administration nationale. Il ne rentre pas dans ses attributions d'exam si la marque déposée ressemble à une marque internationale déjà enregistrée. Cet examen est de la compétence de cha Administration nationale (si la loi de son pays le prescrit).

Effet: L'enregistrement international assure à la marque la même protection légale que si elle avait été directement posée dans les pays qui ont adhéré à l'Arrangement. Ceux qui y adhéreront par la suite devront accorder la même protec aux marques déjà enregistrées internationalement (articles 4 et 11).

Refus: Dans le délai prévu par leur loi nationale, mais *au plus tard dans l'année de la notification* par laquelle le Bur international leur a annoncé l'enregistrement d'une marque, les Administrations qui y sont autorisées par leur législation on *faculté de déclarer que la protection ne peut être accordée à cette marque sur leur territoire.* Cette déclaration de refus est transn par le Bureau international à l'Administration du pays d'origine et au propriétaire de la marque, lequel a les mêmes moyen recours que si cette dernière avait été par lui directement déposée dans le pays où la protection est refusée (article 5).

Acceptation: L'acceptation ne donne lieu à aucune notification, sauf si la marque a d'abord fait l'objet d'un refus.

Durée de la protection: La protection résultant de l'enregistrement international dure 20 ans; elle peut être renouv indéfiniment au moyen de l'accomplissement des formalités prescrites pour le premier dépôt. Toutefois, la protection interna nale ne peut pas être invoquée en faveur d'une marque qui ne jouit plus de la protection légale dans son pays d'origine (article

Transmission et autres modifications: Il est important de faire notifier au Bureau international les transmissi renonciations, annulations et radiations qui viennent affecter la propriété de la marque. *Ces notifications ne peuvent être fa valablement que par l'entremise de l'Administration du pays d'origine.* — Il est également utile de faire connaître au Bur international les changements d'adresse.

La transmission d'une marque internationale ne peut être effectuée que pour tous les pays à la fois; mais le propriét de la marque peut *renoncer* à sa protection pour un pays ou un groupe de pays seulement.

Renouvellement: En cas de renouvellement d'une marque internationale, le nouveau dépôt doit être identique à c qu'il remplace si l'on veut prévenir toute difficulté.

Extraits du registre international: Le Bureau international délivre, sur demande, des extraits du registre des marq reproduisant toutes les mentions essentielles de ce registre. (Taxe: 2 francs suisses par marque; si plusieurs marques sont nies sur le même extrait, 2 francs pour la première, 1 franc pour chacune des autres.)

Réclamations: Il est inutile de réclamer ou de protester auprès du Bureau international en cas d'analogie entre d marques internationales ou entre une marque nationale et une marque internationale. Pour faire établir son droit, — s'il ne est pas possible de s'arranger avec son concurrent (renonciation ou limitation), — celui qui prétend être le propriétaire légit de la marque doit s'adresser aux tribunaux ou aux autorités administratives compétentes.

Annulation: Pour faire annuler la marque internationale d'autrui, on peut soit intenter, dans le pays d'origine de marque, une action tendant à faire radier la marque nationale qui lui sert de base, — radiation qui entraînera automatiquem la radiation de la marque internationale, — soit attaquer la marque internationale devant les tribunaux ou les autorités com tentes du pays ou de chacun des pays dans lesquels on désire qu'elle soit annulée.

II. Avis aux déposants et aux mandataires

A. Avis aux déposants concernant l'émolument à payer au Bureau international

Avant de pouvoir inscrire une marque de fabrique ou de commerce en vertu de l'Arrangement de Madrid de 1891 pour l'enregistrement international des marques, le Bureau soussigné est tenu de percevoir un émolument international de 100 francs suisses pour la première marque et de 50 francs pour chacune des marques suivantes déposées en même temps par le même propriétaire. Cet émolument doit être intégralement payé, et il faut *se conformer au mode de payement prévu par le règlement national* du pays d'origine de la marque.

Plusieurs de ces règlements prescrivent que l'envoi doit être fait **par mandat postal international**, mode de payement *le plus avantageux pour assurer un enregistrement rapide de la marque*, et au moyen duquel l'envoyeur a immédiatement en main la quittance qu'il doit produire.

Si l'envoi par mandat postal ne peut pas être fait, le plus simple et le plus économique est de charger une banque ou un correspondant suisse de verser l'émolument international au crédit de notre **compte suisse de chèques et virements postaux** (compte III/753: Bureau international de la propriété industrielle, Berne). Cette manière de procéder supprime les frais supplémentaires dont il est question plus loin.

Si toutefois cet émolument nous est adressé par chèque, celui-ci doit être tiré sur **un établissement de Berne**, car seuls les chèques *tirés sur Berne* sont payés sans déduction ni réserve par les banques de cette ville.

La réalisation des valeurs tirées *sur d'autres places* entraîne pour nous des *frais* de correspondance, de port et d'encaissement; en outre, ces complications occasionnent souvent des *retards préjudiciables* aux intérêts des déposants de marques. Comme il ne nous est pas possible de supporter ces frais, nous sommes obligés, pour nous en couvrir, de demander à l'expéditeur de chèques tirés sur d'autres places que Berne un supplément de **2 francs suisses**; ce n'est qu'au reçu de cette somme que nous pouvons envoyer quittance de l'émolument.

Tout envoi d'émolument doit être accompagné de l'indication **précise du nom et du domicile du propriétaire** en faveur duquel l'enregistrement de la marque sera demandé.

B. Avertissement aux déposants concernant les causes de refus de protection

De nombreuses marques sont *refusées* chaque année, dans un ou dans plusieurs des pays participant à l'enregistrement international, *pour des causes que les déposants auraient pu éviter*. On doit donc recommander vivement aux personnes qui ont à choisir une nouvelle marque de tenir compte des indications ci-dessous avant d'effectuer leur dépôt dans leur propre pays, dépôt qui servira de base à l'enregistrement international. Elles éviteront ainsi des ennuis, des frais, et peut-être un refus absolu de protection, quand elles voudront ensuite obtenir la protection à l'étranger.

A. Refus causé par la forme ou par certains éléments de la marque. — Certains pays n'admettent pas les marques contenant les éléments suivants:

a) Armoiries publiques; portraits ou insignes du souverain et des membres de sa famille; poinçons officiels; insignes reconnus par le droit public (en particulier la Croix-Rouge de la Convention de Genève. — Si une marque porte une croix pouvant se confondre avec cet emblème, il est opportun d'inscrire la déclaration suivante dans la demande d'enregistrement: « La croix contenue dans cette marque ne sera employée ni en rouge ni en une couleur similaire »).

b) Des noms de personnes ou de lieux susceptibles d'induire en erreur sur la personne du titulaire de la marque ou sur l'origine du produit (noms de tierces personnes ou de prédécesseurs, noms géographiques autres que celui du lieu ou du pays où est situé l'établissement).

c) Des mots tels que «*breveté*» ou «*déposé*», qui peuvent faire croire à l'existence d'un brevet où à celle d'un dessin ou modèle industriel protégé, alors que cette indication est déjà, ou deviendra, inexacte dans un ou dans plusieurs pays unionistes, ou même dans tous (le terme «*Marque déposée*» ne soulève pas de difficultés).

d) Un dessin analogue à celui d'une marque encore enregistrée au nom d'un prédécesseur (dans ce cas, il faut d'abord faire inscrire le transfert de cette marque antérieure).

D'autres pays refusent la protection aux marques composées *uniquement:*

e) De mots considérés comme la désignation usuelle du produit auquel la marque est appliquée, ou indiquant la nature du produit ou sa qualité, ou suggérant l'idée qu'il s'agit d'une marchandise supérieure («Idéal», «Perfection», etc.).

f) De lettres (initiales), de chiffres ou d'encadrements, dépourvus de tout caractère distinctif et original.

g) D'une figure représentant la forme du produit ou de son récipient (par ex.: dessin d'un flacon).

B. Refus causés par une indication défectueuse des produits auxquels s'applique la marque. — Plusieurs pays refusent complètement de protéger les marques déposées ou ne les acceptent que partiellement ou après de longs pourparlers, quand l'indication des produits auxquels elles sont destinées présente les irrégularités suivantes:

a) Emploi de *termes trop vagues* ou, spécialement à la fin d'une énumération, d'indications pouvant comprendre des marchandises de tout genre, par exemple, en faisant suivre cette énumération des produits de mots tels que ...«*etc.*» ou ...«*et autres objets*». — Voici quelques-uns de ces termes trop vagues qui ne sont pas acceptés dans certains pays: Produits chimiques (il faut préciser, en ajoutant par exemple: pour la médecine ou pour les sciences, ou pour la photographie, ou pour l'industrie); produits vétérinaires (préciser: médicaments vétérinaires); huiles (préciser: alimentaires ou techniques); produits alimentaires, denrées coloniales (préciser le genre); articles de sport (préciser: habillements ou ustensiles); soieries (préciser: étoffes, ou rubans, ou fils de soie); articles en métal, en caoutchouc, d'hygiène, de bureau, de mode, de fantaisie, marchandises d'exportation, produits de la fabrication du déposant, etc.

b) Mention de produits qui ne correspondent pas aux indications figurant sur la marque elle-même (ainsi des marques sur lesquelles figure l'inscription «*sardines sans arêtes*» ou «*chocolat au Phare*» sont exposées à être refusées si elles sont déposées pour des *produits alimentaires* en général; elles doivent l'être seulement pour des *conserves de sardines* ou pour du *chocolat).*

c) Mention de marchandises que le déposant ne fabrique pas ou dont il ne fait pas réellement l'objet de son commerce (par ex.: marques déposées, en outre des produits de la fabrication du déposant, pour «*articles de réclame*», «*papiers d'affaires*», «*tabacs et savons*», alors que ce déposant est une *Raffinerie de sucre).*

d) Mention de produits qui, d'après certaines lois sur les denrées alimentaires, ne doivent pas être vendus sous la même marque, spécialement le beurre et la margarine (dans ce cas, il faut ne mentionner que l'un de ces deux produits ou exclure formellement l'autre ainsi: Graisses alimentaires, sauf la margarine).

Lorsque la protection d'une marque est revendiquée pour une *longue liste de produits*, l'Administration d'un pays a souvent exigé, avant tout enregistrement, la production d'une attestation officielle établissant que tous ces produits sont compris dans le commerce du déposant. — D'une manière générale, ces longues listes de produits sont à déconseiller pour de nombreux motifs. Ce qui importe, c'est d'indiquer dans ces listes *le genre, la catégorie des produits, au lieu de donner de ceux-ci une énumération trop détaillée*, qui présente certains dangers. La législation de plusieurs pays exige que la marque soit utilisée (exploitée); celui qui dépose une marque pour des produits qu'il ne fabrique pas ou dont il ne fait pas le commerce (marques d'obstruction), s'expose donc à des surprises désagréables en cas de procès.

C. Adresses multiples. Mentions inintelligibles. — Enfin, des enregistrements ont soulevé des difficultés lorsqu'ils étaient demandés en faveur de plusieurs personnes ne paraissant pas appartenir à la même raison sociale et indiquant des domiciles différents, ou lorsque la marque renfermait une mention en langue peu connue en Europe (dans ce cas, il est utile de joindre à la demande d'enregistrement une traduction de la mention, en huit exemplaires).

C. Communication au mandataire en cas de refus d'une marque internationale

Le 7 février 1924, le Bureau international a envoyé aux Administrations des 19 pays ayant adhéré à l'Arrangement concernant l'enregistrement international des marques une circulaire dont voici l'essentiel:

« Les associations d'ingénieurs-conseils de plusieurs pays ont demandé à notre Bureau de notifier les refus de marques internationales non pas directement aux propriétaires de ces marques, mais aux mandataires régulièrement constitués par ceux-ci.

Or, l'article 5, 3e alinéa, de l'Arrangement de Madrid du 14 avril 1891 prescrit que la déclaration de refus sera transmise au propriétaire de la marque: ses termes sont trop formels pour que pareille demande puisse être agréée. Une seule notification est prévue; elle doit être faite au propriétaire de la marque, que l'Arrangement n'oblige pas à prendre un mandataire et qui, le plus souvent, dans certains pays, n'en emploie aucun.

Nous ne demandons pas mieux, d'autre part, lorsque l'Administration du pays d'origine de la marque nous fait connaître l'existence d'un mandataire, que de faciliter à celui-ci l'exercice de son mandat, en tant que cette Administration juge que l'intervention du mandataire se produit dans l'intérêt du propriétaire de la marque.

Nous croyons avoir trouvé le moyen le plus pratique de réaliser cette facilité en donnant simplement, dans ce cas, à titre purement officieux, avis au mandataire que la notification prévue par l'article 5 de l'Arrangement vient d'être adressée par nous à son mandant.

Cet avis, envoyé par simple carte, sera libellé selon le formulaire suivant:

Enregistrement international des marques de fabrique ou de commerce.

AVIS

Berne, le..... (date du timbre postal).

Conformément à l'article 5, al. 3, de l'Arrangement de Madrid du 14 avril 1891 concernant l'enregistrement international des marques, nous venons de notifier *au propriétaire* de la marque internationale N°..... une communication officielle qui vient de nous être faite relativement à cette marque, en application dudit article 5, par l'Administration de.....

L'Administration du pays d'origine de cette marque vous ayant indiqué, sur la demande d'enregistrement international, comme mandataire dudit propriétaire, nous vous avisons de ladite notification, en vue de faciliter l'exécution éventuelle de votre mandat.

Cet avis vous est donné à titre purement officieux et sans obligation ni responsabilité de notre part. Sa transmission ou sa non-transmission ne saurait entraîner aucune conséquence de droit.

A dater du 1er mai 1924, pareil avis, à titre d'essai, sera envoyé par notre Bureau — après transmission directe, comme par le passé, de la *déclaration de refus* d'une marque au propriétaire lui-même — à tout mandataire dont l'Administration du pays d'origine nous aura indiqué le nom, l'adresse complète et la qualité de mandataire, *immédiatement au-dessous de l'adresse du propriétaire de la marque*, sur les deux exemplaires de la demande d'enregistrement international.

Il sera donc toujours loisible à l'Administration d'un pays contractant d'user ou non de la facilité nouvelle qui lui est offerte. C'est à elle qu'il appartiendra de prendre une décision à cet égard et de nous désigner éventuellement dans chaque cas le mandataire qu'elle est seule qualifiée à reconnaître comme régulièrement constitué.

L'avis ne sera envoyé au mandataire qu'en cas de *refus* d'une marque.

Il est bien entendu qu'au cas où l'expérience du service *d'avis* que nous allons inaugurer à titre provisoire viendrait à révéler des inconvénients graves, nous nous réservons de le supprimer après avertissement donné, par voie de circulaire, aux Administrations des pays contractants. »

NOTE. — La notification du transfert d'une marque, à moins qu'elle ne soit accompagnée d'un avis officiel contraire, sera considérée par nous comme mettant fin aux fonctions du mandataire.

Les *Rapports de gestion* annuels du Bureau international de la propriété industrielle, auxquels renvoyent de nombreuses notes du présent exposé, ne sont pas mis en vente. Conformément aux prescriptions de l'article 13 de la Convention d'Union, ils ne sont communiqués qu'aux Administrations des pays contractants.

III. Liste d'adresses des Administrations ayant adhéré à l'Arrangement concernant l'enregistrement international des marques

ALLEMAGNE. — Reichspatentamt, Gitschinerstr. 97/103, BERLIN S. W. 61.

AUTRICHE. — Bundesministerium für Handel u. Verkehr (Handel), Stubenring 1, WIEN I.

BELGIQUE. — Direction générale de l'Industrie, 19, rue de la Loi, BRUXELLES.

BRÉSIL. — Directoria geral da Propiedade industrial (Ministerio da agricultura, industria e commercio), RIO DE JANEIRO.

CUBA. — Secretaria de agricultura, comercio y trabajo, Negociado de propiedad intelectual, marcas y patentes, HABANA.

DANZIG. — Amt für gewerblichen Rechtsschutz, DANZIG-NEUGARTEN.

ESPAGNE. — Registro de la Propiedad industrial y comercial, Ministerio de trabajo, comercio e industria, 8, Marqués de la Ensenada, MADRID.

FRANCE. — Ministre du commerce et de l'industrie, Direction de la propriété industrielle, 26bis, rue de Pétrograd, PARIS VIIIe.

HONGRIE. — Office royal hongrois des brevets, Erzsébetkörut 19, BUDAPEST VII.

ITALIE. — Ministero dell'Economia nazionale, Ispettorato generale dell'Industria, Ufficio della proprietà intellettuale, ROME.

LUXEMBOURG. — Directeur général des travaux publics, de l'agriculture et de l'industrie, Chef du Département du commerce, de l'industrie et du travail du Grand-Duché de Luxembourg, LUXEMBOURG.

MAROC. — Office marocain de la propriété industrielle, Résidence générale, RABAT.

MEXIQUE. — Oficina de patentes y marcas, Betlemitas 8, MEXICO.

PAYS-BAS. — Bureau de la propriété industrielle, Oostduinlaan 2, LA HAYE.

PORTUGAL. — Bureau de la propriété industrielle, Direction générale du commerce, Ministère du commerce, LISBONNE.

ROUMANIE. — Office de la propriété industrielle, Strada S. F. Voevozi, N° 52 B, BUCAREST.

SERBIE-CROATIE-SLOVÉNIE. — Office national pour la protection de la propriété industrielle, Krunska ulica, broj. 14, BELGRADE.

SUISSE. — Bureau fédéral de la propriété intellectuelle, BERNE.

TCHÉCOSLOVAQUIE. — Bureau des brevets (Patentní úřad) Panská ul. č I., PRAGUE II.

TUNISIE. — Direction générale de l'agriculture, du commerce et de la colonisation, Bureau des affaires commerciales et industrielles, TUNIS.

PROGRAMME DE LA CONFÉRENCE

1° PROPOSITIONS

AVEC

EXPOSÉS DES MOTIFS

PRÉPARÉES PAR L'ADMINISTRATION DES PAYS-BAS ET LE BUREAU INTERNATIONAL DE BERNE

OBSERVATIONS PRÉLIMINAIRES

Les Conférences diplomatiques qui jusqu'ici ont eu mission de reviser les statuts dont s'est dotée l'Union pour la protection de la propriété industrielle, fondée en 1883 à Paris, sont au nombre de quatre, savoir celles de Rome (1886), de Madrid (1890, actes signés en 1891 et ratifiés en 1892), de Bruxelles (deux sessions en 1897 et 1900) et de Washington (1911). Alors qu'au début, elles se suivaient de près, elles se sont espacées dans la suite. Toujours est-il que l'intervalle de 14 ans qui séparera la future Conférence de La Haye de sa devancière de Washington est plus long qu'aucun autre intervalle précédent. Cette circonstance, d'un côté, et, de l'autre, les événements de 1914 à 1918 qui ont bouleversé le monde et ont créé des situations économiques entièrement nouvelles, ont eu pour résultat dans nos domaines l'accroissement considérable des revendications et des vœux de toute nature et en ont accentué aussi parfois les côtés saillants, malgré le désir d'entente manifeste qui s'est révélé dans les dernières années au sein de l'Union.

L'Arrangement du 30 juin 1920 concernant la conservation ou le rétablissement des droits de propriété industrielle atteints par la guerre mondiale, qui, comme l'indique son titre significatif, est allé au plus pressé, a contribué à fortifier ce désir, grâce à ses effets salutaires déployés dans les vingt-deux pays adhérents.

Puis, l'Union générale a elle-même étendu son rayon. Composée de vingt-deux pays membres au commencement de 1911, elle en compte maintenant, en automne 1924, trente-deux, parmi lesquels pas moins de six Etats nouvellement constitués. Cependant, on ne saurait méconnaître que l'homogénéité de ce syndicat d'États laisse encore bien à désirer; extérieurement elle n'est pas tout à fait assurée, même aujourd'hui, en ce sens que, nonobstant nos multiples démarches, la Fédération australienne, qui figure comme une colonie britannique au rang des adhérents à l'Union, n'a pas encore ratifié les décisions de la Conférence de Washington et reste liée par le vieux régime sanctionné dans les Conférences antérieures à celle-ci.

Précédemment, les Conférences de revision ont eu devant elles une tâche simplifiée par le fait que les travaux préparatoires des divers intéressés étaient beaucoup plus concentrés; pour la plupart, ils émanaient de l'*Association internationale pour la protection de la propriété industrielle* qui, dans ses congrès annuels où des rapports de haute valeur étaient discutés et condensés en résolutions souvent reprises d'année en année, présentait le summum de l'action collective des milieux touchés par l'Union. A cette action s'est actuellement substituée celle des fractions formées par les groupes nationaux et elle a tout naturellement perdu quelque peu de sa force et de sa cohésion. En attendant que l'Association regagne son ancienne vigueur, d'autres groupements de partisans de l'Union industrielle ont surgi.

En premier lieu, il convient de citer les organes de la *Société des Nations*. Une des nombreuses commissions de celle-ci, la «Commission économique et financière», s'est fait une spécialité de l'étude approfondie des mesures de répression de la concurrence déloyale. Cette coopération préliminaire a pris des proportions importantes sous forme d'enquêtes et de consultations des différents États. Un projet de Convention et un programme explicite furent élaborés et soumis à une «Réunion technique». Celle-ci, composée de spécialistes que vingt-deux Gouvernements y avaient délégués, fut convoquée à Genève dans la première semaine du mois de mai 1924 et examina à fond cette question spéciale. La délibération ainsi organisée et résumée en un rapport général a fourni les éléments constitutifs d'une solution qui mérite d'être prise en très sérieuse considération.

En second lieu, la *Chambre internationale de commerce,* dont le siège est à Paris, s'est attachée à labourer tout le champ de la propriété industrielle par l'intermédiaire d'une commission internationale *ad hoc;* elle rassemble les délégués compétents de la plupart des pays industriels dans des sessions périodiques où sont élaborées des résolutions portées ensuite devant les Congrès internationaux (Londres 1919, Rome 1923). Il suffit de parcourir ces résolutions soigneusement recueillies par la *Propriété industrielle* pour apprécier à sa juste valeur la contribution utile apportée de cette façon à l'œuvre de la revision des Actes de l'Union industrielle.

Ainsi le travail préalable d'une Conférence diplomatique, s'effectuant sur une échelle plus vaste, est devenu plus complexe et exige une coordination plus soignée.

Il y a plus. A aucune époque de l'existence de cette Union, le mouvement législatif en matière de propriété industrielle n'a été aussi intense que durant et après la conflagration de la deuxième décade de notre siècle. Nous avons de la peine à le suivre pas à pas, et pourtant rien d'essentiel, rien de ce qui peut s'appliquer dans le régime de l'Union aux co-associés ne doit nous échapper. Le mouvement a été consigné dans les publications suivantes:

a) *La protection internationale de la propriété intellectuelle et la guerre mondiale, 1914-1918;* publication documentaire éditée par le Bureau international; un fascicule de 88 pages in-4°, paru en 1919 (v. spécialement les mesures de guerre prises par bien des pays, p. 28 à 69).

b) *La législation des divers pays du monde en matière de propriété industrielle* (Liste des actes législatifs); c'est le premier fascicule que le Bureau international a distribué en juillet 1924 aux Administrations.

c) La *Propriété industrielle,* revue mensuelle dont les cadres ont dû être considérablement élargis pour contenir les nouveaux documents et que nous aurons à citer plus souvent que par le passé dans nos avant-projets.

Afin de ne pas perdre de vue, dans ces conditions plus difficiles, les grandes lignes de l'œuvre de revision à accomplir, il faut être à même de diriger ses regards sur l'ensemble des dispositions de la Convention. Cet ensemble se présentera le mieux sous la forme d'un *texte unique* comprenant aussi bien la Convention générale que le Protocole de clôture. A l'encontre de ce qui a été critiqué, lors d'un essai précédent, le texte unique qu'on trouvera plus loin maintient la numérotation, devenue familière à tous, des articles actuels dont plusieurs ont provoqué des commentaires approfondis, et il range les modifications ou les adjonctions sous des articles complémentaires (bis, ter, etc.). Non seulement cette structure rationnelle permet de jeter un coup d'œil rapide sur toute la matière sans se perdre dans les détails multiples, mais si le plan d'un texte unique était admis à La Haye, l'Union industrielle réaliserait, à son tour, le grand progrès que l'Union littéraire sœur a déjà réalisé en 1908 en adoptant la « Convention de Berne revisée pour la protection des œuvres littéraires et artistiques »; il va de soi que le système dit des réserves, qui entrave si fort l'unification de cette seconde Union en permettant aux pays contractants de rejeter les dispositions plus avancées par lesquelles ils n'entendent pas être liés, ne devra pas trouver grâce cette fois-ci, afin de ne pas compliquer les régimes applicables, au lieu de les simplifier.

Le choix d'un seul et même acte de Convention, fil conducteur des travaux préparatoires, a facilité aussi, après tant d'années d'interruption, la sélection des dispositions qui sont essentielles pour la bonne marche de l'Union et qui méritent de figurer avant tout au programme de la future Conférence. Mais si nous en éliminons certains points, nous devons aux Gouvernements et à leurs organes administratifs quelques indications succinctes sur les motifs de nature diverse qui nous ont amenés à laisser de côté certaines revendications, surtout si celles-ci tiennent peut-être à cœur à l'un ou l'autre d'entre eux, en sorte qu'ils regretteront de ne pas les trouver dans les exposés ci-dessous et qu'ils se verront obligés d'en faire, le cas échéant, l'objet de propositions à part.

Le motif principal qui a dicté notre abstention partielle est le suivant: Dans le but d'arriver à une nouvelle étape du développement de l'Union, nous devons viser *a priori* à obtenir l'unanimité des Délégués des trente-deux pays contractants; nous devons dès lors écarter tout ce qui d'emblée paraît propre à compromettre sérieusement ce but primordial.

Or, pour des raisons sur lesquelles nous ne pouvons nous étendre, nous avons dû renoncer, quant à nous, à traiter la question de l'unification, au moins relative, de la durée des brevets demandés pendant le délai de priorité et dont l'indépendance réciproque a été proclamée à Washington par l'alinéa 2 de l'article 4bis de la Convention. Le point de départ de cette durée varie de pays à pays et on ne saurait actuellement songer à l'uniformiser. En effet, dans dix-sept pays (Allemagne, Belgique, Bulgarie, Dantzig, Esthonie, France, Grèce, Hongrie, Italie, Luxembourg, Maroc, Mexique, Norvège, Roumanie, Suède, Suisse et Tunisie) la durée part du dépôt de la demande. Dans douze pays (Brésil, Cuba, Danemark, Dominicaine, Espagne, États-Unis, Finlande, Grande-Bretagne, Japon, Pays-Bas, Pologne et Portugal) elle part de la date de la délivrance du brevet. Enfin dans trois pays (Autriche, Serbie-Croatie-Slovénie et Tchécoslovaquie) cette durée est comptée à partir de la date où la demande de brevet est publiée. Cependant, le principe du traitement national ou de l'assimilation du breveté unioniste au breveté national (art. 2 de la Convention) n'a pas encore triomphé partout par rapport à la durée puisque, dans trois pays, l'étranger unioniste, à l'encontre du national protégé à partir soit de la date du dépôt de la première déclaration dans le pays, soit de la date de la délivrance du brevet, se voit appliquer la durée du brevet de priorité à partir de la date de la première demande dans un des autres pays *unionistes;* cette règle a provoqué des vœux en faveur de la « suppression de l'anti-date des brevets de priorité ».

De même, la question déjà débattue auparavant, de la faculté de réunir en une seule demande de brevet plusieurs demandes antérieures, déposées pendant le délai de priorité dans d'autres pays unionistes avec point de départ différent, selon les revendications successives du droit de priorité, ne se trouve pas sur notre programme, comme lors de la Conférence de Washington (Actes, p. 45), attendu que l'unanimité de la décision semble compromise par les solutions divergentes adoptées dans certains pays.

Le manque d'accord sur un autre point, celui de la reconnaissance d'un droit de possession personnelle sur une marque employée avant l'enregistrement subséquent d'une marque semblable, a pu être constaté dans le sein même des associations favorables à un tel droit et, d'une manière péremptoire, dans la Réunion technique ci-dessus mentionnée de Genève. En effet, le vœu de voir adopter une stipulation d'après laquelle « le dépôt ou l'enregistrement d'une marque dans un pays ne pourrait faire obstacle à son emploi dans ce pays par celui qui a été le premier usager de la marque dans un autre pays » n'a été émis, dit le rapport général de la Réunion, que par « quelques experts », sans obtenir le suffrage de la majorité de ceux-ci.

La Conférence de Washington avait, en outre, émis le vœu que le Bureau international mît à l'étude un « projet tendant à créer dans les territoires où il existe une juridiction consulaire, notamment en Chine, un registre permettant d'assurer la protection légale des marques devant les tribunaux consulaires, sans obligation d'un dépôt dans le pays dont dépend le tribunal saisi ». Nous expliquerons en détail, dans la *Propriété industrielle,* pourquoi nous n'avons pu donner suite à ce vœu. Qu'il suffise de dire, dans cet ordre d'idées, que la juridiction consulaire a perdu du terrain dans le Proche et l'Extrême-Orient et que les problèmes soulevés de ce chef rentrent plutôt dans l'ordre politique, étranger par son fond au domaine de l'évolution vers une protection toujours plus répandue et plus efficace de la propriété industrielle.

C'est dans la même pensée que nous nous sommes abstenus de proposer des précisions, quelque désirables qu'elles fussent, en ce qui concerne la position à concéder dans l'organisme unioniste aux colonies autonomes, aux pays placés sous mandat et autres formations nouvelles. Tout en ayant recueilli à ce sujet des informations précieuses relatives à d'autres Unions, nous devons laisser l'initiative sur ce point aux Gouvernements des pays contractants dont l'attention a été du reste déjà appelée sur ces réformes par la circulaire du Conseil Fédéral suisse du 1er août 1924. Ce qui nous importe, c'est que ces territoires rentrent tous, sous une forme ou sous une autre, que déterminera l'aréopage réuni à La Haye, dans l'association d'États représentée par notre Union.

Puisque nous avons parlé de la Réunion technique de Genève et des tribunaux, il n'est pas inutile d'ajouter ici qu'un certain nombre d'experts ont ouvertement manifesté en mai 1924 leur peu de sympathie pour toute immixtion trop considérable du régime conventionnel dans les attributions conférées aux États contractants de légiférer sur la procédure judiciaire et sur les sanctions ; ils entendent laisser cette prérogative au pouvoir législatif de leur pays et ne pas contracter à cet égard « des obligations formelles ». L'indication de certaines directions susceptibles de servir de guide à la jurisprudence paraît leur suffire. Quant à la juridiction internationale à proposer en cas de contestations sur l'application et l'interprétation de la constitution de l'Union, ils ont exprimé l'avis que cette matière était en dehors de leur compétence. Nous manquerions de prudence si nous ne tirions pas une leçon de cette attitude et de la tendance réservée que nous avons pu constater à l'époque présente, si favorable à la souveraineté nationale. Aussi avons-nous été très sobres quant aux propositions qui sont en connexité avec le domaine juridique. D'autre part, le Comité économique de la Société des Nations a maintenu son vœu tendant à faire introduire dans la Convention « une stipulation instituant une juridiction internationale » ; la Conférence sera donc vraisemblablement saisie de la proposition d'une délégation concernant « le règlement de tout différend qui pourrait s'élever entre les États contractants au sujet de l'interprétation des articles de la Convention qui visent la concurrence déloyale, si ce différend ne peut être réglé d'un commun accord ou selon une procédure qui résulterait de conventions, ou convenue après entente entre les deux parties » (rapport du 9 septembre 1924, p. 2 et 33).

La Société des Nations a entrepris encore une autre œuvre qu'on ne doit pas passer sous silence: nous avons nommé la protection de la propriété dite scientifique. Entre la protection accordée, d'une part, à l'exposé oral ou écrit d'idées scientifiques ou autres, exposé qu'il est illicite de reproduire sous la même forme ou sous une forme simplement remaniée *(droit d'auteur)* et la protection assurée, d'autre part, à l'utilisation d'une conception inventive par des applications techniques nettement déterminées *(brevet)* se placerait une protection qui serait garantie directement aux créateurs d'idées, de méthodes, de théories ou découvertes scientifiques originales elles-mêmes, pour autant qu'elles inspirent des réalisations concrètes, des procédés ou des inventions à des tiers devenant de ce chef les tributaires desdits créateurs, de leurs héritiers ou ayants cause *(propriété technico-scientifique)*. Ce système nouveau de protection, bien que M. le Sénateur Ruffini (Italie) lui ait donné la forme d'une Convention internationale qui serait le pendant de la Convention de notre Union, doit d'abord passer par le creuset des discussions des intéressés et des parlementaires et démontrer son applicabilité dans des lois intérieures; la codification internationale ne saurait précéder la sanction législative nationale indispensable. Il serait dès lors téméraire de vouloir en aborder l'examen déjà à la prochaine Conférence de La Haye dont la tâche est, à part cela, si ardue. D'ailleurs la cinquième Assemblée de la Société des Nations (1924) vient de décider qu'il y aura lieu de renvoyer l'étude de cette matière nouvelle à une commission spéciale qui sera convoquée en 1925.

Par contre, les autres tâches que la Conférence de Washington a décidé de confier au Bureau international de Berne (Vœux I, II, III) ont été accomplies. La simplification des formalités applicables à la prise d'un brevet est prévue au programme ci-dessous, non pas, il est vrai, comme projet d'Arrangement, puisqu'il ne faut pas multiplier le nombre de ces derniers, mais sous forme de projet de Résolution aboutissant à une réglementation.

Le projet d'un Arrangement concernant le dépôt international des dessins et modèles industriels est élaboré. Amplement commenté dans la *Propriété industrielle* (numéro de septembre 1924), plus sommairement dans l'Exposé des motifs ci-après, il sera soumis aux Gouvernements des États contractants.

Enfin, après diverses tentatives et études, le « système de classification uniforme de l'enregistrement des marques » est soumis également aux suffrages des Délégués, à titre d'annexe du Règlement d'exécution de l'Arrangement de Madrid relatif à cet enregistrement.

Partout nous avons pu édifier sur les bases solides des premiers fondateurs de l'Union, tout en élevant certaines constructions dont la nécessité s'est fait sentir réellement. Il nous a paru indiscutable que ni la grande majorité des anciens membres de l'Union ni les nouveaux venus n'entendent modifier le principe fondamental de l'assimilation des unionistes aux nationaux. La suggestion formulée par un groupe d'intéressés en termes discrets de constituer, grâce à la conclusion d'un « Arrangement subsidiaire », une Union restreinte entre les pays plus avancés qui s'accorderaient sur certains points une réciprocité de fond étroite, stipulant l'équivalence des droits, n'a trouvé que peu d'écho et nous avons pu en faire abstraction. En réalité, les aspirations vont vers l'unification, non pas vers la multiplication du nombre des Arrangements et, par là, des divisions et gradations entre États unionistes. La notion de la réciprocité de fond serait d'ailleurs particulièrement malaisée à définir dans nos domaines soustraits aux calculs et à des évaluations pour ainsi dire mathématiques. La Convention ne laisse-t-elle pas aux pays contractants, à l'article 15, la faculté de liquider ces sortes de questions par des traités bilatéraux particuliers? Enfin le système actuel du traitement national (non du traitement réciproque), qui a permis l'entrée, dans l'Union, même à des pays dont la législation sur les diverses branches de la propriété industrielle n'a pas été dès l'abord au grand complet (Pays-Bas, Serbie, Suisse), a, par sa largeur généreuse, fait brillamment ses preuves. Le sursis s'est toujours justifié.

Telles sont les considérations et indications générales destinées à faire apparaître sous leur vrai jour les propositions communes du Gouvernement néerlandais et du Bureau international; elles ont été arrêtées après de nombreux échanges de vues, dans deux laborieuses réunions tenues à Berne, l'une en avril 1920 et l'autre en juin 1924. Ces propositions que nous allons reprendre ci-après point par point se tiennent souvent à un niveau moyen et, comme le feront observer en détail les exposés des motifs auxquels nous renvoyons, constituent quelquefois des solutions transactionnelles. Les nombreux tableaux synoptiques qui accompagnent les explications de ces Exposés (1) servent non seulement à les illustrer, mais aussi à démontrer combien il est nécessaire de tempérer l'esprit novateur par l'esprit de concession, afin de concilier les règles souvent dissemblables établies par les actes législatifs et les thèses plus ou moins opposées. La communauté d'intérêts supérieurs sur laquelle, en terminant, nous insisterons tout particulièrement, est un gage pour la réussite de la future Conférence de revision et pour le succès progressif de notre belle cause.

E. R.

---

(1) Voir ces tableaux p. 129 et suiv. Quant aux trois tableaux comparatifs des conditions et formalités pour l'obtention d'un brevet d'invention, le dépôt d'une marque, ou celui d'un dessin ou modèle, ils ont paru en nouvelle édition en 1925.

PREMIÈRE PARTIE

CONVENTION GÉNÉRALE

DU 20 MARS 1883

REVISÉE A BRUXELLES LE 14 DÉCEMBRE 1900
ET A WASHINGTON LE 2 JUIN 1911

EXPOSÉS DES MOTIFS ET PROPOSITIONS[1]

I. Portée de l'expression « propriété industrielle »

Conformément à notre plan de réunir en un texte unique la Convention générale et le Protocole de clôture, nous proposons d'ajouter à l'article premier la disposition « *ad* article premier » du Protocole en lui apportant une modification et une adjonction qui portent non pas sur le fond, mais sur la forme, afin de lui donner le maximum de clarté. En effet, le texte du Protocole de clôture *ad* article premier que le Bureau international avait proposé à Washington de modifier, et que diverses délégations avaient voulu soit élargir, soit supprimer, était resté finalement sans changement de fond; cependant, la Commission de rédaction (2) l'avait abrégé, mais aussi rendu, à notre sens, trop elliptique.

Nous proposons de rétablir le texte en vigueur pendant trente ans, de 1883 à 1912, et de dire que les mots « propriété industrielle » s'appliquent *non seulement* à la production de l'industrie *proprement dite,* mais s'étendent *aussi* à toute production du domaine des industries agricoles et extractives.

C'est là une formule destinée à rendre le texte plus explicatif et à exprimer logiquement l'idée qu'outre les produits de l'industrie proprement dite, compris

(1) Aucun changement n'est proposé par l'Administration néerlandaise et le Bureau international en ce qui concerne les articles 3, 4bis, 7, 8, 14, 15, 16, 16bis, 17 et 17bis.

(2) Voir *Actes de Washington,* p. 245.

tout naturellement dans la notion de la propriété industrielle, cette notion vise encore d'autres produits, attendu que l'acception la plus large prédomine et non l'acception ordinaire ou même étroite. Ce qu'il importe, du reste, de retenir, c'est la constatation faite en 1911 que « cette interprétation large est acceptée d'une façon générale » (1).

TEXTE ACTUEL	PROPOSITION
ARTICLE PREMIER. — Les pays contractants sont constitués à l'état d'Union pour la protection de la propriété industrielle.	ARTICLE PREMIER. — Les pays contractants sont constitués à l'état d'Union pour la protection de la propriété industrielle.
PROTOCOLE DE CLÔTURE, AD ARTICLE PREMIER. — Les mots « propriété industrielle » doivent être pris dans leur acception la plus large; ils s'étendent à toute production du domaine des industries agricoles (vins, grains, fruits, bestiaux, etc.), et extractives (minéraux, eaux minérales, etc.).	Les mots « propriété industrielle » doivent être pris dans leur acception la plus large; **ils s'appliquent non seulement à la production de l'industrie proprement dite,** mais s'étendent **aussi** à toute production du domaine des industries agricoles (vins, grains, fruits, bestiaux, etc.) et extractives (minéraux, eaux minérales, etc.).

II. Principes fondamentaux de la Convention

(Art. 2)

L'article 2 de la Convention générale est censé formuler le *principe fondamental* du régime de l'Union industrielle; cependant, cette formule est incomplète. Le traitement dont bénéficient les ressortissants des pays contractants et certains non ressortissants, traitement appelé par feu L. Renault le traitement unioniste (2), se compose de deux espèces de garanties, savoir:

a) le traitement national pur et simple, assuré à ces bénéficiaires sans aucune condition de réciprocité de fond ou de réciprocité matérielle; il comprend principalement l'étendue, de même que la durée de la protection, puis les moyens de recours légal, détaillés dans l'article 2 et dans le Protocole de clôture *ad* article 2 (compétence des tribunaux, élection de domicile et constitution d'un mandataire), enfin, les sanctions établies pour la sauvegarde des droits, l'application des lois intérieures respectives, actuelles et futures, étant prescrite sous réserve des conditions et formalités imposées aux nationaux;

b) le traitement prévu tout spécialement par certains articles de la Convention en ce qui concerne l'exercice des droits ou les modalités particulières de la protection; ces articles sont de nature impérative et doivent être respectés à titre de prescriptions unifiées, quand bien même la loi nationale renfermerait une disposition contraire ou moins large, laquelle peut subsister pour les nationaux. Tels sont:

l'article 2, dernière phrase (dispense absolue de toute obligation de domicile ou établissement pour le ressortissant unioniste);

l'article 4 (reconnaissance et réglementation du droit de priorité);

l'article 4bis (indépendance de tous les brevets demandés dans les divers pays);

l'article 5 (suppression de la déchéance en cas d'introduction par le breveté d'objets fabriqués en dehors du pays brevetant et suspension temporaire de la déchéance en cas de non-exploitation du brevet);

(1) Voir *Actes de Washington,* p. 41 et 109.

(2) Voir *Actes de la Conférence de Berlin* de 1908, p. 236.

l'article 6 (protection « telle quelle » de la marque dans les pays autres que le pays d'origine, sauf exceptions déterminées);
l'article 7 (indifférence de la nature du produit pour le dépôt de la marque);
l'article 8 (protection du nom commercial);
l'article 10 (interdiction de fausses indications de provenance spécifiées [1]).

Ce sont là des règles communes qui doivent être observées en tout état de cause, quel que soit le traitement national, et dont le caractère exprime précisément pourquoi la Convention n'a pas été réduite aux seuls articles 2 et 3. Il importe donc de ne pas passer sous silence, mais de constater expressément l'existence de ces directives obligatoires dans le libellé du principe fondamental et de suivre l'exemple des rédacteurs de la Convention de Berne revisée pour la protection des œuvres littéraires et artistiques, à la Conférence de Berlin, qui, afin de faire cette constatation, ont inséré, dans l'article 4 sanctionnant un principe analogue dans le domaine limitrophe du droit d'auteur, les mots: « jouissent..... ainsi que des droits spécialement accordés par la présente Convention ».

Le fait de ne pas mentionner dans l'article le plus important les dispositions caractérisées sous *b)* conduit certains commentateurs à soutenir la thèse qu'il existe dans la Convention de 1883 comme deux systèmes séparés, nullement amalgamés, l'un basé sur le traitement national, l'autre sur des dispositions à part. Cette thèse revient à soutenir qu'il y a dans la Convention d'Union deux réglementations distinctes et pour ainsi dire deux Conventions co-existantes. Suivie dans ses conséquences, elle présente, comme nous le verrons, des inconvénients particulièrement graves pour le régime fait aux marques de fabrique et de commerce. Il est temps de stipuler, dans un dessein de clarté et de simplicité, que tous ces articles sont liés par une connexité organique et que la Convention forme un ensemble, un tout homogène, bien que coulant de deux sources de droits. L'adjonction proposée consoliderait donc l'édifice du traité d'Union.

Mais autre chose est la manière d'appliquer ces directives dans les divers pays. Il y en a qui les implantent chez eux *ipso jure* en faveur des unionistes par le simple fait de la ratification de l'acte d'Union; ils renvoient la revision de la loi intérieure, qui devrait s'accorder parfaitement avec la Convention internationale, au moment qui leur paraît le plus opportun, les nationaux dussent-ils attendre un certain temps avant d'être mis également au bénéfice des mêmes améliorations. Au contraire, d'autres pays, notamment la Grande-Bretagne et les États-Unis, incorporent ces prescriptions tout d'abord dans leur législation nationale avant de mettre la Convention à exécution chez eux. A la rigueur, le texte actuel suffirait pour eux, mais vu la nécessité générale de marquer la voie dans laquelle l'Union doit entrer, ce texte ne suffirait nullement pour la grande majorité des pays, et il nous semble indispensable de le compléter pour guider nettement et uniformément les adhérents nouveaux sur les points vraiment essentiels dans les rapports internationaux.

Cependant, pour tenir compte de la situation de nature constitutionnelle des pays du deuxième groupe, d'après laquelle les dispositions de la Convention, pour être valables, doivent être introduites dans le régime national (v. l'observation de la Grande-Bretagne à Washington) [2], nous évitons de parler ici des

---

(1) Nous ne nous arrêterons ici ni aux dispositions qui ne prévoient qu'un simple engagement sans sanction en cas d'inobservation ou d'observation incomplète, telles que: l'*article 7bis*, alinéa premier (marques collectives); l'*article 10bis* (concurrence déloyale); l'*article 12* (service spécial de propriété industrielle), ni à celles qui sont mitigées par l'intervention formellement prévue de la loi intérieure en ce sens qu'elles n'exigent l'exécution que dans la mesure où chaque législation permet de le faire, telles que l'*article 4, lettre d* (conséquences de l'omission des formalités prévues pour la sauvegarde du droit de priorité); l'*article 7bis*, deuxième alinéa (marques collectives); l'*article 9* (saisie ou mesures équivalentes) et l'*article 11* (protection aux expositions).

(2) Voir *Actes de Washington*, p. 269: « Un droit privé ne naît pas de la Convention elle-même, mais d'une loi basée sur la Convention. »

droits *accordés* par la Convention et nous choisissons l'expression plus adéquate « droits *prévus* par la Convention » ; ceux-ci seront rendus exécutoires de la façon qui s'adapte le mieux au droit public de chaque nation.

Enfin, ne voulant pas modifier trop l'article 2 qui se met à définir surtout les modalités du traitement national *(a)*, nous donnons au deuxième élément essentiel de la protection *(b)* la forme de l'interpolation suivante : « jouiront...... *en outre des droits spécialement prévus par la présente Convention* ».

Au reste, les changements proposés à la suite des dispositions *ad hoc* du Protocole de clôture sont de pure forme et justifiés. La formule « *L'expression brevet d'invention comprend,* etc. » a déjà été admise à l'unanimité en commission à la Conférence de Washington (¹).

Au lieu de la phrase de la lettre *c)* du Protocole de clôture : « Il est entendu que les dispositions de l'article 2 ne portent aucune atteinte à la législation de chacun des pays contractants », nous dirons plus simplement : « *Sont expressément réservées les dispositions,* etc. ». La disposition de la lettre *b)* qui n'a jamais donné lieu au moindre doute n'a plus besoin d'être conservée.

Texte actuel

Art. 2. — Les sujets ou citoyens de chacun des pays contractants jouiront, dans tous les autres pays de l'Union, en ce qui concerne les brevets d'invention, les modèles d'utilité, les dessins ou modèles industriels, les marques de fabrique ou de commerce, le nom commercial, les indications de provenance, la répression de la concurrence déloyale, des avantages que les lois respectives accordent actuellement ou accorderont par la suite aux nationaux. En conséquence, ils auront la même protection que ceux-ci et le même recours légal contre toute atteinte portée à leurs droits, sous réserve de l'accomplissement des conditions et formalités imposées aux nationaux. Aucune obligation de domicile ou d'établissement dans le pays où la protection est réclamée ne pourra être imposée aux ressortissants de l'Union.

Protocole de clôture, ad art. 2. — *a)* Sous le nom de brevets d'invention sont comprises les diverses espèces de brevets industriels admises par les législations des pays contractants, telles que brevets d'importation, brevets de perfectionnement, etc., tant pour les procédés que pour les produits.

b) Il est entendu que la disposition de l'article 2 qui dispense les ressortissants de l'Union de l'obligation de domicile et d'établissement a un caractère interprétatif et doit, par conséquent, s'appliquer à tous

Proposition

Art. 2. — Les sujets ou citoyens de chacun des pays contractants jouiront, dans tous les autres pays de l'Union, en ce qui concerne les brevets d'invention, les modèles d'utilité, les dessins ou modèles industriels, les marques de fabrique ou de commerce, le nom commercial, les indications de provenance, la répression de la concurrence déloyale, des avantages que — **en outre des droits spécialement prévus par la présente Convention** — les lois respectives accordent actuellement ou accorderont par la suite aux nationaux. En conséquence, ils auront la même protection que ceux-ci et le même recours légal contre toute atteinte portée à leurs droits, sous réserve de l'accomplissement des conditions et formalités imposées aux nationaux. Aucune obligation de domicile ou d'établissement dans le pays où la protection est réclamée ne peut être imposée aux ressortissants de l'Union.

Sont expressément réservées les dispositions de la législation de chacun des pays contractants **relatives** à la procédure suivie devant les tribunaux et la compétence de ces tribunaux, ainsi qu'à l'élection de domicile ou à la constitution d'un mandataire requises par les lois sur les brevets, les modèles d'utilité, les marques, etc.

L'expression « brevets d'invention » **comprend** les diverses espèces de brevets industriels admises par les législations des

(¹) Voir *Actes de Washington*, p. 270.

Texte actuel	Proposition
les droits nés en raison de la Convention du 20 mars 1883, avant la mise en vigueur du présent Acte. *c)* Il est entendu que les dispositions de l'article 2 ne portent aucune atteinte à la législation de chacun des pays contractants, en ce qui concerne la procédure suivie devant les tribunaux et la compétence de ces tribunaux, ainsi que l'élection de domicile ou la constitution d'un mandataire requises par les lois sur les brevets, les modèles d'utilité, les marques, etc.	pays contractants, telles que brevets d'importation, brevets de perfectionnement, etc., tant pour les procédés que pour les produits.

III. Droit de priorité

(Art. 4)

Nous proposons de supprimer dans l'article 4*a* les mots « et sous réserve des droits des tiers », dont l'interprétation a donné lieu en doctrine et en jurisprudence à de subtiles controverses et de régler cette délicate question des droits des tiers dans un nouvel alinéa *d)* dont nous justifierons plus bas la teneur.

Aux termes de l'article 4*b)* le dépôt second opéré en vertu du droit et pendant le délai de priorité ne pourra être invalidé par des faits accomplis au cours de ce délai. Ceux-ci ne seront pas considérés comme destructifs de nouveauté. Plusieurs faits sont ensuite mentionnés *à titre d'exemples* (comme l'indique le mot *notamment),* savoir un autre dépôt, la publication de l'invention ou son exploitation, la mise en vente d'exemplaires du dessin ou du modèle, l'emploi de la marque. Le premier terme de cette énumération ne vise évidemment que le fait éventuel d'un tiers qui, dans l'intervalle entre le dépôt premier et le dépôt second de l'inventeur, aurait lui-même déposé une demande de brevet. De même le dernier ne vise que le fait éventuel d'un tiers qui, dans cet intervalle, aurait employé dans un pays unioniste B la marque précédemment déposée dans un pays unioniste A : le fait par ce premier déposant d'employer sa marque dans le pays B ne pourrait être un obstacle à ce qu'il la dépose ensuite dans ce pays B ; en matière de marque, l'usage n'est pas destructif de nouveauté. Au contraire, la publication de l'invention ou son exploitation — destructrices de nouveauté — pourraient être aussi bien le fait de l'inventeur lui-même que le fait d'un tiers. Nous avions d'abord été portés à croire qu'il serait bon de dire *expressément* dans le texte de l'alinéa *b)* que le droit de priorité couvrait aussi bien le fait de l'inventeur lui-même que celui d'un tiers. A la réflexion, nous avons estimé qu'une adjonction de ce genre n'était pas indispensable : nous nous bornons à rappeler ici que cette solution est implicitement contenue dans la formule très générale du texte actuel.

Dans l'alinéa *c)* nous proposons de fixer à *six* mois au lieu de *quatre* la durée du délai de priorité en matière de marques et de dessins et modèles.

Le désir d'uniformiser la durée du délai de priorité pour toutes les branches de la propriété industrielle a été exprimé depuis longtemps. Rappelons seulement ici qu'en 1911, à la Conférence de Washington, l'Allemagne avait demandé l'extension aux dessins et modèles et aux marques du délai de priorité de douze mois

29

admis pour les brevets ([1]) et que la France avait formulé la même demande pour les seuls dessins et modèles ([2]). Dans ses secondes propositions (Programme définitif) le Bureau international avait fait sienne la proposition allemande. La majorité de la sous-commission chargée d'étudier la matière du droit de priorité s'était ralliée à cette solution ([3]). Mais la minorité avait fait observer qu'une prolongation du délai ne se comprenait ni pour les dessins et modèles dont la durée de protection est déjà très courte d'après certaines législations, ni pour les marques dont le dépôt ne demande pas des formalités bien compliquées. La Commission plénière adopta le terme intermédiaire de six mois ([4]), mais, en assemblée générale, le délai de quatre mois fut maintenu à la majorité des voix ([5]).

Aussi, quoique le groupe allemand et le groupe français de l'Association internationale pour la protection de la propriété industrielle aient récemment exprimé un vœu en faveur de l'extension du délai de douze mois aux dessins et modèles et aux marques, nous croyons devoir nous en tenir à la proposition intermédiaire — délai de six mois — qui, nous l'espérons, pourra plus facilement réunir tous les suffrages.

Nous avons cru devoir, dans un alinéa subséquent, préciser d'abord le point de départ et ensuite le mode de calcul des délais de priorité.

D'abord le point de départ des délais de priorité. Ces délais, disons-nous, commencent à courir à partir de la date du dépôt régulier de la première demande susmentionnée dans un pays de l'Union. Était-il utile de le dire explicitement? Nous le croyons, si nous nous référons au flottement qui s'est produit sur ce point dans la jurisprudence du Patentamt de Berlin qui, après avoir admis la thèse que nous venons de formuler, déclarait, par une décision du 27 juin 1913, que le point de départ du délai n'était pas nécessairement le premier dépôt, mais pouvait être *un* dépôt antérieur fait dans un pays unioniste. Un grand nombre d'auteurs allemands partagent ce dernier point de vue, que nous croyons en théorie erroné, et en pratique fâcheux.

Au point de vue théorique, rappelons d'abord que, dans la séance du 8 novembre 1880, où fut discuté l'article relatif au délai de priorité, M. Jagerschmidt, auteur de l'avant-projet, le soutint en disant: « Lorsqu'un industriel a pris un brevet dans un pays..... il résulte de ce fait une publicité dont une autre personne peut indûment profiter pour se hâter d'acquérir dans un autre pays la propriété de ce brevet..... Le but de l'article est de prévenir cette manœuvre en donnant au *premier déposant* un droit de priorité d'enregistrement dans *tous* les États de l'Union pendant un délai déterminé. » L'intention est claire et personne à la Conférence n'a élevé le moindre doute à son égard. Ajoutons qu'il n'a jamais été question que de créer *un* droit de priorité et non pas *plusieurs*, distincts et cumulatifs, résultat auquel aboutit le système auquel nous ne saurions nous rallier. L'alinéa 2 de l'article 4bis relatif à l'indépendance des brevets, alinéa introduit dans cet article par la Conférence de Washington, ne parle également que du délai de priorité.

Au point de vue pratique, si on permet à l'inventeur de choisir arbitrairement le point de départ de son droit de priorité, en sorte qu'il pourra opposer celui-ci à telle personne et pas à telle autre, on aboutit à des complications fâcheuses et que certainement les auteurs de la Convention n'ont pas voulues.

([1]) Voir *Actes de Washington* de 1911, p. 91.
([2]) *Ibid.*, p. 95 et 188.
([3]) *Ibid.*, p. 275.
([4]) *Ibid.*, p. 307.
([5]) *Ibid.*, p. 247.

Il convient donc, à notre sens, puisque la question a été controversée dans un grand pays unioniste [1], de lui donner une solution explicite dans le texte nouveau, solution conforme à l'esprit de la Convention et aux commodités de son application.

En ce qui concerne le mode de calcul des délais, il nous a paru bon, pour mettre un terme aux divergences résultant de l'application des diverses lois nationales, de préciser que ces délais comprennent le jour anniversaire de la première demande et, si ce jour est férié dans le pays où la protection est demandée, le premier jour ouvrable qui le suit. Quant au *dies a quo,* il résulte des premiers mots de l'alinéa « ces délais commencent à courir de la date du dépôt régulier de la première demande », qu'il doit être compté dans le calcul du délai.

Ce mode de computation nous a paru le plus simple pour l'application d'un délai établi par Convention internationale au profit d'un déposant qui peut être appelé à l'utiliser de loin dans un certain nombre de pays. Le jour du dépôt est compté dans le délai: ainsi sont évitées toutes complications pouvant résulter de la détermination de l'heure précise du dépôt ou de l'existence d'un ou plusieurs jours fériés à la suite dudit jour. Le jour anniversaire de la demande compte également: le dernier jour du délai est ainsi plus facile à déterminer que si l'on comptait tous les mois à trente jours, par exemple. Enfin le décompte du ou des jours fériés qui tombent en fin de délai semble indiqué au profit des déposants du dehors qui sont bien excusables de n'avoir pas tenu compte dans leurs prévisions de l'existence de fêtes dont ils peuvent ignorer l'existence.

Ledit mode de computation est d'ailleurs celui qui réunissait déjà le plus grand nombre de pays unionistes en 1897, au moment où nous avions institué une enquête sur ce sujet [2]. La situation est sensiblement la même aujourd'hui. Nous demandons instamment aux autres pays de bien vouloir faire au bien commun le léger sacrifice de se rallier aux solutions les plus simples et les plus généralement admises. Leurs ressortissants, comme ceux de tout pays unioniste, y trouveront leur avantage.

La nouvelle rubrique *d)* de l'article 4 tranchera la question de la *réserve des droits des tiers* [3] d'après la distinction suivante:

Les droits acquis par des tiers avant le jour de la première demande originaire de droit de priorité restent réservés. Nous le disons par scrupule de clarté. Mais cela avait à peine besoin d'être dit. Chaque pays unioniste légifère librement à leur sujet: c'est ainsi qu'un droit de possession personnelle peut être reconnu par une de ces législations au profit de celui qui a exploité déjà dans le pays une invention pour laquelle un brevet est ultérieurement délivré en vertu d'un droit de priorité lui-même né postérieurement aux premiers actes d'exploitation. Le monopole du breveté recevra de ce chef une atteinte, mais celle-ci ne pourra résulter que d'un fait qui s'est produit avant une date précise.

Au contraire, à dater du jour de la première demande sur laquelle sera basé le droit de priorité, aucun droit de propriété industrielle ne pourra naître au profit des tiers, pas même un droit de possession personnelle.

(1) Sur cette controverse et sur le développement des arguments que nous venons de résumer, voir *Prop. ind.*, 1914, p. 11-15; 1924, p. 210.

(2) Voyez les résultats de cette enquête dans la *Prop. ind.*, 1897, p. 155 et suiv. Cf. *Prop. ind.*, 1898, p. 49; *ibid.*, 1901, p. 54.

(3) Sur cette question, voir la série d'études générales parues dans la *Prop. ind.*, 1921, p. 63 et suiv., 76 et suiv., 88 et suiv., 102 et suiv., sous ce titre: « La réserve en faveur des droits des tiers et l'article 4 de la Convention générale d'Union du 20 mars 1883. »

Ce second point avait pu faire l'objet d'un doute dans certains esprits. La jurisprudence allemande l'avait contesté. Faisant état du texte actuel de l'article 4 *b* « en conséquence le dépôt ultérieur dans l'un des autres pays de l'Union ne pourra être *invalidé* par des faits accomplis dans l'intervalle (comme l'exploitation de l'invention) », le Tribunal d'Empire avait estimé, par exemple(¹), que le droit de priorité ne saurait produire d'autre résultat que le suivant: le fait de l'exploitation par un tiers dans la période intermédiaire entre le dépôt premier et le dépôt second ne pourra pas être invoqué pour faire tomber la demande de brevet second présentée avant l'expiration du délai de priorité. Le brevet second pourra être obtenu. C'est tout. Il produira dans le pays où il est délivré les mêmes effets que les brevets obtenus sans appel au droit de priorité, mais pas davantage. S'il s'agit d'un pays où le droit de possession personnelle est reconnu au premier exploitant parallèlement au droit du breveté auquel il apporte une limitation, cette limitation atteindra son brevet. Le droit de possession personnelle serait donc le cas-type des droits des tiers qui demeuraient *réservés,* aux termes de l'article 4 *a* de la Convention. Cette interprétation pourrait à la rigueur se défendre au point de vue de l'exégèse littérale des textes.

A vrai dire, pour qui a lu les travaux préparatoires, les rédacteurs du texte de la Convention de 1883 n'attribuaient certainement pas à l'article 4 *a* le sens que la jurisprudence allemande a cru pouvoir lui donner. Les mots « sous réserve des droits des tiers » ont été introduits pour donner satisfaction au représentant des Pays-Bas, M. Vernier van der Lœff, qui avait exprimé la crainte suivante: soit un Hollandais qui se sert depuis longtemps d'une marque en Hollande et ne l'a déposée que dans son pays. Un Français la dépose en France. Le droit de priorité lui donnant un délai de trois mois pour la déposer dans les autres pays unionistes, il pourra handicaper le Hollandais. Il convient donc de réserver expressément les droits de celui-ci. Ces droits sont ceux qui sont nés *antérieurement* au dépôt premier du Français en France, et non pas ceux qui auraient pu naître *postérieurement,* c'est-à-dire dans l'intervalle entre le dépôt premier et les dépôts ultérieurs. Cela allait de soi. On tint néanmoins à le dire.

Mais à la Conférence de revision de Bruxelles, en 1897, la question de la réserve des droits des tiers ayant été remise sur le tapis et l'opinion s'étant manifestée qu'il y aurait lieu de supprimer comme inutiles les mots « sous réserve des droits des tiers », la sous-commission crut devoir maintenir ceux-ci, parce qu'on lui avait fait observer que plusieurs législations « reconnaissent la légitimité de possession de certaines personnes qui, dans des cas déterminés, auraient entrepris de bonne foi l'exploitation d'une invention, et dont les droits pourraient être reconnus, sans faire échec au droit de priorité ». Il s'agissait, bien entendu, dans la pensée de la commission, de droits nés dans l'intervalle entre le premier et le second dépôt.

Lors de la dernière Conférence de revision, tenue à Washington en 1911, le Bureau international proposa la suppression pure et simple des mots « sous réserve des droits des tiers », mais l'accord ne put se faire au sein de la commission, et le *statu quo* fut maintenu.

Dans ces conditions il est à supposer que, dans certains pays unionistes, la réserve des droits des tiers risquerait encore d'être considérée par la jurisprudence comme couvrant les faits de possession personnelle nés dans l'intervalle entre un dépôt premier et un dépôt second. Et il faut convenir que pareille solution ébranle singulièrement le droit de priorité, pierre angulaire de la Convention. Après qu'un brevet a été demandé dans un pays A, qui empêchera un concurrent de l'inventeur

---

(¹) Arrêt du 5 juin 1920 (v. son texte dans la *Prop. ind.,* 1920, p. 106, et son commentaire dans la *Prop. ind.,* 1921, p. 64-66).

de commencer dans le pays B, où la possession personnelle est admise, l'exploitation de l'invention? Sera-ce à l'inventeur qui excipe du droit de priorité à faire la preuve de la mauvaise foi de son concurrent? En ce cas, comment établira-t-il que son concurrent connaissait son invention, alors qu'il est lui-même étranger au pays et qu'un certain temps peut-être s'est déjà écoulé depuis la mise en exploitation? Dès lors, le champ n'est-il pas ouvert à la concurrence déloyale et que reste-t-il, en fait, du droit de priorité, de l'avantage essentiel accordé à l'inventeur sur le terrain international? Car il est permis de supposer qu'on ne demandera pas à l'exploitant de prouver sa bonne foi, d'établir un fait en somme *négatif*, savoir qu'il n'a pas connu l'invention de l'autre.

Certains juristes allemands avaient proposé de reconnaître le droit de possession personnelle au tiers qui a commencé à exploiter *avant* la publication du brevet — car sa bonne foi peut être présumée — et de refuser pareille reconnaissance à celui qui n'a commencé à exploiter *qu'après* la publication — car sa bonne foi ne peut être admise dès l'instant qu'il *aurait pu* prendre connaissance de la demande de brevet (la loi danoise déclare, dans le même sens, que « chacun est réputé connaître une invention publiée »). Mais cette distinction n'est qu'une fiction imaginée pour résoudre par une approximation plus ou moins équitable une série de cas particuliers. Elle ne réalise pas la justice individuelle. D'autre part, vaudrait-il bien la peine, pour sauvegarder les intérêts des tiers — assez rares — dont l'exploitation aurait commencé pendant une période aussi brève, de faire échec au droit de priorité?

Serait-il sage d'ailleurs, après avoir bouché une première fissure, d'en ouvrir une seconde — toujours prête à s'élargir — par où risque de se vider peu à peu le contenu le plus précieux de la Convention: le droit de priorité?

Le rapide examen des interprétations possibles du texte actuel et des compromis nouveaux que leur étude a suggérées nous ramène aux termes mêmes de notre proposition. Nous croyons indispensable, pour maintenir au droit de priorité toute son efficacité, de couper les ailes à ces interprétations et à ces compromis en disant clairement dans le texte nouveau de la Convention que si les droits des tiers antérieurs au dépôt premier restent réservés, toutes prétentions de la part de ceux-ci basées sur un fait qui se place dans l'intervalle entre le dépôt premier et le dépôt second seront de nul effet. La suppression des mots « sous réserve des droits des tiers » aurait suffi à signifier cette solution; mais après une longue période de discussions, un pléonasme peut n'être pas inutile. La chose allait sans dire, mais cela va encore mieux en le disant.

Nous avons le ferme espoir que la Conférence voudra bien, en acceptant ce texte, mettre le point final à une évolution doctrinale de plus de vingt ans dont il est l'aboutissement naturel.

Si, en effet, dans les réunions de l'Association internationale pour la protection de la propriété industrielle antérieures à la Conférence de Washington, le point de vue que nous venons de défendre avait rencontré une opposition — d'ailleurs de moins en moins absolue — chez certains juristes autrichiens, allemands ou belges, il n'a cessé depuis lors de gagner du terrain.

Le Congrès de Londres en 1912 (1) exprimait le regret que la suppression des mots « sous réserve des droits des tiers » n'ait pas été admise à Washington et donnait mission à son Comité exécutif de faire des démarches auprès des pays opposants pour obtenir leur adhésion avant l'échange des ratifications.

Depuis la paix, l'Association belge pour la protection de la propriété industrielle (session de Bruxelles, 1922), le groupe français de l'Association internationale pour la protection de la propriété industrielle (session de Paris, 1922;

(1) Voir ci-dessus, *Tableau des vœux*, p. 82.

session de Paris, 1923) et le groupe allemand de la même Association (session de Berlin, 1923) ont les uns et les autres formulé nettement l'avis que pendant le délai de priorité aucun droit de possession personnelle ne devrait pouvoir prendre naissance(1). Les réunions de Bruxelles (1922) et de Paris (1923) ont demandé formellement que la Convention stipulât que les tiers ne pourront acquérir aucun droit valable ni de brevet, ni de possession personnelle, ni un droit d'une forme quelconque entre le dépôt premier et le dépôt second (2). Cette concordance de points de vue est significative. Le moment semble donc bien choisi pour assurer définitivement les bases du droit de priorité.

Les anciens alinéas *d)* et *e)* de l'article 4 sont devenus — avec deux légères modifications — le numéro *e)* du texte nouveau que nous proposons. Ce numéro *e)* sera coupé lui-même en trois alinéas, pour plus de clarté.

L'ancien alinéa *d)* débutait par cette phrase: « Quiconque voudra se prévaloir de la priorité d'un dépôt antérieur sera tenu de faire une déclaration indiquant la date et le pays de ce dépôt. » Cette disposition, rapprochée de l'alinéa *a)* qui met au bénéfice du droit de priorité non seulement le dépôt d'une demande de brevet ou de modèle d'utilité, mais encore celui d'un dessin ou modèle industriel et celui d'une marque, tendait à faire présumer que la déclaration était imposée aussi bien à celui qui dépose un dessin ou une marque qu'à celui qui dépose un brevet ou un modèle d'utilité. Telle n'était point cependant l'intention des rédacteurs du texte de l'alinéa *d)* adopté à Washington. Il suffit, pour s'en convaincre, de se reporter aux travaux préparatoires. Ces rédacteurs ne pensaient qu'aux brevets et aux modèles d'utilité (3).

D'ailleurs, en ce qui concerne les marques, on sait qu'en général un pays ne reconnaît la validité du dépôt d'une marque étrangère que si la marque a été préalablement enregistrée dans son pays d'origine. L'exigence de la production du certificat d'enregistrement constitue une première formalité qu'il serait excessif de doubler d'une seconde: la déclaration de revendication.

Quant aux dessins et modèles, il est fort rare jusqu'ici qu'ils soient déposés dans plusieurs pays à la fois. Le besoin d'une revendication spéciale ne se fait donc pas impérieusement sentir et il y sera, d'ailleurs, pourvu dans l'Arrangement instituant pour eux un enregistrement international dont on trouvera plus loin la justification et le texte.

Il serait donc sage, à notre avis, de stipuler expressément que l'exigence d'une déclaration en vue de la revendication du droit de priorité n'est imposée qu'en matière de brevets et de modèles d'utilité et nous proposons de donner au début du nouvel alinéa *e)* la teneur suivante: « *e)* Quiconque voudra se prévaloir de la priorité *du* dépôt antérieur *d'une demande de brevet ou de modèle d'utilité.* »

Cette solution positive nous semble d'autant plus indiquée que le texte actuel a été jusqu'ici interprété de façon différente par les diverses législations des pays unionistes. Autant que nous avons pu le savoir, cinq d'entre elles ont considéré l'exigence de la revendication comme applicable seulement aux brevets (Bulgarie, Espagne, France, Luxembourg, Tunisie); trois aux brevets et aux marques (Dantzig, Pays-Bas et Portugal); deux aux brevets et aux dessins États-Unis, Suisse); dix-sept aux brevets, aux dessins et aux marques. Aucun de ces pays n'avait à se préoccuper des modèles d'utilité, dont le dépôt, on le sait, n'existe qu'en Allemagne et au Japon.

Dans le second alinéa de notre numéro *e)* nous apportons une légère modification de forme au texte de Washington. Les pays contractants, dit celui-ci,

(1) Voir ci-dessus, *Tableau des vœux*, p. 82-83.

(2) *Ibid.*, p. 82.

(3) Voir *Actes de Washington*, p. 276, en note. Le projet de Règlement proposé par la Grande-Bretagne pour déterminer les formalités à exiger en matière de revendication ne visait que les brevets.

pourront exiger de celui qui fait une déclaration de priorité la production d'une copie de la demande (description, dessins, etc.) déposée antérieurement, certifiée conforme par l'Administration qui *l'aura* reçue. Le *l'* vise, bien entendu, non la copie mais la demande elle-même. Pour plus de clarté, nous proposons de biffer ici ces derniers mots: certifiée, etc. et de transporter leur équivalent dans la phrase suivante en disant: Cette copie, *certifiée conforme par l'Administration qui aura reçu la demande.*

Lors de la Conférence de Washington en 1911, notre Bureau avait demandé que l'énumération de l'article 2 de la Convention fût complétée en tenant compte de toutes les branches de la propriété industrielle, notamment des *modèles d'utilité* (1). Cette sorte de brevet de seconde classe établie par la législation allemande et adoptée ensuite par la législation japonaise fut donc admise au bénéfice de la Convention. L'article 4 déclara qu'elle jouirait, elle aussi, du droit de priorité et fixa pour elle le délai d'exercice de ce droit à la même durée que pour le brevet ordinaire, c'est-à-dire à douze mois.

D'autre part, il fut constaté en fait qu'en Grande-Bretagne un modèle d'utilité serait susceptible d'être déposé en vertu de la loi sur les dessins et modèles industriels et on trouva logique d'insérer dans le Protocole de clôture « *ad* art. 4 » un alinéa ainsi conçu: « Il est entendu que, lorsqu'un dessin ou modèle industriel aura été déposé dans un pays en vertu d'un droit de priorité basé sur le dépôt d'un modèle d'utilité, le délai de priorité ne sera que celui que l'article 4 a fixé pour les dessins et modèles industriels » (c'est-à-dire quatre mois).

C'est cette disposition qu'il convient d'insérer maintenant dans le texte unique de la Convention (art. 4*f)*, en supprimant les mots « Il est entendu que », lesquels n'avaient leur justification que dans un Protocole explicatif. Nous avons cru devoir lui donner son complément logique en insérant après la première proposition de l'alinéa *f)* les mots « ou inversement », car il est raisonnable d'appliquer la même règle au cas où un modèle d'utilité aura été déposé dans un pays en vertu d'un droit de priorité basé sur le dépôt d'un dessin ou modèle industriel: au bout de six mois, ce droit de priorité sera éteint et on ne saurait le faire renaître en invoquant un dépôt nouveau au titre de modèle d'utilité.

Enfin, nous avons jugé utile de dire, sous la lettre *f)*, en un second alinéa, qu'il est permis de déposer dans un pays un modèle d'utilité en vertu d'un droit de priorité basé sur le dépôt d'une demande de brevet et inversement. Les diverses dispositions de l'article 4 nous présentent en effet le modèle d'utilité comme une simple variété du brevet et assimilent entièrement l'un à l'autre au point de vue de l'exercice du droit de priorité. Supposons que pour une raison d'ordre pratique, un industriel ait déposé une invention en Allemagne sous le qualificatif de modèle d'utilité et qu'il veuille ensuite s'en assurer la protection en France, en Italie, en Suisse, etc. Il ne pourra le faire qu'en demandant un brevet. Si son droit de priorité ne pouvait lui servir qu'en vue du dépôt de son invention dans un autre pays sous le qualificatif de modèle d'utilité, il ne serait efficace que pour la protection de l'invention au Japon. La Conférence de Washington n'avait-elle en vue qu'une utilisation aussi réduite lorsqu'elle assimilait les modèles d'utilité aux brevets en matière de droit de priorité? Le Bureau international ne l'a jamais cru. Au cours d'une séance de sous-commission un délégué demanda s'il serait bien entendu que le déposant d'un modèle d'utilité ne serait admis à invoquer le délai de priorité (de douze mois) des brevets que dans le cas où le pays où il ferait le second dépôt « caractériserait l'objet de son dépôt comme de nature à entraîner la délivrance d'un brevet » (3). N'était-ce pas reconnaître que pour tous les pays

(1) Voir *Actes de Washington*, p. 43.

(2) Cf. *ibid.*, p. 311, note 1; p. 312; p. 339.

(3) *Ibid.*, p. 275.

unionistes, sauf deux, on pouvait déposer une demande de brevet second basée sur un dépôt premier de modèle d'utilité?

D'autre part, l'assemblée plénière du Conseil des brevets du Royaume des Pays-Bas, par une décision du 16 décembre 1918, avait jugé qu'il convenait de s'en tenir à la signification littérale des dispositions de la Convention de Paris-Washington et que le droit de priorité basé sur un dépôt de modèle d'utilité ne pouvait être invoqué à l'appui d'une demande ultérieure de brevet, ces deux branches de la propriété industrielle étant différentes (1).

Dans ces conditions, il est souhaitable que la Conférence soit appelée à trancher la question et nous lui proposons de formuler en termes explicites la solution la plus libérale, la plus favorable au déposant, d'assimiler en termes exprès, au point de vue de l'exercice du droit de priorité, le dépôt d'une demande de brevet et le dépôt d'une demande de modèle d'utilité, celui-ci n'étant considéré que comme une catégorie, une variété de celui-là. Quant à la durée du droit de priorité, elle sera la même dans les deux cas visés ci-dessus, savoir celle de douze mois.

TEXTE ACTUEL	PROPOSITION
ART. 4. — *a)* Celui qui aura régulièrement fait le dépôt d'une demande de brevet d'invention, d'un modèle d'utilité, d'un dessin ou modèle industriel, d'une marque de fabrique ou de commerce, dans l'un des pays contractants, ou son ayant cause, jouira, pour effectuer le dépôt dans les autres pays, et sous réserve des droits des tiers, d'un droit de priorité pendant les délais déterminés ci-après.	ART. 4. — *a)* Celui qui aura régulièrement fait le dépôt d'une demande de brevet d'invention, d'un modèle d'utilité, d'un dessin ou modèle industriel, d'une marque de fabrique ou de commerce, dans l'un des pays contractants, ou son ayant cause, jouira, pour effectuer le dépôt dans les autres pays, d'un droit de priorité pendant les délais déterminés ci-après.
b) En conséquence, le dépôt ultérieurement opéré dans l'un des autres pays de l'Union, avant l'expiration de ces délais, ne pourra être invalidé par des faits accomplis dans l'intervalle, soit, notamment, par un autre dépôt, par la publication de l'invention ou son exploitation, par la mise en vente des exemplaires du dessin ou du modèle, par l'emploi de la marque.	*b)* En conséquence, le dépôt ultérieurement opéré dans l'un des autres pays de l'Union, avant l'expiration de ces délais, ne pourra être invalidé par des faits accomplis dans l'intervalle, soit, notamment, par un autre dépôt, par la publication de l'invention ou son exploitation, par la mise en vente des exemplaires du dessin ou du modèle, par l'emploi de la marque.
c) Les délais de priorité mentionnés ci-dessus seront de douze mois pour les brevets d'invention et les modèles d'utilité, et de quatre mois pour les dessins et modèles industriels et pour les marques de fabrique ou de commerce.	*c)* Les délais de priorité mentionnés ci-dessus seront de douze mois pour les brevets d'invention et les modèles d'utilité et de **six** mois pour les dessins et les modèles industriels et pour les marques de fabrique ou de commerce. **Ces délais commencent à courir à partir de la date du dépôt régulier de la première demande susmentionnée dans un pays de l'Union; ils comprennent le jour anniversaire de cette date et, si ce jour anniversaire est férié dans le pays où la protection est demandée, le premier jour ouvrable qui le suit.**

(1) Voir *Prop. ind.*, 1919, p. 31-32. Le législateur hollandais, pour remédier à la situation, a introduit dans sa récente loi sur les brevets (loi du 19 janvier 1921) une nouvelle disposition (art. 7, al. 1) prévoyant expressément le contraire (*Prop. ind.*, 1921, p. 143).

Texte actuel

Proposition

d) **Les droits acquis par des tiers avant le jour de la première demande originaire du droit de priorité sont réservés par l'effet de la législation intérieure de chaque pays contractant.**

Dans l'intervalle entre le jour du dépôt de la première demande et celui du dépôt sous le bénéfice du droit de priorité, les tiers ne pourront acquérir aucun droit valable ni de brevet, modèle d'utilité, dessin ou modèle industriel ou marque, ni de possession personnelle.

Texte actuel :

d) Quiconque voudra se prévaloir de la priorité d'un dépôt antérieur, sera tenu de faire une déclaration indiquant la date et le pays de ce dépôt. Chaque pays déterminera à quel moment, au plus tard, cette déclaration devra être effectuée. Ces indications seront mentionnées dans les publications émanant de l'Administration compétente, notamment sur les brevets et les descriptions y relatives. Les pays contractants pourront exiger de celui qui fait une déclaration de priorité la production d'une copie de la demande (description, dessins, etc.) déposée antérieurement, certifiée conforme par l'Administration qui l'aura reçue. Cette copie sera dispensée de toute légalisation. On pourra exiger qu'elle soit accompagnée d'un certificat de la date du dépôt, émanant de cette Administration, et d'une traduction. D'autres formalités ne pourront être requises pour la déclaration de priorité au moment du dépôt de la demande. Chaque pays contractant déterminera les conséquences de l'omission des formalités prévues par le présent article, sans que ces conséquences puissent excéder la perte du droit de priorité.

e) Ultérieurement d'autres justifications pourront être demandées.

Proposition :

e) Quiconque voudra se prévaloir de la priorité **du** dépôt antérieur **d'une demande de brevet ou de modèle d'utilité,** sera tenu de faire une déclaration indiquant la date et le pays de ce dépôt. Chaque pays déterminera à quel moment, au plus tard, cette déclaration devra être effectuée.

Ces indications seront mentionnées dans les publications émanant de l'autorité compétente, notamment sur les brevets et les descriptions y relatives. Les pays contractants pourront exiger de celui qui fait une déclaration de priorité la production d'une copie de la demande (description, dessins, etc.) déposée antérieurement. Cette copie, **certifiée conforme par l'Administration qui aura reçu la demande,** sera dispensée de toute légalisation.

On pourra exiger qu'elle soit accompagnée d'un certificat de la date du dépôt émanant de cette Administration, et d'une traduction. D'autres formalités ne pourront être requises pour la déclaration de priorité au moment du dépôt de la demande. Chaque pays contractant déterminera les conséquences de l'omission des formalités prévues par le présent article, sans que ces conséquences puissent excéder la perte du droit de priorité. Ultérieurement, d'autres justifications pourront être demandées.

Texte actuel :

Protocole de clôture, ad art. 4. — Il est entendu que, lorsqu'un dessin ou modèle industriel aura été déposé dans un pays en vertu d'un droit de priorité basé sur le dépôt d'un modèle d'utilité, le délai de priorité ne sera que celui que l'article 4 a fixé pour les dessins et modèles industriels.

Proposition :

f) Lorsqu'un dessin ou modèle industriel aura été déposé dans un pays en vertu d'un droit de priorité basé sur le dépôt d'un modèle d'utilité ou **inversement,** le délai de priorité ne sera que celui fixé pour les dessins et modèles industriels.

En outre, il est permis de déposer dans un pays un modèle d'utilité en vertu d'un droit de priorité basé sur le dépôt d'une demande de brevet et inversement.

IV. Exploitation obligatoire des brevets

(Art. 5)

Aux termes de l'article 5 actuel, chacun des pays contractants reste libre d'édicter l'exploitation obligatoire des brevets, à la condition de laisser au breveté un délai de trois ans — à partir du dépôt de sa demande dans ce pays — pour commencer l'exploitation et de ne pas prononcer la déchéance du brevet au cas où le breveté justifierait des causes de son inaction. Ces deux atténuations imposées à la rigueur possible des législations nationales n'existaient pas dans le texte primitif de l'article 5 adopté par la Conférence de 1883. C'est la Conférence de Bruxelles qui les introduisit en 1900 dans le Protocole de clôture (n° 3bis), où la Conférence de Washington alla les chercher en 1911 pour les faire passer dans le corps même de l'article 5 de la Convention.

Suffisent-elles encore à rendre acceptable l'obligation d'exploiter, alors que le cercle de l'Union s'est considérablement élargi, qu'il comprend trente-deux pays au lieu de seize comme à l'époque où elles ont été introduites dans le régime unioniste, et que trente-et-un de ces pays ont édicté cette obligation (1) ?

C'est ce qu'il semble difficile de croire.

Peut-on raisonnablement exiger du bénéficiaire d'une de ces inventions brevetées dont le marché possible s'étend sur presque tous les pays unionistes, qu'il installe une fabrique dans chacun de ces pays, s'il veut y être protégé ? Strictement appliquée dans tous les pays unionistes qui l'ont édictée, pareille obligation serait extrêmement onéreuse pour le breveté, et presque impossible à remplir dans le délai de trois ans.

Le fait que l'industrie s'en est tant bien que mal accommodée jusqu'ici, peut s'expliquer de la manière suivante. D'abord, si le nombre relativement élevé de cas où la jurisprudence a été appelée dans divers pays à statuer sur son application prouve qu'elle n'est pas restée partout lettre morte, cette application a plus d'une fois été très libérale, même dans les pays où les exigences de la loi semblent les plus sévères, où celle-ci ne prévoit pas même la possibilité — prévue par la Convention — d'invoquer des causes d'inaction. Ensuite un certain nombre de législations admettent que l'offre ou la délivrance d'une licence libère ou peut libérer le breveté de l'obligation d'exploiter. Enfin aucun concurrent n'a pris l'initiative d'une action en déchéance et aucune poursuite d'office n'a été intentée.

Il n'en est pas moins vrai que l'obligation d'exploiter pèse comme une menace sur le breveté et rend sa situation plus ou moins incertaine dans un nombre de pays qui tend à grossir. Le progrès même de l'Union, l'extension incessante de son cercle d'action rendront toujours plus sensible cet inconvénient qui semblait déjà assez sérieux aux délégués de la Belgique à la Conférence de Paris en 1880, à ceux de l'Italie à la Conférence de Rome en 1886, à ceux des États-Unis à la Conférence de Madrid en 1890, à ceux de l'Allemagne à la Conférence de Bruxelles en 1897, pour les amener à proposer que l'exploitation dans un pays fût déclarée suffisante pour l'ensemble du territoire unioniste (2).

---

(1) Sur l'ensemble de la question, voir l'étude générale parue dans la *Prop. ind.*, 1924, p. 65 et suiv., p. 86 et suiv., p. 118 et suiv. — Notons ici que la question de l'obligation d'exploiter ne se pose pas sous le même angle pour les marques et pour les dessins et modèles industriels que pour les brevets. Pour les marques, nous avons proposé de lui donner une solution moyenne, au point de vue international, dans l'article 4 de l'Arrangement de Madrid concernant l'Enregistrement international des marques (v. plus bas la *deuxième partie* de cet Exposé des motifs, III, p. 279 et suiv.). Pour les dessins et modèles industriels, nous avons proposé une solution négative dans l'article 6 de notre Projet d'arrangement pour l'enregistrement international des dessins et modèles (v. plus bas la *quatrième partie* de cet Exposé des motifs, p. 321 et suiv.).

(2) Voir *Prop. ind.*, 1924, p. 65-71.

Le maintien du système actuel s'impose-t-il pourtant au nom du droit que chaque pays entend garder de protéger les intérêts de la consommation ou de la production nationale? Nous ne le pensons pas. Si le bénéficiaire d'un brevet ne l'exploite pas dans le pays, c'est généralement parce qu'il l'exploite à meilleur compte dans un autre pays et en pareil cas le *consommateur* payera moins cher le produit importé qu'il ne payerait le produit fabriqué dans le pays même. Et l'obligation pour le breveté étranger de fabriquer dans le pays même peut aboutir à la création dans le pays d'une industrie étrangère que les *producteurs* nationaux ne verront pas d'un œil favorable. A ce genre particulier de protection qui est une arme à deux tranchants, ils préféreront en général des mesures douanières. Il est vrai qu'un État pourrait avoir intérêt à attirer sur son territoire une industrie même étrangère; encore faudrait-il qu'elle pût être viable, rémunératrice et prospère. Si elle l'était, le breveté étranger l'aurait généralement organisée de lui-même. Si elle ne l'est guère et que l'État en impose l'installation au breveté étranger, celui-ci aura tendance à la réduire au minimum, à en faire une organisation de façade, tant en continuant à importer un large contingent des produits qu'il fabrique au dehors.

Reste un seul inconvénient vraiment sérieux à la suppression de l'obligation d'exploiter. Certains producteurs nationaux peuvent se rencontrer, qui seraient prêts à exploiter le champ que le breveté étranger laisse en friche. Le maintien pur et simple du brevet inexploité leur interdit toute possibilité d'action.

Mais à ce mal il est relativement facile de porter remède, en leur permettant d'exploiter l'invention, moyennant redevance au breveté qui ne veut pas exploiter lui-même dans le pays.

Le premier Congrès international qui se soit réuni pour étudier le problème des brevets d'invention, le *Congrès de Vienne,* avait déjà esquissé, en 1873, une première ébauche de cette solution lorsqu'il formulait la résolution suivante: « La non-exploitation dans un pays ne doit pas entraîner par elle-même l'extinction du brevet, si l'invention brevetée a été une fois exécutée et si la possibilité est assurée aux ressortissants dudit pays de l'acquérir et de l'exploiter. » A la Conférence de Madrid en 1890, le délégué de Suède et Norvège donnait à l'idée une orientation encore plus précise en faisant la déclaration suivante: « Le seul système qui constitue les intérêts en présence est celui des licences obligatoires, système libéral d'après lequel l'inventeur n'est pas tenu d'exploiter lui-même son invention, mais ne peut pas non plus s'opposer à ce qu'elle soit exploitée. »

Notre Bureau lui-même, à la Conférence de Bruxelles en 1897, proposa d'abord la création d'une Union restreinte basée sur ce système, puis sa consécration dans l'article 5 de la Convention générale (serait considérée comme une juste cause d'inaction le fait que le breveté aurait offert, au moyen de publications reconnues suffisantes, des licences à des conditions équitables et que ces offres seraient restées infructueuses).

L'Association internationale pour la protection de la propriété industrielle dans ses Congrès de Berlin (1904), Milan (1906), Stockholm (1908), Nancy (1909) se prononça en faveur de la même thèse.

A la Conférence de Washington en 1911, notre Bureau proposa une nouvelle rédaction de l'article 5 qui accordait une place à la licence obligatoire et laissait aux États contractants la possibilité de faire leurs réserves en ce qui concernait cet article. La délégation allemande proposa de substituer entièrement à l'obligation d'exploiter la faculté pour chaque pays d'imposer aux brevetés une licence obligatoire au bout de trois ans à dater de la délivrance du brevet. La Conférence recula devant ces innovations, notamment, semble-t-il, à raison des résultats contestables qu'avaient donnés les premières applications de la loi anglaise de 1907 basée sur le système des licences.

Au Congrès de Londres en 1912, l'Association internationale demanda à ses groupes nationaux d'obtenir la substitution, dans leurs pays respectifs, de la licence obligatoire à la déchéance comme sanction de la non-exploitation [1].

Depuis la guerre le mouvement d'opinion en faveur de la substitution de la licence obligatoire à la déchéance en cas de non-exploitation s'est accentué. Bornons-nous à rappeler deux manifestations récentes bien caractéristiques à cet égard [2]: celle du groupe allemand de l'Association internationale de la protection de la propriété industrielle, réuni à Berlin les 11 et 12 mai 1923, et celle du groupe français de la même Association réuni à Paris les 15 et 16 février 1924. La dernière de ces deux réunions débordait même le cadre national, puisque les délégués des groupes anglais, italien, belge et suisse y prenaient part. Ces deux réunions se sont trouvées d'accord sur ce point que la seule sanction de la non-exploitation doit être la licence obligatoire.

Ne l'oublions pas, d'autre part, les législations non seulement de l'Angleterre, mais encore de plusieurs colonies britanniques (Canada, Ceylan, Nouvelle-Zélande, Trinidad et Tobago), celles du Japon, du Luxembourg, du Maroc, du Mexique, de la Norvège, des Pays-Bas et de la Suède connaissent le régime de la licence obligatoire, celles de l'Espagne et de la Finlande font aussi une certaine part à la licence, et la jurisprudence autrichienne a jugé suffisante pour satisfaire à l'obligation d'exploiter la délivrance d'une licence à une maison établie dans le pays.

Nous nous trouvons donc en présence d'un faisceau de constatations singulièrement favorables au système de la licence et nous estimons le moment venu de proposer résolument l'adoption de celui-ci à l'ensemble des pays réunis pour procéder à la revision de la Convention générale d'Union.

Maintenir plus longtemps le régime actuel nuirait à la fois au développement économique des divers pays et à la bonne renommée de la Convention, dont une disposition comme celle de l'article 5 risque de devenir de plus en plus malaisément applicable.

Nous estimons que la solution nouvelle doit être présentée sous la forme la plus simple et avec le minimum de changements ou d'additions au texte actuel de l'article 5 de la Convention.

Sous la forme la plus simple. Il convient de se borner à poser en quelques mots le principe de la licence obligatoire dans le texte de l'article 5 en laissant aux législations nationales le soin de prendre les dispositions qu'elles jugeront utiles pour l'application de ce principe. Ces législations seront plus ou moins conformes au principe posé, plus ou moins exactement appliquées par la jurisprudence. Et de ce chef le principe subira un certain déchet dans son application. Mais c'est là un inconvénient inéluctable, inhérent au caractère même des accords internationaux du genre de la Convention d'Union.

Il y a deux points, toutefois, qu'il y aura lieu de régler d'une manière précise dans le texte même de l'article 5.

D'abord il est nécessaire de stipuler que le défaut d'exploitation ne devra pas avoir pour sanction la déchéance, mais seulement la licence obligatoire. Car il a été constaté en fait, notamment lors de l'application de la loi anglaise de 1907, que là où les deux sanctions subsistent, la première risque d'être souvent préférée à la seconde et de réduire celle-ci à l'état d'arme inutilisée. Sur ce point, nous nous décidons à adopter une attitude plus radicale que celle prise par notre Bureau en 1911, à la Conférence de Washington.

Ensuite il y a lieu de décider que le délai minimum d'exploitation de trois ans courra à partir, non pas de la date du dépôt de la demande de brevet, comme dans le texte actuel de l'article 5, mais de la *date de la délivrance du*

---

(1) Voir *Tableau des vœux*, p. 87.

(2) *Ibid.*, p. 87.

brevet. Dans les pays à examen, en effet, une année et plus peuvent facilement s'écouler entre ces deux dates, et le délai *réel* d'exploitation, s'il court à partir de la première, risque d'être trop considérablement réduit. Tant que le brevet n'est pas délivré, on ne peut équitablement demander à l'impétrant de l'exploiter. Si l'examen est long, il est exposé à perdre une part trop importante de l'avantage minimum que la Convention prétend lui assurer.

Enfin, au point de vue de la rédaction, il ne serait pas inutile d'améliorer le début du second alinéa de l'article 5 actuel ainsi conçu : « Toutefois, le breveté restera soumis à l'obligation d'exploiter son brevet conformément aux lois du pays où il introduit les objets brevetés, mais avec la restriction..... ». D'une part, cette formule semble établie un peu trop en fonctions du premier alinéa relatif à la faculté d'introduire dans le pays où le brevet a été délivré des objets fabriqués dans un autre pays de l'Union. D'autre part, elle semble trop considérer l'obligation d'exploiter comme existant naturellement dans les diverses législations unionistes, alors que les États-Unis ne l'édictent pas et que des adhésions pourraient se produire de pays qui ne l'édicteraient pas non plus. Nous proposerions donc de remplacer cette formule par la suivante : « Toutefois la législation de chaque pays unioniste pourra édicter l'obligation d'exploiter..... »

Et l'article continuerait ainsi, suivant le rythme du texte actuel qui ne serait modifié que dans la mesure strictement nécessaire pour régler les deux points que nous avons exposés précédemment ([1]).

TEXTE ACTUEL	PROPOSITION
ART. 5. — L'introduction, par le breveté, dans le pays où le brevet a été délivré, d'objets fabriqués dans l'un ou l'autre des pays de l'Union, n'entraînera pas la déchéance. Toutefois, le breveté restera soumis à l'obligation d'exploiter son brevet conformément aux lois du pays où il introduit les objets brevetés, mais avec la restriction que le brevet ne pourra être frappé de déchéance pour cause de non-exploitation dans un des pays de l'Union qu'après un délai de trois ans, compté à partir du dépôt de la demande dans ce pays, et seulement dans le cas où le breveté ne justifierait pas des causes de son inaction.	ART. 5 — L'introduction, par le breveté, dans le pays où le brevet a été délivré, d'objets fabriqués dans l'un ou l'autre des pays de l'Union, n'entraînera pas la déchéance. **Toutefois, la législation de chaque pays unioniste pourra édicter l'obligation d'exploiter le brevet avec la double restriction que le breveté aura, dans chaque pays de l'Union, pour cette mise en exploitation un délai minimum de trois ans compté à partir de la délivrance du brevet dans ce pays, et que la sanction de la non-exploitation dans le délai légal — ceci** seulement au cas où le breveté ne justifierait pas des causes de son inaction **— ne pourra être la déchéance du brevet, mais uniquement la licence obligatoire.**

V. Protection des marques

(Art. 6; art. 6bis, 6ter, 6^{quater})

ARTICLE 6

1. La protection des marques de fabrique ou de commerce est réglée par les articles 2 et 6 de la Convention générale pour l'Union entière et par l'Arrange-

([1]) Sur les raisons qui nous ont fait substituer notre proposition actuelle au texte plus complexe présenté par le Bureau à la Conférence de Washington en 1911, on peut consulter la *Prop. ind.*, 1924, p. 121-122.

ment de Madrid de 1891 pour l'Union restreinte, fondée en vue de l'enregistrement international des marques.

a) D'une part, en vertu de l'article 2 précité, les États contractants sont convenus d'accorder le traitement national légal, présent ou futur, aux marques de fabrique ou de commerce provenant des autres États contractants et pour lesquelles auront été remplies les mêmes conditions et formalités que celles imposées aux nationaux.

b) D'autre part, l'article 6 prévoit une protection qualifiée des marques. Subordonnée à une condition essentielle, l'observation de l'enregistrement de la marque dans le pays d'origine, cette protection, sorte de prolongation accessoire de celle obtenue au préalable dans ce dernier pays, sanctionne le principe du statut personnel d'après la formule positive que les marques ainsi enregistrées doivent être acceptées *telles quelles* dans les autres pays de l'Union. Toutefois, la réflexion de la situation existant dans le pays d'origine sur les situations qui seront créées dans les divers pays d'importation ne se produit pas *ipso jure* ou automatiquement, car ceux-ci peuvent, une fois la qualité de « marque » reconnue, soumettre à un examen ces marques unionistes, figuratives, verbales ou combinées, appartenant à un individu ou à une société; ils peuvent même les refuser ou les invalider dans certains cas qui, par voie d'élimination négative, ont été déterminés nettement et d'une façon limitative (atteinte à des droits acquis par des tiers dans le pays d'importation, manque de tout caractère distinctif et violation de la morale ou de l'ordre public).

En d'autres termes, dûment admise à l'enregistrement dans le pays d'origine, même sans aucun examen, la marque étrangère ne saurait être exclue de la protection dans un pays d'importation parce qu'elle serait contraire sur un autre point quelconque à la législation intérieure de ce pays et, en ce qui concerne l'ordre public, elle ne pourra être repoussée que si elle enfreint une disposition relative à cet ordre même et contenue dans cette législation.

Dans le régime établi par l'article 2, la protection des marques étrangères est garantie aux citoyens ou sujets des États contractants, ainsi qu'aux non-unionistes domiciliés ou sérieusement établis dans un pays unioniste. Dans le régime établi par l'article 6, est désigné comme pays d'origine le pays unioniste du *principal* établissement du déposant ou le pays de la nationalité du déposant, si ledit établissement principal est situé en dehors de l'Union.

Quelle est la corrélation entre ces deux articles de la Convention et, partant, entre les deux régimes? Sont-ils distincts, si bien que le deuxième comportant une protection plus accentuée, un droit nouveau, constituerait une étape plus avancée, applicable seulement sous certaines conditions particulières? Ou bien la Convention a-t-elle entendu confondre les deux domaines et a-t-elle voulu sanctionner un seul régime en matière de marques, l'article 6 n'étant que le complément plus précis de l'article 2?

Les deux thèses ont trouvé des défenseurs dans la doctrine [1], mais voici les conséquences hétérogènes des deux points de vue.

Si l'on admet l'existence de deux régimes séparés, la notion de la marque se détermine, selon le régime *a)*, exclusivement d'après la *lex fori*, si bien que si celle-ci exclut certaines marques de la protection, par exemple les marques composées de signes ou de chiffres, le déposant unioniste n'a qu'à se soumettre à ces restrictions. Le déposant non-unioniste a droit au même régime lorsqu'il possède son domicile ou un établissement sérieux dans un pays de l'Union.

Le régime *b)*, plus large mais aussi plus rigoureux, n'a qu'un domaine d'application restreint: le déposant doit posséder son principal établissement dans un pays unioniste pour pouvoir y faire enregistrer d'abord sa marque régulière-

---

(1) Voir *Prop. ind.*, 1922, p. 152 et 153.

ment; si cela n'est pas le cas (par exemple pour le Français établi en Chine), le déposant n'a plus qu'une possibilité d'invoquer l'article 6, c'est de s'adresser au pays de sa nationalité unioniste; l'unioniste ne peut se prévaloir du domicile ou de l'existence d'un simple établissement dans un pays de l'Union pour bénéficier, par l'intermédiaire de ce pays, du régime plus large. Quant au non unioniste, il ne sera admis à jouir de ce régime que s'il a sur le territoire de l'Union son principal établissement, car s'il a simplement un domicile ou un établissement sérieux dans un pays unioniste, il ne possède pas de pays d'origine aux termes de l'article 6 qui ne prévoit que deux cas.

Au contraire, si l'on admet l'existence d'un seul régime, l'article 6 n'étant que le développement naturel et comme la précision de l'article 2, il y a divergence pour la fixation du pays d'origine et l'on constatera une lacune dans l'article 6. Le non unioniste pourra se prévaloir du domicile et de la possession d'un établissement (sans que ce soit le principal) sur le territoire de l'Union (art. 3 de la Convention générale); il aura donc trois possibilités de pouvoir invoquer l'article 6 (établissement principal, établissement sérieux et domicile), alors que l'unioniste n'en aura que deux (établissement principal et nationalité), quel que soit son domicile ou le siège de ses établissements.

La situation se complique encore par la solution adoptée dans l'Union restreinte concernant l'enregistrement international des marques qui prévoit à l'article 2 l'assimilation du non unioniste à l'unioniste si le premier satisfait, sur le territoire de l'Union restreinte, aux conditions établies par l'article 3 de la Convention générale. Or, les rédacteurs de cet Arrangement et les États signataires — nous osons l'affirmer positivement — sont partis de l'idée, non pas de la séparation, mais de l'accord intrinsèque des deux régimes *a)* et *b)*. En effet, l'Arrangement prévoit expressément dans l'article 5 que le refus « ne pourra être opposé que dans les conditions qui s'appliqueraient, en vertu de la Convention générale », donc manifestement, car il n'y a pas d'autres dispositions relatives à des refus de marques, d'après les règles consacrées par l'article 6 de cette Convention. En ce qui concerne le pays d'origine, les citoyens des États membres de l'Union restreinte se voient appliquer la définition restrictive incomplète de l'article 6, tandis qu'à la suite de la citation formelle, dans l'Arrangement, de l'article 3 de la Convention générale, les déposants n'appartenant pas par leur nationalité à l'un desdits pays — ce sont actuellement les dix autres pays unionistes et tous les pays non unionistes — bénéficient des avantages de l'Arrangement s'ils ont leur domicile ou un établissement industriel ou commercial effectif et sérieux sur le territoire de l'Union restreinte. On le voit, l'Arrangement veut réserver au déposant d'une marque internationale les avantages de l'article 6 de la Convention; d'un autre côté, il exonère *expressis verbis* certains de ces déposants des conditions plus difficiles à remplir prescrites dans ce même article 6. Cette interprétation a été de rigueur dans l'Union restreinte de Madrid, c'est-à-dire dans les deux tiers des États de l'Union; elle a favorisé principalement les ressortissants des pays unionistes ne faisant pas encore partie du groupement de l'Arrangement de Madrid; le domicile ou la possession d'un établissement sérieux sur le territoire de l'Union restreinte a toujours donné accès à un Anglais, par exemple, à l'enregistrement international de sa marque. Un recul n'est pas possible sur ce point.

Nous ferons encore observer, mais sous la forme d'une simple mention, que l'expérience a révélé deux difficultés d'interprétation des conditions citées en dernier lieu. L'une est relative à la détermination de la notion du « *principal* » établissement qui, en cas de contestation juridique possible, est une question de fait parfois malaisément à trancher lorsque plusieurs établissements indépendants et coordonnés d'une même grande maison existent ensemble dans divers pays. L'autre a trait à la véritable signification des termes « pays auquel *appartient* le déposant » ; d'après nous, cette expression ne saurait indiquer que le pays dont ressortit le propriétaire de la marque, donc le pays de sa nationalité, et non pas celui auquel il « appartient » encore, soit par le domicile, soit par la possession d'un établissement ([1]).

Cette complication extrême, cette divergence profonde et cette lacune regrettable disparaîtront si, d'un côté, on rétablit l'homogénéité de la Convention par l'adjonction proposée à l'article 2 (v. ci-dessus), en sorte que la protection des marques est réglée dans l'Union générale et dans l'Union restreinte par une seule disposition, l'article 2, combiné avec l'article 6, et si, de l'autre côté, on adopte une disposition fixant l'expression « pays d'origine » dans ce dernier article d'une façon à pouvoir être appliquée à tous les déposants. La notion essentielle est, selon notre proposition, celle de l'établissement agricole, industriel ou commercial, lequel forme le véritable milieu pour l'éclosion et la protection d'une marque et qui par la précision des adjectifs « effectif et sérieux » ([2]) donne toutes les garanties d'une application appropriée au but, notamment en ce qui concerne les personnes morales. Tout en maintenant, au besoin, le texte actuel dans ce qu'il peut avoir d'utile comme direction, il s'agit de soumettre à une même règle ou condition le déposant unioniste aussi bien que le déposant non unioniste. Puisque, par rapport à ce dernier, il suffit que, pour jouir du bénéfice de la Convention, il ait sur le territoire de l'Union un établissement effectif et sérieux ([3]) ou son domicile, notion très soigneusement fixée dans les divers pays par les temps qui courent, les circonstances de fait identiques devraient profiter aussi au déposant unioniste. Par surcroît — dernier avantage décisif — ce déposant bénéficierait encore de sa nationalité, ce terme étant choisi *expressis verbis* dans le texte afin de couper court à toute hésitation qu'a fait naître le terme imprécis « appartient ».

Il y aura donc quatre situations pour pouvoir déterminer le pays d'origine : l'existence d'un établissement « principal », d'un établissement effectif et sérieux, du domicile et finalement de la nationalité. Un Belge ayant son établissement principal au Siam sera dès lors à même de déposer sa marque au Luxembourg où il aura un établissement, ou en France où il sera domicilié, ou enfin dans son propre pays qui devra accepter obligatoirement ce dépôt en tout état de cause.

On devra prendre en considération encore une éventualité : si le déposant unioniste ou non unioniste possède deux ou plusieurs établissements ou succursales dans divers pays de l'Union ou, le cas échéant, de l'Union restreinte, il aura le choix entre deux ou plusieurs pays d'origine, mais il ne peut y avoir d'inconvénient à cette particularité, pourvu qu'un pays d'origine soit fixé d'une façon certaine et qu'une administration nationale soit saisie du dépôt. Du reste, toutes ces facilités ne seront pas très nombreuses pour les déposants unionistes quand on songe à la variété des nécessités pratiques révélées par la guerre et l'après-guerre.

Au surplus, la distinction entre ressortissant de pays unioniste et de pays non unioniste est établie avec soin ; à part cela, il n'y aura plus de catégories de personnes protégées différemment que d'autres, l'unification des prescriptions concernant le pays d'origine étant ainsi prévue et l'unité du critérium proclamée ; l'Union ne connaîtra qu'un seul régime garanti aux marques ; celles-ci seront placées sous des conditions uniformes, formulées par une coopération harmonieuse et par la fusion de deux éléments de droit : le traitement national et le traitement stipulé directement par la Convention.

([1]) Voir *Prop. ind.*, 1922, p. 152.
([2]) *Ibid.*, 1922, p. 146-147.
([3]) L'épithète « principal » a été repoussée dans les travaux de revision de la Conférence de Bruxelles (v. *Prop. ind.*, 1922, p. 145).

2. Si l'on nous demandait pourquoi nous avons abandonné la proposition préconisée naguère (1) concernant la réglementation en cas de double nationalité, — dans un pays unioniste et un pays non unioniste — nous répondrions que c'est là seulement une des fort nombreuses faces que prend le problème de la nationalité; il vaut donc mieux n'en pas résoudre une isolément, quelle qu'en soit l'importance, mais les abandonner toutes au droit public de chaque nation.

3. En présence du désir exprimé d'apporter le moins de changements possibles au texte de l'article 6 si laborieusement rédigé à Washington, nous ne proposons pas de modifier en substance l'énumération des considérations qui peuvent légitimer le refus ou l'invalidation d'une marque (respect des droits acquis, morale et ordre public, défaut de caractère distinctif) (2). Néanmoins, le numéro 2 nous paraît exiger une rédaction plus serrée. Les mots « *ou bien* » semblent indiquer qu'il s'agit là de deux classes de marques, celles dépourvues de caractère distinctif et celles composées de désignations ou signes usuels ou nécessaires, appartenant au domaine public.

En réalité, il n'y a pas deux critères servant à distinguer ces classes. Les marques descriptives, par exemple, manquent également du caractère distinctif nécessaire à toute marque; elles forment même la grande majorité de celles qui peuvent être exclues de la protection internationale, parce qu'elles caractérisent les produits. Aussi les milieux intéressés ont-ils réclamé de substituer aux mots « ou bien » ceux de « en tant que » ou « c'est-à-dire » ou autres semblables. En choisissant l'expression « *surtout celles* » qui donne plus de relief à ladite catégorie de marques, nous indiquons par là l'interprétation générale admise de cette disposition. En même temps, la faculté de libre appréciation du caractère parfaitement distinctif de la marque qui, d'après le texte actuel, est absolue, est non pas limitée en principe mais pourtant endiguée ou mieux guidée vers les cas les plus fréquents. Sans doute, une définition uniforme, obligatoire et positive de ce qui doit être envisagé comme une « marque » fera encore toujours défaut. Cependant, l'énumération limitative des éléments qui enlèvent tout caractère distinctif à la marque une fois admise, il subsiste dans l'article 6 certaines indications qui excluent une appréciation individuelle par trop arbitraire de la capacité distinctive de la marque; la protection « telle quelle » est ainsi mieux garantie dans les pays d'importation.

Article 6bis

La disposition nouvelle proposée ici figure sous lettre D, alinéa premier, des résolutions de la Conférence d'experts techniques réunis à Genève en mai 1924; nous avons seulement substitué aux termes « interdire l'enregistrement » et « prévoir la radiation » la terminologie depuis longtemps consacrée par l'article 6 de la Convention, soit *refuser* et *invalider;* cette formule est à la fois plus compréhensive et plus synthétique et permet l'adaptation nécessaire aux divers régimes législatifs sans discussion nouvelle.

On sera tenté de placer cette disposition dans l'article 6 qui énumère d'autres motifs de refus et d'invalidation et, en particulier, dans la disposition qui permet de s'opposer aux marques propres à porter atteinte à des droits acquis. Mais ce faisant, on perdrait de vue que ces motifs s'appliqueraient uniquement aux pays d'importation autres que le pays d'origine, tandis qu'il s'agit ici de sanctionner une prescription de caractère impératif et obligatoire pour tous les pays, y compris le pays d'origine.

(1) Voir *Prop. ind.*, 1922, p. 143 et 156.

(2) Il est bien entendu que le refus, au lieu d'être total, peut n'être que partiel. Il en est de même de l'invalidation ou annulation de la marque.

Au point de vue de la portée véritable de cette nouvelle disposition, il mérite d'être relevé que le Comité économique de la Société des Nations avait entendu soumettre à la Commission des experts deux propositions (programme, art. 2, *a* et *b*) tendant à réprimer deux catégories spéciales d'abus « dont l'expérience démontrait la pratique fréquente » : l'emploi abusif non autorisé, comme marque de fabrique, de copies ou imitations : 1° d'emblèmes, etc., 2° de marques de fabrique connues pour appartenir aux ressortissants d'un autre pays. En effet, « il n'est pas rare, a-t-on déclaré de source autorisée dans la 4e séance de la Commission, de voir des commerçants ou même d'autres personnes déposer des marques étrangères très connues afin de s'en assurer la propriété et d'empêcher le vrai possesseur de la marque de s'en servir dans le pays ou bien de pouvoir lui faire subir chèrement le droit de s'en servir..... On est allé jusqu'à déposer dans certains pays des marques qui sont notoirement la propriété de l'État français ». On se plaint donc amèrement de cette usurpation de marques renommées, qui cause un grand préjudice au propriétaire réel de la marque, en particulier si l'usurpateur la dépose et l'exploite dans un pays où le dépôt a un caractère attributif de propriété.

Mais pour que la proposition pût, après de longs et sérieux débats, obtenir l'unanimité de la Commission sous la forme sous laquelle elle est présentée ici, il fallait trouver une rédaction large visant aussi bien les marques antérieures des particuliers que celles des sociétés ou des collectivités (art. 7bis), et applicable aux deux systèmes d'obtention de la marque, savoir celui basé sur la priorité d'usage et celui basé sur la priorité d'enregistrement. Il fallait éliminer toute condition d'emploi, dans le deuxième pays, de la part du premier possesseur de la marque comme aussi toutes les conditions de preuves de mauvaise foi manifestée de la part du tiers déposant, l'enregistrement ultérieur ayant pu être opéré par erreur. Il fallait encore prévoir l'annulation de cet enregistrement à la suite de l'action de « l'intéressé » (premier usager ou propriétaire antérieur), sans exiger du réclamant l'enregistrement préalable de sa marque dans le pays de la *lex fori*, enregistrement qui sera d'ailleurs la règle. Il fallait en outre renoncer à une prescription désirée par certains experts, mais rejetée par la majorité, accordant au créateur primitif lésé le droit à l'emploi simultané de sa marque à côté du concurrent qui s'est approprié celle-ci par dépôt. Cette sorte de possession personnelle aboutirait au partage de la propriété, alors qu'il est plus sage de recourir aux tribunaux pour combattre l'usurpation ou la coexistence, en revendiquant la propriété exclusive.

Cependant, il fallait établir un délai jusqu'à l'expiration duquel l'action en contestation de l'enregistrement ou en radiation de celui-ci devait être intentée par l'intéressé, c'est-à-dire le propriétaire exploitant originaire de la marque, délai assez long pour qu'il pût être averti de l'usurpation qui s'est produite à l'étranger et pourtant pas trop étendu pour avoir pour résultat l'instabilité de la protection des marques. Cette rédaction de la Commission des experts est ici reprise, sauf quant à l'étendue du délai, qui, n'étant d'ailleurs qu'un minimum, semble pouvoir être réduit en raison de certaines législations de cinq à trois ans. Effectivement il ne convient guère, à notre sens, d'imposer aux pays unionistes l'obligation de laisser les marques enregistrées par eux trop longtemps exposées au danger d'être frappées d'invalidation.

ARTICLE 6ter

Le texte actuel de la Convention ne prévoit, en fait de sanctions contre l'usage frauduleux de marques, que la saisie à l'importation (remplacée, le cas échéant, par la saisie à l'intérieur, la prohibition d'importation ou les actions et moyens que la loi assurerait en pareil cas aux nationaux) de tout produit portant illégitimement une marque (art. 9) et la formule générale exprimée par l'article 10bis en matière de concurrence déloyale.

Or, il convient d'assurer en toute circonstance à la partie lésée un recours convenable soit contre l'usage frauduleux de marques, soit contre les autres actes de concurrence déloyale. Il y a également avantage à séparer ces deux ordres d'idées, en se conformant ainsi à la distinction consacrée par la Convention.

Il paraît donc tout indiqué d'insérer dans le texte unique, indépendamment des propositions de revision concernant la lutte contre la concurrence déloyale, un article nouveau affirmant le principe que nul ne peut impunément faire — dans un pays contractant — un usage illicite ou frauduleux de marques appartenant à des ressortissants des autres pays contractants.

Cette opportunité une fois reconnue en théorie, nous avons étudié la question au point de vue de la situation actuelle dans les divers pays. Nous nous sommes demandé si le principe de la répression de l'usage frauduleux des marques était assez répandu dans les différentes législations nationales, pour que son introduction dans le régime unioniste ait quelques chances de ne point soulever d'obstacles de la part de tel ou tel État contractant. L'examen des lois des principaux pays du monde nous a portés à conclure en faveur de l'affirmative. En effet, le tableau intitulé « Tableau concernant les sanctions prévues en matière d'usage frauduleux de marques de fabrique et les personnes qualifiées pour intenter une action aux termes des lois sur les marques des divers pays », que nous publions en annexe aux présents Exposés des motifs, montre que sur les 51 pays qui y sont traités, les États-Unis d'Amérique sont le seul État où il n'est point prévu de sanctions pénales pour les délits en question. Et encore, il est possible qu'une telle sanction y soit prévue par des textes autres que ceux que nous possédons, par exemple par le Code pénal ou les lois spéciales des divers États confédérés. Quant aux sanctions civiles, elles sont expressément prévues par les lois sur les marques de 47 pays. Restent le Chili, Costa-Rica, le Japon et le Siam dont les lois spéciales gardent le silence à ce sujet. Les sanctions civiles y sont évidemment appliquées en vertu des prescriptions du droit commun. Les résultats de notre étude ont été tout aussi heureux en ce qui concerne les personnes qualifiées pour intenter une action car, sauf les cas — très rares — où la loi ne contient point de dispositions à ce sujet, il est partout admis que le droit de plainte appartient, tantôt exclusivement, tantôt concurremment avec le Ministère public, à la partie lésée (ou au propriétaire de la marque, ou aux intéressés; les formules sont nombreuses, mais le principe est le même).

Puisqu'il en est ainsi, rien ne semble s'opposer à l'introduction, dans le régime unioniste, d'un article nouveau qui impose aux pays contractants l'obligation d'assurer, en dehors des sanctions civiles, aussi des sanctions pénales contre l'usage frauduleux de marques. Les experts des 20 États unionistes, réunis à Genève du 5 au 10 mai 1924, ont reconnu l'opportunité de cette réforme. C'est leur proposition même que nous avons adoptée ici, avec une légère modification de forme et en l'insérant à l'article 6 exclusivement consacré à la protection des marques.

ARTICLE 6quater

On se préoccupe depuis longtemps de l'intérêt qu'il y aurait à réprimer internationalement l'abus qui consiste à utiliser sans l'autorisation des pouvoirs compétents, à titre de marque de fabrique ou de commerce ou comme éléments de ces marques, des emblèmes ou armoiries d'État et des signes ou poinçons officiels de contrôle et de garantie adoptés par les divers États. Indépendamment du fait que cet abus constitue une atteinte au droit moral des États sur leurs insignes de souveraineté, les marques reproduisant lesdits emblèmes ou signes sont propres à induire le public en erreur quant à l'origine des marchandises auxquelles elles s'appliquent. Il convient donc de les faire disparaître, autant que possible, du commerce.

Cette question a d'ailleurs fait l'objet de discussions approfondies au cours de toutes nos conférences antérieures. Sans nous livrer ici à un examen rétrospectif de celles-ci (nous renvoyons — à ce sujet — à l'étude que nous avons consacrée à ce problème dans la *Prop. ind.* de 1924, n° 11, sous le titre « De la répression de l'usage non autorisé d'armoiries, décorations, emblèmes, drapeaux, insignes, etc. ») nous nous bornerons à rappeler que dès la Conférence de Washington, la Suisse avait proposé l'introduction, dans le texte de la Convention, d'une prescription ayant pour but d'assurer la protection réciproque des armoiries publiques des pays de l'Union. Cette proposition ne fut pas acceptée. Et on s'en tint alors à compléter le Protocole de clôture *ad* article 6, en y mentionnant également les signes et poinçons officiels de contrôle et de garantie(1).

Depuis lors, la presse et les milieux intéressés se sont souvent occupés de cette question, qui a fait l'objet de l'étude susmentionnée. Elle a été notamment traitée par Sir Hubert Llewellyn Smith dans le rapport sur la concurrence déloyale par lui présenté au Comité économique de la Société des Nations, rapport approuvé premièrement par celui-ci et plus tard, le 13 mai 1922, par le Conseil de la Société. Sir Hubert proposait l'adoption d'une stipulation interdisant « l'enregistrement ou l'emploi, sans autorisation spéciale, à titre de marque de commerce, d'emblèmes publics, marques de contrôle et marques et signes analogues ou de parties ou d'imitations desdits » (2). Ce principe fut approuvé par le Comité international de la propriété industrielle et commerciale de la Chambre de commerce internationale, lors de la réunion de Paris des 14 et 15 décembre 1923(3). Finalement, les experts techniques, réunis à Genève en mai 1924, ont reconnu l'opportunité de faire un pas en avant dans la voie que le Protocole de clôture *ad* article 6 avait tracée un peu trop timidement, en introduisant dans le texte même de la Convention des prescriptions impératives destinées à combattre l'abus en question.

De notre côté, il nous a été facile de nous persuader du grand avantage qu'il y aurait à statuer séparément, dans le texte de la Convention, sur l'usage non autorisé d'armoiries, décorations, emblèmes, etc. d'autres pays comme marques de fabrique ou de commerce et sur leur emploi commercial ou industriel autre que comme marques ou éléments de marques, ce qui constitue une forme de concurrence déloyale. Aussi, en dehors des nouvelles propositions qu'on trouvera à ce sujet plus loin (art. 10bis), avons-nous examiné la possibilité d'introduire dans la Convention un article nouveau, à insérer dans le chapitre consacré aux marques, destiné à réprimer l'usage non autorisé desdits emblèmes comme marques ou éléments de marques. Ce travail impliquait l'examen approfondi des prescriptions des lois des divers pays unionistes en la matière. Le résultat de cet examen est donné par le tableau intitulé « Classifications des dispositions législatives des pays unionistes en ce qui concerne la répression de l'usage non autorisé d'armoiries, décorations, emblèmes, etc. », qui figure en annexe aux présents exposés des motifs. C'est un résultat encourageant, attendu que, sur 32 pays, 29 affirment le principe de l'interdiction. Les formules sont, il est vrai, fort différentes de pays à pays, mais, sauf la Belgique, la Grèce et le Luxembourg, tous les États membres de l'Union ont déjà reconnu la nécessité de la répression en question. Il y a plus. Seize pays prévoient l'interdiction des armoiries, etc., non seulement nationales, mais aussi étrangères; sept ont sur ce point des prescriptions ambiguës.

(1) Voir *Actes de Washington*, p. 116, 298, 339.

(2) Voir *Prop. ind.*, 1924, n° 11 : « De la répression de l'usage non autorisé d'armoiries, décorations, emblèmes, drapeaux, insignes, etc. »

(3) Voir *Prop. ind.*, 1922, p. 98.

Il n'y a, donc, que six États qui limitent l'interdiction explicitement aux emblèmes nationaux (¹).

Dès lors, pourquoi ne devrions-nous pas croire fermement que ces derniers voudront bien se rallier à la majorité et permettre à notre charte de faire, à La Haye, un progrès aussi important que celui que nous traitons ici?

Nous n'hésitons donc pas à proposer l'adoption du nouvel article 6[quater] ci-dessous, qui reproduit, à quelques légères modifications près, le texte voté à Genève (²).

Ajoutons quelques observations de détail:

1. *Ad* al. 1: Les termes « emblèmes ou armoiries d'État » ont été employés à dessein, au lieu de l'expression « emblèmes publics » contenue dans le projet du Comité économique de la Société des Nations, parce que l'adjectif « public » comprend également les emblèmes des provinces, communes, voire même des familles princières, ce qui serait revenu à pousser trop loin la protection.

2. *Ad* al. 1: L'interdiction est bornée aux imitations « au point de vue héraldique ». On n'a pas voulu restreindre à l'excès le domaine, déjà si étroit, où les industriels peuvent puiser des sujets pour leurs marques en leur interdisant l'adoption de n'importe quel signe (lion, ours, soleil, etc.) figurant dans les armoiries, etc. On les laisse libres de le faire, pourvu que l'imitation ne porte point sur les caractères héraldiques qui distinguent une armoirie ou un emblème d'une autre armoirie ou d'un autre emblème.

3. *Ad* al. 2: L'application d'un poinçon ou signe, etc. sur une marchandise entièrement différente de celle pour laquelle ledit poinçon ou signe sert de garantie ne saurait impliquer une intention frauduleuse. C'est là le motif de la restriction exprimée par cet alinéa; l'intervention se limite aux cas où il s'agit de marchandises du même genre ou d'un genre similaire.

4. *Ad* al. 4: La fixation d'un délai raisonnable pour présenter les objections auxquelles la communication de la liste des emblèmes, armoiries, signes et poinçons à protéger dans les relations internationales pourrait donner lieu, complète utilement, sur l'initiative du Conseil économique de la Société des Nations, le texte voté par la Réunion technique de Genève.

TEXTE ACTUEL	PROPOSITION
ART. 6. — Toute marque de fabrique ou de commerce régulièrement enregistrée dans le pays d'origine sera admise au dépôt et protégée telle quelle dans les autres pays de l'Union.	ART. 6. — Toute marque de fabrique ou de commerce régulièrement enregistrée dans le pays d'origine sera admise au dépôt et protégée telle quelle dans les autres pays de l'Union.
	Cette disposition n'exclut pas le droit d'exiger du déposant un certificat d'enregistrement régulier délivré par l'autorité compétente du pays d'origine.
Toutefois, pourront être refusées ou invalidées:	Toutefois, pourront être refusées ou invalidées:
1° Les marques qui sont de nature à porter atteinte à des droits acquis par des tiers dans le pays où la protection est réclamée.	1° Les marques qui sont de nature à porter atteinte à des droits acquis par des tiers dans le pays où la protection est réclamée.

(¹) Voir, pour les détails, l'étude plusieurs fois citée.
(²) Voir *Prop. ind.*, 1924, p. 99.

TEXTE ACTUEL

2° Les marques dépourvues de tout caractère distinctif, ou bien composées exclusivement de signes ou d'indications pouvant servir, dans le commerce, pour désigner l'espèce, la qualité, la quantité, la destination, la valeur, le lieu d'origine des produits ou l'époque de production, ou devenus usuels dans le langage courant ou les habitudes loyales et constantes du commerce du pays où la protection est réclamée.

Dans l'appréciation du caractère distinctif d'une marque, on devra tenir compte de toutes les circonstances de fait, notamment de la durée de l'usage de la marque.

3° Les marques qui sont contraires à la morale ou à l'ordre public.

Sera considéré comme pays d'origine le pays où le déposant a son principal établissement.

Si ce principal établissement n'est point situé dans un des pays de l'Union, sera considéré comme pays d'origine celui auquel appartient le déposant.

AD ART. 6. — Il est entendu que la disposition du premier alinéa de l'article 6 n'exclut pas le droit d'exiger du déposant un certificat d'enregistrement régulier au pays d'origine, délivré par l'autorité compétente.

Il est entendu que l'usage des armoiries, insignes ou décorations publiques qui n'aurait pas été autorisé par les pouvoirs compétents, ou l'emploi des signes et poinçons officiels de contrôle et de garantie adoptés par un pays unioniste, peut être considéré comme contraire à l'ordre public dans le sens du n° 3 de l'article 6.

Ne seront, toutefois, pas considérées comme contraires à l'ordre public les marques qui contiennent, avec l'autorisation des pouvoirs compétents, la reproduction d'armoiries, de décorations ou d'insignes publics.

Il est entendu qu'une marque ne pourra être considérée comme contraire à l'ordre public pour la seule raison qu'elle n'est pas conforme à quelque disposition de la législation sur les marques, sauf le cas où cette disposition elle-même concerne l'ordre public.

PROPOSITION

2° Les marques dépourvues de tout caractère distinctif, **surtout celles** composées exclusivement de signes ou d'indications pouvant servir, dans le commerce, pour désigner l'espèce, la qualité, la quantité, la destination, la valeur, le lieu d'origine des produits ou l'époque de production, ou devenus usuels dans le langage courant ou les habitudes loyales et constantes du commerce du pays où la protection est réclamée.

Dans l'appréciation du caractère distinctif d'une marque, on devra tenir compte de toutes les circonstances de fait, notamment de la durée de l'usage de la marque.

3° Les marques qui sont contraires à la morale ou à l'ordre public.

Il est entendu qu'une marque ne pourra être considérée comme contraire à l'ordre public pour la seule raison qu'elle n'est pas conforme à quelque disposition de la législation sur les marques, sauf le cas où cette disposition elle-même concerne l'ordre public.

Sera considéré comme pays d'origine le pays où le déposant a son principal établissement et si celui-ci n'est pas situé dans un des pays de l'Union, **le pays contractant où le déposant a un établissement industriel ou commercial effectif et sérieux, et s'il ne possède pas d'établissement de ce genre, le pays de son domicile ou, s'il ressortit à un pays de l'Union, celui de sa nationalité.**

ART. 6bis. — **Les pays contractants s'engagent à refuser ou à invalider toute marque de fabrique ou de commerce notoirement connue comme étant déjà la marque d'un ressortissant d'un autre pays; un délai minimum de trois ans devra être accordé aux intéressés pour réclamer l'invalidation des marques ainsi enregistrées.**

ART. 6ter. — **Les pays contractants s'engagent à assurer dans leur législation nationale aux ressortissants des autres pays contractants un recours légal comportant, outre les sanctions civiles, des sanctions pénales contre tout usage frauduleux de leurs marques.**

TEXTE ACTUEL	PROPOSITION
	ART. 6quater. — **Les pays contractants conviennent, en outre, de refuser ou d'invalider l'enregistrement et d'interdire par des mesures appropriées l'utilisation, non autorisée par les pouvoirs compétents, à titre de marques de fabrique ou de commerce ou comme éléments de ces marques, des emblèmes ou armoiries d'État des pays contractants, des signes et poinçons officiels de contrôle et de garantie adoptés par les pays contractants, ainsi que toute imitation, au point de vue héraldique, desdits emblèmes, armoiries, signes ou poinçons.**
	En ce qui concerne les signes et poinçons officiels ci-dessus mentionnés, ou leur imitation, il est entendu que l'interdiction visée dans le présent article s'appliquera seulement dans le cas où les marques comprenant ces poinçons et signes sont utilisées ou destinées à être utilisées sur des marchandises du même genre que celles pour lesquelles l'apposition du poinçon ou signe original implique une garantie ou sur des marchandises d'un genre similaire.
	Pour l'application de ces dispositions, les pays contractants conviennent de se communiquer réciproquement, par l'intermédiaire du Bureau international de Berne, la liste des emblèmes ou armoiries d'État, des signes et poinçons officiels de contrôle et de garantie qu'ils désirent ou désireront placer d'une façon absolue ou dans certaines limites sous la protection du présent article, ainsi que toutes modifications ultérieures apportées à cette liste.
	Tout pays contractant pourra, dans un délai de six mois à partir de cette communication, transmettre, par l'intermédiaire du Bureau international de Berne, au pays intéressé les objections éventuelles auxquelles la communication de cette liste pourrait donner lieu de sa part.
	La similitude qui pourrait exister entre les emblèmes, armoiries, signes ou poinçons officiels de contrôle et de garantie des divers pays contractants n'empêche pas les nationaux de chaque pays de faire usage des signes ou poinçons appartenant à celui-ci.

VI. Marques collectives

(Art. 7bis)

La Conférence de Washington avait introduit, dans la Convention générale d'Union, un article 7bis, aux termes duquel « les pays contractants s'engagent à admettre au dépôt et à protéger les marques appartenant à des collectivités dont l'existence n'est pas contraire à la loi du pays d'origine, même si ces collectivités ne possèdent pas un établissement industriel ou commercial, chaque pays restant juge des conditions particulières sous lesquelles une collectivité pourra être admise à faire protéger ses marques ».

C'était un premier pas, assez timide, esquissé dans la direction de la protection des marques collectives. Un principe très général est déclaré obligatoire pour tous les États unionistes; mais, d'une part, aucune sanction n'est prévue en cas d'inobservation ou d'observation insuffisante de la règle énoncée, et, d'autre part, l'application pratique de cette dernière est abandonnée aux diverses législations unionistes qui ne sauraient être toutes calquées sur un même modèle (1). Il serait évidemment désirable que le statut des marques collectives revêtît dans l'Union un certain caractère d'uniformité. Mais cette uniformité, la Convention est par elle-même impuissante à la créer. En parcourant les législations des pays unionistes, nous avons constaté qu'il n'y en avait pas moins de *treize* qui ne contenaient aucune disposition relative aux marques collectives. Treize pays n'ont donc pas encore réalisé le progrès essentiel que la Convention attend d'eux: celui qui consiste à introduire dans leur droit national la notion de la marque collective. Tout perfectionnement du droit international est condamné à demeurer sur le papier, tant que le régime juridique interne de plus d'un tiers des pays unionistes présente une lacune de cette importance.

Nous proposons toutefois d'ajouter à la rédaction de Washington un alinéa 3 de la teneur suivante:

Les pays contractants s'engagent également à admettre au dépôt et à protéger les marques dites régionales ou nationales adoptées dans un but d'intérêt général par des autorités ou par des associations autorisées.

En acceptant notre proposition, la Conférence préciserait d'utile façon, croyons-nous, les obligations que les États contractants assument du chef de l'article 7bis. Il importe, en effet, que les marques régionales ou nationales soient comprises parmi les marques collectives. Dira-t-on que cela découle à l'évidence du texte adopté à Washington? On ne saurait l'affirmer. Des doutes se sont élevés en doctrine sur la question de savoir si les marques collectives de l'article 7bis comprenaient également les marques d'État et celles des Administrations publiques, provinciales ou locales. Nous avons nous-mêmes hésité puisque nous croyions devoir subordonner la protection effective de ces marques à l'adoption de lois intérieures qui la prescriraient formellement. Dans la *Propriété industrielle* du 31 octobre 1913, p. 149, nous écrivions que « depuis la Convention de « Washington plusieurs pays préparaient des projets de loi assurant la protection « des marques collectives, au nombre desquelles les marques d'origine nationale « ou régionale devraient figurer au premier rang. Le défaut de protection qui « s'opposait à l'institution de marques de cette nature, cessera d'exister *dès que « les lois des divers pays auront assuré l'application du texte de Washington* ». — Et, un mois plus tard (2), nous disions: « D'après la teneur de l'article 7bis de « la Convention, il semble que les collectivités visées par cet article sont uni- « quement des syndicats ou corporations de producteurs. *La rédaction choisie*

(1) Voir ci-dessus ce que nous disons à propos de l'article 2 de la Convention.
(2) Voir *Prop. ind.* du 30 novembre 1913, p. 168.

« *ne paraît pas applicable* aux administrations nationales, provinciales ou locales « qui auraient institué des marques garantissant la provenance des produits de « leurs administrés. » M. Georges Maillard, d'autre part, a soutenu, en sens contraire, que les marques d'État devaient être considérées comme des marques collectives-types auxquelles s'appliquait tout naturellement l'article 7bis. « J'ai le « souvenir, ajoutait-il, que lorsqu'on a rédigé ce texte à la Conférence de Wa- « shington, on a pensé à toutes les collectivités; on a même dit, cela n'est « peut-être pas dans les procès-verbaux, mais cela a été dit dans des conver- « sations, qu'on pensait incontestablement aux marques d'État (¹). » Puisqu'il y a discussion, c'est donc que le texte de l'article 7bis appelle des éclaircissements. Nous proposons à la Conférence de La Haye de sanctionner l'interprétation large dont il est question en dernier lieu et qui s'accorde avec les intentions de la Conférence de Washington; le motif principal pour lequel les autorités ou les associations autorisées en droit public dans les divers pays sont admises à faire protéger leurs marques est que celles-ci sont adoptées dans un but d'intérêt général.

Texte actuel	Proposition
Art. 7bis. — Les pays contractants s'engagent à admettre au dépôt et à protéger les marques appartenant à des collectivités dont l'existence n'est pas contraire à la loi du pays d'origine, même si ces collectivités ne possèdent pas un établissement industriel ou commercial. Cependant chaque pays sera juge des conditions particulières sous lesquelles une collectivité pourra être admise à faire protéger ses marques.	Art. 7bis. — Les pays contractants s'engagent à admettre au dépôt et à protéger les marques appartenant à des collectivités dont l'existence n'est pas contraire à la loi du pays d'origine, même si ces collectivités ne possèdent pas un établissement industriel ou commercial. Cependant chaque pays sera juge des conditions particulières sous lesquelles une collectivité pourra être admise à faire protéger ses marques. **Les pays contractants s'engagent également à admettre au dépôt et à protéger les marques dites régionales ou nationales adoptées dans un but d'intérêt général par des autorités ou par des associations autorisées.**

VII. Application illicite de marques ou de noms sur les produits
(Art. 9)

Nous arrivons à la partie de la Convention qui s'occupe des sanctions frappant certains actes particulièrement répréhensibles et qui doivent être réprimés rapidement, avant l'ouverture du procès toujours long et coûteux sur le terrain international. C'est le traitement national qui régit, d'une manière générale, ce chapitre; toutefois, la Convention a tenu à prévoir expressément, à titre de mesures provisionnelles, la saisie ou tous autres moyens équivalents dans les trois cas suivants, où l'intervention, pour être efficace, doit être rapide: apposition illicite, sur un produit, d'une marque, d'un nom commercial, d'une fausse indication de provenance.

L'article 9 n'a subi que trois amendements de pure forme:

La suite des alinéas a été modifiée en ce sens que nous avons groupé en premier lieu des dispositions concernant les différentes modalités de la saisie,

(¹) Voir *Bulletin mensuel de la Société de législation comparée*, année 1919, n° 7-8-9, p. 252.

puis, dans les deux derniers alinéas, les mesures destinées à remplacer celle-ci. Si l'on lit d'un trait le 5e et le 6e alinéa, le complément « ou la saisie à l'intérieur » s'explique de lui-même; il s'agit de réparer ici un simple oubli.

Les mots « particulier ou société » (al. 4 actuel) sont remplacés par les mots « personne physique ou morale » (al. 3 du texte proposé), qui nous semblent plus précis et plus appropriés, attendu que le cas peut se rencontrer *où la partie intéressée* n'est ni un *particulier,* ni une *société,* dans le sens strict du mot.

TEXTE ACTUEL	PROPOSITION
ART. 9. — Tout produit portant illicitement une marque de fabrique ou de commerce, ou un nom commercial, sera saisi à l'importation dans ceux des pays de l'Union dans lesquels cette marque ou ce nom commercial ont droit à la protection légale.	ART. 9. — Tout produit portant illicitement une marque de fabrique ou de commerce, ou un nom commercial, sera saisi à l'importation dans ceux des pays de l'Union dans lesquels cette marque ou ce nom commercial ont droit à la protection légale.
Si la législation d'un pays n'admet pas la saisie à l'importation, la saisie sera remplacée par la prohibition d'importation.	La saisie sera également effectuée dans le pays où l'apposition illicite aura eu lieu, ou dans le pays où aura été importé le produit.
La saisie sera également effectuée dans le pays où l'apposition illicite aura eu lieu, ou dans le pays où aura été importé le produit.	La saisie aura lieu à la requête soit du ministère public, soit de toute autre autorité compétente, soit d'une partie intéressée, **personne physique ou morale,** conformément à la législation intérieure de chaque pays.
La saisie aura lieu à la requête soit du ministère public, soit de toute autre autorité compétente, soit d'une partie intéressée, particulier ou société, conformément à la législation intérieure de chaque pays.	Les autorités ne seront pas tenues d'effectuer la saisie en cas de transit.
Les autorités ne seront pas tenues d'effectuer la saisie en cas de transit.	Si la législation d'un pays n'admet pas la saisie à l'importation, la saisie sera remplacée par la prohibition d'importation **ou la saisie à l'intérieur.**
Si la législation d'un pays n'admet ni la saisie à l'importation, ni la prohibition d'importation, ni la saisie à l'intérieur, ces mesures seront remplacées par les actions et moyens que la loi de ce pays assurerait en pareil cas aux nationaux.	Si la législation d'un pays n'admet ni la saisie à l'importation, ni la prohibition d'importation, ni la saisie à l'intérieur, ces mesures seront remplacées par les actions et moyens que la loi de ce pays assurerait en pareil cas aux nationaux.

VIII. Indications de provenance

(Art. 10)

L'article 10 de la Convention d'Union s'efforce d'étouffer dans l'œuf l'acte de concurrence déloyale qui consiste à munir un produit d'une fausse indication de provenance.

Ainsi que l'ont fait remarquer les représentants de l'un des pays de l'Union, cette disposition qui ne vise expressément que l'emploi non justifié du nom d'une localité déterminée risque d'être interprétée comme ne s'appliquant pas quand il s'agit de réprimer une fausse indication consistant dans le nom d'un pays. C'est pourquoi il est proposé, à la demande de cet État contractant, de compléter le dernier membre de phrase de l'alinéa 1er, en disant: le nom d'une localité *ou d'un pays* déterminés.

Il va de soi que l'article ainsi rédigé vise non seulement un pays *ou* une localité, mais encore tout ce qui, dans le langage courant, sert à désigner une étendue géographique, comme la contrée, la région, le lieu, l'endroit ou tout autre terme du même genre.

C'est également à la demande d'un pays unioniste et à celle de la Commission économique de la Société des Nations que la proposition est faite d'ajouter, dans le premier alinéa, les mots « ou *marchandise* » après « tout produit » et dans le second alinéa les mots « ou de cette marchandise » après « de ce produit ». L'adjonction ne présente aucun inconvénient, puisque l'article 10 doit protéger non seulement le producteur et le fabricant, mais encore le commerçant, qui trafique non de ses produits, mais de ses marchandises.

Le moyen de répression accordé par l'article 10, alinéa 1er, combiné avec l'article 9 de la Convention, est la saisie provisionnelle dans les pays de l'Union. Mais cette saisie est soumise à des restrictions telles que la répression ainsi organisée perd une grande partie de son efficacité. Il faut, en effet, que la fausse indication de provenance se trouve non pas seulement dans les réclames, les annonces et les papiers d'affaires, mais encore sur le produit même. Il faut, en outre, que l'indication soit accompagnée d'un nom commercial fictif ou emprunté dans une intention frauduleuse. En d'autres termes, la Convention générale ne réprime pas la fraude pure et simple, sans phrase, mais seulement la fraude caractérisée par l'usage frauduleux d'un nom commercial. Il en résulte que, dans les pays unionistes, sauf ceux au nombre de treize qui ont adhéré à l'Arrangement de Madrid du 14 avril 1891, le produit qui porte une simple indication de provenance fausse peut circuler librement. La Convention autorise ainsi implicitement la tromperie commise au moyen d'une fausse indication de provenance directe ou indirecte.

Une disposition semblable est manifestement insuffisante. C'est pourquoi il est proposé d'éliminer de l'article 10 le membre de phrase qui exige l'adjonction à la fausse indication de provenance d'un nom commercial fictif ou emprunté dans une intention frauduleuse. On obtient ainsi une rédaction qui donne satisfaction dans une large mesure aux intérêts des producteurs et du public consommateur, en même temps qu'aux principes les plus élémentaires de la loyauté commerciale.

Dans le deuxième alinéa du même article, les mots « personne physique ou morale » ont été ajoutés. Il importe, en effet, de conférer la qualité de partie intéressée d'abord aux sociétés, puis aux syndicats qui se sont constitués pour la défense des intérêts de toute une profession, car il est à présumer que la répression des fraudes sera plus facilement atteinte si elle est poursuivie par une association qui dispose de moyens plus grands que l'individu. L'évolution de la propriété industrielle a permis de conférer à ces collectivités le droit de déposer des marques valables; à plus forte raison convient-il de les autoriser à s'employer pour faire disparaître des pratiques frauduleuses parfaitement caractérisées et préjudiciables à toute une région. A vrai dire, l'alinéa 2 parle bien de personne morale, mais il semblerait, à ne consulter que le texte, que la partie intéressée ne peut être qu'un producteur, un fabricant ou un commerçant, alors que le syndicat comme tel ne possède pas d'établissement industriel ou commercial. Si la Conférence estimait que ce défaut d'établissement est de nature à priver le syndicat de la capacité d'agir en vertu de l'article 10, il conviendrait de mentionner expressément le syndicat et l'association professionnelle avec les personnes morales qui ont le droit d'agir, car il est dans l'intérêt de tous, sauf des fraudeurs, que cette capacité soit implicitement et expressément reconnue aux syndicats (v. pour la rédaction celle qui est proposée sous article 10bis *in fine*).

Au sujet de la partie intéressée, il peut être opportun de faire remarquer ici qu'il n'y a pas concordance absolue entre la partie intéressée qui peut invoquer l'article 9 et celle qui peut se prévaloir de l'article 10. Dans l'article 9, la définition de la partie intéressée reste réservée à la législation intérieure. Dans l'article 10, en revanche, elle est donnée par la Convention elle-même, et il résulte des termes employés que la partie intéressée ne peut poursuivre pour fausse indication de provenance que si elle est engagée dans la fabrication ou le commerce du produit ou de la marchandise marquée *et* si elle est établie dans l'entité géographique indiquée comme lieu de provenance. Si elle n'est pas au bénéfice de ces deux conditions, les poursuites ne peuvent être intentées que par le Ministère public ou par toute autre *autorité* compétente. On a voulu empêcher ainsi que les commerçants d'un pays fussent trop facilement l'objet des procès tendancieux ou des chicanes que pourraient leur susciter leurs concurrents du même pays. Si, par contre, la partie intéressée réalise les deux conditions posées, elle *doit* être dans tous les cas admise à poursuivre l'application de l'article 10 dans tous les pays de l'Union. Le deuxième alinéa comporte ainsi dans certains cas une restriction aux droits du fabricant ou commerçant intéressé, mais, d'autre part, il lui confère un minimum de protection et une garantie absolue contre les conditions et restrictions auxquelles certaines législations intérieures pourraient soumettre le droit de poursuite.

TEXTE ACTUEL	PROPOSITION
ART. 10. — Les dispositions de l'article précédent seront applicables à tout produit portant faussement, comme indication de provenance, le nom d'une localité déterminée, lorsque cette indication sera jointe à un nom commercial fictif ou emprunté dans une intention frauduleuse.	ART. 10. — Les dispositions de l'article précédent seront applicables à tout produit **ou marchandise** portant faussement, comme indication de provenance, le nom d'une localité **ou d'un pays** déterminés.....
Est réputé partie intéressée tout producteur, fabricant ou commerçant, engagé dans la production, la fabrication ou le commerce de ce produit, et établi soit dans la localité faussement indiquée comme lieu de provenance, soit dans la région où cette localité est située.	**Sera en tout cas reconnu comme** partie intéressée, **que ce soit une personne physique ou morale,** tout producteur, fabricant ou commerçant engagé dans la production, la fabrication ou le commerce de ce produit **ou de cette marchandise,** et établi soit dans la localité faussement indiquée comme lieu de provenance, soit dans la région où cette localité est située.

IX. Répression de la concurrence déloyale

(Art. 10bis)

Lors de la Conférence de Washington, on a fait rentrer dans les cadres de la « propriété industrielle », telle qu'elle est définie par l'article 2 de la Convention, deux notions nouvelles: la protection des indications de provenance et la répression de la concurrence déloyale. En outre, l'ancien article 10bis, introduit par l'Acte additionnel de Bruxelles du 14 décembre 1900, fut sensiblement renforcé. La Délégation britannique avait bien proposé, pour cet article, un texte qui avait pour but d'obtenir une protection réelle et effective contre les actes de concurrence déloyale, dont elle esquissait même une liste, mais cette proposition ne recueillit point l'unanimité des suffrages(1). Aussi, bien que la nouvelle rédaction de l'article 10bis comporte une obligation plus précise que celle de l'ancien texte, nous sommes encore en présence d'une formule générale, trop vague et trop imprécise

(1) Voir *Actes de Washington*, p. 105, 255, 305, 310, 334.

pour bien fixer la portée pratique de l'engagement et pour assurer, sur tout le territoire unioniste, une répression efficace des actes de concurrence déloyale.

Nous trouvons la preuve de la nécessité d'améliorer notre Convention sur ce point dans le fait que les délibérations des grandes corporations internationales (Société des Nations, Chambre de commerce internationale) et les groupements nationaux de l'Association pour la protection de la propriété industrielle ont approfondi le sujet, notamment au cours des congrès et assemblées tenus après la guerre, dont les suites ont amené le monde industriel à s'intéresser davantage à la question de la répression de la concurrence déloyale. Les résolutions de ces assemblées tendent à obtenir la revision de l'Acte de Paris aux fins de faire de ce dernier une arme efficace de lutte contre les procédés illicites employés dans le commerce international. Il serait trop long d'énumérer ici ces résolutions, dont il est amplement traité dans l'étude que nous avons consacrée à la concurrence déloyale(1) et qui ont été groupés dans le deuxième fascicule des documents préparatoires pour la Conférence de La Haye, par nous édité en juillet 1924(2). Nous nous bornerons à rappeler l'importante initiative prise, dans ce domaine, par la Société des Nations, initiative qui aboutit, après les étapes bien connues, au cours desquelles le problème a été fort heureusement étudié et éclairci, au Rapport général de la réunion d'experts techniques pour l'étude de la concurrence déloyale, qui a siégé à Genève du 5 au 10 mai 1924. Le nouveau texte de l'article 10bis que nous proposons ci-dessous, — texte qui ajoute trois alinéas nouveaux au libellé actuel — conservé sauf le remplacement du terme « s'engagent » par celui, plus énergique, « *sont tenus* », représente le *substratum* desdits postulats de revision et notamment des résolutions votées par les experts de Genève(3). Il s'inspire des principes suivants :

1° Ne pas troubler l'ordre établi dans la Convention et partant se borner à traiter, dans cet article, des actes de concurrence déloyale qui ne consistent pas dans l'usurpation ou l'appropriation de marques ou dans les indications de provenance trompeuses visées par d'autres articles (6, 6bis, 6ter, 6^{quater}, 9 et 10) (al. 1).

2° Esquisser une définition pratique des actes de concurrence déloyale par l'indication de ce que l'on entend par de tels actes dans le sens de l'article 10bis (aucune définition nette et complète n'étant possible, ni quant au fond, ni quant à la forme), suivie d'une série d'exemples ayant une portée exclusivement énonciative (al. 2).

3° Ce cadre une fois tracé, énumérer les agissements typiques contre lesquels il convient que les États contractants prévoient des mesures appropriés (al. 3).

4° Établir, pour éviter des différences de traitement dues à la diversité des lois, un principe commun à tous les pays unionistes en ce qui concerne le droit de poursuite.

Nous avons d'abord songé à insérer dans les quelques exemples d'actes de concurrence déloyale énumérés à l'alinéa 2 l'usurpation des nouvelles du jour qui représentent de simples informations de presse. En effet, ces nouvelles ne sont pas régies par les lois concernant la propriété littéraire, car il leur manque ce qui constitue le fondement du droit d'auteur : l'activité créatrice et l'originalité personnelle de la pensée ou de l'expression ; d'autre part, ces communications de faits n'en ont pas moins une grande valeur économique et font l'objet de transactions commerciales (abonnements, etc.) comme de rivalités entre entreprises commer-

(1) Voir *Prop. ind.*, 1923, p. 190 à 196.

(2) Voir *Tableau des vœux*, p. 94 à 102 ci-dessus.

(3) Voir *Prop. ind.*, 1924, p. 99.

ciales (agences). La Convention d'Union littéraire n'a pas pu les prendre sous son égide. Mais, en stipulant par l'article 9, alinéa 3, de la Convention de Berne revisée que « la protection de la présente Convention ne s'applique pas aux nouvelles du jour », la Conférence de revision réunie à Berlin en 1908 avait déclaré (Actes, p. 252) qu'en dehors du domaine du droit d'auteur, peuvent s'élever au sujet de ces nouvelles des questions commerciales qui relèvent de la propriété industrielle et tout particulièrement du domaine de la concurrence déloyale dont le pillage des nouvelles du jour porte tous les signes(1). Fort de cette déclaration, le premier Congrès international des Agences d'information siégeant à Berne en juin 1924 a émis le vœu de voir rentrer dans le régime de l'article 10bis de la Convention de Paris-Washington la « reproduction et l'utilisation, dans un but de lucre, des nouvelles du jour contenant des informations politiques, commerciales, économiques et financières ».

Mais, quelque désirable que soit une telle solution permettant aussi de mieux délimiter la sphère d'action des deux Conventions industrielle et littéraire, nous avons dû nous convaincre que cette réforme rencontrerait actuellement une forte résistance et semble dès lors prématurée; aussi avons-nous renoncé à formuler une proposition à ce sujet.

Le droit de poursuivre en justice la répression des actes de concurrence déloyale doit être conféré aussi aux associations et syndicats professionnels créés dans les différentes nations. S'ils peuvent ne pas être lésés directement par des actes de cette nature, puisqu'ils ne font pas de commerce eux-mêmes, ils ont néanmoins été constitués pour la défense des intérêts collectifs de toute une branche de l'industrie et du commerce, en sorte qu'ils peuvent avoir des intérêts à faire valoir en justice contre tout concurrent déloyal des membres qu'ils représentent. Mais le dernier alinéa de l'article 10bis énumère le maximum des exigences qui restreignent le droit de poursuivre. Tout syndicat ou association qui justifiera d'un intérêt et d'une constitution régulière dans le pays d'origine *devra* être admis en justice dans les autres pays, sans qu'on puisse soulever contre sa capacité d'agir des objections tirées de la législation du pays où la répression est réclamée.

La justification d'un intérêt s'impose aussi, car on ne saurait admettre que les commerçants d'un pays soient exposés aux poursuites fondées ou non de quiconque n'agirait pas pour la sauvegarde d'un intérêt légitime.

TEXTE ACTUEL

ART. 10bis. — Tous les pays contractants s'engagent à assurer aux ressortissants de l'Union une protection effective contre la concurrence déloyale.

PROPOSITION

ART. 10bis. — Les pays contractants **sont tenus** d'assurer aux ressortissants **des autres pays contractants** une protection effective contre la concurrence déloyale.

Constitue un acte de concurrence déloyale tout acte contraire aux usages honnêtes en matière industrielle ou commerciale, par exemple l'apposition sur des produits, marchandises, emballages, papiers d'affaires ou documents commerciaux, de mentions trompeuses de récompenses industrielles (médailles, diplômes, distinctions honorifiques, prix, etc.); les fausses déclarations relatives à la matière première ou au mode de fabrication des produits; la réclame fausse, le fait de discréditer injus-

(1) Voir pour plus de détails *Prop. ind.*, 1924, p. 144 et suiv.

Texte actuel	Proposition
	tement les produits ou marchandises d'un concurrent, etc.
	Les pays contractants conviennent, en particulier, de prévoir des mesures appropriées d'ordre civil et, en cas de pratiques frauduleuses, d'ordre pénal, en ce qui concerne l'usage industriel ou commercial, manifestement de nature à créer soit une confusion avec les produits ou marchandises d'autrui, soit une erreur quant à l'origine véritable de ces produits ou marchandises :
	a) **de marques de fabrique ou de commerce ;**
	b) **d'emblèmes, armoiries, signes ou poinçons officiels de contrôle et de garantie ;**
	c) **de désignations commerciales servant à distinguer les produits ou marchandises d'un producteur, fabricant ou commerçant, telles que noms, firmes, titres d'imprimés et autres signes de tout genre comme enseignes, conditionnement, etc. ;**
	d) **de descriptions ou représentations figuratives ou de leurs combinaisons ;**
	e) **de toute autre désignation se rapportant à l'origine du produit ou de la marchandise.**
	Toute personne physique ou morale lésée, ainsi que, dans le cas d'actions en cessation du trouble ou d'actions pénales, les syndicats et associations intéressés, régulièrement constitués dans leur pays d'origine, auront le droit d'agir ou d'intervenir en justice à raison de tous actes de concurrence déloyale.

X. Protection temporaire aux expositions

(Art. 11)

Aux termes de l'article 11 actuel les pays contractants accorderont, conformément à leur législation intérieure, une protection temporaire aux inventions brevetables, aux modèles d'utilité, aux dessins ou modèles industriels ainsi qu'aux marques de fabrique ou de commerce, pour les produits qui figureront aux expositions internationales officielles ou officiellement reconnues, organisées sur le territoire de l'un d'eux.

Cette disposition se borne à poser un principe et laisse aux législations nationales le soin de l'appliquer.

De cette situation est sorti un état de choses qui est loin d'être satisfaisant.

D'une part, 10 des 32 pays faisant actuellement partie de l'Union n'ont pas légiféré sur ce point: la protection temporaire aux expositions *en fait* n'y est donc pas assurée, à supposer qu'*en principe* elle puisse théoriquement y être réclamée au nom de l'article 11 de la Convention.

D'autre part, les 22 législations unionistes qui ont organisé cette protection l'ont fait chacune à sa manière et ces manières sont fort différentes [1].

Deux d'entre elles n'assurent la protection qu'aux expositions organisées dans le pays. Deux autres n'accordent la protection que moyennant réciprocité. D'autres déclarent que les expositions protégées seront désignées par l'autorité administrative. Quelques-unes assurent la protection aux expositions officielles ou officiellement reconnues, mais ne publient pas la liste de celles qu'elles considèrent comme telles. — Il est donc difficile à un exposant de savoir dans quels pays exactement il sera protégé.

Le point de départ et la durée du délai de protection varient suivant les pays. Ici ce délai commence à courir à dater de l'ouverture de l'exposition, là à dater de la présentation au public. Ici il dure six mois, là douze, ailleurs il dure autant que l'exposition elle-même et encore trois mois après la clôture de celle-ci. Ici le délai de protection temporaire à l'exposition est considéré comme pouvant se cumuler avec le délai de priorité ordinaire prévu à l'article 4 de la Convention, ailleurs ces deux délais ne peuvent être cumulés.

Les conditions et formalités à remplir pour obtenir la protection temporaire diffèrent également suivant les pays.

Ce régime si disparate fait aux exposants-inventeurs une situation à la fois compliquée et incertaine. Il importerait grandement de simplifier celle-ci et de l'affermir.

Le Bureau international s'en est rendu compte depuis longtemps. Dans les propositions de revision qu'il présenta notamment aux Conférences de Rome, Madrid et surtout de Washington, il s'était efforcé de préciser la portée de l'article 11 et de substituer à cette disposition de principe un peu vague une réglementation unique sur quelques points essentiels. D'une manière générale il ne put obtenir satisfaction.

Mais depuis lors deux faits nouveaux se sont produits.

Une initiative heureuse du Gouvernement des Pays-Bas a apporté un remède partiel à l'incertitude qui régnait sur le point de savoir quelles sont les expositions internationales officielles ou officiellement reconnues. Ce Gouvernement, depuis l'année 1913, notifie au Bureau international les expositions tenues sur son territoire et reconnues par lui. Ces notifications sont publiées dans la *Propriété industrielle*. D'autres pays ont adopté cette pratique. C'est ainsi qu'on est arrivé à publier 85 avis de ce genre depuis dix ans.

La fixation à six mois de la durée maxima des expositions, acceptée par 16 États (dont 15 États unionistes) dans la Convention de Berlin du 26 octobre 1912 concernant les expositions internationales, a préparé les voies à la détermination d'une date uniforme d'expiration de la protection temporaire aux expositions.

Par ailleurs il ne paraît pas impossible de s'entendre en vue de réduire au minimum les formalités à exiger pour obtenir la protection temporaire.

Nous croyons donc le moment venu de tenter un nouvel effort pour sortir du chaos actuel en précisant dans l'article 11 les lignes essentielles de la protection temporaire aux expositions.

Les listes d'expositions devraient être communiquées d'avance au Bureau international par tous les pays unionistes aux fins de publication dans la *Propriété industrielle*. La protection temporaire consisterait en un droit de priorité spécial

[1] Voir le *Tableau synoptique* relatif à la protection des inventions brevetables aux expositions, p. 16[illegible]

qui expirerait uniformément au bout de six mois à compter de la date de l'ouverture de l'exposition. Les tiers intéressés pourraient facilement connaître celle-ci par la simple lecture de cette Revue.

La date à laquelle le délai de protection s'ouvre serait celle à laquelle l'exposant introduit son invention ou son produit dans l'enceinte de l'exposition. C'est à partir de ce moment que l'objet risque d'être contrefait, qu'il convient donc de le protéger. Il n'y a pas de raison de faire remonter plus haut le délai de protection. L'exposant pourra faire constater cette introduction par tous les moyens de droit: par exemple, s'il demande un certificat *ad hoc* à la direction de l'exposition, il pourra faire état du témoignage des ouvriers ou transporteurs qui ont introduit l'objet exposé, etc.

A celui qui voudra invoquer le bénéfice de la protection temporaire une seule formalité sera imposée *obligatoirement:* il devra, au moment de déposer sa demande de brevet ou d'enregistrement ou au plus tard avant la publication de sa demande[1], *déclarer* dans quel pays et à quelle date il a exposé. Les indications de cette déclaration devraient être mentionnées dans la feuille périodique officielle éditée par l'Administration du pays où est effectué le dépôt de la demande.

Une autre formalité, mais une seule, pourra être établie par les pays unionistes qui la jugeront utile, c'est le *dépôt d'un certificat de la direction de l'exposition,* constatant la date de l'introduction, accompagné d'une photographie de l'objet exposé ou d'une copie de la marque. Si la photographie ne suffit pas pour caractériser l'objet à protéger, celui-ci sera identifié par tous les moyens de droit, conformément au principe que nous avons déjà posé au sujet de la preuve du fait de l'introduction. Afin d'épargner aux exposants des démarches et des frais superflus, il convient encore de stipuler que le certificat précité sera dispensé de toute légalisation en ce qui concerne les procédures administratives.

Enfin il faut penser que ce n'est pas nécessairement dans le pays où l'exposition a lieu que l'exposant déposera sa première demande de brevet ou d'enregistrement. Ce peut être dans un autre pays et dans un pays de langue différente. Pour ce pays l'examen du certificat, s'il est libellé en une langue étrangère, peut constituer une difficulté et entraîner des frais. Aussi sera-t-il sage de spécifier que chaque pays pourra exiger que le certificat soit accompagné d'une traduction en langue dudit pays.

Le Bureau international avait déjà proposé — à peu de choses près[2] et sous une forme que nous nous sommes simplement efforcés de rendre plus claire dans la rédaction de nos propositions — l'adoption de ces quelques dispositions à la Conférence de Washington en 1911. Aucune n'a perdu de sa valeur; plusieurs ont gagné en opportunité.

Reste à trancher une question très délicate: celle de savoir si le délai de priorité spécial accordé à l'exposant-inventeur pour déposer sa demande de brevet ou d'enregistrement avant l'expiration des six mois à courir de l'ouverture de l'exposition sera considéré comme une partie du délai ordinaire de priorité prévu par l'article 4 de la Convention générale d'Union, se confondra pour sa part avec ce dernier, ou au contraire s'ajoutera à lui. C'est la question du non-cumul ou du cumul de ces deux délais. Plusieurs législations à notre connaissance se sont formellement prononcées en faveur du cumul (Autriche, Portugal, Tchécoslovaquie). D'autres législations (Pays-Bas, France, Tunisie, Maroc) se sont pro-

[1] Cette date ultime est admise, car c'est la publication de la demande qui révélera aux tiers l'existence de celle-ci.

[2] Notons cependant que dans les propositions de 1911 ne figurait pas l'exigence — à imposer au déposant — de la mention de la déclaration d'exposition dans la feuille officielle de l'Administration du pays où est effectué le dépôt. Cette exigence nous a paru être commandée par l'intérêt des tiers.

noncées formellement en faveur du non-cumul. Un plus grand nombre n'ont pas statué expressément sur ce point.

De cette situation il résulte une fâcheuse incertitude à laquelle il serait urgent de mettre un terme.

Le système du cumul semble, au premier abord, conforme à l'esprit qui a présidé à l'adoption de l'article 11. Ceux qui ont voté cette disposition n'ont-ils pas voulu assurer aux exposants une certaine marge de temps supplémentaire pour mettre leur produit sous les yeux des industriels et des hommes d'affaires et pour délibérer plus utilement sur le point de savoir s'ils avaient intérêt à le faire breveter?

D'autre part, l'intérêt des exposants n'est pas seul à envisager ici. Il faut penser à leurs concurrents éventuels, à ceux qui, ayant fait une invention, désirent savoir au plus tôt si celle-ci est réellement nouvelle ou si elle n'a pas déjà fait l'objet d'une autre demande de brevet. Pendant la durée du délai ordinaire de priorité organisé par l'article 4 de la Convention, c'est-à-dire pendant douze mois, ils se trouvent normalement dans l'incertitude à cet égard. Si à ce délai vient s'ajouter le délai supplémentaire d'exposition, leur incertitude pourra durer jusqu'à dix-huit mois. Est-il plus avantageux à l'intérêt général de prolonger ainsi cette incertitude ou de réduire simplement le privilège de l'inventeur-exposant à ceci: que le produit exposé ne peut perdre son caractère de nouveauté pendant la durée de temps où il est exposé. Là-dessus les avis sont partagés et l'hésitation est permise. Mais après avoir pesé soigneusement le pour et le contre, il serait extrêmement désirable que les pays unionistes s'entendent pour se rallier tous au même point de vue. C'est le seul moyen de sortir des difficultés présentes.

Si le système du cumul l'emporte, il suffit de dire dans l'article 11 que le dépôt de la demande opéré dans les six mois à courir de l'ouverture de l'exposition ne pourra être invalidé par des faits accomplis après la date à laquelle l'objet aura été introduit à l'exposition et que le délai de priorité ordinaire prévu à l'article 4 ne commencera à courir qu'à partir de la date du dépôt de cette demande.

Pour limiter le cercle d'investigation à parcourir, on pourrait insérer dans cet article une variante et décider que la protection temporaire ne produira ses effets que si la demande de brevet initiale a été déposée dans le pays où l'exposition a eu lieu (¹). Les tiers qui, en lisant la *Propriété industrielle,* auront constaté, par exemple, qu'à l'époque qui les intéresse, il n'y a eu d'expositions reconnues que dans un, ou dans deux pays, n'auront à faire de recherche que dans ce ou ces deux pays; s'ils constatent qu'aucune exposition reconnue n'a eu lieu à cette époque, en réalité leur période d'incertitude est réduite au délai ordinaire de priorité. L'inconvénient que le système du cumul présente pour les tiers serait ainsi ramené au minimum dans l'espace comme dans le temps.

Si c'est le système du non-cumul qui doit en fin de compte rallier les suffrages, la Conférence pourrait adopter pour l'article 11 une rédaction un peu différente. Celle-ci, au lieu de poser d'abord le principe de la protection temporaire, débuterait par la simple déclaration suivante: quiconque, dans les six mois de l'ouverture d'une exposition tenue dans l'un des pays unionistes, déposera dans un quelconque de ces pays une demande de brevet, sera considéré comme ayant déjà fait sa demande à la date à laquelle le produit a été introduit à l'exposition. Dans ce système la demande basée sur le fait de l'exposition rétroagit jusqu'au

(¹) Bien entendu, dans cette variante, nous laissons tomber la phrase finale de notre première proposition concernant la possibilité d'exiger une *traduction* du certificat d'exposition, le brevet initial étant demandé dans le pays même où l'exposition a eu lieu, le certificat d'exposition sera tout naturellement formulé dans la langue de ce pays. Les demandes ultérieures de brevet seront déposées dans les autres pays unionistes au cours du délai ordinaire de priorité et en application de l'article 4 de la Convention, sans qu'il y ait lieu de se référer au fait de l'exposition antérieure du produit breveté.

jour où ce fait s'est produit, en sorte que celui-ci est considéré comme n'ayant pas porté atteinte à la nouveauté de l'invention. C'est à cela que se réduit la protection spéciale des produits exposés. L'inventeur qui voudra ensuite déposer une demande de brevet dans les autres pays unionistes aura donc, pour ce faire, un délai d'un an à courir de la même date, c'est-à-dire de celle de l'introduction à l'exposition. Entre la date réelle de sa première demande de brevet et celle de la seconde, l'intervalle pourra être bien plus court, ne pas sensiblement dépasser six mois. La période de temps pendant laquelle l'objet est exposé ne constitue donc plus pour lui un supplément de délai pour délibérer sur le point de savoir s'il fera ou non breveter son invention dans divers pays. Envisagé au point de vue des exposants-inventeurs, ce système peut paraître un peu strict, mais, font observer ses partisans, si l'inventeur est en état d'exposer, c'est que son invention est déjà au point et il n'a pas besoin d'un délai supplémentaire pour délibérer. Que s'il veut perfectionner son invention, ces perfectionnements n'ayant pas été exposés, il n'y a aucune raison de lui donner un droit de priorité pour les protéger. D'autre part, au point de vue des tiers, ledit système présente cet avantage de ne pas accroître d'un jour la période d'incertitude que leur impose l'existence du droit ordinaire de priorité. Les dispositions relatives au certificat d'exposition, aux notifications des listes d'expositions au Bureau international et à la publication de ces listes par *La Propriété industrielle* trouveraient ensuite place dans cette rédaction.

Nous proposons donc à la Conférence trois textes entre lesquels il lui appartiendra de choisir. L'essentiel, à notre avis, est qu'elle se décide à faire un choix.

TEXTE ACTUEL

ART. 11. — Les pays contractants accorderont, conformément à leur législation intérieure, une protection temporaire aux inventions brevetables, aux modèles d'utilité, aux dessins ou modèles industriels, ainsi qu'aux marques de fabrique ou de commerce, pour les produits qui figureront aux expositions internationales officielles ou officiellement reconnues, organisées sur le territoire de l'un d'eux.

PROPOSITION

ART. 11. — Les pays contractants accorderont une protection temporaire aux inventions brevetables, aux modèles d'utilité, aux dessins ou modèles industriels ainsi qu'aux marques de fabrique ou de commerce figurant aux expositions internationales officielles ou officiellement reconnues, organisées sur le territoire de l'un d'eux.

Au choix de la Conférence l'un des trois textes **nouveaux** suivants:

1. Chaque pays contractant devra communiquer d'avance et en temps utile au Bureau international de Berne les listes des expositions internationales qui se tiendront sur son territoire et qu'il considère comme officielles ou officiellement reconnues. Le Bureau international publiera ces listes dans sa Revue *La Propriété industrielle* (1).

La protection prévue au précédent alinéa consistera en un droit de priorité spécial organisé d'après les règles suivantes.

Le dépôt, opéré par l'exposant *auprès d'une Administration unioniste* (2) avant

(1) Ces deux phrases seront incorporées au premier alinéa.

(2) Dans le texte n° 2, les mots en *italique* sont remplacés par « *auprès de l'Administration du pays où l'exposition a lieu* ».

TEXTE ACTUEL	PROPOSITION
	l'expiration des 6 mois qui suivront l'ouverture de l'exposition, soit d'une demande de brevet, soit d'une demande d'enregistrement de modèle d'utilité, de dessin ou de modèle industriel ou de marque ne pourra être invalidé par des faits accomplis après la date à laquelle l'invention, le modèle d'utilité, le dessin, le modèle industriel ou le produit portant la marque a été introduit dans l'enceinte de l'exposition. Le délai de priorité ordinaire prévu par l'article 4 de la présente Convention prendra cours à partir de la date de ce dépôt. L'exposant ne bénéficiera de l'avantage spécial prévu aux alinéas 2 et 3 du présent article que si, en déposant sa demande ou au plus tard avant la publication de celle-ci, il fait une déclaration indiquant *dans quel pays,* dans quel lieu, *et* (1) à quelle date il a exposé. Ces indications seront mentionnées dans la feuille périodique officielle éditée par l'Administration du pays où est effectué le dépôt. La jouissance de la protection temporaire ne pourra être subordonnée à aucune autre formalité ou condition, outre la déclaration prescrite par l'alinéa précédent, que celle de la production d'un certificat de la direction de l'exposition constatant la date de l'introduction, accompagné d'une photographie de l'objet exposé ou d'une copie de la marque. Si la photographie ne suffit pas pour caractériser l'objet à protéger, il sera identifié par tous les moyens de droit. Le certificat précité sera dispensé de toute légalisation en ce qui concerne les procédures administratives. *On pourra exiger qu'il soit accompagné d'une traduction* (2). 2. Chaque pays contractant devra communiquer d'avance et en temps utile au Bureau international de Berne les listes des expositions internationales qui se tiendront sur son territoire et qu'il considère comme officielles ou officiellement reconnues. Le Bureau international publiera ces listes dans sa Revue *La Propriété industrielle* (3).

(1) Dans le texte n° 2, les mots en *italique* sont supprimés.

(2) Dans le texte n° 2, les mots en *italique* sont supprimés.

(3) Ces deux phrases seront incorporées au premier alinéa.

Texte actuel	Proposition
	La protection prévue au précédent alinéa consistera en un droit de priorité spécial organisé d'après les règles suivantes. Le dépôt, opéré par l'exposant *auprès de l'Administration du pays où l'exposition a lieu* (1) avant l'expiration des 6 mois qui suivront l'ouverture de l'exposition, soit d'une demande de brevet, soit d'une demande d'enregistrement de modèle d'utilité, de dessin ou de modèle industriel ou de marque ne pourra être invalidé par des faits accomplis après la date à laquelle l'invention, le modèle d'utilité, le dessin, le modèle industriel ou le produit portant la marque a été introduit dans l'enceinte de l'exposition. Le délai de priorité ordinaire prévu par l'article 4 de la présente Convention prendra cours à partir de la date de ce dépôt. L'exposant ne bénéficiera de l'avantage spécial prévu aux alinéas 2 et 3 du présent article que si, en déposant sa demande ou au plus tard avant la publication de celle-ci, il fait une déclaration indiquant (2) dans quel lieu et à quelle date il a exposé. Ces indications seront mentionnées dans la feuille périodique officielle éditée par l'Administration du pays où est effectué le dépôt. La jouissance de la protection temporaire ne pourra être subordonnée à aucune autre formalité ou condition, outre la déclaration prescrite par l'alinéa précédent, que celle de la production d'un certificat de la direction de l'exposition constatant la date de l'introduction, accompagné d'une photographie de l'objet exposé ou d'une copie de la marque. Si la photographie ne suffit pas pour caractériser l'objet à protéger, il sera identifié par tous les moyens de droit. Le certificat précité sera dispensé de toute légalisation en ce qui concerne les procédures administratives (3). 3. Quiconque, dans les six mois de l'ouverture d'une exposition internationale offi-

(1) Dans le texte n° 1, les mots en *italique* sont remplacés par « *auprès d'une Administration unioniste* ».

(2) Le texte n° 1 porte « *indiquant dans quel pays, ...* ».

(3) Le texte n° 1 contient encore la phrase suivante : « *On pourra exiger qu'il soit accompagné d'une traduction.* »

TEXTE ACTUEL

PROPOSITION

cielle ou officiellement reconnue organisé sur le territoire d'un pays unioniste, dépo sera, auprès de l'Administration de l'u quelconque de ces pays, soit une demand de brevet pour un produit par lui exposé pour un procédé par lui démontré à l'ex position ou pour un perfectionnement ap porté à ce produit ou à ce procédé, soi une demande d'enregistrement d'un modèl d'utilité ou d'un dessin ou modèle exposé ou d'une marque utilisée sur un produi exposé, sera considéré par cette Adminis tration comme ayant déjà fait sa demand à la date à laquelle le produit, dessin o modèle a été introduit à l'exposition ou l procédé y a été démontré. Tous les autre pays contractants considéreront égalemen cette date comme le point de départ d délai de priorité prévu à l'article 4 de l présente Convention au profit du dépô initial.

Ladite date sera établie par un certifi cat officiel de la direction de l'exposition lequel sera joint à la demande. Les Admi nistrations des pays contractants pourron exiger aussi du déposant la production d'un photographie de l'objet exposé ou une co pie de la marque. Si la photographie n suffit pas pour caractériser l'objet à pro téger, il sera identifié par tous les moyen de droit. Le certificat précité sera dispens de toute légalisation en ce qui concerne le procédures administratives; on pourra exi ger qu'il soit accompagné d'une traduction Aucune autre formalité ne pourra être im posée au déposant.

Chaque pays contractant devra commu niquer d'avance et en temps utile au Burea international de Berne les listes des ex positions internationales qui se tiendron sur son territoire et qu'il considère comm officielles ou officiellement reconnues. L Bureau international publiera ces listes dan sa Revue *La Propriété industrielle.*

Au cas où le troisième texte serait adopté il serait bon d'ajouter à l'article 4, c) alinéa 2, la phrase suivante:

« Sous réserve de ce qui est prévu à l'article 11 en ce qui concerne le poin de départ du délai pour les exposants qu ont participé à une exposition ».

XI. Obligation pour les États de publier une feuille périodique

(Art. 12)

La seule modification proposée à cet article consiste dans la suppression, au deuxième alinéa, des mots « autant que possible ». Ces mots n'ont plus aucune raison d'être puisque tous les pays de l'Union publient la feuille périodique officielle dont parle l'alinéa en question [1]. Pour les pays qui adhéreraient ultérieurement à l'Union, la création d'un organe de presse semblable s'impose.

Texte actuel	Proposition
Art. 12. — Chacun des pays contractants s'engage à établir un service spécial de la propriété industrielle et un dépôt central pour la communication au public des brevets d'invention, des modèles d'utilité, des dessins ou modèles industriels et des marques de fabrique ou de commerce. Ce service publiera, autant que possible, une feuille périodique officielle.	Art. 12. — Chacun des pays contractants s'engage à établir un service spécial de la propriété industrielle et un dépôt central pour la communication au public des brevets d'invention, des modèles d'utilité, des dessins ou modèles industriels et des marques de fabrique ou de commerce. Ce service publiera (.....) une feuille périodique officielle.

XII. Dotation du Bureau

(Art. 13)

Le Bureau international de la propriété industrielle a été institué à Berne en vertu de l'article 13 de la Convention de Paris, du 20 mars 1883. L'article 6 du Protocole de clôture de la Convention décidait que les frais communs du Bureau ne devaient en aucun cas dépasser par année une somme totale représentant une *moyenne* de fr. 2000 par chaque État contractant (il y en avait 9 au début). L'article 6 du Protocole de clôture de la Conférence de revision de Madrid du 15 avril 1891 a remplacé cette disposition par une autre aux termes de laquelle les dépenses annuelles du Bureau à répartir entre les États contractants ne devaient pas dépasser fr. 60 000. C'est cette disposition qui a ensuite passé dans le texte de l'article 13 de la Convention revisée à Washington le 2 juin 1911.

Ce crédit était le même en 1921, alors que le Bureau entrait dans sa trente-huitième année d'existence et que l'Union comptait 28 États adhérents. Or, progressivement et en dépit d'une économie dont la rigueur n'aurait pu être dépassée sans nuire à la bonne gestion administrative du Bureau, le montant des dépenses augmentait. Le fait que le Bureau de la propriété littéraire créé en 1888 et le Service de l'enregistrement international des marques créé en 1893 étaient placés sous la même direction et utilisaient — à frais communs — les Services généraux du Bureau de la propriété industrielle avait permis de réaliser de sérieuses économies et de retarder pendant bien des années le moment où il serait indispensable de demander aux États contractants une augmentation de dotation. Mais les conséquences économiques de la guerre rendaient désormais impossible tout nouvel atermoiement. Les frais de loyer, d'impression, de chauffage, d'éclairage, de poste, de téléphone, s'étaient accrus dans des proportions extrêmement élevées (100 %). Il convenait en outre de consolider par l'adoption d'une nouvelle échelle de traitements les allocations de renchérissement de la vie accordées à notre per-

(1) Voir *Prop. ind.*, 1923, *passim* : « État des offices nationaux de la propriété industrielle dans les pays de l'Union et tableau de leurs publications. »

sonnel, qui d'ailleurs étaient loin d'assurer aux fonctionnaires des classes supérieures une situation équivalente à celle dont ils bénéficiaient avant la guerre. Enfin le modeste fonds de couverture qui est à la base de notre service de pension avait un besoin urgent d'être alimenté.

D'autre part, les circonstances ne se prêtaient pas encore à une réunion utile de la Conférence de La Haye.

Le Bureau dut donc se décider à prier le Conseil fédéral suisse, sous l'autorité duquel il est placé, de bien vouloir demander par voie de circulaire aux États membres de l'Union — comme il venait de le faire pour les pays membres de l'Union des transports internationaux par chemins de fer (1er mars 1920) et pour les pays membres de l'Union télégraphique (24 mai 1921) — une augmentation de crédit.

Le 20 juin 1921, la circulaire était lancée.

Le 15 novembre suivant, l'adhésion des États était acquise et un crédit annuel de fr. 120 000 (au lieu de fr. 60 000) était mis à la disposition du Bureau à dater rétroactivement de l'exercice 1921.

Il était entendu que, conformément au précédent établi en octobre 1920 par la Conférence de Madrid en faveur du Bureau de l'Union postale universelle, au cas où le Bureau ne dépenserait pas la totalité du crédit au cours d'un exercice, il serait autorisé à verser le solde au fonds de couverture des pensions jusqu'à ce que celui-ci eût atteint le montant de fr. 200 000.

En fait il a suffi de deux exercices pour parfaire cette somme et à partir de l'année 1923 le Bureau n'a plus eu à faire face qu'à ses dépenses d'administration proprement dites. Celles-ci — déduction faite des quelques recettes qu'il encaisse — ne se sont élevées au cours de cette année qu'à la somme de fr. 74 481.23. Le Bureau a scrupuleusement conservé, on le voit, ses anciennes traditions d'économie et il n'usera qu'au fur et à mesure des besoins réels de la marge de crédit qui lui reste ouverte pour les exercices ultérieurs.

C'est donc en toute tranquillité d'esprit que la Conférence peut régulariser la situation provisoire qui date de 1921 et substituer dans l'article 13, alinéa 6 de la Convention générale d'Union le chiffre de fr. 120 000 à celui de fr. 60 000 qui y est encore inscrit. L'avenir sera ainsi assuré et un jeu suffisant sera laissé à l'administration du Bureau pour le cas où les circonstances l'obligeraient à de nouveaux accroissements de dépenses. Enfin à supposer que dans un certain nombre d'années une augmentation nouvelle soit nécessaire, nous avons pensé qu'il serait avantageux de pouvoir mettre celle-ci en vigueur, comme cela est prévu dans la Convention de l'Union littéraire (art. 23), par simple décision d'une Conférence sans attendre la ratification par les États contractants qui est nécessaire pour la mise en vigueur d'un texte revisé de la Convention.

En conséquence, nous proposons de substituer à l'alinéa 6 de l'article 13 de la Convention de Paris-Washington le texte modifié qu'on lira ci-dessous.

TEXTE ACTUEL	PROPOSITION
ART. 13. — L'Office international institué à Berne sous le nom de Bureau international pour la protection de la propriété industrielle est placé sous la haute autorité du Gouvernement de la Confédération suisse, qui en règle l'organisation et en surveille le fonctionnement.	ART. 13. — L'Office international institué à Berne sous le nom de Bureau international pour la protection de la propriété industrielle est placé sous la haute autorité du Gouvernement de la Confédération suisse, qui en règle l'organisation et en surveille le fonctionnement.
	La langue officielle du Bureau international **est** la langue française.
Le Bureau international centralisera les renseignements de toute nature relatifs à la protection de la propriété industrielle,	Le Bureau international centralise les

TEXTE ACTUEL

et les réunira en une statistique générale, qui sera distribuée à toutes les Administrations. Il procédera aux études d'utilité commune intéressant l'Union et rédigera, à l'aide des documents qui seront mis à sa disposition par les diverses Administrations, une feuille périodique en langue française sur les questions concernant l'objet de l'Union.

Les numéros de cette feuille, de même que tous les documents publiés par le Bureau international, seront répartis entre les Administrations des pays de l'Union, dans la proportion du nombre des unités contributives ci-dessous mentionnées. Les exemplaires et documents supplémentaires qui seraient réclamés, soit par lesdites Administrations, soit par des sociétés ou des particuliers, seront payés à part.

Le Bureau international devra se tenir en tout temps à la disposition des membres de l'Union, pour leur fournir, sur les questions relatives au service international de la propriété industrielle, les renseignements spéciaux dont ils pourraient avoir besoin. Il fera sur sa gestion un rapport annuel qui sera communiqué à tous les membres de l'Union.

La langue officielle du Bureau international sera la langue française.

Les dépenses du Bureau international seront supportées en commun par les pays contractants. Elles ne pourront, en aucun cas, dépasser la somme de soixante mille francs par année.

Pour déterminer la part contributive de chacun des pays dans cette somme totale des frais, les pays contractants et ceux qui adhéreraient ultérieurement à l'Union seront divisés en six classes, contribuant chacune dans la proportion d'un certain nombre d'unités, savoir :

1re classe	25	unités
2e »	20	»
3e »	15	»
4e »	10	»
5e »	5	»
6e »	3	»

Ces coefficients seront multipliés par le nombre des pays de chaque classe, et la somme des produits ainsi obtenus fournira

PROPOSITION

renseignements de toute nature relatifs à la protection de la propriété industrielle, **il les réunit et les publie.** Il procède aux études d'utilité commune intéressant l'Union et rédige, à l'aide des documents qui sont mis à sa disposition par les diverses Administrations, une feuille périodique, en langue française, sur les questions concernant l'objet de l'Union.

Les numéros de cette feuille, de même que tous les documents publiés par le Bureau international, sont répartis entre les Administrations des pays de l'Union, dans la proportion du nombre des unités contributives ci-dessous mentionnées. Les exemplaires et documents supplémentaires qui seraient réclamés, soit par lesdites Administrations, soit par des sociétés ou des particuliers, sont payés à part.

Le Bureau international doit se tenir en tout temps à la disposition des membres de l'Union, pour leur fournir, sur les questions relatives au service international de la propriété industrielle, les renseignements spéciaux dont ils pourraient avoir besoin. **Le Directeur du Bureau international** fait sur sa gestion un rapport annuel qui est communiqué à tous les membres de l'Union.

Les dépenses du Bureau international seront supportées en commun par les pays contractants. **Jusqu'à nouvelle décision, elles ne pourront pas dépasser la somme de cent vingt mille francs par année. Cette somme pourra être augmentée au besoin par simple décision d'une des Conférences prévues à l'art. 14.**

Pour déterminer la part contributive de chacun des pays dans cette somme totale des frais, les pays contractants et ceux qui adhéreront ultérieurement à l'Union sont divisés en six classes, contribuant chacune dans la proportion d'un certain nombre d'unités, savoir :

1re classe	25	unités
2e »	20	»
3e »	15	»
4e »	10	»
5e »	5	»
6e »	3	»

Ces coefficients sont multipliés par le nombre des pays de chaque classe, et la somme des produits ainsi obtenus fournit

TEXTE ACTUEL

le nombre d'unités par lequel la dépense totale doit être divisée. Le quotient donnera le montant de l'unité de dépense.

Chacun des pays contractants désignera, au moment de son accession, la classe dans laquelle il désire être rangé.

Le Gouvernement de la Confédération suisse surveillera les dépenses du Bureau international, fera les avances nécessaires et établira le compte annuel, qui sera communiqué à toutes les autres Administrations.

PROPOSITION

le nombre d'unités par lequel la dépense totale doit être divisée. Le quotient donne le montant de l'unité de dépense.

Chacun des pays contractants désignera, au moment de son accession, la classe dans laquelle il désire être rangé.

Le Gouvernement de la Confédération suisse surveille les dépenses du Bureau international, fait les avances nécessaires et établit le compte annuel, qui sera communiqué à toutes les autres Administrations.

XIII. Actes en vigueur
(Art. 18)

Nous ne proposons d'apporter à cet article qu'une modification, qui d'ailleurs s'impose: il faut ajouter la Convention revisée à Washington le 2 juin 1911 et le Protocole de clôture du même jour à l'énumération des actes qui seront remplacés par l'Acte *unique* dont l'adoption est proposée à La Haye.

TEXTE ACTUEL

ART. 18. — Le présent Acte sera ratifié, et les ratifications en seront déposées à Washington au plus tard le 1er avril 1913. Il sera mis à exécution, entre les pays qui l'auront ratifié, un mois après l'expiration de ce délai.

Cet Acte, avec son Protocole de clôture, remplacera, dans les rapports entre les pays qui l'auront ratifié: la Convention de Paris du 20 mars 1883; le Protocole de clôture annexé à cet Acte; le Protocole de Madrid du 15 avril 1891 concernant la dotation du Bureau international, et l'Acte additionnel de Bruxelles du 14 décembre 1900. Toutefois, les Actes précités resteront en vigueur dans les rapports avec les pays qui n'auront pas ratifié le présent Acte.

ART. 19. — Le présent Acte sera signé en un seul exemplaire, lequel sera déposé aux archives du Gouvernement des États-Unis. Une copie certifiée sera remise par ce dernier à chacun des Gouvernements unionistes

EN FOI DE QUOI les Plénipotentiaires respectifs ont signé le présent Acte.

Fait à Washington, en un seul exemplaire, le deux juin 1911.

(Signatures.)

PROPOSITION

ART. 18. — Le présent Acte sera ratifié, et les ratifications en seront déposées à ..... au plus tard le ..... Il sera mis à exécution, entre les pays qui l'auront ratifié, un (trois?) mois après l'expiration de ce délai.

Cet Acte **unique** remplacera, dans les rapports entre les pays qui l'auront ratifié: la Convention de Paris du 20 mars 1883; le Protocole de clôture annexé à cet Acte; le Protocole de Madrid du 15 avril 1891 concernant la dotation du Bureau international, l'Acte additionnel de Bruxelles du 14 décembre 1900; **la Convention revisée à Washington le 2 juin 1911 et le Protocole de clôture du même jour.** Toutefois, les Actes précités resteront en vigueur dans les rapports avec les pays qui n'auront pas ratifié le présent Acte.

ART. 19. — Le présent Acte sera signé en un seul exemplaire, lequel sera déposé aux archives du Gouvernement ..... Une copie certifiée sera remise par ce dernier à chacun des Gouvernements unionistes.

Fait à La Haye, en un seul exemplaire, le .....

(Signatures.)

AVANT-PROJET

DE LA

CONVENTION DE PARIS REVISÉE

POUR LA

PROTECTION DE LA PROPRIÉTÉ INDUSTRIELLE

TEXTE UNIQUE REVISÉ

Article premier

Les pays contractants sont constitués à l'état d'Union pour la protection de la propriété industrielle.

Les mots « propriété industrielle » doivent être pris dans leur acception la plus large; *ils s'appliquent non seulement à la production de l'industrie proprement dite,* mais s'étendent *aussi* à toute production du domaine des industries agricoles (vins, grains, fruits, bestiaux, etc.) et extractives (minéraux, eaux minérales, etc.).

Article 2

Les sujets ou citoyens de chacun des pays contractants jouiront, dans tous les autres pays de l'Union, en ce qui concerne les brevets d'invention, les modèles d'utilité, les dessins ou modèles industriels, les marques de fabrique ou de commerce, le nom commercial, les indications de provenance, la répression de la concurrence déloyale, des avantages que — *en outre des droits spécialement prévus par la présente Convention* — les lois respectives accordent actuellement ou accorderont par la suite aux nationaux. En conséquence, ils auront la même protection que ceux-ci et le même recours légal contre toute atteinte portée à leurs droits, sous réserve de l'accomplissement des conditions et formalités imposées aux nationaux. Aucune obligation de domicile ou d'établissement dans le pays où la protection est réclamée ne *peut* être imposée aux ressortissants de l'Union.

Sont expressément réservées les dispositions de la législation de chacun des pays contractants *relatives* à la procédure suivie devant les tribunaux et à la compétence de ces tribunaux, ainsi qu'à l'élection de domicile ou à la constitution d'un mandataire, requises par les lois sur les brevets, les modèles d'utilité, les marques, etc.

L'expression « brevets d'invention » *comprend* les diverses espèces de brevets industriels admises par les législations des pays contractants, telles que brevets d'importation, brevets de perfectionnement, etc., tant pour les procédés que pour les produits.

ARTICLE 3

Sont assimilés aux sujets ou citoyens des pays contractants, les sujets ou citoyens des pays ne faisant pas partie de l'Union, qui sont domiciliés ou ont des établissements industriels ou commerciaux effectifs et sérieux sur le territoire de l'un des pays de l'Union.

ARTICLE 4

a) Celui qui aura régulièrement fait le dépôt d'une demande de brevet d'invention, d'un modèle d'utilité, d'un dessin ou modèle industriel, d'une marque de fabrique ou de commerce, dans l'un des pays contractants, ou son ayant cause, jouira, pour effectuer le dépôt dans les autres pays, [....] d'un droit de priorité pendant les délais déterminés ci-après.

b) En conséquence, le dépôt ultérieurement opéré dans l'un des autres pays de l'Union, avant l'expiration de ces délais, ne pourra être invalidé par des faits accomplis dans l'intervalle, soit, notamment, par un autre dépôt, par la publication de l'invention ou son exploitation, par la mise en vente des exemplaires du dessin ou du modèle, par l'emploi de la marque.

c) Les délais de priorité mentionnés ci-dessus seront de douze mois pour les brevets d'invention et les modèles d'utilité et de *six* mois pour les dessins et les modèles industriels et pour les marques de fabrique ou de commerce.

Ces délais commencent à courir à partir de la date du dépôt régulier de la première demande susmentionnée dans un pays de l'Union; ils comprennent le jour anniversaire de cette date et, si ce jour anniversaire est férié dans le pays où la protection est demandée, le premier jour ouvrable qui le suit.

d) Les droits acquis par des tiers avant le jour de la première demande originaire du droit de priorité sont réservés par l'effet de la législation intérieure de chaque pays contractant.

Dans l'intervalle entre le jour du dépôt de la première demande et celui du dépôt sous le bénéfice du droit de priorité, les tiers ne pourront acquérir aucun droit valable ni de brevet, modèle d'utilité, dessin ou modèle industriel ou marque, ni de possession personnelle.

e) Quiconque voudra se prévaloir de la priorité *du* dépôt antérieur *d'une demande de brevet ou de modèle d'utilité,* sera tenu de faire une déclaration indiquant la date et le pays de ce dépôt. Chaque pays déterminera à quel moment, au plus tard, cette déclaration devra être effectuée.

Ces indications seront mentionnées dans les publications émanant de l'autorité compétente, notamment sur les brevets et les descriptions y relatives. Les pays contractants pourront exiger de celui qui fait une déclaration de priorité la production d'une copie de la demande (description, dessin, etc.) déposée antérieurement. Cette copie, *certifiée conforme par l'Administration qui aura reçu la demande,* sera dispensée de toute légalisation.

On pourra exiger qu'elle soit accompagnée d'un certificat de la date du dépôt émanant de cette Administration, et d'une traduction. D'autres formalités ne pourront être requises pour la déclaration de priorité au moment du dépôt de la demande. Chaque pays contractant déterminera les conséquences de l'omission des formalités prévues par le présent article, sans que ces conséquences puissent excéder la perte du droit de priorité. Ultérieurement, d'autres justifications pourront être demandées.

f) Lorsqu'un dessin ou modèle industriel aura été déposé dans un pays en vertu d'un droit de priorité basé sur le dépôt d'un modèle d'utilité ou *inversement,* le délai de priorité ne sera que celui fixé pour les dessins et modèles industriels.

En outre, il est permis de déposer dans un pays un modèle d'utilité en vertu d'un droit de priorité basé sur le dépôt d'une demande de brevet et inversement.

ARTICLE 4bis

Les brevets demandés dans les différents pays contractants par des personnes admises au bénéfice de la Convention aux termes des articles 2 et 3, seront indépendants des brevets obtenus pour la même invention dans les autres pays adhérents ou non à l'Union.

Cette disposition doit s'entendre d'une façon absolue, notamment en ce sens que les brevets demandés pendant le délai de priorité sont indépendants, tant au point de vue des causes de nullité et de déchéance, qu'au point de vue de la durée normale.

Elle s'applique à tous les brevets existant au moment de sa mise en vigueur.

Il en sera de même, en cas d'accession de nouveaux pays, pour les brevets existant de part et d'autre au moment de l'accession.

ARTICLE 5

L'introduction, par le breveté, dans le pays où le brevet a été délivré, d'objets fabriqués dans l'un ou l'autre des pays de l'Union, n'entraînera pas la déchéance.

Toutefois, la législation de chaque pays unioniste pourra édicter l'obligation d'exploiter le brevet avec la double restriction que le breveté aura, dans chaque pays de l'Union, pour cette mise en exploitation un délai minimum de trois ans compté à partir de la délivrance du brevet dans ce pays, et que la sanction de la non-exploitation dans le délai légal — ceci seulement au cas où le breveté ne justifierait pas des causes de son inaction — *ne pourra être la déchéance du brevet, mais uniquement la licence obligatoire.*

ARTICLE 6

Toute marque de fabrique ou de commerce régulièrement enregistrée dans le pays d'origine sera admise au dépôt et protégée telle quelle dans les autres pays de l'Union.

Cette disposition n'exclut pas le droit d'exiger du déposant un certificat d'enregistrement régulier, délivré par l'autorité compétente du pays d'origine.

Toutefois, pourront être refusées ou invalidées:

1° les marques qui sont de nature à porter atteinte à des droits acquis par des tiers dans le pays où la protection est réclamée;

2° les marques dépourvues de tout caractère distinctif, *surtout celles* composées exclusivement de signes ou d'indications pouvant servir, dans le commerce, pour désigner l'espèce, la qualité, la quantité, la destination, la valeur, le lieu d'origine des produits ou l'époque de production, ou devenus usuels dans le langage courant ou les habitudes loyales et constantes du commerce du pays où la protection est réclamée.

Dans l'appréciation du caractère distinctif d'une marque, on devra tenir compte de toutes les circonstances de fait, notamment de la durée de l'usage de la marque;

3° les marques qui sont contraires à la morale ou à l'ordre public.

Il est entendu qu'une marque ne pourra être considérée comme contraire à l'ordre public pour la seule raison qu'elle n'est pas conforme à quelque disposition de la législation sur les marques, sauf le cas où cette disposition elle-même concerne l'ordre public.

Sera considéré comme pays d'origine le pays où le déposant a son principal établissement et, si celui-ci n'est pas situé dans un pays de l'Union, *le pays contractant où le déposant a un établissement industriel ou commercial effectif et sérieux, et s'il ne possède pas d'établissement de ce genre, le pays de son domicile ou, s'il ressortit à un pays de l'Union, celui de sa nationalité.*

ARTICLE 6bis

Les pays contractants s'engagent à refuser ou à invalider toute marque de fabrique ou de commerce notoirement connue comme étant déjà la marque d'un ressortissant d'un autre pays; un délai minimum de trois ans devra être accordé aux intéressés pour réclamer l'invalidation des marques ainsi enregistrées.

ARTICLE 6ter

Les pays contractants s'engagent à assurer dans leur législation nationale aux ressortissants des autres pays contractants un recours légal comportant, outre les sanctions civiles, des sanctions pénales contre tout usage frauduleux de leurs marques.

ARTICLE 6quater

Les pays contractants conviennent, en outre, de refuser ou d'invalider l'enregistrement et d'interdire par des mesures appropriées l'utilisation, non autorisée par les pouvoirs compétents, à titre de marques de fabrique ou de commerce ou comme éléments de ces marques, des emblèmes ou armoiries d'État des pays contractants, des signes et poinçons officiels de contrôle et de garantie adoptés par les pays contractants, ainsi que toute imitation, au point de vue héraldique, desdits emblèmes, armoiries, signes ou poinçons.

En ce qui concerne les signes et poinçons officiels ci-dessus mentionnés, ou leur imitation, il est entendu que l'interdiction visée dans le présent article s'appliquera seulement dans le cas où les marques comprenant ces poinçons et signes sont utilisées ou destinées à être utilisées sur des marchandises du même genre que celles pour lesquelles l'apposition du poinçon ou signe original implique une garantie, ou sur des marchandises d'un genre similaire.

Pour l'application de ces dispositions, les pays contractants conviennent de se communiquer réciproquement, par l'intermédiaire du Bureau international de Berne, la liste des emblèmes ou armoiries d'État, des signes et poinçons officiels de contrôle et de garantie qu'ils désirent ou désireront placer d'une façon absolue ou dans certaines limites sous la protection du présent article, ainsi que toutes modifications ultérieures apportées à cette liste.

Tout pays contractant pourra, dans un délai de six mois à partir de cette communication, transmettre, par l'intermédiaire du Bureau international de Berne, au pays intéressé les objections éventuelles auxquelles la communication de cette liste pourrait donner lieu de sa part.

La similitude qui pourrait exister entre les emblèmes, armoiries, signes ou poinçons officiels de contrôle et de garantie des divers pays contractants n'empêche pas les nationaux de chaque pays de faire usage des signes ou poinçons appartenant à celui-ci.

ARTICLE 7

La nature du produit sur lequel la marque de fabrique ou de commerce doit être apposée ne peut, dans aucun cas, faire obstacle au dépôt de la marque.

ARTICLE 7bis

Les pays contractants s'engagent à admettre au dépôt et à protéger les marques appartenant à des collectivités dont l'existence n'est pas contraire à la loi du pays d'origine, même si ces collectivités ne possèdent pas un établissement industriel ou commercial.

Cependant chaque pays sera juge des conditions particulières sous lesquelles une collectivité pourra être admise à faire protéger ses marques.

Les pays contractants s'engagent également à admettre au dépôt et à protéger les marques dites régionales ou nationales adoptées dans un but d'intérêt général par des autorités ou par des associations autorisées.

ARTICLE 8

Le nom commercial sera protégé dans tous les pays de l'Union sans obligation de dépôt, qu'il fasse ou non partie d'une marque de fabrique ou de commerce.

ARTICLE 9

Tout produit portant illicitement une marque de fabrique ou de commerce, ou un nom commercial, sera saisi à l'importation dans ceux des pays de l'Union dans lesquels cette marque ou ce nom commercial ont droit à la protection légale.

La saisie sera également effectuée dans le pays où l'apposition illicite aura eu lieu, ou dans le pays où aura été importé le produit.

La saisie aura lieu à la requête soit du ministère public, soit de toute autre autorité compétente, soit d'une partie intéressée, *personne physique ou morale*, conformément à la législation intérieure de chaque pays.

Les autorités ne seront pas tenues d'effectuer la saisie en cas de transit.

Si la législation d'un pays n'admet pas la saisie à l'importation, la saisie sera remplacée par la prohibition d'importation *ou la saisie à l'intérieur*.

Si la législation d'un pays n'admet ni la saisie à l'importation, ni la prohibition d'importation, ni la saisie à l'intérieur, ces mesures seront remplacées par les actions et moyens que la loi de ce pays assurerait en pareil cas aux nationaux.

ARTICLE 10

Les dispositions de l'article précédent seront applicables à tout produit *ou marchandise* portant faussement, comme indication de provenance, le nom d'une localité *ou d'un pays* déterminés.

Sera en tout cas reconnu comme partie intéressée, *que ce soit une personne physique ou morale*, tout producteur, fabricant ou commerçant engagé dans la production, la fabrication ou le commerce de ce produit *ou de cette marchandise*, et établi soit dans la localité faussement indiquée comme lieu de provenance, soit dans la région où cette localité est située.

ARTICLE 10bis

Les pays contractants *sont tenus* d'assurer aux ressortissants *des autres pays contractants* une protection effective contre la concurrence déloyale.

Constitue un acte de concurrence déloyale tout acte contraire aux usages honnêtes en matière industrielle ou commerciale, par exemple l'apposition sur des produits, marchandises, emballages, papiers d'affaires ou documents commerciaux, de mentions trompeuses de récompenses industrielles (médailles, diplômes, distinctions honorifiques, prix, etc.); les fausses déclarations relatives à la matière première ou au mode de fabrication des produits; la réclame fausse; le fait de discréditer injustement les produits ou marchandises d'un concurrent, etc.

Les pays contractants conviennent, en particulier, de prévoir des mesures appropriées d'ordre civil et, en cas de pratiques frauduleuses, d'ordre pénal, en ce qui concerne l'usage industriel ou commercial, manifestement de nature à créer soit une confusion avec les produits ou marchandises d'autrui, soit une erreur quant à l'origine véritable de ces produits ou marchandises:

a) *de marques de fabrique ou de commerce;*
b) *d'emblèmes, armoiries, signes ou poinçons officiels de contrôle et de garantie;*
c) *de désignations commerciales servant à distinguer les produits ou marchandises d'un producteur, fabricant ou commerçant, telles que noms, firmes, titres d'imprimés et autres signes de tout genre, comme enseignes, conditionnement, etc.;*
d) *de descriptions ou représentations figuratives ou de leurs combinaisons;*
e) *de toute autre désignation se rapportant à l'origine du produit ou de la marchandise.*

Toute personne physique ou morale lésée, ainsi que, dans le cas d'actions en cessation du trouble ou d'actions pénales, les syndicats et associations intéressés, régulièrement constitués dans leur pays d'origine, auront le droit d'agir ou d'intervenir en justice à raison de tout acte de concurrence déloyale.

ARTICLE 11

Les pays contractants accorderont une protection temporaire aux inventions brevetables, aux modèles d'utilité, aux dessins ou modèles industriels ainsi qu'aux marques de fabrique ou de commerce figurant aux expositions internationales officielles ou officiellement reconnues, organisées sur le territoire de l'un d'eux.

Au choix de la Conférence l'un des trois textes nouveaux suivants:

I. Chaque pays contractant devra communiquer d'avance et en temps utile au Bureau international de Berne les listes des expositions internationales qui se tiendront sur son territoire et qu'il considère comme officielles ou officiellement reconnues. Le Bureau international publiera ces listes dans sa revue *La Propriété industrielle* (1).

La protection prévue au précédent alinéa consistera en un droit de priorité spécial organisé d'après les règles suivantes:

Le dépôt, opéré par l'exposant *auprès d'une Administration unioniste* (2) avant l'expiration des six mois qui suivront l'ouverture de l'exposition, soit d'une demande de brevet, soit d'une demande d'enregistrement de modèle d'utilité, de dessin ou de modèle industriel ou de marque ne pourra être invalidé par des faits accomplis après la date à laquelle l'invention, le modèle d'utilité, le dessin, le modèle industriel ou le produit portant la marque a été introduit dans l'enceinte de l'exposition.

Le délai de priorité ordinaire prévu par l'article 4 de la présente Convention prendra cours à partir de la date de ce dépôt.

L'exposant ne bénéficiera de l'avantage spécial prévu aux alinéas 2 et 3 du présent article que si, en déposant sa demande ou au plus tard avant la publication de celle-ci, il fait une déclaration indiquant *dans quel pays* (3), dans quel lieu et à quelle date il a exposé. Ces indications seront mentionnées dans la feuille périodique officielle éditée par l'Administration du pays où est effectué le dépôt.

La jouissance de la protection temporaire ne pourra être subordonnée à aucune autre formalité ou condition, outre la déclaration prescrite par l'alinéa précédent, que celle de la production d'un certificat de la Direction de l'exposition constatant la date de l'introduction, accompagné d'une photographie de l'objet exposé ou d'une copie de la marque.

Si la photographie ne suffit pas pour caractériser l'objet à protéger, il sera identifié par tous les moyens de droit. Le certificat précité sera dispensé de toute légalisation en ce qui concerne les procédures administratives. *On pourra exiger qu'il soit accompagné d'une traduction* (3).

II. Chaque pays contractant devra communiquer d'avance et en temps utile au Bureau international de Berne les listes des expositions internationales qui se tiendront sur son territoire et qu'il considère comme officielles ou officiellement reconnues. Le Bureau international publiera ces listes dans sa revue *La Propriété industrielle* (1).

La protection prévue au précédent alinéa consistera en un droit de priorité spécial organisé d'après les règles suivantes.

Le dépôt, opéré par l'exposant *auprès de l'Administration du pays où l'exposition a lieu* (4) avant l'expiration des 6 mois qui suivront l'ouverture de l'exposition, soit d'une demande de brevet, soit d'une demande d'enregistrement de modèle d'utilité, de dessin ou de modèle industriel ou de marque ne pourra être invalidé par des faits accomplis après la date à laquelle l'invention, le modèle d'utilité, le dessin, le modèle industriel ou le produit portant la marque a été introduit dans l'enceinte de l'exposition.

Le délai de priorité ordinaire prévu par l'article 4 de la présente Convention prendra cours à partir de la date de ce dépôt.

(1) Ces deux phrases seront incorporées au premier alinéa.

(2) Dans le texte n° 2, les mots en italique sont remplacés par « *auprès de l'Administration du pays où l'exposition a lieu* ».

(3) Dans le texte n° 2, les mots en italique sont supprimés.

(4) Dans le texte n° 1, les mots en italique sont remplacés par « *auprès d'une Administration unioniste* ».

L'exposant ne bénéficiera de l'avantage spécial prévu aux alinéas 2 et 3 du présent article que si, en déposant sa demande ou au plus tard avant la publication de celle-ci, il fait une déclaration indiquant (1) dans quel lieu et à quelle date il a exposé. Ces indications seront mentionnées dans la feuille périodique officielle éditée par l'Administration du pays où est effectué le dépôt.

La jouissance de la protection temporaire ne pourra être subordonnée à aucune autre formalité ou condition, outre la déclaration prescrite par l'alinéa précédent, que celle de la production d'un certificat de la Direction de l'exposition constatant la date de l'introduction, accompagné d'une photographie de l'objet exposé ou d'une copie de la marque.

Si la photographie ne suffit pas pour caractériser l'objet à protéger, il sera identifié par tous les moyens de droit. Le certificat précité sera dispensé de toute légalisation en ce qui concerne les procédures administratives (2).

III. Quiconque, dans les six mois de l'ouverture d'une exposition internationale officielle ou officiellement reconnue, organisée sur le territoire d'un pays unioniste, déposera, auprès de l'Administration de l'un quelconque de ces pays, soit une demande de brevet pour un produit par lui exposé, pour un procédé par lui démontré à l'exposition ou pour un perfectionnement apporté à ce produit ou à ce procédé, soit une demande d'enregistrement d'un modèle d'utilité ou d'un dessin ou modèle exposé, ou d'une marque utilisée sur un produit exposé, sera considéré par cette Administration comme ayant déjà fait sa demande à la date à laquelle le produit, dessin ou modèle a été introduit à l'exposition ou le procédé y a été démontré. Tous les autres pays contractants considéreront également cette date comme le point de départ du délai de priorité prévu à l'article 4 de la présente Convention au profit du dépôt initial.

Ladite date sera établie par un certificat officiel de la Direction de l'exposition, lequel sera joint à la demande. Les Administrations des pays contractants pourront exiger aussi du déposant la production d'une photographie de l'objet exposé ou une copie de la marque. Si la photographie ne suffit pas pour caractériser l'objet à protéger, il sera identifié par tous les moyens de droit. Le certificat précité sera dispensé de toute légalisation en ce qui concerne les procédures administratives; on pourra exiger qu'il soit accompagné d'une traduction. Aucune autre formalité ne pourra être imposée au déposant.

Chaque pays contractant devra communiquer d'avance et en temps utile au Bureau international de Berne les listes des expositions internationales qui se tiendront sur son territoire et qu'il considère comme officielles ou officiellement reconnues. Le Bureau international publiera ces listes dans sa revue *La Propriété industrielle.*

Au cas où le troisième texte serait adopté, il serait bon d'ajouter à l'article 4, *c*, al. 2, la phrase suivante:

« *Sous réserve de ce qui est prévu à l'article 11 en ce qui concerne le point de départ du délai pour les exposants qui ont participé à une exposition.* »

ARTICLE 12

Chacun des pays contractants s'engage à établir un service spécial de la propriété industrielle et un dépôt central pour la communication au public des brevets d'invention, des modèles d'utilité, des dessins ou modèles industriels et des marques de fabrique ou de commerce.

Ce service publiera une feuille périodique officielle.

ARTICLE 13

L'Office international institué à Berne sous le nom de Bureau international pour la protection de la propriété industrielle est placé sous la haute autorité du Gouvernement de la Confédération suisse, qui en règle l'organisation et en surveille le fonctionnement.

La langue officielle du Bureau international *est* la langue française.

(1) Le texte n° 1 porte « indiquant *dans quel pays, ...* ».

(2) Le texte n° 1 contient encore la phrase suivante: « *On pourra exiger qu'il soit accompagné d'une traduction* ».

Le Bureau international centralise les renseignements de toute nature relatifs à la protection de la propriété industrielle, *il les réunit et les publie*. Il procède aux études d'utilité commune intéressant l'Union et rédige, à l'aide des documents qui sont mis à sa disposition par les diverses Administrations, une feuille périodique, en langue française, sur les questions concernant l'objet de l'Union.

Les numéros de cette feuille, de même que tous les documents publiés par le Bureau international, sont répartis entre les Administrations des pays de l'Union, dans la proportion du nombre des unités contributives ci-dessous mentionnées. Les exemplaires et documents supplémentaires qui seraient réclamés, soit par lesdites Administrations, soit par des sociétés ou des particuliers, sont payés à part.

Le Bureau international doit se tenir en tout temps à la disposition des membres de l'Union, pour leur fournir, sur les questions relatives au service international de la propriété industrielle, les renseignements spéciaux dont ils pourraient avoir besoin. *Le Directeur du Bureau international* fait sur sa gestion un rapport annuel qui est communiqué à tous les membres de l'Union.

Les dépenses du Bureau international seront supportées en commun par les pays contractants. *Jusqu'à nouvelle décision, elles ne pourront pas dépasser la somme de cent vingt mille francs par année. Cette somme pourra être augmentée au besoin par simple décision d'une des Conférences prévues à l'article 14.*

Pour déterminer la part contributive de chacun des pays dans cette somme totale des frais, les pays contractants et ceux qui adhéreront ultérieurement à l'Union sont divisés en six classes, contribuant chacune dans la proportion d'un certain nombre d'unités, savoir:

1re classe . . . . 25 unités
2e classe . . . . 20 »
3e classe . . . . 15 »
4e classe . . . . 10 »
5e classe . . . . 5 »
6e classe . . . . 3 »

Ces coefficients sont multipliés par le nombre des pays de chaque classe, et la somme des produits ainsi obtenus fournit le nombre d'unités par lequel la dépense totale doit être divisée. Le quotient donne le montant de l'unité de dépense.

Chacun des pays contractants désignera, au moment de son accession, la classe dans laquelle il désire être rangé.

Le Gouvernement de la Confédération suisse surveille les dépenses du Bureau international, fait les avances nécessaires et établit le compte annuel, qui sera communiqué à toutes les autres Administrations.

ARTICLE 14

La présente Convention sera soumise à des revisions périodiques, en vue d'y introduire les améliorations de nature à perfectionner le système de l'Union.

A cet effet, des Conférences auront lieu, successivement, dans l'un des pays contractants entre les délégués desdits pays.

L'Administration du pays où doit siéger la Conférence prépare, avec le concours du Bureau international, les travaux de cette Conférence.

Le Directeur du Bureau international assiste aux séances des Conférences et prend part aux discussions sans voix délibérative.

ARTICLE 15

Il est entendu que les pays contractants se réservent respectivement le droit de prendre séparément, entre eux, des arrangements particuliers pour la protection de la propriété industrielle, en tant que ces arrangements ne contreviendraient point aux dispositions de la présente Convention.

ARTICLE 16

Les pays qui n'ont point pris part à la présente Convention seront admis à y adhérer sur leur demande.

Cette adhésion sera notifiée par la voie diplomatique au Gouvernement de la Confédération suisse, et par celui-ci à tous les autres.

Elle emportera, de plein droit, accession à toutes les clauses et admission à tous les avantages stipulés par la présente Convention, et produira ses effets un mois après l'envoi de la notification faite par le Gouvernement de la Confédération suisse aux autres pays unionistes, à moins qu'une date postérieure n'ait été indiquée par le pays adhérent.

ARTICLE 16bis

Les pays contractants ont le droit d'accéder en tout temps à la présente Convention pour leurs colonies, possessions, dépendances et protectorats, ou pour certains d'entre eux.

Ils peuvent à cet effet soit faire une déclaration générale par laquelle toutes leurs colonies, possessions, dépendances et protectorats sont compris dans l'accession, soit nommer expressément ceux qui y sont compris, soit se borner à indiquer ceux qui en sont exclus.

Cette déclaration sera notifiée par écrit au Gouvernement de la Confédération suisse, et par celui-ci à tous les autres.

Les pays contractants pourront, dans les mêmes conditions, dénoncer la Convention pour leurs colonies, possessions, dépendances et protectorats, ou pour certains d'entre eux.

ARTICLE 17

L'exécution des engagements réciproques contenus dans la présente Convention est subordonnée, en tant que de besoin, à l'accomplissement des formalités et règles établies par les lois constitutionnelles de ceux des pays contractants qui sont tenus d'en provoquer l'application, ce qu'ils s'obligent à faire dans le plus bref délai possible.

ARTICLE 17bis

La Convention demeurera en vigueur pendant un temps indéterminé jusqu'à l'expiration d'une année à partir du jour où la dénonciation en sera faite.

Cette dénonciation sera adressée au Gouvernement de la Confédération suisse. Elle ne produira son effet qu'à l'égard du pays qui l'aura faite, la Convention restant exécutoire pour les autres pays contractants.

ARTICLE 18

Le présent Acte sera ratifié et les ratifications en seront déposées à..... au plus tard le..... Il sera mis à exécution, entre les pays qui l'auront ratifié, ...mois après l'expiration de ce délai.

Cet Acte *unique* remplacera, dans les rapports entre les pays qui l'auront ratifié: la Convention de Paris du 20 mars 1883; le Protocole de clôture annexé à cet Acte; le Protocole de Madrid du 15 avril 1891 concernant la dotation du Bureau international, l'Acte additionnel de Bruxelles du 14 décembre 1900; *la Convention revisée à Washington le 2 juin 1911 et le Protocole de clôture du même jour*. Toutefois, les Actes précités resteront en vigueur dans les rapports avec les pays qui n'auront pas ratifié le présent Acte.

ARTICLE 19

Le présent Acte sera signé en un seul exemplaire, lequel sera déposé aux archives du Gouvernement..... Une copie certifiée sera remise par ce dernier à chacun des Gouvernements unionistes.

Fait à La Haye, en un seul exemplaire, le.....

(Signatures)

DEUXIÈME PARTIE

ARRANGEMENT

CONCERNANT

L'ENREGISTREMENT INTERNATIONAL DES MARQUES DE FABRIQUE OU DE COMMERCE

DU 14 AVRIL 1891

REVISÉ A BRUXELLES LE 14 DÉCEMBRE 1900
ET A WASHINGTON LE 2 JUIN 1911

EXPOSÉS DES MOTIFS ET PROPOSITIONS[1]

I. Protection des marques enregistrées au pays d'origine

(Article premier)

Alinéa premier. Dans plusieurs pays, spécialement dans ceux où le dépôt d'une marque est accepté sans examen ou est simplement déclaratif de propriété, on utilise presque uniquement le terme de marque *déposée*. Dans d'autres pays on fait une distinction substantielle entre les marques déposées et les marques *enregistrées*. Pour ces derniers pays le terme « acceptée au dépôt » ou « régulièrement déposée » manque de précision ou signifie autre chose que « enregistrée ».

Comme la protection internationale d'une marque est basée sur celle qui lui est accordée dans le pays d'origine, il faut que, au moment du dépôt international, la protection existe dans ledit pays, que la marque y soit acceptée, enregistrée[2]. D'ailleurs, dans les demandes d'enregistrement international, établies sur le formulaire officiel adopté par les Administrations déjà lors de la Conférence de Madrid et resté sans changement sur ce point depuis plus de 30 ans, celles-ci indiquent la date et le numéro de l'« enregistrement » (ou du dernier

(1) Aucun changement n'est proposé en ce qui concerne les articles 2, 4bis, 5bis, 8bis et 10.

(2) Voir à ce sujet l'étude publiée dans la *Prop. ind.*, 1922, p. 167.

enregistrement) dans le pays d'origine, tout en certifiant plus loin que la marque est «régulièrement déposée». Tant pour faire disparaître toute interprétation inexacte que pour rester dans la logique, il importe de substituer dans l'article premier le terme de marque *enregistrée* à celui de *acceptée au dépôt.*

Alinéa 2. A diverses occasions nous avons constaté que des entreprises qui possèdent des établissements dans plusieurs pays ont, et pour des motifs très différents, déposé leurs marques internationales en choisissant d'une manière arbitraire le pays par l'entremise duquel elles opéraient leurs dépôts. Ainsi, une grande société a déposé ses marques tantôt par l'intermédiaire de l'Administration belge, tantôt par celle de France ou de Suisse. Une autre société importante a fait procéder à ses dépôts par l'Autriche, par la France, par les Pays-Bas et par la Suisse.

Ces choix différents proviennent parfois du fait que les déposants ne se rendent pas compte de la corrélation qui existe entre l'article premier de l'Arrangement de Madrid et la fin de l'article 6 de la Convention générale, ou d'un manque d'entente entre les divers établissements dépendant d'une même entreprise. Mais nous connaissons des cas où le véritable pays d'origine a été écarté délibérément, parce que le déposant estimait que ses dépôts y subissaient des retards plus considérables que dans un autre pays plus expéditif, ou parce que l'Administration du pays du principal établissement prélève pour le dépôt à Berne une taxe *nationale* sensiblement plus élevée que celle du pays où est situé son établissement secondaire. Enfin, telle marque a été déposée, ou déposée une seconde fois internationalement, par l'entremise d'une autre Administration que celle du véritable pays d'origine parce que dans celui-ci la marque nationale aurait risqué d'être refusée ou avait été annulée.

Il faut aussi remarquer que ces dépôts opérés par la même entreprise tantôt dans un pays, tantôt dans l'autre, compliquent ou rendent incertaines les recherches effectuées dans le journal *Les Marques internationales,* puisque le nom de la même maison figure tantôt parmi ceux des déposants d'un pays, tantôt parmi ceux d'autres pays.

Il semble donc opportun de bien préciser le principe applicable pour déterminer le pays d'origine à l'Administration duquel il faut s'adresser pour transmettre une demande d'enregistrement international.

Alinéa 3. (Voir explication sous article 8, p. 286).

TEXTE ACTUEL	PROPOSITION
ARTICLE PREMIER. — Les sujets ou citoyens de chacun des pays contractants pourront s'assurer, dans tous les autres pays, la protection de leurs marques de fabrique ou de commerce acceptées au dépôt dans le pays d'origine, moyennant le dépôt desdites marques au Bureau international, à Berne, fait par l'entremise de l'Administration dudit pays d'origine.	ARTICLE PREMIER. — Les sujets ou citoyens de chacun des pays contractants pourront s'assurer, dans tous les autres pays, la protection de leurs marques de fabrique ou de commerce **enregistrées** dans le pays d'origine, moyennant le dépôt desdites marques au Bureau international, à Berne, fait par l'entremise de l'Administration dudit pays d'origine. **Fait règle pour la définition du pays d'origine la disposition y relative de l'article 6 de la Convention générale d'Union pour la protection de la propriété industrielle.** **Les produits pour lesquels la protection est revendiquée devront être déterminés conformément aux prescriptions du Règlement pour l'exécution du présent Arrangement.**

II. Formalités de l'enregistrement international

(Art. 3)

Alinéa premier. Il paraît opportun d'indiquer sommairement, au début de cet article, la voie à suivre pour obtenir un dépôt international. L'adjonction de cet alinéa fera mieux comprendre aux propriétaires de marques pour quel motif il sont obligés de passer par l'intermédiaire de l'Administration de leur pays.

Alinéa 2. (Voir explication sous article 8).

Alinéa 4. L'adjonction des mots «*sans retard*» indique la pratique en vigueur dès l'origine et se trouve en corrélation avec la petite modification proposée à l'article 5 au sujet du point de départ du délai fixé pour la notification des refus.

TEXTE ACTUEL

ART. 3. — Le Bureau international enregistrera immédiatement les marques déposées conformément à l'article premier. Il notifiera cet enregistrement aux diverses Administrations. Les marques enregistrées seront publiées dans une feuille périodique éditée par le Bureau international, au moyen des indications contenues dans la demande d'enregistrement et d'un cliché fourni par le déposant.

Si le déposant revendique la couleur à titre d'élément distinctif de sa marque, il sera tenu:

1° de le déclarer, et d'accompagner son dépôt d'une mention indiquant la couleur ou la combinaison de couleurs revendiquée;

2° de joindre à sa demande des exemplaires de ladite marque en couleur, qui seront annexés aux notifications faites par le Bureau international. Le nombre de ces exemplaires sera fixé par le Règlement d'exécution.

En vue de la publicité à donner, dans les pays contractants, aux marques enregistrées, chaque Administration recevra gratuitement du Bureau international le nombre d'exemplaires de la susdite publication qu'il lui plaira de demander. Cette publicité sera considérée dans tous les pays contractants comme pleinement suffisante, et aucune autre ne pourra être exigée du déposant.

PROPOSITION

ART. 3. — **Toute demande d'enregistrement international devra être présentée sur le formulaire prescrit par le Règlement d'exécution et l'Administration du pays d'origine de la marque certifiera que les indications qui figurent sur ces demandes correspondent à celles du registre national.**

Le déposant sera tenu d'indiquer d'après la classification établie par le Bureau international et annexée au Règlement d'exécution, la ou les classes de produits dans laquelle ou lesquelles il demande que sa marque soit inscrite.

Si le déposant revendique la couleur à titre d'élément distinctif de sa marque, il sera tenu:

1° de le déclarer et d'accompagner son dépôt d'une mention indiquant la couleur ou la combinaison de couleurs revendiquée;

2° de joindre à sa demande des exemplaires de ladite marque en couleur, qui seront annexés aux notifications faites par le Bureau international. Le nombre de ces exemplaires sera fixé par le Règlement d'exécution.

Le Bureau international enregistrera immédiatement les marques déposées conformément à l'article premier. Il notifiera cet enregistrement **sans retard** aux diverses Administrations. Les marques enregistrées seront publiées dans une feuille périodique éditée par le Bureau international, au moyen des indications contenues dans la demande d'enregistrement et d'un cliché fourni par le déposant.

En vue de la publicité à donner, dans les pays contractants, aux marques enregistrées, chaque Administration recevra gra-

TEXTE ACTUEL	PROPOSITION
	tuitement du Bureau international le nombre d'exemplaires de la susdite publication qu'il lui plaira de demander. Cette publicité sera considérée dans tous les pays contractants comme pleinement suffisante, et aucune autre ne pourra être exigée du déposant.

III. Obligation d'exploiter

(Art. 4)

Dans le second alinéa de cet article, nous avons substitué le mot *six* au mot *quatre* (mois), pour mettre ce texte en harmonie avec celui de l'article 4 *c)* de la Convention générale d'Union qui, d'après nos propositions, fixe désormais à six mois au lieu de quatre le délai de priorité pour le dépôt des demandes d'enregistrement des marques.

Ni la Convention générale, ni l'Arrangement de Madrid ne résolvent la question de savoir quel sera, dans le régime unioniste, le sort des marques de fabrique ou de commerce non exploitées ou non utilisées dans un pays contractant, la Convention se bornant, dans son article 5, à édicter des prescriptions impératives en matière de non-exploitation des brevets.

Jusqu'ici, on devait donc s'en tenir sur ce point aux principes généraux. Abstraction faite de la possibilité de refuser, dans un délai relativement restreint, les marques qu'on peut exclure de la protection pour un des motifs de refus énumérés limitativement à l'article 6 de la Convention, les marques régulièrement admises à la protection dans le pays d'origine devaient bénéficier, sans autre condition, de la protection légale telle qu'elle est établie, avec ses avantages et ses restrictions, pour les nationaux dans les autres pays contractants. Et, en ce qui concerne l'Union restreinte fondée par l'Arrangement de Madrid, la protection de la marque enregistrée internationalement est, dans chacun des pays contractants, la même que si cette marque y avait été directement déposée (art. 4).

Toutefois, dans les dernières années, la question a pris d'autres aspects. Tout d'abord, l'Arrangement de Berne, du 30 juin 1920, concernant la conservation ou le rétablissement des droits de propriété industrielle atteints par la guerre mondiale, a prévu (art. 3) un sursis jusqu'au 30 septembre 1922 non pas seulement pour la mise en exploitation des brevets; il déclare cette stipulation également applicable aux dessins et modèles industriels ainsi qu'aux marques [1]. En effet, bien que l'usage obligatoire des marques soit imposé plus rarement à titre de condition de la protection, il est exigé pourtant dans certains pays, ce qui explique précisément cette réglementation internationale récente.

En outre, des cas de déchéance pour cause de non-usage de marques s'étant réellement produits dans tel pays déterminé, un examen spécial de la question s'imposa et une étude intitulée « L'obligation d'exploiter les marques et les législations unionistes » fut consacrée à cette matière dans la *Propriété industrielle* [2]. Il en résultait que la plupart des pays unionistes ne proclament pas la caducité des marques pour cause de non-exploitation pendant un certain temps. Cependant, dix pays prescrivent formellement l'utilisation effective de la marque dans un délai que fixe la loi ou dont la fixation est laissée, dans les trois pays soulignés ci-après, à l'appréciation des juges; ces dix pays sont les suivants: Brésil,

(1) Voir *Prop. ind.*, 1920, p. 73 et 102; 1922, p. 132.
(2) *Ibid.*, 1921, p. 135.

Cuba, *Dominicaine (Rép.)*, Espagne, *États-Unis*, Grande-Bretagne, Japon, *Maroc*, Pays-Bas et Suisse (¹).

L'usage d'une marque, intimement lié aux nécessités d'exportation et d'échange de produits, n'a pas la même portée économique que l'exploitation des brevets, puisque dans le premier cas il ne s'agit pas d'implanter de nouvelles industries dans un pays. Les marchés changent fréquemment. Les crises économiques sévissent alternativement chez les différents peuples; les affaires s'en ressentent et ces troubles ont leur répercussion sur le non-emploi et, partant, la perte possible des marques. Souvent aussi, des producteurs ou commerçants se servent de certaines marques uniquement pour des contrées lointaines dans lesquelles ils introduisent leurs marchandises. La plus grande liberté de mouvement pour tous semble devoir être le postulat prépondérant dans ce domaine. Et, en fait, une grande tolérance s'y est introduite et s'y exerce actuellement sans nuire en apparence à personne. Les intéressés évitent visiblement de se gêner ou de contrecarrer leurs entreprises mutuelles par des instances en déchéance pour non-usage; ils n'entendent nullement compliquer la protection de leurs marques par une nouvelle exigence pouvant être fatale à chacun.

Aussi, un courant d'opinion s'était-il formé d'après lequel on aurait dû proposer à la prochaine Conférence de revision d'introduire dans la Convention générale, soit la renonciation réciproque complète à toute condition de ce genre et la nécessité de n'accomplir celle-ci que dans le seul pays d'origine, en disant, par exemple: « Aucune marque ne pourra être frappée de déchéance pour défaut d'exploitation dans un pays autre que le pays d'origine », soit en raison du caractère international de l'Arrangement de Madrid, l'exécution obligatoire de la condition d'usage de la marque dans *deux* pays contractants *au plus*, le pays d'origine et un quelconque des pays de l'Union ou de l'Union restreinte; par surcroît, les mêmes facilités accordées à l'inventeur par l'article 5 de la Convention auraient dû être garanties dans cet ordre d'idées au titulaire de la marque, savoir une durée absolue de protection pendant trois ans et l'intervention ultérieure de la déchéance seulement au cas où le titulaire ne justifierait pas des causes de son inaction. Mais ce point de vue ayant paru trop téméraire et peu conforme aux nécessités pratiques, il a fallu se contenter de formuler dans un alinéa nouveau une solution *moyenne* de ce problème délicat. De l'Arrangement de Madrid où nous tentons d'abord de l'introduire, elle pourrait passer dans le texte de la Convention générale le jour où elle rencontrerait l'adhésion de tous les pays unionistes.

Indiquons brièvement sur quelles considérations il est possible de l'étayer. On sait que, depuis quelques années, dans bien des pays les dépôts de marques se multiplient au point de rendre difficile à l'avenir le choix d'une marque nouvelle. Où trouver un mot, un signe, un emblème distinctif, même un assemblage de lettres ou de signes d'un certain intérêt au point de vue commercial qui n'ait déjà été accaparé? On en est donc venu dans certains milieux à souhaiter qu'un grand nombre de marques retombent dans le domaine public. L'obligation pour le titulaire d'une marque d'exploiter celle-ci — faute de quoi il perdra son droit par le non-usage — paraît être le moyen normal d'obtenir ce résultat. Ainsi disparaîtraient notamment les marques dites de *réserve*, celles que le titulaire ne veut pas utiliser immédiatement, mais qu'il a tenu à déposer dans la crainte qu'un concurrent, les utilisant avant lui, ne l'en dépossède par avance. En effet, lorsque des dépôts de ce genre se multiplient, ils se muent à la longue en dépôts *d'obstruction*. Mais si l'élimination de marques de ce genre pour cause de non-exploitation peut être considérée comme un bien, il n'en serait pas de même de celle des marques dites *de défense*, de celles qu'un producteur ou un commer-

(¹) Voir pour le texte et le détail de ces dispositions, *Prop. ind.*, 1921, p. 137.

çant a déposées, non pas sans doute pour les utiliser, mais parce qu'elles ressemblent à une marque dont il veut réellement faire usage et parce qu'il prétend empêcher des concurrents peu scrupuleux de s'en servir pour créer une confusion entre leurs produits et les siens. En décrétant l'obligation d'exploiter les marques, on supprime les marques de défense aussi bien que les marques d'obstruction, on arrache le bon grain en même temps que l'ivraie.

En présence de cette situation il est permis d'hésiter et on conçoit que toutes les législations unionistes ne se soient pas arrêtées au même parti.

Les unes, accordant la préférence aux déposants les plus vigilants et les plus audacieux, s'en sont tenues au principe de la liberté d'exploitation, couvrant ainsi à la fois marques de défense et marques de réserve (la jurisprudence allemande, pour citer un exemple d'importance, s'est même nettement prononcée en faveur des marques de réserve).

Les autres ont proclamé l'obligation d'exploiter, préparant ainsi, au bout d'un temps plus ou moins long fixé par la loi ou abandonné à l'appréciation du juge, l'élimination des marques de pure précaution, qu'il s'agisse de marques de défense ou de marques de réserve.

Étant donné ces divergences de vues, il ne saurait être question d'imposer aux pays contractants, dans un Arrangement international comme le nôtre, l'une ou l'autre de ces deux solutions. Les pays isolés ont, du reste, un moyen simple de lutter contre l'encombrement, c'est de ne pas admettre au dépôt national des marques couvrant trop de produits. Toujours est-il que le nombre des législations acceptant le principe de l'obligation d'exploiter paraît destiné à s'accroître, au fur et à mesure que la multiplication des marques déposées rendra plus difficile aux nouveaux venus la possibilité de trouver une marque inédite.

Nous croyons donc qu'il ne serait pas inutile d'ajouter à l'article 4 un 3e alinéa, qui, après avoir expressément reconnu pour chaque pays contractant le droit d'édicter l'obligation d'exploiter, apporterait à ce droit une double restriction, afin d'en tempérer l'éventuelle rigueur: 1° le déposant aura, dans chaque pays contractant, pour cette mise en usage, un délai minimum de trois ans après l'enregistrement international; 2° la déchéance de la marque comme sanction du défaut d'usage dans le délai légal ne pourra être prononcée que par une décision judiciaire.

Cette seconde restriction diminuera considérablement les incertitudes et les risques de voir la marque attaquée dans d'autres pays pour défaut d'usage et constituera un précieux avantage pour les bénéficiaires de l'enregistrement international: ils ne seront pas exposés à une radiation de leur marque ordonnée par simple mesure administrative, dans un pays plus ou moins éloigné, peut-être sans qu'ils aient été appelés à s'expliquer sur le non-emploi de leur marque. Seule une décision rendue en forme judiciaire pourra prononcer la déchéance: le déposant devra être cité directement et sera entendu; il jouira ainsi du maximum de garanties pour la défense de son droit.

Le reste du 3e alinéa est inspiré de la disposition correspondante du 2e alinéa de l'article 5 de la Convention générale d'Union concernant l'obligation d'exploiter les brevets. Le délai minimum de trois ans est d'ailleurs celui qui groupe à l'heure actuelle le plus grand nombre des pays qui ont admis l'obligation d'exploiter soit les brevets, soit les marques. C'était une raison déterminante de l'adopter.

TEXTE ACTUEL	PROPOSITION
ART. 4. — A partir de l'enregistrement ainsi fait au Bureau international, la protection de la marque dans chacun des pays contractants sera la même que si cette marque y avait été directement déposée.	ART. 4. — A partir de l'enregistrement ainsi fait au Bureau international, la protection de la marque dans chacun des pays contractants sera la même que si cette marque y avait été directement déposée.

TEXTE ACTUEL	PROPOSITION
Toute marque enregistrée internationalement dans les quatre mois qui suivent la date du dépôt dans le pays d'origine, jouira du droit de priorité établi par l'article 4 de la Convention générale.	Toute marque enregistrée internationalement dans les **six** mois qui suivent la date du dépôt dans le pays d'origine jouira du droit de priorité établi par l'art. 4 de la Convention générale. **La législation de chaque pays contractant pourra édicter l'obligation d'utiliser la marque sur le territoire national avec la double restriction que le déposant aura dans chaque pays contractant, pour cette mise en usage, un délai minimum de trois ans compté à partir de l'enregistrement international, et que la déchéance de la marque comme sanction du défaut d'usage dans le délai légal pourra être prononcée seulement par une décision judiciaire.**

IV. Refus; acceptation tacite; examen des marques portant des armoiries, etc.

(Art. 5, 5bis, 5ter)

Alinéa 2. — La protection internationale d'une marque prend naissance, en principe, dès la date sous laquelle elle est enregistrée au Bureau international; c'est le jour où se trouvent réunies audit Bureau toutes les pièces nécessaires pour un dépôt: demande régulière, émolument, cliché. Actuellement le délai pendant lequel la faculté de refuser la marque peut être exercée, commence à courir à partir de la date à laquelle cet enregistrement a été notifié aux Administrations par le Bureau international. Cette date n'est pas publiée; elle est ignorée du propriétaire de la marque et les Administrations, à moins d'avoir pris soin de l'inscrire elles-mêmes sur les feuilles portant le fac-similé de la marque et les données la concernant, ne retrouvent cette date qu'en feuilletant leurs dossiers ou leurs registres. La notification de la marque suit de très près son enregistrement. Ainsi, de janvier à septembre 1924, il y a eu un *écart moyen* de 8 jours entre ces deux opérations. Pendant ces 9 mois, les quelques marques qui ont été notifiées avec le plus de retard l'ont été 17 jours après la date sous laquelle elles ont été enregistrées, et il s'agissait de deux cas de retard dus à des circonstances exceptionnelles.

Il serait rationnel de faire disparaître la complication, l'incertitude et parfois la confusion qui sont résultées jusqu'ici du fait que le délai de protection (encore éventuelle) de la marque et le délai accordé pour la notification du refus ont un point de départ différent. Les quelques Administrations chez lesquelles l'examen des marques n'est terminé qu'après bien des mois, ne feront sans doute aucune difficulté pour accepter de raccourcir de 8 jours en moyenne ce délai maximum d'un an, et cela d'autant moins qu'à maintes reprises nous avons lu ou entendu affirmer que ce délai pourrait et devrait être abrégé. Nous proposons donc de faire partir de la date d'enregistrement international de la marque le délai pendant lequel la faculté de la refuser peut être utilisée.

Nous proposons ensuite l'adjonction d'un alinéa 4, où soit précisée la situation des marques au sujet desquelles aucun avis de refus n'aura été envoyé au Bureau international dans l'année qui suit la date de l'inscription audit Bureau.

L'Administration nationale compétente est censée les avoir acceptées tacitement. Il est bien entendu que cette disposition ne porte aucune atteinte à la faculté que possèdent les tribunaux (ou, dans quelques pays, les instances administratives de recours agissant à l'instar des tribunaux) d'invalider une marque en tout temps, en vertu des stipulations de l'article 6 de la Convention d'Union. Du reste, la nouvelle disposition a aussi pour but de réagir contre l'anomalie, trop souvent constatée, des refus tardifs qui soudain viennent inquiéter le déposant au moment où il se croit fondé à admettre que sa marque a été acceptée.

Article 5bis

Lorsque le déposant d'une marque a déjà dûment prouvé à l'Administration de son pays d'origine qu'il a le droit d'utiliser certains éléments figurant dans sa marque (nom d'un tiers, armoiries, mentions de distinctions honorifiques, etc.), il semble que celle-ci devrait être acceptée « telle quelle » dans les autres pays, conformément aux prescriptions de l'article 6 de la Convention générale ou par analogie. Si donc l'Administration dudit pays d'origine déclare formellement que les dépôts sont examinés par elle dans chaque cas au sujet du droit à cette utilisation, il semble vraiment superflu, souvent onéreux et plus ou moins vexatoire d'exiger à nouveau la production des mêmes preuves dans chacun des pays à examen. N'est-il pas juste et équitable que ceux-ci s'engagent à se contenter de ces preuves? Nous l'estimons et nous proposons l'adoption d'un article 5bis qui rendrait impossible cette exigence et diminuerait sensiblement le nombre des refus, les frais imposés au déposant, la correspondance et les retards résultant de la procédure de l'examen par les Administrations des autres États.

Certaines de celles-ci — à l'instigation du Bureau international — ont déjà réglé leur pratique d'après le principe proposé ou admettent déjà, par présomption, que les preuves nécessaires ont été fournies lors du dépôt national qui sert de base à l'enregistrement international. Cette pratique est donc sanctionnée par l'expérience et pourra être codifiée. Si, par hasard, dans quelques cas très rares, l'avenir révélait que ces présomptions sont erronées, qu'il y a eu négligence, abus ou tromperie, cette simple constatation suffirait certainement pour faire prononcer l'invalidation de la marque ainsi acceptée à tort.

L'article 5bis du texte actuel portera le nº 5ter dans le texte nouveau.

Texte actuel	Proposition
Art. 5. — Dans les pays où leur législation les y autorise, les Administrations auxquelles le Bureau international notifiera l'enregistrement d'une marque auront la faculté de déclarer que la protection ne peut être accordée à cette marque sur leur territoire. Un tel refus ne pourra être opposé que dans les conditions qui s'appliqueraient, en vertu de la Convention générale, à une marque déposée à l'enregistrement national.	Art. 5. — Dans les pays où leur législation les y autorise, les Administrations auxquelles le Bureau international notifiera l'enregistrement d'une marque auront la faculté de déclarer que la protection ne peut être accordée à cette marque sur leur territoire. Un tel refus ne pourra être opposé que dans les conditions qui s'appliqueraient, en vertu de la Convention générale, à une marque déposée à l'enregistrement national.
Elles devront exercer cette faculté dans le délai prévu par leur loi nationale, et, au plus tard, dans l'année de la notification prévue par l'article 3, en indiquant au Bureau international leurs motifs de refus.	**Les Administrations qui voudront** exercer cette faculté **devront notifier leurs refus, avec indication des motifs, au Bureau international dans le** délai prévu par leur loi nationale et, au plus tard, **avant la fin**

TEXTE ACTUEL	PROPOSITION
Ladite déclaration, ainsi notifiée au Bureau international, sera par lui transmise sans délai à l'Administration du pays d'origine et au propriétaire de la marque. L'intéressé aura les mêmes moyens de recours que si la marque avait été par lui directement déposée dans le pays où la protection est refusée.	**d'une** année **comptée à partir de l'enregistrement international de la marque.**
	Le Bureau international transmettra sans retard à l'Administration du pays d'origine et au propriétaire de la marque un des exemplaires de la déclaration de refus ainsi notifiée. L'interessé aura les mêmes moyens de recours que si la marque avait été par lui directement déposée dans le pays où la protection est refusée.
	Les Administrations qui, dans le délai maximum d'un an susindiqué, n'auront adressé aucune communication au Bureau international seront censées avoir accepté la marque.
ART. 5bis (1). — Le Bureau international délivrera à toute personne qui en fera la demande, moyennant une taxe fixée par le Règlement d'exécution, une copie des mentions inscrites dans le Registre relativement à une marque déterminée.	ART. 5bis. — **Lorsque les marques portant des armoiries, écussons, portraits, distinctions honorifiques, titres, noms commerciaux ou noms de personne autres que celui du déposant, ou inscriptions analogues, sont soumises dans leur pays d'origine à un examen au point de vue de la légitimité du droit d'usage de ces éléments, et que l'Administration de ce pays certifie, au moyen d'une déclaration générale notifiée aux autres Administrations par les soins du Bureau international, qu'elle procède, dans chaque cas, à cet examen, les autres pays contractants s'engagent à renoncer à tout nouvel examen relatif à la justification d'emploi.**

(1) *Cet article 5bis deviendrait sans changement l'art. 5ter.*

V. Durée de la protection

(Art. 6)

En principe la protection qui découle de l'enregistrement au Bureau international continue à durer 20 ans. Mais, ainsi qu'on le verra plus loin sous article 8, la taxe de dépôt peut être versée en deux fractions échues, la première lors du dépôt et l'autre avant l'expiration de la dixième année qui suit. Si la deuxième fraction n'est pas payée à l'échéance, la marque est radiée du registre international, en sorte que la protection n'aura duré effectivement que 10 ans. Il nous a paru nécessaire de réserver expressément cette possibilité d'une durée de protection plus courte. Nous proposons donc d'insérer cette réserve, sous forme de parenthèse, dans le texte de l'article 6.

TEXTE ACTUEL	PROPOSITION
ART. 6. — La protection résultant de l'enregistrement au Bureau international durera vingt ans à partir de cet enregistrement, mais ne pourra être invoquée en	ART. 6. — La protection résultant de l'enregistrement au Bureau international durera vingt ans à partir de cet enregistrement **(sous réserve de ce qui est prévu**

TEXTE ACTUEL	PROPOSITION
faveur d'une marque qui ne jouirait plus de la protection légale dans le pays d'origine.	**à l'article 8 pour le cas où le déposant n'aura versé qu'une fraction de l'émolument international)**, mais elle ne pourra être invoquée en faveur d'une marque qui ne jouirait plus de la protection légale dans le pays d'origine.

VI. Renouvellements

(Art. 7)

Alinéa premier. L'Arrangement ne prescrit pas, comme certaines législations, que le renouvellement d'une marque ne peut être demandé qu'au cours des derniers mois qui précèdent l'expiration de la protection internationale de cette marque. En fait, soit pour bénéficier de la taxe réduite des dépôts collectifs, soit pour faire coïncider à peu près le renouvellement international avec le renouvellement national, soit encore pour d'autres motifs, beaucoup de marques internationales ont été renouvelées plusieurs années avant l'expiration de la première période de protection de 20 ans. Bien que cela paraisse généralement admis, il n'est pourtant pas inutile de dire que celui qui demande prématurément un renouvellement ne peut prétendre être protégé, à la fois pour le laps de temps pendant lequel le premier enregistrement était encore au bénéfice de la protection et, en plus, pour une nouvelle période de 20 ans. En d'autres termes, il faut qu'en consultant les 20 dernières années du recueil « Les Marques internationales », on ait sous les yeux la collection complète des marques protégées, sans avoir à se préoccuper, quant à la durée, de « restes » éventuels de protection résultant d'enregistrements antérieurs de plus de 20 ans. Aussi proposons-nous de dire que le renouvellement pourra avoir lieu pour une nouvelle période de vingt ans *à compter depuis la date du renouvellement.*

Alinéa 2. Dans la nouvelle rédaction de cet alinéa, nous proposons d'abord de préciser en quoi consiste l'avis officieux que doit donner le Bureau international dans les six mois précédant l'expiration du terme de protection: il doit rappeler la date exacte de cette expiration. Nous proposons en outre la suppression de l'envoi de cet avis à l'Administration du pays d'origine de la marque, envoi qui semble superflu puisque seul le propriétaire de celle-ci doit prendre une décision au sujet du renouvellement de son dépôt; il n'a pas besoin pour cela d'indications de l'Administration de son pays; d'ailleurs, celle-ci sait déjà par sa pratique journalière à quel moment échoit la protection internationale.

Alinéa 3 (nouveau). Quelques Administrations sont très strictes au sujet des renouvellements. Elles n'admettent comme tels que la nouvelle inscription faite avant l'expiration de la protection antérieure, sans tolérer aucune modification de la marque ou de l'indication des produits pour lesquels la protection a été revendiquée antérieurement (sauf, le cas échéant, la radiation de certains de ces produits). Dès qu'une modification intervient ou que le délai de 20 ans est dépassé, il ne peut plus s'agir d'un renouvellement, mais d'un dépôt nouveau. La même règle étant observée pour les dépôts nationaux, l'Arrangement ne saurait s'opposer à cette conception. Nous proposons donc de reconnaître expressément aux Administrations le droit de refuser d'admettre pareils dépôts à titre de renouvellement.

Cependant, lorsque le propriétaire de la marque, en effectuant le nouveau dépôt de celle-ci, fait mention de son enregistrement international antérieur, il est équitable, même si le caractère d'un renouvellement ne peut être accordé, de sauvegarder certains droits résultant de cet ancien enregistrement. Par exemple: dans les pays où le dépôt est uniquement déclaratif de propriété, il y aura lieu de maintenir la présomption de droit, au moins pour la partie des produits restée la même, dès la date du premier dépôt; dans d'autres pays, où l'enregistrement est attributif de propriété, il s'agira de reconnaître le droit à la protection dès la date du premier enregistrement pour ceux des produits qui figurent aussi bien dans l'ancien que dans le nouvel enregistrement, s'il n'y a pas eu interruption de protection; enfin, si les marques, malgré certaines modifications apportées aux signes de la marque antérieure, contiennent de toute évidence les mêmes éléments *essentiels*, il importe de conserver le droit à la protection de ces éléments qui forment la caractéristique des deux marques, quand bien même les avis sur la question de savoir s'il y a renouvellement ou non, différeraient dans les divers pays.

C'est cette situation que nous proposons encore, à la fin de l'alinéa 3 nouveau, de rappeler aux autorités judiciaires ou autres qui seraient portées à complètement ignorer le premier enregistrement effectué.

TEXTE ACTUEL	PROPOSITION
ART. 7. — L'enregistrement pourra toujours être renouvelé suivant les prescriptions des articles 1 et 3.	ART. 7. — L'enregistrement pourra toujours être renouvelé suivant les prescriptions des articles 1 et 3 **pour une nouvelle période de vingt ans à compter depuis la date de renouvellement.**
Six mois avant l'expiration du terme de protection, le Bureau international donnera un avis officieux à l'Administration du pays d'origine et au propriétaire de la marque.	Six mois avant l'expiration du terme de protection, le Bureau international **rappellera** au propriétaire de la marque, **par l'envoi** d'un avis officieux, **la date exacte de cette expiration.**
	Si, à l'occasion du dépôt ultérieur de la marque, des modifications sont apportées à celle-ci ou à l'indication des produits auxquels elle doit s'appliquer, les Administrations pourront se refuser à admettre ce dépôt à titre de renouvellement, sans préjudice des droits de priorité ou autres acquis par le fait de l'enregistrement primitif.

VII. Classification des produits. Émolument international

(Art. 8)

1. *Classification des produits,* L'enregistrement international des marques est opéré par le Bureau international sur la base des indications qui sont fournies par l'Administration du pays d'origine. Celle-ci se sert, sauf en Belgique, en France et au Portugal, où la classification du Bureau international a été adoptée telle quelle, d'une classification des produits qui ne concorde pas avec celle que le Bureau international a établie et maintenue, sauf de minimes modifications de détail, depuis près de 30 ans pour la rédaction de ses tables des matières. Ce défaut de concordance ne laisse pas de créer des difficultés pour les recherches d'antériorités. Aussi le Portugal, appuyé par l'Italie, a-t-il proposé à la Conférence de Washington (Actes, p. 262, 294, 353) de se prononcer en faveur d'un vœu chargeant le Bureau international de trouver si possible un système

de classification uniforme qui puisse être adopté par tous les pays de l'Union en vue de l'enregistrement international par classes.

Le Bureau de Berne s'est acquitté de sa tâche en faisant paraître dans la *Propriété industrielle*, année 1924, p. 158, une étude rétrospective et doctrinale dont la conclusion est qu'une classification uniforme paraît possible et désirable, et en préconisant l'adoption de la classification même dudit Bureau, qui n'est à tout prendre ni plus ni moins parfaite que celle d'un pays quelconque. Partageant cette manière de voir, l'Administration des Pays-Bas, qui tient elle aussi à une classification qu'elle acceptera même imparfaite pourvu qu'elle soit uniforme, propose à la Conférence de La Haye l'adoption, pour le régime de l'Enregistrement international des marques, de la classification du Bureau de Berne. Si celle-ci n'est pas agréée, la Conférence pourrait émettre un vœu qui réclamera l'élaboration d'une classification uniforme, éventuellement par une réunion d'experts, dont les Administrations déclareraient vouloir se contenter quand bien même elle présenterait des imperfections.

Cette classification ne ferait pas corps avec l'Arrangement de Madrid; elle serait annexée au Règlement d'exécution de ce dernier, en sorte que si une revision en devenait nécessaire, elle pût être exécutée par une simple entente entre les Administrations (art. 10 de l'Arrangement de Madrid).

Il est bien entendu que, en proposant l'adoption d'une classification officielle, le Bureau international, ainsi qu'il l'a déclaré déjà à la Conférence de Bruxelles par l'organe de son directeur feu M. Henri Morel (¹), n'entend pas créer une formalité qui puisse entraîner une sanction quelconque en cas de divergence entre les indications des classes et celles des produits. En tout état de cause, l'étendue de la protection résulte de l'énumération des produits faite dans la demande et non de l'inscription dans différentes classes.

Il s'ensuit que si, au lieu d'une concordance parfaite entre demande et classification, le déposant indique moins de produits que ceux qui figurent dans une classe déterminée, la marque sera considérée par les tribunaux comme s'appliquant uniquement aux produits effectivement énumérés. Et si les produits désignés dans la demande comme étant ceux auxquels la marque est destinée dépassent ceux qui sont compris dans une ou plusieurs classes de la classification, le Bureau international pourra certainement faire observer au déposant qu'il aura à régulariser cette situation au point de vue fiscal et à payer les taxes supplémentaires correspondant aux autres classes que cela concerne, mais la validité de la marque s'étendra aux produits énumérés. Enfin si, par impossible, le déposant demandait à être inscrit pour une classe dans laquelle ne rentre aucun des produits énumérés dans sa demande d'enregistrement, il ne pourrait prétendre à faire découler de cette inscription un droit en sa faveur.

Ainsi la classification servira à ranger les marques de façon que les personnes qui sont appelées à faire des recherches s'y retrouvent sans trop de difficultés. Mais, en aucun cas, le fait de s'écarter de cette classification ne comportera de conséquences juridiques; elle n'a donc qu'un simple effet indicatif.

2. *Émolument d'enregistrement.* A l'époque où l'Arrangement de Madrid a commencé à fonctionner, la taxe était fixée à fr. 100 par marque déposée. L'acte additionnel de Bruxelles du 14 décembre 1900 a modifié ce régime en accordant, pour les dépôts multiples, une réduction de fr. 50 sur chaque marque en sus de la première, et c'est cette taxe différentielle qui est encore perçue actuellement.

Malgré la réduction stipulée, l'enregistrement international se suffit à lui-même et laisse chaque année un excédent de recettes qui est distribué par parts égales aux Administrations, afin qu'elles récupèrent, dans la mesure du possible leurs propres frais.

(¹) Voir Actes de Bruxelles, p. 293.

Néanmoins, une augmentation de la taxe paraît justifiée. Non seulement les frais généraux (ports, impressions, personnel, etc.) deviennent toujours plus considérables, mais encore l'enregistrement prend chaque année plus d'extension, et nécessite ainsi dans chaque pays un travail toujours plus grand de classement et de recherches, pour lequel il est indiqué de fournir une compensation consistant dans une part de bénéfices plus élevée. D'ailleurs, même doublée, la taxe reste très modeste et n'est proportionnée que d'une manière lointaine aux services qu'on attend de l'enregistrement international dans les milieux de commerçants et d'industriels.

La nouvelle taxe pourra être payée en une ou deux fois, au choix du déposant. Si, au moment du dépôt, celui-ci verse la taxe entière de fr. 200, plus, en cas de dépôt multiple, fr. 125 pour chaque marque en sus de la première, la protection lui sera assurée de plein droit pour la durée normale de 20 ans. Si le déposant entend ne verser qu'une première fraction, il payera fr. 125 pour la première marque et fr. 75 pour chaque marque en sus de la première; la protection lui sera assurée alors pour une période de 10 ans. Six mois avant l'expiration de cette période de 10 ans, le Bureau international avisera le déposant d'avoir à payer la seconde fraction, qui sera de fr. 100 pour la première marque et de fr. 50 pour chaque marque en sus de la première. Si cette fraction complémentaire n'est pas versée avant l'expiration du premier délai de dix ans, le Bureau international radiera la marque, notifiera cette opération aux Administrations et la publiera dans son journal.

Ce système contribuera probablement à faire disparaître au bout de 10 ans les marques qui n'ont qu'une valeur temporaire et sont parfois abandonnées avant l'expiration de cette période, mais continuent à encombrer le registre international de marques effectivement mortes, rendant de plus en plus difficile la tâche des Administrations qui pratiquent l'examen préalable, et gênant le public qui, pour déposer de nouvelles marques, se trouve considérablement limité dans son choix.

La taxe de fr. 10 pour chaque classe de la classification du Bureau international en sus de la première est également une mesure destinée à faciliter la tâche des Administrations et du public déposant. Certaines maisons ont profité abusivement des grands avantages que confère l'enregistrement international pour déposer de véritables marques dites *d'obstruction* qui occasionnent, pour *l'impression* et la *publication,* des frais dont le montant dépasse notablement celui de l'émolument payé, le représente parfois jusqu'au décuple et aggrave d'une manière inadmissible les difficultés que rencontrent les Administrations. Si ces maisons sont obligées de dresser la liste de leurs produits en se conformant à la classification annexée au Règlement d'exécution de l'Arrangement de Madrid, et de payer fr. 10 pour chaque classe employée, il y a des raisons de supposer qu'elles sauront rester dans les limites de l'équité et du bon sens.

TEXTE ACTUEL	PROPOSITION
ART. 8. — L'Administration du pays d'origine fixera à son gré, et percevra à son profit, une taxe qu'elle réclamera du propriétaire de la marque dont l'enregistrement international est demandé. A cette taxe s'ajoutera un émolument international de cent francs pour la première marque, et de cinquante francs pour chacune des marques suivantes, déposées en même temps par le même propriétaire. Le produit annuel de cette taxe sera réparti par parts	ART. 8. — L'Administration du pays d'origine fixera à son gré, et percevra à son profit, une taxe **nationale** qu'elle réclamera du propriétaire de la marque dont l'enregistrement international est demandé. A cette taxe s'ajoutera un émolument international **(en francs suisses)** de **deux cents** francs pour la première marque, et de **cent vingt-cinq** francs pour chacune des marques suivantes, déposées en même temps **au Bureau international au nom du** même

Texte actuel	Proposition
égales entre les pays contractants par les soins du Bureau international, après déduction des frais communs nécessités par l'exécution de cet Arrangement.	propriétaire. **Cet émolument donnera droit à l'inscription de la marque dans une seule des classes énumérées à l'annexe au Règlement d'exécution; si le déposant demande que la marque soit inscrite dans plus d'une de ces classes, l'émolument s'accroîtra de dix francs, pour chaque classe en sus de la première.** **Le déposant aura la faculté de n'acquitter au moment du dépôt international qu'un émolument de cent vingt-cinq francs pour la première marque et de soixante-quinze francs pour chacune des marques déposées en même temps que la première et, s'il y a lieu, la surtaxe de dix francs par classe supplémentaire prévue au précédent alinéa. Si le déposant fait usage de cette faculté, il devra, avant l'expiration d'un délai de dix ans compté à partir de l'enregistrement international, verser au Bureau international un complément d'émolument de cent francs pour la première marque et de cinquante francs pour chacune des marques déposées en même temps que la première, faute de quoi, à l'expiration de ce délai, il perdra le bénéfice de son enregistrement. Six mois avant cette expiration, le Bureau international rappellera au déposant, par l'envoi d'un avis officieux, à toutes fins utiles, la date exacte de cette expiration. Si le complément d'émolument n'est pas versé avant l'expiration de ce délai au Bureau international, celui-ci radiera la marque, notifiera cette opération aux Administrations et la publiera dans son journal.** Le produit annuel des **diverses recettes de l'enregistrement international** sera réparti par parts égales entre les pays contractants par les soins du Bureau international, après déduction des frais communs nécessités par l'exécution du présent Arrangement.

VIII. Changements survenus dans l'inscription de la marque

(Art. 9, 9bis, 9ter)

Article 9

Alinéa premier. Le texte actuel de cet alinéa prescrit aux Administrations de notifier les divers changements qui se produiront dans la propriété de la marque.

Nous avons jugé utile d'abord de dire dans le texte nouveau qu'il ne s'agit ici que des changements *essentiels,* et cela afin de préciser qu'il est superflu de notifier les petites modifications n'ayant pas de portée internationale. Déjà maintenant certaines inscriptions des registres nationaux ne sont pas notifiées au Bureau international; aucune Administration ne l'avise à l'heure actuelle — une ou deux d'entre elles l'ont fait pendant quelques années — du renouvellement, sous telle date et tel numéro, des marques nationales qui servent de base aux enregistrements internationaux. Il semble d'ailleurs suffisant qu'en cas de contestation, et dans les pays qui l'exigent, le propriétaire prouve que ce renouvellement a eu lieu et que la protection de la marque nationale qui sert de base à l'enregistrement international subsiste au moment où il demande la reconnaissance de son droit au tribunal du pays en cause.

En revanche, le fait que les non-renouvellements des marques sont mentionnés spécialement dans l'énumération des changements essentiels à notifier aurait cette portée que ceux des pays contractants dont la loi prévoit une durée déterminée de la marque et qui annotent positivement dans leurs registres la non-prorogation de certaines marques pour une nouvelle période, seraient tenus de faire connaître au Bureau international l'extinction de la protection. Des pays à examen préalable insistent sur l'utilité de ces communications, afin de pouvoir débarrasser leurs registres, ici encore, (v. ci-dessus p. 288) des nombreuses marques mortes.

En second lieu, comme les opérations visées par cet alinéa ne concernent pas uniquement la *propriété* de la marque, il nous a semblé opportun de modifier cette expression en lui substituant celle — plus générale — de « changements essentiels qui seront apportés *à l'inscription* de la marque nationale ».

Enfin nous avons cru devoir préciser à la fin de l'alinéa que ce sont les changements relatifs à la marque *nationale* qui doivent être notifiés.

Alinéa 2. Nous proposons de supprimer le mot *aussitôt* qui n'a qu'une apparente précision. En fait, le Bureau international publie lesdites opérations dans le recueil *mensuel* « Les Marques internationales » avec le maximum de diligence et de régularité.

Alinéa 4 (nouvel alinéa). On se rend peut-être insuffisamment compte du travail et des frais qu'occasionne au Bureau international l'inscription d'un changement dans ce qu'on pourrait appeler l'état civil d'une marque: inscription dans plusieurs registres, dans le dossier de la marque, dans diverses collections pour recherches et autres buts, notification aux Administrations de tous les États contractants, publication dans le journal « Les Marques internationales », contrôle de ces divers travaux, correspondance fréquente y relative.

La besogne et les frais sont encore augmentés lorsque les modifications à opérer concernant les marques de la même maison ne sont pas notifiées simultanément au Bureau international, mais, comme c'est trop souvent le cas, successivement, d'abord pour une de ces marques ou un groupe de celles-ci, puis quelque temps plus tard pour le solde ou une partie du solde des marques de la même maison. Certaines marques à longues listes de produits ont donné lieu à des limitations successives dont la seule publication a coûté plusieurs fois au Bureau international *une cinquantaine* de francs de frais d'impression. Au cours de leurs 20 ans de protection, de nombreuses marques ont fait l'objet de 4 et même 5 transmissions successives. Or, jusqu'ici, — le Bureau international avait déjà signalé cette anomalie à la Conférence de Washington — aucune taxe n'est prévue par l'Arrangement international pour compenser, au moins dans une certaine mesure, la valeur de ce travail et les frais d'impression et de ports nécessités par ces modifications alors que, dans le régime interne, des taxes parfois assez élevées sont prélevées dans ces circonstances (ainsi, dans tel pays participant à l'Arrangement, la taxe pour un transfert est la même que la taxe pour un dépôt de la marque; il paraîtrait même que, dans tel autre, les sommes à dépenser par un étranger, vu les légalisations exigées, pour faire opérer le transfert de sa marque déposée directement, dépassent même les frais d'un dépôt).

Aussi proposons-nous de dire, dans un nouvel alinéa 4, que ces opérations peuvent être soumises à une taxe internationale à prélever par le Bureau et à fixer dans le règlement d'exécution. Nous disons « peuvent », car certaines opérations, comme la radiation d'une marque, pourraient continuer à se faire sans frais. Il paraît indiqué de fixer le montant de ces taxes, qui seront relativement modiques, non dans l'Arrangement lui-même, mais dans le Règlement d'exécution, lequel peut être revisé plus facilement.

Article 9bis

D'après le texte actuel, lorsque le Bureau international reçoit notification de la transmission d'une marque d'un titulaire d'un pays à un titulaire d'un autre pays, il enregistre d'abord la transmission, puis, lorsqu'il a obtenu l'assentiment de l'Administration à laquelle ressortit le nouveau titulaire, il notifie la transmission aux autres Administrations et la publie. Souvent cet assentiment se fait attendre pendant bien des mois, quelquefois il est refusé. Les marques en cause se trouvent alors en réalité sans pays d'origine pendant un temps prolongé ou définitivement. Pour éviter cet inconvénient, nous proposons de renverser l'ordre des deux premières propositions contenues dans la seconde phrase de l'article 9bis et de dire: Le Bureau international, après avoir reçu l'assentiment de l'Administration à laquelle ressortit le nouveau titulaire, enregistrera la transmission, la notifiera et la publiera dans son journal.

Nous proposons encore de dire que cette publication devra contenir, si possible, la date et le numéro de l'enregistrement de la marque dans le nouveau pays d'origine de celle-ci. Il sera ainsi facile de constater quand et comment la marque en cause a été publiée dans le journal des marques de son nouveau pays, de quelle date part et jusqu'à quand dure sa protection nationale, toutes choses utiles à connaître puisque c'est sur cette nouvelle base que repose la protection internationale.

Du second alinéa de l'article 9bis actuel, nous proposons de faire un article 9ter (nouveau) (voir plus bas la rubrique article 9ter).

Le troisième alinéa de l'article 9bis actuel deviendrait, selon nous, l'alinéa 2 du nouvel article 9bis. Nous lui apportons une légère modification de forme et nous disons qu'on n'enregistrera pas les transmissions faites au profit d'une personne « non admise à déposer une marque internationale ». Cette expression est plus exacte que celle de « personne non établie dans l'un des pays contractants ».

Article 9ter

Cet article reproduit, avec une adaptation de pure forme, le second alinéa de l'article 9bis actuel. Son objet est d'une nature assez particulière pour justifier une numérotation spéciale. L'adaptation de forme est la suivante: Au lieu de dire « la présente disposition » n'a point pour effet de modifier les législations des pays contractants, nous proposons de dire « les dispositions des articles 9 et 9bis concernant les transmissions », ce qui est plus exact.

Texte actuel	Proposition
Art. 9. — L'Administration du pays d'origine notifiera au Bureau international les annulations, radiations, renonciations, transmissions et autres changements qui se produiront dans la propriété de la marque.	Art. 9. — L'Administration du pays d'origine notifiera au Bureau international les annulations, radiations, renonciations, **non-renouvellements,** transmissions et autres changements **essentiels apportés à l'inscription** de la marque **nationale.**

TEXTE ACTUEL	PROPOSITION
Le Bureau international enregistrera ces changements, les notifiera aux Administrations des pays contractants, et les publiera aussitôt dans son journal.	Le Bureau inscrira ces changements dans le Registre international, les notifiera **à son tour** aux Administrations des pays contractants, et les publiera dans son journal.
On procédera de même lorsque le propriétaire de la marque demandera à réduire la liste des produits auxquels elle s'applique.	On procédera de même lorsque le propriétaire de la marque demandera à réduire la liste des produits auxquels elle s'applique.
	Ces opérations peuvent être soumises à une taxe qui sera fixée par le Règlement d'exécution.
L'addition ultérieure d'un nouveau produit à la liste ne peut être obtenue que par un nouveau dépôt effectué conformément aux prescriptions de l'article 3. A l'addition est assimilée la substitution d'un produit à un autre.	L'addition ultérieure d'un nouveau produit à la liste ne peut être obtenue que par un nouveau dépôt effectué conformément aux prescriptions de l'article 3. A l'addition est assimilée la substitution d'un produit à un autre.
ART. 9bis. — Lorsqu'une marque inscrite dans le Registre international sera transmise à une personne établie dans un pays contractant autre que le pays d'origine de la marque, la transmission sera notifiée au Bureau international par l'Administration de ce même pays d'origine. Le Bureau international enregistrera la transmission et, après avoir reçu l'assentiment de l'Administration à laquelle ressortit le nouveau titulaire, il la notifiera aux autres Administrations et la publiera dans son journal.	ART. 9bis. — Lorsqu'une marque inscrite dans le Registre international sera transmise à une personne établie dans un pays contractant autre que le pays d'origine de la marque, la transmission sera notifiée au Bureau international par l'Administration de ce même pays d'origine. Le Bureau international, **après** avoir reçu l'assentiment de l'Administration à laquelle ressortit le nouveau titulaire, enregistrera la transmission, la notifiera aux autres Administrations et la publiera dans son journal **en mentionnant, si possible, la date et le numéro d'enregistrement de la marque dans son nouveau pays d'origine.**
La présente disposition n'a point pour effet de modifier les législations des pays contractants qui prohibent la transmission de la marque sans la cession simultanée de l'établissement industriel ou commercial dont elle distingue les produits.	
Nulle transmission de marque inscrite dans le Registre international, faite au profit d'une personne non établie dans l'un des pays contractants, ne sera enregistrée.	Nulle transmission de marque inscrite dans le Registre international, faite au profit d'une personne **non admise à déposer une marque internationale**, ne sera enregistrée.
	ART. 9ter. — **Les dispositions des articles 9 et 9bis concernant les transmissions** n'ont point pour effet de modifier les législations des pays contractants qui prohibent la transmission de la marque sans la cession simultanée de l'établissement industriel ou commercial dont elle distingue les produits.

IX. Rétroactivité de l'adhésion

(Art. 11)

L'article 11, alinéa 3, prévoit l'application rétrospective de l'Arrangement de Madrid aux nouveaux adhérents: la notification collective de toutes les marques protégées qui leur est faite par le Bureau international assure, par elle-même, la protection dans les pays adhérents et forme le point de départ du délai d'un an dans lequel ceux-ci peuvent exercer leur faculté de refus.

Or, examiner sérieusement dans un délai aussi court les dizaines de milliers de marques déposées internationalement pour lesquelles la période normale de protection n'est pas encore écoulée, est pour les pays obligés de procéder à cet examen une tâche à peu près impossible. D'autre part, on ne saurait attendre d'un pays qui se propose d'adhérer, qu'il s'y prépare en procédant d'avance à un examen bénévole qui peut entraîner des frais considérables et devenir par la suite sans objet.

Dans ces conditions, la solution la plus simple et la plus équitable paraît être d'atténuer les rigueurs de l'article 11, dont l'alinéa 3 semble, dans le passé, avoir empêché un certain nombre de pays d'adhérer à l'Arrangement de Madrid.

C'est dans ce but qu'il serait ajouté à l'article 11 un quatrième alinéa portant qu'en adhérant à l'Arrangement, les pays pourront déclarer que l'application de cet acte sera limitée aux marques qui seront enregistrées au Bureau international à partir du jour où cette adhésion deviendra effective. En d'autres termes, les nouveaux adhérents auront le choix entre deux solutions: ils ne seront *obligés* d'accepter, sous réserve de l'article 5, que les marques enregistrées au Bureau international *à partir de leur adhésion*, mais dans ce cas ils devront produire une déclaration conçue dans ce sens; ou bien ils pourront accepter le dépôt de toutes les marques déjà enregistrées internationalement et valables lors de cette adhésion et dans ce cas aucune déclaration ne sera nécessaire.

Les déposants de ces anciennes marques qui voudront être protégés également dans les nouveaux pays adhérents ayant fait la déclaration susmentionnée devront donc ou bien y faire un dépôt national séparé, ou bien effectuer un nouveau dépôt international. Si cette déclaration n'a pas été faite, le nouvel adhérent reste lié par la disposition actuelle qui prévoit la protection de toutes les marques déjà enregistrées qui n'auront pas été refusées dans l'année de l'adhésion.

Il pourra ainsi y avoir inégalité de traitement entre les différents pays selon qu'ils auront adhéré à l'Arrangement de Madrid avant ou après la Conférence de la Haye. Les nouveaux adhérents seront déchargés de l'accomplissement d'une obligation dont les adhérents antérieurs ont dû s'acquitter et qui les lie encore pour chaque marque jusqu'à l'expiration de la période de protection de 20 ans. Mais comme cette manière de faire n'enlève rien à ce que les déposants entendaient obtenir au moment où ils ont demandé la protection internationale, il n'y a pas lieu de se formaliser d'une différence qui est inéluctable si l'on veut que l'Union restreinte gagne de nouveaux adhérents. En somme, la rédaction nouvelle n'impose pas aux anciens pays d'autre sacrifice que celui de consentir à ce que les nouveaux venus puissent se libérer d'une tâche difficile, qui a été jusqu'ici imposée à tous les pays adhérents.

Texte actuel	Proposition
Art. 11. — Les pays de l'Union pour la protection de la propriété industrielle qui n'ont pas pris part au présent Arrangement seront admis à y adhérer sur leur demande, et dans la forme prescrite par la Convention générale.	Art. 11. — Les pays de l'Union pour la protection de la propriété industrielle qui n'ont pas pris part au présent Arrangement seront admis à y adhérer sur leur demande, et dans la forme prescrite par la Convention générale.
Dès que le Bureau international sera informé qu'un pays ou une de ses colonies a adhéré au présent Arrangement, il adressera à l'Administration de ce pays, conformément à l'article 3, une notification	Dès que le Bureau international sera informé qu'un pays ou une de ses colonies a adhéré au présent Arrangement, il adressera à l'Administration de ce pays, conformément à l'article 3, une notification

TEXTE ACTUEL	PROPOSITION
collective des marques qui, à ce moment, jouiront de la protection internationale.	collective des marques qui, à ce moment, jouiront de la protection internationale.
Cette notification assurera, par elle-même, auxdites marques le bénéfice des précédentes dispositions sur le territoire du pays adhérent, et fera courir le délai d'un an pendant lequel l'Administration intéressée peut faire la déclaration prévue par l'article 5.	Cette notification assurera, par elle-même, auxdites marques le bénéfice des précédentes dispositions sur le territoire du pays adhérent, et fera courir le délai d'un an pendant lequel l'Administration intéressée peut faire la déclaration prévue par l'article 5.
	Toutefois, chaque pays en adhérant au présent Arrangement pourra déclarer que l'application de cet acte sera limitée aux marques qui seront enregistrées à partir du jour où cette adhésion deviendra effective. Cette déclaration dispensera le Bureau international de faire la notification collective susindiquée.

X. Date de la mise en vigueur du texte nouveau de l'Arrangement

(Art. 12)

Aux termes de l'article 12 actuel, la mise en vigueur de l'Arrangement a eu lieu *un mois* après l'expiration du délai accordé pour le *dépôt des ratifications (1er avril 1913).*

Nos propositions doivent évidemment laisser en blanc la date ultime à assigner pour le dépôt des ratifications du nouveau texte qui sera adopté à La Haye. C'est à la Conférence qu'il appartiendra de le fixer.

Mais nous estimons que *le mois* de grâce, à courir de cette date, accordé aux États pour la mise en vigueur serait insuffisant pour donner, par exemple, aux Administrations éloignées de Berne le temps de préparer les demandes d'enregistrement international conformément aux nouvelles dispositions prévues dans nos propositions ou pour organiser la mise en train effective du régime nouveau des taxes. Nous proposons donc de substituer à ce terme d'un mois le terme de *trois mois.*

TEXTE ACTUEL	PROPOSITION
ART. 12. — Le présent Arrangement sera ratifié, et les ratifications en seront déposées à Washington au plus tard le 1er avril 1913.	ART. 12. — Le présent Arrangement sera ratifié, et les ratifications en seront déposées à **La Haye** au plus tard le.....
Il entrera en vigueur un mois à partir de l'expiration de ce délai et aura la même force et durée que la Convention générale.	Il entrera en vigeur **trois** mois à partir de l'expiration de ce délai et aura la même force et durée que la Convention générale.
EN FOI DE QUOI, les Plénipotentiaires respectifs ont signé le présent Arrangement.	EN FOI DE QUOI, les Plénipotentiaires respectifs ont signé le présent Arrangement.
Fait à Washington, en un seul exemplaire, le deux juin 1911. *(Signatures.)*	Fait à **La Haye**, en un seul exemplaire, le....

AVANT-PROJET

DE

MODIFICATIONS AU RÈGLEMENT D'EXÉCUTION DE 1911

EXPOSÉ DES MOTIFS

Voici quelques explications au sujet de l'avant-projet de Règlement pour l'exécution de l'Arrangement concernant l'enregistrement international des marques de fabrique ou de commerce, proposé à l'acceptation des Administrations contractantes. Les nouvelles dispositions, dont quelques-unes n'ont besoin d'aucun commentaire, résultent des modifications proposées à l'Arrangement lui-même, ou ont pour but de mieux préciser certaines manières de procéder, en tenant compte des expériences faites jusqu'ici.

Article 2

Lettre A. — Il paraît nécessaire de prescrire, comme le prévoient plusieurs règlements nationaux, que la représentation de la marque à fixer ou à apposer sur les demandes d'enregistrement, doit être en impression noire, exécutée au moyen du cliché qui accompagne le dépôt. C'est ainsi seulement que l'on évitera les divergences, plus ou moins importantes et trop fréquemment constatées, entre la demande qui devient le certificat d'enregistrement et la publication de la marque. Les Administrations auxquelles la marque est notifiée et les tiers ne la connaissent que par cette publication faite en utilisant ledit cliché; il paraît donc anormal que certains détails qu'il ne révèle pas et qui, par conséquent, ne sont connus ni des Administrations ni du public, ou certaines modifications, apparaissent sur le fac-similé de la marque, — souvent plus grand ou plus distinct, ou obtenu par un autre procédé, — collé sur la demande-certificat. En outre, puisque l'Arrangement prévoit spécialement la possibilité, lors du dépôt, de revendiquer la couleur à titre d'élément distinctif, il paraît aussi préférable d'écarter toute situation équivoque et de ne pas risquer d'induire en erreur un juge ou un tiers en leur présentant, quand cela paraît avantageux, un certificat d'enregistrement portant à la place réservée pour la marque, une reproduction en couleur de celle-ci, alors qu'en réalité elle a été déposée en noir.

Les rédacteurs des Règlements précédents avaient admis que le formulaire officiel de demande-certificat d'enregistrement délivré seulement aux Administrations serait toujours rempli par celles-ci (Actes de la Conférence de Bruxelles p. 112, etc.). Dans quelques pays on a abandonné cette règle. Il en est résulté de sérieux inconvénients. Les formulaires ainsi remplis par des tiers ou par des Chambres de commerce parfois peu au courant de l'enregistrement international ou de la langue française se font remarquer souvent par un manque de méthode, surtout quant à la manière d'indiquer correctement les firmes ou les noms, les adresses et éventuellement les professions, comme aussi, sans parler des ratures, par des imprécisions, des erreurs, des lacunes regrettables qui retardent ces enregistrements ou nuisent souvent à leur valeur. Cette pratique a aussi donné lieu à des mélanges de formulaires d'éditions très différentes et dont les unes étaient devenues inexactes quant au texte; elle a entraîné un gaspillage de matériel et beaucoup de correspondance qu'on aurait pu éviter. Il paraît donc opportun de rappeler dans le Règlement que c'est l'Administration nationale avec laquelle le Bureau international est en relations directes qui doit remplir les demandes dont elle atteste la concordance avec le contenu de son Registre des marques. L'observation de cette règle augmentera d'importance dès qu'il s'agira d'indiquer en connaissance de cause les classes de produits.

Si un dépôt est effectué — cas assez fréquent, — en faveur de plusieurs personnes ayant un domicile différent, il est nécessaire de préciser à laquelle d'entre elles, et où, les notifications prévues par l'Arrangement doivent être adressées. En les envoyant, comme jusqu'ici, à la première des personnes indiquées, on court le risque de ne pas atteindre le principal intéressé.

Lettre C. — Il semble opportun de limiter la dimension des exemplaires en couleur de la marque. Comme tels, on a envoyé au Bureau international une grande affiche d'environ un mètre de haut, une étiquette ronde de près de 80 centimètres de diamètre à apposer sur des fonds de tonneaux, des cartons d'emballage dépassant de beaucoup le format des feuilles de notification. Des spécimens aussi encombrants ne peuvent guère être collés dans les registres ou conservés dans le dossier de la marque sans risques de détériorations. Dans ces cas spéciaux, on doit pouvoir exiger du déposant qu'il fournisse des étiquettes d'un format plus réduit colorées à la main.

Les mentions par trop détaillées des couleurs revendiquées n'ont aucune utilité pratique. Il suffit d'indiquer la couleur des parties essentielles de la marque, celles qui s'imprègnent dans l'œil du public. Des descriptions trop longues et compliquées vont plutôt à l'encontre du but poursuivi et il faut les simplifier.

Lettre D. — Avec la nouvelle organisation des émoluments et taxes qui est plus complexe que l'ancienne, il sera d'autant plus nécessaire de préciser, lors des paiements, en faveur de quel déposant ces sommes sont remises au Bureau international, et d'inscrire sur les demandes d'enregistrement (ou sur les notifications) qui lui parviennent souvent bien des mois plus tard, quand, comment et par qui ces sommes ont été payées. Toute donnée incomplète ou inexacte à cet égard entraîne des risques d'interversion et surtout des retards. Des inconvénients du même genre résultent de l'envoi de valeurs tirées sur d'autres villes que Berne et le Bureau international doit être en mesure de réagir contre tous les procédés arbitraires qui se produisent à cet égard. Aussi convient-il d'inscrire dans le Règlement les précisions nécessaires pour assurer autant que possible une marche rapide du service.

Dans le même but nous croyons utile de prévoir dans le Règlement la possibilité pour les Administrations déposantes d'envoyer au Bureau international des traductions des marques en langues et en caractères peu connus (arabe, chinois, etc.). Le Bureau sera mis ainsi en état de renseigner déjà lors de la notification de la marque les quelques Administrations qui exigent cette formalité. Pour le moment, et puisqu'il ne s'agit pas d'une exigence générale, il ne semble pas opportun de reproduire sur les feuilles de notification ces traductions, dont l'exactitude ne sera d'ailleurs pas établie et qui parfois seront assez longues. Cette impression surchargerait les feuilles de notification et serait une cause de dépenses pour une formalité non prévue par l'Arrangement. Il suffira d'envoyer aux Administrations en cause un exemplaire des traductions reçues.

ARTICLE 2bis

Cet article est nouveau. Il fixe, par un texte adapté aux nouvelles circonstances, la manière de procéder non prescrite par les Règlements précédents mais pratiquée depuis l'origine, lorsqu'un dépôt paraît être incomplet ou irrégulier.

La compétence attribuée au Bureau international, spécialement celle mentionnée sous chiffres 1 et 3, de surseoir à certains enregistrements de marques, est nouvelle. Elle a pour but, tout en cherchant à écarter les indications trop vagues de produits et l'emploi ou la possibilité d'emploi de la Croix-Rouge comme élément des marques, d'éviter aux déposants des contestations et des ennuis et de dispenser chaque année bon nombre d'Administrations de l'envoi de plusieurs centaines de refus de marques causés par les dépôts de ce genre. Il est évident que le Bureau international est autorisé à surseoir aux enregistrements susindiqués sans que cela constitue pour lui une obligation. Il n'a l'intention de faire usage de cette compétence qu'avec prudence, les Administrations nationales gardant toute liberté d'être plus sévères dans leurs appréciations.

Enfin, il paraît opportun de mentionner comment le Bureau international peut ou doit agir pour liquider les affaires en souffrance depuis trop longtemps ou lorsqu'une irrégularité affecte une des marques d'un dépôt collectif. Certains dépôts sont restés en suspens pendant plusieurs années et ont donné lieu à une correspondance longue et pénible avant que le Bureau international ait pu obtenir leur régularisation ou leur retrait.

ARTICLE 5

Il peut n'être pas inutile de préciser que les demandes de prélèvements gratuits du recueil « Les Marques internationales » doivent parvenir au Bureau international avant l'impression des fascicules désirés. Une fois celle-ci terminée, il ne peut guère être question de dépareiller les stocks disponibles ou même de faire les frais d'une nouvelle édition pour satisfaire sans compensation à des demandes tardives.

La table annuelle par catégories de produits annexée depuis l'origine au recueil sus-indiqué n'est pas obligatoire. Elle porte en tête la mention qu'elle n'a aucun caractère officiel et n'engage en rien la responsabilité du Bureau international. Dès que seront en vigueur les prescriptions concernant l'indication des classes de produits et le payement d'une taxe par classe, cette seconde table officiellement prévue prendra un caractère plus strict: les marques y figureront conformément aux indications fournies par les déposants quant aux *classes* dans lesquelles ils ont revendiqué la protection.

ARTICLE 6

La plupart des Administrations ont adopté un formulaire d'Avis de refus. Nous proposons de rendre cette pratique générale et de stipuler quel est le minimum d'indications que doivent porter ces notifications. Il semble aussi que, en cas de refus motivé par l'existence d'une marque antérieure, un fac-similé de cette marque peut être annexé à la notification, tout au moins à l'exemplaire destiné au déposant. Il suffira, en général, de découper la marque et les données y relatives dans le recueil où elle a été publiée. Ce n'est pas là un très gros travail, mais il rendra un réel service au déposant en lui évitant, dans bien des cas, une demande ultérieure de renseignements au sujet de cette antériorité.

ARTICLE 7

Les deux derniers alinéas de cet article déterminent l'application pratique, dans certains cas d'ailleurs plutôt rares, du système admis par l'Arrangement d'une base nationale réelle de la marque internationale.

ARTICLE 8

Nous prévoyons dans cet article l'établissement de modestes taxes — autorisées par l'Arrangement — pour l'inscription des modifications à l'« état civil » des marques, pour les extraits du registre et pour les recherches d'antériorités. Ces taxes compensent à peine le coût du travail, des frais de publication, des ports et du matériel que ces diverses opérations exigent du Bureau international.

D'autre part, nous proposons de libérer de toute taxe semblable les limitations ou renonciations pour un pays ou un groupe de pays, dont la notification officielle parvient au Bureau international simultanément avec la demande d'enregistrement, ainsi que celles qui sont la suite d'un avis de refus provisoire ou d'un arrêt judiciaire, enfin toute radiation générale d'une marque et tout changement qui serait englobé dans une demande de renouvellement.

ARTICLE 12

L'adoption du Règlement rentre dans la compétence des Administrations nationales avec lesquelles le Bureau international est en correspondance officielle; elle ne sera donc pas soumise aux lenteurs et péripéties d'une ratification parlementaire. Néanmoins, si une modification très désirable et de nature quelque peu pressante (par exemple la modification de forme quant à une manière de procéder, une taxe à reviser, une classe de produits à modifier ou à préciser, etc.), ne pouvait entrer en vigueur qu'après l'acceptation formelle de chacune des Administrations contractantes — il y en a vingt actuellement — dont quelques-unes se désintéresseraient peut-être de l'affaire, cette entrée en vigueur risquerait fort de rester longtemps en suspens. L'expérience a démontré que ce n'est parfois qu'après des demandes renouvelées pendant plusieurs années qu'on obtient certaines réponses ou l'assentiment à certaines modifications même d'ordre bien anodin.

La disposition que nous avons essayé de formuler pour éviter ces inconvénients, a déjà fait ses preuves dans d'autres Unions internationales. Elle accélérera beaucoup l'adoption de petites réformes qui peuvent être heureuses et urgentes. Elle ne fait violence à personne, puisqu'il suffit, pour empêcher une modification du Règlement d'entrer en vigueur, que l'Administration à laquelle celle-ci n'agrée pas notifie au Bureau international, dans le délai prescrit, qu'elle la refuse temporairement ou définitivement.

ANNEXE AU RÈGLEMENT

La classification par genres de produits utilisée officieusement jusqu'ici, doit être légèrement modifiée, vu le payement proposé d'une taxe par classe. Il faut éviter qu'un déposant qui revendique la protection dans certaines classes concernant des produits moins délimités que dans d'autres, puisse prétendre être dans la même situation que s'il avait aussi mentionné dans sa demande d'enregistrement les autres classes dans lesquelles sont rangés certains produits précisés de la même catégorie générale. Nous proposons donc de libeller comme suit ou de supprimer les classes ci-après:

Classe 11: Produits chimiques pour l'industrie, la photographie, etc. *(sauf ceux rentrant dans les classes 13 et 79),* matières tannantes préparées, drogueries.

Classe 22: Machines et appareils divers et leurs organes *ne rentrant pas dans une autre classe.*

Classe 64: Beurres, fromages, graisses et huiles comestibles, vinaigres, sels, condiments, levure, glace à rafraîchir *et produits alimentaires ne rentrant dans aucune des classes 61 à 63 ou 65 à 67.*

Classe 71bis: Supprimée.

Classe 80: Marques s'appliquant à des produits *ne rentrant dans aucune des classes 1 à 79.*

AVANT-PROJET DE RÈGLEMENT

POUR

L'EXÉCUTION DE L'ARRANGEMENT CONCERNANT L'ENREGISTREMENT INTERNATIONAL DES MARQUES DE FABRIQUE OU DE COMMERCE

REVISÉ A LA HAYE LE . . . . . .

TEXTE ACTUEL	PROPOSITION
ARTICLE PREMIER. — Toute demande tendant à obtenir l'enregistrement international d'une marque de fabrique ou de commerce en vertu de l'Arrangement du 14 avril 1891 revisé, devra être adressée par le propriétaire de la marque à l'Administration du pays d'origine en la forme que cette dernière pourra prescrire.	ARTICLE PREMIER. — Toute demande tendant à obtenir l'enregistrement international d'une marque de fabrique ou de commerce en vertu de l'Arrangement du 14 avril 1891 revisé, devra être adressée par le propriétaire de la marque à l'Administration du pays d'origine en la forme que cette dernière **prescrira dans son règlement national.**
ART. 2. — Lorsque la marque sera régulièrement enregistrée dans le pays d'origine, l'Administration de ce pays adressera au Bureau international de la propriété industrielle, à Berne:	ART. 2. — Lorsque la marque sera régulièrement enregistrée dans le pays d'origine, l'Administration de ce pays adressera au Bureau international de la propriété industrielle, à Berne:
A. Une demande d'enregistrement, en double exemplaire, rédigée en langue française, portant une représentation de la marque et indiquant:	A. Une demande d'enregistrement, en double exemplaire, portant une représentation **distincte** de la marque, **uniquement en impression noire, obtenue au moyen du cliché accompagnant le dépôt. Cette demande sera établie par ladite Administration sur le formulaire fourni par le Bureau international**; elle sera rédigée en langue française et indiquera:
1° le nom du propriétaire de la marque;	1° le nom du propriétaire de la marque;
2° son adresse;	2° son adresse; **s'il est fait mention de plus d'une adresse, celle à laquelle les notifications devront être envoyées;**
3° les produits ou marchandises auxquels la marque est destinée;	3° les produits ou marchandises auxquels la marque est destinée **(indication précise du genre de produits sans énumération trop détaillée)**;
4° la date d'enregistrement de la marque dans le pays d'origine et son numéro d'ordre.	4° **le numéro de la ou des classes de produits dans laquelle ou lesquelles la marque devra être inscrite d'après la**

TEXTE ACTUEL	PROPOSITION
	classification internationale annexée au présent Règlement;
	5° la date **de la dernière inscription** (enregistrement **ou renouvellement)** de la marque dans le pays d'origine et son numéro d'ordre;
	6° **s'il y a lieu, la date et le numéro de l'enregistrement international antérieur.**
B. Un cliché de la marque, pour la reproduction typographique de cette dernière dans la publication qui en sera faite par le Bureau international. Ce cliché doit reproduire exactement la marque, de manière que tous les détails en ressortent visiblement; il ne doit pas avoir moins de 15 millimètres ni plus de 10 centimètres, soit en longueur, soit en largeur. L'épaisseur exacte du cliché doit être de 24 millimètres, correspondant à la hauteur des caractères d'imprimerie. Ce cliché sera, deux ans après sa publication, retourné au propriétaire de la marque, à ses frais, s'il en a fait la demande. Tout cliché non réclamé à la fin de la troisième année pourra être détruit.	B. Un cliché de la marque, pour la reproduction typographique de cette dernière dans la publication qui en sera faite par le Bureau international. Ce cliché doit reproduire exactement la marque, de manière que tous les détails en ressortent visiblement; il ne doit pas avoir moins de 15 millimètres ni plus de 10 centimètres, soit en longueur, soit en largeur. L'épaisseur exacte du cliché doit être de 24 millimètres, correspondant à la hauteur des caractères d'imprimerie. Ce cliché sera, deux ans après sa publication, retourné au propriétaire de la marque, aux frais de celui-ci, s'il en a fait la demande. Tout cliché non réclamé à la fin de la troisième année sera détruit.
Le Bureau insérera dans le formulaire remis au déposant une mention prévoyant cette remise et indiquant si le propriétaire désire rentrer en possession de son cliché.	Le formulaire **de demande d'enregistrement fera mention de ces dernières dispositions et portera une rubrique dans laquelle l'Administration du pays d'origine inscrira** si le propriétaire de la marque désire **ou non** rentrer en possession de son cliché.
C. Si le déposant revendique la couleur à titre d'élément distinctif de sa marque:	C. Si le déposant revendique la couleur à titre d'élément distinctif de sa marque: quarante exemplaires, sur papier, d'une reproduction en couleur, **dont les dimensions ne dépasseront pas 20 centimètres de côté. Un des exemplaires sera fixé sur chacune des demandes d'enregistrement à côté de l'empreinte en noir.** Si la marque comporte plusieurs parties séparées, elles devront être réunies et collées, pour chacun des quarante spécimens, sur une feuille de papier fort.
Quarante exemplaires, sur papier, d'une reproduction en couleur de la marque. Si cette marque comporte plusieurs parties séparées, elles devront être réunies et collées, pour chacun des 40 spécimens, sur une feuille de papier fort.	
Dans ce même cas, la demande devra porter une brève mention, en langue française, indiquant la couleur ou la combinaison de couleurs revendiquée.	La demande devra porter une brève mention en langue française indiquant **uniquement** la couleur ou la combinaison de couleurs revendiquée **pour les parties essentielles de la marque.**
Au cas où l'une ou l'autre des conditions relatives à la couleur ne serait pas remplie, le Bureau international procédera à l'enregistrement de la marque et à sa notification sans tenir compte de la couleur.	Au cas où l'une ou l'autre des conditions relatives à la couleur ne serait pas remplie, le Bureau international procédera à l'enregistrement et à la notification de la marque sans tenir compte de la couleur.

TEXTE ACTUEL	PROPOSITION
D. Le montant de l'émolument international adressé par un mandat postal ou par un autre mode d'envoi, en indiquant le nom et l'adresse du propriétaire de la marque.	D. Le montant de l'émolument international **et de la taxe par classe de produits, à moins que ce montant n'ait été envoyé d'avance et directement au Bureau international par le propriétaire de la marque. Ces sommes devront être versées en espèces au Bureau international, ou lui être envoyées par mandat postal, ou par versement sur son compte de chèques postaux ou par chèque tiré sur une banque de Berne. Tout payement devra être accompagné de l'indication du nom et du domicile du propriétaire de la marque.**
La demande d'enregistrement sera établie sur un formulaire fourni gratuitement aux Administrations par le Bureau international.	**Les demandes d'enregistrement devront préciser à quelle date, sous quelle forme et par qui ces payements auront été effectués; elles indiqueront aussi si l'émolument international est payé immédiatement pour les 20 ans ou seulement pour les 10 premières années.**
	Lorsqu'une marque renferme des inscriptions dans une langue ou en caractères généralement peu connus, le propriétaire pourra joindre à son dépôt international une douzaine d'exemplaires d'une traduction en français de ces inscriptions afin d'accélérer l'examen de la marque dans quelques pays.
	Les formulaires à remplir par les Administrations pour demander l'enregistrement international leur seront fournis gratuitement par le Bureau international.
	Le renouvellement du dépôt international donnera lieu aux mêmes opérations que le dépôt primitif.
	ART. 2bis. — **Si le Bureau international constate qu'une demande d'enregistrement est incomplète ou irrégulière, ou que la mention de la ou des classes sous la ou lesquelles la marque devrait être rangée est ou défectueuse, ou erronée, ou ne correspond pas à l'indication des produits pour lesquels la protection est revendiquée, il est autorisé à surseoir à l'enregistrement de cette marque, mais doit en aviser sans retard l'Administration intéressée, à laquelle il appartiendra de décider si elle veut modifier, retirer ou maintenir cette demande.**
	Le Bureau pourra également surseoir à l'enregistrement
	1° **si les demandes contiennent des indications de produits trop vagues, telles**

TEXTE ACTUEL | PROPOSITION

que „marchandises diverses", „et autres produits" et, en particulier, l'expression „etc.";

2° **si le cliché reçu ne donne pas une empreinte suffisamment claire des éléments de la marque;**

3° **si les marques portent le signe d'une croix pouvant être confondue avec la „Croix-Rouge" et si, pour éviter des refus certains, il y a lieu d'obtenir du propriétaire la déclaration préalable que la marque ne sera employée ni en couleur rouge ni en une couleur similaire.**

Lorsqu'un dépôt de ce genre n'est pas régularisé dans les six mois, le Bureau international est autorisé à fixer un délai de même longueur pour la liquidation de l'affaire. Il en avertira aussi bien le propriétaire de la marque que l'Administration qui a demandé l'enregistrement. Ces deux délais écoulés, le dépôt pourra être considéré comme abandonné, l'émolument et la taxe seront renvoyés au déposant après déduction de 20 francs au maximum.

Lorsqu'une demande d'enregistrement irrégulière fait partie d'un dépôt collectif de plusieurs marques, l'enregistrement de toute la collection sera suspendu à moins que l'Administration intéressée ou le propriétaire de la marque n'autorise le Bureau international à considérer celle-ci comme sortie du dépôt collectif et à la traiter comme marque isolée.

TEXTE ACTUEL

ART. 3. — Le Bureau international procédera sans retard à l'inscription de la marque dans un registre qui contiendra les indications suivantes:

1° le numéro d'ordre de la marque;

2° le nom du propriétaire de la marque;

3° son adresse;

4° les produits ou marchandises auxquels la marque est appliquée;

5° le pays d'origine de la marque;

6° la date de l'enregistrement et le numéro d'ordre dans le pays d'origine;

7° les mentions relatives à la situation de la marque telles que: refus de protection, limitations, transmissions, renonciations, radiations, etc.;

8° la date de l'enregistrement au Bureau international;

PROPOSITION

ART. 3. — Le Bureau international procédera sans retard à l'inscription de la marque dans un registre qui **portera une empreinte de celle-ci et** contiendra les indications suivantes:

1° le numéro d'ordre de la marque;

2° le nom du propriétaire de la marque;

3° son adresse;

4° les produits ou marchandises auxquels la marque est appliquée;

5° **le numéro de la classe ou des classes de produits dans laquelle ou lesquelles le propriétaire de la marque a demandé qu'elle soit rangée;**

6° le pays d'origine de la marque;

7° la date **de la dernière inscription** (enregistrement **ou renouvellement)** et le numéro d'ordre dans le pays d'origine;

TEXTE ACTUEL	PROPOSITION
9° la date de la notification aux Administrations contractantes.	8° **les mentions relatives à une revendication de couleur, à un enregistrement international antérieur rappelé lors du nouveau dépôt, etc.;** 9° la date de l'enregistrement au Bureau international; 10° la date de la notification aux Administrations **et de la publication;** 11° les mentions relatives à la situation de la marque, telles que: refus de protection, limitations, transmissions, renonciations, radiations, etc.
ART. 4. — L'inscription une fois faite dans le registre, le Bureau international certifiera sur les deux exemplaires de la demande que l'enregistrement a eu lieu, et les revêtira tous deux de sa signature et de son timbre. Un de ces exemplaires restera dans les archives du Bureau; l'autre sera renvoyé à l'Administration du pays d'origine. En outre, le Bureau international notifiera aux Administrations l'enregistrement opéré, en envoyant à chacune d'elles une reproduction typographique de la marque et en leur indiquant: 1° la date et le numéro d'ordre de l'enregistrement international; 2° le nom et l'adresse du déposant; 3° les produits ou marchandises auxquels la marque est destinée; 4° le pays d'origine de la marque, ainsi que sa date d'enregistrement et son numéro d'ordre dans ledit pays. Dans le cas prévu par l'article 2, lettre C, la susdite notification mentionnera, en outre, le dépôt en couleur, et sera accompagnée d'un exemplaire de la reproduction en couleur de la marque.	ART. 4. — L'inscription une fois faite dans le registre, le Bureau international certifiera sur les deux exemplaires de la demande **sous quelle date et sous quel numéro l'enregistrement a eu lieu,** et les revêtira tous deux de sa signature et de son timbre. Un de ces exemplaires restera dans les archives du Bureau, l'autre sera renvoyé à l'Administration du pays d'origine, **laquelle, après avoir pris note desdites indications, le transmettra au propriétaire de la marque.** En outre, le Bureau international notifiera **sans retard** aux Administrations l'enregistrement opéré, en envoyant à chacune d'elles une reproduction typographique de la marque, **accompagnée des indications mentionnées sous les chiffres 1 à 9 de l'art. 3.** Dans le cas prévu par l'art. 2, lettre C, la susdite notification sera accompagnée d'un exemplaire de la reproduction en couleur de la marque.
ART. 5. — Le Bureau international publiera ensuite la marque dans une feuille périodique. Cette publication consistera dans la reproduction de la marque, accompagnée des indications mentionnées à l'article 4, alinéa 2, et, le cas échéant, de la mention prévue sous la lettre C de l'article 2. Chaque Administration recevra gratuitement du Bureau international le nombre d'exemplaires qu'il lui conviendra de demander de la publication relative à l'enregistrement international.	ART. 5. — Le Bureau international publiera la marque dans **sa** feuille périodique **« Les Marques internationales »**. Cette publication consistera dans la reproduction de la marque, accompagnée des indications mentionnées sous les chiffres **1 à 9 de l'art. 3.** Chaque Administration recevra gratuitement du Bureau international le nombre d'exemplaires de cette feuille qu'il lui conviendra de demander; **toutefois la gratuité ne s'étendra pas aux numéros déjà parus au moment où cette demande est formulée.**

TEXTE ACTUEL

Au commencement de chaque année, le Bureau international fera paraître une table où seront indiqués, par ordre alphabétique, et par pays contractant, les noms des propriétaires des marques ayant fait l'objet des publications effectuées dans le cours de l'année précédente.

ART. 6. — La notification de refus prévue par l'article 5 de l'Arrangement sera transmise au Bureau international en trois expéditions identiques, destinées: l'une au Bureau précité, l'autre à l'Administration du pays d'origine, la troisième au propriétaire de la marque.

Si le refus est motivé par l'existence d'un dépôt antérieur, ces notifications devront indiquer la marque avec laquelle il y a collision, en spécifiant: le nom et le domicile de son propriétaire, sa date d'enregistrement et son numéro d'ordre. Un fac-similé sera joint à la notification, si cela est possible.

ART. 6bis. — (Voir après l'article 8).

ART. 7. — Les changements survenus dans la propriété d'une marque, et qui auront fait l'objet de la notification prévue par les articles 9 et 9bis de l'Arrangement, seront consignés dans le registre du Bureau international, sauf dans le cas où, aux termes du troisième alinéa de ce dernier article, la transmission ne pourra être enregistrée. Le Bureau international notifiera à son tour aux Administrations contractantes les changements enregistrés et les publiera dans son journal, en tenant compte des dispositions du premier alinéa

PROPOSITION

Au commencement de chaque année, le Bureau international fera paraître une table où seront indiqués, par ordre alphabétique et par pays contractant, les noms des propriétaires des marques ayant fait l'objet des publications effectuées dans le cours de l'année précédente. **Une deuxième table établie par catégories de produits énumérera les marques par classes, d'après les indications reçues lors du dépôt.**

ART. 6. — La notification de refus prévue par l'art. 5 de l'Arrangement sera transmise au Bureau international en trois expéditions identiques destinées: l'une au Bureau précité, l'autre à l'Administration du pays d'origine, la troisième au propriétaire de la marque. **Cette notification, faite sur formulaire, devra indiquer au moins le pays du refus, la date d'expédition de l'avis de refus, le numéro et la date de l'enregistrement international de la marque, le nom et le domicile du propriétaire et les motifs du refus.**

Si celui-ci est motivé par l'existence d'un dépôt antérieur, **l'avis de refus** devra **préciser** la marque, **nationale ou internationale,** avec laquelle il y a collision et spécifier le nom et le domicile du propriétaire de cette marque antérieure, la date d'enregistrement de celle-ci et son numéro d'ordre. Un fac-similé sera joint à la notification.

L'avis portera au verso un aperçu des dispositions essentielles de la loi relatives aux refus et indiquera quel est le délai de recours contre ceux-ci et à quelle autorité ce recours devra être adressé.

ART. 7. — Les changements survenus dans **l'inscription** d'une marque et qui auront fait l'objet de la notification prévue par les art. 9 et 9bis de l'Arrangement seront consignés dans le registre international. **Est excepté** le cas où la transmission ne pourra être enregistrée **parce qu'elle est faite au profit d'une personne non admise à déposer une marque internationale, ou parce que l'assentiment de l'Administration du nouveau pays duquel ressortit le cessionnaire n'aura pas été obtenu.**

TEXTE ACTUEL	PROPOSITION
de l'article 9bis de l'Arrangement, quand le nouveau propriétaire sera établi dans un État contractant autre que le pays d'origine de la marque.	Le Bureau international notifiera à son tour aux Administrations les changements enregistrés et les publiera dans son journal. **Ces mêmes dispositions feront règle si le domicile du propriétaire d'une marque est transféré d'un pays dans un autre.** **Dans le cas où un transfert de propriété ou de domicile ne pourra pas être enregistré, le Bureau international demandera à l'Administration de l'ancien pays d'origine l'autorisation de radier la marque.**
ART. 8. — Le renouvellement du dépôt international donnera lieu aux mêmes opérations que le dépôt primitif.	Devient le dernier alinéa du nouvel article 2.
L'avis officieux prévu par l'article 7 de l'Arrangement doit être expédié par le Bureau international dans le cours des six premiers mois de la dernière année de la durée de la protection.	Cet alinéa est supprimé.
	ART. 8. — Les taxes prévues par les art. 5ter **et 9** de l'Arrangement **et qui, d'une manière générale, sont payables d'avance et toujours en francs suisses,** sont fixées **comme suit**: A. **Taxes pour les transmissions, modifications de noms, changements de domicile, rectifications nécessitées par une faute du déposant, limitations de produits par suite de renonciation, ou renonciations à la protection pour un pays ou un groupe de pays: 30 francs pour une seule marque et 10 francs pour chacune des marques en plus de la première appartenant au même propriétaire et faisant l'objet de la même opération et de la même notification. Dans ces taxes sont compris les frais de notification aux Administrations, et, s'il y a lieu, de publication de ces opérations. Sont exemptes de taxes les limitations et renonciations notifiées simultanément avec la demande d'enregistrement, les radiations générales, les opérations qui sont la suite d'un avis de refus provisoire ou d'un arrêt judiciaire et celles qui seraient englobées dans une demande de renouvellement.**
ART. 6bis. — La taxe prévue par l'article 5bis de l'Arrangement pour les copies ou extraits du registre est fixée à deux francs par copie ou extrait. Lorsque les mentions relatives à plusieurs marques pourront être réunies sur	B. Taxes pour les copies ou extraits du Registre **international des marques: 5** francs par marque. **Toutefois,** lorsque les mentions relatives à plusieurs marques pourront être réunies sur la même feuille, la taxe sera réduite à **2** francs pour

TEXTE ACTUEL	PROPOSITION
la même feuille, la taxe sera réduite à un franc pour chacune des marques en plus de la première. Tout extrait, certificat ou recherche demandés au Bureau international, en outre des documents dont la délivrance est obligatoire, donnera lieu à la perception d'une taxe analogue.	chacune des marques en plus de la première. **Les demandes de ces documents concernant plusieurs marques devront indiquer s'il s'agit d'extraits séparés ou d'un extrait global.** Tout **autre** extrait, **attestation** ou recherche **(autres que celles sous lettre C)** demandés au Bureau international, en outre des documents dont la délivrance est obligatoire, donneront lieu à la perception d'une taxe analogue. C. **Taxe pour recherches d'antériorité parmi les marques internationales déjà enregistrées: 5 francs par marque. Si la recherche doit porter sur de nombreuses classes de produits ou à la fois sur une marque figurative et sur une dénomination, ou si une marque figurative contient plus d'un élément essentiel, cette taxe sera doublée. Il en sera de même lorsque le demandeur omet de préciser sur quel genre de produits doit porter la recherche ou de joindre un dessin ou une esquisse de la marque figurative au sujet de laquelle il désire être renseigné. Le Bureau international peut, à son gré, différer toute recherche en attendant les précisions qu'il demandera.**
ART. 9. — Au commencement de chaque année, le Bureau international établira le compte des dépenses faites au cours de l'année précédente pour le service de l'enregistrement international; le montant de ce compte sera déduit du total des recettes, et l'excédent de celles-ci sera réparti par parts égales entre tous les pays contractants.	Sans changement.
ART. 10. — La notification collective prescrite par l'article 11 de l'Arrangement contiendra les mêmes indications que les notifications prévues par les articles 4 et 7 du présent Règlement.	ART. 10. — La notification collective, **pour autant qu'elle est prévue** par l'article 11 de l'Arrangement, contiendra les mêmes indications que les notifications prévues par les articles 4 et 7 du présent Règlement.
ART. 11. — Le présent Règlement entrera en vigueur en même temps que l'Arrangement auquel il se rapporte et il aura la même durée. Les Administrations contractantes pourront toujours y apporter, d'un commun accord, conformément aux dispositions de l'article 10 dudit Arrangement, les modifications qui leur paraîtront nécessaires.	ART. 11. — Le présent Règlement entrera en vigueur en même temps que l'Arrangement auquel il se rapporte et il aura la même durée. Les Administrations pourront **toutefois** y apporter, conformément aux dispositions de l'art. 10 dudit Arrangement, les modifications qui leur paraîtront nécessaires **d'après le mode de procéder déterminé à l'article suivant.**

TEXTE ACTUEL	PROPOSITION
	ART. 12. — **Les propositions de modifications du présent Règlement formulées par un pays contractant ou par le Bureau international seront communiquées par ce dernier aux Administrations, qui lui feront parvenir leur avis dans le délai de six mois. Si, après l'expiration de ce délai, la proposition est adoptée par la majorité des Administrations sans qu'aucune Administration ne se soit prononcée pour le rejet ou la modification du texte proposé, elle entrera en vigueur pour tous les pays contractants trois mois après le jour où le Bureau international aura notifié cette acceptation aux Administrations.**

ANNEXE AU RÈGLEMENT

CLASSIFICATION

DES

MARQUES INTERNATIONALES DE FABRIQUE OU DE COMMERCE

Classes

I. Produits agricoles, Matières brutes à ouvrer

1. Produits agricoles et horticoles; grains, farines, cotons bruts et autres fibres, semences, plants.
2. Bois d'œuvre et de feu, charbon de bois, liège et écorces.
3. Goudrons, résines et gommes à l'état brut, caoutchouc.
4. Animaux vivants.
5. Peaux, poils, crins, laines, soies, plumes à l'état brut.
6. Écaille, ivoire, nacre, corail, baleine, corne, os, bruts ou dégrossis.
7. Minerais, terres, pierres non taillées, charbons minéraux, cokes et briquettes.

II. Matières à demi élaborées

8. Métaux en masses, lingots, barres, feuilles, plaques, fils, débris.
9. Huiles, essences et graisses non comestibles, pétroles.
10. Cuirs et peaux préparées, caoutchouc et analogues en feuilles, fils, tuyaux.
11. Produits chimiques pour l'industrie, la photographie, etc. (sauf ceux rentrant dans les classes 13 et 79); matières tannantes préparées, drogueries.
12. Explosifs, poudres, fusées, mèches, allumettes, allume-feux, artifices.
13. Engrais artificiels et naturels, substances chimiques pour l'agriculture et l'horticulture.
14. Savons d'industrie ou de ménage, substances pour lessiver, blanchir, nettoyer et détacher.
15. Teintures, apprêts.

Classes

III. Outillage, Machinerie, Transports

16. Outils à main, machines-outils, machines à coudre et leurs organes, meules diverses.
17. Machines agricoles, instruments de culture et leurs organes.
18. Machines à vapeur et leurs organes (sauf les locomotives).
19. Chaudronnerie, tonneaux et réservoirs en métal, tuyaux, mastics pour joints.
20. Électricité (machinerie et accessoires).
21. Horlogerie, chronométrie.
22. Machines et appareils divers et leurs organes, ne rentrant pas dans une autre classe.
23. Constructions navales et accessoires.
24. Matériel fixe ou roulant de chemins de fer, locomotives, rails.
25. Charronnerie, carrosserie, maréchalerie, automobiles et vélocipèdes, pneumatiques.
26. Sellerie, bourrellerie, fouets, etc.
27. Cordes, cordages, ficelles, en poils ou fibres de toute espèce; câbles métalliques, courroies de transmission.
28. Armes à feu, de guerre ou de chasse, et leurs munitions.

IV. Construction

29. Chaux, plâtres, ciments, briques, tuiles, marbres, pierres, ardoises et autres matériaux ouvrés ou taillés.
30. Charpente, menuiserie.
31. Pièces pour constructions métalliques.
32. Quincaillerie, ferronnerie, serrurerie, clouterie, vis et boulons, chaînes; papiers, toiles et substances à polir.
33. Couleurs pour le bâtiment, vernis et accessoires, cires, encaustiques et colles, mastics (sauf ceux pour joints métalliques).
34. Papiers peints et succédanés pour tentures murales.
35. Calorifères, appareils de ventilation, ascenseurs, monte-charges.

V. Mobilier et Articles de ménage

36. Ébénisterie, meubles, encadrements.
37. Lits, literie confectionnée, plumes, duvets, laines et crins préparés pour la literie.
38. Ferblanterie, articles pour cuisines, appareils pour bains et douches, filtres, extincteurs.
39. Articles d'éclairage, de chauffage et de cuisson.
40. Verrerie, cristaux, glaces, miroirs.
41. Porcelaines, faïences, poteries.
42. Coutellerie, instruments tranchants, armes blanches.
43. Boissellerie, brosserie, balais, paillassons, nattes, vannerie commune.

VI. Fils, Tissus, Tapis, Tentures et Vêtements

44. Fils et tissus de laine ou de poil.
45. Fils et tissus de soie.
46. Fils et tissus de chanvre, lin, jute et autres fibres.
47. Fils et tissus de coton.
48. Vêtements confectionnés en tous genres.
49. Lingerie de corps et de ménage.
50. Chapellerie, modes, plumes de parure, fleurs artificielles.
51. Broderies, passementerie, galons, boutons, dentelles, rubans.
52. Bonneterie, ganterie, mercerie, corsets, aiguilles et épingles.
53. Chaussures en tous genres, cirages et graisses pour cuirs.
54. Cannes, parapluies, parasols, articles de voyage.
55. Tentes et bâches, toiles cirées, huilées, caoutchoutées, linoléum.

Classes

VII. Articles de fantaisie

56. Bijouterie, orfèvrerie, joaillerie, en vrai ou en faux.
57. Maroquinerie, éventails, bimbeloterie; vannerie fine.
58. Parfumerie, savons, peignes, éponges et autres accessoires de toilette.
59. Articles pour fumeurs, papiers à cigarettes, tabacs fabriqués.
60. Jouets, jeux divers, cartes à jouer, articles de pêche, de chasse et de sport.

VIII. Alimentation

61. Viandes, poissons, volailles et œufs, gibier, à l'état frais.
62. Conserves alimentaires, salaisons.
63. Légumes et fruits frais ou secs.
64. Beurres, fromages, graisses et huiles comestibles, vinaigres, sels, condiments, levures, glace à rafraîchir, et produits alimentaires ne rentrant dans aucune des classes 61 à 63 ou 65 à 67.
65. Pain, pâtes alimentaires.
66. Pâtisserie, confiserie, chocolats, cacaos, sucres, miel, confitures.
67. Denrées coloniales, épices, thés, cafés et succédanés.
68. Vins, vins mousseux, cidres, bières, alcools et eaux-de-vie, liqueurs spiritueuses diverses.
69. Eaux minérales et gazeuses, limonades, sirops.
70. Articles divers d'épicerie, chandelles, bougies, veilleuses et mèches, insecticides.
71. Substances alimentaires pour les animaux.

IX. Enseignement, Sciences, Beaux-Arts, Divers

72. Imprimés, papiers et cartons, papeterie, librairie, articles de bureau, encres à écrire, à imprimer et à tampon, reliure, articles de réclame.
73. Couleurs fines et accessoires pour la peinture; matériel pour modelage, moulage, etc.
74. Objets d'art et d'ornement, sculptés, peints, gravés, lithographiés, etc., photographies, caractères d'imprimerie.
75. Instruments pour les sciences, l'optique, la photographie; phonographes, cinématographes, etc.; poids et mesures, balances.
76. Instruments de musique en tous genres.
77. Matériel d'enseignement: modèles, cartes, plans, mobilier d'école, de gymnastique, etc.
78. Instruments et appareils de chirurgie, de médecine, de pharmacie, d'orthopédie.
79. Produits pharmaceutiques spéciaux ou non, objets pour pansement, désinfectants, produits vétérinaires.
80. Marques s'appliquant à des produits ne rentrant dans aucune des classes 1 à 79.

TROISIÈME PARTIE

ARRANGEMENT

CONCERNANT

LA RÉPRESSION DES FAUSSES INDICATIONS DE PROVENANCE

DU 14 AVRIL 1891

REVISÉ A BRUXELLES LE 14 DÉCEMBRE 1900
ET A WASHINGTON LE 2 JUIN 1911

I. Portée générale de l'Arrangement

(Art. premier)

Le sort futur de cet article dépend évidemment de la tournure que prendront à la Conférence de La Haye les débats au sujet de l'article 10 de la Convention générale. En effet, si la nouvelle rédaction proposée pour l'article 10 était adoptée, la question se poserait de savoir quelle serait la valeur gardée par l'article 1er de l'Arrangement de Madrid. Le texte de cet article 1er prévoit le cas où l'indication de provenance consiste dans la désignation *indirecte* d'un faux pays ou lieu d'origine, tandis que l'article 10 ne prévoit pas expressément l'indication indirecte. Or, si la Conférence estime que ce terme « indirectement » est susceptible de donner à l'Arrangement une étendue que n'atteint pas l'article 10, il y a lieu de conserver l'article 1er, tout en le rédigeant de manière à ce que, dans les autres parties, il concorde avec le nouvel article 10 de la Convention. Si, en revanche, ce terme n'est qu'une précision, qui n'ajoute rien à l'étendue de la protection prévue, l'article 1er pourrait, en théorie, disparaître comme étant superflu. Toutefois, il importerait de le maintenir à titre de préambule de l'Arrangement, mais après l'avoir rédigé comme l'article 10 de la Convention générale, afin d'établir un parallélisme complet entre les deux dispositions qui répriment dans le domaine international les fausses indications de provenance. Les États qui ont adhéré à l'Arrangement de Madrid voudront bien se prononcer eux-mêmes sur ces questions, qui, dans les circonstances indiquées, n'ont pu faire l'objet d'aucune proposition.

II. Notion de la partie intéressée

(Art. 2)

En ce qui concerne la partie intéressée, il y a lieu de faire concorder aussi l'article 2 de l'Arrangement de Madrid avec l'article 10, alinéa 2, de la Convention générale et de remplacer, pour les motifs indiqués plus haut les mots « particulier ou société » par « personne physique ou morale ».

TEXTE ACTUEL	PROPOSITION
ART. 2. — La saisie aura lieu à la requête soit du ministère public, soit de toute autorité compétente, par exemple l'Administration douanière, soit d'une partie intéressée, particulier ou société, conformément à la législation intérieure de chaque pays. Les autorités ne seront pas tenues d'effectuer la saisie en cas de transit.	ART. 2. — La saisie aura lieu à la requête soit du ministère public, soit de toute autorité compétente, par exemple l'Administration douanière, soit d'une partie intéressée, **personne physique ou morale**, conformément à la législation intérieure de chaque pays. Les autorités ne seront pas tenues d'effectuer la saisie en cas de transit.

III. Extension aux produits qui tiennent leurs qualités naturelles du sol et du climat

(Art. 4)

Sauf une petite adjonction apportée à l'article 2 par la Conférence de Washington dans le but d'autoriser expressément l'administration douanière à requérir la saisie des produits faussement marqués, l'Arrangement de Madrid du 14 avril 1891 qui nous occupe ici n'a pas été modifié. D'autre part, en dépit des vœux adoptés dans certains Congrès de l'Association internationale de la propriété industrielle, le nombre des pays qui ont adhéré à cet Arrangement n'a progressé qu'avec une extrême lenteur, à telle enseigne que l'Union restreinte ne compte que onze pays.

Néanmoins, comme il ressort d'une étude parue dans la *Propriété industrielle* (1), l'Arrangement de Madrid a exercé une influence indirecte et diffuse qui n'est pas négligeable, et la situation internationale actuelle est telle que le moment paraît venu de chercher à étendre le champ d'application dudit Arrangement.

Après avoir posé la règle générale que c'est aux tribunaux de chaque pays à décider quelles sont les appellations qui, en tant que génériques, ne sont pas soumises aux prescriptions de l'Arrangement, l'article 4 ajoute une restriction portant que les appellations régionales des produits *vinicoles* ne sont pas comprises dans la règle statuée par cet article. En d'autres termes, les appellations régionales des produits vinicoles ne peuvent jamais être considérées par les tribunaux comme devenues génériques.

C'est visiblement cette restriction qui a été la cause que peu de pays ont adhéré à l'Arrangement de Madrid. Non seulement certains États hésitent à limiter pareillement par des traités internationaux le pouvoir d'appréciation de leurs tribunaux, mais encore ils trouvent injuste que seules les appellations de produits vinicoles soient soustraites à la possibilité d'être transformées en appellations génériques, alors que celles de tous les autres produits de la terre sont soumises à cette possibilité.

(1) Voir *Prop. ind.*, année 1920, p. 18, 31, 40, 53.

A la Conférence de Madrid de 1890, le Délégué du Portugal (Actes, p. 88) avait proposé de faire profiter de la disposition de l'article 4 tous les produits *agricoles,* ceux-ci correspondant toujours, d'après lui, aux conditions spéciales du climat et du sol. Or, une formule aussi générale se heurte dans la pratique à des difficultés insolubles, car, même parmi les appellations à consonnance géographique s'appliquant à des produits de la terre, il s'en trouve qui ne désignent plus qu'un genre de produits, notamment quand il s'agit de produits qui ont subi une manutention.

Si l'on veut faire faire un pas en avant à l'Arrangement de Madrid, il est donc nécessaire d'adopter une solution intermédiaire. Parmi les produits tirés originairement de la terre, il en existe pour lesquels la manutention, on peut même dire parfois la fabrication, est déterminante de la qualité dans une large mesure. Il en est d'autres, en revanche, chez lesquels c'est l'influence du climat et du terrain qui est prépondérante. Pour les produits qui tirent leurs qualités caractéristiques surtout du sol et du climat et non de la manutention, la protection absolue apparaît comme la consécration d'un droit aussi intangible que celui qui est attaché aux appellations d'origine des produits vinicoles.

Sans doute, dans certains cas, la distinction entre ces genres de produits sera difficile à établir. Le plus souvent, le producteur seul sera à même de dire si les qualités de son produit doivent davantage au sol et au climat qu'à la manutention. C'est pourquoi il est ajouté à l'article 4 un nouvel alinéa portant que les pays contractants ne protégeront sans réserve que les appellations qui auront été dûment définies dans le pays producteur et qui auront fait l'objet d'une notification aux autres pays contractants par l'entremise du Bureau international.

TEXTE ACTUEL	PROPOSITION
ART. 4. — Les tribunaux de chaque pays auront à décider quelles sont les appellations qui, à raison de leur caractère générique, échappent aux dispositions du présent Arrangement, les appellations régionales de provenance des produits vinicoles n'étant cependant pas comprises dans la réserve spécifiée par cet article.	ART. 4. — Les tribunaux de chaque pays auront à décider quelles sont les appellations qui, à raison de leur caractère générique, échappent aux dispositions du présent Arrangement, les appellations régionales de provenance des produits vinicoles **et de tous les autres produits qui tiennent leurs qualités naturelles du sol et du climat,** n'étant cependant pas comprises dans la réserve spécifiée par cet article. **Lorsqu'un pays contractant aura défini une de ces appellations d'origine par une mesure législative ou réglementaire, par décision administrative ou judiciaire, les autres pays contractants devront assurer la protection desdites appellations dans les limites ainsi définies, à la condition que le premier pays leur ait notifié ces mesures ou décisions par l'intermédiaire du Bureau international de la propriété industrielle à Berne.**

QUATRIÈME PARTIE

PROJET D'ARRANGEMENT

POUR

LE DÉPOT INTERNATIONAL DES DESSINS ET MODÈLES INDUSTRIELS

EXPOSÉ DES MOTIFS

Arrangement pour le dépôt international des dessins et modèles industriels

Parmi les quatre vœux émis par la dernière Conférence de Washington se trouve, sous chiffre II, le double vœu que voici:

a) que dans chaque pays de l'Union, la protection des dessins et modèles industriels soit rendue facilement accessible;

b) que le Bureau international entre en rapport avec les Administrations des pays de l'Union en vue d'élaborer un projet d'enregistrement international des dessins et modèles, et fasse les démarches nécessaires pour amener la conclusion d'un arrangement international.

Le premier de ces vœux s'adressait aux Gouvernements des pays contractants, le deuxième postulait une action directe du Bureau international de Berne. Celui-ci se mit à l'œuvre sans retard et publia dès le mois de mars 1912 un premier avant-projet d'arrangement sur la matière; il fut transformé en projet et transmis en avril 1914 avec un rapport général aux États contractants, puis repris, après la commotion de la guerre, en 1919 (1). Ces travaux ne trouvèrent pas l'écho voulu auprès des Administrations des pays de l'Union et c'est ainsi qu'en accomplissement du mandat reçu à Washington, nous soumettons maintenant un nouveau projet à la prochaine Conférence de revision.

Ce projet tient compte de la longue préparation que, depuis 1904 jusqu'à nos jours, la matière a subie au sein de l'Association internationale pour la protection de la propriété industrielle et de la Chambre internationale du Com-

(1) Voir *Prop. ind.*, 1919, p. 51 à 54.

merce, préparation qui a été rappelée, en ce qui concerne toutes ses phases, par l'étude consciencieuse parue dans la *Propriété industrielle* de 1924, numéro de septembre (p. 180 à 190). En conséquence, le projet se présente, sous la forme expressément prescrite d'un Arrangement applicable dans une Union restreinte, comme une sorte de résumé, de résultat récapitulatif de l'évolution parcourue jusqu'ici en bien des péripéties au milieu de courants souvent contradictoires.

En fait, tout en étant pleinement et unanimement persuadés de l'insuffisance de la protection des dessins et modèles dans le régime de l'Union industrielle, les milieux intéressés assignent à cette mesure seulement la tâche de desservir une étape intermédiaire, car le but final serait, à leurs yeux, la sauvegarde de toutes les créations de forme, quelles qu'elles soient, créations d'art pur, d'art appliqué et d'ornementation industrielle, par les lois concernant les œuvres d'art et par la Convention de Berne revisée pour la protection des œuvres littéraires et artistiques, cette dernière ne connaissant plus aucune formalité dans les rapports internationaux. Or, si la tendance générale de l'évolution va décidément vers la résorption du domaine spécial des dessins et modèles dans le grand domaine de la propriété artistique, il est impossible d'envisager le maintien d'une législation double (industrielle et artistique) destinée à englober toutes les œuvres qui sont ici en cause, fussent-elles de la valeur la plus modeste et de la nature en apparence la plus utilitaire, ainsi que la conservation de l'institution du dépôt, propre à faciliter les preuves de l'existence du droit et de la priorité d'usage, autrement que comme une solution transitoire et auxiliaire. Ce maintien et cette conservation apparaîtront uniquement comme des concessions à la vie réelle ou comme des conditions d'acheminement vers des progrès futurs, savoir l'assimilation des dessins et modèles aux œuvres des arts figuratifs en vertu du principe de l'unité de l'art.

C'est dans ce cadre doctrinalement quelque peu flottant — mieux vaut ne pas le dissimuler — que se place la tentative ardemment cherchée d'internationaliser et de consolider la protection des dessins et modèles. On touchera le moins possible aux lois nationales; on en restreindra pourtant l'autonomie. En particulier, on proclamera une certaine unification sur les quelques points suivants sur lesquels un accord tacite semble s'être produit dans les esprits:

a) L'obligation d'apposer sur les dessins et modèles une mention indicative du dépôt ou une mention de réserve spéciale, telle que « *Registered* », est incompatible avec une protection s'étendant à plusieurs pays, vu l'impossibilité d'accumuler différents signes semblables sur un même objet.

b) L'exploitation obligatoire exigée par un certain nombre de lois, à l'instar de l'obligation d'exploiter les brevets, rend actuellement la protection internationale des dessins et modèles à peu près illusoire, étant donné la difficulté insurmontable d'organiser dans tous les pays une fabrication des dessins et modèles, soumis au caprice de la mode. D'ailleurs, cette exigence n'a aucune raison d'être pour ce genre de créations servant à l'agrément et à l'embellissement de la vie. C'est la création de nouvelles formes variées qui s'impose ici.

c) Est également impraticable l'interdiction d'importer dans un autre pays des objets conformes à ceux qui sont protégés.

d) Une durée de protection uniforme fort désirable des dessins et modèles paraît devoir remplacer les délais trop divergents que voici: 2 ans, Italie; 3 ans, Autriche, Tchécoslovaquie, Hongrie; 5 ans, Suède; 10 ans, Japon, Mexique, Serbie-Croatie-Slovénie; 12 ans, Pologne; 14 ans, États-Unis; 15 ans, Allemagne, Cuba, Danemark, Dantzig, Grande-Bretagne, Norvège, Suisse et Tunisie; 20 ans, Espagne; 50 ans, France; perpétuité, Belgique et Portugal.

e) Le nombre des dessins et modèles déposés isolément a été en 1920 de 323 622, pour 20 pays; de 235 680 en 1921, pour 23 pays et de 284 192 en 1922, pour 22 pays. Quel gaspillage de forces au point de vue international!

Mais comment organiser ce dépôt? Au début, on avait songé à un enregistrement ou à un dépôt global en autant d'exemplaires et de paquets qu'il y a de pays contractants, et qui aurait servi simplement à alimenter depuis un centre les dépôts nationaux. Ainsi, le Bureau international n'aurait été qu'un organe de distribution, un entrepôt, ce qui aurait présenté une utilité bien médiocre. Puis on passa à la conception d'un dépôt central unique qui aurait produit une sorte de rayonnement sur tous les pays contractants où ce dépôt devait produire les mêmes effets qu'un dépôt régulièrement effectué dans le pays respectif. Mais alors le dépôt direct, immédiat, à Berne allait se heurter à cette difficulté que le Bureau, en sa qualité d'organe purement administratif, ne peut être investi d'aucune prérogative de juger du caractère des dessins susceptibles de protection, de les accepter ou de les refuser. Que ferait le Bureau si on lui présentait des dessins « de nature scandaleuse », comme le dit la loi suisse, ou contraires aux bonnes mœurs? L'examen de la régularité du dépôt se serait accompli dans cette hypothèse sans aucun appel possible, puisque l'autorité de haute surveillance du Bureau, le Conseil fédéral suisse, ne serait en aucune façon qualifié pour être le surarbitre international. Il fallait renoncer à établir des prescriptions expresses de droit matériel pour l'enregistrement primordial au Bureau international, prescriptions qui auraient primé, le cas échéant, celles des lois internes du pays d'origine, et se résigner au système de prendre comme *dépôt de base* celui effectué au pays originaire de l'œuvre, ainsi que cela est prévu dans l'Arrangement de Madrid concernant les marques.

f) Les premiers projets du Bureau international prévoyaient comme complément du système de la pluralité des exemplaires ou des paquets à répartir aux États contractants, la faculté pour ces derniers de refuser la protection de certains dessins ou modèles dans l'année de la notification, comme cela est le cas pour les marques internationales. Au contraire, le dernier projet, publié en 1919, ne parle plus du tout de cette faculté de refus.

g) On s'est convaincu aussi qu'il faut concéder, à côté du dépôt à découvert, le dépôt secret. Sans nuire à personne, puisque chacun reste libre de travailler à son gré, le dépôt secret se justifie dans un certain nombre de cas par le risque de voir un dessin ou modèle devenir prématurément, non pas précisément l'objet d'une contrefaçon, mais tout au moins l'inspirateur de créations du même genre et du même goût, exécutées assez tôt pour causer un sérieux préjudice au premier déposant. Le secret lui permet au moins de présenter ses produits au marché avant tous les similaires et de profiter ainsi de son initiative. Cependant, on admet généralement qu'après une première période, le dépôt secret doit se transformer en dépôt ouvert.

h) Enfin, la thèse se répand de plus en plus que l'institution à créer ne conférerait qu'un minimum de protection, laissant à celui qui aurait déposé internationalement son dessin ou son modèle la faculté, aussi bien de rechercher les bénéfices d'une législation intérieure plus large sur les dessins, à l'aide de l'accomplissement des formalités prescrites dans ledit pays, que de revendiquer la protection cumulative des lois et conventions plus libérales, notamment celles réglant la propriété artistique.

Ces points une fois acquis et supposés admis, grâce à un commencement d'unification législative et à des prescriptions internationales sur le dépôt, il restait à résoudre, en rédigeant par le détail le texte même du projet d'arrangement, toute une série de problèmes. Pour que l'ensemble du plan puisse être embrassé d'un seul coup d'œil, nous avons esquissé dès maintenant aussi le projet de règlement d'exécution; cette fois-ci, il sera soumis à la même délibération que l'Arrangement, tandis que plus tard, la revision en sera facilitée sans qu'on ait à attendre la réunion d'une nouvelle Conférence. Cependant, toutes les questions de principe sont traitées dans l'Arrangement lui-même dont nous allons commenter brièvement les dispositions essentielles:

1. Déjà le titre du projet nous posait deux questions: il importait en premier lieu d'éviter avec soin d'employer, comme jusqu'ici dans les divers projets, pêle-mêle les termes « enregistrement » et « dépôt ». En allant au fond des choses, il s'agit de créer, non pas un enregistrement international, mais un dépôt des dessins ou modèles. L'enregistrement n'est qu'une opération concomitante, mais plutôt accessoire (v. art. 4 du règlement); il sert à constater le principal et à créer des facilités de notification et de publicité. Il en est autrement pour l'enregistrement des marques qui aboutit à une véritable inscription de celles-ci au Registre international.

2. Ensuite, pouvait-on s'aventurer à supprimer, d'après le triple exemple donné par le Congrès de Milan de l'Association internationale précitée (1906), la loi française du 14 juillet 1909 et le projet proposé par la délégation française à la Conférence de Washington, l'épithète « industriel » qui accompagne l'expression « dessin et modèle »? L'Arrangement qui ferait partie des Actes pour la protection de la propriété industrielle doit évidemment s'y adapter. Or, l'article 2 de la Convention de Paris-Bruxelles-Washington, en délimitant son domaine, parle des dessins et modèles *industriels* en opposition aux modèles *d'utilité*. Déjà pour ce motif de terminologie officielle et ensuite en raison de la position qu'occupera le nouvel Arrangement dans le régime de cette Union, la suppression de l'épithète est exclue. D'une manière générale, il est préférable de ne pas effacer les frontières entre les deux Unions, industrielle et littéraire, mais de les préciser, chaque instrument diplomatique ayant sa validité et son domaine d'application à part. Certes, il est admissible de réserver, dans l'Arrangement à conclure, en termes formels (art. 21) l'applicabilité de certaines dispositions contenues dans la Convention de Berne revisée de 1908, — ce sont les dispositions concernant la protection des œuvres d'art ou celle des œuvres d'art industriel, pour autant qu'elles couvrent les dessins et modèles assimilables aux œuvres d'art, — mais les rédacteurs des Actes de propriété industrielle ne sauraient prescrire quoi que ce soit à ceux des Actes de l'Union littéraire, pas plus que l'inverse ne serait tolérable ou toléré.

3. Le pivot de la nouvelle institution est le dépôt central, non pas unique ou indépendant puisqu'il est le corollaire du dépôt dans le pays d'origine, mais substitué à tous les dépôts dans les États contractants autres que ce pays et ne donnant lieu ni à répétition dans ces États ni à des refus administratifs. Il faut donc nous rendre aussi exactement que possible compte du fonctionnement de ce régime, de ses inconvénients et de ses avantages ainsi que des effets juridiques vis-à-vis des législations nationales encore fort dissemblables, et enfin de ses conséquences pratiques.

Le dépôt central s'appuyant obligatoirement sur celui du pays d'origine, ce dernier terme doit être fixé. Il ne s'agit pas de déposer « par l'intermédiaire d'*une* Administration de l'Union » ou, d'après la première suggestion du Bureau international, « dans l'*un quelconque* des États contractants » que le déposant choisirait librement et à qui néanmoins il devrait s'adresser aussi plus tard pour toutes les démarches concernant le même objet. Il s'agit du dépôt dans le pays d'origine tel qu'il est défini et qu'il sera défini plus exactement, nous l'espérons, à la prochaine Conférence par l'article 6 de la Convention générale. C'est là la modalité la plus normale et qui est devenue la plus familière aux divers intéressés. La prescription se justifie, en fait, par les facilités et les garanties que présente un dépôt opéré dans le pays même où le déposant est établi et, en droit, par la nécessité de donner au dépôt international une base juridique précise, toujours la même.

Le *dépôt de base* a sans doute l'inconvénient que les restrictions apportées par le pays d'origine aux droits sur les dessins et modèles sont transplantées sur le terrain international. Ainsi la loi suisse de 1900 exclut de la protection les dessins pour l'impression sur cotonnades ou pour tissus de soie et mi-soie (à l'exception des tissus Jacquard), si bien que les dessins de cette catégorie ne pourront pas non plus être déposés internationalement si la Suisse en est le pays d'origine, ni être protégés en Suisse s'ils émanent d'auteurs unionistes assimilés aux nationaux. La loi suédoise de 1899 ne s'applique qu'aux dessins et modèles nouveaux pour produits appartenant à l'industrie des métaux; cette limitation aura, pour ce qui concerne la Suède, sa répercussion sur le terrain international aussi bien que pour la protection indigène. Les défectuosités des lois internes des différents pays d'origine sont ainsi mises à nu.

Mais cet inconvénient est contrebalancé par le grand avantage qu'on peut s'abstenir de chercher une définition impérative des dessins et modèles, faisant loi dans tous les pays contractants, ce qui sûrement serait une source de conflits. Il suffit, pour comprendre l'atmosphère de l'Arrangement, de savoir qu'il s'occupe de toutes « œuvres ornementales employées à l'embellissement d'un produit fabriqué », sans qu'on entre dans les détails théoriques, sur lesquels l'accord doctrinal ne se ferait jamais. Pour s'en convaincre on n'a qu'à passer en revue les diverses notions contenues dans les lois au sujet de la nouveauté et les conclusions divergentes qui en sont tirées. Cette atmosphère de liberté laisse aussi l'auteur seul juge de l'opportunité de se servir de la nouvelle institution. S'il a devant lui une création dont le caractère artistique est douteux, mais que la loi nationale protège comme dessin, il fera appel à cette loi; si, au contraire, des créations dont le caractère artistique paraît incontestable sont en jeu et si la législation nationale protège les œuvres d'art dans une mesure large, il se sentira trop assuré de cette protection pour en chercher encore une supplémentaire.

En outre, la détermination des personnes protégées en matière de dessins et modèles n'est pas chose aisée. Le dépôt à base crée ici une certaine présomption qui pourra être réexaminée d'après la *lex fori* dans les pays où la protection sera réclamée; mais la décision, à tout le moins, est réservée aux tribunaux et soustraite au Bureau international.

Un troisième avantage est que tout examen technique, par le Bureau international, des objets déposés devient superflu. Le dépôt international est la doublure du dépôt national; les objets en sont identiques en tant qu'œuvres, non pas, il est vrai, en tant que matérialisation de celles-ci, car un objet déposé dans le pays d'origine *in natura* pourra être déposé à Berne en reproduction et vice-versa. Le soin de contrôler cette identité incombe à l'Administration du pays d'origine, sans toucher le Bureau international, qui est libéré de toute responsabilité y relative. Chaque pays contractant répond envers les autres pays de la régularité du dépôt international sous ce rapport. Toute irrégularité retomberait sur le pays fautif, nullement sur un organe international qu'on ne peut actionner. En revanche, cet organe prêtera ses bons offices aux autorités judiciaires lorsque, dans un procès, il faut établir la conformité des deux dépôts, national et international (art. 14, al. 2).

Le dépôt international se substituera, quant à ses effets, aux divers dépôts dans les pays contractants autres que le pays d'origine (art. 4, al. 2). Ces effets sont de nature juridique inégale selon que le dépôt crée une simple présomption en faveur de l'auteur ou qu'il attribue l'œuvre à ce dernier après un examen plus ou moins rigoureux des conditions attachées à la protection. Si l'on voulait laisser la porte ouverte à cet examen préalable, il faudrait envoyer aux différents pays des échantillons ou reproductions des dessins ou modèles et prescrire un délai pour le refus. Dans un but de simplification on a renoncé à ces transmissions multiples d'articles à protéger et à cette procédure de refus; logiquement, on renonce par là aussi à l'effet attributif du dépôt et on n'en retient que l'effet déclaratif, auquel la formalité du dépôt reste circonscrite. Les pays qui adhèrent à l'Arrangement et qui, d'après leur loi nationale, confèrent à leur Administration la mission d'examiner au préalable les dessins et modèles avant de les inscrire, abandonneront expressément cet examen pour les objets déposés internationalement et qui leur sont notifiés, et ils se décideront à le renvoyer à plus tard, c'est-à-dire à en charger, en cas de contestation judiciaire, les tribunaux ordinaires. Toujours est-il que l'article 4, al. 1er, sanctionne une présomption de priorité de l'œuvre en faveur de celui qui dépose internationalement, et cette présomption subsiste jusqu'à preuve du contraire.

Mais, objectera-t-on, l'efficacité de l'Arrangement ne sera-t-elle pas fortement entamée s'il faut faire trancher par des procès les deux questions de savoir si l'on est en présence d'un dessin ou modèle protégeable en vertu de la loi du pays où la protection est réclamée, et si celui qui la réclame y est autorisé? Nous ne le croyons pas. Les procès en cette matière sont déjà maintenant rares dans les rapports internationaux, et dussent-ils devenir plus nombreux en vue de combattre les usurpations, les auteurs seraient bien mieux armés qu'actuellement pour les soutenir à peu de frais. En revanche, le fait que la très grande majorité des œuvres déposées devront être considérées comme virtuellement protégées à la suite du recours au moyen supplétif du dépôt international constitue un immense progrès, comme nous le verrons après avoir constaté combien la protection a été renforcée, d'un côté, par la suppression de tant de causes de déchéances et l'adoption d'une durée positive, d'un autre côté, par les facilités créées en vue de l'administration des preuves.

4. Les conditions de fond auxquelles les pays contractants devront consentir pour réduire les cas de déchéance sont nettement définies en matière d'exploitation, d'introduction d'objets et de mentions; chaque pays doit savoir à quoi il s'engage par l'article 5 de l'Arrangement.

5. En ce qui concerne la durée, il nous a semblé préférable de nous borner à en prévoir un minimum qui, étant donné qu'il est reconnu déjà dans huit pays unionistes, paraît pouvoir être celui de quinze ans à partir de la date du dépôt à Berne. Ce délai suffira certainement dans la plus grande partie des cas puisque les besoins d'ornement sont sujets à des changements fréquents et que bien des dessins sont délaissés rapidement, faute de plaire à la clientèle. Lorsqu'un dessin ou modèle, au lieu d'être éphémère, conserve sa valeur au delà de quinze ans de durée minima, le propriétaire pourra être, selon nous, à peu près certain qu'il bénéficiera de la protection garantie aux œuvres d'art et que, s'il invoque cette protection dans un procès, il obtiendra gain de cause. Du reste, la disposition prévoyant une durée uniforme de protection (art. 7) doit être combinée avec celle (art. 21) qui sanctionne formellement le principe du minimum en termes analogues à ceux employés dans l'article 4 de l'Arrangement du 30 juin 1920 (transition entre la guerre et la paix). La durée de quinze ans est donc établie sous réserve d'une durée plus longue qui pourra être obtenue dans un pays contractant grâce à un dépôt direct. Aucun droit ne sera ainsi amoindri. Toutefois, comme cela est prévu pour les marques, la durée prévue par l'Arrangement n'est valable qu'aussi longtemps que dure la protection dans le pays d'origine qui est le *substratum* de la protection conventionnelle.

Ce délai uniforme se divise facilement en deux périodes pas trop étendues et dont la deuxième est double de la première (5 et 10 ans). Ainsi les démarches pour la prolongation du délai de protection ne se produiront qu'une seule fois; la progression de la taxe à payer pour la prorogation du droit est modeste et supportable pour celui qui y recourra.

6. Le secret n'est admis, il est vrai, que pour la première période de cinq ans (art. 8), mais ce n'est pas le domaine public qui s'emparera alors de l'œuvre,

à moins que le titulaire ne renonce à son droit y relatif ou qu'il reste inactif à l'expiration de la première période en laissant la protection s'éteindre malgré l'avertissement préalable reçu du Bureau international à ce sujet. Au contraire, il pourra requérir la prorogation de la protection pour une nouvelle période; seulement les dépôts seront, cette fois-ci, ouverts et pourront être consultés au siège central par des tiers. Cependant, tout permet de croire que cette consultation formera la grande exception, car quel en serait le résultat? Même s'il fait constater le défaut de protection de tel ou tel dessin ou modèle, celui-ci peut être protégé dans un pays grâce à un dépôt national: le domaine public ne sera dans ce cas que partiel. Au lieu de recourir à un moyen incertain permettant de copier le travail d'autrui, les concurrents feront bien mieux de faire appel à leurs propres ressources d'imagination.

7. Le dépôt international facultatif sera un des moyens — si ce n'est le seul, du moins le plus positif — pour établir la date certaine de la création et de l'antériorité d'usage des articles; il constitue le meilleur service « d'authentification internationale », la preuve *prima facie* par excellence. Dans ce service l'enveloppe perforée, système Soleau, trouve son application tout indiquée (¹). Si, en cas de procès, un tribunal a besoin de connaître le contenu d'un paquet déposé en secret pour être certain de la priorité d'usage du dessin ou modèle, le Bureau international lui prêtera son aide à cet effet (art. 14, al. 1er).

8. Pour ne pas compliquer les choses, nous avons fait abstraction de dispositions relatives à la transmission d'un dessin ou modèle qui comporterait un changement de pays d'origine, ainsi que de toute rétroactivité de l'Arrangement.

9. Les poids et dimensions réduits prévus dans l'article premier du Règlement d'exécution pour les déposants ainsi que les autres détails administratifs pourront être arrêtés d'un commun accord par les Administrations des pays qui entendent réellement se rallier au nouvel Arrangement; ils ne servent ici que d'exemples et constituent plutôt des desiderata afin de n'occasionner au Bureau international que des frais modestes et d'éviter l'encombrement. Si un pays accepte pour le dépôt national des paquets beaucoup plus grands, il exigera du déposant désireux de faire protéger à Berne le même nombre de dessins ou modèles, qu'il prépare pour le dépôt international 2 ou 3 paquets supplémentaires, cachetés ou ouverts, représentant les dimensions réglementaires plus petites prévues. De même il permettra de prendre pour les effets du dépôt international seulement une partie des dessins ou modèles déposés nationalement ou encore de réunir en un seul, d'ordre international, plusieurs dépôts nationaux si les prescriptions du Règlement international ne sont pas dépassées. Au lieu d'expédier au dépôt international des objets, l'Administration nationale conseillera au déposant d'envoyer à Berne des photographies, sans que pour cela les modèles soient exclus. En règle générale, il doit régner une grande liberté et facilité quant à l'utilisation, pour les besoins du dépôt, des divers modes de matérialisation de l'œuvre (produits, échantillons, images figuratives, reproductions, v. art. 2), pourvu que l'identité de l'*œuvre* soit sauvegardée. Cependant, par la nature même des choses, cette identité ne pourra être constatée par l'administration du pays d'origine qu'à l'égard des dessins ou modèles sous pli ouvert. Le déposant pourra se servir du pli secret pour le pays d'origine et du pli ouvert pour le dépôt international ou vice versa, mais dans les deux cas l'examen de l'identité de l'œuvre ne sera pas possible. Le déposant courra alors le risque de la perte de toute protection au cas où les deux dépôts, national et international, ne concorderaient pas. Cette déchéance de droits, conséquence inévitable de tout acte incorrect ou trompeur commis par le déposant, nous paraît comporter une sanction assez sévère pour rendre superflue toute prescription de répression particulière, toujours difficile à faire introduire dans le régime international.

(¹) Voir l'étude consacrée à cette enveloppe, *Prop. ind.*, 1915, p. 103 et 141.

Nous avons exposé ici ces diverses éventualités dans la pensée que si l'une ou l'autre semblait devoir faire l'objet d'un article spécial, il serait facile de l'y insérer.

En réalité, ce sont les conséquences indirectes d'une institution sanctionnée pour traverser une phase intérimaire de protection, qui produiront le résultat le plus salutaire. Les contrefacteurs et les imitateurs ignorent pendant la première période, décisive au point de vue de la nouveauté, l'aspect des dessins ou modèles déposés, ils savent seulement que telle maison ou tel dessinateur en a déposé à Berne, soit à découvert, soit — chose bien plus grave pour eux — en secret. L'épée de Damoclès est suspendue sur leur tête s'ils s'avisent de s'approprier ce qu'ils n'ont pas créé. Le dépôt international est d'une aide solide pour brider les velléités d'imitation ou de vol et pour enrayer le champ de la contrefaçon. Les amateurs de créations d'autrui n'ont qu'à cueillir dans l'immense champ des dessins et modèles tombés dans le domaine public à l'expiration de tout délai de protection; d'autre part, plus le respect des dessins et modèles s'ancrera dans les esprits et plus la conscience de l'unité de l'art et de l'intangibilité de ses créations se raffermira et cela sans qu'on ait besoin de l'appuyer plus longtemps par des formalités.

En somme, l'Arrangement proposé est de nature à stimuler efficacement — c'est là son meilleur titre — l'effort des dessinateurs et modeleurs tendant à créer au profit de la communauté des œuvres vraiment originales.

ANNEXE

ARRANGEMENT

POUR

LE DÉPOT INTERNATIONAL DES DESSINS OU MODÈLES INDUSTRIELS

CONCLU ENTRE

. . . .

Les soussignés Plénipotentiaires des Gouvernements ci-dessus énumérés,

Vu l'article 15 de la Convention d'Union internationale du 20 mars 1883 pour la protection de la propriété industrielle, revisée à Bruxelles le 14 décembre 1900 et à Washington le 2 juin 1911,

Ont, d'un commun accord et sous réserve de ratification, arrêté l'Arrangement suivant destiné à faciliter, dans l'intérêt des créateurs des dessins et modèles industriels, l'exercice des droits auxquels ceux-ci donnent naissance en vertu des articles 2 et s. de la Convention susmentionnée.

ARTICLE PREMIER. — Les citoyens ou sujets d'un pays contractant et les personnes ayant satisfait sur le territoire de l'Union restreinte aux conditions établies par l'article 3 de la Convention générale, pourront s'assurer dans les autres pays contractants la protection de leurs dessins ou modèles industriels acceptés au dépôt dans le pays d'origine tel qu'il est défini par l'article 6 de la Convention générale, au moyen d'un dépôt international. Ce dépôt sera effectué au Bureau international de la propriété industrielle à Berne par l'entremise de l'Administration dudit pays d'origine.

ART. 2. — Le dépôt international comprendra les dessins ou modèles, soit sous la forme du produit industriel auquel ils sont destinés, soit sous celle d'un dessin, d'une photographie ou de toute autre représentation graphique suffisante dudit dessin ou modèle.

En tout cas, les dessins ou modèles dont le dépôt international est demandé dans le pays d'origine doivent être identiques à ceux qui ont fait l'objet du dépôt national originaire. L'identité a trait uniquement à l'œuvre même, quelles qu'en soient les matérialisations diverses.

Les objets seront accompagnés d'une demande de dépôt international en double exemplaire contenant les indications en langue française que précisera le règlement d'exécution.

ART. 3. — Aussitôt que le Bureau international de Berne aura reçu de l'Administration du pays d'origine la demande de procéder à un dépôt international, il inscrira cette demande dans un registre spécial, notifiera ces inscriptions aux diverses autres Administrations et les publiera dans une feuille périodique dont il distribuera gratuitement à chaque Administration le nombre d'exemplaires voulu.

Les dépôts seront conservés dans les archives du Bureau international.

ART. 4. — Celui qui dépose internationalement un dessin ou modèle industriel est considéré jusqu'à preuve du contraire comme propriétaire de l'œuvre.

Le dépôt international est purement déclaratif. En tant que dépôt, il produira, dans chacun des pays contractants, les mêmes effets que si les dessins ou modèles y avaient été directement déposés à la date du dépôt international, sous bénéfice toutefois des règles spéciales établies par le présent Arrangement. La publicité mentionnée dans l'article précédent sera considérée dans tous les pays contractants comme pleinement suffisante et aucune autre ne pourra être exigée du déposant.

Tout dessin ou modèle déposé internationalement dans les six mois qui suivent la date du dépôt dans le pays d'origine jouira, sans aucune autre formalité, du droit de priorité établi par l'article 4 de la Convention générale.

ART. 5. — Les États contractants conviennent de ne pas exiger que les dessins ou modèles déposés internationalement soient revêtus d'une marque ou mention obligatoire autre que celle prescrite, le cas échéant, par la loi du pays d'origine. Ils ne les frapperont de déchéance ni pour défaut d'exploitation ni pour introduction d'objets conformes à ceux protégés.

ART. 6. — Le dépôt international sera simple et ne comprendra qu'un dessin ou modèle isolé, ou multiple et en comprendra une pluralité qui devra être précisée dans la demande d'accompagnement.

Il pourra être opéré, soit sous pli ouvert, soit sous enveloppe cachetée. Seront acceptées spécialement comme moyens de dépôt sous pli cacheté les enveloppes perforées d'après le système Soleau.

Les dimensions maxima des objets susceptibles d'être déposés seront déterminées par le règlement d'exécution.

ART. 7. — La durée de la protection internationale est fixée à 15 ans, comptés à partir de la date de dépôt au Bureau international de Berne; elle ne pourra être invoquée en faveur d'un dessin ou modèle qui ne jouirait plus de la protection légale dans le pays d'origine.

Le délai de 15 ans est divisé en deux périodes, savoir une période de 5 ans et une période de 10 ans.

ART. 8. — Pendant la première période de protection, les dépôts seront admis, soit sous pli ouvert, soit sous pli cacheté; pendant la deuxième période ils ne seront admis qu'à découvert.

ART. 9. — Au cours de la première période, les dépôts sous pli cacheté pourront être ouverts sur la demande du déposant ou d'un tribunal compétent; à l'expiration de la première période, ils seront ouverts en vue du passage à la seconde période, sur une demande de prorogation.

ART. 10. — Dans les six premiers mois de la cinquième année de la première période, le Bureau international donnera un avis officieux de l'échéance à l'Administration du pays d'origine et au déposant du dessin ou modèle.

ART. 11. — Lorsque le déposant désirera obtenir la prolongation de la protection par le passage à la deuxième période, il devra remettre à l'Administration du pays d'origine, au plus tard trois mois avant l'expiration du délai, une demande de prorogation pour être transmise au Bureau international. Celui-ci procédera dans ce cas à l'ouverture du pli cacheté, notifiera la prorogation intervenue à toutes les autres Administrations et la publiera dans son journal.

ART. 12. — Les dessins et modèles contenus dans les dépôts non prorogés de même que ceux dont la protection est expirée, seront rendus tels quels à leurs propriétaires, sur leur demande et à leurs frais. S'ils ne sont pas réclamés, ou s'ils n'arrivent pas à destination, ils seront détruits au bout de deux ans.

ART. 13. — Les déposants pourront à toute époque renoncer à leur dépôt, soit en totalité, soit partiellement, au moyen d'une déclaration qui sera adressée à l'Administration du pays d'origine et transmise par celle-ci au Bureau international; ce dernier lui donnera la publicité prévue à l'article 3.

La renonciation comporte la restitution du dépôt aux frais du déposant.

ART. 14. — Lorsqu'un tribunal ou toute autre autorité compétente ordonnera qu'un dessin ou modèle secret lui soit communiqué, le Bureau international, régulièrement requis, procédera à l'ouverture du paquet déposé, en extraira le dessin ou modèle demandé et le fera parvenir à l'autorité requérante. L'objet ainsi communiqué devra être restitué dans le plus bref délai possible et réincorporé dans le pli cacheté ou dans l'enveloppe.

Lorsqu'il sera nécessaire de comparer le dessin ou modèle déposé internationalement avec les exemplaires déposés dans le pays d'origine, l'autorité compétente adressera une réquisition dans ce sens au Bureau international, qui fera les démarches nécessaires.

ART. 15. — Les taxes du dépôt international, qui seront à payer avant qu'il puisse être procédé au dépôt international, sont ainsi fixées:

1° pour un seul dessin ou modèle et pour la première période de 5 ans: une somme de 2 francs;

2° pour un seul dessin ou modèle, à l'expiration de la première période et pour la durée de la deuxième période de 10 ans: une somme de 5 francs;

3° pour un dépôt multiple et pour la première période de 5 ans: une somme de 5 francs.

4° pour un dépôt multiple, à l'expiration de la première période et pour la durée de la deuxième période de 10 ans: une somme de 20 francs.

ART. 16. — Le produit net annuel des taxes sera réparti entre les pays contractants par les soins du Bureau international, après déduction des frais communs nécessités par l'exécution du présent Arrangement.

ART. 17. — Le Bureau international délivrera à toute personne, sur demande, contre une taxe fixée par le règlement, une copie des mentions inscrites dans le registre au sujet d'un dessin ou modèle déterminé.

La copie pourra être accompagnée d'un exemplaire ou d'une reproduction du dessin ou modèle, qui auront pu être fournis au Bureau international et qu'il certifiera conforme à l'objet déposé à découvert. Si le Bureau n'est pas en possession d'exemplaires ou de reproductions semblables, il en fera faire, sur la demande des intéressés et à leurs frais.

ART. 18. — Les archives du Bureau international, pour autant qu'elles contiennent des dépôts ouverts, sont accessibles au public. Toute personne peut en prendre connaissance en présence d'un des fonctionnaires, ou obtenir du Bureau des renseignements écrits sur le contenu du registre, et cela moyennant paiement des taxes à fixer par le règlement.

ART. 19. — L'Administration du pays d'origine notifiera au Bureau international les annulations, radiations, renonciations, transmissions et autres changements qui se produiront dans la propriété du dessin ou modèle.

Le Bureau international inscrira dans ses registres tous les changements dont il aura reçu notification, les notifiera à son tour aux Administrations des pays contractants et les publiera dans son journal.

Ces opérations peuvent être soumises à une taxe qui sera fixée par le Règlement d'exécution.

Art. 20. — Les détails d'application du présent Arrangement seront déterminés par un règlement d'exécution dont les prescriptions pourront être, à toute époque, modifiées d'un commun accord par les Administrations des pays contractants.

Ce règlement prévoira aussi l'augmentation graduelle de l'émolument international (art. 15) en cas d'accession d'un nombre plus élevé de pays.

Art. 21. — Les dispositions du présent Arrangement ne comportent qu'un minimum de protection; elles n'empêchent pas de revendiquer l'application des prescriptions plus larges qui seraient édictées par la législation intérieure d'un pays contractant; elles laissent également subsister l'application des dispositions de la Convention de Berne revisée de 1908 relatives à la protection des œuvres artistiques et des œuvres d'art appliquées à l'industrie.

Art. 22. — Les pays membres de l'Union qui n'ont pas pris part au présent Arrangement seront admis à y adhérer sur leur demande et dans la forme prescrite par les articles 16 et 16bis de la Convention générale.

Art. 23. — Le présent Arrangement sera ratifié et les ratifications en seront déposées à ..... dans un délai maximum de .....

Il entrera en vigueur un mois à partir de l'expiration de ce délai et aura la même force et durée que la Convention générale.

En foi de quoi, les Plénipotentiaires des États ci dessus énumérés ont signé le présent Arrangement.

Fait à ....., en un seul exemplaire, le .....

RÈGLEMENT D'EXÉCUTION

Article premier. — Les dessins ou modèles industriels admis au dépôt international en vertu de l'Arrangement du ..... ne doivent pas dépasser 20 cm. en chaque dimension, ni peser plus de 1 kg. Sous cette réserve, le nombre des dessins ou modèles admis au dépôt multiple ne sera pas limité.

Les dessins ou modèles pourront être déposés, les dessins à part et les modèles à part, soit sous forme d'échantillons (pour tissus, papiers, broderies, etc.), soit sous forme d'une reproduction graphique ou photographique quelconque. Cette dernière forme de dépôt est surtout recommandée pour les modèles fragiles sans que le dépôt de modèles en nature soit par là exclu.

Les paquets cachetés doivent porter la suscription « dépôt cacheté ».

Tout paquet qui ne remplit pas les conditions précitées sera refusé et renvoyé à l'expéditeur, lequel en sera avisé.

Art. 2. — La demande destinée à obtenir le dépôt international et à accompagner les objets préparés pour ce dépôt sera rédigée en double exemplaire et en langue française sur un formulaire fourni gratuitement à l'Administration du pays d'origine par le Bureau international de Berne. Elle contiendra les indications suivantes:

1° le nom et l'adresse du déposant;
2° la date du dépôt du dessin ou modèle dans le pays d'origine et son numéro d'ordre;
3° la désignation sommaire du titre des dessins ou modèles et du genre des produits auxquels ils doivent être appliqués;
4° la nature du dépôt (ouvert ou cacheté);
5° le nombre des dessins ou modèles déposés conjointement;
6° la date du premier dépôt dans un des pays de l'Union si le droit de priorité est invoqué aux termes de l'article 4 de l'Arrangement.

Un formulaire analogue sera utilisé pour les demandes en double de prorogation du dépôt.

Art. 3. — Sera joint aux demandes le montant de l'émolument international correspondant, soit au dépôt international originaire, soit à la prorogation du dépôt; ce montant sera adressé au Bureau international par chèque postal ou mandat postal ou par une autre valeur payable à Berne, avec indication du nom et de l'adresse du déposant. Il en sera délivré un reçu.

ART. 4. — Le registre tenu par le Bureau international au sujet du dépôt ainsi transmis contiendra, outre les indications ci-dessus figurant sur les demandes, les mentions que voici :

1° le numéro d'ordre et la date du dépôt international;
2° la date de la notification aux Administrations;
3° la mention relative aux modifications du dépôt telles que: transmissions, radiations, renonciations, etc.;
4° la date de l'ouverture des plis cachetés;
5° la date de sortie sur réquisition des dessins ou modèles et celle de leur réintégration;
6° la cessation de la protection dans le pays d'origine ou dans un autre pays contractant à la suite de décisions judiciaires, etc., lorsque ces communications sont notifiées au Bureau international.

ART. 5. — L'inscription une fois faite dans le registre, le Bureau international certifiera sur les deux exemplaires de la demande que le dépôt a eu lieu et les revêtira de sa signature et de son timbre. Un de ces exemplaires restera dans les archives du Bureau, l'autre sera envoyé à l'Administration du pays d'origine. Il sera procédé de même pour les demandes de prorogation du dépôt.

En outre, le Bureau international notifiera aux Administrations le dépôt opéré avec les indications énumérées ci-dessus et il publiera le tout dans sa feuille périodique qu'il pourvoira de bonnes tables annuelles des matières. Il agira de la même façon pour les modifications intervenues dans les dépôts au cours de la durée de la protection.

ART. 6. — La taxe prévue par l'article 17 de l'Arrangement pour les copies ou extraits de registre, de même que pour les renseignements écrits ou oraux est fixée à 5 francs par copie, extrait ou renseignement.

Lorsque les mentions relatives à plusieurs dépôts du même déposant pourront être réunies sur la même feuille, la taxe sera réduite de moitié pour chaque dépôt en plus du premier.

Tout extrait, certificat ou recherche demandés au Bureau international, en outre des documents dont la délivrance est obligatoire, donnera lieu à la perception d'une taxe égale.

La même taxe sera perçue pour l'ouverture du pli cacheté ou d'une enveloppe perforée ainsi que pour le recachetage ou le rétablissement d'une enveloppe perforée.

Toutes les taxes doivent être payées en monnaie suisse.

ART. 7. — Au commencement de chaque année le Bureau international établira le compte des dépenses faites au cours de l'année précédente pour le service du dépôt international; le montant de ce compte sera déduit du total des recettes et l'excédent de celle-ci sera réparti entre tous les pays contractants par parts égales ou d'après un mode de distribution adopté ultérieurement.

ART. 8. — Le présent règlement entrera en vigueur en même temps que l'Arrangement auquel il se rapporte et il aura la même durée.

Les Administrations des pays contractants pourront, toutefois, y apporter d'un commun accord les modifications qui leur paraîtront nécessaires, d'après le mode de procéder déterminé dans l'article suivant.

ART. 9. — Les propositions de modification du présent règlement seront transmises au Bureau international; il les communiquera aux Administrations qui lui feront parvenir leur avis dans le délai de six mois. Si, après ce délai, la proposition est adoptée par la majorité des Administrations, sans qu'il se soit produit aucune opposition, elle entrera en vigueur à la suite d'une notification faite par le Bureau international.

CINQUIÈME PARTIE

PROJET DE RÉSOLUTION

ET

PROJET DE RÈGLEMENT

CONCERNANT

LA SIMPLIFICATION DES FORMALITÉS RELATIVES AUX DEMANDES DE BREVETS

Simplification des formalités relatives aux demandes de brevets

I. Rapport

Le premier des vœux émis par la Conférence de Washington charge le Bureau international de mettre à l'étude un *projet d'arrangement* ayant pour but d'assurer la simplification des formalités relatives aux demandes de brevets.

Cette importante question a donné lieu au cours des années à de nombreux postulats et vœux des Associations d'industriels, d'inventeurs, de jurisconsultes et d'agents de brevets(1). C'est pour tenter de la résoudre que fut convoquée la Réunion technique de Berne de 1904, à laquelle assistèrent un grand nombre de délégués, pour la plupart directeurs des Offices de la propriété industrielle de leurs pays respectifs. Après une discussion approfondie, la Réunion adopta et signa un procès-verbal final, dans lequel les délégués exprimaient l'opinion qu'une simplification des formalités de dépôt était non seulement désirable, mais encore réalisable sur les bases fixées par la Réunion elle-même, dans un règlement qui était annexé au procès-verbal. Ce règlement devait servir de prototype pour les règlements nationaux et, après l'introduction dans ces derniers, ne devait plus être modifié qu'à la suite d'un nouvel échange de vues(2).

(1) Voir *Actes de la Conférence de Washington*, p. 377; voir aussi le *Tableau des vœux* sous « Dispositions actuelles de la Convention », p. 80.

(2) Voir Actes de la Réunion technique de Berne, p. 84; *Prop. ind.*, 1904, p. 161.

Les propositions de la Réunion de 1904 ne sont pas restées lettre morte. La plupart des pays de l'Union les ont entérinées en totalité ou en partie dans leurs règlements d'exécution. Il en est résulté un progrès réel pour ceux qui ont à déposer des demandes de brevets à l'étranger. C'est afin de réaliser un pas de plus que la Conférence de Washington a manifesté le désir de voir le Bureau international mettre à l'étude un projet d'*arrangement* destiné à simplifier davantage encore.

Il paraît difficile de faire rentrer dans le cadre d'un arrangement qui ne peut être discuté que dans une conférence de revision et n'entre en vigueur qu'après avoir obtenu la ratification parlementaire, des dispositions adoptées d'un commun accord et fixant d'une manière uniforme tous les détails de la procédure de dépôt. Pour une raison ou pour une autre, la revision d'une procédure peut devenir urgente et il serait absolument impossible de l'effectuer si cette procédure faisait partie intégrante d'un arrangement et si la situation internationale, comme cela s'est déjà vu, était de nature à empêcher la convocation d'une conférence pour une date prochaine. Indépendamment de cela, il serait excessif de devoir mettre en branle tout le lourd appareil législatif international pour des détails d'ordre purement administratif.

C'est pourquoi la meilleure marche à suivre est, semble-t-il, de fixer d'un commun accord les principes généraux qui doivent régler le champ d'application d'un simple Protocole, auquel serait annexé un règlement détaillé, qui pourrait être revisé au moyen d'une procédure sommaire susceptible de tenir compte des nécessités de l'heure, tout en réservant aux pays contractants la faculté de souscrire ou non aux réformes qui leur seraient proposées. Ce règlement détermine après entente les éléments essentiels du dépôt; l'inobservation des détails accessoires qui n'y sont pas prévus ne pourra pas faire obstacle au dépôt d'une même demande dans plusieurs pays, car le règlement représente le maximum des exigences qu'une Administration peut faire valoir envers le déposant d'un autre pays contractant.

En vue de préparer les voies à un règlement de ce genre, le Bureau international a publié, dans un tableau des conditions et formalités requises pour l'obtention d'un brevet dans certains pays, un exposé précis de la manière en laquelle les déposants doivent rédiger leurs descriptions et établir leurs dessins [1]. Cet exposé, élaboré après une étude soigneuse des règlements les plus exigeants, a pour but d'engager le déposant à préparer les documents d'après le plan le plus complet, afin qu'ils répondent aux prescriptions de la plupart des grands pays industriels. Comme il n'a soulevé ni critiques ni objections, il y a tout lieu de supposer que l'opinion unanime l'a ratifié, en sorte qu'il paraît indiqué de le faire rentrer tel quel dans le projet du règlement qui sera annexé à la nouvelle résolution.

II. Projet de résolution concernant la simplification des formalités pour le dépôt des demandes de brevets

Signé par .....

Les soussignés Plénipotentiaires des Gouvernements ci-dessus énumérés,

Vu le vœu adopté par la Conférence de Washington chargeant le Bureau international de mettre à l'étude un projet d'arrangement ayant pour but d'assurer la simplification des formalités relatives aux demandes de brevets;

Vu l'article 15 de la Convention d'Union internationale du 20 mars 1883 pour la protection de la propriété industrielle, revisée à Bruxelles le 14 décembre 1900 et à Washington le 2 juin 1911;

(1) Voir *Prop. ind.*, 1922, p. 114.

Ont, d'un commun accord adopté la résolution suivante qui préconise l'adoption dans les législations nationales de dispositions conformes au règlement ci-après établissant des prescriptions uniformes pour le dépôt des demandes de brevets :

1. Les États signataires déclarent vouloir accepter au dépôt les demandes de brevets provenant des sujets ou citoyens d'un autre pays contractant, ou des déposants qui remplissent les conditions établies par l'article 3 de la Convention d'Union, lorsque ces demandes auront été établies conformément aux dispositions du règlement annexé à la présente résolution.

2. Le règlement annexé à la présente résolution comporte le maximum des exigences que l'Administration d'un pays contractant pourra faire valoir en ce qui concerne les demandes de brevets déposées par les ressortissants d'autres pays contractants. Les demandes déposées par les nationaux restent soumises aux règlements nationaux de chaque pays.

3. Les dispositions du règlement annexé à la présente résolution forment la base des règlements nationaux et ne seront plus modifiées qu'à la suite d'un échange de vues.

Ainsi décidé à La Haye, le .....

ANNEXE

PROJET DE RÈGLEMENT

CONCERNANT

LES FORMALITÉS POUR LE DÉPOT DES DEMANDES DE BREVETS

I. De la demande de brevet

ARTICLE PREMIER. — La demande de brevet doit se faire sous la forme d'une requête écrite adressée à l'autorité compétente du pays où l'inventeur désire obtenir la protection.

ART. 2. — 1. La requête doit contenir:

a) l'indication des noms, prénoms, raison de commerce, domicile ou siège social du déposant (rue, numéro, pays, division territoriale, canton). Il doit être facile de constater si le brevet est demandé par une personne isolée ou par une société;

b) une dénomination de l'invention propre à être publiée;

c) la déclaration qu'il est demandé pour cette invention soit un brevet principal, soit un certificat d'addition. Dans ce dernier cas, on indiquera l'objet et le numéro du brevet plus ancien;

d) le nom, la profession et le domicile du mandataire, celui-ci ne pouvant être qu'une personne physique;

e) s'il y a plusieurs déposants, la désignation de la personne à laquelle doivent être envoyées les communications officielles;

f) la signature du déposant ou celle du mandataire.

2. Restent réservées les dispositions des lois nationales concernant les déclarations à faire pour les inventions qui ont fait l'objet d'une demande de brevet dans l'Union, ou qui ont été admises à une exposition officiellement reconnue.

ART. 3. — Doivent être joints à la requête comme annexes:

a) une description en trois exemplaires concordants;

b) des dessins en deux exemplaires;

c) un pouvoir délivré en faveur d'une personne déterminée et non d'une firme. Ce pouvoir, établi sur papier libre, ne sera pas légalisé quand il s'agira pour le mandataire uniquement d'obtenir la protection légale;

d) la taxe de dépôt ou la preuve qu'elle a été payée;

e) un bordereau des pièces déposées.

II. De la description

ART. 4. — La description doit être déposée en trois exemplaires concordants. Elle doit être écrite à l'encre foncée et inaltérable sur du papier blanc, fort et non transparent, du format de 34 cm. sur 21 et d'un seul côté de la feuille.

Elle ne contiendra pas de dessins.

Elle débutera par un préambule indiquant le nom et l'adresse postale du requérant, le titre de l'invention et, si l'invention a été brevetée à l'étranger, tous les pays où elle l'a été, avec la date et le numéro des brevets obtenus.

Elle doit décrire l'invention et la manière de l'exécuter, de telle sorte qu'une personne du métier puisse la mettre en pratique. Mais elle évitera toutes les explications qui ne se rapportent pas strictement au sujet et se bornera à ce qui est absolument nécessaire pour expliquer l'invention et pour justifier les revendications formulées.

Il sera bon qu'elle définisse ensuite le principe ou but de l'invention, en indiquant brièvement l'état de la technique, et fasse connaître le problème qui doit être résolu par l'invention. S'il s'agit d'un simple perfectionnement, la description distinguera nettement entre ce qui est ancien et ce qui est revendiqué comme nouveau.

Pour terminer, la description groupera les éléments caractéristiques de l'invention en une ou plusieurs revendications, qui seront numérotées en chiffres arabes et d'une manière continue. En désignant le domaine industriel touché par l'invention, il faudra faire ressortir en quoi consiste le progrès essentiel réalisé sur ce qui est déjà connu par l'invention, et qui rend cette dernière susceptible d'être brevetée.

Les indications de poids et mesures seront données d'après le système métrique; les indications de température en degrés centigrades; pour les unités électriques, on observera les prescriptions légales, et pour les formules chimiques on se servira des symboles des éléments, des poids atomiques et des formules moléculaires généralement en usage.

La description devra être faite sans ratures et sans altérations ni surcharges; s'il y en a, elles devront être mentionnées à la fin de la description et certifiées.

Une marge de 4 cm. au moins doit toujours être réservée sur le côté gauche de la feuille, ainsi qu'un espace de 4 cm. au moins au haut de la première page.

Les descriptions doivent être signées par les déposants ou leurs mandataires.

III. Des dessins

ART. 5. — Sauf exception, les dessins sont fournis en deux exemplaires au moins. L'un des exemplaires sera exécuté à la main, lithographié, imprimé, etc., sur un papier très blanc, pressé, cylindré, ou calandré à chaud, solide, de surface unie, de bonne qualité et d'épaisseur moyenne.

La feuille doit avoir 33 cm. de haut sur 21 ou 42 cm. de large; à la rigueur, on peut employer plusieurs feuilles numérotées, sur lesquelles on tracera une ligne de liaison indiquée en lettres, de façon à ce que les feuilles placées l'une à côté de l'autre constituent l'intégralité du dessin.

Le dessin doit figurer à l'intérieur d'une simple ligne d'encadrement tracée à 2 cm.

du bord du papier. Le haut des figures doit se trouver dans la direction du haut de la feuille.

Les figures seront exécutées à l'encre de Chine durable et très noire, en lignes fortes et nettes, sans lavis ni couleurs. Tant les figures que les caractères qui les accompagnent doivent se prêter convenablement à la réduction par l'héliogravure ou la photographie.

Les coupes doivent être indiquées soit par une surface absolument noire, soit par des hachures obliques très noires.

L'échelle des dessins doit être assez grande pour permettre de distinguer les détails de l'invention et sera exprimée uniquement par le système métrique. Elle sera dessinée et non indiquée par une mention écrite.

Les diverses figures seront séparées les unes des autres par un espace convenable et numérotées d'après leur position.

Toutes les lettres figurant dans les dessins doivent être simples et nettes. Les lignes des coupes seront indiquées par les mêmes caractères. Pour marquer les angles, on se servira de l'alphabet grec. Les différentes parties des figures doivent être désignées partout par les mêmes signes de référence, qui doivent concorder avec ceux de la description.

Le dessin ne doit pas contenir d'explications. Il est fait exception pour de brèves indications telles que « eau », « vapeur », « ouvert », « fermé », « ligne du terrain », « terre ». En général, ces indications doivent être données dans la langue du pays où a lieu le dépôt.

Le dessin principal ne doit être ni plié, ni roulé, mais doit être fourni à plat et en bon état. La signature du déposant ou de son mandataire doit être apposée dans le coin inférieur de droite de chaque feuille, en dehors de l'encadrement.

Le deuxième exemplaire du dessin doit être une copie du premier, exécuté sur toile à calquer. Cette copie peut être exécutée en couleurs.

SIXIÈME PARTIE

PROJET DE RÉSOLUTION

CONCERNANT

L'ÉVENTUALITÉ DE MESURES PROVISOIRES A PRENDRE DANS L'INTERVALLE ENTRE DEUX CONFÉRENCES

Proposition de résolution

(Avant-Projet)

Il peut s'écouler entre deux Conférences une période de temps assez longue au cours de laquelle la solution de certaines questions urgentes s'impose. C'est ainsi qu'au lendemain de la guerre, la dépréciation de l'argent et l'accroissement de besogne imposé au Bureau international nécessitaient une prompte augmentation des ressources de ce dernier. Le Conseil fédéral suisse prit alors l'initiative de demander aux États contractants, par voie de simple note-circulaire (20 juin 1921) un relèvement de crédit provisoire en faveur du Bureau. Il obtint facilement satisfaction et l'organe de l'Union put poursuivre sa tâche. La Conférence a été appelée ensuite à consolider cette situation en votant la revision de l'article 18 de la Convention générale d'Union. D'autres difficultés peuvent surgir, qui appellent aussi l'application de mesures immédiates. La procédure suivie en 1921 ayant fait ses preuves, nous croyons qu'il serait souhaitable d'en généraliser l'emploi et, à titre d'indication, de lui donner une consécration officielle par l'adoption de la proposition de résolution suivante:

Si, dans l'intervalle entre deux Conférences, le Bureau international juge utile au bon fonctionnement de l'Union générale ou d'une des Unions restreintes de provoquer l'application d'une mesure urgente, il pourra demander au Conseil fédéral suisse de soumettre aux États contractants l'adoption de cette mesure d'après la procédure suivie par lui lors du lancement de la note-circulaire du 20 juin 1921 concernant l'augmentation du crédit global mis par les États à la disposition du Bureau international. Les modifications qui pourront ainsi être apportées au régime desdites Unions ne le seront qu'à titre provisoire, en attendant les décisions définitives de la Conférence ultérieure.

2° PROPOSITIONS, CONTRE-PROPOSITIONS ET OBSERVATIONS

PRÉSENTÉES PAR

DIVERSES ADMINISTRATIONS

PREMIÈRE PARTIE

CONVENTION GÉNÉRALE

DU 20 MARS 1883

REVISÉE A BRUXELLES LE 14 DÉCEMBRE 1900
ET A WASHINGTON LE 2 JUIN 1911

PROPOSITIONS DES ADMINISTRATIONS

OBSERVATIONS PRÉLIMINAIRES

Les Administrations qui ont formulé des propositions, contre-propositions et observations sont au nombre de quatorze, savoir: Allemagne, Autriche, Brésil, Cuba, Espagne, États-Unis, France, Grande-Bretagne, Italie, Maroc, Serbie-Croatie-Slovénie, Suède, Suisse et Tchécoslovaquie.

Parmi ces propositions, il en est qui ne se rattachent à aucune des rubriques figurant dans le Programme élaboré par le Gouvernement néerlandais et le Bureau international; elles ont été intercalées, dans l'ordre numérique, ou sous des rubriques supplémentaires portant un titre spécial, savoir: *Indépendance des marques* (V, p. 340), *Utilisation des inventions brevetées sur les navires et engins de locomotion* (IV *a*, p. 339), *Adhésion des pays sous mandat, Juridiction internationale. Cautio judicatum solvi* (XII *a*, p. 353), *Vœux de la Conférence* (XIII *a*, p. 354).

Les articles 3, 7, 8, 14, 15, 16 et 17bis de la Convention n'ont fait l'objet de propositions de revision ni de la part du Gouvernement néerlandais et du Bureau international, ni de celle des Administrations.

I. Portée de l'expression « propriété industrielle »

(Art. 1er, v. l'exposé des motifs p. 221)

Texte unique, article premier, proposé par l'Administration des Pays-Bas et le Bureau international de Berne (¹) (p. 222 et 267) :

Les pays contractants sont constitués à l'état d'Union pour la protection de la propriété industrielle.

Les mots « propriété industrielle » doivent être pris dans leur acception la plus large; *ils s'appliquent non seulement à la production de l'industrie proprement dite,* mais s'étendent *aussi* à toute production du domaine des industries agricoles (vins, grains, fruits, bestiaux, etc.) et extractives (minéraux, eaux minérales, etc.).

Texte unique, art. 2, al. 3 (p. 224, 268) :

L'expression « brevets d'invention » *comprend* les diverses espèces de brevets industriels admises par les législations des pays contractants, telles que brevets d'importation, brevets de perfectionnement, etc., tant pour les procédés que pour les produits.

* * *

FRANCE (²). — Propose le texte suivant :

Article premier. — Les pays contractants sont constitués à l'état d'Union pour la protection de la propriété industrielle.

La protection de la propriété industrielle comprend les brevets d'invention et les modèles d'utilité, les dessins et modèles industriels, les marques de fabrique et de commerce, le nom commercial, les indications de provenance et la répression de la concurrence déloyale.

La propriété industrielle doit être **entendue dans le sens** le plus large et s'applique **notamment dans le domaine** des industries agricoles (vins, grains, fruits, bestiaux, etc.) et extractives (minéraux, eaux minérales, etc.) **comme** à l'industrie et **au commerce** proprement dits.

Parmi les brevets d'invention sont comprises les diverses espèces de brevets industriels admises par les législations des pays contractants, telles que brevets d'importation, brevets de perfectionnement, **brevets et certificats d'addition,** etc., tant pour les procédés que pour les produits.

Les œuvres artistiques restent protégées par la législation sur les œuvres artistiques même si elles ont un emploi ou une destination industrielle.

ESPAGNE. — *Ad art. 2, al. 3, in fine:* Supprimer les mots « tant pour les procédés que pour les produits » parce que ce paragraphe fait supposer que les pays qui n'admettent pas de brevets pour les produits sont obligés de les accepter en vertu de cet

(¹) Les changements proposés par l'Administration des Pays-Bas et le Bureau international aux textes actuellement en vigueur sont imprimés en italiques, les changements proposés par les différentes Administrations en petits caractères gras.

Les propositions britanniques dans le préambule desquelles nous avons fait figurer un renvoi à la présente note sont identiques à celles du Comité économique de la Société des Nations (v. p. 341, 343, 344, 348, 349, 350), lesquelles sont appuyées également par le Brésil.

(²) Nous avons dû ici intervertir l'ordre alphabétique et placer les propositions de la France avant celles de l'Espagne parce que les premières visent d'abord l'article 1er de la Convention et les secondes seulement l'article 2.

article. (V. sur ces mots ajoutés en 1911 les Actes de la Conférence de Washington, p. 246 et 269.)

MAROC. — L'Administration marocaine, tout en adoptant sur ce point l'amendement de l'Administration française (v. p. 332) propose de le modifier au deuxième alinéa comme suit: «La protection de la propriété industrielle comprend les brevets d'invention et les modèles d'utilité, les dessins et modèles industriels, les marques de fabrique, de commerce **ou d'exploitation**, le nom commercial, les indications de provenance et la répression de la concurrence déloyale.»

II. Principes fondamentaux de la Convention

(Art. 2, p. 222)

Texte unique, art. 2, al. 1 et 2 (p. 224 et 267):

Les sujets ou citoyens de chacun des pays contractants jouiront, dans tous les autres pays de l'Union, en ce qui concerne les brevets d'invention, les modèles d'utilité, les dessins ou modèles industriels, les marques de fabrique ou de commerce, le nom commercial, les indications de provenance, la répression de la concurrence déloyale, des avantages que — *en outre des droits spécialement prévus par la présente Convention* — les lois respectives accordent actuellement ou accorderont par la suite aux nationaux. En conséquence, ils auront la même protection que ceux-ci et le même recours légal contre toute atteinte portée à leurs droits, sous réserve de l'accomplissement des conditions et formalités imposées aux nationaux. Aucune obligation de domicile ou d'établissement dans le pays où la protection est réclamée ne *peut* être imposée aux ressortissants de l'Union.

Sont expressément réservées les dispositions de la législation de chacun des pays contractants *relatives* à la procédure suivie devant les tribunaux et à la compétence de ces tribunaux, ainsi qu'à l'élection de domicile ou à la constitution d'un mandataire, requises par les lois sur les brevets, les modèles d'utilité, les marques, etc.

* * *

ÉTATS-UNIS. — Proposent de supprimer, dans la deuxième phrase de l'alinéa 1 («En conséquence, ils auront la même protection que ceux-ci, etc.») les mots «imposées aux nationaux» et de les remplacer par les mots: **«imposées par la législation nationale de chaque pays».**

En outre, l'Administration américaine propose d'ajouter à l'alinéa 1 de l'article 2 un alinéa 2 ainsi conçu:

«Toutefois, il est entendu que chacun des pays contractants se réserve le droit d'imposer, en matière de propriété industrielle, aux ressortissants de tout autre pays contractant l'accomplissement de certaines ou de toutes les conditions imposées en cette matière à ses ressortissants par cet autre pays.»

FRANCE. — *Ad art. 2, al. 1:* Les sujets ou citoyens de chacun des pays contractants jouiront dans tous les autres pays de l'Union, **en ce qui concerne la propriété industrielle,** des avantages que les lois respectives accordent actuellement ou accorderont par la suite aux nationaux, **le tout sans préjudice des droits spécialement prévus par la présente Convention.**

MAROC. — L'Administration marocaine propose de rédiger comme suit l'article 2, alinéa 1: «Les sujets ou citoyens de chacun des pays contractants jouiront dans tous les autres pays de l'Union, **en ce qui concerne la protection de la propriété industrielle et commerciale,** des avantages que les lois respectives accordent actuellement ou accorderont par la suite aux nationaux. En conséquence, ils auront la même protection que ceux-ci et le même recours légal contre toute atteinte portée à leurs droits, sous réserve de l'accomplissement des conditions et formalités imposées aux nationaux **par la législation particulière de chaque pays.** Aucune obligation de domicile ou d'établissement dans le pays où la protection est réclamée ne peut être imposée aux ressortissants de l'Union.»

III. Droits de priorité
(Art. 4, p. 225)

Texte unique, art. 4, lettre *a)* (p. 232 et 268):

a) Celui qui aura régulièrement fait le dépôt d'une demande de brevet d'invention, d'un modèle d'utilité, d'un dessin ou modèle industriel, d'une marque de fabrique ou de commerce, dans l'un des pays contractants, ou son ayant cause, jouira, pour effectuer le dépôt dans les autres pays, [....] d'un droit de priorité pendant les délais déterminés ci-après.

* * *

ESPAGNE. — Pourquoi le temps de priorité pour les marques, les modèles et les dessins ne serait-il pas aussi bien d'un an que de six mois?

ÉTATS-UNIS. — N'entendent modifier le texte actuel de l'article 4 que sous lettre *d)* (v. ci-dessous, lettre *e)*, États-Unis).

FRANCE. — Remplacer les mots « pendant les délais déterminés ci-après » par les mots « **pendant un délai de douze mois** » (v. ci-après sous lettre *d)*).

ITALIE. — Ne peut accepter la suppression des mots « et sous réserve des droits des tiers ».

Texte unique, art. 4, lettres *b)* et *c)* (p. 232 et 268):

b) En conséquence, le dépôt ultérieurement opéré dans l'un des autres pays de l'Union, avant l'expiration de ces délais, ne pourra être invalidé par des faits accomplis dans l'intervalle, soit, notamment, par un autre dépôt, par la publication de l'invention ou son exploitation, par la mise en vente des exemplaires du dessin ou du modèle, par l'emploi de la marque.

c) Les délais de priorité mentionnés ci-dessus seront de douze mois pour les brevets d'invention et les modèles d'utilité et de *six* mois pour les dessins et les modèles industriels et pour les marques de fabrique ou de commerce.

Ces délais commencent à courir à partir de la date du dépôt régulier de la première demande susmentionnée dans un pays de l'Union; ils comprennent le jour anniversaire de cette date et, si ce jour anniversaire est férié dans le pays où la protection est demandée, le premier jour ouvrable qui le suit.

* * *

AUTRICHE. — Remplacer dans l'article 4, lettre *c)*, alinéa 2, la phrase commençant par les mots « ils comprennent le jour anniversaire..... » par les phrases suivantes: « Ils comprennent **comme dernier jour pour les brevets et les modèles d'utilité le jour anniversaire de cette date, et pour les dessins et les modèles industriels et pour les marques de fabrique ou de commerce le jour du sixième mois qui correspond par son chiffre à cette date et, si ce jour n'existe pas dans ce mois, le dernier jour du mois; si le dernier jour du délai** est jour férié dans le pays où la protection est demandée, **le délai comprend** le premier jour ouvrable qui le suit. »

ESPAGNE. — Ajouter le troisième alinéa suivant à la lettre *c)*: « **Le pays d'origine est celui où a lieu le premier dépôt. On ne pourra invoquer le droit de priorité qu'au nom du dépôt fait au pays d'origine.** »

FRANCE. — Le premier alinéa de la lettre *c)* serait supprimé (v. ci-dessus lettre *a)*).

Dire dans l'alinéa 2 de la lettre c) : « **Ce délai commence** à courir à partir de la date du dépôt régulier de la première demande susmentionnée dans un pays de l'Union;

il comprend le jour anniversaire de cette date et, si ce jour anniversaire est férié dans le pays où la protection est demandée, le premier jour ouvrable qui le suit.»

Nouvel alinéa 3 de la lettre c) ainsi conçu: «**Si le dépôt invoqué pour jouir du droit de priorité a été précédé d'un certificat légal de protection temporaire délivré à l'occasion d'une exposition, le délai de priorité remontera, si l'intéressé en fait la demande, à la date à partir de laquelle le certificat de protection temporaire produira ses effets**» (cf. la prop., p. 259).

SERBIE-CROATIE-SLOVÉNIE. — Accepte le nouvel alinéa 2 de la lettre *c)* «à condition qu'on ne comprenne pas sous l'expression „jours fériés" les jours de vacances de l'Office, et propose d'ajouter formellement: «**Ne sont pas compris parmi les jours fériés les jours de vacances**».

Cette proposition est motivée plus explicitement en ces termes:

«Assimilant en quelque sorte l'Office national aux tribunaux ordinaires, la loi du 17 février 1922 institue les vacances de l'Office, pareilles aux vacances des tribunaux ordinaires.

Maintenant notre Office a décidé que les délais pour déposer auprès de lui les demandes pour l'obtention d'un droit de propriété industrielle ne peuvent pas jouir de l'avantage d'être prolongés jusqu'au premier jour ouvrable après les vacances, si ces délais tombent dans le temps des vacances. La raison de cette décision est la suivante: Pendant les vacances, lesdites demandes peuvent être déposées à notre Office tous les jours, régulièrement, comme si les vacances n'avaient pas lieu. C'est la loi du 17 février 1922 et le règlement d'exécution de cette loi qui imposent formellement à l'Office de continuer de recevoir régulièrement ces demandes. Or, les délais liés aux actes qui peuvent être exécutés même pendant les vacances ne peuvent jouir du prolongement au delà des vacances d'après une jurisprudence constante des tribunaux ordinaires. Aussi a-t-on appliqué aux délais de priorité cette jurisprudence.

Les vacances n'ont donc pas le même effet pour le calcul des délais que les jours de fête et c'est pour ce motif qu'on a voulu exclure expressément des termes „jours fériés" les jours des vacances.»

TCHÉCOSLOVAQUIE. — Remplacer le deuxième alinéa par le texte suivant:

Ces délais commencent à courir à partir de la date du dépôt régulier de la première demande susmentionnée dans un pays de l'Union; ils comprennent le jour anniversaire de cette date. **Si le dernier mois du délai ne comprend pas ce jour anniversaire, le délai finit à l'expiration du dernier jour de ce mois; si ce jour ou le jour anniversaire** est férié dans le pays où la protection est demandée, **le délai finit à l'expiration** du premier jour ouvrable qui le suit.

Texte unique, art. 4, lettre *d)* (p. 233 et 268):

d) Les droits acquis par des tiers avant le jour de la première demande originaire du droit de priorité sont réservés par l'effet de la législation intérieure de chaque pays contractant.

Dans l'intervalle entre le jour du dépôt de la première demande et celui du dépôt sous le bénéfice du droit de priorité, les tiers ne pourront acquérir aucun droit valable ni de brevet, modèle d'utilité, dessin ou modèle industriel ou marque, ni de possession personnelle.

* * *

AUTRICHE. — Maintenir à la première phrase le texte de la Convention actuelle.

ITALIE. — L'Administration de ce pays, «tout en appréciant les motifs exposés pour remplacer l'expression „sous réserve des droits des tiers" de l'article 4 de l'actuelle Convention par la nouvelle rubrique *d)* est dans l'impossibilité d'adhérer à ladite substitution surtout pour ce qui concerne le second alinéa de la rubrique *d)*, la législation en vigueur n'étant pas en état d'en rendre possible l'application convenable sur le territoire du Royaume».

SERBIE-CROATIE-SLOVÉNIE. — Propose de biffer les mots « ni de possession personnelle » pour les motifs suivants: « La personne qui aura régulièrement, *bona fide*, employé une invention dans un pays autre que le pays de la première demande originaire doit conserver son droit de possession personnelle sur l'invention, comme un droit acquis dans cet autre pays, bien que le déposant originaire ait demandé le brevet dans ce pays, basé sur le droit de priorité ».

Texte unique, art. 4, lettre *e)* (p. 233 et 268):

e) Quiconque voudra se prévaloir de la priorité *du* dépôt antérieur *d'une demande de brevet ou de modèle d'utilité*, sera tenu de faire une déclaration indiquant la date et le pays de ce dépôt. Chaque pays déterminera à quel moment, au plus tard, cette déclaration devra être effectuée.

Ces indications seront mentionnées dans les publications émanant de l'autorité compétente, notamment sur les brevets et les descriptions y relatives. Les pays contractants pourront exiger de celui qui fait une déclaration de priorité la production d'une copie de la demande (description, dessins, etc.) déposée antérieurement. Cette copie, *certifiée conforme par l'Administration qui aura reçu la demande*, sera dispensée de toute légalisation.

On pourra exiger qu'elle soit accompagnée d'un certificat de la date du dépôt émanant de cette Administration, et d'une traduction. D'autres formalités ne pourront être requises pour la déclaration de priorité au moment du dépôt de la demande. Chaque pays contractant déterminera les conséquences de l'omission des formalités prévues par le présent article, sans que ces conséquences puissent excéder la perte du droit de priorité. Ultérieurement, d'autres justifications pourront être demandées.

* * *

ESPAGNE. — Remplacer à l'alinéa 2 de la lettre *e)* la seconde et troisième phrase et à l'alinéa 3 la première phrase par le texte suivant: « Les pays contractants **exigeront que la demande d'une déclaration de priorité soit accompagnée:**

1° d'un certificat à la date du dépôt émanant de l'Administration;

2° d'une copie de la description, du dessin, etc. déclarée conforme aux préceptes du pays qui reçoit la demande et dispensée de toute légalisation;

3° de sa traduction. »

ÉTATS-UNIS. — L'Administration américaine entend modifier l'article 4 uniquement par une adjonction à la cinquième phrase de la lettre *d)*, adjonction ainsi conçue: « Cette copie sera dispensée de toute légalisation **et elle pourra être déposée à n'importe quel moment dans les six mois qui suivent la date du dépôt de la demande, sans que le déposant soit frappé d'une amende.** »

FRANCE. — Rédiger l'alinéa 1 comme suit: « Quiconque voudra se prévaloir de la priorité du dépôt antérieur d'une demande de brevet ou de modèle d'utilité, sera tenu de faire une déclaration indiquant la date et le pays de ce dépôt. Chaque pays déterminera à quel moment au plus tard cette déclaration devra être effectuée, **le délai imparti ne pouvant être inférieur à 3 mois, pourvu toutefois que le brevet ne soit pas délivré avant l'expiration de ce délai.** »

Texte unique, art. 4, lettre *f)* (p. 233 et 268):

f) Lorsqu'un dessin ou modèle industriel aura été déposé dans un pays en vertu d'un droit de priorité basé sur le dépôt d'un modèle d'utilité ou *inversement*, le délai de priorité ne sera que celui fixé pour les dessins et modèles industriels.

En outre, il est permis de déposer dans un pays un modèle d'utilité en vertu d'un droit de priorité basé sur le dépôt d'une demande de brevet et inversement.

* * *

ÉTATS-UNIS. — L'Administration américaine propose d'ajouter au texte actuel de l'article 4 un nouvel alinéa *f)* ainsi conçu:

« La reconnaissance du droit de priorité ne réduira pas la durée du brevet. »

FRANCE. — Les deux alinéas de la lettre *f)* ne figurent pas dans les propositions de ce pays puisqu'elle ne propose qu'un seul délai de priorité de douze mois. En revanche, la France propose deux alinéas nouveaux, sous les lettres *e)* et *f)*, ainsi conçus:

« *e)* Aucun pays de l'Union ne pourra refuser une demande de brevet par le motif qu'elle contient la revendication de priorités multiples, à moins que le nombre n'en dépasse quatre et à la condition toutefois qu'il y ait unité d'invention au sens de la loi du pays. Si l'examen révélait que la demande est complexe, le demandeur pourrait diviser la demande, en conservant comme date de chaque demande divisionnaire la date du dépôt initial et le bénéfice de la priorité.

***f)* La priorité ne peut être refusée par le motif que certains éléments de l'invention pour lesquels on réclame la priorité ne figurent pas parmi les revendications formulées dans la demande au pays d'origine, pourvu que ces éléments soient nettement précisés dans la description. »**

SUISSE. — Insérer au 2ᵉ alinéa, après les mots « dans un pays » les mots « **dont la législation admet ce genre de protection** ».

III *a.* Indépendance des brevets

(Art. 4bis, pas de changements)

Texte unique, art. 4bis (p. 269):

Les brevets demandés dans les différents pays contractants par des personnes admises au bénéfice de la Convention aux termes des articles 2 et 3, seront indépendants des brevets obtenus pour la même invention dans les autres pays adhérents ou non à l'Union.

Cette disposition doit s'entendre d'une façon absolue, notamment en ce sens que les brevets demandés pendant le délai de priorité sont indépendants, tant au point de vue des causes de nullité et de déchéance, qu'au point de vue de la durée normale.

Elle s'applique à tous les brevets existant au moment de sa mise en vigueur.

Il en sera de même, en cas d'accession de nouveaux pays, pour les brevets existant de part et d'autre au moment de l'accession.

* * *

FRANCE. — La France propose d'intercaler entre le 2ᵉ et le 3ᵉ alinéa de cet article 4bis la disposition suivante: **« En particulier, la durée d'un brevet déposé sous le bénéfice de la Convention se calculera comme s'il s'agissait d'un brevet d'origine et sans tenir compte de la date du dépôt du brevet étranger antérieur, dont la priorité sera réclamée.**

Les dispositions du présent article s'appliquent à tous les brevets existant au moment de sa mise en vigueur. »

IV. Exploitation obligatoire

1. Brevets

(Art. 5, p. 234)

Texte unique, art. 5 (p. 237 et 269):

L'introduction, par le breveté, dans le pays où le brevet a été délivré, d'objets fabriqués dans l'un ou l'autre des pays de l'Union, n'entraînera pas la déchéance.

Toutefois, la législation de chaque pays unioniste pourra édicter l'obligation d'exploiter le brevet avec la double restriction que le breveté aura, dans chaque pays de l'Union, pour cette mise en exploitation un délai minimum de trois ans compté à partir de la délivrance du brevet dans ce pays, et que la sanction de la non-exploitation dans le délai légal — ceci seulement au cas où le breveté ne justifierait pas des causes de son inaction — *ne pourra être la déchéance du brevet, mais uniquement la licence obligatoire.*

AUTRICHE. — Intercaler dans l'article 5, alinéa 2, après les mots «à partir» et avant les mots «de la délivrance du brevet» les mots «**de la publication**», afin de préciser le délai minimum de trois ans.

Ajouter à la fin la phrase suivante: «**Au cas de concession d'une licence obligatoire une indemnité équitable sera accordée au titulaire du brevet.**»

ÉTATS-UNIS. — Proposent de remplacer le second alinéa de l'article 5 par le texte suivant:

«**Aucune obligation autre que celles imposées par la législation du pays d'origine ne pourra frapper, en ce qui concerne l'exploitation ou la concession de licences obligatoires, les brevets pris dans l'un des pays de l'Union.**

Aucune taxe ou annuité plus élevée que celles prévues par la législation du pays d'origine ne pourra frapper les brevets pris dans l'un des pays de l'Union.

Lorsqu'un brevet est tombé en déchéance, dans l'un des pays contractants, par suite de non-payement dû à une cause accidentelle ou à inadvertance, d'une taxe prescrite dans le délai établi, il sera restauré moyennant le payement de ladite taxe prescrite; toutefois, la demande en restauration du brevet devra être déposée sans aucun délai irrégulier après que la déchéance aura été constatée et, en tous cas, avant qu'une année se soit écoulée depuis la date à laquelle la taxe prescrite aurait dû être acquittée. La restauration du brevet sera soumise aux pénalités et aux restrictions de droits que la législation nationale pourrait prescrire en faveur des personnes qui auraient exploité l'objet de l'invention après la déchéance du brevet.»

ITALIE. — L'Administration italienne observe que l'introduction du nouveau système de la licence obligatoire ne pourrait être possible et utile que dans le cas où les législations internes des différents pays contiendraient déjà les dispositions nécessaires au fonctionnement dudit système: ce qui ne se vérifie ni en Italie, ni dans la plupart des pays.

Toutefois, même si l'on croyait utile d'accepter la proposition, il faudrait supprimer l'incise existante dans l'actuelle Convention: «seulement au cas où le breveté ne justifierait pas des causes de son inaction». Une fois la licence obligatoire introduite, cette restriction ne pourrait, en effet, être suffisamment justifiée et, d'autre part, une telle disposition maintiendrait dans un fâcheux état d'incertitude tous ceux qui voudraient exploiter, les trois ans écoulés, l'invention d'autrui. En outre, il se pourrait que les exploitateurs fussent exposés à des surprises, à des retards ou à des requêtes excessives de la part de l'inventeur.

MAROC. — L'Administration marocaine propose de maintenir le texte de l'article 5 actuel.

SERBIE-CROATIE-SLOVÉNIE. — Propose de maintenir le texte de l'article 5 actuel.

2. Marques

(Art. 4 de l'Arrangement de Madrid, p. 279)

ALLEMAGNE. — Propose d'ajouter à l'article 5 de la Convention générale un alinéa 3 nouveau qui correspond avec une adjonction en caractère gras à l'alinéa 3 nouveau de l'article 4 de l'Arrangement de Madrid, dont voici la teneur (p. 282):

La législation de chaque pays contractant pourra édicter l'obligation d'utiliser la marque sur le territoire national avec la double restriction que le déposant aura dans chaque pays contractant, pour cette mise en usage, un délai minimum de trois ans compté à partir de l'enregistrement international, et que la déchéance de la marque comme sanction du défaut d'usage dans le délai légal — **ceci seulement au cas où le déposant ne justifierait pas des causes de son inaction** — pourra être prononcée seulement par une décision judiciaire.

AUTRICHE. — Propose la même solution que l'Allemagne, mais en donnant à la disposition désignée comme article 5ter la teneur suivante:

«La législation de chaque pays contractant pourra édicter l'obligation d'utiliser la marque sur le territoire national avec la double restriction que le déposant aura dans chaque pays contractant, pour cette mise en usage, un délai minimum de trois ans compté à partir de l'enregistrement **de la marque dans ce pays,** et que la déchéance de la marque comme sanction du défaut d'usage dans le délai légal — **ceci seulement au cas où le déposant ne justifierait pas des causes de son inaction** — pourra être prononcée seulement par une décision **d'un tribunal ou de toute autre autorité exerçant des fonctions judiciaires.»**

GRANDE-BRETAGNE. — Propose l'adjonction suivante, à insérer comme alinéa 2 de l'article 7 de la Convention générale:

« L'enregistrement d'une marque de fabrique ou de commerce ne pourra pas être annulé pour cause de non-exploitation s'il est prouvé que la non-exploitation est due à des circonstances spéciales du commerce et non pas à l'intention d'abandonner ou de ne pas utiliser la marque. »

ITALIE. — L'institution de l'utilisation obligatoire de la marque, à l'article 4 de l'Arrangement de Madrid paraît fondée sur un principe économique juste et utile. Toutefois, l'Administration italienne souhaiterait le voir mieux formulé et serait d'avis que cette disposition tiendrait mieux sa place parmi celles de la Convention générale.

(V. ci-après, dans la deuxième partie, chap. III, art. 4, p. 357, les propositions de l'Autriche, de l'Espagne, de la France, de la Serbie et de la Suisse sur cette matière.)

3. Dessins et modèles

(P. 313 et 320)

ALLEMAGNE. — Il serait préférable d'insérer dans la Convention générale les dispositions de l'article 5 du projet d'Arrangement pour le dépôt international des dessins et modèles industriels. Cet article 5 a la teneur suivante (v. p. 321):

« Les États contractants conviennent de ne pas exiger que les dessins ou modèles déposés internationalement soient revêtus d'une marque ou mention obligatoire autre que celle prescrite, le cas échéant, par la loi du pays d'origine. Ils ne les frapperont de déchéance ni pour défaut d'exploitation, ni pour introduction d'objets conformes à ceux protégés. »

AUTRICHE. — Insérer comme article 5bis l'article 5 du projet d'Arrangement pour le dépôt international des dessins ou modèles industriels (p. 321), modifié comme suit:

« La protection des dessins ou modèles industriels ne sera frappée de déchéance ni pour défaut d'exploitation ni pour introduction d'objets conformes à ceux protégés. »

FRANCE. — Propose d'ajouter au texte proposé pour l'article 5 de la Convention un alinéa final ainsi conçu:

« La protection des dessins et modèles ne peut être soumise à une obligation d'exploiter ni être atteinte par une déchéance quelconque, pour l'introduction d'objets conformes à ceux protégés. »

SUISSE. — Propose d'ajouter à l'article 5 le nouvel alinéa suivant:

« Les dessins ou modèles industriels déposés dans un pays de l'Union ne peuvent être frappés de déchéance, dans ce pays, ni pour défaut d'exploitation ni pour introduction d'objets conformes aux dessins ou modèles déposés. »

IV*a*. Utilisation des inventions brevetées sur les navires et engins de locomotion

FRANCE. — Propose d'adopter un article 5bis nouveau ainsi conçu:

« Dans chacun des pays de l'Union ne sera pas considéré comme portant atteinte aux droits du breveté, l'emploi à bord des navires des autres pays unionistes, des moyens faisant l'objet de son brevet, dans le corps du navire, des machines, agrès, apparaux et autres accessoires, lorsque ces navires pénétreront accidentellement dans les eaux du pays, sous réserve que ces moyens y soient employés exclusivement pour les besoins du navire.

Ne sera pas considéré dans chacun des pays de l'Union comme portant atteinte aux droits du breveté, l'emploi des moyens faisant l'objet de son brevet dans la construction ou le fonctionnement des engins de locomotion aérienne ou terrestre des autres pays unionistes ou des accessoires de ces engins lorsqu'ils pénétreront temporairement ou accidentellement dans ce pays. »

V. Protection des marques

(Art. 6, p. 237)

Texte unique, art. 6, al. 1 (p. 245 et 269):

Toute marque de fabrique ou de commerce régulièrement enregistrée dans le pays d'origine sera admise au dépôt et protégée telle quelle dans les autres pays de l'Union.

* * *

ALLEMAGNE. — Insérer au début de l'article 6 proposé un alinéa nouveau (al. 1) ainsi conçu:

« Le dépôt d'une marque de fabrique ou de commerce au pays d'origine n'est pas nécessaire, si la marque est conforme à la législation du pays où la protection est demandée. La protection d'une marque déposée dans un des pays de l'Union sera indépendante de la protection obtenue pour la même marque dans les autres pays. »

ÉTATS-UNIS. — Entendent maintenir le texte actuel de l'article 6, sauf une adjonction à l'alinéa 3 (v. ci-dessous).

FRANCE. — Ajouter à l'alinéa 1 les mots **« pendant un délai de 20 ans »**.

GRANDE-BRETAGNE. — Insérer le nouvel article suivant:

« L'enregistrement d'une marque de fabrique ou de commerce dans le pays d'origine ne pourra pas constituer une condition nécessaire pour obtenir la protection dans d'autres pays; toutefois, la marque doit être conforme à la législation du pays où la protection est demandée.

La protection d'une marque de fabrique ou de commerce enregistrée dans l'un des pays de l'Union sera indépendante de la protection obtenue, pour la même marque, dans d'autres pays. En conséquence, le renouvellement de l'enregistrement d'une marque de fabrique ou de commerce dans le pays d'origine n'entraînera pas l'obligation de renouveler l'enregistrement dans les autres pays de l'Union où la marque aurait été enregistrée.

Il ne sera pas exigé, comme condition pour la protection d'une marque de fabrique ou de commerce enregistrée, que la marque soit utilisée avec une mention déterminée ou quelconque indiquant qu'il s'agit d'une marque enregistrée. »

Texte unique, art. 6, al. 2 (p. 245 et 269):

Cette disposition n'exclut pas le droit d'exiger du déposant un certificat d'enregistrement régulier, délivré par l'autorité compétente du pays d'origine.

* * *

GRANDE-BRETAGNE. — Ajouter dans le texte actuel, qui se trouve dans le protocole de clôture ad article 6, la phrase suivante:

« Il ne sera pas requis de légalisation pour ce certificat. »

Texte unique, art. 6, al. 3 (p. 245 et 269):

Toutefois, pourront être refusées ou invalidées:

1° les marques qui sont de nature à porter atteinte à des droits acquis par des tiers dans le pays où la protection est réclamée;

2° les marques dépourvues de tout caractère distinctif, *surtout celles* composées exclusivement de signes ou d'indications pouvant servir, dans le commerce, pour désigner l'espèce, la qualité, la quantité, la destination, la valeur, le lieu d'origine des produits ou l'époque de production, ou devenus usuels dans le langage courant ou les habitudes loyales et constantes du commerce du pays où la protection est réclamée.

Dans l'appréciation du caractère distinctif d'une marque, on devra tenir compte de toutes les circonstances de fait, notamment de la durée de l'usage de la marque;

3° les marques qui sont contraires à la morale ou à l'ordre public.

Il est entendu qu'une marque ne pourra être considérée comme contraire à l'ordre public pour la seule raison qu'elle n'est pas conforme à quelque disposition de la législation sur les marques, sauf le cas où cette disposition elle-même concerne l'ordre public.

* * *

ÉTATS-UNIS. — Proposent d'ajouter au texte actuel de l'article 6 de la Convention les deux nouveaux chiffres suivants:

« Toutefois, pourront être refusées ou invalidées:

. . . .

3° les marques qui sont contraires à la morale ou à l'ordre public;

4° les marques notoirement employées auparavant pour les mêmes produits par des tiers dans l'un des pays de l'Union, à moins que le premier usager ne donne son consentement;

5° le ou les mots désignant le produit ou constituant en n'importe quelle langue le nom commun du produit. »

FRANCE. — Propose de remplacer les mots « surtout celles » par les mots « c'est-à-dire ».

GRANDE-BRETAGNE. — Propose de maintenir le texte du n° 2 ci-dessus, puis d'insérer la nouvelle disposition suivante (v. p. 332, note):

« En outre, seront refusées ou annulées soit d'office, si la législation du pays le permet, soit à la requête dûment justifiée de toute partie intéressée, les marques suivantes:

1° les marques qui sont de nature à porter atteinte à des droits acquis par des tiers dans le pays où la protection est réclamée;

2° les marques qui sont contraires à la morale ou à l'ordre public;

3° toute marque de fabrique notoirement connue dans le commerce comme la marque d'un ressortissant d'un autre pays; un délai minimum de cinq années devra être accordé aux intéressés pour réclamer la radiation des marques ainsi enregistrées;

4° toute marque de fabrique déposée dans des circonstances constituant un acte de concurrence déloyale au sens de l'article 10bis ci-dessous. »

Texte unique, art. 6, al. 4 (p. 246 et 269):

Sera considéré comme pays d'origine le pays où le déposant a son principal établissement et, si celui-ci n'est pas situé dans un des pays de l'Union, *le pays contractant où le déposant a un établissement industriel ou commercial effectif et sérieux, et s'il ne possède pas d'établissement de ce genre, le pays de son domicile ou, s'il ressortit à un pays de l'Union, celui de sa nationalité.*

* * *

ALLEMAGNE. — Propose la rédaction simplifiée suivante: « Sera considéré comme pays d'origine le pays contractant où le déposant a un établissement industriel ou commercial effectif et sérieux ou le pays de son domicile ou, s'il ressortit à un pays de l'Union, celui de sa nationalité. »

AUTRICHE. — Donner à l'alinéa 4 la teneur suivante:

« Sera considéré comme pays d'origine le pays contractant où le déposant a un établissement industriel ou commercial effectif et sérieux, et s'il ne possède pas d'établissement de ce genre, le pays contractant de son domicile ou en outre, s'il ressortit à un pays contractant, celui de sa nationalité. »

GRANDE-BRETAGNE. — Propose de maintenir l'ancien texte suivant (v. p. 332, note):

« Sera considéré comme pays d'origine le pays où le déposant a son principal établissement.

Si ce principal établissement n'est point situé dans un des pays de l'Union, sera considéré comme pays d'origine celui auquel appartient le déposant. »

(Art. 6bis, p. 241)

Texte unique, art. 6bis (p. 246 et 269):

Les pays contractants s'engagent à refuser ou à invalider toute marque de fabrique ou de commerce notoirement connue comme étant déjà la marque d'un ressortissant d'un autre pays; un délai minimum de trois ans devra être accordé aux intéressés pour réclamer l'invalidation des marques ainsi enregistrées [1].

* * *

[1] D'après la proposition de la Grande-Bretagne, cette disposition serait insérée dans l'alinéa 4 de l'article 6 (v. ci-dessus).

ALLEMAGNE. — Le texte proposé prête à la critique en ce qu'il n'exprime pas que la marque sujette à opposition devra être notoirement connue dans le pays où sera demandé le refus ou l'invalidation de cette marque. En outre, une obligation des pays contractants ne pourra être prise en considération que pour autant que les marchandises portant la marque à laquelle opposition sera faite seront de nature égale ou similaire aux marchandises que la marque notoirement connue sert à désigner.

Il est d'ailleurs à remarquer que la loi allemande sur les marques n'accorde pas sa protection spéciale à une marque non déposée, laquelle est protégée par les dispositions prises contre la concurrence déloyale. La question se pose donc de savoir s'il ne conviendrait pas de traiter à l'article 10bis (dispositions relatives à la concurrence déloyale) les faits visés à l'article 6bis.

AUTRICHE. — Donner à cet article la teneur suivante:

« Les pays contractants s'engagent à refuser ou à invalider **soit d'office, si la législation du pays le permet, soit à la requête dûment justifiée de toute partie intéressée,** toute marque de fabrique ou de commerce notoirement connue **dans le commerce du pays où l'enregistrement de cette marque est demandé ou dans lequel cette marque est enregistrée** comme étant déjà la marque d'un ressortissant d'un autre pays **contractant, utilisée pour des produits ou marchandises du même genre ou d'un genre similaire**; un délai minimum de trois ans **à partir de la publication de l'enregistrement de la marque** devra être accordé aux intéressés pour réclamer l'invalidation des marques ainsi enregistrées. »

ESPAGNE. — Propose d'intercaler entre les mots « réclamer l'invalidation » et les mots « des marques », l'expression « **devant l'autorité compétente des autres pays** ».

FRANCE, GRANDE-BRETAGNE et ITALIE. — Demandent un délai minimum de **cinq** années pour réclamer la radiation des marques ainsi enregistrées. Cette proposition est motivée comme suit par l'Administration italienne: « Le délai de trois ans est trop court, si l'on considère la vastité et le nombre des territoires dans lesquels la marque doit être connue et la lenteur inévitable avec laquelle cette connaissance se répand et parvient aux intéressés. »

SERBIE-CROATIE-SLOVÉNIE. — Propose l'adjonction suivante: « notoirement connue **dans le pays où l'enregistrement est demandé** », en faisant observer ce qui suit: « On pourrait croire qu'il suffit que la marque soit connue dans le pays d'origine pour empêcher l'enregistrement de cette marque par une autre personne dans un autre pays où cette marque n'est pas connue. »

SUÈDE. — L'Administration suédoise s'exprime dans un sens analogue, comme suit: « En ce qui concerne l'article 6bis, nous nous demandons si le projet ne va pas plus loin qu'il ne conviendrait. Les résolutions des experts techniques, votées en mai 1924 à la Conférence de Genève, stipulent sous la lettre *d)* que les pays contractants conviennent d'interdire l'enregistrement ou de prévoir la radiation de toute marque de fabrique ou de commerce notoirement connue dans le commerce comme la marque d'un ressortissant d'un autre pays. Notre Office interprète cette expression comme signifiant que la marque est employée au moins dans une certaine mesure dans le pays en question. Et il n'aurait pas d'objections à faire à une disposition de ce genre. »

SUISSE. — La proposition a donné lieu aux observations suivantes:

« On devrait préciser si l'on entend la notoriété de la marque dans le pays d'origine ou dans le pays où la marque qui entre en collision est déposée.

Le dépôt de la marque entrant en collision doit constituer un acte de concurrence déloyale.

On devrait préciser qu'il appartient aux pays de l'Union de prévoir l'invalidation, par voie administrative ou judiciaire et d'office ou sur demande des intéressés, de la marque qui entre en collision.

La demande d'invalidation ne devrait pas être liée à un délai déterminé.»

Art. 6ter (p. 242)

Texte unique, art. 6ter (p. 246 et 270):

Les pays contractants s'engagent à assurer dans leur législation nationale aux ressortissants des autres pays contractants un recours légal comportant, outre les sanctions civiles, des sanctions pénales contre tout usage frauduleux de leurs marques.

* * *

FRANCE. — Propose d'insérer cet article sous la même forme comme alinéa final à l'article 9 de la Convention.

GRANDE-BRETAGNE. — Propose également d'insérer cet article comme alinéa final à l'article 9, sous la forme suivante (v. p. 332, note):

«**En tous cas, la législation nationale des pays contractants devra assurer aux** pays contractants un recours légal **approprié** contre tout usage **illicite** de leurs marques, comportant **non seulement des mesures d'ordre civil, mais aussi — dans les cas de pratique frauduleuse** — des sanctions pénales.»

Art. 6quater (p. 243)

Texte unique, art. 6quater (p. 247 et 270):

Les pays contractants conviennent, en outre, de refuser ou d'invalider l'enregistrement et d'interdire par des mesures appropriées l'utilisation, non autorisée par les pouvoirs compétents, à titre de marques de fabrique ou de commerce ou comme éléments de ces marques, des emblèmes ou armoiries d'État des pays contractants, des signes et poinçons officiels de contrôle et de garantie adoptés par les pays contractants, ainsi que toute imitation, au point de vue héraldique, desdits emblèmes, armoiries, signes ou poinçons.

En ce qui concerne les signes et poinçons officiels ci-dessus mentionnés, ou leur imitation, il est entendu que l'interdiction visée dans le présent article s'appliquera seulement dans le cas où les marques comprenant ces poinçons et signes sont utilisées ou destinées à être utilisées sur des marchandises du même genre que celles pour lesquelles l'apposition du poinçon ou signe original implique une garantie, ou sur des marchandises d'un genre similaire.

Pour l'application de ces dispositions, les pays contractants conviennent de se communiquer réciproquement, par l'intermédiaire du Bureau international de Berne, la liste des emblèmes ou armoiries d'État, des signes et poinçons officiels de contrôle et de garantie qu'ils désirent ou désireront placer d'une façon absolue ou dans certaines limites sous la protection du présent article, ainsi que toutes modifications ultérieures apportées à cette liste.

Tout pays contractant pourra, dans un délai de six mois à partir de cette communication, transmettre, par l'intermédiaire du Bureau international de Berne, au pays intéressé les objections éventuelles auxquelles la communication de cette liste pourrait donner lieu de sa part.

La similitude qui pourrait exister entre les emblèmes, armoiries, signes ou poinçons officiels de contrôle et de garantie des divers pays contractants n'empêche pas les nationaux de chaque pays de faire usage des signes ou poinçons appartenant à celui-ci.

* * *

ALLEMAGNE. — Accepte ces dispositions «en ce qui concerne les armoiries, sous la réserve que par „armoiries d'Etat“ il faudra entendre aussi les armoiries des différents

États qui forment partie d'un des pays contractants, comme en Allemagne p. ex. c'est le cas pour la Prusse, la Bavière, etc.».

L'Administration allemande fait, au surplus, les observations suivantes: «En ce qui concerne les „emblèmes" ainsi que les „signes et poinçons officiels de contrôle et de garantie", il semble très difficile de juger de la portée des engagements à assumer tant qu'il n'aura pas été donné communication des objets dont les différents États contractants demandent la protection. Ce sera d'autant plus indispensable, qu'il est permis de supposer que les dispositions du projet auront un effet rétroactif et, par conséquent, pourront exercer une influence considérable sur les rapports économiques actuels. Ce ne sera qu'après avoir pris connaissance de l'ensemble des objets en question qu'il sera possible de juger quelles devront être en principe les restrictions à apporter à l'obligation des pays contractants.»

GRANDE-BRETAGNE. — Propose de traiter cette matière dans deux nouveaux articles 6 *(a)* et 6 *(b)*, sous cette forme (v. p. 332, note):

«*Art. 6 (a)*. — 1. Les pays contractants conviennent d'interdire l'enregistrement et de prohiber, par des mesures appropriées, l'usage, sans autorisation, à titre de marques de fabrique ou de commerce, ou comme parties de ces marques, des emblèmes ou armoiries d'État des États contractants, des signes et poinçons officiels de contrôle et de garantie adoptés par chacun des États contractants, ainsi que de toute imitation déguisée desdits emblèmes, armoiries, signes ou poinçons.

2. En ce qui concerne les signes et poinçons officiels ci-dessus mentionnés ou leurs imitations déguisées, il est entendu que l'interdiction visée dans le présent article s'appliquera seulement dans le cas où les marques comprenant ces poinçons et signes sont utilisées ou destinées à l'être sur des marchandises identiques ou similaires à celles pour lesquelles l'apposition du poinçon ou signe original implique une garantie.

3. Au sens du premier alinéa seront seules considérées comme imitations déguisées des emblèmes ou armoiries d'État les reproductions qui ne se distinguent de l'original que par des caractéristiques secondaires au point de vue héraldique.

Il est entendu que la similitude qui pourrait exister entre les emblèmes, armoiries, signes ou poinçons officiels de contrôle et de garantie des divers pays contractants n'empêche pas les nationaux de chaque pays de faire usage des signes ou poinçons appartenant à celui-ci.

Les mesures appropriées visées à l'alinéa premier du présent article comprendront des dispositions de nature à obtenir l'annulation de l'enregistrement de toute marque, effectué en violation des dispositions du présent article, à partir d'une année avant la mise en vigueur de ces dispositions ou de l'adhésion subséquente d'un pays à la présente convention.»

«*Art. 6 (b)*. — Pour l'application des dispositions de l'article précédent, les pays contractants conviennent de se communiquer réciproquement, par l'intermédiaire du Bureau international de Berne, la liste des emblèmes ou armoiries d'État, des signes et poinçons de contrôle et de garantie qu'ils désirent placer sous la protection des dispositions du présent article en indiquant, s'il y a lieu, les limites dans lesquelles ils désirent bénéficier de cette protection.

Toutes modifications ultérieures apportées à la liste ci-dessus seront également communiquées dans le plus bref délai possible.

Tout pays contractant pourra transmettre, par l'intermédiaire du Bureau international de Berne, au pays intéressé les objections éventuelles auxquelles la communication de la liste visée aux deux alinéas précédents pourrait donner lieu de sa part.

Chaque pays contractant devra appliquer les dispositions du premier alinéa de l'article précédent à toute marque, emblème, etc. figurant dans la liste qui lui a été ainsi communiquée, à moins que des objections n'aient été formulées par lui dans un délai de six mois à partir de la date de réception de la liste.

Tout différend portant sur la teneur d'une liste et qui ne pourra être réglé par des négociations entre les parties intéressées sera, à la demande de l'une d'elles, tranché par un tribunal arbitral de trois experts; chaque partie nommera un de ces arbitres et le troisième sera choisi d'un commun accord par les deux pre-

miers; à défaut d'accord, le troisième arbitre sera le Directeur du Bureau international de Berne ou, en cas d'empêchement de ce dernier, un expert nommé par lui.»

[Il y a lieu de constater que l'alinéa final de chacun de ces deux articles renferme des dispositions nouvelles, alors que les autres alinéas contiennent plutôt des changements de rédaction.]

MAROC. — L'Administration marocaine désire voir compléter l'alinéa 1 du texte unique proposé dans le Programme par les adjonctions suivantes, et cela «en raison de la tendance qu'ont les populations indigènes de l'Empire chérifien de considérer comme marchandise d'État tout produit revêtu d'une marque s'inspirant plus ou moins directement de l'un des signes indiqués de souveraineté, de contrôle ou de garantie»:

«Les pays contractants conviennent, en outre, de refuser ou d'invalider l'enregistrement et d'interdire par des mesures **législatives** appropriées l'utilisation, non autorisée par les pouvoirs compétents, à titre de marques de fabrique ou de commerce ou comme éléments de ces marques, des emblèmes, armoiries d'État **ou décorations nationales,** des signes ou poinçons officiels de contrôle et de garantie des pays contractants, **des monnaies métalliques ou fiduciaires, timbres fiscaux et timbres-poste,** ainsi que toute imitation desdits emblèmes, armoiries, signes ou poinçons.»

SUISSE. — Les convenances à observer à l'égard des États étrangers font apparaître comme indiqué que les signes énumérés à l'alinéa 1 de l'article 6quater ne soient pas seulement interdits pour autant qu'il s'agit de leur enregistrement ou de leur usage comme marques de fabrique ou de commerce ou d'un usage trompeur au sens de l'article 10bis de la Convention générale, mais que les pays de l'Union s'engagent à réprimer d'une façon générale l'usage commercial non autorisé de tels signes des autres pays. Pour les signes et poinçons officiels de contrôle et de garantie, qui ne représentent pas eux-mêmes des emblèmes ou armoiries d'État des pays contractants, la limitation d'interdiction prévue à l'alinéa 2 de l'article 6quater pourrait être maintenue.

L'Administration suisse propose les modifications suivantes à l'article 6quater, eu égard avant tout au point de vue indiqué plus haut:

«Les pays contractants conviennent **d'empêcher en tout temps,** par des mesures appropriées, **l'emploi, non autorisé, dans un but commercial, notamment** à titre de marques de fabrique ou de commerce ou comme éléments de ces marques, des emblèmes ou armoiries d'État des pays contractants, des signes et poinçons officiels de contrôle et de garantie adoptés par les pays contractants, ainsi que toute imitation, au point de vue héraldique, desdits emblèmes, armoiries, signes et poinçons.»

«En ce qui concerne les signes et poinçons officiels ci-dessus mentionnés **et qui ne représentent pas un emblème ou une armoirie d'État de l'un des pays contractants,** il est entendu que l'interdiction visée dans le présent article s'appliquera seulement dans le cas où les **reproductions ou imitations de** ces poinçons et signes sont utilisées ou destinées à être utilisées **pour** des marchandises du même genre que celles pour lesquelles l'apposition du poinçon ou signe original implique une garantie, ou **pour** des marchandises d'un genre similaire.»

Alinéa 3 sans changement.

Alinéa 4: fixer le délai d'opposition à **douze** mois.

«La similitude qui pourrait exister entre les emblèmes, armoiries, signes ou poinçons officiels de contrôle et de garantie des divers pays contractants n'empêche pas les nationaux de chaque pays de faire usage des **emblèmes, armoiries,** signes ou poinçons appartenant à celui-ci. **Cet usage ne sera toutefois pas admissible s'il constitue un acte de concurrence déloyale au sens de l'article 10bis ci-après.»**

VI. Marques collectives

(Art. 7bis, p. 248)

Texte unique, art. 7bis (p. 249 et 270):

Les pays contractants s'engagent à admettre au dépôt et à protéger les marques appartenant à des collectivités dont l'existence n'est pas contraire à la loi du pays d'origine, même si ces collectivités ne possèdent pas un établissement industriel ou commercial.

Cependant chaque pays sera juge des conditions particulières sous lesquelles une collectivité pourra être admise à faire protéger ses marques.

Les pays contractants s'engagent également à admettre au dépôt et à protéger les marques dites régionales ou nationales adoptées dans un but d'intérêt général par des autorités ou par des associations autorisées.

* * *

AUTRICHE. — Remplacer l'alinéa 2 par l'alinéa 3, qui devient sans changement alinéa 2.

Ajouter l'alinéa 2 comme alinéa 3 sous cette forme:

« Cependant, chaque pays sera juge des conditions particulières sous lesquelles une collectivité, **une autorité ou une association autorisée** pourra être admise à faire protéger ses marques **au sens des deux alinéas précédents.** »

ITALIE. — Propose de remplacer à l'alinéa 2 les mots « chaque pays sera juge des conditions » par les suivants: « Chaque pays **fixera les** conditions ».

Motifs: « La tâche d'établir les conditions fondamentales d'action des collectivités en matière de marques de fabrique et de commerce serait ainsi commise exclusivement au pouvoir législatif. »

SERBIE-CROATIE-SLOVÉNIE. — Accepte cet article s'il est régi par les dispositions de l'article 6, mais si le régime institué par l'alinéa 3 de l'article 7bis devait être exceptionnel et spécial, « le privilège de cet alinéa devrait être accordé seulement aux marques collectives adoptées par des autorités et non pas par des associations autorisées »

VII. Application illicite de marques ou de noms sur les produits

(Art. 9, p. 249)

Texte unique, art. 9 (p. 250 et 271):

Tout produit portant illicitement une marque de fabrique ou de commerce, ou un nom commercial, sera saisi à l'importation dans ceux des pays de l'Union dans lesquels cette marque ou ce nom commercial ont droit à la protection légale.

La saisie sera également effectuée dans le pays où l'apposition illicite aura eu lieu, ou dans le pays où aura été importé le produit.

La saisie aura lieu à la requête soit du ministère public, soit de toute autre autorité compétente, soit d'une partie intéressée, *personne physique ou morale,* conformément à la législation intérieure de chaque pays.

Les autorités ne seront pas tenues d'effectuer la saisie en cas de transit.

Si la législation d'un pays n'admet pas la saisie à l'importation, la saisie sera remplacée par la prohibition d'importation *ou la saisie à l'intérieur.*

Si la législation d'un pays n'admet ni la saisie à l'importation, ni la prohibition d'importation, ni la saisie à l'intérieur, ces mesures seront remplacées par les actions et moyens que la loi de ce pays assurerait en pareil cas aux nationaux.

* * *

FRANCE. — Propose de donner au dernier alinéa ci-dessus la forme suivante:

« Si la législation d'un pays n'admet ni la saisie à l'importation ni la prohibition d'importation, ni la saisie à l'intérieur **et en attendant que cette législation soit modifiée en conséqence,** ces mesures seront remplacées par les actions et moyens que la loi de ce pays assurerait en pareil cas aux nationaux. »

(Voir en outre ci-dessus, sous article 6ter, les deux alinéas finaux proposés par la France et la Grande-Bretagne.)

VIII. Indications de provenance

(Art. 10, p. 250)

Texte unique, art. 10 (p. 252 et 271):

Les dispositions de l'article précédent seront applicables à tout produit *ou marchandise* portant faussement, comme indication de provenance, le nom d'une localité *ou d'un pays* déterminés.

Sera en tout cas reconnu comme partie intéressée, *que ce soit une personne physique ou morale,* tout producteur, fabricant ou commerçant engagé dans la production, la fabrication ou le commerce de ce produit *ou de cette marchandise,* et établi soit dans la localité faussement indiquée comme lieu de provenance, soit dans la région où cette localité est située.

* * *

ALLEMAGNE. — Estime utile d'admettre expressément comme intéressés (al. 2) les syndicats et associations indiqués à l'alinéa 4 de l'article 10bis.

AUTRICHE. — Ajouter à l'alinéa 1: **«n'ayant pas, dans le pays où aura été importé le produit ou la marchandise, le caractère d'une désignation générique»** et à l'alinéa 2: **«ainsi que les syndicats et associations représentant l'industrie ou le commerce intéressés et régulièrement constitués dans le pays d'origine».**

CUBA. — Propose la nouvelle rédaction suivante de cet article:

«*Art. 10.* — Les dispositions de l'article précédent seront applicables à tout produit ou marchandise portant **directement ou indirectement** le nom d'un pays ou d'une localité, **quand la provenance de ce produit ou de cette marchandise n'est pas la localité ou le pays déterminé et que ces noms peuvent induire en erreur sur la provenance.**

En tous cas, les pays unionistes s'engagent à défendre ou à faire cesser l'usage du nom sur le produit ou la marchandise réputé ne provenant pas du pays ou de la localité déterminée.

Sera reconnu comme partie intéressée, que ce soit une personne physique ou morale, tout producteur, fabricant ou commerçant engagé dans la production, la fabrication ou le commerce de ce produit ou de cette marchandise et établi soit dans la localité faussement indiquée comme lieu de provenance, soit dans la région où cette localité est située.

Le même droit est reconnu au commerçant du produit ou de la marchandise de provenance légitime, établi dans le pays où circule le produit ou la marchandise portant le nom indu.»

Le délégué de la République de Cuba a l'honneur de présenter à la considération de ses collègues la proposition suivante:

L'Union internationale pour la protection de la propriété industrielle accorde:

1° Aucun produit ou article de vente ne pourra porter, en aucune forme que ce soit, le nom d'une ville ou d'une région de n'importe quel pays, si ce nom n'est pas précisément le correspondant à sa provenance industrielle ou agricole.

2° Toute contravention à cette disposition sera considérée comme frauduleuse au préjudice des consommateurs, et les auteurs seront punis d'accord avec les dispositions légales établies pour chaque pays. Sa poursuite sera faite par action publique ou sur la plainte de la partie lésée. La responsabilité reviendra exclusivement sur l'importateur ou sur le fabricant du produit s'il a été détaillé dans le même pays de la production.

ÉTATS-UNIS. — Proposent d'ajouter à l'article 10 (texte actuel) les deux nouveaux alinéas suivants:

«Tout enregistrement opéré, dans l'un des pays contractants, par un agent, un représentant, ou un client du propriétaire d'une marque de fabrique ou de commerce antérieurement employée dans l'un des autres pays contractants, sera considéré comme appartenant et profitant audit premier usager de la marque. Chacun des pays contractants convient de prendre les mesures appropriées pour la protection de ce droit.

Lorsqu'une marque possédée et employée par une personne physique ou morale dans l'un des pays contractants est enregistrée ultérieurement dans un autre pays contractant par une personne autre que le premier usager et qu'il est manifeste que cet enregistrement a pour but ou pour effet d'empêcher le propriétaire et premier usager de la marque d'en obtenir l'enregistrement ou l'usage commercial dans cet autre pays, ledit

propriétaire et premier usager sera considéré comme le propriétaire légal de la marque et aura le droit soit de demander l'annulation de l'enregistrement, soit de recouvrer la marque en conformité des prescriptions édictées en matière de recouvrement de droits par la législation du pays où elle a été enregistrée. »

FRANCE. — Propose de donner à cet article la forme suivante:

« *Art. 10.* — Les dispositions de l'article précédent seront applicables à tout produit ou marchandise portant faussement, comme indication de provenance, le nom d'une localité, d'une région ou d'un pays déterminés.

Seront considérés comme fausses indications de provenance toute apposition sur un produit ainsi que tout usage pour sa désignation ou comme élément de cette désignation, d'une expression géographique n'ayant pas dans le pays auquel appartiennent la localité ou la région que cette expression dénomme et suivant la législation de ce pays, le caractère d'une désignation générique de tous produits similaires de provenance quelconque.

En cas de contestation, la preuve du caractère distinctif possédé par une expression géographique comme étant l'indication exclusive de la provenance d'un produit ou d'une catégorie de produits résultera d'une notification conforme faite aux pays contractants par le pays dont le territoire comprend la région ou la localité dénommées par ladite expression géographique.

Cette notification aura lieu par l'intermédiaire du Bureau international de Berne. »

Sera en tous cas reconnu comme partie intéressée, etc. (identique à l'alinéa 2 du texte proposé).

GRANDE-BRETAGNE. — Propose de remplacer les deux alinéas dont l'article 10 se compose par le texte suivant (v. p. 332, note):

« Les stipulations de l'article 9 seront applicables à tout produit ou marchandise qui, au sens de l'article 10bis ci-dessous, porte directement ou indirectement une fausse indication sur l'origine des produits ou marchandises ou sur l'identité du producteur, fabricant ou commerçant. »

ITALIE. — Propose d'ajouter à la fin du premier alinéa proposé dans le programme les termes suivants: « excepté le cas où ce nom est devenu une dénomination générique du produit ».

Motifs: « Cette réserve semble indispensable afin d'éviter des dommages graves et injustifiés à tous les producteurs et commerçants qui feraient usage de dénominations qui, à cause de leur caractère générique même, dû à l'usage pendant de longues années et bien connu par le public, ne sont plus de nature à pouvoir tromper personne au sujet de la provenance du produit. »

IX. Répression de la concurrence déloyale
(Art. 10bis, p. 252)

Texte unique, art. 10bis (p. 254 et 271):

Les pays contractants *sont tenus* d'assurer aux ressortissants *des autres pays contractants* une protection effective contre la concurrence déloyale.

Constitue un acte de concurrence déloyale tout acte contraire aux usages honnêtes en matière industrielle ou commerciale, par exemple l'apposition sur des produits, marchandises, emballages, papiers d'affaires ou documents commerciaux, de mentions trompeuses de récompenses industrielles (médailles, diplômes, distinctions honorifiques, prix, etc.); les fausses déclarations relatives à la matière première ou au mode de fabrication des produits; la réclame fausse; le fait de discréditer injustement les produits ou marchandises d'un concurrent, etc.

Les pays contractants conviennent, en particulier, de prévoir des mesures appropriées d'ordre civil et, en cas de pratiques frauduleuses, d'ordre pénal, en ce qui concerne l'usage industriel ou commercial, manifestement de nature à créer soit une confusion avec les produits ou marchandises d'autrui, soit une erreur quant à l'origine véritable de ces produits ou marchandises:

a) *de marques de fabrique ou de commerce;*

b) *d'emblèmes, armoiries, signes ou poinçons officiels de contrôle et de garantie;*

c) *de désignations commerciales servant à distinguer les produits ou marchandises d'un producteur, fabricant ou commerçant, telles que noms, firmes, titres d'imprimés et autres signes de tout genre, comme enseignes, conditionnement, etc.;*

d) *de descriptions ou représentations figuratives ou de leurs combinaisons;*

e) *de toute autre désignation se rapportant à l'origine du produit ou de la marchandise.*

Toute personne physique ou morale lésée, ainsi que, dans le cas d'actions en cessation du trouble ou d'actions pénales, les syndicats et associations intéressés, régulièrement constitués dans leur pays d'origine, auront le droit d'agir ou d'intervenir en justice à raison de tous actes de concurrence déloyale.

* * *

ALLEMAGNE. — Propose de remplacer les alinéas 2 et 3 ci-dessus par le texte suivant: « Constitue un acte de concurrence déloyale tout acte contraire aux usages honnêtes en matière industrielle et commerciale.

Les pays contractants conviennent, en particulier, de prévoir des mesures appropriées d'ordre civil et, en cas de pratiques frauduleuses, d'ordre pénal, concernant:

1° le fait de faire, dans des annonces publiques, soit par description, soit par représentation figurative, des allégations inexactes de nature à faire apparaître une offre plus avantageuse que celle des concurrents, notamment lorsque les allégations inexactes se rapportent à la nature ou à l'origine ou au mode de fabrication ou de vente de marchandises ou de produits, ou aux qualités d'un établissement ou de la personne du propriétaire ou du gérant, ou à des récompenses industrielles ou des documents d'approbation administrative (médailles, diplômes, distinctions honorifiques, prix, armoiries, emblèmes, signes et poinçons de contrôle et de garantie);

2° le fait de produire une confusion avec le nom, la firme, le nom d'établissement ou le titre d'imprimé, dont un autre se sert légitimement, ou avec d'autres désignations commerciales (marques, conditionnement, enseignes, etc.).

Seront invalidées les marques dont l'enregistrement constitue un acte de concurrence déloyale;

3° le fait de discréditer injustement la personne ou l'établissement ou les marchandises ou produits d'un concurrent. »

En outre, l'Administration allemande propose d'intercaler au dernier alinéa, après les mots « syndicats et associations intéressés », les mots: « régulièrement constitués et admis à défendre les intérêts de l'industrie et du commerce dans le pays d'origine ».

AUTRICHE. — Ajouter à l'alinéa 3, lettre *c)*, après les mots « conditionnement, etc. » les mots « connus dans le commerce du pays où la protection au sens de cet article est réclamée comme signes de l'établissement d'autrui. »

BRÉSIL. — Le Gouvernement du Brésil a fait savoir, par l'intermédiaire de sa Légation à Berne, au Bureau international, en date du 12 juin 1925, « qu'il a décidé d'appuyer les changements proposés par la Commission des questions économiques et financières de la Société des Nations à la Convention de 1883 sur la protection de la propriété industrielle, revisée à Washington en 1911 ». (V. p. 332, note.)

ESPAGNE. — Propose d'ajouter au texte de l'alinéa 3, lettre *c)* du programme les mots suivants: « chaque fois que cette désignation ne se rapporte pas à la dénomination du produit consistant en un nom géographique de caractère générique ».

Propose, en outre, d'ajouter au dernier alinéa de l'article, *in fine*, les mots « devant l'autorité réputée compétente par le pays contre lequel sera dirigée la réclamation ou, à défaut, devant le Tribunal international ».

FRANCE. — Propose la rédaction nouvelle suivante, en deux articles, 10bis et 10ter:

« *Art.* 10bis. — En vue d'assurer aux ressortissants de l'Union une protection effective contre la concurrence déloyale, tous les faits de nature à tromper le public en vue de lui faire accepter un produit ou un fournisseur déterminé, les faits de dénigrement des concurrents, la provocation des subordonnés à la violation des obligations résultant de la loi ou du contrat et généralement tous les actes contraires à la loi, aux usages commerciaux ou à l'équité, doivent donner ouverture, dans tous les pays contractants, à une action au profit de toute partie lésée.

Les États contractants s'engagent à prendre toutes les mesures législatives ou réglementaires nécessaires pour garantir les produits naturels ou fabriqués originaires de l'une quelconque des Puissances signataires contre toute forme de concurrence déloyale dans les transactions commerciales.

Notamment et indépendamment des dispositions des articles 9 et 10, les États contractants s'obligent à réprimer et à prohiber par la saisie ou par toutes sanctions appropriées, l'importation et l'exportation, ainsi que la fabrication, la circulation, la vente ou la mise en vente, à l'intérieur, de tous produits ou marchandises portant sur eux-mêmes ou sur leur conditionnement immédiat ou sur leur emballage extérieur, des marques, noms, inscriptions ou signes quelconques comportant, directement ou indirectement, de fausses indications sur l'origine, l'espèce, la nature ou les qualités spécifiques de ces produits ou marchandises.

Les États contractants s'engagent en outre à prendre des mesures appropriées pour interdire et réprimer tous actes et manœuvres susceptibles de créer une confusion avec la personne, l'établissement ou les produits des concurrents par l'emploi abusif d'un nom ou d'une raison de commerce, d'une marque ou d'une enseigne, par des annonces, brochures, circulaires ou affiches, par la production de factures ou de certificats d'origine mensongère, par des affirmations verbales ou par tout autre moyen.

La radiation des marques dont le dépôt ou l'emploi constituent un acte de concurrence déloyale aux termes des alinéas précédents, pourra être prononcée à la requête de toute partie lésée.

Art. 10ter. — Les syndicats et associations régulièrement constitués dans le pays d'origine seront reçus dans les pays de l'Union à agir ou à intervenir en justice à raison de tous les actes contraires aux prescriptions des articles 9, 10 et 10bis. »

GRANDE-BRETAGNE. — Propose de remplacer l'article 10bis du programme par les textes ci-après (v. p. 332, note):

« 1. Les pays contractants s'engagent à assurer aux ressortissants des autres pays contractants, sur leurs territoires respectifs, une protection efficace contre la concurrence déloyale.

Ils conviennent, en particulier, de prévoir des mesures appropriées d'ordre civil et, en cas de pratiques frauduleuses, d'ordre pénal en ce qui concerne l'usage, dans le commerce, de désignations commerciales (noms, firmes, titres d'imprimés et autres signes de tous genres, tels que: enseignes, conditionnement, etc.) servant à distinguer les produits ou marchandises d'un producteur, fabricant ou commerçant, ainsi que l'usage de descriptions ou représentations figuratives, ou d'une combinaison des deux, ou de toute autre indication se rapportant à l'origine du produit ou de la marchandise, lorsqu'il est évident que cet usage est de nature à produire, soit une confusion avec les marchandises d'une autre personne, physique ou morale, soit une erreur quant à l'origine véritable de la marchandise.

Les poursuites peuvent être intentées par toute personne ou compagnie lésées, en outre, dans le cas d'actions en cessation et de mesures pénales, par toute association ou personne représentant l'industrie particulière ainsi lésée.

2. Les stipulations du paragraphe précédent s'appliqueront également aux imitations des désignations ou descriptions susmentionnées lorsque ces imitations, tout en s'écartant de l'original, sont de nature à produire une confusion ou une erreur. »

Déclaration à insérer dans le Protocole de clôture après avoir supprimé les alinéas 2 et 3 de la section « ad article 6 » qui y figurent actuellement (v. p. 332, note):

« Afin d'éviter toute incertitude, il est déclaré par la présente que l'expression „concurrence déloyale", mentionnée aux articles 2 et 10bis de la Convention signée ce jour, doit être interprétée non comme se restreignant aux abus spéciaux expressément indiqués dans le second paragraphe de l'article 10bis, mais comme comprenant toutes les autres sortes de descriptions frauduleuses ou mensongères des marchandises, telles que: fausses déclarations relatives à la matière première ou au mode de fabrication, prétentions injustifiées à la possession de récompenses ou diplômes pour les marchandises, dans la mesure où ces agissements portent préjudice au commerce international. »

ITALIE. — Accepte seulement le premier alinéa de l'article 10bis du programme, qu'elle propose de faire suivre par le texte suivant: « Est coupable de concurrence déloyale celui qui, dans le but de détourner la clientèle d'un concurrent:

a) fait usage de noms et signes distinctifs propres à engendrer confusion avec les noms et les signes distinctifs légitimement adoptés par autrui;

b) décrie les produits ou les services d'autrui;

c) excite les dépendants d'autrui à la violation des devoirs fixés par la loi ou par le contrat;

d) fait usage d'indications de provenance fausses, à moins qu'il ne s'agisse de désignations d'usage courant. »

SERBIE-CROATIE-SLOVÉNIE. — Dans les exposés des motifs (p. 253 et 254) il est question du plan primitivement conçu par les rédacteurs du Programme de la Conférence d'insérer dans les exemples d'actes de concurrence déloyale l'usurpation des nouvelles du jour qui représentent de simples informations de presse et que publient des journaux ou agences télégraphiques. Toutefois, ce plan dont la réalisation est déclarée désirable en principe, a été abandonné comme prématuré en prévision d'une forte résistance sur ce point.

Or, l'Administration de Serbie-Croatie-Slovénie a reçu du Ministère des Affaires étrangères, Section de la presse, avec le texte de la résolution prise par le premier congrès international des Agences d'information tenu à Berne du 6 au 11 juin 1924, une note spéciale la priant de soutenir à la Conférence de La Haye par la Délégation nationale les vœux exprimés dans cette résolution et elle a décidé de donner suite à cette prière en proposant à la Conférence l'adjonction à l'article 10bis d'un alinéa nouveau ainsi conçu:

« Toutes les nouvelles obtenues par un journal ou une agence d'information, quels que soient leur forme, leur contenu ou le procédé au moyen duquel elles auront été transmises, seront à l'abri de tout acte qualifié comme acte de concurrence déloyale, aussi longtemps que leur valeur commerciale subsistera. »

Si cette rédaction était considérée comme étant trop large, elle pourrait être remplacée subsidiairement par le texte que voici: « Toutes les nouvelles obtenues par un journal ou une agence d'information, **munies de la mention du titre de ce journal ou de cette agence,** seront à l'abri de tout acte qualifié comme acte de concurrence déloyale, aussi longtemps que leur valeur commerciale subsistera. »

X. Protection temporaire aux expositions

(Art. 11, p. 255)

Texte unique, art. 11 (p. 259 et 272). — Cet article contient trois variantes, mais comme les amendements ne se rapportent qu'à la troisième, celle-ci est, seule, reproduite ici:

III. Quiconque, dans les six mois de l'ouverture d'une exposition internationale officielle ou officiellement reconnue, organisée sur le territoire d'un pays unioniste, déposera, auprès de l'Administration de l'un quelconque de ces pays, soit une demande de brevet pour un produit par lui exposé, pour un procédé par lui démontré à l'exposition ou pour un perfectionnement apporté à ce produit ou à ce procédé, soit une demande d'enregistrement d'un modèle d'utilité ou d'un dessin ou modèle exposé, ou d'une marque utilisée sur un produit exposé, sera considéré par cette Administration comme ayant déjà fait sa demande à la date à laquelle le produit, dessin ou modèle a été introduit à l'exposition ou le procédé y a été démontré. Tous les autres pays contractants considéreront également cette date comme le point de départ du délai de priorité prévu à l'article 4 de la présente Convention au profit du dépôt initial.

Ladite date sera établie par un certificat officiel de la Direction de l'exposition, lequel sera joint à la demande. Les Administrations des pays contractants pourront exiger aussi du déposant la production d'une photographie de l'objet exposé ou une copie de la marque. Si la photographie ne suffit pas pour caractériser l'objet à protéger, il sera identifié par tous les moyens de droit. Le certificat précité sera dispensé de toute légalisation en ce qui concerne les procédures administratives; on pourra exiger qu'il soit accompagné d'une traduction. Aucune autre formalité ne pourra être imposée au déposant.

Chaque pays contractant devra communiquer d'avance et en temps utile au Bureau international de Berne les listes des expositions internationales qui se tiendront sur son territoire et qu'il considère comme officielles ou officiellement reconnues. Le Bureau international publiera ces listes dans sa revue *La Propriété industrielle.*

Au cas où le troisième texte serait adopté, il serait bon d'ajouter à l'art. 4, *c*, al. 2, la phrase suivante:

« Sous réserve de ce qui est prévu à l'article 11 en ce qui concerne le point de départ du délai pour les exposants qui ont participé à une exposition. »

* * *

ALLEMAGNE. — Propose d'adopter ce texte, avec la modification suivante: « Remplacer à l'alinéa 1 les mots „a été introduit à l'exposition“ par les mots „a été **exposé**“. »

AUTRICHE. — Donner, dans la troisième variante proposée, à la première phrase de l'alinéa 1 la teneur suivante:

« Quiconque, dans les six mois de l'ouverture d'une exposition internationale officielle ou officiellement reconnue organisée sur le territoire d'un pays unioniste, déposera, auprès de l'Administration **compétente** de l'un quelconque de ces pays, soit une demande de brevet pour un produit par lui exposé, pour un procédé par lui démontré à l'exposition ou pour un perfectionnement apporté à ce produit ou à ce procédé, soit une demande d'enregistrement d'un modèle d'utilité, **ou quiconque dans les trois mois de l'ouverture d'une telle exposition déposera auprès de l'Administration compétente d'un pays unioniste une demande d'enregistrement** d'un dessin ou modèle exposé ou d'une marque utilisée sur un produit exposé, sera considéré par cette Administration comme ayant déjà fait sa demande à la date à laquelle le produit, le dessin ou modèle a été introduit à l'exposition ou le procédé y a été démontré. »

ESPAGNE. — Propose d'intercaler dans le texte, entre le 1er et le 2e alinéa, le texte suivant:

« L'inventeur exposant pourra choisir comme pays d'origine, soit celui où a lieu l'exposition, soit le sien. Dans le premier cas, il pourra solliciter le brevet comme nouveau pendant le temps que dure l'exposition et les six mois suivant celle-ci. Dans le second cas, le bénéfice de la priorité sera celui de l'article 4 pour les pays contractants et, pour le pays où l'on fait la première demande, on ne considérera pas le temps de l'exposition et les trois mois qui suivront comme défaut de nouveauté, c'est-à-dire que pour ces pays la priorité découle du fait même de la présentation de l'invention à l'exposition. »

FRANCE. — Propose de donner à l'article 11 simplement la teneur suivante:

« Les pays contractants accorderont une protection temporaire aux inventions brevetables, aux modèles d'utilité, aux dessins et modèles industriels ainsi qu'aux marques de fabrique ou de commerce **pour les produits qui** figureront aux expositions officielles ou officiellement reconnues, organisées sur le territoire de l'un d'eux.

Chaque pays contractant devra communiquer d'avance et en temps utile au Bureau international de Berne les listes des expositions qui se tiendront sur son territoire et qu'il considère comme officielles ou officiellement reconnues. Le Bureau international publiera ces listes dans sa revue „LA PROPRIÉTÉ INDUSTRIELLE". » (Voir plus haut, p. 335, ad art. 4, lettre *c)* France.)

ITALIE et SERBIE-CROATIE-SLOVÉNIE déclarent pouvoir accepter la troisième variante proposée.

SUISSE. — L'Administration suisse propose en première ligne le maintien pur et simple de l'article 11 actuel.

« *Éventuellement,* la préférence serait donnée à la première des trois variantes proposées par le Programme de la Conférence, mais avec les modifications suivantes:

1. Supprimer le premier alinéa (communication des listes des expositions internationales au Bureau international de Berne).

2. Insérer au 3e alinéa, après les mots « Le dépôt, opéré par l'exposant » les mots: **« ou par son ayant cause ».**

3. Rédiger le 5e alinéa de la façon suivante:

« Quiconque voudra bénéficier, en ce qui concerne les demandes de brevets ou de modèles d'utilité, de l'avantage prévu aux alinéas 2 et 3 du présent article, **devra faire, dans le délai à déterminer par chaque pays contractant,** une déclaration **désignant exactement l'exposition dans laquelle l'objet a été exposé et indiquant le lieu, le pays et la date de l'ouverture de l'exposition.** Ces indications seront mentionnées dans **les publications** de l'Administration du pays où est effectué le dépôt, **notamment sur les brevets et les descriptions y relatives. »**

Si l'obligation de déclarer la priorité de dépôt (art. 4) est restreinte aux demandes de brevets et de modèles d'utilité, comme le propose le Programme de la Conférence, il semble logique de prévoir la même restriction pour la déclaration de la priorité résultant d'une exposition. »

XI. Obligation de publier une feuille périodique

(Art. 12, p. 263)

Texte unique, art. 12 (p. 273):

Chacun des pays contractants s'engage à établir un service spécial de la propriété industrielle et un dépôt central pour la communication au public des brevets d'invention, des modèles d'utilité, des dessins ou modèles industriels et des marques de fabrique ou de commerce.

Ce service publiera (.....) une feuille périodique officielle.

* * *

AUTRICHE. — Ajouter à l'alinéa 2 de l'article 12 les phrases suivantes:

« Il publiera notamment les marques enregistrées. Cette publication consistera dans la reproduction des marques, accompagnée de l'indication des produits ou des marchandises auxquels les marques sont appliquées, et dans les mentions relatives aux changements survenus dans l'inscription des marques. Autant que possible seront aussi publiés les descriptions et les dessins concernant les brevets délivrés. »

XII. Dotation du Bureau international

(Art. 13, p. 263)

Texte unique, art. 13, al. 2 (p. 265 et 274). — La langue officielle du Bureau international *est* la langue française.

* * *

ÉTATS-UNIS. — Proposent de remplacer cette disposition par la suivante:

« Les langues officielles du Bureau international seront les langues française et anglaise. »

XII *a*. Adhésion des pays sous mandat

(Art. 16bis, alinéa 1er, pas de changement)

Texte unique, art. 16bis, al. 1er (p. 275). — Les pays contractants ont le droit d'accéder en tout temps à la présente Convention pour leurs colonies, possessions, dépendances et protectorats, ou pour certains d'entre eux.

* * *

GRANDE-BRETAGNE. — Intercaler dans le premier alinéa après les mots « et protectorats », les mots **« ou territoires administrés en vertu d'un mandat de la Société des Nations »**.

XII *a*. Juridiction internationale. Cautio judicatum solvi

(Art. 17, pas de changement)

Texte unique, art. 17 (p. 275). — L'exécution des engagements réciproques contenus dans la présente Convention est subordonnée, en tant que de besoin, à l'accomplissement des formalités et règles établies par les lois constitutionnelles de ceux des pays contractants qui sont tenus d'en provoquer l'application, ce qu'ils s'obligent à faire dans le plus bref délai possible.

* * *

GRANDE-BRETAGNE. — Propose d'ajouter à l'article 17 actuel de la Convention un nouvel alinéa:

Les États contractants conviennent de soumettre au jugement de la Cour internationale permanente de Justice à La Haye tout différend qui pourrait surgir entre eux au sujet de l'interprétation ou de l'exécution de

la présente Convention et qui n'aurait pas pu être aplani par accord mutuel ou d'une manière prévue par la Convention ou par transaction entre les deux États intéressés. »

ITALIE. — Propose de prévoir dans la Convention d'Union que les pays contractants s'engagent à dispenser les personnes admises à bénéficier de la Convention, de *caution* au moment d'intenter une action judiciaire.

Motifs: L'Italie n'exige pas le dépôt d'une caution semblable, qui a été supprimée aussi par des conventions bilatérales et collectives, attendu que « ce dépôt donne lieu à une inégalité de traitement, non seulement entre étrangers et citoyens, mais aussi entre étrangers appartenant à des pays différents. D'autre part, les plaideurs en matière de propriété industrielle sont en général des établissements financièrement considérables et ne pouvant, par conséquent, se soustraire aux sanctions judiciaires; un établissement qui plaide à l'étranger a d'habitude une maison, une succursale, une représentation, ou du moins un bloc de marchandises à débiter, sur lesquelles on pourra toujours prendre les mesures conservatoires et d'urgence que les procédures civiles autorisent à prendre indifféremment citoyens ou étrangers ».

XIII *a.* Vœux

GRANDE-BRETAGNE. — Propose d'adopter en une résolution les vœux suivants:

« Il est désirable:

1° que les copies des demandes, descriptions et dessins qui pourraient être exigées aux termes de l'article 4 *(d)* soient déposées en même temps que la demande effectuée auprès d'un pays étranger aux termes de l'article 4. Cependant, une prorogation du délai utile pour le dépôt de ces documents, prorogation n'excédant pas trois mois et soumise aux conditions qui pourraient être exigées par la législation du pays auprès duquel le dépôt avec revendication du droit de priorité est effectué, devrait être accordé aux déposants;

2° qu'un sursis de trois mois au moins, à partir de la date à laquelle les taxes de renouvellement des brevets, modèles d'utilité, dessins et modèles et marques de fabrique ou de commerce doivent être acquittées, soit accordé pour le payement de ces taxes, et ceci aux conditions qui pourraient être exigées par la législation nationale;

3° que les feuilles périodiques officielles prévues par l'article 12 de la Convention contiennent la reproduction de toutes les marques de fabrique ou de commerce dont l'enregistrement est demandé dans le pays; que l'autorité compétente de chaque pays imprime et publie, en outre, la copie de tous descriptions et dessins des inventions y brevetées et mette en vente, à un prix raisonnable, des copies de ces descriptions et dessins, sans que les frais de ces impressions et publications soient supportés par les déposants; que l'Office de la propriété industrielle de chaque pays tienne également un registre dans lequel seront inscrites les notifications de cession et autres questions intéressant la validité ou la propriété des droits sur les brevets, modèles d'utilité, dessins ou modèles et marques de fabrique ou de commerce;

4° que la législation de chaque pays contienne des dispositions relatives au rétablissement — à des conditions équitables — des brevets que, par inadvertance, on a laissé tomber en déchéance pour cause de non-payement des taxes de renouvellement. »

DEUXIÈME PARTIE

ARRANGEMENT

CONCERNANT

L'ENREGISTREMENT INTERNATIONAL DES MARQUES DE FABRIQUE OU DE COMMERCE

DU 14 AVRIL 1891

REVISÉ A BRUXELLES LE 14 DÉCEMBRE 1900 ET A WASHINGTON LE 2 JUIN 1911

I. Protection des marques enregistrées au pays d'origine

(Article premier, p. 276)

Texte, article premier (p. 277) (1):

Les sujets ou citoyens de chacun des pays contractants pourront s'assurer, dans tous les autres pays, la protection de leurs marques de fabrique ou de commerce *enregistrées* dans le pays d'origine, moyennant le dépôt desdites marques au Bureau international, à Berne, fait par l'entremise de l'Administration dudit pays d'origine.

Fait règle pour la définition du pays d'origine, la disposition y relative de l'article 6 de la Convention générale d'Union pour la protection de la propriété industrielle.

Les produits pour lesquels la protection est revendiquée devront être déterminés conformément aux prescriptions du Règlement pour l'exécution du présent Arrangement.

* * *

ALLEMAGNE. *Liste des produits; classification internationale.* — L'Allemagne approuve le postulat de créer une liste internationale et généralement reconnue de produits. « Toutefois, la liste proposée par le Bureau de Berne soulève certaines objections. Il semble utile de soumettre cette liste à une revision avec le concours d'experts de tous les pays contractants, et de concéder à ces derniers, pour l'introduction de la liste ainsi établie, un délai de plusieurs années. »

---

(1) Les changements proposés par l'Administration des Pays-Bas et le Bureau international aux textes actuellement en vigueur sont imprimés en italiques, les changements proposés par les différentes Administrations en petits caractères gras.

En conséquence, l'Allemagne propose de supprimer:

à l'article premier de l'Arrangement, l'alinéa 3;

à l'article 3, l'alinéa 2;

à l'article 8, alinéa 2, la seconde phrase,

ainsi que les passages suivants du Règlement d'exécution: art. 2, al. 2 *a*, n° 4, *d*; art. 2bis; art. 3, 4, 5 et 8 *c*.

ESPAGNE. — Propose d'ajouter à l'alinéa premier de l'article 1er les mots suivants: **« On entendra par „enregistrées“ les marques dont l'enregistrement a été définitivement accordé dans le pays d'origine. »**

SUISSE. *Classification des produits; émolument international.* — Abstraction faite de la question de principe de savoir s'il est opportun ou non d'établir des surtaxes de classes, la classification actuelle du Bureau international ne constituerait en aucun cas une base appropriée pour la perception de ces surtaxes.

C'est pourquoi l'Administration suisse propose la radiation de toutes les prescriptions se rapportant à l'indication des classes de marchandises et à la perception de surtaxes de classes aussi bien dans l'Arrangement (art. 1er, alinéa 3; art. 3, alinéa 2; art. 8, alinéa 2, 2e phrase et alinéa 3, 1re phrase *in. fine*) que dans le Règlement d'exécution (art. 2, *a*, chiffre 4, et *d*, alinéa 1; art. 2bis, alinéa 1; art. 3, chiffre 5; art. 4, alinéa 1 *in fine*; art. 5, alinéa 2 *in fine*).

II. Formalités de l'enregistrement international
(Art. 3, p. 278)

Texte, art. 3 (p. 278):

Toute demande d'enregistrement international devra être présentée sur le formulaire prescrit par le Règlement d'exécution et l'Administration du pays d'origine de la marque certifiera que les indications qui figurent sur ces demandes correspondent à celles du registre national.

Le déposant sera tenu d'indiquer d'après la classification établie par le Bureau international et annexée au Règlement d'exécution, la ou les classes de produits dans laquelle ou lesquelles il demande que sa marque soit inscrite.

Si le déposant revendique la couleur à titre d'élément distinctif de sa marque, il sera tenu:

1° de le déclarer et d'accompagner son dépôt d'une mention indiquant la couleur ou la combinaison de couleurs revendiquée;

2° de joindre à sa demande des exemplaires de ladite marque en couleur, qui seront annexés aux notifications faites par le Bureau international. Le nombre de ces exemplaires sera fixé par le Règlement d'exécution.

Le Bureau international enregistrera immédiatement les marques déposées conformément à l'article premier. Il notifiera cet enregistrement *sans retard* aux diverses Administrations. Les marques enregistrées seront publiées dans une feuille périodique éditée par le Bureau international, au moyen des indications contenues dans la demande d'enregistrement et d'un cliché fourni par le déposant.

En vue de la publicité à donner, dans les pays contractants, aux marques enregistrées, chaque Administration recevra gratuitement du Bureau international le nombre d'exemplaires de la susdite publication qu'il lui plaira de demander. Cette publicité sera considérée dans tous les pays contractants comme pleinement suffisante, et aucune autre ne pourra être exigée du déposant.

* * *

ITALIE. — L'Administration italienne propose de remplacer au 4e alinéa les mots « sans retard » par les mots **« dans le délai de deux mois »** et cela afin de « donner une garantie bien définie », qui semble nécessaire, surtout en raison du point de départ choisi à l'article 5, alinéa 2, pour le délai de notification du refus.

III. Obligation d'exploiter

(Art. 4, p. 279)

Texte, art. 4 (p. 281):

A partir de l'enregistrement ainsi fait au Bureau international, la protection de la marque dans chacun des pays contractants sera la même que si cette marque y avait été directement déposée.

Toute marque enregistrée internationalement dans les *six* mois qui suivent la date du dépôt dans le pays d'origine jouira du droit de priorité établi par l'article 4 de la Convention générale.

La législation de chaque pays contractant pourra édicter l'obligation d'utiliser la marque sur le territoire national avec la double restriction que le déposant aura dans chaque pays contractant, pour cette mise en usage, un délai minimum de trois ans compté à partir de l'enregistrement international, et que la déchéance de la marque comme sanction du défaut d'usage dans le délai légal pourra être prononcée seulement par une décision judiciaire.

* * *

AUTRICHE. — Transporter l'alinéa 3 dans la Convention générale comme article 5ter avec les modifications suivantes:

Remplacer le mot « international » après les mots « de l'enregistrement » par les mots « **de la marque dans ce pays** ».

Remplacer la phrase finale commençant par les mots « et que la déchéance..... » par la phrase suivante: « .....et que la déchéance de la marque comme sanction du défaut d'usage dans le délai légal — **ceci seulement au cas où le propriétaire de la marque ne justifierait pas des causes de son inaction — ne pourra être prononcée que par une décision d'un tribunal ou de toute autre autorité exerçant des fonctions judiciaires.** »

ESPAGNE. — Propose le texte suivant pour le 3e alinéa:

« **La déchéance d'une marque internationalement enregistrée ne pourra être accordée pour défaut d'usage qu'en vertu d'une sentence judiciaire ou d'un tribunal** compétent en la matière, prononcée par le pays d'origine.

Cette décision pourra être communiquée par l'Administration du susdit pays au Bureau international, qui, à son tour, la communiquera aux autres pays, à l'effet de la déchéance de la marque dans chacun de ceux-ci. »

FRANCE. — Propose de remplacer, à l'alinéa 2, le chiffre « six » par « **douze** » conformément à l'extension, recommandée par elle, du délai de priorité (v. Convention générale, art. 4, p. 334 ci-dessus).

Propose en outre de donner à l'alinéa 3 de l'article la teneur suivante:

« La législation de chaque pays contractant pourra édicter l'obligation d'utiliser la marque sur le territoire **de ce pays; mais le défaut d'usage ou sa cessation par le déposant ne pourront avoir comme sanction la déchéance de la marque qu'après un délai minimum de 3 années à dater de l'enregistrement international ou de la cessation de l'usage, s'il n'est pas établi que le non-usage est dû à des circonstances spéciales indépendantes de la volonté du déposant. Cette déchéance pourra être prononcée seulement par une décision judiciaire.** »

SERBIE-CROATIE-SLOVÉNIE. — L'Administration estime que l'alinéa 3 de l'article 4, qui inaugure le principe de l'emploi obligatoire de la marque, rétrécit le régime existant; il faut maintenir plutôt le texte actuel de l'article.

(Voir aussi ci-dessus, dans la première partie, chapitre IV « exploitation obligatoire », sous chiffre 2 « marques », les propositions de l'**Allemagne**, de la **Grande-Bretagne** et de l'**Italie**.)

SUISSE. — L'Administration suisse propose de modifier comme suit le 3e alinéa de l'article 4:

1° fixer à cinq ans le délai pour la mise en usage de la marque;

2° ajouter la phrase suivante: « Pour qu'il y ait utilisation d'une marque dans un pays au sens du présent article, il suffit que le produit porteur de cette marque soit introduit et mis en vente dans ce pays, même s'il a été fabriqué dans un autre pays. »

IV. Refus, acceptation tacite, examen des marques portant des armoiries

(Art. 5 et 5bis, p. 282)

Texte, art. 5 et 5bis (p. 283 et 284):

Art. 5. — Dans les pays où leur législation les y autorise, les Administrations auxquelles le Bureau international notifiera l'enregistrement d'une marque auront la faculté de déclarer que la protection ne peut être accordée à cette marque sur leur territoire. Un tel refus ne pourra être opposé que dans les conditions qui s'appliqueraient, en vertu de la Convention générale, à une marque déposée à l'enregistrement national.

Les Administrations qui voudront exercer cette faculté *devront notifier leur refus, avec indication des motifs, au Bureau international dans le* délai prévu par leur loi nationale et, au plus tard, *avant la fin d'une* année *comptée à partir de l'enregistrement international de la marque.*

Le Bureau international transmettra sans retard à l'Administration du pays d'origine et au propriétaire de la marque un des exemplaires de la déclaration de refus ainsi notifiée. L'intéressé aura les mêmes moyens de recours que si la marque avait été par lui directement déposée dans le pays où la protection est refusée.

Les Administrations qui, dans le délai maximum d'un an susindiqué, n'auront adressé aucune communication au Bureau international seront censées avoir accepté la marque.

Art. 5bis. — Lorsque les marques portant des armoiries, écussons, portraits, distinctions honorifiques, titres, noms commerciaux ou noms de personne autres que celui du déposant, ou inscriptions analogues, sont soumises dans leur pays d'origine à un examen au point de vue de la légitimité du droit d'usage de ces éléments, et que l'Administration de ce pays certifie, au moyen d'une déclaration générale notifiée aux autres Administrations par les soins du Bureau international, qu'elle procède, dans chaque cas, à cet examen, les autres pays contractants s'engagent à renoncer à tout nouvel examen relatif à la justification d'emploi.

* * *

AUTRICHE. — Intercaler dans l'article 5, alinéa 3, après les mots « de la marque » et avant les mots « un des exemplaires » les mots: « ou à son mandataire nommé dans la demande ».

Remplacer à l'alinéa 4 le mot « adressé » par le mot « expédié ».

Ajouter à cet alinéa la phrase suivante: « Reste réservée l'invalidation de la marque à la requête dûment justifiée de toute partie intéressée. »

Remplacer dans l'article 5bis les mots à la fin « s'engagent à renoncer à tout nouvel examen relatif à la justification d'emploi » par les mots « ne procéderont pas, à l'occasion de la notification de l'enregistrement international de la marque, à un nouvel examen relatif à la justification d'emploi ».

ESPAGNE. — Propose d'ajouter à la fin du deuxième alinéa de l'article 5 la phrase suivante: « Pour les refus partiels, on fera savoir à l'intéressé le temps qu'on lui concède pour la défense de ses droits. »

A l'article 5bis, l'Administration espagnole propose d'ajouter, après les mots « déclaration générale », les mots suivants: « qui sera indiquée sur la feuille de demande et ».

FRANCE. — Propose comme article 5bis le texte suivant:

« Les pièces justificatives de la légitimité d'usage de certains éléments contenus dans les marques, tels que armoiries, écussons, portraits, distinctions honorifiques, titres, noms commerciaux ou noms de personne autres que celui du déposant, ou autres inscriptions analogues, qui pourraient être réclamées par les Administrations des pays contractants seront dispensées de toute certification ou légalisation autre que celle de l'Administration du pays d'origine. »

MAROC. — En raison de l'adjonction proposée à l'article 6[quater] de la Convention, l'Administration marocaine désirerait voir compléter comme suit l'article 5bis contenu dans le Programme: « Lorsque les marques portant des armoiries, écussons, portraits, distinctions honorifiques, titres, noms commerciaux ou noms de personnes autres que celui du déposant, ou inscriptions analogues, sont soumises dans leur pays d'origine à un examen au point de vue de la légitimité du droit d'usage de ces éléments et que l'Administration de ce pays certifie, au moyen d'une déclaration générale notifiée aux autres Administrations par les soins du Bureau international, qu'elle procède, dans chaque cas, à cet examen, les autres pays contractants s'engagent à renoncer à tout nouvel examen relatif à la justification d'emploi, **sous réserve de l'observation des dispositions de l'article 6[quator] de la Convention générale. »**

SUISSE. — L'Administration suisse propose:

1° d'insérer au 3e alinéa, après les mots « et au propriétaire de la marque » les mots **« ou à son mandataire »**. (La même adjonction doit se faire à la première phrase du 1er alinéa de l'article 6 du Règlement d'exécution.)

2° d'ajouter au dernier alinéa du nouvel article 5 proposé la phrase suivante: **« Reste réservée l'invalidation de la marque par décision judiciaire ou administrative, en vertu des dispositions de l'article 6 de la Convention d'Union. »**

V. Durée de la protection

(Art. 6, p. 284)

Texte, art. 6 (p. 284):

La protection résultant de l'enregistrement au Bureau international durera vingt ans à partir de cet enregistrement *(sous réserve de ce qui est prévu à l'art. 8 pour le cas où le déposant n'aura versé qu'une fraction de l'émolument international)*, mais elle ne pourra être invoquée en faveur d'une marque qui ne jouirait plus de la protection légale dans le pays d'origine.

* * *

ESPAGNE. — Propose l'adjonction d'un alinéa 2 ainsi conçu:

« A cet effet, la déclaration de déchéance d'une marque dans le pays d'origine une fois faite, cette déchéance devra être notifiée au Bureau international, pour qu'il la transmette aux autres pays. »

VI. Renouvellements

(Art. 7, p. 285)

Texte, art. 7 (p. 286):

L'enregistrement pourra toujours être renouvelé suivant les prescriptions des articles 1 et 3 *pour une nouvelle période de vingt ans à compter depuis la date de renouvellement.*

Six mois avant l'expiration du terme de protection, le Bureau international *rappellera* au propriétaire de la marque, *par l'envoi* d'un avis officieux, *la date exacte de cette expiration.*

Si, à l'occasion du dépôt ultérieur de la marque, des modifications sont apportées à celle-ci ou à l'indication des produits auxquels elle doit s'appliquer, les Administrations pourront se refuser à admettre ce dépôt à titre de renouvellement, sans préjudice des droits de priorité ou autres acquis par le fait de l'enregistrement primitif.

* * *

AUTRICHE. — Remplacer, dans le 1er alinéa, les mots proposés « à compter depuis la date de renouvellement » par les mots **« à compter de l'expiration de la période précédente »**.

Ajouter les phrases:

« Toutefois, le renouvellement ne peut être réclamé qu'au plus tôt au cours de la vingtième année de la période courante. La demande y relative doit arriver au Bureau international avant l'expiration du délai susmentionné. »

Intercaler dans le 3e alinéa après les mots « doit s'appliquer » et avant les mots « les Administrations » les mots **« excepté le cas de la restriction de la liste de ces produits »**.

Supprimer à la fin de cet alinéa les mots « sans préjudice des droits de priorité ou autres acquis par le fait de l'enregistrement primitif ».

FRANCE. — Propose de rédiger comme suit le dernier alinéa de l'article:

« Si la marque présentée en renouvellement du précédent dépôt a subi une modification de forme, les Administrations pourront se refuser à l'enregistrer à titre de renouvellement et le même droit leur appartiendra en cas de changement dans l'indication des produits auxquels la marque doit s'appliquer à moins que, sur notification de l'objection par l'intermédiaire du Bureau international, l'intéressé ne déclare renoncer à la protection pour les produits autres que ceux désignés en mêmes termes lors de l'enregistrement antérieur. »

ITALIE. — Propose d'ajouter au 1er alinéa la disposition suivante:

« La demande de renouvellement sera considérée comme valable même dans le cas où elle parviendrait au Bureau international après l'expiration des vingt ans, pourvu qu'elle ait été déposée pendant ceux-ci dans le pays d'origine et que celui-ci l'ait transmise audit Bureau dans un délai raisonnable. »

SUISSE. — L'Administration suisse propose de rédiger comme suit le 3e alinéa *(in fine)* de l'article 7:

« .....sans préjudice des droits de **continuité qui pourraient résulter de la concordance subsistant entre l'enregistrement primitif et le dépôt ultérieur. »**

VII. Classification des produits. Émolument international
(Art. 8, p. 286)

Texte, art. 8 (p. 288):

L'Administration du pays d'origine fixera à son gré, et percevra à son profit, une taxe *nationale* qu'elle réclamera du propriétaire de la marque dont l'enregistrement international est demandé.

A cette taxe s'ajoutera un émolument international *(en francs suisses)* de *deux cents* francs pour la première marque, et de *cent vingt-cinq* francs pour chacune des marques suivantes, déposées en même temps *au Bureau international au nom du* même propriétaire. *Cet émolument donnera droit à l'inscription de la marque dans une seule des classes énumérées à l'annexe au Règlement d'exécution; si le déposant demande que la marque soit inscrite dans plus d'une de ces classes, l'émolument s'accroîtra de dix francs pour chaque classe en sus de la première.*

Le déposant aura la faculté de n'acquitter au moment du dépôt international qu'un émolument de cent vingt-cinq francs pour la première marque et de soixante-quinze francs pour chacune des marques déposées en même temps que la première et, s'il y a lieu, la surtaxe de dix francs par classe supplémentaire prévue au précédent alinéa. Si le déposant fait usage de cette faculté, il devra, avant l'expiration d'un délai de dix ans compté à partir de l'enregistrement international, verser au Bureau international un complément d'émolument de cent francs pour la première marque et de cinquante francs pour chacune des marques déposées en même temps que la première, faute de quoi, à l'expiration de ce délai, il perdra le bénéfice de son enregistrement. Six mois avant cette expiration, le Bureau international rappellera au déposant, par l'envoi d'un avis officieux, à toutes fins utiles, la date exacte de cette expiration. Si le complément d'émolument n'est pas versé avant l'expiration de ce délai au Bureau international, celui-ci radiera la marque, notifiera cette opération aux Administrations et la publiera dans son journal.

Le produit annuel des *diverses recettes de l'enregistrement international* sera réparti par parts égales entre les pays contractants par les soins du Bureau international, après déduction des frais communs nécessités par l'exécution du présent Arrangement.

* * *

ALLEMAGNE. — Supprimer à l'article 8, alinéa 2, la seconde phrase.

AUTRICHE. — Il est désirable de modérer l'augmentation proposée concernant la taxe actuelle, de fixer la surtaxe prévue pour chaque classe en sus de la première à un montant plus modique, tout au plus à fr. 5.— et de réduire considérablement le nombre des classes de la classification qui doit être annexée au Règlement d'exécution de l'Arrangement.

VIII. Changements survenus dans l'inscription de la marque

(Art. 9, p. 289)

Texte, art. 9 (p. 291):

L'Administration du pays d'origine notifiera au Bureau international les annulations, radiations, renonciations, non-renouvellements, transmissions et autres changements *essentiels apportés à l'inscription* de la marque *nationale*.

Le Bureau inscrira ces changements dans le Registre international, les notifiera *à son tour* aux Administrations des pays contractants, et les publiera dans son journal.

On procédera de même lorsque le propriétaire de la marque demandera à réduire la liste des produits auxquels elle s'applique.

Ces opérations peuvent être soumises à une taxe qui sera fixée par le Règlement d'exécution.

L'addition ultérieure d'un nouveau produit à la liste ne peut être obtenue que par un nouveau dépôt effectué conformément aux prescriptions de l'article 3. A l'addition est assimilée la substitution d'un produit à un autre.

* * *

ALLEMAGNE. — Propose de supprimer l'alinéa 4, qui prévoit la faculté de percevoir une taxe. Cela entraînerait la suppression des mots « et 9 » à l'article 8 du Règlement d'exécution et de l'alinéa *a)* de ce même article.

FRANCE. — Propose de rédiger le 1er alinéa comme suit:

« L'Administration du pays d'origine notifiera au Bureau international les annulations, radiations, renonciations, transmissions **et tous actes affectant la propriété de la marque et inscrits dans le registre national.** »

IX. Rétroactivité de l'adhésion

(Art. 11, p. 292)

Texte, art. 11 (p. 293):

Les pays de l'Union pour la protection de la propriété industrielle qui n'ont pas pris part au présent Arrangement seront admis à y adhérer sur leur demande, et dans la forme prescrite par la Convention générale.

Dès que le Bureau international sera informé qu'un pays ou une de ses colonies a adhéré au présent Arrangement, il adressera à l'Administration de ce pays, conformément à l'article 3, une notification collective des marques qui, à ce moment, jouiront de la protection internationale.

Cette notification assurera, par elle-même, auxdites marques le bénéfice des précédentes dispositions sur le territoire du pays adhérent, et fera courir le délai d'un an pendant lequel l'Administration intéressée peut faire la déclaration prévue par l'article 5.

Toutefois, chaque pays en adhérant au présent Arrangement pourra déclarer que l'application de cet acte sera limitée aux marques qui seront enregistrées à partir du jour où cette adhésion deviendra effective. Cette déclaration dispensera le Bureau international de faire la notification collective susindiquée.

* * *

AUTRICHE. — Ajouter dans l'alinéa 4 la phrase suivante: «**Dans ces cas les marques renouvelées à partir du jour susmentionné ne seront protégées dans ce pays qu'à partir de leur renouvellement.**»

FRANCE. — Propose d'insérer, dans le dernier alinéa, entre les mots «pourra déclarer que» et les mots «l'application de cet acte», les mots suivants: «**sauf en ce qui concerne les marques internationales ayant déjà fait antérieurement dans ce pays l'objet d'un enregistrement national identique encore en vigueur et qui seront immédiatement reconnues sur la demande des intéressés**».

Avant-projet de modifications au Règlement d'exécution de 1911

(P. 295 à 309)

Outre les changements proposés par l'**Allemagne** et la **Suisse** et mentionnés ci-dessus comme découlant de la suspension de la classification internationale et de la suppression de certaines taxes, l'avant-projet de Règlement d'exécution n'a fait l'objet que d'une proposition: elle émane de l'**Espagne** et consiste à ajouter à l'article 2*a* un chiffre 7 nouveau, ainsi conçu «dans le but d'éviter une fausse déclaration du pays d'origine de la marque»:

«**7. Si la marque a été enregistrée dans un autre pays et, dans ce cas, la date de cet enregistrement.**»

TROISIÈME PARTIE

ARRANGEMENT

CONCERNANT

LA RÉPRESSION DES FAUSSES INDICATIONS DE PROVENANCE

DU 14 AVRIL 1891

REVISÉ A BRUXELLES LE 14 DÉCEMBRE 1900
ET A WASHINGTON LE 2 JUIN 1911

I. Portée générale de l'Arrangement

(Article premier, p. 310)

Texte actuel, article premier:

Tout produit portant une fausse indication de provenance dans laquelle un des pays contractants, ou un lieu situé dans l'un d'entre eux, serait directement ou indirectement indiqué comme pays ou comme lieu d'origine, sera saisi à l'importation dans chacun desdits pays.

La saisie sera également effectuée dans le pays où la fausse indication de provenance aura été apposée, ou dans celui où aura été introduit le produit muni de cette fausse indication.

Si la législation d'un pays n'admet pas la saisie à l'importation, cette saisie sera remplacée par la prohibition d'importation.

Si la législation d'un pays n'admet pas la saisie à l'intérieur, cette saisie sera remplacée par les actions et moyens que la loi de ce pays assure en pareil cas aux nationaux.

* * *

ESPAGNE. — Propose d'adopter les définitions et précisions suivantes:

« On entendra par indication de provenance la désignation d'un nom géographique comme lieu de fabrication, d'élaboration ou d'extraction d'un produit.

On ne pourra regarder comme fausse indication de provenance la dénomination des produits quand ceux-ci sont connus sur le marché sous un nom géographique distinct du lieu d'où ils proviennent.

Les réclamations auxquelles donnerait lieu l'interprétation de ce précepte devront, pour leur solution, être formulées devant les tribunaux du pays de provenance ou, à défaut de ceux-ci, devant un Tribunal international. »

FRANCE. — Propose d'ajouter à l'article 1er un alinéa final ainsi conçu:

« A défaut de législation spéciale assurant la répression des fausses indications de provenance, les sanctions prévues par les dispositions correspondantes des lois sur les marques et les noms commerciaux seront applicables. »

II. Notion de la partie intéressée

(Art. 2, p. 311)

Texte actuel, art. 2 (p. 311):

La saisie aura lieu à la requête soit du Ministère public, soit de toute autorité compétente, par exemple l'Administration douanière, soit d'une partie intéressée, *personne physique ou morale,* conformément à la législation intérieure de chaque pays.

Les autorités ne seront pas tenues d'effectuer la saisie en cas de transit.

* * *

FRANCE. — Propose de rédiger comme suit le premier alinéa de cet article:

« La saisie aura lieu à la diligence de l'Administration des douanes qui avertira immédiatement l'intéressé, personne physique ou morale, pour lui permettre de régulariser, s'il le désire, la saisie opérée conservatoirement; toutefois le Ministère public ou toute autre autorité compétente pourra requérir la saisie, soit à la demande de la partie lésée, soit d'office; la saisie sera, dans ce cas, définitive. »

IIbis. Indication du nom du vendeur

(Art. 3, pas de changement)

Texte actuel, art. 3:

Les présentes dispositions ne font pas obstacle à ce que le vendeur indique son nom ou son adresse sur les produits provenant d'un pays différent de celui de la vente; mais dans ce cas, l'adresse ou le nom doit être accompagné de l'indication précise, et en caractères apparents, du pays ou du lieu de fabrication ou de production.

* * *

GRANDE-BRETAGNE. — Propose de supprimer les mots « du pays ou du lieu de la fabrication ou de la production » et de les remplacer par les mots « de la fabrication étrangère des produits ».

III. Extension aux produits qui tiennent leurs qualités naturelles du sol et du climat

(Art. 4, p. 311)

Texte, art. 4 (p. 312):

Les tribunaux de chaque pays auront à décider quelles sont les appellations qui, à raison de leur caractère générique, échappent aux dispositions du présent Arrangement, les appellations régionales de provenance des produits vinicoles *et de tous les autres produits qui tiennent leurs qualités naturelles du sol et du climat,* n'étant cependant pas comprises dans la réserve spécifiée par cet article.

Lorsqu'un pays contractant aura défini une de ces appellations d'origine par une mesure législative ou réglementaire, par décision administrative ou judiciaire, les autres pays contractants devront assurer la protection desdites appellations dans les limites ainsi définies, à la condition que le premier pays leur ait notifié ces mesures ou décisions par l'intermédiaire du Bureau international de la propriété industrielle à Berne.

* * *

ALLEMAGNE. — *Observations:* « La tendance à exclure, pour un cercle élargi de produits, la transformation d'indications de provenance en désignations d'espèce est approuvée en principe. Toutefois, l'expression „produits qui tiennent leurs qualités naturelles du sol et du climat" semble trop vague pour apprécier la portée des obligations à assumer. »

TCHÉCOSLOVAQUIE. — Étendre la réserve des produits vinicoles aussi sur la bière et les eaux minérales en remplaçant la nouvelle intercalation dans le texte après le mot « vinicoles » par le texte suivant: « de la bière et des eaux minérales ».

Supprimer l'alinéa 2 du texte proposé.

QUATRIÈME PARTIE

PROJET D'ARRANGEMENT

POUR

LE DÉPOT INTERNATIONAL DES DESSINS ET MODÈLES INDUSTRIELS

(Voir p. 313 à 329)

ALLEMAGNE. — L'Administration d'Allemagne fait observer au sujet de ce projet d'Arrangement ce qui suit:

« Il serait préférable:

1° que le dépôt international fût indépendant d'un dépôt dans le pays d'origine;

2° d'insérer les dispositions de l'article 5 dans la Convention générale (v. ci-dessus, p. 339);

3° de supprimer dans le premier alinéa de l'article 7 les mots suivant le mot « Berne », à savoir: « elle (la durée de la protection internationale) ne pourra être invoquée en faveur d'un dessin ou modèle qui ne jouirait plus de la protection légale dans le pays d'origine ».

SUISSE. — Les motifs à l'appui du projet d'Arrangement (v. ci-dessus, p. 317) expliquent que le dépôt international représente simplement la doublure du dépôt dans le pays d'origine, puisque les objets des deux dépôts, abstraction faite de leur matérialisation, doivent être identiques, que le soin de contrôler cette identité incombe à l'Administration du pays d'origine et que, sous ce rapport, chaque pays contractant répond envers les autres pays de la régularité du dépôt international.

Prenant en considération:

qu'un tel contrôle obligerait l'Administration du pays d'origine à comparer minutieusement les dessins et modèles à déposer internationalement avec ceux déposés dans le pays d'origine,

que ce travail demanderait beaucoup de temps et qu'il provoquerait de nombreuses divergences — occasionnant une nouvelle perte de temps — avec les déposants, de telle sorte que le dépôt international risquerait d'être sensiblement retardé,

que ce dernier serait rendu notablement plus coûteux par la taxe qui serait perçue pour le travail de comparaison,

que même une comparaison minutieuse ne pourrait pas garantir l'identité et que par conséquent, le pays d'origine devrait refuser, de prime abord, d'engager sa responsabilité à cet égard,

que, dans ces conditions, on ne pourrait pas, en cas de procès, se baser sur le dépôt international, mais qu'on devrait nécessairement remonter aux dessins et modèles déposés dans le *pays d'origine,*

que, pour les autres pays contractants, le dépôt effectué seulement auprès du Bureau international ne signifie rien de plus qu'un simple enregistrement international (sans dépôt) des dessins et modèles déposés dans le pays d'origine,

que pour le titulaire de ces derniers le simple enregistrement international (sans dépôt) serait une simplification importante, par laquelle on épargnerait à ce titulaire notamment aussi les conséquences préjudicielles qui pourraient résulter du manque de concordance entre le dépôt international et le dépôt national,

qu'un second dépôt, auprès du Bureau international, des dessins et modèles déjà déposés dans le pays d'origine doit être considéré comme une formalité compliquant inutilement la procédure,

l'Administration suisse propose de fixer comme principe fondamental dans l'Arrangement concernant la protection internationale des dessins et modèles industriels que, pour bénéficier des avantages accordés par l'Arrangement, les personnes désignées à l'article premier du projet n'aient pas à déposer, mais *simplement à faire enregistrer* auprès du Bureau international leurs dessins ou modèles industriels acceptés au dépôt dans le pays d'origine, tel qu'il est défini par l'article 6 de la Convention générale.

Sont joints à cette proposition de l'Administration suisse les projets du Programme de la Conférence pour l'Arrangement et le Règlement d'exécution, projets auxquels ladite Administration a elle-même apporté les modifications rendues nécessaires par la proposition ci-dessus.

Annexes:

Projets suisses d'Arrangement pour l'enregistrement international des dessins ou modèles industriels et d'un Règlement d'exécution y relatif.

ARRANGEMENT

POUR

L'ENREGISTREMENT INTERNATIONAL DES DESSINS OU MODÈLES INDUSTRIELS

conclu entre

. . . .

Les soussignés Plénipotentiaires des Gouvernements ci-dessus énumérés,

Vu l'article 15 de la Convention d'Union internationale du 20 mars 1883 pour la protection de la propriété industrielle, revisée à Bruxelles le 14 décembre 1900 et à Washington le 2 juin 1911,

Ont, d'un commun accord et sous réserve de ratification, arrêté l'Arrangement suivant destiné à faciliter, dans l'intérêt des créateurs de dessins et modèles industriels, l'exercice des droits auxquels ceux-ci donnent naissance en vertu des articles 2 et suivants de la Convention susmentionnée.

ARTICLE PREMIER. — Les citoyens ou sujets d'un pays contractant et les personnes ayant satisfait sur le territoire de l'Union restreinte aux conditions établies par l'article 3 de la Convention générale, pourront s'assurer dans les autres pays contractants la protection de leurs dessins ou modèles industriels acceptés au dépôt dans le pays d'origine tel qu'il est défini par l'article 6 de la Convention générale, au moyen d'un enregistrement international. Cet enregistrement sera effectué au Bureau international de la propriété industrielle à Berne par l'entremise de l'Administration dudit pays d'origine.

ART. 2. — La demande d'enregistrement international sera adressée au Bureau international de Berne en double exemplaire; elle contiendra les indications en langue française que précisera le règlement d'exécution. La demande ne sera pas accompagnée d'exemplaires des dessins ou modèles à enregistrer internationalement.

ART. 3. — Aussitôt que le Bureau international de Berne aura reçu de l'Administration du pays d'origine la demande de procéder à un enregistrement international, il inscrira cette demande dans un registre spécial, notifiera ces inscriptions aux diverses autres Administrations et les publiera dans une feuille périodique dont il distribuera gratuitement à chaque Administration le nombre d'exemplaires voulu.

(Suppression du 2e alinéa.)

ART. 4. — Celui qui fait enregistrer internationalement un dessin ou modèle industriel est considéré jusqu'à preuve du contraire comme propriétaire de l'œuvre.

L'enregistrement international est purement déclaratif. Il produira, dans chacun des pays contractants, les mêmes effets que si les dessins ou modèles y avaient été déposés à la date de l'enregistrement international, sous bénéfice toutefois des règles spéciales établies par le présent Arrangement. La publicité mentionnée dans l'article précédent sera considérée dans tous les pays contractants comme pleinement suffisante et aucune autre ne pourra être exigée du déposant.

Tout dessin ou modèle enregistré internationalement dans les six mois qui suivent la date du dépôt dans le pays d'origine jouira, sans aucune autre formalité, du droit de priorité établi par l'article 4 de la Convention générale.

ART. 5. — Les États contractants conviennent de ne pas exiger que les dessins ou modèles enregistrés internationalement soient revêtus d'une marque ou mention obligatoire autre que celle prescrite, le cas échéant, par la loi du pays d'origine. Ces dessins ou modèles ne pourront être frappés de déchéance dans les pays autres que le pays d'origine ni pour défaut d'exploitation ni pour introduction d'objets conformes à ceux protégés.

ART. 6. — L'enregistrement international peut avoir pour objet, soit un seul dessin ou modèle, soit une pluralité de dessins ou modèles.

(Suppression des 2e et 3e alinéas.)

ART. 7. — La durée de la protection internationale est fixée à 15 ans, comptés à partir de la date de l'enregistrement au Bureau international de Berne; elle ne pourra être invoquée en faveur d'un dessin ou modèle qui ne jouirait plus de la protection légale dans le pays d'origine.

Le délai de 15 ans est divisé en deux périodes, savoir une période de 5 ans et une période de 10 ans.

LES ARTICLES 8 ET 9 sont supprimés.

ART. 10. — Dans les six premiers mois de la cinquième année de la première période, le Bureau international donnera un avis officieux de l'échéance à l'Administration du pays d'origine et au titulaire du dessin ou modèle.

ART. 11. — Lorsque le titulaire désirera obtenir la prolongation de la protection par le passage à la deuxième période, il devra remettre à l'Administration du pays d'origine, au plus tard trois mois avant l'expiration du délai, une demande de prorogation pour être transmise au Bureau international. Celui-ci notifiera la prorogation intervenue à toutes les autres Administrations et la publiera dans son journal.

L'ARTICLE 12 est supprimé.

ART. 13. — Les titulaires des enregistrements internationaux pourront à toute époque renoncer à l'enregistrement, soit en totalité, soit partiellement, au moyen d'une déclaration qui sera adressée à l'Administration du pays d'origine et transmise par celle-ci au Bureau international; ce dernier lui donnera la publicité prévue à l'article 3.

(Suppression du 2ᵉ alinéa.)

ART. 14. — Lorsqu'un tribunal ou toute autre autorité, exerçant des fonctions judiciaires, d'un pays de l'Union ordonne la production d'un dessin ou modèle enregistré internationalement, ce tribunal ou cette autre autorité doit alors adresser une demande de la production y relative au Bureau international qui transmettra la demande à l'Administration du pays d'origine du dessin ou modèle. Si l'autorité requérante prend la responsabilité de restituer intact le dessin ou modèle, celui-ci sera remis par l'Administration du pays d'origine à cette autorité qui devra rendre le dessin ou modèle dans le plus bref délai possible. La remise et le renvoi du dessin ou modèle se feront par l'intermédiaire du Bureau international.

ART. 15. — Les taxes de l'enregistrement international, qui seront à payer avant qu'il puisse être procédé à l'enregistrement international, sont ainsi fixées:

1° pour un seul dessin ou modèle et pour la première période de 5 ans: une somme de 5 francs;

2° pour un seul dessin ou modèle, à l'expiration de la première période et pour la durée de la deuxième période de 10 ans: une somme de 5 francs;

3° pour un enregistrement comprenant plusieurs dessins ou modèles et pour la première période de 5 ans: une somme de 5 francs;

4° pour un enregistrement comprenant plusieurs dessins ou modèles, à l'expiration de la première période et pour la durée de la deuxième période de 10 ans: une somme de 20 francs.

ART. 16. — Sans changement.

ART. 17. — Le Bureau international délivrera à toute personne, sur demande, contre une taxe fixée par le règlement, une copie des mentions inscrites dans le registre au sujet d'un dessin ou modèle déterminé.

(Suppression des 2ᵉ, 3ᵉ et 4ᵉ alinéas, des 3ᵉ et 4ᵉ parce qu'ils font double emploi avec les 2ᵉ et 3ᵉ alinéas de l'art. 19.)

ART. 18. — Toute personne peut obtenir du Bureau des renseignements écrits sur le contenu du registre, et cela moyennant paiement des taxes à fixer par le règlement.

ART. 19 à 23. — Sans changement.

RÈGLEMENT D'EXÉCUTION

L'ARTICLE PREMIER est supprimé.

ART. 2. — La demande d'enregistrement international sera rédigée en double exemplaire et en langue française sur un formulaire fourni gratuitement à l'Administration du pays d'origine par le Bureau international de Berne. Elle mentionnera:

1° le nom et l'adresse du demandeur, et contiendra:

2° les indications suivantes, relatives au dépôt du dessin ou modèle dans le pays d'origine:

la date et le numéro d'ordre du dépôt ainsi que, le cas échéant, le numéro d'ordre du dessin ou modèle;

la désignation de l'objet (produit) auquel le dessin ou modèle se rapporte;
la nature du dépôt (ouvert ou cacheté);
le nombre des dessins ou modèles déposés conjointement.

Un formulaire analogue sera utilisé pour les demandes en double de prorogation de l'enregistrement.

(Le chiffre 6 prévu au 1er alinéa du projet officiel est sans objet, vu le 3e alinéa de l'art. 4 du projet d'Arrangement.)

ART. 3. — Sera joint aux demandes d'enregistrement le montant de l'émolument international correspondant, soit à l'enregistrement international originaire, soit à la prorogation de l'enregistrement; ce montant sera adressé au Bureau international par chèque postal ou mandat postal ou par une autre valeur payable à Berne, avec indication du nom et de l'adresse du demandeur. Il en sera délivré un reçu.

ART. 4. — Le registre tenu par le Bureau international au sujet de l'enregistrement contiendra, outre les indications ci-dessus figurant sur les demandes, les mentions que voici :

1° le numéro d'ordre et la date de l'enregistrement international;
2° la date de la notification aux Administrations;
3° la mention relative aux modifications de l'enregistrement telles que: transmissions, radiations, renonciations, etc.;
4° supprimé;
5° supprimé;
6° la cessation de la protection dans le pays d'origine ou dans un autre pays contractant à la suite de décisions judiciaires, etc., lorsque ces communications sont notifiées au Bureau international.

ART. 5. — L'inscription une fois faite dans le registre, le Bureau international certifiera sur les deux exemplaires de la demande que l'enregistrement a eu lieu et les revêtira de sa signature et de son timbre. Un de ces exemplaires restera dans les archives du Bureau, l'autre sera envoyé à l'Administration du pays d'origine. Il sera procédé de même pour les demandes de prorogation de l'enregistrement.

En outre, le Bureau international notifiera aux Administrations l'enregistrement opéré avec les indications énumérées ci-dessus et il publiera le tout dans sa feuille périodique qu'il pourvoira de bonnes tables annuelles des matières. Il agira de la même façon pour les modifications intervenues dans les enregistrements au cours de la durée de la protection.

ART. 6. — La taxe prévue par l'article 17 de l'Arrangement pour les copies ou extraits de registre, de même que pour les renseignements écrits ou oraux est fixée à 5 francs par copie, extraits ou renseignements.

Lorsque les mentions relatives à plusieurs enregistrements du même titulaire pourront être réunies sur la même feuille, la taxe sera réduite de moitié pour chaque enregistrement en plus du premier.

Tout extrait, certificat ou recherche demandés au Bureau international, en outre des documents dont la délivrance est obligatoire, donnera lieu à la perception d'une taxe égale.

Toutes les taxes doivent être payées en monnaie suisse.

(Le quatrième alinéa est supprimé.)

ART. 7. — Au commencement de chaque année le Bureau international établira le compte des dépenses faites au cours de l'année précédente pour le service de l'enregistrement international; le montant de ce compte sera déduit du total des recettes et l'excédent de celles-ci sera réparti entre tous les pays contractants par parts égales ou d'après un mode de distribution adopté ultérieurement.

ART. 8 et 9. — Sans changement.

DEUXIÈME PARTIE

DOCUMENTS DE LA CONFÉRENCE

LISTE

DES

PAYS REPRÉSENTÉS ET DE LEURS DÉLÉGUÉS

ALLEMAGNE :

M. W. F. von Vietinghoff, Conseiller de la Légation d'Allemagne à La Haye;

M. von Specht, Geheimer Oberregierungsrat, Président de l'Office des brevets;

M. Klauer, Conseiller ministériel au Ministère de la Justice;

M. le Prof. Dr A. Osterrieth, Justizrat.

ARGENTINE :

M. Albert E. Uriburu, Docteur en Jurisprudence et Sciences sociales.

AUSTRALIE :

M. le Lieutenant-Colonel C. V. Watson, Commissaire des brevets.

AUTRICHE :

M. le Dr Carl Duschanek, Conseiller ministériel, Vice-Président de l'Office des brevets;

M. le Dr Fortwängler, Conseiller ministériel audit Office.

BELGIQUE :

M. Octave Mavaut, Directeur général de l'Industrie au Ministère de l'Industrie, du Travail et de la Prévoyance sociale;

M. F. Muûls, Secrétaire de Légation de 1re classe;

M. ALBERT CAPITAINE, Avocat à la Cour d'appel de Liége, ancien Bâtonnier †;
M. LOUIS ANDRÉ, Avocat à la Cour d'appel de Bruxelles;
M. THOMAS BRAUN, Avocat à la Cour d'appel de Bruxelles;
M. DANIEL COPPIETERS, Avocat à la Cour d'appel de Bruxelles.

BRÉSIL:

M. le Dr JULIO AUGUSTO BARBOZA-CARNEIRO, Délégué du Brésil dans le Comité Économique de la Société des Nations;
M. le Prof. Dr CARLOS AMERICO BARBOSA DE OLIVEIRA, Professeur à l'École polytechnique, Directeur de l'École normale des Arts et des Métiers Wenceslau Braz;
M. le Dr ILDEFONSO DUTRA, Représentant du « Centro Industrial do Brasil ».

BULGARIE:

M. le Dr GEORGES STRÊZOFF, Docteur en droit, Avocat à Sofia;
M. ROSENTHAL, Avocat.

CANADA:

M. FRÉDÉRIC H. PALMER, Commissaire de commerce du Gouvernement canadien à Rotterdam.

COLOMBIE:

M. le Général LUIS MORALES BERTI, Chargé d'Affaires de Colombie à La Haye.

CUBA:

S. Exc. M. le Dr RAPHAËL MARTINEZ ORTIZ, Envoyé extraordinaire et Ministre plénipotentiaire de Cuba à Paris;
M. le Dr RAPHAËL DE LA TORRE, Chargé d'Affaires de Cuba à La Haye.

DANEMARK:

M. le Dr N. J. EHRENREICH HANSEN, Sous-Chef de bureau au Ministère de l'Industrie, du Commerce et de la Navigation.

DANTZIG (VILLE LIBRE DE):

S. Exc. M. le Dr STANISLAS KOŹMIŃSKI, Envoyé extraordinaire et Ministre plénipotentiaire de Pologne à La Haye;
M. le Dr FRÉDÉRIC ZOLL, Professeur à l'Université de Krakow;
M. le Dr HERMANN DERZEWSKI, Regierungsrat.

DOMINICAINE (RÉPUBLIQUE):

M. C. G. DE HASETH Cz., Consul de la République Dominicaine à La Haye.

ÉGYPTE:

M. le Dr MOHAMED KAMEL MOURSY BEY, Secrétaire de la Légation d'Égypte à La Haye;
M. MOHAMED KAMAL BEY, Consul d'Égypte à Paris.

ESPAGNE:

S. Exc. M. SANTIAGO MENDEZ DE VIGO, Envoyé extraordinaire et Ministre plénipotentiaire de S. M. le Roi d'Espagne à La Haye;
M. FERNANDO CABELLO LAPIEDRA, Chef du Bureau de la propriété industrielle et commerciale;

M. JOSÉ GARCIA-MONGE Y DE VERA, Secrétaire du Bureau de la propriété industrielle et commerciale.

ESTHONIE:

M. O. AARMANN, Ingénieur, Directeur du Bureau des brevets.

ÉTATS-UNIS D'AMÉRIQUE:

M. THOMAS E. ROBERTSON, Commissaire des brevets; Member of the Bar of the Supreme Court of U. S. A;

M. WALLACE R. LANE, ancien Président des American and Chicago Patent Law Associations; Member of the Bar of the Supreme Court of U. S. A. and the Supreme Court of Illinois;

M. JO. BAILY BROWN, Pittsburgh, Member of the Bar of the Supreme Court of U. S. A. and the Supreme Court of Pennsylvania;

M. ROBERT F. WHITEHEAD, Conseiller technique de la Délégation; Member of the Bar of the Supreme Court of U. S. A.;

Miss HELEN S. IMRIE, Secrétaire de la Délégation;

M. WILFRED VAN DER SCHOEPEN, Secrétaire adjoint;

M. FAYETTE W. ALLPORT, Attaché commercial.

FINLANDE:

M. YRJÖ SAASTAMOINEN, Chargé d'Affaires de Finlande à La Haye.

FRANCE:

S. Exc. M. DE MARCILLY, Envoyé extraordinaire et Ministre plénipotentiaire de France à La Haye;

M. MARCEL PLAISANT, Député, Avocat à la Cour d'appel de Paris;

M. DROUETS, Directeur de la propriété industrielle au Ministère du Commerce;

M. GEORGES MAILLARD, Avocat à la Cour d'appel de Paris, Vice-Président du Comité technique de la propriété industrielle;

M. GEORGES GLASER, Attaché commercial de France à La Haye, Secrétaire de la Délégation.

SYRIE ET LE GRAND-LIBAN:

S. Exc. M. DE MARCILLY, Envoyé extraordinaire et Ministre plénipotentiaire de France à La Haye;

M. PIERRE ALYPE, Délégué technique.

GRANDE-BRETAGNE:

Sir HUBERT LLEWELLYN SMITH, G. C. B., Chief Economic adviser to His Britannic Majesty's Government;

M. A. J. MARTIN, O. B. E., Assistant Comptroller of the Patent Office and Industrial Property Department of the Board of Trade;

Sir ARTHUR BALFOUR, K. B. E., one of His Majesty's Justices of Peace, Chairman of the Committee on Trade and Industry;

Sir WILLIAM CLARE LEES, O. B. E., Member of the Board of Trade Advising Council, Délégué adjoint;

M. H. A. GILL, President of the Chartered Institute of Patent Agents, Délégué adjoint;

M. B. G. CREWE, Secrétaire de la Délégation;

M. A. L. BILLOT, Interpreter.

GUATÉMALA:

M. L. WEINTHAL, Consul de Guatémala à Rotterdam.

HEDJAZ:

M. AJA TOULLAH BEY, Secrétaire de la Légation de S. M. le Roi du Hedjaz à Rome.

HAÏTI:

M. HENRI LARAQUE, Consul de Haïti à Sheffield.

HONGRIE:

M. ELEMÉR DE POMPÉRY, Président de la Cour des brevets;

M. ST. KELEMEN, Conseiller supérieur du Gouvernement.

IRLANDE (ÉTAT LIBRE):

M. E. J. RIORDAN, Directeur de la Division commerciale et technique du Ministère de l'Industrie et du Commerce;

M. H. WHITTON, Conseiller audit Ministère.

ITALIE:

M. DOMENICO BARONE, Conseiller d'État;

M. GUSTAVO DE SANCTIS, Directeur du Bureau de la propriété industrielle;

M. l'Ing. LETTERIO LABOCCETTA;

M. GINO OLIVETTI, Député, Secrétaire général de la Confédération de l'Industrie italienne;

M. le Prof. MARIO GHIRON, Docent de droit industriel à l'Université de Rome;

M. le Dr LUIGI GADDI, Conseiller technique;

M. GIUSEPPE TOMMASI, Attaché de Légation, Secrétaire de la Délégation.

JAPON:

M. SAICHIRO SAKIKAWA, Président du Bureau des brevets d'invention, Délégué;

M. NOBUMI ITO, Délégué;

M. HIROMICHI NAKASHIMA, Secrétaire au Ministère de la Justice, Conseiller technique de la Délégation;

M. HARUHIKO OGAI, Secrétaire au Ministère du Commerce et de l'Industrie, Expert;

M. IKUO INAGAKI, Secrétaire du Bureau des brevets d'invention, Expert;

M. KUMAO NISHIMURA, Attaché à l'Ambassade de S. M. l'Empereur du Japon à Paris, Secrétaire de la Délégation.

LIBÉRIA:

M. J. VIEWEG, Consul général de Libéria à Rotterdam.

LUXEMBOURG:

M. CHARLES DUMONT, Conseil en matière de propriété industrielle à Luxembourg †.

MAROC:

S. Exc. M. DE MARCILLY, Envoyé extraordinaire et Ministre plénipotentiaire de France à La Haye.

MEXIQUE:

M. JULIO POULAT, Attaché commercial à la Légation de Mexique à Paris.

NORVÈGE:

M. BIRGER GABRIEL WYLLER, Directeur général du Bureau de la propriété industrielle.

PANAMA:

M. ALEJANDRO DE ALBA, Consul de la République de Panama à Anvers.

PAYS-BAS :

M. le Dr J. Alingh Prins, Président du Conseil des brevets, Directeur de l'Office de la propriété industrielle ;

M. le Dr H. Bijleveld, ancien Ministre, Membre de la Chambre des Députés, ancien Président du Conseil des brevets, ancien Directeur de l'Office de la propriété industrielle ;

M. le Dr J. W. Dijkmeester, Membre du Conseil des brevets ;

M. le Dr J. H. De Mol van Otterloo, Chef de bureau au Ministère du Travail, du Commerce et de l'Industrie, adjoint à la Délégation.

PÉROU :

M. Eduardo Herrera, Consul du Pérou à Rotterdam.

POLOGNE :

S. Exc. M. le Dr Stanislas Koźmiński, Envoyé extraordinaire et Ministre plénipotentiaire de Pologne à La Haye ;

M. le Dr Frédéric Zoll, Professeur à l'Université de Krakow.

PORTUGAL :

S. Exc. M. A. C. de Sousa Santos Bandeira, Envoyé extraordinaire et Ministre plénipotentiaire du Portugal à La Haye.

SALVADOR :

M. Rafael Lima, Ingénieur, Chargé d'Affaires du Salvador à Bruxelles.

SAN MARINO :

M. B. C. E. Zwart, Consul général de San Marino à Amsterdam ;

M. le Comm. Willem van de Wetering, Consul de San Marino à Rotterdam.

SERBES, CROATES ET SLOVÈNES (Royaume des) :

M. le Dr Yanko Choumane, Président de l'Office de la propriété industrielle auprès du Ministère du Commerce et de l'Industrie ;

M. Mihailo Preditch, Secrétaire audit Office.

SIAM :

M. Phra Sri Banja, Chargé d'Affaires de Siam à La Haye.

SUÈDE :

M. le Directeur général E. O. J. Björklund, Chef de l'Administration des brevets et d'enregistrement ;

M. K. H. R. Hjertén, Conseiller de la Cour d'appel de Göta ;

M. A. E. Hasselrot, ancien Directeur de bureau à ladite Administration, Conseil en matière de propriété industrielle.

SUISSE :

S. Exc. M. Arthur de Pury, Envoyé extraordinaire et Ministre plénipotentiaire de Suisse à La Haye ;

M. Walther Kraft, Directeur du Bureau fédéral de la propriété intellectuelle.

TCHÉCOSLOVAQUIE :

S. Exc. M. P. Baráček-Jacquier, Ingénieur, Envoyé extraordinaire et Ministre plénipotentiaire de Tchécoslovaquie à La Haye ;

M. le Dr KAREL HERMANN-OTAVSKÝ, Professeur à l'Université de Prague.

M. BOHUSLAV PAVLOUSEK, Ingénieur, Vice-Président de l'Office des brevets de Prague.

TUNISIE:

S. Exc. M. DE MARCILLY, Envoyé extraordinaire et Ministre plénipotentiaire de France à La Haye.

TURQUIE:

MEHMED ESSAD BEY, Chargé d'Affaires de Turquie à La Haye.

UNION SUD-AFRICAINE:

M. J. SMIT, Haut-Commissaire de l'Union Sud-Africaine à Londres.

VÉNÉZUÉLA:

M. JESUS MARIA CLEMENTE, Secrétaire de 1re classe de la Légation de Vénézuéla à La Haye.

COMITÉ ÉCONOMIQUE DE LA SOCIÉTÉ DES NATIONS:

S. Exc. M. J. BRUNET, Ministre plénipotentiaire (Bruxelles)
M. J. A. BARBOZA-CARNEIRO, Attaché commercial (Londres)
M. D. SERRUYS, Directeur au Ministère du Commerce (Paris)
} Membres du Comité;

M. le Dr SMETS, Membre du Secrétariat de la Société des Nations (Genève).

BUREAU INTERNATIONAL:

M. le Prof. Dr ERNEST RÖTHLISBERGER, Directeur †.

SECRÉTARIAT:

Secrétaire général:

M. le Prof. Dr GEORGES GARIEL, premier Vice-Directeur du Bureau international.

Secrétaires:

M. PAUL GUYE, Secrétaire du Bureau international;

M. le Dr ALEXANDRE CONTE, Secrétaire du Bureau international;

M. le Dr J. H. DE MOL VAN OTTERLOO, Chef de bureau au Ministère du Travail à La Haye.

CHAMBRE DE COMMERCE INTERNATIONALE(1):

M. A. COLEGATE, Président de la Commission internationale permanente pour la protection de la propriété industrielle de la C. C. I., Directeur général de MM. Brunner, Mond & Co., Directeur de Synthetic Nitrates Ltd., Membre du Conseil de la Trade Marks, Patents & Design Federation Ltd.

M. R. BURRELL (Grande-Bretagne), Secrétaire de la Trade Marks, Patents & Design Federation, Conseiller technique de la Commission internationale permanente de la C. C. I.

M. MEJEAN (Belgique), Ingénieur-Conseil des Ateliers de construction de Charleroi.

M. SHÖNINGER (États-Unis d'Amérique), Former President of the American Chamber of Commerce in Paris.

M. A. SPANJAARD (Pays-Bas), Président de la Ligue centrale des Industriels.

M. PIERRE VASSEUR, Avocat, Secrétaire-Adjoint de la C. C. I., Secrétaire de la Délégation.

(1) Délégation admise à participer aux travaux de Commission dans un but d'information (v. p. 389).

PROCÈS-VERBAUX
DES PREMIÈRES SÉANCES

SÉANCE PRÉPARATOIRE

Lundi, 8 octobre 1925

Présidence de M. le Dr BIJLEVELD (Pays-Bas)

Étaient présents:

A. POUR LES PAYS UNIONISTES

Pour l'Allemagne:

M. W. F. von Vietinghoff, Conseiller de la Légation d'Allemagne à La Haye;
M. von Specht, Geheimer Oberregierungsrat, Président de l'Office des brevets;
M. Klauer, Conseiller ministériel au Ministère de la Justice;
M. le Prof. Dr A. Osterrieth, Justizrat.

Pour l'Australie:

M. le Lieutenant-Colonel C. V. Watson, Commissaire des brevets.

Pour l'Autriche:

M. le Dr Carl Duschanek, Conseiller ministériel, Vice-Président de l'Office des brevets;
M. le Dr Hans Fortwängel, Conseiller ministériel audit Office.

Pour la Belgique:

M. Albert Capitaine, Avocat à la Cour d'appel de Liége †;
M. Daniel Coppieters, Avocat à la Cour d'appel de Bruxelles;
M. Thomas Braun, Avocat à la Cour d'appel de Bruxelles.

Pour le Brésil :

M. le Dr Carlos Americo Barbosa de Oliveira, Directeur de l'École normale des Arts et Métiers Wenceslau Braz.

Pour la Bulgarie :

M. le Dr Georges Strézoff, Avocat à Sofia.

Pour le Canada :

M. Frédéric H. Palmer, Commissaire du Commerce du Gouvernement canadien à Rotterdam.

Pour Cuba :

S. Exc. M. le Dr Raphaël Martinez Ortiz, Envoyé extraordinaire et Ministre plénipotentiaire de Cuba à Paris;

M. le Dr Raphaël de la Torre, Chargé d'Affaires de Cuba à La Haye.

Pour le Danemark :

M. le Dr N. J. Ehrenreich Hansen, Sous-Chef de bureau au Ministère de l'Industrie, du Commerce et de la Navigation.

Pour la Ville libre de Dantzig :

S. Exc. M. le Dr Stanislas Koźmiński, Envoyé extraordinaire et Ministre plénipotentiaire de Pologne à La Haye;

M. le Dr Frédéric Zoll, Professeur à l'Université de Krakow;

M. le Dr Hermann Derzewski, Expert.

Pour la République Dominicaine :

M. C. G. de Haseth Cz., Consul de la République Dominicaine à La Haye.

Pour l'Espagne :

S. Exc. M. Santiago Mendez de Vigo, Envoyé extraordinaire et Ministre plénipotentiaire de S. M. le Roi d'Espagne à La Haye;

M. Fernando Cabello Lapiedra, Chef du Bureau de la propriété industrielle et commerciale;

M. José Garcia-Monge y de Vera, Secrétaire du Bureau de la propriété industrielle et commerciale.

Pour l'Esthonie :

M. O. Aarmann, Ingénieur, Directeur du Bureau des brevets.

Pour les États-Unis d'Amérique :

M. Thomas E. Robertson, Commissaire des brevets;

M. Wallace R. Lane, ancien Président des American and Chicago Patent Law Associations;

M. Jo. Baily Brown, Pittsburgh;

M. Robert F. Whitehead, Conseiller technique de la Délégation.

Pour la Finlande :

M. Yrjö Saastamoinen, Chargé d'Affaires de Finlande à La Haye.

Pour la France :

S. Exc. M. de Marcilly, Envoyé extraordinaire et Ministre plénipotentiaire de France à La Haye;

M. Marcel Plaisant, Député, Avocat à la Cour d'appel de Paris;

M. Drouets, Directeur de la propriété industrielle au Ministère du Commerce;

M. Georges Maillard, Avocat à la Cour d'appel de Paris, Vice-Président du Comité technique de la propriété industrielle.

Pour la Grande-Bretagne :

Sir Hubert Llewellyn Smith, G.C.B.;

M. A. J. Martin, O.B.E.;

Sir Arthur Balfour, K.B.E.;

M. H. A. Gill;

M. B. C. Crewe, Secrétaire de la Délégation.

Pour la Hongrie :

M. Elemer de Pompéry, Président de la Cour des brevets;

M. St. Kelemen, Conseiller supérieur du Gouvernement.

Pour l'Italie :

M. Gustavo de Sanctis, Chef de division au Ministère de l'Économie nationale, Directeur du Bureau de la propriété industrielle;

M. l'Ing. Letterio Laboccetta;

M. le Prof. Mario Ghiron, de l'Université de Rome.

Pour le Japon :

M. Saichiro Sakikawa, Président du Bureau des brevets d'invention;

M. Nobumi Ito;

M. Hiromichi Nakashima, Secrétaire au Ministère de la Justice, Conseiller technique de la Délégation;

M. Haruhiko Ogai, Secrétaire au Ministère du Commerce et de l'Industrie, Expert;

M. Ikuo Inagaki, Secrétaire du Bureau des brevets d'invention, Expert;

M. Kumao Nishimura, Attaché à l'Ambassade de S. M. l'Empereur du Japon à Paris, Secrétaire de la Délégation.

Pour le Mexique :

M. Julio Poulat, Attaché commercial à la Légation de Mexique à Paris.

Pour la Norvège :

M. Birger Gabriel Wyller, Directeur général du Bureau de la propriété industrielle.

Pour les Pays-Bas :

M. le Dr BIJLEVELD, ancien Ministre, Membre de la Chambre des Députés, ancien Président du Conseil des brevets, ancien Directeur de l'Office de la propriété industrielle;

M. le Dr J. W. DIJCKMEESTER, Membre du Conseil des brevets;

M. le Dr J. H. DE MOL VAN OTTERLOO, Chef de bureau au Ministère du Travail, du Commerce et de l'Industrie, Adjoint à la Délégation.

Pour la Pologne :

S. Exc. M. le Dr STANISLAS KOŹMIŃSKI, Envoyé extraordinaire et Ministre plénipotentiaire de Pologne à La Haye;

M. le Dr FRÉDÉRIC ZOLL, Professeur à l'Université de Krakow.

Pour le Portugal :

S. Exc. M. A. C. DE SOUSA SANTOS BANDEIRA, Envoyé extraordinaire et Ministre plénipotentiaire du Portugal à La Haye.

Pour le Royaume des Serbes, Croates et Slovènes :

M. le Dr YANKO CHOUMANE, Président de l'Office de la propriété industrielle au Ministère du Commerce et de l'Industrie;

M. MIHAILO PREDITCH, Secrétaire audit Office.

Pour la Suède :

M. le Directeur général E. O. J. BJÖRKLUND, Chef de l'Administration des brevets et d'enregistrement;

M. K. H. R. HJERTÉN, Conseiller de la Cour d'appel de Göta;

M. A. E. HASSELROT, ancien Directeur de bureau à ladite Administration, Conseil en matière de propriété industrielle.

Pour la Suisse :

S. Exc. M. ARTHUR DE PURY, Envoyé extraordinaire et Ministre plénipotentiaire de Suisse à La Haye;

M. WALTHER KRAFT, Directeur du Bureau fédéral de la propriété intellectuelle.

Pour la Tchécoslovaquie :

S. Exc. M. P. BARÁČEK-JACQUIER, Ingénieur, Envoyé extraordinaire et Ministre plénipotentiaire de Tchécoslovaquie à La Haye;

M. le Dr KAREL HERMANN-OTAVSKÝ, Professeur à l'Université de Prague;

M. BOHUSLAV PAVLOUSEK, Vice-Président de l'Office des brevets.

B. POUR LES PAYS NON UNIONISTES

Pour l'Argentine :

M. le Dr ALBERT E. URIBURU.

Pour la Colombie :

M. le Général LUIS MORALES BERTI, Chargé d'Affaires de Colombie à La Haye.

Pour l'Égypte :

M. le Dr MOHAMED KAMEL MOURSY BEY, Secrétaire de la Légation d'Égypte à La Haye;

M. MOHAMED KAMAL BEY, Consul d'Égypte à Paris.

Pour l'État libre d'Irlande :

M. E. J. RIORDAN, Directeur de la Division commerciale et technique au Ministère de l'Industrie et du Commerce;

M. H. WHITTON, Conseiller audit Ministère.

Pour l'Union Sud-Africaine :

M. J. SMIT, Haut-Commissaire de l'Union Sud-Africaine à Londres.

Pour Libéria :

M. J. VIEWEG, Consul général de Libéria à Rotterdam.

Pour Panama :

M. ALEJANDRO DE ALBA, Consul de la République de Panama à Anvers.

Pour le Pérou :

M. EDUARDO HERRERA, Consul du Pérou à Rotterdam.

Pour Salvador :

M. RAFAEL LIMA, Ingénieur, Chargé d'Affaires du Salvador à Bruxelles.

Pour Siam :

M. PHRA SRI BANJA, Chargé d'Affaires de Siam à La Haye.

C. POUR LE BUREAU INTERNATIONAL DE BERNE

M. le Prof. Dr ERNEST RÖTHLISBERGER, Directeur †.

Qu'il nous soit permis, au moment où nous inscrivons le nom du Prof. ERNEST RÖTHLISBERGER sur la liste des personnes présentes à la Séance préparatoire de la Conférence de La Haye, de rendre un hommage ému à la mémoire de notre éminent Directeur, décédé à la suite d'une brève maladie, le 29 janvier 1926, pendant que la première partie de ce volume, à l'ordonnance duquel il avait donné tant de soins, était sous presse.

Tous les amis de notre Union savent quel ardent intérêt Ernest Röthlisberger avait voué à la préparation de la Conférence et tous ceux qui ont assisté aux débats se souviennent de l'activité infatigable qu'il avait déployée pendant ces quatre semaines de travail intense. Tour à tour conciliant et ferme, constamment affable et patient, il est resté sur la brèche pendant toute la durée de la Conférence, ayant l'œil à tout, ne manquant pas une séance, jamais las et toujours attentif.

Il a pris une grande part à l'œuvre accomplie à La Haye et c'est une consolation pour nous de penser, à l'heure où sa disparition laisse parmi nous un si large vide, qu'il a eu la suprême satisfaction d'assister à la signature du nouvel instrument diplomatique — l'Arrangement concernant le dépôt international des dessins ou modèles industriels — dont il avait été le bon artisan.

Le souvenir de Röthlisberger restera vivant parmi nous. L'immense labeur qui a rempli sa féconde carrière commande notre respect et mérite notre gratitude. *(Réd.)*

M. le Dr BIJLEVELD, deuxième Délégué des Pays-Bas, prononce l'allocution suivante:

« Messieurs les Délégués,

Conformément aux usages de notre Union, le premier Délégué des Pays-Bas aurait eu l'honneur de présider à cette Séance préparatoire.

A son immense regret M. le Dr ALINGH PRINS est empêché d'assister à la Séance de ce matin par suite d'une invitation de notre Reine vénérée et bien aimée, qui réside actuellement au Palais de Loo à Apeldoorn et devant laquelle il doit prêter serment comme Président nouvellement nommé de notre Conseil de brevets.

C'est pourquoi la tâche bien lourde mais fort honorable d'ouvrir cette Séance m'incombe en ma qualité de deuxième Délégué du pays qui se sent si fier et si heureux d'être choisi comme siège de cette Conférence.

Qu'il me soit permis avant tout de vous souhaiter une cordiale bienvenue. Malgré les brumes qui dès hier se sont étendues sur notre belle ville, j'espère fermement que le soleil brillera dans le cœur de vous tous, soleil symbolisant notre désir fervent que nos travaux aboutissent à un succès complet.

Certes, pour atteindre ce but il ne sera nullement nécessaire que nos délibérations soient trop étendues ou prolongées; d'autre part, la quantité importante et la qualité spécialement délicate des questions soumises à votre décision rendent doublement précieux le fait, transcendental pour notre Union, qu'un nombre aussi grand de spécialistes éminents en matière de propriété industrielle a été délégué à cette Conférence.

Je vous souhaite un séjour en tous points agréable et propice dans notre pays.

Je m'empresse de vous annoncer que la Séance solennelle aura lieu demain à trois heures de l'après-midi et sera ouverte par Son Excellence le Dr KOOLEN, Ministre du Travail, du Commerce et de l'Industrie des Pays-Bas. Elle se tiendra à la « Ridderzaal », au Palais des Chevaliers, où Sa Majesté la Reine ouvre chaque année la session de nos États-Généraux, tandis que les autres séances de travail — Séances plénières et séances de Commissions — auront lieu dans les diverses salles de l'édifice où nous nous trouvons aujourd'hui. C'est la première Chambre de notre pays qui a mis ces salles à notre disposition avec une bienveillance charmante et hautement appréciée.

Après ces quelques brèves paroles, j'ai l'honneur d'ouvrir la Séance préparatoire. »

(Applaudissements.)

La séance est ouverte à 11 h. 25.

M. le PRÉSIDENT de la Séance préparatoire propose de procéder à la constitution du Bureau de la Conférence par la nomination du Président et du Vice-Président. Il rappelle que ces nominations devront être soumises demain à l'approbation de la Conférence, réunie en Séance solennelle d'inauguration.

M. MENDEZ DE VIGO (Espagne) a l'honneur de proposer à l'assemblée de désigner comme Président de la Conférence M. le Dr Alingh Prins, premier Délégué des Pays-Bas et Président du Conseil des brevets, dont les hauts mérites sont bien connus de MM. les Délégués et qui leur sera un guide précieux pendant toute la durée des débats.

Cette proposition est adoptée par acclamation.

M. le PRÉSIDENT de la Séance préparatoire remercie vivement au nom du Gouvernement de son pays M. Mendez de Vigo de sa proposition flatteuse.

M. MENDEZ DE VIGO (Espagne) rappelle que, suivant la tradition établie par les Conférences précédentes, la Vice-Présidence revient à un membre de la Délégation du pays où la Conférence précédente a été tenue. La revision de la Convention ayant été faite en dernier lieu à Washington en 1911, M. Mendez de Vigo a l'honneur de proposer la nomination à la Vice-Présidence de la Conférence de M. Jo. Baily Brown, membre de la Délégation des États-Unis d'Amérique et membre du barreau de la Cour suprême de Pennsylvanie et des États-Unis.

Cette proposition est adoptée par acclamation.

M. le PRÉSIDENT de la Séance préparatoire prie M. le Vice-Président de la Conférence de bien vouloir prendre place à sa droite.

M. le VICE-PRÉSIDENT de la Conférence s'exprime comme suit:

« Monsieur le Président, Messieurs les Délégués,

Au nom de la Délégation des États-Unis, je désire exprimer mes remerciements pour l'honneur qui a été fait à mon pays en me désignant à la Vice-Présidence de cette Conférence.

J'espère très sincèrement que nos travaux seront couronnés de succès et que leur résultat final donnera satisfaction à tous les pays représentés ici. »

M. le PRÉSIDENT de la Séance préparatoire estime qu'il convient de procéder à la nomination du Secrétariat. Il se permet de proposer la nomination comme Secrétaire général de la Conférence de M. le Prof. Georges Gariel, premier Vice-Directeur du Bureau international de Berne, et comme Secrétaires de MM. Paul Guye, Dr Alexandre Conte, Secrétaires du Bureau international de Berne, Dr J. H. de Mol van Otterloo, Chef de bureau au Ministère du Travail, du Commerce et de l'Industrie des Pays-Bas.

Ces propositions sont adoptées par acclamation.

M. le PRÉSIDENT poursuit:

« Conformément aux traditions consacrées par les Conférences de Madrid, Bruxelles et Washington, les propositions qui doivent figurer au Programme devaient être présentées au plus tard six mois avant la réunion et les amendements ou contre-projets dans le délai de trois mois avant l'ouverture de la session.

En fait, les divers gouvernements ont reçu le premier fascicule des travaux préparatoires déjà quatorze mois avant la réunion de la présente Conférence, soit en juillet 1924, plus tôt que dans aucune autre Conférence. Les fascicules jusqu'au No VII se sont ensuite suivis à de courts intervalles; le 8 juillet 1925, les travaux préparatoires officiels furent déclarés terminés. Mais le Bureau international a encore reçu, dans la suite, les propositions de l'Administration d'Autriche, retardées pour des motifs d'ordre particulier, et ces propositions ont pu être insérées encore au Tableau synoptique qui constitue le Programme de la Conférence et qui sera remis aux Délégués dès le commencement de la séance de demain. Je propose que cette dernière manière de procéder exceptionnelle soit sanctionnée par la Conférence, sans qu'aucun précédent ne soit créé par là, ni aucun droit établi à modifier les grandes lignes de la préparation des travaux.

Dans le cas où — ce qui n'est pas à espérer — d'autres propositions émanant d'Administrations de pays unionistes seraient encore déposées avant une heure de cette après-midi au Bureau du Secrétariat, je propose que celui-ci soit autorisé à en tenir compte, dans la mesure du possible, lors de l'impression définitive dudit Tableau, mais il est préférable que les propositions de détail ou de pure rédaction soient formulées par les Délégations dont il s'agit, au cours des délibérations ou des discussions. Qu'il soit entendu, toutefois, que des propositions concernant des sujets nouveaux ne seront prises en considération qu'avec l'assentiment formel du corps délibérant de la Conférence auquel elles auront été renvoyées. »

M. ITO (Japon) préférerait que le délai utile pour la présentation des propositions fût étendu jusqu'à 2 heures de l'après-midi de ce jour.

M. le PRÉSIDENT de la Séance préparatoire ne peut à son regret donner satisfaction à M. Ito pour des raisons impératives de caractère technique.

M. ITO (Japon) n'insiste pas sur sa suggestion. Il se réserve le droit de présenter des propositions au cours des délibérations.

Aucune autre objection n'ayant été faite, M. le PRÉSIDENT de la Séance préparatoire déclare adoptée à l'unanimité la procédure qu'il vient de proposer.

Il prie ensuite M. le Prof. Ernest Röthlisberger, l'éminent Directeur du Bureau international de Berne, de bien vouloir prendre place à sa gauche. M. le Prof. Ernest Röthlisberger défère à cette invitation.

M. le PRÉSIDENT de la Séance préparatoire propose de procéder à l'approbation du projet de Règlement de la Conférence que MM. les Délégués ont sous les yeux. Il va le lire article par article.

ARTICLE PREMIER

Les propositions avec exposés des motifs préparées par l'Administration des Pays-Bas et le Bureau international de Berne et l'état des propositions, contre-propositions et observations transmises à Berne par divers pays unionistes, recueillies et coordonnées par les soins du Bureau international et finalement les propositions déposées ce jour sont prises comme base de la discussion.

Adopté à l'unanimité.

ARTICLE 2

Les membres des Délégations peuvent tous prendre part aux délibérations; mais, dans les scrutins, chaque pays ne dispose que d'une voix.

Le vote a lieu par appel nominal, opéré dans l'ordre alphabétique des noms des pays représentés.

En cas d'empêchement, une Délégation peut se faire représenter par celle d'un autre pays.

Adopté à l'unanimité.

ARTICLE 3

Les Délégués des pays non-unionistes représentés à la Conférence, ainsi que ceux du Comité économique de la Société des Nations peuvent prendre part aux délibérations avec voix consultative, et déposer des amendements et contre-propositions dans les conditions prévues par l'article 4 ci-après.

M. DIJCKMEESTER (Pays-Bas) propose au nom du Gouvernement hollandais d'ajouter après le mot « Nations » les mots suivants: « et ceux de la Chambre de commerce internationale ».

Il vous est connu, Monsieur le Président, ajoute-t-il, que cette puissante organisation privée dont le siège est à Paris a constitué pour l'étude des problèmes de la propriété industrielle, une Commission internationale, qui a élaboré diverses résolutions, adoptées ensuite par ses congrès.

Le Gouvernement hollandais est d'avis qu'il serait utile d'admettre cette organisation aux séances, à titre consultatif, afin qu'elle puisse participer utilement aux travaux de la Conférence.

M. le PRÉSIDENT de la Séance préparatoire propose que l'article 3 soit d'abord adopté et qu'il soit ensuite statué sur l'adjonction du texte proposé par M. Dijckmeester à titre d'amendement.

L'article 3 est adopté à l'unanimité.

Sir HUBERT LLEWELLYN SMITH (Grande-Bretagne) estime qu'il serait utile de continuer la lecture du projet de Règlement et de renvoyer la discussion de la proposition de la Délégation des Pays-Bas jusqu'à ce que le projet ait été examiné en entier.

M. OSTERRIETH (Allemagne) se rallie à cette proposition.

Aucune objection n'ayant été présentée à ce sujet, M. le PRÉSIDENT de la Séance préparatoire reprend la lecture du projet:

Article 4

Tout amendement ou contre-proposition doit, en principe, être remis par écrit au Président, imprimé et distribué avant d'être soumis à la discussion.

La même règle s'applique aux vœux formulés en vue de modifications ultérieures.

Adopté à l'unanimité.

Article 5

La Conférence renverra, lorsqu'elle le jugera utile, les questions soumises à ses délibérations à l'examen préalable d'une Commission dans laquelle chaque Délégation pourra se faire représenter par un ou plusieurs de ses membres. La Commission se divisera au besoin en plusieurs Sous-Commissions. Les modifications proposées par la Commission seront imprimées avant d'être portées devant la Conférence.

Adopté à l'unanimité.

Article 6

Les Délégués qui ne font pas partie de la Commission peuvent assister à ses séances et prendre part à ses discussions.

Adopté à l'unanimité.

Article 7

Le procès-verbal donne un résumé succinct des délibérations des Séances plénières. Il relate toutes les propositions formulées dans le cours de la discussion, avec le résultat des scrutins; il donne, en outre, un résumé sommaire des arguments présentés.

Chaque Délégué a le droit de réclamer l'insertion in extenso de ses discours ou déclarations; mais, dans ce cas, il est tenu d'en remettre le texte au Secrétariat, dans la soirée qui suit la séance.

Les procès-verbaux sont remis en épreuves aux Délégués et revisés par eux avant d'être adoptés. Le recueil des procès-verbaux et des Actes de la Conférence ne sera publié qu'après la clôture de celle-ci par les soins du Bureau international.

Il ne sera pas dressé procès-verbal des séances de Commission.

M. HERMANN-OTAVSKÝ (Tchécoslovaquie) estime que le délai prévu pour réclamer l'insertion in extenso de discours ou de déclarations est trop court par rapport à la multiplicité probable des séances tenues le même jour. Il désirerait qu'il fût prorogé jusqu'à midi du jour suivant celui où a eu lieu la séance au cours de laquelle des discours ou des déclarations ont été prononcés.

Sir HUBERT LLEWELLYN SMITH (Grande-Bretagne) comprend les raisons exposées par M. le Délégué tchécoslovaque. Néanmoins il estime qu'il est utile que les Délégués puissent prendre connaissance des procès-verbaux dans le délai le plus court possible. Il serait donc d'avis de ne pas modifier le texte de l'article 7.

M. HERMANN-OTAVSKÝ n'ayant pas insisté, l'article 7 est adopté à l'unanimité.

ARTICLE 8

Les textes adoptés seront soumis à une Commission de Rédaction avant d'être définitivement votés dans leur ensemble par la Conférence.

Adopté à l'unanimité.

ARTICLE 9

La langue française est employée pour les discussions et pour les Actes de la Conférence.

M. le VICE-PRÉSIDENT de la Conférence propose d'ajouter à la fin de l'article 9 la phrase suivante:

« Mais une Délégation peut s'exprimer en anglais, soit à la Conférence, soit dans les Sous-Commissions et obtenir la traduction immédiate en anglais d'une partie quelconque des délibérations si elle fournit un interprète pour faire ces traductions. »

M. MENDEZ DE VIGO (Espagne) déclare que la Délégation espagnole n'est pas d'accord au sujet de cette proposition avec la Délégation des États-Unis.

Nous reconnaissons avant tout, dit-il, l'importance de la langue française dans le monde, importance due à ses qualités particulières qui permettent d'exprimer facilement et clairement tous les concepts et, par conséquent, d'interpréter exactement tous les textes. Après cette langue, il est universellement reconnu que les langues espagnole et italienne sont les plus claires pour l'expression des idées, et, de plus, on doit tenir compte du plus grand nombre de peuples qui parlent la même langue. La Délégation espagnole propose donc de conserver le français comme langue officielle, et au cas où l'anglais serait nécessaire, qu'on adopte également les langues espagnole, italienne et portugaise.

M. OSTERRIETH (Allemagne) déclare qu'au cas où une autre langue serait admise à côté de la langue française pour les discussions, la Délégation allemande propose d'adopter aussi la langue allemande.

M. le PRÉSIDENT de la Séance préparatoire suspend la séance pendant douze minutes afin que Messieurs les Délégués puissent réfléchir sur les propositions qui viennent d'être faites.

La séance est levée à 12 h. 20. Elle est reprise à 12 h. 32.

M. le PRÉSIDENT de la Séance préparatoire annonce que la Délégation autrichienne s'associe à la proposition allemande et il donne lecture de la déclaration suivante présentée par la Délégation du Royaume des Serbes, Croates et Slovènes:

« Si l'on adopte une autre langue que la langue française pour la discussion et la rédaction des différents textes pendant la Conférence, la Délégation S. C. S. désire également que sa langue soit prise en considération. »

Il propose, et l'Assemblée accepte de commencer par la discussion de la proposition présentée par la Délégation des Pays-Bas au sujet de l'admission des représentants de la Chambre de commerce internationale et de continuer à siéger jusqu'à une heure, quitte à reprendre les débats à trois heures, s'ils ne sont pas clos à l'heure susindiquée.

M. WALLACE R. LANE (États-Unis) propose que les représentants de la Chambre de commerce internationale soient invités à assister à la Conférence, mais qu'il soit entendu qu'ils n'ont droit ni de voter, ni de faire des propositions ou de présenter des amendements.

M. ROBERTSON (États-Unis) se rallie à la proposition de son collègue. Il estime que la présente Conférence étant constituée par les Délégués des gouvernements, les organisations commerciales privées ne sauraient prendre part aux délibérations.

Sir HUBERT LLEWELLYN SMITH (Grande-Bretagne) déclare qu'il s'associe à la déclaration de principe faite par la Délégation des États-Unis au sujet de l'admission de la Chambre de commerce internationale. Il considère comme impossible d'admettre une organisation privée, quelle que soit son importance, à prendre part aux délibérations sur le même pied que les Délégués des gouvernements. Néanmoins il estime que l'on ne saurait ignorer les travaux importants accomplis par la Chambre de commerce internationale en matière de propriété industrielle et il croit qu'il serait utile pour la Conférence d'entendre les représentants autorisés de cette importante organisation. Tout en estimant que les représentants de la Chambre ne peuvent avoir ni le droit de vote, ni celui de faire des propositions ou de présenter des amendements, il serait heureux de les voir assister aux débats à titre consultatif. Il cite les précédents des Conférences pour les formalités douanières et pour les transports maritimes qui ont eu lieu à Genève au sein de la Société des Nations et où les représentants de la Chambre ont été admis à ce titre. Leur collaboration a été très utile. Il est évident que si les représentants de la Chambre sont admis à la Conférence, ils ne pourront jamais parler au nom de leur pays, quelle que soit leur nationalité, mais seulement en tant que membres de l'organisation internationale qu'ils représentent, organisation dont Sir Hubert reconnaît la grande valeur et envers laquelle il ne voudrait pas que la Conférence se montrât désobligeante. S'il comprend bien la portée de la proposition présentée par la Délégation des États-Unis, celle-ci constitue une solution heureuse, en tant qu'elle peut être considérée comme un juste milieu entre le courant qui désirerait exclure des débats les représentants de la Chambre de commerce internationale et celui qui voudrait les y admettre sur le même pied que les Délégués des gouvernements. Partant, la Délégation britannique se rallie à la proposition susdite.

M. ITO (Japon) constate que la proposition de la Délégation des États-Unis, appuyée par celle de la Grande-Bretagne, revient à admettre les représentants de la Chambre à prendre part aux débats à titre d'experts. Il rappelle que lors de la Conférence d'experts qui a eu lieu à Genève en 1924 pour l'étude des questions relatives à la concurrence déloyale, l'expert de la Grande-Bretagne s'était opposé à l'admission des représentants de la Chambre aux débats de cette Conférence. Il ne voit aucun inconvénient à ce que cette situation soit modifiée à l'occasion de la présente Conférence, mais il tient à faire ressortir le fait que, si les représentants de la Chambre sont admis à un titre autre que celui d'experts, il y aura là un précédent dangereux. La Chambre ne représente en effet, quelle que soit son importance, qu'une classe de la société; il existe encore beaucoup d'autres organisations importantes représentant d'autres classes de la société, qui pourraient prétendre se prévaloir de la concession faite à la Chambre. En conséquence, M. Ito déclare se rallier à la proposition des États-Unis, à la condition que le titre d'experts caractérise la qualité des représentants de la Chambre au sein de la Conférence.

M. DE SOUSA SANTOS BANDEIRA (Portugal) propose de laisser le Règlement de la Conférence tel quel et d'inviter simplement les représentants de la Chambre à prendre part aux débats de la présente Conférence, à titre de courtoisie, de sympathie et de reconnaissance pour les travaux très importants accomplis par la Chambre pour la cause de la propriété industrielle, travaux qu'on ne saurait oublier. Le fait d'admettre dans un Règlement une organisation privée à se faire représenter dans une Conférence officielle, composée de Délégués des gouvernements, constituerait un précédent dangereux, alors que la simple invitation, faite par le Président au nom des Délégués, serait une mesure souhaitable, car tout en rendant un hommage mérité aux représentants de la Chambre, elle ne pourrait jamais être citée comme un droit réglementaire.

M. MAILLARD (France) déclare que nul, plus que les membres de la Délégation française, n'est disposé à rendre hommage à la Chambre de commerce internationale, attendu que deux d'entre eux font partie du Comité permanent de la propriété industrielle de ladite Chambre. Néanmoins il lui semble impossible d'admettre les représentants de la Chambre sur le même pied que les Délégués des pays non-unionistes, savoir avec voix consultative. Ce serait aller à l'encontre du texte même de la Convention, où il est dit à l'article 14:

« La présente Convention sera soumise à des revisions périodiques, en vue d'y introduire des améliorations de nature à perfectionner le système de l'Union. A cet effet, des Conférences auront lieu, successivement, dans l'un des pays contractants entre les Délégués desdits pays. »

Il appuie sur le fait qu'une seule intervention à titre consultatif est prévue par ledit article, savoir celle du Directeur du Bureau international de Berne. M. Maillard craint que, si on admet les représentants de la Chambre de commerce à titre consultatif, même sans leur donner le droit de présenter des propositions ou amendements, il sera impossible de refuser la même autorisation aux autres grandes associations internationales qui s'occupent de propriété industrielle, par exemple à l'Association internationale pour la protection de la propriété industrielle, aux grandes associations d'inventeurs ou d'ingénieurs-conseils. Ainsi, pour rendre d'un côté hommage à la Chambre de commerce internationale et pour éviter de l'autre des précédents dangereux, M. Maillard propose de ne pas amender l'article 3 du projet de Règlement et d'admettre les représentants de la Chambre à prendre part aux débats non pas dans les Séances plénières, mais seulement au sein des Commissions et ceci en vertu d'une délibération répondant à la pensée de la Délégation japonaise, dont la teneur pourrait être la suivante:

« Les représentants de la Chambre de commerce internationale peuvent être entendus dans les Commissions à titre d'experts, mais ne peuvent pas prendre part aux discussions ni présenter des contre-propositions ou amendements. »

M. DIJCKMEESTER (Pays-Bas) déclare retirer sa proposition après avoir entendu les raisons exposées par M. Maillard. Il se rallie à la proposition présentée par la Délégation française.

M. CAPITAINE (Belgique) aimerait supprimer le mot « expert » qui se trouve dans ladite proposition. Il considère que les Délégués réunis à la Conférence n'ont pas de raison pour se qualifier eux-mêmes d'incompétents, ayant besoin de l'aide d'experts pour résoudre les questions qui leur sont soumises.

M. MAILLARD (France) se déclare d'accord. Il n'a employé cette expression que pour répondre aux désirs exprimés par la Délégation japonaise.

M. OSTERRIETH (Allemagne) s'associe à la proposition des Délégations française et japonaise. Il estime toutefois qu'il est utile de préciser la situation que les représentants de la Chambre auront au sein des Commissions et partant il approuve l'insertion du mot « expert ».

Sir HUBERT LLEWELLYN SMITH (Grande-Bretagne) ne voit pas la nécessité de faire une distinction entre les Séances plénières et celles des Commissions. En pratique, les travaux de la Conférence se dérouleront au sein des Commissions: c'est donc devant celles-ci que les représentants de la Chambre seront en général entendus. Il estime donc qu'il n'y a pas grand danger à leur permettre d'assister également aux rares Séances plénières qui seront tenues au cours de la Conférence.

M. MAILLARD (France) fait remarquer que, si l'on interprète le Règlement comme il a été interprété à Washington, la Conférence se constituera en Commission travaillant sans rédaction de procès-verbal et la Commission se scindera en Sous-Commissions. C'est là qu'il sera utile d'entendre les représentants de la Chambre. Par contre, lorsque — les travaux une fois terminés — la Commission se transformera en Séance plénière, il sera superflu que ces représentants soient présents, attendu qu'il ne s'agira que d'approuver les amendements proposés au cours des débats, amendements qu'il appartient exclusivement aux Délégués des gouvernements de ratifier.

M. WALLACE R. LANE (États-Unis) déclare accepter la proposition présentée par la Délégation française avec la suppression des mots « à titre d'experts. »

A ce moment, l'heure étant avancée, M. le PRÉSIDENT de la Séance préparatoire déclare, sur la proposition de M. de Sousa Santos Bandeira (Portugal), la séance interrompue. Elle sera reprise à 3 h. $^{3}/_{4}$ de l'après-midi.

La séance est interrompue à 1 h. 10. Elle est reprise à 3 h. 45.

M. le PRÉSIDENT de la Séance préparatoire propose de procéder immédiatement à la votation de la proposition présentée par la Délégation française. Il donne lecture de la rédaction définitive de celle-ci, conçue dans les termes suivants:

« Les représentants de la Chambre de commerce internationale peuvent être entendus dans les Commissions (à titre d'experts?, dans un but d'information?), mais ne peuvent pas prendre part aux discussions ni présenter des contre-propositions ou amendements. »

Le résultat de la votation est le suivant: voix favorables 24; abstentions 2. La proposition française est donc adoptée à la majorité des voix.

Avant de remettre en discussion l'article 9 du projet de Règlement, M. le PRÉSIDENT de la Séance préparatoire donne lecture du télégramme suivant qui vient d'être adressé à la Conférence par l'Association internationale pour la protection de la propriété industrielle:

« A l'occasion de l'ouverture de la Conférence, l'Association internationale pour la protection de la propriété industrielle se permet de vous présenter ses très respectueuses salutations. Le grand intérêt de notre Association pour toutes les questions du domaine de la propriété industrielle nous engage à vous souhaiter que vos travaux soient couronnés d'un succès harmonieux complet. »

Il propose que le Secrétariat soit autorisé à accuser réception de ce message et à remercier l'Association internationale de ses aimables vœux.

Cette proposition est adoptée à l'unanimité.

M. le PRÉSIDENT de la Séance préparatoire rouvre la discussion sur les propositions d'amendement à l'article 9 du projet de Règlement. Il annonce que la Délégation des États-Unis a retiré sa proposition primitive et l'a remplacée par la suivante:

« La langue française reste la langue officielle de la Conférence, mais tout Délégué peut s'exprimer en une autre langue, soit à la Conférence, soit dans les Commissions, et obtenir la traduction immédiate en cette autre langue d'une partie quelconque des délibérations, s'il fournit un interprète pour faire ces traductions. »

M. WALLACE R. LANE (États-Unis) déclare que cette légère modification de la proposition présentée au cours de la matinée par la Délégation des États-Unis a pour but de bien préciser qu'il n'est nullement dans les intentions de celle-ci de changer la langue officielle de la Conférence. Les Délégués des États-Unis désirent simplement avoir la possibilité de s'exprimer dans la langue qui leur est familière et d'obtenir la traduction dans cette langue des passages des discours qui autrement ne leur seraient pas intelligibles. Ce désir est sans doute partagé, de l'avis de M. Wallace R. Lane, par d'autres Délégations. Il trouve sa raison d'être dans le fait qu'il est des questions difficiles et délicates que l'on ne peut traiter avec la précision et la clarté voulues que dans sa langue natale. En ce qui le concerne personnellement, l'orateur déclare franchement qu'il comprend avec difficulté le français et qu'il n'est absolument pas en mesure de s'exprimer dans cette langue. Or, son devoir vis-à-vis de son gouvernement est d'exprimer les vues de ce dernier de la manière la plus claire et la plus efficace possible. C'est pourquoi il est forcé d'insister sur la proposition présentée par sa Délégation. La procédure que celle-ci suggère n'a d'ailleurs rien d'inusité. Elle a été adoptée par la Société des Nations, au cours des Conférences maritimes internationales et d'autres encore que Messieurs les Délégués se rappelleront sans doute mieux que lui. Nul plus que la Délégation des États-Unis, conclut-il, n'est animé du désir de voir les délibérations de la Conférence se terminer dans le délai le plus court possible, mais il estime qu'il est en premier lieu indispensable, dans ce but, de bien comprendre et de se faire bien comprendre.

M. ITO (Japon) déclare qu'il aurait préféré, dans l'intérêt de la conduite rapide des travaux, que l'on s'en tînt aux stipulations actuelles. Néanmoins, puisque la nouvelle proposition de la Délégation des États-Unis ne tend plus à modifier la langue officielle de la Conférence, il n'a pas d'objection de principe contre cette proposition. Il va sans dire, toutefois, que, si cette innovation était propre à créer des difficultés et des lenteurs au cours des délibérations, M. Ito opterait pour le maintien de la langue unique.

M. MENDEZ DE VIGO (Espagne) n'éprouve aucune difficulté de souscrire en principe à la proposition de la Délégation des États-Unis, telle qu'elle vient d'être appuyée par celle du Japon. Il considère cependant comme indispensable de faire une distinction capitale entre la langue à employer au cours des Séances plénières et celle qui doit servir pour les délibérations de la Commission et des Sous-Commissions. Il est d'avis qu'il convient de s'en tenir, en ce qui concerne les Séances plénières, à la langue française uniquement. Par contre, il ne verrait aucune difficulté à ce que tel Délégué s'exprimât dans une autre langue au cours des séances de la Commission et des Sous-Commissions, pourvu qu'il fournisse un interprète.

M. BARÁČEK-JACQUIER (Tchécoslovaquie) propose qu'on laisse l'article 9 du projet tel quel, sous réserve de l'adoption de la proposition de la Délégation des États-Unis sous forme de déclaration du Bureau de la Conférence.

Sir HUBERT LLEWELLYN SMITH (Grande-Bretagne) déclare que, s'il comprend bien la proposition de M. le Délégué de Tchécoslovaquie, celle-ci se borne à donner à l'adoption de la proposition de la Délégation des États-Unis la forme d'une déclaration du Bureau de la Conférence plutôt que celle d'une modification de l'article 9 du projet de Règlement. S'il en est ainsi, il n'a aucune objection à présenter. La forme de l'adoption est indifférente à la Délégation de Grande-Bretagne: ce qui lui importe, c'est d'obtenir l'autorisation de s'exprimer dans sa langue natale.

M. MENDEZ DE VIGO (Espagne) se déclare d'accord, pourvu que les mêmes privilèges soient accordés à l'Espagne.

M. OSTERRIETH (Allemagne) regrette que l'on abandonne les traditions de l'Union qui sont consacrées par un usage ayant une ancienneté de plus de 40 ans. Cependant il se déclare d'accord, dans un esprit de conciliation, avec la concession à faire aux Délégués qui en éprouvent la nécessité, de s'exprimer dans une langue autre que la française au cours des séances de Commission et de Sous-Commissions, pourvu, naturellement, qu'ils fournissent la traduction de leurs dires. Par contre, il considère comme dangereux d'admettre la traduction dans d'autres langues des discours prononcés en français. Ce procédé apporterait des lenteurs fort regrettables dans les discussions. Il adresse à la Délégation des États-Unis la prière de ne pas insister sur cette partie de sa proposition. Il est sûr que ses honorables collègues américains seront sous peu en mesure de saisir parfaitement le sens de ce qu'ils entendent et qu'ils voudront bien se contenter, en tous cas, d'une traduction à titre privé, qui peut toujours leur être faite par leur interprète. Le programme de la Conférence est très vaste, conclut M. Osterrieth, et les travaux qui attendent les membres de la Conférence seront durs et compliqués. Il convient donc d'éviter tout danger de lenteurs funestes.

M. CAPITAINE (Belgique) se rallie à la proposition de la Délégation de l'Espagne. A son sens aussi, il faut distinguer nettement entre Séances plénières et séances de Commission et de Sous-Commissions. Puisqu'il s'agit, au cours des premières, de sanctionner des amendements apportés à un Acte international rédigé en français, il convient que la langue française soit seule employée. Toute traduction implique une atteinte portée à l'unité de la pensée et de l'interprétation, unité indispensable en l'occurrence. Par contre, il admet sans difficulté que chacun doit pouvoir s'exprimer, au cours des deuxièmes, dans la langue qu'il connaît le mieux.

M. DE SOUSA SANTOS BANDEIRA (Portugal) ne doute pas que tout le monde ne soit d'accord en ce qui concerne le fait que les Délégués sont réunis ici «pour se comprendre mutuellement». Chacun est animé, il en est certain, du désir d'arriver à une entente. Dans le cas particulier, il sympathise vivement avec les déclarations que la Délégation allemande vient de faire et qui lui semblent animées d'un esprit louable de bonne volonté. Comme ces déclarations répondent parfaitement à sa pensée et comme elles n'ont pas la forme d'une proposition précise, M. de Bandeira se permet, ainsi qu'il avait d'ailleurs l'intention de le faire avant d'entendre son honorable collègue allemand, de formuler leur pensée commune dans les termes suivants:

«La Délégation du Portugal propose d'ajouter à l'article 9 du projet la phrase: „N'importe quelle Délégation aura cependant le droit de s'exprimer dans sa propre langue dès qu'elle fournira la traduction en français des parties essentielles de ses communications verbales ou écrites.“»

En ce qui concerne l'inverse, M. de Bandeira estime que l'interprète dont la Délégation des États-Unis dispose peut lui expliquer à titre privé le sens des communications faites en français, sans qu'il soit nécessaire de procéder à une traduction publique, qui amènerait un retard dans les travaux.

M. MENDEZ DE VIGO (Espagne) insiste sur l'opportunité de faire une distinction entre les Séances plénières et les séances de travail.

M. RÖTHLISBERGER (Bureau international) constate que deux courants se sont manifestés, dont l'un est favorable à la modification du texte de l'article 9 du projet de Règlement et l'autre tend à confier au Bureau de la Conférence le soin d'agir en pratique pour le mieux, tout en laissant intact le texte dudit article. On vient de voir par la force des circonstances qui s'est imposée au cours des discussions de ce jour qu'il est possible de permettre aux orateurs qui en éprouvent la nécessité de faire usage d'une langue autre que le français. M. Röthlisberger est certain qu'il en sera de même pendant toute la durée des débats si la Conférence confie à l'esprit d'équité et de tolérance et au bon sens de son Président le mandat d'agir comme il convient de le faire dans l'intérêt général aussi bien que dans celui des diverses Délégations. Personnellement, il aimerait que la modification du texte du Règlement ne fût pas discutée. Il craint, au cas contraire, qu'il n'en résulte, ainsi que cela s'est produit récemment à Stockholm lors de la Conférence de l'Union postale universelle, le rejet pur et simple de l'introduction de toute autre langue que le français au sein de la Conférence, à quelque titre que ce soit. C'est là un avertissement salutaire de sauver le principe en maintenant le Règlement et de chercher la solution dans une entente d'ordre pratique.

M. KOŹMIŃSKI (Pologne) fait ressortir que deux questions bien distinctes sont sur le tapis: 1° La traduction en d'autres langues des communications faites en français. Cette concession reviendrait, à son avis, à faire de la Conférence une vraie tour de Babel. 2° L'autorisation aux Délégués de parler dans leur langue. M. Koźmiński estime que cette question n'a pas une grande valeur pratique. En fait, elle n'a pas encore été réglée et cependant certains membres de la Conférence ont parlé en anglais à plusieurs reprises sans que la moindre objection ait été soulevée. Il considère donc que le texte de l'article 9 peut rester tel quel et qu'il n'est même pas besoin de faire une déclaration. En pratique, il en sera pendant toute la durée de la Conférence comme il en a été au cours des discussions de ce jour et personne ne s'opposera à ce que les Délégués qui ne peuvent pas faire autrement s'expriment dans leur langue.

M. le PRÉSIDENT de la Séance préparatoire estime qu'il serait opportun de procéder à la votation de l'article 9 tel qu'il figure dans le projet et de prendre, au cas où celui-ci serait adopté, une résolution à teneur de laquelle il serait consenti aux membres de la Conférence qui le désirent le droit de faire usage, ainsi qu'il est arrivé jusqu'ici, de leur langue au cours des séances de la Commission et des Sous-Commissions, mais non pas dans les Séances plénières, pour lesquelles la langue unique semble devoir être conservée.

M. ROBERTSON (États-Unis) déclare que les questions à l'ordre du jour de la Conférence ont une importance vitale pour les États-Unis. Il faut donc que la Délégation américaine puisse s'exprimer en tous temps dans sa langue. Alors même qu'elle pourrait s'exprimer correctement en français, il lui serait impossible de le faire avec la force et l'efficacité désirables pour convaincre l'Assemblée des raisons qu'elle aura à fournir au sujet de son attitude, alors qu'il lui est indispensable de mettre en œuvre tous ses moyens, car, M. Robertson le répète, il s'agit pour elle de questions d'une importance capitale. L'orateur a sous les yeux une notice qui atteste que la population de l'Union industrielle se monte à environ 714 000 000 d'âmes. Il ne croit pas se tromper en affirmant que 200 000 000 d'entre ces citoyens unionistes sont de langue anglaise et qu'au moins 200 000 000 d'autres parlent cette langue. L'Union, déclare M. Robertson, a tout intérêt à se rendre populaire. Le meilleur moyen d'atteindre ce but parmi les peuples de langue anglaise, qui constituent une masse aussi imposante, est sans doute de consentir à ce que ses représentants puissent faire usage de leur langue dans les Conférences de revision. Il insiste pour que la langue anglaise puisse être employée non seulement au cours des séances de Commission, mais encore dans les Séances plénières.

Sir HUBERT LLEWELLYN SMITH (Grande-Bretagne) se demande si dans l'état actuel des débats une nouvelle proposition est encore opportune. En tous cas, il va essayer d'en présenter une ayant un caractère conciliant. Il constate une tendance assez générale à ne pas modifier le Règlement et à faire de la proposition de la Délégation américaine l'objet d'un mandat de confiance au Bureau de la Conférence. Il ne se dissimule pas les avantages de cette manière de procéder, mais il estime qu'il devrait être entendu que le pouvoir discrétionnaire confié au Bureau ne se borne pas aux séances de Commission, mais qu'il embrasse tous les travaux de la Conférence. Il serait en outre désirable, à son avis, que l'autorisation de s'exprimer en une langue autre que le français fût accompagnée de celle d'obtenir, le cas échéant, la traduction en anglais des communications faites en français, si la Délégation qui le demande fournit un interprète. Sir Hubert Llewellyn Smith propose donc:

1° de laisser l'article 9 tel quel;
2° de conférer au Bureau de la Conférence le pouvoir discrétionnaire d'autoriser les Délégations qui en font la demande à s'exprimer en une langue autre que le français et à obtenir la traduction des communications en une langue autre que le français, à condition qu'elles fournissent un interprète et ceci pour tous les travaux de la Conférence.

Si cette proposition ne devait pas recueillir les suffrages de l'Assemblée, l'orateur estime qu'il serait opportun de procéder à la nomination d'une Commission restreinte, appelée à présenter à la Conférence une recommandation au sujet de la question en examen.

M. WALLACE R. LANE (États-Unis) se rallie à la proposition de la Délégation de Grande-Bretagne. Il déclare que la Délégation des États-Unis ne se prévaudrait de l'autorisation qui lui serait accordée que dans la mesure strictement nécessaire.

M. WATSON (Australie) appuie les propositions des Délégations de Grande-Bretagne et des États-Unis. Il déclare qu'il serait difficile à la Délégation australienne de suivre les débats sans l'adoption de ces propositions.

M. MENDEZ DE VIGO (Espagne) croit comprendre que les propositions dont il s'agit reviennent à conférer à M. le Président de la Conférence un mandat de confiance. Il s'y rallie donc entièrement.

M. MARCEL PLAISANT (France) ne se dissimule pas que nul n'a, dans la circonstance actuelle, une situation plus délicate que le Délégué de la France. Néanmoins, la bonne grâce avec laquelle tous ont été accueillis et l'atmosphère de courtoisie qui n'a cessé d'animer les débats lui donneront, il l'espère, les éléments pour une solution utile et pratique de la question qui se trouve soumise aux délibérations de l'assemblée. Il ne dira pas un mot pour défendre la langue française. Elle ne lui appartient pas, elle est le patrimoine universel de tous les peuples civilisés. Il se bornera à constater que l'article 13 de la Convention revisée affirme que la langue officielle de l'Union est la langue française. A son sens, les Plénipotentiaires ici réunis ne peuvent toucher à ce statut international sans avoir des instructions formelles de leurs gouvernements. La modification du Règlement n'est donc pas, pense-t-il, en leur pouvoir. D'ailleurs, si l'on sort de la discipline imposée par la Charte constitutive de l'Union, il faudrait admettre l'emploi de toutes les langues. En effet, dès que la Délégation des États-Unis eût proposé, au cours des débats qui se sont déroulés avant midi, l'adoption de la langue anglaise, plusieurs autres Délégations ont demandé le même privilège pour leur langue. L'impossibilité d'en arriver là est démontrée par le fait qu'on a dû renoncer à l'adoption de cette proposition. M. Marcel Plaisant constate que l'assemblée est maintenant en présence de plusieurs propositions qui concordent toutes sur l'opportunité de ne pas modifier le Règlement.

En fait, la clarté, la rapidité et la précision s'imposent. Or, on ne saurait mieux obtenir la clarté que par l'emploi, au cours des débats, de l'instrument le plus propre à la créer, savoir la langue qui est, depuis le début, celle de l'Union. La rapidité implique que l'on évite les longueurs des traductions et finalement la précision impose la nécessité de faire usage de la langue française puisqu'elle est celle du texte unique de la Convention. C'est sans doute un bénéfice incomparable de n'avoir qu'un texte qui fasse foi: il convient que cette unité préside également aux débats. Néanmoins, M. Marcel Plaisant ne s'opposerait pas à ce qu'il fût admis que le Président de la Conférence pût autoriser, le cas échéant, telle Délégation à s'exprimer dans sa langue au cours des séances de Commission et de Sous-Commissions, pourvu qu'elle fournisse un interprète. Il tient seulement à faire ressortir le fait qu'à son avis les membres de l'Assemblée ne sont pas qualifiés pour modifier sur ce point capital le Règlement et que l'autorisation à sanctionner par une déclaration ne saurait concerner les Séances plénières et solennelles. La langue française doit être employée seule au cours de celles-ci. Au cas contraire, M. Marcel Plaisant estime qu'il y aurait une funeste rupture dans l'harmonie de l'Union qui est conçue dans un esprit d'unité et qui doit avoir un instrument unique d'expression.

M. le PRÉSIDENT de la Séance préparatoire croit pouvoir résumer le résultat des discussions dans les quatre questions suivantes:

1° Convient-il de modifier l'article 9 du Règlement?
2° Convient-il de confier au Bureau de la Conférence le mandat de procéder

conformément à ce qui s'est passé au cours des débats de ce jour, au sein de la Commission et des Sous-Commissions? (1)

3° Convient-il de lui confier le même mandat en ce qui concerne les Séances plénières?

4° Convient-il d'admettre la traduction en d'autres langues des communications faites en français?

Il propose donc de procéder à la mise aux voix successive de ces quatre questions.

Sir HUBERT LLEWELLYN SMITH (Grande-Bretagne) aurait préféré que la votation de la première question fût faite en dernier lieu. Il fait remarquer que, si le maintien de l'article 9 tel quel est approuvé et si les trois autres questions ne l'étaient pas, il n'y aurait plus de solution possible.

M. le PRÉSIDENT de la Séance préparatoire déclare que, dans ce cas, le vote sur la première question pourrait faire l'objet d'une réserve.

Aucune autre objection n'ayant été présentée, il met aux voix la première question et constate que la réponse négative à celle-ci est adoptée par l'Assemblée à l'unanimité.

Il met aux voix la deuxième question.

L'Assemblée répond à l'unanimité par l'affirmative.

La troisième question est mise aux voix.

Le résultat du vote est le suivant: 7 oui, 17 non et 3 abstentions (9 absents).

M. le PRÉSIDENT de la Séance préparatoire constate que l'autorisation de faire usage d'une langue autre que le français au cours des Séances plénières est rejetée à la majorité des voix.

Il met aux voix la quatrième question.

Le résultat de la votation est le suivant: 19 oui, 8 non et une abstention (8 absents).

M. le PRÉSIDENT de la Séance préparatoire constate que l'autorisation de demander, le cas échéant, la traduction en d'autres langues des communications faites en français au cours des séances de Commissions et de Sous-Commissions est accordée à la majorité des voix.

La discussion sur le Règlement est terminée et le texte de celui-ci est définitivement adopté.

M. WALLACE R. LANE (États-Unis) déclare que la Délégation des États-Unis se réserve le droit de s'exprimer en anglais tant aux délibérations de la Conférence qu'aux réunions de Commission, en amenant évidemment un interprète dans le but de faire la traduction de ses communications. Ceci est nécessaire, affirme-t-il, afin qu'il y ait réellement accord des esprits sur les propositions mises en avant et afin que la Délégation des États-Unis puisse remplir convenablement ses obligations envers son gouvernement.

M. RÖTHLISBERGER (Bureau international) demande la parole pour faire la communication suivante:

(1) Au cours de ces débats, plusieurs orateurs se sont exprimés en une langue autre que la langue française et le Président les a autorisés à faire traduire leurs communications sur le champ, à leurs frais et sous leur responsabilité, par un interprète de leur choix.

« Messieurs,

Permettez que je prenne la parole dans cette Séance préparatoire pour adresser à l'illustre assemblée quelques communications concernant les travaux actuels et futurs du Bureau international.

Tout d'abord, il importera de rappeler ce qui a déjà été dit dans les circulaires du Directeur du Bureau international des 19 mai et 8 juillet de cette année, à savoir que, grâce à la diligence de l'Administration néerlandaise, vous recevrez demain à la première Séance plénière une nouvelle édition des propositions (fascicule III) coordonnées avec les contre-propositions et observations transmises à notre Bureau, recueillies dans les fascicules VI et VII et complétées ces jours-ci par les textes déposés sur le Bureau par quelques Délégations.

La réunion de tant de chefs d'Administrations unionistes, nommés Délégués de leurs pays, constitue à mes yeux une occasion unique pour discuter, d'abord dans les conversations particulières entre les personnes les plus directement intéressées, la nécessité, ou pour le moins l'opportunité de faire élaborer une série d'instruments de travail qui rentrent dans la sphère d'action du Bureau international. Ainsi, la liste générale des lois intérieures en matière de propriété industrielle existe, même en seconde édition mise à jour; elle vous sera distribuée dans la séance de demain. Or, cet inventaire de la riche documentation de nos archives représente déjà toute la matière première d'un nouveau *Recueil général* de la législation et des traités concernant la propriété industrielle qui fera suite au Recueil en 7 volumes, édité à Berne dans les années 1896 à 1912 par le Bureau international.

La publication rapide d'un nouveau Recueil renfermant seulement les textes, et cela sous une forme très simple, serrée et maniable, mais pourvue de bonnes tables, est-elle souhaitée ou souhaitable?

Cette entreprise vaste et relativement coûteuse, pourra-t-elle compter sur l'appui des Administrations de façon à rendre les dispositions légales et conventionnelles en vigueur de plus en plus accessibles au public et à faciliter aussi bien les relations internationales dans ce domaine que les études de droit comparé, et, partant, la préparation d'une certaine unification. Nous serions prêts à aller de l'avant si nous trouvions les encouragements nécessaires et si vous vouliez bien nous assister de vos bons conseils.

De même, nous possédons des tables des matières d'ensemble des années 1885 à 1900 de notre revue *La Propriété industrielle,* mais celles du premier quart du XXe siècle (1901 à 1925) n'existent qu'en tables annuelles séparées, sans qu'on puisse consulter un index général résumé avec soin. Cet index serait-il le bienvenu?

Les tableaux comparatifs des conditions et formalités pour l'obtention de brevets, le dépôt de marques de fabrique et de commerce et celui des dessins et modèles industriels ont été remaniés complètement, mais n'y aurait-il pas utilité à les compléter par des informations sur les autres branches de la propriété industrielle comme, par exemple, la répression de la concurrence déloyale, ainsi que par les données variées contenues dans le fascicule IV des documents préliminaires sous forme de tableaux synoptiques?

Enfin, une première liste des ingénieurs-conseils des différents pays du monde ou du moins de leurs syndicats ou groupements officiels ou privés, serait-elle de nature à rendre des services?

Je ne parle pas des travaux à entreprendre en ce qui concerne la classification internationale des marques et la simplification des formalités pour la prise d'un brevet, sujets sur lesquels vous serez appelés à délibérer et à chercher les moyens de procéder appropriés.

Le programme d'action du Bureau international esquissé ici comprend uniquement des publications que l'initiative privée ne saurait guère prendre en considération, vu l'état appauvri du marché mondial; elles exigent un effort financier et intellectuel collectif tel qu'une Union internationale est seule capable de le déployer.

La volonté et la confiance entourent-elles ces plans parfaitement réalisables, grâce à une certaine ardeur, ou bien rencontrent-ils de l'opposition, du scepticisme, voire même de l'indifférence?

Je serais heureux — et mes excellents collaborateurs avec moi — de recueillir vos avis et desiderata à cet égard, afin d'assurer si possible la continuité du travail préparatoire pour cette Conférence, auquel nous nous sommes attachés et dont les résultats mériteraient d'être utilisés encore dans la suite pour le bien de notre Union. »

M. le PRÉSIDENT de la Séance préparatoire exprime la certitude que Messieurs les Délégués voudront bien réfléchir sur le contenu de l'allocution de M. le Directeur du Bureau international et communiquer au cours des débats de la Conférence les résultats de leurs réflexions.

Il rappelle que la Séance solennelle d'ouverture de la Conférence aura lieu le jour suivant, le vendredi 9 octobre, à 3 heures de l'après-midi, dans la « Ridderzaal » et il invite Messieurs les Délégués à retourner au Sénat dès que celle-ci aura pris fin, pour commencer les travaux.

Il déclare la séance levée.

La séance est levée à 17 h. 10.

Le Président de la Séance préparatoire :
BIJLEVELD.

Le Vice-Président :
JO. BAILY BROWN.

Le Secrétaire général :
GEORGES GARIEL.

Les Secrétaires :
PAUL GUYE.
ALEXANDRE CONTE.
J. H. DE MOL VAN OTTERLOO.

SÉANCE SOLENNELLE D'OUVERTURE

Vendredi, 9 octobre 1925

Étaient présents tous les Délégués qui ont pris part à la Séance préparatoire et: M. Octave Mavaut, Directeur général de l'industrie au Ministère de l'Industrie, du Travail et de la Prévoyance sociale (Belgique); MM. Domenico Barone, Conseiller d'État, Luigi Gaddi, Conseiller technique (Italie); Mehemed Essad Bey, Chargé d'Affaires de Turquie à La Haye; S. Exc. M. J. Brunet, M. J. A. Barboza-Carneiro (Comité économique de la Société des Nations).

La séance est ouverte à 15 heures.

Son Excellence M. le Dr KOOLEN, Ministre du Travail, du Commerce et de l'Industrie des Pays-Bas, prononce le discours suivant:

« Messieurs les Délégués,

J'ai le grand avantage de souhaiter, au nom du Gouvernement néerlandais, la bienvenue à la sixième Conférence de l'Union internationale pour la protection de la propriété industrielle dans la Résidence Royale. Je suis heureux d'avoir ainsi l'occasion de vous exprimer les meilleurs vœux du Gouvernement pour que les discussions auxquelles vous allez consacrer votre temps et votre pensée soient fécondes.

Au sentiment de joie que j'éprouve de ce que la Conférence périodique appelée à reviser la Convention d'Union se réunit cette fois-ci sur notre territoire, vient se mêler une grande satisfaction par le fait que tant de pays, même ceux qui ne font pas partie de l'Union, ont bien voulu accepter l'invitation de se faire représenter à cette Conférence et que notamment le Comité économique de la Société des Nations, pénétré également de la haute importance d'un puissant développement des relations internationales économiques, aussi dans le domaine de la propriété industrielle, a envoyé ses représentants à La Haye. En effet, une entente commune entre hommes d'une culture aussi savante que l'exige le traitement des problèmes dont s'occupera la Conférence, ne peut manquer d'être favorable au but que nous avons toujours devant les yeux, c'est-à-dire la création d'une collaboration internationale aussi complète que possible sur le terrain économique.

D'autre part, on ne peut s'étonner que cette Conférence ait éveillé tant d'intérêt. Depuis la dernière assemblée de l'Union, tenue à Washington en 1911, les conditions du monde entier se sont radicalement modifiées, en même temps que partout l'intérêt que retiennent les problèmes internationaux est allé en grandissant. La question de la protection de la propriété industrielle a naturellement reçu sa part correspondante de cette attention universelle. On est en droit de considérer cela comme une des causes principales du phénomène que, depuis la dernière Conférence, un si grand nombre de pays aient successivement compris l'importance salutaire qu'il y avait à faire partie de l'Union.

De plus, il y a lieu de relever ici le fait que l'Union pour la protection de la propriété industrielle est sortie indemne des temps mouvementés qu'a traversés le monde, faisant ainsi une preuve manifeste de sa vitalité. Cette force, elle en est redevable, en grande partie, à la direction supérieure du Bureau international à Berne, dont j'ai l'honneur de saluer ici le Directeur et quelques-uns de ses collaborateurs les plus appréciés.

Il est vrai que l'Union pour la protection de la propriété industrielle a dû faire face pendant les dernières années à des tribulations — je rappelle ici en passant les épreuves subies d'où sortit l'« Arrangement de Berne du 30 juin 1920 concernant la conservation ou le rétablissement des droits de propriété industrielle atteints par la guerre mondiale» — mais est-il exagéré de dire que ces difficultés ont été brillamment surmontées? J'ai la conviction, Messieurs, que les tentatives d'apporter d'un commun accord une solution aux problèmes qui se présentaient, en confirmant la nécessité d'une collaboration pour la défense même des intérêts de l'Union, a fini par donner à cette institution la vitalité heureuse qu'elle révèle maintenant.

C'est ainsi que le Gouvernement néerlandais a la satisfaction de voir réunis aujourd'hui dans cette salle un grand nombre d'hommes éminents prêts à se vouer à un examen du Règlement international de la protection de la propriété industrielle et animés de la ferme volonté d'arriver à un dernier perfectionnement du système de l'Union, en se basant sur les propositions formulées par le Bureau international de Berne de concert avec l'Administration pour la propriété industrielle aux Pays-Bas.

Messieurs les Délégués, la tâche qui vous attend est aussi étendue que difficile. Si l'on examine le programme qui fera l'objet de vos délibérations éclairées, on y trouvera plusieurs sujets qui à eux seuls auraient valu le voyage à notre ville. Je relève seulement la question de la protection contre la concurrence déloyale, dont l'élaboration détaillée exigera une étude approfondie de votre part et par là prendra une bonne partie du temps qui vous est mesuré. Si vous réussissiez à apporter une solution satisfaisante à cette affaire, votre empressement à honorer cette Conférence de votre présence se trouverait largement récompensé.

Messieurs les Délégués, qu'il me soit permis enfin d'exprimer le vœu que les travaux de la Conférence de La Haye soient féconds sous tous les rapports et que, vos délibérations finies, vous apporterez chez vous la satisfaction d'une tâche accomplie avec succès et le souvenir d'un agréable séjour dans notre pays. » *(Applaudissements.)*

M. le Dr J. ALINGH PRINS (Pays-Bas) prononce à son tour l'allocution suivante:

« Monsieur le Ministre,

Comme premier Délégué de Hollande, je vous remercie cordialement, au nom de tous les Délégués, de vos paroles aimables de bienvenue, et j'exprime en même temps le souhait que les vœux ardents que vous avez formulés pour la prospérité de la Conférence se réalisent pleinement.

Votre Excellence vient de dire que depuis 1911, année où la Conférence de Washington a eu lieu, les circonstances mondiales ont essentiellement changé dans les différents domaines. Il en a été ainsi surtout en ce qui concerne la technique. Je tirerai quelques simples exemples de notre vie quotidienne pour corroborer mon affirmation.

Les marchandises de tout genre sont actuellement transportées sur un parcours de centaines de kilomètres vers les grandes villes, dans le même laps de temps qu'il faut au paysan des environs de ces villes pour y distribuer ses marchandises. Le soir, nous écoutons dans tous les pays à la fois une conférence ou un concert qui est donné à Berlin, à Londres, New-York ou Paris, de la même manière qu'auparavant nous écoutions ce concert assis tous ensemble dans une salle. Ce sont vraiment là des choses devenues très communes, mais n'est-ce pas justement l'étonnant que ces choses soient devenues si communes? Aussi, quoi de plus naturel que ce rapprochement général, ce raccourcissement énorme de la distance ait une influence décisive sur la situation économique de la société.

Les conséquences en sont multiples: l'inventeur ne peut plus se contenter d'être protégé dans son propre pays. Le marchand livre ordinairement aussi à l'étranger, et il est obligé de faire protéger les marques qui servent à distinguer ses marchandises de celles des autres. Ensuite, pour ce qui concerne le commerce dans d'autres pays, il n'est vraiment pas juste que la protection contre la concurrence déloyale cesse à la frontière. En somme, partout où auparavant la protection nationale était en général satisfaisante, la protection internationale est maintenant de rigueur et, si difficile qu'il soit de prédire l'avenir, on peut pourtant affirmer comme certain que ce processus de réduction de la distance et le besoin d'une protection internationale ne sont pas encore arrivés à leur terme.

Il est clair que les transformations de la société doivent entraîner des transformations dans les législations, et il n'est donc guère surprenant que le programme de la présente Conférence, tenue quatorze ans après celle de Washington, soit si chargé.

Une fois la résolution prise de tenir cette Conférence à La Haye en automne 1925, vous avez successivement reçu, Messieurs, sept fascicules édités par le Bureau de Berne, dans lesquels tout ce qui intéresse cette Conférence est réuni; ces fascicules sont un instrument sûr et précieux pour faire aboutir cette Conférence.

Les numéros III, VI et VII de ces fascicules contiennent les propositions et contre-propositions qui feront le sujet de nos délibérations. En vérité, la table est bien servie.

Messieurs, je crois que nous ne pourrons pas commencer notre œuvre sans adresser nos meilleurs remerciements au Bureau international de Berne, ainsi qu'à ses éminents Directeur et collaborateurs, pour le remarquable travail qu'ils ont effectué.

(Applaudissements.)

Permettez-moi de prononcer encore quelques mots sur ce programme. J'ai déjà dit qu'il est fort étendu. Il contient, outre de très importantes propositions pour la modification de la Convention générale de Paris, des changements à apporter aux deux Arrangements de Madrid: celui concernant l'enregistrement international des marques et celui concernant la répression des fausses indications de provenance; en même temps un projet d'Arrangement concernant le dépôt international des dessins et modèles industriels sera soumis à vos débats.

C'est l'article 2 de la Convention de Paris qui a toujours servi de base à notre Union; dans cet article chaque pays adhérent confère les mêmes droits aux citoyens ou sujets des autres pays contractants qu'à ses propres sujets ou citoyens. Cette base a rendu et rend encore possible l'adhésion de n'importe quel pays, si riche ou si pauvre que soit sa législation nationale dans le domaine de la propriété industrielle.

Cette base a contribué à ce que des pays sans législation aucune en notre matière se sont résolus à se doter peu à peu de lois très larges, parce qu'il n'est pas possible d'être membre de l'Union, et de jouir ainsi de tous ses avantages, donc de toujours recevoir, sans jamais rien donner. L'article 2 est bien le plus brillant exemple de la largeur de vues et de la prévoyance de ceux qui ont constitué notre Union.

Peut-être serez-vous d'avis que cet article pourrait encore rendre de bons services à l'avenir.

Mais, à côté de cette base de l'article 2, différents autres articles portent les marques caractéristiques des tendances unificatrices qui sont la suite logique du raccourcissement des distances; prenez comme exemple le droit de priorité. Pour ce qui a trait à la demande d'un brevet, les fondateurs de l'Union de Paris considéraient celle-ci comme une unité, un seul pays; le premier dépôt décide dès lors des droits inhérents à la priorité. D'où s'expliquent les propositions qui vous sont actuellement soumises et qui tendent à transformer cet idéal en une réalité.

Je pense à un autre exemple: l'exploitation obligatoire des brevets, qui existe encore dans la plupart des pays. Comme actuellement la protection doit être sollicitée dans presque tous les pays à la fois, est-il raisonnable d'exiger que, dans chacun de ces pays, le brevet soit exploité en même temps, c'est-à-dire que la fabrication y soit mise en train. Ce problème se complique par un autre facteur international très important, c'est que les travailleurs intellectuels et manuels exigent à la fois une journée de travail plus courte et un salaire plus élevé.

Si on donne satisfaction à ces exigences, alors il sera nécessaire de produire dans tous les cas en grande quantité, pour ne pas produire trop cher, exigence qui est en désaccord absolu avec l'exploitation entreprise dans chaque pays séparément.

Comme dernier exemple, permettez-moi de nommer le problème de la concurrence déloyale. Monsieur le Ministre, vous avez déjà indiqué l'intérêt extraordinaire de ce problème. Là aussi la réduction des distances rend une solution absolument nécessaire.

Selon moi, nous nous trouvons dans cette situation heureuse, que, sur ce point, l'unanimité des vues est déjà assurée à l'avance. Il est hors de doute que nous sommes tous hostiles à la concurrence déloyale, que nous sommes tous convaincus que le commerce loyal doit être aidé et que le producteur aussi bien que le consommateur doivent être protégés contre les abus.

J'espère, Messieurs, qu'il sera possible, en cherchant une bonne formule, de ne pas oublier que nous sommes d'accord sur le principe et que les différences existant sur les formules ne devraient en aucun cas être la cause de l'insuccès de toute réglementation.

Messieurs, il est inévitable que dans des problèmes aussi différents on pense différemment. D'autre part, je suis convaincu que le choc des opinions contribuera à nous mettre dans la bonne voie.

Quoi qu'il en soit, j'espère de tout cœur que nous aurons tous le courage d'accepter des règles, qui, tout en ayant un caractère ample, seront précises et assurées de leur efficacité dans chaque pays, même si l'avantage immédiat devait être à vos yeux réduit ou même quelque peu négatif. Car, à tout bien prendre, ces règles, égales pour tous, répondent à la réalité et aux nécessités de l'heure actuelle.

Messieurs, je termine en exprimant ma profonde conviction qu'il sera possible à votre habileté de créer un travail fécond, utile à la communauté et d'un bon augure pour la prospérité de notre chère Union internationale. » *(Applaudissements.)*

M. MENDEZ DE VIGO (Espagne) exprime au nom de ses collègues la vive gratitude des membres de la Conférence pour la gracieuse hospitalité que le Gouvernement des Pays-Bas leur offre en cette belle capitale. Les remerciements chaleureux qu'il adresse à S. Exc. M. le Ministre Koolen s'étendent à tous les membres du Gouvernement néerlandais dont l'exquise courtoisie a vivement touché l'orateur et ses collègues. M. Mendez de Vigo se sent particulièrement qualifié pour prendre la parole en cette occasion, puisqu'il a eu l'occasion, au cours de son long séjour aux Pays-Bas, d'apprécier hautement la beauté et le charme de ce pays si hospitalier.

M. Mendez de Vigo soumet ensuite à l'approbation de l'assemblée les nominations qui ont été faites hier au cours de la Séance préparatoire.

Il termine son discours en priant S. Exc. M. le Dr Koolen de bien vouloir mettre aux pieds de Sa Majesté la Reine des Pays-Bas l'hommage respectueux de la Conférence.

Aucune objection n'ayant été présentée au sujet des nominations, S. Exc. M. le Dr KOOLEN déclare que M. le Dr Alingh Prins, premier Délégué des Pays-Bas, est nommé Président de la Conférence.

En assumant ses fonctions, M. le PRÉSIDENT ALINGH PRINS remercie très sincèrement la Conférence du grand honneur qu'elle vient de lui faire en l'appelant à la présidence. Il considère cet honneur comme fait à son pays et c'est au nom de son pays qu'il prie Messieurs les Délégués de vouloir bien agréer l'expression de sa gratitude émue. Il adresse enfin un remerciement spécial à M. Mendez de Vigo pour les aimables expressions qu'il a eues la veille à son égard.

M. le Président soumet ensuite à l'assemblée les nominations qui ont été faites au cours de la Séance préparatoire, savoir:

Vice-Président: M. Jo Baily Brown (États-Unis).

Secrétaire général: M. le Prof. Georges Gariel, premier Vice-Directeur du Bureau international.

Secrétaires: M. Paul Guye, M. le Dr Alexandre Conte, M. le Dr J. H. de Mol van Otterloo.

Ces nominations sont approuvées à l'unanimité.

La séance est levée à 15 h. 50.

Le Secrétaire général:
GEORGES GARIEL.

Les Secrétaires:
PAUL GUYE.
ALEXANDRE CONTE.
J. H. DE MOL VAN OTTERLOO.

Le Président:
J. ALINGH PRINS.

Le Vice-Président:
JO. BAILY BROWN.

PREMIÈRE SÉANCE PLÉNIÈRE

Vendredi, 9 octobre 1925

PRÉSIDENCE DE M. LE Dr J. ALINGH PRINS (PAYS-BAS)

Étaient présents tous les Délégués qui ont pris part à la Séance solennelle d'ouverture.

La séance est ouverte à 17 h. 35.

M. le PRÉSIDENT déclare qu'il convient maintenant d'établir de quelle manière la Conférence entend conduire ses travaux. Il propose à l'assemblée de se constituer en une Grande Commission qui se scindera, le cas échéant, en Sous-Commissions. Au cas où cette proposition serait acceptée, il croit qu'il conviendrait de lever la séance et de siéger sans délai en Commission. Il donne ensuite la parole à M. Brunet, Délégué du Comité économique de la Société des Nations.

M. BRUNET s'exprime dans les termes suivants:

« La Conférence, sur l'aimable proposition du Gouvernement des Pays-Bas, a bien voulu décider d'associer à ses travaux une Délégation du Comité économique de la Société des Nations. C'est ce qui nous vaut, Messieurs, à mes collègues MM. Barboza-Carneiro et Serruys et à moi-même, le grand honneur de siéger parmi vous. Je tiens à vous dire combien nous apprécions la faveur tout exceptionnelle qui nous est faite.

La collaboration qui va ainsi s'établir entre nous est la suite, vous le savez, d'un autre travail en commun dont la Société des Nations avait pris l'initiative et auquel ont pris part un certain nombre des éminents spécialistes de la propriété industrielle qui se trouvent ici réunis, ainsi que le très distingué Directeur du Bureau international de Berne.

Il avait paru, en effet, au Comité économique que, pour atteindre le but qu'il s'était tracé, — à savoir combattre certains procédés de concurrence déloyale dont le commerce honnête souffre depuis longtemps, et qui se sont peut-être développés plus encore dans ces dernières années — il était essentiel de prendre l'avis, je dirai plus, de s'assurer le concours de représentants des Administrations compétentes de différents pays.

D'où la réunion d'experts qui s'est tenue à Genève l'année dernière et qui a abouti, grâce à une bonne volonté réciproque inspirée par la grande utilité de l'œuvre à accomplir, à des conclusions concrètes que l'on retrouve, sous la forme de textes précis, soit dans les propositions présentées par le Bureau international de Berne d'accord avec le Gouvernement des Pays-Bas, soit dans les propositions de certains États unionistes.

Je suis certain d'être l'interprète du Comité économique en affirmant au sein de cette brillante Assemblée ses sentiments reconnaissants pour le concours précieux qui lui a été apporté dans cette circonstance.

Je me permets, au moment où vont commencer les travaux de la Conférence, d'exprimer l'espoir que de ses délibérations sortiront des solutions aussi complètes que possible, propres à mettre fin à des abus que la Société des Nations a considérés comme figurant parmi ceux dont le Pacte lui crée le devoir de poursuivre la suppression; ces abus lui ont paru, en effet, constituer un des obstacles à l'établissement de « l'équitable traitement du commerce » prescrit par l'article 23 et que le Comité économique s'occupe activement d'assurer, sous diverses formes, dans les relations internationales. »

M. le PRÉSIDENT remercie vivement M. Brunet des aimables paroles qu'il vient de prononcer. Il est certain que la Conférence trouvera une aide précieuse dans la collaboration active du Comité économique de la Société des Nations dont elle apprécie hautement la valeur.

M. le VICE-PRÉSIDENT fait la déclaration suivante:

« Au nom de la Délégation des États-Unis, je désire attirer l'attention de la Conférence sur le fait que notre pays n'est pas partie à l'Arrangement de Madrid concernant l'enregistrement international des marques de fabrique ou de commerce, et que nous n'avons ni instructions, ni pouvoirs pour participer aux délibérations concernant cet objet.

Nous admettons que, ainsi que cela a toujours été le cas jusqu'ici, les délibérations, les procès-verbaux et la rédaction du texte final de l'Arrangement de Madrid seront séparés de ceux de la Convention de l'Union internationale pour la protection de la propriété industrielle, et signés séparément. »

M. le PRÉSIDENT prend acte de cette déclaration.

Il demande ensuite à Messieurs les Délégués de bien vouloir se prononcer au sujet de la méthode de travail qu'il leur a soumise.

Aucune objection n'ayant été soulevée, il déclare que la proposition de constituer une Grande Commission à qui il appartiendra de se scinder, le cas échéant, en Sous-Commissions, est approuvée à l'unanimité.

Il lève la séance et prie Messieurs les Délégués de bien vouloir siéger sans délai en Commission.

La séance est levée à 17 h. 40.

Le Président :
J. ALINGH PRINS.

Le Vice-Président :
JO. BAILY BROWN.

Le Secrétaire général :
GEORGES GARIEL.

Les Secrétaires :
PAUL GUYE.
ALEXANDRE CONTE.
J. H. DE MOL VAN OTTERLOO.

RAPPORTS DES SOUS-COMMISSIONS

LISTE DES MEMBRES DES SOUS-COMMISSIONS

Première Sous-Commission

(Généralités et vœux : art. 1, 2, 13, etc.)

PRÉSIDENT : SIR HUBERT LLEWELLYN SMITH
SECRÉTAIRES : MM. COPPIETERS ET DIJCKMEESTER

Pays	Membres inscrits
ALLEMAGNE	MM. von Specht, Klauer et Osterrieth.
AUTRICHE	MM. Duschanek et Fortwängler.
BELGIQUE	MM. Coppieters et Braun.
BRÉSIL	MM. Barboza-Carneiro et Barbosa de Oliveira.
BULGARIE	M. Strêzow.
DANEMARK	M. Ehrenreich Hansen.
DANTZIG (Ville libre)	MM. Zoll et Derzewski.
DOMINICAINE (République)	M. de Haseth.
ÉGYPTE	M. Mohamed Kamal Bey.
ESPAGNE	MM. Mendez de Vigo, Cabello Lapiedra et Garcia-Monge y de Vera.
ESTHONIE	M. Aarmann.
ÉTATS-UNIS D'AMÉRIQUE	MM. Brown et Robertson.
FINLANDE	M. Yrjö Saastamoinen.
FRANCE	MM. Marcel Plaisant, Maillard et Drouets.
GRANDE-BRETAGNE	MM. Martin et Gill.
HEDJAZ	M. Libohova.
HONGRIE	MM. de Pompéry et Kelemen.
ITALIE	MM. Barone, de Sanctis, Olivetti et Gaddi.
JAPON	MM. Sakikawa, Nakashima, Inagaki, Ogai et Nishimura.
MEXIQUE	M. Poulat.
PAYS-BAS	MM. Alingh Prins, Bijleveld et Dijckmeester.
PÉROU	M. Herrera.
POLOGNE	M. Zoll.
PORTUGAL	M. de Sousa Santos Bandeira.

Pays	Membres inscrits
SERBIE, CROATIE, SLOVÉNIE . .	MM. Choumane et Preditch.
SUÈDE	M. Hjertén.
SUISSE	M. Kraft.
TCHÉCOSLOVAQUIE	MM. Baráček-Jacquier, Hermann-Otavský et Pavlousek.
TURQUIE	M. Mehmed Essad Bey.
COMITÉ ÉCONOMIQUE DE LA SOCIÉTÉ DES NATIONS	M. Brunet.

Deuxième Sous-Commission

(Brevets, droit de priorité, expositions : art. 4, 5 et 11)

PRÉSIDENT : M. DROUETS

SECRÉTAIRE : M. KELEMEN

ALLEMAGNE	MM. von Specht, Klauer et Osterrieth.
AUSTRALIE	M. Watson.
AUTRICHE	MM. Duschanek et Fortwängler.
BELGIQUE	MM. Capitaine et André.
BRÉSIL	MM. Barbosa de Oliveira et Barboza-Carneiro.
BULGARIE	M. Strêzow.
CANADA	M. Palmer.
DANEMARK	M. Ehrenreich Hansen.
DANTZIG (Ville libre)	MM. Zoll et Derzewski.
DOMINICAINE (République) . . .	M. de Haseth.
ÉGYPTE	M. Mohamed Kamal Bey.
ESPAGNE	MM. Mendez de Vigo, Cabello Lapiedra et Garcia-Monge y de Vera.
ESTHONIE	M. Aarmann.
ÉTATS-UNIS D'AMÉRIQUE	MM. Robertson et Lane.
FINLANDE	M. Yrjö Saastamoinen.
FRANCE	MM. Marcel Plaisant, Maillard et Drouets.
GRANDE-BRETAGNE	MM. Martin et Gill.
HONGRIE	M. de Pompéry.
ITALIE	MM. Barone, de Sanctis et Ghiron.
JAPON	MM. Ito, Sakikawa et Inagaki.
MEXIQUE	M. Poulat.
PAYS-BAS	MM. Alingh Prins, Bijleveld et Dijckmeester.
PÉROU	M. Herrera.
POLOGNE	M. Zoll.
PORTUGAL	M. de Sousa Santos Bandeira.
SERBIE, CROATIE, SLOVÉNIE . .	MM. Choumane et Preditch.
SUÈDE	M. Hasselrot.
SUISSE	M. Kraft.
TCHÉCOSLOVAQUIE	MM. Baráček-Jacquier, Hermann-Otavský et Pavlousek.
TURQUIE	M. Mehmed Essad Bey.

Troisième Sous-Commission

(Marques de fabrique : art. 6 à 6^{quater}, 7bis)

PRÉSIDENT : M. CAPITAINE †

SECRÉTAIRE : M. GHIRON

Pays	Membres inscrits
ALLEMAGNE	MM. von Specht, Klauer et Osterrieth.
AUSTRALIE	M. Watson.
AUTRICHE	MM. Duschanek et Fortwängler.
BELGIQUE	MM. Capitaine et Braun.
BRÉSIL	M. Barbosa de Oliveira.
CANADA	M. Palmer.
DANEMARK	M. Ehrenreich Hansen.
DANTZIG (Ville libre)	MM. Zoll et Derzewski.
DOMINICAINE (République)	M. de Haseth.
ÉGYPTE	M. Mohamed Kamal Bey.
ESPAGNE	MM. Mendez de Vigo, Cabello-Lapiedra et Garcia-Monge y de Vera.
ESTHONIE	M. Aarmann.
ÉTATS-UNIS D'AMÉRIQUE	MM. Lane et Brown.
FINLANDE	M. Yrjö Saastamoinen.
FRANCE	MM. Maillard, Drouets et Marcel Plaisant.
GRANDE-BRETAGNE	Sir Arthur Balfour et M. Martin.
HONGRIE	MM. de Pompéry et Kelemen.
ITALIE	MM. Barone, Laboccetta et de Sanctis.
JAPON	MM. Sakikawa et Ito.
MEXIQUE	M. Poulat.
PAYS-BAS	MM. Alingh Prins, Bijleveld et Dijckmeester.
PÉROU	M. Herrera.
POLOGNE	M. Zoll.
PORTUGAL	M. de Sousa Santos Bandeira.
SERBIE, CROATIE, SLOVÉNIE	MM. Choumane et Preditch.
SUÈDE	MM. Björklund et Hjertén.
SUISSE	MM. de Pury et Kraft.
TCHÉCOSLOVAQUIE	MM. Baráček-Jacquier, Hermann-Otavský et Pavlousek.
TURQUIE	M. Mehmed Essad Bey.
COMITÉ ÉCONOMIQUE DE LA SOCIÉTÉ DES NATIONS	MM. Brunet et Barboza-Carneiro.

Quatrième Sous-Commission

(Concurrence déloyale : art. 9, 10 et 10bis ; Arrangement de Madrid concernant les fausses indications de provenance)

PRÉSIDENT : M. OSTERRIETH

SECRÉTAIRES : MM. HERMANN-OTAVSKÝ ET BRAUN

ALLEMAGNE	MM. von Specht et Klauer.
AUSTRALIE	M. Watson.
AUTRICHE	MM. Duschanek et Fortwängler.

Pays	Membres inscrits
Belgique	MM. Mavaut et Braun.
Brésil	M. Barbosa de Oliveira.
Canada	M. Palmer.
Danemark	M. Ehrenreich Hansen.
Dantzig (Ville libre)	MM. Zoll et Derzewski.
Dominicaine (République)	M. de Haseth.
Égypte	M. Mohamed Kamal Bey.
Espagne	MM. Mendez de Vigo, Cabello Lapiedra et García-Monge y de Vera.
Esthonie	M. Aarmann.
États-Unis d'Amérique	MM. Lane et Brown.
Finlande	M. Yrjö Saastamoinen.
France	MM. Marcel Plaisant, Drouets et Maillard.
Grande-Bretagne	Sir Hubert Llewellyn Smith, Sir Arthur Balfour et Sir William Clare Lees.
Hongrie	MM. de Pompéry et Kelemen.
Italie	MM. Barone, de Sanctis et Ghiron.
Japon	MM. Sakikawa, Ito, Nakashima, Ogai, Inagaki et Nishimura.
Mexique	M. Poulat.
Norvège	M. Wyller.
Pays-Bas	MM. Alingh Prins, Bijleveld et Dijckmeester.
Pérou	M. Herrera.
Pologne	M. Zoll.
Portugal	M. de Sousa Santos Bandeira.
Serbie, Croatie, Slovénie	MM. Choumane et Preditch.
Suède	MM. Björklund et Hjertén.
Suisse	M. Kraft.
Tchécoslovaquie	MM. Baráček-Jacquier, Hermann Otavský et Pavlousek.
Comité Économique de la Société des Nations	MM. Barboza-Carneiro et Brunet.

Cinquième Sous-Commission

(Arrangement de Madrid concernant l'enregistrement international des marques)

Président : M. DE SANCTIS

Secrétaire : M. BRAUN

Allemagne	MM. von Specht, Klauer et Osterrieth.
Autriche	MM. Duschanek et Fortwängler.
Belgique	MM. Braun et André.
Brésil	M. Barbosa de Oliveira.
Danemark	M. Ehrenreich Hansen.
Dantzig (Ville libre)	MM. Zoll et Derzewski.
Dominicaine (République)	M. de Haseth.
Égypte	M. Mohamed Kamal Bey.
Espagne	MM. Mendez de Vigo, Cabello Lapiedra et Garcia-Monge y de Vera.

Pays	Membres inscrits
FINLANDE	M. Yrjö Saastamoinen.
FRANCE	MM. Marcel Plaisant, Drouets et Maillard.
HONGRIE	MM. de Pompéry et Kelemen.
ITALIE	MM. Barone, Laboccetta, Olivetti et Gaddi.
JAPON	MM. Sakikawa et Nishimura.
MEXIQUE	M. Poulat.
PAYS-BAS	MM. Alingh Prins, Bijleveld et Dijckmeester.
PÉROU	M. Herrera.
POLOGNE	M. Zoll.
PORTUGAL	M. de Sousa Santos Bandeira.
SERBIE, CROATIE, SLOVÉNIE . .	MM. Choumane et Preditch.
SUISSE	M. Kraft.
TCHÉCOSLOVAQUIE	MM. Baráček-Jacquier, Hermann-Otavský et Pavlousek.
TURQUIE	M. Mehmed Essad Bey.
COMITÉ ÉCONOMIQUE DE LA SOCIÉTÉ DES NATIONS	M. Barboza-Carneiro.

Sixième Sous-Commission
(Enregistrement international des dessins et modèles industriels)

PRÉSIDENT : M. MARCEL PLAISANT

SECRÉTAIRE : M. COPPIETERS

ALLEMAGNE	MM. von Specht, Klauer et Osterrieth.
AUTRICHE	MM. Duschanek et Fortwängler.
BELGIQUE	MM. Coppieters et Braun.
BRÉSIL	MM. Barbosa de Oliveira et Barboza-Carneiro.
DANEMARK	M. Ehrenreich Hansen.
DANTZIG (Ville libre)	MM. Derzewski et Zoll.
DOMINICAINE (République) . . .	M. de Haseth.
ÉGYPTE	M. Mohamed Kamal Bey.
ESPAGNE	MM. Mendez de Vigo, Cabello Lapiedra et Garcia-Monge y de Vera.
ÉTATS-UNIS D'AMÉRIQUE	M. Robertson.
FINLANDE	M. Yrjö Saastamoinen.
FRANCE	MM. Marcel Plaisant, Drouets et Maillard.
GRANDE-BRETAGNE	Sir William Clare Lees.
HONGRIE	MM. de Pompéry et Kelemen.
ITALIE	MM. Barone, de Sanctis et Laboccetta.
JAPON	MM. Sakikawa, Nakashima et Nishimura.
MEXIQUE	M. Poulat.
NORVÈGE	M. Wyller.
PAYS-BAS	MM. Alingh Prins, Bijleveld et Dijckmeester.
PÉROU	M. Herrera.
POLOGNE	M. Zoll.
PORTUGAL	M. de Sousa Santos Bandeira.
SERBIE, CROATIE, SLOVÉNIE . .	MM. Choumane et Preditch.
SUÈDE	M. Hasselrot.
SUISSE	M. Kraft.

Pays	Membres inscrits
Tchécoslovaquie	MM. Baráček-Jacquier, Hermann-Otavský et Pavlousek.
Turquie	M. Mehmed Essad Bey.

Commission de Rédaction

Président : M. MAILLARD

Allemagne	M. Osterrieth.
Belgique	MM. Capitaine et Braun.
Dantzig (Ville libre)	MM. Zoll et Derzewski.
Égypte	M. Mohamed Kamal Bey.
Espagne	MM. Mendez de Vigo, Cabello Lapiedra et Garcia-Monge y de Vera.
Finlande	M. Yrjö Saastamoinen.
France	MM. Marcel Plaisant et Drouets.
Grande-Bretagne	Sir Hubert Llewellyn Smith.
Italie	MM. Barone, de Sanctis et Ghiron.
Japon	M. Ito.
Pays-Bas	M. Dijckmeester.
Pologne	M. Zoll.
Serbie, Croatie, Slovénie . .	MM. Choumane et Preditch.
Tchécoslovaquie	MM. Baráček-Jacquier, Hermann-Otavský et Pavlousek.

PREMIÈRE SOUS-COMMISSION

Généralités et vœux, articles 1, 2, 13

PRÉSIDENT : SIR HUBERT LLEWELLYN SMITH, G. C. B.
SECRÉTAIRES : MM. COPPIETERS ET DIJCKMEESTER

La Conférence en Commission générale a renvoyé à la première Sous-Commission l'examen des dispositions générales de la Convention d'Union, soit celles qui ont trait à la définition de l'objet de celle-ci, au principe fondamental, aux attributions de l'organe de l'Union, le Bureau international, et aux vœux formulés au sujet de certaines améliorations du régime unioniste.

La première Sous-Commission a consacré à l'étude de ces questions quatre séances tenues les 10, 13, 15 et 20 octobre 1925, dont voici le résumé exact.

Définitions : article 1er

La Délégation belge ayant fait observer qu'il serait opportun de décider avant tout s'il y a lieu ou non de réunir en un texte unique la Convention d'Union et le Protocole de clôture, M. Röthlisberger, Directeur du Bureau international, recommande l'adoption d'un texte unique, et la Sous-Commission se rallie à cette manière de voir.

La Délégation française attire l'attention de la Sous-Commission sur ce que la proposition de son pays relative à l'article 1er ne touche, dans ses quatre premiers alinéas, qu'à la forme, tandis que le cinquième alinéa soulève une question de fond; il importerait donc de scinder la discussion.

Le Directeur du Bureau international retire les propositions du Programme en faveur du texte des quatre premiers alinéas proposés par la France.

La Délégation espagnole, tout en hésitant à admettre le mot « notamment » employé à l'alinéa 3, reconnaît cependant qu'il ne s'agit là que d'une question de forme à soumettre à la Commission de Rédaction et se rallie, sous cette réserve, à la proposition française.

A la suite d'une demande d'explication de la Délégation bulgare au sujet du sens qu'il convient d'attribuer au terme « marque d'exploitation », contenu dans la proposition du Maroc, la Délégation de ce pays déclare retirer son amendement.

La Délégation suisse est prête à adopter la proposition française pourvu qu'il soit bien entendu qu'aucun pays ne sera tenu de protéger obligatoirement les modèles d'utilité par une législation spéciale, et les Délégations d'Autriche et de Bulgarie s'associent à cette observation.

La Délégation d'Allemagne déclare que, bien qu'éprouvant certaines hésitations, elle se rallie à la proposition française, sous réserve du renvoi à la Commission de Rédaction; elle tient à préciser qu'à son sens, l'article 1er ne constitue qu'une définition n'impliquant aucune obligation pour les législations nationales.

Les Délégations de Grande-Bretagne, de Tchécoslovaquie, d'Espagne et des États-Unis déclarent toutes que le texte en discussion ne leur paraît pas susceptible d'une autre interprétation.

La Délégation italienne déclare préférer en principe le texte du Bureau international, mais elle pourra prendre en considération le texte de la proposition française (exception faite du dernier alinéa), pourvu qu'on précise ce texte et qu'on écarte le danger qu'il n'implique de nouveaux engagements.

La Délégation polonaise, tout en se déclarant en principe d'accord avec la proposition française, émet cependant le vœu de transformer la rédaction du deuxième alinéa comme suit:

« La protection de la propriété industrielle .... et modèles industriels et la répression de la concurrence déloyale dans le sens le plus large, notamment en ce qui concerne les marques de fabrique ou de commerce, le nom commercial et les indications de provenance. »

La Délégation française ne peut admettre que la protection des marques ne soit considérée que comme un élément de la répression de la concurrence déloyale et insiste pour l'adoption du texte français tel quel.

La Délégation polonaise déclare retirer sa proposition sous réserve de la représenter devant la quatrième Sous-Commission.

Le Président croit pouvoir conclure des débats que la Sous-Commission est d'accord sur la portée de la définition de la « propriété industrielle » telle qu'elle figure dans la proposition française, sous réserve d'une rédaction définitive.

La Délégation française demande le renvoi à la Commission de Rédaction.

La Délégation américaine préférerait une énumération à une définition.

La Délégation italienne entend subordonner son adhésion à l'examen préalable d'une rédaction revisée.

Le Président déclare qu'il va s'efforcer de trouver, avec le concours de la Commission de Rédaction, une formule susceptible de rallier l'unanimité.

Le Directeur du Bureau international annonce qu'après une suspension de la séance il a pu conférer avec plusieurs Délégations qui avaient fait des réserves au sujet de la teneur de l'article 1er, qu'elles retirent ces réserves et qu'il est en mesure de lire en leur nom la déclaration suivante:

« Il est entendu que l'article 1er n'implique pour les pays contractants aucune obligation nouvelle, c'est-à-dire autre que celle qui résulte de l'article 2 en ce qui concerne les diverses branches de la propriété industrielle énumérées à l'article premier. »

Le Président met en discussion la proposition du Gouvernement espagnol tendant à la suppression des mots « tant pour les procédés que pour les produits », mots qui figurent à l'alinéa 4 de l'article 1er tel qu'il est proposé par la France.

La Délégation espagnole précise que la proposition de son Gouvernement se base sur ce que les mots susvisés font supposer que les pays qui n'admettent pas de brevets pour les produits sont obligés d'en accorder pour ceux-ci en vertu de cet article.

Le Directeur du Bureau international explique les raisons pour lesquelles les mots « tant pour les procédés que pour les produits » ont été introduits dans l'article 2, alinéa 3, à Washington (v. Actes, p. 269).

L'alinéa 4 du texte proposé par la France est adopté.

Le Président s'étant mis d'accord avec le Président de la Commission de Rédaction pour établir un texte communément agréé des quatre premiers alinéas de l'article premier, la formule suivante fut distribuée dans une séance ultérieure:

« Article premier. — Les pays contractants sont constitués à l'état d'Union pour la protection de la propriété industrielle.

La propriété industrielle comprend les brevets d'invention, les modèles d'utilité, les dessins et modèles industriels, les marques de fabrique et de commerce, le nom commercial et les indications de provenance, ainsi que la répression de la concurrence déloyale.

La propriété industrielle s'entend dans le sens le plus large, et s'applique non seulement à l'industrie et au commerce proprement dits, mais également dans le domaine des industries agricoles (vins, grains, fruits, bestiaux, etc.) et extractives (minéraux, eaux minérales, etc.).

Parmi les brevets d'invention sont comprises les diverses espèces de brevets industriels admises par les législations des pays contractants, telles que brevets d'importation, brevets de perfectionnements (brevets et certificats d'addition), etc., tant pour les procédés que pour les produits. »

La Délégation tchécoslovaque demande que la rédaction « la propriété industrielle comprend .... la répression de la concurrence déloyale » soit revue par la Commission de Rédaction.

La Délégation italienne voudrait qu'au deuxième alinéa les « fausses indications de provenance » fussent comprises dans les termes généraux « concurrence déloyale ».

La Délégation française fait observer que les indications de provenance figurent dans le texte actuel à la même place que dans la nouvelle formule proposée.

Le Président espère que la Délégation italienne n'insistera pas, puisque l'article premier ne constitue qu'une définition et ne préjuge rien.

Le Directeur du Bureau international fait observer que la Délégation italienne a visé dans son observation les « fausses indications de provenance », alors que le texte proposé ne porte que sur les indications de provenance en général.

Le Président demande que la Commission de Rédaction examine s'il ne vaudrait pas mieux employer l'expression « indication d'origine ».

La Délégation française croit qu'il est préférable de ne pas apporter de modifications au texte proposé. Elle demande le maintien de la terminologie actuelle, surtout lorsqu'il s'agit de points qui n'ont pas été mis en discussion. Le but poursuivi est simplement d'obtenir une rédaction plus logique et plus harmonieuse, mais d'éviter soigneusement tout ce qui pourrait être considéré comme une modification de fond.

Si la Délégation italienne persistait dans sa proposition, la France devrait s'opposer à toute modification quelle qu'elle soit et réclamer le maintien pur et simple du texte actuel.

Le Président demande si on ne pourrait pas employer à la fois les mots « provenance et origine », mais il estime cependant que ce n'est pas le moment de discuter cette question. La Délégation française croit, en effet, que c'est la Commission de Rédaction qui aura à rechercher dans quelle mesure on pourra modifier les mots sans apporter de changements au sens du texte.

La Sous-Commission aborde ensuite la discussion de l'alinéa 5 du texte proposé par le Gouvernement français, alinéa ainsi conçu: « Les œuvres artistiques restent protégées par la législation sur les œuvres artistiques même si elles ont un emploi ou une destination industrielle. »

La Délégation française rappelle qu'à Washington (v. Actes, p. 489), la France avait déjà présenté la même proposition, mais que celle-ci avait été jugée tardive. Cette fois, elle a été présentée en temps utile. Elle se base sur le principe que toutes les œuvres d'art ont droit à la même protection, quel que soit leur mérite ou leur destination.

La Délégation britannique n'admet pas qu'on puisse assimiler les œuvres artistiques aux œuvres industrielles. Si elles revêtent un caractère artistique, elles relèvent de la loi sur le droit d'auteur.

La Délégation tchécoslovaque propose le texte suivant:

« Les œuvres artistiques restent protégées par la législation sur les œuvres artistiques même si elles jouissent en vertu de leur emploi ou de leur destination industrielle de la protection de la propriété industrielle. »

La Délégation allemande se rallie à la proposition française et se déclare favorable au principe de la protection cumulative.

La Délégation des États-Unis n'admet point ce principe et ne peut se rallier à la proposition de la France. A son sens la loi sur le droit d'auteur et celles sur les dessins industriels doivent conserver l'une et l'autre un champ d'application distinct.

Le Président observe que la proposition française lui paraît ambiguë. D'une part, on pourrait comprendre que le fait d'être protégé par la loi artistique n'empêche pas d'être protégé industriellement. D'autre part, on pourrait aussi comprendre que le fait d'être protégé industriellement n'empêche point d'être protégé par la loi artistique. Il se demande si cette seconde interprétation ne dépasse pas la compétence de la Sous-Commission.

La Délégation française proclame le principe que l'œuvre d'art conserve son caractère malgré sa destination industrielle. La Délégation britannique, au contraire, ne peut admettre que lorsque la protection accordée à un article industriel vient à son terme, un nouveau délai de protection puisse être accordé au même article en vertu d'une autre loi.

La Délégation de Pologne propose l'adoption du texte suivant :

« Le fait qu'une œuvre artistique est protégée par la législation intérieure sur les œuvres artistiques n'exclut pas, le cas échéant, sa protection comme œuvre industrielle. »

La Délégation américaine fait observer que les États-Unis n'ont pas adhéré aux conventions internationales concernant le droit d'auteur. Elle n'a reçu mandat d'assister à la présente Conférence que pour discuter la propriété industrielle, et non le droit d'auteur.

Le Président fait observer qu'il n'a pas encore été répondu à l'objection de compétence. Il admet qu'on dise qu'un objet déjà protégé comme œuvre d'art n'est pas exclu de la protection accordée par la présente Convention.

La Délégation allemande estime que la Sous-Commission étant effectivement saisie de la proposition est par le fait compétente, quitte à décider qu'elle n'a pas à trancher la question qui lui est ainsi soumise. L'Italie estime que, même s'il y a compétence au point de vue de la forme, la compétence au point de vue substantiel reste à trancher.

Le Président met au vote la proposition française telle quelle. Le résultat du vote est le suivant : 10 oui, 8 non, 3 abstentions.

Le Président met au vote la proposition polonaise qui réunit 13 oui contre 2 non et 6 abstentions.

Principe fondamental : article 2

La Délégation française fait observer que la proposition de son Gouvernement ne s'applique qu'au premier paragraphe de l'article 2, mais laisse subsister le surplus de cet article.

Le Directeur du Bureau international expose la proposition du Programme, mais comme la Délégation de Belgique déclare qu'elle préférerait l'adoption du texte proposé par la France, il se rallie également à ce texte.

La Délégation marocaine déclare retirer son amendement.

La Délégation des États-Unis reconnaît que sa proposition est de nature à entraîner une modification radicale de la base même de la Convention d'Union. Pendant 40 ans l'Amérique a accepté le régime actuel, mais celui-ci n'est admissible que pour autant que toutes les législations soient approximativement aussi libérales les unes que les autres. Or, les États-Unis délivrent des brevets pour 17 ans sans aucune taxe ni formalités et leur législation ne comporte même pas d'obligation d'exploiter. Dans les autres pays la durée de protection est en général beaucoup plus restreinte, les taxes sont lourdes et l'obligation d'exploiter est de règle. Les inventeurs américains protestent contre cette inégalité de régimes et demandent au Gouvernement des États-Unis d'intervenir. Celui-ci déclare ne pouvoir accepter indéfiniment le maintien de cette situation. Ne pouvant admettre que les étrangers continuent à jouir en Amérique d'une situation tellement plus avantageuse que celle des Américains à l'étranger, le Gouvernement américain demande de substituer le principe de la réciprocité à celui du traitement national.

M. Marcel Plaisant, au nom de la France, constate que si la proposition américaine, dont les auteurs eux-mêmes reconnaissent la gravité, était admise, le principe de l'Union serait bouleversé de fond en comble. Ce principe est l'assimilation totale des étrangers aux nationaux. La réciprocité législative que veut lui substituer l'Amérique est le retour en arrière, un recul jusqu'à l'ère antérieure au règne de la Convention d'Union; c'est le retour au régime des accords particuliers et la condition des étrangers redevenue disparate, incertaine et précaire. L'œuvre accomplie depuis plus de 40 ans par la Convention d'Union, c'est la simplification des droits au point de vue administratif, juridique et social dans un esprit de vaste solidarité unissant tous les pays. L'œuvre du droit international c'est précisément de donner largement, sans trop compter, avec l'espoir d'être à un moment donné celui qui à son tour recevra. La France elle-même a pu ainsi apporter à sa législation des perfectionnements heureux, par exemple en ce qui concerne le délai d'exploitation. Dans de nombreux pays une admirable floraison législative a été due au principe de la Convention d'Union. C'est le résultat de la force d'attraction exercée par la Convention. La France demande à l'Amérique de bien peser la gravité de la situation et de réfléchir, aux autres Nations de faire toutes concessions possibles pour donner satisfaction à l'Amérique, notamment en ce qui concerne la question d'exploitation, à tous les pays de maintenir intacte l'œuvre de la Convention d'Union.

La Délégation belge se rallie au texte proposé par le Bureau de Berne et ne peut admettre la proposition américaine. Si la Belgique était égoïste, elle aurait peut-être intérêt, à raison du caractère particulièrement libéral de sa législation, à soutenir cette proposition, mais elle estime que ce n'est pas dans cette pensée que doivent se conclure des conventions collectives et que le développement de l'œuvre de la Convention d'Union, née d'un esprit de concession et de sacrifices mutuels, serait gravement compromis si le principe de la réciprocité stricte devait être accueilli.

La Chambre de commerce internationale déclare s'être prononcée à l'unanimité dans un sens contraire à la proposition américaine.

La Délégation des États-Unis insiste sur ce que l'idée directrice qui l'anime est l'encouragement à donner partout aux inventeurs pour que ceux-ci puissent, à leur tour, donner le plus possible à la communauté. Elle cite des exemples qui montrent que dans certains pays les inventeurs sont insuffisamment protégés et elle est persuadée que si le système de la réciprocité était admis, toutes les lois nationales arriveraient à concorder et à assurer partout aux inventeurs un sort plus favorable. La Délégation américaine tient à préciser que sa proposition ne constitue ni un *ultimatum* ni une menace de la part de son Gouvernement de se retirer de la Convention d'Union. Elle a tenu à exposer très sincèrement les vues de son Gouvernement sans avoir l'intention de dicter en quoi que ce soit à la Conférence ce qui doit ou ne doit pas être fait.

La Délégation portugaise estime que si, au point de vue pratique, les Américains semblent avoir raison, au point de vue juridique et idéal, c'est cependant le point de vue de la France qui doit triompher. Les États-Unis arrivent avec une question nouvelle qui doit être bien pesée et étudiée à tous les points de vue. Les autres Nations doivent aider la Délégation américaine à pouvoir fournir à son Gouvernement des arguments qui répondent à ceux soulevés par l'opinion publique en Amérique.

La Délégation de la Ville libre de Dantzig déclare qu'elle votera le texte proposé par le Bureau international.

La Délégation allemande déclare ne pouvoir accepter la proposition des États-Unis. L'Allemagne est opposée à toutes tendances qui amèneraient le bouleversement du régime actuel. Ce serait la fin d'une œuvre qui vit depuis 40 ans et qui a fait ses preuves. Pour donner satisfaction à certaines des préoccupations des États-Unis, il n'est pas nécessaire d'introduire dans le Pacte international le principe funeste d'une réciprocité matérielle. On a suggéré d'uniformiser les lois; rien n'empêche de poursuivre les études en ce sens. En attendant, la question de l'obligation d'exploiter sera étudiée à la présente Conférence et celle-ci arrivera peut-être à une solution satisfaisante pour les États-Unis.

Le Directeur du Bureau international attire l'attention sur trois faits. Quand l'Union fut fondée, on adopta comme principe celui du traitement national et non celui du traitement différentiel. Cela a permis à certains pays plus ou moins retardataires au point de vue de la législation de se joindre aux pays plus avancés. C'était le cas notamment pour les Pays-Bas et la Suisse qui ne possédaient même pas de lois sur les brevets. Les événements prouvent qu'on a bien fait de faire confiance à ces pays. A un certain moment la législation japonaise causait des appréhensions. La loi récente adoptée par ce pays n'exige plus la réciprocité et ce progrès est incontestablement dû à la Convention d'Union.

Diverses propositions relatives à l'article 5 montrent que l'idée américaine de la dispense d'exploitation est en progrès et il est à espérer que la Délégation des États-Unis sera sur la brèche pour aider à l'affranchissement de toute exploitation en matière de dessins et modèles.

Enfin l'article 15 est là pour permettre d'établir des traités particuliers, tels que certains traités qui dispensent mutuellement les ressortissants d'un des pays contractants de l'exploitation dans l'autre.

La Délégation française ayant proposé de procéder au vote, la Délégation américaine estime inutile de continuer le débat. Elle admet qu'on passe au vote, mais sous réserve de revenir à la question si la proposition faite par l'Amérique concernant l'article 5 n'était pas adoptée.

Le Président, après avoir rendu hommage à l'esprit de conciliation de la Délégation des États-Unis, croit pouvoir conclure que la Sous-Commission est d'accord sur la forme à donner à l'article 2 et sur le renvoi de celui-ci à la Commission de Rédaction, mais sous réserve, de la part de ladite Délégation, de rouvrir, le cas échéant, la discussion.

La Délégation française demande acte de ce que la proposition américaine est écartée; le texte français accepté en principe est renvoyé à la Commission de Rédaction.

Obligation pour chaque pays de publier une feuille périodique: article 12

Le Président rappelle qu'il y a à discuter deux questions:

1° la proposition du Programme tendant à supprimer dans le second alinéa les mots « autant que possible », proposition qui est acceptée à l'unanimité;

2° l'amendement de l'Autriche, consistant à ajouter à ce second alinéa les phrases suivantes:

« Il publiera notamment les marques enregistrées. Cette publication consistera dans la reproduction des marques, accompagnée de l'indication des produits ou des marchandises auxquels les marques sont appliquées, et dans les mentions relatives aux changements survenus dans l'inscription des marques. Autant que possible seront aussi publiés les descriptions et les dessins concernant les brevets délivrés. »

Le Président ayant demandé à la Délégation autrichienne si elle maintient son amendement, elle se prononce pour l'affirmative, mais ajoute que si la Sous-Commission ne s'accordait pas pour insérer cette adjonction dans le texte de l'article 12, elle se contenterait d'un vœu.

La Délégation de Grande-Bretagne n'aurait pour sa part aucune difficulté à accepter la proposition; toutefois, comme certaines Administrations pourraient éprouver des hésitations à ce sujet, l'adoption d'un vœu lui semble préférable.

Le Directeur du Bureau international attire l'attention de la Sous-Commission sur le fait que les documents préliminaires contiennent une série de vœux du Gouvernement britannique, orientés dans le même sens que la proposition autrichienne, mais plus étendus que celle-ci (v. p. 354).

Le Président propose et les Délégations intéressées acceptent de fondre les vœu britannique et la proposition autrichienne en un seul texte à renvoyer à la Commission de Rédaction pour qu'elle en fasse l'objet d'un vœu à soumettre à l'adoption de la Conférence.

Bureau international, langue officielle: article 13, al. 2

Le Président ouvre la discussion sur l'amendement proposé par les États-Unis à l'article 13, amendement qui consiste à reconnaître comme langues officielles le français et l'anglais.

Le Directeur du Bureau international, prié par le Président de donner son avis sur la question soulevée par la Délégation des États-Unis, expose que des trois autres Bureaux internationaux établis à Berne, l'un, celui des Transports par chemins de fer (Union européenne), est bilingue (allemand et français); le second, celui des Administrations télégraphiques, a comme langue unique le français; le troisième, celui de l'Union postale universelle, a été chargé d'éditer son journal en quatre langues (français, allemand, anglais et espagnol), juxtaposées en quatre colonnes, — le Directeur montre un exemplaire du dernier numéro de cette publication — ce qui en restreint beaucoup le texte et présente des inconvénients déjà ressentis dans cette Union. Le Bureau international est entièrement à la disposition de la Conférence pour exécuter la décision qu'elle prendra à cet égard. Toutefois, l'édition de sa revue mensuelle, *La Propriété industrielle,* en une langue supplémentaire autre que la langue française entraînerait des dépenses qu'il faudrait prendre en considération pour établir le budget du Bureau. Du reste, il ne serait pas toujours facile de faire bien traduire les nombreuses études juridiques publiées dans cette revue.

La Délégation espagnole déclare devoir prendre la même attitude que celle adoptée par elle à la première Séance plénière (v. p. 390): ou bien il faut conserver exclusivement le français, ou bien il faut admettre également la langue espagnole.

La Délégation des États-Unis tient à exposer les motifs qui inspirent son amendement. Il n'est nullement dans les intentions des États-Unis de demander qu'il soit porté atteinte en quoi que ce soit au principe que la langue française est et doit demeurer la seule langue officielle. Mais il importe cependant d'observer que le quart des pays de l'Union sont de langue anglaise et qu'une proportion plus grande encore des peuples co-contractants parlent cette même langue. Si la plupart des peuples du continent européen sont familiarisés avec la langue française, il n'en est pas de même dans les pays éloignés de langue anglaise auxquels font défaut à la fois le contact permanent et la pratique constante.

Les publications de Berne publiées en français sont pour les États-Unis d'une utilité pratique absolument nulle et ne servent qu'à être classées dans des archives ou des bibliothèques. C'est pourquoi la Délégation des États-Unis insiste pour obtenir un texte anglais. A cette Conférence, les Délégués américains se sont vus privés du droit de parler officiellement leur langue. Au point de vue des précédents diplomatiques, ils doivent cependant citer le Traité de Versailles, la Convention relative aux désarmements et les Actes de Bruxelles, qui tous trois ont été rédigés à la fois en français et en anglais. Ils doivent donc insister pour que la langue anglaise ait également une place officielle dans cette Union. En ce qui concerne le texte lui-même de la Convention, ils sont d'accord pour qu'il soit établi en français, mais ils insistent pour en obtenir une traduction dans leur langue.

Le Président déclare que, bien qu'il soit dangereux pour un président d'émettre une proposition transactionnelle sur une question intéressant sa propre Délégation, il croit cependant devoir soumettre à la Sous-Commission la proposition suivante:

« Eu égard aux difficultés éventuelles d'ordre financier signalées par le Bureau de Berne, et aux réserves formulées par l'Espagne, on pourrait peut-être ne pas modifier l'alinéa 2 de l'article 13, mais voter une résolution aux termes de laquelle tous pays qui s'adresseraient au Bureau de Berne pourraient obtenir une traduction non-officielle mais ayant une valeur sérieuse; cette traduction se ferait aux frais du pays qui la demanderait. »

La Délégation américaine, sans vouloir engager son Gouvernement, estime qu'il faudrait en tout cas un texte anglais du Traité qui sera élaboré par la présente Conférence.

La Délégation australienne se rallie à la proposition américaine. Elle estime que le Bureau international lui-même trouverait avantage à établir des textes anglais. Cela éviterait une correspondance prolongée sur la portée de toute la Convention et permettrait aux divers pays d'expression anglaise de se trouver en présence d'un texte unique.

La Délégation du Brésil déclare déposer l'amendement suivant:

« La langue officielle du Bureau de Berne est la langue française, mais le Bureau est autorisé à publier ses documents dans une autre langue, à condition que les pays intéressés en fassent la demande expresse et s'engagent à supporter les dépenses supplémentaires entraînées par cette procédure. »

Le Directeur du Bureau international déclare vouloir répondre aux observations de la Délégation des États-Unis dans le même esprit d'empressement pratique qui a prévalu à la Conférence depuis la Séance préparatoire. Trois questions distinctes sont à traiter:

a) Édition anglaise de la Convention d'Union. — S'il reste entendu que la langue française est la langue officielle originale de la Convention d'Union et des Actes annexés, il est pourtant possible d'éditer tous ces Actes en une traduction officieuse anglaise, caractérisée comme telle (ou, sur demande, en d'autres langues) et cela à l'aide des traductions que les Gouvernements eux-mêmes sont tenus de faire pour recommander à leurs Parlements la ratification de ces Actes, traduction officieuse dont on éliminerait d'un commun accord les divergences sensibles de fond qui pourraient se produire, par exemple entre les traductions britannique, canadienne, australienne, etc. Ce travail, qui demanderait des négociations entre les Gouvernements et le Bureau de Berne, pourrait être exécuté sans aucune charge financière; en effet, il s'agirait de contribuer par là à l'interprétation uniforme des Statuts de l'Union.

b) Documents du Bureau. — Des circulaires lancées, par exemple, en vue d'une enquête pourraient être accompagnées, à l'adresse de certains pays, d'une traduction anglaise, afin de faciliter l'obtention rapide d'une réponse. Par contre, on ne pourrait sans grands frais publier *La Propriété industrielle* en une édition anglaise. Le Directeur pense pour le moment, sous réserve de l'opinion de la Conférence, que seulement dans le cas où on lui signalerait qu'il serait désirable de faire traduire telle ou telle étude d'une certaine importance, il serait procédé à la publication d'une version anglaise de cette étude spécialement désignée. Ainsi, il a déjà prévu de publier cet hiver, dans un but de propagande, une traduction anglaise du fascicule V, consacré au Service de l'enregistrement international des marques. Le Bureau a, comme l'Union, tout intérêt à ne pas parler dans le vide, mais à viser la diffusion des idées unionistes dans les rapports internationaux. Toutefois, il ne serait que juste que ce travail supplémentaire de traduction d'articles, qui ne profitera qu'à certains pays, fût rétribué par ceux qui le réclament.

c) Préparation des Conférences futures. — Le Directeur croit pouvoir ouvrir la perspective que, pour mieux garantir cette préparation, il pourra être envoyé aux Administrations qui le demanderaient, une traduction anglaise supplémentaire laquelle, toutefois, serait limitée aux propositions proprement dites, ce qui rentrerait dans les frais généraux de la Conférence.

Ce n'est pas en Suisse, pays qui possède trois langues nationales, que les difficultés seraient insurmontables. Cependant, il conviendrait de fixer les desiderata de la Conférence sous forme de vœux formulés à part et destinés à donner au Bureau international des directives ou des instructions.

Le Président croit être l'interprète de toute l'assemblée en remerciant vivement le Directeur du Bureau international de son offre généreuse.

La Délégation d'Espagne fait observer, tout en réitérant les observations présentées par elle à la première Séance plénière, qu'elle n'a reçu de son Gouvernement aucune instruction lui permettant de voter une modification quelconque au texte en vigueur.

La Délégation portugaise se félicite d'avoir entendu la voix du bon sens et de la bonne volonté en écoutant tour à tour le Président de la Sous-Commission, le Directeur du Bureau international et la Délégation américaine. Elle espère que les États-Unis voudront bien admettre que si l'on adoptait le français comme langue officielle, ce n'est pas par suite d'une question de préséance, mais parce que la langue française est plus souple que toutes autres et se prête mieux aux formules internationales.

La Délégation française est heureuse de constater que l'atmosphère courtoise au milieu de laquelle se développe le débat a permis à chacun de se faire comprendre. Il s'agit de savoir si, oui ou non, il faut toucher au texte de l'article 13; la Délégation américaine le demande, mais si sa proposition en faveur d'un texte anglais était accueillie, il n'y aurait aucune raison pour ne pas admettre simultanément des textes espagnol, portugais, italien ou allemand, toutes les langues se trouvant sur un pied d'égalité. En bonne logique il convient de s'en tenir à un texte unique établi dans la langue à laquelle la coutume et les traditions ont donné le caractère de langue diplomatique.

Depuis deux siècles tous les grands traités ont été rédigés en français et, parmi les plus récents, celui de Portsmouth entre le Japon et la Russie, celui de 1905 entre la Suède et la Norvège, les Conventions internationales relatives au système métrique et à l'Union postale, la Déclaration de droit maritime de 1900, les Traités de La Haye de 1899 et 1907, sans en compter nombre d'autres, ont tous été établis dans cette langue. Le traité de Versailles, il est vrai, est écrit à la fois en français et en anglais, mais les difficultés d'interprétation qui en sont nées ne peuvent être contestées. Seul un texte unique peut mettre à l'abri les discussions. Et d'ailleurs en 1920 à Madrid (Convention postale) et en 1923 à Lausanne, on est revenu au français.

La Délégation française espère que la Sous-Commission se ralliera aux propositions formulées par le Président et par la Délégation du Brésil.

La Délégation des États-Unis applaudit au discours de la Délégation de France. Elle ne nie pas que la langue française soit un instrument parfait d'expression. Mais si l'on revient aux faits, il n'est pas contestable qu'en Amérique il y a beaucoup de gens qui ne comprennent pas le français et il n'est pas pratiquement possible aux États-Unis d'Amérique de continuer à prendre part à des Conférences où l'on n'use que d'une langue que ne comprennent pas leurs Délégués et dans lesquelles ceux-ci ne se trouvent donc pas sur un pied d'égalité.

La Délégation britannique déclare que, tout en admettant l'intérêt qu'il y a à conserver une seule langue pour le texte, il serait cependant désirable que les Délégués puissent s'exprimer dans d'autres langues au cours des délibérations des Sous-Commissions et des Séances plénières. Elle cite comme exemple la Conférence de droit privé international qui se tient en ce moment à La Haye et qui a décidé que les discussions auraient lieu en français et en anglais. On pourrait tout au moins demander à la Délégation américaine si elle se contenterait de l'offre qui a été faite par le Directeur du Bureau international.

La Délégation des États-Unis déclare accepter l'offre du Directeur du Bureau international, mais signale qu'à franchement parler, elle ne lui donne pas satisfaction parce qu'elle n'offre aucune garantie pour les prochaines Conférences. Si, d'une façon quelconque, officielle ou officieuse, on peut assurer aux membres de la Délégation américaine qu'ils pourront parler anglais et obtenir des traductions de tous les documents de la Conférence, y compris le texte du Traité, cela leur donnerait satisfaction.

Le Président croit comprendre que l'acceptation par les États-Unis de la proposition de Berne et aussi de la sienne serait subordonnée à l'emploi de la langue anglaise aux Séances plénières. Il fait observer que cette question a été tranchée par la Conférence en Séance préparatoire et qu'il n'appartient pas à une Sous-Commission d'y revenir. Il prie toutefois le Président de la Conférence de prendre note de l'observation, de façon à ce qu'elle puisse constituer une base de règlement.

La Sous-Commission ayant renvoyé, sur la proposition de son Président, la décision sur cette question à une réunion ultérieure, le Président se félicite d'annoncer dans celle-ci que, grâce aux efforts déployés par M. Prins, Président de la Conférence, l'accord a pu se réaliser: l'article 13 peut être considéré comme adopté sous sa forme actuelle laissée intacte.

Bureau international, ressources mises à sa disposition : article 13, al. 6

Le Président met en discussion la question de l'amendement proposé par le Programme relativement au chiffre des dépenses du Bureau. Il donne la parole à M. Röthlisberger afin que celui-ci veuille bien donner quelques explications au sujet des mots «*simple décision*» employés dans la dernière phrase du 6e alinéa de l'article 13 nouvellement proposée («Cette somme — 120 000 francs — pourra être augmentée au besoin par simple décision d'une des Conférences prévues à l'article 14.»)

Sur la question posée par le Président, le Directeur du Bureau international constate d'abord que la situation présente est réglée depuis novembre 1921 (v. ci-dessus p. 263), mais il estime que toute décision future à prendre à ce sujet devrait être prise, en fait, par les Délégations unanimes. D'ailleurs, cette unanimité répondrait seule pour l'autorité de surveillance, le Conseil fédéral suisse, et pour le Bureau international à la solution véritable de cette question délicate. Mais, en droit, la décision aurait un caractère majoritaire, puisqu'elle lierait aussi les pays non représentés à la présente Conférence ou aux Conférences futures et qui ratifieraient le changement du texte proposé actuellement.

La Délégation britannique croyait comprendre qu'il fallait l'unanimité.

La Délégation autrichienne déclare ne pouvoir admettre qu'une décision soit prise par une simple majorité de la Conférence.

Le Directeur du Bureau international craint qu'il ne soit pas possible de comprendre que dans le cas où des États régulièrement convoqués feraient défaut, il faudrait ensuite s'adresser aux absents. Il fait observer qu'il a toujours été entendu, surtout lorsqu'il s'agit de décisions d'importance secondaire prises à l'unanimité des membres présents, que ces décisions liaient également les absents.

Le Président croit qu'on pourrait décider par une simple mention du procès-verbal que la décision unanime des membres présents à la Conférence suffit.

La Délégation française déclare comprendre la déclaration du Président en ce sens que si l'unanimité est requise, ce ne peut être que celle des membres présents. Lorsqu'une Conférence est réunie, tous les pays membres de l'Union sont convoqués et tous savent les objets qui seront débattus. Lorsqu'une décision est prise à l'unanimité des présents, la Délégation française estime que cette décision lie également les absents.

Le Président propose d'adopter la proposition du Bureau de Berne en spécifiant que la décision doit être prise à l'unanimité et de renvoyer le texte à la Commission de Rédaction.

Situation des territoires sous mandat: article 16bis

Le Président ouvre la discussion sur l'amendement proposé par la Grande-Bretagne à l'article 16bis.

Le Directeur du Bureau international constate que les pays placés sous mandat de la Société des Nations n'ont pas à payer de contribution à titre de membres de l'Union et qu'ils n'ont pas non plus le droit de voter. Ils sont représentés à ces effets par les pays auxquels le mandat est confié.

Cette précision ne soulève aucune objection, pas plus que l'amendement proposé par la Grande-Bretagne.

Le Président constate donc que celui-ci est accepté à l'unanimité.

Juridiction internationale: article 17

Le Président met ensuite en discussion l'amendement proposé par la Grande-Bretagne à l'article 17, sous la forme rectifiée suivante:

« Les États contractants conviennent de soumettre à la décision de la Cour permanente de justice internationale tout différend qui pourrait s'élever entre eux au sujet de l'interprétation ou de l'application de la présente Convention et qui ne pourrait être réglé d'un commun accord ou selon une procédure qui résulterait d'une convention ou convenue après entente entre les deux parties. »

La Délégation britannique expose que cet amendement, pour la rédaction duquel elle fait toutes réserves, est le fruit des délibérations des experts réunis à Genève et que le Comité économique de la Société des Nations l'avait adopté avant que la Grande-Bretagne ne l'eût fait sien.

Le Comité économique de la Société des Nations constate que l'amendement en question, dont il rappelle à son tour l'origine, est conforme dans son esprit à une clause introduite dans la plupart des conventions internationales signées au cours des dernières années. Il croit que si la Conférence était appelée ici à conclure une convention, elle y introduirait une clause de ce genre. Il estime donc qu'il est très indiqué de l'adopter pour un texte déjà existant, d'autant plus que la Cour permanente de Justice internationale a son siège à La Haye où ont lieu également les présents débats. Il demande toutefois des éclaircissements au sujet du sens précis des mots « d'un commun accord ou selon une procédure qui résulterait d'une convention ou convenue après entente entre les deux parties », mots contenus dans l'amendement britannique.

Le Président expose que ces mots impliquent trois alternatives:

1° le règlement des différends d'un commun accord;
2° l'existence d'une convention conclue entre les parties, visant une méthode de régler les différends futurs;
3° l'absence d'une convention préexistante et la conclusion d'une convention *ad hoc.*

Il convient que la formule choisie mérite d'être revisée, mais il estime que cette question peut être renvoyée à la Commission de Rédaction.

La Délégation française déclare que la proposition britannique ne pouvait que rencontrer la faveur de la Délégation française, attendu que le Gouvernement français a accepté, en dehors de toute clause obligatoire et pour des questions bien plus graves, de soumettre des différends à la haute compétence de la Cour permanente. Elle estime que la clause en question est bien à sa place dans la Convention de l'Union, bien que l'intervention de la Cour permanente puisse se produire en dehors de son insertion expresse, en vertu d'une entente tacite, telle qu'elle est présupposée dans la plupart des conventions. Elle convient que la Commission de Rédaction peut se charger de trouver une formule plus précise pour la dernière phrase de l'amendement britannique. Néanmoins, dans le but de l'éclairer, elle tient à attirer l'attention de la Sous-Commission sur le fait qu'il s'agit d'indiquer deux alternatives: 1° une négociation à l'amiable, 2° une procédure spéciale prévue par un acte bilatéral pour régler des différends.

Elle estime donc que la formule prolixe et superfétatoire qui a fait l'objet des critiques du Comité économique de la Société des Nations pourrait être simplement remplacée par les mots suivants: « et qui ne pourrait être réglé d'un commun accord ou selon une procédure convenue entre les parties ». La Délégation française tient encore à faire ressortir le fait que la Cour ne saurait intervenir que dans les conflits qui pourraient s'élever entre les États, les conflits entre citoyens étant réservés à la souveraineté de l'État. Elle conclut qu'elle entend admettre le recours éventuel à la Cour permanente, sous réserve d'une rédaction propre à permettre de se rendre compte de la portée de l'intervention de celle-ci.

La Délégation des États-Unis, tout en faisant hommage à la proposition britannique, regrette de ne pas pouvoir l'accepter par suite du fait que les États-Unis ne sont pas soumis à la juridiction de la Cour permanente. Si l'article en question était inséré dans la Convention, la ratification du texte revisé de celle-ci rencontrerait sans doute des difficultés aux États-Unis.

La Délégation polonaise est d'avis que la juridiction internationale n'est pas absolument nécessaire dans le domaine de la propriété industrielle, parce que le seul différend qui pourrait vraisemblablement surgir entre les États contractants dans ce domaine serait constitué par le fait que les tribunaux d'un pays interpréteraient le sens de certaines dispositions de la Convention d'une manière différente que les tribunaux d'un autre pays. Or, ces divergences pourraient être résolues d'une manière satisfaisante par une interprétation authentique, c'est-à-dire par des résolutions d'une conférence internationale de tous les représentants des États unionistes. Elle admet qu'en attendant une telle conférence, une Cour internationale pourrait donner une interprétation provisoire. Mais elle craint que le nombre des personnes qui se croient lésées par un jugement étant toujours considérable, cette Cour internationale ne se transforme en définitive en une Cour suprême pour d'innombrables affaires judiciaires étant de par leur nature de la compétence des tribunaux nationaux.

Cependant, si la Sous-Commission trouve opportun d'introduire dans la Convention une clause prévoyant le recours à une juridiction internationale, la Délégation polonaise tient à attirer encore son attention sur le fait que le domaine de la propriété industrielle est un domaine, non de droit commun, mais plutôt d'un droit tellement spécial que les plus grands juristes eux-mêmes qui n'auraient pas étudié à fond le droit concernant la propriété industrielle, ne pourraient donner de garanties suffisantes d'être toujours de bons juges en cette matière. Par contre, chacun serait prêt à soumettre en toute confiance ses différends à des juristes connus pour être de grandes autorités dans le domaine du droit de la propriété industrielle. Pour ces raisons, un tribunal d'arbitrage serait mieux qualifié, de l'avis de la Délégation polonaise, pour régler les différends en question.

La Délégation de Turquie se rallie au point de vue de la Délégation des États-Unis d'Amérique. Elle ne pourrait pas accepter l'amendement britannique sous sa forme actuelle.

Le Comité économique de la Société des Nations propose, dans le but d'obtenir l'adoption, de la part de la Délégation des États-Unis, de l'amendement britannique, d'y ajouter *in fine* la phrase suivante:

« Cette disposition n'a pas de caractère obligatoire pour les États qui n'ont pas adhéré au statut de la Cour permanente de justice internationale et qui, au moment de la ratification de la présente Convention, demanderaient à bénéficier de cette exception. »

La Délégation française constate que l'unanimité pourrait être obtenue, si les Délégations des États-Unis et de Turquie revenaient sur leur manière de voir. Elle croit pouvoir faire remarquer respectueusement à ses honorables collègues américains que le Gouvernement des États-Unis, qui a déjà marqué sa faveur envers la Cour permanente, pourrait éventuellement décider de lui donner une adhésion plus efficace tout à fait en dehors de la Société des Nations, attendu que la Cour est complètement indépendante de celle-ci. D'ailleurs, la liberté du Gouvernement américain ne serait aucunement compromise puisque les pays qui n'ont pas adhéré au statut de la Cour sont toujours libres de le faire ou d'accepter ses décisions, ainsi que l'Allemagne et la République des Soviets l'ont fait dans des espèces déterminées. En ce qui concerne l'adjonction proposée par le Comité économique de la Société des Nations, la Délégation française serait prête à l'accepter si elle pouvait obtenir l'approbation de la Délégation des États-Unis. La Délégation française tient cependant à mettre en garde la Sous-Commission contre les clauses introduisant la faculté de faire ces réserves. Elle estime que puisque la Convention d'Union est parvenue jusqu'ici à s'en tenir au système des adhésions totales, il serait à souhaiter que l'on pût conserver cette méthode bienfaisante.

La Délégation des États-Unis constate que jusqu'ici les pays unionistes n'ont pas eu recours à la clause d'arbitrage et qu'aucun inconvénient ne s'est produit de ce chef.

La Délégation du Canada déclare ne pas regarder avec faveur l'amendement britannique.

Le Comité économique de la Société des Nations tient à porter à la connaissance de la Sous-Commission une circonstance de nature à induire certaines Délégations à voter en faveur de la clause britannique. Parmi les pays qui n'ont pas adhéré à la Convention pour la protection de la propriété industrielle il en est qui ne peuvent le faire, aux termes de leur Constitution, si l'on n'y introduit pas une clause stipulant que les différends relatifs à l'interprétation et à l'application de la Convention seraient soumis à un organe d'arbitrage. L'adoption de la proposition britannique faciliterait donc l'entrée de ces pays dans l'Union.

La Délégation japonaise ne voit pas la nécessité de faire intervenir une autorité supérieure pour régler les différends qui pourraient surgir en l'espèce entre les États contractants. Jusqu'ici les différends ont été réglés par le Bureau de Berne à la satisfaction des parties. Il ne paraît pas indispensable de changer cette tradition. Cependant, si l'opportunité d'une clause semblable était reconnue par la Sous-Commission, la Délégation japonaise consentirait à en admettre le principe, mais seulement sous forme de vœu.

La Délégation portugaise se déclare en faveur de l'adoption de l'amendement britannique avec l'adjonction proposée par le Comité économique de la Société des Nations. Elle rend hommage à la valeur et à la haute compétence de la Cour permanente.

La Délégation de la Ville libre de Dantzig déclare que de par sa nature même la Ville libre est portée aux solutions pacifiques. Bien que le texte de la Convention soit en général qualifié de clair et simple, il s'est produit à plusieurs reprises, au cours des séances de la présente Conférence, des cas où les divers pays ont interprété d'une manière différente tel ou tel article. Ce fait démontre, de l'avis de la Délégation de la Ville libre de Dantzig, la nécessité d'un tribunal supérieur.

La Délégation italienne déclare que, tout en désirant donner son adhésion au principe en discussion, elle considère comme nécessaire qu'avant de voter sur la question, il soit déclaré que la compétence de la Cour permanente ne saurait porter préjudice à la chose jugée par les organes judiciaires des États contractants et que le principe de l'irresponsabilité des États pour les arrêts rendus par leurs magistrats soit affirmé.

La Délégation française ne croit pas que les craintes exprimées par les Délégations italienne et japonaise soient justifiées, car: 1° il est dit expressément dans le texte de l'amendement britannique qu'il s'agit de conflits pouvant s'élever «entre eux» (les États); 2° le statut de la Cour permanente ne prévoit la compétence de celle-ci que pour la solution de conflits surgis entre les États. La souveraineté des États pour les décisions administratives ou judiciaires concernant les conflits entre particuliers est donc entièrement sauvegardée.

La Délégation belge se déclare en principe entièrement favorable à l'amendement britannique, sous réserve d'une rédaction qui précise les limites de la compétence de la Cour permanente.

Les Délégations tchécoslovaque, néerlandaise, autrichienne, allemande et danoise se rallient en principe à l'amendement britannique.

Le Président estime que le moment est venu de résumer les débats dans les trois questions suivantes:

1° La Sous-Commission est-elle d'accord sur l'opportunité de pourvoir d'une manière quelconque à régler des différends qui pourraient surgir entre les États contractants au sujet de l'interprétation ou de l'application de la Convention, étant entendu qu'il ne saurait s'agir de conflits entre particuliers et sous réserve d'une décision concernant l'insertion de ce principe dans la Convention même ou dans le règlement?

2° Les conflits doivent-ils être soumis à la Cour permanente ou encore, à titre d'alternative, à une autre procédure d'arbitrage?

3° Cette alternative doit-elle être accordée à tous les États qui la demandent ou à ceux qui la préfèrent ou seulement à ceux qui n'ont pas adhéré au statut de la Cour permanente?

Il demande à la Sous-Commission si elle consent à procéder à la mise aux voix de ces trois questions l'une après l'autre.

Après un échange ultérieur de vues entre diverses Délégations la première question est mise aux voix.

A ce moment la Délégation des États-Unis déclare qu'elle tient à spécifier avant le vote qu'il lui est impossible, dans la situation où elle se trouve, de scinder les trois questions soumises au vote; elle ne peut donc pas se prononcer sur le principe général.

La votation de la première question a lieu. Elle donne le résultat suivant: 17 oui, 5 non, 5 abstentions.

En présence de ce résultat, la Sous-Commission constate l'inutilité de mettre aux voix les deux autres questions.

Cautio judicatum solvi: article 17

Le Président met en discussion la suggestion faite par le Gouvernement italien de dispenser les personnes admises à bénéficier de la Convention de la *cautio judicatum solvi.*

Un échange de vues a lieu sur l'opportunité d'insérer dans la Convention d'Union une disposition de ce genre, attendu que cette matière est réglée par la Convention de La Haye de 1905 sur la procédure civile. En ce qui concerne les pays qui n'ont pas adhéré à cette Convention, les Délégations britannique et américaine font ressortir que, pour leur part, elles ne pourraient consentir à l'insertion d'une telle disposition, car leur législation respective est basée sur le cautionnement en général.

En présence des résultats de cet échange de vues, le Président demande à la Délégation italienne si elle insiste sur sa suggestion.

La Délégation italienne déclare que le Gouvernement italien était particulièrement qualifié pour souhaiter la suppression, dans le domaine de l'Union, de la *cautio judicatum solvi,* attendu qu'il l'a supprimée pour sa part, depuis 1865, sans soumettre cette faveur à un traitement de réciprocité. L'Italie n'a cependant aucun intérêt égoïste à voir cette clause insérée dans la Convention. Elle est, pour sa part, suffisamment protégée par la Convention de 1905. Par conséquent, puisque la Sous-Commission semble peu favorable à cette clause, la Délégation italienne se contente d'avoir attiré l'attention de la Conférence sur cette question.

Le Président constate donc que la suggestion en question est abandonnée.

Ratification: article 18

Le Président aborde ensuite la discussion de l'amendement proposé par la Délégation du Japon auquel il donnerait la forme suivante:

> « Le présent Acte sera ratifié, et le dépôt des ratifications sera effectué à La Haye le plus tôt qu'il sera possible. Il sera mis à exécution entre les pays qui l'auront ratifié un mois après le dépôt des ratifications. »

La Délégation japonaise explique que ce qu'elle désire, c'est qu'un délai suffisant soit accordé aux Gouvernements pour l'échange des ratifications. Ce point une fois bien établi, elle considère que l'amendement en question implique plutôt une question de forme qu'une question de fond.

Après une courte discussion il est décidé de renvoyer la proposition japonaise et le texte proposé par le Programme (v. p. 266) à la Commission de Rédaction.

Le Président fait observer que les mots « la Convention de Paris du 20 mars 1883, le Protocole de clôture annexé à cet Acte, le Protocole de Madrid du 15 avril 1891 concernant la dotation du Bureau international et l'Acte additionnel de Bruxelles du 14 décembre 1900 » dans le second alinéa de l'article 18 sont superflus et dangereux. La Sous-Commission est d'accord que ces mots doivent être biffés.

Le Président constate que les travaux de la 1re Sous-Commission sont ainsi terminés.

La Délégation italienne se fait l'interprète des sentiments de la Sous-Commission en adressant à Sir Hubert Llewellyn Smith les remerciements chaleureux de tous ses membres pour la compétence et la courtoisie avec lesquelles il a dirigé les débats. (Applaudissements.)

Le Président:
H. LLEWELLYN SMITH.

Les Secrétaires:
D. COPPIETERS.
J. W. DIJCKMEESTER.

DEUXIÈME SOUS-COMMISSION

Brevets, articles 4, 4bis, 5 et 11 de la Convention

PRÉSIDENT-RAPPORTEUR: M. CHARLES DROUETS
SECRÉTAIRE: M. ST. KELEMEN

La Commission générale de la Conférence a renvoyé à l'examen de la deuxième Sous-Commission les questions suivantes:

1° Droit de priorité et conditions de l'exercice de ce droit (art. 4 de la Convention).
2° Indépendance des brevets d'invention (art. 4bis).
3° Exploitation obligatoire et déchéance éventuelle du brevet (art. 5).
4° Protection temporaire de la propriété industrielle dans les expositions (art. 11).

Elle l'a chargée également de formuler un avis sur une proposition de l'Administration française relative à l'utilisation des inventions brevetées sur les navires et autres engins de locomotion et susceptible d'être incorporée dans la Convention comme un nouvel article 5bis et sur un projet de Règlement concernant la simplification des formalités relatives aux demandes de brevets, préparé par le Bureau international de Berne et l'Administration des Pays-Bas.

La deuxième Sous-Commission a consacré quatre séances, qu'elle a tenues les 12, 14, 17 et 21 octobre 1925, à l'étude de ces diverses questions et elle a adopté les propositions consignées dans le présent Rapport.

1. Droit de priorité et conditions de son exercice

ARTICLE 4

A. Durée du droit

L'article 4 du texte actuel de la Convention fixe la durée du délai de priorité à douze mois pour les brevets d'invention et modèles d'utilité et à quatre mois pour les marques de fabrique et de commerce et les dessins et modèles industriels. Le Bureau international et l'Administration des Pays-Bas proposent de fixer à six mois la durée du délai de priorité pour les marques et les dessins et modèles et de maintenir le délai de douze mois pour les brevets et les modèles d'utilité.

L'Administration française a proposé d'unifier à douze mois la durée du droit de priorité tant pour les marques et dessins et modèles que pour les brevets et les modèles d'utilité.

La Délégation espagnole a soutenu la proposition française en faisant valoir que, les marques étant soumises à un examen préalable dans un certain nombre de pays, il n'y avait pas de raison de réduire, en ce qui les concerne, la durée du délai de priorité accordé pour les brevets et que d'autre part, il y avait intérêt à unifier la durée du délai en toute matière.

Le Directeur du Bureau international rappelle que, tout en considérant l'unification du délai comme désirable, il a cru devoir, en raison de l'opposition probable d'un grand nombre de pays à l'octroi d'un délai de douze mois pour les marques et les dessins et modèles, proposer seulement un délai intermédiaire de six mois.

La Délégation belge demande que, dans l'intérêt des inventeurs, le délai de priorité soit fixé à dix-huit mois pour les brevets. Cette proposition est appuyée par la Chambre de commerce internationale.

La Délégation des États-Unis accepte le délai de six mois pour les marques et les dessins et modèles et repousse le délai de dix-huit mois pour les brevets.

La Délégation autrichienne se prononce également contre la fixation à douze mois du délai de priorité en matière de marques, dessins et modèles.

La Délégation britannique dit qu'en principe elle est d'avis de maintenir le *statu quo,* mais que cependant, si la fixation à six mois du délai concernant les marques, dessins et modèles était unanimement réclamée, elle n'y ferait pas d'opposition, bien qu'il soit nécessaire sur ce point de modifier sa législation.

La fixation à dix-huit mois du délai de priorité en matière de brevet d'invention est repoussée par 24 voix contre une. La fixation à douze mois du délai de priorité pour les marques, dessins et modèles est repoussée à la majorité de 14 voix contre 10.

Le délai de priorité de six mois pour les marques, dessins et modèles est admis sans opposition.

La question du calcul des délais de priorité, de leur point de départ et de la date de leur expiration donne lieu à une discussion.

La Délégation autrichienne demande notamment que des précisions soient apportées à la disposition proposée par le Bureau international, qui s'applique bien au délai de douze mois prévu pour les brevets mais non au délai de six mois. La Délégation polonaise réclame également des précisions à ce sujet.

Aucun désaccord essentiel ne paraissant exister entre les diverses Délégations, la Commission de Rédaction sera invitée à tenir compte, dans l'élaboration du texte définitif, des observations présentées, pour compléter le texte du Bureau international.

Il est toutefois expressément entendu, sur la demande de la Délégation serbe, croate et slovène, que les jours de vacances des Administrations ne peuvent être compris dans les jours fériés.

B. Étendue du droit de priorité, réserve des droits des tiers

Le Bureau international et l'Administration des Pays-Bas ont proposé la suppression dans l'alinéa *a)* de l'article 4 des mots « sous réserve des droits des tiers » qui y figurent actuellement et l'introduction d'un nouvel alinéa destiné à réserver d'une part les droits acquis par des tiers avant la première demande originaire et à préciser d'autre part que, dans l'intervalle entre le jour du dépôt de la première demande et celui du dépôt sous le bénéfice du droit de priorité, les tiers ne pourront acquérir aucun droit de brevet, marque, etc., *ni de possession personnelle.*

La Délégation italienne, tout en reconnaissant que le droit de priorité joue un rôle fondamental dans la Convention et en désirant assurer une protection plus complète et plus effective aux intéressés pendant la durée du délai de priorité, déclare cependant ne pouvoir se rallier au projet du Bureau international. Elle estime que ce projet risquerait de causer un grave préjudice aux tiers jouissant d'une possession personnelle depuis une période de temps assez longue, puisqu'elle peut atteindre une année, et qui, n'ayant pas eu le moyen de connaître les dépôts qui ont pu être effectués dans le monde entier, auraient engagé des capitaux considérables dans leur industrie. Il convient à son avis de rechercher une solution qui sauvegarde en même temps les droits des brevetés et ceux des tiers et n'impose ni aux uns ni aux autres un sacrifice trop absolu. Elle propose en conséquence le texte ci-après :

« Aucun droit de possession personnelle ne peut prendre naissance pendant le délai de priorité *après le dépôt d'une copie du brevet au Bureau de la propriété industrielle du pays d'importation.* »

Les Délégations britannique, espagnole, américaine et belge se prononcent pour la suppression des mots « sous réserve des droits des tiers » et la proposition du Bureau international.

La Délégation hongroise déclare que la question a été étudiée dans son pays par un certain nombre d'associations et de commissions officielles, qui ont émis l'avis à l'unanimité que la Hongrie n'était pas actuellement dans une situation politique et financière qui lui permît d'accepter la suppression de la réserve des droits des tiers et de la possibilité d'acquérir un droit de possession personnelle pendant la durée du délai de priorité. En conséquence, il ne lui est pas possible de se rallier à la proposition du Bureau international.

La Délégation française fait observer que cette proposition stipule expressément qu'il ne sera porté aucune atteinte aux droits de possession personnelle acquis avant un premier dépôt et qu'il ne s'agit plus, dès lors, que des droits qui peuvent être très éventuellement acquis par des tiers pendant la durée assez limitée des délais de priorité. Elle ne croit donc pas qu'elle puisse porter un sérieux préjudice à des droits respectables, tandis qu'elle présente l'avantage de supprimer la restriction très regrettable apportée à l'étendue du droit de priorité par le texte actuel de la Convention. En ce qui concerne la proposition italienne, il apparaît qu'elle serait une complication des formalités des demandes de brevets, qu'on cherche par ailleurs à simplifier et qu'elle offrirait en outre de réels dangers, notamment dans le cas où la demande de brevet au pays d'origine serait retirée, après avoir été rendue publique dans les autres pays unionistes.

La proposition du Bureau international mise aux voix réunit 21 suffrages contre 4 (Cuba, Hongrie, Italie, Japon).

La majorité de la Sous-Commission constate avec regret qu'un accord unanime n'a pu se faire sur cette importante question, ce qui semblerait devoir entraîner le maintien sans modification du texte actuel des alinéas *a)* et *b)* de l'article 4.

C. Conditions de l'exercice du droit de priorité

Les alinéas *d)* et *e)* de l'article 4 du texte actuel de la Convention règlent les conditions d'exercice du droit de priorité et fixent le maximum des formalités qui pourront être exigées par les Administrations au moment d'un dépôt effectué sous le bénéfice du droit de priorité.

Le Bureau international et l'Administration des Pays-Bas ont proposé de diviser les deux alinéas en trois alinéas nouveaux, en n'apportant que deux modifications. La première consiste, dans la première phrase, à limiter la portée du texte au dépôt des demandes de brevet d'invention, ou de modèle d'utilité, le surplus du paragraphe actuel ne leur ayant paru s'appliquer effectivement qu'à ces demandes. La seconde consiste à préciser, dans le corps du second alinéa nouveau, que la copie de la demande originaire à fournir sera certifiée conforme par l'Administration qui l'aura reçue.

Sur le premier alinéa nouveau, les Délégations autrichienne, espagnole et japonaise insistent vivement pour le maintien intégral du texte actuel, les dispositions prévues s'appliquant également, à leur avis, aux dépôts de marques et de dessins et modèles aussi bien qu'aux demandes de brevets et de modèles d'utilité. Il est entendu, en conséquence, que la première phrase de l'alinéa sera maintenue dans sa forme actuelle.

L'Administration espagnole a proposé également de préciser, dans la seconde phrase de l'alinéa, toutes les pièces qui pourront être exigées par les Administrations au moment de la déclaration d'une demande de priorité, dans le but, explique la Délégation espagnole, d'uniformiser la manière d'accréditer le droit de priorité, chaque pays exigeant actuellement une documentation distincte et créant ainsi des difficultés et des frais aux demandeurs.

D'autre part, deux amendements ont été déposés, l'un par l'Administration française, qui demande que pour la déclaration relative à la revendication de la priorité d'un dépôt antérieur, qui doit être faite aujourd'hui au moment fixé par chaque Administration, il soit expressément accordé par la Convention un délai minimum de trois mois, à compter de la date du dépôt basé sur la priorité; l'autre par l'Administration des États-Unis, suivant lequel la copie de la demande originaire à fournir pourra être déposée à n'importe quel moment dans les six mois qui suivent la date du dépôt de la demande, sans que le déposant soit frappé d'une amende. Ce dernier amendement est appuyé par la Chambre de commerce internationale.

Il s'agit là, en fait, de deux choses absolument distinctes: 1° de la déclaration à faire par toute personne voulant se prévaloir de la priorité d'un dépôt antérieur; 2° des pièces à fournir (copie de la demande, description, dessins, etc.) pour la justification du droit de priorité.

Pour la déclaration, la Convention a décidé que chaque pays déterminerait à quel moment au plus tard elle devra être effectuée. L'Administration française a demandé que la Convention fixe un délai minimum de trois mois.

Pour les pièces justificatives, la Convention n'a prévu aucune date pour la remise. Certains pays exigent qu'elles soient fournies au moment du dépôt, d'autres admettent qu'elles puissent être produites ultérieurement et même jusqu'au moment de l'acceptation du brevet, d'autres enfin accordent des délais pour leur production, mais en faisant payer une taxe. L'Administration des États-Unis a demandé la fixation, par la Convention, d'un délai minimum de six mois.

La Délégation américaine soutient très vivement sa proposition, en insistant sur le libéralisme de la pratique de son Administration.

La Délégation britannique se déclare disposée à accepter l'inscription dans la Convention d'un délai de trois mois seulement, mais en accordant expressément le droit de percevoir une taxe.

Plusieurs Délégations déclarent également qu'un délai de six mois leur semblait trop étendu. Elles réclament en outre le droit d'exiger la déclaration au moment du dépôt.

Finalement, la Sous-Commission décide: 1° que le texte actuel de la Convention sera maintenu sans modification en ce qui concerne la déclaration de revendication de priorité; 2° qu'un délai minimum de trois mois, à compter du dépôt dans un pays unioniste d'une demande faite avec revendication de priorité, pour la production de la copie du dépôt originaire, destinée à justifier cette priorité, sera accordé par la Convention.

La Sous-Commission s'en rapporte à la Commission de Rédaction pour l'insertion de cette disposition dans le texte proposé par le Bureau international et appelle en outre son attention sur l'intérêt qui pourrait s'attacher à ce qu'il fût apporté plus de clarté dans le texte actuel, où notamment le mot « demande » se trouve répété avec un sens tout différent.

La Sous-Commission adopte le second alinéa nouveau proposé par le Bureau international (lettre *f*), autorisant le dépôt d'un modèle d'utilité en vertu d'un droit de priorité basé sur le dépôt d'une demande de brevet et inversement, après avoir renvoyé à la Sous-Commission chargée de l'examen des questions relatives aux dessins et modèles le premier alinéa du même *f)* tiré du Protocole de clôture et qui concerne le dépôt de dessins et modèles basé sur la priorité du dépôt d'un modèle d'utilité.

La Sous-Commission a examiné également deux alinéas additionnels à l'article 4, proposés par l'Administration française.

Le premier est relatif à l'acceptation des demandes déposées en revendiquant la priorité de plusieurs demandes antérieures, à la condition que le nombre n'en dépasse pas quatre et qu'il y ait unité d'invention dans le sens de la loi du pays, une demande reconnue complexe pouvant d'ailleurs être divisée en gardant pour chaque demande divisionnaire la date du dépôt initial et le bénéfice de la priorité.

La Délégation française explique que la proposition constitue un compromis entre deux systèmes également excessifs, l'un qui n'admet que la revendication d'une seule priorité, l'autre qui, en permettant la réunion des demandes, aboutit parfois à la revendication de vingt ou trente priorités.

La Délégation tchécoslovaque déclare ne pouvoir accepter le système des revendications de priorités multiples, en considération de l'impossibilité de donner, moyennant une spécification unique, une description tout à fait précise des diverses inventions pour lesquelles des priorités différentes sont demandées. Par contre, elle accepte la seconde partie de la proposition française concernant l'autorisation, à accorder au demandeur, de diviser une demande complexe, en lui conservant la priorité de la demande initiale.

La Délégation britannique s'oppose à la proposition et déclare qu'une demande formée sous le bénéfice de la priorité d'un dépôt antérieur doit être identique à ce dépôt. Elle ajoute que si plusieurs demandes se rattachant étroitement au premier dépôt ont été formées au pays d'origine, on peut demander en Angleterre des brevets additionnels. Par contre, elle serait disposée à admettre la division des demandes reconnues complexes avec maintien de la date du dépôt initial pour chaque demande divisionnaire.

Les Délégations allemande et suisse insistent pour la possibilité de réunion des demandes sans aucune limitation.

La Délégation autrichienne admet la réunion des demandes, mais sous la condition qu'il soit payé autant de taxes de dépôt qu'il y a de priorités revendiquées.

La Délégation américaine se rallie à la proposition française, qui est appuyée par la Chambre de commerce internationale.

Mise aux voix, la proposition française obtient 18 suffrages contre 8.

La Sous-Commission émet le vœu que la Commission de Rédaction présente un texte sanctionnant l'idée de la division des demandes complexes contenue dans la deuxième phrase de l'amendement français.

Le second alinéa additionnel proposé par l'Administration française tend à décider que la priorité ne peut être requise par le motif que certains éléments de l'invention pour lesquels on réclame la priorité ne figurent pas parmi les revendications formulées au pays d'origine, pourvu que ces éléments y soient nettement précisés dans la description.

Cette proposition est appuyée par la Chambre de commerce internationale. Il s'agit en somme d'admettre qu'il peut ne pas y avoir une identité absolue entre les revendications des demandes ultérieures et celles de la demande initiale.

Elle donne lieu à une longue discussion. La Délégation britannique notamment insiste sur le fait que les revendications doivent être jugées d'après la description entière et qu'il ne peut y avoir, dans les demandes déposées sous le bénéfice de la priorité, aucune revendication qui ne se trouve pas dans la demande primitive.

La proposition française, mise aux voix, obtient 18 suffrages contre 6.

Mais la Délégation britannique, qui a dû voter contre le texte proposé, fait connaître qu'elle aurait peut-être modifié son vote, si ce texte avait été rédigé d'une façon qui lui parût plus satisfaisante.

Le Président de la Commission de Rédaction se déclare disposé à examiner, de concert avec le Délégué britannique, l'élaboration d'un nouveau texte.

2. Indépendance des brevets

Article 4bis

L'Administration française a proposé une addition au texte actuel de la Convention, en vue de préciser que la durée d'un brevet déposé sous le bénéfice de la Convention doit se calculer comme s'il s'agissait d'un brevet d'origine et sans tenir compte de la date du dépôt primitif. D'autre part, l'Administration des États-Unis avait proposé à l'article 4 un amendement ayant la même portée et suivant lequel la reconnaissance du droit de priorité ne réduisait pas la durée du brevet.

Les Délégations française et américaine soutiennent leur proposition, qui ne fait que préciser le texte actuel de la Convention, auquel certains pays ne se conformeraient pas, désavantageant ainsi les brevets demandés sous le bénéfice de la priorité.

Les Délégations britannique et australienne déclarent ne pouvoir accepter la proposition, la protection et par suite le point de départ du brevet devant, d'après elles et pour éviter tout abus, remonter à la date du premier dépôt.

La Sous-Commission se prononce en faveur de la proposition française par 23 voix contre 2 (Angleterre, Australie).

3. Exploitation obligatoire et déchéance éventuelle des brevets

Article 5

Le Bureau international et l'Administration des Pays-Bas ont proposé de modifier le texte actuel de l'article 5 en stipulant que la sanction de la non-exploitation d'un brevet dans le délai légal de trois ans, qui serait compté à partir de la délivrance et non plus de la demande, ne pourrait plus être la déchéance du brevet, mais seulement la licence obligatoire.

L'Administration des États-Unis a présenté à cet article une contre-proposition stipulant: 1° qu'aucune obligation autre que celles du pays d'origine ne pourrait frapper les brevets pris dans un pays de l'Union en ce qui concerne l'exploitation ou la concession de licences obligatoires; 2° qu'aucune taxe ou annuité plus élevée que celles prévues au pays d'origine ne pourrait frapper les brevets pris dans un pays de l'Union; 3° que les dispositions seraient prises dans tous les pays pour permettre la restauration d'un brevet tombé en déchéance par suite du non-payement dans le délai fixé, par inadvertance ou pour une cause accidentelle, d'une taxe prescrite.

En ce qui concerne les deux premières parties de la proposition américaine, il est permis de dire qu'elles ne sont que la reproduction, pour la partie spéciale des brevets, de la proposition déjà présentée par les États-Unis à l'article 2 de la Convention et tendant à substituer le régime de la réciprocité absolue au régime du traitement national admis par la Convention pour tous les domaines de la propriété industrielle, proposition qui a été précédemment écartée à la presque unanimité par la première Sous-Commission, chargée de l'étude des questions générales.

En fait, la proposition américaine, ramenée à l'objet de l'article 5, aboutirait à la suppression absolue de l'obligation d'exploiter, sans l'atténuation prévue de la concession de licences obligatoires.

La Délégation américaine insiste très vivement sur le libéralisme de la loi américaine des brevets, qui ne prévoit aucune obligation d'exploiter ni aucune déchéance pour non-payement de taxes quelconques, en sorte que la validité du brevet est assurée entièrement aux inventeurs pour une durée de 17 ans à partir de la délivrance, sans aucune prescription. Elle montre les avantages que présente ce régime pour les inventeurs et les résultats favorables qu'il a déjà donnés pour le développement des inventions et le progrès de la science et de l'industrie. Elle fait valoir l'inégalité de traitement qui doit être supportée par les nationaux américains dans les autres pays pour la conservation de leurs brevets, alors que les ressortissants unionistes jouissent aux États-Unis, sans restriction, de la protection la plus complète. En conséquence, elle exprime le désir que la Convention stipule expressément que les ressortissants d'un pays qui n'exige pas l'exploitation des brevets ne sont pas tenus d'exploiter leurs inventions dans les autres pays.

La Délégation espagnole déclare être opposée à la suppression complète de l'obligation d'exploiter et ne pouvoir accepter au maximum que la proposition du Bureau international, admettant la concession de licences obligatoires. Elle fait valoir que, si cette suppression peut être favorable aux grands pays industriels, à qui elle assurerait la possession complète des marchés extérieurs, elle serait au contraire très préjudiciable aux intérêts des pays dont l'industrie est moins développée et où elle transformerait l'exclusivité conférée par le brevet en un véritable monopole de fait, qui serait un obstacle au développement de l'industrie nationale, supprimerait toute concurrence possible et y augmenterait encore, par suite, le coût de la vie.

La Délégation britannique explique que la loi anglaise des brevets prévoit encore la révocation du brevet dans le cas « d'abus de monopole », dans lequel rentre la non-exploitation des brevets, mais qu'elle est néanmoins disposée à renoncer à la déchéance comme sanction de la non-exploitation, sous réserve de la concession de licences obligatoires.

La Délégation allemande rappelle qu'elle avait déjà proposé à la Conférence de Washington la suppression absolue de l'obligation d'exploiter et qu'elle est prête à reprendre et à soutenir cette proposition, mais qu'en prévision des difficultés qu'elle croyait devoir rencontrer pour la faire prévaloir, elle avait jugé plus opportun de se rallier à la proposition du Bureau international qui constitue déjà un progrès.

Le 1° de la proposition américaine, mise aux voix dans la forme où il est présenté, est écarté par 22 voix contre 2, soit à l'unanimité moins 2 voix.

Le 2° de la proposition américaine, visant spécialement la reconnaissance du régime de réciprocité en matière de taxes, est également écarté par 23 voix contre une, soit à l'unanimité moins une voix, étant entendu toutefois que la question de la restauration éventuelle des brevets tombés en déchéance pour non-payement des taxes sera réservée jusqu'à ce qu'il ait été statué sur la non-exploitation et la proposition du Bureau de Berne.

Les Délégations autrichienne et suédoise se prononcent en faveur de la proposition du Bureau international et de la licence obligatoire, mais sous la réserve qu'une indemnité équitable devra être payée par le titulaire de la licence ou le breveté. Acte est donné de cette réserve par la Sous-Commission, qui est d'avis, sans contestation, que toute concession de licence obligatoire entraîne le payement d'une redevance raisonnable par le licencié au possesseur du brevet.

La Délégation française déclare que l'opinion publique en France, si longtemps attachée au principe de la déchéance pour non-exploitation, est maintenant ralliée à son remplacement par le système de la licence obligatoire et qu'en conséquence elle donne son adhésion à la proposition du Bureau international.

La Délégation japonaise réclame le maintien du texte actuel de l'article 5 et de l'obligation d'exploiter sous peine de déchéance dans le délai de trois ans à partir de la délivrance du brevet et n'accepte pas le système de la licence obligatoire.

La Délégation serbe, croate et slovène demande également le maintien de l'article 5 actuel et fait valoir que, dans les États où l'industrie est relativement jeune, le monopole des inventions conféré par le brevet est regardé avec peu de sympathie, et que le brevet ne peut se justifier que par l'obligation d'exploiter son invention imposée au breveté, le système de la licence obligatoire ne présentant pas les mêmes garanties pour l'industrie nationale.

La Délégation polonaise admet la substitution de la date de la délivrance à la date de la demande comme point de départ du délai prévu par l'article 5, mais elle déclare que la situation de son pays, dont l'industrie est loin d'être aussi développée que celle des grandes puissances occidentales, ne lui permet d'admettre la suppression de l'obligation d'exploiter. La Pologne a le devoir de protéger sa production nationale et d'assurer le développement de son industrie, elle ne peut donc consentir à ce que cette industrie soit étouffée par l'importation des marchandises produites sous la protection des brevets. La loi polonaise n'exige pas que le breveté exploite lui-même son brevet, il peut en concéder la licence à des tiers de façon à répondre aux besoins du marché intérieur. Au surplus, l'application de l'article actuel de la Convention est très libérale et les cas où la déchéance d'un brevet est prononcée sont très rares, mais il est indispensable de conserver cette sanction, que ne remplacerait pas utilement la délivrance des licences obligatoires, qui serait souvent inopérante en raison de la difficulté que rencontreraient les autorités à trouver des preneurs de licences et à fixer équitablement les taux des redevances.

Dans ces conditions, la Délégation polonaise fait connaître que si un grand nombre d'autres pays acceptaient la proposition du Bureau de Berne, elle devrait actuellement, ainsi que les pays qui sont dans la même situation que la Pologne, faire à ce sujet des réserves, afin de conserver le droit de maintenir l'obligation d'exploiter, à l'exemple de ce qui a été prévu dans la Convention de la propriété littéraire et artistique revisée à Berlin en 1908

Sur les observations présentées par le Président et le Directeur du Bureau international, la Sous-Commission est d'accord pour faire remarquer à la Délégation polonaise que la Convention de la propriété industrielle ne comporte pas la faculté, pour les pays contractants, de faire des réserves et qu'il n'est pas désirable d'introduire cette faculté.

Il apparaît dès lors comme évident que l'unanimité ne pourra se faire sur la proposition du Bureau international concernant la suppression de l'obligation d'exploiter et le Président constate avec regret qu'il sera peut-être nécessaire d'envisager le maintien sans changement du texte actuel. Il se demande toutefois s'il ne sera pas possible de trouver un texte transactionnel, qui pourrait tenir compte des craintes, sans doute légitimes, qu'a fait naître la proposition chez certaines Délégations et qui serait ainsi susceptible de rallier l'unanimité des suffrages.

Conformément à cette suggestion, les Délégations britannique et américaine se sont mises d'accord pour soumettre à la Sous-Commission le nouveau texte suivant, destiné à être substitué à celui de l'article 5 actuel:

« L'importation par le breveté dans le pays où le brevet a été délivré, d'objets fabriqués dans l'un ou l'autre des pays de l'Union, n'entraînera pas la déchéance. Toutefois chacun des pays contractants aura la faculté de prendre les mesures nécessaires pour prévenir l'abus des droits de monopole.

Ces mesures ne pourront prévoir la déchéance du brevet que dans le cas où la concession de licences obligatoires ne suffirait pas pour prévenir ces abus.

En aucun cas, le brevet ne pourra faire l'objet de l'une quelconque des mesures précitées avant l'expiration d'au moins trois années à compter de la date de la délivrance du brevet. »

En donnant lecture de ce texte, le Président explique que l'expression « l'abus des droits de monopole » empruntée à la législation anglaise et qui comprend notamment la non-exploitation, le refus par le breveté de concéder des licences à des conditions raisonnables, l'exploitation trop restreinte du brevet qui ne permet pas un approvisionnement suffisant du marché intérieur, la fixation de prix excessifs pour les objets brevetés, etc., n'aurait peut-être pas en français un sens aussi clair et émet l'avis qu'elle pourrait être remplacée par les mots « les abus résultant de l'exercice du privilège conféré par le brevet ».

La Délégation britannique déclare admettre cette modification et elle insiste, avec la Délégation américaine, pour l'adoption de l'amendement, qui est de nature à donner satisfaction à tous les pays.

La proposition des Délégations américaine et britannique, mise aux voix, est adoptée à l'unanimité, sous réserve de la rédaction définitive.

Le Président félicite la Sous-Commission de ce résultat, qui témoigne de son esprit de conciliation et de son désir de donner satisfaction, dans toute la mesure du possible, aux desiderata des honorables Délégués des États-Unis.

La Délégation américaine remercie la Sous-Commission d'avoir adopté sa proposition, dans laquelle elle voit un acheminement vers la suppression définitive de l'obligation d'exploiter.

La Sous-Commission ayant manifesté, d'autre part, son intention de continuer à admettre que le breveté aura toujours le droit de justifier des raisons des actes qui lui seraient reprochés, la Commission de Rédaction est priée de proposer un texte en ce sens, qui s'adapte à la nouvelle disposition adoptée.

L'article 5 étant ainsi adopté, la question se pose de savoir s'il convient d'y ajouter une disposition nouvelle dans le sens de la proposition américaine relative à la restauration des brevets tombés en déchéance par suite du non-payement des taxes dans les délais prescrits et qui a été développée par la Délégation américaine.

La Délégation autrichienne déclare accepter cette proposition, mais à la condition que le non-payement sera dû à des causes accidentelles; qu'il pourra être exigé des taxes supplémentaires et l'accomplissement des formalités prescrites par la loi intérieure, que le délai pour obtenir la restauration ne sera pas supérieur à six mois, après l'expiration définitive du délai imparti pour le payement des taxes et enfin à la condition que des restrictions de droits seront établies en faveur des personnes qui auraient exploité l'invention après la déchéance du brevet.

Les Délégations norvégienne et suédoise expriment l'avis que le brevet ne peut être restauré qu'en cas de non-payement par suite de force majeure ou de causes accidentelles.

La Délégation serbe, croate et slovène fait la même réserve.

La Délégation tchécoslovaque estime qu'il est bien dangereux d'introduire dans le droit international privé une notion aussi controversée et délicate au point de vue juridique que celle de la force majeure, et cela d'autant plus qu'elle produit, en l'espèce, un effet négatif, c'est-à-dire un obstacle au payement de la taxe en temps utile; c'est spécialement en ce cas que surviennent les questions les plus difficiles à résoudre, notamment au sujet de l'origine, la durée et la disparition des causes de force majeure.

Les Délégations britannique et allemande acceptent en principe la proposition américaine, sous réserve de la rédaction.

La Délégation polonaise estime qu'il est nécessaire de faire une différence entre le non-payement par suite de négligence ou d'inadvertance et le non-payement pour des raisons accidentelles.

La Délégation belge déclare que sa législation accorde déjà un délai de grâce de six mois, avec une légère surtaxe, pour le payement des taxes.

La Délégation bulgare dit que, bien que la loi bulgare n'accorde actuellement qu'un délai de grâce de trois mois, elle ne s'opposerait pas à ce que ce délai fut porté à un an.

Le Directeur du Bureau international rappelle que l'Arrangement du 30 juin 1920 pour la restauration des droits de propriété industrielle atteints par la guerre contient une disposition du même genre.

Il résulte de la discussion que toutes les Délégations paraissent d'accord pour admettre un délai de six mois au moins, durant lesquels les brevets pourront être relevés de la déchéance encourue par suite du non-payement des taxes dans le temps prescrit, mais qu'un certain nombre d'entre elles sont d'avis qu'un traitement différent peut être envisagé suivant le cas où le non-payement est dû à la négligence ou à des causes accidentelles.

Dans ces conditions, la rédaction définitive est renvoyée à la Commission de Rédaction, qui tiendra compte des intentions manifestées par la Sous-Commission des brevets devant laquelle les Délégations et notamment la Délégation japonaise présenteront leurs observations de détail.

4. Utilisation des inventions brevetées sur les navires et autres engins de locomotion

Article 5bis (nouveau)

D'après la proposition française divisée en deux paragraphes, l'emploi des moyens faisant l'objet d'un brevet ne sera considéré par aucun des pays unionistes comme portant atteinte aux droits du breveté: 1° sur les navires, 2° sur les engins de locomotion aérienne ou terrestre, lorsque ces navires ou engins pénétreront temporairement ou accidentellement soit dans les eaux, soit sur le territoire du pays.

Le Directeur du Bureau international indique que plusieurs pays possèdent déjà des dispositions législatives à ce sujet.

La Chambre de commerce internationale approuve la proposition française et fait part d'un télégramme émanant du Congrès de l'aviation, qui vient de se tenir à Bruxelles et a émis un vœu en faveur de son adoption.

La Délégation britannique déclare accepter le paragraphe 1° de la proposition, avec la restriction — déjà stipulée dans la loi anglaise — qu'on ne peut pas vendre dans les ports les articles produits à bord des navires.

La Délégation française précise qu'il s'agit seulement, ainsi que l'indique le texte, des moyens brevetés employés exclusivement pour les besoins du navire.

La Délégation tchécoslovaque attire l'attention de la Sous-Commission sur le sens de l'expression « temporairement ». Elle désire spécialement savoir si cette expression comprend aussi les cas des entrées régulières, notamment périodiques. En ce cas là, elle préférerait le choix du mot « entreront » au lieu de « pénétreront ».

En ce qui concerne le paragraphe 2, la Délégation britannique déclare ne pas faire opposition à son adoption, mais elle signale qu'une disposition dans le même sens figure déjà à l'article 18, chapitre 15, de la Convention internationale portant réglementation de la navigation aérienne.

Plusieurs Délégations constatent que cette Convention n'a pas été signée par tous les pays faisant partie de l'Union de la propriété industrielle et que rien ne s'oppose à ce que la proposition soit adoptée, après vérification, qu'elle n'est nullement en contradiction avec le texte de l'article précité de la Convention de navigation aérienne.

La Sous-Commission est d'accord pour adopter le nouvel article 5bis proposé par l'Administration française, sous réserve de la vérification de son texte par la Commission de Rédaction.

5. Protection temporaire dans les expositions

ARTICLE 11

Le Bureau international et l'Administration des Pays-Bas ont proposé pour l'article 11 trois rédactions nouvelles différentes, ce qui prouve leur embarras. Dans le premier cas, le délai de priorité partirait du jour du dépôt auprès d'une Administration unioniste d'une demande de brevet, de marque, etc. dans les six mois qui suivront l'ouverture de l'exposition. Dans le second cas, il partirait du jour du dépôt auprès de l'Administration du pays où a lieu l'exposition de la demande de brevet, etc., dans les six mois de l'ouverture de l'exposition. Dans le troisième cas, il partirait du jour où l'objet a été réellement introduit dans l'exposition. Des justifications seraient dans tous les cas exigées par les Administrations des pays unionistes et la liste des expositions officielles ou officiellement reconnues devrait être publiée par la *Propriété industrielle.*

La Délégation suisse, tout en préférant le maintien de l'article 11, accepterait la première alternative, mais sous réserve de certaines modifications en ce qui concerne les justifications à fournir.

La Délégation des Pays-Bas insiste surtout pour que l'article 11 précise très nettement si la durée de la protection temporaire accordée doit se cumuler avec le délai de priorité prévu à l'article 14 de la Convention ou si au contraire elle doit être comprise dans ce délai.

La Délégation britannique se déclare opposée à toute modification de l'article 11. A son avis, seule une demande provisoire, effectuée avant l'ouverture de l'exposition et indépendamment même de toute exposition réelle, avec une description qui pourra être sommaire mais en tout cas suffisante, peut donner ouverture au droit de protection, dont la date est fixée par cette demande, tout autre procédé ne permettant pas l'identification de l'objet exposé avec un dépôt effectué ultérieurement.

Les Délégations australienne et américaine se rangent à l'avis de la Délégation britannique.

La Délégation italienne estime que la proposition britannique aboutit en fait à la suppression de la protection temporaire dans les expositions. Elle déclare se rallier à la proposition présentée par la Chambre de commerce internationale, proposition qui comporte: 1° la publication par les soins du Bureau international de la liste des expositions, avec faculté pour les pays unionistes de formuler une opposition; 2° la fixation du point de départ du délai de priorité à la date de l'ouverture de l'exposition et le non cumul avec le délai de l'article 4; 3° la production, pour réclamer le bénéfice de la protection temporaire dans les divers pays unionistes, d'un certificat délivré par les autorités de l'exposition, accompagné d'une description suffisante et authentifiée par le service de la propriété industrielle du pays où a eu lieu l'exposition. Elle soutient que cette proposition, en même temps qu'elle règle la question de la protection temporaire, est de nature à donner toutes garanties désirables aux Administrations des pays unionistes.

La Délégation britannique déclare qu'elle ne peut accepter cette proposition.

La Délégation espagnole se rallierait à la proposition soutenue par la Délégation italienne, mais elle désirerait que l'intéressé pût choisir comme pays d'origine soit le sien, soit celui où a eu lieu l'exposition.

Les Délégations autrichienne, hongroise, serbe-croate-slovène sont d'avis que le délai de priorité doit être compté à dater de l'introduction de l'objet dans l'exposition.

La Délégation américaine insiste à nouveau pour le maintien pur et simple de l'article 11, qui laisse à chaque pays le soin de régler la question suivant sa législation intérieure.

La discussion porte encore sur un certain nombre de questions très diverses: point de départ de la protection temporaire (introduction des objets à l'exposition ou ouverture de l'exposition), nature des justifications à produire (certificat de l'exposition ou de l'Administration de la propriété industrielle, description sommaire, etc.).

La Délégation française constate alors l'impossibilité évidente pour la Sous-Commission d'aboutir à un accord. Dans sa pensée, il aurait été surtout désirable de préciser seulement que le délai de la protection temporaire ne se cumulait pas avec le délai de priorité, ce qui résultait d'une proposition qu'elle avait présentée à l'article 4; on aurait pu également prévoir la publication de la liste des expositions; mais, en présence des divergences d'opinion qui se sont manifestées, elle croit que la question n'est pas encore mûre et qu'il vaut mieux peut-être maintenir purement et simplement l'article 11 actuel.

La Délégation allemande se range à l'opinion de la Délégation française.

La Délégation des Pays-Bas adjure la Sous-Commission de ne pas se séparer sans avoir décidé d'apporter au moins quelques précisions indispensables à l'article 11, qui est manifestement insuffisant dans sa teneur actuelle. Dans un but de conciliation et pour limiter les modifications au strict minimum, elle soumet à la Sous-Commission l'addition suivante au texte actuel de l'article 11:

« Cette protection temporaire ne prolongera pas les délais de l'article 4. Si plus tard la protection de l'article 4 est invoquée, les délais commencent à courir de la date de l'introduction dans l'exposition. Chaque pays peut demander comme preuves de l'introduction les pièces justificatives qu'il jugera nécessaires. »

Les Délégations italienne et allemande appuient cette proposition.

La Délégation britannique fait remarquer que ce texte ne lui paraît pas résoudre la question la plus difficile; ce n'est pas en effet la preuve de la date de l'introduction qui importe seulement, mais celle surtout de l'identité de l'objet exposé avec la demande de protection définitive.

La Délégation des Pays-Bas répond que, dans sa pensée, la rédaction qu'elle propose vise toutes les justifications que les Administrations de chaque pays peuvent juger utile de réclamer, elle ne verrait que des avantages à ce que cette rédaction puisse être amendée en ce sens.

Finalement, la proposition des Pays-Bas, mise aux voix, recueille 21 suffrages. Deux Délégations ont voté contre et trois se sont abstenues.

Le Directeur du Bureau international et le Président de la Sous-Commission, en présence de ce vote, expriment le vœu que l'opposition des deux Délégations qui ont voté contre la proposition ne soit pas irréductible et que l'unanimité pourra se faire sur le texte définitif amendé par la Commission de Rédaction.

6. Projet de règlement concernant la simplification des formalités relatives aux demandes de brevets

Le Président expose que, conformément au vœu adopté par la Conférence de Washington, le Bureau international de Berne, d'accord avec l'Administration des Pays-Bas, a mis à l'étude et préparé un projet d'Arrangement auquel se trouve annexé un projet de Règlement, ayant pour but d'assurer la simplification des formalités relatives aux demandes de brevets. Il rend hommage au travail très intéressant qui a été accompli par le Bureau international et à la façon très consciencieuse et très heureuse dont celui-ci s'est acquitté de la tâche difficile qui lui avait été confiée. Mais il estime que ce projet de Règlement, qui a surtout un caractère administratif et technique et s'écarte dès lors des questions générales d'ordre juridique que la Conférence a surtout pour mission d'étudier, ne pourrait pas être utilement examiné par la Sous-Commission, et que d'ailleurs un tel examen aurait pour conséquence de retarder singulièrement la clôture des travaux de la Conférence. Dans ces conditions et puisqu'il a été décidé par une autre Sous-Commission de renvoyer à une Conférence d'experts et de techniciens, qui pourrait se réunir auprès du Bureau international de Berne, l'étude de diverses questions techniques, telles que celle de l'uniformisation de la classification des marques et éventuellement de la classification des brevets, il propose, s'il n'y a pas d'opposition, de confier à la même Sous-Commission, qui semble mieux qualifiée, l'examen détaillé du projet de Règlement préparé par le Bureau international.

La Délégation britannique appuie cette proposition et rappelle les heureux résultats déjà obtenus par la Réunion des experts techniques qui s'est tenue à Berne en 1904 et qui a fixé certaines règles uniformes pour la présentation des demandes de brevets.

Le Directeur du Bureau international remercie le Président de la Sous-Commission des éloges qu'il a bien voulu adresser au Bureau et se déclare d'accord avec lui sur la proposition. Il explique à la Sous-Commission dans quel esprit a été élaboré par le Bureau international le projet de Règlement, qui, dans certains cas, peut paraître un peu rigoureux parce qu'il détermine le maximum possible des exigences des Administrations des divers pays unionistes. Il reconnaît que l'examen détaillé de ce Règlement serait plus utilement effectué par la réunion de techniciens et des Chefs des diverses Administrations, qui pourrait avoir lieu dans un délai rapproché et qui se mettrait d'accord sur un texte définitif.

Aucune opposition n'étant formulée contre la proposition présentée par le Président de la Sous-Commission, il est entendu que l'examen du Règlement sur les formalités des demandes de brevets sera renvoyé à la Conférence technique, qui étudiera également l'établissement d'une classification uniforme internationale, tant pour les marques de fabrique que pour les brevets.

En conséquence, la deuxième Sous-Commission, ayant achevé la tâche qui lui avait été confiée, prononce la clôture de ses travaux, dont le Rapport sera adressé à la Commission de Rédaction.

Le Président-Rapporteur:

CH. DROUETS.

Le Secrétaire:

ST. KELEMEN.

TROISIÈME SOUS-COMMISSION

Marques de fabrique et de commerce: propositions relatives aux articles 5, dernier alinéa, 6, 6bis, 6ter, 6^{quater}, 7 et 7bis de la Convention générale

Président : M. Albert Capitaine †
Secrétaire : M. Mario Ghiron

Deux mois à peine après la clôture des travaux de la Conférence de La Haye, Albert Capitaine a succombé aux suites d'une opération.

Nous ne saurions publier ici le Rapport de la troisième Sous-Commission, que notre éminent et très cher ami avait présidée avec tant de tact, de compétence et de courtoisie, sans rendre un hommage ému à sa mémoire. Albert Capitaine laisse parmi nous un grand vide. Il fut un des pionniers les plus ardents et les plus actifs de la cause de la propriété industrielle, à laquelle il a consacré trente ans d'un fructueux labeur. Tous ceux qui ont assisté à la Conférence de La Haye, où il a dépensé si généreusement ses dernières forces, garderont pieusement le souvenir de son infatigable activité, de son alerte intelligence, de son inaltérable droiture, de son inépuisable bienveillance. Il avait l'estime et l'affection de tous. Sa science juridique était aimable, elle savait toujours sourire et la cordialité de son accueil ne fut jamais feinte: elle était chez lui le naturel reflet de la noblesse du cœur. *(Rédaction.)*

La troisième Sous-Commission a été chargée de l'examen des propositions relatives aux articles de la Convention générale concernant les marques de fabrique et de commerce, c'est-à-dire aux articles qui, dans le Programme de la Conférence, portent les numéros 5, dernier alinéa, 6, 6bis (nouveau), 6ter (nouveau), 6^{quater} (nouveau), 7 et 7bis.

Elle a tenu séance les 14, 16, 21 et 26 octobre.

I. Exploitation obligatoire des marques

(Article 5, dernier alinéa)

Le Président ouvre la discussion sur la question de l'exploitation obligatoire des marques. Il signale que sur ce sujet la Sous-Commission est en présence de propositions de l'Autriche (v. p. 338), de la Grande-Bretagne (v. p. 339) et du Programme (v. p. 282). Il estime qu'on peut diviser la question de la façon suivante:

1° Doit-on établir l'obligation d'utiliser les marques?
2° Doit-on fixer un délai pour l'utilisation obligatoire?
3° Quelle sera l'autorité compétente pour annuler une marque, faute d'utilisation?

4° L'importation de produits fabriqués à l'étranger mais revêtus de la marque sera-t-elle considérée comme équivalente à l'utilisation dans le pays d'importation?

La Délégation serbo-croato-slovène est contraire à l'obligation d'exploiter. Elle ne trouve pas admissibles les propositions formulées par certains États au sujet de l'article 5 de la Convention générale et de l'article 4 de l'Arrangement de Madrid, propositions concernant la possibilité d'introduire le principe de l'utilisation obligatoire de la marque. Cette mesure par laquelle on veut déblayer le terrain de certaines marques, mesure également proposée d'ailleurs par le Bureau international au sujet de l'article 4 de l'Arrangement de Madrid, ne s'adapte pas, de l'avis de la Délégation du Royaume des Serbes, Croates et Slovènes, à la nature même des marques et à ses fins. Il y a d'autres mesures législatives pour se débarrasser des marques sans valeur: par exemple le non-payement de la taxe annuelle peut entraîner automatiquement la déchéance de la marque, comme le prévoit la législation serbo-croato-slovène. Tant que la taxe est acquittée, le propriétaire a intérêt à conserver sa marque. Et, du moment qu'il acquitte les taxes, peu importe qu'il emploie la marque ou non. Le législateur n'a pas le droit de s'immiscer dans les intérêts privés des commerçants qui connaissent mieux les conditions de leur propre commerce. Il est notoire, par exemple, et d'ailleurs le Bureau international l'a fait ressortir, que certains commerçants déposent une marque d'avance en attendant le moment de l'employer. Ce sont là les marques dites de réserve ou d'obstruction. Chaque commerçant se trouvant dans des conditions spéciales, il est impossible d'établir d'avance le moment auquel telle ou telle marque sera utilisée. Le fait de déterminer un délai pour cette utilisation constituerait un excès de pouvoir de la part du législateur. Au moment où l'on s'efforce d'établir un régime de liberté relative en ce qui concerne les brevets et les licences obligatoires, il n'est guère plausible d'imposer aux marques l'exploitation obligatoire. D'ailleurs, un brevet qui n'est pas exploité ou dont l'exploitation est insuffisante ou superficielle nuit au développement de l'industrie, tandis qu'une marque non exploitée n'entrave en rien le commerce. Un commerçant trouvera toujours mille autres signes pour marquer sa marchandise.

Une autre raison pour laquelle la Délégation du Royaume des Serbes, Croates et Slovènes est contraire à l'exploitation obligatoire des marques, c'est l'existence dans la loi de son pays d'un article 50 aux termes duquel les marques destinées à couvrir les marchandises monopolisées ne peuvent pas être protégées. Or, comme l'article 7 de la Convention prévoit que la nature des marchandises ne peut pas faire obstacle à l'enregistrement de la marque, l'Administration serbo-croato-slovène accorde quand-même la protection aux marques internationales ou régulièrement enregistrées dans un autre État de l'Union, qui tomberaient sous le coup dudit article 50. Si, au contraire, on exige l'emploi de la marque, aucune marque de ce genre ne pourra être protégée pour les articles monopolisés et l'article 7 de la Convention perdra en Serbie-Croatie-Slovénie la portée qu'il a actuellement.

La Délégation du Royaume des Serbes, Croates et Slovènes croit par conséquent qu'il serait plus pratique et plus favorable de maintenir en ce qui concerne l'article 5 de la Convention et l'article 4 de l'Arrangement de Madrid le texte actuel.

La Délégation espagnole se déclare favorable à la suppression de l'obligation d'exploiter les marques. Elle estime en tout cas que la déchéance d'une marque pour cause de non-utilisation ne devrait être déclarée qu'en vertu d'une sentence judiciaire lorsque la non-utilisation au pays d'origine serait prouvée à la requête d'un tiers. En Espagne, ajoute-t-elle, l'obligation d'exploiter les marques internationales n'existe pas.

La Délégation britannique expose, à l'appui de sa proposition, que celle-ci s'inspire du désir de limiter la faculté appartenant aux États d'annuler les marques pour cause de non-exploitation, ce qui est conforme au point de vue serbo-croato-slovène et ce qui va peut-être même plus loin. La Délégation britannique insiste sur sa proposition, formulée avec précision dans le texte suivant:

« L'enregistrement des marques de fabrique ou de commerce ne pourra être annulé pour cause de non-exploitation s'il est prouvé que la non-exploitation est due à des circonstances spéciales du commerce et non à l'intention d'abandonner ou de ne pas utiliser la marque. »

La Délégation des États-Unis se déclare en principe d'accord avec celle de la Grande-Bretagne, mais elle estime que le texte proposé n'est pas suffisamment précis et qu'il n'est pas fondé sur la réciprocité.

La Délégation française déclare que l'obligation d'exploiter les marques n'existe pas en France et qu'une proposition tendant à l'introduire a été retirée suivant les vœux des intéressés. La France ne désire donc pas l'exploitation obligatoire. Elle voudrait même que l'on précisât tout au moins:

a) que l'exploitation dans le pays d'origine est suffisante;

b) que le ressortissant unioniste n'est pas tenu d'exploiter une marque dans tous les pays;

c) que l'introduction de marchandises revêtues de la marque doit être considérée comme une exploitation suffisante dans le pays d'importation;

d) que l'on doit admettre que la non-exploitation peut être justifiée par des circonstances spéciales.

La Délégation allemande demande aux pays dont la législation prévoit l'exploitation obligatoire des marques quelle serait la limitation maxima que chaque État pourrait accepter pour l'obligation d'exploiter.

La Délégation néerlandaise observe que la législation de son pays prévoit un délai de trois ans pour l'exploitation, sans que le propriétaire de la marque ait à fournir de justification, et la radiation administrative. Les Pays-Bas seraient disposés à admettre une radiation judiciaire.

La Délégation suisse expose que la législation de son pays admet un délai de trois ans sans justification.

La Délégation italienne déclare que sa législation n'impose aucune obligation d'exploiter et qu'elle peut donc admettre toute limitation.

La Délégation hongroise fait la même déclaration.

La Délégation de la Ville libre de Dantzig est d'avis que, puisque l'on désire réduire l'obligation d'exploiter en matière de brevets, il semble qu'il n'y a pas de raison d'envisager une pareille obligation en matière de marques.

La Délégation japonaise déclare que la législation de son pays impose l'obligation d'exploiter, mais que la vente des produits revêtus de la marque est considérée comme une exploitation suffisante.

Le Président demande quel est l'avis de la Chambre de commerce internationale.

Les représentants de la Chambre défendent le texte proposé par celle-ci, savoir:

« L'enregistrement des marques de fabrique ne saurait être annulé pour non-exploitation s'il est établi que cette non-exploitation ne provient pas de l'intention d'abandonner cette marque de fabrique. »

La Délégation hongroise propose d'adopter le mot « employer » la marque.

La Délégation des États-Unis déclare que la législation de son pays admet des justifications pour le non-emploi de la marque, mais elle refuse d'accepter un délai déterminé. Si la Délégation de la Grande-Bretagne consentait à remplacer dans sa proposition les mots « due à des circonstances spéciales du commerce » par les mots « due à un cas de force majeure » elle serait disposée à accepter cette proposition.

La Délégation britannique croit pouvoir accepter cette rédaction tout en observant que si l'on admet un délai, la force majeure devra être admise même après expiration du délai.

La Délégation française estime que la proposition de la Grande-Bretagne modifiée par les États-Unis est peut-être insuffisante. La France préfère la proposition allemande dans laquelle on parle de « causes qui justifient le défaut d'exploitation ».

La Délégation néerlandaise déclare accepter pareille formule.

La Délégation française estime qu'on pourrait proposer à la Commission générale un texte qui renferme une formule souple, qui tienne compte de tous les points de vue et dans laquelle soient consacrés les principes suivants:

1° on exigera seulement la vente des produits munis de la marque;

2° on donnera une certaine latitude, quand il n'y aura pas de mauvaise volonté, pour justifier le défaut d'exploitation, dans un pays, des marques exploitées ailleurs;

3° on ne fixera aucun délai.

La Délégation japonaise demande si cette clause s'appliquera à toutes les marques ou bien seulement aux marques admises telles quelles dans un pays au terme de l'article 6.

La Délégation britannique estime qu'on ne devrait pas faire de différence entre les deux catégories de marques.

La Délégation allemande estime qu'en tout cas on pourrait établir que les marques admises telles quelles aux termes de l'article 6 ne seraient jamais annulées pour défaut d'exploitation.

La Délégation japonaise se rallie à cette dernière proposition allemande.

La Délégation allemande remarque que les États-Unis annulent les marques abandonnées. On pourrait peut-être très bien admettre qu'une marque admise telle quelle et par conséquent déposée dans le pays d'origine, ne puisse jamais être considérée comme abandonnée.

Le Président demande aux Délégations suisse et néerlandaise si elles se rallieraient à la proposition allemande.

Ces Délégations promettent d'y réfléchir.

Le Président propose que la proposition allemande soit examinée par la Commission de Rédaction et que celle-ci présente à la Commission générale un texte qui tienne compte des idées dominantes de la Sous-Commission des marques.

Il en est ainsi décidé.

La Délégation autrichienne demande quelle est la décision de la Sous-Commission à propos de la compétence.

La Sous-Commission décide de renvoyer cette question à la Commission de Rédaction, en se déclarant favorable à l'idée d'exiger une décision judiciaire.

II. Protection des marques

(Articles 6, 6bis, 6ter, 6^{quater} du Programme de la Conférence)

ARTICLE 6

Article 6, alinéa 1. Indépendance des marques ou dépendance de l'enregistrement au pays d'origine.

Aux termes du texte actuel toute marque régulièrement enregistrée dans le pays d'origine sera admise au dépôt et protégée telle quelle dans les autres pays de l'Union. C'est l'application du principe de la dépendance de la marque, de son rattachement au pays d'origine. L'Allemagne a fait une proposition tendant à substituer à cette règle le principe contraire, celui de l'indépendance des marques.

Toutefois, la Délégation allemande, constatant que l'essentiel de cette proposition se trouve contenu dans les deux premiers alinéas de la proposition présentée sur le même sujet par la Grande-Bretagne, se rallie à cette dernière ainsi libellée dans ses alinéas 1 et 2 :

« L'enregistrement d'une marque de fabrique ou de commerce dans le pays d'origine ne pourra pas constituer une condition nécessaire pour obtenir la protection dans d'autres pays; toutefois, la marque doit être conforme à la législation du pays où la protection est demandée.

La protection d'une marque de fabrique ou de commerce enregistrée dans l'un des pays de l'Union sera indépendante de la protection obtenue pour la même marque dans d'autres pays. »

La Délégation britannique développe son point de vue en faisant ressortir que, comme les législations des pays unionistes présentent des différences très considérables, les commerçants se trouveraient dans une situation bien difficile s'ils devaient appliquer à la fois les lois du pays d'importation et celles du pays d'origine.

La Délégation serbo-croato-slovène considère que du projet anglais et allemand on peut déduire deux principes: 1° l'admissibilité d'une marque dans un pays de l'Union, bien qu'elle ne soit pas préalablement enregistrée dans le pays d'origine; 2° l'indépendance des marques. Le premier principe est introduit dans la Convention à l'article 2. D'après cet article les étrangers sont assimilés aux nationaux: il s'ensuit qu'ils peuvent très bien demander l'enregistrement de leurs marques dans un pays de l'Union, sans l'enregistrement préalable dans leur pays d'origine, à la condition, bien entendu, qu'elles soient conformes à la législation dudit pays. Par conséquent il est inutile d'introduire dans l'article 6, qui vise seulement un cas spécial d'enregistrement de marques, une disposition qui ne fait que répéter l'article 2 de la Convention.

La même remarque est à faire pour le principe de l'indépendance de la marque. Du moment qu'une marque est déposée directement dans un pays sans faire appel à un enregistrement antérieur dans le pays d'origine, le pays saisi de la demande d'enregistrement n'a à se préoccuper que de sa propre législation. C'est du moins de cette façon qu'on a interprété le régime de l'Union en Serbie-Croatie-Slovénie.

La Délégation autrichienne se rallie à la proposition allemande.

La Délégation espagnole s'y déclare contraire. Elle fait ressortir que pour toute marque dont on désire la protection dans un pays autre que celui d'origine, on sera tenu d'en justifier l'enregistrement dans ce dernier au moyen du certificat correspondant à son premier enregistrement, parce que ce qui n'est pas légalement reconnu dans le pays d'origine ne peut être invoqué pour acquérir un droit dans les autres pays. La proposition de l'Allemagne entraînerait à son sens une série de procès pour élucider la véritable possession.

La Délégation allemande expose son point de vue relatif à la question de l'indépendance des marques. Il arrive, explique-t-elle, qu'un commerçant, qui possède une marque bien connue dans son pays, se propose d'exporter ses marchandises dans les autres pays sous cette marque. Il a donc tout intérêt à ce que sa marque y soit protégée telle quelle. Mais il arrive aussi qu'un fabricant, exportant des marchandises très diverses, soit obligé de les adapter au goût des consommateurs de chaque pays. Il en est de même pour les marques. Partant, ce fabricant possède des marques variées dont il ne se sert pas dans le pays d'origine. Il suffit qu'elles soient conformes à la loi du pays d'importation et il a intérêt à ce qu'elles soient protégées indépendamment de la législation du pays d'origine.

La Délégation française estime qu'au point de vue théorique il faudrait s'en tenir au principe du statut personnel de la marque et qu'au point de vue pratique, les commerçants français se sont toujours déclarés contraires à ce qu'une marque qui ne serait pas protégée dans le pays d'origine fût protégée en France en raison de la facilité que pourraient avoir, dans les pays ne pratiquant pas l'examen préalable, les ressortissants étrangers, pour déposer des marques susceptibles de tromper le public et pour se livrer ainsi à des actes de concurrence déloyale. Les pays à examen préalable n'auraient-ils pas d'ailleurs intérêt à réfléchir sur l'opportunité qu'il pourrait y avoir pour leur législation à se rapprocher du système plus pratique du non-examen?

La Délégation britannique fait ressortir que le système de l'examen préalable est plus répandu et plus perfectionné que celui du non-examen et que, partant, il faut éviter que la Convention — comme c'est le cas en l'état actuel de l'article 6, alinéa 1 — ne donne un encouragement indirect à celui-ci.

La Délégation française réplique qu'il n'est nullement évident que le système de l'examen préalable soit le plus perfectionné et qu'on peut soutenir que le système du non-examen est celui du progrès. En tous cas, ce dernier est le plus libéral et ne laisse aux Administrations aucun pouvoir arbitraire, car il donne aux tribunaux seuls le droit de statuer sur la validité de la marque.

La Délégation des États-Unis se rallie à la proposition allemande.

Le Président met aux voix le principe de l'indépendance des marques: 18 délégations s'y déclarent favorables, 7 contraires et 2 s'abstiennent.

La question, ayant été résolue favorablement en principe, est renvoyée à la Commission de Rédaction (1).

La Délégation italienne ayant fait observer ultérieurement que, l'avantage essentiel du système de la dépendance ou du statut personnel de la marque étant de protéger le pays d'importation contre les marques refusées au pays d'origine à la suite de l'examen préalable, il lui paraîtrait indiqué de limiter l'application du principe de l'indépendance de la marque aux marques déjà admises dans le pays d'importation (cette solution serait en quelque sorte extérieure au cadre du conflit entre les systèmes de l'examen et du non-examen et conférerait à ces marques le précieux bénéfice d'une protection sûre au pays d'importation), le Président invite ladite Délégation à déposer un texte de proposition, si elle le juge utile au point où en sont les débats.

La France a proposé d'ajouter à l'alinéa 1, *in fine,* de l'article 6 les mots suivants: «pendant un délai de vingt ans». Ainsi, aux termes de cette proposition, la protection des marques régulièrement enregistrées au pays d'origine serait assurée, dans les autres pays unionistes, d'une durée uniforme de protection de vingt ans, comme le sont, sous le régime de l'Union restreinte, les marques qui ont fait l'objet d'un enregistrement international.

Le Directeur du Bureau international remarque que la majorité des pays a des lois qui prévoient un délai de protection maximum de dix ans.

La Délégation espagnole se rallie à la proposition française.

La Délégation serbo-croato-slovène fait de même, en prenant soin de rappeler que l'Arrangement de Madrid prévoit une protection de vingt ans à condition que la protection existe dans le pays d'origine.

La Délégation néerlandaise ne saurait accepter la proposition française. Elle remarque que, pendant le délai de protection, il y a un grand nombre de marques inutilisées, de marques mortes qui empêchent d'enregistrer les marques étrangères similaires.

Les Délégations autrichienne et tchécoslovaque partagent l'avis de la Délégation des Pays-Bas.

(1) La Commission de Rédaction a proposé ultérieurement sur ce sujet une disposition qui devait constituer la première partie de l'alinéa 4 de l'article 6, laquelle a été rejetée par la Commission générale de la Conférence. *(Réd.)*

La Délégation française insiste en expliquant l'utilité que la durée du dépôt soit portée pour tous les pays à vingt ans.

Le Directeur du Bureau international fait remarquer que les pays qui accordent déjà au dépôt une durée supérieure à vingt ans ou bien une durée illimitée ne seraient pas obligés de réduire ce délai, car la Convention ne fixe pour la durée qu'un minimum de protection en laissant à tous les pays toute liberté en ce qui concerne le maximum.

La Délégation britannique adhère au principe de la proposition française, mais préférerait un délai un peu plus court.

La Délégation australienne se rallie au point de vue de la Grande-Bretagne et remarque que dans son pays la durée du dépôt est de quatorze ans, et qu'on peut obtenir le renouvellement par le moyen d'une simple demande.

La Délégation brésilienne propose un délai de quinze ans.

La Délégation britannique préférerait un délai de dix ans.

Le Président met aux voix les trois propositions, savoir: *a)* délai de vingt ans; *b)* délai de quatorze ans; *c)* délai de dix ans.

Le résultat du scrutin est le suivant:

a) délai de vingt ans: 11 oui, 15 non, 2 abstentions;

b) délai de quatorze ans: 6 oui, 20 non, une abstention;

c) délai de 10 ans: 12 oui, 15 non, une abstention.

Le Président constate qu'aucune proposition n'ayant obtenu la majorité, toutes les trois sont écartées par la Sous-Commission. Aucune adjonction ne sera donc proposée à l'alinéa 1, *in fine,* de l'article 6.

Article 6, alinéa 2 nouveau (d'après la numérotation du Programme de la Conférence) (1). *Certificat d'enregistrement au pays d'origine.*

Le Programme propose l'adoption d'un alinéa 2 nouveau ainsi conçu:

« Cette disposition n'exclut pas le droit d'exiger du déposant un certificat d'enregistrement régulier délivré par l'autorité compétente du pays d'origine. »

La majorité des voix n'ayant pu être obtenue au sujet de cette adjonction, le Président constate que la proposition est rejetée.

Article 6, alinéa 3 (d'après la numérotation du Programme de la Conférence) (2). *Cas réservés de refus ou d'invalidation de marques.*

Aux termes de l'article 6, alinéa 2, du texte actuel trois catégories de marques *peuvent* être refusées ou invalidées: 1° celles qui sont de nature à porter atteinte à des droits acquis par des tiers dans le pays où la protection est réclamée; 2° celles qui sont dépourvues de tout caractère distinctif, etc.; 3° celles qui sont contraires à la morale ou à l'ordre public.

Le Programme de la Conférence propose simplement d'insérer au 2°, après les mots « de tout caractère distinctif » les mots « *surtout celles* » à la place des mots « ou bien celles ».

La Grande-Bretagne propose de maintenir la *faculté* de refus ou d'invalidation pour les marques dépourvues de caractère distinctif, etc., comprises sous la rubrique 2° du texte actuel et de déclarer *obligatoire* le prononcé du refus ou de l'invalidation (soit d'office, soit sur requête de tout intéressé) pour les deux catégories de marques comprises dans le texte actuel sous les rubriques 1°

(1) Cet alinéa ayant été rejeté par la Sous-Commission ne figure pas dans le texte finalement adopté par la Conférence de La Haye.

(2) Cet alinéa est devenu l'alinéa 2 du texte finalement adopté par la Conférence de La Haye, puisque, nous venons de le voir, l'alinéa 2 nouveau du Programme de la Conférence a été rejeté par la Sous-Commission.

et 3°, ainsi que pour deux catégories nouvelles: les marques déjà notoirement connues comme celles d'un ressortissant d'un autre pays et celles dont le dépôt constitue un acte de concurrence déloyale, soit pour quatre catégories de marques.

Le Directeur du Bureau international précise les différences qui séparent ces deux propositions. Il signale que dans le Tableau des propositions et contre-propositions le mot «seront» inscrit dans la proposition britannique (p. 341) aurait dû être imprimé en caractères gras, comme les autres mots nouveaux de cette proposition.

La Délégation française signale que le mot «seront» est également employé par la Chambre de commerce internationale dans les propositions officieusement soumises à la Conférence.

La Délégation des États-Unis observe que peut-être la question n'a pas grande importance.

La Délégation britannique précise à nouveau la portée de sa proposition.

Le Président ouvre d'abord la discussion sur le point de savoir quels motifs de refus seront admis, sauf à décider plus tard lesquels seront facultatifs, lesquels obligatoires, et prie la Délégation britannique d'accepter cette méthode de travail.

Le *premier cas de refus (marques de nature à porter atteinte à des droits acquis par des tiers)* ne soulève aucune discussion.

Au *second (marques dépourvues de tout caractère distinctif, etc.)* se rapporte la proposition du Programme de dire: *surtout celles* composées de ..... Ces mots seraient substitués aux mots *ou bien*. Les marques composées exclusivement de signes pouvant indiquer l'espèce, etc. seraient donc considérées comme le type principal des marques dépourvues de tout caractère distinctif, au lieu de constituer une variété un peu différente quoique se rattachant au même groupe. La France, de son côté, propose d'aller encore plus loin, au lieu des mots «surtout celles» d'employer l'expression «c'est-à-dire» pour indiquer purement et simplement que les marques dépourvues de tout caractère distinctif sont celles qui sont composées..... La Délégation française rappelle l'origine historique du texte actuel et les difficultés déjà rencontrées à Washington pour améliorer le libellé ancien, en vue d'obtenir une énumération exacte et complète des cas de refus. Le texte actuellement proposé par la France a le même but, tandis que le texte du Programme n'est pas suffisamment précis et n'est pas acceptable. La réduction des motifs de refus à certains cas limités et précis donne une consistance effective et sérieuse au principe de la marque telle quelle, principe qui à son tour découle de celui du statut personnel de la marque.

La Délégation britannique s'oppose à la proposition française. Elle préfère le texte actuel qui laisse légitime liberté à l'Administration pour faire l'examen préalable.

La Délégation française réplique que sa proposition n'a pas pour résultat d'entraver l'examen préalable, mais seulement de préciser son champ d'application, ce qui d'ailleurs a été déjà signalé à Washington.

La Délégation britannique observe qu'il y a encore une autre raison pour s'opposer à la proposition française. Dans l'examen préalable l'État d'importation doit être tout à fait libre d'apprécier si le signe distinctif peut être considéré comme une marque d'après la conception de ce qui peut constituer une marque au point de vue de la législation de ce pays.

La question est d'ailleurs toujours la même dans les pays à examen et dans les pays à non-examen préalable. La seule différence est que la même question peut être soulevée préalablement par l'Administration dans les premiers, tandis que dans les autres, elle ne peut être soulevée que devant les tribunaux.

La Délégation des États-Unis n'avait pas envisagé dans le mot « c'est-à-dire » une restriction dans les motifs de refus. Mais si, réellement, il s'agit d'une restriction de ce genre, elle s'y déclare contraire comme la Délégation britannique.

Le Directeur du Bureau international propose de substituer aux mots « surtout celles » proposés au Programme, le mot « notamment ».

La Délégation française s'oppose à cette dernière proposition du Bureau international. Elle remarque que les États-Unis n'interprètent pas les mots *c'est-à-dire,* proposés par la France, comme une restriction; elle pense donc que, même avec les mots du texte actuel, les États-Unis envisagent la catégorie des cas de refus comme une catégorie limitée et précise. Pour cette raison la France ne peut pas adopter la proposition du Bureau de Berne qui pourrait marquer un recul sur l'interprétation actuelle des États-Unis.

Le Président met aux voix la proposition du Programme de la Conférence. Ceux qui désirent adopter les mots « *surtout celles* » voteront oui. Ceux qui désirent garder les mots de l'ancien texte *ou bien* voteront non.

Résultat du scrutin: oui 10 voix, non 17 voix. L'amendement est rejeté à la majorité.

Le *troisième* cas de refus (marques contraires à la morale ou à l'ordre public) ne soulève aucune discussion.

Un *quatrième* cas de refus pourrait être prévu, si la Conférence le décide: ce serait celui que la Grande-Bretagne a inscrit sous la rubrique 3° de sa proposition, savoir le cas d'une marque notoirement connue dans le commerce comme la marque du ressortissant d'un autre pays (un délai minimum de cinq années devant être accordé aux intéressés pour réclamer la radiation), et que les États-Unis ont inscrit, de leur côté, dans une proposition présentée par eux (rubrique 4° de cette proposition, v. p. 341), dont la formule est voisine, sans être entièrement semblable (marque notoirement employée auparavant pour les mêmes produits par des tiers dans l'un des pays de l'Union, à moins que le premier usager ne donne son consentement).

Le Président met en discussion ce quatrième cas en faisant observer la connexion qu'il présente avec le texte de l'article 6bis nouveau du Programme de la Conférence, aux termes duquel les pays contractants s'engagent à refuser ou à invalider toute marque notoirement connue comme étant déjà celle du ressortissant d'un autre pays, un délai minimum de trois ans devant être accordé aux intéressés pour réclamer l'invalidation.

Pour la Délégation allemande cette connexion ne soulève qu'une question de rédaction.

La Délégation polonaise critique la disposition dont il s'agit.

La Délégation espagnole expose que le fait d'admettre le quatrième cas de refus actuellement en discussion pourrait être un moyen d'éluder l'enregistrement, parce que la notoriété seule d'une marque, obtenue par la propagande, suffirait pour que le propriétaire de la marque vît ses droits protégés par la loi, sans contracter aucune obligation envers celle-ci. Une marque peut être parfaitement populaire et connue dans un pays et inconnue dans les autres nations.

De plus le fait d'invoquer la notoriété d'une marque ne dépend pas du libre arbitre de l'intéressé ou du pays. Toutefois la Délégation espagnole est prête à approuver l'introduction de ce cas de refus, si ce sont les tribunaux de l'ordre judiciaire qui doivent seuls être chargés d'annuler l'enregistrement, à la demande de la partie intéressée.

La Délégation japonaise trouve qu'il y a quelques obscurités dans le texte qu'on vient d'examiner. Elle approuve le texte de l'article 6bis proposé au Programme de la Conférence, mais elle ne saurait approuver le texte de la proposition actuellement en discussion (quatrième cas de refus).

Cette proposition, après avis conforme du Comité d'études qui propose de reprendre la question au sujet de l'article 6bis (établissement d'un quatrième cas de refus dans l'art. 6), est abandonnée.

Le Président annonce ensuite qu'un *cinquième* cas de refus a été envisagé avec la proposition des États-Unis (v. p. 341) mise en harmonie avec la proposition britannique (*ibidem,* ligne 17/18) et avec l'article 6bis proposé par le Programme (v. p. 246). La proposition américaine consiste dans la faculté de refuser ou invalider les marques composées de mots constituant en n'importe quelle langue le nom commun du produit. Le Président la met donc en discussion.

La Délégation allemande demande quelle est la valeur des mots « n'importe quelle langue ».

La Délégation des États-Unis explique que le texte actuel de la Convention est insuffisant. En effet il arrive parfois qu'un mot soit descriptif en anglais et qu'il ne soit pas descriptif dans une autre langue. Il pourrait donc être accepté dans le pays d'origine, si dans ce pays on ne parle pas l'anglais, néanmoins il ne serait pas acceptable aux États-Unis.

Le Président demande si l'on pense arriver jusqu'à imposer au pays d'importation le devoir de refuser les marques qui sont descriptives dans le pays d'origine sans l'être dans le pays d'importation. Un pareil résultat risque peut-être de ne pas obtenir l'unanimité.

La Délégation des États-Unis explique que la difficulté commence lorsqu'une marque est déposée dans un pays et est formée par des mots qui appartiennent à la langue d'un autre pays. Si le pays d'importation, par exemple les États-Unis, accepte une marque qui n'est pas descriptive en anglais, mais a ce caractère d'après la langue différente du pays d'origine, personne ne pourra plus introduire aux États-Unis le même produit avec son nom naturel selon la langue du même pays d'origine d'où proviennent les deux produits en concurrence.

La Délégation française considère comme très dangereux le point de vue des États-Unis qui pourrait conduire parfois à tuer de très bonnes marques, qui ne nuisent à personne.

Le Président demande si la Sous-Commission se rallie au point de vue américain. Il déclare qu'on fera mention de ce que, en tout cas (comme il le constate), l'Assemblée considère comme point acquis que « le pays d'importation a le droit d'examiner la question de savoir si un mot doit être considéré comme mot commun, même quand il est formulé dans une langue étrangère ».

La Délégation allemande considère aussi cette question comme se rattachant au principe de la concurrence déloyale. Celui qui emploie une langue différente de celle du pays d'importation doit le faire loyalement.

La Délégation des États-Unis propose de charger le Comité d'études, saisi de diverses questions par les Sous-Commissions, de rédiger également un texte résolvant la question actuelle, en tenant compte de la discussion telle qu'elle s'est produite.

Il en est ainsi décidé.

Le Comité d'études, après examen de la question, a estimé à la majorité qu'il n'y avait pas lieu de provoquer un vote, ni de modifier l'article 6, ni enfin de faire une mention spéciale au procès-verbal, le cas visé par la Délégation américaine ne sortant pas du cadre de ce qui est prévu à l'article 6.

La Délégation des États-Unis explique sa proposition et insiste sur ce que, d'après elle, l'article 6 dans sa forme actuelle n'est pas suffisamment clair.

La Délégation britannique remarque que si l'on laisse le mot « pourront » la proposition américaine n'a plus d'importance.

La Délégation des États-Unis insiste.

La Délégation française se déclare contraire à la proposition des États-Unis, étant donné qu'elle vise un cas spécial et que la Convention doit éviter de prendre en considération des cas spéciaux.

La Délégation des États-Unis déclare qu'elle fera une réserve sur le point dont il s'agit.

Le Président donne acte de cette réserve et du fait qu'il sera enregistré dans le rapport que les États-Unis se réservent de refuser ou invalider les marques formées par des mots constituant en n'importe quelle langue le nom commun du produit.

Le Président rappelle que jusqu'à présent la Sous-Commission n'a admis que trois cas de refus: cas de marques de nature à porter atteinte à des droits acquis par des tiers, cas de marques dépourvues de tout caractère distinctif, etc., cas de marques contraires à la morale ou à l'ordre public. Un quatrième cas a été écarté, qui correspondait à la rubrique 3° de la proposition britannique et à la rubrique 4° de la proposition des États-Unis, ainsi qu'un cinquième correspondant à la rubrique 5° de la proposition des États-Unis.

Il déclare qu'il y a lieu d'examiner maintenant un dernier cas dont l'insertion a été demandée par l'Administration britannique sous la rubrique 4° de sa proposition et qui, si elle était adoptée, pourrait porter également le chiffre 4 dans le texte nouveau: le cas d'une marque déposée dans des circonstances constituant un acte de concurrence déloyale au sens de l'article 10bis. Et il explique la portée de cette disposition.

Après renvoi au Comité d'études et après discussion, ce quatrième cas est admis, à la majorité, par 18 oui contre 6 non.

La question de la détermination des *cas* de refus de marques étant épuisée, le Président, suivant la méthode qu'il a précédemment adoptée, aborde la discussion concernant le point de savoir si les cas de refus qui ont été admis seront des cas de refus « obligatoires » ou simplement « facultatifs », si par conséquent l'article 6, alinéa 2, devra débuter ainsi: (Toutefois) « seront » refusées ou invalidées (les marques, etc.) ou ainsi: (Toutefois) « pourront être ».....

Le Président rappelle que la proposition britannique — pour quatre des cas de refus qu'elle prévoit — substitue au mot « pourront être » du texte actuel de la Convention le mot « seront ».

La Délégation française remarque qu'il ne faut pas oublier que l'article 6 prévoit les cas dans lesquels on doit enregistrer la marque telle quelle. Des règles prévoyant le refus obligatoire ne seraient donc pas à leur place ici.

La Délégation du Comité économique de la Société des Nations observe qu'alors il faudrait faire un article spécial pour ne pas écarter l'objet de la rubrique 4° de la proposition britannique. Celle-ci comporte évidemment le refus obligatoire (cas de concurrence déloyale), ainsi que le constatent aussi la Délégation des Pays-Bas, celle de l'Autriche et celle de l'Italie, en se reportant au texte même de ladite proposition.

La Délégation belge déclare ne pouvoir se rallier à la formule « seront ».

La Délégation française propose d'écarter pour le moment la question de savoir s'il y a lieu de rédiger un article à part.

Le Président demande à la Délégation britannique pour quels cas elle insiste à demander le refus obligatoire.

La Délégation britannique répond que, si on lui donnait satisfaction sur certains points, elle renoncerait à insister sur cette clause, pourvu qu'on tînt compte du point de vue anglais, à ce sujet, lorsqu'on rédigera l'article 10bis, auquel se réfère le quatrième cas de refus prévu par sa proposition.

Le Président constate que la clause du refus obligatoire est abandonnée pour les numéros 1, 2 et 3 de la proposition anglaise (v. p. 341).

Le Comité économique de la Société des Nations se rallie au point de vue britannique en ce qui concerne l'abandon du mot « seront » en certains cas prévus par l'article 6, pourvu qu'on donne satisfaction à la Grande-Bretagne à propos de l'article 10bis comme il est dit ci-dessus.

Après un échange de diverses observations, le point de savoir si on doit remplacer le mot « pourront » par le mot « seront » au sens de la proposition britannique (v. p. 341) est finalement renvoyé au Comité d'études.

Le Comité d'études, après examen de la question, est d'avis, à la majorité, de ne pas proposer l'adoption du mot « seront », vu les difficultés qu'il y aurait à obtenir sur ce point l'unification des législations.

Cet avis est adopté à l'unanimité par la Sous-Commission.

Article 6, alinéa 4 nouveau (numérotation du Programme de la Conférence) (1). *Détermination du pays d'origine.*

Le Président explique la différence entre les trois systèmes qui se trouvent en présence (v. p. 246), savoir:

1° Système du Programme de la Conférence, système à cascade, si l'on peut dire.

2° Système autrichien, qui requiert non pas l'établissement principal mais, au lieu de celui-ci, un établissement effectif et sérieux où que ce soit (v. p. 341).

3° Système allemand, du choix absolu *(ibidem)*.

La Délégation britannique est prête à accepter chacun des trois systèmes.

La Délégation tchécoslovaque demande quels sont les motifs qu'on peut faire valoir en faveur du premier système.

Le Directeur du Bureau international explique que le texte du Programme de la Conférence a plutôt pour but de préciser à l'usage des États la voie à suivre en vue de déterminer le pays d'origine que de créer un système absolu. Mais il reconnaît que le texte autrichien est plus simple. Il se rallie donc au texte autrichien.

La Délégation néerlandaise fait de même.

Les Délégations française et italienne également.

Le texte autrichien est adopté à l'unanimité. Ce texte est ainsi libellé:

« Sera considéré comme pays d'origine le pays contractant où le déposant a un établissement industriel effectif et sérieux et, s'il ne possède pas d'établissement de ce genre, le pays contractant de son domicile ou en outre, s'il ressortit à un pays contractant, celui de sa nationalité. »

Article 6, alinéa 4 nouveau (numérotation du texte finalement adopté par la Conférence) (2). *Renouvellement de l'enregistrement.*

On passe à l'examen de la partie de la proposition de la Grande-Bretagne — présentée à propos de l'alinéa 1 de l'article 6 (p. 340) — qui est ainsi libellée et qu'on pourrait insérer à titre de 4e alinéa à l'article 6, où elle paraît mieux à sa place, après la disposition consacrée à la détermination du pays d'origine:

« Le renouvellement de l'enregistrement d'une marque de fabrique ou de commerce dans le pays d'origine n'entraînera pas l'obligation de renouveler dans les autres pays de l'Union où la marque aurait été déposée. Il ne sera pas exigé, comme condition pour la protection d'une marque de fabrique ou de commerce enregistrée, que la marque soit

(1) Cet alinéa est devenu l'alinéa 3 du texte finalement adopté par la Conférence de La Haye.

(2) Cet alinéa, dont le texte a été extrait d'une proposition présentée par l'Administration britannique à propos de l'alinéa 1 de l'article 6, est devenu l'alinéa 4 du texte finalement adopté par la Conférence de La Haye.

utilisée avec une mention déterminée ou quelconque indiquant qu'il s'agit d'une marque enregistrée. Il ne sera pas requis de légalisation pour ce certificat. »

La Délégation britannique expose les raisons qui l'ont déterminé à faire cette proposition.

Le Directeur du Bureau international fait remarquer qu'il s'agit d'une mention devant être faite dans les pays autres que le pays d'origine.

La Délégation française propose de modifier le texte du premier alinéa de la proposition anglaise dont il s'agit en y substituant l'alinéa suivant qui est contenu dans les propositions de la Chambre de commerce internationale :

« Un pays dans lequel la marque est encore valable ne pourra pas exiger un renouvellement du dépôt chaque fois que, dans le pays d'origine, la durée de la protection serait expirée, si le renouvellement en a été opéré en temps utile dans ce pays. »

La Délégation britannique adhère à cette proposition, tout en précisant qu'elle doit être subordonnée au cas où le principe de l'indépendance des marques ne serait pas définitivement adopté.

Le Président constate l'accord des différentes Délégations sur la proposition de la Grande-Bretagne et renvoie la question à la Commission de Rédaction.

Article 6, alinéa 5 nouveau [1]. *Droit de priorité acquis aux marques déposées mais non enregistrées avant l'expiration du délai.*

Le Président met ensuite en discussion la proposition présentée par la Délégation belge en vue de substituer à l'alinéa 1 actuel de l'article 6 le texte suivant :

« Toute marque de fabrique ou de commerce régulièrement déposée dans le pays d'origine sera admise au dépôt dans les autres pays de l'Union.

Ce dépôt conférera au déposant le droit de priorité prévu par l'article 4, s'il a été fait dans le délai fixé par ledit article. A partir du moment où la marque aura été enregistrée régulièrement dans le pays d'origine, elle sera protégée telle quelle, dans les autres pays de l'Union, même si cet enregistrement survenait après l'expiration du délai de priorité. »

Après discussion et renvoi au Comité d'études, cette proposition a été finalement remplacée par le texte suivant qui est devenu l'alinéa 5 nouveau de l'article 6 :

« Le bénéfice de la priorité reste acquis aux dépôts de marques effectués dans le délai de l'article 4, même lorsque l'enregistrement dans le pays d'origine n'intervient qu'après l'expiration de ce délai. »

Résumons maintenant les phases de la discussion.

La Délégation belge précise que la proposition a pour but de parer à un inconvénient parfois grave auquel est exposée la marque dans le pays où son enregistrement est soumis à un examen préalable.

En effet, le délai de priorité organisé par l'article 4 part de la date du dépôt de la marque. D'autre part l'article 6 prévoit qu'une marque ne sera admise au dépôt dans les autres pays de l'Union qu'après avoir été enregistrée dans le pays d'origine. Dès lors il peut arriver — il arrive presque toujours dans certains pays, particulièrement aux États-Unis — que la procédure d'examen se prolonge au delà du délai de priorité et que l'enregistrement n'est donc obtenu qu'après son expiration.

Le droit de priorité devient alors purement théorique et illusoire.

Pour lui conserver son efficacité et rester dans l'esprit de la Convention, il semble nécessaire de prévoir que le bénéfice du droit de priorité restera acquis

[1] C'est la numérotation du texte finalement adopté par la Conférence de La Haye. Le Programme de la Conférence ne comportait pas d'alinéa 5. L'adoption de celui-ci est due à une proposition de la Belgique, comme nous le disons ici même.

au déposant même si à raison du retard éprouvé par l'enregistrement, l'enregistrement dans les autres pays ne pouvait être effectué qu'après l'expiration du délai de priorité. D'où le texte proposé.

La Belgique n'a aucun intérêt propre, direct, à le voir adopter. Chez elle, en effet, la date du dépôt et celle de l'enregistrement coïncident. L'exercice du droit de priorité n'y est dès lors aucunement paralysé par un enregistrement à retardement. Si elle a cru devoir prendre l'initiative de sa proposition, c'est dans un esprit d'équité unioniste et après s'être rendu compte de la situation injuste qui pourrait être faite dans les pays contractants à certains étrangers et spécialement aux sujets américains. Pour citer un cas concret: la marque de porte-mine que tient en main un des Délégués de la Belgique, M. Thomas Braun, la marque Eversharp n'a été enregistrée aux États-Unis que deux ans après son dépôt. A ce moment le délai de priorité était expiré, et son bénéfice dut être refusé au déposant par le tribunal belge devant lequel la question fut portée. C'est pour empêcher le renouvellement d'une situation aussi contraire à l'esprit de la Convention, que la Belgique propose de corriger le texte dans le sens sus-indiqué.

Le Président donne lecture du deuxième alinéa de la lettre *d)* de l'article 6 proposé par la Chambre de commerce internationale qui, dans une formule un peu différente, poursuit le même but que la proposition belge.

Ce texte est le suivant:

« Le bénéfice de la priorité reste acquis aux dépôts effectués dans le délai de l'article 4, même lorsque l'enregistrement dans le pays d'origine n'intervient qu'après l'expiration de celui-ci. »

La Délégation espagnole croit utile que le mot « enregistrement » soit inséré dans le texte de la proposition belge, car une marque peut être refusée dans le pays d'origine mais peut être acceptée dans les autres pays dans lesquels l'examen préalable n'existe pas. Pour cette raison elle estime que le délai de priorité devrait commencer à courir de la date de la délivrance.

La Délégation italienne explique qu'il s'agit de permettre aux intéressés de déposer leur marque dans le pays d'importation pendant le délai de priorité dans le cas où, pendant ce délai, ils n'ont pas encore obtenu le certificat d'enregistrement.

La Délégation japonaise remarque que dans le second alinéa de la proposition belge on n'a pas fait mention du dépôt dans le pays d'importation, et elle craint que la proposition belge n'aboutisse en réalité à une prolongation des délais de priorité.

La Délégation belge répond que, selon son point de vue, le délai ne doit pas être prolongé.

La Délégation italienne propose d'adopter le texte de la Chambre de commerce internationale transcrit ci-dessus.

Le Président constate qu'en ce qui concerne cette question on est d'accord en principe et il renvoie la rédaction d'un texte précis aux soins du Comité d'études.

Le Comité d'études propose de se rallier au texte de la Chambre de commerce internationale qui est adopté.

Le Président observe qu'en général, pour les propositions qui obtiennent une majorité favorable, on formulera un texte qui sera soumis à l'approbation de la Commission générale, et, éventuellement, à la Conférence réunie en Séance plénière.

Article 6, alinéa 6 nouveau. Exigence du certificat d'enregistrement au pays d'origine.

Il y a lieu de noter ici qu'un sixième alinéa sera formé de la disposition de l'alinéa 1 *ad* article 6 du Protocole de clôture qui sera ici transposé[1].

[1] En fait il l'a été avec cette adjonction *in fine* que nous écrivons en italiques, proposée par la Délégation britannique: « La disposition de l'alinéa 1 n'exclut pas le droit d'exiger du déposant un certificat d'enregistrement régulier, délivré par l'autorité compétente du pays d'origine, *mais aucune légalisation ne sera requise pour ce certificat.* » *(Réd.)*

ARTICLE 6bis

Obligation de refuser ou d'invalider les marques imitant d'autres marques notoirement connues.

L'Autriche a présenté au sujet de l'article 6bis une proposition (v. p. 342) qui est ainsi libellée:

« Les pays contractants s'engagent à refuser ou à invalider, soit d'office, si la législation du pays le permet, soit à la requête dûment justifiée de toute partie intéressée, toute marque de fabrique ou de commerce notoirement connue dans le commerce du pays où l'enregistrement de cette marque est demandé, ou dans lequel cette marque est enregistrée, comme étant déjà la marque d'un ressortissant d'un autre pays contractant, utilisée pour des produits ou marchandises du même genre ou d'un genre similaire; un délai minimum de trois ans, à partir de la publication de l'enregistrement de la marque, devra être accordé aux intéressés pour réclamer l'invalidation des marques ainsi enregistrées. »

La Délégation britannique remarque que les États-Unis avaient présenté à propos de l'article 6, alinéa 3 du Programme, une proposition dont la rubrique 4° visait à peu près le même objet. Mais elle recommande le texte proposé par le Comité économique de la Société des Nations (v. p. 341) et adopté par le Gouvernement britannique qui est ainsi libellé:

« En outre, seront refusées ou annulées soit d'office si la législation du pays le permet, soit à la requête dûment justifiée de toute partie intéressée, les marque suivantes:

. . . .

3° toute marque de fabrique notoirement connue dans le commerce comme marque d'un ressortissant d'un autre pays, un délai minimum de cinq ans devra être accordé aux intéressés pour réclamer la radiation des marques ainsi enregistrées. »

La Délégation britannique croit qu'une marque peut être connue dans le commerce en général sans être connue dans le pays dans lequel on veut déposer une marque similaire. Et néanmoins il est désirable que le dépôt soit refusé aussi dans ce cas.

Le Président résume la discussion et formule les quatre questions suivantes:

1° L'État aura-t-il la faculté de refuser le dépôt d'une marque déjà connue comme marque d'un tiers ou bien en aura-t-il le devoir?

2° Le refus aura-t-il lieu seulement lorsque la marque sera ainsi connue dans le pays d'importation ou bien aura-t-il lieu aussi si la marque est connue ailleurs sans l'être dans le pays d'importation?

3° Devra-t-il s'agir des mêmes marchandises ou de marchandises similaires?

4° Quelle sera l'autorité compétente dans cette question?

La Délégation italienne estime qu'il convient de délibérer sur un texte précis. Elle se basera donc sur la proposition formulée par les États-Unis (v. p. 341). Cette prémisse une fois posée, la Délégation italienne répond comme suit aux quatre questions posées par le Président:

1° On doit accorder à l'État une faculté et non pas lui imposer un devoir.

2° La notoriété doit être appréciée en tenant compte seulement de l'opinion du public du pays d'importation.

3° La question des marchandises similaires doit être tranchée d'après l'opinion des consommateurs, en tenant compte de toutes circonstances de fait en vue d'écarter le danger de confusion de la part du public.

4° La compétence doit appartenir au juge du pays d'importation.

En ce qui concerne en particulier le consentement du premier usager (4° de la proposition américaine) on ne saurait imposer des limites au pouvoir souverain d'appréciation des États. En effet, le consentement de l'intéressé est accompagné parfois de circonstances suffisantes pour écarter tout danger de confusion de la part du public; dans ces cas, la protection de l'intérêt privé assuré par le consentement de l'intéressé se confond avec celle de l'ordre public. Parfois, au contraire, nonobstant le consentement de l'intéressé, le danger de confusion pour le public peut se présenter([1]). La législation et la juridiction intérieure auront donc soin de régler les différents cas, selon les circonstances, pour donner satisfaction à la fois aux exigences de l'ordre public et au droit privé des particuliers.

La Délégation italienne enfin croit devoir ajouter à la proposition américaine l'établissement d'un délai de cinq ans — emprunté à la proposition britannique — pendant lequel l'invalidation peut être demandée mais sous cette réserve que la radiation de la marque déposée de mauvaise foi pourra être demandée en tout temps, sans limite de délai.

La Délégation suisse fait la déclaration suivante:

« La Suisse doit, conformément à sa législation, attribuer de l'importance à ce que l'article 6bis ne touche pas au principe de la priorité d'usage. Cela ne serait pas exclu car il ne va pas de soi que la priorité d'usage soit nécessairement liée à la notoriété d'une marque. C'est pourquoi l'Administration suisse est d'avis que la situation serait plus nette si l'article 6bis posait le principe que le dépôt de la marque qui entre en collision avec la marque notoire doit constituer un acte de concurrence déloyale. En effet, il est hors de doute que dans les pays qui, comme la Suisse, connaissent le principe de la priorité d'usage, le dépôt d'une marque entrant en collision ne constitue *pas* un acte de concurrence déloyale, *lorsque* le titulaire de ladite marque possède la priorité d'usage. Par cette clause, on comprendrait de plus que la marque entrant en collision doit caractériser des produits du même genre que ceux auxquels la marque notoire est destinée. »

Le Président déclare qu'acte sera donné à la Délégation suisse de cette réserve.

La Délégation des États-Unis estime que le délai de trois ans est suffisant, étant donné que celui de cinq ans pourrait trop gêner le commerce, en permettant de porter atteinte à des droits déjà très développés.

Le Président remarque que la discussion pour le moment pourrait envisager seulement la question du refus, en réservant à plus tard la question de l'invalidation.

La Délégation française estime que la formule préférable serait celle adoptée par le Comité économique de la Société des Nations, c'est-à-dire la formule qui invalide toute « marque connue dans le commerce ». Ainsi une marque connue dans tout le monde à l'exception du pays où va être importée la marque similaire devrait avoir le droit de s'opposer à une pareille importation.

La Délégation autrichienne, sur la question de savoir si on doit dire « marque connue dans le commerce » ou bien « marque connue dans le pays d'importation », se rallie à ce dernier texte qui est conforme à l'esprit du droit autrichien.

Le Président demande si sur cette question l'assemblée se rallie à la formule du Comité économique de la Société des Nations.

La Délégation japonaise est contraire à cette formule, d'abord parce que l'Administration du pays d'importation ne peut être toujours renseignée sur le fait de la notoriété de la marque à l'étranger, ensuite parce que la radiation des marques similaires à celles qui ne sont pas connues dans le pays d'importation pourrait donner lieu à des conséquences exagérées.

Le Japon accepterait donc seulement la formule « marque connue dans le commerce du pays d'importation ».

La Délégation italienne déclare se rallier au point de vue de celle du Japon pour les raisons suivantes:

1° La marque doit être appréciée d'après le point de vue des consommateurs du lieu dans lequel la marque est connue.

([1]) La Délégation polonaise présente la même remarque.

2° En ce qui concerne les effets du dépôt, celui-ci donne lieu à une protection qui ne peut s'étendre au delà des frontières de l'État où le dépôt est effectué.

3° En envisageant les rapports entre la notoriété et le dépôt, il faut admettre qu'une marque qui, dans un pays, n'est ni déposée ni connue, n'a aucun titre pour y être protégée. Le simple fait de la notoriété ou du dépôt à l'étranger ne peut pas constituer un titre suffisant pour une protection dans ce pays. Tout le monde reconnaît que ce dépôt est le seul titre de protection dans un pays, indépendamment de la notoriété de la marque dans le lieu où la protection est réclamée. Donc, à moins de bouleverser tous les principes en vigueur actuellement en matière de marques de fabrique, on ne saurait accorder une protection indépendante de la notoriété sans le dépôt dans le pays d'importation.

La Délégation allemande estime qu'il s'agit d'une question très délicate, qui se rattache à la concurrence déloyale. Celui qui sait que la marque d'un concurrent déposée presque partout dans le monde n'est encore ni connue ni déposée dans un pays, mais va l'être bientôt et dépose en son nom cette marque, dans ce pays, pour entraver l'introduction de la même marque en faveur du concurrent qui la possède déjà ailleurs, commet sans doute un acte de concurrence déloyale. Il faudrait prévoir et interdire dans la Convention cette forme de concurrence déloyale. Voilà tout. Pour ce qui est de la rédaction de la disposition la plus appropriée, on pourrait renvoyer celle-ci à un Comité d'études.

Le Président demande s'il ne serait pas préférable de fixer à ce Comité les directives à suivre dans la question dont il s'agit.

La Délégation française estime aussi qu'il s'agit d'une question de concurrence déloyale. La question du texte le plus approprié serait une question de rédaction, mais on pourrait prendre pour base le texte du Comité économique de la Société des Nations.

Le Président propose un texte qui tient compte du point de vue du Japon, mais qui ne rencontre l'adhésion ni de la France, ni de la Grande-Bretagne.

La Délégation allemande déclare que si on doit voter un texte, elle ne pourra pas voter pour le texte britannique (v. p. 341), parce que la seule notoriété dans le commerce en général ne suffirait pas à créer un titre absolu à la protection dans le pays où la marque ne serait ni déposée, ni connue. Au contraire, on pourrait très bien traiter la question au point de vue de la concurrence déloyale et élaborer un texte confié aux soins d'un Comité d'études.

Le Directeur du Bureau international recommande de ne pas oublier que la Convention doit toujours garantir un minimum de protection, que le dépôt international donne déjà une protection assez étendue et que si on ajoutait une protection fondée sur la seule notoriété dans le pays d'importation (point sur lequel tout le monde semble tomber d'accord) on aurait déjà obtenu un résultat considérable.

Le Président renvoie la question au Comité d'études, qui tiendra compte de la discussion telle qu'elle a eu lieu jusqu'à présent.

Après examen des dispositions reprises à propos des articles 6bis et 6^{quater} du Programme, le Comité d'études propose à la Sous-Commission de marquer d'une façon bien formelle que ces articles sont indépendants de l'article 6 et contiennent des dispositions impératives devant être appliquées à toutes les marques, même à celles purement nationales et non pas seulement aux marques unionistes.

Sur la proposition du Président, le point de vue du Comité est adopté à l'unanimité.

Le Président expose ensuite que le Comité propose de se rallier au texte de la Délégation belge modifié conformément à la proposition autrichienne et partant propose pour l'article 6bis le texte suivant:

« Les pays contractants s'engagent à refuser ou à invalider, soit d'office, si la législation du pays le permet, soit à la requête de l'intéressé, toute marque de fabrique que l'autorité compétente du pays où l'on demande l'enregistrement estimera y être notoirement connue comme étant déjà la marque d'un ressortissant d'un autre pays contractant et utilisée pour des produits ou marchandises identiques ou similaires. Un délai minimum de cinq ans devra être accordé pour réclamer la radiation des marques enregistrées de mauvaise foi. »

La Délégation néerlandaise propose de réduire le délai à trois ans.

La Délégation britannique désire biffer les mots « de fabrique » après le mot « marques ».

La Délégation du Comité économique de la Société des Nations remarque qu'il serait mieux d'ajouter les mots « de commerce » après les mots « de fabrique ».

La Délégation japonaise retire ses réserves en ce qui concerne le dernier alinéa de l'article en question.

Le Président constate que la Sous-Commission est d'accord sur le texte proposé, sauf les deux modifications suivantes:

a) le délai est réduit à trois ans;

b) au lieu de dire « marques de fabrique » on dira « marques de fabrique ou de commerce ».

Le texte avec ces deux modifications est adopté à l'unanimité.

Le Président explique que le mot « intéressé » du texte qui vient d'être voté doit être considéré comme indiquant le ressortissant lésé ou ses ayants cause aux termes de l'article 2 et aussi de l'article 3 de la Convention. Toute mention sur ce sujet peut être considérée comme superfétatoire.

La Sous-Commission décide d'abandonner toute mention spéciale comme inutile.

Le Président expose que pour les mesures transitoires en vue de l'application du texte qui vient d'être adopté, le Comité d'études propose de faire courir le délai, dont il est question dans le texte, à dater de la mise en vigueur de l'Acte de La Haye en ce qui regarde les marques déposées auparavant, et à partir de la date du dépôt en ce qui concerne les marques qui seront enregistrées ultérieurement.

La Délégation française préfère le mot « enregistrement » au mot « dépôt ».

La Délégation autrichienne déclare que la loi autrichienne prévoit un délai de deux ans à partir de l'enregistrement. L'Autriche doit donc faire une réserve pour le délai de trois ans en ce qui concerne les marques déjà enregistrées.

La Délégation allemande propose de supprimer les mots suivants: « à dater de la mise en vigueur de l'Acte de La Haye en ce qui regarde les marques déposées auparavant ».

La Délégation française demande si on ne pourrait mettre dans le texte la partie de la mesure transitoire qu'on pourrait conserver, savoir que le délai devra courir de la date de l'enregistrement des marques qui seront enregistrées ultérieurement.

La Délégation des États-Unis déclare qu'elle ne saurait admettre qu'aucune marque déjà enregistrée puisse être atteinte.

La Délégation japonaise se rallie au point de vue des États-Unis.

La Sous-Commission adopte à l'unanimité le principe que les marques enregistrées avant la mise en vigueur du texte revisé ne doivent pas être atteintes.

La Délégation française propose de faire une exception à ce principe en ce qui concerne les marques déposées de mauvaise foi.

La Délégation des États-Unis se rallie à la proposition française, qui est adoptée.

Article 6ter
(numérotation du Programme de la Conférence) (1)

Obligation pour les pays contractants d'établir des sanctions civiles et pénales contre tout usage frauduleux de marques.

Le Président communique tout d'abord que les États-Unis ayant confirmé leur opposition irréductible à tout ce qui concerne des sanctions pénales, le Comité d'études a estimé que l'article proposé n'a plus d'intérêt et doit disparaître du projet de Convention revisée.

La Sous-Commission en décide ainsi et la disposition de l'article 6ter est abandonnée.

Article 6quater
(numérotation du Programme de la Conférence) (2)

Interdiction de l'emploi, pour les marques, d'emblèmes d'État, etc.

Le Président rend ici hommage à l'initiative de Sir Hubert Llewellyn-Smith, aux travaux du Comité économique de la Société des Nations et de la Chambre de commerce internationale qui ont fait sur ce sujet un travail approfondi et précieux pour la Conférence.

Le texte proposé au Programme de la Conférence règle avec une grande abondance de détails l'interdiction de l'emploi, pour les marques, d'emblèmes d'État, etc.

La Délégation suisse a fait sur ce sujet la déclaration suivante pour appuyer la proposition présentée par son pays en vue de renforcer encore l'interdiction et dont le texte se trouve à la page 345:

« La Suisse est naturellement satisfaite des propositions faites dans le Programme officiel à l'article 6quater, qui ont pour but la protection des armoiries d'État et d'autres signes publics (emblèmes, signes et poinçons officiels de contrôle et de garantie) des pays contractants. Elle considère que, dans la Convention actuelle, l'acceptation de ces propositions représenterait un progrès notable, dans la répression internationale, de l'abus qui est fait des armoiries d'État et d'autres signes publics.

Ces propositions sont cependant incomplètes, parce que les signes en question, particulièrement les armoiries d'État, sont souvent employés d'une manière telle qu'ils ne pourraient pas être poursuivis, ni en vertu de l'article 6quater, ni comme actes de concurrence déloyale, au sens de l'article 10bis du Programme.

Depuis des années, de nombreuses réclamations sont parvenues aux autorités suisses, parce que les armoiries fédérales sont employées à l'étranger, par exemple comme enseignes pour des pharmacies, pour le commerce d'articles sanitaires, sur divers objets, sur des papiers d'affaires, des prix-courants, etc.

Il s'agit la plupart du temps d'un usage qui n'est pas trompeur, qui n'est pas fait non plus à titre de marque, ou de cas où l'usage à titre de marque est pour le moins douteux.

Un tel usage, qui ne tombe ni sous le coup de l'article 6quater, ni sous celui de l'article 10bis, doit aussi être interdit. Car il est clair, d'une part, que le sentiment national des ressortissants d'un pays est profondément blessé — et pour ce qui concerne la Suisse, il l'est — lorsqu'ils doivent remarquer que les armoiries ou les autres emblèmes de leur propre pays peuvent être employés à l'étranger, et sont employés à l'étranger, dans n'importe quel but.

Il est bien clair aussi, d'autre part, que l'admission de l'usage des signes en question — même s'il n'est pas trompeur et s'il n'est pas fait à titre de marque — méconnaît les égards qui sont dus à l'État intéressé.

(1) Cet article 6ter ayant été rejeté par la Sous-Commission, ainsi que nous allons le voir, c'est l'article 6quater du Programme qui est devenu l'article 6ter du texte finalement adopté par la Conférence de La Haye.

(2) Cet article est devenu l'article 6ter dans le texte finalement adopté par la Conférence de La Haye.

C'est pourquoi la Suisse ne peut voir d'autre réglementation internationale qui la satisfasse réellement, que celle qui, conformément à sa proposition, interdira d'une façon toute générale l'usage commercial, non autorisé, des signes en question.

Cette interdiction concerne pour un pays seulement les signes ou emblèmes d'autres pays et chaque pays pourra régler à son gré l'usage de ses propres signes.

La Délégation suisse insiste encore une fois et tout particulièrement sur l'acceptation de sa proposition pour ce qui concerne tout au moins les armoiries d'États. »

La Délégation suédoise a fait la déclaration suivante :

« De l'avis de la Délégation suédoise, les dispositions de cet article ne doivent point avoir d'effet rétroactif. Si tel devait toutefois être le cas, il conviendrait d'adopter des dispositions transitoires portant, par exemple, que la stipulation relative à la rétroactivité ne s'appliquera pas dans le cas de marques déjà enregistrées pendant la période courante de leur protection, mais qu'elle sera applicable lorsqu'il s'agira de renouveler l'enregistrement.

Le projet relatif à l'obligation d'interdire l'utilisation des marques non enregistrées de l'espèce en question n'a guère de chances d'être accepté par la Suède dans sa portée actuelle.

Pour le cas où la marque est de nature à produire une erreur en ce qui concerne la provenance de la marchandise, la loi suédoise contient déjà des dispositions répressives. »

La Délégation britannique déclare accepter le texte du Programme à l'exception d'un paragraphe. En effet, la législation britannique ne prévoit pas de prohibition, même en ce qui concerne les marques de fabrique. La Grande-Bretagne est disposée à modifier sa loi, mais peut-être la proposition de la Suisse va un peu trop loin en ce qui concerne une prohibition stricte de tous signes distinctifs qui peuvent entrer en collision avec une armoirie ou un emblème d'État.

La Délégation des États-Unis propose les additions suivantes au texte du Programme :

« ARTICLE 6quater

Alinéa 1. — Les pays contractants conviennent, en outre, de refuser ou d'invalider l'enregistrement et d'interdire par des mesures appropriées l'utilisation, *dans le commerce,* non autorisée par les pouvoirs compétents, à titre de marques de fabrique ou de commerce ou comme éléments de ces marques *ou autrement* des *pavillons,* emblèmes *d'État* ou armoiries d'État ou *autres insignes purement officiels* des pays contractants, etc.

Alinéa 3. — Pour l'application de ces dispositions, les pays contractants conviennent de se communiquer réciproquement, par l'intermédiaire du Bureau international de Berne, la liste des *pavillons,* emblèmes *d'État* ou armoiries d'État et *autres insignes purement officiels* des signes et poinçons, etc.

Alinéa 5. — La similitude qui pourrait exister entre les *pavillons,* emblèmes *d'État,* armoiries d'État et *autres insignes purement officiels,* signes ou poinçons, etc. »

La Délégation suisse déclare, en réponse à la remarque de la Délégation britannique, que selon son opinion toute forme d'emploi, dans le commerce, du drapeau ou des armoiries doit être défendu.

La Délégation allemande se déclare d'accord avec la Délégation suisse en ce qui concerne les armoiries, mais, quant aux signes et poinçons de contrôle et de garantie, elle manifeste des hésitations. En effet, l'Allemagne n'est pas encore en état de connaître quels seraient les signes en question. Il est possible que ces signes de garantie soient déjà adoptés par des maisons de commerce à l'étranger. Cette circonstance, qui peut être connue par le public, pourrait échapper à l'Administration dans le court délai qui lui est accordé pour formuler ses objections. Donc l'Allemagne réserve ses décisions définitives.

Le Président souligne l'importance de la publication qui a été distribuée par la Délégation espagnole en vue de faciliter la discussion actuelle, publication reproduisant les armoiries, drapeaux, décorations et poinçons espagnols.

Le Directeur du Bureau international expose que le texte proposé au Programme de la Conférence se rapproche beaucoup des propositions du Comité économique de la Société des Nations. Le 28 avril 1925 le Bureau international avait adressé une circulaire aux différents pays pour avoir des renseignements sur les sujets dont il est question dans l'article 6^{quater}. Il a reçu des réponses de l'Allemagne, de l'Espagne, du Maroc, de la Suède et de la Suisse. La question se pose de savoir si la Conférence doit se borner à prévoir des dispositions en matière d'armoiries et d'emblèmes, — question sur laquelle il semble que tous les pays sont d'accord — ou si elle doit aborder aussi la question des signes et poinçons de contrôle et de garantie qui est beaucoup moins mûre et au sujet de laquelle l'assemblée vient d'entendre des réserves de la Délégation de l'Allemagne.

La Délégation des États-Unis estime qu'après tout, sur le fond on est d'accord et que les divergeances d'opinion entre les diverses Délégations doivent être considérées comme des questions de rédaction. Pour faciliter l'entente, elle se déclare disposée à renoncer à la phrase suivante de sa proposition: « d'États, ou autres insignes purement officiels ».

La Délégation du Maroc explique les motifs de sa proposition (v. p. 345). Celle-ci a pour but d'assurer la protection des monnaies métalliques ou fiduciaires, timbres fiscaux et timbres-poste. Elle déclare que le Maroc désire faire interdire tout abus dans le commerce des mentions — officielles, etc. — qu'on rencontre assez souvent sous une forme mensongère.

Le Président pose la question de savoir si l'interdiction visée à l'article 6^{quater} doit être envisagée comme une interdiction absolue ou bien si elle doit être considérée comme s'appliquant seulement en matière de marques.

La Délégation suisse demande à titre subsidiaire qu'on déclare l'interdiction absolue seulement pour les armoiries d'État et pour les pavillons.

La Délégation britannique remarque que la proposition du Comité de la Société des Nations et celle du Programme de la Conférence envisagent seulement le refus ou l'invalidation de la marque et l'emploi comme marque ou partie de marque. Le simple usage de ces signes dans le commerce n'est pas interdit. La Grande-Bretagne ne saurait s'associer à l'interdiction des signes dans le commerce.

Le Président remarque que la Suisse désire justement aller plus loin que le Programme.

Le Directeur du Bureau international déclare que l'usage de ces signes dans le commerce est prévu sous l'article 10bis.

Il s'agit maintenant de décider si les deux questions, savoir la question des marques et la question du simple usage des signes distinctifs dans le commerce doivent être traités ensemble, ou bien séparément.

La Délégation britannique propose de commencer de voter d'abord sur celle des deux questions qui est la plus restreinte et qui comporte l'obligation internationale la plus réduite.

La Délégation française préconise la méthode inverse.

Le Président propose de procéder par division et de commencer le vote par celui de la question de savoir si les armoiries et les drapeaux doivent être interdits comme marques, sauf à décider ultérieurement quelle sera l'étendue de l'interdiction.

La Délégation japonaise désire qu'il soit précisé que dans les armoiries soient compris aussi les écussons des familles régnantes.

L'assemblée, à l'unanimité, manifeste l'opinion que lesdits écussons sont compris dans les armoiries.

La Délégation allemande demande si les emblèmes sont compris dans les armoiries.

La Délégation française est d'avis que le mot « emblème » est plus compréhensif que le mot « armoirie ».

La Délégation suisse propose un texte ainsi libellé: « Armoiries, drapeaux ou autres emblèmes d'État ».

La Délégation allemande fait des réserves sur ce point.

La Délégation brésilienne propose de dire « emblèmes, armoiries et pavillons ».

La Délégation britannique propose que le vote ne porte que sur la question envisagée dans l'article 6^{quater}, à l'exclusion de la question envisagée à l'article 10bis selon les explications qui viennent d'être données par le Directeur du Bureau international.

La Délégation suisse explique que la répression qu'elle désire doit être envisagée comme une répression stricte et absolue même dans les cas qui restent en dehors du domaine de la concurrence déloyale.

Le Président constate que la Sous-Commission est unanime pour interdire l'usage comme marques des armoiries, drapeaux et emblèmes d'État. Reste à savoir si doit être interdit également l'usage commercial desdites armoiries, drapeaux et emblèmes. Il met cette dernière question aux voix.

Le scrutin donne le résultat suivant: 23 oui, 4 non.

Le Président ouvre ensuite la discussion générale sur le deuxième principe, c'est-à-dire la question de savoir si doit être interdit également l'usage des signes et poinçons officiels de contrôle et de garantie.

La Délégation allemande déclare qu'elle ne peut pas accepter la prohibition de l'usage des signes et poinçons officiels de contrôle et de garantie dans la forme où elle est prévue au texte du Programme. Elle peut accepter seulement la répression de l'usage qui serait de nature à créer une confusion dans le commerce.

La Délégation des États-Unis déclare qu'il s'agit là d'une question de rédaction.

La Délégation japonaise désire que le texte du Programme soit mieux précisé.

La Délégation française trouve que le texte du Programme est bon. Il ne s'agit pas ici en effet de concurrence déloyale, mais d'une prohibition qui se rattache à un principe d'ordre public. La France insiste pour qu'on adopte un terme plus général que celui de poinçons et qu'on se tienne aux mots « signes » adoptés par le texte du Programme.

La Délégation allemande déclare qu'elle ne pourra accepter un engagement international qui lui imposerait de refuser des marques qui peuvent être très bonnes. L'existence de ces marques peut échapper à l'Administration dans le court délai d'un semestre prévu à l'article 6^{quater}. Toutefois l'Allemagne est disposée à interdire toute marque de nature à créer des erreurs ou une confusion parmi les consommateurs.

La Délégation néerlandaise propose la publication des listes mentionnées dans l'article 6^{quater}.

La Délégation française estime que les dispositions du troisième alinéa écartent le danger qui fait l'objet des préoccupations de l'Allemagne.

La Délégation italienne demande si, dans l'esprit du texte du Programme, il est admis qu'un pays puisse invoquer comme objection aux termes du 4e alinéa de l'article 6^{quater} le fait qu'on lui demande d'interdire une marque qui déjà existe sur son territoire comme marque valable.

Le Directeur du Bureau international estime qu'un pareil fait pourrait bien être invoqué comme une objection et que la question devrait être réglée entre les deux pays.

La Délégation allemande déclare maintenir son opposition.

La Délégation serbo-croato-slovène propose d'ajouter les mots « d'État » après les mots « signes, poinçons ».

Le Président remarque que le mot « officiels » semble précisément avoir ce sens. Il formule la question comme suit: Les Délégations qui veulent imposer l'interdiction des signes et poinçons de garantie répondront oui, les autres répondront non. La question est mise aux voix. Le scrutin donne: 22 oui, 4 non.

Le Président déclare ouverte la discussion sur la proposition marocaine (v. p. 345), exception faite de ce qui concerne des mesures législatives.

La Délégation française appuie la proposition du Maroc.

La proposition marocaine est mise aux voix. Le résultat du scrutin est le suivant: 16 oui, 10 non, une abstention.

Revenant à sa proposition, la Délégation marocaine déclare qu'elle n'insiste pas.

La Délégation des États-Unis explique qu'elle désire préciser, par les mots « dans le commerce », que l'interdiction ne devrait envisager que l'utilisation dans le commerce.

Le Président demande si cette idée n'est pas déjà comprise dans la phrase « à titre de marques ».

La Délégation des États-Unis répond affirmativement mais estime cependant qu'il serait utile de préciser.

La Délégation britannique demande si le Gouvernement des États-Unis dans sa formule « à titre de marques..... ou autrement » envisage deux hypothèses différentes.

La Délégation des États-Unis répond qu'elle envisage deux hypothèses différentes. Elle estime que sa suggestion de préciser « dans le commerce » pourra être reprise au cours des débats.

La question est renvoyée à la Commission de Rédaction pour faire droit à ce désir.

Le Président résume la discussion et passe au vote des différentes parties de l'article 6quater du texte du Programme.

Le Président met aux voix le texte du premier alinéa de l'article 6quater réduit à la forme suivante:

« Les pays contractants conviennent en outre de refuser ou d'invalider l'enregistrement et d'interdire par des mesures appropriées l'utilisation, non autorisée par les pouvoirs compétents, à titre de marque de fabrique ou de commerce ou comme éléments de ces marques, des drapeaux, des armoiries ou autres emblèmes des pays contractants, ainsi que toute imitation au point de vue héraldique desdits drapeaux, armoiries ou autres emblèmes des pays contractants. »

Ce texte est approuvé à l'unanimité.

Le Président rappelle que le texte du premier alinéa de l'article 6quater du Programme tel qu'il a été rédigé et sans aucun retranchement a été voté à la majorité. Il déclare qu'il y a lieu maintenant de savoir si la Sous-Commission approuve le texte du second alinéa de la proposition du Programme comme conséquence implicite de l'approbation complète accordée à l'alinéa premier.

Le texte du deuxième alinéa est approuvé dans ces conditions, pour le cas où la Conférence en Séance plénière maintiendrait l'insertion des poinçons et signes de contrôle dans l'alinéa 1.

Le Président met aux voix le texte du troisième alinéa avec les modifications qui seront la conséquence nécessaire de ce qui a été décidé pour l'alinéa précédent.

Dans ces conditions le texte du troisième alinéa est approuvé.

Le Président ouvre ensuite la discussion sur le quatrième alinéa et commence par la proposition de la Délégation suisse de porter le délai d'opposition à douze mois (1). L'assemblée vote à l'unanimité en faveur de cette proposition.

Le Président ouvre la discussion sur le dernier alinéa suivant de la lettre *b)* de la proposition britannique sur l'interdiction de l'emploi des signes et emblèmes

(1) C'est le délai pendant lequel les pays contractants pourront transmettre, par l'intermédiaire du Bureau international, leurs objections éventuelles contre l'insertion de tel ou tel signe sur la liste à eux communiquée par tel autre pays contractant (v. art. 6quater, alinéas 3 et 4, du Programme).

d'État (l'Administration britannique proposait de régler cette question dans deux articles nouveaux qu'elle numérotait art. 6 *a* et art. 6 *b*) (v. p. 344):

« Tout différend portant sur la teneur d'une liste et qui ne pourra être réglé par des négociations entre les parties intéressées sera, à la demande de l'une d'elles, tranché par un tribunal arbitral de trois experts; chaque partie nommera un de ces arbitres et le troisième sera choisi d'un commun accord par les deux premiers; à défaut d'accord, le troisième arbitre sera le Directeur du Bureau international de Berne ou, en cas d'empêchement de ce dernier, un expert nommé par lui. »

La Délégation britannique déclare qu'elle se préoccupe, tout comme le Comité de la Société des Nations, de ce que les dispositions de cet article sont dépourvues de sanctions. Elle a suggéré une procédure arbitrale, mais elle est disposée à adopter toute autre procédure.

La Délégation des États-Unis estime que la proposition dont il s'agit n'est pas nécessaire. Elle craint qu'on introduise dans la Convention une disposition inutile.

La Délégation brésilienne déclare que l'arbitrage est prévu dans cet article pour un cas tout à fait spécial. Les pays pourraient ne pas arriver à s'entendre sur le choix d'un arbitre. La disposition est très utile pour régler un pareil différend.

La Délégation des États-Unis demande quelques explications sur le fait que l'arbitrage du Directeur du Bureau international est également prévu dans la proposition anglaise.

La Délégation britannique donne des explications. Elle déclare qu'en vue des difficultés que sa proposition a soulevées, elle n'insiste pas. Elle explique ensuite le passage suivant de la lettre *a)* de sa proposition *ad* article 6:

« Les mesures appropriées visées à l'alinéa 1 du présent article comprendront des dispositions de nature à obtenir l'annulation de l'enregistrement de toute marque, effectué en violation des dispositions du présent article, à partir d'une année avant la mise en vigueur de ces dispositions ou de l'adhésion subséquente d'un pays à la présente Convention. »

Cette proposition a pour but de régler le cas de celui qui aurait fait enregistrer sa marque en contravention avec la disposition de l'article 6^{quater} peu de temps avant l'entrée en vigueur dudit article.

Le Président demande si la proposition britannique n'introduirait pas le principe d'une rétroactivité relative.

La Délégation des États-Unis déclare qu'il ne pourrait s'agir de rétroactivité et qu'elle ne saurait admettre aucune radiation de marques avant que les intéressés ne connaissent la portée de nouvelles prohibitions.

La Délégation espagnole déclare qu'elle s'opposera à toute rétroactivité.

La Délégation des États-Unis estime que son point de vue n'est pas au fond différent du point de vue britannique, pourvu que le principe que la disposition n'aura pas d'effet rétroactif soit adopté.

La Délégation britannique déclare qu'elle ne poursuit pas le but d'introduire ici le principe de rétroactivité. Elle désire seulement régler la question de l'annulation des marques déposées un an avant la mise en vigueur de la nouvelle disposition.

La Délégation allemande déclare bien comprendre le point de vue britannique. Mais elle estime que lorsqu'une liste sera communiquée plusieurs années après la mise en vigueur de la disposition, on devra envisager une autre règle qui sauvegarde les droits acquis avant que la liste soit connue.

La Délégation des États-Unis estime qu'en général on pourrait interdire l'emploi des marques à partir du jour de l'entrée en vigueur de la disposition dont s'agit.

La Délégation italienne donne son adhésion au point de vue de l'Allemagne.

La Délégation serbo-croato-slovène se déclare favorable à une rétroactivité absolue pour raison d'ordre public.

La Délégation canadienne demande quelle serait la condition du pays qui adhérerait plus tard à la Convention, si l'on ne règle pas la question de la rétroactivité.

La Délégation britannique déclare ne pas s'opposer en principe à changer le délai et même à voir le délai courir à partir de la mise en vigueur de la disposition.

La Délégation française estime que, si on institue un délai à courir à partir de la mise en vigueur de la Convention, la question de la rétroactivité n'est plus préjugée.

La Délégation serbo-croato-slovène se déclare favorable à la proposition britannique telle quelle.

La Délégation française déclare admettre qu'on puisse annuler seulement les marques postérieures à l'entrée en vigueur de la disposition. Mais elle demande quelle serait la condition des marques lorsque les listes seront notifiées plus tard.

Le Président demande si tout le monde est d'accord pour prendre en considération l'observation faite par la Délégation allemande.

La Délégation britannique remarque que, puisque le délai a été porté à douze mois, on pourrait en abuser pour faire enregistrer toutes sortes de marques contraires à la disposition nouvelle.

La Délégation brésilienne estime que le texte original proposé par la Grande-Bretagne mérite d'être adopté.

La Délégation allemande insiste pour respecter le droit acquis aussi en cas de listes notifiées après la mise en vigueur de la nouvelle disposition.

La Délégation britannique remarque que, dans la proposition, on parle de marques enregistrées en violation des dispositions du présent article. Elle demande si cela ne pourrait pas donner satisfaction à l'Allemagne.

La Délégation française propose de renvoyer la question au Comité d'études qui s'occupe de la répression de la concurrence déloyale.

Il en est ainsi décidé.

Le Président met aux voix le dernier alinéa du texte du Programme qui est adopté à l'unanimité.

La Délégation suisse demande qu'on discute la proposition de son Gouvernement *ad* article 6^{quater} (v. p. 345).

La Sous-Commission constate que la substance de cette proposition se retrouve dans le texte qui vient d'être approuvé, sauf en ce qui concerne le passage suivant, qui est renvoyé au Comité d'études, qui étudie l'article 10bis ainsi conçu: « Cet usage ne sera toutefois pas admissible s'il constitue un acte de concurrence déloyale au sens de l'article 10bis ci-après. »

Le Comité d'études se livre à un examen approfondi de la question.

Le Président donne ensuite connaissance des résultats des travaux du Comité et signale notamment que la précédente discussion paraît s'être poursuivie jusqu'ici sous l'empire d'un malentendu. Il semble évident, en effet, que la Sous-Commission est unanimement d'avis que les dispositions de l'article 6^{quater} ne peuvent avoir aucun effet rétroactif, obligatoire, et que son application se limitera aux marques déposées à l'avenir. Il semble que ce point n'a pas été compris par tout le monde, et on peut espérer voir les pays qui ont voté contre l'insertion dans l'alinéa 1 des signes et poinçons de contrôle, revenir sur leur opposition, du moment que la rétroactivité est écartée.

Le Président propose à la Sous-Commission de constater officiellement l'interprétation à donner à l'article en question et de procéder à un nouveau vote.

Cette proposition est adoptée.

Le Président rouvre de nouveau la discussion sur le premier alinéa de l'article 6^{quater}, formulé comme suit:

« En ce qui concerne les armoiries, drapeaux et autres emblèmes d'État des pays contractants, ainsi que les signes et poinçons officiels de contrôle et de garantie adoptés par les pays contractants, ceux-ci conviennent de refuser ou d'invalider l'enregistrement et d'interdire par des mesures appropriées l'utilisation, non autorisée par les pouvoirs compétents, à titre de marque de fabrique ou de commerce ou comme éléments de ces marques, de ces emblèmes, armoiries, signes ou poinçons, de même que toute imitation au point de vue héraldique desdits emblèmes, armoiries, signes ou poinçons. »

La Délégation allemande déclare abandonner son opposition en ce qui concerne les signes et poinçons de contrôle et de garantie.

La Sous-Commission adopte à l'unanimité le principe de protéger aussi par l'article 6^{quater} les signes et poinçons de contrôle et de garantie.

La Délégation française demande qu'on reprenne en considération la proposition du Maroc (v. ci-dessus).

Le Président remarque que le vote a déjà eu lieu sur cette question, et que le résultat de ce vote sera présenté à la Commission générale qui décidera d'après le rapport qui sera fait sur ce sujet par la Commission de Rédaction.

Le Président en continuant la discussion observe que les mots « armoiries, drapeaux et autres emblèmes d'État » doivent comprendre aussi, selon le sentiment du Comité d'études, « les écussons des familles régnantes » ainsi que « les emblèmes, les armoiries et les drapeaux de chacun des États d'une Confédération » et enfin les drapeaux et les pavillons d'État.

La Délégation italienne remarque que selon son point de vue l'emploi des simples couleurs qui sont comprises dans les pavillons des États ne doit pas être considéré comme interdit par l'article 6^{quater}.

La Sous-Commission prend acte de la déclaration de l'Italie et adopte le point de vue du Comité d'études qui vient d'être signalé par le Président.

Le Président met successivement aux voix le 2e, le 3e, le 4e et le 5e alinéa de l'article 6^{quater}, tel qu'il figure au Programme. (Le 4e alinéa porte maintenant douze mois, d'après le vote émis par la Sous-Commission.) Le texte en est ainsi libellé:

« En ce qui concerne les signes et poinçons officiels ci-dessus mentionnés ou leur imitation, il est entendu que l'interdiction visée dans le présent article s'appliquera seulement dans le cas où les marques comprenant ces poinçons et signes sont utilisées ou destinées à être utilisées sur des marchandises du même genre que celles pour lesquelles l'apposition du poinçon ou signe original implique une garantie ou sur des marchandises d'un genre similaire.

Pour l'application de ces dispositions les pays contractants conviennent de se communiquer réciproquement par l'intermédiaire du Bureau international de Berne la liste des emblèmes ou armoiries d'État, des signes et poinçons officiels de contrôle et de garantie, qu'ils désirent ou désireront placer d'une façon absolue ou dans certaines limites sous la protection du présent article, ainsi que toutes modifications ultérieures apportées à cette liste.

Tout pays contractant pourra, dans un délai de douze mois à partir de cette communication, transmettre par l'intermédiaire du Bureau international de Berne au pays intéressé les objections éventuelles auxquelles la communication de cette liste pourrait donner lieu de sa part.

La similitude qui pourrait exister entre les emblèmes, armoiries, signes ou poinçons officiels de contrôle et de garantie des divers pays contractants n'empêche pas les nationaux de chaque pays de faire usage des signes ou poinçons appartenant à celui-ci. »

Les alinéas 2 à 5 sont adoptés.

La Délégation italienne demande pourquoi dans le 5e alinéa la dernière phrase ne mentionne pas les emblèmes, armoiries et drapeaux.

Le Directeur du Bureau international déclare que ces mots ont été omis par erreur et qu'ils doivent être ajoutés.

La Sous-Commission adopte à l'unanimité le 5e alinéa avec l'adjonction de ces mots.

Le Président expose que le Comité d'études propose d'ajouter un 6e alinéa ainsi conçu:

« En ce qui regarde les armoiries, drapeaux et autres emblèmes d'État notoirement connus, les pays contractants en refuseront l'enregistrement à partir de l'entrée en vigueur de cet Acte et en invalideront l'enregistrement, lorsque les marques auront été déposées après la signature du présent Acte.

Quant aux emblèmes d'État autres que ceux visés à l'alinéa précédent, ainsi qu'aux signes ou poinçons officiels de contrôle et de garantie adoptés par les États, ceux-ci en refuseront ou invalideront un enregistrement non autorisé lorsque le dépôt de ces marques aura été opéré dans les deux mois qui suivront la réception de la notification prévue par l'alinéa 3 de l'article 4, chaque pays s'engageant à publier en temps utile la liste notifiée.

Réserve est faite de la faculté pour les États de faire rayer les marques enregistrées avant la mise en vigueur du présent Acte, comportant les armoiries, drapeaux et autres emblèmes d'État, signes ou poinçons officiels de garantie ou de contrôle. »

Le Président ouvre la discussion sur cet alinéa 6.

La Délégation allemande propose d'y supprimer les mots « de l'article 4 » et de considérer cet alinéa comme concernant purement et simplement des dispositions transitoires.

La Délégation française rappelle qu'on a adopté le principe que, s'il est entendu que les marques enregistrées avant la mise en vigueur de la Convention revisée ne doivent pas être affectées par la nouvelle disposition de l'article 6bis, néanmoins les marques déposées de mauvaise foi devraient être soustraites au bénéfice de cette disposition transitoire. Elle propose d'adopter le même principe pour l'article 6quater.

La Délégation autrichienne demande des explications sur le rapport qu'il y aura entre les dispositions du 4e alinéa de l'article 6quater visant la transmission des listes et les dispositions transitoires du 6e alinéa.

La Délégation italienne explique que pour les armoiries notoirement connues, on pourrait envisager la communication d'une liste comme ayant un effet purement déclaratif parce qu'en général les États contractants ont déjà des dispositions répressives pour l'imitation des armoiries notoirement connues. Au contraire pour les armoiries non notoirement connues et pour les signes et poinçons de garantie les listes doivent être envisagées comme ayant effet constitutif. Cela explique la distinction faite dans l'alinéa 6, et le rapport entre l'alinéa 6 et l'alinéa 4.

La Délégation française insiste sur sa proposition portant l'adoption du même principe de l'article 6bis dans les mesures transitoires de l'article 6quater en ce qui concerne les marques déposées de mauvaise foi.

La Délégation italienne demande si une pareille disposition est vraiment nécessaire. Ou bien la marque à l'heure actuelle est interdite par un des pays contractants et la disposition dont il s'agit comme toute disposition transitoire semble être inutile, ou bien elle ne l'est pas et dans ce cas on ne saurait pas parler de mauvaise foi.

La Délégation japonaise déclare qu'elle ne saurait admettre en aucun cas une disposition pareille, ni pour l'article 6quater, ni pour l'article 6bis. Si on a entendu donner une pareille interprétation à l'adhésion japonaise concernant l'article 6bis dernier alinéa, elle retire celle-ci. Le Japon ne saurait admettre aucun effet rétroactif ni pour l'article 6bis, ni pour l'article 6quater.

La Délégation allemande déclare qu'en ce qui concerne l'article 6bis l'adhésion donnée par la Délégation japonaise ne peut être interprétée comme visant l'effet rétroactif.

La Délégation française estime qu'on pourrait porter la question devant la Commission générale.

On passe à la discussion sur l'étendue de la prohibition visée dans l'article 6^{quater}.

Le Président explique que le Comité d'études n'étant pas parvenu à mettre d'accord les opinions divergentes décide de soumettre à la Commission deux textes exprimant ces opinions:

Première rédaction: «Les États contractants s'engagent à réprimer l'usage non autorisé dans le commerce des armoiries d'État des pays de l'Union, avec la réserve que les personnes qui, avant la mise en vigueur du présent Acte, auront employé une de ces armoiries, ne pourront être empêchés d'en continuer l'usage, pourvu qu'il ne soit pas de nature à créer une erreur sur l'origine du produit ou de la marchandise ou sur la qualité de ceux qui les emploient.»

Seconde rédaction: «Les États contractants s'engagent à réprimer l'usage non autorisé dans le commerce des armoiries d'État des pays de l'Union, pour autant que cet usage soit de nature à produire une erreur sur l'origine du produit ou de la marchandise ou sur la qualité de ceux qui les emploient.»

On passe à la discussion de cette question.

La Délégation suisse explique les motifs pour lesquels elle a déjà plusieurs fois signalé l'importance d'une prohibition plus stricte de l'emploi des armoiries d'État de la part des particuliers même lorsque cet emploi n'est pas de nature à créer de la concurrence déloyale.

La Délégation italienne déclare accepter la prohibition plus stricte de la première rédaction, avec la limitation toutefois que le ressortissant d'un État pourra employer les armoiries, emblèmes, drapeaux de cet État, même sans autorisation spéciale.

La Délégation suisse déclare accepter la limitation italienne.

La Délégation britannique déclare se rallier seulement à la seconde rédaction.

La Délégation des États-Unis également.

Le Président procède au vote.

Tout d'abord est mise aux voix la première rédaction.

Le résultat du scrutin donne: 12 oui, 6 non, 6 abstentions.

Est mise ensuite aux voix la seconde rédaction.

Le résultat du scrutin donne: 21 oui, 0 non, 3 abstentions.

Le Président déclare que les deux rédactions seront soumises à la Commission générale et à la Séance plénière.

Le Président propose, après avoir examiné toutes les questions soumises au Comité d'études, de passer maintenant à la discussion de la proposition des États-Unis *ad* article 10 (v. p. 347). Il signale que le second alinéa de cette proposition a été retiré et que donc il ne reste à considérer que le premier alinéa dont le texte est le suivant:

«Tout enregistrement opéré, dans l'un des pays contractants, par un agent, un représentant ou un client du propriétaire d'une marque de fabrique ou de commerce antérieurement employée dans l'un des autres pays contractants, sera considéré comme appartenant et profitant audit premier usager de la marque. Chacun des pays contractants convient de prendre les mesures appropriées pour la protection de ce droit.»

La Délégation française propose une motion d'ordre. Elle déclare que dans la Sous-Commission on doit discuter seulement les cas généraux et ne pas s'occuper des cas spéciaux. La proposition américaine envisage un cas spécial et une question de détail.

La Délégation des États-Unis estime qu'il ne s'agit pas d'une question de détail mais d'une question de principe. Nous voulons combattre, dit-elle, tous les abus des agents comme cela a été très bien compris et signalé par la Délégation italienne dans le Comité d'études. Lorsque l'agent dépose en son nom une marque qui appartient à son client nous voulons que ce dépôt soit annulé et la marque transmise directement au client.

La Délégation française estime que la question devra être envisagée comme application des règles générales en matière de revendication.

Le Président demande si on ne pourrait pas mettre dans le rapport la déclaration que chaque État se réserve la faculté de procéder comme les États-Unis le désirent.

La Délégation japonaise remarque qu'il s'agit de la règle qui oblige les pays dont la loi consacre le principe du caractère attributif à admettre les dérogations nécessaires au bénéfice de la revendication.

La Délégation des États-Unis demande qu'on vote sur la proposition telle qu'elle a été proposée.

La Délégation allemande précise que le vote devra porter sur la question de savoir si le principe préconisé par les États-Unis devra être introduit dans la Convention.

La Délégation britannique déclare qu'elle admet le principe en général en ce qui concerne l'illégitimité de l'acte commis par l'agent, mais elle ne saurait pas voter pour l'introduction du principe dans la Convention.

Le Président met aux voix la question sous la forme suivante:

Y a-t-il lieu d'introduire dans la Convention le principe tel qu'il se dégage de la proposition qui vient d'être communiquée?

Résultat du scrutin: 4 oui, 14 non, 6 abstentions.

Le Président déclare qu'on mentionnera seulement dans le rapport la simple faculté des États de procéder dans le sens visé par la proposition américaine.

L'article 6^{quater} est donc adopté dans les conditions qui résultent de la précédente discussion. Sa mise au point sera faite par la Commission de Rédaction. Celle-ci lui attribuera le numéro 6ter, puisque la proposition du Programme comprise sous ce numéro 6ter a été rejetée par la Sous-Commission.

III. La nature du produit et le dépôt de la marque

(Article 7)

La Sous-Commission maintient le texte ancien.

Le Président déclare qu'il mettra en discussion la question de l'exploitation de la marque après la discussion de l'article 7bis.

IV. Protection des marques collectives

(Article 7bis)

La Délégation italienne déclare ne pas vouloir insister sur sa proposition portant sur les mots « chaque pays fixera les conditions ».

Les deux premiers alinéas de cet article sont adoptés sans changements.

On passe à la discussion du 3e alinéa de l'article 7bis tel qu'il a été proposé au Programme (v. p. 249).

Le texte est le suivant:

« Les pays contractants s'engagent également à admettre au dépôt et à protéger les marques dites régionales ou nationales adoptées dans un but d'intérêt général par des autorités ou par des associations autorisées. »

La Délégation tchécoslovaque accepte le 3e alinéa avec des réserves. Elle fait la déclaration suivante:

« La Délégation tchécoslovaque serait disposée à voter, en principe, pour l'amendement proposé *ad* article 7bis, alinéa 3 sous les réserves suivantes:

1° Limiter le texte de cet alinéa aux marques nationales, c'est-à-dire supprimer la mention „marques régionales". Cette limitation paraît justifiée par la même considération que celle qui est mentionnée au Programme. Il s'agit toujours des cas où l'intérêt général est en jeu. L'intérêt local d'une région déterminée ne semble donc pas justifier la protection visée en l'alinéa 3 de l'article 7bis.

2° Limiter ladite protection aux marques adoptées par les autorités. L'extension de la protection aux associations autorisées ne serait pas acceptable pour la Délégation tchécoslovaque. »

La Délégation britannique estime que la disposition dont il s'agit n'est pas tout à fait nécessaire.

La Délégation française demande si on ne pourrait pas se limiter à faire une déclaration à la Séance plénière.

Le Président propose de se limiter à la déclaration que l'État peut être compris dans les collectivités visées par le premier alinéa de l'article 7bis.

La Délégation tchécoslovaque estime que la disposition est utile, étant donné que l'État ne peut pas être considéré comme une collectivité au sens de l'alinéa 1 de l'article 7bis, le complément exprimé par les mots « dont l'existence n'est pas contraire à la loi du pays d'origine » ne pouvant être appliqué à l'État lui-même. Toutefois, elle se déclare favorable à la déclaration proposée par le Président avec les réserves qu'elle vient de faire.

La Délégation française remarque qu'il faut aussi envisager les marques régionales, dont il existe de très bonnes.

Le Comité économique de la Société des Nations propose de faire un effort pour concilier les différentes opinions sur un texte transactionnel.

Le Directeur du Bureau international précise que la disposition pose deux questions différentes:

a) Veut-on appliquer l'article 7bis aux marques d'État?

b) Veut-on protéger les marques régionales?

Si l'on veut protéger les marques d'État, il suffit d'une déclaration interprétative. Si l'on veut protéger les marques régionales, il faut introduire une disposition dans le texte.

La Délégation autrichienne estime que le troisième alinéa devrait en tout cas prendre la place du second et le second la place du troisième.

La Délégation tchécoslovaque déclare accepter une déclaration qui étend les marques des collectivités aux marques des États.

Une déclaration en ce sens est adoptée à l'unanimité par la Sous-Commission.

Pour le surplus la Sous-Commission décide d'abandonner le troisième alinéa.

La troisième Sous-Commission, ayant ainsi épuisé son ordre du jour, charge son Président de transmettre à la Commission de Rédaction les textes qu'elle a adoptés concernant les marques de fabrique et de commerce (articles 5, dernier alinéa, 6, 6bis [nouveau], 6ter [nouveau], 7 et 7bis).

Le Président prononce la clôture des travaux de la Sous-Commission.

M. Osterrieth lui adresse au nom de celle-ci ses meilleurs remerciements pour l'heureux achèvement d'une tâche qui était singulièrement malaisée à remplir.

Le Président:

ALBERT CAPITAINE.

Le Secrétaire:

MARIO GHIRON.

QUATRIÈME SOUS-COMMISSION

Articles 9, 10 et 10bis de la Convention d'Union; Arrangement de Madrid concernant la répression des fausses indications de provenance

Président : M. Osterrieth †
Secrétaires : MM. Hermann-Otavský et Braun

La mort vient de faire une nouvelle victime parmi les *leaders* de la Conférence de La Haye : Albert Osterrieth est décédé à Berlin, le 18 mars 1926, à la suite d'une courte maladie.

Avec lui, notre Union perd une de ses forces. Albert Osterrieth en était un des ouvriers les plus actifs et le travail intense qu'il consacra pendant tant d'années à la cause de la propriété industrielle a été réellement fécond. Sa vaste culture juridique et son expérience sagace lui permettaient, dans les discussions les plus difficiles, d'introduire les solutions opportunes que sa souple énergie se faisait ensuite un jeu d'imposer. C'est à son intelligence constamment en action et à sa rare autorité qu'est due pour une bonne part l'œuvre accomplie à La Haye.

Qu'il nous soit permis de rendre un suprême hommage à la mémoire du Président de la quatrième Sous-Commission, au seuil de ce rapport, où il a lui-même retracé, en une langue précise et claire, l'essentiel de ces débats, qu'il avait présidés avec une si éminente maîtrise. *(Rédaction.)*

La quatrième Sous-Commission a été chargée d'examiner les questions relatives aux mesures préventives à prendre contre les produits portant illicitement une marque de fabrique ou de commerce ou un nom commercial (art. 9), aux fausses indications de provenance (art. 10) et à la concurrence déloyale (art. 10bis de la Convention générale), ainsi que d'étudier les modifications à apporter à l'Arrangement de Madrid concernant la répression des fausses indications de provenance.

Elle a consacré à cette tâche cinq séances tenues les 12, 13, 15, 22 et 27 octobre.

Après une première lecture, dans les séances des 12 et 13 octobre, la Sous-Commission a nommé un Comité d'études. Ce Comité a été constitué comme suit: Sir Hubert Llewellyn Smith, MM. Barone, Braun, Brunet, Capitaine, Ghiron, Hermann-Otavský, Ito, Kraft, Lane, Maillard, Osterrieth, de Pury, Röthlisberger et de Souza Santos Bandeira.

Article 9

L'article 9 prévoit des mesures préventives pour contrôler aux frontières le passage de marchandises portant illicitement une marque de fabrique ou un nom commercial: la saisie à l'importation ou la prohibition d'importation ou autres moyens ayant le même objectif.

La proposition du Programme d'ajouter à ces moyens la saisie à l'intérieur a été approuvée à l'unanimité.

La proposition de la France d'intercaler dans le dernier alinéa de l'article 9 actuel après les mots «saisie à l'intérieur» les mots «et en attendant que cette législation soit modifiée en conséquence» a rencontré l'opposition de la Délégation suisse. Celle-ci a fait valoir que cette adjonction impliquerait l'engagement, pour les pays unionistes, d'introduire dans leur législation la saisie administrative, engagement que la Suisse ne serait pas à même de prendre. La Délégation française a répondu que l'adjonction dont il s'agit doit être considérée comme une simple invitation, adressée aux pays unionistes, qui ne créerait pour ceux-ci aucun engagement, pas même moral. En présence de ces éclaircissements, la Délégation suisse n'a pas insisté sur son opposition et la proposition a été renvoyée à la Commission de Rédaction.

La proposition de remplacer à l'alinéa 3 (ancien alinéa 4) les mots «particulier ou société» par «*personne physique ou morale*» a rencontré l'approbation unanime. Cependant, quelques Délégations ayant observé que ce nouveau texte permettrait aux syndicats et associations d'intéressés d'intervenir dans les cas prévus à l'article 9, la Délégation d'Autriche a signalé que sa législation admettait, en matière de marque et de nom commercial, uniquement la poursuite par les parties lésées, et que l'Autriche ne pourrait pas accepter une proposition visant en matière de marque et de nom commercial l'intervention des syndicats et associations qui, de fait, ne représentent que des intérêts généraux.

Sur l'observation du Président que l'insertion, dans le 3e alinéa, des mots «*personne physique ou morale*» n'implique pas l'admission des syndicats et associations, étant donné qu'il reste toujours à rechercher si une personne, soit physique, soit morale, peut être considérée comme partie intéressée, et sur la déclaration des Délégations britannique et française que l'intervention des syndicats et associations était désirable également en matière de marque et de nom commercial, la Sous-Commission a décidé de renvoyer la question au Comité d'études, qui en a été également saisi pour les articles 10 et 10bis.

Il en a été de même de la proposition française et britannique d'insérer à la fin de l'article 9 une disposition analogue à celle de l'article 6ter du Programme (sanctions civiles et, en cas d'agissements frauduleux, sanctions pénales). La Délégation des États-Unis a déclaré que son pays n'admet pas les sanctions pénales en matière de marques et a signalé à la Commission de Rédaction la proposition élaborée par le Comité d'études à l'article 10bis (v. *infra*), proposition qui lui paraissait assez large pour être acceptée.

Le premier alinéa de l'article 9 a été l'objet de l'amendement suivant, présenté à la Sous-Commission de la part de la Délégation suisse:

«Sera considéré comme illicite l'emploi de toute marque ou de tout nom commercial qui est contraire à la législation du pays d'importation.»

Le Président a constaté que, de l'avis unanime de la Sous-Commission, il appartient uniquement au pays d'importation de décider si l'emploi d'une marque ou d'un nom est illicite ou non. Sur cette constatation, la Délégation suisse a retiré sa proposition.

ARTICLE 10

L'article 10 rend applicables les sanctions prévues par l'article 9 aux fausses indications de provenance.

Il stipule, en outre, qu'il y a une fausse indication de provenance dès qu'un produit porte faussement le nom d'une localité déterminée et qu'il y est joint un nom commercial fictif ou emprunté dans une intention frauduleuse.

C'est une sorte de définition, bien modeste il est vrai, mais qui assure aux ressortissants de l'Union une protection minima, indépendamment de quoi ils jouissent, suivant l'article 2, du traitement national, pour autant que la loi du pays leur soit plus favorable.

La Conférence a été saisie de plusieurs propositions ayant pour objet d'en élargir le champ d'action.

Le Programme propose de rendre applicables les sanctions de l'article 9 à tout produit ou marchandise portant faussement comme indication de provenance non seulement le nom d'une localité mais aussi celui d'un pays déterminé, et sans qu'à cette indication soit joint un nom commercial.

Les propositions de plusieurs pays contractants sont encore plus explicites, mais leurs objectifs sont manifestement très différents. On peut les classer en deux groupes:

Le premier groupe est représenté par la proposition française, ainsi conçue:

« Seront considérées comme fausses indications de provenance toute apposition sur un produit ainsi que tout usage, pour sa désignation ou comme élément de cette désignation, d'une expression géographique n'ayant pas dans le pays auquel appartiennent la localité ou la région que cette expression dénomme et suivant la législation de ce pays, le caractère d'une dénomination générique de tous produits similaires de provenance quelconque. »

Il résulte de ce texte que la France considère comme fausse indication de provenance le cas d'une expression géographique apposée sur un produit lorsque le produit ne provient pas de la localité (ou région) portant ce nom, et lorsque cette expression n'est pas devenue une dénomination générique dans le pays auquel appartiennent cette localité ou région.

Les propositions du deuxième groupe, représentées par Cuba et la Grande-Bretagne, n'entendent, par contre, frapper l'usage d'une indication inexacte de provenance que lorsqu'elle serait de nature à produire une erreur sur l'origine du produit, c'est-à-dire, lorsque cet usage impliquerait, comme le dit d'ailleurs expressément la proposition britannique, un acte de concurrence déloyale.

Sous cet aspect les faits visés à l'article 10 devraient rentrer dans le domaine de l'article 10bis; et, en effet, à l'article 10bis figurent également des propositions visant la répression des fausses indications de provenance formulées par l'Allemagne, l'Espagne, la France, la Grande-Bretagne et l'Italie.

La différence entre les deux systèmes consiste en ce que la France entend frapper tout usage d'une indication géographique, dès qu'elle est inexacte (conformément à la définition du pays d'origine), tandis que les autres pays ne la répriment que dans les cas où elle est déceptive. Dans l'opinion du deuxième groupe, celui qui emploie une indication géographique inexacte a le droit d'objecter que cette indication, quoique fausse, n'est pas de nature à tromper le public sur l'origine du produit.

La divergence entre ces deux courants d'idées s'est exprimée très nettement dès l'ouverture des débats.

Un autre désaccord s'est ensuite manifesté:

La France avait demandé que la preuve du caractère distinctif de provenance d'une expression géographique résulte d'une notification du pays dont le territoire comprend la localité ou la région dénommée par cette expression. D'autres Délégations au contraire voulaient attribuer aux tribunaux du pays d'importation la compétence pour déterminer le caractère générique ou distinctif des expressions géographiques.

La Délégation française d'une part, les Délégations américaine, autrichienne, britannique, italienne et suédoise de l'autre, ont développé leur manière de voir.

En présence de l'opposition que la proposition de la France a rencontrée, la Délégation française a déclaré que, si le vote de la Conférence ne devait pas donner une satisfaction complète à ses propositions (précisées ci-dessus), elle serait obligée de s'opposer à toute modification de la Convention générale qui pourrait avoir l'effet d'étendre la protection des fausses indications de provenance et de substituer l'article 10 à l'Arrangement de Madrid. Elle a rappelé à ce point de vue la déclaration faite par la France à la Conférence de Washington (voir p. 303 des Actes de Washington).

Le vote sur la proposition du Programme a donné le résultat suivant: 16 voix se sont prononcées pour, 8 voix contre; un pays s'est abstenu.

Article 10bis

Les pays contractants se sont engagés, selon le texte actuel de l'article 10bis, à assurer aux ressortissants de l'Union une protection effective contre la concurrence déloyale.

Il en résulte que la protection, sous ce rapport, dans chaque pays, conformément d'ailleurs au principe de l'assimilation inscrit à l'article 2, dépend de l'état de sa législation intérieure. Étant donné la diversité des lois actuelles, la protection que peuvent réclamer les ressortissants de l'Union ne paraît pas partout suffisamment efficace.

En vue de renforcer cette protection, il a été proposé, en premier lieu, dans le Programme, de remplacer les mots «s'engagent» par les mots «*sont tenus d'assurer*.....». Cette proposition a été approuvée à l'unanimité des Délégations présentes.

Cependant, cette modification, d'un effet plutôt moral, n'a pas été estimée suffisante.

Les propositions du Programme ainsi que celles de différents pays contractants ont pour objet d'établir dans la Convention même, sur certains points, une législation internationale uniforme, qui en même temps assurerait aux ressortissants de l'Union une protection minima, sans préjudice, bien entendu, d'une protection plus large résultant de la loi nationale.

Dans ces propositions on aperçoit une double tendance:

1° établir une définition générale de la concurrence déloyale;

2° prévoir certaines espèces qui dans tous les cas devraient former l'objet de la protection conventionnelle.

Après la première discussion, portant sur la définition générale et celle des cas particuliers, l'ensemble des questions se rattachant à l'article 10bis a été renvoyé au Comité d'études.

Les résolutions de ce Comité ont été soumises à la Sous-Commission.

En ouvrant la discussion générale, le Président de la Sous-Commission a fait remarquer que l'énumération, à l'article 10bis, de certains cas particuliers, dont la suppression serait obligatoire, ne signifie pas que les pays contractants soient tenus à créer une législation spéciale conforme, mais qu'il suffit que la suppression de ces cas soit assurée par la législation générale ou par la jurisprudence de chaque pays.

En outre, quelques Délégations ont formulé des réserves d'un ordre général.

La Délégation suédoise avait déjà fait remarquer, à l'ouverture des débats, que la loi fondamentale de la Suède s'oppose à toute législation qui pourrait entraver la liberté de la presse. Les Délégations danoise et norvégienne ont fait des déclarations analogues.

En présence du texte proposé par le Comité d'études, M. le Délégué suédois a lu la déclaration suivante:

«Suivant mes instructions, j'ai l'honneur de faire, au nom du Gouvernement suédois, la déclaration suivante.

Le Gouvernement suédois porte, il va sans dire, un vif intérêt à la question de la lutte contre la concurrence déloyale. Des mesures ont été prises aussi en Suède, par la voie législative, contre certaines formes de cette concurrence. La législation relative à la matière est toutefois en rapport intime avec les dispositions particulières d'une des lois fondamentales du pays, à savoir la loi sur la liberté de la presse. Celle-ci rend malaisée, en effet, la répression de la réclame déloyale qui prend la forme d'annonces dans les journaux ou de publications imprimées. Car elle ne permet de punir l'auteur d'un délit commis au moyen d'un écrit imprimé, que dans certaines conditions déterminées. En ce qui concerne notamment les publications périodiques, leur gérant seul est responsable, en sorte qu'il n'est jamais possible de poursuivre l'auteur d'un article, d'une annonce ou de toute autre communication parue dans un journal ou une revue. Il va de soi que, dans l'état actuel de la législation suédoise relative à cette matière, les dispositions proposées, concernant la répression de la réclame déloyale qui prend la forme d'annonces faites par la voie des journaux, ne sont pas réalisables. La Nation suédoise attache le plus grand prix aux garanties que la Constitution du pays lui assure en ce qui concerne la liberté de la presse. Une modification des principes qui sont à la base de la loi relative à cette matière n'aurait guère de chances d'être adoptée par le *Riksdag*.

Le Gouvernement suédois se voit par conséquent, pour le moment du moins, hors d'état de se lier en ce qui concerne les dispositions détaillées énoncées par le projet qui nous a été soumis. Je me permets en conséquence de demander s'il ne serait pas possible de faire de la lutte contre la concurrence déloyale l'objet d'un acte additionnel. »

La Délégation japonaise a formulé une réserve analogue, faisant observer que le Japon, comme plusieurs autres pays, ne possédait pas encore une législation sur la concurrence déloyale et qu'il serait utile de se borner dans le nouveau texte de l'article 10bis à des indications générales qui laisseraient aux divers pays la liberté de légiférer en tenant compte de leurs intérêts particuliers.

Un des délégués polonais, M. Zoll, l'éminent professeur de droit à l'Université de Cracovie, a lu à la séance de la Sous-Commission un exposé dans lequel il a développé sa théorie de la concurrence déloyale (1).

(1) Nous reproduisons en note cette communication fort intéressante sur les problèmes scientifiques soulevés par la répression de la concurrence déloyale:

M. le Président et MM. les Délégués, permettez que je fasse quelques remarques générales qui m'ont été suggérées par les très intéressantes propositions du Comité d'études. Je remarque d'abord avec satisfaction que l'article 10bis ne parle pas expressément de la fausse réclame, de toutes sortes d'assertions orales ou descriptives susceptibles d'induire les consommateurs en erreur sur la qualité, l'espèce ou la valeur des marchandises. La protection des intérêts du consommateur n'appartient pas au droit international, selon notre opinion, comme j'ai déjà eu l'honneur de le dire il y a quelques jours, d'accord avec les honorables Délégués de l'Italie et du Japon. La protection des intérêts des consommateurs appartient selon notre opinion seulement au droit intérieur, pénal ou administratif.

Il en est autrement quand il s'agit des intérêts de concurrents, de la lésion directe de leurs intérêts. Les fabricants et les marchands d'un pays A sont bien intéressés à ce qu'on ne vende pas dans le pays B de marchandises comme provenant du pays A ou de leurs établissements. La protection des intérêts des industriels est donc l'objet d'une Convention, et elle doit y être garantie d'une manière efficace et complète. Est-ce qu'on aboutit à cette fin en acceptant la rédaction de l'article 10bis proposée par le Comité d'études? Voilà la question que je me pose et à laquelle je veux donner une réponse.

Mais permettez-moi — puisque je suis professeur de droit civil — de faire l'analyse de la question, non pas selon la méthode du droit pénal, qui domine dans notre domaine, mais selon la méthode du droit civil. Et je vous prie, Messieurs, de me suivre un instant dans cette méthode d'analyse. Ne pensons donc pas, pour un moment, à la concurrence déloyale, aux faits qui la constituent, aux agissements qui blessent notre sentiment de justice, mais tâchons de bien comprendre les intérêts qu'on veut défendre et de construire sur la base de ces intérêts des droits analogues à une propriété. C'est ce qu'on a fait dans les XVIIIe et XIXe siècles dans le domaine de la propriété littéraire et artistique et des autres droits protégeant l'activité créatrice (je rappelle surtout les décrets connus de la Révolution française sur la propriété littéraire et artistique), et c'est ce que nous recommande de faire la conception bien connue du grand juriste Ihering sur « *das rechtlich geschützte Interesse* ».

Or, la question essentielle qui se pose, la voici: Quels sont les intérêts, quels sont les objets que nous voulons protéger par les prescriptions sur la concurrence déloyale? Je crois que la réponse n'est pas difficile. L'objet de la protection ce sont les établissements de toute sorte, les fonds de commerce, des fabriques ou des établissements commerciaux, et si nous voulons encore approfondir nos observations, nous dirons: l'objet de la protection c'est la force attractive que les établissements exercent sur les con-

Dans la dernière séance de la Sous-Commission, la Délégation hongroise a lu la déclaration suivante:

« La Hongrie, après la Conférence de Washington, a créé et mis en vigueur une loi spéciale sur la répression de la concurrence déloyale; c'est notre loi V de l'an 1923.

Cette loi satisfait à toutes les exigences de l'article 10bis de la Convention et aussi aux propositions de l'Administration des Pays-Bas et du Bureau de Berne et, qui plus est, même aux propositions faites durant cette Conférence elle-même.

Mais dans la vie pratique il se manifeste des inconvénients très graves pour nous, par le fait que la plupart de nos voisins, c'est-à-dire des pays voisins de la Hongrie, n'a pas fait encore entrer en vigueur une loi contre la concurrence déloyale, de sorte que chez nous tout le monde est efficacement protégé contre toute concurrence déloyale, tandis que nos nationaux ne le sont pas partout.

---

sommateurs, sur la clientèle, parce que cette force est un bien immatériel, qui décide de la valeur de chaque établissement. Voilà sur quoi je veux attirer votre attention:

Acceptons la conception que cette force attractive que les établissements exercent sur les consommateurs est l'objet d'un droit d'un industriel, d'un établissement et qu'il s'agit de la protéger selon la méthode de droit civil! Qu'est-ce qu'il en résulte? Le droit civil ne distingue en général que deux sortes d'agissements qui portent atteinte à une propriété; mais cela suffit à donner une protection complète: la première sorte de faits, ce sont tous les empiètements sur la propriété quels que soient leurs moyens; la seconde, ce sont les délits, c'est-à-dire des faits qui, sans être des empiètements (appropriations), causent des dommages à cette propriété; mais pour constituer un délit ils doivent avoir le caractère d'une faute. Contre les agissements de la première sorte, le droit civil donne au propriétaire les « *actiones in rem* »; contre les agissements du second groupe les « *actiones in personam* », notamment les « *actiones ex delicto* ».

Dans le domaine de la force attractive que les établissements exercent sur leur clientèle, il y a aussi des appropriations et des délits. Les appropriations sont des empiètements sur la clientèle d'un autre établissement. Ces empiètements consistent en ce que la clientèle est dans l'erreur en prenant les marchandises d'un A pour celles d'un B. La base est donc le fait d'induire des consommateurs en erreur quant à la provenance des marchandises d'un établissement recherché précisément par cette même clientèle.

Tous les faits de nature à créer une confusion par n'importe quel moyen, par l'usage d'un nom commercial d'autrui, par l'usage de sa marque de fabrique, par une fausse désignation de provenance ou par d'autres moyens, même quand un A, pour induire les consommateurs en erreur, occupe le local où B vendait jusqu'alors ses produits, etc., tous ces faits appartiennent à cette catégorie, puisqu'ils constituent des empiètements sur l'achalandage d'autres établissements.

Mais s'il en est ainsi, je trouve que la rédaction de l'alinéa 2, n° 1, de l'article 10bis est parfaite: elle est une clause générale pour toutes sortes d'appropriations, et par conséquent elle comprend aussi les abus d'un nom commercial, de la marque de fabrique, toutes sortes de désignations de fausse provenance, etc. Elle est si générale et si marquante, qu'elle pourrait être insérée parmi les « *leges duodecim tabularum* » si elles existaient encore. Une petite remarque seulement, qui vise la rédaction: puisque cette clause est si générale, il serait peut-être bon d'ajouter au commencement de l'article 10bis, alinéa 1er, les mots suivants (sauf rédaction): « En dehors des cas visés par les articles précédents, les pays contractants..... »

Mais passons au deuxième groupe de faits, où je ne suis pas aussi enchanté de la proposition du Comité d'études, et voici pourquoi: Que sont les délits dans le sens du droit civil? Les délits sont des agissements qui portent atteinte à un droit privé en y causant un dommage, et qui comportent le caractère d'une faute. Dans notre domaine les faits du deuxième groupe, c'est-à-dire les délits, sont comme en droit civil commun des faits qui, sans être des empiètements (sur l'achalandage), sans être des appropriations, diminuent la force attractive d'un établissement, sa valeur, causent des dommages à cette force attractive par des moyens divers, notamment par la diffamation, par le débauchage des employés ou des ouvriers, la révélation des secrets de fabrique, etc. Contre ces faits il faut qu'il y ait des sanctions en cessation et des actions en réparation du dommage, mais toujours à la condition qu'ils aient une certaine qualification subjective, qui en droit civil est nommée en général « faute » et en notre droit spécial peut être désignée comme « contraire à la probité commerciale ».

Or, quant à ce deuxième groupe de faits, la rédaction projetée de l'article 10bis, n° 2, ne me paraît pas suffisante. Elle est trop étroite, parce qu'elle ne parle que de la diffamation. Mais peut-être le Comité d'études a des raisons bien fondées pour restreindre ainsi la notion de cette seconde sorte de faits, que je viens de nommer délits.

Je ne viens avec aucune proposition, mais avant de voter sur la proposition du Comité d'études, je me permets de demander à M. le Président de la Sous-Commission quels sont les motifs d'une rédaction aussi étroite des faits désignés sous le n° 2. Pourquoi ne pourrait-on pas embrasser dans le projet toutes sortes de faits, qui peuvent être subordonnés sous la notion de délits en question, en disant par exemple:

« Tous les faits contraires à la probité commerciale qui causent des préjudices au fond de commerce d'un établissement, notamment: la diffamation commerciale, le débauchage des employés, la révélation des secrets de fabrication, etc. »

La Délégation hongroise a le strict mandat d'attirer l'attention de la Conférence sur ce fait et d'exprimer le vœu et l'espoir que la Hongrie ne sera bientôt entourée que de pays qui auront une loi contre la concurrence déloyale aussi efficace que la sienne.»

La Délégation tchécoslovaque a saisi l'occasion pour déclarer ce qui suit:

«La Délégation tchécoslovaque déclare, pour l'information de la Sous-Commission, que le Parlement tchécoslovaque a été déjà saisi d'un projet de loi sur la répression de la concurrence déloyale émanant du Gouvernement, projet qui satisfait, dans toutes les questions principales, aux postulats modernes y relatifs.»

I

La *définition générale* prévue dans le Programme est ainsi conçue:

«Constitue un acte de concurrence déloyale tout acte contraire aux usages honnêtes..... »

La France a proposé un texte encore plus explicite, en parlant de:

«tous les actes contraires à la loi, aux usages commerciaux ou à l'équité.»

Le fond même de cette proposition n'a pas rencontré de critique. Cependant, au Comité d'études, plusieurs Délégations, notamment celles de l'Italie et du Japon, auxquelles se sont associées celles de la Grande-Bretagne et des États-Unis, ont formulé des objections quant à l'utilité d'insérer dans la Convention un terme aussi vague, qui pourrait produire certains inconvénients d'application. En présence de ces oppositions, le Comité d'études a dû renoncer à formuler une proposition de définition générale.

Mais la question a été reprise à la Sous-Commission. La Délégation néerlandaise y a représenté une proposition comprenant la définition générale telle qu'elle avait été formulée au Programme.

M. Maillard, au nom de la Délégation française, a appuyé cette proposition avec énergie. Il a fait remarquer qu'il ne s'agit point d'une disposition de caractère formel, mais d'une règle uniforme de législation à laquelle aucun pays ne pourrait légitimement s'opposer; qu'il ne peut pas suffire de mentionner quelques cas particuliers de concurrence déloyale sur lesquels un accord serait possible, et que si la Conférence ne voulait pas aller plus loin, il vaudrait mieux ne pas changer du tout le texte de l'article 10bis, qui assure au moins aux ressortissants de l'Union, d'une façon claire et nette, la protection complète résultant de la loi nationale.

«Il ne faut pas, a-t-il dit, s'incliner toujours devant cette objection: ce n'est pas conforme à la loi nationale, ou: notre loi sur la concurrence déloyale est en formation. C'est justement pour influer sur les lois en formation et pour améliorer les législations intérieures qu'il faut poser des principes dans la Convention d'Union. La France a donné elle-même un exemple de cette tendance vers l'unification en acceptant la proposition sur l'obligation d'exploiter, qui n'est pas conforme à sa législation actuelle.»

A la suite de cette intervention, toutes les Délégations se sont ralliées à la thèse de la Délégation française. La Délégation des États-Unis a en même temps suggéré de bien faire ressortir du texte qui serait adopté qu'il ne s'agit dans les faits visés que de la concurrence commerciale. La Délégation britannique a appuyé cette opinion.

Finalement la proposition néerlandaise (définition générale) a été adoptée à l'unanimité des Délégations présentes, avec la réserve, formulée par la Belgique, que sa législation actuelle ne lui permet pas toutefois de protéger indirectement, par application de l'article 1382 du Code civil, les signes susceptibles de constituer une marque de fabrique.

II

En ce qui concerne *les espèces* à insérer dans l'article 10bis, les propositions du Programme et des différents pays mentionnent les catégories suivantes:

1° le fait de produire une confusion (propositions du Programme, de l'Allemagne, de l'Autriche, de la France, de la Grande-Bretagne et de l'Italie);
2° le dénigrement (propositions du Programme, de l'Allemagne, de la France et de l'Italie);
3° la réclame fausse (propositions du Programme, de l'Allemagne, de la France et de la Grande-Bretagne);
4° le débauchage (propositions de la France et de l'Italie);
5° la protection des informations de presse et des nouvelles du jour (proposition de la Serbie-Croatie-Slovénie).

1. Confusion

Dès l'ouverture de la discussion, toutes les Délégations ont été d'accord pour reconnaître l'utilité et la nécessité d'insérer dans la Convention une clause spéciale par laquelle serait frappé le fait de produire une confusion avec un commerce concurrent. Les moyens employés à cet effet sont les marques, enregistrées ou non, le nom commercial, le nom d'un établissement, le titre d'un imprimé, le conditionnement, la forme d'emballage, l'enseigne, bref, tous les signes qu'un fabricant ou commerçant emploie pour distinguer son commerce et ses marchandises de ceux de ses concurrents, ainsi que les allégations se rapportant à l'origine des produits ou marchandises.

Il a été proposé d'abord de citer quelques exemples de moyens de produire une confusion. Mais le Comité d'études a estimé que l'énumération de quelques moyens pourrait donner lieu à des interprétations limitatives et qu'il serait plus utile de dire que tous les faits de confusion sont interdits, quels que soient les moyens employés.

La Délégation belge a exprimé la réserve que sa loi ne lui permet pas d'accorder aux éléments distinctifs qui seraient susceptibles d'être enregistrés comme marque, une protection autre que celle résultant de l'enregistrement. Elle a ajouté que sa loi très libérale admet le dépôt à titre de marques de tous les signes de nature à distinguer les marchandises, tels que leur forme, un récipient, le conditionnement, l'emballage, etc., de sorte que les ressortissants de l'Union sont en mesure de s'assurer en Belgique toute la protection nécessaire, en se conformant à la loi belge sur les marques.

Un autre point très discuté a été celui de l'objet de la confusion. On a été d'accord pour reconnaître qu'une confusion pourrait se produire quant à la personne d'un commerçant ou producteur, ou quant à l'établissement même, ou quant aux produits ou marchandises.

Cependant, pour donner à la nouvelle clause de l'article 10bis le maximum de clarté et de précision, on s'est borné à parler de la confusion avec les marchandises ou produits, les objets tangibles du commerce international.

La Délégation italienne a vivement insisté sur l'insertion d'une clause restrictive, demandant que les agissements de confusion soient accomplis dans le but de détourner la clientèle d'un concurrent. Elle a remarqué que seule cette intention de détourner la clientèle permet de considérer les faits de confusion comme constitutifs de concurrence déloyale. D'autres Délégations ont été également d'avis que seule la mauvaise foi peut rendre un acte contraire aux usages honnêtes du commerce, et qu'on ne pourrait d'ailleurs voir de concurrence que dans un acte produisant ses effets vis-à-vis d'un concurrent déterminé.

L'adoption des mots « confusion avec les marchandises ou produits d'un concurrent » donne satisfaction à cette dernière façon de voir.

En ce qui concerne la question du but de détourner la clientèle, il a été répondu à la proposition italienne que le fait même d'une confusion constitue un état de choses contraire aux usages honnêtes du commerce, et que les actes de concurrence simplement illicite, c'est-à-dire accomplis de bonne foi, prennent un caractère déloyal dès que leur auteur persiste en pleine connaissance de cause; il a été remarqué ensuite que la question de savoir quels seront les recours légaux que les diverses lois accorderont aux ressortissants de l'Union contre les cas de confusion commise de bonne foi ne porte que sur les sanctions.

Sur ces observations, la Délégation italienne s'est inclinée, et la nouvelle disposition à insérer à l'article 10bis a été approuvée dans la forme suivante: «*tous faits quelconques de nature à créer une confusion par n'importe quel moyen avec les marchandises ou produits d'un concurrent*».

Cette proposition du Comité d'études a été adoptée par la Sous-Commission à l'unanimité.

2. Dénigrement

La proposition d'insérer à l'article 10bis une disposition visant la répression du dénigrement a été approuvée par toutes les Délégations. En effet, l'acte de formuler ou répandre des affirmations ou allégations fausses et de nature à porter atteinte à la réputation d'un concurrent ou de son établissement ou de ses marchandises est partout considéré comme contraire aux usages honnêtes et incompatible avec le bon ordre du commerce. Il y a eu cependant quelques difficultés à s'entendre sur la définition et la limitation de cette espèce spéciale de concurrence déloyale.

Quelques Délégations, notamment celles de la Grande-Bretagne et des États-Unis, ont fait observer que dans leur pays la diffamation *(libel)* tombe sous les dispositions des lois pénales, et qu'il n'y a pas lieu de prévoir à ce sujet des dispositions spéciales visant la diffamation d'un concurrent. Il a été répondu que la notion du dénigrement est plus large que celle de la diffamation, notamment qu'elle n'implique pas une intention injurieuse. Ce qu'on veut frapper c'est le fait de discréditer un concurrent par des affirmations contraires à la vérité. Sur l'observation de la Délégation française qu'il est possible de dénigrer un concurrent par des critiques ou des comparaisons préjudiciables sans que celles-ci soient strictement contraires à la vérité, il a été répondu que dans une Convention internationale le critérium sûr et précis du caractère contraire à la vérité semble indispensable. D'un autre côté on a observé qu'il ne serait ni utile, ni nécessaire de prévoir des mesures particulières contre le fait de discréditer la personne ou l'établissement même, et qu'il suffirait de frapper le fait de discréditer les marchandises.

La Sous-Commission s'est ralliée à cette pensée. Il en est résulté le texte suivant, adopté à l'unanimité: «*les allégations fausses dans l'exercice du commerce, de nature à discréditer les marchandises ou produits d'un concurrent*».

3. Réclame fausse

Le terme «réclame fausse», que le Programme a emprunté aux travaux du Comité économique de la Société des Nations, n'est ni généralement reconnu, ni compris partout dans le même sens. Il a été employé à la Sous-Commission uniquement comme titre d'un groupe de faits qui peut être ainsi défini: un fabricant ou commerçant, dans la publicité destinée à annoncer ses marchandises, fait des allégations inexactes et de nature à produire une erreur.

Dans les cas les plus fréquents, les affirmations contraires à la vérité concernent les qualités ou l'origine du produit; elle se rapportent souvent aussi à la destination de la marchandise, aux conditions de vente, au mode de fabrication ou de calculer les prix; enfin elles peuvent concerner les divers éléments susceptibles de déterminer le jugement du public sur la valeur d'une offre ou de la marchandise vantée.

Dans la proposition du Programme et dans les propositions allemande, française et britannique se trouvent mentionnés les cas suivants: les fausses déclarations sur la nature de la marchandise, la matière première, le mode de fabrication ou de vente, l'origine, la possession de récompenses industrielles ou de distinctions honorifiques.

On a été d'accord pour reconnaître que toutes ces affirmations inexactes sont contraires aux usages loyaux du commerce.

Néanmoins, de graves objections ont été opposées à la proposition d'insérer dans la Convention une clause visant ce groupe de faits. On a notamment observé que les personnes directement lésées ne sont pas les concurrents, mais les consommateurs, et que la protection du consommateur, objet de la législation nationale, sort du cadre de la répression de la concurrence déloyale et, par conséquent, de celui de la Convention d'Union de Paris. D'autres Délégations ont pu répondre que dans leur loi la fausse réclame était considérée comme un acte de concurrence déloyale, parce qu'elle a pour effet et même pour but d'influer sur le public en vue de lui faire accepter un produit ou un fournisseur déterminé, et qu'ainsi par une influence psychologique, elle détourne la clientèle du concurrent, sans qu'il soit nécessaire que le client soit lésé, la marchandise vendue pouvant être bonne et valoir le prix payé. La partie véritablement lésée, a-t-on ajouté, serait toujours le concurrent, c'est-à-dire le groupe de ceux qui auraient été appelés à couvrir les besoins de la clientèle détournée d'eux par la fausse annonce.

Ces questions ont été amplement discutées au Comité d'étude.

Cependant, un accord a été impossible. Les Délégations britannique et des États-Unis ont déclaré que les espèces visées sous le titre de « fausse réclame » sont considérées dans leur pays uniquement comme des délits du droit commun *(misbranding)* et qu'il est impossible de donner à des personnes privées, qu'il s'agisse de nationaux ou d'étrangers, le droit de s'en plaindre.

La Délégation italienne et celle du Japon ont présenté des objections analogues.

En conséquence, le Comité d'études a renoncé à formuler une proposition sur la « réclame fausse ».

A la séance de la Sous-Commission, la question n'a pas été reprise.

4. Le débauchage

La France et l'Italie ont proposé d'insérer à l'article 10bis une clause visant le cas de provoquer des subordonnés à la violation des obligations résultant de la loi ou du contrat. Plusieurs Délégations ayant déclaré, au Comité d'études, qu'il leur était impossible d'accepter cette proposition, la question est tombée. Elle n'a pas été reprise à la séance de la Sous-Commission.

5. Les informations de presse

La Serbie-Croatie-Slovénie a proposé d'insérer dans la Convention une clause visant la protection des journaux contre la reproduction déloyale des informations de presse et de nouvelles du jour.

La Sous-Commission a apprécié tout l'intérêt qu'offre cette question, soulevée, il y a de longues années déjà, par les associations de presse. Mais elle a estimé qu'elle ne rentre pas dans l'objet de la Convention d'Union.

ARTICLE 10ter — SANCTIONS

En vertu de l'article 2, les ressortissants de l'Union auront dans tous les pays, en ce qui concerne la propriété industrielle, la même protection que les nationaux et le même recours légal contre toute atteinte portée à leurs droits. L'efficacité de la protection accordée par la Convention dépend, par conséquent, des lois des divers pays, non seulement au point de vue du fond, mais aussi au point de vue des sanctions. En présence de la diversité des lois et des procédures, et encore des difficultés que comporte la nécessité d'engager des poursuites dans les pays étrangers, on comprend facilement que les intéressés désirent qu'il leur soit assuré dans tous les pays de l'Union des moyens véritablement efficaces et facilement applicables.

Dans certains pays l'action en cessation proprement dite n'est pas organisée, dans d'autres les délits contre la propriété industrielle sont seulement poursuivis d'office, à la diligence du ministère public, dans d'autres sur une plainte ou action à introduire par la partie lésée.

Il est dès lors évident qu'il est impossible de songer à uniformiser les recours légaux et les procédures.

Ce qui importe, c'est d'obtenir des sanctions efficaces en vue:

1° de faire cesser les abus ou violations de droit (actions en cessation; *injunctions*);
2° d'obtenir, le cas échéant, des dommages-intérêts;
3° de faire punir les abus et violations de droits qui révèlent un caractère délictueux, et cela non seulement à titre de réparation, mais aussi préventivement.

Il a été jugé nécessaire de demander aux pays contractants de s'obliger à assurer aux ressortissants de l'Union les moyens essentiels pour obtenir une protection efficace.

Dans ce but, il a été proposé à l'article 6ter, concernant les marques enregistrées, d'obliger tous les pays contractants à assurer aux ressortissants de l'Union des sanctions pénales contre tout usage frauduleux de leurs marques enregistrées.

La France et la Grande-Bretagne ont en outre proposé d'insérer cette clause, sous la même forme, à l'article 9, de sorte que, en vertu du premier alinéa de l'article 10, elle s'appliquerait aussi aux fausses indications de provenance.

Et enfin, des propositions analogues ont été faites au sujet de l'article 10bis.

Un point essentiel concernant la question des sanctions est celui de l'intervention des associations et syndicats représentant l'industrie ou le commerce intéressé.

Cette intervention, dans des cas de concurrence déloyale, est admise aujourd'hui dans les lois de différents pays, notamment de l'Allemagne, de l'Autriche, de la Belgique (loi sur les unions professionnelles), et de la France.

Suivant une suggestion fournie par le Comité économique de la Société des Nations, il a été proposé au Programme (art. 10bis) d'admettre, dans les cas d'actions en cessation du trouble ou d'actions pénales, les syndicats et associations intéressées, régulièrement constitués dans leur pays d'origine, à agir ou intervenir en justice à raison de tout acte de concurrence déloyale.

Des propositions analogues ont été faites par l'Allemagne, la France et la Grande-Bretagne, ainsi que, pour les cas visés aux articles 9 et 10, par la France.

Elles ont été accueillies favorablement. Cependant, on a fait remarquer que certains pays n'admettent pas l'intervention des syndicats et associations dans des procès où ils ne sont pas directement intéressés, et, en outre, que dans d'autres pays les syndicats et associations peuvent agir contre des faits de concurrence déloyale, dont la répression présente un intérêt général, mais non pas dans des cas où des intérêts purement personnels sont engagés, comme par exemple lorsqu'il s'agit d'usurpation de marques ou de nom commercial.

Pour donner satisfaction à ces différents desiderata, il a été proposé d'insérer un nouvel article 10ter ainsi conçu:

« Les pays contractants s'engagent à assurer aux ressortissants des autres pays de l'Union des recours légaux appropriés pour réprimer efficacement les actes visés aux articles 9, 10 et 10bis. Ils s'engagent en outre à prévoir des mesures pour permettre aux syndicats et associations représentant l'industrie ou le commerce intéressé, et dont l'existence n'est pas contraire aux lois de leur pays, d'agir en justice en vue de la répression des actes prévus par les articles 9, 10 et 10bis, dans la mesure où la loi du pays dans lequel la protection est réclamée le permet aux syndicats et associations de ce pays.

Les dispositions de l'article 9 concernant la saisie s'appliqueront aussi aux marchandises dont la vente ou la mise en vente constituerait un acte de concurrence déloyale. »

*
* *

La Sous-Commission a tenu à rendre un hommage de gratitude au Comité économique de la Société des Nations, dont les travaux préparés avec grand soin et inspirés du souci d'établir dans le commerce international la loyauté complète, ont apporté aux discussions de la Sous-Commission une aide précieuse.

ARRANGEMENT

CONCERNANT

LA RÉPRESSION DES FAUSSES INDICATIONS DE PROVENANCE

Par l'Arrangement de Madrid, on a voulu, dans une Union restreinte, assurer aux ressortissants de l'Union une protection plus efficace que celle accordée par l'article 10 de la Convention générale.

Le premier article rend applicable les sanctions de l'article 10 de la Convention aux indications directes ou indirectes d'un pays ou d'une localité, qui ne sont ni le pays ni le lieu d'origine du produit.

La Conférence n'a été saisie d'aucune proposition de modification au sujet du premier article, sauf une proposition de la France qui a été renvoyée à la Commission de Rédaction. A l'article 2, alinéa 1, les mots « particulier ou société » ont été remplacés par les mots « *personne physique ou morale* » (voir ci-dessus, Rapport sur l'art. 9, p. 470).

Au sujet de l'alinéa 2, l'un des Délégués du Comité économique de la Société des Nations a proposé que, suivant l'esprit de la Convention de Barcelone de 1921, la saisie en cas de transit, actuellement facultative, soit interdite. Sur l'observation de la Délégation française, exposant que son pays devrait se refuser à accepter en tous cas l'immunité du transit, la proposition a été retirée.

A l'article 3, la Grande-Bretagne a proposé de remplacer les mots « du pays ou du lieu de la fabrication ou de production » par les mots « la fabrication étrangère des produits ». A l'appui de cet amendement, la Délégation britannique a exposé que le texte actuel est susceptible d'obliger les marchands intermédiaires à révéler la source précise de la marchandise, ce qui peut entraîner de graves inconvénients pour le commerce d'un pays. La Sous-Commission, appréciant ces raisons, a accepté, pour leur donner satisfaction, d'ajouter au texte actuel de l'article 3 la phrase : « *ou d'une autre indication suffisante pour éviter toute erreur sur l'origine des marchandises ou produits* ».

L'article 4, pierre fondamentale de l'Arrangement, pose deux principes: le premier est celui que les tribunaux de chaque pays auront à se prononcer sur le caractère distinctif ou générique d'une expression géographique; le deuxième excepte de cette règle des produits qui, par leur nature, sont si étroitement liés avec le lieu de provenance, que l'appellation du lieu de leur origine paraît ne pas pouvoir devenir une dénomination générique (de produits de provenances différentes). Les seuls produits déterminés, pour lesquels l'Arrangement revendique la règle de l'exactitude absolue, sont les produits vinicoles.

Suivant la tendance, largement répandue, de réprimer toutes formes de fausses indications de provenance, il a été proposé au Programme d'étendre l'exception faite pour les produits vinicoles à tous les autres produits «qui tiennent leurs qualités naturelles du sol et du climat».

La Tchécoslovaquie a proposé de remplacer ces mots par le texte suivant: «de la bière et des eaux minérales».

A la Sous-Commission, la Délégation tchécoslovaque a fait, à l'appui de sa proposition, la déclaration suivante:

«La Délégation tchécoslovaque se rallie, en principe, à l'argumentation étant à la base des propositions préparées par l'Administration des Pays-Bas et le Bureau international de Berne, tendant à étendre l'article 4 de l'Arrangement de Madrid aux produits qui tiennent leurs qualités naturelles du sol et du climat, c'est-à-dire elle reconnaît l'influence prépondérante desdits facteurs naturels sur certains produits, de façon à déterminer leurs qualités particulières.

C'est précisément sous ce rapport que la Délégation tchécoslovaque signale les qualités particulières de certaines espèces de bière et des eaux minérales.

Il lui semble, toutefois, qu'une énumération complète et suffisamment exacte de ces produits ne pourrait être établie pour le moment. Un examen ultérieur et le plus approfondi possible, portant sur tous les pays de quelque importance économique, lui semble indispensable.

Ce n'est que de telle façon qu'un arrangement international embrassant tous les principaux pays lui paraît viable pour l'avenir.»

D'autres Délégations se sont associées aux objections faites quant aux produits qui tiennent leurs qualités du sol et du climat; la proposition tchécoslovaque a rencontré, de son côté, de l'opposition.

Au sein du Comité d'étude le vote sur la proposition du Programme a donné 5 oui et 4 non; le vote sur la proposition tchécoslovaque 5 oui et 4 non.

Dans le Programme il a été encore proposé d'ajouter à l'article 4 un deuxième alinéa attribuant un caractère obligatoire aux définitions des appellations d'origine (pour les produits vinicoles ou celles qui y seraient substituées), émanant de l'autorité compétente du pays d'origine et notifiées aux autres pays.

La Délégation française a appuyé cette proposition, qui se retrouve d'ailleurs déjà dans les Traités de paix. Quelques Délégations se sont opposées à l'idée de donner aux décisions d'un pays étranger un caractère obligatoire. Le vote sur la proposition du Programme dans le Comité d'étude a donné le résultat suivant: 6 oui, 4 non.

La Délégation espagnole a proposé de soumettre les cas où le caractère distinctif d'une indication d'origine serait contesté aux tribunaux de provenance, ou à défaut de ceux-ci, à un tribunal international. Cette proposition n'a pas trouvé l'appui d'autres Délégations.

Au sujet des articles 5 et 6, aucune proposition n'a été faite.

Le Président-Rapporteur:

OSTERRIETH.

CINQUIÈME SOUS-COMMISSION

Arrangement concernant l'enregistrement international des marques et Règlement d'exécution dudit Arrangement

PRÉSIDENT : M. DE SANCTIS
SECRÉTAIRE : M. THOMAS BRAUN

La cinquième Sous-Commission a été chargée d'examiner les modifications proposées au texte de l'Arrangement concernant l'enregistrement international des marques et à celui du Règlement d'exécution dudit Arrangement. Les 20 et 22 octobre 1925 elle a discuté les divers articles de l'Arrangement. Le 22 octobre elle a chargé un comité spécial, dit Comité d'études, de l'examen du Règlement. Ce Comité a reçu mission de faire connaître les résultats de son travail au Président de la Sous-Commission sous forme de note à annexer au présent rapport. Celui-ci sera donc divisé en deux parties: *Première partie.* Arrangement concernant l'enregistrement international des marques. *Deuxième partie.* Note du Comité d'études au sujet du Règlement d'exécution.

PREMIÈRE PARTIE

ARRANGEMENT

CONCERNANT

L'ENREGISTREMENT INTERNATIONAL DES MARQUES

I. Protection des marques enregistrées au pays d'origine

ARTICLE PREMIER

Alinéa 1. — Le Programme de la Conférence propose de substituer, dans le texte de l'article 1er, alinéa 1, le mot « *enregistrée* » aux mots « acceptée au dépôt ».

Le Directeur du Bureau international justifie cette proposition. Le mot « enregistrée » est le terme plus précis, conforme au système adopté par l'Arrangement et consacré par l'usage constant du Bureau de Berne.

La Délégation italienne avait proposé l'amendement suivant:

« Aussitôt effectué le dépôt au pays d'origine, on pourra effectuer le dépôt au Bureau de Berne, même si l'enregistrement n'était pas encore accordé au pays d'origine. »

Le Directeur du Bureau international, appuyé par la Délégation belge, fait remarquer les inconvénients que présenterait ce système en cas de refus ultérieur ou de modification de produits imposée par le pays d'origine. L'enregistrement international aurait une base chancelante.

Sur quoi la Délégation italienne retire sa proposition.

La Délégation espagnole avait proposé d'ajouter à l'alinéa 1 de l'article 1er les mots suivants: « On entendra par *enregistrées* les marques dont l'enregistrement a été définitivement accordé dans le pays d'origine. » Elle consent à retirer cette proposition, après avoir constaté que l'interprétation du mot « enregistrée » est unanimement acceptée par l'assemblée.

Le texte de la proposition du Programme de la Conférence est adopté.

Alinéa 2 (nouveau) (¹). — La proposition du Programme est ainsi conçue:

« Fait règle pour la définition du pays d'origine, la disposition y relative de l'article 6 de la Convention générale d'Union pour la protection de la propriété industrielle. »

Adopté sans discussion.

Alinéa 3 (nouveau) (¹). — Le Programme propose de dire que les produits pour lesquels la protection est revendiquée devront être déterminés conformément aux prescriptions du Règlement d'exécution du présent Arrangement. Ce serait la consécration officielle de la classification des marques établie par le Bureau international.

La Délégation allemande signale la difficulté d'imposer aux intéressés l'obligation de se soumettre à une classification des marques différente de celle de leur Administration nationale et cela sans raison suffisante.

La Délégation française déclare que son pays utilise la classification des marques adoptée par le Bureau de Berne et s'en est bien trouvé, bien qu'elle ne soit pas parfaite, comme du reste toute classification. Les classifications différentes compliquent fort les recherches de pays à pays.

En présence de l'opposition des Administrations d'Allemagne et de Suisse à l'adoption de la classification du Bureau international, le Directeur du Bureau international déclare retirer la proposition inscrite au Programme de la Conférence, tout en regrettant les abus que de longues énumérations de produits pourront continuer à provoquer, et alors qu'un certain nombre de pays ont adopté la classification du Bureau de Berne.

La Délégation allemande signale la loi allemande de 1923 instituant un nouveau régime de classification et se déclare toute disposée à rechercher un moyen d'uniformiser la classification internationale.

Elle est appuyée par la Délégation suisse.

En conséquence, la proposition du Programme est retirée et la Sous-Commission décide à l'unanimité qu'une Réunion d'experts en vue d'élaborer une classification uniforme des marques de fabrique sera convoquée par le Bureau international dans un délai rapproché.

La Délégation espagnole désirerait la nomination d'une commission qui établisse dans un délai maximum d'un an non seulement une nomenclature internationale des marques, mais aussi une nomenclature unique de propriété industrielle, c'est-à-dire de brevets et de marques.

ARTICLE 2

Adopté sans discussion.

(¹) Numérotation du Programme de la Conférence.

II. Formalités de l'enregistrement international

ARTICLE 3

Alinéa 1. — Le nouveau texte proposé au Programme est adopté à l'unanimité. Il n'a pour but que de légaliser en quelque sorte la pratique actuellement en usage: toute demande d'enregistrement international devra être présentée sur le formulaire prescrit par le Règlement d'exécution et l'Administration du pays d'origine de la marque certifiera que les indications qui figurent sur cette demande correspondent à celles du registre national.

Alinéa 2. — En conséquence du retrait de la proposition du Programme faite à l'article 1er, alinéa 3 (proposition d'adopter officiellement la classification du Bureau international: voir page précédente), la proposition de modification de l'alinéa 2, qui avait pour objet d'obliger le déposant à indiquer la ou les classes pour lesquelles il aurait demandé l'inscription de sa marque, est retirée.

Alinéa 4. — Le Programme prévoyait que le Bureau international devrait notifier *sans retard* aux diverses Administrations l'enregistrement de chaque marque. La Délégation italienne propose de prévoir un délai maximum de *deux mois* pour cette notification.

La Délégation française demande qu'on fasse confiance au Bureau international en ne lui imposant aucun délai fixe pour la notification de l'enregistrement, car en fait, sauf cas de force majeure, le Bureau jusqu'ici a toujours notifié dans le délai de moins d'*un* mois. La Délégation italienne retire son amendement et les mots « sans retard » proposés au Programme sont adoptés.

III. Délai de priorité

ARTICLE 4

Le délai de six mois (au lieu de quatre) proposé au Programme est adopté.

Sur la proposition de la Délégation française, appuyée par celles de l'Allemagne et de l'Autriche, la Sous-Commission décide de renvoyer à la IIIe Sous-Commission l'examen des questions relatives à l'*obligation d'exploiter* faisant l'objet de l'alinéa 3 de l'article 4 de la proposition du Programme et des amendements des Administrations de l'Autriche, de l'Espagne, de la France, de la Serbie-Croatie-Slovénie et de la Suisse y relatifs.

III *a.* Substitution de l'enregistrement international à un ou plusieurs enregistrements nationaux antérieurs

ARTICLE 4bis

La Délégation autrichienne propose deux nouveaux amendements au texte actuel de l'article 4bis:

a) Intercaler après les mots « aux enregistrements internationaux antérieurs » et avant les mots « sans préjudice » les mots « *indiqués par le déposant dans la demande d'enregistrement* ».

b) Ajouter la phrase: « *La marque internationale jouira notamment du droit de priorité de la marque nationale enregistrée antérieurement, même quand celle-ci ne serait pas renouvelée.* »

Après un échange d'observations entre le Directeur du Bureau international, la Délégation française et la Délégation autrichienne, celle-ci retire l'amendement *a)*; il n'est plus question d'introduire une formalité nouvelle dont la non-observation serait sanctionnée par la perte du droit; elle retire également l'amendement *b)*, en présence de l'accord unanime de la Sous-Commission pour reconnaître à la marque internationale l'antériorité qui résultait de l'enregistrement national antérieur. On convient d'examiner l'opportunité d'insérer dans le Règlement d'exécution une disposition aux termes de laquelle l'intéressé sera *invité* à déclarer, le cas échéant, qu'il a antérieurement opéré le dépôt national d'une marque dans tel ou tel pays.

IV. Refus, acceptation tacite, examen de marques portant des armoiries, etc.

ARTICLE 5

Alinéa 2. — Les propositions du Programme concernant l'alinéa 2 de l'article 5 sont adoptées.

Alinéa 3. — La Sous-Commission adopte la proposition des Administrations de l'Autriche et de la Suisse consistant à intercaler dans l'alinéa 3 de l'article 5 actuel, après les mots « de la marque » et avant les mots « un des exemplaires », les mots: « *ou à son mandataire notifié par l'Administration du pays d'origine* ».

Le Directeur du Bureau international explique que les rapports ainsi prévus entre le Bureau de Berne et les mandataires sont limités à la procédure du refus qui, d'après l'article 5, alinéa 2, se déroulent dans l'espace d'environ une année à partir de l'enregistrement; ils ne s'étendent ni à la procédure visée par l'article 11, alinéa 3, ni au cas de renouvellement (art. 7). Cette explication est confirmée par M. Georges Maillard, membre de la Délégation française.

Alinéa 4 (nouveau), proposé au Programme:

« Les Administrations qui, dans le délai maximum d'un an susindiqué, n'auront adressé aucune communication au Bureau international seront censées avoir accepté la marque. »

La Délégation autrichienne propose de substituer dans le texte le mot « *expédié* » au mot « *adressé* ». Cet amendement est renvoyé à la Commission de Rédaction, et sous cette réserve, l'alinéa 4 nouveau est adopté.

L'Autriche propose d'ajouter à cet alinéa la phrase suivante:

« *Reste réservée l'invalidation de la marque à la requête dûment justifiée de toute partie intéressée.* »

Une proposition semblable a été présentée par l'Administration suisse (v. ci-dessus, p. 359).

Le Directeur du Bureau international fait observer que le droit éventuel de provoquer l'invalidation n'est pas contestée (v. Exposé des motifs, p. 283). Les Délégations française et allemande sont dès lors d'avis que la proposition est superflue. La Sous-Commission approuve à l'unanimité cette manière de voir et en conséquence la proposition est retirée par les Délégués de l'Autriche et de la Suisse.

ARTICLE 5bis (nouveau)

Le Programme de la Conférence proposait de stipuler dans ce texte que, lorsqu'une Administration aura notifié, sous forme de déclaration générale aux autres Administrations, par les soins du Bureau international, qu'elle procède dans chaque cas à l'examen des marques originaires de ce pays, portant des armoiries, écussons, portraits, distinctions honorifiques, titres, noms commerciaux ou noms de personnes autres que celui du déposant, ou inscriptions analogues, les autres pays contractants s'engagent à renoncer à tout nouvel examen relatif à la justification d'emploi.

La Délégation française combat cette proposition. Elle ne saurait abandonner au pays d'origine le droit de procéder à l'examen, définitif et sans recours, de certains signes constitutifs de la marque. Elle se borne à défendre la proposition de son gouvernement tendant à dispenser de toute autre légalisation que celle de l'Administration du pays d'origine les pièces justificatives de la légitimité d'usage de ces éléments.

Le Directeur du Bureau international défend la proposition inscrite au Programme de la Conférence. Il regrette qu'il ne soit pas possible d'arriver à la généralisation des Arrangements particuliers intervenus notamment entre la Serbie et la Tchécoslovaquie vis-à-vis de l'Autriche, l'Allemagne vis-à-vis de l'Autriche et des Pays-Bas.

Les Délégations française, belge et italienne estiment néanmoins ces raisons insuffisantes pour permettre l'adoption du texte proposé au Programme.

Celui-ci est retiré.

Avec l'article 5bis tombent la proposition de l'Administration de l'Autriche de dire dans cet article que les Administrations ne procéderont pas « à l'occasion de l'enregistrement international de la marque » à un nouvel examen, et de celle de l'Espagne consistant à ajouter aux mots « déclaration générale », inclus dans le texte, les suivants: « qui sera indiquée sur la feuille de demande ».

En revanche la proposition française (dispense de légalisation, etc.) est adoptée.

ARTICLE 5ter

Adopté sans discussion.

V. Durée de la protection

ARTICLE 6

La modification proposée à cet article sera examinée avec celles qui visent l'article 8.

VI. Renouvellements

ARTICLE 7

Alinéa 1. — Le Programme de la Conférence propose de dire ici que l'enregistrement pourrait toujours être renouvelé, pour une nouvelle période de vingt ans, *à compter depuis la date du renouvellement.*

Le Directeur du Bureau international expose les inconvénients du système qui consiste à cumuler les périodes de protection et de renouvellement et démontre la nécessité de donner la préférence à celui qui est proposé au Programme.

Les Délégations d'Autriche et d'Italie, qui avaient présenté des propositions sur ce sujet, les retirent après un échange de vues auquel prennent aussi part les Délégations française, allemande, suisse et belge, et le texte de la proposition du Programme est adopté.

Alinéa 2. — Le Programme de la Conférence propose de supprimer l'envoi aux Administrations de l'avis officieux de la prochaine date d'expiration du délai de protection et de s'en tenir à l'avis au propriétaire de la marque, en précisant qu'il doit indiquer la date exacte de cette expiration.

Cette proposition est adoptée.

Alinéa 3 nouveau (numérotation du Programme de la Conférence). — Le Programme de la Conférence propose, au cas où le renouvellement du dépôt comporte des modifications de la marque ou de la liste des produits qu'elle est destinée à couvrir, d'autoriser expressément les Administrations à lui refuser ce caractère de renouvellement, sans préjudice des droits acquis par l'enregistrement primitif.

L'Administration française propose d'excepter le cas où, sur notification de l'objection par l'intermédiaire du Bureau international, l'intéressé déclare renoncer à la protection pour les produits autres que ceux désignés en mêmes termes lors de l'enregistrement antérieur.

L'Administration autrichienne propose d'excepter expressément le cas où la modification consiste en une restriction de la liste des produits à protéger et de supprimer la réserve finale: sans préjudice des droits, etc.

L'Administration suisse propose une précision de la formule « sans préjudice des droits, etc. »

Le Directeur du Bureau international insiste pour l'adoption de cette formule. Il voit un intérêt majeur à assurer au déposant, en cas de renouvellement de sa marque avec modification, la continuité de ses droits de priorité et autres, par exemple celui à la protection des produits visés dans la demande de renouvellement ou des éléments de la marque restés les mêmes. Pour le surplus, il accepte l'adjonction du texte proposé par l'Administration française.

La Délégation française déclare qu'elle accepte la formule « sans préjudice, etc. ». La Délégation autrichienne s'oppose à la reconnaissance obligatoire de la continuité des droits prévue dans celle-ci, parce qu'elle serait contraire au principe, reconnu actuellement en Autriche, de l'unité du droit de priorité d'une marque enregistrée. Elle déclare ne pouvoir admettre qu'une reconnaissance facultative de ces droits qui sauvegarde la liberté des pays contractants à ce sujet.

En conséquence, la proposition française est adoptée avec l'adjonction d'un membre de phrase final, à rédiger par la Commission de Rédaction, déclarant que les pays contractants *pourront* tenir compte des droits acquis par l'enregistrement antérieur (rédaction réservée et renvoyée à la Commission de Rédaction).

VII. Émolument international

Article 8

Alinéa 1. — Le Programme propose de préciser que c'est une taxe « nationale » qui est perçue par l'Administration du pays d'origine. L'insertion de ce mot « national » est adoptée.

Alinéa 2 et alinéa 3 nouveau (numérotation du Programme de la Conférence). — Le Programme de la Conférence propose de porter l'émolument international à deux cents francs suisses pour la première marque et à cent vingt-cinq pour chacune des marques suivantes déposée en même temps que la première au Bureau international au nom du même propriétaire, avec faculté de n'acquitter au moment du dépôt qu'un émolument de cent vingt-cinq francs pour la première marque et de soixante-quinze francs pour chacune des marques suivantes, et de verser un complément d'émolument de cent et cinquante francs avant l'expiration d'un délai de dix ans à compter de la date de l'enregistrement international.

La Délégation belge déclare ne pouvoir accepter des chiffres aussi élevés.

La Délégation néerlandaise estime qu'une marque pour la protection de laquelle le propriétaire hésite à verser deux cents francs suisses n'a vraisemblablement pas un intérêt international. La protection étant assurée pour vingt ans, cette somme ne représente en réalité qu'une dépense annuelle de dix francs — chiffre minime — pour être protégé dans plus de vingt pays. Si on n'élève pas l'émolument international et indirectement le boni que le Bureau de Berne restitue en fin d'exercice aux pays contractants, certains de ceux-ci pourraient être tentés de dénoncer l'Arrangement, car le service des marques internationales entraîne pour leur office national un travail assez considérable et une dépense relativement élevée.

La Délégation française fait observer qu'une augmentation appréciable de l'émolument se justifie par le coût grandissant des frais qui incombent au Bureau international et par les avantages considérables que l'enregistrement international procure aux déposants.

En présence de ces observations, la Délégation belge déclare qu'elle demandera de nouvelles instructions à son gouvernement.

La Délégation autrichienne, tout en acceptant le principe d'une majoration, demande que celle-ci ne soit pas trop forte, eu égard à la situation économique actuelle de certains pays adhérents.

Le Directeur du Bureau international demande à la Sous-Commission de se prononcer d'abord sur la faculté pour le déposant de fractionner en deux temps le paiement de l'émolument.

Cette faculté est admise.

Le Directeur du Bureau international expose alors qu'en présence des difficultés économiques et financières auxquelles il vient d'être fait allusion, il lui paraît raisonnable de réduire à l'échelle suivante les chiffres inscrits dans la proposition du Programme de la Conférence: cent cinquante francs suisses pour la première marque, cent francs pour chacune des marques suivantes déposées en même temps que la première; en cas de paiement en deux échelons, premier versement de cent francs pour la première marque et de soixante-quinze francs pour chacune des suivantes, second versement (au bout de dix ans) de soixante-quinze francs pour la première marque et de cinquante francs pour chacune des suivantes.

Ces chiffres sont adoptés. La Délégation belge s'est provisoirement abstenue.

Les propositions du Programme concernant les surtaxes en cas d'inscription pour plusieurs classes de marques ont été retirées, le projet de classification officielle des marques ayant été précédemment rejeté.

Les dispositions concernant la question des émoluments formeront les alinéas 2, 3 et 4 du nouveau texte adopté à La Haye.

Le Directeur du Bureau international propose ensuite de décider, afin de combattre l'abus des listes de produits démesurément longues, que si une liste de produits comporte plus de deux cents mots, l'enregistrement ne sera opéré par le Bureau qu'après perception d'une taxe de un franc par ligne du recueil *Les Marques internationales,* où ces listes sont publiées. Le montant de cette taxe sera calculé par les soins du Bureau qui le communiquera préalablement au déposant.

La Délégation française demande que le principe seul de cette taxe soit inscrit dans l'Arrangement et que la fixation de son montant — lequel ne devra pas être trop bas — soit renvoyé au Règlement d'exécution.

Il en est ainsi décidé. Il sera donc inséré à l'article 8 un alinéa nouveau — qui sera l'alinéa 5 — aux termes duquel, lorsque la liste des produits pour lesquels la protection est revendiquée contiendra plus de deux cents mots, l'enregistrement de la marque ne sera effectué qu'après paiement d'une surtaxe à fixer par le Règlement d'exécution (1).

L'adoption de l'alinéa 3 nouveau de l'article 8 entraîne à l'article 6 celle du membre de phrase suivant à insérer, conformément au Programme de la Conférence, après les mots « la protection durera vingt ans à partir de cet enregistrement » : « sous réserve de ce qui est prévu à l'article 8 pour le cas où le déposant n'aura versé qu'une fraction de l'émolument international ».

La Délégation espagnole avait demandé l'adjonction à l'article 6 d'un alinéa 2 ainsi conçu :

« *A cet effet, la déclaration de déchéance d'une marque dans le pays d'origine une fois faite, cette déchéance devra être notifiée au Bureau international pour qu'il la transmette aux autres pays.* »

Cette proposition était basée sur l'idée que, conformément aux principes posés dans la Convention générale, une marque ou un brevet déchu dans son pays d'origine doit l'être également dans les autres pays unionistes. L'Espagne a ensuite retiré cette proposition, le texte de l'article 9 lui donnant des apaisements suffisants sur ce point.

Alinéa 4 (numérotation du Programme de la Conférence). — Le Programme propose de dire que le produit annuel *des diverses recettes* de l'enregistrement international sera réparti entre les États par parts égales. L'expression « des diverses recettes » est substituée à celle-ci « de cette taxe », puisque le Bureau est admis à percevoir d'autres taxes et encaisse d'autres recettes.

Cette rédaction est admise et l'alinéa ainsi rédigé constituera l'alinéa 6 du texte nouveau, en remplacement de la deuxième phrase de l'alinéa unique de l'article 5 actuel.

Mais la Délégation brésilienne propose la suppression dans cet alinéa des mots « par parts égales » et l'adjonction, à la fin de l'alinéa 4, d'un amendement instituant une autre base de répartition. L'alinéa 4 serait alors ainsi conçu :

« Le produit annuel des diverses recettes de l'enregistrement international sera réparti entre les pays contractants par les soins du Bureau international, après déduction des frais communs nécessités par l'exécution du présent Arrangement. *Cette répartition se fera de la manière suivante : on calculera quel est par rapport au nombre total de marques soumises à l'enregistrement international le pourcentage de celles qui y sont présentées par chacun des pays de l'Union. La répartition se fera sur la base d'un indice équivalent à la proportion inverse : le nombre total de ces indices sera le diviseur de la somme à répartir. Le quotient ainsi obtenu sera ensuite multiplié, pour chaque pays, par l'indice correspondant de ce pays et le produit représentera le montant de la somme qui lui revient dans la répartition.* »

M. Barboza-Carneiro, Délégué du Brésil, développe son amendement dans les termes suivants :

« La Délégation du Brésil estime que la répartition de l'excédent des recettes selon le système en vigueur n'est pas équitable. En effet, les pays qui présentent un petit nombre de marques à l'enregistrement international rendent un service pour lequel il n'y a pas de réciprocité. Ils assurent la protection à un nombre considérable de marques étrangères sans autre avantage pécuniaire que la somme qui leur revient de l'excédent des recettes sur les dépenses nécessitées par l'exécution de l'Arrangement. Or, il est raisonnable que ces pays reçoivent une somme plus importante que celle touchée par les con-

(1) La Commission générale a changé ce chiffre. C'est à partir de plus de cent mots qu'il y aura lieu de payer une surtaxe (v. plus loin Rapport de la Commission générale à la Conférence, p. 528).

tractants auxquels ils ont rendu un service. D'après la répartition actuelle les pays qui rendent des services reçoivent la même somme que ceux qui bénéficient desdits services.

En 1924, le nombre des enregistrements a été de 5487: le Brésil a enregistré 14 marques, c'est-à-dire qu'il a assuré la protection à 5473 marques étrangères. Et cependant il n'a reçu du Bureau de Berne qu'une somme égale à celle accordée à des pays qui ont utilisé l'enregistrement international pour assurer la protection à plusieurs centaines de marques.

Voici un exemple de l'application du système proposé. Supposons que l'excédent à répartir soit la somme de fr. 10 000 et que la répartition doive être faite entre 5 pays. Désignons ces pays A, B, C, D, E. Le pays A enregistre 25 marques; B n'enregistre aucune; C enregistre 50; D enregistre 10 et E 40, soit au total 125 marques. Les proportions seraient les suivantes: A = 20 %; B = 0; C = 40 %; D = 8 % et E = 32 %. Les proportions inverses, c'est-à-dire les *indices* seraient:

A = 80 B = 100 C = 60 D = 92 E = 68

L'addition de ces chiffres nous donne 400; c'est donc ce nombre qui sera le diviseur de la somme à répartir. Cette somme étant de 10 000 francs, le quotient sera 25. Pour obtenir la somme à verser à chacun des cinq pays, il faut multiplier 25 par l'indice respectif. Le pays A recevrait 2000 fr., B 2500 fr., C 1500 fr., D 2300 fr. et E 1700 fr.

Ainsi, le pays C qui aurait obtenu la protection pour un nombre de marques sensiblement plus élevé que celui des autres quatre, recevrait une somme très inférieure à celle que toucherait B, lequel n'ayant enregistré aucune marque aurait cependant assuré la protection à 125 marques étrangères.

Ce système semble non seulement plus équitable que l'actuel, mais il paraît être de nature à encourager l'adhésion à l'Arrangement de Madrid de nombreux États qui, à l'heure actuelle, n'y trouvent aucune compensation aux services qu'ils seraient appelés à rendre. »

La Délégation néerlandaise déclare ne pouvoir prendre en considération cette proposition qui se produit trop tard pour pouvoir être utilement examinée et discutée. Elle estime d'ailleurs qu'il faudrait tenir compte d'autres facteurs; à son sens les pays qui procèdent à l'examen des marques devraient avoir droit à une répartition plus forte que les autres.

La Délégation belge, sans méconnaître le caractère intéressant et ingénieux de la proposition brésilienne, regrette qu'il faille, en l'absence de toute préparation, en remettre l'étude.

Les Délégations de France, d'Italie et d'Allemagne s'associent à cette manière de voir.

Finalement la Délégation du Brésil se range à ces observations et la Sous-Commission adopte à l'unanimité le vœu suivant présenté par les Délégations brésilienne et néerlandaise:

« La Conférence invite le Directeur du Bureau de Berne à examiner la possibilité de répartir l'excédent des recettes du Service de l'enregistrement international des marques d'une manière plus équitable entre les pays contractants et à demander aux diverses Administrations un avis sur le système de répartition proposé par la Délégation du Brésil en date du 22 octobre 1925. »

ARTICLE 8bis

Aucun changement n'ayant été proposé à cet article, il est adopté tel quel.

VIII. Changements survenus dans l'inscription de la marque

ARTICLE 9

Alinéa 1. — Le Programme de la Conférence rangeait les « non-renouvellements » parmi les changements « *essentiels apportés à l'inscription* de la marque *nationale* », que l'Administration du pays d'origine est tenue de notifier au Bureau international.

L'Administration française proposait au contraire d'ajouter simplement au texte de l'ancien article 9 les mots suivants: «*et tous actes affectant la propriété de la marque et inscrits dans le registre national*».

La Délégation française défend cette proposition et expose que l'Administration de son pays ne peut accepter l'obligation de notifier les non-renouvellements, car ce fait négatif échappe à ses constatations et exigerait de sa part des recherches véritablement excessives.

La Délégation des Pays-Bas, après avoir d'abord insisté pour l'adoption du texte présenté au Programme, y renonce, en raison des déclarations de la Délégation française.

La Sous-Commission décide donc d'écarter ce texte et d'en rester purement et simplement à celui de l'ancien alinéa 1 en ajoutant simplement pour plus de clarté au mot «changements» ceux-ci: «*apportés à l'inscription* de la marque».

La Délégation française, ayant ainsi satisfaction, ne maintient pas sa proposition.

Alinéa 2. — La Sous-Commission accepte l'adjonction, de pure forme, des mots «*à son tour*» inscrite au Programme de la Conférence après le mot «notifiera».

Alinéa 3. — Aucun changement n'ayant été proposé à cet alinéa, il est adopté tel quel.

Alinéa 4 (nouveau) (1). — Le Programme de la Conférence propose de dire dans cet alinéa que ces *opérations* (celles visées à l'art. 9) «*peuvent être soumises à une taxe qui sera fixée par le Règlement d'exécution*».

Le Directeur du Bureau international justifie cette proposition plutôt par le désir de discipliner les déposants de marques que par une préoccupation d'ordre fiscal. Les frais causés par la publication des changements survenus dans l'état-civil de la marque et par la notification de ceux-ci aux diverses Administrations sont souvent très élevés et pourraient être réduits si les déposants procédaient à ces changements avec plus de méthode.

L'Allemagne avait proposé de rejeter toute taxe de cet ordre. A la suite des explications du Directeur du Bureau international, elle retire sa proposition et celle du Programme de la Conférence est adoptée.

Alinéa 5 (2). — Aucun changement proposé, texte adopté tel quel.

ARTICLE 9bis

Alinéa 1. — L'amélioration de ce texte proposée dans le Programme de la Conférence est adoptée. C'est *après* avoir reçu l'assentiment de l'Administration du pays dans lequel une marque a été transmise, que le Bureau enregistrera la transmission.

Est adoptée aussi la proposition du Programme aux termes de laquelle, à titre de renseignement utile, le journal *Les Marques internationales* mentionnera «si possible, la date et le numéro d'enregistrement de la marque dans son nouveau pays d'origine».

Alinéa 2. — Est adoptée aussi la proposition du Programme aux termes de laquelle ne sera enregistrée à Berne aucune transmission faite au nom d'une personne *non admise à déposer une marque internationale.* Cette expression est juridiquement plus exacte que celle du texte ancien «non établie dans l'un des pays contractants».

(1) Numérotation du Programme de la Conférence.

(2) *Ibid.* C'est l'alinéa 4 du texte actuel de l'article 9 de l'Arrangement.

ARTICLE 9ter (nouveau)

Cet article n'est que la transposition et la mise au point, par le Programme de la Conférence, du second alinéa du texte de l'article 9 ancien: « *Les dispositions des articles 9 et 9bis concernant les transmissions* n'ont point pour effet de modifier les législations des pays contractants..... ».

Il est adopté.

IX. Exécution de l'Arrangement

ARTICLE 10

Aucun changement proposé, texte maintenu adopté tel quel.

X. Rétroactivité de l'adhésion

ARTICLE 11

Aucun changement n'est proposé au texte des trois premiers alinéas, qui est maintenu.

Le Programme propose, pour faciliter les adhésions à l'Arrangement, l'adjonction d'un alinéa 4 nouveau aux termes duquel un pays en adhérant pourra déclarer n'adhérer que pour les marques à enregistrer à partir du jour où cette adhésion deviendra effective. Le Bureau n'aura pas, en ce cas, à lui faire la notification collective des marques antérieures.

Le Directeur du Bureau international justifie cette proposition. Plusieurs pays en effet hésitent à adhérer tant qu'il leur faudra — conformément au texte actuellement en vigueur — assurer la protection en bloc des 40 000 marques internationales déjà protégées ou les soumettre à un examen qui constitue un formidable travail. Ils adhéreront bien plus facilement si on les dispense de la rétroactivité de l'adhésion.

L'Administration française a accepté cette proposition sous le bénéfice de la réserve suivante: « sauf en ce qui concerne les marques internationales ayant déjà fait antérieurement dans ce pays l'objet d'un enregistrement national identique encore en vigueur et qui seront immédiatement reconnues sur la demande des intéressés ».

L'Administration autrichienne a proposé de spécifier que, dans le cas d'adhésion d'un pays avec dispense de la rétroactivité, les marques renouvelées à partir du jour où l'adhésion deviendra effective ne seront protégées dans ce pays qu'à partir de leur renouvellement.

La Délégation autrichienne retire cette proposition, la Sous-Commission étant unanime à déclarer que les marques renouvelées sont comprises dans l'expression « marques enregistrées » et qu'il est superflu de le mentionner expressément dans le texte.

La proposition du Programme, appuyée par la Délégation française et complétée par la proposition française, est adoptée.

XI. Date de la mise en vigueur du texte nouveau de l'Arrangement

ARTICLE 12

Texte ancien maintenu en substituant « La Haye » à « Madrid » et en renvoyant à la Commission générale le soin de statuer sur les dates du dépôt des ratifications et de la mise en vigueur.

DEUXIÈME PARTIE

NOTE DU COMITÉ D'ÉTUDES

SUR LE

RÈGLEMENT D'EXÉCUTION DE L'ARRANGEMENT CONCERNANT LES MARQUES

Dans sa séance du 22 octobre, la Ve Sous-Commission avait chargé un comité spécial dit Comité d'études d'examiner en détail les propositions relatives à la modification du Règlement d'exécution de l'Arrangement de Madrid qu'avaient élaborées l'Administration des Pays-Bas et le Bureau international, ainsi que les contre-propositions, très brèves, que les Administrations d'Allemagne, d'Espagne et de Suisse avaient fait parvenir à Berne avant la Conférence même et auxquelles s'ajoutaient enfin les contre-propositions multiples déposées, à l'ouverture de celle-ci, par la Délégation d'Autriche(1).

Le comité a consacré à sa tâche de nombreuses heures des journées des 24 et 26 octobre et il a rendu compte, le 27 octobre, des résultats de ses travaux à M. de Sanctis, Président de la Sous-Commission, dans un rapport dont voici la teneur:

« Les propositions allemande et suisses et une partie de celles de la Délégation autrichienne trouvent leur justification dans les modifications que la Sous-Commission a apportées à l'Arrangement lui-même (refus d'accepter une classification des marques et les taxes y relatives; admission des mandataires à recevoir les notifications de refus).

« La proposition espagnole, appuyée par la Délégation autrichienne, d'indiquer, dans la demande d'enregistrement international, si et à quelle date la marque a déjà été enregistrée antérieurement dans l'un ou l'autre des pays contractants, à la suite d'un dépôt direct, a déjà été écartée lors de la discussion de l'Arrangement lui-même, vu qu'il ne paraît pas opportun d'inscrire dans un document officiel, en même temps, des attestations certifiées par l'Administration du pays d'origine et des déclarations du propriétaire de la marque non contrôlables par ladite Administration ou par le Bureau international, et qui souvent seraient partiellement ou complètement inexactes. D'ailleurs, l'omission — dépourvue de

(1) En raison de la provenance de ces propositions, le Comité d'études comprenait MM. Duschaneck et Fortwängler (Autriche), Cabello Lapiedra (Espagne) et Röthlisberger, Directeur du Bureau international, assisté de M. Paul Guye, secrétaire de la Conférence et du Bureau de Berne, chef du Service de l'enregistrement international des marques de fabrique ou de commerce à ce Bureau.

sanction — de cette nouvelle formalité ne ferait pas perdre le droit de substitution de l'enregistrement international à un ou plusieurs enregistrements nationaux accordé par l'article 4bis de l'Arrangement.

« Cependant le Directeur du Bureau international a déclaré que soit au moyen d'une fiche annexée au certificat d'enregistrement international, soit par une note bien visible imprimée au verso dudit certificat, on engagerait le propriétaire de la marque, le cas échéant, à aviser directement l'Administration du ou des pays en cause que cette marque internationale a déjà fait l'objet, de la part de cette Administration, d'un enregistrement national antérieur à préciser, tout cela afin de faciliter le travail des Administrations et l'établissement d'un état-civil exact des marques internationales.

« Dans tel pays, en suite de circonstances spéciales, il n'est guère possible, pour le moment, à l'Administration centrale de remplir elle-même le formulaire de demande d'enregistrement. Il a été tenu compte de cette situation exceptionnelle dans les nouvelles propositions.

« La proposition d'obliger l'Administration du pays d'origine ou le Bureau international à déclarer qu'il s'agit d'un « renouvellement » lors d'un nouveau dépôt a été écartée. La faculté de trancher cette question délicate doit être réservée à chaque Administration ou aux tribunaux.

« Plusieurs propositions de modifications moins importantes ont été retirées après explications fournies à la Délégation autrichienne par les représentants du Bureau international. Les autres ont été introduites, parfois sous une forme un peu modifiée, dans le texte qui sera soumis à MM. les Délégués et qui sera expliqué au besoin en séance de la Commission générale ou en Séance plénière par le Directeur du Bureau international. »

Le Président :

G. DE SANCTIS.

Le Secrétaire :

THOMAS BRAUN.

SIXIÈME SOUS-COMMISSION

Enregistrement international des dessins et modèles industriels

PRÉSIDENT : M. MARCEL PLAISANT
SECRÉTAIRE : M. DANIEL COPPIETERS

La Commission générale a confié à la sixième Sous-Commission la tâche d'examiner le projet d'Arrangement pour le dépôt international des dessins et modèles industriels préparé, ainsi que le projet de Règlement d'exécution, par le Bureau international de Berne (v. ci-dessus, p. 313) sur la base d'un double vœu émis par la Conférence de Washington.

Elle a consacré à ce travail trois séances, tenues les 16 et 23 octobre 1925.

Le Président fait observer que bien que le titre indiquant les matières à traiter par la Sous-Commission ne vise que l'enregistrement international des dessins et modèles, si l'on se rapporte aux dernières propositions présentées, il faut considérer que les travaux de la sixième Sous-Commission embrassent les deux objets suivants:

1° les modifications à apporter à la Convention générale dans ses articles 4 *f)* et 5 et, pour ordre, les articles 11 et 12;

2° le projet d'Arrangement spécial concernant le dépôt international des dessins et modèles préparé par le Bureau de Berne en vertu du vœu émis par la Conférence de Washington.

I. Droit de priorité. Exploitation obligatoire

(Convention, art. 4 *f)* et 5, voir ci-dessus p. 231)

Abordant la discussion de l'article 4, litt. *f)* de la Convention, le Président rappelle qu'au cours des délibérations de la deuxième Sous-Commission la disjonction du premier paragraphe de cet article et son renvoi à la présente Sous-Commission a été décidé.

M. Röthlisberger, Directeur du Bureau de Berne, expose qu'après avoir conféré avec le Président de la Commission de Rédaction, il a acquis la conviction qu'il n'y a aucun inconvénient à supprimer le mot « inversement » dans le texte du Programme.

Le Président donne acte à M. Röthlisberger du retrait du mot « inversement » et aborde la discussion de l'article 5 de la Convention.

La Délégation allemande rappelle, à l'appui de la proposition de l'Administration du *Reich* (insertion dans l'article 5 de la Convention du texte de l'article 5 du projet d'Arrangement (v. ci-dessus, p. 366) que souvent les dessins et modèles ont une vie éphémère et que peu d'entre eux possèdent une valeur assez grande pour justifier une mise en exploitation à l'étranger. Si on complique la protection des dessins et modèles par des interdictions d'importation, des appositions de mentions ou des obligations d'exploitation, on enlève par ce fait tout intérêt à déposer ces objets dans le pays où existent pareilles entraves. Le résultat obtenu jusqu'à présent en ce qui concerne la protection internationale des dessins et modèles est presque nul. Il n'est pas douteux que pour leur assurer une protection efficace toutes ces conditions devraient être abolies. Pareille solution apparaît comme indispensable pour pouvoir réaliser un enregistrement international.

La Délégation autrichienne appuie les déclarations de la Délégation allemande. Le Président lui donne acte de ce que sa proposition se fond avec celle de l'Allemagne.

La Délégation française se déclare d'accord avec la proposition de l'Allemagne sous réserve de la suppression du mot « internationalement ». Elle s'élève spécialement contre l'obligation d'exploitation et rappelle que d'après les législations britannique et américaine même les créations d'art appliqué sont soumises aux mêmes nécessités d'exploitation que les brevets, ce qui paraît difficilement admissible.

Le Président donne acte à la Délégation française de ce qu'elle fond son amendement avec celui de l'Allemagne, déjà adopté par l'Autriche.

La Délégation suisse se rallie au même amendement.

La Délégation espagnole se déclare également d'accord avec la proposition allemande et ajoute qu'à son avis les dessins et modèles ne doivent porter ni estampilles, ni gravures, en un mot aucun signe distinctif de marque, parce que cela exigerait en réalité deux enregistrements de nature différente, ce qui serait en contradiction avec la législation espagnole.

La Délégation tchécoslovaque demande si tout cela ne s'applique qu'aux dessins et modèles déposés internationalement.

La Délégation allemande déclare que le mot « internationalement » n'a été introduit dans le texte de la proposition allemande que par inadvertance et qu'elle est d'accord pour en admettre la suppression.

La Délégation britannique estime que la proposition allemande comprend deux parties : la question de l'apposition d'une marque ou mention et la question de déchéance pour défaut d'exploitation ou pour introduction d'objets conformes à ceux protégés.

Le Président ordonne la division.

a) Non-apposition de marques ou mentions obligatoires sur les dessins et modèles

Le Directeur du Bureau de Berne attire l'attention de l'Assemblée sur ce que certains pays exigent, pour qu'il y ait protection, l'apposition du mot « *registered* » ou un signe. L'Allemagne admet le maintien de la mention exigée par le pays d'origine. L'Espagne va plus loin et ne veut aucune mention.

La Délégation espagnole confirme que, d'après la législation de son pays, aucune mention n'est nécessaire sur les dessins et modèles, mais qu'elle espère néanmoins pouvoir se rallier à la proposition allemande telle quelle.

La Délégation britannique déclare pouvoir accepter la première partie de la proposition allemande, mais à condition que la personne lésée ne puisse obtenir de dommages et intérêts que si elle prouve que la personne poursuivie savait que le dessin était enregistré.

La Délégation des États-Unis rappelle que les lois américaines sont conçues dans le même esprit que les lois britanniques, mais qu'en Amérique le titulaire de dessins et modèles ne doit pas marquer ses produits s'il avertit les imitateurs, même par simple lettre, de l'existence de son dépôt.

La Délégation de Pologne demande qu'on ajoute après les mots « dessins et modèles » le mot « industriels » afin qu'il soit bien entendu que les modèles d'utilité sont exclus.

Le Président fait observer que jusqu'à présent on s'est toujours entendu sur la portée des mots « dessins et modèles » et il estime que c'est une question à soumettre à la Commission de Rédaction. Il déclare la discussion close et met aux voix la première partie de l'amendement allemand.

Celui-ci est adopté à l'unanimité. La Délégation de Pologne se réserve toutefois de demander d'ajouter le mot « industriels », ce dont le Président lui donne acte.

b) Interdiction de frapper de déchéance les dessins et modèles pour défaut d'exploitation ou pour introduction d'objets conformes à ceux protégés

Le Président remet en discussion la deuxième partie de l'amendement allemand.

La Délégation britannique déclare qu'actuellement elle n'est pas autorisée à émettre un vote affirmatif sur ce point. Elle tiendrait cependant à connaître l'opinion de la Conférence en ce qui le concerne et souhaiterait voir réserver le vote jusqu'à ce qu'elle ait reçu des instructions précises de son Gouvernement.

Les Délégations italienne et serbo-croato-slovène ayant déclaré que leurs Gouvernements ne pourraient pas non plus accepter la suppression de l'obligation d'exploiter, la Délégation française demande s'ils ne se contenteraient pas de l'exploitation au pays d'origine. Les Délégations de ces deux pays répondent négativement.

La Délégation française, s'adressant spécialement à la Délégation britannique, insiste sur la différence économique considérable qui existe entre l'exploitation des brevets et celle des modèles. Pour ces derniers, l'intérêt public ne demande pas l'exploitation obligatoire. Au contraire, plus il y aura de créations nouvelles de la forme et plus la communauté en profitera.

La Délégation des États-Unis est heureuse de constater que de nombreux pays sont d'accord, comme elle, pour supprimer l'obligation d'exploiter en matière de dessins. Elle estime cependant que la différence entre les dessins et les brevets n'est pas si grande que le prétend la Délégation française. Elle déclare se rallier à la proposition allemande.

La Délégation belge déclare pouvoir s'y rallier également.

La Délégation britannique insiste pour qu'on ne procède pas au vote tant qu'elle n'aura pas reçu ses instructions définitives, parce que si on mettait actuellement la proposition aux voix, elle aurait le regret de devoir voter contre.

Dans ces conditions, le Président demande au secrétaire d'indiquer à titre officieux quels sont les pays disposés à voter affirmativement. Il est constaté que ces pays sont les suivants: Allemagne, Autriche, Belgique, Dantzig, États-Unis, Espagne, France, Hongrie, Pologne (avec réserve d'ajouter le mot « industriels »), Suisse.

Il est constaté d'autre part, à titre officieux, que les Délégations d'Italie et de Serbie-Croatie-Slovénie sont disposées à voter négativement.

M. Röthlisberger attire l'attention de l'assemblée sur ce que la proposition allemande vise l'abolition de deux causes de déchéance: le défaut d'exploitation et l'introduction d'objets conformes à ceux qui sont protégés. Il est à supposer qu'il n'y aura d'objection quant à la seconde, puisque le principe est déjà admis et consacré pour les brevets.

Dans une séance ultérieure, la Délégation britannique, ayant reçu des instructions de son Gouvernement, déclare pouvoir appuyer l'amendement de l'Allemagne en ce qui concerne l'abolition de la déchéance pour défaut d'exploitation des dessins et modèles.

Le Président déclare que le Bureau est particulièrement heureux de pouvoir enregistrer cette adhésion de la Grande-Bretagne. Il constate que, seules, les Délégations d'Italie et de Serbie-Croatie-Slovénie persistent dans le point de vue contraire. Il invite ces Délégations à se mettre en rapport avec celles d'Allemagne et de France pour tâcher de trouver un terrain d'entente relativement à l'article 5 de la Convention générale.

Les Délégations allemande, britannique, française, italienne et serbo-croato-slovène ont, en effet, formé une Commission restreinte qui s'est réunie le 27 octobre. Le résultat de ces pourparlers a été d'accepter à l'unanimité l'insertion, dans l'article 5 de la Convention générale, d'un alinéa ainsi conçu:

« *La protection des dessins et modèles industriels ne peut être soumise à une obligation d'exploiter ni atteinte par une déchéance quelconque pour introduction d'objets conformes à ceux protégés.*

Aucun signe ou mention d'enregistrement ne sera exigé sur le produit pour la reconnaissance du droit. »

Le Président signale pour ordre que les dessins et modèles sont également visés par les articles 11 et 12 de la Convention.

II. Projet d'Arrangement pour le dépôt international des dessins et modèles industriels

Le Président rappelle qu'il s'agit d'un Arrangement entièrement nouveau dont les origines sont cependant déjà lointaines. C'est M. Osterrieth qui, en 1904, au congrès de l'Association internationale pour la protection de la propriété industrielle tenu à Berlin, a été le premier à suggérer une centralisation des dépôts. L'étude de la question s'est poursuivie à Liége, à Milan et à Nancy. En 1911, à Washington, le Gouvernement français a déposé un projet en 6 articles, ayant comme base le dépôt au pays d'origine. Mais la Conférence a estimé (v. Actes, p. 291) que le projet avait été présenté trop tard pour être discuté utilement et elle a émis le vœu de voir le Bureau de Berne entrer en rapport avec les différents États et élaborer à son tour un projet. Celui-ci s'est mis à l'œuvre et a notamment tenu compte des études de M. Georges Maillard et de M. Daniel Coppieters sur la matière. Il a publié des articles remarquables dans la *Propriété industrielle* et met aujourd'hui la Sous-Commission en présence d'un projet admirablement étudié et complet. Le Président croit être l'interprète de tous les Délégués en adressant au Bureau de Berne ses remerciements. Il décide de scinder la discussion en deux parties: discussion générale ouverte sur l'opportunité d'un Arrangement international et ensuite discussion détaillée du projet.

Sur l'invitation du Président, M. Röthlisberger expose les intentions principales qui ont inspiré la rédaction du projet d'Arrangement confiée au Bureau de Berne par la Conférence de Washington. Au fur et à mesure que la protection, sans formalité aucune, des œuvres d'art appliqué à l'industrie se généralise progressivement, le domaine de la protection des dessins et modèles industriels se rétrécit. Bien que la protection comme œuvre d'art de toute manifestation artistique, quelle qu'en soit la destination, même industrielle, soit l'idéal à atteindre, il reste certains dessins ou modèles de pure ornementation, soit trop peu caractéristiques quant à leur nature artistique, soit trop fortement multipliés, soit trop éphémères et ayant tous notamment besoin de facilités pour la preuve de la priorité de création, qui, en pratique, préféreront la protection que leur garantissent — cumulativement, comme en France — les lois spéciales sur ce domaine. Dans les rapports entre pays divers, ces productions recherchent une protection internationale bien plus aisée. Comment la leur conférer à titre de régime international transitoire et auxiliaire?

On pourrait se limiter à écarter les plus forts écueils et à proclamer les trois principes de la dispense de toute exploitation obligatoire, de la suppression de toute apposition d'une mention spéciale relative à la protection et de la liberté d'importation des produits fabriqués; pour le reste, on s'en tiendrait au maintien de l'état légal national. Mais une règle semblable serait par trop simpliste et en même temps trop peu ferme quant à ses résultats pratiques et cela surtout en raison de la bigarrure des lois; en outre, elle serait subordonnée à l'observation de trop de conditions et formalités locales inhérentes à l'application des lois nationales.

Force est donc de chercher une certaine unification à côté de la reconnaissance formelle des trois principes susénoncés. Cette unification, considérée et proclamée comme un minimum de protection, doit comprendre surtout la durée uniforme du délai de protection, la répartition égale de ce délai en périodes subdivisionnaires, la réglementation du dépôt secret ou ouvert et celle de la concentration des formalités à remplir. Pour atteindre ce dernier but, le Bureau international a pris pour base le dépôt des dessins et modèles en nature, opéré dans le pays d'origine, dépôt en double exemplaire, dont l'un reste à l'office national et l'autre est dirigé vers Berne par l'Administration de cet office. C'est grâce à cette manière de procéder, le dépôt à Berne étant la doublure de celui opéré dans le pays d'origine, que le Bureau international n'aura pas à assumer des fonctions de juge investi du pouvoir de refuser des dessins contraires, par exemple, à la morale ou à l'ordre public; ces questions contestables seraient, comme de juste, tranchées dans le pays d'origine. Toutes les dispositions de détail s'inspirent de cette règle primordiale unique.

Le Président remercie M. Röthlisberger de ses observations et ouvre la discussion générale.

1. Discussion générale portant sur l'opportunité de conclure un Arrangement

Le Président donne la parole à la Délégation helvétique pour qu'elle expose le projet d'Arrangement préparé par l'Administration de son pays (v. ci dessus, p. 366).

La Délégation suisse s'en réfère aux motifs reproduits en tête du projet. En principe, la Suisse est d'accord avec le Bureau de Berne, mais à la condition qu'il n'y ait qu'un dépôt et non deux. Le pays d'origine ne pourrait jamais garantir la similitude des deux dépôts. Dans ces circonstances les tribunaux devraient, malgré le dépôt international, s'en remettre en dernière ligne au dessin ou modèle déposé dans le pays d'origine. Mieux vaudrait donc n'imposer qu'un seul dépôt au pays d'origine et n'avoir à Berne qu'un simple enregistrement.

La Délégation autrichienne déclare que le Gouvernement fédéral autrichien apprécie hautement l'importance des efforts tendant à l'organisation d'un dépôt international des dessins et modèles industriels en vue de sauvegarder, d'une manière efficace, les intérêts des créateurs des dessins et modèles ainsi que les intérêts de l'industrie. C'est pourquoi son Gouvernement regrette vivement de ne pas être à même, vu l'état de la législation autrichienne, de prendre part actuellement à l'Arrangement dont il s'agit. Mais il examinera sérieusement la question d'adhérer dans la suite à cet Arrangement, dès que la législation du pays sera réformée.

La Délégation allemande fait observer que l'amendement proposé par l'Administration du *Reich* (v. ci-dessus, p. 366) touche à la base même du projet et s'inspire de motifs analogues à ceux de la proposition suisse. Dans la Convention principale l'indépendance a été admise en matière de brevets et dans les Conventions internationales en matière de propriété artistique le même principe est de règle. Le but à atteindre c'est une protection facilement abordable dans tous les pays pour les créateurs de la forme. Or, ces derniers ont actuellement perdu l'habitude de déposer, notamment en Allemagne, en France et en Belgique. Cela provient de ce que dans ces pays se produit une évolution qui, en favorisant la protection des œuvres d'art appliqué, diminue le nombre des dessins et modèles industriels.

Supposons, dit notamment l'orateur, le cas d'un industriel dont la production est protégée comme œuvre d'art dans son pays. Il exporte et veut être protégé là où il ne trouve de protection que pour des dessins et modèles. D'après le projet de Berne il faudra donc qu'il dépose chez lui comme dessin, et qu'à cet effet il subordonne la protection à l'étranger à une protection spéciale dans son propre pays. Cela créera nécessairement une situation compliquée et c'est pourquoi la Délégation allemande estime qu'il n'y a aucune nécessité de subordonner le dépôt international au dépôt préalable au pays d'origine.

On pourrait créer dans les différents pays un office chargé de recevoir simplement le dépôt international pour le transmettre au Bureau de Berne, qui l'enregistrerait et le notifierait aux autres pays. Dans ceux-ci le dépôt international aurait le même effet que s'il y avait été fait directement. La protection serait accordée dans chaque pays d'après la loi nationale. Dans ce système on ne voit pas en quoi la protection au pays d'origine peut être utile et c'est pourquoi la Délégation allemande, tout en se déclarant prête à examiner tout autre système qui serait de nature à pouvoir réaliser une entente, insiste cependant pour que sa proposition soit prise en considération.

La Délégation de Belgique déclare avoir reçu pour instruction de son Gouvernement de se rallier en principe au projet du Bureau de Berne, mais elle est prête à examiner avec les autres Délégations toute modification qui aurait des chances de faciliter la conclusion d'un Arrangement et d'assurer ainsi aux dessins et modèles industriels une protection internationale qui jusqu'à présent leur a fait défaut.

La Délégation française se déclare en principe d'accord avec le projet du Bureau de Berne. Elle estime cependant qu'en présence des propositions formulées par les Délégations de Suisse et d'Allemagne, il faudra examiner avec soin si en réalité un seul dépôt ne serait pas préférable. Au cours de la discussion elle se réserve de faire valoir les avantages de l'emploi de l'enveloppe Soleau.

M. Röthlisberger, invité à répondre à MM. Kraft et Osterrieth, qui ont exposé le contre-projet suisse et l'amendement allemand, fait remarquer d'abord que les systèmes préconisés par la Suisse et l'Allemagne reposent sur des principes différents. M. Osterrieth entend affranchir les propriétaires des dessins ou modèles de toute dépendance du pays d'origine, puisqu'ils pourraient s'adresser, d'après son système, directement au Bureau de Berne, sans passer par l'Administration du pays d'origine. Ce système, contraire à celui choisi pour l'enregistrement des marques, aurait l'inconvénient déjà signalé de faire du Bureau international l'arbitre de l'acceptation ou du refus de ceux des dépôts directs dont l'objet serait contraire à l'ordre public et aux bonnes mœurs, inconvénient aggravé par l'impossibilité d'instituer un recours en cas de refus, mais d'ailleurs inhérent — *à priori,* mais non *à posteriori* — à tout système de non-examen. Le Bureau de Berne se trouverait ainsi investi d'une mission de contrôle touchant au fond du droit.

Le système proposé par la Suisse attribue à l'Administration du pays d'origine l'enregistrement essentiel, mais limite la demande à faire pour l'obtention de la protection internationale à une simple notification de cet enregistrement au Bureau de Berne, lequel la publierait dans sa revue officielle; c'est tout. M. Kraft craint d'engager la responsabilité de l'Administration du pays d'origine pour ce qui concerne l'exactitude du dépôt international et l'identité des objets déposés aux deux endroits. Cependant, cette crainte est vaine, car ce serait le déposant qui serait responsable de la régularité de ces démarches, toute supercherie ou fraude entraînant pour lui la perte de ses droits.

Le Directeur du Bureau international, qui est un chaud partisan de la suppression des formalités inutiles, aurait bien voulu donner son assentiment à tous systèmes comportant un dépôt unique et certaines simplifications. Il aurait sûrement réalisé ces simplifications, qu'il a également entrevues et examinées de prime abord, si la dure réalité des choses, c'est-à-dire la divergence des législations nationales, ne l'en avait pas empêché. Quelques pays connaissent, il est vrai, la durée uniforme de protection de 15 ans, mais dès qu'il s'agit de la diviser en périodes, les inégalités apparaissent. L'orateur donne une série d'exemples qu'il emprunte au « Tableau comparatif des conditions et formalités requises pour le dépôt des dessins et modèles industriels » publié récemment en deuxième édition par le Bureau de Berne. La même inégalité se produit quant à la question essentielle du secret. Ainsi, la Suisse permet de déposer en secret les paquets de dessins de broderies pendant les trois périodes en lesquelles se divise le délai de 15 ans, ce qui manifestement ne serait guère admis par d'autres pays. En général, on veut bien protéger les dessins ou modèles, mais à la condition que des tiers puissent consulter les registres. Et ici on rencontre une seconde nécessité de la vie réelle qui exige que les dépôts puissent être vus *in natura* ou, pour le moins, *in effigie*. Pour cela, on demande de pouvoir les consulter dans un centre à Berne, non pas dans les différentes villes où a eu lieu le dépôt du pays d'origine. D'une façon analogue, on tient, en cas de procès, à pouvoir s'adresser à Berne pour obtenir les échantillons déposés que le Bureau international pourra procurer rapidement, alors que tout recours aux divers tribunaux locaux comporte une complication. C'est pourquoi il faut à Berne, non pas un simple enregistrement sur le papier, mais un dépôt tangible d'objets réels mis à la disposition du public et facilement accessibles au juge. A la proposition suisse s'applique, semble-t-il dans les circonstances présentes, l'adage « le mieux est l'ennemi du bien ».

La Délégation italienne, tout en envisageant avec le plus grand intérêt le projet d'Arrangement international, tient à déclarer qu'elle n'est pas en mesure de signer, au cours de la présente Conférence, l'Arrangement dont s'agit, ce qui cependant ne saurait exclure pour l'avenir la possibilité que l'Italie puisse y donner son adhésion. Eu égard à cette possibilité, la Délégation italienne suivra la discussion avec toute sa sympathie en se réservant, le cas échéant, de signaler ses points de vue.

Aucun orateur n'étant plus inscrit, le Président prononce la clôture de la discussion générale et met aux voix la motion suivante:

« La Conférence prend en considération le Projet du Bureau de Berne et ordonne le passage à la discussion des articles. »

Le Président fait observer qu'il est bien entendu qu'il sera loisible, même aux Délégations qui refuseront de voter la motion susdite, d'adhérer néanmoins à l'Arrangement.

Il est ensuite procédé au vote, qui donne le résultat suivant: 10 oui, 11 abstentions.

2. Discussion détaillée du projet

Le Président, avant de passer à la discussion de l'article premier du projet, croit utile de tracer une vue d'ensemble de ce projet.

L'article premier porte sur le principe des droits, l'article 2 sur leur étendue, les articles 3, 6, 8, 9 et 10 sur les formes du droit, l'article 4 sur ses effets, l'article 5 sur ses conditions, les articles 7, 11 et 12 sur la durée et l'expiration, l'article 14 sur le mode de preuve, les articles 15 et 16 visent les taxes, l'article 17 règle la délivrance des expéditions, l'article 19 touche aux mutations et aux transferts et les articles 20 à 23 contiennent des dispositions générales.

a) ARTICLE PREMIER

La discussion sur l'article premier étant ouverte, le Président donne lecture du texte de Berne, de celui de la proposition helvétique et de l'amendement allemand qui est conçu comme suit:

« Les sujets ou citoyens de chacun des pays contractants, ainsi que les personnes ayant satisfait, dans le territoire de l'Union restreinte, aux conditions établies par l'article 3 de la Convention générale, pourront s'assurer dans tous les autres pays contractants la protection de leurs dessins et modèles industriels au moyen d'un dépôt international effectué au Bureau international de Berne. »

La Délégation allemande rappelle que le Directeur du Bureau de Berne a attiré l'attention de l'Assemblée sur la diversité des lois nationales en présence. Il faut donc tenir compte de ces divergences de législation dans l'établissement du dépôt international. Il a expliqué que c'est pour cette raison qu'il a pris pour base le dépôt au pays d'origine. Les mêmes raisons ont conduit la Délégation allemande à la solution contraire. Il paraît peu logique en effet de faire dépendre la protection dans un pays de la protection d'un autre pays, dans lequel les conditions de durée et autres seront différentes.

Il apparaît donc que le dépôt international n'est vraiment utile qu'en tant qu'il simplifie les dépôts multiples en prenant leur place. Aujourd'hui l'Autrichien, par exemple, qui veut être protégé en France, en Allemagne et dans d'autres pays, s'adressera à un agent de brevets pour opérer quatre ou cinq dépôts, en se conformant chaque fois aux conditions et aux exigences des lois internes. C'est ce qui rend dispendieuse et illusoire la protection des dessins et modèles telle qu'elle est réglée dans la Convention principale. Actuellement, l'Administration allemande envisage un système de simplification et d'unification en remplaçant les dépôts multiples par un dépôt unique comprenant autant d'exemplaires de l'objet déposé qu'il y a de pays contractants. Ce dépôt n'aura point de caractère attributif de protection. Le Bureau de Berne ne remplira que des fonctions administratives: recevoir le dépôt et en distribuer les exemplaires au différents pays signataires de l'Arrangement. Ces différents exemplaires suivront chacun de leur côté, une fois distribués, le sort de la loi interne.

Quant au délai minimum de protection, c'est là une disposition qui, tout en étant désirable au point de vue d'un commencement d'unification, ne paraît cependant pas indispensable.

Ce qu'il faut décider aujourd'hui c'est de savoir s'il est possible de remplacer le régime des dépôts multiples et coûteux par une organisation simple et peu dispendieuse, basée sur une formalité unique.

La Délégation française préfère la proposition du Bureau de Berne à la proposition allemande. Le dépôt unique à Berne, tel qu'il est compris par celle-ci, va avoir pour conséquence d'exiger le dépôt simultané d'une pluralité d'exemplaires, ce qui ne constitue pas une simplification. La Délégation française considère comme meilleur le système comprenant deux dépôts: celui au pays d'origine et celui au Bureau de Berne. Il serait choquant, dans les pays où l'on exige le dépôt, d'en supprimer la nécessité quand il s'agira d'un Arrangement international.

La Délégation de Belgique croit utile de présenter les observations suivantes:

Trois solutions sont proposées à l'Assemblée: la première, celle du Bureau de Berne, qui prévoit à la fois un dépôt au pays d'origine et un dépôt à Berne; la seconde, celle de la Suisse, qui préconise un dépôt unique au pays d'origine, et à Berne un simple enregistrement; la troisième, l'amendement allemand, qui n'admet qu'un dépôt à Berne, mais un dépôt multiple devant permettre une distribution aux différents États co-contractants.

Il semble bien qu'en matière de dessins et modèles, le dépôt préalable au pays d'origine ne doit pas être considéré comme une règle fondamentale et indispensable. Si ce principe régit la matière des marques, c'est au contraire celui de l'indépendance qui règne en matière de brevets; il n'est point de raison pour l'imposer en ce qui concerne les dessins et modèles. Au contraire, si l'on tient compte de ce que certains pays en arriveront peut-être à abolir la formalité du dépôt, ce serait obliger ces pays à rétablir éventuellement cette formalité pour permettre à leurs ressortissants de pouvoir bénéficier du dépôt international.

D'autre part, il est certain qu'un dépôt unique présente sur un double dépôt l'avantage d'une simplification des formalités et celui d'éviter une divergence toujours possible en cas de dépôt double ou multiple. Enfin, l'emploi de l'enveloppe Soleau, expressément prévu, se concevrait difficilement en pratique dans l'hypothèse d'un dépôt multiple.

La conclusion logique de ce qui précède, c'est que la solution la plus pratique serait d'admettre le dépôt unique effectué directement par les intéressés à Berne et produisant dans tous les pays ressortissants de l'Union restreinte le même effet que s'il était effectué dans chacun d'eux.

La Délégation allemande déclare pouvoir se rallier aux suggestions que M. Coppieters vient de présenter au nom de la Délégation belge.

Le Président prend acte de ce que la suggestion belge se fond avec l'amendement allemand.

La Délégation française est d'accord pour simplifier autant que possible les formalités et pour admettre un dépôt unique, mais elle se demande s'il ne serait pas préférable que ce dépôt ait lieu au pays d'origine.

La Délégation helvétique déclare avoir suivi avec beaucoup d'intérêt les exposés qui viennent d'être faits par les Délégations allemande et belge et serait disposée à se rallier au texte de l'amendement allemand, amendé lui-même par la suggestion belge. Toutefois, si — comme paraît le désirer la France — on maintenait la nécessité du dépôt au pays d'origine, la Délégation suisse devrait maintenir elle-même la proposition de son Administration.

Le Directeur du Bureau de Berne exprime sa satisfaction au sujet de la tournure heureuse que prend le débat. D'après le système développé par M. Osterrieth au nom de la Délégation allemande, le Bureau de Berne deviendrait le centre d'un dépôt multiple devant faire l'objet d'une distribution; ce serait lui attribuer le rôle d'un simple facteur postal ou les fonctions d'agent, fonctions que pourraient remplir tout aussi bien les agents de brevets ou de marques.

Maintenant la Délégation allemande déclare se rallier aux suggestions émises par M. Coppieters au nom de la Belgique et l'objection d'ordre doctrinal relative à la difficulté d'investir le Bureau international d'un pouvoir de contrôle des dessins et modèles déposés uniquement chez lui, objection que l'auteur du projet craignait devoir être grave, ne semble pas aux dites Délégations peser dans la balance d'un poids trop lourd. On se trouve donc en présence d'un système vraiment susceptible de réalisation pratique et n'était-ce la prédilection marquée par la France pour le principe du dépôt au pays d'origine, on se trouverait devant une concordance de vues parfaite.

La Délégation française se déclare disposée, pour faciliter la conclusion d'un Arrangement, à se rallier à la suggestion belge.

La Délégation suisse déclare que, dans ces conditions, elle s'y rallie également et déclare retirer la proposition de son Administration.

Le Président, constatant que la discussion est close, met au vote l'amendement allemand fondu avec la suggestion belge, étant donc entendu qu'il s'agit du dépôt d'un exemplaire unique effectué à Berne.

Le résultat du vote est le suivant: 10 oui, 11 abstentions.

En conséquence, le texte suivant est substitué à l'article 1er du projet du Bureau de Berne:

Article premier

Les sujets ou citoyens de *chacun des*(1) pays contractants, *ainsi que* les personnes ayant satisfait, sur le territoire de l'Union restreinte, aux conditions établies par l'article 3 de la Convention générale, pourront s'assurer dans tous les autres pays contractants la protection de leurs dessins et modèles industriels [.....] au moyen d'un dépôt international [.....] effectué au Bureau international de Berne [.....].

b) ARTICLE 2

La Délégation helvétique déclare retirer le texte de l'article 2 de son projet.

Le Directeur du Bureau de Berne signale que pour mettre le texte de l'article 2 en concordance avec celui qui vient d'être adopté pour l'article 1er, il échet de supprimer le deuxième paragraphe.

En conséquence, le texte adopté est le suivant:

Article 2

Le dépôt international comprendra les dessins ou modèles, soit sous la forme du produit industriel auquel ils sont destinés, soit sous celles d'un dessin, d'une photographie, ou de toute autre représentation graphique suffisante dudit dessin ou modèle [.....].

Les objets seront accompagnés d'une demande de dépôt international en double exemplaire contenant les indications en langue française que précisera le règlement d'exécution.

c) ARTICLE 3

M. Röthlisberger signale qu'il y a lieu de supprimer les mots « de l'Administration du pays d'origine ».

La Délégation du Mexique fait observer qu'il y aurait lieu de rayer également le mot « autres » qui précède dans le texte le mot « Administration ».

Il en est ainsi décidé et le texte adopté est le suivant:

Article 3

Aussitôt que le Bureau international de Berne aura reçu [.....] la demande de procéder à un dépôt international, il inscrira cette demande dans un registre spécial, notifiera ces inscriptions aux diverses [.....] Administrations et les publiera dans une feuille périodique dont il distribuera gratuitement à chaque Administration le nombre d'exemplaires voulu.

Les dépôts seront conservés dans les archives du Bureau international.

d) ARTICLE 4

La Délégation italienne demande à la Délégation allemande d'après quelle loi, suivant elle, devront être jugées les conditions nécessaires pour effectuer le dépôt. Du moment qu'on écarte comme base la législation du pays d'origine, il faudra admettre comme règle que les pays d'importation devront accepter le dépôt

(1) Nous imprimons en *italiques* les mots nouveaux et nous indiquons par des points entre crochets que des membres de phrases figurant dans le projet de Berne ont été rejetés par la Sous-Commission.

international comme si c'était pour chacun d'eux un dépôt intérieur. La Délégation allemande répond qu'en effet le dépôt international devra être considéré comme équivalent à un dépôt effectué directement dans chacun des pays contractants. Ce sera donc la loi de chacun de ces pays qui sera compétente, par exemple, pour trancher les questions relatives à la nouveauté, etc.

La Délégation italienne fait observer que ce sont là les effets des dépôts, mais elle désirerait savoir d'après quel droit le Bureau de Berne décidera s'il faut ou non accepter le dépôt.

Le Directeur du Bureau de Berne déclare s'en référer à l'exposé des motifs qui précède, dans le Programme, le texte du projet (v. ci-dessus, p. 313). Dans le cas actuel, le Bureau de Berne doit être considéré comme un simple centre de réception; il n'aura donc pas le droit de refuser un dépôt et c'est aux différents pays contractants qu'il appartiendra de juger de la valeur de celui-ci.

La Délégation serbe-croate-slovène estime qu'il est nécessaire de fixer les formalités à remplir pour le dépôt à Berne. Tant que la base du dépôt international était celle du pays d'origine, on pouvait se fonder sur les formalités exigées par celui-ci. Cette base faisant actuellement défaut, il est indispensable de bien préciser les formalités à remplir pour le dépôt à Berne.

Le Directeur du Bureau de Berne déclare que le Règlement d'exécution a précisément pour but de répondre à cette nécessité.

La Délégation serbe-croate-slovène fait encore observer qu'il sera très difficile de prendre connaissance des dessins ou modèles déposés et qu'il faudra fixer clairement dans le Règlement les conditions dans lesquelles les renseignements pourront être obtenus par les pays contractants.

Le Directeur du Bureau de Berne fait observer qu'à la différence du régime en vigueur pour l'enregistrement international des marques, le présent projet d'Arrangement prévoit un dépôt secret facultatif, ce qui ne permettra de ne renseigner le public désireux de consulter le registre qu'au sujet de l'inscription portée par le dépôt.

La Délégation allemande estime que l'alinéa 2 traitant de la question du droit de priorité devrait être réservé au Comité de Rédaction.

La Délégation française spécifie qu'il doit être bien entendu que l'organisation du dépôt international laisse intactes les dispositions des lois intérieures en ce qui concerne notamment leur application aux nationaux.

Le Directeur du Bureau de Berne déclare qu'il comprend également que la loi interne n'est pas atteinte et subsiste pour les nationaux. C'est ainsi par exemple qu'un Français, pour se protéger en France, devra continuer à suivre les prescriptions de la loi française, mais le dépôt effectué par lui à Berne suffira pour le protéger dans les autres pays contractants. De même un Allemand qui déposera à Berne n'aura plus d'autres formalités à remplir pour être protégé en France.

La Délégation française estime que, pour préciser avec clarté la situation, il importe d'établir une distinction entre les formalités à remplir lors de la naissance du droit et celles qui peuvent être requises pour l'exercice de celui-ci. Les premières seules sont régies par l'Arrangement international; les secondes restent soumises aux lois intérieures. Elle propose d'ajouter à la fin du second paragraphe de l'article 4 ce qui suit:

« Sous réserve des formalités à remplir suivant la loi nationale pour l'exercice du droit. »

La Délégation serbe-croate-slovène se rallie au point de vue exprimé par la Délégation française.

Le texte suivant est adopté sous réserve de renvoi à la Commission de Rédaction:

Article 4

Celui qui dépose internationalement un dessin ou modèle industriel est considéré jusqu'à preuve du contraire comme propriétaire de l'œuvre.

Le dépôt international est purement déclaratif. En tant que dépôt, il produira, dans chacun des pays contractants, les mêmes effets que si les dessins ou modèles y avaient été directement déposés à la date du dépôt international, sous bénéfice toutefois des règles spéciales établies par le présent Arrangement. La publicité mentionnée dans l'article précédent sera considérée dans tous les pays contractants comme pleinement suffisante et aucune autre ne pourra être exigée du déposant, *sous réserve des formalités à remplir suivant la loi nationale pour l'exercice du droit.*

Tout dessin ou modèle déposé internationalement dans les six mois qui suivent la date du dépôt dans un des pays de l'Union, jouira sans autre formalité du droit de priorité établi par l'article 4 de la Convention générale.

e) ARTICLE 5

Le Président signale qu'il a été saisi d'un amendement de la Délégation espagnole tendant à spécifier que lorsqu'il s'agit de dessins ou modèles revêtus d'une marque, il devra être précisé que le dépôt régulier de cette marque pourrait être exigé indépendamment du dépôt des dessins ou modèles en question.

La Délégation allemande reconnaît la justesse de cette observation, mais elle estime que c'est là une chose étrangère au présent Arrangement et qu'il n'y a pas lieu de régler cette question dans le texte de celui-ci. Elle ajoute qu'à son avis le mot «marque» n'intervient ici que comme équivalent d'une simple mention.

Le Directeur du Bureau de Berne confirme cette dernière interprétation et déclare retirer les mots «marques ou».

Dans ces conditions, la Délégation d'Espagne déclare ne pas vouloir insister.

La Délégation serbe-croate-slovène signale que, dans des pays comme le sien où la protection des dessins et modèles comporte une durée assez longue, il y a intérêt à maintenir l'obligation d'exploiter et elle se déclare favorable au maintien de cette obligation.

Toutefois, le texte suivant est adopté:

Article 5

Les États contractants conviennent de ne pas exiger que les dessins ou modèles déposés internationalement soient revêtus d'une [.....] mention obligatoire [.....]. Ils ne les frapperont de déchéance ni pour défaut d'exploitation, ni pour introduction d'objets conformes à ceux protégés.

f) ARTICLE 6

Le Président observe que l'article 6 a trait aux formalités, qu'il faudra examiner s'il n'y a pas lieu de le déplacer et que cela concerne la Commission de Rédaction.

La Délégation allemande ne voit pas d'objection absolue à ce que l'enveloppe Soleau soit mentionnée, mais il suffirait peut-être de la viser simplement dans un texte entre parenthèses.

La Délégation française se rallie à cette observation. Elle fait voir à l'assemblée des échantillons d'enveloppes Soleau.

Les Délégations allemande et belge proposent de libeller comme suit le deuxième paragraphe de l'article 6:

«Il pourra être opéré, soit sous pli ouvert, soit sous pli cacheté. Seront acceptées notamment comme moyen de dépôt sous pli cacheté les enveloppes doubles avec numéros de contrôle, perforées ou tout autre système approprié pour assurer l'identification.»

Cet amendement est adopté. En conséquence, le texte admis est le suivant:

Article 6

Le dépôt international sera simple et ne comprendra qu'un dessin ou modèle isolé ou multiple et en comprendra une pluralité qui devra être précisée dans la demande d'accompagnement.

Il pourra être opéré, soit sous pli ouvert, soit sous pli cacheté. Seront acceptées *notamment* comme moyens de dépôt sous pli cacheté les enveloppes *doubles avec numéros de contrôle* perforées *ou tout autre système approprié pour assurer l'identification.*

Les dimensions maxima des objets susceptibles d'être déposés seront déterminées par le règlement d'exécution.

g) ARTICLE 7

Le Directeur du Bureau de Berne croit inutile d'insister sur les raisons qui ont motivé l'adoption d'une durée uniforme de quinze ans. Ces raisons ont été développées dans l'exposé des motifs du projet. D'autre part, il déclare retirer la seconde partie du premier paragraphe de l'article 7, puisque le principe de l'indépendance a été admis.

La Délégation mexicaine estimerait préférable de limiter la durée de protection à celle admise par les lois intérieures.

Le Directeur du Bureau de Berne fait observer que la durée proposée constitue, il est vrai, une dérogation aux lois intérieures et un premier pas vers l'unification, mais que cela paraît chose indispensable si l'on veut faire œuvre utile.

La Délégation belge cite comme précédent l'adoption, dans la Convention générale, d'un délai minimum uniforme de trois ans pour protéger les inventeurs dans tous les pays et quelle que soit la législation de ceux-ci contre la déchéance pour défaut d'exploitation.

La Délégation mexicaine déclare ne pas insister.

Le texte dudit article 7 est adopté comme suit:

Article 7

La durée de la protection internationale est fixée à quinze ans, comptés à partir de la date de dépôt au Bureau international de Berne [.....].

Ce délai [.....] est divisé en deux périodes, savoir une période de cinq ans et une période de dix ans.

h) i) ARTICLES 8 et 9

Après une observation de la Délégation italienne, indiquant que l'admission de dépôts secrets constituerait une grave difficulté pour l'adhésion de l'Italie, le texte des articles 8 et 9 du projet du Bureau de Berne est adopté tel quel:

Article 8

Pendant la première période de protection, les dépôts seront admis, soit sous pli ouvert, soit sous pli cacheté; pendant la deuxième période ils ne seront admis qu'à découvert.

Article 9

Au cours de la première période, les dépôts sous pli cacheté pourront être ouverts sur la demande du déposant ou d'un tribunal compétent; à l'expiration de la première période, ils seront ouverts en vue du passage à la seconde période, sur une demande de prorogation.

k) ARTICLE 10

Le Directeur du Bureau de Berne demande que les mots « quatrième année » soient remplacés par « *cinquième* année » et il déclare retirer les mots « à l'Administration du pays d'origine et ».

Le texte adopté est donc le suivant:

Article 10

Dans les six premiers mois de la *cinquième* année de la première période, le Bureau international donnera un avis officieux de l'échéance [.....] au déposant du dessin ou modèle.

l) ARTICLE 11

La Délégation française signale qu'il sera bon de prévoir dans le Règlement d'exécution l'éventualité de procurer au déposant des photographies pour le cas où ceux-ci en auraient besoin vis-à-vis des Administrations internes, et le montant éventuel du coût de ces photographies.

M. Röthlisberger remercie la Délégation française de son observation et déclare qu'il en sera tenu compte dans la rédaction du Règlement d'exécution.

La Délégation allemande propose la suppression des mots « dans ce cas » à la dernière phrase de l'article, ce qui est adopté.

M. Röthlisberger se réserve de revoir, au point de vue rédaction, les mots « la publiera dans son journal ».

Le texte adopté pour cet article est le suivant:

Article 11

Lorsque le déposant désirera obtenir la prolongation de la protection par le passage à la deuxième période, il devra remettre *au Bureau international,* au plus tard trois mois avant l'expiration du délai, une demande de prorogation [.....]. *Le Bureau* procédera [.....] à l'ouverture du pli cacheté, notifiera la prorogation intervenue à toutes les [.....] Administrations et la publiera dans son journal.

m) ARTICLE 12

Cet article est adopté tel quel, sans discussion, savoir:

Article 12

Les dessins et modèles contenus dans les dépôts non prorogés de même que ceux dont la protection est expirée, seront rendus tels quels à leurs propriétaires, sur leur demande et à leurs frais. S'ils ne sont pas réclamés, ou s'ils n'arrivent pas à destination, ils seront détruits au bout de deux ans.

n) ARTICLE 13

Cet article est adopté tel quel, sauf les modifications découlant de l'adoption du principe du dépôt unique. Il en résulte le texte suivant:

Article 13

Les déposants pourront à toute époque renoncer à leur dépôt, soit en totalité, soit partiellement, au moyen d'une déclaration qui sera adressée *au Bureau international;* ce dernier lui donnera la publicité prévue à l'article 3.

La renonciation comporte la restitution du dépôt aux frais du déposant.

o) ARTICLE 14

Le Directeur du Bureau de Berne déclare retirer le deuxième paragraphe de cet article.

La Délégation française demande si ce n'est pas sous cet article qu'il conviendrait de signaler les mesures à prendre relativement aux photographies qui sont exigées notamment par la législation française.

Le Directeur du Bureau de Berne préférerait voir rentrer cette question dans l'article 17.

Le Président appuye cette manière de voir et la Délégation française s'y rallie. Le texte adopté est donc le suivant:

Article 14

Lorsqu'un tribunal ou toute autre autorité compétente ordonnera qu'un dessin ou modèle secret lui soit communiqué, le Bureau international, régulièrement requis, procédera à l'ouverture du paquet déposé, en extraira le dessin ou modèle demandé et le fera parvenir à l'autorité requérante. L'objet ainsi communiqué devra être restitué dans le plus bref délai possible et réincorporé dans le pli cacheté ou dans l'enveloppe [.....].

p) ARTICLE 15

Le Directeur du Bureau de Berne expose que pour fixer les chiffres des taxes, on s'était inspiré de ce que le dépôt international ne serait en réalité que la doublure du dépôt au pays d'origine. Maintenant que la nécessité du dépôt préalable au pays d'origine a disparu, les chiffres primitivement fixés paraissent trop minimes et il faudra refaire un nouveau calcul. Il s'agirait donc de trouver une rédaction permettant d'établir des taxes provisoires, pendant une période d'essai qui pourrait être fixée par exemple à deux ans. Ce qui, par contre, peut être admis dès à présent, c'est le système de graduation des taxes.

Le cadre de cet article est adopté dans la forme suivante, sous réserve d'indication des chiffres et de renvoi à la Commission de Rédaction pour l'introduction d'un amendement de nature à faciliter la modification éventuelle du montant des taxes.

Article 15

Les taxes du dépôt international, qui seront à payer avant qu'il puisse être procédé au dépôt international, sont ainsi fixées:

1° pour un seul dessin ou modèle et pour la première période de cinq ans: une somme de ..... francs;

2° pour un seul dessin ou modèle, à l'expiration de la première période et pour la durée de la deuxième période de dix ans: une somme de ..... francs;

3° pour un dépôt multiple et pour la première période de cinq ans: une somme de ..... francs;

4° pour un dépôt multiple, à l'expiration de la première période et pour la durée de la deuxième période de dix ans, une somme de ..... francs.

q) ARTICLE 16

Le Directeur du Bureau de Berne propose d'ajouter après le mot «réparti» les mots «*par parts égales*».

La Délégation du Brésil s'élève contre une répartition par parts égales. Prenant comme point de comparaison l'Arrangement de Madrid sur l'enregistrement international des marques, elle considère comme peu équitable que les pays qui ne profitent de cet Arrangement que dans une mesure très modeste, tout en accordant de larges avantages aux pays qui déposent un grand nombre de marques, ne soient placés que sur un pied d'égalité au point de vue de la répartition de l'excédent des recettes. Elle cite des calculs à l'appui de sa thèse et expose en détail un projet de répartition qui avantage considérablement les pays qui profitent de l'Arrangement dans la proportion la plus faible([1]).

M. Röthlisberger signale que si dans le projet soumis à la Conférence les mots «par parts égales» avaient été omis, c'est précisément parce que le Bureau prévoyait que certaines Délégations proposeraient une répartition proportionnelle

([1]) Cette proposition est exposée en détail dans le Rapport de la V° Sous-Commission (v. ci-dessus, p. 489).

au nombre des dépôts effectués. La Délégation du Brésil se déclare aujourd'hui en faveur d'une répartition proportionnelle, mais en sens contraire. Ceci semble indiquer que le plus simple est peut-être de s'en tenir à la répartition par parts égales, surtout lorsqu'on se trouve, comme dans le cas actuel, en présence d'un instrument international nouveau.

La Délégation allemande se rallie au point de vue exprimé par le Directeur du Bureau de Berne.

La Délégation française estime qu'il serait préférable de réserver provisoirement le mode de répartition.

Le Président, déférant à cette proposition, déclare que le cadre de l'article en question est adopté dans les termes suivants:

Article 16

Le produit net annuel des taxes sera réparti ..... entre les pays contractants par les soins du Bureau international, après déduction des frais communs nécessités par l'exécution du présent Arrangement.

r) ARTICLE 17

Le Président fait observer qu'on pourrait peut-être substituer au mot « copie » le mot « *expédition* », qui paraît plus juridique.

Le Directeur du Bureau de Berne se rallie à cette proposition.

La Délégation française rappelle qu'ici vient se placer la question des photographies et elle suggère le renvoi, sur ce point, à la Commission de Rédaction.

Le texte dudit article est adopté comme suit, sous cette réserve:

Article 17

Le Bureau international délivrera à toute personne, sur demande, contre une taxe fixée par le Règlement, une *expédition* des mentions inscrites dans le registre au sujet d'un dessin ou modèle déterminé.

L'expédition pourra être accompagnée d'un exemplaire ou d'une reproduction du dessin ou modèle, qui auront pu être fournis au Bureau international et qu'il certifiera conforme à l'objet déposé à découvert. Si le Bureau n'est pas en possession d'exemplaires ou de reproductions semblables, il en fera faire, sur la demande des intéressés et à leurs frais.

[.....].

s) ARTICLE 18

Cet article est adopté tel quel sans discussion:

Article 18

Les archives du Bureau international, pour autant qu'elles contiennent des dépôts ouverts, sont accessibles au public. Toute personne peut en prendre connaissance en présence d'un des fonctionnaires, ou obtenir du Bureau des renseignements écrits sur le contenu du registre, et cela moyennant payement des taxes à fixer par le Règlement.

t) ARTICLE 19

Sous réserve de détails à revoir par la Commission de Rédaction, cet article est adopté sans autres modifications que celles découlant de l'adoption du principe du dépôt unique, savoir:

Article 19

[.....].

Le Bureau international inscrira dans ses registres *affectant la propriété du dessin ou modèle,* tous les changements dont il aura reçu notification *de la part des intéressés;* il les communiquera à son tour aux Administrations des pays contractants et les publiera dans son journal.

Ces opérations peuvent être soumises à une taxe qui sera fixée par le Règlement d'exécution.

u) Article 20

Le Président fait observer et la Sous-Commission reconnaît qu'il serait opportun de viser dans cet article la possibilité d'une modification des taxes, en faisant dépendre cette éventualité du commun accord des pays contractants. Le paragraphe suivant ou toute autre formule appropriée pourrait être ajouté: «*Il en sera ainsi notamment des modalités de la taxe.*»

Sous réserve de rédaction, cet article est adopté comme suit:

Article 20

Les détails d'application du présent Arrangement seront déterminés par un Règlement d'exécution dont les prescriptions pourront être, à toute époque, modifiées d'un commun accord par les Administrations des pays contractants.

[.....].

Il en sera ainsi notamment des modalités de la taxe.

v) Article 21

Le Président signale que cet article prévoit d'une part les dispositions générales plus larges de la Convention de Paris pour la protection de la propriété industrielle et d'autre part l'application concomitante des dispositions de la Convention de Berne pour la protection des œuvres littéraires et artistiques.

Le Directeur du Bureau de Berne signale que la formule adoptée est celle dite «du minimum de protection». Cette formule a déjà trouvé sa place dans l'article 4 de l'Arrangement international du 30 juin 1920 pour la conservation ou le rétablissement des droits de propriété industrielle atteints par la guerre mondiale et se trouve donc ainsi consacrée par l'expérience. Elle présente l'avantage de ne pas heurter les législations internes. Spécialement en ce qui concerne le passage se référant à la Convention de Berne, le texte consacre la co-existence des protections et le Bureau y attache beaucoup d'importance.

La Délégation française estime que pour la clarté du débat il importe de scinder les deux propositions que contient le texte en discussion. Elle est prête à admettre la première partie du texte proposé s'il est bien entendu qu'elle consacre impérativement le principe général de l'assimilation au national; mais s'il faut simplement l'entendre comme une possibilité de revendication, c'est trop peu et il serait désirable de trouver une formule plus décisive.

Quant à la deuxième partie visant la Convention de Berne, il importe d'observer que l'adoption du texte proposé pourrait mettre la France dans une situation quelque peu délicate à raison de ce qu'elle n'a adhéré aux modifications introduites par la Conférence de Berlin qu'en spécifiant des réserves quant aux œuvres d'art appliqué. Il conviendrait donc d'ajouter au texte proposé les mots «*sous les réserves formulées lors des adhésions*».

Le Directeur du Bureau de Berne expose que le mot «revendiqué» est celui qui lui a paru le mieux approprié et le plus prudent. Quant à la partie du texte visant la Convention de Berne, il a simplement pour objet de laisser subsister le régime de l'Union littéraire et artistique tel quel. Ce qui importe, c'est que l'on s'entende pour adopter un texte clair, qui indique nettement si la revendication d'une protection plus large se base sur une législation réelle ou sur un simple engagement moral.

Le Président relit le texte proposé pour l'article 21 et exprime l'opinion que celui-ci paraît parfaitement clair. Néanmoins, déférant à la suggestion de la Délégation française, ce texte n'est adopté que sous réserve de renvoi à la Commission de Rédaction:

Article 21

Les dispositions du présent Arrangement ne comportent qu'un minimum de protection; elles n'empêchent pas de revendiquer l'application des prescriptions plus larges qui seraient édictées par la législation intérieure d'un pays contractant; elles laissent également subsister l'application des dispositions de la Convention de Berne revisée en 1908 relatives à la protection des œuvres artistiques et des œuvres d'art appliquées à l'industrie.

w) ARTICLE 22

Cet article est adopté tel quel sans discussion:

Article 22

Les pays membres de l'Union qui n'ont pas pris part au présent Arrangement seront admis à y adhérer sur leur demande et dans la forme prescrite par les articles 16 et 16bis de la Convention générale.

x) ARTICLE 23

Le Président propose comme lieu de ratification la capitale du noble pays où l'Arrangement qui portera le nom d'« Arrangement de La Haye » a pris naissance.

Quant au délai de ratification, le Président propose deux ans.

Il en est ainsi décidé et le texte adopté pour cet article est le suivant:

Article 23

Le présent Arrangement sera ratifié et les ratifications en seront déposées à *La Haye au Département des Affaires étrangères des Pays-Bas* dans un délai maximum de *deux ans*.

Il entrera en vigueur un mois à partir de l'expiration de ce délai et aura la même force et durée que la Convention générale.

EN FOI DE QUOI, les Plénipotentiaires des États ci-dessus énumérés ont signé le présent Arrangement.

Fait à *La Haye*, en un seul exemplaire, le .....

III. Règlement d'exécution de l'Arrangement de La Haye

La Sous-Commission aborde la discussion du Règlement d'exécution.

En ce qui concerne l'article premier, la Délégation allemande, tout en en approuvant le cadre, estime cependant que les dimensions prévues paraissent trop réduites et qu'une augmentation du poids mériterait également d'être envisagée. Elle ne veut point présenter à cet égard une proposition détaillée, mais elle demande au Bureau de Berne d'examiner dans quelle mesure il pourrait être donné suite aux suggestions susvisées.

Le Directeur du Bureau de Berne se déclare prêt à examiner dans quelle mesure il pourrait être satisfait aux suggestions allemandes, tout en tenant compte de ce que le Bureau international ne dispose que de locaux modestes.

Sous cette réserve, l'article premier est adopté.

RÈGLEMENT D'EXÉCUTION

ARTICLE PREMIER

Les dessins ou modèles industriels admis au dépôt international en vertu de l'Arrangement du ..... ne doivent pas dépasser 20 cm. en chaque dimension, ni peser plus de 1 kg. Sous cette réserve, le nombre des dessins ou modèles admis au dépôt multiple ne sera pas limité.

Les dessins ou modèles pourront être déposés, les dessins à part et les modèles à part, soit sous forme d'échantillons (pour tissus, papiers, broderies, etc.), soit sous forme d'une reproduction graphique ou photographique quelconque. Cette dernière forme de dépôt est surtout recommandée pour les modèles fragiles sans que le dépôt de modèles en nature soit par là exclu.

Les paquets cachetés doivent porter la suscription « dépôt cacheté ».

Tout paquet qui ne remplit pas les conditions précitées sera refusé et renvoyé à l'expéditeur, lequel en sera avisé.

L'article 2 est adopté tel quel, sauf les modifications découlant de l'adoption du principe du dépôt unique, savoir:

ARTICLE 2

La demande destinée à obtenir le dépôt international et à accompagner les objets préparés pour ce dépôt sera rédigée en double exemplaire et en langue française sur un formulaire fourni gratuitement [.....] par le Bureau international de Berne *aux intéressés ou aux Administrations des pays contractants.* Elle contiendra les indications suivantes:

1° le nom et l'adresse du déposant;
2° la désignation sommaire du titre des dessins ou modèles et du genre des produits auxquels ils doivent être appliqués;
3° la nature du dépôt (ouvert ou cacheté);
4° le nombre des dessins ou modèles déposés conjointement;
5° la date du premier dépôt dans un des pays de l'Union si le droit de priorité est invoqué aux termes de l'article 4 de l'Arrangement.

Un formulaire analogue sera utilisé pour les demandes en double de prorogation du dépôt.

Les autres articles du Règlement d'exécution sont adoptés tels quels, sauf quelques modifications de pure forme et la suppression des mots se rapportant au principe du double dépôt, remplacé par le dépôt unique à Berne.

ARTICLE 3

Sera joint aux demandes le montant de l'émolument international correspondant, soit au dépôt international originaire, soit à la prorogation du dépôt; ce montant sera adressé au Bureau international par chèque postal ou mandat postal ou par une autre valeur payable à Berne, avec indication du nom et de l'adresse du déposant. Il en sera délivré un reçu.

ARTICLE 4

Le registre tenu par le Bureau international au sujet du dépôt [.....] contiendra, outre les indications ci-dessus figurant sur les demandes, les mentions que voici:

1° le numéro d'ordre et la date du dépôt international;
2° la date de la notification aux Administrations;
3° la mention relative aux modifications du dépôt telles que: transmissions, radiations, renonciations, etc.;
4° la date de l'ouverture des plis cachetés;
5° la date de sortie sur réquisition des dessins ou modèles et celle de leur réintégration;

6° la cessation de la protection dans [.....] *un des* pays contractants, à la suite de décisions judiciaires, etc., lorsque ces communications sont notifiées au Bureau international.

ARTICLE 5

L'inscription une fois faite dans le registre, le Bureau international certifiera sur les deux exemplaires de la demande que le dépôt a eu lieu et les revêtira de sa signature et de son timbre. Un de ces exemplaires restera dans les archives du Bureau, l'autre sera envoyé à *l'intéressé*. Il sera procédé de même pour les demandes de prorogation du dépôt.

En outre, le Bureau international notifiera aux Administrations le dépôt opéré, avec les indications énumérées ci-dessus et il publiera le tout dans sa feuille périodique qu'il pourvoira de [.....] tables annuelles des matières. Il agira de la même façon pour les modifications intervenues dans les dépôts au cours de la durée de la protection.

ARTICLE 6

La taxe prévue par l'article 17 de l'Arrangement pour les *expéditions* ou extraits de registre, de même que pour les renseignements écrits ou oraux est fixée à cinq francs par *expédition*, extrait ou renseignement.

Lorsque les mentions relatives à plusieurs dépôts du même déposant pourront être réunies sur la même feuille, la taxe sera réduite de moitié pour chaque dépôt ne plus du premier.

Tout extrait, certificat ou recherche demandés au Bureau international, en outre des documents dont la délivrance est obligatoire, donnera lieu à la perception d'une taxe égale.

La même taxe sera perçue pour l'ouverture du pli cacheté ou d'une enveloppe perforée ainsi que pour le recachetage ou le rétablissement d'une enveloppe perforée.

Toutes les taxes doivent être payées en monnaie suisse.

ARTICLE 7

Au commencement de chaque année, le Bureau international établira le compte des dépenses faites au cours de l'année précédente pour le service du dépôt international: le montant de ce compte sera déduit du total des recettes et l'excédent de celle-ci sera réparti entre tous pays contractants par parts égales ou d'après un mode de distribution adopté ultérieurement.

ARTICLE 8

Le présent Règlement entrera en vigueur en même temps que l'Arrangement auquel il se rapporte et il aura la même durée.

Les Administrations des pays contractants pourront, toutefois, y apporter d'un commun accord les modifications qui leur paraîtront nécessaires, d'après le mode de procéder déterminé dans l'article suivant.

ARTICLE 9

Les propositions de modification du présent Règlement seront transmises au Bureau international; il les communiquera aux Administrations qui lui feront parvenir leur avis dans le délai de six mois. Si, après ce délai, la proposition est adoptée par la majorité des Administrations sans qu'il se soit produit aucune opposition, elle entrera en vigueur à la suite d'une notification faite par le Bureau international [1].

Le Président constate que la sixième Sous-Commission est arrivée au terme de sa tâche.

Il propose que l'œuvre législative internationale nouvelle dont elle a posé les bases porte le nom d'« *Arrangement de La Haye pour le dépôt international des dessins ou modèles industriels* ».

Cet Arrangement a comme point de départ le projet élaboré par le Bureau de Berne. Celui-ci se trouve modifié quant au fond même dans ses articles 1 et 4,

(1) Voir ci-après, p. 566, le texte définitif du présent Règlement complété et amendé en quelques points par la Commission de Rédaction.

par l'adoption d'un dépôt unique directement effectué à Berne. Les autres modifications ne touchent en réalité qu'à des détails ou à la forme.

Il est entendu que le Directeur du Bureau de Berne transmettra ses propositions concernant le montant des taxes à la Commission de Rédaction et que celle-ci reverra, spécialement quant à la forme, l'article 21 de l'Arrangement.

Reste à féliciter la Conférence de la grande œuvre accomplie; peut-être au début un nombre restreint seulement de pays consentiront-ils à y adhérer. Mais il est permis d'espérer que les adhésions se multiplieront par la suite.

En prononçant la clôture des travaux de la sixième Sous-Commission, le Président tient à exprimer les remerciements de l'Assemblée au Directeur du Bureau de Berne pour le travail si bien étudié et si complet qu'il a apporté pour servir de base à la discussion et au Secrétaire de la Sous-Commission pour la diligence et le dévouement dont il a fait preuve dans l'accomplissement de ses fonctions. *(Applaudissements.)*

M. Capitaine, Délégué de la Belgique, se fait l'interprète de l'Assemblée pour exprimer au Président l'admiration et la gratitude de celle-ci pour la maîtrise et le tact qu'il a apporté dans la direction de ses travaux. *(Applaudissements.)*

RAPPORT

DE LA

COMMISSION GÉNÉRALE A LA CONFÉRENCE

PRÉSIDENT : M. J. ALINGH PRINS (PAYS-BAS)
RAPPORTEUR : LE DIRECTEUR DU BUREAU INTERNATIONAL

La Commission générale a tenu trois séances, les 2 et 3 novembre[1].

Elle a pris comme base de ses travaux le « Rapport présenté à la Commission générale par la Commission de Rédaction », rapport dans lequel le Président de celle-ci, M. MAILLARD, avait consigné les résultats de l'examen, fait par la Commission de Rédaction, des propositions qui avaient réuni la majorité dans les Sous-Commissions et de celles qui lui avaient été renvoyées[2].

Sur la proposition du Président, la Commission générale a décidé de procéder comme suit: le Président appellera les numéros des articles des textes de la Convention et des Arrangements de Madrid et de La Haye, ainsi que les titres des résolutions et vœux, tels que la Commission de Rédaction les soumet à l'adoption de la Commission générale; les textes définitifs à présenter à la Séance plénière seront arrêtés quant au fond et il sera donné à la Commission de Rédaction les indications nécessaires pour amender, le cas échéant, ces textes, ainsi que le Commentaire qui les accompagne, conformément aux décisions prises par la Commission générale. On examinera également les Règlements pour l'exécution des Arrangements concernant l'enregistrement international des marques de fabrique ou de commerce et le dépôt international des dessins ou modèles industriels.

Le Président a rappelé que les textes mis en discussion représentent des compromis entre les vues des diverses Délégations et il en a recommandé l'adoption dans un intérêt de solidarité internationale. Il a ensuite ouvert la discussion sur la

CONVENTION D'UNION DE PARIS

ARTICLE PREMIER

Cet article a été adopté sous la réserve que, dans le Commentaire contenu dans le Rapport de la Commission de Rédaction, soient relevées les raisons pour

(1) Première séance: le 2 novembre, à $9\,^1/_2$ heures; deuxième: le même jour, à 15 heures; troisième: le 3 novembre, à 15 heures.

(2) Ce Rapport, imprimé le 31 octobre, ne figure pas dans les présents Actes parce que la Commission générale, ses travaux une fois terminés, a chargé le Bureau de la Commission de Rédaction d'en

lesquelles on a ajouté, dans le 3e alinéa, les termes «*feuilles de tabac*» et pour lesquelles on n'a pas cru devoir viser également, dans l'énumération des industries agricoles, les exploitations forestières, comme le proposait la Délégation brésilienne.

Article 2

Adopté sous réserve de quelques modifications de pure forme et de précisions à insérer dans ledit Commentaire en ce qui concerne la portée des termes «ressortissants de l'Union» par opposition aux termes «*ressortissants des pays*».

Le terme «requises» (*in fine* de l'art. 2), a fait observer le Directeur du Bureau international, ne peut avoir trait, de par sa nature, qu'aux dispositions relatives à l'élection de domicile ou à la constitution d'un mandataire; ce sont là des conditions exigées par certaines lois nationales.

Il a été décidé, en outre, sur la proposition de la Délégation italienne, d'insérer dans l'édition définitive dudit Rapport le texte de l'article 3, qui n'y figurait pas encore, car, dans cet article aussi, on a remplacé les mots «sujets ou citoyens» par les mots «*ressortissants*» (1).

Article 4

Lettres a) et d). — Le Président a mis conjointement en discussion les lettres *a)* et *d)*, dans la première desquelles il était proposé de supprimer les mots «et sous réserve des droits des tiers» et dont la deuxième était consacrée à la question du respect des droits qu'auraient acquis des tiers «*avant* le jour de la première demande originaire du droit de priorité» (al. 1er), à l'exclusion de tout droit acquis dans l'intervalle entre ce jour et celui du dépôt sous bénéfice du droit de priorité (2e al.).

Les Délégations italienne, hongroise et serbo-croato-slovène n'ont pu accepter la suppression de ladite réserve, malgré un amendement proposé par la Délégation des Pays-Bas, amendement qui consistait à ajouter à la lettre *d)* un troisième alinéa, conçu comme suit:

> «Néanmoins, les faits accomplis dans cet intervalle ne peuvent donner lieu à aucune action contre des tiers de bonne foi.»

Les mots «et sous réserve des droits des tiers» qui figurent dans le texte de Washington ont donc dû être maintenus dans l'article 4, lettre *a)* (sans vote spécial) et la lettre *d)* a dû être supprimée. En effet, les dispositions y contenues n'avaient plus de raison d'être, une fois que les droits des tiers demeuraient réservés.

Lettre b). — Adoptée sous réserve d'établir clairement dans le Commentaire(2), pour répondre à un désir manifesté par la Délégation japonaise, que les dispositions y contenues s'appliquent aux modèles d'utilité comme aux brevets d'invention.

---

préparer une nouvelle édition, à présenter à la Séance plénière et contenant les textes adoptés par la Commission générale, avec un bref commentaire qui explique leur portée et tienne compte des observations présentées par les Délégations. C'est cette édition définitive seule que nous publions ci-après (v. p. 534) pour éviter des redites fastidieuses. Les divergences de fond existant entre les propositions soumises à la Commission générale et celles adoptées par celle-ci et présentées à la Séance plénière sont consignées dans le présent rapport.

(1) En règle générale, la Commission de Rédaction avait voué ses soins à ce qu'elle a appelé «l'unification du vocabulaire». La Commission générale est entrée dans ces vues et s'est attachée, à son tour, à adopter dans les textes qui lui étaient soumis une terminologie uniforme.

(2) Nous désignerons par ce mot, dans un but de brièveté, le Commentaire contenu dans le Rapport ci-après (v. p. 534 à p. 569) de la Commission de Rédaction.

Lettre c). — Le premier alinéa de cette lettre n'a pas fait l'objet d'une discussion.

Le texte proposé pour le deuxième alinéa était le suivant:

« Ces délais commencent à courir de la date du dépôt de la première demande dans un pays de l'Union; ils comprennent le jour anniversaire de cette date et, si ce jour anniversaire est un jour férié légal dans le pays où la protection est réclamée, le premier jour ouvrable qui suit. »

La Délégation autrichienne avait demandé qu'on précisât la manière de calculer le délai de 6 mois et qu'on dît, dans ce but:

« Les délais comprennent comme dernier jour pour les brevets et les modèles d'utilité le jour anniversaire de cette date, et pour les dessins et les modèles industriels et pour les marques de fabrique ou de commerce le jour du sixième mois qui correspond par son chiffre à cette date et, si ce jour n'existe pas dans ce mois, le dernier jour du mois. Si le dernier jour du délai est un jour férié dans le pays où la protection est demandée, le délai comprend le premier jour ouvrable qui le suit. »

Pour éviter, d'une part, la difficulté de traduire en anglais le mot « anniversaire » et de l'appliquer au délai de 6 mois et pour donner, d'autre part, satisfaction à la Délégation autrichienne, la Commission générale a adopté, pour cet alinéa, la formule amendée suivante:

« Ces délais commencent à courir de la date du dépôt de la première demande dans un pays de l'Union; le jour du dépôt n'est pas compris dans le délai.

Si le dernier jour du délai est un jour férié légal dans le pays où la protection est réclamée, le délai sera prorogé jusqu'au premier jour ouvrable qui suit. »

Lettre d) (ancienne lettre *e)* du Rapport, qui remplace la lettre *d)* supprimée). — Adoptée avec l'adjonction, dans l'alinéa 3, du mot « *ultérieure* » à la fin du membre de phrase « *et elle pourra en tous cas être déposée à n'importe quel moment dans le délai de trois mois à dater du dépôt de la demande* », pour bien établir que ce délai s'applique à la demande basée sur la revendication du droit de priorité et non pas à la demande originaire (proposition de la Délégation britannique).

Lettre e). — Adoptée(¹). La discussion sur la question de savoir s'il y avait lieu de reprendre l'adjonction, au premier alinéa, du terme « ou inversement », proposé dans le Programme n'a pas été engagée quant au fond, malgré l'invitation contenue dans le Rapport de la Commission de Rédaction.

Lettre f). — Le texte proposé par la Délégation française et adopté à la majorité des voix par la Sous-Commission était le suivant:

« Aucun pays de l'Union ne pourra refuser une demande de brevet par le motif qu'elle contient la revendication de priorités multiples, à moins que le nombre n'en dépasse quatre et à la condition toutefois qu'il y ait unité d'invention, au sens de la loi du pays.

Si l'examen révélait qu'une demande est complexe, le demandeur pourrait diviser la demande en conservant comme date de chaque demande divisionnaire la date du dépôt initial et le bénéfice de la priorité. »

La Délégation britannique, qui n'avait pas pu s'y rallier, semblait pouvoir accepter une formule comme celle-ci:

« Si la demande contient la revendication de priorités multiples, le demandeur pourra être autorisé à la diviser, dans les conditions que déterminera la législation intérieure, sans perdre le bénéfice de la priorité. »

(¹) Il est entendu que toutes les décisions de la Commission générale ont été prises, sans opposition, à l'unanimité ou par consentement tacite, sauf observation contraire.

Après une discussion approfondie portant sur la complexité des demandes et visant le but de rallier tous les Délégués, le texte amendé suivant, élaboré par le Bureau de la Commission de Rédaction, a été adopté par la Commission générale:

« *Si une demande de brevet contient la revendication de priorités multiples, ou si l'examen révèle qu'une demande est complexe, l'Administration devra, tout au moins, autoriser le demandeur à la diviser dans des conditions que déterminera la législation intérieure, en conservant comme date de chaque demande divisionnaire la date de la demande initiale et, s'il y a lieu, le bénéfice du droit de priorité.* »

La disposition suivante:

« La priorité ne peut être refusée par le motif que certains éléments de l'invention pour lesquels on réclame la priorité ne figurent pas parmi les revendications formulées dans la demande originaire, pourvu que ces éléments soient nettement précisés dans la description et que cette description vaille revendication d'après la loi du pays où cette demande a été déposée. Mais la priorité ne pourra être acquise pour des modifications substantielles aux revendications de la demande originaire »,

disposition qui aurait constitué la lettre *g)* de l'article 4 (proposition de la Délégation française) n'a pas pu être admise par les Délégations des États-Unis et de Grande-Bretagne, la première ayant demandé la suppression de la deuxième phrase et la seconde n'ayant pu consentir à cette élimination. Force a donc été de la laisser tomber.

ARTICLE 4bis

Adopté(1). Au sujet de cet article, la Délégation française avait proposé l'adjonction suivante:

« En particulier, la durée d'un brevet déposé sous le bénéfice de la Convention se calculera comme s'il s'agissait d'un brevet d'origine et sans tenir compte de la date du dépôt du brevet antérieur, dont la priorité sera réclamée. »

La Délégation américaine visait le même but par sa proposition d'ajouter à l'article 4 un nouvel alinéa ainsi conçu:

« La reconnaissance du droit de priorité ne réduira pas la durée du brevet. »

Ces propositions ont été contestées par la Délégation britannique, appuyée par la Délégation australienne. La première de ces Délégations a lu alors une déclaration spéciale sur ce point, d'après laquelle elle entend prier le Gouvernement de son pays de vouloir bien réexaminer cette question(2).

ARTICLE 5

Lettre a). — Adoptée avec l'insertion, à la fin de l'alinéa 2, après les mots « *conféré par le brevet* », des mots: « *par exemple, faute d'exploitation* », qui répondent à l'esprit de l'adjonction proposée par la Délégation canadienne dans les termes suivants:

« De telles mesures peuvent, par exemple, être requises en l'absence de l'exploitation du brevet conformément aux dispositions de la législation intérieure. »

Lettre b). — Le texte adopté à la majorité des voix par la Sous-Commission était le suivant:

(1) Il est entendu que toutes les décisions de la Commission générale ont été prises, sans opposition, à l'unanimité ou par consentement tacite, sauf observation contraire.

(2) Cette déclaration, relue au cours de la deuxième Séance plénière, est consignée dans le procès-verbal de celle-ci (v. p. 572).

« La protection des dessins et modèles industriels ne peut être soumise à une obligation d'exploiter ni atteinte par une déchéance quelconque pour introduction d'objets conformes à ceux protégés.

Aucun signe ou mention d'enregistrement ne sera exigé sur le produit pour la reconnaissance du droit. »

L'unanimité n'a pu être obtenue qu'avec la suppression des mots « soumise à une obligation d'exploiter ni ». Ces mots n'ont pu être acceptés par la Délégation serbo-croato-slovène, la non-obligation d'exploiter les dessins ou modèles étant contraire à sa législation nationale. Sur l'observation des Délégations des États-Unis, de la Grande-Bretagne et de l'Australie que leurs pays sont forcés de modifier leurs propres législations sur maints points afin de pouvoir réaliser les progrès visés par l'Union, la Délégation serbo-croato-slovène a précisé que son pays se trouve dans le même cas, mais que son opposition, sur le point en question, découle de motifs impérieux d'ordre économique.

La Délégation italienne s'est ralliée au point de vue serbo-croato-slovène et a déclaré vouloir s'abstenir pour le moment. Les deux Délégations ont été, par contre, d'accord pour accepter l'affranchissement sur les deux autres points restants.

Lettre c). — Le délai adopté à la majorité des voix par la Sous-Commission pour l'annulation d'une marque pour cause de non-utilisation dans les pays où l'utilisation des marques enregistrées est obligatoire, était de 3 ans. L'unanimité n'ayant pu être acquise sur ce chiffre, la question a été renvoyée à la Commission de Rédaction. Sur la proposition de celle-ci, la Commission générale a adopté une formule moins catégorique, savoir: « *un délai équitable* » et cela en vue d'obtenir l'adhésion de la Délégation japonaise, laquelle aurait accepté le délai de 3 ans pour les marques internationales, mais non pas pour les marques nationales.

ARTICLE 5bis

Le texte arrêté par la Commission de Rédaction sur la base des résultats de la discussion en Sous-Commission, au sein de laquelle les Délégations du Japon et des Pays-Bas avaient formulé des propositions divergentes, retirées ensuite parce qu'elles n'avaient pas pu réunir l'unanimité, était le suivant:

« Un délai de grâce, qui devra être au minimum de 6 mois, sera accordé pour le payement des taxes prévues en matière de propriété industrielle, moyennant le payement d'une surtaxe si la législation nationale en prévoit une. En outre, l'intéressé pourra être relevé de la déchéance s'il justifie d'un cas de force majeure, mais sous réserve des droits de possession personnelle des tiers qui auront exploité l'invention avant le relèvement de la déchéance. »

Ce texte a donné lieu à une longue discussion, car certaines Délégations n'ont pas pu s'y rallier. Tout le monde était d'accord sur un délai de grâce, en cas de non-payement des taxes, pour le maintien des droits de propriété industrielle, délai qui existe déjà dans presque toutes les législations nationales, mais la durée de 6 mois a rencontré l'opposition de plusieurs Délégations, qui ont demandé de la réduire à 3 mois. En outre, l'expression « taxes prévues en matière de propriété industrielle » a été qualifiée par d'aucuns de trop large.

En ce qui concerne la restauration des brevets, la proposition tendant à l'admettre pour les cas de force majeure et sous réserve des droits de possession personnelle a été combattue notamment par la Délégation belge, qui n'a pas pu consentir à une restauration avec réserve des droits des tiers. Par contre, elle s'est déclarée prête à admettre le délai de 6 mois.

L'unanimité s'est faite enfin sur le principe du délai de grâce de 3 mois. L'article a été renvoyé à la Commission de Rédaction pour qu'elle trouvât une formule propre à accorder les divers points de vue exposés au cours des débats. En particulier, il lui a été donné comme directive d'établir une distinction nette entre les deux ordres d'idées abordés dans cet article, savoir: la prorogation des délais utiles pour le payement des taxes en général et le traitement spécial fait aux seuls brevets, ainsi que la restauration de ceux-ci s'ils tombent en déchéance par suite de non-payement des taxes *(restitutio in integrum)* (1).

ARTICLE 5ter

Adopté quant au fond, mais renvoyé à la Commission de Rédaction quant à la forme et quant à la portée du mot « *accidentellement* », qui, à d'aucuns, paraissait superflu, tandis que, à voir les choses de près, il ne l'est nullement.

ARTICLE 6

Cet article, tel qu'il avait été rédigé par la Commission de Rédaction après la clôture des travaux de la Sous-Commission, et auquel ladite Commission de Rédaction avait incorporé les dispositions correspondantes du Protocole de clôture *ad* article 6, contenait sept alinéas.

En voici le texte:

« *Alinéa 1.* — Toute marque de fabrique ou de commerce régulièrement enregistrée dans le pays d'origine sera admise au dépôt et protégée telle quelle dans les autres pays de l'Union.

Alinéa 2. — Toutefois, pourront être refusés ou invalidés:

1° Les marques qui sont de nature à porter atteinte à des droits acquis par des tiers dans le pays où la protection est réclamée.

2° Les marques dépourvues de tout caractère distinctif, ou bien composées exclusivement de signes ou d'indications pouvant servir, dans le commerce, pour désigner l'espèce, la qualité, la quantité, la destination, la valeur, le lieu d'origine des produits ou l'époque de production, ou devenus usuels dans le langage courant ou les habitudes loyales et constantes du commerce du pays où la protection est réclamée.

Dans l'appréciation du caractère distinctif d'une marque, on devra tenir compte de toutes les circonstances de fait, notamment de la durée de l'usage de la marque.

3° Les marques qui sont contraires à la morale ou à l'ordre public.

Il est entendu qu'une marque ne pourra être considérée comme contraire à l'ordre public pour la seule raison qu'elle n'est pas conforme à quelque disposition de la législation sur les marques, sauf le cas où cette disposition elle-même concerne l'ordre public.

Il est entendu que l'usage des armoiries, décorations, drapeaux et autres emblèmes d'État, qui n'aurait pas été autorisé par les pouvoirs compétents ou l'emploi des signes et poinçons officiels de contrôle et de garantie adoptés par un

(1) Notons ici, pour bien distinguer le traitement subi par cet article important dans les différentes étapes, que la Commission de Rédaction avait proposé à l'adoption de la Conférence, sur la base des indications que la Commission générale lui avait données, le texte suivant:

« Un délai de grâce, qui devra être au minimum de trois mois, sera accordé pour le payement des taxes prévues pour le maintien des droits de propriété industrielle, moyennant le versement d'une surtaxe, si la législation nationale en impose une.

Les pays contractants s'engagent en outre, soit à porter ce délai de grâce à six mois au moins, soit à prévoir la restauration d'un brevet tombé en déchéance par suite de non-payement de taxes, ces mesures restant soumises aux conditions prévues par la législation intérieure. »

La Conférence, réunie en Séance plénière le 5 novembre, a jugé bon d'y apporter quelques modifications de forme (v. ci-après, procès-verbal de la deuxième Séance plénière, p. 576) et elle a ordonné de les apporter dans l'édition définitive du Rapport. Celui-ci contient donc déjà le texte adopté par la Conférence, au lieu du texte ci-dessus (v. ci-après Rapport de la Commission de Rédaction à la Séance plénière, p. 541).

pays unioniste peut être considéré comme contraire à l'ordre public dans le sens du n° 3 de l'article 6.

Ne seront toutefois pas considérées comme contraires à l'ordre public les marques qui contiennent, avec l'autorisation des pouvoirs compétents, la reproduction d'armoiries, décorations, drapeaux ou autres emblèmes d'État.

4° *Les marques dont le dépôt constitue un acte de concurrence déloyale.*

Alinéa 3. — Sera considéré comme pays d'origine:

Le pays de l'Union où le déposant a *un établissement industriel ou commercial effectif et sérieux, et, s'il n'a pas un tel établissement, le pays de l'Union où il a son domicile ou bien le pays de sa nationalité, s'il est ressortissant d'un pays de l'Union.*

Alinéa 4. — Le dépôt d'une marque de fabrique ou de commerce au pays d'origine n'est pas nécessaire, si la marque est conforme à la législation du pays où la protection est demandée; la protection d'une marque déposée dans un des pays de l'Union sera indépendante de la protection obtenue par la même marque dans les autres pays.

En aucun cas le renouvellement de l'enregistrement d'une marque dans le pays d'origine n'entraîne l'obligation de renouveler l'enregistrement dans les autres pays de l'Union où la marque aura été enregistrée.

Alinéa 5. — Le bénéfice de la priorité reste acquis aux dépôts de marques effectués dans le délai de l'article 4, même lorsque l'enregistrement dans le pays d'origine n'intervient qu'après l'expiration de ce délai.

Alinéa 6. — Pour les marques régulièrement enregistrées au pays d'origine l'utilisation dans les autres pays ne peut être exigée en aucune manière.

Alinéa 7. — La disposition de l'alinéa 1 n'exclut pas le droit d'exiger du déposant un certificat d'enregistrement régulier, délivré par l'autorité compétente du pays d'origine, mais aucune législation ne sera requise pour ce certificat. »

La Commission générale l'a adopté, sous réserve de rédaction, avec les modifications de fond ci-dessous mentionnées:

1° Suppression des dispositions concernant les armoiries d'État, etc., dispositions qui ont été fondues avec celles de l'article 6ter nouveau, consacré à ces emblèmes (proposition du Directeur du Bureau international).

2° Suppression du n° 4 de l'alinéa 2, qui ajoutait à l'énumération des marques pouvant être refusées ou invalidées « les marques dont le dépôt constitue un acte de concurrence déloyale », et ceci parce que la question de la concurrence déloyale est traitée à l'article 10bis (proposition de la Délégation japonaise).

3° Substitution de l'alinéa 3 suivant:

> « *Sera considéré comme pays d'origine:*
>
> *Le pays de l'Union où le déposant a un établissement industriel ou commercial effectif et sérieux et, s'il n'a pas un tel établissement, le pays de l'Union où il a son domicile et, s'il n'a pas de domicile dans l'Union, le pays de sa nationalité, au cas où il est ressortissant d'un pays de l'Union* »

à l'alinéa proposé, savoir:

> « Sera considéré comme pays d'origine:
>
> Le pays de l'Union où le déposant a un établissement industriel ou commercial effectif et sérieux et, s'il n'a pas un tel établissement, le pays de l'Union où il a son domicile ou bien le pays de sa nationalité, s'il est ressortissant d'un pays de l'Union »

et ceci en vue d'établir une « cascade » ne laissant pas d'alternative à l'arbitre du déposant (proposition de la Délégation belge).

4° Suppression de la partie ci-dessous de l'alinéa 4:

« Le dépôt d'une marque de fabrique ou de commerce au pays d'origine n'est pas nécessaire, si la marque est conforme à la législation du pays où la protection est demandée; la protection d'une marque déposée dans un des pays de l'Union sera indépendante de la protection obtenue pour la même marque dans les autres pays » (proposition de la Délégation allemande).

Cette suppression, proposée par la Délégation française, a été motivée par les mêmes considérations contraires à l'indépendance de la marque qu'à la Conférence de Washington (v. Actes, p. 301), c'est-à-dire par la nécessité de conserver à la marque son statut personnel et d'éviter des cas de concurrence déloyale qui pourraient se produire par le fait que des marques qui ne seraient pas admises dans le pays d'origine pourraient être déposées dans les pays qui pratiquent le système du non-examen.

5° Suppression de l'alinéa 6 suivant:

« Pour les marques régulièrement enregistrées au pays d'origine, l'utilisation dans les autres pays ne peut être exigée en aucune manière » (proposition des Délégations des États-Unis et des Pays-Bas).

6° Une discussion s'est engagée sur le sens du terme « utilisation d'une marque » et la définition de ce terme a été recommandée à la Commission de Rédaction, qui devra s'entendre avec la Délégation japonaise sur l'article 5, lettre *c)* (v. ci-dessus, p. 520).

Article 6bis

Adopté avec quelques modifications de forme proposées, soit pour le texte, soit pour le Commentaire, par le Président de la Commission de Rédaction lui-même.

Article 6ter

Cet article comportait, tel qu'il avait été libellé par la Commission de Rédaction, huit alinéas dont voici le texte:

« Les pays contractants conviennent de refuser ou d'invalider l'enregistrement et d'interdire, par des mesures appropriées, l'utilisation, non autorisée par les pouvoirs compétents, soit comme marques de fabrique ou de commerce, soit comme éléments de ces marques, des armoiries, décorations, drapeaux et autres emblèmes d'État, des pays contractants, signes et poinçons officiels de contrôle et de garantie adoptés par eux, ainsi que toute imitation au point de vue héraldique.

L'interdiction des signes et poinçons officiels de contrôle et de garantie s'appliquera seulement dans les cas où les marques qui les comprendront seront destinées à être utilisées sur des marchandises de même genre ou d'un genre similaire.

Pour l'application de ces dispositions les pays contractants conviennent de se communiquer réciproquement, par l'intermédiaire du Bureau international de Berne, la liste des emblèmes d'État, signes et poinçons officiels de contrôle et de garantie, qu'ils désirent ou désireront placer, d'une façon absolue ou dans certaines limites, sous la protection du présent article, ainsi que toutes modifications ultérieures apportées à cette liste. Chaque pays contractant publiera en temps utile les listes notifiées.

Tout pays contractant pourra, dans un délai de douze mois à partir de la réception de la notification, transmettre, par l'intermédiaire du Bureau international de Berne, au pays intéressé ses objections éventuelles.

Les nationaux de chaque pays qui seraient autorisés à faire usage des emblèmes d'État, signes et poinçons de leur pays pourront les user même s'il y avait similitude avec ceux d'un autre pays.

Pour les emblèmes d'État notoirement connus les mesures prévues à l'alinéa 1 ne s'appliqueront qu'aux marques enregistrées après la signature du présent Acte.

Pour les emblèmes d'État qui ne seraient pas notoirement connus, et pour les signes et poinçons officiels ces dispositions ne seront applicables qu'aux marques enregistrées plus de deux mois après réception de la notification prévue par l'alinéa 3.

Les États auront la faculté de faire rayer les marques enregistrées avant la mise en vigueur du présent Acte et comportant les emblèmes d'État, signes et poinçons. Il en sera spécialement ainsi en cas de mauvaise foi. »

La Commission générale lui a apporté les modifications suivantes:

a) Suppression, à l'alinéa 1er, du mot « décorations », qui figurait entre les mots « *armoiries* » et « *drapeaux* », et ceci en vue du fait, rappelé par la Délégation italienne et admis par les Délégations d'Autriche, des États-Unis et de France, que le grand nombre de décorations existantes rendrait quelque peu pénible l'exécution de l'obligation de refuser ou d'invalider les marques contenant des décorations.

b) Substitution, à l'alinéa 2, *in fine*, des mots « *chaque pays contractant mettra à la disposition du public* » aux mots « chaque pays contractant publiera », et ceci afin d'éviter aux Administrations des frais trop considérables; le Directeur du Bureau international a expliqué que ces listes seraient certainement insérées, en reproduction noir sur blanc, dans « La Propriété industrielle », d'où elles pourraient être extraites, et qu'il ne s'agirait, d'ailleurs, que de publier des listes et non pas des fac-similés.

c) Modification de l'alinéa 7, qui était ainsi libellé:

« Les États auront la faculté de faire rayer les marques enregistrées avant la mise en vigueur du présent Acte et comportant les emblèmes d'État, signes et poinçons. Il en sera spécialement ainsi en cas de mauvaise foi. »

Cet alinéa a été changé dans le but de restreindre la faculté, ainsi prévue, aux cas de mauvaise foi (proposition de la Délégation tchécoslovaque. Rédaction réservée).

d) Finalement, la Commission générale a ajouté à cet article deux nouveaux alinéas. Le premier a la teneur suivante:

Alinéa 9. — « Les pays contractants s'engagent à interdire l'usage, non autorisé dans le commerce, des armoiries d'État des autres pays contractants, lorsque cet usage sera de nature à induire en erreur sur l'origine des produits. »

Cet alinéa est transposé de l'article 10bis, où il figurait dans les propositions soumises à la Commission générale. Celle-ci a convenu, sur la proposition de la Délégation suisse, qu'il était opportun de lui faire une place dans l'article 6ter.

Le second alinéa (le dixième et dernier) est ainsi conçu:

« *Les dispositions qui précèdent ne font pas obstacle à l'exercice, par les pays, de la faculté de refuser ou d'invalider, par application du n° 3 de l'alinéa 2 de l'article 6, les marques contenant, sans autorisation, des armoiries, drapeaux, décorations et autres emblèmes d'État ou des signes et poinçons officiels adoptés par un pays de l'Union.* »

Cet alinéa n'est pas nouveau, au fond; il résume les alinéas 2 et 3 du Protocole de clôture, *ad* article 6, adopté à Washington, et n'en est que la périphrase. Le mot « *décorations* » qui y figurait a été maintenu pour ne léser aucun droit acquis. Du reste, il s'agit là d'une faculté qu'il convient de laisser aux États contractants, et non pas, comme à l'alinéa 1er, d'une obligation qui — on l'a vu plus haut sous lettre *a)* — paraissait excessive en ce qui concerne les décorations. On avait d'abord voulu insérer le texte de Washington tel quel dans le nouvel article 6ter, *in fine*, mais on dut se convaincre que la rédaction en serait devenue vraiment informe, d'où ce dernier alinéa simplifié, bien qu'alourdi par le mot « décorations ».

Sous réserve de tous ces amendements, cet article a été adopté. La Délégation tchécoslovaque a constaté que la solution admise dans les quatre premiers alinéas, grâce à l'échange des listes, manquait de sanctions. En plus, le régime transitoire prévu dans les alinéas 5, 6 et 7 a subi différentes critiques de la part des Délégués de l'Italie, du Royaume serbo-croato-slovène et de la Tchécoslovaquie.

Ces derniers ont également demandé que l'alinéa 5 devienne l'alinéa 8, pour des raisons de logique. Il en a été ainsi décidé.

ARTICLE 7

Adopté. Le mot « dépôt » est remplacé par le mot « *enregistrement* ».

ARTICLE 8

Adopté. Ont été ajoutés les mots « *ou d'enregistrement* ».

ARTICLE 9

Adopté sous réserve de l'insertion, dans le Commentaire, d'une phrase expliquant que les mots « *et en attendant que cette législation soit modifiée en conséquence* » expriment un simple vœu, mais n'imposent aucune obligation aux États contractants (proposition de la Délégation suisse).

ARTICLE 10

La majorité de la Sous-Commission avait accepté de supprimer, dans cet article, la restriction qui le limite au seul cas où l'indication fausse est jointe à un nom commercial fictif ou emprunté dans une intention frauduleuse.

La Commission générale a rétabli cette restriction par suite du fait que la Délégation française, — la Sous-Commission n'ayant pas consenti à faire passer dans cet article les dispositions de l'Arrangement de Madrid concernant les fausses indications de provenance que le Gouvernement français avait proposé d'y insérer (1) — a préféré s'en tenir — sur ce point — au texte de Washington.

Le reste de l'article a été adopté tel qu'il avait été proposé.

ARTICLE 10bis

Adopté sauf la suppression du n° 3, qui est devenu, avec quelques modifications de forme, l'alinéa 9 de l'article 6ter (2).

Les Délégations suédoise et belge ont annoncé qu'elles auraient à lire en Séance plénière certaines déclarations concernant la portée de cet article.

ARTICLE 10ter

Adopté avec la suppression de l'alinéa 3, qui était ainsi conçu:

« Les dispositions de l'article 9 concernant la saisie s'appliqueront aussi aux marchandises dont la vente ou la mise en vente constitueront un acte de concurrence déloyale. »

Les Délégations italienne (laquelle a lu une déclaration spéciale), américaine et australienne ont trouvé cette disposition trop dangereuse pour les intéressés.

Par contre, on a ajouté à l'alinéa 2, après les mots « d'agir en justice ou auprès des autorités », le mot « *administratives* », pour bien marquer la portée de l'alternative contenue dans cet alinéa.

---

(1) Voir ci-dessus, p. 481.
(2) Voir ci-dessus, p. 523.

Notons enfin que les mots « *aux syndicats et associations représentant l'industrie ou le commerce intéressé* », qui figurent dans ledit alinéa 2, ont fait l'objet d'une discussion. Ils ont été, à la fin, maintenus, sur la recommandation de la Délégation britannique, qui en a précisé l'utilité et qui, auparavant, avait même préconisé une formule plus large, mais était restée en minorité.

ARTICLE 11

Adopté, sous réserve de remplacer la deuxième phrase de l'alinéa 2, qui était ainsi libellée:

« Si plus tard le droit de priorité est invoqué, le délai partira de la date de l'introduction du produit dans l'exposition »

par la phrase suivante:

« *Si plus tard le droit de priorité est invoqué, l'Administration de chaque pays pourra faire partir le délai de la date de l'introduction du produit dans l'exposition* »

et, ceci à la requête de la Délégation britannique, pour laisser aux Administrations plus de liberté dans leurs décisions.

ARTICLE 12

Adopté.

ARTICLE 13

A la demande de la Délégation britannique, la question laissée en suspens (v. ci-dessus, p. 420, Rapport de la 1re Sous-Commission) de la décision qu'auraient à prendre les Conférences ultérieures au sujet d'augmentations éventuelles du crédit annuel mis à la disposition du Bureau international, a été résolue en ce sens, que toute décision de ce genre devra être votée à l'unanimité par les Délégations présentes aux Conférences. Avec cette précision, l'article a été adopté.

ARTICLE 16bis

Adopté.

ARTICLE 18

Adopté avec les modifications suivantes:

1° substitution de la date du *1er mai 1928* à celle du 1er décembre 1927 pour le délai utile pour déposer les ratifications, et cela eu égard surtout aux pays d'outre-mer;

2° introduction, proposée par la Délégation britannique, formulée par la Délégation belge et appuyée par la Délégation brésilienne, d'une clause permettant l'entrée en vigueur de l'Acte revisé à La Haye avant cette date, entre les États qui l'auraient ratifié auparavant, si le nombre de ces États atteint six au moins.

* * *

La discussion concernant la Convention étant ainsi close, le Président a ouvert les débats sur les

RÉSOLUTIONS ET VŒUX (1)

I. Relativement à l'article 12 de la Convention

Adopté.

(1) Les résolutions et vœux figuraient, dans la première édition du Rapport de la Commission de Rédaction, après la Convention, alors qu'ils sont insérés, dans l'édition définitive ci-après, tout à la fin (v. p. 568).

II. Relativement à l'article 13 de la Convention (langue unique)

Adopté avec la suppression, au numéro 2, des mots: « mais aux frais de l'Administration qui l'aura demandé », qui se trouvaient entre les mots « pour qu'il en soit fait de même » et « en ce qui concerne les propositions..... ».

En réalité, la Conférence avait en vue, lorsqu'elle a fait au Directeur du Bureau international des suggestions quant aux bons offices à prêter pour la rédaction de certaines traductions officieuses des Actes de l'Union, la traduction en langue anglaise (v. ci-dessus, p. 416, Rapport de la 1re Sous-Commission). Plusieurs Délégations ont proposé d'ajouter au n° 1 de cette résolution les mots « et à leurs frais » qui se trouvaient aux chiffres 2 et 3 du texte soumis à la Commission générale, et cela afin de circonscrire cette faculté dans des limites linguistiques raisonnables et de ménager les ressources financières du Bureau. Cette proposition paraît avoir été méconnue dans sa portée purement pratique et matérielle et a donné lieu à la réouverture, de la part de la Délégation des États-Unis, de la discussion sur la langue unique qu'avait provoquée l'examen du Règlement de la Conférence (v. ci-dessus, p. 416 et suiv., procès-verbal de la Séance préparatoire). Après une longue délibération, sans vote final, les mots « et à leurs frais » n'ont pas été introduits au n° 1, mais au contraire, ils ont été supprimés au n° 2. Ils n'ont été conservés que dans le n° 3, où ils n'étaient pas contestés.

III. Relativement à l'article 13 de la Convention (mesures provisoires à prendre dans l'intervalle entre deux Conférences)

Adopté avec quelques changements et améliorations de rédaction.

* * *

La Commission générale s'est ensuite occupée, dans une troisième et dernière séance, de l'

ARRANGEMENT DE MADRID

CONCERNANT

LA RÉPRESSION DES FAUSSES INDICATIONS DE PROVENANCE SUR LES MARCHANDISES (1)

Les articles 1 à 5 de cet Arrangement ont été adoptés sans changements et sans discussion. L'article 6 l'a été avec l'insertion d'une clause correspondant à celle introduite dans l'article 18 de la Convention en ce qui concerne les ratifications antérieures au *1er mai 1928* et avec la fixation de cette date au lieu de celle du 1er décembre 1927.

* * *

(1) Cet Arrangement figure, dans le rapport de la Commission de Rédaction, après celui concernant l'enregistrement international des marques de fabrique, mais les débats ont suivi l'ordre consacré plus tard dans les Actes signés le 6 novembre.

Le Président a mis ensuite en discussion l'

ARRANGEMENT DE MADRID

CONCERNANT

L'ENREGISTREMENT INTERNATIONAL DES MARQUES DE FABRIQUE OU DE COMMERCE

A part les changements de rédaction rendus nécessaires pour établir la concordance entre la Convention générale revisée et l'Arrangement (par exemple, l'emploi de l'expression «*ressortissants*» au lieu de celle «sujets ou citoyens»), seuls les articles 4, 5, 8, 9 et 12 ont donné lieu à des observations. Sous réserve de celles-ci, ces articles ont été approuvés par la Commission générale, comme l'ont été tous les autres articles.

ARTICLE 4

Les termes «marques enregistrées internationalement» ont été remplacés partout par ceux, plus français, «marque *qui a été l'objet d'un enregistrement international*».

La proposition du Programme de limiter les formalités de revendication du droit de priorité et de documentation de l'existence de ce droit aux brevets, à l'exclusion des marques et des dessins ou modèles, n'ayant pas été acceptée par la 2e Sous-Commission (v. ci-dessus, p. 428, Rapport de cette Sous-Commission), cet affranchissement de toute formalité semblable a été stipulé plus précisément encore en faveur des marques internationales par le second alinéa de l'article 4, sur la proposition du Directeur du Bureau international.

ARTICLE 5

Les termes «mandataire notifié par le pays d'origine» ont été précisés et modifiés ainsi: «*mandataire, si celui-ci a été indiqué au Bureau* (international) *par ladite Administration*» (celle du pays d'origine).

ARTICLE 8

Le nombre des mots qui peuvent figurer sur la liste des produits auxquels s'applique une marque sans être frappés d'une surtaxe destinée à combattre les listes démesurément longues, a été réduit, sur la proposition de la Délégation française, de deux cents à cent, réduction qui est aussi insérée dans l'article 8 du Règlement.

Au dernier alinéa, les mots «jusqu'à la date de cette ratification» ont été remplacés, sur la proposition de la Délégation tchécoslovaque, par les mots «*jusqu'à la date de son adhésion postérieure*».

ARTICLE 9

Cet article oblige l'Administration du pays d'origine de la marque de notifier au Bureau international les changements intervenus dans ce qu'on a appelé l'état civil de la marque, à savoir les annulations, radiations, renonciations, transmissions, etc. Le Programme avait proposé d'ajouter à cette énumération les «non-renouvellements», adjonction que la Sous-Commission avait, toutefois, repoussée parce que certains pays faisaient valoir qu'aucune note de non-renouvellement n'était prise dans leur registre.

En présence de cette situation, M. Röthlisberger, Directeur du Bureau international, a exposé qu'il serait désirable de donner sur ce point des instructions claires au Bureau. Comme cela a été expliqué dans la circulaire du 27 juillet 1914, dans plusieurs rapports de gestion et dans le rapport spécial consacré à l'enregistrement international des marques figurant dans les travaux préparatoires (p. 175), le Bureau international s'était borné, jusqu'ici, à prendre note, dans son registre, de l'extinction d'une marque par suite de non-renouvellement dans son pays d'origine, si ce fait lui était notifié par l'Administration de ce pays, mais sans procéder à la radiation de la marque; cette manière de procéder était dictée par les motifs, favorables au titulaire de celle-ci, qui sont indiqués dans les documents précités, notamment par la difficulté de faire revivre une marque, une fois que, non-renouvelée par omission, etc. dans son pays d'origine, elle a été radiée dans le registre international. La notification de l'expiration de la protection d'une marque pour cause de non-renouvellement n'ayant pas été déclarée obligatoire, il s'agit d'établir à ce sujet une règle; cette règle — c'est la règle générale: information officielle par l'Administration du pays d'origine — consiste à laisser cette Administration juge de la question de savoir ce qu'elle entend notifier à ce sujet. Dorénavant, après l'entrée en vigueur des textes revisés, le Bureau de Berne procédera à la radiation, dans son registre, de celles des marques internationales qui lui auront été notifiées, formellement, comme ayant été radiées dans les registres nationaux du pays d'origine, faute de renouvellement. Un passage spécial, conçu en ce sens, lu par l'orateur, sera ajouté à l'introduction qui précède, dans le Rapport de la Commission de Rédaction, le texte de l'Arrangement. En revanche, les marques effectivement tombées en déchéance dans le pays d'origine par suite de non-renouvellement, mais non radiées dans ce pays et partant non notifiées au Bureau comme radiées, ne le seront pas non plus dans le Registre international.

Cette manière de procéder a rencontré l'approbation de la Commission générale.

Article 12

Comme, en raison de la différence de taxes nouvelles à appliquer, la mise en vigueur de l'article à une date unique est hautement désirable, la rédaction de cet article tient compte de cette date, laquelle est, à l'instar des autres Actes, le *1er mai 1928* au lieu du 1er décembre 1927.

* * *

La Commission générale est passée ensuite à l'examen du

RÈGLEMENT D'EXÉCUTION

de cet Arrangement, mis au point par un comité spécial d'études de la 5e Sous-Commission, pour laquelle a rapporté le Directeur du Bureau international. Ont donné lieu à des observations les articles 2, 6, 8 et 9 de ce Règlement.

Article 2

En vue d'éviter l'examen multiple, par diverses Administrations, des marques portant des armoiries, écussons, portraits, distinctions honorifiques, titres, noms, etc. au point de vue de la légitimité d'usage de ces éléments, le Programme contenait une proposition (art. 5bis) destinée à faciliter des accords à conclure à ce sujet entre Administrations. Cette proposition n'ayant pas été agréée, on a songé à s'approcher du même but, savoir la simplification de l'examen des marques, par une autre voie, en reprenant l'amendement qui avait été fait par la Délégation espagnole au sujet de l'article 5bis, non adopté, de l'Arrangement et en insérant entre le 3e et le 4e alinéa de la lettre *d)* de cet article l'amendement suivant:

« Le cas échéant et dans le même but, l'Administration du pays d'origine aura la faculté de certifier, sur la demande d'enregistrement, que le déposant a justifié auprès d'elle du droit à l'usage de l'armoirie, du portrait, de la distinction honorifique ou du nom d'un tiers qui figure dans la marque. »

Cette adjonction, qui d'ailleurs concerne uniquement les Administrations désireuses d'en tenir compte, a obtenu l'assentiment de la Commission générale.

ARTICLE 6

Sur la proposition de la Délégation espagnole, il a été ajouté au premier alinéa de cet article, concernant les refus de marques internationales, une phrase qui s'explique d'elle-même; elle est ainsi conçue:

« Les notifications de refus provisoires devront indiquer le délai dans lequel les intéressés devront faire valoir leurs droits. »

Cette précision, qui implique, pour le propriétaire de la marque, un avertissement utile, a été approuvée.

ARTICLE 8

Lettre c). — L'article 8 parle des taxes prévues par les articles 5ter, 8 et 9 de l'Arrangement, alors que les taxes dont il est question dans la lettre *c)* et qui seraient perçues pour des recherches d'antériorité parmi les marques déjà enregistrées ne trouvent leur base dans aucun de ces articles.

La Délégation tchécoslovaque ayant fait observer cette discordance et cette observation ayant été reconnue fondée par le rapporteur, la question lui a été renvoyée pour qu'il règle au mieux ce détail (v. sur l'adjonction à l'art. 5ter de l'Arrangement, procès-verbal de la 2e Séance plénière).

ARTICLE 9

Ont été ajoutés, à la fin de cet article, sur la proposition de la Délégation du Brésil, les mots suivants, concernant le mode de répartition de l'excédent des recettes du Service de l'enregistrement international des marques: *« et en attendant que d'autres modalités de répartition aient été déterminées d'un commun accord par les pays contractants »*.

Ces mots, pour l'insertion desquels dans l'article 8 de l'Arrangement l'unanimité nécessaire ne s'est pas trouvée, font allusion au système nouveau de répartition préconisé par M. Barboza Carneiro au cours de la 2e séance de la 5e Sous-Commission (v. Rapport ci-dessus de cette Sous-Commission, p. 489).

Les articles ci-dessus ont été votés, comme il est dit. Les autres articles du Règlement ont été adoptés sans aucune modification.

* * *

Le Président a ouvert ensuite la discussion sur l'

ARRANGEMENT DE LA HAYE

CONCERNANT

LE DÉPOT INTERNATIONAL DES DESSINS OU MODÈLES INDUSTRIELS

Sauf les changements de rédaction qui sont devenus de rigueur en vue d'établir une terminologie uniforme, seuls les articles 3, 4, 6 et 23 de cet Arrangement ont donné lieu à des observations.

Article 3

Cet article parlait de la notification de l'inscription de la demande de dépôt international des dessins ou modèles que le Bureau de Berne adresserait « aux diverses Administrations » ; ce dernier terme étant un vestige de l'ancien système sur lequel était basé d'abord le projet d'Arrangement contenu dans le Programme officiel, le Directeur du Bureau international a proposé la rédaction précise suivante adaptée au système nouveau : « .....notifiera *cette inscription à l'Administration qui lui aura été indiquée par chaque pays contractant* et la publiera, etc. ».

Cette modification a été adoptée.

Article 4

Cet article a subi plusieurs corrections. Les termes « déposés internationalement » ont été changés en « *celui qui effectue le dépôt international* » et « *dessin ou modèle qui a été l'objet d'un dépôt international* ». Le troisième alinéa, qui parle de la dispense des formalités exigées pour la revendication du droit de priorité, a été rédigé, *in fine*, comme suit : « *sans l'obligation d'*aucune des formalités prévues par *ce même* article » (savoir, l'art. 4 de la Convention générale).

La Sous-Commission avait entendu réserver, à la suite de l'intervention de la Délégation française, l'observation des formalités légales qui doivent être remplies dans certains pays pour la publicité des dessins ou modèles en cas de procès ; en interprétant les intentions de cette Délégation, elle avait même voulu adopter tout d'abord une disposition d'après laquelle l'intéressé qui demanderait dans ce but une reproduction de l'objet, devait pouvoir s'adresser au Bureau de Berne, qui la lui fournirait dans les conditions déterminées d'un commun accord avec l'Administration du pays en cause. Toutefois, dans l'intention de simplifier les choses, on s'était borné à parler des formalités à remplir pour l'exercice de ce droit. Manifestement, cette réserve ne pouvait avoir trait qu'à la publicité et ne pouvait se rapporter qu'au second alinéa et nullement au premier, où une erreur de l'imprimerie l'avait placée.

Article 6

Le premier alinéa a été rédigé sous une forme à la fois plus simple et plus précise, comme suit :

« *Le dépôt international peut comprendre soit un seul dessin ou modèle, soit plusieurs, dont le nombre devra être précisé dans la demande.* »

Article 23

Les délais fixés pour le dépôt des ratifications et la mise en vigueur ont été mis en harmonie, *mutatis mutandis,* avec ceux prévus pour les autres Actes.

Le Président a soumis enfin, un à un, les articles du

RÈGLEMENT POUR L'EXÉCUTION

dudit Arrangement à la délibération de la Commission générale. Seuls, les articles 2 et 4 ont donné lieu à des observations.

ARTICLE 2

La demande destinée à obtenir le dépôt international contiendra, entre autres indications, celle de la date du premier dépôt dans un pays unioniste si le droit de priorité est invoqué (n° 5). La reconnaissance de ce droit étant libérée de toute formalité en vertu de l'article 4 de l'Arrangement, on a ajouté à ce n° 5 les mots «*s'il y a lieu*», pour bien relever qu'il ne s'agit là en aucune manière d'une formalité nouvelle dont l'omission entraînerait une sanction, mais d'une simple indication propre à faciliter le travail administratif et à renforcer la protection en faveur du titulaire du droit; aussi, l'observation en est-elle abandonnée à la bonne volonté du requérant.

ARTICLE 4

Au registre doivent figurer non seulement les mentions concernant les transmissions, renonciations, radiations, mais aussi celles concernant une modification essentielle du dépôt en matière de dessins ou modèles industriels, savoir les prorogations de la période de protection; c'est pourquoi le mot «*prorogations*» a été ajouté.

* * *

Le Règlement d'exécution ayant ainsi fait l'objet des délibérations de la Commission générale, le Directeur du Bureau international de Berne a tenu à rappeler qu'au cours de la discussion de l'Arrangement en Sous-Commission, le vœu avait été exprimé de voir l'Administration des douanes suisses laisser entrer en franchise de droits les dessins ou modèles industriels expédiés à Berne en vue du dépôt international. Il s'est déclaré prêt à faire, une fois l'Arrangement ratifié et mis en vigueur, les démarches nécessaires auprès de ladite Administration pour obtenir cette exemption, à condition que les envois fussent nettement désignés; il a déclaré espérer y réussir, d'autant plus que le Bureau international avait déjà trouvé auprès des Autorités suisses, même en temps de guerre, un grand empressement pour faciliter le transport à Berne — libre de droits d'entrée — des clichés nécessaires pour l'enregistrement international des marques de fabrique ou de commerce. M. Kraft, Directeur du Bureau fédéral de la propriété intellectuelle, a bien voulu promettre d'appuyer, à son tour, ces démarches. La Commission générale s'est plu à prendre note de cette action projetée qui, dans ces conditions, semble devoir aboutir et qui lui permet de renoncer à émettre un vœu formel en cette matière délicate.

Le Président a ensuite soumis à l'adoption de la Commission générale une résolution présentée par la Délégation brésilienne et appuyée par celle des Pays-Bas et basée sur le système de répartition proposé par M. Barboza Carneiro au cours de la 2ᵉ séance de la 5° Sous-Commission.

Légèrement modifiée dans sa forme, ladite résolution a été adoptée en ces termes:

«La Conférence invite le Directeur du Bureau de Berne à examiner la possibilité de modifier la répartition de l'excédent des recettes du Service de l'enregistrement international des marques entre les pays contractants et à demander aux diverses Administrations un avis sur le système proposé par la Délégation du Brésil en date du 22 octobre 1925. »

Finalement, avant la clôture des délibérations de la Commission générale, M. Bijleveld, Délégué des Pays-Bas, a demandé la parole pour rappeler que cette Commission devait vouer encore son attention sérieuse aux suggestions relatives aux travaux futurs du Bureau international de Berne que le Directeur de ce Bureau avait exposées à la fin de la Séance préparatoire (v. ci-dessus, procès-verbal de cette séance, p. 377). Selon l'orateur, ces suggestions méritaient de trouver un écho dans l'assemblée et il les a passées en revue, l'une après l'autre, pour sonder le terrain. De cette façon, il a pu être déduit des marques d'approbation ou du silence significatif de MM. les Délégués qu'ils étaient favorables au plan de la publication du Recueil général concernant la législation et les traités concernant la propriété industrielle, ainsi que des Tables des matières des derniers vingt-cinq ans de la revue du Bureau *La Propriété industrielle,* alors qu'ils paraissaient considérer comme nullement indispensable l'élargissement des divers Tableaux comparatifs, lesquels seraient d'ailleurs réunis en un ensemble facile à manier dans les « Actes de la Conférence », et que la publication d'une liste des ingénieurs-conseils les laissait indifférents. M. Bijleveld a exprimé sa satisfaction d'avoir provoqué, par cette manifestation, l'encouragement des travaux utiles et si hautement appréciés du Bureau.

Le *leader* de la Délégation anglaise, Sir Hubert Llewellyn Smith, tout en s'associant à ces paroles, ayant cependant élevé la voix de la prudence en ce qui concerne les dépenses que pourraient entraîner les divers travaux occasionnés par la Conférence et par l'activité ultérieure du Bureau de Berne, M. Röthlisberger a tenu avant tout à tranquilliser MM. les Délégués sous ce dernier rapport. Les finances du Bureau sont administrées avec une grande économie, si bien que les dépenses se sont élevées en 1924, par exemple, à 84 000 francs au lieu de 120 000 francs mis à la disposition du Bureau; à coup sûr, ces dépenses vont monter à la suite de la Conférence de La Haye et des Réunions techniques prévues, à la suite de l'augmentation du nombre des États contractants, de l'accroissement du personnel, ainsi que de sa rétribution et aussi en raison des tâches nouvelles confiées au Bureau, mais les contributions aux dépenses de celui-ci restent fort modestes pour chaque État, en comparaison de celles d'autres institutions, et les deux tiers des pays contractants — ceux qui ont adhéré à l'Union restreinte du Service de l'enregistrement international des marques — non seulement payent leurs contributions sur l'excédent des recettes de ce service, mais en retirent encore des bénéfices appréciables. Du reste, les travaux et les dépenses vont être échelonnés sagement, de façon à grever les budgets des pays membres de l'Union sans heurts ni exagération aucune. Au surplus, le Directeur du Bureau a exprimé à la Commission générale ses remerciements chaleureux pour l'intérêt bienveillant avec lequel elle a suivi et stimulé l'activité du Bureau.

Sur ces déclarations, le Président a déclaré clos les travaux de la Commission générale aux très vifs applaudissements que lui ont adressés tous les assistants, désireux de lui témoigner ainsi leur reconnaissance pour le tact et la maîtrise avec lesquels il avait conduit les débats des trois séances de la Commission générale.

Le Président:
J. ALINGH PRINS.

Le Rapporteur:
LE DIRECTEUR
DU BUREAU INTERNATIONAL.

RAPPORT
DE LA COMMISSION DE RÉDACTION
A LA SÉANCE PLÉNIÈRE

La Commission de Rédaction a chargé son Bureau de présenter à la Séance plénière les propositions adoptées par la Commission générale, avec un commentaire bref, qui explique la portée du nouveau texte et tient compte, quand il y a lieu, des observations présentées par les Délégations.

CONVENTION D'UNION DE PARIS
POUR LA PROTECTION DE LA PROPRIÉTÉ INDUSTRIELLE

ARTICLES 1 ET 2

Le Programme élaboré par l'Administration des Pays-Bas et le Bureau international de Berne a proposé, comme il avait été proposé déjà par le Bureau de Berne à Washington, de fondre le Protocole de clôture dans le texte même de la Convention. Aucune opposition n'a été faite au remaniement des articles 1 et 2 en ce sens. Mais la Délégation française a estimé que, si on était amené ainsi à modifier la rédaction des articles 1 et 2, il était plus logique de donner tout de suite dans l'article 1 l'énumération des droits qui sont groupés sous le nom de « propriété industrielle » et d'en déterminer la portée en indiquant les domaines où la propriété industrielle s'applique et en levant quelques hésitations possibles sur le sens de « brevets d'invention ». Dans l'article 2, il n'y aura plus qu'à supprimer l'énumération des droits et à viser seulement la « propriété industrielle », dont la définition aura été donnée dans l'article 1.

Ce nouveau mode de rédaction a été adopté. Mais il est entendu que cela ne change nullement les conséquences de l'énumération et n'impose aux pays signataires aucune autre obligation que celles qui résultaient de l'article 2, par exemple ne les oblige pas à faire des lois sur toutes les sortes de droits spéciaux de propriété industrielle qui sont énumérées, notamment sur les modèles d'utilité.

C'est à l'article 2 que sont indiqués les droits dont jouiront les ressortissants des pays contractants: ce sont les droits de propriété industrielle que les lois respectives accordent ou accorderont, par la suite, aux nationaux. C'est pourquoi nous avons placé, dans ce commentaire, sous une même rubrique les articles 1 et 2.

Dans l'énumération des droits de propriété industrielle il était logique de placer le droit à la répression de la concurrence déloyale, qui est le droit, pour le commerçant, de protéger sa clientèle contre les attentats illégitimes des concurrents. Mais, pour faciliter la rédaction, l'on a dit simplement: « La protection de la propriété industrielle a pour objet les brevets d'invention, les modèles d'utilité, les dessins et modèles industriels, les marques de fabrique ou de commerce, le nom commercial et les indications de provenance ou appellations d'origine *ainsi que la répression de la concurrence déloyale.* »

On a pensé que, sans rechercher s'il était plus logique de considérer la protection des marques, du nom commercial et des indications de provenance comme des éléments de la répression de la concurrence déloyale, ainsi que le demandait la Délégation polonaise, il était préférable de conserver l'ordre adopté jusqu'ici dans le texte de la Convention pour l'énumération des droits de propriété industrielle, car il était à craindre que des tribunaux ne fussent amenés à tirer, de cette conception juridique neuve, des conséquences qui pourraient dépasser les intentions mêmes des auteurs de la nouvelle rédaction.

La Délégation britannique avait proposé de remplacer, dans l'énumération, les mots « indications de provenance » par les mots « appellations d'origine », qui lui semblaient mieux répondre à l'exacte définition des droits qu'on veut protéger et plus faciles à traduire fidèlement en anglais. Mais c'est l'expression « indications de provenance » qui est dans l'article 10 de la Convention d'Union et se retrouve dans le titre de l'Arrangement spécial conclu à Madrid pour compléter l'article 10 et réprimer l'usurpation de ces dénominations. Il a semblé toutefois que, la terminologie étant souvent encore assez flottante et les mots provenance et origine étant souvent employés l'un pour l'autre, par exemple la loi française du 6 mai 1919 visant expressément les « appellations d'origine », il était bon d'ajouter cette expression comme variante à la mention « indications de provenance » inscrite dans le texte de la Convention à Washington, en 1911.

Le Protocole de clôture de Washington *ad* article 1, qui n'était que le remaniement du chiffre 1 du Protocole de clôture de 1883, prend place comme alinéa 3 de l'article 1 de la Convention, avec un simple changement de rédaction. On rétablit d'abord, comme dans le Protocole de clôture primitif, le champ général d'application de la propriété industrielle, avant de l'étendre aux industries agricoles, etc.; on vise le commerce au même titre que l'industrie, et on n'applique pas seulement à la production les mots « propriété industrielle »; on emploie une formule plus générale. Déjà l'Administration des Pays-Bas avait fait remarquer en 1911 (v. Actes de Washington, p. 109) qu'il n'est pas exact de dire que le terme « propriété industrielle » s'applique aux produits, car la Convention pour la protection de la propriété industrielle ne protège ni les produits ni la propriété des produits, ce terme s'applique à certains droits que l'on a groupés sous le titre commun de « propriété industrielle »: ce sont des droits qui, ayant trait au commerce comme à l'industrie, sont assez différents par leur nature et leur caractère et ont été classés empiriquement sous ce vocable.

Comme dans le chiffre 1 du Protocole de clôture de 1883, on les déclare applicables à des exploitations qui risqueraient de ne pas être assimilées dans certains pays à l'industrie proprement dite et on entend la propriété industrielle dans l'acception la plus large, avec des exemples entre parenthèses, comme dans le texte de Washington. Sur la demande de la Délégation cubaine on a intercalé, parmi les exemples empruntés au domaine des industries agricoles, après les grains, les « feuilles de tabac »; la culture du tabac et la vente du tabac en feuilles sont, à Cuba, une industrie et un commerce importants, en dehors de l'industrie de la fabrication du tabac sous les diverses formes en usage. La Délégation brésilienne avait demandé qu'on visât dans l'énumération des industries agricoles les exploitations forestières; il est évident qu'elles y sont comprises mais il y aurait bien d'autres exploitations agricoles à citer et il serait dangereux d'allonger cette énumération qui contiendrait toujours des lacunes. Si en 1883 on donna quelques exemples, ce fut surtout pour certains pays où on ne considérait pas les vins comme produits fabriqués et pour faire droit à diverses réclamations; depuis, on n'a pas voulu rayer ce qui avait été écrit et si on ajoute ici « feuilles de tabac » c'est pour noter une situation particulière.

Le Protocole de clôture de Washington *ad* article 2, lettre *a)*, devient l'alinéa 4 de l'article 1; c'était le chiffre 2 du Protocole de clôture primitif. Puisque, parmi les espèces de brevets visées par le Protocole dès l'origine, il y avait les brevets de perfectionnement et qu'on s'efforçait de construire un article 1 logique et complet, il a semblé, sur l'observation de certains techniciens, notamment en France, qu'il convenait d'ajouter à l'expression de « brevets de perfectionnement », qui dans beaucoup de pays n'a pas de portée juridique, les mots « brevets et certificats d'addition », qui sont communément employés dans tel ou tel pays et peuvent avoir un sens particulier.

La Conférence de Washington a ajouté à cet alinéa: « tant pour les procédés que pour les produits ». Mais l'alinéa précédent n'ayant plus restreint, suivant le désir qu'avaient manifesté les Délégations hollandaise, britannique et française à Washington, la notion de propriété industrielle aux produits ou à la production, le sens de l'addition faite à Washington n'apparaissait plus clairement, car on n'a jamais contesté que les brevets d'invention puissent porter sur des procédés et les législations intérieures restent libres de ne pas reconnaître la brevetabilité de certains produits. Il paraît préférable de supprimer cette adjonction, ainsi que l'a proposé la Délégation espagnole.

L'article 2, qui pose le principe même de la Convention, l'assimilation des sujets ou citoyens des pays contractants aux nationaux, reste tel quel, dans son essence et sauf quelques changements de rédaction.

On a substitué à l'expression « sujets ou citoyens » le mot « ressortissant » qui est, dans sa brièveté, plus compréhensif, et l'on s'est efforcé d'unifier, autant que possible, la terminologie dans tout le texte de la Convention.

On a remplacé ici par le terme « propriété industrielle » l'énumération des matières que concerne la Convention, puisque cette énumération est maintenant faite à l'article 1.

A la première phrase de l'article 2 on ajoute: « le tout sans préjudice des droits spécialement prévus par la présente Convention ». Cette addition marque nettement que le ressortissant de l'Union n'a pas seulement droit à l'assimilation au national, mais qu'il y a des dispositions de la Convention qui donnent au ressortissant de l'Union un minimum de protection, sans qu'on ait à rechercher si les nationaux en profitent; c'est aux États signataires de sanctionner les droits qui sont ainsi prévus par la Convention.

La 3e phrase devient le second alinéa de l'article 2. Il disait: « Aucune obligation de domicile ou d'établissement dans le pays où la protection est réclamée ne pourra être imposée aux ressortissants de l'Union. » On substitue le présent au futur, pour bien marquer que cela s'applique à tous les droits nés en raison de la Convention d'Union du 20 mars 1883 et pas seulement aux droits à naître, ce qui rend inutile le Protocole de clôture de Washington *ad* article 2, lettre *b)*. Et on précise que cela est vrai pour tous les droits de propriété industrielle.

Sur la proposition de la Délégation tchécoslovaque on a substitué, dans cette phrase, au mot « obligation » le mot « condition » et on a mis en tête « toutefois », pour manifester qu'il s'agit ici d'une restriction à la règle, exprimée dans l'alinéa 1, de la réserve de l'accomplissement des conditions et formalités imposées aux nationaux.

La lettre *c)* du Protocole de clôture *ad* article 2 devient le 3e alinéa de l'article 2, avec le simple changement de forme que nécessite son passage dans le texte de la Convention.

Les articles 1 et 2 seront donc rédigés en ces termes(1):

Article premier

Les pays contractants sont constitués à l'état d'Union pour la protection de la propriété industrielle.

La protection de la propriété industrielle a pour objet les brevets d'invention, les modèles d'utilité, les dessins et modèles industriels, les marques de fabrique ou de commerce, le nom commercial et les indications de provenance ou appellations d'origine, ainsi que la répression de la concurrence déloyale.

La propriété industrielle s'entend dans l'acception la plus large et s'applique non seulement à l'industrie et au commerce proprement dits, mais également au domaine des industries agricoles (vins, grains, feuilles de tabac, fruits, bestiaux, etc.) et extractives (minéraux, eaux minérales, etc.).

Parmi les brevets d'invention sont comprises les diverses espèces de brevets industriels admises par les législations des pays contractants, telles que brevets d'importation, brevets de perfectionnement, brevets et certificats d'addition, etc.

Article 2

Les *ressortissants* de chacun des pays contractants jouiront dans tous les autres pays de l'Union, en ce qui concerne *la protection de la propriété industrielle*, des avantages que les lois respectives accordent actuellement ou accorderont par la suite aux nationaux, *le tout sans préjudice des droits spécialement prévus par la présente Convention.* En conséquence, ils auront la même protection que ceux-ci et le même recours légal contre toute atteinte portée à leurs droits, sous réserve de l'accomplissement des conditions et formalités imposées aux nationaux.

Toutefois, aucune *condition* de domicile ou d'établissement dans le pays où la protection est réclamée ne *peut* être *exigée des* ressortissants de l'Union, *pour la jouissance d'aucun des droits de propriété industrielle.*

Sont *expressément réservées* les dispositions de la législation de chacun des pays contractants *relatives à* la procédure *judiciaire et administrative et à la compétence*, ainsi qu'à l'élection de domicile ou à la constitution d'un mandataire, *qui seraient* requises par les lois *sur la propriété industrielle.*

ARTICLE 3

Cet article ne subit que des retouches de forme, pour l'unification de la terminologie.

Dans la suite du texte de la Convention, pour comprendre tous les bénéficiaires de la Convention, il est entendu que l'on emploiera l'expression « ressortissants de l'Union », qui visera tout à la fois les ressortissants des pays contractants et les assimilés de l'article 3. Mais elle n'impliquera pas l'obligation, pour les pays contractants, d'appliquer à leurs propres ressortissants les dispositions de la Convention d'Union, en dehors de tout rapport entre pays unionistes. Dans les textes modifiés par l'Acte de La Haye, « pays de l'Union », « ressortissants de l'Union », cela voudra dire les ressortissants des pays ayant ratifié cet Acte ou les assimilés, les autres pays restant sous l'empire des textes de Washington (v. plus loin, art. 18).

« Sont assimilés aux *ressortissants* des pays contractants *les ressortissants* des pays ne faisant pas partie de l'Union, qui sont domiciliés ou ont des établissements industriels ou commerciaux effectifs et sérieux sur le territoire de l'un des pays de l'Union. »

ARTICLE 4

Le principe du droit de priorité a été maintenu, tel qu'il est inscrit dans la Convention. On s'est efforcé seulement d'en unifier, autant qu'il a été possible,

(1) Les modifications au texte de Washington sont imprimées en italiques.

les mesures d'exécution, et on a ajouté ainsi quelques alinéas, en y incorporant le Protocole de clôture de Washington *ad* article 4. Mais l'unanimité n'a pu se faire pour supprimer les mots « et sous réserve des droits des tiers ».

Il a été déclaré, sans contestation, que la lettre *b)* s'applique aux modèles d'utilité comme aux brevets d'invention; mais on n'a pas jugé utile de modifier pour cela le texte, puisque les modèles d'utilité figurent dans l'énumération de la lettre *a)*.

Les lettres *a)* et *b)* de l'article 4 restent donc intactes.

Lettre a). — « Celui qui aura régulièrement fait le dépôt d'une demande de brevet d'invention, d'un modèle d'utilité, d'un dessin ou modèle industriel, d'une marque de fabrique ou de commerce, dans l'un des pays contractants, ou son ayant cause, jouira, pour effectuer le dépôt dans les autres pays, et sous réserve des droits des tiers, d'un droit de priorité pendant les délais déterminés ci-après. »

Lettre b). — « En conséquence, le dépôt ultérieurement opéré dans l'un des autres pays de l'Union, avant l'expiration de ces délais, ne pourra être invalidé par des faits accomplis dans l'intervalle, soit, notamment, par un autre dépôt, par la publication de l'invention ou son exploitation, par la mise en vente d'exemplaires du dessin ou du modèle, par l'emploi de la marque. »

Pour la modification de la durée du délai de priorité en matière de dessins et modèles industriels et de marques de fabrique ou de commerce, l'accord n'a pu se faire que sur un délai de six mois.

L'entente a été unanime pour prolonger les délais quand ils expirent un jour férié. La Délégation serbe-croate-slovène a demandé seulement qu'il soit entendu qu'on ne vise que les jours fériés légaux et pas les jours de vacances des Administrations.

On avait proposé de préciser que le délai comprend le jour anniversaire de la date de la demande. Mais on s'est heurté à la difficulté de traduire le mot « anniversaire ». et de l'appliquer au délai de six mois. La Délégation autrichienne avait demandé qu'on précisât comment le délai de six mois serait calculé et qu'on dît :

« Les délais comprennent comme dernier jour pour les brevets et les modèles d'utilité le jour anniversaire de cette date, et pour les dessins et les modèles industriels et pour les marques de fabrique ou de commerce le jour du sixième mois qui correspond par son chiffre à cette date et, si ce jour n'existe pas dans ce mois, le dernier jour du mois. Si le dernier jour du délai est jour férié dans le pays où la protection est demandée, le délai comprend le premier jour ouvrable qui le suit. »

Mais pour atteindre le même but on a rédigé la disposition en ces termes :

Lettre c). — « Les délais de priorité mentionnés ci-dessus seront de douze mois pour les brevets d'invention et les modèles d'utilité et de *six* mois pour les dessins et modèles industriels et pour les marques de fabrique ou de commerce.

Ces délais commencent à courir de la date du dépôt de la première demande dans un pays de l'Union; le jour du dépôt n'est pas compris dans le délai.

Si le dernier jour du délai est un jour férié légal dans le pays où la protection est réclamée, le délai sera prorogé jusqu'au premier jour ouvrable qui suit. »

Pour les formalités relatives à l'exercice du droit de priorité, on n'a pu se mettre d'accord que sur un minimum de délai à accorder pour la production des pièces après le dépôt de la demande; mais les pays restent libres d'exiger que la revendication du droit de priorité soit faite au moment même du dépôt de la demande qui doit jouir de ce droit.

Lettre d). — « Quiconque voudra se prévaloir de la priorité d'un dépôt antérieur sera tenu de faire une déclaration indiquant la date et le pays de ce dépôt. Chaque pays déterminera à quel moment, au plus tard, cette déclaration devra être effectuée.

Ces indications seront mentionnées dans les publications émanant de l'Administration compétente, notamment sur les brevets et les descriptions y relatives.

Les pays contractants pourront exiger de celui qui fait une déclaration de priorité la production d'une copie de la demande (description, dessins, etc.) déposée antérieurement. *La* copie, certifiée conforme par l'Administration qui aura reçu *cette* demande, sera dispensée de toute légalisation, *et elle pourra en tout cas être déposée à n'importe quel moment dans le délai de trois mois à dater du dépôt de la demande ultérieure.* On pourra exiger qu'elle soit accompagnée d'un certificat de la date du dépôt émanant de cette Administration et d'une traduction.

D'autres formalités ne pourront être requises pour la déclaration de priorité au moment du dépôt de la demande. Chaque pays contractant déterminera les conséquences de l'omission des formalités prévues par le présent article, sans que ces conséquences puissent excéder la perte du droit de priorité.

Ultérieurement d'autres justifications pourront être demandées. »

La lettre *e)* est composée du Protocole de clôture de Washington *ad* article 4 et d'un alinéa nouveau.

Il est entendu que ce nouvel alinéa, qui prévoit le jeu du droit de priorité pour un dispositif considéré comme une invention dans un pays et comme modèle d'utilité dans l'autre, n'oblige nullement les pays à avoir une loi sur les modèles d'utilité.

Lettre e). — « Lorsqu'un dessin ou modèle industriel aura été déposé dans un pays en vertu d'un droit de priorité basé sur le dépôt d'un modèle d'utilité, le délai de priorité ne sera que celui fixé pour les dessins et modèles industriels.

En outre, il est permis de déposer dans un pays un modèle d'utilité en vertu d'un droit de priorité basé sur le dépôt d'une demande de brevet et inversement. »

La proposition de la Délégation française relative à la revendication de priorités multiples dans une même demande de brevet n'ayant pu réunir l'unanimité, l'accord s'est fait sur une proposition subsidiaire, permettant non pas de revendiquer des priorités multiples mais de rectifier l'erreur sans perdre le droit de priorité, si l'on a déposé une demande contenant des priorités multiples. Sur cet accord on en a greffé un autre, permettant d'une manière générale de diviser, sans perdre le bénéfice de la date du dépôt initial, toute demande reconnue complexe.

Un dernier alinéa présenté par la Délégation française aurait permis d'insérer, dans la demande basée sur le droit de priorité, des revendications qui sont décrites dans la demande d'origine, mais pas sous forme de revendication. Un accord était intervenu entre la Délégation britannique et la Délégation française; il n'a pu être admis par la Délégation des États-Unis.

Lettre f). — « *Si une demande de brevet contient la revendication de priorités multiples, ou si l'examen révèle qu'une demande est complexe, l'Administration devra, tout au moins, autoriser le demandeur à la diviser dans des conditions que déterminera la législation intérieure, en conservant comme date de chaque demande divisionnaire la date de la demande initiale et, s'il y a lieu, le bénéfice du droit de priorité.* »

ARTICLE 4bis

L'accord n'a pu se faire unanimement sur la proposition française, qui spécifiait que « la durée d'un brevet déposé sous le bénéfice de la Convention se calculera comme s'il s'agissait d'un brevet d'origine et sans tenir compte de la date du dépôt du brevet étranger antérieur dont la priorité sera réclamée ». Les Délégations britannique et australienne s'y sont opposées.

L'article 4bis restera tel qu'il est actuellement, sauf la substitution, conformément à ce qui a été dit sur l'article 3, des mots « *ressortissants de l'Union* » à l'expression « personnes admises au bénéfice de la Convention aux termes des articles 2 et 3 ».

« Les brevets demandés dans les différents pays contractants par des *ressortissants de l'Union* seront indépendants des brevets obtenus pour la même invention dans les autres pays, adhérents ou non à l'Union.

Cette disposition doit s'entendre d'une façon absolue, notamment en ce sens que les brevets demandés pendant le délai de priorité sont indépendants, tant au point de vue des causes de nullité et de déchéance qu'au point de vue de la durée normale.

Elle s'applique à tous les brevets existant au moment de sa mise en vigueur.

Il en sera de même, en cas d'accession de nouveaux pays, pour les brevets existant, de part et d'autre, au moment de l'accession. »

ARTICLE 5

A. En ce qui concerne les brevets d'invention:

La Délégation des États-Unis demandait la suppression de toute obligation d'exploiter. La Délégation espagnole s'opposait à cette suppression. Le Programme de la Conférence proposait d'exclure la déchéance et de la remplacer par la licence obligatoire. Plusieurs Délégations déclaraient que la situation économique de leur pays ne leur permettait pas de renoncer à l'obligation d'exploiter et que la licence obligatoire à organiser ne paraissait pas une sanction suffisante. Les Délégations britannique et américaine se sont mises d'accord sur une proposition à laquelle toutes les autres Délégations se sont immédiatement ralliées: elle pose le principe de la suppression de la déchéance pour défaut d'exploitation, mais laisse aux pays contractants la faculté de maintenir l'obligation d'exploiter et de la sanctionner par un système de licence obligatoire à imposer au breveté et même de maintenir la déchéance si la licence obligatoire n'est pas suffisante, en fait, pour prévenir l'abus de monopole; c'est une formule inspirée du statut anglais sur les monopoles, de 1623. Il est précisé qu'en aucun cas, une sanction (licence obligatoire ou déchéance) ne peut être prise contre le breveté, s'il justifie de causes légitimes pour son inaction ou pour les conditions de son exploitation.

La proposition transactionnelle que la Délégation américaine accepte, dans l'espoir que c'est une étape vers la suppression d'exploiter, sera — après modification suggérée par la Délégation canadienne — rédigée en ces termes:

« L'introduction, par le breveté, dans le pays où le brevet a été délivré, d'objets fabriqués dans l'un ou l'autre des pays de l'Union n'entraînera pas la déchéance.

Toutefois, *chacun des pays contractants aura la faculté de prendre les mesures législatives nécessaires pour prévenir les abus qui pourraient résulter de l'exercice du droit exclusif conféré par le brevet, par exemple faute d'exploitation.*

Ces mesures ne pourront prévoir la déchéance du brevet que si la concession de licences obligatoires ne suffisait pas pour prévenir ces abus.

En tous cas, le brevet ne pourra pas faire l'objet de telles mesures avant l'expiration d'au moins trois années à compter de la date où il a été accordé et si le breveté justifie d'excuses légitimes. »

B. En ce qui concerne les dessins et modèles industriels:

On a été d'accord pour supprimer toute déchéance, du chef d'introduction d'objets conformes à ceux protégés. La suppression de l'obligation d'exploiter avait été acceptée par la majorité des Délégations; la Délégation britannique s'y était ralliée après un nouvel examen de la question, mais l'unanimité n'a pu être obtenue.

En revanche, l'accord unanime s'est fait, pour la suppression des mentions d'enregistrement, sur l'insertion, dans l'article 5 de la Convention, d'une disposition empruntée au projet d'Arrangement pour le dépôt international des dessins et modèles. On l'a seulement allégée pour lui donner place dans l'article et il n'a même pas semblé utile d'exiger dans les autres pays de l'Union les mentions qui sont exigées au pays d'origine.

Un cinquième alinéa serait ajouté à l'article 5 en ces termes:

« La protection des dessins et modèles industriels ne peut être atteinte par une déchéance quelconque pour introduction d'objets conformes à ceux qui sont protégés.

Aucun signe ou mention d'enregistrement ne sera exigé sur le produit, pour la reconnaissance du droit. »

C. En ce qui concerne les marques:

La Sous-Commission, saisie par le Programme de la Conférence et par plusieurs Délégations de la suppression de l'obligation d'exploiter les marques, a constaté qu'en réalité dans aucun pays on n'exige, et qu'en tous cas on ne saurait exiger, qu'un ressortissant de l'Union fabrique dans chaque pays de l'Union les produits portant la marque revendiquée, qu'en réalité on exige seulement l'utilisation de la marque dans le pays où la protection est réclamée. Par utilisation de la marque, il faut entendre la mise en vente, dans le pays, des produits marqués.

Il est convenu qu'aucune sanction ne pourra intervenir si le propriétaire de la marque justifie des causes de son inaction. Par exemple, il est évident que les circonstances spéciales du commerce pourront justifier l'inaction. La Délégation japonaise a également admis, dans un esprit de transaction, qu'un délai doive être accordé pour l'utilisation de la marque.

« Si, dans un pays, l'utilisation de la marque enregistrée est obligatoire, l'enregistrement ne pourra être annulé qu'après un délai équitable et si l'intéressé ne justifie pas des causes de son inaction. »

Article 5bis

On a été d'avis qu'il y avait quelque chose à faire, dans le sens du 3e alinéa de l'amendement des États-Unis à l'article 5 (tableau des propositions, p. 338), pour permettre de *relever* le breveté, dans certains cas, *de la déchéance* pour défaut de payement des taxes.

Tout d'abord il est bon d'établir une disposition générale s'appliquant à tous les droits de propriété industrielle, comme le demande la Chambre de commerce internationale (Congrès de Bruxelles, p. 23). Puis il faut distinguer entre le délai de grâce très court qui peut être accordé à l'intéressé pour payer la taxe, moyennant une amende, sans avoir à justifier d'aucune excuse, et le relèvement de déchéance qui pourrait encore être accordé au delà de ce délai de grâce, mais alors seulement pour une cause accidentelle ou en cas de force majeure.

Il était fort difficile de trouver un texte acceptable pour toutes les Délégations. On y est pourtant parvenu en ces termes:

« Un délai de grâce, qui devra être au minimum de trois mois, sera accordé pour le payement des taxes prévues pour le maintien des droits de propriété industrielle, moyennant le versement d'une surtaxe, si la législation nationale en impose une.

Pour les brevets d'invention, les pays contractants s'engagent en outre, soit à porter ce délai de grâce à six mois au moins, soit à prévoir la restauration du brevet tombé en déchéance par suite de non payement de taxes, ces mesures restant soumises aux conditions prévues par la législation intérieure. »

Article 5ter

Sur le nouvel article proposé par la Délégation française, la Délégation britannique a demandé qu'il soit précisé que, comme il est dit dans la loi anglaise, on ne puisse vendre dans les ports les articles fabriqués à bord des navires.

Il est déjà donné satisfaction à cette demande par le texte proposé, car il dit formellement que si l'emploi, à bord, des moyens faisant l'objet du brevet n'est pas considéré comme portant atteinte aux droits du breveté, ce n'est que quand ils sont employés, à bord, exclusivement pour les besoins du navire.

Le texte proposé par la Délégation française pourrait former un article nouveau tout à fait indépendant des autres:

« *Dans chacun des pays contractants ne seront pas considérés comme portant atteinte aux droits du breveté:*

1° l'emploi, à bord des navires des autres pays de l'Union, des moyens faisant l'objet de son brevet dans le corps du navire, dans les machines, agrès, apparaux et autres accessoires, lorsque ces navires pénétreront temporairement ou accidentellement dans les eaux du pays, sous réserve que ces moyens y soient employés exclusivement pour les besoins du navire;

2° l'emploi des moyens faisant l'objet du brevet dans la construction ou le fonctionnement des engins de locomotion aérienne ou terrestre des autres pays de l'Union ou des accessoires de ces engins, lorsque ceux-ci pénétreront temporairement ou accidentellement dans ce pays. »

ARTICLE 6

Les alinéas 1 et 2 de l'article 6 demeurent intacts. Seulement, au 3° de l'alinéa 2, on ajoute l'alinéa 4 du Protocole de clôture *ad* article 6.

Les alinéas 2 et 3 de ce Protocole de clôture, qui concernent les armoiries d'État, etc., ont été fondus dans un article nouveau, 6ter.

L'alinéa 3, qui définit le pays d'origine, est modifié en ce sens qu'on ne se reporte plus au principal établissement: il suffit de posséder un établissement industriel ou commercial, effectif et sérieux, dans un pays de l'Union, pour pouvoir revendiquer ce pays comme pays d'origine de la marque; sinon le pays d'origine sera celui du domicile et, à défaut de domicile, celui de la nationalité, pourvu, bien entendu, qu'il y ait domicile ou nationalité unioniste.

A l'alinéa 4 il y avait une proposition de la Délégation allemande sur l'indépendance des marques, qui n'a pas réuni l'unanimité. Il est resté seulement un amendement de la Délégation britannique, qui a pour but d'éviter des renouvellements inutiles d'enregistrement.

La Délégation belge a formulé une proposition qui a été unanimement approuvée par la Sous-Commission et qui, devenue l'alinéa 5 de l'article 6, est destinée à remédier à une conséquence du texte actuel: en vertu de l'article 6, la marque ne peut être admise au dépôt que si elle a été préalablement *enregistrée* au pays d'origine, mais le délai de priorité part de la date du *dépôt* de la marque au pays d'origine et non de celle de l'enregistrement; or, si dans certains pays la marque est enregistrée le jour même du dépôt et les mots dépôt et enregistrement ont le même sens, dans d'autres, par exemple dans les pays à examen préalable, un assez long temps peut s'écouler entre le dépôt et l'enregistrement; donc, si l'enregistrement n'intervient au pays d'origine qu'après l'expiration du délai de priorité basé sur le dépôt dans ce pays, la marque aura été refusée ou devra être invalidée dans les autres pays et l'intéressé ne pourra plus jouir du droit de priorité pour un nouveau dépôt.

En alinéa 6 on ajoute l'explication donnée par l'alinéa 1 du Protocole de clôture de Washington *ad* article 6 pour prévoir l'exigence d'un certificat d'enregistrement délivré par l'autorité compétente du pays d'origine. Et on la complète en dispensant ce certificat de la légalisation, ainsi que le demandait la Délégation britannique.

« *Alinéa 1.* — Toute marque de fabrique ou de commerce régulièrement enregistrée dans le pays d'origine sera admise au dépôt et protégée telle quelle dans les autres pays de l'Union.

Alinéa 2. — Toutefois, pourront être refusées ou invalidées:

1° les marques qui sont de nature à porter atteinte à des droits acquis par des tiers dans le pays où la protection est réclamée;

2° les marques dépourvues de tout caractère distinctif, ou bien composées exclusivement de signes ou d'indications pouvant servir, dans le commerce, pour désigner l'espèce, la qualité, la quantité, la destination, la valeur, le lieu d'origine des produits ou l'époque de production, ou devenus usuels dans le langage courant ou les habitudes loyales et constantes du commerce du pays où la protection est réclamée.

Dans l'appréciation du caractère distinctif d'une marque, on devra tenir compte de toutes les circonstances de fait, notamment de la durée de l'usage de la marque;

3° les marques qui sont contraires à la morale ou à l'ordre public.

Il est entendu qu'une marque ne pourra être considérée comme contraire à l'ordre public pour la seule raison qu'elle n'est pas conforme à quelque disposition de la législation sur les marques, sauf le cas où cette disposition elle-même concerne l'ordre public.

Alinéa 3. — Sera considéré comme pays d'origine le pays de l'Union où le déposant a *un établissement industriel ou commercial effectif et sérieux, et, s'il n'a pas un tel établissement, le pays de l'Union où il a son domicile et, s'il n'a pas de domicile dans l'Union, le pays de sa nationalité, au cas où il est ressortissant d'un pays de l'Union.*

Alinéa 4. — En aucun cas le renouvellement de l'enregistrement d'une marque dans le pays d'origine n'entraîne l'obligation de renouveler l'enregistrement dans les autres pays de l'Union où la marque aura été enregistrée.

Alinéa 5. — Le bénéfice de la priorité reste acquis aux dépôts de marques effectués dans le délai de l'article 4, même lorsque l'enregistrement dans le pays d'origine n'intervient qu'après l'expiration de ce délai.

Alinéa 6. — La disposition de l'alinéa 1 n'exclut pas le droit d'exiger du déposant un certificat d'enregistrement régulier, délivré par l'autorité compétente du pays d'origine, mais aucune légalisation ne sera requise pour ce certificat. »

ARTICLE 6bis

Le Programme de la Conférence contient un article qui a pour but d'empêcher la conséquence fâcheuse pouvant résulter, par le jeu de la législation intérieure, de l'enregistrement au profit d'un tiers, d'une marque qui est la reproduction d'une marque connue dans le commerce comme appartenant à un commerçant déterminé ou qui est susceptible de faire confusion avec elle.

Les pays contractants s'engagent à refuser ou à invalider cet enregistrement si la marque reproduite ou imitée appartient à un ressortissant de l'Union.

Ce sera à l'autorité compétente (autorité judiciaire ou administrative) du pays de l'enregistrement de décider si, dans ce pays, la marque en question est notoirement connue comme appartenant à autrui.

Cette disposition devient — avec quelques variantes de rédaction — l'article 6bis, indépendant du précédent et qu'on a désigné ainsi pour ne pas enlever aux articles de l'ancienne Convention leur numérotation primitive.

« *Les pays contractants s'engagent à refuser ou à invalider soit d'office si la législation du pays le permet, soit à la requête de l'intéressé, l'enregistrement d'une marque de fabrique ou de commerce qui serait la reproduction ou l'imitation, susceptible de faire confusion, d'une marque que l'autorité compétente du pays de l'enregistrement estimera y être notoirement connue comme étant déjà la marque d'un ressortissant d'un autre pays contractant et utilisée pour des produits du même genre ou d'un genre similaire.*

Un délai minimum de trois ans devra être accordé pour réclamer la radiation de ces marques. Le délai courra de la date de l'enregistrement de la marque.

Il ne sera pas fixé de délai pour réclamer la radiation des marques enregistrées de mauvaise foi. »

ARTICLE 6ter

C'est aussi un article nouveau, traitant dans son ensemble la question des emblèmes d'État, signes ou poinçons officiels. On a ajouté en alinéa final le contenu des chiffres 2 et 3 du Protocole de Washington *ad* article 6.

La Sous-Commission a été unanime à déclarer que dans le nouveau texte les termes « armoiries, drapeaux et autres emblèmes d'État » comprennent les écussons des familles régnantes ainsi que tous les pavillons des États et les emblèmes des pays groupés en fédération.

La Délégation italienne a fait observer que son Gouvernement n'accepterait pas qu'une simple couleur fût indiquée comme pavillon, indépendamment de toute forme.

D'autre part, la Sous-Commission a été unanime à admettre que le renouvellement d'un enregistrement antérieur à la mise en vigueur du présent Acte ou à la notification prévue par l'alinéa 3 du présent article ne sera pas assimilé à un enregistrement nouveau.

« *Alinéa 1. — Les pays contractants conviennent de refuser ou d'invalider l'enregistrement et d'interdire, par des mesures appropriées, l'utilisation, à défaut d'autorisation des pouvoirs compétents, soit comme marques de fabrique ou de commerce, soit comme éléments de ces marques, des armoiries, drapeaux et autres emblèmes d'État des pays contractants, signes et poinçons officiels de contrôle et de garantie adoptés par eux, ainsi que toute imitation au point de vue héraldique.*

Alinéa 2. — L'interdiction des signes et poinçons officiels de contrôle et de garantie s'appliquera seulement dans les cas où les marques qui les comprendront seront destinées à être utilisées sur des marchandises du même genre ou d'un genre similaire.

Alinéa 3. — Pour l'application de ces dispositions les pays contractants conviennent de se communiquer réciproquement, par l'intermédiaire du Bureau international de Berne, la liste des emblèmes d'État, signes et poinçons officiels de contrôle et de garantie, qu'ils désirent ou désireront placer, d'une façon absolue ou dans certaines limites, sous la protection du présent article, ainsi que toutes modifications ultérieures apportées à cette liste. Chaque pays contractant mettra à la disposition du public, en temps utile, les listes notifiées.

Alinéa 4. — Tout pays contractant pourra, dans un délai de douze mois à partir de la réception de la notification, transmettre, par l'intermédiaire du Bureau international de Berne, au pays intéressé ses objections éventuelles.

Alinéa 5. — Pour les emblèmes d'État notoirement connus les mesures prévues à l'alinéa 1 s'appliqueront seulement aux marques enregistrées après la signature du présent Acte.

Alinéa 6. — Pour les emblèmes d'État qui ne seraient pas notoirement connus, et pour les signes et poinçons officiels, ces dispositions ne seront applicables qu'aux marques enregistrées plus de deux mois après réception de la notification prévue par l'alinéa 3.

Alinéa 7. — En cas de mauvaise foi, les pays auront la faculté de faire radier même les marques enregistrées avant la signature du présent Acte et comportant des emblèmes d'État, signes et poinçons.

Alinéa 8. — Les nationaux de chaque pays qui seraient autorisés à faire usage des emblèmes d'État, signes et poinçons de leur pays, pourront les utiliser, même s'il y avait similitude avec ceux d'un autre pays.

Alinéa 9. — Les pays contractants s'engagent à interdire l'usage, non autorisé dans le commerce, des armoiries d'État des autres pays contractants, lorsque cet usage sera de nature à induire en erreur sur l'origine des produits.

Alinéa 10. — Les dispositions qui précèdent ne font pas obstacle à l'exercice, par les pays, de la faculté de refuser ou d'invalider, par application du n° 3 de l'alinéa 2 de l'article 6, les marques contenant, sans autorisation, des armoiries, drapeaux, décorations et autres emblèmes d'État ou des signes et poinçons officiels adoptés par un pays de l'Union. »

Article 7

Sur la proposition de la Chambre de commerce internationale, le mot « dépôt » a été remplacé par le mot « *enregistrement* ». En effet, dans les pays à examen préalable il ne suffit pas de prévoir le dépôt, il faut viser l'enregistrement.

« La nature du produit sur lequel la marque de fabrique ou de commerce doit être apposée ne peut, en aucun cas, faire obstacle *à l'enregistrement* de la marque. »

Article 7bis

Cet article, relatif aux marques collectives, n'a pas été modifié, malgré une tentative sérieuse pour faire reconnaître les marques dites régionales ou nationales.

Article 8

Au même point de vue qu'à l'article 7, les mots « *ou d'enregistrement* » ont été ajoutés ici :

« Le nom commercial sera protégé dans tous les pays de l'Union, sans obligation de dépôt *ou d'enregistrement*, qu'il fasse ou non partie d'une marque de fabrique ou de commerce. »

Article 9

A l'article 9 on a adopté les modifications de texte proposées par le Programme de la Conférence.

L'alinéa 2 a été reporté logiquement en arrière, pour former l'alinéa 5.

On a remplacé, au nouvel alinéa 3, « particulier ou société » par « *personne physique ou morale* ». Mais il est entendu que cela ne tranche pas la question de savoir si les syndicats ou associations pourront intervenir à côté du propriétaire de la marque.

A l'alinéa 5 il est prévu, pour combler une lacune de rédaction, qu'on pourra recourir à la saisie à l'intérieur, si la législation ne prévoit aucune mesure à l'importation.

Enfin dans le dernier alinéa il est ajouté, sur la proposition de la Délégation française, qu'on recourra à tous autres actions et moyens mis à la disposition des nationaux « en attendant que la législation soit modifiée » pour permettre de recourir aux sanctions prévues par les alinéas précédents. C'est pour marquer le vœu que les législations soient modifiées en ce sens et qu'on n'en soit réduit aux dispositions du droit commun que provisoirement, jusqu'à ce que les pays aient créé la législation voulue.

« Tout produit portant illicitement une marque de fabrique ou de commerce, ou un nom commercial, sera saisi à l'importation dans ceux des pays de l'Union dans lesquels cette marque ou ce nom commercial ont droit à la protection légale.

La saisie sera également effectuée dans le pays où l'apposition illicite aura eu lieu, ou dans le pays où aura été importé le produit.

La saisie aura lieu à la requête soit du ministère public, soit de toute autre autorité compétente, soit d'une partie intéressée, *personne physique ou morale*, conformément à la législation intérieure de chaque pays.

Les autorités ne seront pas tenues d'effectuer la saisie en cas de transit.

Si la législation d'un pays n'admet pas la saisie à l'importation, la saisie sera remplacée par la prohibition d'importation *ou la saisie à l'intérieur*.

Si la législation d'un pays n'admet ni la saisie à l'importation, ni la prohibition d'importation, ni la saisie à l'intérieur, *et en attendant que cette législation soit modifiée en conséquence,* ces mesures seront remplacées par les actions et moyens que la loi de ce pays assurerait en pareil cas aux nationaux. »

ARTICLE 10

On n'a pu réunir l'unanimité pour le remaniement de cet article que sur des points de détail: on a ajouté dans l'alinéa 1 la fausse indication du nom d'un pays déterminé et dans l'alinéa 2 on a reconnu qu'une personne physique ou morale peut être partie intéressée.

« Les dispositions de l'article précédent seront applicables à tout produit portant faussement, comme indication de provenance, le nom d'une localité *ou d'un pays* déterminé, lorsque cette indication sera jointe à un nom commercial fictif ou emprunté dans une intention frauduleuse.

Sera en tous cas reconnu comme partie intéressée, *que ce soit une personne physique ou morale,* tout producteur, fabricant ou commerçant engagé dans la production, la fabrication ou le commerce de ce produit et établi soit dans la localité faussement indiquée comme lieu de provenance, soit dans la région où cette localité est située, *soit dans le pays faussement indiqué.* »

ARTICLE 10bis

Les Conférences successives ne se sont avancées que peu à peu dans la voie de la répression de la concurrence déloyale.

Le texte primitif ne contient rien à ce sujet.

En 1900 à Bruxelles on inséra un article 10bis, qui dit: « Les ressortissants de la Convention (art. 2 et 3) jouiront, dans tous les États de l'Union, de la protection accordée aux nationaux contre la concurrence déloyale. » C'est la répression de la concurrence déloyale qui entre dans le domaine de la Convention d'Union, mais seulement sous le régime de « l'assimilation au national », base de la Convention.

A Washington, en 1911, on donna la sanction logique du texte de Bruxelles en insérant dans l'article 2, parmi les matières que la Convention concerne, « la répression de la concurrence déloyale ». La Délégation britannique demandait que l'on maintînt un article 10bis pour y inscrire certains cas de concurrence déloyale, dont la répression serait obligatoire. Mais plusieurs Délégations firent remarquer qu'en énumérant certains cas la Conférence paraîtrait écarter tous les autres et ferait en définitive plus de mal que de bien; d'autres Délégations objectaient qu'elles n'avaient pas de législation sur la matière et n'en voulaient pas faire parce que dans leurs pays la concurrence déloyale était réprimée en vertu d'une disposition générale; d'autres préparaient une loi sur la concurrence déloyale et voulaient, pour son élaboration, conserver toute leur liberté (v. Actes de la Conférence de Washington, p. 305 et 310). Dans ces circonstances, on dut se contenter, dans l'article 10bis, de l'engagement, par tous les États contractants, d'« assurer aux ressortissants de l'Union une protection effective contre la concurrence déloyale ».

Mais quand les milieux intéressés s'occupèrent de la revision de la Convention d'Union à La Haye, l'élaboration d'une sorte de Code international liant les États de l'Union, pour la répression de la concurrence déloyale, se présenta comme une nécessité et comme un des buts principaux de la Conférence. (Voir dans le deuxième fascicule des documents préliminaires distribués par le Bureau de Berne, l'indication des travaux du Comité économique de la Société des Nations, de la Chambre de commerce internationale, des groupes de l'Association internationale de la propriété industrielle et le projet présenté dans le Programme de la Conférence par l'Administration des Pays-Bas et le Bureau de Berne.)

Dans la Conférence, l'examen du projet fut renvoyé à un Comité d'études où l'accord n'avait pu se faire sur une définition de la concurrence déloyale; on se contenta d'indiquer deux groupes de faits sur lesquels on était d'accord pour considérer qu'il y avait concurrence déloyale. A la Sous-Commission, la Délégation hollandaise ayant repris la formule générale inscrite dans le projet préparé par l'Administration des Pays-Bas avec le Bureau de Berne, on a jugé utile, en renforçant l'obligation prise par les pays contractants à Washington, d'établir le principe qu'il fallait atteindre la concurrence déloyale sous toutes ses formes et de donner seulement comme un exemple minimum les deux groupes de faits qu'on était unanime à ranger parmi les actes de concurrence déloyale:

« Les pays contractants *sont tenus* d'assurer aux ressortissants *de l'Union* une protection effective contre la concurrence déloyale.

Constitue un acte de concurrence déloyale tout acte de concurrence contraire aux usages honnêtes en matière industrielle et commerciale.

Notamment devront être interdits:

1° tous faits quelconques de nature à créer une confusion par n'importe quel moyen avec les produits d'un concurrent;

2° les allégations fausses, dans l'exercice du commerce, de nature à discréditer les produits d'un concurrent. »

ARTICLE 10ter

Un article spécial édicte les sanctions nécessaires pour la répression des actes visés par la Convention d'Union. On y a notamment inséré ce qu'on a pu garder de la proposition qui figurait au Programme de la Conférence comme article 10ter:

« *Les pays contractants s'engagent à assurer aux ressortissants des autres pays de l'Union des recours légaux appropriés pour réprimer efficacement tous les actes visés aux articles 9, 10 et 10bis.*

Ils s'engagent, en outre, à prévoir des mesures pour permettre aux syndicats et associations représentant l'industrie ou le commerce intéressé et dont l'existence n'est pas contraire aux lois de leur pays, d'agir en justice ou auprès des autorités administratives, en vue de la répression des actes prévus par les articles 9, 10 et 10bis, dans la mesure où la loi du pays dans lequel la protection est réclamée le permet aux syndicats et associations de ce pays. »

ARTICLE 11

L'accord n'ayant pu se faire sur aucun des trois textes figurant au Programme de la Conférence, ni sur aucun des trois systèmes, ni sur l'un quelconque des contre-projets présentés concernant la protection temporaire aux expositions, il faut renoncer à remanier l'article 11 pour y insérer une sorte de loi-type réglant la protection aux expositions; il faut se contenter d'ajouter modestement à l'unique alinéa du texte actuel un second alinéa où l'on donnera seulement quelques précisions pour éviter le cumul du droit de priorité et de la protection temporaire.

« Les pays contractants accorderont, conformément à leur législation intérieure, une protection temporaire aux inventions brevetables, aux modèles d'utilité, aux dessins ou modèles industriels ainsi qu'aux marques de fabrique ou de commerce, pour les produits qui figureront aux expositions internationales officielles ou officiellement reconnues, organisées sur le territoire de l'un d'eux.

Cette protection temporaire ne prolongera pas les délais de l'article 4. Si plus tard le droit de priorité est invoqué, l'Administration de chaque pays pourra faire partir le délai de la date de l'introduction du produit dans l'exposition.

Chaque pays pourra exiger, comme preuve de l'identité de l'objet exposé et de la date d'introduction, les pièces justificatives qu'il jugera nécessaires. »

ARTICLE 12

Le premier alinéa de cet article, qui règle les obligations des pays contractants pour l'organisation, chez eux, du service de la propriété industrielle, n'est pas modifié.

Le second alinéa disait: « Ce service publiera, autant que possible, une feuille périodique officielle ». On a supprimé « autant que possible », pour rendre l'obligation plus impérative.

Des précisions pour le contenu de la publication feront l'objet d'un vœu final. L'article est ainsi rédigé:

« Chacun des pays contractants s'engage à établir un service spécial de la propriété industrielle et un dépôt central pour la communication, au public, des brevets d'invention, des modèles d'utilité, des dessins ou modèles industriels et des marques de fabrique ou de commerce.

Ce service publiera une feuille périodique officielle. »

ARTICLE 13

En ce qui concerne l'organisation du Bureau international de Berne, simples changements de rédaction: des dispositions qui étaient au futur dans le texte originaire sont mises au présent, le 5ᵉ alinéa devenant logiquement le second et le rôle personnel du Directeur du Bureau étant marqué pour le compte-rendu de gestion; l'obligation de réunir et *publier* les renseignements de toute nature relatifs à la protection de la propriété industrielle est généralisée, sans qu'il y ait à insister sur la distribution d'une statistique générale de ces renseignements.

On sait avec quel soin le Bureau de Berne tient les Administrations au courant et avec quel zèle il répond aux questions qui lui sont posées par de simples particuliers, alors qu'il ne serait tenu en réalité de répondre qu'aux Administrations des pays qui sont membres de l'Union. Il n'est pas inutile de faire observer que la rédaction de cet article a pour but d'établir un parallélisme entre lui et les articles 21 à 23 de la Convention de Berne revisée en 1908, qui régit l'Union pour la protection des œuvres littéraires et artistiques, Union sœur de la nôtre et dont le Bureau international est placé depuis 1888, pour des raisons d'économie, sous la même Direction.

Un vœu de la Conférence indiquera ce qu'il conviendrait de faire pour permettre aux pays de langue anglaise et autres de se tenir plus facilement au courant des travaux du Bureau et des Conférences.

Pour le budget des dépenses du Bureau, le chiffre de 60 000 francs a été porté en 1921 à 120 000 francs suisses. C'est ce chiffre qui est inscrit dans l'alinéa 6 de l'article 13 comme chiffre normal des dépenses et qui pourra être modifié par une décision unanime des Délégations des pays représentés à une Conférence régulièrement constituée.

(Voir encore parmi les résolutions celle concernant les mesures à prendre dans l'intervalle des Conférences.)

« 1. L'Office international institué à Berne sous le nom de Bureau international pour la protection de la propriété industrielle est placé sous la haute autorité du Gouvernement de la Confédération suisse, qui en règle l'organisation et en surveille le fonctionnement.

2. La langue officielle du Bureau international *est* la langue française.

3. Le Bureau international *centralise* les renseignements de toute nature relatifs à la protection de la propriété industrielle, *il les réunit et les publie*. Il *procède* aux études d'utilité commune intéressant l'Union et *rédige*, à l'aide des documents qui sont mis à sa disposition par les diverses Administrations, une feuille périodique, en langue française, sur les questions concernant l'objet de l'Union.

4. Les numéros de cette feuille, de même que tous les documents publiés par le Bureau international, *sont* répartis entre les Administrations des pays de l'Union dans la proportion du nombre des unités contributives ci-dessous mentionnées. Les exemplaires et documents supplémentaires qui seraient réclamés, soit par lesdites Administrations, soit par des sociétés ou des particuliers, *seront* payés à part.

5. Le Bureau international *doit* se tenir en tout temps à la disposition des pays

de l'Union, pour leur fournir, sur les questions relatives au service international de la propriété industrielle, les renseignements spéciaux dont ils pourraient avoir besoin. *Le Directeur du Bureau international fait* sur sa gestion un rapport annuel qui est communiqué à tous les pays de l'Union.

6. Les dépenses du Bureau international seront supportées en commun par les pays contractants. *Jusqu'à nouvel ordre,* elles ne pourront *pas* dépasser la somme de *cent vingt mille francs suisses par année. Cette somme pourra* être augmentée, au besoin, par *décision unanime d'une des Conférences prévues à l'article 14.*

7. Pour déterminer la part contributive de chacun des pays dans cette somme totale des frais, les pays contractants et ceux qui adhéreront ultérieurement à l'Union sont divisés en six classes, contribuant chacune dans la proportion d'un certain nombre d'unités, savoir:

1re classe	25 unités
2e classe	20 »
3e classe	15 »
4e classe	10 »
5e classe	5 »
6e classe	3 »

8. Ces coefficients sont multipliés par le nombre des pays de chaque classe, et la somme des produits ainsi obtenus fournit le nombre d'unités par lequel la dépense totale doit être divisée. Le quotient donne le montant de l'unité de dépense.

9. Chacun des pays contractants désignera, au moment de son accession, la classe dans laquelle il désire être rangé.

10. Le Gouvernement de la Confédération suisse *surveille* les dépenses du Bureau international, *fait* les avances nécessaires et *établit* le compte annuel qui sera communiqué à toutes les Administrations. »

ARTICLE 16bis

Une modification est faite pour tenir compte de la situation spéciale des territoires administrés en vertu d'un mandat de la Société des Nations.

« Les pays contractants ont le droit d'accéder en tout temps à la présente Convention pour leurs colonies, possessions, dépendances et protectorats, *ou territoires administrés en vertu d'un mandat de la Société des Nations,* ou pour certains d'entre eux.

Ils peuvent à cet effet soit faire une déclaration générale par laquelle toutes leurs colonies, possessions, dépendances et protectorats *et les territoires visés à l'alinéa 1* sont compris dans l'accession, soit nommer expressément ceux qui y sont compris, soit se borner à indiquer ceux qui en sont exclus.

Cette déclaration sera notifiée par écrit au Gouvernement de la Confédération suisse, et par celui-ci à tous les autres.

Les pays contractants pourront, dans les mêmes conditions, dénoncer la Convention pour leurs colonies, possessions, dépendances et protectorats, *ou pour les territoires visés à l'alinéa 1,* ou pour certains d'entre eux. »

ARTICLE 18

L'article 18 a été rédigé sur le même modèle qu'à Washington. Mais on a dit que l'Acte entrerait en vigueur avant la date prévue, sitôt qu'il serait ratifié au moins par six pays; on n'a pas voulu retarder obligatoirement de deux ans la réalisation de progrès importants dans le domaine international entre pays qui sont prêts à les appliquer plus tôt. Dans ces conditions le délai normal des ratifications a été prolongé jusqu'au 1er mai 1928.

Il a été constaté, sur une observation de la Délégation japonaise, que les pays qui n'auraient pas ratifié à la date indiquée conserveraient la faculté d'adhérer à l'Acte de La Haye ultérieurement, dans les conditions prévues aux articles 16 et 16bis.

« Le présent Acte sera ratifié et les ratifications en seront déposées *à La Haye* au plus tard le *1er mai 1928*. Il entrera en vigueur, entre les pays qui l'auront ratifié, un mois après *cette date. Toutefois, si auparavant il était ratifié par six pays au moins, il entrerait en vigueur, entre ces pays, un mois après que le dépôt de la sixième ratification leur aurait été notifié par le Gouvernement de la Confédération suisse et, pour les pays qui ratifieraient ensuite, un mois après la notification de la ratification.*

Cet Acte remplacera, dans les rapports entre les pays qui l'auront ratifié, *la Convention d'Union de Paris de 1883 revisée à Washington le 2 juin 1911 et le Protocole de clôture, lesquels resteront* en vigueur dans les rapports avec les pays qui n'auront pas ratifié le présent Acte. »

ARTICLE 19

Le présent Acte sera signé en un seul exemplaire, lequel sera déposé aux archives du Gouvernement *des Pays-Bas*. Une copie certifiée sera remise par ce dernier à chacun des Gouvernements des pays *contractants*.

EN FOI DE QUOI, etc.

Fait à *La Haye*, en un seul exemplaire, le ... *novembre 1925*.

ARRANGEMENT DE MADRID

CONCERNANT

L'ENREGISTREMENT INTERNATIONAL DES MARQUES DE FABRIQUE OU DE COMMERCE

Cet Arrangement, placé dans le cadre plus large de la Convention générale, a été tout d'abord mis en harmonie avec celle-ci, comme cela avait déjà été fait auparavant, en ce qui concerne les droits des étrangers (art. 2 de l'Arrangement et art. 3 de la Convention), le droit de priorité (art. 4 de l'Arrangement et art. 4 de la Convention) et la protection « telle quelle » de la marque (art. 5 de l'Arrangement et art. 6 de la Convention).

Cette fois la définition du pays d'origine a été mentionnée dans l'Arrangement et il y a été tenu compte de l'extension, à six mois, du délai de priorité accordé aux marques.

La classification du Bureau international des marques d'après leurs produits n'ayant pas été acceptée, les propositions du Programme de la Conférence à ce sujet ont été abandonnées. D'autres dispositions relatives à l'enregistrement et à la rapidité de la procédure ont été acceptées, avec remerciements au Bureau de Berne pour son activité. La terminologie proposée (« marques enregistrées » au lieu de « marques acceptées au dépôt ») a été sanctionnée en complète connaissance de cause: c'est bien l'enregistrement définitivement opéré dans le pays d'origine qui est la condition nécessaire pour l'application de l'Arrangement. Quant au droit de priorité, la Conférence a entendu dispenser les titulaires des marques *internationales* de toute formalité spéciale du genre de celles prescrites par l'article 4 de la Convention générale. Cela avait toujours été compris ainsi, mais on a tenu à le dire expressément.

La faculté de refuser la marque a été nettement circonscrite: elle doit s'exercer dans l'année comptée depuis l'enregistrement international, date bien connue des intéressés. Il a été, d'ailleurs, entendu que le pouvoir d'invalidation de la marque par décision judiciaire ou administrative en vertu de l'article 6 de la Convention générale subsiste entièrement. C'est ici qu'a pris place l'adjonction que les déclarations de refus peuvent être transmises par le Bureau international au propriétaire de la marque, ou à son mandataire, si ce dernier est indiqué par l'Administration du pays d'origine. Les rapports avec les mandataires ne s'étendent, du reste, pas aux notifications prévues à l'article 11 lors des accessions de pays nouveaux.

L'article 4bis actuel n'a subi aucun changement, mais a provoqué une discussion de la part de la Délégation autrichienne. Cet article dispose que, pour ce qui concerne les marques internationales déjà déposées antérieurement dans un ou plusieurs pays contractants au nom du même titulaire, l'enregistrement international se substitue à ces enregistrements nationaux précédents, étant bien entendu que les droits acquis par ceux-ci sont maintenus. La Conférence s'est déclarée contraire à toutes nouvelles formalités, elle s'est conformée aux vues qui ont été exposées dans une étude publiée par l'organe du Bureau international de Berne, *La Propriété industrielle* du 30 septembre 1925, page 187 et suivantes. Ce sont les droits acquis lors du dépôt national antérieur qui subsistent *ipso jure* pendant toute la durée de la protection internationale.

Le Programme de la Conférence avait recommandé une sorte d'entente entre Administrations des pays contractants, permettant de limiter au pays d'origine l'examen de l'usage licite des marques portant des armoiries, écussons, portraits, distinctions honorifiques, noms commerciaux ou noms de personnes, afin d'éviter l'examen double ou triple de la même matière par deux ou trois Administrations différentes; toutefois la généralisation internationalement stipulée d'une entente semblable paraissait prématurée, et la Conférence s'est bornée à exonérer de toutes certifications ou légalisations les pièces justificatives de la légitimité d'usage desdits éléments de marques.

La fixation de nouvelles taxes plus élevées, proposée dans le Programme de la Conférence, a rencontré la résistance notamment de deux pays dont le change est peu favorable. Aucune Délégation ne s'est prononcée en revanche contre le système du payement des taxes en double étape, entraînant comme conséquence une durée de protection de 10 et de 20 ans. Le Directeur du Bureau international, prenant en sérieuse considération la situation financière difficile de l'Europe, proposa alors une augmentation plus modérée. Cette concession fut acceptée avec empressement. Par une sorte de compensation, l'opposition contre la perception d'une surtaxe frappant les titulaires de marques, qui abusivement énumèrent les produits auxquels s'applique la marque en des listes interminables dont la notification et la publication entraînent des frais démesurés, se calma et la surtaxe fut agréée.

La répartition des recettes du service de l'enregistrement des marques se fera d'après les anciennes taxes, pour les pays qui ne ratifieraient pas le régime des taxes plus élevées, et cela jusqu'à la date de cette ratification.

Le renouvellement de la protection des marques a été déterminé avec plus de précision. Il ne s'agit pas, d'après la volonté clairement exprimée de la Conférence, de cumuler les deux périodes de protection de 20 ans et de laisser, si le renouvellement est demandé au cours de la première période, s'achever d'abord celle-ci, mais il reste établi que la nouvelle période sera comptée depuis la date du renouvellement. Par contre, la Conférence a été d'accord que la demande de renouvellement peut être faite à un moment quelconque de la première période, mais doit arriver au Bureau de Berne infailliblement avant l'expiration du délai de 20 ans qu'on veut prolonger. Sur la proposition de la Délégation française, la Conférence a mieux défini les pouvoirs des Administrations lorsque la forme de la marque qu'on voudrait renouveler est modifiée.

Le renouvellement pourra être refusé dans ce cas, comme en cas de modification de la liste des produits, si l'intéressé, averti par le Bureau international, ne laisse pas tomber cette dernière modification. Le Programme de la Conférence avait voulu réserver expressément, en cas de renouvellement avec modifications de la marque, les droits d'antériorité ou autres droits attachés aux éléments restés les mêmes dans l'ancien et le nouvel enregistrement. L'Autriche s'étant opposée au maintien obligatoire de la continuité de certains droits, la Conférence a dû transformer cette obligation en une reconnaissance facultative des droits ainsi acquis.

Une divergence d'opinions se fit jour au sujet des communications que l'Administration du pays d'origine doit adresser au Bureau international pour être inscrites au registre central. D'après les uns, la tendance à provoquer les notifications, pour écarter toutes les marques mortes, doit prévaloir; d'après les autres, il est réellement impossible aux Administrations de certains pays de connaître et, à plus forte raison, de notifier l'absence de renouvellement de la marque; aussi se sont-elles refusées énergiquement à contracter un engagement quelconque, impliquant une notification semblable. Devant leur résistance on a renoncé à demander cet engagement.

D'une façon générale, on a admis la règle suivante: le Bureau international inscrira dans ses registres ce que les Administrations décident de lui notifier; c'est à elles qu'il incombe de fixer ce qu'elles considèrent comme un changement véritable apporté à l'inscription de la marque.

L'avant-dernier article règle la question des adhésions. La Conférence a été d'accord pour admettre dans l'Union restreinte des pays qui ne veulent donner aucune rétroactivité à l'Arrangement et qui en limitent les effets aux marques enregistrées après sa mise en vigueur dans le pays adhérent. Cependant la Délégation française a pris soin de sauvegarder les droits sur les marques enregistrées déjà antérieurement dans ce pays comme marques nationales et protégées de ce chef. L'intéressé devra faire connaître ces marques au Bureau international dans l'année qui suivra l'adhésion, afin que non seulement la protection en soit maintenue mais que la substitution de l'enregistrement international à l'enregistrement national, prévue par l'article 4bis dont il est parlé plus haut, puisse aussi s'opérer sans difficulté.

Les détails d'application de l'Arrangement sont fixés dans un Règlement dont le texte a été arrêté d'un commun accord, dans des entretiens résumés dans un complément de rapport de la cinquième Sous-Commission.

Le texte de l'Arrangement serait ainsi rédigé(1):

ARTICLE PREMIER

Les *ressortissants* de chacun des pays contractants pourront s'assurer, dans tous les autres pays, la protection de leurs marques de fabrique ou de commerce *enregistrées* dans le pays d'origine, moyennant le dépôt desdites marques au Bureau international, à Berne, fait par l'entremise de l'Administration dudit pays d'origine.

Fait règle, pour la définition du pays d'origine, la disposition y relative de l'article 6 de la Convention générale d'Union pour la protection de la propriété industrielle.

ARTICLE 2

Sont assimilés aux *ressortissants* des pays contractants les sujets ou citoyens des pays n'ayant pas adhéré au présent Arrangement qui, sur le territoire de l'Union restreinte constituée par ce dernier, satisfont aux conditions établies par l'article 3 de la Convention générale.

ARTICLE 3

Toute demande d'enregistrement international devra être présentée sur le formulaire prescrit par le Règlement d'exécution; l'Administration du pays d'origine de la marque

(1) Les modifications apportées au texte de Washington sont en italiques.

certifiera que les indications qui figurent sur ces demandes correspondent à celles du registre national.

Si le déposant revendique la couleur à titre d'élément distinctif de sa marque, il sera tenu:

1° de le déclarer et d'accompagner son dépôt d'une mention indiquant la couleur ou la combinaison de couleurs revendiquée;

2° de joindre à sa demande des exemplaires de ladite marque en couleur, qui seront annexés aux notifications faites par le Bureau international. Le nombre de ces exemplaires sera fixé par le Règlement d'exécution.

Le Bureau international enregistrera immédiatement les marques déposées conformément à l'article 1er. Il notifiera cet enregistrement *sans retard* aux diverses Administrations. Les marques enregistrées seront publiées dans une feuille périodique éditée par le Bureau international, au moyen des indications contenues dans la demande d'enregistrement et d'un cliché fourni par le déposant.

En vue de la publicité à donner, dans les pays contractants, aux marques enregistrées, chaque Administration recevra gratuitement du Bureau international le nombre d'exemplaires de la susdite publication qu'il lui plaira de demander. Cette publicité sera considérée dans tous les pays contractants comme pleinement suffisante, et aucune autre ne pourra être exigée du déposant.

ARTICLE 4

A partir de l'enregistrement ainsi fait au Bureau international, la protection de la marque dans chacun des pays contractants sera la même que si cette marque y avait été directement déposée.

Toute marque *qui a été l'objet d'un enregistrement international* jouira du droit de priorité établi par l'article 4 de la Convention générale, *sans qu'il soit nécessaire d'accomplir les formalités prévues dans la lettre d) de cet article.*

ARTICLE 4bis

Lorsqu'une marque, déjà déposée dans un ou plusieurs des pays contractants, a été postérieurement enregistrée par le Bureau international au nom du même titulaire ou de son ayant cause, l'enregistrement international sera considéré comme substitué aux enregistrements nationaux antérieurs, sans préjudice des droits acquis par le fait de ces derniers.

ARTICLE 5

Dans les pays où leur législation les y autorise, les Administrations auxquelles le Bureau international notifiera l'enregistrement d'une marque, auront la faculté de déclarer que la protection ne peut être accordée à cette marque sur leur territoire. Un tel refus ne pourra être opposé que dans les conditions qui s'appliqueraient, en vertu de la Convention générale, à une marque déposée à l'enregistrement national.

Les Administrations qui voudront exercer cette faculté *devront notifier leurs refus, avec indication des motifs, au Bureau international dans le* délai prévu par leur loi nationale et, au plus tard, *avant la fin d'une* année *comptée à partir de l'enregistrement international de la marque.*

Le Bureau international transmettra sans retard à l'Administration du pays d'origine et au propriétaire de la marque, *ou à son mandataire si celui-ci a été indiqué au Bureau par ladite Administration,* un des exemplaires de la déclaration de refus ainsi notifiée. L'intéressé aura les mêmes moyens de recours que si la marque avait été par lui directement déposée dans le pays où la protection est refusée.

Les Administrations qui, dans le délai maximum susindiqué d'un an, n'auront adressé aucune communication au Bureau international seront censées avoir accepté la marque.

ARTICLE 5bis

Les pièces justificatives de la légitimité d'usage de certains éléments contenus dans les marques, tels que armoiries, écussons, portraits, distinctions honorifiques, titres, noms commerciaux ou noms de personnes autres que celui du déposant, ou autres inscriptions analogues, qui pourraient être réclamées par les Administrations des pays contractants, seront dispensées de toute certification ou légalisation autre que celle de l'Administration du pays d'origine.

ARTICLE 5ter

Le Bureau international délivrera à toute personne qui en fera la demande, moyennant une taxe fixée par le Règlement d'exécution, une copie des mentions inscrites dans le Registre relativement à une marque déterminée.

Il pourra aussi, contre rémunération, se charger de faire des recherches d'antériorité parmi les marques internationales.

ARTICLE 6

La protection résultant de l'enregistrement au Bureau international durera vingt ans à partir de cet enregistrement *(sous réserve de ce qui est prévu à l'article 8 pour le cas où le déposant n'aura versé qu'une fraction de l'émolument international)*; mais elle ne pourra être invoquée en faveur d'une marque qui ne jouirait plus de la protection légale dans le pays d'origine.

ARTICLE 7

L'enregistrement pourra toujours être renouvelé suivant les prescriptions des articles 1 et 3 *pour une nouvelle période de vingt ans à compter depuis la date de renouvellement.*

Six mois avant l'expiration du terme de protection, le Bureau international *rappellera* au propriétaire de la marque, *par l'envoi* d'un avis officieux, *la date exacte de cette expiration.*

Si la marque présentée en renouvellement du précédent dépôt a subi une modification de forme, les Administrations pourront se refuser à l'enregistrer à titre de renouvellement et le même droit leur appartiendra en cas de changement dans l'indication des produits auxquels la marque doit s'appliquer, à moins que, sur notification de l'objection par l'intermédiaire du Bureau international, l'intéressé ne déclare renoncer à la protection pour les produits autres que ceux désignés en mêmes termes lors de l'enregistrement antérieur.

Lorsque la marque n'est pas admise à titre de renouvellement, il pourra être tenu compte des droits d'antériorité ou autres acquis par le fait de l'enregistrement antérieur.

ARTICLE 8

L'Administration du pays d'origine fixera à son gré, et percevra à son profit, une taxe *nationale* qu'elle réclamera du propriétaire de la marque dont l'enregistrement international est demandé.

A cette taxe s'ajoutera un émolument international *(en francs suisses)* de *cent cinquante* francs pour la première marque, et de *cent* francs pour chacune des marques suivantes, déposées en même temps *au Bureau international au nom du* même propriétaire.

Le déposant aura la faculté de n'acquitter au moment du dépôt international qu'un émolument de cent francs pour la première marque et de soixante-quinze francs pour chacune des marques déposées en même temps que la première.

Si le déposant fait usage de cette faculté, il devra, avant l'expiration d'un délai de dix ans compté à partir de l'enregistrement international, verser au Bureau international un complément d'émolument de soixante-quinze francs pour la première marque et de cinquante francs pour chacune des marques déposées en même temps que la première, faute de quoi, à l'expiration de ce délai, il perdra le bénéfice de son enregistrement. Six mois avant cette expiration, le Bureau international rappellera au déposant, par l'envoi d'un avis officieux, à toutes fins utiles, la date exacte de cette expiration. Si le complément d'émolument n'est pas versé avant l'expiration de ce délai au Bureau international, celui-ci radiera la marque, notifiera cette opération aux Administrations et la publiera dans son journal.

Lorsque la liste des produits pour lesquels la protection est revendiquée contiendra plus de cent mots, l'enregistrement de la marque ne sera effectué qu'après payement d'une surtaxe à fixer par le Règlement d'exécution.

Le produit annuel des *diverses recettes de l'enregistrement international* sera réparti par parts égales entre les pays contractants par les soins du Bureau international, après déduction des frais communs nécessités par l'exécution du présent Arrangement.

Si, au moment de l'entrée en vigueur du présent Arrangement revisé, un pays ne l'a pas encore ratifié, il n'aura droit, jusqu'à la date de son adhésion postérieure, qu'à une répartition de l'excédent de recettes calculée sur la base des anciennes taxes.

ARTICLE 8bis

Le propriétaire d'une marque internationale peut toujours renoncer à la protection dans un ou plusieurs des pays contractants, au moyen d'une déclaration remise à l'Administration du pays d'origine de la marque, pour être communiquée au Bureau international, qui la notifiera aux pays que cette renonciation concerne.

ARTICLE 9

L'Administration du pays d'origine notifiera au Bureau international les annulations, radiations, renonciations, transmissions et autres changements *apportés à l'inscription* de la marque.

Le Bureau inscrira ces changements *dans le Registre international*, les notifiera *à son tour* aux Administrations des pays contractants, et les publiera dans son journal.

On procédera de même lorsque le propriétaire de la marque demandera à réduire la liste des produits auxquels elle s'applique.

Ces opérations peuvent être soumises à une taxe qui sera fixée par le Règlement d'exécution.

L'addition ultérieure d'un nouveau produit à la liste ne peut être obtenue que par un nouveau dépôt effectué conformément aux prescriptions de l'article 3.

A l'addition est assimilée la substitution d'un produit à un autre.

ARTICLE 9bis

Lorsqu'une marque inscrite dans le Registre international sera transmise à une personne établie dans un pays contractant autre que le pays d'origine de la marque, la transmission sera notifiée au Bureau international par l'Administration de ce même pays d'origine. Le Bureau international, *après* avoir reçu l'assentiment de l'Administration à laquelle ressortit le nouveau titulaire, enregistrera la transmission, la notifiera aux Administrations et la publiera dans son journal *en mentionnant, si possible, la date et le numéro d'enregistrement de la marque dans son nouveau pays d'origine.*

Nulle transmission de marque inscrite dans le Registre international, faite au profit d'une personne *non admise à déposer une marque internationale,* ne sera enregistrée.

ARTICLE 9ter

Les dispositions des articles 9 et 9bis concernant les transmissions n'ont point pour effet de modifier les législations des pays contractants qui prohibent la transmission de la marque sans la cession simultanée de l'établissement industriel ou commercial dont elle distingue les produits.

ARTICLE 10

Les Administrations régleront d'un commun accord les détails relatifs à l'exécution du présent Arrangement.

ARTICLE 11

Les pays de l'Union pour la protection de la propriété industrielle qui n'ont pas pris part au présent Arrangement seront admis à y adhérer sur leur demande, et dans la forme prescrite par la Convention générale.

Dès que le Bureau international sera informé qu'un pays ou une de ses colonies a adhéré au présent Arrangement, il adressera à l'Administration de ce pays, conformément à l'article 3, une notification collective des marques qui, à ce moment, jouiront de la protection internationale.

Cette notification assurera, par elle-même, auxdites marques le bénéfice des précédentes dispositions sur le territoire du pays adhérent, et fera courir le délai d'un an pendant lequel l'Administration intéressée peut faire la déclaration prévue par l'article 5.

Toutefois, chaque pays en adhérant au présent Arrangement pourra déclarer que, sauf en ce qui concerne les marques internationales ayant déjà fait antérieurement dans ce pays l'objet d'un enregistrement national identique encore en vigueur et qui seront immédiatement reconnues sur la demande des intéressés, l'application de cet acte sera limitée aux marques qui seront enregistrées à partir du jour où cette adhésion deviendra effective.

Cette déclaration dispensera le Bureau international de faire la notification collective susindiquée. Il se bornera à notifier les marques en faveur desquelles la demande d'être mis au bénéfice de l'exception prévue à l'alinéa précédent lui parviendra, avec les précisions nécessaires, dans le délai d'une année à partir de l'accession du nouveau pays.

ARTICLE 12

Le présent Arrangement sera ratifié, et les ratifications en seront déposées *à La Haye* au plus tard le *1er mai 1928.*

Il entrera en vigueur un mois *après cette date* et aura la même force et durée que la Convention générale.

Cet Acte remplacera, dans les rapports entre les pays qui l'auront ratifié, l'Arrangement de Madrid de 1891, revisé à Washington le 2 juin 1911. Toutefois celui-ci restera en vigueur dans les rapports entre les pays qui n'auront pas ratifié le présent Acte.

EN FOI DE QUOI, les Plénipotentiaires respectifs ont signé le présent Arrangement.

Fait *à La Haye*, en un seul exemplaire, le ... *novembre 1925.*

RÈGLEMENT D'EXÉCUTION [1]

ARTICLE PREMIER

Toute demande tendant à obtenir l'enregistrement international d'une marque de fabrique ou de commerce en vertu de l'Arrangement du 14 avril 1891 revisé, devra être adressée par le propriétaire de la marque à l'Administration du pays d'origine en la forme que cette dernière prescrira dans son règlement national.

ARTICLE 2

Lorsque la marque sera régulièrement enregistrée dans le pays d'origine, l'Administration de ce pays adressera au Bureau international de la propriété industrielle, à Berne :

(1) Dans ce Règlement on n'a employé les lettres *italiques* que pour les textes qui diffèrent des propositions présentées à la Conférence par l'Administration des Pays-Bas et le Bureau international pour la nouvelle rédaction du Règlement de 1911.

A. Une demande d'enregistrement, en double exemplaire, portant une représentation distincte de la marque, uniquement en impression noire, obtenue au moyen du cliché accompagnant le dépôt. Cette demande sera établie *sur le formulaire fourni par le Bureau international et sera rédigée en langue française. Le formulaire sera rempli par l'Administration du pays d'origine ou celle-ci veillera à ce qu'il soit rempli correctement.* La demande indiquera:

1° le nom du propriétaire de la marque;
2° son adresse; s'il est fait mention de plus d'une adresse, celle à laquelle les notifications devront être envoyées;
3° *le cas échéant, le nom et l'adresse du mandataire;*
4° les produits ou marchandises auxquels la marque est destinée (indication précise du genre de produits sans énumération trop détaillée);
5° la date de la dernière inscription (enregistrement ou renouvellement) de la marque dans le pays d'origine et son numéro d'ordre;
6° s'il y a lieu, la date et le numéro de l'enregistrement international antérieur.

B. Un cliché de la marque, pour la reproduction typographique de cette dernière dans la publication qui en sera faite par le Bureau international. Ce cliché doit reproduire exactement la marque, de manière à ce que tous les détails en ressortent visiblement; il ne doit pas avoir moins de 15 millimètres ni plus de 10 centimètres, soit en longueur, soit en largeur. L'épaisseur exacte du cliché doit être de 24 millimètres, correspondant à la hauteur des caractères d'imprimerie. Ce cliché sera, deux ans après sa publication, retourné au propriétaire de la marque, aux frais de celui-ci, s'il en fait la demande. Tout cliché non réclamé à la fin de la troisième année sera détruit.

Le formulaire de demande d'enregistrement fera mention de ces dernières dispositions et portera une rubrique dans laquelle *il sera indiqué* si le propriétaire de la marque désire ou non rentrer en possession de son cliché.

C. Si le déposant revendique la couleur à titre d'élément distinctif de sa marque: quarante exemplaires, sur papier, d'une reproduction en couleur, dont les dimensions ne dépasseront pas 20 centimètres de côté. Un des exemplaires sera fixé sur chacune des demandes d'enregistrement à côté de l'empreinte en noir. Si la marque comporte plusieurs parties séparées, elles devront être réunies et collées, pour chacun des quarante spécimens, sur une feuille de papier fort. La demande devra porter une brève mention en langue française indiquant uniquement la couleur ou la combinaison de couleurs revendiquée pour les parties essentielles de la marque. Au cas où l'une ou l'autre des conditions relatives à la couleur ne serait pas remplie, le Bureau international procédera à l'enregistrement et à la notification de la marque sans tenir compte de la couleur, *si le dépôt n'a pas été régularisé dans un délai fixé par lui.*

D. Le montant de l'émolument international, à moins qu'il n'ait été envoyé d'avance et directement au Bureau international par le propriétaire de la marque. Cette somme devra être versée en espèces au Bureau international, ou lui être envoyée par mandat postal, ou par versement sur son compte de chèques postaux ou par chèque tiré sur une banque de Berne. Tout payement devra être accompagné de l'indication du nom et du domicile du propriétaire de la marque.

Les demandes d'enregistrement devront préciser à quelle date, sous quelle forme et par qui ce payement aura été effectué; elles indiqueront aussi si l'émolument international est payé immédiatement pour les vingt ans ou seulement pour les dix premières années.

Lorsqu'une marque renferme des inscriptions dans une langue ou en caractères généralement peu connus, *on pourra exiger du propriétaire qu'il joigne* à son dépôt international une douzaine d'exemplaires d'une traduction en français de ces inscriptions, afin d'accélérer l'examen de la marque dans quelques pays.

Le cas échéant et dans le même but, l'Administration du pays d'origine aura la faculté de certifier sur la demande d'enregistrement que le déposant a justifié auprès d'elle du droit à l'usage de l'armoirie, du portrait, de la distinction honorifique ou du nom d'un tiers qui figure dans la marque.

Les formulaires de demande d'enregistrement international seront fournis gratuitement aux Administrations par le Bureau international.

Le renouvellement du dépôt international donnera lieu aux mêmes opérations que le dépôt primitif.

ARTICLE 2bis

Si le Bureau international constate qu'une demande d'enregistrement est incomplète ou irrégulière, il est autorisé à surseoir à l'enregistrement de cette marque, mais doit en aviser sans retard l'Administration intéressée, à laquelle il appartiendra de *notifier* au Bureau international *que* la demande doit être modifiée, retirée ou maintenue.

Le Bureau pourra *notamment, et en observant la même procédure,* surseoir à l'enregistrement:

1° si la demande contient des indications de produits trop vagues, telles que « marchandises diverses », « et autres produits » et, en particulier, l'expression « etc. »;

2° si le cliché reçu ne donne pas une empreinte suffisamment claire des éléments de la marque;

3° si la marque porte le signe d'une croix pouvant être confondue avec la « Croix-Rouge » et si, pour éviter des refus certains, il y a lieu d'obtenir du propriétaire la déclaration préalable que la marque ne sera employée ni en couleur rouge, ni en une couleur similaire.

Lorsqu'un dépôt de ce genre n'est pas régularisé dans les six mois, le Bureau international est autorisé à fixer un délai de même longueur pour la liquidation de l'affaire. Il en avertira aussi bien le propriétaire de la marque *ou son mandataire,* que l'Administration qui a demandé l'enregistrement. Ces deux délais *partent de la date de la notification du Bureau international.* Ceux-ci écoulés, *sans qu'une réponse soit parvenue à ce Bureau,* le dépôt pourra être considéré comme abandonné et l'émolument sera renvoyé au déposant après déduction de 20 francs au maximum.

Lorsqu'une demande d'enregistrement *incomplète ou* irrégulière fait partie d'un dépôt collectif de plusieurs marques, l'enregistrement de toute la collection sera suspendu à moins que l'Administration intéressée ou le propriétaire de la marque n'autorise le Bureau international à considérer celle-ci comme sortie du dépôt collectif et à la traiter comme marque isolée.

ARTICLE 3

Le Bureau international procédera sans retard à l'inscription de la marque dans un registre qui portera une empreinte de celle-ci et contiendra les indications suivantes:

1° le numéro d'ordre de la marque;

2° le nom du propriétaire de la marque;

3° son adresse;

4° les produits ou marchandises auxquels la marque est appliquée;

5° le pays d'origine de la marque;

6° la date de la dernière inscription (enregistrement ou renouvellement) et le numéro d'ordre dans le pays d'origine;

7° les mentions relatives à une revendication de couleur, à un enregistrement international antérieur rappelé lors du nouveau dépôt, etc.;

8° la date de l'enregistrement au Bureau international;

9° la date de la notification aux Administrations et de la publication;

10° les mentions relatives à la situation de la marque, telles que: refus de protection, limitations, transmissions, renonciations, radiations, etc.

ARTICLE 4

L'inscription une fois faite dans le registre, le Bureau international certifiera sur les deux exemplaires de la demande sous quelle date et sous quel numéro l'enregistrement a eu lieu, et les revêtira tous deux de sa signature et de son timbre. Un de ces exemplaires restera dans les archives du Bureau, l'autre sera renvoyé à l'Administration du pays d'origine, laquelle, après avoir pris note desdites indications, le transmettra au propriétaire de la marque *ou à son mandataire*. En outre, le Bureau international notifiera sans retard aux Administrations l'enregistrement opéré, en envoyant à chacune d'elles une reproduction typographique de la marque, accompagnée des indications mentionnées sous les chiffres 1 à 8 de l'article 3.

Dans le cas prévu par l'article 2, lettre C, la susdite notification sera accompagnée d'un exemplaire de la reproduction en couleur de la marque.

ARTICLE 5

Le Bureau international publiera la marque dans sa feuille périodique *Les Marques internationales*. Cette publication consistera dans la reproduction de la marque, accompagnée des indications mentionnées sous les chiffres 1 à 8 de l'article 3. Chaque Administration recevra gratuitement du Bureau international le nombre d'exemplaires de cette feuille qu'il lui conviendra de demander; toutefois la gratuité ne s'étendra pas aux numéros déjà parus au moment où cette demande est formulée.

Au commencement de chaque année, le Bureau international fera paraître une table où seront indiqués, par ordre alphabétique et par pays contractant, les noms des propriétaires des marques ayant fait l'objet des publications effectuées dans le cours de l'année précédente.

ARTICLE 6

La notification de refus prévue par l'article 5 de l'Arrangement sera transmise au Bureau international en trois expéditions identiques, destinées l'une au Bureau précité, l'autre à l'Administration du pays d'origine, la troisième au propriétaire de la marque *ou à son mandataire*. Cette notification, faite sur formulaire, devra indiquer au moins le pays du refus, la date d'expédition de l'avis de refus, le numéro et la date de l'enregistrement international de la marque, le nom et le domicile du propriétaire et les motifs du refus. *Les notifications de refus provisoires devront indiquer le délai dans lequel les intéressés devront faire valoir leurs droits.*

Si le refus est motivé par l'existence d'un dépôt antérieur, la notification devra préciser la marque, nationale ou internationale, avec laquelle il y a collision et spécifier le nom et le domicile du propriétaire de cette marque antérieure, la date d'enregistrement de celle-ci et son numéro d'ordre. L'Administration refusante joindra un fac-similé à la notification *chaque fois qu'elle en aura à sa disposition.*

L'avis portera au verso un aperçu des dispositions essentielles de la loi relatives aux refus et indiquera quel est le délai de recours contre ceux-ci et à quelle autorité ce recours devra être adressé.

ARTICLE 7

Les changements survenus dans l'inscription d'une marque et qui auront fait l'objet de la notification prévue par les articles 9 et 9bis de l'Arrangement seront consignés dans le Registre international. Est excepté le cas où la transmission ne pourra être enregistrée parce qu'elle est faite au profit d'une personne non admise à déposer une marque internationale, ou parce que l'assentiment de l'Administration du nouveau pays duquel ressortit le cessionnaire n'aura pas été obtenu.

Le Bureau international notifiera à son tour aux Administrations les changements enregistrés et les publiera dans son journal.

Ces mêmes dispositions feront règle si le domicile du propriétaire d'une marque est transféré d'un pays dans un autre.

Dans le cas où un transfert de propriété ou de domicile ne pourra pas être enregistré, le Bureau international demandera à l'Administration de l'ancien pays d'origine l'autorisation de radier la marque.

ARTICLE 8

Les taxes prévues par les articles 5ter, 8 et 9 de l'Arrangement et qui, d'une manière générale, sont payables d'avance et toujours en francs suisses, sont fixées comme suit:

A. Taxes pour les transmissions, modifications de noms, changements de domicile, rectifications nécessitées par une faute du déposant, limitations de produits par suite de renonciation, ou renonciations à la protection pour un pays ou un groupe de pays: 30 francs pour une seule marque et 10 francs pour chacune des marques en plus de la première appartenant au même propriétaire et faisant l'objet de la même opération et de la même notification. Dans ces taxes sont compris les frais de notification aux Administrations, et, s'il y a lieu, de publication de ces opérations. Sont exemptes de taxes les limitations et renonciations notifiées simultanément avec la demande d'enregistrement, les radiations générales, les opérations qui sont la suite d'un avis de refus provisoire ou d'un arrêt judiciaire et celles qui seraient englobées dans une demande de renouvellement.

B. Taxes pour les copies ou extraits du Registre international des marques: 5 francs par marque. Toutefois, lorsque les mentions relatives à plusieurs marques pourront être réunies sur la même feuille, la taxe sera réduite à 2 francs pour chacune des marques en plus de la première. Les demandes de ces documents concernant plusieurs marques devront indiquer s'il s'agit d'extraits séparés ou d'un extrait global. Tout autre extrait, attestation ou recherche (autres que celles sous lettre C) demandé au Bureau international en outre des documents dont la délivrance est obligatoire, donnera lieu à la perception d'une taxe analogue.

C. Taxe pour recherches d'antériorité parmi les marques internationales déjà enregistrées: 5 francs par marque. Si la recherche doit porter sur de nombreuses catégories de produits ou à la fois sur une marque figurative et sur une dénomination, ou si une marque figurative contient plus d'un élément essentiel, cette taxe sera doublée. Il en sera de même lorsque le demandeur omettra de préciser sur quel genre de produits doit porter la recherche ou de joindre un dessin ou une esquisse de la marque figurative au sujet de laquelle il désire être renseigné. Le Bureau international peut, à son gré, différer toute recherche en attendant les précisions qu'il demandera.

D. Surtaxe prévue par l'article 8 de l'Arrangement lorsque la liste des produits pour laquelle la protection d'une marque est revendiquée dépasse 100 mots: 1 franc pour chaque ligne supplémentaire imprimée dans *Les Marques internationales* (une ligne contenant en général 8 à 10 mots).

ARTICLE 9

Au commencement de chaque année, le Bureau international établira le compte des dépenses faites au cours de l'année précédente pour le service de l'enregistrement international; le montant de ce compte sera déduit du total des recettes, et l'excédent de celles-ci sera réparti par parts égales entre tous les pays contractants, *en attendant que d'autres modalités de répartition aient été déterminées d'un commun accord par les pays contractants.*

ARTICLE 10

La notification collective, pour autant qu'elle est prévue par l'article 11 de l'Arrangement, contiendra les mêmes indications que les notifications prévues par les articles 4 et 7 du présent Règlement.

ARTICLE 11

Le présent Règlement entrera en vigueur en même temps que l'Arrangement auquel il se rapporte et il aura la même durée. Les Administrations pourront toutefois y apporter, conformément aux dispositions de l'article 10 dudit Arrangement, les modifications qui leur paraîtront nécessaires d'après le mode de procéder déterminé à l'article suivant.

ARTICLE 12

Les propositions de modifications du présent Règlement, formulées par un pays contractant ou par le Bureau international, seront communiquées par ce dernier aux Administrations qui lui feront parvenir leur avis dans le délai de six mois. Si, après l'expiration de ce délai, la proposition est adoptée par la majorité des Administrations sans qu'aucune Administration se soit prononcée pour le rejet ou la modification du texte proposé, elle entrera en vigueur pour tous les pays contractants trois mois après le jour où le Bureau international aura notifié cette acceptation aux Administrations.

ARRANGEMENT DE MADRID

CONCERNANT

LA RÉPRESSION DES FAUSSES INDICATIONS DE PROVENANCE SUR LES MARCHANDISES

Tous les essais de modification à cet Arrangement ont échoué, sauf de légers changements, les uns proposés par la Délégation française, un autre réclamé par la Délégation britannique à l'article 3.

A l'article 1er on ajoute un alinéa relatif aux sanctions:

ARTICLE PREMIER

« Tout produit portant une fausse indication de provenance, dans laquelle un des pays contractants, ou un lieu situé dans l'un d'entre eux, serait directement ou indirectement indiqué comme pays ou comme lieu d'origine, sera saisi à l'importation dans chacun desdits pays.

La saisie sera également effectuée dans le pays où la fausse indication de provenance aura été apposée, ou dans celui où aura été introduit le produit muni de cette fausse indication.

Si la législation d'un pays n'admet pas la saisie à l'importation, cette saisie sera remplacée par la prohibition d'importation.

Si la législation d'un pays n'admet pas la saisie à l'intérieur, cette saisie sera remplacée par les actions et moyens que la loi de ce pays assure en pareil cas aux nationaux.

A défaut de sanctions spéciales assurant la répression des fausses indications de provenance, les sanctions prévues par les dispositions correspondantes des lois sur les marques ou les noms commerciaux seront applicables. »

ARTICLE 2

A l'article 2 on précise les mesures pour régler la saisie à l'importation. Il est alors rédigé ainsi:

« La saisie aura lieu à *la diligence de l'Administration des douanes, qui avertira immédiatement l'intéressé, personne physique ou morale, pour lui permettre de régulariser, s'il le désire, la saisie opérée conservatoirement; toutefois le ministère public ou toute autre autorité compétente pourra requérir la saisie, soit à la demande de la partie lésée, soit d'office; la procédure suivra alors son cours ordinaire.*

Les autorités ne seront pas tenues d'effectuer la saisie en cas de transit. »

ARTICLE 3

Les diverses propositions présentées pour modifier l'article 4 n'ont pu réunir l'unanimité.

Il n'y a eu accord que sur un amendement britannique à l'article 3, qui a pour but de ne pas obliger le vendeur, dans l'hypothèse visée dans cet article, à indiquer le pays ou le lieu de fabrication ou de production, pourvu qu'il n'y ait pas d'erreur sur l'origine des marchandises.

« Les présentes dispositions ne font pas obstacle à ce que le vendeur indique son nom ou son adresse sur les produits provenant d'un pays différent de celui de la vente, mais dans ce cas, l'adresse ou le nom doit être accompagné de l'indication précise, et en caractères apparents, du pays ou du lieu de fabrication ou de production, *ou d'une autre indication suffisante pour éviter toute erreur sur l'origine véritable des marchandises.* »

ARTICLE 5

« Les États de l'Union pour la protection de la propriété industrielle qui n'ont pas pris part au présent Arrangement seront admis à y adhérer sur leur demande, et dans la forme prescrite par l'article 16 de la Convention générale.

Les stipulations de l'article 16bis de la Convention d'Union s'appliquent au présent Arrangement. »

ARTICLE 6

« Le présent *Acte* sera ratifié et les ratifications en seront déposées à *La Haye* au plus tard le *1er mai 1928.* Il entrera en vigueur, *entre les pays qui l'auront ratifié,* un mois *après cette date* et aura la même force et durée que la Convention générale. *Toutefois, si auparavant il était ratifié par six pays au moins, il entrerait en vigueur, entre ces pays, un mois après que le dépôt de la sixième ratification leur aurait été notifié par le Gouvernement de la Confédération suisse et, pour les pays qui ratifieraient ensuite, un mois après la notification de chacune de ces ratifications.*

Le présent Acte remplace, dans les rapports entre les pays qui l'auront ratifié, l'Arrangement conclu à Madrid le 14 avril 1891 et revisé à Washington le 2 juin 1911. Ce dernier restera en vigueur dans les rapports avec les pays qui n'auront pas ratifié le présent Acte. »

ARRANGEMENT DE LA HAYE

CONCERNANT

LE DÉPOT INTERNATIONAL DES DESSINS ET MODÈLES INDUSTRIELS

Le projet d'Arrangement contenu dans le Programme de la Conférence devait s'appuyer, dans l'idée de ses rédacteurs, sur le dépôt de base effectué dans le pays d'origine et doublé d'un dépôt à effectuer au Bureau international. La Conférence s'est décidée pour un régime plus radical, savoir pour le dépôt unique à ce Bureau; ce dépôt est dépourvu de tout lien avec celui opéré dans le pays d'origine, aussi bien quant à la naissance que quant à la durée du droit. En conséquence, toutes les dispositions relatives à ce lien ont été éliminées du texte du nouvel Arrangement, ainsi que du Règlement d'exécution, après une étude soigneusement faite en séance, puis continuée en Commission de Rédaction.

Il ne paraît pas nécessaire de relever en détail soit les dispositions conservées, qui sont amplement commentées dans l'Exposé des motifs (v. ci-dessus, p. 313), soit les divers changements qui, comme la suppression de tout recours à l'Administration du pays d'origine, découlent du système choisi.

L'Arrangement ne porte aucun préjudice à la protection des œuvres d'art, stipulée dans la Convention de Berne, revisée en 1908, pour la protection des œuvres littéraires et artistiques; il conserve son caractère de mesure pratique supplémentaire et d'Acte international temporaire, destiné surtout à faciliter la preuve de la priorité de création des dessins et modèles industriels.

L'Union restreinte qui sera constituée entre les États signataires de l'Arrangement est fondée sur la dispense de toute obligation d'exploiter, la liberté d'introduction d'objets conformes à ceux qui sont protégés, l'affranchissement absolu de l'obligation d'avoir à apposer une mention sur les dessins et modèles internationalement déposés.

L'Arrangement prévoit une durée de protection uniforme obligatoire de 15 ans, durée divisée en deux périodes de 5 et 10 ans, dont la première peut être utilisée pour le dépôt secret. Les dimensions et le poids des objets à déposer sont fixés plutôt à titre d'essai: si on les compare au texte du Programme, ils ont été augmentés, ils laissent au déposant une certaine latitude.

Ce que l'Arrangement assure aux intéressés, c'est un minimum de protection. Le texte explique très clairement le fonctionnement du dépôt international:

Les soussignés Plénipotentiaires des Gouvernements ci-dessus énumérés,

Vu l'article 15 de la Convention d'Union internationale du 20 mars 1883 pour la protection de la propriété industrielle, revisée à Bruxelles le 14 décembre 1900 et à Washington le 2 juin 1911,

Ont, d'un commun accord et sous réserve de ratification, arrêté l'Arrangement suivant:

Article premier

Les ressortissants de chacun des pays contractants, ainsi que les personnes ayant satisfait sur le territoire de l'Union restreinte aux conditions établies par l'article 3 de la Convention générale, pourront s'assurer dans tous les autres pays contractants la protection de leurs dessins ou modèles industriels, au moyen d'un dépôt international effectué au Bureau international de la propriété industrielle, à Berne.

Article 2

Le dépôt international comprendra les dessins ou modèles soit sous la forme du produit industriel auquel ils sont destinés, soit sous celle d'un dessin, d'une photographie ou de toute autre représentation graphique suffisante dudit dessin ou modèle.

Les objets seront accompagnés d'une demande de dépôt international en double exemplaire, contenant en langue française les indications que précisera le Règlement d'exécution.

Article 3

Aussitôt que le Bureau international de Berne aura reçu la demande de procéder à un dépôt international, il inscrira cette demande dans un registre spécial, notifiera cette inscription à l'Administration qui lui aura été indiquée par chaque pays contractant et les publiera dans une feuille périodique dont il distribuera gratuitement à chaque Administration le nombre d'exemplaires voulu.

Les dépôts seront conservés dans les archives du Bureau international.

Article 4

Celui qui effectue le dépôt international d'un dessin ou modèle industriel est considéré jusqu'à preuve du contraire comme propriétaire de l'œuvre.

Le dépôt international est purement déclaratif. En tant que dépôt, il produira dans chacun des pays contractants les mêmes effets que si les dessins ou modèles y avaient été directement déposés à la date du dépôt international, sous bénéfice toutefois des règles spéciales établies par le présent Arrangement.

La publicité mentionnée dans l'article précédent sera considérée dans tous les pays contractants comme pleinement suffisante et aucune autre ne pourra être exigée du déposant, sous réserve de formalités à remplir pour l'exercice du droit, conformément à la loi intérieure.

Le droit de priorité établi par l'article 4 de la Convention générale sera garanti à tout dessin ou modèle qui a fait l'objet d'un dépôt international, sans l'obligation d'aucune des formalités prévues par ce même article.

ARTICLE 5

Les pays contractants conviennent de ne pas exiger que les dessins ou modèles ayant fait l'objet d'un dépôt international soient revêtus d'une mention obligatoire. Ils ne les frapperont de déchéance ni pour défaut d'exploitation, ni pour introduction d'objets conformes à ceux protégés.

ARTICLE 6

Le dépôt international peut comprendre, soit un seul dessin ou modèle, soit plusieurs, dont le nombre devra être précisé dans la demande.

Il pourra être opéré, soit sous pli ouvert, soit sous pli cacheté. Seront acceptés notamment comme moyens de dépôt sous pli cacheté les enveloppes doubles avec numéro de contrôle perforées (système Soleau) ou tout autre système approprié pour assurer l'identification.

Les dimensions maxima des objets susceptibles d'être déposés seront déterminées par le Règlement d'exécution.

ARTICLE 7

La durée de la protection internationale est fixée à 15 ans, comptés à partir de la date du dépôt au Bureau international de Berne; ce délai est divisé en deux périodes, savoir une période de 5 ans et une période de 10 ans.

ARTICLE 8

Pendant la première période de protection les dépôts seront admis, soit sous pli ouvert, soit sous pli cacheté; pendant la deuxième période ils ne seront admis qu'à découvert

ARTICLE 9

Au cours de la première période, les dépôts sous pli cacheté pourront être ouverts sur la demande du déposant ou d'un tribunal compétent; à l'expiration de la première période ils seront ouverts, en vue du passage à la seconde période, sur une demande de prorogation.

ARTICLE 10

Dans les six premiers mois de la cinquième année de la première période, le Bureau international donnera un avis officieux de l'échéance au déposant du dessin ou modèle.

ARTICLE 11

Lorsque le déposant désirera obtenir la prolongation de la protection par le passage à la deuxième période, il devra remettre au Bureau international, au plus tard trois mois avant l'expiration du délai, une demande de prorogation.

Le Bureau procédera à l'ouverture du pli, s'il est cacheté, notifiera la prorogation intervenue à toutes les Administrations et la publiera dans son journal.

Article 12

Les dessins et modèles contenus dans les dépôts non prorogés, de même que ceux dont la protection est expirée, seront rendus tels quels à leurs propriétaires, sur leur demande et à leurs frais. S'ils ne sont pas réclamés ils seront détruits au bout de deux ans.

Article 13

Les déposants pourront, à toute époque, renoncer à leur dépôt, soit en totalité, soit partiellement, au moyen d'une déclaration qui sera adressée au Bureau international; ce dernier lui donnera la publicité prévue à l'article 3.

La renonciation comporte la restitution du dépôt aux frais du déposant.

Article 14

Lorsqu'un tribunal ou toute autre autorité compétente ordonnera qu'un dessin ou modèle secret lui soit communiqué, le Bureau international, régulièrement requis, procédera à l'ouverture du paquet déposé, en extraira le dessin ou modèle demandé et le fera parvenir à l'autorité requérante. L'objet ainsi communiqué devra être restitué dans le plus bref délai possible et réincorporé dans le pli cacheté ou dans l'enveloppe.

Article 15

Les taxes du dépôt international, qui seront à payer avant qu'il puisse être procédé à l'inscription du dépôt, sont ainsi fixées:

1° pour un seul dessin ou modèle et pour la première période de 5 ans: une somme de 5 francs;

2° pour un seul dessin ou modèle, à l'expiration de la première période et pour la durée de la deuxième période de 10 ans: une somme de 10 francs;

3° pour un dépôt multiple et pour la première période de 5 ans: une somme de 10 francs;

4° pour un dépôt multiple, à l'expiration de la première période et pour la durée de la deuxième période de 10 ans: une somme de 50 francs.

Article 16

Le produit net annuel des taxes sera réparti, conformément aux modalités prévues par l'article 8 du Règlement, entre les pays contractants par les soins du Bureau international, après déduction des frais communs nécessités par l'exécution du présent Arrangement.

Article 17

Le Bureau international inscrira dans ses registres tous les changements affectant la propriété des dessins ou modèles, dont il aura reçu notification de la part des intéressés; il les dénoncera à son tour aux Administrations des pays contractants et les publiera dans son journal.

Ces opérations peuvent être soumises à une taxe qui sera fixée par le Règlement d'exécution.

Article 18

Le Bureau international délivrera à toute personne, sur demande, contre une taxe fixée par le Règlement, une expédition des mentions inscrites dans le registre au sujet d'un dessin ou modèle déterminé.

L'expédition pourra être accompagnée d'un exemplaire ou d'une reproduction du dessin ou modèle, qui auront pu être fournis au Bureau international et qu'il certifiera conforme à l'objet déposé à découvert. Si le Bureau n'est pas en possession d'exemplaires ou de reproductions semblables, il en fera faire, sur la demande des intéressés et à leurs frais.

ARTICLE 19

Les archives du Bureau international, pour autant qu'elles contiennent des dépôts ouverts, sont accessibles au public. Toute personne peut en prendre connaissance, en présence d'un des fonctionnaires, ou obtenir, du Bureau, des renseignements écrits, sur le contenu du registre, et cela moyennant paiement des taxes à fixer par le Règlement.

ARTICLE 20

Les détails d'application du présent Arrangement seront déterminés par un Règlement d'exécution dont les prescriptions pourront être, à toute époque, modifiées d'un commun accord par les Administrations des pays contractants.

ARTICLE 21

Les dispositions du présent Arrangement ne comportent qu'un minimum de protection; elles n'empêchent pas de revendiquer l'application des prescriptions plus larges qui seraient édictées par la législation intérieure d'un pays contractant; elles laissent également subsister l'application des dispositions de la Convention de Berne, revisée en 1908, relatives à la protection des œuvres artistiques et des œuvres d'art appliquées à l'industrie.

ARTICLE 22

Les pays membres de l'Union qui n'ont pas pris part au présent Arrangement seront admis à y adhérer sur leur demande et dans la forme prescrite par les articles 16 et 16bis de la Convention générale.

ARTICLE 23

Le présent Arrangement sera ratifié et les ratifications en seront déposées à La Haye au plus tard le 1er mai 1928.

Il entrera en vigueur entre les pays qui l'auront ratifié un mois après cette date et aura la même force et durée que la Convention générale.

EN FOI DE QUOI, les Plénipotentiaires des États ci-dessus énumérés ont signé le présent Arrangement.

Fait à La Haye, en un seul exemplaire, le ... novembre 1925.

RÈGLEMENT D'EXÉCUTION

ARTICLE PREMIER

Les dessins ou modèles industriels admis au dépôt international en vertu de l'Arrangement de La Haye du 6 novembre 1925 ne doivent pas dépasser 30 cm., en chaque dimension, ni peser plus de 2 kg. Sous cette réserve, le nombre des dessins ou modèles admis au dépôt multiple ne sera pas limité.

Les dessins ou modèles pourront être déposés, les dessins à part et les modèles à part, soit sous forme d'échantillons (pour tissus, papiers, broderies, etc.), soit sous forme d'une reproduction graphique ou photographique quelconque. Cette dernière forme de dépôt est surtout recommandée pour les modèles fragiles, sans que le dépôt de modèles en nature soit par là exclu.

Les paquets cachetés doivent porter la suscription « dépôt cacheté ».

Tout paquet qui ne remplit pas les conditions précitées sera refusé et renvoyé à l'expéditeur, lequel en sera avisé.

ARTICLE 2

La demande destinée à obtenir le dépôt international et à accompagner les objets préparés pour ce dépôt sera rédigée en double exemplaire et en langue française, sur un formulaire fourni gratuitement aux intéressés ou aux Administrations par le Bureau international de Berne. Elle contiendra les indications suivantes:

1° le nom et l'adresse du déposant;

2° la désignation sommaire du titre des dessins ou modèles et du genre des produits auxquels ils doivent être appliqués;

3° la nature du dépôt (ouvert ou cacheté);

4° le nombre des dessins ou modèles déposés conjointement;

5° s'il y a lieu, la date du premier dépôt dans un pays de l'Union lorsque le droit de priorité est invoqué aux termes de l'article 4 de l'Arrangement.

Un formulaire analogue, à remplir en double exemplaire, sera utilisé pour les demandes de prorogation du dépôt.

ARTICLE 3

Sera joint aux demandes le montant de l'émolument international correspondant, soit au dépôt international originaire, soit à la prorogation du dépôt; ce montant sera adressé au Bureau international par chèque postal ou mandat postal ou par une autre valeur payable à Berne, avec indication du nom et de l'adresse du déposant. Dans ce dernier cas, il en sera délivré un reçu.

ARTICLE 4

Le registre tenu par le Bureau international au sujet du dépôt contiendra, outre les indications ci-dessus figurant sur les demandes, les mentions que voici:

1° le numéro d'ordre et la date du dépôt international;

2° la date de la notification aux Administrations;

3° la mention relative aux modifications du dépôt, telles que: prorogations, transmissions, radiations, renonciations, etc.;

4° la date de l'ouverture des plis cachetés;

5° la date de sortie, sur réquisition, des dessins ou modèles et celle de leur réintégration;

6° la cessation de la protection dans un des pays contractants, à la suite de décisions judiciaires, etc., lorsque ces communications sont notifiées au Bureau international.

ARTICLE 5

L'inscription une fois faite dans le registre, le Bureau international certifiera, sur les deux exemplaires de la demande, que le dépôt a eu lieu, et les revêtira de sa signature et de son timbre. Un de ces exemplaires restera dans les archives du Bureau, l'autre sera envoyé à l'intéressé. Il sera procédé de même pour les demandes de prorogation du dépôt.

En outre, le Bureau international notifiera aux Administrations le dépôt opéré, avec les indications énumérées à l'article 2, et il publiera le tout dans sa feuille périodique, qu'il pourvoira de tables annuelles des matières. Une publication analogue interviendra pour les modifications affectant la propriété des dessins et modèles pendant la durée de la protection.

ARTICLE 6

Quand l'intéressé demandera une reproduction de l'objet pour la publicité exigée dans certains pays contractants, elle sera fournie par le Bureau de Berne, dans les conditions qui auront été déterminées d'un commun accord avec l'Administration du pays.

ARTICLE 7

La taxe prévue par l'article 18 de l'Arrangement, pour les expéditions ou extraits de registre, de même que pour les renseignements écrits ou oraux, est fixée à 5 francs suisses par expédition, extrait ou renseignement concernant un seul dépôt.

Lorsque les mentions relatives à plusieurs dépôts du même déposant pourront être réunies sur la même feuille, la taxe sera réduite de moitié pour chaque dépôt en plus du premier.

Tout extrait, certificat ou recherche, demandé au Bureau international, en outre des documents dont la délivrance est obligatoire, donnera lieu à la perception d'une taxe égale.

La même taxe sera perçue pour l'ouverture du pli cacheté ou d'une enveloppe perforée, ainsi que pour le recachetage ou le rétablissement d'une enveloppe perforée.

Toutes les taxes doivent être payées en monnaie suisse.

ARTICLE 8

Au commencement de chaque année le Bureau international établira le compte des dépenses faites au cours de l'année précédente pour le service du dépôt international; le montant de ce compte sera déduit du total des recettes et l'excédent de celles-ci sera réparti entre tous les pays contractants par parts égales ou d'après un mode de distribution adopté ultérieurement.

ARTICLE 9

Le présent Règlement entrera en vigueur en même temps que l'Arrangement auquel il se rapporte et il aura la même durée.

Les Administrations des pays contractants pourront toutefois y apporter d'un commun accord les modifications qui leur paraîtront nécessaires, d'après le mode de procéder déterminé dans l'article suivant.

ARTICLE 10

Les propositions de modification du présent Règlement seront transmises au Bureau international; il communiquera ces propositions, ainsi que celles qui émanent de lui, aux Administrations, qui lui feront parvenir leur avis dans le délai de six mois. Si après ce délai, une proposition est adoptée par la majorité des Administrations, sans qu'il se soit produit aucune opposition, elle entrera en vigueur à la suite d'une notification faite par le Bureau international.

RÉSOLUTIONS ET VŒUX

Relativement à l'article 12 de la Convention

Il est désirable: que la feuille périodique officielle prévue par l'article 12 de la Convention contienne la reproduction de toutes les marques de fabrique ou de commerce enregistrées; que l'Administration de chaque pays imprime et publie, en outre, autant que possible, tous dessins et descriptions des inventions brevetées et mette en vente, à un prix raisonnable, des exemplaires de cette publication; qu'elle tienne aussi un registre dans lequel seront inscrites les notifications de cession et autres mentions intéressant la validité ou la propriété des brevets, modèles d'utilité, dessins ou modèles industriels et marques de fabrique ou de commerce.

Relativement à l'article 13 de la Convention

(langue officielle du Bureau de Berne)

La Conférence invite le Directeur du Bureau international à prêter ses bons offices:

1° pour que des traductions officieuses des Actes en vigueur dans l'Union puissent être mises à la disposition des Administrations des pays contractants, sur leur demande expresse;

2° pour qu'il soit fait de même en ce qui concerne les propositions qui seront soumises aux Conférences périodiques de revision;
3° pour que des études parues dans *La Propriété industrielle* et dont la publication en d'autres langues paraîtrait désirable à certaines Administrations soient traduites et répandues aux frais de celles-ci.

Relativement à l'article 13 de la Convention

(mesures provisoires à prendre dans l'intervalle entre deux Conférences)

La Conférence décide que si, dans l'intervalle entre deux Conférences, le Bureau international juge utile, dans l'intérêt de l'Union générale ou d'une des Unions restreintes, de provoquer l'application d'une mesure urgente, il demandera au Conseil fédéral suisse de soumettre aux États contractants l'adoption de cette mesure, en recourant à la procédure qu'il a suivie en 1921 pour l'augmentation du crédit global mis par les États à la disposition du Bureau international. Les modifications qui pourront ainsi être apportées au régime desdites Unions ne le seront qu'à titre provisoire, en attendant les décisions définitives de la Conférence ultérieure.

Relativement à l'Arrangement pour l'enregistrement international des marques de fabrique ou de commerce

La Conférence invite le Directeur du Bureau de Berne à examiner la possibilité de modifier la répartition de l'excédent des recettes du service de l'enregistrement international des marques entre les pays contractants et à demander aux diverses Administrations un avis sur le système de répartition proposé par la Délégation du Brésil en date du 22 octobre 1925.

Le Président de la Commission de Rédaction:

GEORGES MAILLARD.

PROCÈS-VERBAUX
DES DERNIÈRES SÉANCES

DEUXIÈME SÉANCE PLÉNIÈRE

Jeudi, 5 novembre 1925

PRÉSIDENCE DE M. LE Dr J. ALINGH PRINS (PAYS-BAS)

Étaient présents tous les Délégués qui ont pris part à la première Séance plénière sauf MM. Vietinghoff (Allemagne), Strêzoff (Bulgarie), Martinez Ortiz (Cuba), Sir Arthur Balfour (Grande-Bretagne), Kelemen (Hongrie), Gaddi (Italie), Brunet et Smets (Comité Économique de la Société des Nations).

La séance est ouverte à 16 h. 30.

M. le PRÉSIDENT rappelle que la Séance plénière est réunie pour procéder à l'approbation des textes élaborés au cours de la Conférence. Il propose de suivre, article par article, le Rapport de la Commission de Rédaction à la Séance plénière, que les Délégués ont sous les yeux, en commençant par la Convention d'Union. Il se bornera à lire le numéro de chaque article. Si aucun Délégué ne demande la parole, le texte de l'article dont le numéro aura ainsi été appelé sera considéré comme adopté.

Cette manière de procéder, proposée dans le but d'accélérer les travaux, ayant été approuvée à l'unanimité, le Président appelle les numéros des articles de la

CONVENTION D'UNION

ARTICLE PREMIER

M. MAILLARD (France) prononce, au nom de la Délégation française, la déclaration suivante :

« Le Gouvernement français, reprenant une formule qu'il avait présentée à la Conférence de Washington en 1911, a proposé, dans le remaniement de l'article 1er par la Conférence de La Haye, d'insérer cette règle que « les œuvres artistiques restent protégées par la législation sur les œuvres artistiques même si elles ont un emploi ou une destination industrielle». Le but était d'unifier sur ce point les législations des pays de l'Union, en assurant que les œuvres d'art industriel seraient protégées, en fait, indépendamment de leur dépôt comme dessin ou modèle industriel, qui leur donnerait seulement une protection cumulative. La proposition n'a été adoptée, à la Sous-Commission, que par dix voix contre huit. La Délégation française a renoncé à la soumettre à la Commission générale.

Une occasion lui était offerte de revenir sur cette question à propos de l'Arrangement concernant le dépôt international des dessins et modèles industriels, pour lequel dix Délégations également votaient le passage à la discussion des articles et qui allait rencontrer l'assentiment des pays disposés à ne point assimiler du tout à des brevets d'invention les droits sur les dessins et modèles industriels et à les protéger internationalement avec le minimum de formalités. A la suggestion de la Délégation française, M. le Directeur du Bureau de Berne acceptait de faire précéder le projet d'Arrangement d'un préambule qui eût été ainsi conçu : « Les pays contractants affirmant, d'une part, que les œuvres artistiques, même si elles ont un emploi ou une destination industriels, restent protégées par la législation sur les œuvres artistiques, et désireux, d'autre part, d'assurer aux créateurs des dessins ou modèles industriels, ou à leurs ayants cause, une protection plus générale et des moyens de preuve plus efficaces pour l'exercice de leurs droits, ont d'un commun accord et sous réserve de ratification, arrêté l'Arrangement suivant..... »

Les pays ayant passé à la discussion des articles étant, sauf un, les mêmes qui avaient voté la proposition française sous l'article premier, il semblait qu'on pouvait réaliser une Union restreinte sur ce principe en même temps que sur le dépôt international des dessins et modèles industriels; la Délégation française pensait même à faire inscrire dans l'article 21 de l'Arrangement le texte dont elle avait renoncé à obtenir l'insertion dans la Convention d'Union. Mais la Délégation belge, bien que la même règle soit contenue dans sa loi nationale et appliquée par la jurisprudence, ne crut pas pouvoir en accepter la mention dans l'Arrangement et plusieurs Délégations, envisageant la possibilité de l'adhésion ultérieure de leur pays au dépôt international, firent observer que ce pourrait être un obstacle à l'adhésion.

Dans ces circonstances, la Délégation française n'a pas insisté sur l'adjonction du préambule ni sur l'amendement à l'article 21. Mais, comme à Washington, elle attire l'attention des chefs de Délégations sur l'importance de la protection des œuvres d'art décoratif sans formalités inutiles et les prie instamment de soumettre la question à leurs Gouvernements. Depuis Washington, le mouvement vers cette protection s'est sensiblement accentué : seules les Délégations allemande, belge, danoise, espagnole, italienne, suédoise et tunisienne avaient voté avec la Délégation française. Aujourd'hui, si les Délégations belge, danoise, italienne, suédoise sont restées sur la réserve, peut-être pour des raisons d'opportunité, parce qu'elles ne considèrent pas ce sujet comme appartenant au domaine de la Convention d'Union de la propriété industrielle, les Délégations autrichienne, hongroise, serbe-croate-slovène, suisse et tchécoslovaque acceptaient la proposition française sous l'article premier de la Convention. Depuis 1911, quatre lois nouvelles, notamment les lois autrichienne, hongroise, suisse et roumaine, ont placé l'art appliqué dans le domaine de la propriété artistique. Actuellement, d'après les indications de M. le Directeur du Bureau de Berne, dans seize pays il en serait ainsi, totalement ou partiellement, d'après la loi ou la jurisprudence.

Nous souhaitons que l'évolution des idées permette de rendre bientôt justice à tous les artistes, à tous les producteurs, qui travaillent dans le domaine des arts graphiques et plastiques appliqués à l'industrie qu'une récente exposition réunissait sous le vocable d'arts décoratifs, et de protéger partout aisément les produits de leur activité créatrice. »

M. le PRÉSIDENT donne acte à M. Maillard de cette déclaration.

M. COPPIETERS (Belgique), au nom de la Délégation belge, tient à préciser que si celle-ci n'a pu se rallier à l'insertion du texte que la Délégation française proposait d'introduire dans le préambule de l'Arrangement concernant le dépôt international des dessins ou modèles industriels, c'est avant tout parce que, d'une part, elle a estimé inopportun de formuler un texte touchant au domaine de la propriété artistique dans une Convention internationale ayant pour objet la propriété industrielle et que, d'autre part, elle a craint que l'insertion d'un pareil texte ne fût de nature à empêcher l'adhésion de certains pays à l'Arrangement proposé.

M. le PRÉSIDENT donne acte à M. Coppieters de sa déclaration. Aucune autre observation n'ayant été faite au sujet de l'article premier, il constate que celui-ci est adopté à l'unanimité.

ARTICLES 2 à 4

Adoptés à l'unanimité.

ARTICLE 4bis

Sir HUBERT LLEWELLYN SMITH (Grande-Bretagne) dépose la déclaration suivante:

« La Délégation britannique a examiné attentivement la situation qui s'est produite à propos d'un amendement proposé par la Délégation française et appuyé par une grande majorité des Délégations représentées à la Sous-Commission, au sujet de la fixation de la date des brevets.

L'état des législations en Grande-Bretagne et en Australie n'a pas permis aux Délégations de ces pays de se rallier à cette proposition, qui entraînerait dans leurs législations des modifications considérables auxquelles elles ne peuvent pas actuellement lier leurs Gouvernements.

Néanmoins, reconnaissant toute la valeur de l'opinion qui est en opposition avec la pratique britannique actuelle et l'intérêt qu'il y a à réaliser l'uniformité dans la mesure du possible, la Délégation britannique recommandera à son Gouvernement de prendre en sérieuse considération la possibilité d'une modification de sa législation qui réponde aux points de vue formulés à la présente Conférence. Lorsque la même question a été soulevée à Washington, la Délégation britannique avait promis de l'étudier, et à la suite de cette étude, jugeant qu'il était difficile de faire la concession désirée dans la forme particulière désirée, le Gouvernement britannique s'est efforcé de répondre indirectement à cette difficulté d'ordre pratique en prolongeant la durée des brevets de deux années. Nous regrettons de constater que ce changement n'a pas été considéré, en général, comme constituant une solution complète, et nous sommes donc prêts à aller plus loin en faisant à notre Gouvernement la recommandation dont j'ai parlé plus haut.

La Délégation britannique espère que cette déclaration sera accueillie comme preuve de son sincère désir de contribuer, dans toute la mesure de ses moyens, à la réalisation des résultats généralement satisfaisants des travaux de cette Conférence; mais il est évident que les chances de succès de la Délégation britannique augmenteront considérablement si d'autres Délégations qui se sont opposées en petite minorité aux amendements auxquels elle attache de l'importance (comme par exemple sur la question de la réserve des droits des tiers ou de l'indépendance des marques), veulent bien faire des déclarations dans le même esprit de conciliation en ce qui concerne ces matières. »

Acte est donné par M. le PRÉSIDENT de cette déclaration.

M. le COLONEL WATSON (Australie) déclare que la Délégation australienne se rallie à la déclaration de la Délégation britannique. Elle recommandera à son Gouvernement de prendre en sérieuse considération la possibilité de modifier la législation australienne dans le sens indiqué par les points de vue formulés au cours de la présente Conférence au sujet de l'article 4bis.

M. le PRÉSIDENT donne acte au Délégué de l'Australie de cette déclaration. Il constate que l'article 4bis n'ayant fait l'objet d'aucune autre remarque, celui-ci est adopté à l'unanimité.

Article 5

M. WALLACE R. LANE (États-Unis) exprime le désir que la déclaration qu'il a faite au nom de la Délégation des États-Unis au cours de la séance tenue par la Commission générale le 2 novembre, à 15 heures, soit insérée au procès-verbal de la présente séance. En relation avec cette déclaration, il informe qu'il se propose de faire parvenir au Bureau de Berne 50 exemplaires d'une brochure contenant l'exposé succinct des raisons pour lesquelles il estime qu'il serait profitable pour chaque pays de renoncer au système de taxes, d'exploitation et de licences obligatoires de brevet qu'ils appliquent actuellement. Il demande que le contenu de cette brochure soit également inséré au procès-verbal de la présente séance dans un but d'information des Délégués qui s'intéressent spécialement à cette question.

M. le PRÉSIDENT donne acte à M. Lane de ses dires.

La déclaration susdite est conçue en ces termes:

« La Délégation des États-Unis est heureuse de constater que les Délégués à cette Conférence ont été unanimes à recommander l'adoption des nouveaux alinéas 1 à 5 de l'article 5, en remplacement du second paragraphe du texte actuel dudit article.

Comme ces alinéas suppriment entièrement la déchéance des brevets, sauf au cas où les licences obligatoires ne suffiraient pas pour empêcher l'abus des droits conférés par le brevet, et affranchissent le brevet de toutes restrictions pendant un délai de trois ans à compter de sa concession, nous recommanderons à notre Gouvernement d'adhérer au Traité, bien que nous sachions parfaitement qu'il ne donnera pas entière satisfaction aux citoyens des États-Unis. C'est une mesure de conciliation. »

La brochure en question, rédigée à titre personnel par M. Lane, porte sur les deux points suivants: 1° *la réciprocité;* 2° *l'exploitation, les licences obligatoires et les taxes de brevets.*

En voici la substance:

« Les États-Unis avaient proposé d'amender l'article 2 du Traité actuel en y insérant une clause réservant à chacun des pays contractants « le droit d'imposer, en matière de propriété industrielle, aux ressortissants de tout autre pays contractant l'accomplissement de certaines ou de toutes les conditions imposées en cette matière à ses ressortissants par cet autre pays ».

Après une longue discussion, cette proposition fut rejetée par la Sous-Commission chargée d'examiner la question. Ceux qui s'opposaient à la proposition des États-Unis faisaient valoir comme motif que cet amendement changerait la Convention en substituant au traitement national le traitement réciproque, ce qui nécessiterait la prise en considération des différences existantes entre les lois et la jurisprudence dans les divers pays signataires de la Convention.

En présence de ce vote défavorable, les Délégués des États-Unis n'ont pas insisté davantage sur ce point, bien que la plupart des Délégués se rendissent compte du fait qu'en matière de brevets, les pays étrangers jouissent aux États-Unis d'une protection bien plus étendue et moins coûteuse que dans d'autres pays de l'Union, d'autant plus que dans beaucoup de pays les lois nationales portent actuellement:

a) qu'il y aura déchéance du brevet d'invention s'il n'est pas exploité dans un délai très court après le dépôt ou l'enregistrement;

b) que dans beaucoup de pays le breveté est obligé d'accorder des licences pour son brevet s'il n'est pas exploité;

c) que beaucoup de pays exigent le payement de taxes pour tous les brevets accordés, pendant presque toute la durée du brevet, et que le défaut de payement de ces taxes à la date prescrite entraîne la déchéance de tous les droits du chef du brevet. Dans certains pays, ces taxes sont très élevées.

Les États-Unis n'obligent pas un breveté, qu'il soit citoyen américain ou citoyen de n'importe quel pays, à:

a) exploiter ses brevets;
b) accorder des licences, ou
c) payer d'autres taxes que celle relative à l'examen préalable, à l'émission du brevet et au coût approximatif de l'impression du brevet.

En conséquence, les États-Unis ont proposé comme amendement un texte qui prendrait la place du 2e alinéa de l'article 5 actuel, et qui porte en substance que:

« 1° Aucune obligation autre que celles imposées par la législation du pays d'origine ne pourra frapper, en ce qui concerne l'exploitation ou la concession de licences obligatoires, les brevets pris dans l'un des pays de l'Union.

2° Aucune taxe ou annuité plus élevée que celles prévues par la législation du pays d'origine ne pourra frapper les brevets pris dans un des pays de l'Union. »

Dans la conception de l'auteur, le but de la Délégation américaine, en formulant ces propositions, était de permettre à chaque pays contractant de régler à sa façon l'obligation d'exploitation à l'égard de ses propres ressortissants, et d'affranchir les citoyens américains de ces obligations, parce que les États-Unis n'exigent aucune de ces conditions des ressortissants d'autres pays. Ces propositions furent rejetées par une Sous-Commission et les arguments qu'on fit valoir à l'encontre de ces propositions étaient à peu près les mêmes que ceux mis en avant contre la proposition de réciprocité que les États-Unis avaient formulée à l'article 2.

En présence de cette décision rejetant leurs propositions, les Délégués américains ont accepté, — de l'avis de M. Lane à titre provisoire (voir sa déclaration à la page 573) — au lieu du 2e paragraphe de l'article 5 du Traité actuel, une clause qui constitue un pas en avant dans la voie indiquée et tendant à donner aux citoyens des États-Unis un traitement un peu moins inégal que ne le faisait le second alinéa actuel de l'article 5. Les Délégués américains y ont consenti dans un esprit de conciliation et afin de permettre l'adhésion des États-Unis à la Convention. Cette partie du nouvel article 5 proposé est conçue comme suit:

« L'introduction par le breveté, dans le pays où le brevet a été accordé, d'objets fabriqués dans l'un ou l'autre pays de l'Union, n'entraînera pas la déchéance.

Toutefois, *chacun des pays contractants aura la faculté de prendre les mesures législatives nécessaires pour prévenir les abus qui pourraient résulter de l'exercice du droit exclusif conféré par le brevet, par exemple faute d'exploitation.*

Ces mesures ne pourront prévoir la déchéance du brevet que si la concession de licences obligatoires ne suffisait pas pour prévenir ces abus.

En aucun cas le brevet ne pourra faire l'objet de telles mesures avant l'expiration d'au moins trois années à compter de la date où il a été accordé et que si le breveté ne justifie pas d'excuses légitimes.

La protection des dessins et modèles industriels ne peut être atteinte par une déchéance quelconque pour introduction d'objets conformes à ceux protégés. »

M. Lane invite respectueusement tous les pays contractants à examiner immédiatement le point de savoir s'il n'est pas opportun pour chacun d'eux de supprimer dans leur législation respective toutes les dispositions qui exigent:

a) l'exploitation des brevets;
b) la concession de licences obligatoires pour des brevets;
c) les taxes sur les brevets.

Parmi les raisons qui lui font penser que chaque pays s'assurerait des résultats bienfaisants en supprimant ces exigences, nous citerons les suivantes:

« 1. Chaque pays devrait encourager les inventeurs à rendre publique, au moyen de brevets, toute invention de valeur, et devrait accorder aux inventeurs toutes facilités possibles pour obtenir et maintenir leurs brevets pendant la période légale pour laquelle ces brevets sont concédés.

2. Si l'inventeur est obligé, soit de payer des taxes élevées, soit d'accorder des licences, soit d'exploiter son brevet avant qu'il ait pu se procurer les facilités et les moyens requis pour mettre son brevet en valeur, il pourra ou bien garder pour soi son invention — et son pays n'en aura pas l'avantage — ou même la porter à l'étranger.

3. L'obligation d'exploiter édictée par un pays étranger oblige un pays à employer ses capitaux en un autre pays, alors que cet argent pourrait être bien mieux employé dans le pays même; elle oblige également à recourir à la main-d'œuvre étrangère alors cependant que la main-d'œuvre nationale pourrait être employée bien plus facilement et à beaucoup moins de frais. Ainsi donc, l'obligation d'exploiter dictée dans un pays agit au détriment des intérêts du pays d'origine et entraîne une perte d'argent, de temps et de main-d'œuvre.

4. Dans un grand nombre de cas, les inventeurs sont tellement en avance sur leur époque qu'il est impossible de mettre leur invention sur le marché, même pendant la plus grande portion de la période pendant laquelle le brevet est accordé, et si ces inventeurs sont obligés par la loi, soit d'exploiter leurs brevets, soit de concéder des licences, soit encore de payer des taxes élevées, leurs droits substantiels seront, dans bien des cas, détruits avant qu'ils puissent obtenir une récompense de leurs efforts et on empêchera l'éclosion de beaucoup d'industries qui, sans cela, contribueraient à la prospérité du pays.

De l'avis de M. Lane, les traités doivent avoir un caractère de réciprocité et assurer un traitement équitable et (dans la mesure du possible) égal aux ressortissants des pays contractants, si l'on veut qu'ils aient un caractère permanent.»

M. ITO (Japon) déclare ce qui suit:

« La Délégation japonaise a accepté les dispositions du 6e alinéa de l'article 5 (« *Aucun signe ou mention d'enregistrement ne sera exigé sur un produit, pour la reconnaissance du droit* ») car il serait excessif d'exiger pour tous les cas qu'une mention de l'enregistrement fût apposée sur le produit, mais elle estime qu'il en est tout autrement lorsqu'il s'agit des cas où la mention d'enregistrement est aisée. »

M. le PRÉSIDENT donne acte au Délégué du Japon de sa déclaration.

Sir HUBERT LLEWELLYN SMITH (Grande-Bretagne) remarque, en ce qui concerne l'alinéa 5 de l'article 5, que les mots « *qui sont* » doivent être insérés entre les mots « *conformes à ceux* » et « *protégés* ». Il ne s'agit là, ajoute-t-il, que d'une faute d'impression à corriger.

M. MAILLARD (France) déclare, en sa qualité de Président de la Commission de Rédaction, que ces mots seront rétablis.

M. ROBERTSON (États-Unis) dépose les déclarations suivantes:

« I. La Délégation des États-Unis a déjà abondamment expliqué les raisons pour lesquelles elle considère que les conditions en vigueur jusqu'ici en ce qui concerne les taxes, l'exploitation et les licences obligatoires en matière de brevets d'autres pays de l'Union ont comme conséquence de mettre les inventeurs américains dans une situation peu favorable. La présente Conférence, ayant examiné ces questions au cours des diverses séances, a décidé de modifier la Convention en remplaçant l'ancien article 5 par un article nouveau, lequel supprime la déchéance de brevet sauf au cas où les licences obligatoires sont insuffisantes pour prévenir les abus des droits conférés par le brevet et elle a accordé un délai de grâce pour le paiement des taxes. Lesdits amendements à la Convention sont appréciés à leur juste valeur par la Délégation des États-Unis qui les considère comme des concessions réelles. Cependant il reste encore un pas considérable à franchir pour arriver à la situation que les États-Unis estiment souhaitable.

La présente déclaration n'est pas faite dans le but de reprendre une discussion désormais close, mais simplement pour qu'elle soit consignée dans le procès-verbal de la présente séance, dans l'espoir que les pays unionistes intéressés voudront examiner ultérieurement les problèmes dont il s'agit et que, avant que la prochaine Conférence ne soit convoquée, les pays unionistes consentiront à apporter des modifications ultérieures aux conditions restrictives qu'ils imposent en matière de brevets.

II. La Délégation des États-Unis interprète la disposition contenue dans l'alinéa 6 de l'article 5, disposition en vertu de laquelle une mention d'enregistrement ne sera pas exigée en matière de dessins ou modèles industriels, dans le sens qu'elle ne porte pas atteinte aux prescriptions en vigueur de la loi américaine. Les prescriptions de celle-ci en ce qui concerne la mention du brevet ont été exposées par la Délégation américaine aux membres de la Conférence: elles ne seront pas modifiées ou atteintes par les dispositions de la Convention.

III. La Délégation des États-Unis interprète la disposition de l'alinéa 7 de l'article 5 — disposition affirmant que si dans un pays l'utilisation de la marque enregistrée est obligatoire, l'enregistrement ne pourra être annulé qu'après un délai équitable et si l'intéressé ne justifie pas des causes de son inaction — dans le sens que le pays où l'utilisation est requise sera seul juge pour établir la durée du délai en question et la légitimité des causes de l'inaction, conformément à sa législation et à sa jurisprudence. »

M. le PRÉSIDENT donne acte à la Délégation des États-Unis de ses déclarations.

Aucune autre Délégation n'ayant demandé la parole au sujet de l'article 5, il déclare que celui-ci est adopté à l'unanimité.

ARTICLE 5bis

M. ROBERTSON (États-Unis) déclare ce qui suit:

« La Délégation des États-Unis interprète les dispositions de l'article 5bis dans le sens que les taxes y mentionnées ne comprennent pas la taxe finale requise par la loi américaine après qu'une demande de brevet est acceptée et avant la délivrance du brevet, pour le paiement de laquelle ladite législation accorde un délai de six mois sans conditions ni surtaxes aucunes. »

M. le PRÉSIDENT donne acte à M. Robertson de sa déclaration.

M. MAILLARD (France) expose, en sa qualité de Président de la Commission de Rédaction, que certaines Délégations ont reproché au texte de cet article et à l'exposé des motifs qui s'y réfère un certain manque de clarté. Il reconnaît, quant au fond, l'exactitude de ces observations, et il estime — en effet — qu'il y a lieu de modifier légèrement le texte de l'exposé des motifs et celui de l'article, pour en faire ressortir que cet article se divise en deux parties distinctes:

1re partie (alinéa 1): concession d'un délai de grâce s'appliquant à tous les droits de propriété industrielle;

2e partie (alinéa 2): extension du délai de grâce ou restauration en faveur des brevets seulement et non pas, comme à l'alinéa 1, de tous les titres de propriété industrielle. Il propose donc les modifications suivantes:

a) Exposé des motifs ad article 5bis. — Remplacer à l'alinéa 2, deuxième phrase, le texte actuel par le texte suivant:

« Puis, il faut distinguer entre le délai de grâce très court qui peut être accordé à l'intéressé pour payer la taxe moyennant une amende, sans avoir à justifier d'aucune excuse, et le relèvement de déchéance qui pourrait encore être accordé au delà de ce délai de grâce, mais alors seulement pour une cause accidentelle ou en cas de force majeure. »

b) Ad alinéa 2 du texte de l'article 5bis. — Insérer au commencement de l'alinéa les mots « *Pour les brevets d'invention* ».

Ces modifications ayant été adoptées à l'unanimité, il est décidé qu'elles seront reproduites dans l'édition définitive du Rapport à insérer dans les Actes de la Conférence et que l'amendement relatif au texte sera également apporté à l'Acte à soumettre le lendemain à la signature des Délégués.

M. le PRÉSIDENT constate que l'article 5bis est adopté à l'unanimité, sous réserve de ladite rectification.

Il appelle les numéros des articles suivants:

Article 5ter

Adopté à l'unanimité.

Article 6

M. VON SPECHT (Allemagne) donne lecture de la déclaration qui suit:

« La proposition faite à l'article 6 d'admettre le refus ou l'invalidation d'une marque lorsque son dépôt constituerait un acte de concurrence déloyale n'a pas trouvé l'approbation de la Conférence.

La Délégation d'Allemagne tient à déclarer que son pays se réserve le droit de considérer des marques dont le dépôt constituerait un acte de concurrence déloyale comme contraires à la morale et à l'ordre public, et, pour cette raison, de refuser ou d'invalider l'enregistrement de pareilles marques, en vertu du n° 3 de l'alinéa 2 de l'article 6. »

Les Délégations britannique, suisse, autrichienne, tchécoslovaque, espagnole et cubaine se rallient à cette déclaration.

M. HERMANN-OTAVSKÝ (Tchécoslovaquie) ajoute que le projet de loi tchécoslovaque sur la répression de la concurrence déloyale, qu'on peut s'attendre à voir voter l'année prochaine, prévoit la possibilité de procéder contre celui qui aura commis, en déposant une marque, un acte de concurrence déloyale.

M. le PRÉSIDENT donne acte de cette déclaration à la Délégation d'Allemagne et aux Délégations qui s'y sont ralliées, après quoi l'article est adopté à l'unanimité.

Articles 6bis à 9

Adoptés à l'unanimité.

Article 10

M. RÖTHLISBERGER (Bureau international de Berne) considère comme étant de son devoir d'attirer l'attention de la Conférence sur le fait qu'il a été apporté au deuxième alinéa une légère retouche de pure forme.

Il précise que puisque la Conférence a décidé d'ajouter au premier alinéa de cet article les mots « *ou d'un pays* », il convient de faire de même dans le deuxième alinéa. Pour ces motifs, les mots « *soit dans le pays faussement indiqué* » ont été insérés *in fine* audit alinéa dans la deuxième épreuve du Rapport que les Délégués ont sous les yeux.

Cette adjonction est approuvée à l'unanimité.

M. DROUETS (France) lit la déclaration qui suit:

« Le Gouvernement français est plus que tout autre animé du désir de réprimer l'emploi des fausses indications de provenance et d'assurer d'une manière efficace la protection des appellations géographiques d'origine, dont il considère l'emploi comme un droit exclusif incontestable des pays auxquels elles appartiennent et qui seuls lui paraissent qualifiés pour en déterminer exactement la portée. Il avait proposé, en conséquence, avec le sentiment de garantir équitablement en la matière les droits et les intérêts légitimes de chacun des pays unionistes d'apporter à l'article 10 de la Convention générale de l'Union certaines modifications qui eussent permis d'atteindre et de réprimer de la façon la plus sûre, toute utilisation illicite et abusive des appellations géographiques. Ces modifications n'ayant pas été admises par la Conférence, la Délégation française tient à déclarer qu'elle s'est vue, à regret, dans l'obligation de réclamer le maintien intégral, sauf quelques changements de détail, du texte actuel de l'article 10, pour le motif que la modification qui y aurait été introduite, outre qu'elle lui apparaissait comme manifestement insuffisante, aurait eu, à son avis, le grave inconvénient d'affaiblir singulièrement la valeur et l'intérêt de l'Arrangement spécial de Madrid pour la répression des fausses indications de provenance dont les dispositions constituent à peine un minimum de garantie contre les actes qui y sont visés. »

M. DE SOUSA SANTOS BANDEIRA (Portugal) déclare que la Délégation portugaise appuie de toutes ses forces la déclaration faite par la Délégation française.

Les Délégations de Cuba et de Turquie font de même.

M. le PRÉSIDENT donne acte à ces Délégations de leurs déclarations.

Il constate que l'article 10 est adopté à l'unanimité et appelle le numéro suivant.

ARTICLE 10bis

M. BJÖRKLUND (Suède) dépose la déclaration suivante:

« La Délégation suédoise a déjà insisté sur les grandes difficultés qui — étant données les dispositions particulières de la loi fondamentale suédoise sur la liberté de la presse — s'opposent à l'introduction en Suède d'une législation générale et efficace contre la concurrence déloyale, surtout quand il s'agit de la réclame illicite. Dans ces circonstances, la Délégation s'est permis, conformément aux instructions de son Gouvernement, de proposer que les dispositions contre la concurrence déloyale fussent rédigées dans la forme d'un acte additionnel. Cette proposition n'a pas été approuvée.

Pour ce qui concerne l'article 10bis tel qu'il est maintenant proposé à l'adoption de la Conférence et qui, quand même il exprime le principe de la répression générale de la concurrence déloyale, en vise pourtant principalement, ainsi qu'il ressort aussi bien de la teneur même de l'article que de l'exposé des motifs qui l'accompagne, certaines formes spéciales, savoir la confusion et le dénigrement, la Délégation trouve les difficultés pour l'adhésion de la Suède à un tel degré diminuées par ce projet qu'elle ne croit pas devoir s'y opposer mais signera la Convention *ad referendum.* »

M. le PRÉSIDENT donne acte à M. Björklund de sa déclaration.

M. MAILLARD (France) expose, en sa qualité de Président de la Commission de Rédaction, que la Délégation suisse a demandé qu'il soit ajouté au commentaire de cet article une phrase indiquant qu'il est bien entendu que les pays ne sont pas tenus d'édicter une loi spéciale sur la concurrence déloyale. Il fait connaître à la Conférence que, tel étant, en effet, l'esprit des dispositions de cet article, il se propose — si personne n'y voit d'objection — d'apporter à son commentaire ladite adjonction. Aucune opposition n'ayant été formulée, il déclare qu'il en sera fait ainsi.

M. Maillard porte ensuite à la connaissance de la Conférence le fait que la Délégation britannique, tout en approuvant la substitution du mot «*produits*» aux mots «produits et marchandises» dans tous les autres articles de la Convention, aimerait voir le mot «produits» remplacé par le mot «*marchandises*» dans l'article 10bis.

Sir HUBERT LLEWELLYN SMITH (Grande-Bretagne) précise la portée de ladite proposition en exposant que dans l'article 10bis seulement, et non pas dans les autres, le mot «*produit*» peut présenter le danger que seules les marchandises produites par un concurrent seraient visées et non pas aussi celles qui font l'objet de son commerce, alors qu'en fait la prescription embrasse dans son esprit soit l'une, soit l'autre de ces formes d'activité.

Une courte discussion s'ensuit, à laquelle prennent part le Président et les Délégations américaine, britannique, espagnole et française. D'aucuns craignent que l'emploi du mot «*marchandises*» dans un seul article et celui de «*produits*» dans les autres ne revienne à limiter la portée de ce dernier, d'autres aimeraient mieux rétablir — en ce qui concerne l'article 10bis — les mots «*produits ou marchandises*» ou «*produits et marchandises*», d'autres encore opteraient pour le rétablissement de ces deux mots dans toute la Convention. Il résulte en tous cas de cette discussion que la Conférence est d'accord sur le point que le mot «*produits*» embrasse en français les «*marchandises*», en sorte qu'il n'y aurait aucun danger à le laisser, seul, dans la Convention et même dans l'article 10bis.

Sir HUBERT LLEWELLYN SMITH (Grande-Bretagne) déclare qu'il préfère renoncer à sa proposition plutôt que de voir les mots «*produits ou marchandises*» rétablis dans tous les articles.

Il a d'autant moins de difficulté à le faire qu'il retient de la discussion que le mot «*produit*» ne peut être limité, même dans le cas spécial visé par l'article 10bis, aux marchandises produites par un concurrent.

M. le PRÉSIDENT constate que l'accord s'est fait sur le maintien du mot «*produits*» dont la portée a été ainsi précisée.

M. MAILLARD (France), parlant au nom de la Délégation française, fait la déclaration suivante:

«La Délégation française avait, dans le même esprit que le Comité économique de la Société des Nations, présenté un projet qui résumait les principales dispositions nécessaires pour réprimer la concurrence déloyale et qui donnait une base pour assurer essentiellement cette répression par les lois ou la jurisprudence des pays de l'Union. Elle est heureuse d'avoir pu rallier unanimement la Conférence à l'idée de proclamer, à ce point de vue, une règle générale et d'interdire tous actes de concurrence contraires aux usages loyaux du commerce et de l'industrie, car on ne pourra jamais énumérer tous les cas; la concurrence déloyale est d'une ingéniosité sans limite et prend les formes les plus imprévues. Mais la Délégation française aurait souhaité qu'en outre on eût groupé les principaux modes de concurrence déloyale et donné une sorte de plan de campagne, pour la réprimer complètement dans le domaine de l'Union et atteindre la concurrence illicite elle-même, sous toutes ses formes, en faisant au moins cesser les agissements du concurrent qui prétexte de son ignorance et de son inadvertance et a pu, en effet, à l'origine, être de bonne foi; elle regrette qu'on ne soit parvenu à s'entendre que pour citer deux groupes d'actes de concurrence déloyale, mais il est bien entendu que ce sont là seulement des exemples et que les cas qui n'y sont pas compris ne se trouvent point légitimés, par cela même.»

M. CAPITAINE (Belgique) déclare ce qui suit:

« En vertu des dispositions de la loi belge sur les marques de fabrique, les signes susceptibles de constituer une marque de fabrique sont dépourvus de toute protection à défaut de dépôt régulier.

Tant que sa législation demeurera telle, la Belgique ne peut donc s'engager à protéger ces signes du chef de répression de la concurrence déloyale, lorsqu'ils n'auront pas fait l'objet d'un dépôt régulier. »

Sir HUBERT LLEWELLYN SMITH (Grande-Bretagne) dépose la déclaration suivante:

« En prenant acte de la déclaration du Délégué belge, la Délégation britannique tient à exprimer le ferme espoir que l'on trouvera le moyen d'accorder dans l'application de la loi belge une protection complète à toutes les marques qui, en vertu de ladite déclaration, ne pourront se réclamer de la protection spéciale prévue à l'article 10bis, ou bien de se rallier au principe de l'indépendance des marques. »

M. BARONE (Italie) déclare que la Délégation italienne s'associe à l'espoir exprimé par la Délégation britannique.

M. WALLACE R. LANE (États-Unis) fait de même au nom de la Délégation américaine.

M. le PRÉSIDENT donne acte à ces diverses Délégations de leurs déclarations. Il rappelle qu'il y a lieu ici d'insérer au procès-verbal une déclaration faite en séance de Commission générale par la Délégation du Royaume des Serbes-Croates-Slovènes, à laquelle il donne par conséquent la parole.

M. CHOUMANE (Royaume des Serbes-Croates-Slovènes) lit la déclaration suivante:

« Bien avant le commencement de la Conférence, l'Administration de l'État des Serbes, Croates et Slovènes a envoyé un amendement au Bureau international, tendant à réprimer la concurrence déloyale dans le commerce des nouvelles du jour et des informations obtenues par une quelconque des agences internationales.

Ce vœu a été imprimé dans le fascicule VII du Bureau international et reproduit dans le Programme de la Conférence. Mais pendant le travail de la Sous-Commission, c'est à la seconde lecture seulement que nous avons attiré l'attention de la Conférence sur notre amendement. La proposition de l'honorable Délégué de la France M. Maillard, que la question soit renvoyée à un Comité d'études, n'ayant été acceptée par aucune des Délégations, nous avons retiré notre amendement. Mais, ayant quand-même le désir de faire quelque chose pour la protection de ce droit des agences télégraphiques, nous avons l'honneur de proposer maintenant un simple vœu, qui n'aura d'effet que dans l'avenir.

Il est notoirement connu, aujourd'hui plus que jamais, que les différentes nouvelles du jour représentent une valeur commerciale assez considérable. De nombreuses agences télégraphiques internationales se sont constituées, en vue de faire le commerce avec ces informations.

Il est par conséquent juste de leur garantir un commerce équitable et de réprimer tous les actes qui tendent à leur faire une concurrence déloyale.

Notre Délégation a l'honneur encore de faire remarquer aux honorables Délégués que sa proposition doit être entendue en ce sens que la protection des nouvelles du jour et des informations se rapporte aux nouvelles et informations qui ne sont pas encore publiées par l'agence.

Nous sommes heureux de pouvoir déclarer dès maintenant que la Délégation de l'Espagne nous a déclaré qu'elle accepte en principe le vœu que nous proposons. »

M. MENDEZ DE VIGO (Espagne) tient à affirmer que la Délégation de l'Espagne, qui avait préalablement donné son approbation à la déclaration que la Délégation du Royaume des Serbes, Croates et Slovènes vient de faire, l'appuie de toutes ses forces.

M. le PRÉSIDENT donne acte à ces deux Délégations de leurs déclarations et constate que l'article 10bis est adopté à l'unanimité.

Article 10ter

M. BARONE (Italie) déclare ce qui suit:

« La Délégation italienne déclare considérer qu'il est bien entendu que les actes prévus à l'article 10bis, accomplis de bonne foi, ne peuvent jamais donner lieu à un dédommagement, mais seulement à l'interdiction de la répétition ultérieure des actes mêmes.

A ce principe correspond en fait l'expression générique « devront être interdits » adoptée dans le deuxième alinéa de l'article 10bis. »

M. le PRÉSIDENT donne acte à M. Barone de cette déclaration et constate que l'article 10ter est adopté à l'unanimité.

Il appelle ensuite les numéros des articles suivants.

Articles 11 à 19

Adoptés à l'unanimité.

M. le PRÉSIDENT constate que le nouveau texte de la Convention d'Union est adopté à l'unanimité. *(Applaudissements.)*

Il passe à l'

ARRANGEMENT

CONCERNANT

L'ENREGISTREMENT INTERNATIONAL DES MARQUES DE FABRIQUE OU DE COMMERCE

dont il va appeler les articles suivant le système adopté pour la Convention.

Articles premier à 5bis

Adoptés à l'unanimité.

Article 5ter

M. RÖTHLISBERGER (Bureau international de Berne) tient à attirer l'attention de la Conférence sur le fait qu'il a été ajouté à cet article les mots: « *Il pourra aussi, contre rémunération, se charger de faire des recherches d'antériorité parmi les marques internationales.* »

Il s'agit là d'une adjonction de pure rédaction, ayant pour objet de mettre le texte dudit article en harmonie avec l'article 2 du Règlement, en tenant compte d'une observation faite par la Délégation tchécoslovaque au cours d'une des séances tenues par la Commission générale.

Ladite adjonction n'ayant soulevé aucune objection, le PRÉSIDENT constate que l'article 5ter est adopté à l'unanimité.

Articles 6 à 12

Adoptés à l'unanimité.

Le PRÉSIDENT constate que le texte amendé de l'Arrangement de Madrid concernant l'enregistrement des marques de fabrique ou de commerce est approuvé à l'unanimité. *(Applaudissements.)*

Il déclare qu'il va appeler maintenant les numéros des articles de l'

ARRANGEMENT DE MADRID

CONCERNANT

LA RÉPRESSION DES FAUSSES INDICATIONS DE PROVENANCE

M. DROUETS (France) fait la déclaration générale qui suit:

« La Délégation française tient à exprimer ses regrets qu'à défaut de l'introduction dans la Convention générale d'Union de dispositions précises assurant la protection des appellations géographiques d'origine, il n'ait pas été possible du moins d'obtenir l'extension et l'amélioration des règles inscrites à ce sujet dans l'Arrangement de Madrid. Elle croit devoir demander à toutes les Délégations de vouloir bien appeler l'attention toute spéciale de leurs Gouvernements respectifs sur la question, afin que, dans le but d'assurer entièrement la loyauté des transactions commerciales et de sauvegarder les droits et les intérêts légitimes de chaque pays dans le commerce international, un accord puisse intervenir à ce sujet entre les pays unionistes et compléter heureusement les dispositions adoptées par la présente Conférence en vue de la répression de la concurrence déloyale. »

Les Délégations du Portugal, d'Espagne et de Cuba se rallient à cette déclaration.

M. le PRÉSIDENT leur donne acte de leurs dires. Il appelle ensuite l'

ARTICLE PREMIER

M. MAILLARD (France) expose, en sa qualité de Président de la Commission de Rédaction, que, par suite d'une faute d'impression, le 4e alinéa de cet article a été omis dans le Rapport. Il assure la Conférence que cet alinéa sera inséré entre l'alinéa 3 et l'alinéa 5 dans l'Acte qui va être signé le lendemain et dans l'édition définitive du Rapport.

La Conférence prend note de cette déclaration.

L'article premier est adopté à l'unanimité.

ARTICLES 2 à 6

Adoptés à l'unanimité.

M. le PRÉSIDENT constate que le texte revisé de l'Arrangement de Madrid concernant la répression des fausses indications de provenance est adopté à l'unanimité. *(Applaudissements.)*

M. RÖTHLISBERGER (Bureau international de Berne) constate que le texte dudit Arrangement figure dans le Rapport après celui de l'Arrangement concernant les marques. Il déclare que, soit dans les textes qui vont être signés le lendemain, soit dans les Actes de la Conférence qui seront édités à Berne par les soins du Bureau international, l'Arrangement de Madrid concernant les indications de provenance sera placé immédiatement après la Convention, ainsi qu'il a été fait à Washington et en conformité avec la déclaration que la Délégation française vient de faire, à savoir que cet Arrangement est le complément de la Convention.

Suivront l'Arrangement concernant l'enregistrement international des marques et l'Arrangement de La Haye concernant le dépôt international des dessins ou modèles.

M. le PRÉSIDENT donne acte au Directeur du Bureau international de sa déclaration et constate que cette manière de procéder est approuvée à l'unanimité. Il annonce qu'il va appeler les numéros des articles de l'

ARRANGEMENT DE LA HAYE

CONCERNANT

LE DÉPOT INTERNATIONAL DES DESSINS OU MODÈLES INDUSTRIELS

M. HERMANN-OTAVSKÝ (Tchécoslovaquie) déclare ce qui suit:

« La Délégation tchécoslovaque apprécie hautement la proposition de l'Arrangement concernant le dépôt international des dessins ou modèles industriels présentée à la Séance plénière. Malgré cela elle s'abstiendra tant du vote que de la signature de cet Arrangement, eu égard à l'état actuel de la législation en Tchécoslovaquie dans ce domaine, qui ne prête pas encore une base appropriée pour l'application des dispositions proposées. Pourtant il existe déjà dans notre pays un projet ministériel d'une nouvelle loi sur les dessins et modèles et on peut s'attendre à ce qu'une réforme législative dans ce domaine rende possible à notre Gouvernement d'adhérer à l'Arrangement dans un délai pas trop éloigné. »

M. DUSCHANEK (Autriche) lit la déclaration suivante:

« La Délégation de l'Autriche déclare que le Gouvernement fédéral autrichien apprécie hautement l'importance des efforts tendant à l'organisation d'un dépôt international des dessins et modèles industriels en vue de sauvegarder, d'une manière efficace, les intérêts des créateurs des dessins et modèles ainsi que les intérêts de l'industrie.

C'est pourquoi son Gouvernement regrette vivement de ne pas être à même, vu l'état présent de la législation autrichienne, de prendre part actuellement à l'Arrangement dont il s'agit. Mais il examinera sérieusement la question d'adhérer ultérieurement à cet Arrangement, au cas de sa conclusion, dès que la législation du pays sera réformée.

Pour ces raisons la Délégation autrichienne s'abstiendra du vote et de la signature. »

M. le PRÉSIDENT donne acte aux Délégations tchécoslovaque et autrichienne de leurs déclarations et passe à l'appel des numéros des articles.

Articles 1 à 4

Adoptés à l'unanimité.

Article 5

M. VON SPECHT (Allemagne) demande que le mot « *État* » soit remplacé par le mot « *pays* » qui est employé dans les autres articles.

Il en est ainsi décidé.

M. le PRÉSIDENT constate que l'article 5 est adopté à l'unanimité.

Articles 6 à 15

Adoptés à l'unanimité.

Article 16

M. BARBOZA-CARNEIRO (Comité Économique de la Société des Nations) remarque une faute d'impression dans le texte proposé pour l'article 16. Il faut y lire « article 8 du Règlement » et non pas « article 7 ».

Cette rectification est ordonnée. L'article 16 est adopté à l'unanimité.

ARTICLES 17 à 23.

Adoptés à l'unanimité.

M. le PRÉSIDENT constate que l'Arrangement de La Haye est adopté à l'unanimité par la Conférence. *(Applaudissements.)*

M. MARCEL PLAISANT (France) fait, au nom de la Délégation française, la déclaration suivante:

« Au moment où la Conférence vient d'adopter le texte du nouvel instrument diplomatique qui portera le nom d'Arrangement de La Haye concernant le dépôt international des dessins ou modèles industriels, le Gouvernement de la République française est heureux de saluer la naissance d'une œuvre qui témoigne du souci de plus en plus répandu dans les pays de l'Union d'augmenter la protection de toutes les créations de la forme et de la pensée.

Déjà à la Conférence de Washington en 1911, le Gouvernement français avait déposé un projet d'Arrangement international relatif aux dessins et modèles en six articles. Le projet de la France fut écarté pour le motif d'être arrivé trop tard, mais un vœu de la Conférence investissait le Directeur du Bureau international de la mission d'élaborer un projet d'enregistrement international. C'est dans cet esprit que se présentait le texte préparé à Berne. La Conférence s'est prononcée pour un régime plus radical en adoptant le système du dépôt unique au Bureau international.

Mais il reste bien entendu, conformément aux stipulations insérées dans les articles 1 et 4 de l'Arrangement, que d'une part les nationaux de chaque pays contractant demeureront entièrement soumis aux prescriptions de leur loi intérieure, et que d'autre part les ressortissants des pays unionistes propriétaires de dessins ou modèles ayant fait l'objet du dépôt international devront satisfaire aux obligations édictées par les lois intérieures pour l'exercice de leurs droits, par exemple en France, en ce qui concerne le mode de publicité du dessin ou modèle.

Nous avons été heureux de voir consacrer, pour établir la preuve de la priorité de création à l'article 6, l'emploi des enveloppes doubles perforées avec numéro de contrôle (système Soleau) qui ont suscité un si vif mouvement d'intérêt dans tous les milieux internationaux où nous les avions présentées.

Comme M. Soleau avait généreusement offert au Service de la propriété industrielle à Paris une machine à numéroter et à dater par perforation de broches d'acier, ainsi il est disposé à renouveler ce geste en faveur du Bureau international de Berne et de quelques autres pays étrangers. Il a fait part de ce désir à certains groupements français pour la protection de la propriété industrielle et je suis prié de l'annoncer à la Conférence.

Comme Président de la Sous-Commission chargée de l'examen du texte, je suis fier de rendre hommage tant à l'éminent Directeur du Bureau international, qui nous a livré une excellente matière de travail, qu'aux nombreux Délégués de tous les pays qui ont pris part au débat et qui par leurs amendements et leurs observations, ont contribué d'une manière si féconde à l'ordonnance du monument que nous venons d'ériger à La Haye.

Qu'il me soit permis de former le vœu que les sentiments infiniment respectables qui retiennent encore certains États aux bords de cette Union restreinte finissent par s'évanouir, et qu'à la suite des études convenables qui seront entreprises demain dans tous les pays de l'Union, nous puissions saluer bientôt de nouvelles adhésions qui engloberont le plus grand nombre de peuples dans cette protection de toutes les formes de la création.

Comme Délégué du Gouvernement de la République il me plaît aujourd'hui de contempler les Pays-Bas et la France unis dans un même destin. Au moment où vient de se clore à Paris l'Exposition internationale des Arts décoratifs et industriels pendant laquelle nous avons donné asile aux artistes et créateurs du monde entier accourus dans un effort de renaissance, nous allons signer à La Haye, grâce à l'hospitalité des Pays-Bas, un Arrangement qui consacre les droits à la protection des œuvres les plus modestes du plus humble des artisans dans l'ordre industriel. Ce sont les deux volets du diptyque, mais ils sont reliés par un cadre dont nous vous sommes redevables, à vous tous Messieurs: c'est l'esprit de haut libéralisme, le véritable esprit international qui vous anime pour défendre tous les droits de la pensée. » *(Applaudissements.)*

M. le PRÉSIDENT tient à remercier, au nom de la Conférence, M. Marcel Plaisant pour les paroles éloquentes qu'il vient de prononcer, paroles qui l'ont profondément touché.

Il souhaite que les vœux exprimés en une forme aussi ailée par l'éminent Délégué de la France trouvent bientôt une heureuse réalisation.

M. MENDEZ DE VIGO (Espagne) déclare qu'il tient à remplir un devoir de gratitude vis-à-vis de la Présidence et des membres de la Conférence, pour les marques de déférence dont ont été l'objet les techniciens de la Délégation espagnole, MM. Cabello Lapiedra et Garcia-Monge.

Il a pris part déjà à plusieurs conférences et il pourrait citer comme un exemple de chevaleresque discussion, de polémique scientifique et de courtoisie sans pareille la façon dont les Délégations ont accueilli les propositions faites par la Délégation espagnole à l'article 6 du Règlement concernant l'enregistrement international des marques de fabrique ou de commerce et sous la lettre *d)* de l'article 2.

Il prie la Présidence de signaler dans le rapport de la séance la reconnaissance de la Délégation espagnole.

M. le PRÉSIDENT remercie vivement S. E. M. le Ministre d'Espagne à La Haye de ses aimables expressions, qui seront consignées dans le procès-verbal.

Il attire ensuite l'attention de l'Assemblée sur le fait que les Règlements pour l'exécution des Arrangements concernant l'enregistrement international des marques de fabrique ou de commerce et le dépôt international des dessins ou modèles industriels ont été soigneusement examinés et dûment modifiés soit en Sous-Commission, soit en Commission. Il propose donc d'adopter leurs textes en bloc.

Les textes de ces Règlements sont adoptés à l'unanimité.

M. le PRÉSIDENT rappelle que les Règlements ne seront pas soumis le lendemain à la signature de MM. les Plénipotentiaires, leur approbation par la Conférence suffisant à les sanctionner.

La séance est interrompue à 17 h. 45.

Elle est reprise à 18 heures.

M. le PRÉSIDENT rappelle qu'il y a lieu encore de procéder à l'adoption des résolutions et vœux.

Il appelle le titre du premier:

Vœu relatif à l'article 12 de la Convention
(feuille périodique, publications)

M. DROUETS (France) fait la déclaration suivante:

« La Délégation française, considérant que l'impression et la publication des brevets d'invention entraînent actuellement des dépenses considérables, dont il est légitime que chaque pays puisse se couvrir au moins en partie par le produit de la vente de ses propres publications, exprime le désir que les diverses Administrations des pays unionistes veuillent bien inviter les intéressés à se procurer directement les descriptions des brevets d'invention auprès des Administrations qui les ont éditées et publiées et s'abstiennent de fournir au public des reproductions photographiques ou autres des publications des autres Administrations, reçues gratuitement par voie d'échange pour les besoins du service, à moins de circonstances exceptionnelles, telles que, par exemple, l'épuisement justifié du tirage imprimé. »

M. le PRÉSIDENT donne acte à M. Drouets de sa déclaration. Il constate que le vœu est adopté à l'unanimité.

Résolution relative à l'article 13 de la Convention
(langue officielle, traductions)

Adoptée à l'unanimité.

Résolution relative à l'article 13 de la Convention
(mesures provisoires)

M. MAILLARD (France) propose de modifier comme suit le texte de cette résolution :

« La Conférence décide que si, dans l'intervalle entre deux Conférences, le Bureau international juge utile, dans l'intérêt de l'Union générale ou d'une des Unions restreintes, de provoquer l'application d'une mesure urgente, *il demandera au* Conseil fédéral suisse de soumettre aux États contractants l'adoption de cette mesure, en recourant à la procédure qu'il a suivie en 1921 pour l'augmentation...... » (le reste de la résolution ne fait pas l'objet de modifications).

Aucune observation n'ayant été présentée, M. le PRÉSIDENT constate que cette résolution est adoptée à l'unanimité, telle qu'elle vient d'être amendée.

Résolution relative à l'Arrangement concernant les marques
(répartition des recettes)

Adoptée à l'unanimité.

M. le PRÉSIDENT rappelle que la décision a été prise en séance de Commission générale de réunir à Berne une Conférence technique des Directeurs des Offices nationaux de la propriété industrielle. Il estime qu'il conviendrait de sanctionner ici cette décision et propose à l'adoption de la Conférence la résolution suivante :

« La Conférence approuve le projet de convoquer à Berne en 1926 une Réunion technique analogue à celle convoquée en 1904, chargée d'examiner : 1° la simplification des formalités pour le dépôt des demandes de brevet ; 2° la classification internationale des produits auxquels s'appliquent les marques ; 3° éventuellement d'autres questions d'ordre technique. »

Cette résolution est approuvée à l'unanimité.

M. le PRÉSIDENT constate que les résultats des travaux de la Conférence sont ainsi acquis.

Il va maintenant donner la parole aux Délégués qui la demanderont.

M. ITO (Japon) déclare qu'il n'est sans doute pas nécessaire de faire l'éloge du Rapport présenté par la Commission de Rédaction que les Délégués ont entre les mains, car le mérite en saute aux yeux. De plus, ajoute-t-il, ce rapport est le seul qui ait été soumis à l'examen de la Commission générale et des Sous-Commissions, ce qui en augmente singulièrement la valeur. Cependant, la Délégation japonaise tient à souligner l'importance toute particulière qu'elle attache à ce travail et serait très heureuse si sa manière de voir rencontrait l'approbation de l'Assemblée.

M. le PRÉSIDENT se rallie cordialement à l'hommage que la Délégation japonaise vient de rendre au remarquable travail de M. Maillard. La Conférence toute entière s'associe à ce juste hommage par des applaudissements prolongés.

Sir HUBERT LLEWELLYN SMITH (Grande-Bretagne) prononce le discours suivant:

« Conformément aux instructions de mon Gouvernement, j'ai le grand honneur d'inviter cordialement l'Union de la propriété industrielle à tenir sa prochaine Conférence à Londres. *(Applaudissements.)*

Les dispositions prises par le Gouvernement des Pays-Bas, en vue d'assurer le bien-être et le confort des Délégations de la présente Conférence, ont atteint un degré si élevé que nous ne pouvons mieux faire que de promettre, que si l'invitation britannique est acceptée, nous ferons tout le possible pour ne pas tomber trop en dessous du standard ainsi établi.

Je saisis cette occasion pour exprimer à notre Président, et par son intermédiaire au Gouvernement des Pays-Bas, le profond sentiment de gratitude qui anime non seulement les Délégations qui représentent les diverses parties de l'Empire britannique, mais, j'en suis sûr, toutes les Délégations ici présentes, pour le magnifique accueil qui nous a été réservé à La Haye.

Rien de ce qui pouvait rendre notre séjour agréable n'a été épargné et nous en emporterons les plus agréables souvenirs. Je tiens à ajouter, à votre adresse personnelle, Monsieur le Président, nos vifs remerciements pour la dignité, le tact et l'impartialité avec lesquels vous avez mené nos délibérations à une heureuse conclusion.

Car cette Conférence n'a pas seulement réussi, en tant que réunion: elle a aussi produit de précieux résultats, et si peut-être ces résultats n'ont pas tout à fait répondu à ce qu'attendaient certains des plus jeunes et des plus ardents d'entre nous, néanmoins, dans les limites modestes imposées par la règle de l'unanimité, ils conféreront au monde des bénéfices substantiels et permanents.

Si nous recherchons la véritable origine ou provenance de notre succès, nous constaterons, comme c'est souvent le cas, que cette origine est mélangée. Certes, je ne voudrais pas assumer la tâche (selon un amendement dont à un certain moment a été saisie la Conférence) de marquer les pourcentages exacts de notre succès, qui ont telle ou telle origine. Mais il est bien certain que si nous voulions attribuer aux efforts et aux mérites des Délégations elles-mêmes la totalité des succès obtenus, nous commettrions une sérieuse contravention à la Convention que nous venons d'adopter.

J'ignore si ce serait ou non une contravention à l'article 10, dans sa forme malheureusement si atténuée, mais j'ose dire qu'il y aurait là une contravention à l'article 10bis. Car non seulement ce serait une fausse réclame, mais ce serait un dénigrement des efforts très précieux d'autrui et une confusion avec leur œuvre.

Car, après avoir reconnu les grands services que nous a rendus notre Président, en dirigeant nos travaux, nous devons tous rendre un hommage de vive reconnaissance à l'œuvre longue et ardue et à l'excellent travail préparatoire exécutés avec un dévouement inlassable par le Dr Röthlisberger et ses collaborateurs du Bureau international de Berne, sans lesquels il nous aurait été impossible de mener notre tâche à bien.

Qu'il me soit permis d'ajouter un mot, pour dire combien vivement nous apprécions le travail qu'ont fourni le personnel du Secrétariat et les autres employés, à qui incombait une tâche si lourde et qui tous, sans exception, ont si bien rempli leur rôle; qu'il me soit permis, dans ce témoignage de notre gratitude, de ne pas oublier les imprimeurs.

Ici, il faut que je m'arrête, car je ne voudrais pas commettre un abus de droit exclusif conféré par mon mandat, pour ne pas m'exposer à tomber sous le coup de l'article 5, ce qui pourrait avoir le résultat lamentable d'accorder des licences obligatoires à toutes les Délégations de garder aussi longtemps la parole. Ma seule excuse (et il vous appartient de décider si je puis justifier d'une excuse légitime) est l'invitation que je suis chargé d'adresser à la Conférence, de tenir sa prochaine réunion à Londres. » *(Applaudissements.)*

M. le PRÉSIDENT remercie chaleureusement Sir Hubert Llewellyn Smith des paroles éloquentes qu'il vient de prononcer avec tant de verve et d'à-propos.

Il constate que l'invitation de réunir à Londres la prochaine Conférence de revision est acceptée par acclamations et il prie Sir Hubert de se faire l'interprète, auprès de son Gouvernement, de la gratitude de l'Assemblée.

M. le PRÉSIDENT se déclare ensuite heureux d'annoncer à la Conférence l'adhésion de l'État libre d'Irlande à la Convention de Paris revisée pour la protection de la propriété industrielle, adhésion datée du 17 octobre et qui prendra effet un mois après la notification du Conseil fédéral suisse aux Gouvernements des États contractants. Il souhaite à l'État libre d'Irlande une cordiale bienvenue au sein de l'Union et il félicite ce pays d'être entré dans l'Union, comme l'Union se félicite elle-même de cette adhésion nouvelle. *(Applaudissements.)*

M. E. J. RIORDAN (Irlande) remercie le Président de sa communication et de ses aimables paroles. Il déclare que son pays sera heureux de collaborer activement à la grande œuvre de l'Union et il tient à remercier les Délégués de l'accueil aimable qui a été réservé à la Délégation irlandaise pendant toute la Conférence. *(Applaudissements.)*

M. J. ROBERTSON (États-Unis) tient à remercier, au nom des membres de la Délégation des États-Unis, la Conférence de la courtoisie dont elle a fait preuve en leur permettant de parler anglais au cours des séances et notamment des Séances plénières. *(Applaudissements.)*

M. le PRÉSIDENT soumet à la Conférence la procédure suivante en ce qui concerne les Rapports des Sous-Commissions.

Ces Rapports seront considérés comme approuvés par la signature du Président de chaque Sous-Commission. Ils seront imprimés à Berne par les soins du Bureau international et incorporés, sous une forme appropriée, dans les Actes de la Conférence.

Les Délégués qui désireraient que des modifications y soient apportées auront l'obligeance d'en informer, encore ce mois-ci, le Bureau international à Berne, lequel se mettra d'accord avec le Président de la Sous-Commission que cela concerne.

M. le PRÉSIDENT constate que cette manière de procéder est adoptée à l'unanimité, remercie d'avance le Bureau de Berne pour le travail considérable qui lui incombera de ce chef et rappelle que la Conférence doit approuver les procès-verbaux de la Séance préparatoire, de la Séance d'ouverture et de la première Séance plénière. Il demande si quelque Délégation désire présenter des observations à ce sujet.

Tel n'étant pas le cas, le Président déclare que ces procès-verbaux sont approuvés à l'unanimité.

Il attire ensuite l'attention de la Conférence sur le fait qu'il sera encore nécessaire d'approuver les procès-verbaux de la présente séance et de la Séance de clôture et de signature.

Il demande si les Délégués l'autorisent à les approuver en leur nom, après qu'ils seront rédigés.

La Conférence donne à l'unanimité à son Président les pleins pouvoirs qu'il leur demande.

M. le PRÉSIDENT en prend acte. Il ajoute que ces procès-verbaux, ainsi approuvés par lui, seront imprimés sans retard à La Haye d'où ils seront expédiés le plus tôt possible aux Délégués.

M. URIBURI (Argentine) fait la déclaration suivante:

« Monsieur le Président, Messieurs les Délégués,

La Délégation Argentine a conservé, pendant les débats des Sous-Commissions, le silence que lui imposait sa situation de représentant d'un État non-unioniste, et cela pour des raisons de discrétion et de respect faciles à comprendre. Cependant je ne veux pas assister à la clôture des séances sans expliquer sa présence au Congrès.

Mes éminents et honorables collègues connaissent le développement économique extraordinaire de la République Argentine durant ces dernières années, mais ils savent également qu'il n'y a pas longtemps son activité industrielle n'en était qu'à ses débuts. A cette circonstance sont dues les lacunes que présente sa législation sur la propriété industrielle et le fait qu'elle n'a pas encore donné son adhésion à l'Union internationale pour la protection de celle-ci.

J'ai dit lacunes et non imperfections, parce que les lois existantes qui règlent la matière offrent un ensemble de dispositions assez complet, bien que celles-ci puissent être considérées sous certains rapports comme étant un peu anciennes; mais, je vous le répète, l'absence de problèmes sur les questions qui touchent à la vie industrielle explique dans une certaine mesure cette situation.

Le progrès économique général et l'accroissement des transactions commerciales ont déterminé très rapidement une énergique réaction et une forte impulsion de l'industrie, et à mesure que ces activités ont pris une plus grande importance, les problèmes concrets se sont présentés et les pouvoirs publics ont dû les considérer avec la plus grande attention.

En conséquence il est compréhensible qu'en même temps qu'a eu lieu la magnifique exposition à Buenos-Aires, il y a quelques mois, entre industriels nationaux et étrangers, pour démontrer les progrès acquis par les industries argentines, l'opinion publique, par l'organe de ses représentants et de la presse en général, s'est intéressée vivement à l'étude des matières qui se sont discutées pendant cette Conférence et au progrès de sa législation intérieure.

Imaginez-vous donc, mes très honorables collègues, la satisfaction avec laquelle mon pays et mon Gouvernement ont reçu la bienveillante invitation du Gouvernement de Sa Gracieuse Majesté la Reine des Pays-Bas, à se faire représenter dans cette illustre Assemblée, non seulement parce qu'elle lui donnait, une fois de plus, l'occasion de manifester les sentiments de traditionnelle amitié qui unissent les deux pays et de présenter ses hommages à toutes les Nations sœurs et amies, si dignement représentées dans ce Congrès, mais aussi parce que cela lui offrait l'occasion d'étudier les convenances d'adhérer à l'Union internationale pour la protection de la propriété industrielle.

Le Gouvernement Argentin a désigné, à cet effet, un Délégué spécial pour le représenter à cette Conférence et entend ainsi faire le premier pas dans le sens signalé.

J'ose espérer que cette déclaration sera reçue par toutes les Nations amies avec la même sympathie que celle avec laquelle je vous la communique. » *(Applaudissements.)*

M. le PRÉSIDENT exprime l'espoir de voir se réaliser dans un proche avenir l'adhésion de la République Argentine que le distingué Représentant de cet État vient de faire entrevoir à la Conférence.

Il rappelle que le lendemain, à 15 h. 15, aura lieu la Séance solennelle de signature et de clôture. Il croit que le protocole de signature devrait rester ouvert pendant quelques jours, pour permettre aux Délégués, qui ne pourraient pas signer le 6 novembre, de le faire successivement. Il propose que cette possibilité leur soit offerte jusqu'au 1er décembre.

Cette proposition est adoptée à l'unanimité.

M. le PRÉSIDENT donne ensuite lecture d'une lettre par laquelle M. Strêzoff, Délégué de Bulgarie, rappelé dans son pays par des affaires urgentes, se déclare désolé d'avoir dû quitter La Haye avant la fin de la Conférence et l'informe qu'il ne pourra pas revenir prendre part à la Séance de signature des Actes mais qu'il est sûr que son Gouvernement prendra des mesures pour que ceux-ci soient signés par ses Représentants à Bruxelles ou à Berne.

Il lit encore la lettre qui suit, adressée par S. E. le Grand Chambellan de la Cour à S. E. M. le Ministre du Travail, du Commerce et de l'Industrie.

Les membres de l'Assemblée se lèvent en signe de respect pour entendre cette lecture.

« Suivant les ordres de Sa Majesté la Reine, j'ai l'honneur, en réponse à la lettre qui m'a été adressée le 2 octobre 1925 par Votre Excellence, de faire connaître à celle-ci que Sa Majesté la prie de faire part à la Conférence de la circonstance qu'il est souhaitable que Sa Majesté prenne du repos pendant le mois de novembre et qu'en conséquence, à son grand regret, il ne lui sera pas possible de recevoir la Conférence. »

M. DE SOUSA SANTOS BANDEIRA (Portugal) qui relève de maladie, exprime son vif regret de ne pas avoir pu suivre, durant les derniers jours, les travaux de la Conférence, auxquels il n'a cessé de porter le plus vif intérêt. Il avait même déclaré par écrit au Président qu'au cas où il n'aurait pas pu participer à la présente séance, il se ralliait d'avance aux décisions que ses honorables collègues auraient prises, ce qui témoignait à la fois de son désir d'être présent — au moins en esprit — pendant toute la durée de la Conférence et de la confiance entière qu'il a dans la sagesse de l'Assemblée. Après avoir exprimé sa gratitude aux aimables collègues qui lui ont rendu visite durant sa grave maladie, M. de Sousa Santos Bandeira propose à l'Assemblée d'adresser au groupe des Présidents des six Sous-Commissions et de la Commission de Rédaction les plus chaleureux remerciements pour leur œuvre inlassable. Il esquisse en quelques mots choisis avec une grande sûreté et une exquise courtoisie les traits de chacun des Présidents.

Au nom de l'Assemblée, qui accueille ses paroles par des applaudissements répétés, il adresse tour à tour un reconnaissant hommage à la haute valeur, à l'intelligence pénétrante, à la profonde sincérité, à la bonhomie pleine d'humour de Sir Hubert Llewellyn Smith; à la puissance de travail, à la fécondité de ressources, à l'extraordinaire promptitude d'esprit, à la clarté de rédaction de M. Maillard; à l'expérience consommée, à la narquoise bienveillance, à la claire raison de l'administrateur de premier ordre qu'est M. Drouets; à l'éloquence de M. Marcel Plaisant dont les prestigieuses envolées ont plus d'une fois soulevé l'Assemblée au-dessus d'elle-même et à la rare maîtrise avec laquelle il sait préparer, ordonner, diriger et ennoblir un débat; à la cordialité irrésistible, à l'affectueuse finesse et à la haute compétence juridique de M. Capitaine; à la solidité et à la souplesse d'esprit, à la largeur de compréhension, à la vaste culture, aux remarquables qualités de *debater* de M. Osterrieth; à l'élégante lucidité, à la précieuse finesse, à la discrète autorité de M. de Sanctis.

Notre Union, continue l'orateur, a été une Société des Nations avant l'heure et elle est sortie de la crise de la guerre mondiale plus vivante que jamais.

Au lendemain de la présente Conférence elle va se trouver encore plus forte qu'elle ne l'était avant la revision, si heureusement achevée, de la Convention. Un remarquable effort a été fourni à La Haye. M. de Bandeira trouve particulièrement séduisant le concept juridique traduit par les mots *« ressortissant de l'Union »*, qui lui semble être l'expression la plus haute du droit international le plus évolué.

En sa qualité de représentant d'un des pays fondateurs de l'Union, il souhaite pour finir, qu'à côté de l'identité des mots « produits et marchandises », que l'on vient de déclarer, il en puisse être établi bientôt une autre encore plus haute, savoir: l'égalité des termes « ressortissants de l'Union » et « habitants du Globe terrestre ». *(Applaudissements).*

M. le PRÉSIDENT remercie S. E. M. le Ministre de Portugal à La Haye de son discours si noble et si éloquent. Il lui exprime sa vive satisfaction pour son rétablissement. Sans vouloir accabler l'orateur d'éloges, il ne peut pas s'empêcher de souligner la haute valeur de sa collaboration durant toute la Conférence, au cours de laquelle sa voix a été toujours celle de l'amabilité conciliante, de la raison et du bon sens. Il déclare la séance levée.

La séance est levée à 18 h. 40.

Le Président:
J. ALINGH PRINS.

Le Vice-Président:
JO. BAILY BROWN.

Le Secrétaire général:
GEORGES GARIEL.

Les Secrétaires:
PAUL GUYE.
ALEXANDRE CONTE.
J. H. DE MOL VAN OTTERLOO.

SÉANCE SOLENNELLE DE CLOTURE ET DE SIGNATURE

Vendredi, 6 novembre 1925

PRÉSIDENCE DE M. LE Dr ALINGH PRINS (PAYS-BAS)

Étaient présents tous les Délégués qui ont assisté à la deuxième séance plénière.

La séance est ouverte à 15 h. 20.

M. le PRÉSIDENT donne la parole à Son Excellence M. le Dr Koolen, Ministre du Travail, du Commerce et de l'Industrie du Royaume des Pays-Bas, qui prononce le discours suivant:

« Messieurs les Délégués,

Certes je manquerais à mon devoir si, dans cette Séance solennelle de clôture, je n'exprimais pas la reconnaissance du Gouvernement néerlandais pour l'œuvre de haute importance que vous avez accomplie pendant le mois écoulé. Le Gouvernement a suivi de près l'énergie que vous avez mise à l'accomplissement de la tâche, qui maintenant, comme un beau résultat, se montre à nos yeux. Il a vu avec une admiration profonde que, sans vous ménager, vous avez prodigué vos efforts inlassables au service de l'Union pour la protection de la propriété industrielle. Il a éprouvé encore une fois la grande joie de constater que, avec l'aide de Dieu, un but louable, poursuivi d'un commun accord et dans une sage collaboration par des hommes de bonne volonté, est réalisé.

Ce beau principe s'est affirmé une fois de plus; la Convention d'Union pour la protection de la propriété industrielle est sortie ranimée de la Conférence, tenue dans le sein de la Résidence Royale néerlandaise. Elle s'en fait un honneur. Le nom de La Haye sera lié à l'avenir au travail accompli ici.

Il reste encore divers points à régler. Dans une communauté de tant de pays où règnent tant de divergences de vues, la conviction commune en matière de droit ne peut se développer que lentement, mais quand pareille conviction se sera une fois établie, soyez certains qu'une réglementation, bâtie sur elle, donnera pleine satisfaction à tous les pays adhérents. Ainsi l'Union se trouvera placée à l'avenir devant une belle tâche.

Messieurs les Délégués, je vous remercie d'être venus et je vous souhaite une bonne rentrée dans vos pays. Puisse le souvenir du travail accompli en Hollande vous inspirer de consacrer longtemps vos efforts au plus grand bien de l'Union pour la protection de la propriété industrielle. » *(Applaudissements.)*

M. le PRÉSIDENT prend à son tour la parole pour prononcer le discours que voici:

« Au nom de tous les Délégués, je vous remercie, Monsieur le Ministre, de vos paroles qui témoignent d'une grande foi en l'efficacité de notre travail et, par là, en les destinées futures de notre Union internationale.

Je forme tous mes vœux pour que vos heureux pronostics se réalisent pleinement.

Si les Ministres des autres pays contractants montrent le même intérêt vigilant que vous, Monsieur le Ministre, avez bien voulu montrer à la cause de la protection de la propriété industrielle, il n'existe nul doute que ce résultat — la réalisation des conquêtes de la présente Conférence — ne soit obtenu sûrement et promptement.

Permettez-moi encore un seul mot: hier soir vous nous avez dit que vous aviez constaté avec le plus grand plaisir nos progrès dans la lutte contre la concurrence déloyale. Je suis sûr, Monsieur le Ministre, que vous convenez avec moi que la répression des fausses indications de provenance rentre dans ce cadre.

Qu'il me soit permis maintenant de réitérer, pour en laisser constat dans le procès-verbal de cette dernière séance et pour suivre la bonne tradition de la dernière réunion à Washington, l'expression de notre reconnaissance pour leur excellent concours à M. le Directeur du Bureau international de Berne, M. le Professeur Ernest Röthlisberger et à ses dévoués collaborateurs, M. le Professeur Gariel, premier Vice-Directeur, et MM. Guye et Dr Conte, Secrétaires. J'aurai soin de ne pas omettre dans cette énumération celui des Secrétaires qui est mon compatriote, j'ai nommé M. de Mol van Otterloo qui, lui aussi, a été nuit et jour à notre disposition.

Le Secrétariat a été à l'œuvre avec un zèle inlassable et une intelligence remarquable. Il a été secondé efficacement par les demoiselles du secrétariat et par l'imprimerie van Haeringen auxquelles des remerciements sincères et bien mérités sont dus.

J'inclus dans l'expression de notre gratitude M. van Loon qui s'est acquitté de sa tâche au Bureau de renseignements avec un empressement souriant et une amabilité toujours attentive.

Enfin nous nous souviendrons volontiers du confortable Buffet dont nous avons apprécié les obligeants services et qui nous a si souvent servi de trait d'union dans les intervalles des séances.

Merci aussi au concierge et à tout le personnel zélé et dévoué qui nous ont rendu de si appréciés services. » *(Applaudissements.)*

M. RÖTHLISBERGER (Bureau international de Berne) prononce les paroles suivantes:

« Prenant pour la dernière fois la parole devant cette illustre Assemblée, je tiens à remercier encore publiquement, du fond du cœur, la Conférence des éloges décernés à mes excellents collaborateurs du Bureau international de Berne et au Directeur de ce Bureau. Nous en sommes éblouis, mais nullement aveuglés, car il en est des éloges comme de la santé. La bonne santé ne se sent pas; lorsqu'on éprouve par exception un bien-être extrême, c'est que la maladie vous guette déjà. Et si l'on prend les éloges trop à la lettre, la critique n'est certainement pas éloignée. La philosophie de la vie nous enseigne que la louange et la réprimande sont deux sœurs, bien que deux sœurs ennemies.

Toujours est-il que notre travail sera rendu par là plus élastique et plus spontané. Il deviendra aussi, pour ainsi dire, plus intime, maintenant que la Conférence tant désirée, après une cruelle interruption de quatorze ans, nous a permis de faire la connaissance personnelle de tant de Chefs éminents d'Offices de la propriété industrielle et de tant de Délégués dont nous rencontrerons la signature au bas des documents ou des lettres adressées au Bureau. Doréavant, en lisant cette correspondance, nous verrons apparaître des figures vénérées ou aimées devant nos yeux, et nous sentirons mieux encore que nous appartenons à la grande famille des serviteurs de la cause de la propriété industrielle.

Vos nombreuses marques d'approbation ne constituent pas seulement un précieux témoignage du devoir accompli; elles représentent aussi un sérieux encouragement pour le maniement des affaires du Bureau.

Les indications si intéressantes données par M. Bijleveld, Délégué des Pays-Bas, dans la dernière séance de la Commission générale, sur les travaux futurs du Bureau dont un aperçu a été communiqué à la fin de la Séance préparatoire par le Directeur, ont été accueillies par ce dernier avec une profonde reconnaissance. Ces indications aussi bien que celles si bienveillantes de M. Drouets, Délégué de la France, seront suivies consciencieusement. En particulier, la publication du *Recueil général de la législation* et des Tables des matières de la revue *La Propriété industrielle* sera réalisée successivement de façon à ne pas trop grever le budget des dépenses et à rester dans les limites de la prudente économie traditionnelle du Bureau.

Avant tout, il faudra réunir en volume les Actes de la Conférence, puis élaborer le programme positif de la Réunion technique que la Conférence désire voir convoquée à Berne l'année prochaine, après quoi la voie sera libre pour les études et la documentation présentant une utilité commune pour toute l'Union. C'est, comme par le passé, le travail qui nous maintiendra en contact fructueux avec vous tous, Messieurs les Délégués. »

(Applaudissements.)

M. BARBOZA-CARNEIRO (Comité Économique de la Société des Nations) prononce les paroles suivantes:

« Au moment de la clôture de nos travaux, permettez-moi de renouveler au nom du Comité Économique de la Société des Nations des remerciements très sincères au Gouvernement des Pays-Bas pour l'invitation qu'il lui a adressée de se faire représenter à cette Conférence, et à vous tous, Messieurs les Délégués, pour la faveur exceptionnelle dont vous nous avez honorés en nous recevant parmi vous. Mon distingué collègue, M. Brunet, et moi-même, nous avons hautement apprécié l'accueil que vous nous avez réservé et nous vous sommes reconnaissants pour la place si large que vous nous avez faite dans vos délibérations. Consentez que je saisisse cette occasion pour adresser au Gouvernement des Pays-Bas, en la personne de Monsieur le Ministre du Travail, l'expression de notre gratitude pour la captivante hospitalité que nous avons reçue dans ce noble pays.

Les représentants du Comité Économique ont pu, grâce à votre courtoisie, remplir leur mission tout à leur aise. Je me plais à constater qu'ils ont trouvé chez vous la plus bienveillante attention. Ils vous en savent gré.

Le Comité Économique de la Société des Nations, organisme technique de consultation du Conseil, avait entrepris dès l'année 1921 l'étude des moyens les plus indiqués pour obtenir une collaboration des États en vue de la répression de la concurrence déloyale. C'était, à son avis, un des éléments de l'ardu problème posé par le paragraphe E de l'article 23 du Pacte; il a estimé que cet élément était susceptible de donner lieu à une entente générale. Son souci de chercher une solution pratique aux problèmes qui lui sont soumis a amené le Comité Économique non seulement à faire une étude approfondie de la question en se servant de ses propres lumières, mais aussi à obtenir une critique des différents États sur le programme qu'il s'était tracé, et enfin à connaître l'avis d'un certain nombre d'éminentes autorités en la matière, parmi lesquelles laissez-moi saluer, en passant, M. le Professeur Röthlisberger, dont le Comité a apprécié très hautement le concours si éclairé. C'est donc après un travail très sérieux qu'il a exprimé le souhait que ses propositions fussent l'objet d'un examen attentif de la part de la Conférence de La Haye. Grâce à l'inestimable appui de la Grande-Bretagne, vous avez été saisis desdites propositions.

L'Acte que vous avez approuvé hier et qui va bientôt recevoir le sceau de vos signatures contient dans ses différentes parties des dispositions qui marquent un progrès, qui affirment — conformément aux desiderata du Comité Économique — certains principes dont l'application constituera désormais le minimum des mesures que les États prendront pour la répression de la concurrence déloyale.

D'aucuns estimeront, peut-être, qu'on aurait pu faire davantage. C'est le propre de toute idée en marche de nous rendre exigeants et de ne jamais nous laisser complètement satisfaits du résultat obtenu. Cependant, ceux qui examineront attentivement votre texte et qui jetteront un regard sur le chemin parcouru depuis 1883, ceux-là se rendront compte que la Conférence de La Haye marque une importante étape qui devait sembler à vos devanciers d'il y a quarante-deux ans extrêmement difficile d'atteindre.

L'élargissement graduel du cadre de la Convention pour la protection de la propriété industrielle est un exemple frappant de l'impossibilité de résoudre en bloc certains problèmes issus des rapports internationaux. Il montre combien il serait vain de prétendre attaquer à la fois tous les éléments de ces problèmes. Tel est l'enseignement que, à mon avis, on peut dégager des résultats obtenus par les Conférences de l'Union. Cet enseignement est précieux. Il fait voir combien est justifiée la méthode que le Comité Économique s'est imposée à lui-même dans l'étude des moyens susceptibles d'assurer ce traitement équitable du commerce dont le Pacte fait une règle pour tous les membres de la Société des Nations. Cette méthode nous a valu d'être entendus et nous permet de constater aujourd'hui un résultat tangible. Je le vois dans presque tous les articles de la Convention et notamment aux articles 6bis, 6ter, 10bis, 10ter.

Certes, la proposition que le Comité avait rédigée ne s'y trouve pas reproduite mot à mot. Mais les mots expriment la pensée sous différentes formes. Et celui qui procède à un examen attentif de votre texte s'aperçoit tout de suite que les points sur lesquels le Comité estimait qu'il était essentiel d'obtenir une entente générale, ces points, dis-je, ont été retenus par vous. Vous vous êtes rendu compte que le Comité ne s'était nullement arrêté à de simples signes, qu'il était allé au fond même de la difficile question de la répression de la concurrence déloyale et que, ce qui importait donc, c'était d'incorporer dans la Convention la pensée même dont le Comité souhaitait la consécration. Cela vous le fîtes grâce au haut esprit de collaboration internationale et au souci de progrès qui vous ont guidés dans vos délibérations.

La Conférence de La Haye a innové. Elle aura permis aux Nations que vous représentez ici de continuer, selon le mot génial de Condorcet, en se donnant la main les unes aux autres, à entretenir par leur action réciproque le mouvement et la vie dans le domaine que la Conférence de 1883 a largement ouvert au labeur des pionniers du droit international. » *(Applaudissements.)*

M. le PRÉSIDENT donne lecture de la lettre suivante, qui lui a été adressée par M. Phra Sri Banja, Chargé d'Affaires de Siam à La Haye:

« Le 6 novembre 1925.

Cher Dr Prins,

Ayant été seulement un observateur à la Conférence, je vous prie de bien vouloir expliquer de ma part la situation dans laquelle le Siam se trouve. Maintenant c'est avec un regret très profond que le Siam ne peut se joindre à l'Union, parce que la juridiction consulaire existe encore jusqu'à un certain point; à cause de cela le Siam ne peut donner une protection assez rigoureuse à la propriété industrielle. Quand nous aurons fini notre travail de codification, nous serons prêts à nous joindre à l'Union.

Veuillez agréer, ...» *(Applaudissements.)*

Il rappelle ensuite que l'Assemblée a accepté la veille, en Séance plénière, l'aimable invitation du Gouvernement britannique, mais qu'elle n'a pas statué sur la date à laquelle la prochaine Conférence de revision devrait, en principe, se réunir. Il estime qu'il convient de le faire avant de se séparer et il propose l'adoption de l'année 1933, en laquelle l'Union célébrera son premier demi-siècle d'existence.

Cette proposition est adoptée par acclamations.

M. le Président invite ensuite MM. les Plénipotentiaires à apposer leur signature sur les Actes, à la lecture desquels ils renoncent.

Les divers Actes sont respectivement signés par les Plénipotentiaires des pays ci-dessous énumérés.

I. CONVENTION D'UNION DE PARIS

ALLEMAGNE
AUSTRALIE
AUTRICHE
BELGIQUE
ÉTATS-UNIS DU BRÉSIL
CANADA
CUBA
DANEMARK
VILLE LIBRE DE DANTZIG
RÉPUBLIQUE DOMINICAINE
ESPAGNE
ESTHONIE
ÉTATS-UNIS D'AMÉRIQUE
FINLANDE
FRANCE
GRANDE-BRETAGNE ET IRLANDE DU NORD
HONGRIE
ITALIE
JAPON
MAROC
ÉTATS-UNIS DU MEXIQUE
NORVÈGE
PAYS-BAS
POLOGNE
PORTUGAL
ROYAUME DES SERBES, CROATES ET SLOVÈNES
SUÈDE
SUISSE
SYRIE ET GRAND-LIBAN
TCHÉCOSLOVAQUIE
TUNISIE

II. ARRANGEMENT DE MADRID

CONCERNANT LA RÉPRESSION DES FAUSSES INDICATIONS DE PROVENANCE

ALLEMAGNE
ÉTATS-UNIS DU BRÉSIL
CUBA
VILLE LIBRE DE DANTZIG
ESPAGNE
FRANCE
GRANDE-BRETAGNE ET IRLANDE DU NORD
MAROC
PORTUGAL
SUISSE
SYRIE ET GRAND-LIBAN
TCHÉCOSLOVAQUIE
TUNISIE

III. ARRANGEMENT DE MADRID

CONCERNANT L'ENREGISTREMENT INTERNATIONAL DES MARQUES DE FABRIQUE OU DE COMMERCE

ALLEMAGNE
AUTRICHE
BELGIQUE
ÉTATS-UNIS DU BRÉSIL
CUBA
VILLE LIBRE DE DANTZIG
ESPAGNE
FRANCE
HONGRIE
ITALIE
MAROC
ÉTATS-UNIS DU MEXIQUE
PAYS-BAS
PORTUGAL
ROYAUME DES SERBES, CROATES ET SLOVÈNES
SUISSE
TCHÉCOSLOVAQUIE
TUNISIE

IV. ARRANGEMENT DE LA HAYE
CONCERNANT LE DÉPOT INTERNATIONAL DES DESSINS OU MODÈLES INDUSTRIELS

ALLEMAGNE
BELGIQUE
VILLE LIBRE DE DANTZIG
ESPAGNE
FRANCE
MAROC
PAYS-BAS
PORTUGAL
SUISSE
SYRIE ET GRAND-LIBAN
TUNISIE

(La République Dominicaine et la Tchécoslovaquie figurent dans la liste des pays signataires mais n'ont pas encore signé.)

Conformément à la pratique adoptée par la Société des Nations, il n'est pas apposé de sceaux à côté des signatures.

M. le PRÉSIDENT constate que les Actes ont été signés en bonne et due forme. Il adresse encore une fois de vifs remerciements à tous ceux qui ont collaboré aux travaux de la Conférence, et exprime le vœu que lorsque le souvenir des propositions, des contre-propositions, des projets et des réserves aura — par la suite du temps — quelque peu pâli dans la mémoire des membres de la Conférence, il demeure dans leurs cœurs une trace ineffaçable de toutes les sympathies qui sont nées au cours de ces quatre semaines de cordiaux débats entre les représentants d'un aussi grand nombre de pays.

Messieurs, conclut le Président, la Conférence est morte. Vive l'Union internationale!

Sur ces paroles, accueillies par des applaudissements nourris et prolongés, il déclare la Conférence close.

La séance est levée à 16 h. 10.

TROISIÈME PARTIE

ACTES
ADOPTÉS PAR LA CONFÉRENCE

I. CONVENTION D'UNION DE PARIS
DU 20 MARS 1883

POUR LA

PROTECTION DE LA PROPRIÉTÉ INDUSTRIELLE

REVISÉE A

BRUXELLES le 14 décembre 1900, à WASHINGTON le 2 juin 1911 et à LA HAYE le 6 novembre 1925

LE PRÉSIDENT DU REICH ALLEMAND; LE PRÉSIDENT DE LA RÉPUBLIQUE D'AUTRICHE; SA MAJESTÉ LE ROI DES BELGES; LE PRÉSIDENT DES ÉTATS-UNIS DU BRÉSIL; LE PRÉSIDENT DE LA RÉPUBLIQUE DE CUBA; SA MAJESTÉ LE ROI DE DANEMARK; LE PRÉSIDENT DE LA RÉPUBLIQUE DOMINICAINE; SA MAJESTÉ LE ROI D'ESPAGNE; LE PRÉSIDENT DE LA RÉPUBLIQUE D'ESTHONIE; LE PRÉSIDENT DES ÉTATS-UNIS D'AMÉRIQUE; LE PRÉSIDENT DE LA RÉPUBLIQUE DE FINLANDE; LE PRÉSIDENT DE LA RÉPUBLIQUE FRANÇAISE; SA MAJESTÉ LE ROI DU ROYAUME-UNI DE GRANDE-BRETAGNE ET D'IRLANDE ET DES TERRITOIRES BRITANNIQUES AU DELA DES MERS, EMPEREUR DES INDES; SON ALTESSE SÉRÉNISSIME LE GOUVERNEUR DE HONGRIE; SA MAJESTÉ LE ROI D'ITALIE; SA MAJESTÉ L'EMPEREUR DU JAPON; SA MAJESTÉ LE SULTAN DU MAROC; LE PRÉSIDENT DES ÉTATS-

UNIS DU MEXIQUE; SA MAJESTÉ LE ROI DE NORVÈGE; SA MAJESTÉ LA REINE DES PAYS-BAS; LE PRÉSIDENT DE LA RÉPUBLIQUE POLONAISE, AU NOM DE LA POLOGNE ET DE LA VILLE LIBRE DE DANTZIG; LE PRÉSIDENT DE LA RÉPUBLIQUE PORTUGAISE; SA MAJESTÉ LE ROI DES SERBES, CROATES ET SLOVÈNES; SA MAJESTÉ LE ROI DE SUÈDE; LE CONSEIL FÉDÉRAL DE LA CONFÉDÉRATION SUISSE; LES ÉTATS DE SYRIE ET DU GRAND-LIBAN; LE PRÉSIDENT DE LA RÉPUBLIQUE TCHÉCOSLOVAQUE; SON ALTESSE LE BEY DE TUNIS; LE PRÉSIDENT DE LA RÉPUBLIQUE TURQUE,

Ayant jugé utile d'apporter certaines modifications et additions à la Convention internationale du 20 mars 1883, portant création d'une Union internationale pour la protection de la propriété industrielle, revisée à Bruxelles le 14 décembre 1900 et à Washington le 2 juin 1911, ont nommé pour Leurs Plénipotentiaires, savoir:

LE PRÉSIDENT DU REICH ALLEMAND:

M. W. F. VON VIETINGHOFF, Conseiller de Légation d'Allemagne à La Haye;
M. VON SPECHT, Geheimer Oberregierungsrat, Président de l'Office des brevets;
M. KLAUER, Conseiller ministériel au Ministère de Justice;
M. le Prof. Dr ALBERT OSTERRIETH, Justizrat;

LE PRÉSIDENT DE LA RÉPUBLIQUE D'AUTRICHE:

M. le Dr CARL DUSCHANEK, Conseiller ministériel, Vice-Président de l'Office autrichien des brevets;
M. le Dr HANS FORTWÄNGLER, Conseiller ministériel audit Office;

SA MAJESTÉ LE ROI DES BELGES:

M. OCTAVE MAVAUT, Directeur général de l'Industrie au Ministère de l'Industrie, du Travail et de la Prévoyance sociale;
M. ALBERT CAPITAINE, Avocat à la Cour d'appel de Liége, ancien Bâtonnier, Délégué de la Belgique à la Conférence de Washington;
M. LOUIS ANDRÉ, Avocat à la Cour d'appel de Bruxelles;
M. THOMAS BRAUN, Avocat à la Cour d'appel de Bruxelles;
M. DANIEL COPPIETERS, Avocat à la Cour d'appel de Bruxelles;

LE PRÉSIDENT DES ÉTATS-UNIS DU BRÉSIL:

M. le Dr JULIO AUGUSTO BARBOZA CARNEIRO, Membre du Comité Économique de la Société des Nations;
M. le Prof. Dr CARLOS AMERICO BARBOSA DE OLIVEIRA, Professeur à l'École polytechnique, Directeur de l'École normale des Arts et Métiers Wenceslau Braz;

LE PRÉSIDENT DE LA RÉPUBLIQUE DE CUBA:

M. le Dr RAPHAËL MARTINEZ ORTIZ, Envoyé extraordinaire et Ministre plénipotentiaire de Cuba à Paris;
M. le Dr RAPHAËL DE LA TORRE, Chargé d'Affaires de Cuba à La Haye;

SA MAJESTÉ LE ROI DE DANEMARK:

M. le Dr N. J. Ehrenreich Hansen, Sous-Chef de Bureau au Ministère de l'Industrie, du Commerce et de la Navigation;

LE PRÉSIDENT DE LA RÉPUBLIQUE DOMINICAINE:

M. C. G. de Haseth Cz., Consul de la République Dominicaine à La Haye;

SA MAJESTÉ LE ROI D'ESPAGNE:

S. Exc. M. Santiago Mendez de Vigo, Envoyé extraordinaire et Ministre plénipotentiaire de S. M. le Roi d'Espagne à La Haye;

M. Fernando Cabello y Lapiedra, Chef du Bureau de la propriété industrielle et commerciale d'Espagne;

M. José Garcia-Monge y de Vera, Secrétaire du Bureau de la propriété industrielle et commerciale d'Espagne;

LE PRÉSIDENT DE LA RÉPUBLIQUE D'ESTHONIE:

M. O. Aarmann, Ingénieur, Directeur du Bureau des brevets;

LE PRÉSIDENT DES ÉTATS-UNIS D'AMÉRIQUE:

M. Thomas E. Robertson, Commissaire des brevets, Member of the Bar of the Supreme Court of U. S. A.;

M. Wallace R. Lane, ancien Président des American and Chicago Patent Law Associations, Member of the Bar of the Supreme Court of U. S. A. and the Supreme Court of Illinois;

M. Jo. Baily Brown, Pittsburgh, Member of the Bar of the Supreme Court of U. S. A. and the Supreme Court of Pennsylvania;

LE PRÉSIDENT DE LA RÉPUBLIQUE DE FINLANDE:

M. Yrjö Saastamoinen, Chargé d'Affaires de Finlande à La Haye;

LE PRÉSIDENT DE LA RÉPUBLIQUE FRANÇAISE:

S. Exc. M. Chassain de Marcilly, Envoyé extraordinaire et Ministre plénipotentiaire de France à La Haye;

M. Marcel Plaisant, Député, Avocat à la Cour d'appel de Paris;

M. Charles Drouets, Directeur de la propriété industrielle au Ministère du Commerce;

M. Georges Maillard, Avocat à la Cour d'appel de Paris, Vice-Président du Comité technique de la propriété industrielle;

SA MAJESTÉ LE ROI DU ROYAUME-UNI DE GRANDE-BRETAGNE ET D'IRLANDE ET DES TERRITOIRES BRITANNIQUES AU DELA DES MERS, EMPEREUR DES INDES:

POUR LA GRANDE-BRETAGNE ET L'IRLANDE DU NORD:

Sir Hubert Llewellyn Smith, G. C. B., Chief Economic Adviser to His Britannic Majesty's Government;

M. Alfred James Martin, O. B. E., Assistant Comptroller of the Patent Office and Industrial Property Department of the Board of Trade;

Sir Arthur Balfour, K. B. E., One of His Majesty's Justices of the Peace, Chairman of the Committee on Trade and Industry;

POUR LE DOMINION DU CANADA:

M. Frederick Herbert Palmer, M. C., Canadian Government Trade Commissioner;

POUR LE COMMONWEALTH D'AUSTRALIE:

M. le Lieutenant-Colonel Charles Vincent Watson, D. S. O., V. D., Commissioner of Patents and Registrar of Trade Marks and Designs;

SON ALTESSE SÉRÉNISSIME LE GOUVERNEUR DE HONGRIE:

M. Elemér de Pompéry, Président de la Cour des brevets;

SA MAJESTÉ LE ROI D'ITALIE:

M. Domenico Barone, Conseiller d'État;

M. Gustavo de Sanctis, Directeur du Bureau de la propriété industrielle;

M. l'Ingénieur Letterio Laboccetta;

M. Gino Olivetti, Député, Secrétaire général de la Confédération de l'Industrie italienne;

M. le Prof. Mario Ghiron, Docent de droit industriel à l'Université de Rome;

SA MAJESTÉ L'EMPEREUR DU JAPON:

M. Saichiro Sakikawa, Président du Bureau des brevets d'invention;

M. Nobumi Ito;

SA MAJESTÉ LE SULTAN DU MAROC:

S. Exc. M. Chassain de Marcilly, Envoyé extraordinaire et Ministre plénipotentiaire de France à La Haye;

LE PRÉSIDENT DES ÉTATS-UNIS DU MEXIQUE:

M. Julio Poulat, Attaché commercial à la Légation du Mexique à Paris;

SA MAJESTÉ LE ROI DE NORVÈGE:

M. Birger Gabriel Wyller, Directeur général du Bureau de la propriété industrielle de Norvège;

SA MAJESTÉ LA REINE DES PAYS-BAS:

M. le Dr J. Alingh Prins, Président du Conseil des brevets, Directeur de l'Office de la propriété industrielle;

M. le Dr H. Bijleveld, ancien Ministre, Membre de la Chambre des députés, ancien Président du Conseil des brevets, ancien Directeur de l'Office de la propriété industrielle;

M. le Dr J. W. Dijckmeester, Membre du Conseil des brevets;

LE PRÉSIDENT DE LA RÉPUBLIQUE POLONAISE:

POUR LA POLOGNE:

S. Exc. M. le Dr Stanislas Koźmiński, Envoyé extraordinaire et Ministre plénipotentiaire de Pologne à La Haye;

M. le Dr Frédéric Zoll, Professeur à l'Université de Krakow;

POUR LA VILLE LIBRE DE DANTZIG:

S. Exc. M. le Dr Stanislas Koźmiński, Envoyé extraordinaire et Ministre plénipotentiaire de Pologne à La Haye;

LE PRÉSIDENT DE LA RÉPUBLIQUE PORTUGAISE:

S. Exc. M. A. C. de Sousa Santos Bandeira, Envoyé extraordinaire et Ministre plénipotentiaire du Portugal à La Haye;

SA MAJESTÉ LE ROI DES SERBES, CROATES ET SLOVÈNES:

M. le Dr Yanko Choumane, Président de l'Office pour la protection de la propriété industrielle auprès du Ministère du Commerce et de l'Industrie;

M. Mihailo Preditch, Secrétaire audit Office;

SA MAJESTÉ LE ROI DE SUÈDE:

M. le Directeur-Général E. O. J. Björklund, Chef de l'Administration des brevets et d'enregistrement;

M. K. H. R. Hjertén, Conseiller de la Cour d'appel de Göta;

M. A. E. Hasselrot, ancien Directeur de Bureau à ladite Administration, Conseil en matière de propriété industrielle;

LE CONSEIL FÉDÉRAL DE LA CONFÉDÉRATION SUISSE:

S. Exc. M. Arthur de Pury, Envoyé extraordinaire et Ministre plénipotentiaire de Suisse à La Haye;

M. Walther Kraft, Directeur du Bureau fédéral de la propriété intellectuelle;

LE PRÉSIDENT DE LA RÉPUBLIQUE FRANÇAISE, POUR LES ÉTATS DE SYRIE ET DU GRAND-LIBAN:

S. Exc. M. Chassain de Marcilly, Envoyé extraordinaire et Ministre plénipotentiaire de France à La Haye;

LE PRÉSIDENT DE LA RÉPUBLIQUE TCHÉCOSLOVAQUE:

S. Exc. M. P. Barácek, Ingénieur, Envoyé extraordinaire et Ministre plénipotentiaire de Tchécoslovaquie à La Haye;

M. le Dr Karel Hermann-Otavský, Professeur à l'Université de Prague;

M. Bohuslav Pavlousek, Ingénieur, Vice-Président de l'Office des brevets de Prague;

SON ALTESSE LE BEY DE TUNIS:

S. Exc. M. Chassain de Marcilly, Envoyé extraordinaire et Ministre plénipotentiaire de France à La Haye;

LE PRÉSIDENT DE LA RÉPUBLIQUE TURQUE:

MEHMED ESSAD BEY, Chargé d'Affaires de Turquie à La Haye,

Lesquels, après s'être communiqué leurs pleins pouvoirs respectifs, trouvés en bonne et due forme, sont convenus des articles suivants:

ARTICLE PREMIER

Les pays contractants sont constitués à l'état d'Union pour la protection de la propriété industrielle.

La protection de la propriété industrielle a pour objet les brevets d'invention, les modèles d'utilité, les dessins et modèles industriels, les marques de fabrique ou de commerce, le nom commercial et les indications de provenance ou appellations d'origine, ainsi que la répression de la concurrence déloyale.

La propriété industrielle s'entend dans l'acception la plus large, et s'applique non seulement à l'industrie et au commerce proprement dits, mais également au domaine des industries agricoles (vins, grains, feuilles de tabac, fruits, bestiaux, etc.) et extractives (minéraux, eaux minérales, etc.).

Parmi les brevets d'invention sont comprises les diverses espèces de brevets industriels admises par les législations des pays contractants, telles que brevets d'importation, brevets de perfectionnement, brevets et certificats d'addition, etc.

ARTICLE 2

Les ressortissants de chacun des pays contractants jouiront dans tous les autres pays de l'Union, en ce qui concerne la protection de la propriété industrielle, des avantages que les lois respectives accordent actuellement ou accorderont par la suite aux nationaux, le tout sans préjudice des droits spécialement prévus par la présente Convention. En conséquence, ils auront la même protection que ceux-ci et le même recours légal contre toute atteinte portée à leurs droits, sous réserve de l'accomplissement des conditions et formalités imposées aux nationaux.

Toutefois, aucune condition de domicile ou d'établissement dans le pays où la protection est réclamée ne peut être exigée des ressortissants de l'Union, pour la jouissance d'aucun des droits de propriété industrielle.

Sont expressément réservées les dispositions de la législation de chacun des pays contractants relatives à la procédure judiciaire et administrative et à la compétence, ainsi qu'à l'élection de domicile ou à la constitution d'un mandataire, qui seraient requises par les lois sur la propriété industrielle.

ARTICLE 3

Sont assimilés aux ressortissants des pays contractants les ressortissants des pays ne faisant pas partie de l'Union, qui sont domiciliés ou ont des établissements industriels ou commerciaux effectifs et sérieux sur le territoire de l'un des pays de l'Union.

ARTICLE 4

a) Celui qui aura régulièrement fait le dépôt d'une demande de brevet d'invention, d'un modèle d'utilité, d'un dessin ou modèle industriel, d'une marque de fabrique ou de commerce, dans l'un des pays contractants, ou son ayant cause, jouira, pour effectuer le dépôt dans les autres pays, et sous réserve des droits des tiers, d'un droit de priorité pendant les délais déterminés ci-après.

b) En conséquence, le dépôt ultérieurement opéré dans l'un des autres pays de l'Union, avant l'expiration de ces délais, ne pourra être invalidé par des faits accomplis dans l'intervalle, soit, notamment, par un autre dépôt, par la publication de l'invention ou son exploitation, par la mise en vente d'exemplaires du dessin ou du modèle, par l'emploi de la marque.

c) Les délais de priorité mentionnés ci-dessus seront de douze mois pour les brevets d'invention et les modèles d'utilité et de six mois pour les dessins et modèles industriels et pour les marques de fabrique ou de commerce.

Ces délais commencent à courir de la date du dépôt de la première demande dans un pays de l'Union; le jour du dépôt n'est pas compris dans le délai.

Si le dernier jour du délai est un jour férié légal dans le pays où la protection est réclamée, le délai sera prorogé jusqu'au premier jour ouvrable qui suit.

d) Quiconque voudra se prévaloir de la priorité d'un dépôt antérieur sera tenu de faire une déclaration indiquant la date et le pays de ce dépôt. Chaque pays déterminera à quel moment, au plus tard, cette déclaration devra être effectuée.

Ces indications seront mentionnées dans les publications émanant de l'Administration compétente, notamment sur les brevets et les descriptions y relatives.

Les pays contractants pourront exiger de celui qui fait une déclaration de priorité la production d'une copie de la demande (description, dessins, etc.) déposée antérieurement. La copie, certifiée conforme par l'Administration qui aura reçu cette demande, sera dispensée de toute légalisation, et elle pourra en tous cas être déposée à n'importe quel moment dans le délai de trois mois à dater du dépôt de la demande ultérieure. On pourra exiger qu'elle soit accompagnée d'un certificat de la date du dépôt émanant de cette Administration et d'une traduction.

D'autres formalités ne pourront être requises pour la déclaration de priorité au moment du dépôt de la demande. Chaque pays contractant déterminera les conséquences de l'omission des formalités prévues par le présent article, sans que ces conséquences puissent excéder la perte du droit de priorité.

Ultérieurement d'autres justifications pourront être demandées.

e) Lorsqu'un dessin ou modèle industriel aura été déposé dans un pays en vertu d'un droit de priorité basé sur le dépôt d'un modèle d'utilité, le délai de priorité ne sera que celui fixé pour les dessins et modèles industriels.

En outre, il est permis de déposer dans un pays un modèle d'utilité en vertu d'un droit de priorité basé sur le dépôt d'une demande de brevet et inversement.

f) Si une demande de brevet contient la revendication de priorités multiples, ou si l'examen révèle qu'une demande est complexe, l'Administration devra, tout au moins, autoriser le demandeur à la diviser dans des conditions que déterminera la législation intérieure, en conservant comme date de chaque demande divisionnaire la date de la demande initiale et, s'il y a lieu, le bénéfice du droit de priorité.

Article 4bis

Les brevets demandés dans les différents pays contractants par des ressortissants de l'Union seront indépendants des brevets obtenus pour la même invention dans les autres pays, adhérents ou non à l'Union.

Cette disposition doit s'entendre d'une façon absolue, notamment en ce sens que les brevets demandés pendant le délai de priorité sont indépendants, tant au point de vue des causes de nullité et de déchéance, qu'au point de vue de la durée normale.

Elle s'applique à tous les brevets existant au moment de sa mise en vigueur.

Il en sera de même, en cas d'accession de nouveaux pays, pour les brevets existant de part et d'autre au moment de l'accession.

Article 5

L'introduction par le breveté, dans le pays où le brevet a été délivré, d'objets fabriqués dans l'un ou l'autre des pays de l'Union, n'entraînera pas la déchéance.

Toutefois chacun des pays contractants aura la faculté de prendre les mesures législatives nécessaires pour prévenir les abus qui pourraient résulter de l'exercice du droit exclusif conféré par le brevet, par exemple faute d'exploitation.

Ces mesures ne pourront prévoir la déchéance du brevet que si la concession de licences obligatoires ne suffisait pas pour prévenir ces abus.

En tout cas, le brevet ne pourra pas faire l'objet de telles mesures avant l'expiration d'au moins trois années à compter de la date où il a été accordé et si le breveté justifie d'excuses légitimes.

La protection des dessins et modèles industriels ne peut être atteinte par une déchéance quelconque pour introduction d'objets conformes à ceux qui sont protégés.

Aucun signe ou mention d'enregistrement ne sera exigé sur le produit, pour la reconnaissance du droit.

Si, dans un pays, l'utilisation de la marque enregistrée est obligatoire, l'enregistrement ne pourra être annulé qu'après un délai équitable et si l'intéressé ne justifie pas des causes de son inaction.

ARTICLE 5bis

Un délai de grâce, qui devra être au minimum de trois mois, sera accordé pour le payement des taxes prévues pour le maintien des droits de propriété industrielle, moyennant le versement d'une surtaxe, si la législation nationale en impose une.

Pour les brevets d'invention, les pays contractants s'engagent en outre, soit à porter le délai de grâce à six mois au moins, soit à prévoir la restauration du brevet tombé en déchéance par suite de non payement de taxes, ces mesures restant soumises aux conditions prévues par la législation intérieure.

ARTICLE 5ter

Dans chacun des pays contractants ne seront pas considérés comme portant atteinte aux droits du breveté:

1° l'emploi, à bord des navires des autres pays de l'Union, des moyens faisant l'objet de son brevet dans le corps du navire, dans les machines, agrès, apparaux et autres accessoires, lorsque ces navires pénétreront temporairement ou accidentellement dans les eaux du pays, sous réserve que ces moyens y soient employés exclusivement pour les besoins du navire;

2° l'emploi des moyens faisant l'objet du brevet dans la construction ou le fonctionnement des engins de locomotion aérienne ou terrestre des autres pays de l'Union ou des accessoires de ces engins, lorsque ceux-ci pénétreront temporairement ou accidentellement dans ce pays.

ARTICLE 6

Toute marque de fabrique ou de commerce régulièrement enregistrée dans le pays d'origine sera admise au dépôt et protégée telle quelle dans les autres pays de l'Union.

Toutefois, pourront être refusées ou invalidées:

1° les marques qui sont de nature à porter atteinte à des droits acquis par des tiers dans le pays où la protection est réclamée;

2° les marques dépourvues de tout caractère distinctif, ou bien composées exclusivement de signes ou d'indications pouvant servir, dans le commerce, pour désigner l'espèce, la qualité, la quantité, la destination, la valeur, le lieu d'origine des produits ou l'époque de production, ou devenus usuels dans le langage courant ou les habitudes loyales et constantes du commerce du pays où la protection est réclamée.

Dans l'appréciation du caractère distinctif d'une marque on devra tenir compte de toutes les circonstances de fait, notamment de la durée de l'usage de la marque;

3° les marques qui sont contraires à la morale ou à l'ordre public.

Il est entendu qu'une marque ne pourra être considérée comme contraire à l'ordre public pour la seule raison qu'elle n'est pas conforme à quelque disposition de la législation sur les marques, sauf le cas où cette disposition elle-même concerne l'ordre public.

Sera considéré comme pays d'origine:

le pays de l'Union où le déposant a un établissement industriel ou commercial effectif et sérieux, et, s'il n'a pas un tel établissement, le pays de l'Union où il a son domicile et, s'il n'a pas de domicile dans l'Union, le pays de sa nationalité, au cas où il est ressortissant d'un pays de l'Union.

En aucun cas le renouvellement de l'enregistrement d'une marque dans le pays d'origine n'entraînera l'obligation de renouveler l'enregistrement dans les autres pays de l'Union où la marque aura été enregistrée.

Le bénéfice de la priorité reste acquis aux dépôts de marques effectués dans le délai de l'article 4, même lorsque l'enregistrement dans le pays d'origine n'intervient qu'après l'expiration de ce délai.

La disposition de l'alinéa 1 n'exclut pas le droit d'exiger du déposant un certificat d'enregistrement régulier, délivré par l'autorité compétente du pays d'origine, mais aucune légalisation ne sera requise pour ce certificat.

Article 6bis

Les pays contractants s'engagent à refuser ou à invalider soit d'office si la législation du pays le permet, soit à la requête de l'intéressé, l'enregistrement d'une marque de fabrique ou de commerce qui serait la reproduction ou l'imitation susceptible de faire confusion, d'une marque que l'autorité compétente du pays de l'enregistrement estimera y être notoirement connue comme étant déjà la marque d'un ressortissant d'un autre pays contractant et utilisée pour des produits du même genre ou d'un genre similaire.

Un délai minimum de trois ans devra être accordé pour réclamer la radiation de ces marques. Le délai courra de la date de l'enregistrement de la marque.

Il ne sera pas fixé de délai pour réclamer la radiation des marques enregistrées de mauvaise foi.

Article 6ter

Les pays contractants conviennent de refuser ou d'invalider l'enregistrement et d'interdire, par des mesures appropriées, l'utilisation, à défaut d'autorisation des pouvoirs compétents, soit comme marques de fabrique ou de commerce, soit comme éléments de ces marques, des armoiries, drapeaux et autres emblèmes d'État des pays contractants, signes et poinçons officiels de contrôle et de garantie adoptés par eux, ainsi que toute imitation au point de vue héraldique.

L'interdiction des signes et poinçons officiels de contrôle et de garantie s'appliquera seulement dans les cas où les marques qui les comprendront seront destinées à être utilisées sur des marchandises du même genre ou d'un genre similaire.

Pour l'application de ces dispositions les pays contractants conviennent de se communiquer réciproquement, par l'intermédiaire du Bureau international de Berne, la liste des emblèmes d'État, signes et poinçons officiels de contrôle et de garantie, qu'ils désirent ou désireront placer, d'une façon absolue ou dans certaines limites, sous la protection du présent article, ainsi que toutes modifications ultérieures apportées à cette liste. Chaque pays contractant mettra à la disposition du public, en temps utile, les listes notifiées.

Tout pays contractant pourra, dans un délai de douze mois à partir de la réception de la notification, transmettre, par l'intermédiaire du Bureau international de Berne, au pays intéressé, ses objections éventuelles.

Pour les emblèmes d'État notoirement connus les mesures prévues à l'alinéa 1 s'appliqueront seulement aux marques enregistrées après la signature du présent Acte.

Pour les emblèmes d'État qui ne seraient pas notoirement connus, et pour les signes et poinçons officiels, ces dispositions ne seront applicables qu'aux marques enregistrées plus de deux mois après réception de la notification prévue par l'alinéa 3.

En cas de mauvaise foi, les pays auront la faculté de faire radier même les marques enregistrées avant la signature du présent Acte et comportant des emblèmes d'État, signes et poinçons.

Les nationaux de chaque pays qui seraient autorisés à faire usage des emblèmes d'État, signes et poinçons de leur pays, pourront les utiliser, même s'il y avait similitude avec ceux d'un autre pays.

Les pays contractants s'engagent à interdire l'usage non autorisé, dans le commerce, des armoiries d'État des autres pays contractants, lorsque cet usage sera de nature à induire en erreur sur l'origine des produits.

Les dispositions qui précèdent ne font pas obstacle à l'exercice, par les pays, de la faculté de refuser ou d'invalider, par application du numéro 3 de l'alinéa 2 de l'article 6, les marques contenant, sans autorisation, des armoiries, drapeaux, décorations et autres emblèmes d'État ou des signes et poinçons officiels adoptés par un pays de l'Union.

ARTICLE 7

La nature du produit sur lequel la marque de fabrique ou de commerce doit être apposée ne peut, dans aucun cas, faire obstacle à l'enregistrement de la marque.

ARTICLE 7bis

Les pays contractants s'engagent à admettre au dépôt et à protéger les marques appartenant à des collectivités dont l'existence n'est pas contraire à la loi du pays d'origine, même si ces collectivités ne possèdent pas un établissement industriel ou commercial.

Cependant chaque pays sera juge des conditions particulières sous lesquelles une collectivité pourra être admise à faire protéger ses marques.

ARTICLE 8

Le nom commercial sera protégé dans tous les pays de l'Union sans obligation de dépôt ou d'enregistrement, qu'il fasse ou non partie d'une marque de fabrique ou de commerce.

ARTICLE 9

Tout produit portant illicitement une marque de fabrique ou de commerce, ou un nom commercial, sera saisi à l'importation dans ceux des pays de l'Union dans lesquels cette marque ou ce nom commercial ont droit à la protection légale.

La saisie sera également effectuée dans le pays où l'apposition illicite aura eu lieu, ou dans le pays où aura été importé le produit.

La saisie aura lieu à la requête soit du ministère public, soit de toute autre autorité compétente, soit d'une partie intéressée, personne physique ou morale, conformément à la législation intérieure de chaque pays.

Les autorités ne seront pas tenues d'effectuer la saisie en cas de transit.

Si la législation d'un pays n'admet pas la saisie à l'importation, la saisie sera remplacée par la prohibition d'importation ou la saisie à l'intérieur.

Si la législation d'un pays n'admet ni la saisie à l'importation, ni la prohibition d'importation, ni la saisie à l'intérieur, et en attendant que cette législation soit modifiée en conséquence, ces mesures seront remplacées par les actions et moyens que la loi de ce pays assurerait en pareil cas aux nationaux.

ARTICLE 10

Les dispositions de l'article précédent seront applicables à tout produit portant faussement, comme indication de provenance, le nom d'une localité ou d'un pays déterminé, lorsque cette indication sera jointe à un nom commercial fictif ou emprunté dans une intention frauduleuse.

Sera en tous cas reconnu comme partie intéressée, que ce soit une personne physique ou morale, tout producteur, fabricant ou commerçant engagé dans la production, la fabrication ou le commerce de ce produit et établi soit dans la localité faussement indiquée comme lieu de provenance, soit dans la région où cette localité est située, soit dans le pays faussement indiqué.

ARTICLE 10bis

Les pays contractants sont tenus d'assurer aux ressortissants de l'Union une protection effective contre la concurrence déloyale.

Constitue un acte de concurrence déloyale tout acte de concurrence contraire aux usages honnêtes en matière industrielle ou commerciale.

Notamment devront être interdits:

1° tous faits quelconques de nature à créer une confusion par n'importe quel moyen avec les produits d'un concurrent;

2° les allégations fausses, dans l'exercice du commerce, de nature à discréditer les produits d'un concurrent.

ARTICLE 10ter

Les pays contractants s'engagent à assurer aux ressortissants des autres pays de l'Union des recours légaux appropriés pour réprimer efficacement tous les actes visés aux articles 9, 10 et 10bis.

Ils s'engagent, en outre, à prévoir des mesures pour permettre aux syndicats et associations représentant l'industrie ou le commerce intéressé et dont l'existence n'est pas contraire aux lois de leur pays, d'agir en justice ou auprès des autorités administratives, en vue de la répression des actes prévus par les articles 9, 10 et 10bis, dans la mesure où la loi du pays dans lequel la protection est réclamée le permet aux syndicats et associations de ce pays.

ARTICLE 11

Les pays contractants accorderont, conformément à leur législation intérieure, une protection temporaire aux inventions brevetables, aux modèles d'utilité, aux dessins ou modèles industriels ainsi qu'aux marques de fabrique ou de commerce, pour les produits qui figureront aux expositions internationales officielles ou officiellement reconnues, organisées sur le territoire de l'un d'eux.

Cette protection temporaire ne prolongera pas les délais de l'article 4. Si plus tard le droit de priorité est invoqué, l'Administration de chaque pays pourra faire partir le délai de la date de l'introduction du produit dans l'exposition.

Chaque pays pourra exiger, comme preuve de l'identité de l'objet exposé et de la date d'introduction, les pièces justificatives qu'il jugera nécessaires.

ARTICLE 12

Chacun des pays contractants s'engage à établir un service spécial de la propriété industrielle et un dépôt central pour la communication au public des brevets d'invention, des modèles d'utilité, des dessins ou modèles industriels et de marques de fabrique ou de commerce.

Ce service publiera une feuille périodique officielle.

ARTICLE 13

L'Office international institué à Berne sous le nom de Bureau international pour la protection de la propriété industrielle est placé sous la haute autorité du Gouvernement de la Confédération suisse, qui en règle l'organisation et en surveille le fonctionnement.

La langue officielle du Bureau international est la langue française.

Le Bureau international centralise les renseignements de toute nature relatifs à la protection de la propriété industrielle, il les réunit et les publie. Il procède aux études d'utilité commune intéressant l'Union et rédige, à l'aide de documents qui sont mis à sa disposition par les diverses Administrations, une feuille périodique, en langue française, sur les questions concernant l'objet de l'Union.

Les numéros de cette feuille, de même que tous les documents publiés par le Bureau international, sont répartis entre les Administrations des pays de l'Union dans la proportion du nombre des unités contributives ci-dessous mentionnées. Les exemplaires et documents supplémentaires qui seraient réclamés, soit par lesdites Administrations, soit par des sociétés ou des particuliers, seront payés à part.

Le Bureau international doit se tenir en tout temps à la disposition des pays de l'Union, pour leur fournir, sur les questions relatives au service international de la propriété industrielle, les renseignements spéciaux dont ils pourraient avoir besoin. Le Directeur du Bureau international fait sur sa gestion un rapport annuel qui est communiqué à tous les pays de l'Union.

Les dépenses du Bureau international seront supportées en commun par les pays contractants. Jusqu'à nouvel ordre, elles ne pourront pas dépasser la somme de cent vingt mille francs suisses par année. Cette somme pourra être augmentée, au besoin, par décision unanime d'une des Conférences prévues à l'article 14.

Pour déterminer la part contributive de chacun des pays dans cette somme totale des frais, les pays contractants et ceux qui adhéreront ultérieurement à l'Union sont divisés en six classes, contribuant chacune dans la proportion d'un certain nombre d'unités, savoir :

1re	classe	25	unités
2e	»	20	»
3e	»	15	»
4e	»	10	»
5e	»	5	»
6e	»	3	»

Ces coefficients sont multipliés par le nombre des pays de chaque classe, et la somme des produits ainsi obtenus fournit le nombre d'unités par lequel la dépense totale doit être divisée. Le quotient donne le montant de l'unité de dépense.

Chacun des pays contractants désignera, au moment de son accession, la classe dans laquelle il désire être rangé.

Le Gouvernement de la Confédération suisse surveille les dépenses du Bureau international, fait les avances nécessaires et établit le compte annuel qui sera communiqué à toutes les autres Administrations.

Article 14

La présente Convention sera soumise à des revisions périodiques, en vue d'y introduire les améliorations de nature à perfectionner le système de l'Union.

A cet effet, des Conférences auront lieu, successivement, dans l'un des pays contractants entre les Délégués desdits pays.

L'Administration du pays où doit siéger la Conférence préparera, avec le concours du Bureau international, les travaux de cette Conférence.

Le Directeur du Bureau international assistera aux séances des Conférences, et prendra part aux discussions sans voix délibérative.

Article 15

Il est entendu que les pays contractants se réservent respectivement le droit de prendre séparément, entre eux, des arrangements particuliers pour la protection de la propriété industrielle, en tant que ces arrangements ne contreviendraient point aux dispositions de la présente Convention.

Article 16

Les pays qui n'ont point pris part à la présente Convention seront admis à y adhérer sur leur demande.

Cette adhésion sera notifiée par la voie diplomatique au Gouvernement de la Confédération suisse et par celui-ci à tous les autres.

Elle emportera, de plein droit, accession à toutes les clauses et admission à tous les avantages stipulés par la présente Convention, et produira ses effets un mois après l'envoi de la notification faite par le Gouvernement de la Confédération suisse aux autres pays unionistes, à moins qu'une date postérieure n'ait été indiquée par le pays adhérent.

Article 16bis

Les pays contractants ont le droit d'accéder en tout temps à la présente Convention pour leurs colonies, possessions, dépendances et protectorats, ou territoires administrés en vertu d'un mandat de la Société des Nations, ou pour certains d'entre eux.

Ils peuvent à cet effet soit faire une déclaration générale par laquelle toutes leurs colonies, possessions, dépendances et protectorats et les territoires visés à l'alinéa 1 sont compris dans l'accession, soit nommer expressément ceux qui y sont compris, soit se borner à indiquer ceux qui en sont exclus.

Cette déclaration sera notifiée par écrit au Gouvernement de la Confédération suisse et par celui-ci à tous les autres.

Les pays contractants pourront, dans les mêmes conditions, dénoncer la Convention pour leurs colonies, possessions, dépendances et protectorats, ou pour les territoires visés à l'alinéa 1, ou pour certains d'entre eux.

Article 17

L'exécution des engagements réciproques contenus dans la présente Convention est subordonnée, en tant que de besoin, à l'accomplissement des formalités et règles établies par les lois constitutionnelles de ceux des pays contractants qui sont tenus d'en provoquer l'application, ce qu'ils s'obligent à faire dans le plus bref délai possible.

ARTICLE 17bis

La Convention demeurera en vigueur pendant un temps indéterminé, jusqu'à l'expiration d'une année à partir du jour où la dénonciation en sera faite.

Cette dénonciation sera adressée au Gouvernement de la Confédération suisse. Elle ne produira son effet qu'à l'égard du pays qui l'aura faite, la Convention restant exécutoire pour les autres pays contractants.

ARTICLE 18

Le présent Acte sera ratifié et les ratifications en seront déposées à La Haye au plus tard le 1er mai 1928. Il entrera en vigueur, entre les pays qui l'auront ratifié, un mois après cette date. Toutefois si auparavant il était ratifié par six pays au moins, il entrerait en vigueur, entre ces pays, un mois après que le dépôt de la sixième ratification leur aurait été notifié par le Gouvernement de la Confédération suisse et, pour les pays qui ratifieraient ensuite, un mois après la notification de chacune de ces ratifications.

Cet Acte remplacera, dans les rapports entre les pays qui l'auront ratifié, la Convention d'Union de Paris de 1883 revisée à Washington le 2 juin 1911 et le Protocole de clôture, lesquels resteront en vigueur dans les rapports avec les pays qui n'auront pas ratifié le présent Acte.

ARTICLE 19

Le présent Acte sera signé en un seul exemplaire, lequel sera déposé aux archives du Gouvernement des Pays-Bas. Une copie certifiée sera remise par ce dernier à chacun des Gouvernements des pays contractants.

EN FOI DE QUOI, les Plénipotentiaires respectifs ont signé le présent Acte.

Fait à La Haye, en un seul exemplaire, le 6 novembre 1925.

Pour l'Allemagne: VIETINGHOFF.
v. SPECHT.
KLAUER.
ALBERT OSTERRIETH.

Pour l'Australie: CHARLES V. WATSON.

Pour l'Autriche: Dr CARL DUSCHANEK.
Dr HANS FORTWÄNGLER.

Pour la Belgique: CAPITAINE.
LOUIS ANDRÉ.
THOMAS BRAUN.
D. COPPIETERS.

Pour les États-Unis du Brésil:	J. A. BARBOZA CARNEIRO. CARLOS AMERICO BARBOSA DE OLIVEIRA.
Pour le Canada:	FREDERICK H. PALMER.
Pour Cuba:	R. DE LA TORRE.
Pour le Danemark:	N. J. EHRENREICH HANSEN.
Pour la Ville libre de Dantzig:	ST. KOŻMIŃSKI.
Pour la République Dominicaine:	C. G. DE HASETH CZ.
Pour l'Espagne:	SANTIAGO MENDEZ DE VIGO. FERNANDO CABELLO LAPIEDRA. JOSÉ GARCIA MONGE.
Pour l'Esthonie:	O. AARMANN.
Pour les États-Unis d'Amérique:	THOMAS E. ROBERTSON. WALLACE R. LANE. JO. BAILY BROWN.
Pour la Finlande:	YRJÖ SAASTAMOINEN.
Pour la France:	CH. DE MARCILLY. MARCEL PLAISANT. CH. DROUETS. GEORGES MAILLARD.
Pour la Grande-Bretagne et l'Irlande du Nord:	H. LLEWELLYN SMITH. A. J. MARTIN. A. BALFOUR.
Pour la Hongrie:	ELEMÉR DE POMPÉRY.
Pour l'Italie:	DOMENICO BARONE. LETTERIO LABOCCETTA. MARIO GHIRON.
Pour le Japon:	S. SAKIKAWA. N. ITO.

Pour le Maroc:	CH. DE MARCILLY.
Pour les États-Unis du Mexique:	JULIO POULAT.
Pour la Norvège:	B. WYLLER.
Pour les Pays-Bas:	J. ALINGH PRINS. BIJLEVELD. DIJCKMEESTER.
Pour la Pologne:	ST. KOŻMIŃSKI. FRÉDÉRIC ZOLL.
Pour le Portugal:	BANDEIRA.
Pour le Royaume des Serbes, Croates et Slovènes:	Dr YANKO CHOUMANE. MIHAILO PREDITCH.
Pour la Suède:	E. O. J. BJÖRKLUND. H. HJERTÉN. AXEL HASSELROT.
Pour la Suisse:	A. DE PURY. W. KRAFT.
Pour la Syrie et le Grand-Liban:	CH. DE MARCILLY.
Pour la Tchécoslovaquie:	BARÁČEK. Prof. Dr KAREL HERMANN-OTAVSKÝ. Ing. BOHUSLAV-PAVLOUSEK.
Pour la Tunisie:	CH. DE MARCILLY.

II. ARRANGEMENT DE MADRID

DU 14 AVRIL 1891

CONCERNANT

LA RÉPRESSION DES FAUSSES INDICATIONS DE PROVENANCE SUR LES MARCHANDISES

REVISÉ A

WASHINGTON le 2 juin 1911 et à LA HAYE le 6 novembre 1925

Les soussignés, dûment autorisés par leurs Gouvernements respectifs, ont, d'un commun accord, arrêté le texte suivant, qui remplacera l'Arrangement de Madrid du 14 avril 1891, revisé à Washington le 2 juin 1911, savoir:

Article premier

Tout produit portant une fausse indication de provenance dans laquelle un des pays contractants, ou un lieu situé dans l'un d'entre eux, serait directement ou indirectement indiqué comme pays ou comme lieu d'origine, sera saisi à l'importation dans chacun desdits pays.

La saisie sera également effectuée dans le pays où la fausse indication de provenance aura été apposée, ou dans celui où aura été introduit le produit muni de cette fausse indication.

Si la législation d'un pays n'admet pas la saisie à l'importation, cette saisie sera remplacée par la prohibition d'importation.

Si la législation d'un pays n'admet pas la saisie à l'intérieur, cette saisie sera remplacée par les actions et moyens que la loi de ce pays assure en pareil cas aux nationaux.

A défaut de sanctions spéciales assurant la répression des fausses indications de provenance, les sanctions prévues par les dispositions correspondantes des lois sur les marques ou les noms commerciaux seront applicables.

Article 2

La saisie aura lieu à la diligence de l'Administration des douanes qui avertira immédiatement l'intéressé, personne physique ou morale, pour lui permettre de régulariser, s'il le désire, la saisie opérée conservatoirement; toutefois, le Ministère public ou toute autre autorité compétente pourra requérir la saisie, soit à la demande de la partie lésée, soit d'office; la procédure suivra alors son cours ordinaire.

Les autorités ne seront pas tenues d'effectuer la saisie en cas de transit.

ARTICLE 3

Les présentes dispositions ne font pas obstacle à ce que le vendeur indique son nom ou son adresse sur les produits provenant d'un pays différent de celui de la vente, mais dans ce cas l'adresse ou le nom doit être accompagné de l'indication précise, et en caractères apparents, du pays ou du lieu de fabrication ou de production, ou d'une autre indication suffisante pour éviter toute erreur sur l'origine véritable des marchandises.

ARTICLE 4

Les tribunaux de chaque pays auront à décider quelles sont les appellations qui, à raison de leur caractère générique, échappent aux dispositions du présent Arrangement, les appellations régionales de provenance des produits vinicoles n'étant cependant pas comprises dans la réserve spécifiée par cet article.

ARTICLE 5

Les États de l'Union pour la protection de la propriété industrielle qui n'ont pas pris part au présent Arrangement seront admis à y adhérer sur leur demande, et dans la forme prescrite par l'article 16 de la Convention générale.

Les stipulations de l'article 16bis de la Convention d'Union s'appliquent au présent Arrangement.

ARTICLE 6

Le présent Acte sera ratifié et les ratifications en seront déposées à La Haye au plus tard le 1er mai 1928.

Il entrera en vigueur, entre les pays qui l'auront ratifié, un mois après cette date et aura la même force et durée que la Convention générale. Toutefois, si auparavant il était ratifié par six pays au moins, il entrerait en vigueur, entre ces pays, un mois après que le dépôt de la sixième ratification leur aurait été notifié par le Gouvernement de la Confédération suisse et pour les pays qui ratifieraient ensuite, un mois après la notification de chacune de ces ratifications.

Le présent Acte remplacera, dans les rapports entre les pays qui l'auront ratifié, l'Arrangement conclu à Madrid le 14 avril 1891 et revisé à Washington le 2 juin 1911. Ce dernier restera en vigueur dans les rapports avec les pays qui n'auront pas ratifié le présent Acte.

EN FOI DE QUOI, les Plénipotentiaires respectifs ont signé le présent Arrangement.

Fait à La Haye, en un seul exemplaire, le 6 novembre 1925.

Pour l'Allemagne: VIETINGHOFF.
v. SPECHT.
KLAUER.
ALBERT OSTERRIETH.

Pour les États-Unis du Brésil: J. A. BARBOZA CARNEIRO.
CARLOS AMERICO BARBOSA DE OLIVEIRA.

Pour Cuba:	R. DE LA TORRE.
Pour la Ville libre de Dantzig:	ST. KOŻMIŃSKI.
Pour l'Espagne:	SANTIAGO MENDEZ DE VIGO. FERNANDO CABELLO LAPIEDRA. JOSÉ GARCIA MONGE.
Pour la France:	CH. DE MARCILLY. MARCEL PLAISANT. CH. DROUETS. GEORGES MAILLARD.
Pour la Grande-Bretagne et l'Irlande du Nord:	H. LLEWELLYN SMITH. A. J. MARTIN. A. BALFOUR.
Pour le Maroc:	CH. DE MARCILLY.
Pour le Portugal:	BANDEIRA.
Pour la Suisse:	A. DE PURY. W. KRAFT.
Pour la Syrie et le Grand-Liban:	CH. DE MARCILLY.
Pour la Tchécoslovaquie:	BARÁČEK. Prof. Dr KAREL HERMANN-OTAVSKÝ. Ing. BOHUSLAV-PAVLOUSEK.
Pour la Tunisie:	CH. DE MARCILLY.

III. ARRANGEMENT DE MADRID

DU 14 AVRIL 1891

CONCERNANT

L'ENREGISTREMENT INTERNATIONAL DES MARQUES DE FABRIQUE OU DE COMMERCE

REVISÉ A

BRUXELLES le 14 décembre 1900, à WASHINGTON le 2 juin 1911 et à LA HAYE le 6 novembre 1925

Les soussignés, dûment autorisés par leurs Gouvernements respectifs, ont, d'un commun accord, arrêté le texte suivant, qui remplacera l'Arrangement de Madrid du 14 avril 1891, revisé à Washington le 2 juin 1911, savoir:

ARTICLE PREMIER

Les ressortissants de chacun des pays contractants pourront s'assurer, dans tous les autres pays, la protection de leurs marques de fabrique ou de commerce enregistrées dans le pays d'origine, moyennant le dépôt desdites marques au Bureau international, à Berne, fait par l'entremise de l'Administration dudit pays d'origine.

Fait règle pour la définition du pays d'origine, la disposition y relative de l'article 6 de la Convention générale d'Union pour la protection de la propriété industrielle.

ARTICLE 2

Sont assimilés aux ressortissants des pays contractants les sujets ou citoyens des pays n'ayant pas adhéré au présent Arrangement qui, sur le territoire de l'Union restreinte constituée par ce dernier, satisfont aux conditions établies par l'article 3 de la Convention générale.

ARTICLE 3

Toute demande d'enregistrement international devra être présentée sur le formulaire prescrit par le Règlement d'exécution, et l'Administration du pays d'origine de la marque certifiera que les indications qui figurent sur ces demandes correspondent à celles du registre national.

Si le déposant revendique la couleur à titre d'élément distinctif de sa marque, il sera tenu:

1° de le déclarer et d'accompagner son dépôt d'une mention indiquant la couleur ou la combinaison de couleurs revendiquée;

2° de joindre à sa demande des exemplaires de ladite marque en couleur, qui seront annexés aux notifications faites par le Bureau international. Le nombre de ces exemplaires sera fixé par le Règlement d'exécution.

Le Bureau international enregistrera immédiatement les marques déposées conformément à l'article premier. Il notifiera cet enregistrement sans retard aux diverses Administrations. Les marques enregistrées seront publiées dans une feuille périodique éditée par le Bureau international, au moyen des indications contenues dans la demande d'enregistrement et d'un cliché fourni par le déposant.

En vue de la publicité à donner, dans les pays contractants, aux marques enregistrées, chaque Administration recevra gratuitement du Bureau international le nombre d'exemplaires de la susdite publication qu'il lui plaira de demander. Cette publicité sera considérée dans tous les pays contractants comme pleinement suffisante, et aucune autre ne pourra être exigée du déposant.

Article 4

A partir de l'enregistrement ainsi fait au Bureau international, la protection de la marque dans chacun des pays contractants sera la même que si cette marque y avait été directement déposée.

Toute marque qui a été l'objet d'un enregistrement international jouira du droit de priorité établi par l'article 4 de la Convention générale, sans qu'il soit nécessaire d'accomplir les formalités prévues dans la lettre *d)* de cet article.

Article 4bis

Lorsqu'une marque, déjà déposée dans un ou plusieurs des pays contractants, a été postérieurement enregistrée par le Bureau international au nom du même titulaire ou de son ayant cause, l'enregistrement international sera considéré comme substitué aux enregistrements nationaux antérieurs, sans préjudice des droits acquis par le fait de ces derniers.

Article 5

Dans les pays où leur législation les y autorise, les Administrations auxquelles le Bureau international notifiera l'enregistrement d'une marque auront la faculté de déclarer que la protection ne peut être accordée à cette marque sur leur territoire. Un tel refus ne pourra être opposé que dans les conditions qui s'appliqueraient, en vertu de la Convention générale, à une marque déposée à l'enregistrement national.

Les Administrations qui voudront exercer cette faculté devront notifier leurs refus, avec indication des motifs, au Bureau international, dans le délai prévu par leur loi nationale et, au plus tard, avant la fin d'une année comptée à partir de l'enregistrement international de la marque.

Le Bureau international transmettra sans retard à l'Administration du pays d'origine et au propriétaire de la marque, ou à son mandataire, si celui-ci a été indiqué au Bureau par ladite Administration, un des exemplaires de la déclaration de refus ainsi notifiée. L'intéressé aura les mêmes moyens de recours que si la marque avait été par lui directement déposée dans le pays où la proctection est refusée.

Les Administrations qui, dans le délai maximum susindiqué d'un an, n'auront adressé aucune communication au Bureau international seront censées avoir accepté la marque.

Article 5bis

Les pièces justificatives de la légitimité d'usage de certains éléments contenus dans les marques, tels que armoiries, écussons, portraits, distinctions honorifiques, titres, noms commerciaux ou noms de personnes autres que celui du déposant, ou autres inscriptions analogues qui pourraient être réclamées par les Administrations des pays contractants, seront dispensées de toute certification ou légalisation autre que celle de l'Administration du pays d'origine.

Article 5ter

Le Bureau international délivrera à toute personne qui en fera la demande, moyennant une taxe fixée par le Règlement d'exécution, une copie des mentions inscrites dans le Registre relativement à une marque déterminée.

Il pourra aussi, contre rémunération, se charger de faire des recherches d'antériorité parmi les marques internationales.

Article 6

La protection résultant de l'enregistrement au Bureau international durera vingt ans à partir de cet enregistrement (sous réserve de ce qui est prévu à l'article 8 pour le cas où le déposant n'aura versé qu'une fraction de l'émolument international), mais elle ne pourra être invoquée en faveur d'une marque qui ne jouirait plus de la protection légale dans le pays d'origine.

Article 7

L'enregistrement pourra toujours être renouvelé suivant les prescriptions des articles 1 et 3 pour une nouvelle période de vingt ans à compter depuis la date de renouvellement.

Six mois avant l'expiration du terme de protection, le Bureau international rappellera au propriétaire de la marque, par l'envoi d'un avis officieux, la date exacte de cette expiration.

Si la marque présentée en renouvellement du précédent dépôt a subi une modification de forme, les Administrations pourront se refuser à l'enregistrer à titre de renouvellement et le même droit leur appartiendra en cas de changement dans l'indication des produits auxquels la marque doit s'appliquer, à moins que, sur notification de l'objection par l'intermédiaire du Bureau international, l'intéressé ne déclare renoncer à la protection pour les produits autres que ceux désignés en mêmes termes lors de l'enregistrement antérieur.

Lorsque la marque n'est pas admise à titre de renouvellement, il pourra être tenu compte des droits d'antériorité ou autres acquis par le fait de l'enregistrement antérieur.

Article 8

L'Administration du pays d'origine fixera à son gré, et percevra à son profit, une taxe nationale qu'elle réclamera du propriétaire de la marque dont l'enregistrement international est demandé.

A cette taxe s'ajoutera un émolument international (en francs suisses) de cent cinquante francs pour la première marque, et de cent francs pour chacune des marques suivantes, déposées en même temps au Bureau international au nom du même propriétaire.

Le déposant aura la faculté de n'acquitter au moment du dépôt international qu'un émolument de cent francs pour la première marque et de soixante-quinze francs pour chacune des marques déposées en même temps que la première.

Si le déposant fait usage de cette faculté, il devra, avant l'expiration d'un délai de dix ans compté à partir de l'enregistrement international, verser au Bureau international un complément d'émolument de soixante-quinze francs pour la première marque et de cinquante francs pour chacune des marques déposées en même temps que la première, faute de quoi, à l'expiration de ce délai, il perdra le bénéfice de son enregistrement. Six mois avant cette expiration, le Bureau international rappellera au déposant, par l'envoi d'un avis officieux, à toutes fins utiles, la date exacte de cette expiration. Si le complément d'émolument n'est pas versé avant l'expiration de ce délai au Bureau international, celui-ci radiera la marque, notifiera cette opération aux Administrations et la publiera dans son journal.

Lorsque la liste des produits pour lesquels la protection est revendiquée contiendra plus de cent mots, l'enregistrement de la marque ne sera effectué qu'après payement d'une surtaxe à fixer par le Règlement d'exécution.

Le produit annuel des diverses recettes de l'enregistrement international sera réparti par parts égales entre les pays contractants par les soins du Bureau international, après déduction des frais communs nécessités par l'exécution du présent Arrangement.

Si, au moment de l'entrée en vigueur du présent Arrangement revisé, un pays ne l'a pas encore ratifié, il n'aura droit, jusqu'à la date de son adhésion postérieure, qu'à une répartition de l'excédent de recettes calculé sur la base des anciennes taxes.

ARTICLE 8bis

Le propriétaire d'une marque internationale peut toujours renoncer à la protection dans un ou plusieurs des pays contractants, au moyen d'une déclaration remise à l'Administration du pays d'origine de la marque, pour être communiquée au Bureau international, qui la notifiera aux pays que cette renonciation concerne.

ARTICLE 9

L'Administration du pays d'origine notifiera au Bureau international les annulations, radiations, renonciations, transmissions et autres changements apportés à l'inscription de la marque.

Le Bureau inscrira ces changements dans le Registre international, les notifiera à son tour aux Administrations des pays contractants, et les publiera dans son journal.

On procédera de même lorsque le propriétaire de la marque demandera à réduire la liste des produits auxquels elle s'applique.

Ces opérations peuvent être soumises à une taxe qui sera fixée par le Règlement d'exécution.

L'addition ultérieure d'un nouveau produit à la liste ne peut être obtenue que par un nouveau dépôt effectué conformément aux prescriptions de l'article 3.

A l'addition est assimilée la substitution d'un produit à un autre.

ARTICLE 9bis

Lorsqu'une marque inscrite dans le Registre international sera transmise à une personne établie dans un pays contractant autre que le pays d'origine de la marque, la transmission sera notifiée au Bureau international par l'Administration de ce même pays d'origine. Le Bureau international, après avoir reçu l'assentiment de l'Administration à laquelle ressortit le nouveau titulaire, enregistrera la transmission, la notifiera aux autres Administrations et la publiera dans son journal en mentionnant, si possible, la date et le numéro d'enregistrement de la marque dans son nouveau pays d'origine.

Nulle transmission de marque inscrite dans le Registre international, faite au profit d'une personne non admise à déposer une marque internationale, ne sera enregistrée.

Article 9ter

Les dispositions des articles 9 et 9bis concernant les transmissions n'ont point pour effet de modifier les législations des pays contractants qui prohibent la transmission de la marque sans la cession simultanée de l'établissement industriel ou commercial dont elle distingue les produits.

Article 10

Les Administrations régleront d'un commun accord les détails relatifs à l'exécution du présent Arrangement.

Article 11

Les pays de l'Union pour la protection de la propriété industrielle qui n'ont pas pris part au présent Arrangement seront admis à y adhérer sur leur demande et dans la forme prescrite par la Convention générale.

Dès que le Bureau international sera informé qu'un pays ou une de ses colonies a adhéré au présent Arrangement, il adressera à l'Administration de ce pays, conformément à l'article 3, une notification collective des marques qui, à ce moment, jouiront de la protection internationale.

Cette notification assurera, par elle-même, auxdites marques le bénéfice des précédentes dispositions sur le territoire du pays adhérent, et fera courir le délai d'un an pendant lequel l'Administration intéressée peut faire la déclaration prévue par l'article 5.

Toutefois, chaque pays en adhérant au présent Arrangement pourra déclarer que, sauf en ce qui concerne les marques internationales ayant déjà fait antérieurement dans ce pays l'objet d'un enregistrement national identique encore en vigueur et qui seront immédiatement reconnues sur la demande des intéressés, l'application de cet Acte sera limité aux marques qui seront enregistrées à partir du jour où cette adhésion deviendra effective.

Cette déclaration dispensera le Bureau international de faire la notification collective susindiquée. Il se bornera à notifier les marques en faveur desquelles la demande d'être mis au bénéfice de l'exception prévue à l'alinéa précédent lui parviendra, avec les précisions nécessaires, dans le délai d'une année à partir de l'accession du nouveau pays.

Article 12

Le présent Arrangement sera ratifié, et les ratifications en seront déposés à La Haye au plus tard le 1er mai 1928.

Il entrera en vigueur un mois après cette date et aura la même force et durée que la Convention générale.

Cet Acte remplacera, dans les rapports entre les pays qui l'auront ratifié, l'Arrangement de Madrid de 1891, revisé à Washington le 2 juin 1911. Toutefois, celui-ci restera en vigueur dans les rapports avec les pays qui n'auront pas ratifié le présent Acte.

En foi de quoi, les Plénipotentiaires respectifs ont signé le présent Arrangement.

Fait à La Haye, en un seul exemplaire, le 6 novembre 1925.

Pour l'Allemagne:	VIETINGHOFF. v. SPECHT. KLAUER. ALBERT OSTERRIETH.
Pour l'Autriche:	Dr CARL DUSCHANEK. Dr HANS FORTWÄNGLER.
Pour la Belgique:	CAPITAINE. LOUIS ANDRÉ. THOMAS BRAUN. D. COPPIETERS.
Pour les États-Unis du Brésil:	J. A. BARBOZA CARNEIRO. CARLOS AMERICO BARBOSA DE OLIVEIRA.
Pour Cuba:	R. DE LA TORRE.
Pour la Ville libre de Dantzig:	ST. KOŹMIŃSKI.
Pour l'Espagne:	SANTIAGO MENDEZ DE VIGO. FERNANDO CABELLO LAPIEDRA. JOSÉ GARCIA MONGE.
Pour la France:	CH. DE MARCILLY. MARCEL PLAISANT. CH. DROUETS. GEORGES MAILLARD.
Pour la Hongrie:	ELEMÉR DE POMPÉRY.
Pour l'Italie:	DOMENICO BARONE. LETTERIO LABOCCETTA. MARIO GHIRON.
Pour le Maroc:	CH. DE MARCILLY.
Pour les États-Unis du Mexique:	JULIO POULAT.
Pour les Pays-Bas:	J. ALINGH PRINS. BIJLEVELD. DIJCKMEESTER.
Pour le Portugal:	BANDEIRA.

Pour le Royaume des Serbes, Croates et Slovènes:	Dr YANKO CHOUMANE. MIHAILO PREDITCH.
Pour la Suisse:	A. DE PURY. W. KRAFT.
Pour la Tchécoslovaquie:	BARÁČEK. Prof. Dr KAREL HERMANN-OTAVSKÝ. Ing. BOHUSLAV-PAVLOUSEK.
Pour la Tunisie:	CH. DE MARCILLY.

IV. ARRANGEMENT DE LA HAYE

DU 6 NOVEMBRE 1925

CONCERNANT

LE DÉPOT INTERNATIONAL DES DESSINS OU MODÈLES INDUSTRIELS

Les soussignés Plénipotentiaires des Gouvernements ci-dessus énumérés,

Vu l'article 15 de la Convention d'Union internationale du 20 mars 1883 pour la protection de la propriété industrielle, revisée à Bruxelles le 14 décembre 1900 et à Washington le 2 juin 1911,

Ont, d'un commun accord et sous réserve de ratification, arrêté l'Arrangement suivant:

Article premier

Les ressortissants de chacun des pays contractants ainsi que les personnes ayant satisfait sur le territoire de l'Union restreinte aux conditions établies par l'article 3 de la Convention générale, pourront s'assurer dans tous les autres pays contractants la protection de leurs dessins ou modèles industriels, au moyen d'un dépôt international effectué au Bureau international de la propriété industrielle à Berne.

Article 2

Le dépôt international comprendra les dessins ou modèles soit sous la forme du produit industriel auquel ils sont destinés, soit sous celle d'un dessin, d'une photographie ou de toute autre représentation graphique suffisante dudit dessin ou modèle.

Les objets seront accompagnés d'une demande de dépôt international en double exemplaire contenant en langue française les indications que précisera le Règlement d'exécution.

Article 3

Aussitôt que le Bureau international de Berne aura reçu la demande de procéder à un dépôt international, il inscrira cette demande dans un registre spécial, notifiera cette inscription à l'Administration qui lui aura été indiquée par chaque pays contractant et la publiera dans une feuille périodique dont il distribuera gratuitement à chaque Administration le nombre d'exemplaires voulu.

Les dépôts seront conservés dans les archives du Bureau international.

Article 4

Celui qui effectue le dépôt international d'un dessin ou modèle industriel est considéré jusqu'à preuve du contraire comme propriétaire de l'œuvre.

Le dépôt international est purement déclaratif. En tant que dépôt, il produira dans chacun des pays contractants les mêmes effets que si les dessins ou modèles y avaient été directement déposés à la date du dépôt international sous bénéfice toutefois des règles spéciales établies par le présent Arrangement.

La publicité mentionnée dans l'article précédent sera considérée dans tous les pays contractants comme pleinement suffisante et aucune autre ne pourra être exigée du déposant, sous réserve des formalités à remplir pour l'exercice du droit, conformément à la loi intérieure.

Le droit de priorité établi par l'article 4 de la Convention générale sera garanti à tout dessin ou modèle qui a fait l'objet d'un dépôt international, sans obligation d'aucune des formalités prévues par ce même article.

Article 5

Les pays contractants conviennent de ne pas exiger que les dessins ou modèles ayant fait l'objet d'un dépôt international soient revêtus d'une mention obligatoire. Ils ne les frapperont de déchéance ni pour défaut d'exploitation, ni pour introduction d'objets conformes à ceux protégés.

Article 6

Le dépôt international peut comprendre, soit un seul dessin ou modèle, soit plusieurs, dont le nombre devra être précisé dans la demande.

Il pourra être opéré, soit sous pli ouvert, soit sous pli cacheté. Seront acceptées notamment comme moyens de dépôt sous pli cacheté les enveloppes doubles avec numéro de contrôle perforées (système Soleau) ou tout autre système approprié pour assurer l'identification.

Les dimensions maxima des objets susceptibles d'être déposés seront déterminées par le Règlement d'exécution.

Article 7

La durée de la protection internationale est fixée à 15 ans, comptés à partir de la date du dépôt au Bureau international de Berne; ce délai est divisé en deux périodes, savoir une période de 5 ans et une période de 10 ans.

Article 8

Pendant la première période de protection, les dépôts seront admis, soit sous pli ouvert, soit sous pli cacheté; pendant la deuxième période ils ne seront admis qu'à découvert.

Article 9

Au cours de la première période, les dépôts sous pli cacheté pourront être ouverts sur la demande du déposant ou d'un tribunal compétent; à l'expiration de la première période ils seront ouverts en vue du passage à la seconde période, sur une demande de prorogation.

Article 10

Dans les six premiers mois de la cinquième année de la première période le Bureau international donnera un avis officieux de l'échéance au déposant du dessin ou modèle.

ARTICLE 11

Lorsque le déposant désirera obtenir la prolongation de la protection par le passage à la deuxième période, il devra remettre au Bureau international, au plus tard trois mois avant l'expiration du délai, une demande de prorogation.

Le Bureau procédera à l'ouverture du pli, s'il est cacheté, notifiera la prorogation intervenue à toutes les Administrations et la publiera dans son journal.

ARTICLE 12

Les dessins et modèles contenus dans les dépôts non prorogés, de même que ceux dont la protection est expirée, seront rendus tels quels à leurs propriétaires, sur leur demande et à leurs frais. S'ils ne sont pas réclamés, ils seront détruits au bout de deux ans.

ARTICLE 13

Les déposants pourront à toute époque renoncer à leur dépôt, soit en totalité, soit partiellement, au moyen d'une déclaration qui sera adressée au Bureau international; ce dernier lui donnera la publicité prévue à l'article 3.

La renonciation comporte la restitution du dépôt aux frais du déposant.

ARTICLE 14

Lorsqu'un tribunal ou toute autre autorité compétente ordonnera qu'un dessin ou modèle secret lui soit communiqué, le Bureau international, régulièrement requis, procédera à l'ouverture du paquet déposé, en extraira le dessin ou modèle demandé et le fera parvenir à l'autorité requérante. L'objet ainsi communiqué devra être restitué dans le plus bref délai possible et réincorporé dans le pli cacheté ou dans l'enveloppe.

ARTICLE 15

Les taxes du dépôt international, qui seront à payer avant qu'il puisse être procédé à l'inscription du dépôt, sont ainsi fixées:

1° pour un seul dessin ou modèle et pour la première période de cinq ans: une somme de 5 francs;

2° pour un seul dessin ou modèle, à l'expiration de la première période et pour la durée de la deuxième période de dix ans: une somme de 10 francs;

3° pour un dépôt multiple et pour la première période de cinq ans: une somme de 10 francs;

4° pour un dépôt multiple, à l'expiration de la première période et pour la durée de la deuxième période de dix ans: une somme de 50 francs.

ARTICLE 16

Le produit net annuel des taxes sera réparti, conformément aux modalités prévues par l'article 8 du Règlement, entre les pays contractants par les soins du Bureau international, après déduction des frais communs nécessités par l'exécution du présent Arrangement.

ARTICLE 17

Le Bureau international inscrira dans ses registres tous les changements affectant la propriété des dessins ou modèles, dont il aura reçu notification de la part des intéressés; il les dénoncera à son tour aux Administrations des pays contractants et les publiera dans son journal.

Ces opérations peuvent être soumises à une taxe qui sera fixée par le Règlement d'exécution.

ARTICLE 18

Le Bureau international délivrera à toute personne, sur demande, contre une taxe fixée par le Règlement, une expédition des mentions inscrites dans le registre au sujet d'un dessin ou modèle déterminé.

L'expédition pourra être accompagnée d'un exemplaire ou d'une reproduction du dessin ou modèle, qui auront pu être fournis au Bureau international et qu'il certifiera conforme à l'objet déposé à découvert. Si le Bureau n'est pas en possession d'exemplaires ou de reproductions semblables, il en fera faire, sur la demande des intéressés et à leurs frais.

ARTICLE 19

Les archives du Bureau international, pour autant qu'elles contiennent des dépôts ouverts, sont accessibles au public. Toute personne peut en prendre connaissance, en présence d'un des fonctionnaires, ou obtenir du Bureau des renseignements écrits sur le contenu du registre, et cela moyennant payement des taxes à fixer par le Règlement.

ARTICLE 20

Les détails d'application du présent Arrangement seront déterminés par un Règlement d'exécution dont les prescriptions pourront être, à toute époque, modifiées d'un commun accord par les Administrations des pays contractants.

ARTICLE 21

Les dispositions du présent Arrangement ne comportent qu'un minimum de protection; elles n'empêchent pas de revendiquer l'application des prescriptions plus larges qui seraient édictées par la législation intérieure d'un pays contractant; elles laissent également subsister l'application des dispositions de la Convention de Berne revisée de 1908 relatives à la protection des œuvres artistiques et des œuvres d'art appliquées à l'industrie.

ARTICLE 22

Les pays membres de l'Union qui n'ont pas pris part au présent Arrangement seront admis à y adhérer sur leur demande et dans la forme prescrite par les articles 16 et 16bis de la Convention générale.

ARTICLE 23

Le présent Arrangement sera ratifié et les ratifications en seront déposées à La Haye au plus tard le 1er mai 1928.

Il entrera en vigueur, entre les pays qui l'auront ratifié, un mois après cette date et aura la même force et durée que la Convention générale.

EN FOI DE QUOI, les Plénipotentiaires des États ci-dessus énumérés ont signé le présent Arrangement.

Fait à La Haye, en un seul exemplaire, le 6 novembre 1925.

Pour l'Allemagne:	VIETINGHOFF. v. SPECHT. KLAUER. ALBERT OSTERRIETH.
Pour la Belgique:	CAPITAINE. LOUIS ANDRÉ. THOMAS BRAUN. D. COPPIETERS.
Pour la Ville libre de Dantzig:	ST. KOŻMIŃSKI.
Pour l'Espagne:	SANTIAGO MENDEZ DE VIGO. FERNANDO CABELLO LAPIEDRA. JOSÉ GARCIA MONGE.
Pour la France:	CH. DE MARCILLY. MARCEL PLAISANT. CH. DROUETS. GEORGES MAILLARD.
Pour le Maroc:	CH. DE MARCILLY.
Pour les Pays-Bas:	J. ALINGH PRINS. BIJLEVELD. DIJCKMEESTER.
Pour le Portugal:	BANDEIRA.
Pour la Suisse:	A. DE PURY. W. KRAFT.
Pour la Syrie et le Grand-Liban:	CH. DE MARCILLY.
Pour la Tchécoslovaquie:	BARÁČEK. Prof. Dr KAREL HERMANN-OTAVSKÝ. Ing. BOHUSLAV-PAVLOUSEK.
Pour la Tunisie:	CH. DE MARCILLY.

INDEX
ANALYTIQUE ET ALPHABÉTIQUE DES MATIÈRES

A

B

C

D

E

F

G

H

I

J

K

L

M

N

O

P

S

T

U

V

W

Z

www.ingramcontent.com/pod-product-compliance
Lightning Source LLC
Chambersburg PA
CBHW071138270326
41929CB00012B/1788
* 9 7 8 2 3 2 9 1 7 6 7 4 1 *